Five Fundamental Questions in Genesis
- God's Time · History · Personality · Place · Life -

창세기의 다섯 가지 근원적 질문

- 하나님의 시간 · 역사 · 인격 · 공간 · 생명 -

예수
생명

저자 이 기영

PREFACE

I have read the Holy Bible and theological books, and listened to sermons over sixty years. This study focuses on God's time, history, personality, place, and life mainly in Genesis. My ideas, conclusions, guesses, comparisons, or considerations that I want to say to my two kids may include in some degree social-scientific meaning and be not the same way of typically theological interpretation. It is due to that my major is not a theology but urban studies of landscape architecture, urban development and real estate. Another reason is to include my impressions of the Book of Jasher that has not been sufficiently verified.

Chapter 1 is about how to interpret God's time and the days in Genesis 1:1-2:3 which are the great first declaration and revelation by God. I understand the sentences in terms of visual perception, differential description, and creature births or advents of precedent reality in Heaven. Accordingly I explain that the days of in Genesis 1:1-2:3 is not the same time as those of the solar system but God's spiritual time, period or time table as a ruling law of His universe. So any evolutuion theory, ptolematic theory, intelligent design theory and others are not found in the Genesis sentences. This my thought is formed through the understanding of creation description about Eden, Adam and Eve in Genesis 2:4-2:25, visual perceptional births or advents of realities, and phenomenological realities that the New Testatment describes.

Chapter 2 focuses on God's history through understanding of Abraham's and his seeds' sojourning mainly in Cannan and Egypt where they had dewelt. Important thing is that the period of from Abraham's birth to his descendants' Ezypt depature was five hundred years. Most Christians believe that the stay duration of Israelite in ancient Egypt was four hundred thirty years as written in Exodus 12:40. However, in this chapter, I verify and conclude that their duration was two hundred and ten years through the three cases of the Torch Covenant, toledot in the Bible, and biblical dynamic demorgraphic analysis of about ten models. Another explanation was about sociolgical and theological definitions of firstborn explained in Exodus by God, and population projections calculated by Moses in Numbers. I analyze in detail the Islaelites population of exodus and its composion by the definition of firstborn at the time of the first Passover and Moses's census in the Wilderness of Sinai. The definition of firstbon at that time denotes surprisingly a connotive meaning toward Christ. The Province of God always appears and works in historical time by His words as shown as to Abraham and his descendants.

Chapter 3 is about several issues on Sumer civilization and Genesis time. There are sociological, historical, existential reviews or impressions of Genesis, Job, the Book of Jasher, and humanities books over the Sumer time. They might open our sights to see a background of super-ancient history and its culrure. I explain how to read and interpret Genesis toledot in terms of culture and tradition.

Chapter 4 considers God's personality. We can not know, interprete or understand

God's divinity directly. However we can experience or know of and about God through His word, His love, His works toward us. It is true that the person who feels and experiences in such the ways God knows His divinity and His existence. So we may regard such the characteristics shown in direct contact and meeting with God as God's personality. I want to see His personality through how God shows His personality to Abraham's and his descentants' life. God's children or the sons of God can be defined as persons with God's personality and His will

Chapter 5 focuses on God's place. I want to understand God's place in several points. Main point is a comparison of the characteristics of the location or place of Eden with symbolic or metaphoric knowledge of the Tabernacle. Another point is a real westward direction or orientation by Abraham and his descendants Israelites. Adam and Eve were separated eastward from the Garden of Eden because of their disobedience against God's word. They lost their eternality. Nevertheless God prepared His redempton of love toward His creature sinners. God's first preparation or achievement was that He urged Abraham to go westward to Cannan, where was the Garden of Eden. Abraham's offsprings had come westward back to the lost paradise according to God's word. The second achievment is that Jesus Christ the Son of God was crucified on the Mount Calvary for all of sinners at the same place of the Garden of Eden, where the first two persons disobeyed God's word. The third achievement will occur on the same place of the Mount Olive as the place at the Second Coming in the near future.

Chapter 6 considers human life. To understand it in detail, such several basic definitions as God, the Bible, Word, Jesus Christ, Holy Spirit, I(ego), commandmants, good news, sin, associaton, righteousness, imputation, etc. are needed to be explained. God wants His man to live forever with Him. This chapter shows how man can live forever, associated with Jesus Christ.

Finally, five essays in chapter 7 are miscellaneous and contingent to other chapters. Sometimes we image how many persons died by the Genesis Noah flood, who giants such as Nephilim were, what human seeds(sperms, ovums or germs) are, what distingushing figures of human behaviours had been shown. And the depictive characteristics of the Book of Jasher which gave me some inspirations were also explained in the chapter. Chapter 8 is only about my personal miscellaneous, different from the other chapters. Final chapter 9 is the ending of all chapters.

I do not clearly understand my reality that exists and existed prior to myself, but it can be much clearly recognized by the words and the promises of God. My life, belief and will exist in and with Him. Lost life turns to be eternal life with Jesus Christ !

Lift up my head and hands toward God high !
Sing praises to the Holy God forever !
Thanks to God always !

Home in Bundang South Korea, Agust 2023 Keyyoung Lee

Five Fundamental Questions in Genesis:

- Time·History·Personality·Place·Life -

Contents

머리말

7세부터 엄마에게 성경을 배우고 동시에 국민학교에서 공부를 시작한 지 이제 60년이 되어 어설프게나마 나의 생각을 글로 정리하였다. 45년 이상 조경, 도시계획, 부동산 분야를 익힌 내게 성경의 핵심 단면이 실린 창세기를 홀로 공부하면서 근본적 여러 문제를 제기해 종합해 보니 전공보다 더 어려웠다. 이 책은 창세기에 나타난 하나님의 시간, 역사, 인격, 장소(공간) 및 생명에 관한 근본적 질문에 관한 생각 등이다.

창세기 전체는 1) 천지창조 2) 선악과 사건 3) 가나안 거주로 요약되며 이 세 사건에서 하나님의 뜻과 사랑을 면밀히 해석하여야 하나 성경의 묘사는 단순성, 압축성, 세밀성, 추상성, 상징성, 정밀성 등의 특징이 촘촘하게 여기 저기 분산되어 있어 이를 조립해 맞추는 작업이 훈련 없이 어렵고 특히 특정 문장은 성령님의 도움 없이는 이해가 불가능하다. 오랫동안 나를 질타한 본질적 문제에 대한 인식을 평소 자녀들에게 해야겠다는 생각에, 늦었고 대충이나마, 가장 오래 된 말씀 창세기의 위 세 사건을 중심으로 다섯 가지 주제를 뽑아 살폈으나 심히 피상적이고 부족하기 그지 없다.

사람의 이해 범위를 벗어난 놀라운 하나님의 섭리에 전적 순복해야 하는 것이 사람의 도리이나 사람이 세운 합리적 기준과 분석을 통해 생각해 낸 논리를 버리지 못함에서 오는 불신앙과 의심이 혼란스럽게 누적되어 왔다. 하나님을 향한 절대적 순복 없는 거대한 신학적·인문적 사상은 바벨탑에 불과하며 마음을 혼란하게 한다.

성경은 이해를 뛰어넘는 전제와 알 수 없는 신비와 논리 그리고 추정 불가능한 인과성과 변수들이 매우 많이 등장하나 이를 그냥 믿을 수밖에 없다. 또 불요한 유혹 또는 호기심을 통한 분석이나 추정이 예상한 결과값에 도달하지 아니하면 그 분석이나 추정이 잘못된 것은 당연하다. 예컨대 본 고찰에서 실시한 성경에 기반을 둔 동태적 인구통계 분석과 결과가 기존의 합리성이나 경험을 통해 신뢰할 만한 결과값으로 나타난다 하더라도 과거 사실에 부합하지 아니하면 그 분석과 추정이 잘못된 것이다. 만일 추정을 위해 상정한 변수들이 실제 가능한지를 생각해 보거나 그것이 우리가 상상할 수 없는 가능이 있더라도 하나님께서 이끌어 가는 섭리의 결과에 우리는 순복해야 할 뿐이다.

본 고찰에서 변증이나 예증이 새로운 주장을 위한 꿰맞추는 추정이라고 반박할 수 있으나 창세기가 주는 사실이나 사건을 한 가지 맥락 또는 사실로 이해하려는 것 뿐이다. 또 성경에 없는 일부 내용 예컨대 야살의책이 주는 교훈과, 창세기에 나타나지 않은 진지한 사실적 설명이나, 미국 과학자이며 탐험가인 론 와이어트(Ron Wyatt, 1,933-1,999)의 주장과 영적 순수한 해석과 호기심과 엄청난 노력은 배척되어서 아니

된다는 생각에서 이들을 적극 인용하였다.

창세기에서 역사적 사건을 설명할 때 정확한 시간이나 기간을 불특정 시간 접속구인 「그 때에」, 「그 후에」 등을 사용하여 문장과 문장 사이, 시간과 시간 사이, 시간과 사건 사이를 연결하기에 해득이 어려운 모호성이 있어 창세기 흐름을 기준으로 야살의 책의 사건과 시간을 넣더라도 시간적 변형이 없고 통시적 이해에 도움이 되어 < 표 1 >로 정리하였다. 야살의책에 드러난 사건 자체와 사건의 연결성 및 해석의 확장성은 신학계에서 다시 검증할 수 밖에 없어 보인다. 따라서 이 부분은 비성경적이 아니라는 개인적 독후감으로 분류될 수 있고 성경을 기준으로 하는 생각의 방식이 된다.

본 고찰을 요약하면, 제1장인 「하나님의 시간성」은 창세기 1장 1절부터 2장 3절에서의 천지창조 6일의 「날」과 안식일에 관한 시지각적(視知覺的) 묘사의 여러 특징을 문자적 해석에 근거해 하나님의 영적 시간 또는 기간, 시간표, 법칙 등으로 해석하였다. 창세기 1장은 시간, 공간, 물질 및 생명 등 모든 피조물에 관한 설명이 함축되어 있어 특별히 날에 관한 「하나님의 시간성」만을 별도로 분리하여 생각하는 것은 적정하지 않으며 모든 피조물과의 관계 속에서 시간과 기간과 날을 파악해야 한다. 창세기 1장이 피조물의 출현(탄생, 도래)을 설명하나 하나님의 시간표, 시간 또는 기간을 암시하는 설명이라면 이는 영원 전부터 영원 후까지를 설명하는 것으로 보아야 할 것이다.

제2장은 「하나님의 역사성」을 창세기의 원역사 기간에 일어난 몇 가지 혼란스러운 연대를 정리하였다. 특히 하나님의 역사는 하나님께서 정하신 숫자대로 하나님의 언약과 예정대로 정확히 역사하신다는 점을 아브라함 생애와 애굽 거류 기간 도출과 가나안으로의 회귀를 통해 밝혔다. 동태적 인구통계 분석으로 애굽 거류 기간을 추정할 근거를 제공함과 동시에 중요한 두 가지 점은 출애굽기와 민수기에 나타난 「초태생」의 신학적 개념과 인문학적 개념이다. 인문학적으로 초태생의 개념은 출애굽 시의 가구 구성 등 다양한 사실을 추론할 수 있는 개념을, 신학적으로는 예수님을 지향하는 개념을 제공하기에 일반 역사와 성경의 역사를 해석하는데 매우 중요해 보인다.

제3장은 수메르 문명에 관한 단편들로 주로 창세기의 배경을 소개한 내용이다. 하나님께서 성경에 기록한 톨레도트인 < 표 1 >을 < 표 3-9-1 >로 축약하여 톨레도트를 신학적 인문학적으로 어떻게 읽어야 하는지에 관한 적용 또는 응용 중 아브라함과 모세가 사용한 언어가 무엇이며 하나님을 알게 하는 신앙이 어떻게 전수되었는지 추론함에 있어 비언어학적 논리인 인간의 관습과 전통에 의한 문화(특히 신앙)의 공유와 전달이라는 새로운 관점으로 파악하였다. 이는 초태생의 정의와 함께 창세기 전체를 보는 논리 중 하나로 생각하며 이 논리를 본 고찰 여러 곳에 응용하여 설명하였다.

제4장에서 사람이 「신격(神格)」을 직접 알고 이해하기 어렵기 때문에, 사람을 창조한 하나님께서 항상 사람과 함께하시어 「인격(人格)」으로 나타내시는데 아브라함과 그의 후손을 중심으로 하나님과의 인격적 관계를 살폈다. 하나님께서 믿음의 조상이며 하나님의 벗인 아브라함에게 여러 차례 강제의 분리로 단련과 인내와 거룩으로 나타내는 것을 살폈고 구원과 인격의 요체인 「믿음」과 「행위」가 무엇인지를 상고하였다. 아담과 이브의 타락 이후 성령님께서 보편 사람에게 떠났으나 특별히 하나님의 자녀(아들)들에게 하나님의 인격을 성령님을 통한 믿음과 말씀과 감동으로 주심이다. 「하나님의 사람(아들)」 즉 「하나님의 자녀」란 사람의 본성이 아닌 또는 사람의 인격이 아닌 하나님의 인격으로 사는 사람임을 강조하였다. 특히 아브라함과의 인격적 관계에서 「믿음의 조상」이면서 「믿음의 전형」을 볼 수 있다.

제5장에서는 하나님께서 「공간」 또는 「장소」 속에서 사람을 이끌어 역사하신 점을 밝히조자 하였다. 아브라함을 우르에서 가나안으로 이끄셨고 그후 이삭과 영원한 언약을 맺었던 바 이삭의 씨들을 다시 애굽에서 가나안으로 인도하신 점은 에덴인 가나안을 회복키 위함으로 해석하였다. 이를 위해 창세기 2장의 에덴의 묘사와 출애굽기·레위기·민수기·신명기·히브리서 등의 성막 묘사에서 유비적, 인문지리 및 지형적 근거를 살폈다. 가나안의 회복은 예수님께서 실제 베들레헴에서 탄생하시고 예루살렘 골고다에서 돌아기시고 또 예루살렘의 감람산(Olive Mount)에 재림할 하나님의 예정으로 이해하고 최종 우리를 본향 하늘나라로 인도함을 목적으로 이해하였다.

제6장에서 모든 그리스도인이 믿는 바, 에덴에서 죄와 「연합」하여 영원한 생명을 잃은 사람에게 영원한 생명을 주시기 위해 주 예수 그리스도께서 골고다 십자가에서 사람의 죄를 대속하여 죽으심과 죄를 성령님을 통해 회개하여 중생하고 「주 예수 그리스도」와 연합하여 영원한 「생명」을 얻는 귀중한 하나님의 선언이요 교리를 설명하였다. 어려운 몇몇 부분은 교리를 인용하였고 성령에 관한 개인적 체험을 제8장 3절에 보충하였다. 그리고 제7장은 제1-6장의 부수적 단편이고, 제8장은 전 장들과 다른 일상에 얻은 생각과 이 글을 쓴 배경을 실었다.

사람 등 모든 현존은 하늘나라의 복사(모형, 그림자)로 하늘나라의 실재와 현상들이 세상에 나타난 것이나 본체는 예수님이시다(골로새서 2:17)라는 점이 대전제이다. 예수 그리스도로 말미암아 예수 그리스도께서 만든 이 세상과 그의 말씀을 깊게 묵상하면 하늘나라의 세계, 만물의 존재 이유와 현상을 알게 한다. 즉 히브리서와 골로새서 초반 등에 나타나 설명은 창세기 1장을 해석할 안목을 제공한다.

예수님께서 "*아침에 하늘이 붉고 흐리면 오늘은 날이 궂겠다 하나니 너희가 천기는 분별할 줄 알면서 시대의 표적은 분별할 수 없느냐* (마태복음 16장3절)" 하셨다. 이러한 예수님의 지적에도 불구하고 매우 어린 시절, 만사와 만물을 처음 대할 때 신기하고 어려웠던 것들이 나이가 들어 깊게 보고 멀리 보면 자세히 알 것 같으나 이 만사와 만물이 하늘나라와 그리스도의 그림자인 것을 알게 되었다.

사람은 언어를 통해 생각하며 언어 없이 생각할 수 없는데 이로부터 문제가 야기된다. 창세기 2-3장을 보면 사람의 언어는 본유적인 것 같다. 눈에 보이는 피조물, 눈에 보이지 않는 현상, 시간과 공간 등에 관한 인문학 연구가 풍성한 언어와 논리 발달을 촉진하였으나 사실 이 풍성함이 인간에게 혼란을 조장하고 사람을 더욱 살기 어렵게 만든다는 생각이 든다. 이 관점은 이미 언어철학과 불교철학의 중관학 등과 오랜 역사를 통해 (거의) 정확히 드러나 있다. 하나님께서 주신 말씀과 양심이 언어의 기준이고 이를 벗어난 언어와 문장, 체계와 구조와 의미는 언어의 유희에 지나지 않는다는 생각이 들면서도 이 글을 쓰는 것은 어쩔 수 없는 한계임을 고백하지 않을 수 없다. 하나님께서 주신 영은 하나님과 대화할 수 있으며 이는 언어가 아니다. 고린도전서 14장 2절에 *"방언을 말하는 자는 사람에게 하지 아니하고 하나님께 하나니 이는 알아 듣을 자가 없고 영으로 비밀을 말함이라"*하였으니 헤아릴 길이 없다. 사람의 언어와 논리가 아닌 하나님이 주시는 영으로 통찰하여야 하나 매우 어렵다.

근 35년 전 신사훈 목사님의 히브리어 교재 등 저서 4권을 내게 주며 신 목사님께 직접 히브리어를 배우자고 제안한 회사 동료이며 대학 선배이신 허만섭 목사님과 영국 에딘버러 School of Divinity 대학에서 창세기를 깊이 연구하신 이원재 박사님(Chris W. Lee) 두 분께서 조악한 이 글 초안에 대해 조언을 주셨다. 야살의책이 아랍어에서 빌려온 단어, 중세 시대의 히브리어 단어와 문법 등이 사용되었고 또 제2성전 시대의 문헌들과 비교해 동시대의 것으로 보기 어렵다고 판단하시는 고대 근동학 전문가이신 이원재 박사님의 여러 지적에 대하여 이 분야 전공이 아닌 나로서 한글본과 영문본 야살의책을 자유롭게 인용한 것은, 야살의책과 창세기 등을 면밀히 비교하면, 몇몇 이상한 기술이 발견되나, 하나님께 영광을 돌릴만한 요소가 많이 드러나고 창세기 묘사가 더 정확하고 명확해진다는 점 때문에 독후감으로 기술했다고 말씀드릴 수 밖에 없다. 즉 창세기를 「명확히 이해하도록」 공백을 메우고 특히 하나님의 영광을 가릴 만한 내용이 거의 없는 것으로 보여 독후감의 지식이나 창세기를 연구할 만할 (기초)자료로 인용하였고 몇 가지 쟁점을 나름 검증하였다.

예컨대 야살의책에 수록된 매우 놀랍고 중요한 자료라 판단되는 것 중, 야살의책 7장에 대홍수 이후 초기 인구 통계(표 4-6-1 및 표 4-6-2)가 수록되어 있는데 이를 창세기 10장과 정밀 비교한 근거로 인구 증가, 바벨탑 사건의 사회적 배경이나 상황, < 표 4-7-1 > 등과 같은 추계와 해석이 가능하고(이 책 pp 313-337에서 상설) 또 창세기 10장과 11장을 더 깊이 그리고 명확히 이해할 수 있는 관점을 제공하고 있다는 점이다.

한편, 허 목사님께서 내용 중 성경을 「정경(正經 canon)」이 아닌 것처럼 보는 불투명한 나의 견해를 지적하셨는데 이 점은 창세기의 불특정 부사(구 또는 절)의 사용과 성경의 여러 부분에서 성경 외 다른 믿을만한 「출처(기록, 진술, 구전 등)」가 있었을 것이다는 생각의 표현이었다. 또 허 목사님께서 지적한 「젊은 지구론」에 대한 믿음을 존중해야 한다고 설명 후 갑자기 「나이 든 지구론」으로 결론 맺은 것은, 창세기 2-3장을 미분적 관점에 근거해 아담이 창조되기 전 지구의 동식물 생태계가 온전히 충만하게 아름다운 환경이 되기 위해서는 오랜 세월이 지나야만 되는 성경에 근거한 생각을 했기 때문이다. 그러나 창세기 1-2장에는 유신진화론, 지적 설계론, 천동설, 지동설, 진화론 등과 같은 인문학 개념을 전혀 찾을 수 없다. 영적 계시인 엿새(이레)의 개념 추정하기가 쉽지 않아 보이며 하나님의 경륜은 아무도 알 수 없다.

창세기 묵상하며 가장 어려웠던 점은 하나님을 향한 최고의 올바른 생각이 무엇인가 또 하나님께 영광을 어떻게 돌리는 것이 으뜸인가를 생각하곤 하였는데 나 스스로 그 최고에 도달하지 못하고 있다는 큰 허전한 점을 알면서도 열심히 내 생각에 함몰되고 낙망하며 성경을 묵상하는 것이다. 예컨대 창세기 1장을 성경의 다른 부분과 함께 수십번 묵상하여도 하나님의 거대한 신비에 좀처럼 접근할 수 없는 허무함이 나를 억눌러 비통하게 만든다는 것을 고백하지 않을 수 없다. 왜 하나님께서는 그 신비를 닫아 놓았는지? 명백히 둔한 나에게 뚜렷이 설명하지 않으시며 나는 그것을 알기 위해 몸부림치는 나 자신을 발견하며 비통해지는 것이다. 그러므로 이 글에서 성귀를 제외하면 한낱 휴지일 것이며 알고자 하는 소망 뿐이다.

성경을 처음 접하는 분, 기독 신앙을 체계적으로 공부할 기회가 적었던 분과 자녀에게 매우 부족하고 공백이 있는 이 글이 생소하고 난해한 점이 많을 것이나 1920년대 평안북도 한 도시에서 미국의 선교사들의 헌신으로 할머니를 통해 부모님께서 내게 물려준 신비한 하늘나라 비밀을 접한 평범한 한 사람이 60여년의 생각을 가급적 자세히 설명하려 한 점을 살피면 개인의 신앙적 고민과 기독의 핵심 사상과 그 흐름을 조금 이해할 것으로 생각된다.

성경 전반에 대한 이해에 수시로 도움을 주신 재건신학원에서 창세기를 가르치시는 김영호 박사님, 아침마다 성구를 보내주시는 재건후암교회 김도석 원로 장로님과 이 책 편집에 많은 시간을 내준 딸 예연이와, 이 글을 쓰는 동안 멀리 미국 Berkeley에서 학업을 잘 끝낸 후 Berkeley 기계연구소에서 적응하면서 가족 일과 내 건강까지 신경 많이 써 준 아들 예준이와, 내가 신경을 쓰지 않도록 여러 가지로 배려한 처 및 그간 저와 저의 가족을 지켜 보시고 위로와 기도를 해 주신 분께 깊은 감사를 드리며 하나님의 평강과 인도를 기도합니다.

2023년 8월, 분당 집에서, 이 기영 드림

읽어두기 (몇 가지 관점)

□ 인식은 귀납적이나 하나님의 말씀과 계시는 연역적이다. 하나님 말씀을 떠나면 나태하고 쇄락하며 부패한다. 하나님 말씀으로 인식해야 한다.

□ 보이는 또는 보이지 않는 만물은 조물주의 사랑과 질서로 창조한 피조물이며, 생명과 인격성은 창조주로부터 유래하였다. 사랑은 온 우주의 최상위 창조 원리이다. 이 근원은 예수 그리스도이시다.

□ 만물(존재)은 하늘나라에 있는 것들의 구현(탄생, 출현, 도래)이며 역사(시간)는 하나님의 예정대로 계속된다. 보이지 않는 것들도 하늘나라에서 예정되었거나 선재(先在)한 것들이다. 하나님은 단지 우리에게서 떨어져 있는 신이 아니라 역사하시는 분이시다.

□ 본 고찰은 성경적 고찰이므로 인문학과 마찰이 크다.

□ 성경은 성령님의 영감으로 기록되었으므로 성경 내 다른 구절과 대조·비교를 원칙으로 고찰되어야 했다. 예컨대 아브라함이 우르에서 거주한 시기를 우르 3왕조라든가, 출애굽 시기를 투트모세 3세-아메노텝 2세 시기 등과 같은 역사 분류를 인용하지 않았다.

□ 한글 현대어 성경의 번역자들이 번역자의 주관에 따라 용어를 선택하여 오류 또는 오해를 유발하기에 KJV 번역을 주로 참고하였다. 히브리어 및 헬라어 원어를 별도 참작함이 좋다.

□ 성경 고대인의 연대기(표-1)에서 전통과 교육을 위한 하나님의 깊은 배려를 추적할 수 있다. 성경의 족보(톨레도트)는 많은 정보를 담은 성경의 여러 핵심 중 하나이다.

□ 본 고찰의 주요 내용이 특히 로마서, 골로새서, 히브리서 등에 요약되어 있다.

□ 창세기 1장은 시지각(視知覺, visual perception)과 청각을 통한 영적 계시이며 법칙의 설명이다. 창세기 1장의 해석의 핵심 단서는 2절을 첫째 날로 보아야 한다는 점이며 그러하지 않으면 성경을 부정하게 된다.

□ 애굽 거류 기간은 이삭 출생 후 400년이 되는 해(AM 2,448)부터 기산되고(창세기 15:13) 거류 실제 기간은 210년이다.

□ 출애굽 전 하나님께서 정의하신 「초태생(firstborn)」이란 거주단위의 장자권(후사)을 가진 1인을 말하며 이를 통해 이스라엘 자손의 총인구 및 인구 구성을 유추할 수 있다. 하나님께서 모세에게 설명한 초태생 개념은 마치 성소가 예수 그리스도의 모형(그림자, 예표, 상징)이듯 예수님을 상징한다. 만유의 초태생이신 예수 그리스도 「안에 있는」 모든 그리스도인은 그의 죽으심으로 구속의 은혜 안에 있는 것이다. 할렐루야 !

□ 하나님께서 바벨탑을 무너트리신 후 아브라함을 수메르 문명 우르에서 이끌어낸 목적은 노아 이후의 인류를 구원하기 위한 역사를 시작하기 위함이다. 즉 에덴동산인 예루살렘 골고다에서 주 예수 그리스도께서 희생제물로 돌아가심과 앞으로 감람산에서 재림을 위함이다.

□ 다원주의와 과학주의와 경제주의 사상이 영·혼·육 및 자연생태계의 순수성을 해치고 있다.

□ 구약 성경을 읽으며 예수 그리스도를 볼 수 있다. 하나님과 예수님을 아는 방법은 예수 그리스도를 통해 또 예수님이 택한 자 외에는 알 수 없다 (마태복음 11:27).

□ 창세기에서 불특정 부사(구 및 절), 사건의 생략, 역치 등에서 원천 정보와 자료가 2천 년간 압축과 생략과 요약과 누락이 있어 보인다.

□ 이해되지 않는 성경 내용을 자의로 해석하려는 유혹이 항상 존재한다. 예컨대 사도 바울에게도 요즘의 우리처럼 의문과 난제가 많았을 것이나 자의적으로 해석하지 않은 점을 배워야 한다. 인문학적 의문을 제기할 수 있으나 이 의문 해소를 위해 다원론에 입각하거나 비성경적인 자의적·인문학적 해석으로 혼란과 혼동을 야기하고 있는 듯하다.

목 차

표 목차

그림 목차

사진 목차

주요 참고 도서

< 성서 >

나눔 포켓 성경((2014), 성서원
굿뉴스 성경((2009), 도서출판 굿뉴스
라이프 성경(1989), 기독지혜사
관쥬 셩경젼셔(1935), 죠션경셩 대영셩셔공회 (홍순경 목사님 보시던 성경)
셩경개역(1938), 죠션경셩 셩셔공회 (엄마 보시던 성경)
오픈 성경(1989), 아가페출판사
톰슨 성경(1985), 기독지혜사
톰슨 대역 한영 성경(1989), 기독지혜사
창세기-구약성서 제1편(1958), 한국천주교중앙협의회
The Holy Bible(1954), Authorized King James Version, International Bible Press
The Holy Bible, Authorized King James Version, Collins Publishers
The Holy Bible(1983), New King James Version, Thomas Nelson, Inc.

< 신학 및 신앙 도서 >

강병도 편, 카리스종합주석(2003) 제1권, 기독지혜사
곽선희(1983), 자유의 종, 계몽사
김삼환(2006), 새벽 눈물, 교회성장연구소
김성진((1985), 최권능 목사, 기독교문사
김승교(1983), 주제별 원어설교, 목회자료사
김정일(2016), 한국기독교 재건교회사, 여울목
김명혁 편집(1988), 현대와 크리스챤의 삶, 성광문화사
김혜성 목사 남정숙 박사 번역(1980), 웨스터 민스터 신앙고백, 성림문화사
대천덕 지음(1988), 나와 하나님, 도서출판 예수원
대천덕 지음(1985), 산골짜기에서 온 편지, 신앙계
도날드 거스리, 이중수 옮김(1991), 그리스도, 그리스도의 사역, 성서유니온
도날드 거스리, 이중수 옮김(1991), 하나님, 인간과 세계, 성서유니온
리차드 범브란트 지음, 전덕애 옮김(1983), 하나님의 지하운동, 거고출판사
마이클 몰리노스, 김미혜 옮김(2009), 영성 깊은 그리스도인, 요단
마틴 로이드 존스, 오성종·유영기 옮김(1987), 영적 침체, 새순출판사
마틴 로이드 존스, 서문 강 옮김(1987-2003), 로마서 강해(총 13권), 기독교문서선교회
마틴 로이드 죤즈, 문창수 역(1974), 산상설교집 1집, 아가페출판사
마틴 로이드 죤즈, 홍정식 역편(1986), 성령론, 새순출판사
마틴 로이드 죤즈, 정원태 역,(1986) 성령세례, 기독교문서선교회
마틴 로이드 죤즈 저, 정원태 역(1990), 성령의 주권적 사역, 기독교문서선교회

마틴 로이드 존스 지음, 지상우 옮김(2007-2010), 에베소서 강해, CLC
미치 글라스터 저, 송용구 역(1992), 레위기의 3대 절기, 생명의 서신
민경배 저(1985), 순교자 주기철 목사, 대한기독교출판사
바바 하리다스 지음, 류시화 옮김(1989), 성자가 된 청소부, 정신세계사
박영선(1987), 구원 그 즉각성과 점진성, 새순출판사
박영선(1991), 복음의 증인들, 도서출판 엠마오
박영선(1987), 하나님의 설복, 크리스챤서적
박영선(1990), 흩어진 증인들, 도서출판 엠마오
박영호(1990), 로이드 죤즈의 생애, 기독교문서선교회
박용기(1992), 율법과 죄 그리고 은혜, 진리의 말씀사
박찬욱 (2012)외, 믿음, 운주사
배광호(1997), 옛 사람 그리고 새 사람, 도서출판 영문
블래스 파스칼, 안응열 역(1975), 빵세, 동서문화사
버드나무말씀연구회 이상준 역(2018), 야살의책 제1권 및 제2권, 출판사 이스트윈드
사이또 도시오(齊藤敏夫, 1970), 신앙인은 이렇게 산다, 혜문사
서철원(1988), 복음과 율법과의 관계, 도서출판 엠마오
성서와 함께 편집부(1988), 보시니 참 좋았다, 성서와 함께
성어거스틴(1989), 김종웅 옮김 참회록, 크리스찬다이제스트
송재홍(1972), 이스라엘 정신과 교훈, 공화출판사
신사훈(1986), 예수 그리스도의 부활과 그 의의 학계와 교계의 백서, 새싹교회출판부
신사훈(1986), 이단과 현대의 비판과 우리의 생로, 새싹교회출판부
안병무 주간, 현존(現存), 1970년 3월호
안병욱(1974), 현대사상, 삼육출판사
아더 핑크 저, 서문 강 역(1989), 인간의 전적 타락, 청교도신앙사
아더 핑크 저, 심의원 역(1992), 하나님의 언약, 기독교문서선교회
양형주(2020), 평신도를 우한 쉬운 요한계시록 1권 및 2권, 브니엘
양형주(2021), 스토리 요한계시록, 브니엘
앤드류 머레이 저, 김문학 역(1989), 순종, 기독교문서선교회
에밀 뿌룬너 지음, 김관석 옮김(단기 4293), 그리스도교와 문명, 문교부
에스라 성경지도/선도(2014), 그리스도 예수 안에 출판사
와치만 니(1989), 와치만 니 전집, 생명의말씀사
원종옥 저(1993), 하늘나라의 로얄패밀리, 도서출판 초록
윗트니스 리(1986), 사람의 영, 한국복음서원
유진 H. 메릴, 곽철호 옮김9(2011), 제사장의 나라, 기독교문서선교회
이광우 편역(1992), 요한계시록, 예영커뮤니케이션
이동진 편역(1998), 제2의 성서 아포크리파 구약시대, 출판사 해누리
재건총회역사편판위원회(2017), 재건교회사, 재건총회출판부

정근모(2001), 나는 위대한 과학자보다 신실한 크리스천이 되고 싶다, 국민일보
존 파이퍼, 김재영 옮김(2013), 하나님을 맛보는 묵상, 좋은씨앗
존 M. 프레임, 김진운 옮김(2014), 말씀론, 개혁주의신학사
존 M. 프레임, 김재성 옮김(2014), 신론, P & R
죤 위트콤·헨리 모리스 공저, 이기섭 옮김(1985), 창세기 대홍수, 성광문화사
죤 스토트, 정지영 옮김(2005), 새사람, 아바서원
죤 스토트 지음, 황을호 옮김(2011), 기독교의 기본 진리, 생명의말씀사
죤 리치 지음, 한혜동 옮김(1988), 애굽에서 가나안까지, 전도출판사
죤 번연, 김해연 옮김(1986), 천로역정, 세종문화사
챨스 G, 피니 저, 지상우 역(1986), 구원에 이르는 회개, 은성
챨스 스펄전 지음, 이중수 옮김(2008), 구원의 핵심, 목회자료사
추만영(1993), 일곱별의 비밀, 선광문화사
케네스 위스트 저, 번역위원회 역(1993), 삶의 위대한 진리들, 요단출판사
토마스 아 켐피스 지음, 박명곤 옮김(1989), 그리스도를 본받아, 크리스챤 다이제스트
토를라이프 보만, 허혁 옮김(1975), 히브리적 사유와 그리스적 사유의 비교, 분도출판사
포드 배틀즈 서론, 양낙흥 옮김(1989), 죤 칼빈 기독교 강요, 크리스찬 다이제스트
한의택(1989), 성막의 계시, 예루살렘
허드슨 테일러와, 양진석 옮김(2012), 기도의 거장들, 죠아선교회
헤르만 리델보스 지음, 오광만 옮김(1987), 하나님 나라, 도서풀판 엠마오
헨리 모리스, 김병희 옮김(1988), 성경은 해답을 가지고 있다, 전도출판사
헨리 모리스 박사 저, 이현모 최치남 공역(1988), 현대과학의 성서적 기초, 요단출판사
호크마 종합주석 VI, 로마서편(1991), 기독지혜사
C.H. Kang 외(1984), 창세기와 중국문자, 인쇄계출판국
Chris W. Lee((2020), Death Warning in the Garden of Eden, Mohr Siebeck
F.W. 크롬마허 저, 서문 강 역(1989), 고난받는 그리스도, 도서출판 지평서원
Gaines R. Johnson, 김용묵 옮김, 성경과 지질학(인터넷: 웹진 생명의 빵)
H. 던칸 외(1986), 재림과 종말, 기독지혜사
H. H. 로울리 지음, 나채운 옮김(1991), 성지출판사
John C. 몬스마 저, 조해수 박사 역(1983), 자연과학을 통해 본 하나님, 기독교문서선교회
J. R. 쳐치 저, 서달석 역(1989), 시편에 숨어있는 예언, 생명의 서신
L. 콜코프, 김진홍 김정덕 공역(1972), 기독교 교리사, 세종문화사
R.T. 캔덜 지음, 이중수 옮김(2001), 한번 구원은 영원하다, 양무리서원
S. G. DE. 그라아프 저, 박권섭 역(1991), 이스라엘의 실패와 신정국가, 크리스챤서적
S. G. DE. 그라아프 저, 박권섭 역(1991), 그리스도와 나라들, 크리스챤서적
S. G. DE. 그라아프 저, 박권섭 역(1991), 그리스도의 사역과 죽음, 크리스챤서적
S. G. De 그라아프 저, 박권섭역(1991), 천지창조에서 가나안 정복까지, 크리스챤서적
Rick Warren(2002), The Purpose Driven, Zondervan

The Book of Jasher(1884), Referred to in Joshua and second Samuel, Salt Lake City: Published by J.H. Parry & Company

< 인문학 도서 >

김준호 외 번역(2006), 생태와 환경, 라이프사이언스
김용기(1980), 나의 한 길 60년, 규동문화사
김상진(1972), 피와 땀의 나라 이스라엘, 문명사
고범서 편저(1983), 이데올로기와 신학, 범화사
구상(1982), 실존적 확신을 위하여, 홍성사
레너드 서스킨드 외, 이종필 번역, 물리의 정석(양자 역학 편), 사이언스북스(2018)
롤로 메이 저 백상창 역(1974), 자아를 잃어버린 현대인, 문예출판사
루드니끄, 박태일 번역(2017), 알기 쉬운 양자역학, 나라사랑
루트비히 비트겐슈타인, 이영철 옮김(2015), 논리-철학 논고, 책세상
맑스 외, 김소민 엮음(1992), 맑스 레인주의 입문, 도서풀판 백의
박이문(1978), 하나만의 선택, 문학과지성사
박이문(1980), 현상학과 분석철학, 일조각
박이문(1981), 문학속의 철학, 일조각
박이문(1981), 시와 문학, 일조각
박이문(1982), 인식과 실존, 문학과지성사
박이문(1983), 예술철학, 문학과지성사
브라이언 R. 클락 지음 하영미 옮김(2015), 비트겐슈타인의 종교철학, 서광사
베네슈 호프만, 최혁순 옮김(1985), 아인슈타인, 도서출판 동아
프레드 A. 에스트팔 지음, 양문흠 기종석 옮김(1977), 어떻게 철학을 할 것인가, 까치
세계철학백과사전(1988), 교육출판공사
셸리 케이건 박세연 옮김(2012), 죽음이란 무엇인가, 엘도라도
손봉호(1980), 현상학과 분석철학, 탑출판사
앨빈 굴드너 지음, 김홍명 옮김(1984), 맑시즘 비판과 과학, 도서출판 한벗
에리히 프롬, 송낙헌 역(1981), 프롬 인생론, 문학출판사
월터 라우리 저, 임춘갑 역(1980), 키르케고르 생애와 사상, 종로서적
이명현(1982), 이성과 언어, 문학과지성사
임마누엘 칸트, 이한구 편역1992), 칸트의 역사철학, 서광사
주동주(2020), 수메르문명과 역사, 범우출판사
카알 히티 저, 양인 역(1967), 인생희망론, 백문사
토인비, 최혁순 역(1985), 토인비 회고록, 범조사
팀 제임스, 김주희 번역(2022), 양자역학 이야기, 한빛비즈
폴 트르니에, 주건성 역(1983), 인간의 가면과 진실, 문예출판사

피터 톰킨스 · 그리스토퍼 버드, 황정민 옮김(1993), 식물의 정신세계, 정신세계사
한국현상학회편(1983), 현상학이란 무엇인가, 심설당
한나 아렌트 저, 권녕빈 역(1983), 어두운 시대의 사람들, 문학과지성사
황용주(1984), 도시학사전, 녹원출판사
황필호(1984), 분석철학과 종교, 종로서적
헬렌 듀카스-베니시 호프만 엮음, 김철구 옮김(1984), 종로서적
A. Deborin, 한정석 역(1994), 칸트의 변증법, 경문사
Anthony Robbins(1992), Awaken the Giant within, Simon & Schuster
Douglas H. Fryer 외(1959), General Psychology, Barnes & Noble
Eban S. Goodsteim(1995), Economics & The Environment, Prentice Hall
Eric Fromm(1980), The Heart of Man, Harper Colophon Books
F. 카푸라, 이성범 김용정 역(1981), 현대물리학과 동양사상, ㈜범양사
Irwin Altman(1975), The Environmentt and Social Behavior, Brooks/Cole Publish Company
Lincoin Taiz 외, 전방욱 김성룡 옮김(2017), 식물생리와 발전, ㈜라이프사이언스
Norman W. Heimstra 외(1974), Environmental Pshychology, Brooks/Cole Publish Company
Robert C. Solomon, edited by(1972), Phenomenology and Existentialism, Harper & Low
Sven Hesselgren(1975), Man's Perception of Man-Made Environment, Dowden, Hutchinson & Ross, Inc.
Thomas S. Kuhn(1970), The Structure of Scientific Revolution, The University of Chicago
Ynhui Park(1981), Being and Meaning in Merleau-Ponty, Pan Korea Book Corporation

< Youtube 해설 >

기록문화연구소: 피터 젠트리 박사
김승학 박사: 하바드 대학 고대근동학 박사 윤 총장의 대화
김홍석 교수: 창세기 100문 100답
로고스153성회: 이춘우목자, 창세기1장 해설
비블리아선교회: 지종엽 목사, 바이블헬라어히브리어
상생방송 STB, 김성철 교수, 중관학 강의
정준호: 인문시사아카데미 사람아이앤지, 소소한 고대사
창조론 온라인 포럼: 창세기 1장 어떻게 해석할 것인가 등
한국교회탐구센터: 창세기는 무슨 목적으로 쓰인 책인가
153 쉴터 교회: 김명현 박사 성경과학연구소
AMI 교회: 황용현 목사
CGNTV: 창조 과학과 신앙 및 류모세 선교사
Heart: 에덴동산의 옛자리 고고학적 발견
Jack: 성경의 에덴동산은 사실이다
The Bible Project: 히브리어는 상형문자인가

총 론

1. 아담 - 출애굽 연대기

2. 아담 - 여호수아 연대기

<표 1> 아담 - 출애굽 연대기

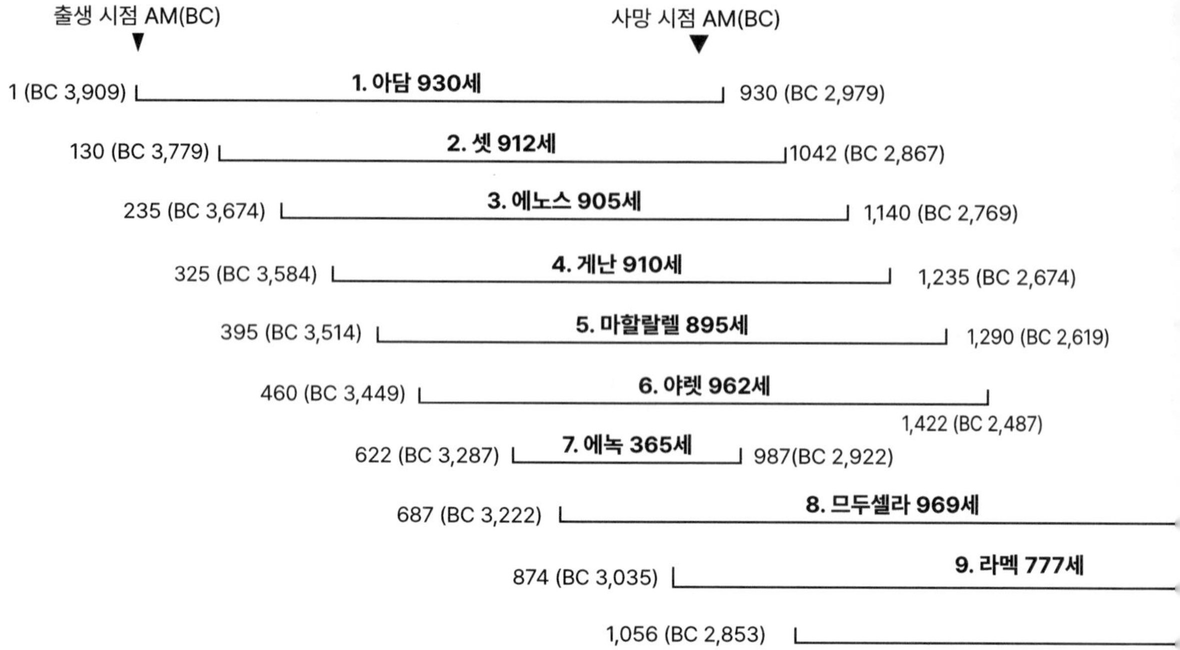

주:

1. 다수의 성경학자는 BC 4,004년이나 BC 4,114년 등을 아담 출생 시점으로 봄.
2. 아담은 그의 8대손 라멕까지, 그리고 노아는 그의 10대손 아브라함까지 함께 삶.
3. 노아와 셈은 그의 9대손 아브라함 생존 시까지 살았고, 셈과 에벨은 요셉 생존 시까지 함께 삶.
4. 바벨탑 파괴는 벨렉이 죽은 때 발생하고 벨렉의 동생인 욕단 시대부터 수명이 단축되기 시작.
5. 아담의 20대손 아브라함은 아담부터 예수님 시대까지 중간 시점의 인물임.
6. 아브라함과 예수님 사이의 중간 인물이 아브라함의 13대손 다윗임(BC 1,085- BC 1,015).
7. 누가복음 3:36 가이난이 아르박삿과 셀라 사이에 기록되어 있으나 창세기 11장과 역대상 1장에는 장자권이 없어 누락 되었는데 그 사유는 불명.
8. 본 표를 인문학적 또는 신학적으로 재 해석하여 축약한 표는 < 표 3-9-1 >임.
9. 창세기 5장 등에 의해 대홍수 전 노아를 아담의 10대손으로 산정하나 노아 출생 후 대홍수까지 600년이므로 대홍수가 발생할 때까지는 실제 아담의 15대손이 출생하였다고 추정할 수 있다 (표 7-1-1 해설 내용 참조).

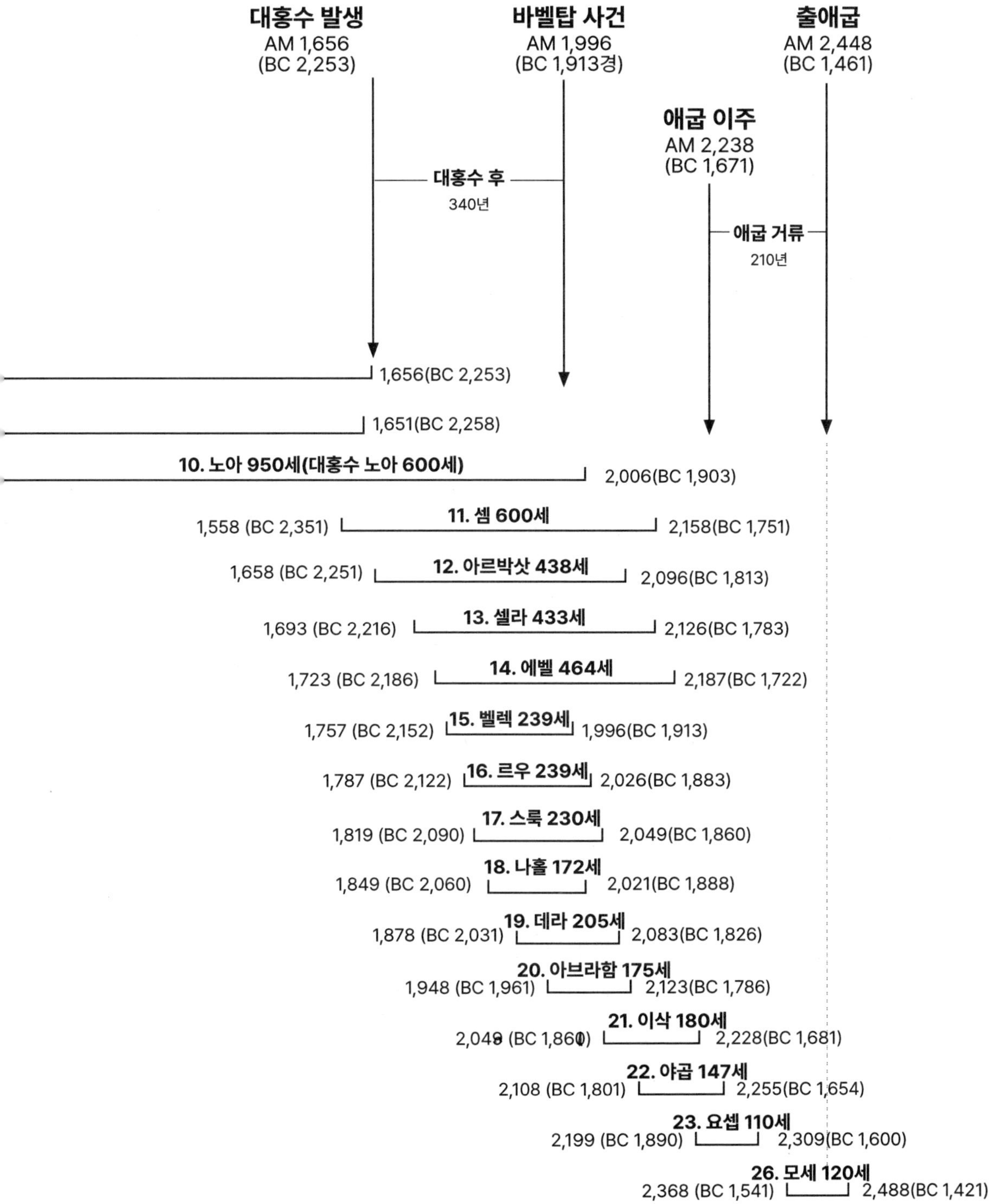
대홍수 발생
AM 1,656
(BC 2,253)
바벨탑 사건
AM 1,996
(BC 1,913경)
출애굽
AM 2,448
(BC 1,461)
애굽 이주
AM 2,238
(BC 1,671)
대홍수 후
340년
애굽 거류
210년
1,656(BC 2,253)
1,651(BC 2,258)
10. 노아 950세(대홍수 노아 600세)
2,006(BC 1,903)
11. 셈 600세
1,558 (BC 2,351)
2,158(BC 1,751)
12. 아르박삿 438세
1,658 (BC 2,251)
2,096(BC 1,813)
13. 셀라 433세
1,693 (BC 2,216)
2,126(BC 1,783)
14. 에벨 464세
1,723 (BC 2,186)
2,187(BC 1,722)
15. 벨렉 239세
1,757 (BC 2,152)
1,996(BC 1,913)
16. 르우 239세
1,787 (BC 2,122)
2,026(BC 1,883)
17. 스룩 230세
1,819 (BC 2,090)
2,049(BC 1,860)
18. 나홀 172세
1,849 (BC 2,060)
2,021(BC 1,888)
19. 데라 205세
1,878 (BC 2,031)
2,083(BC 1,826)
20. 아브라함 175세
1,948 (BC 1,961)
2,123(BC 1,786)
21. 이삭 180세
2,048 (BC 1,861)
2,228(BC 1,681)
22. 야곱 147세
2,108 (BC 1,801)
2,255(BC 1,654)
23. 요셉 110세
2,199 (BC 1,890)
2,309(BC 1,600)
26. 모세 120세
2,368 (BC 1,541)
2,488(BC 1,421)

< 표 2 > 아담 - 여호수아 연대기

아담 출생 이후 연대(AM, Anno Mundi)는 창세기의 여러 족장 출생 연대와 본 연구 결과로 확증한 애굽 거류 기간 및 야살의책 기록을 참조하여 내림차 순으로 기록하였다. BC 연대는 성경학자의 연구 연대 중 출애굽 연대를 BC 1,461로 추정한 설을 기준으로 환산하였으므로 편차를 보일 것이다. 아래 연대 중 표준 연대 네 가지는 ① 노아 대홍수 AM 1,656, ② 아브라함의 출생인 AM 1,948년, ③ 야곱의 애굽 이주인 AM 2,238년(아브라함 출생 290년 후) 그리고 ④ 출애굽해인 AM 2,448년(아브라함 출생 500년 후)일 것이다. 성경 숫자를 수비학(數秘學, numberology)적으로 해석이 가능하나 담긴 비밀은 다 해석하지 못하고 있다.

아담 출생 이후 연대 (AM: Anno Mundi)		주요 사건	비고
태초(만세) 전 영원		성삼위 하나님, 하늘나라, 천지, 사람, 천사, 사탄 등 영적 세계와 원형 (요한복음 1:1, 고린도전서 2:7 골로새서 1:16 등)	요1:1-3 , 골1:15-17
천지 만물과 생명 창조	태초-첫째 날	혼돈과 공허의 땅, 흑암 상태, 깊은 물이 있음 가운데 빛이 나타나심	창1:1-5
	둘째 날	궁창 위 물과 궁창 아래 물로 나누고 하늘을 만드심	창1:6-8
	셋째 날	수면에 위에 운행하신 성령께서 깊은 물에서 땅을 드러내심. 양식인 풀, 채소와 과목을 둠.	창1:9-13 (아래 주1 참조)
	네째 날	궁창에 해·달·별을 두고 주야, 징조, 계절, 일자, 연한을 둠	창1:14-19
	다섯째 날	물의 물고기와 궁창의 새를 창조	창1:20-23
	여섯째 날	땅에 육축과 짐승, 기는 생물을 창조. 사람을 두어 생육하게 하고 번성하고 땅에 충만하며 정복하고 생물을 다스리라 명함.	창1:24-31
	일곱째 날	안식일	창2:1-3
1 (BC 3,909)	1대	아담 부부 창조 및 타락과 저주(에덴동산 동쪽으로 쫓겨남). 2남3녀(야1:12)외 30남 30여(외경 제2창세기 24:3).	창2-3장 야1:12
130 (BC 3,779)	2대	2대 셋 출생	창5:3, 야2:1
235 (BC 3,674)	3대	3대 에노스 출생. 우상을 만들어 섬기고 타락. 철기 사용, 기혼강 대홍수(인구 1/3 사망).	창5:6, 야2:2 야2:4-6
325 (BC 3,584)	4대	4대 게난 출생, 70세 3남2여 출산. 대홍수 계시, 문자 사용, 보물창고에 돌판 보관.	창5:9, 야2:10-19
395 (BC 3,514)	5대	5대 마할랄렐. 피임제 사용.	창5:12, 야2:15-20
460 (BC 3,449)	6대	6대 야렛 출생.	창5:15, 야2:37
622 (BC 3,287)	7대	7대 에녹 출생. 65세에 왕 중 왕이 되어 243년간 왕들을 다스리고 아담이 죽자 57년간 숨어 지내다가 365세로 승천.	창5:18, 야2:37 야3:17 이하
687 (BC 3,222)	8대	8대 므두셀라 출생. 사람들이 극도로 타락함.	창5:21, 야3:1 야4:4-8
874 (BC 3,035)	9대	9대 라멕 출생.	창5:25 야3:13

1 쥬빌리채플 담임목사(전 경북대학교 교수) 양승훈은 '다중격변론'으로 지구 지질 및 생태계의 변천 과정을 설명하는데 만일 그러하다면 이는 셋째 날과 노아의 대홍수 시에 발생하였을 것이다.

930 (BC 2,979)		아담 사망 (930세): 하나님이 지정한 굴에 장사됨.	창5:5, 야3:14
987 (BC 2,922)		- 에녹 승천 (365세).	창5:23, 야4:1
1,042 (BC 2,867)		2대 셋 사망 (912세, 야살의책은 920세).	창5:8, 야4:10
1,056 (BC 2,853)	10대	10대 노아 출생. 사람들이 이종교배 실시.	창5:5, 야4:11
1,140 (BC 2,769)		3대 에노스 사망 (905세).	창5:11
1,235 (BC 2,674)		4대 게난 사망 (910세).	창5:14
1,290 (BC 2,619)		5대 마할랄렐 사망 (895세).	창5:17
1,422 (BC 2,487)		6대 야렛 사망 (962세).	창5:20
1,536 (BC 2,373)	대홍수 120년 전	120년 후 홍수 경고, 하나님의 영이 사람에게서 떠남. 땅에 네피림이 살았음.	창6:3 야5:8 창6:3-4
1,558 (BC 2,351)	11대	11대 셈 출생(노아 502세).	창5:32, 야5:18
1,651 (BC 2,258)	대홍수 5년 전	9대 라멕 사망(777세). 노아 방주 건조 시작(노아 아버지 라멕이 죽은 후 방주 제작을 시작함에 유의).	야5:19-20, 창5:31, 야5:34
1,656 (BC 2,253)	**대홍수 발발**	**므두셀라 사망 (969세). 노아 대홍수 발발(노아 600세).**	**창5:27, 창7:6, 야6:13**
1,658 (BC 2,251)	12대	땅이 마름(비온 후 13개월 27일). 12대 아르박삿 출생.	창8:14, 야6:38-39 야25:29
1,693 (BC 2,216)	13대	13대 셀라 출생.	창11:12
1,723 (BC 2,186)	14대	14대 에벨 출생.	창11:14
1,757 (BC 2,152)	15대	15대 벨렉 출생(이름 뜻: 그의 세대에 사람들의 아들들이 나뉘었고 후일 땅이 나뉨). 벨렉의 동생 욕단(이름의 뜻: 그의 세대에 사람들의 생명이 줄음) 출생.	창11:16 야7:19-20
1,787 (BC 2,122)	16대	16대 르우 출생.	창11:18
1,819 (BC 2,090)	17대	17대 스룩 출생.	창11:20
1,849 (BC 2,060)	18대	18대 나홀 출생.	창11:22
1,878 (BC 2,031)	19대	19대 데라 출생.	창11:24, 야7:22
1,909 (BC 2,000)		구스가 니므롯을 낳음.	창10:8
1,916 (BC 1,993)		아브라함의 형 하란과 나홀 출생(데라 38세).	야7:22, 야12:16
1,929 (BC 1,980)		니므롯(20세)이 아버지 구스로부터 아담 부부 가죽옷을 받음 .	야7:29
1,939 (BC 1,970)		니므롯 왕으로 즉위 (30세) 및 데라 군대장관 임명. 성읍을 세워 시날이라 명명.	야7:39-45

1,948 (BC 1,961)	20대 아브라함 1세	**20대 아브라함 출생(데라 70세). 니므롯(40세) 지역을 평정하고 시날에 궁궐 공사. 니므롯이 아브라함을 죽이려 하자 모친과 유모와 함께 동굴 피신(10년).**	창11:26, 야7:34-45, 야8:36
1,955 (BC 1,953)	아브라함 7세	하란 결혼(39세)하여 롯(아들)과 밀가(딸)을 낳음.	야9:1-3
1,958 (BC 1,951)	아브라함 10세	하란(42세)이 사래를 낳음. 아브라함 피난 동굴에서 나옴. 아브라함을 노아와 셈의 집으로 보냄(39년).	야9:4-6
1,958 (BC 1,951)		니므롯을 주축으로 함의 네 아들과 가족 등 60만명이 바벨 성읍 및 탑 건설 시작 (시날 동편 계곡).	야9:20-24
1,996 (BC 1,913)	**바벨탑 파괴 아브라함 48세**	**바벨탑 파괴 및 민족 분산. 애굽에서 함의 자손 중 아놈(아로디)이 왕이 됨. 15대 벨렉 사망 (239세).**	창11:1-9 야9:25-10:39
1,997 (BC 1,912)	아브라함 49세	**니므롯 4개 도시 명명: 바벨, 에레크라, 에케드, 칼나라.** 니므롯이 아므라벨이라 불리우고 아들 마르돈과 함께 악정을 계속. **엘람 왕 그돌라오멜이 니므롯의 성읍 5개를 정복(1차 중동전쟁)하고 세금 징수 시작(12년간).** 17대 나홀 사망 (172세). 구스의 아들 아놈(아나밈)이 왕이 되어 애굽을 다스림.	야11:1-11 창11:25, 야11:12 야14:2
1,998 (BC 1,911)	아브라함 **50세**	아브라함이 노아 집에서 39년 만에 귀가하여 아버지의 12개 신상을 부수어 아버지를 책망하여 니므롯에게 형 하란과 함께 잡혀감. 니므롯이 형 하란과 함께 화롯불(카스딤)에서 던져졌으나 아브라함은 살아남고 하란은 82세로 사망. 하란의 딸 사래는 아브라함과 밀가는 나홀과 결혼.	야11:13-12:36 야12:44
2,000 (BC 1,909)	아브라함 52세	니므롯이 꿈을 꾼 후 아브라함을 살해하려 하자 노아의 집으로 피신. 아브람이 아버지 데라에게 가나안으로 가자고 제안하고 노와와 셈이 권고하였고 이를 근거하여 가나안으로 가라는 하나님 명령을 받은 것으로 추정(1차 계시). 우르에서 출발하여 하란 도착.	야12:45-63 야12:64-70 야13:1
2,005 (BC 1,904)	아브라함 **55세**	**하란에서 하나님이 나타나 가나안으로 가라고 명함 (하나님 2차 계시). 가나안 도착 (도착 후 15년간 정착). 도착 시 하나님의 3차 계시와 제단을 쌓음.**	야13:3-6 야13:17-19
2,006 (BC 1,903)	아브라함 58세	노아 사망 (950세).	창9:29 야13:9
2,008 (BC 1,901)	아브라함 60세	가나안 지역 소돔과 고모라 등 성읍이 그돌라멜라 왕에게 불복종하여 조공을 납부하지 않음.	야13:11
2,013 (BC 1,896)	65세	아람(엘람) 왕 그돌라오멜이 니므롯과 싸워 이기고 주변 지역 왕들과 언약을 맺고(2차 중동전쟁) 세금 징수. 니므롯의 아들 마르돈 사망.	야13:12-16
2,018 (BC 1,891)	아브라함 **70세**	**미쯔라임 강부터 큰 유브라데 강까지 후손들에게 기업으로 줄 것과, 장수하다가 평안히 조상에게로 돌아갈 것과, 네째 세대가 가나안으로 돌아와 영원히 가나안 땅을 상속 받을 것 등을 하나님께서 4차로 계시 (하나님 애굽 거류 언약). 하란 방문.**	야13:17-19
2,021 (BC 1,888)	아브라함 73세	18대 나홀 사망.	창11:25
2,023 (BC 1,886)	아브라함 75세	하란에서 하나님께서 가나안으로 가라고 계시(5차 계시)하여 가나안 도착. 조카 롯 등 식솔 72인을 동행하여 세겜 모레 땅에서 하나님께 제단을 쌓고 이곳과 벧엘을 거쳐 마므레 평야 헤브론에 정착(6차 계시) . 시날에 사는 리카욘이 애굽 왕 아놈에게 바로의 직위를 받아 왕으로 행세.	야13:22-25 창12:1-9 야15:33

2,024 (BC 1,885)	아브라함 76세	기근을 피해 애굽으로 가서 아내 사래를 바로에게 빼앗길 뻔하고 사래의 몸종 하갈 등을 얻음.	야15:1-31 창12:15-20
2,025 (BC 1,884)	아브라함 77세	세겜 근처에서 조카 롯과 헤어짐 (아브라함은 헤브론 마므레 평원, 롯은 소돔 거주).	야15:41-47 창13:11-18
2,026 (BC 1,883) 2,026 (BC 1,883) 2,026 (BC 1,883)	아브라함 78세	엘람 왕이 4개 연합군을 형성하여 소돔과 고모라 지역 5개국과 전쟁(3차 중동전쟁). 아브라함의 조카 롯이 피랍되어 아브라함이 롯을 구출하고 전쟁에 이겨 멜기세덱에게 십일조를 바치고 축복을 받음.	야16:1 이하 창14장 야16:8-12
		하나님이 나타나 별과 같은 후손과 영원히 가나안 땅을 유업으로 주겠다고 하심 (7차 계시: 횃불언약).	창15장 야16:20-21
		16대 르우 사망(239세).	창11:21 야16:22
2,033 (BC 1,876)	아브라함 85세	사래의 여종 하갈이 아브라함의 아내가 됨. 하갈 임신으로 사라가 시기하여 쫒아냄 (브엘라헤로이 우물 근처 거주).	창16:1-14 야16:27-35
2,034 (BC 1,875)	아브라함 86세	천사의 권유로 아브라함 집으로 귀가하여 이스마엘 출산.	창16:15-16 야16:36
2,037 (BC 1,863)	아브라함 91세	야벳의 자손인 깃딤 족속(로마, 카노피아 평원 티부르 강변)과 두발 족속(사비나 족, 투스카나 성)과 전쟁.	야17:1이하
2,047 (BC 1,862)	아브라함 99세	(8차 계시) 아브람과 사래의 이름을 아브라함과 사라로 개명. 할례 시작, 이삭 임신 등. 소돔 멸망: 롯의 가족이 천사의 도움으로 소돔에서 피난 후 롯이 자기 두 딸에게서 아들 모압과 벤암미(암몬 자손의 조상)을 얻음. 아브라함의 거주지를 마므레 평원에서 블레셋 땅 그랄로 이주.	창17:1-27 야16:16 이하 창19:38 야18장-19장 야24:23-26
2,048 **(BC 1,861)**	**아브라함** **100세** **21대** **이삭 1세**	아비멜렉이 아브라함의 아내 사라를 뺏으려 하자 하나님이 블레셋을 벌하여 아비멜렉이 블레셋 사람의 죽음을 거두도록 요청하자 아브라함이 기도로 아비멜렉과 그의 신하를 치료. 아비멜렉과 친교를 맺고 아브라함이 블레셋 지역에 거주. **이삭 출생.**	창20:1-18 야20장 창21:1-8 야21:1-3
2,049 (BC 1,860)	이삭 2세	이삭 젓을 뗀 이유(離乳)일 축제: 셈, 에벨, 데라, 나홀, 아비멜렉 왕 참석 17대 스룩 사망 (230세-야살의책은 239세로 기록하나 오기로 보임)	야21:4-9, 창11:23, 창21:8
2,053 (BC 1,856)	이삭 5세	이스마엘(19세)이 이삭(5세)을 죽이려 하여 하갈과 이스마엘을 쫒아냄(바란 광야 및 애굽 거주)	야21:13-14 창21:8-21 야21:15 이하
-	-	아브라함이 아들 이스마엘을 보러 광야에 2회 방문하고 이스마엘을 축복 이스마엘이 아브라함 거주지인 블레셋 땅 그랄으로 이주	야21:48 야22:1-3
2,073 (BC 1,836)	아브라함 126세	블레셋 땅 끝에 아브라함이 우물을 파고(브엘세바) 아비멜렉과 언약을 맺고 나그네들에게 큰 자비를 베품	야22:4-14 창21:22-34
2,083 (BC 1,826)	아브라함 135세	아브라함의 아버지 데라 하란에서 사망(205세)	야 21:34
2,085 (BC 1,824)	아브라함 137세	**이삭이 이스마엘에게 아버지가 자기를 제물로 바치더라도 삼가지 않고 기쁘게 따를 것이라 고백(이 장면에서 희생제물의 대속 원리를 구체적으로 설명하는 등 야살의책을 면밀히 살필 필요가 있음).** **이삭(37세)을 <u>모리아 산(하단 주 3 참조)</u>에서 제물로 바침.** **이삭 제물 사건 충격으로 헤브론에서 사라 사망(127세).** 헷 족속 소할의 아들 에브론에게 막벨라 굴을 은 400세겔로 매입하여 사라를 안장 (브엘세바에 살던 사라는 아들 이삭을 찾아 길을 떠나 옛 거주지인 헤브론에서 사망하였기에 헤브론의 마므레 앞에 장사됨-장례식에 셈, 에벨, 아비멜렉, 아날, 아스골, 마므레 등이 참석). 이삭을 셈과 에벨 집으로 보냄 (3년 거주: 주 4 참조).	야22:44 창22:1-19 야23:65-86 창23:1-20 야24:1-16 창24:62

2,086 (BC 1,823)	이삭 38세	블레셋 왕 아비멜렉 사망(193세)하자 그의 아들 벤말릭이 새로운 왕 아비멜렉이 됨.	야24:19
2,087 (BC 1,822)	이삭 39세	아브라함 조카 롯 사망(140세).	야24:22
2,088 (BC 1,821)	아브라함 140세 이삭 40세	아브라함 형 나홀 사망(172세). 아브라함의 할아버지 나홀 사망(172세). **셈의 집에서 돌아온 이삭(40세)이 리브가(10세)와 결혼.**	야24:27 창24:1-2, 야24:44
2,096 (BC 1,813)	이삭 48세	12대 아르박삿 사망 (438세).	창11:13, 야25:29
2,107 (BC 1,802)	이삭 59세	이삭과 리브가가 모리아 땅으로 가서 하나님께 자녀 갖기를 기도. 리브가가 임신 7개월 시 고통으로 모리아 땅 셈과 에벨을 찾아 문의하자 주께 기도하라고 하니 쌍둥이를 임신하였고 두 민족이 일어나고 큰 자가 작은 자를 섬길 것을 하나님께서 알려 줌.	야26:1-12 창25:21-23
2,108 (BC 1,801)	**이삭 60세 야곱 1세**	**에서와 야곱 출생.**	창25:24-26 야26:16
		아브라함이 이삭에게 유언하고 이삭과 야곱을 축복.	야26:21-28
2,123 (BC 1,786)	아브라함 **175세**	아브라함 사망(이삭 75세, 야곱 및 에서 15세), 막벨라 굴에 안장: 하란 땅 친족과 주민, 가나안 땅 왕, 고관, 주민 등이 애도 .	창25:7-11 야26:29
2,124 (BC 1,785)	이삭 71세	에서가 니므롯 살해(215세)하고 아담과 이브의 가죽옷 가져옴. **야곱이 니므롯을 살해하고 피곤하고 시장하여 집에 돌아 온 에서에게 떡과 팥죽으로 장자의 명분과 막벨라 굴에 대한 권리을 얻음.**	야27:15 야27:11-14 창25:27-34
2,125 (BC 1,784)	이삭 72세	이삭이 기근을 피해 애굽으로 가고자 했으나 하나님께서 블레셋 땅 그랄로 가서 3개월을 머물 때 아내 리브가 사건으로 아비멜렉과 맹세와 언약을 맺음. 아비멜렉에게 은총을 입고 하나님 축복으로 100배 결실을 얻고 기근이 끝난 후 헤브론으로 돌아감.	창26:1-22 야28:1-16
2,126 (BC 1,783)	이삭 78세	아담 12대 셀라 사망 (433세).. 이삭이 18세의 야곱을 셈과 에벨의 집으로 보내 교육(32년).	창11:15 야28:18
2,148 (BC 1,761)	이삭 100세	40세의 에서가 헷 족속 에펠의 아들 브에리의 딸 여후딧과 결혼.	야28:22
2,158 (BC 1,751)	이삭 110세 야곱 50세	노아 아들 셈 사망(600세). 셈의 사망으로 야곱이 셈의 집에서 이삭의 집 헤브론으로 돌아옴.	창11:11 야28:24
2,164 (BC 1,745)	야곱 56세	야곱의 삼촌 라반이 그의 아내 아디나를 통해 쌍둥이 레아와 라헬을 낳음.	야28:28 야36:11
2,171 (BC 1,738)	이삭 123세 야곱 63세	야곱이 아버지 이삭을 속여 에서의 축복을 빼앗고 에벨 집으로 피신(14년). 에서는 축복을 빼앗긴 후 세일 땅에 가서 헷 족속 엘론의 딸 보스맛(=아다)를 헤브론 집에 데려 왔는데 이 여자가 조상신과 바알 신을 섬겨 이삭과 리브가를 괴롭게 함. 아브라함의 장남 이스마엘 사망(137세 또는 138세).	창27:1-42 야29:11 야29:12-16 야 29:18
2,172 (BC 1,737)	야곱 64세	에서가 아내 아다를 통해 엘리바스를 출산.	야29:17
2,185 (BC 1,724)	이삭 137세 야곱 77세	야곱이 에벨의 집에서 14년을 피신 후 집으로 왔으나 에서가 죽이려 하자 하란에 있는 삼촌 라반의 딸을 아내를 삼으라 하여 축복을 하여 하란으로 가던 중 모리아 산 근처에서 하나님의 축복을 받음(벧엘이라 명명). 외삼촌 라반의 집 도착.	창28:1-22 야29:11 창29:1-20 야30:1-15
2,187 (BC 1,722)	이삭 139세	14대 에벨 사망 (464세).	창11:17, 야30:15
2,188 (BC 1,721)	이삭 140세	에서 아내 보스맛이 장남 르우엘을 출산.	야30:17

2,192 (BC 1,717)	야곱 84세 90세 (2,195년 23대 유다 출생)	야곱이 외삼촌 맏딸 레아(28세)를 아내로 맞이하여 르우벤(야곱 84세), 시므온(야곱 85세), 레위(야곱 86세) 및 유다(야곱 87세) 출산, 레아의 여종 실바를 통해 갓(야곱 88세), 스블론(야곱 88세), 아셀(야곱 89세), 잇사갈(야곱 89세), 디나(야곱 90세)를 출산, 라헬의 여종 빌하를 통해 단(야곱 90세), 납달리(야곱 87세) 출산.	창29:31-30:21 야31:14
2,199 (BC 1,890)	야곱 91세	야곱이 라헬에게서 요셉을 얻음. 삼촌 라반이 6년을 더 있을 것을 요구함.	창30:22-24 야31:13
2,204 (BC 1,705)	야곱 96세	하나님께서 야곱에게 아버지 집으로 귀향할 것을 지시함. **야곱이 라반의 집을 떠나 가나안 헤브론 이삭의 집으로 출발.**	창30:25-32:21 야31:37, 야41:2
2,206 (BC 1,703)	야곱 98세	야곱이 헤브론으로 귀향 중 얍복 강가에서 하나님의 사람과 씨름하고 축복을 받음. 에서와 야곱이 화해.	창32:22-32 야32:48 창32:33-33:20 야32:55
2,207 (BC 1,702)	야곱 99세	야곱이 세겜 땅(숙곳)에서 딸 디나가 세겜에게 강간당하여 전쟁을 치름. 야곱이 벧엘로 올라가 제단을 쌓음. 야곱의 모친 리브가 사망(133세, 막벨라 굴에 장사), 리브가 유모 드보라 및 라반 사망.	창34:1-31 야33장-34장 창35:1-15 야36:1 야36:3-7
2,208 (BC 1,701)	야곱 100세	야곱의 이름을 이스라엘이라고 개명. 라헬이 베냐민 임신.	야36:8-9
2,208 (BC 1,701)	야곱 100세	벧엘을 떠나 헤브론으로 이동 중 라헬이 베냐민을 낳다가 난산하고 사망(45세, 베들레헴 가는 길 에브랏 장사). 야곱의 장남 르우벤이 야곱의 침상을 더럽힘.	창35:16-22 야36:10-15
2,210 (BC 1,701)	이삭 162세 야곱 102세	요셉이 고향 헤브론인 마므레 기럇아르바로 귀향.	창35:27 야36:19
2,213 (BC 1,696)	야곱 105세	헤브론에서 야곱이 구입한 세겜 지역에 거주. 가나안 족속이 야곱에게 전쟁을 선포하자 가나안 여러 족속을 점령하고 21 왕들과 화친을 맺음.	야37-40장
2,214 (BC 1,695)	야곱 106세	세겜에서 헤브론으로 귀향. 야곱의 아내 레아 사망(51세, 헤브론 막벨라 굴 장사).	야41:1-2
2,216 (BC 1,693)	야곱 108세	형들이 17세 요셉을 죽이려 구덩이에 넣었으나 미디안 사람이 구함. 요셉의 형들은 미디안 사람 7인에게 요셉을 은 20세겔에 팔고 미디안 사람은 다시 이스마엘 사람에게 은 20세겔에, 이 사람은 다시 아브라함의 아들 므단 자손 4인에게 은 20세겔에 팔았으며 이들은 이집트 바로 친위대장 보디발에게 은 400에 팜(이때 장자 르우벤의 나이는 24세임). 야곱의 장남 르우벤(24세)이 가나안 여인 엘리우람과 결혼.	창:37:1-36 야41:9-44:10 창39:1-23 야44;14-80 야45:1
2,217 (BC 1,692)	야곱 109세	18세의 요셉을 보디발의 아내 슬리카가 유혹하여 응하지 않아 보디발에게 거짓말로 죄를 뒤집어 씌어 옥에 12년을 가둠.	야44:14-76
2,218 (BC 1,691)	야곱 110세	19세 요셉이 감옥에서 술 맡은 자와 빵 굽는 자의 꿈을 해석.	창40:1-23 야46:1-20
2,228 (BC 1,681)	**이삭 180세 야곱 120세**	**이삭 사망: 헤브론 기럇아르바의 막벨라 굴 장사.**	창35:28-29 야47:9-14
2,229 (BC 1,680)	**야곱 121세 요셉 30세**	**요셉이 바로 꿈을 해석. 요셉이 30세에 총리가 됨.**	창40:1:46 야49:1-44
2,230 (BC 1,679)	요셉 31세	요셉이 다시스 땅을 정복함.	야50:4-6

2,233 (BC 1,676)	야곱 125세 요셉 34세	요셉이 므낫세와 에브라임을 낳음.	야50:15
2,236 (BC 1,678)	야곱 128세 요셉 37세	기근 시작. 야곱의 열 아들들이 애굽에 곡식 사러 감.	창41-44, 야50장-51장
2,237 (BC 1,672)	야곱 129세 요셉 38세	야곱의 아들들이 베냐민과 함께 애굽에 곡식 사러 감.	창45:11 야50:18-54장
2,238 **(BC 1,671** 이집트 이주)	**야곱 130세** **요셉 39세** **애굽 거류** **원년**	**야곱(이스라엘) 130세에 이집트로 이주하여 고센에 거류.** 요셉 39세에 부모형제 모두 만남. 야곱이 애굽 입국 시 아들 나이는 르우벤 46세, 시므온 45세, 레위 44세, 유다 43세, 단 40세, 납달리 43세, 갓 42세, 아셀 41세, 잇사갈 41세, 스블론 42세, 요셉 39세, 베냐민 29세(레위 딸 요게벳은 가나안과 애굽 사이에 출생하여 애굽 출생자로 분류, 야살의책 정리).	창46장 이하 야55장
2,255 **(BC 1,654** **야곱 사망)**	**야곱 147세** **애굽 거류** **17년**	야곱 사망(147세)과 유언과 축복:가나안 막벨라 굴에 장사함. 야곱의 아들 단의 아들 후심(청각장애인)이 막벨라 굴 사용을 방해하는 에서를 살해(에서 147세 사망)하고 에서의 자손을 노예로 애굽으로 데려감.	창47:27-50:14 야56-57
2,270 (BC 1,639)	요셉 71세 애굽 거류 32년	바로 사망하고 그의 아들(마그론)이 41세로 왕위에 오르고 40년 재위 요셉은 왕권을 누림: 요셉 재위 기간 동안 이집트를 평안히 다스리고 가나안 여러 나라를 정벌하고 평안하게 지냄 .	야58:1-30 (창세기 기록 없음)
2,288 (BC1.621)	요셉 89세 애굽 거류 50년	요셉 및 야곱의 아들들과 에서의 자손(왕 벨라)와 싸움.	야58:14-25
2,309 **(BC 1,600)**	**애굽 거류** **71년**	**요셉이 사망(110세)(아래 주 2) 하고 시홀에 장사.**	창50:15-26 야59:25
2,310 (BC 1,599)	애굽 거류 72년	야곱의 아들들에게 포로로 잡혀 애굽에 거주하던 에서의 아들 에리바스의 아들 스보 등이 애굽에서 탈출하여 아프리카 딘하바로 왕 앙게아스에게 도망 새로운 바로(이름 ?)가 새 궁을 짓도록 명함. 스블론 사망(114세)	야60:1-2 야61;1-3
2,313 (BC 1,596)	애굽 거류 75년	시므온 사망(120세).	야61:4
2,317 (BC 1,592)	애굽 거류 79년	르우벤 사망(125세).	야62:1
2,318 (BC 1,591)	애굽 거류 80년	단 사망(120세).	야62:2
2,319 (BC 1,590)	애굽 거류 81년	잇사갈 사망(122세).	야62:3
2,320 (BC 1,589)	애굽 거류 82년	아셀 사망(123세).	야62:4
2,321 (BC 1,588)	애굽 거류 83년	갓 사망(125세).	야62:5
2,322 (BC 1,586)	애굽 거류 84년	에돔(왕 하닷)과 모압간의 전쟁.	야62:6
2,323 (BC 1,585)	애굽 거류 85년	미디안과 모압간의 전쟁.	야62:14-27

2 요셉은 그의 형제 평균 연령보다 15년 적게 살았다. 93년을 애굽에서 지낸 그가 30세에 총리에 오른 후 애굽 전역을 8년간 다스리었다는 기록과 그가 죽기 전까지 총리에 버금가는 역량을 발휘했다는 야살의책 기록이 있어 그의 공식적인 직무가 얼마나 지속되었는지 파악되지 않으나 바로의 장로(長老)로 지낸 것은 확실하다.

2,324 (BC 1,586)	애굽 거류 86년	유다 사망(129세).	야62:23
2,327 (BC 1,582)	애굽 거류 89년	납달리 사망(132세).	야62:24
2,329 (BC 1,580)	애굽 거류 91년	아프리카와 깃딤(에서의 손자 스보) 간의 전쟁.	야62:25
2,331 (BC 1,578)	애굽 거류 93년	레위 사망(137세) 후 애굽인이 이스라엘 자손을 괴롭히기 시작.	야63:1
2,340 (BC 1,569)	애굽 거류 102년	새로운 바로(메롤) 20세 즉위하여 94년 재위.	출1:8-14 야63:4-9
-	-	깃딤 왕 에서의 손자 엘리바스의 아들 스보와 에돔 왕브닷의 아들 하닷과 전쟁에 동원된 이스라엘 자손이 도와 승리하자 이스라엘 민족을 두려워하여 비돔과 라암셋 건축과 성읍 공사에 동원하여 노동시킴. 레위 자손은 건축 공사에 참여하지 않음.	야64장-65장
2,363 (BC 1,546)	애굽 거류 125년	바로 메롤이 이스라엘 자손이 에서 자손과 연합하여 애굽에서 반역을 도모할 것을 염려하여 더욱 강한 노동을 시킴에도 이스라엘 자손 인구가 급증하자 히브리 산파(십브라 등)에게 이스라엘 남자 영아 살해 명령.	출1:15-21 야66장-67장
2,364 (BC 1,545)	애굽 거류 126년	모세의 누이 미리암(아래 주3) 출산 (요게벳 126세).	야67:1-3
2,365 (BC 1,544)	애굽 거류 127년	아론(아래 주 4) 출산 (요게벳 127세).	야67:4
2,368 (BC 1,541)	애굽 거류 **130년** **모세 출생**	바로의 꿈을 르우엘(=이드로, 모세의 장인) 해석하여 이스라엘 자손을 괴롭히지 말 것을 충고하고 바로가 보관 중인 요셉이 쓰던 지팡이를 가져 감. 바로(메롤)가 이스라엘 신생아를 물에 던지도록 명함. 모세 (아래 주 5) 출생(요게벳 130세 모세 출산): 바로 딸 바시아가 모세를 입양.	출1:22-25 야67장 야68:4-24
2,371 (BC 1,538)	애굽 거류 133년 모세 3세	이스라엘 자손에게 노동을 더욱 가혹하게 하였으며 레위 지파는 노동에 참여하지 않음. 모세 3세 때 바로의 왕관을 빼앗아 이 구실로 모세를 심판하려 숯불과 호마노 보석 중에 택하게 하자 천사가 모세가 숯불을 택해 입안에 넣어 모세의 입술과 혀에 화상을 입어 입이 어눌해 짐.	야69장 야70장
2,386 (BC 1,523)	애굽 거류 148년	모세(18세)가 이집트인을 살해 후(아래 주 7을 참조) 바로가 모세를 죽이려 하자 천사가 구스로 도망하게 하고 구스 왕의 모사가 됨.	야71:1 출1:11-15 행7:23-30
2,395 (BC 1,514)	애굽 거류 157년 모세 27세	구스로 간 모세(27세)가 구스 왕이 되어 40년간 통치.	야72:25-42 야73:1-3
2,418 (BC 1,491)	애굽거류 180년	(하나님 뜻에 반하는)요셉의 아들 에브라임 자손이 애굽에서 가나안으로 이주하려 용사 3만 명이 식량 없이 가서 블레셋 사람에게 음식을 취하려 하자 블레셋 사람과 전쟁에서 전멸하고 10인이 애굽으로 돌아옴.	야75장
2,434 (BC 1,475)	애굽 거류 196년 모세 66세	66세 모세가 구스에서 미디안 제사장(르우엘) 집으로 갔으나 감옥에 갇힘. 바로 왕 메롤 나병, 종양, 위장병으로 앓기 시작하자 10세인 아디감을 왕으로 세워 애굽을 다스림.	야76:24-27 야63:9

3 '미리암'의 뜻은 이스라엘 자손을 괴롭게 하였다는 의미이다 (야살의책 67:3).

4 '아론'의 뜻은 이스라엘 남자 아들이 피를 흘렸다는 의미이다 (야살의책 67:4).

5 모세는 여러 가지 이름을 가졌다. 할아버지 그핫은 '모세'를 아비그돌이라 하였고, 부친 아므람은 하바르, 모친 요게벳은 여구디엘, 누이 미리암은 예렛, 아론은 아비사눅이라 하였으나 '모세'라는 이름은 바로의 딸 바시아가 붙인 이름이다 (야살의책 68:15-29). 각 이름의 뜻은 야살의책 참조.

2,444 (BC 1,465)	애굽거류 206년 모세 76세	바로 메롤이 사망하고 아들 아디감(=아후스=난장이)이 20세로 바로로 등극하여 이스라엘 자손에게 더욱 심한 노동을 시키고 이스라엘 아기들을 벽돌 대신 사용하도록 하자 이스라엘 자손들의 기도를 하나님이 들으심. 모세가 미디안 제사장 감옥에서 10년간 있다가 나옴. 모세가 미디안 제사장 동산에 박힌 아담이 사용한 청옥 지팡이를 뽑아 가짐. 이 지팡이를 소유한 르우엘이 딸 십보라를 아내로 주고 게르솜(=엘리에셀)을 출산.	야77:1-51 출1:26-22
2,445- 2,448 (BC 1,464 -1,461)	애굽 거류 207년- 210년	호렙 산에서 애굽으로 가서 이스라엘 자손이 하나님을 섬기도록 하라는 하나님의 명령을 받음. 아론을 만나고 이스라엘 장로를 설득. 장자 게르솜을 할례하지 않자 모세를 천사가 죽이려 하여 십보라가 게르솜에게 할례를 함 (모세: 피 남편).	출3:1-4:31 야79:1-18
2,448 **(BC 1,461** **출애굽)**	출애굽	10가지 재앙이 임함. 초태생이 죽는 재앙이 있자 바로의 딸인 바시아(모세의 양모)가 아론과 모세를 찾아와 재앙을 내리지 않도록 간청 .	출7:1-12:32 야80:1-54
2,448 **(BC 1,461** **출애굽)**	모세 80세	**모세(80세)의 지도로 이스라엘 민족 유월절 출애굽, 홍해 기적, 뒤쫓던 애굽 군대 전멸.** **이스라엘 자손이 자기 아버지의 관을, 모세가 요셉의 관을 가지고 출애굽(장정 약 60만명).**	출12:33-14:31 야81장-82장
2,448 **(BC 1,461** **출애굽)**	애굽 거류 210년	**하나님께서 만나를 주시기 시작(출애굽 둘째 달 보름).** **아말렉(에서의 증손자)과 전쟁.** **모세의 장인 르우엘과 모세의 아내 및 두 아들이 찾아 옴.** **시내 산에서 십계명을 받음(금송아지 숭배 및 두 번째 십계명).**	출12:33-14:31 야81장-82장
2,450 (BC 1,459)	출애굽 2년	출애굽 12개월 23일에 아론과 그의 아들에게 제사장 기름 부음. 성막 완성하여 세움(출애굽 2년 1월1일). 1차 인구 조사 및 통계(출애굽 2년 1월1일). 미리암이 나병에 걸림. 가나안 정탐.	출26-27장, 출39-40장 민1:1-2:39, 민13장 야83:1-43
-	출애굽 약 4년	레위 증손, 고핫의 손자 이스할의 아들 고라가 모세와 아론을 반역하여 하나님께서 염병으로 고라 외 14,700명이 죽음.	민16:41-49 야84:1-2
2,462 (BC 1,439)	출애굽 14년	깃딤 왕 라티누스 사망하고 아비아누스가 왕에 오름.	야84:9-10
2,484 (BC 1,417)	출애굽 36년	아모리 족속과 모압 족속 간에 전쟁.	야84:14-22
- **2,488** (BC 1,421)	**모세 사망** **출애굽** **40년**	미리암 사망(신광야 가데스, 126세), 아론 사망(호르산, 123세). 에서 자손이 에돔 왕이 이스라엘 자손이 지나는 것을 거부하자 전쟁을 하지 않음. 아랏을 물리치고, 모압과 전쟁을 피하고, 아모리 왕 시혼을 물리치고, 암몬 자손과 전쟁을 피하고, 바산 왕 옥을 물리침. 룻의 자손인 모압 여자와 간음하여 하나님께서 염병으로 이스라엘 자손 24,000명을 죽임. 2차 인구 조사 및 통계(야살의책: 레위 자손 23,000명, 기타 700,730명) - 민수기는 레위 자손 22,000명, 레위 외 자손을 601,730명. 모세 사망(모압 땅 아바림 산, 120세) 및 여호수아(82세)가 대 이음.	민20장-34장 야84:23-25 야84:29-32 야85장 야86;1-5 야87:9-11 신34:7-12
2,489 **(BC 1,420)**	**여호수아** **82세** **가나안 시대**	**요단강을 건넘.** **여호수아(82세).**	수3:1-17 야88:1, 야90:32

2,492 (BC 1,415)	가나안 3년	여호수아 예루살렘 거주하는 아모리 5개 왕을 죽임. 태양과 달 (36대: six and thirty moments) 멈춤.	수10:5,수10:13 야88:59-65 야89:23-28
2,494 (BC 1,413)	가나안 6년	12지파에게 땅을 분배.	수13장-21장 야89:52-54
2,495 (BC 1,395)	가나안 26년	여호수아가 이스라엘 백성에게 권고와 당부.	수23:1-24:28
2,515 (BC 1,394)	가나안 27년	애굽에서 가져 나온 12 조상들의 시신을 묘에 안장.	야90;38-46
2,517 (BC 1,392)	가나안 29년	여호수아 사망(110세), 가나안 31개 성읍을 차지함.	수24:29-33 야90:47

참고 1: 천사 및 사탄 등이 창조 엿새 기간 전에 창조된 것으로 파악할 수 있으나 엿새 기간 내에 창조되었다는 설이 있다.

참고 2: BC 환산은 예수님 출생을 BC 4년으로, 예루살렘 멸망 연대(앗수르 연대기)를 BC 588년으로 보아 출애굽 시점을 BC 1,461으로 환산하였다. 이 기점을 다른 연대로 바꿀 시 BC 연대가 다르게 환산된다. 예수님의 탄생 연도는 BC 2년, BC 4년, BC 6년설이 있다.

참고 3: 창세기 22장 2절에는 "*모리아 땅으로 가서 내가 네게 일러 준 한 산 거기서 그를 번제로 드리라*"라고 기술하나 야살의책 23장 2절에서는 "모리아 땅으로 가서 그곳에서 그를 번제 드려라. 네가 그 산들 가운데 하나를 볼 것이니 네가 그곳에서 구름과 하나님의 영광을 보게 될 것이기 때문이다"라고 더 구체적으로 설명하고 있는데 아브라함이 이 명령을 받은 장소는 블레셋 땅 끝 브엘세바에서 이삭과 이스마엘이 함께 머물 때였다.

참고 4: 헤브론에서 사라의 장례를 마치자 아브라함은 브엘세바로 돌아왔고 이삭을 셈과 에벨의 집으로 3년간 보내 지내도록 하였다. 이삭이 셈과 에벨의 집에서 3년이 지낼 즈음 아브라함은 이삭의 아내를 구하러 종들을 하란 친지 집으로 보냈다. 그런데 창세기 25장 11절에 이삭이 머물렀던 지역이 헤브론 남쪽 약 80km 네게브 지역 「브엘라해로이」였다. 「브엘라해로이」는 하갈이 이스마엘 임신 전 아브라함의 사랑을 받고 사라의 시기로 쫓겨나 지내던 우물가 지역(창세기 16:14)인데 이 지역에 셈과 에벨의 집이 있었다.

참고 5: 야곱이 혼인한 순서는 레아-라헬-빌하-실바이다. 레아 자녀는 르우벤-시므온-레위-유다-스블론-잇사갈, 실바(레아의 몸종) 자녀는 갓-아셀, 라헬 자녀는 요셉-베냐민, 빌하(라헬의 몸종) 자녀는 납달리-단이다.

참고 6: 야곱이 자녀를 낳은 나이를 야살의책 59-63장 기록에 의거 계산하면, 르우벤(야곱 84세 AM 2,192)-시므온(야곱 85세 AM 2,193)-레위(야곱 86세 AM 2,194)-유다(야곱 87세 AM 2,195)-납달리(야곱 87세 AM 2,195)-갓(야곱 88세 AM 2,196)-스블론(야곱 88세 AM 2,196)-아셀(야곱 89세 AM 2,197)-잇사갈(야곱 89세 AM 2,197)-단(야곱 90세 AM 2,198)-요셉(야곱 91세 AM 2,199)-베냐민(야곱 101세 AM 2,209)이였다. 딸 디나는 스블론과 요셉 사이에 낳았는데 그 시기를 알 수 없으나 요셉 90세 이후에 레아가 낳은 막내딸인 듯하다 (표 2-5-1 참조).

참고 7: 베냐민의 사망 시점은 알 수 없으나 가장 마지막 사망자를 레위로 기록한 점에서 레위 사망 전으로 보인다 (표 2-5-1).

참고 8: 출애굽기 2장 11절의 모세가 장성한 시기를 사도행전 7장 23절에서 모세가 애굽 사람을 죽여 미디안으로 도망간 장면을 소개하면서 그때 모세의 나이를 40세로 설명하였다. 이 상황을 야살의책과 비교해 해석하면, 모세가 40세 때까지 애굽 궁전에 있었다거나 40세가 되는 어느 날 애굽인을 죽였다고 설명하는 장면이라기보다 애굽에서 도망 나온 후 40세가 되는 어느 날 자기 민족에 대한 안타까움이 있었다는 상황을 설명하는 것으로 보인다. 그리고 그 후 40년이 찬 80세에 하나님의 사역을 수행하게 되었다는 스데반의 설교로 보아야 할 것이다 (사도행전 7:30). 즉 이러한 문장 해석은 스데반의 설명와 야살의책 설명을 통합한 해석 방식의 예이다.

참고 9: 모세의 장인 이드로(=르우엘)는 아라비아 반도 「미디안」 지방에 살았다. 「미디안」이란 명칭은 아브라함이 아내 사라가 죽은 후 가나안의 겐 족속 여인 그두라를 후처로 맞아 여섯 아들을 낳는데 네째 아들이 「미디안」이다 (창세기 25:1-4). 「미디안」은 다섯 아들을 낳았고 그 중 셋째 아들 「하녹」의 맏아들이 르우엘인 이드로였다 (야살의책 25:9-12). 이드로의 장남 이름이 「호밥」이어서 호밥 족속이라고도 한다 (민수기 10:29-32). 이스라엘 자손은 가나안 땅으로 들어온 후 오랜 기간 이드로의 자손들과 동역하였다 (사사기 4:11).

참고 10: 모세가 소지한 「청옥 지팡이」는 노아-셈-에벨-아브라함-이삭-야곱-에서-야곱-요셉-미디안 제사장 르우엘-모세로 이어졌다. 이를 출애굽기 4장 20절에서는 "하나님의 지팡이"라 하였다. 법궤 속에 둔 아론의 싹이 나고 살구 열매가 맺은 지팡이와 다르다 (민수기 17:8). 모세가 이 청옥 지팡이를 누구에게 주었는지는 기록에 없으나 여호수아에게 물려 준 것으로 보인다. 이 지팡이는 홍해를 가르고(출애굽기 14:16) 광야에서 반석을 쳐 물이 나오게 한 지팡이(출애굽기 17:5-6)였을 것이다.

참고 10: 위 표의 비고난에 「야」는 야살의책을 말한다.

제 1 장

하나님의 시간성

- 창세기 1장 천지창조의 「날」을 중심으로 -

- 빛이 있으라 -

(창세기 1:3)

1-1. 서론

1-2. 해석의 불가해함과 고민

1-3. 창세기 1-3장에 나타난 묘사의 여러 특징

1-4. 창세기 1장의 묘사 개관

1-5. 창세기 1장의 궁창·하늘·땅·바다 등의 형성

1-6. 창세기 1장의 창조 흐름과 중심어 군

1-7. 성경에 나타난 하나님 사역의 시간성

1-8. 창세기 1장에 나타난 만물의 출현(탄생): 선재성, 시지각성과 영적 시간

1-9. 창세기 1장의 문장 변형 분석

1-10. 시간의 현상학적 해석

1-11. 진화와 믿음

1-12. 문자주의 한계와 문자의 의미

1-13. 창세기 1-2장의 미분적 관점

1-14. 「날」에 대한 예수님의 대답

1-15. 「날」에 대한 사도들의 견해

1-16. 창세기 1장의 목적론적 해석

1-17. 창조 숫자에 대하여

1-18. 창세와 말세

1-19. 창세기 1장 고찰 후기

- 요약 -

제1장은 창세기 1장의 천지창조에 관한 시간 및 기간에 관한 문자적 해석을 위주로 한다. 단순하고 짜임새가 완벽한 창세기 1장은 표현이 사실적이나 깊이와 넓이와 높이의 심오성을 시간이라는 열쇠로 풀고자 하였다. 창세기 1장의 「날」이 무엇인가를 성경으로 정의하지 않고 사람의 추정이나 상상을 동원하여 정의함으로써 복잡하고 다양한 설이 등장한다. 먼저 창세기 1장의 「날」은 반드시 밤과 낮으로 구성된 것으로 정의해야 하며 이 개념으로 1절부터 5절을 파악하면 창세기 1장 전체를 정확히 해석할 수 있는 첫 기초가 탄탄히 마련된다.

두 번째 기초는 하나님께서 첫 세 날 동안 빛과 궁창과 땅을 만드셨다는 점을 파악해야 한다. 궁창을 만드신 이유는 하늘을 만드시기 위한 것이며 땅을 만드신 목적은 사람을 짓기 위한 것이다. 궁창과 하늘을 혼동하거나 구분하지 못한 해석상 오류가 많다. 「궁창」이란 첫째 날 수면 위를 운행하신 하나님께서 물 가운데 빈 공간을 만든 것을 말하며 이 공간을 하나님께서 「하늘」이라 명명하셨다. 하늘이라고 칭한 것은 하나님께서 계신 곳이 하늘이기 때문에 그 명칭을 원용한 것이다. 이 지상의 (첫째) 하늘은 1장 1절에서 이미 하나님께서 만드신 둘째 하늘을 통해 직접 (셋째) 하늘나라와 (물리적으로 영적으로) 직접 연결되도록 하셨다. 따라서 우리로 하여금 하나님이 계신 하늘을 쳐다보며 하늘나라를 소망하도록 하였다. 광명체, 바다 등, 식물과 동물체를 만든 것은 영적 상징을 암시하는 실재로 보이며 하나님을 닮은 「하나님의 아들들」인 사람을 위해 이들을 지상에 창조한 것으로 해석하였다.

피조물의 창조 과정과 흐름이 조금 복잡해 보이나 이는 전통적 해설에서 보듯이, 첫 삼일 동안 빛(光)+하늘(天)+땅(地)을 창조한 원리(바탕화)에 대응하여 후 삼일 동안 발광체+하늘 생명+땅 생명(구체화)을 창조한 유사 반복성으로 이해해야 한다. 이 원리에 따라 6이라는 숫자적 개념은 실제 하나님을 상징하는 숫자 3을 2회 반복한 것으로 파악하였다. 이와 별개로 믿는 자들을 위한 영원한 안식의 날을 별도 제정하셨다.

하나님께서 사람에게 계시할 때 시지각을 통한 계시가 많은 예에 따라 창세기 1장의 피조물의 창조를 시지각적 출현(도래, 탄생)으로 파악하여 출현의 흐름을 설명하고자 하였다. 출현의 묘사 특징은 창세기 1장의 부분을 상세히 다시 설명한 창세기 2장의 세부 내용에서 묘사 특징을 약 열 가지로 도출할 수 있는데 이 점에 의거 창세기의 1장의 「날」이 오늘날 사람이 파악하는 하루가 아닌 긴 시간 또는 기간이라는 점을 확인하였다. 하나님의 말씀은 하늘나라를 염두에 둔 설명이 포함되어 있어 창조의 「날」은 하나님의 영적 시간 또는 기간이며 하나님의 시간표이고 온 우주를 창조하신 하나님의 시간 법칙으로 인식해야 한다는 점을 설명하였다.

창세기의 「날」을 묵상함에 있어, 「날」의 다의적 또는 중의적 의미 중 하나로 하나님의 법칙으로 받아들이고 그 법칙이 역사로 나타난다고 판단해야 할 것이다. 그러하다면 6일과 안식일이 무엇을 상징할까. 사도 바울은 준비되지 않는 자는 안식에 참여할 수 없다(히브리서 4:5)고 하였다. 아담 이후 6천 년이 지난 지금 예수님의 재림을 기다리는 초대 교회 교인과 신실한 신앙인이 소망하듯, 밤의 도적처럼 예고 없이 갑자기 도래할 재림을 준비하여 새하늘과 새땅에서 새 천 년을 맞이하는 영원한 「안식」을 누려야 할 것이다.

제 1 장. 하나님의 시간성: 창세기 1장의 「날」을 중심으로

아래 영문은 The New King James Version(Thomas Nelson Pubishers, 1983)에 의한 것이며 괄호 내 단어는 Authorized King James Version(The National Bible Press, 1954)에서 사용된 것이다. 한글 번역 창세기는 히브리어 자체를 번역자의 주관적 판단에 따라 의역(오역)한 경우가 있는 듯하다. KJV는 히브리 단어와 의미를 충실히 담고 있다고 하나 히브리 원문 해석을 참조하는 것이 좋다. 예컨대 Authorized King James Version에서는 heavens를 단수형인 heaven으로 표기하였으나 히브리 원문은 복수형이라 한다. 한글은 라이프 성경(기독지혜사, 1989)에 의하였다. 본 고찰은 히브리어 원어의 뜻와 동사 시제 등을 예민하게 파악하여나 하나 이를 배제한 것은 주로 하나님 창조 「사역」과 피조물의 「종류」가 「시지각적 흐름에 따라 드러난 출현(탄생) 과정」으로 파악하면서 「날」의 시간성에 초점을 맞추었기 때문이다.

□ 창세기 1장

< 태초(太初)의 첫째 날 >

1. 태초에 하나님이 천지(天地)를 창조하시니라.
   In the beginning God created the heavens and the earth.
2. 땅이 혼돈하고 공허하며 흑암이 깊음 위에 있고 하나님의 영은 수면에 운행하시니라.
   The earth was without form, and void; and darkness was on the face of the deep. And the Spirit of God was hovering over the face of the waters.
3. 하나님이 가라사대 *빛이 있으라* 하시매 빛이 있었고
   Then God said, *Let there be light;* and there was light.
4. 그 빛이 하나님의 보시기에 좋았더라 하나님이 빛과 어두움을 나누사
   And God saw the light, that it was good; and God divided the light from the darkness.
5. *빛을 낮이라 칭하시고 어두움을 밤이라* 칭하시니라. 저녁이 되며 아침이 되니 이는 첫째 날이니라.
   God called the *light Day, and the darkness* He called *Night*. So the evening and the morning were the first day.

< 둘째 날>

6. 하나님이 가라사대 *물 가운데 궁창(穹蒼)이 있어 물과 물로 나뉘게 하리라* 하시고
   Thus God said, *Let there be firmament in the midst of the waters, and let it divide the waters from the waters.*
7. 하나님이 궁창을 만드사 궁창 아래의 물과 궁창 위의 물로 나뉘게 하시매 그대로 되니라.
   Thus God made the firmament, and divided the waters which were under the firmament from the waters which were above the firmament; and it was so.
8. 하나님이 궁창을 하늘이라 칭하시니라 저녁이 되며 아침이 되니 이는 둘째 날이니라.
   And God called the firmament Heaven. So the evening and the morning were the second day.

< 셋째 날 >

9. 하나님이 가라사대 *천하의 물이 한 곳으로 모이고 뭍이 드러나라* 하시매 그대로 되니라.
Then God said, *Let the waters under the heavens be gathered together into one place and let the dry land appear;* and it was so.

10. 하나님이 *뭍을 땅이라* 칭하시고 모인 *물을 바다라* 칭하시니라. 하나님이 보시기에 좋았더라.
And God called *the dry land Earth* and the gathering together of the waters He called *Seas*, And God saw it was good.

11. 하나님이 가라사대 *땅은 풀과 씨 맺는 채소와 각기 종류(種類)대로 씨 가진 열매 맺는 과목(果木)을 내라* 하시매 그대로 되어
Then God said, *Let the earth bring forth grass, the herb that yield seed, and the fruit tree that yields seed, and the fruit tree that yields fruit according to its kind, whose seed is in itself, on the earth;* and it was so.

12. 땅이 풀과 각기 종류대로 씨 맺는 채소와 각기 종류대로 씨 가진 열매 맺는 나무를 내니 하나님의 보시기에 좋았더라.
And the earth brought forth grass, the herb that yields seed according to its kind, and the tree that yields fruit, whose seed is in itself according to its kind. And God saw that it was good.

13. 저녁이 되며 아침이 되니 이는 셋째 날이니라.
So the evening and the morning were the third day.

< 넷째 날 >

14. 하나님이 가라사대 *하늘의 궁창에 광명(光明)이 있어 주야를 나뉘게 하라. 또 그 광명으로 하여 징조(徵兆)와 사시(四時 계절)와 일자(日字 날)와 연한(年限 해)이 이루게 하라.*
Then God said, *Let there be lights in the firmament of the heavens to divide the day from the night; and let them be for signs and seasons, and for days and years;*

15. 또 그 광명이 하늘의 궁창에 있어 땅에 비추라 하시고 (그대로 되니라)
and let them be for lights in the firmament of the heavens to give light on the earth; and it was so.

16. 하나님이 두 큰 광명을 만드사 큰 광명으로 낮을 주관하게 하시고 작은 광명으로 밤을 주관하게 하시며 또 별들을 만드시고
Then God made two great lights in the firmament of the heavens to give light onto the earth: the greater light to rule the day, and the lesser light to rule the night, He made the stars also,

17. 하나님이 그것들을 하늘의 궁창에 두어 땅에 비취게 하시며
God set them in the firmament of the heavens to give light on the earth,

18. 주야를 주관하게 하시며 빛과 어두움을 나뉘게 하시니라. 하나님의 보시기에 좋았더라.
and to rule over the day and over the night, and to divide the light from the darkness, And God saw that it was good.

19. 저녁이 되며 아침이 되니 이는 넷째 날이니라.
So the evening and the morning were the fourth day.

< 다섯째 날 >

20. 하나님이 가라사대 *물들은 생물로 번성케 하라. 땅 위 하늘의 궁창에는 새가 날으라* 하시고
Then God said, *Let the waters abound with an abundance of living creature, and let birds(fowl) fly above the earth across the face of the firmament of the heavens.*

21. 하나님이 큰 물고기와 물에서 번성하여 움직이는 모든 생물을 그 종류대로, 날개 있는 모든 새를 그 종류대로 창조하시니 하나님의 보시기에 좋았더라.
So God created great sea creatures(whales) and every living thing that moves, with which the waters abounded, according to their kind, and every winged bird according to its kind. And God saw that it was good.

22. 하나님이 그들에게 복을 주어 가라사대 *생육하고 번성하여 여러 바닷물에 충만하라. 새들도 땅에 번성하라* 하시니라.
And God blessed them, saying, *be fruitful and multiply, and full the waters in the seas, and let birds(fowl) multiply on the earth.*

23. 저녁이 되며 아침이 되니 이는 다섯째 날이니라.
So the evening and the morning were the fifth day.

< 여섯째 날 >

24. 하나님이 가라사대 *땅은 생물을 그 종류대로 내되 육축(六畜)과 기는 것과 땅의 짐승을 종류대로 내라* 하시고(그대로 되니라),
Then God said, *Let the earth bring forth living creature according to its kind: cattle, creeping thing and beast of the earth, each according to its kind*; and it was so.

25. 하나님이 땅의 짐승을 종류대로, 육축을 그 종류대로, 땅에 기는 모든 것을 그 종류대로 만드시니 하나님의 보시기에 좋았더라.
Then God made the beast of the earth according to its kind, cattle according to its kind, and everything that creeps on the earth according to its kind. And God saw that it was good.

26. 하나님이 가라사대 *우리의 형상(形像)을 따라 우리의 모양대로 우리가 사람을 만들고 그로 바다의 고기와 공중의 새와 육축과 온 땅과 땅에 기는 모든 것을 다스리게 하자* 하시고,
Then said, *Let us make man in Our image, according to Our likeness, let them have dominion over the fish of the sea, over the birds of the air, and over the cattle, over all the earth and over every creeeping thing that creeps on the earth.*

27. 하나님이 자기 형상 곧 하나님의 형상대로 사람을 창조하시되 남자와 여자를 창조하시고,
So God created man in His own image; in the image of God He created him; male and female He created them.

28. 하나님이 그들에게 복을 주시며 그들에게 이르시되 생육하고 번성하여 땅에 충만하라, 땅을 정복하라, 바다의 고기와 공중의 새와 땅에 움직이는 모든 생물을 다스리라 하시니라.
Then God blessed them, and God said to them, *be fruitful and multiply; fill the earth and subdue it; have dominion over the fish of the sea, over the birds of air, and over the every living thing that moves on the earth.*

29. 하나님이 가라사대 *내가 온 지면의 씨 맺는 모든 채소와 씨 가진 열매 맺는 모든 나무를 너희에게 주노니 너희 식물(食物)이 되리라.*

And God said, *See, I have given you every herb that yields seed which is on the face all of the earth, and every tree whose fruit yields seed; to you it shall be for food.*

30. *또 땅의 모든 짐승과 공중의 모든 새와 생명이 있는 땅에 기는 모든 것에게는 내가 모든 푸른 풀을 식물(食物)로 주노라* 하시니 그대로 되니라.
Also, *to every beast of the earth, to every bird of the air, and to everything that creeps on the earth, in which there is life, I have given every green herb for food;* and it was so.

31. 하나님이 그 지으신 모든 것을 보시니 보시기에 심히 좋았더라 저녁이 되며 아침이 되니 이는 여섯째 날이니라.
Then God saw everything that He had made, and indeed it was very good. So the evening and the morning were the sixth day.

□ 창세기 2장

< 일곱째 날: 안식일 >

1. 천지와 만물이 다 이루니라.
Thus the heavens and the earth, and all the host of them were finished.

2. 하나님의 지으신 일이 일곱째 날이 이를 때에 마치니 그 지으시던 일이 다하므로 일곱째 날에 안식(安息)하시니라.
And on the seventh day God ended His work which He had done, and He rested on the seventh day from all His work which He had done.

3. 하나님이 일곱째 날을 복 주사 거룩하게 하셨으니 이는 하나님이 그 창조하시며 만드시던 모든 일을 마치시고 이날에 안식하셨음이더라.
Then God blessed the seventh day and sanctified it, because in it He rested from all His work which God had created and made

1-1. 서론

첫째, 창세기 1장은 모든 만물이 상상 이상으로 아름답고 질서 있고 깨끗하며 맑게 만들어진 것으로 상상하며 읽어야 한다는 점이다.[1] 둘째 가정할 수 있는 상상은 다음과 같다. 우리가 태어나 희미하게 의식이 든 어린 시절 맑은 하늘의 구름을 보거나, 나무에 앉은 새가 지저귀는 소리를 들으며 매우 신기하게 저것이 무엇인지 또 나는 무엇일까 왜 꽃과 나는 다른 것일까 나는 왜 있는 것인지 등등의 많은 의문이 절로 생긴 적이 있지 않은가. 아담에게 하나님께서 천지가 무엇이며 어떻게 만들었는지 설명을 해야 하지 않으셨을까. 우리의 어린 시절처럼 아담은 모든 것이 처음인 아름다운 만

1 S. G. De Graaf는 창세기 1장을 단순히 만물을 창조하신 것이 아니라 「하나님의 은혜의 왕국(The Kingdom of God's favor」을 계시하는 것이라 하였다. S. G. De Graaf, 박권섭역(1991), 천지창조에서 가나안 정복까지, 크리스챤서적, pp30-31

물을 보며 무슨 생각을 하였을까. 하나님께서 이를 어떻게 설명하셨을까. 이런 유형의 생각은 상상이 아니라 사람에게 매우 중요한 최초의 그리고 최상의 현실적 궁금증이다. 창세기를 읽을 때 신화적으로, 문학적으로, 신학적으로, 그리고 과학적으로 생각해 볼 수 있으나 그러한 기존의 장르 체계에 꿰맞추어 분석하며 해석하는 것이 올바른 것일까.

따라서 셋째는, 아담 부부가 아름다운 만물을 바라본 최초의 그리고 최상의 궁금증은 매우 중요하여 이 점을 마음에 두면 창세기 1장이 독해가 될까. 아름다운 만물을 처음 본 어린아이처럼 단순한 믿음이라면 무슨 해석이 필요하겠는가. 창세기를 통해 지동설이냐 천동설이냐를 음미한다는 것 자체가 우스꽝스러운 일이다. 실제 창세기 1장은 위대하신 하나님의 신성(神性)을 전제하지 않으면 아니 된다.

창세기 1장을 여러 차례 음미하면 마치 아름다운 천지가 만들어지는 바를 아름다운 시로 설명하는 서정시 같고 서사시인 듯도 하다. 창세기 1장의 문맥에 나타난 단어들의 패턴과 순환에서 시적 반복의 운율과 체계와 질서가 있고 이를 하나님께서 시적으로 아름답게 사람에게 계시한 듯한 문장으로 읽힌다. 이런 아름다운 시적 이야기를 현대인의 복잡한 분석적 사고로 음미하려는 시도가 글의 계시 목적과 다를 수 있다. 창세기 1장에서 발견되는 시적 아름다움과 높은 격조의 계시에 나타난 「시지각 묘사」에 비중을 두면서 창조된 「날」의 개념을 다양한 방식으로 생각해 보는데 분석 후 나타난 문제점과 한계도 재해석할 필요가 있다.

창세기 1-2장에서 6일 동안 천지를 창조하시고 제7일을 안식일로 설명한 내용은 출애굽기 20장 11절, 출애굽기 31장 17절, 히브리서 4장 3-4절에서 다시 약술하는데 특히 출애굽기 두 절은 하나님께서 직접 말씀하시었기에 6일간 천지를 창조한 것을 부인할 수 없도록 봉인하셨다. 6일간의 천지창조를 이해할 때 하나님께서 언급한 「날(하루)」에 대한 시간 개념이 태양계에 의한 시간과 다른 시간이라는 생각이 들었다.

창세기 1장을 읽을 때 처음 6일간의 창조된 피조물에 상상하기 힘든 두 번의 큰 변화가 있었다는 점을 간과하지 말아야 한다. 처음 만들어진 천지와 생명체 등과 이를 지배했던 각종 질서가 창세기 3장 전반부에서 아담 부부가 선악과를 먹고 죽음에 이르렀고 동시에 3장 후반부에서 하나님의 심판으로 모든 생태계에 이르러 심각한 악영향이 도래했음을 설명하고 있다. 그후 약 1천6백 년이 지나 창세기 7장의 설명대로 비참한 심판인 대홍수로 인하여 온 인류와 많은 생명체가 죽고 모든 생태 환경이 아담 부부 때의 심판 이상으로 급변한 상황이 발생하였다.

이 두 가지 심판으로 인해 최초 6일의 상태는 우리의 감각계를 통해 측정하거나 인지하는 질서와 다른 상태를 전제하고 창세기 1장을 읽어야 한다는 점이다. 이 악화된 변화를 우리가 측정할 수 있거나 인지할 수 있는 질서 체계를 과학적 용어로 해석할 필요성이 있다면 미국 토목공학자 헨리 M. 모리스 교수 등이 쓴 명저「현대과학의 성서적 기초(The Biblical Basis for Modern Science)」와「대홍수(The Genesis Flood)」등을 참조하면 좋다.

창세기 1장은 사람이 태어나기 전 하나님께서 천지를 창조한 사항을 매우 간단히 계시한 글이다. 오랜 기간의 연구를 통해 알 수 있듯이 사람의 인문학적 그리고 신학적 연구로 통일된 해석을 내놓지 못하고 하나님의 영적 세계와 사역에 관한 약간의 이해일 뿐이다. 본 고찰 역시 창세기 1-3장을 어떻게 읽을 것인지에 대한 약간의 참고 정도일 것이다. 계시(啓示, revelation)란 주로「청각」과「시각」을 통해 사람에게 전달되며 청각과 시각 이외 다른 감각기관은 성령님에 의한 순수한「영감」일 것이다. 창세기 1장 역시 그 묘사가 청각과 시각과 시지각 및 영감을 통해 전달된 것을 기록한 것과 이에 더하여 하나님께서「좋았더라(good)」라고 평가가 부가되어 있다.

본 것 즉「시각(視覺)」을 통해 얻은 단순 정보에 반응하거나 해석하거나 인식 과정을 거쳐 얻는 내용을「시지각(視知覺 visual perception)」인식이라 한다. 그런데 바라본 색채, 원근, 모양이나 형태, 크기, 움직임, 변화 등 시각 요소를 시지각 의미로 환원하여 묘사하는 일은 여러 이유로 쉽지 않다. 사람의 지적 수준과 표현 능력과 방법, 감정 등 여러 가지 변수들이 개입하여 사람마다 기록하거나 전달할 때 사실의 시각 내용이나 시지각 내용이 달라지기 때문이다. 본 것을 사실 그대로 글이나 말로 묘사하기가 어려운 것처럼 묘사된 글을 읽는 사람이나 말을 듣는 사람은 사진이나 그림 없이 본 사람 이상으로 정확히 파악도 더욱 어렵다. 마찬가지로 청각적 내용을 그대로 기록하기는 쉽더라도 듣고 적은 묘사 내용을 타인이 해석하는 일도 쉽지 않은 경우가 많다. 정보의 손상과 유실과 누락 등이 정보의 전달 과정이나 보존 과정에서 반드시 발생한다. 창세기 1장은 기록이나 보존 과정에서 상당히 압축된 시적 형태로 남은 것으로 보이며(이 점은 본 고찰 및 다른 장 여러 곳에서 왜 그러한지 설명된다) 최종적으로 놀라울 정도로 매우 체계적이고 정교하게 묘사된 계시의 말씀이다.

창세기 1-2장이 청각, 시각 또는 시지각을 통해 기록된 것인지 아니면 순수 영감을 통해 받은 계시인지 그 기록 배경이 없어 알 수 없으나 영감보다 주로 청각과 시각과 시지각을 통한 계시로 보인다. 특히 창세기 2장 5-6절은 청각적 계시보다 약간의 시각 요소에 시지각 내용이 많이 포함되어 있다. *"여호와 하나님이 땅에 비를 내리지 아니하셨고 땅을 갈 사람도 없었으므로 들에는 초목이 아직 없었고 밭에는 채소가 나지*

아니하였으며 안개만 땅에서 올라와 온 지면을 적셨더라 (창세기 2:5-6)"에서 하나님께서 비를 내리지 아니하신 것과 땅을 갈 사람도 없었다는 점은 시각 요소를 시지각으로 묘사한 내용이다. 비, 땅, 들, 초목, 밭, 채소, 안개, 지면 등은 시각 요소이다. 즉 시각 요소와 시지각 묘사는 하나님께서 주신 말씀으로 보아야 한다.

창세기 1장의 묘사는 창조 시의 피조물 창조 과정을 사람이 직접 본 것이 아닌 대표적 주요 피조물의 시각 요소의 출현(탄생, 도래)[2]에 대한 시지각적 설명이거나 피조물을 창조한 권능이 하나님의 「말씀」이어서 청각적으로 계시받은 묘사로 구성된다. 이런 이유로 본 고찰에서는 히브리 원어에 집중한 해석에 집착하지 않았다. 즉 주요 시각적 요소인 피조물이 창조되는 상황을 기록자가 시각적으로 직접 보지 못하고 하나님께서 화자(話者)가 되어 설명한 내용을 청각적으로 듣거나 영적 계시로 기술한 내용인데 매우 생생한 시지각적 특성을 띤 구성으로 주로 파악하였다.

만일 창세기 1장을 실제 피조물의 창조 과정을 설명한 것이 아니라 영적 상징으로 단정한다면 히브리 원어에도 치중해야 할 것이나 그렇지 않다면 피조물의 창조 과정인 피조물의 시지각적 출현(탄생, 도래)에 초점을 맞출 필요성이 있을 것이다. 하나님께서 창조하셨다는 점에서 피조물은 하나님의 창조력에 의한 탄생이나 사람 입장에서는 「시지각적 출현」이므로 이 고찰에서는 시지각적 「출현」과 동시에 「탄생 또는 도래」로 설명하였다. 혹자는 창세기 1장에서 하나님의 창조 방식에서 과학적 법칙이나 원리를 찾고자 애쓰나 구체적 힌트를 찾기 매우 어려워 과학적 분석이 거의 소용이 없어 보인다. 따라서 시지각적 출현과 그 흐름으로 구성된 것으로 파악하여 「날」의 의미를 이해하고자 한다.

각 「날」 시작에 「하나님이 가라사대 ---」로 창조를 말씀으로 하시었다고 하고 그 창조된 내용이 「--- 그대로 되니라」라고 기술함으로써 하나님께서 말씀하신 것을 듣거나 영적 계시로 깨달아 그 내용을 시지각적으로 묘사하였다. 여기서 「--- 그대로 되니라」라는 표현은 하나님의 명령을 재확인하는 것이며 이 확인의 주체는 사람 또는 하나님일 것인데 기록자가 하나님께서 명하여 행하신 사역 내용을 (현실적으로 또는 환상인) 시지각적으로 살피니 그대로 된 것을 확인한 기록자의 묘사일 수 있다.

---

2 「출현」은 피조물이 시지각으로 나타났다는 의미이고, 반면 「탄생」은 하나님께서 피조물을 품어 잉태하여(창세기 1장 2절의 운행하여) 창조하였다는 의미이다. 「도래」는 하늘에 선재한 것이 세상에 나타난 것이라는 의미히다. 본 고찰은 시지작적 해석이 주가 되므로 출현이라는 용서를 선택하였다.

창세기 2장 7절과 2장 21-22절에서 하나님께서 아담과 이브를 창조하시는 장면을 자세히 살피면 창세기 1장 묘사에서 찾을 수 없는 창조 과정의 세부 장면을 시지각으로 섬세히 파악하여 묘사한 것이 명백하다는 것을 알게 한다. 또 창세기 2장 4-6절은 아담의 창조 전 상황이므로 창세기 1장의 특정 날에 관한 부가적 묘사로써 시지각으로 매우 섬세하고 세부적이며 종합적인 점이 특징이다. 이 묘사를 창세기 1장과 비교하면 창세기 1장의 묘사 특징은 주된 시각적 요소의 출현(탄생, 도래) 결과를 굵고 선명하며 간단한 시적인 반복의 문체로 묘사되었다는 점이다. 종합하면, 창세기 1장 1절부터 2장 6절까지의 내용은 기록자의 시지각 묘사가 주(主)가 되나, 1장은 각 날의 묘사에 청각적 계시가 추가되며 2장 6절은 섬세한 시지각 묘사가 주가 된다.

천지창조에 관한 여러 이해에 앞서, 귀하고 신비한 생명과 물질로 가득 찬 이 아름다운 지구 그리고 끝없이 펼쳐진 하늘을 창조하신 하나님께서 인생에게 간결하게 설명한 귀한 글을 읽고 그 위대한 능력에 깊은 감사와 드높은 찬양을 드리지 못하는 절망감에 휩싸인다. 이 얼마나 답답하고 무지한 영혼인가. 하나님의 깊은 신비와 위대한 능력을 좀처럼 깨닫지 못하여 표현하지 못하는 불가능은 어쩔 수 없는 절망인가. 먼저 하나님께 찬양과 감사를 드릴지어다 !

1-2. 해석의 불가해함과 시도

우리가 이것을 말하거니와 사람의 지혜의 가르친 말로 아니하고 오직 성령의 가르치신 것으로 하니 신령한 일은 신령한 것으로 분별하느니라 (고린도전서 3:13). 신령한 영으로 쓴 계시를 신령한 영으로 이해해야 할 것인데 인문학적 사고로 창세기를 읽으려는 접근과 시도가 온전한 해석에이 되지 못할 것이다. 영의 세계는 현대인이 익숙한 인식론 내지 혼(魂)적 방법, 즉 우리가 익힌 인문학적 방법으로 이해하지 못한다 하였다. 인문학적 연구 결과에 맞추어 하나님의 사역을 해석하는 것이 오늘날의 신학적 경향이다. 인식론적 방법 외에 신령한 영으로 묵상해야 하나 쉽지 않다.

만물의 기원을 매우 간단한 문장으로 기록한 창세기 1장의 불가해성 때문에 그동안 구체적 이해를 포기하고 살았다. 평생 창세기 1장을 문자적으로 믿어야 했고 더 높은 신비함을 깨닫지 못하는 답답함을 조금이라도 해소하려는 늦은 나이의 소망일 것이다. 창세기 1장은 믿음과 사유와 지식의 척도이다. 신령한 영적 지식 없이 읽을 수 없는 계시이다. 예수 그리스도를 깊은 감사와 찬양으로 바라보다가 창세기 1장을 묵상하면 무릎이 꺾이고 믿음과 지식이 전혀 없음을 깨달으며 또 다시 예수 그리스도를 앙망할 기회를 갖는다. 그래서 묵상은 지속되어야 할 것이다.

사실적 묘사가 많은 창세기 1장에 관한 수천 년간의 연구에도 영적[3] 의미와 상징을 포함한 하나님의 사역에 관한 궁금증에 대한 일치된 해석을 못 하고 있어 많은 부분이 믿음의 영역에 남겨져 있다. 영원하신 하나님께서 창조한 우주 만물의 존재성, 공간성, 시간성과 역사성(현상), 인격성을 담고 있는 창세기 1장의 계시에 그저 다가가기 위해 노력과 묵상이 지속될 뿐이다. 하나님의 7일간의 창조 사역에 대한 문자적 믿음과 아울러 영적 해석을 배제할 수 없는 창세기 1장을 아래 < 표 1-2-1 > 처럼 물리적 묘사를 영적으로 재해석하기도 한다.

< 표 1-2-1 >　「날」의 주제 예시

창조 기간	제0일	제1일	제2일	제3일	제4일	제5일	제6일	제7일
사역	선재	전 3일 (바탕화, ground-forming)			후 3일 (구체화, figure-filling)			구속
물리적 주제	**혼돈과 흑암**	**빛**	**하늘 (궁창)**	**땅과 바다**	**광명**	**하늘과 바다의 생명**	**땅의 생명**	**안식**
영적 주제 1	바탕	성령	이스라엘	율법과 훈련	예수와 마귀	교회와 세상	환난	평강
시대론	태초	아담	노아	아브라함	그리스도	성령	적그리스도	천년왕국
영적 주제 2 (구속사 주제)	**근원**	**그리스도의 신성**	**권세**	**세상**	**복음**	**생명**	**인자(人子)의 날**	**영원**

주 1: 각 「날」을 하나님의 시간표로 해석하는 경우 주제별로 위 같이 설명된다. 표 내용은 창세기 1장 묘사에 드러나 있지 않으나, 1장은 창세 전 천지창조에 관한 기획이 창조로 드러난 내용이며 만물의 시작과 끝을 암시하는 매우 중요한 내용으로 하나님께서는 창조 전 시작과 끝 등 모두를 아셨기 때문이다.

주 2: 시대론에서 천년왕국이 있느냐 없느냐, 있으면 언제 있느냐 등으로 설이 분분하다.

주 3: 「영적 주제 2」는 본 고찰의 결과로서 < 그림 1-15-1 > 및 이 글의 주된 해석이다.

주 4: 제0일은 시작으로 제1일에 포함된다. 천지창조는 6일이며 안식일로 완성되었다.

주 5: 각 날에 나타난 피조물의 성격이나 특징에서 하나님의 신성, 권능과 목적을 유추할 수 있을 듯하다.

초고대 인류가 1천 년 가까이 살았다는 창세기의 기록은 사실로 믿어진다. 식물학 및 식물생리학에서 밝혀진 사실을 살피고 초고대 식물 화석과 5천 년 정도를 사는 현생 식물을 비교하면 사람의 장수(長壽)가 가능했을 것이다. 창세기 6장 3절에 하나님의

3　「영적 또는 영의 spiritual」라는 개념은 '정신적'이라는 의미와 유사하나 정확히는 성경에서 긍정적 의미로 "하나님에 속한 영의 또는 하나님의 세계와 관련된" 뜻이다. 현실 세계 내에 「영의 세계」가 있으나 사람에게는 이를 인지하는 「영의 기관」이 활성화되어 있지 아니하다. 하나님이 주시는 통찰력, 계시, 감동(감화), 반응 등을 말할 때 좋은 의미로 "영적 또는 영의"라 하고 성령의 내주(來住), 충만 등으로 표현한다. 심리학 등에서 정신적이라는 의미는 육신적이고 지·정·의 즉 혼적(soul, 魂魄)을 말한다. 영이 혼을 관장하여 표면적으로 정신작용으로 나타날 수 있으나 그 정신작용의 근원은 영이다. 영이 없이도 사람은 육신과 일체화된 혼이 작용하여 정신작용을 하고 산다. 「혼」이란 육신에 반응하는 본능 또는 두뇌에 의한 정신 활동을 말한다. 혼과 육은 독립적이면서 일체적으로 묶여 있고 상호작용한다. 하나님께서 만물 안에 나타내신 영적인 것의 예로 우주의 질서, 법칙, 원리, 명령, 작용 등이 있으며 성경은 만군의 여호와의 영의 능력으로 이들을 다스리신다(스가랴 4:6)고 설명한다. 보편 사람에게는 하나님의 영이 소멸되었으며 잔존한 영적 기관에 성령이 오셔야 영의 활동이 이루어진다. 나쁜 영으로 악령은 마귀에서 나온 것이고 사람은 이를 응용하여 스스로 악한 영을 만들기도 한다.

충만한 영에서 멀어진 사람이 "육신이 되어" 수명이 짧아질 것이라는 예고대로 노아 대홍수 후 기원전 20세기경부터 점점 단축되어 100-200세가 되더니 기원전 15세기경에는 70-80세가 되었다. 생명 현상을 설명하는 신학적 내용이 과학적 설명과 크게 불일치하다고 생각하지 않으나 특히 창세기 1장의 천지창조에 대한 신비한 기록은 성경 내 다른 정보, 과학적 발견이나 이론을 참조하면 이해하기 어려운 점이 많아 매우 무거운 과제이다. 오랜 기간 창세기 1장에 관한 여러 해설서를 보아도 크게 도움이 되지 않았고 항상 복잡하고 어려웠다.

일반의 믿음은 관찰, 경험, 교육, 관습, 합리적 논증 등으로 형성되고 이를 의지해 살아간다. 이러한 방법을 내적 사유 또는 인식을 통한 믿음(인식적 믿음)이라 하고, 반면 절대자가 밝힌 지식을 받아들이는 것을 신앙의 믿음(영적 믿음)이라 한다. 성경에서 「계시」란 하나님께서 사람에게 준 지식을 말한다. 특별한 사람에게 특별히 준 계시를 「특별계시」라 한다. 이에 반해 자연법칙이나 현상을 이성을 통해 알 수 있거나 알려진 내용을 신학적으로 「일반계시」라 하며 보통 진리에 해당한다. 창세기 1장을 포함해 성경은 특별히 하나님 자신께서 사람에게 알려 주시는 지식으로써 특별계시에 속한다. 따라서 일반계시 이외 하나님 자신의 계획이나 그분의 세계를 하나님께서 직접 알려주지 아니하시면 사람은 알 수 없다.[4]

사람의 내적 활동인 이성이나 감성을 통한 귀납적 또는 연역적 논리를 통해 얻은 지식은 한계를 포함하나 특별계시는 하나님이 주신 것으로 절대 진리라 하여 그 내용을 사람이 이해하지 못하더라도 무조건(unconditional)의 절대 지식이 된다. 따라서 특별계시는 사람의 추론을 거친 귀납적·연역적 지식이 아닌 절대자가 여러 방식으로 계시하고 사람에게 연역성을 주게 되어 절대 지식이 된다. 특별계시는 일반계시로써 하나님이나 그분의 세계를 알 수 없기에 하나님이 계시한다는 것이다. 특별계시인 성경은 이를 「말씀」이라 한다. 창세기 1장 역시 하나님이 주신 연역적 특별계시인 점에서 이를 절대 진리로 받아들여 천지만물이 6일간 창조되었다고 믿는 것이다. 하나님께서 있으라(let it be) 명령(말씀)하시면 있게 된다. 하나님의 말씀을 조건이나 연구 없이 우리는 믿어야 한다. 하나님의 말씀은 능력이요 만물에 대한 작위(作爲)이므로 6일 동안 만물을 만드시기에 충분함을 그대로 믿어야 한다. 말씀을 지적으로 받아 이해할 것이 아니라 순종과 믿음으로 받는 것이다. 영(靈)으로 받아들여야 하며 혼(魂)

4 일상의 삶에서 시청각적 등의 감각과 지성을 통해 인식한다. 우주 만물을 사람의 탐구나 통찰로 파악하여 진리를 깨달아 하나님을 추론할 수 있으나 특별계시(啓示 revelation)는 일상의 인식 과정이나 방법으로 아는 것이 아닌 하나님께서 그분의 세계를 알도록 사람의 시청각 등의 감각이나 지성에 작용하여 영적으로 밝게 인식하게 하는 것을 말한다. 성경은 특별계시이다.

과 몸으로 순복해야 할 것이다. 이 대전제를 무시하지 않고 창세기 1장에서 하나님께서 계시한 내용이 더 무엇인지 사고하며 고민한다.

창세기 1장은 하나님의 계심과 하늘과 땅의 모든 군상(群像 all the host of the heavens and the earth 창세기 2:1)의 기원에 대한 사람의 호기심을 풀어 주는 놀라운 대선언이고 특별계시이다. 태초 6일 동안 창조된 대상의 광대함, 내용의 간결함, 태초와 같은 깊은 추상성 때문에 불가해하다. 불가해한 또 다른 여러 이유 중 넷을 꼽으라면, 첫째가 18세기 이후 등장한 과학적 사실과 이론에 익숙해 있고 사물과 사실을 해체하고 분해하여 이해하려는 인문적 사고방식에 몰입해 이해하려는 점 때문일 것이며, 둘째는 창세기 1장을 접하는 우리의 이해 방법의 미숙함 내지 매우 미약한 믿음 때문일 것이다. 셋째는 창세기 1장은 해체하고 분해할 수 없는 단단한 구성이기에 해체하여 분석하려는 접근법으로 이해되지 않으며 그냥 받아드려야 하는 믿음의 영역으로 보인다. 기껏 분해하여야 10여 가지의 단단한 뼈대 또는 틀로 구성되어 있어 이 단단한 뼈대와 틀만을 쳐다보도록 매우 특이한 문체로 기록하였다. 넷째 하나님께서 기록자에게 하나님의 신비한 창조 영역을 세세히 풀어 기록치 아니 하도록 한 이유는 상상이 충분히 가능한데 하나님과 사람은 차원이 다르기 때문이다. 창세기 1장의 전제와 배경이 되는 즉 태초 전 존재하는 하나님의 진리와, 하늘나라 선재(先在)와, 지상으로의 실재(實在)인 도래와, 하나님의 영적 예정(계획)과 섭리, 그리고 하나님의 사역 방식 등을 사람이 알 수 없기에 창세기 1장이 불가해하다. 그래서 많은 연구가 매년 쏟아져도 맴돈다.

성경학자들은 창세기 1장 내용을 2장 3절까지 한 묶음으로 보고 2장 4절 이후 단락과 구별 짓는다.[5] 창세기 1장의 전체적 흐름은 땅의 혼돈과 하나님의 영이 운행하는 지구에서 시작하여 빛의 창조 후 창공과 뭍과 바다로 정돈되고 단계적으로 생명체가 창조되는 방향으로 진행된다. 열역학 제2법칙(엔트로피의 법칙)으로 설명되지 않는 하나님의 창조가 끝난 후 창세기 3장에 가서 아담의 타락으로 만물의 무질서가 증가하고 있음을 설명하고 있다. 1장 전체를 음미할 때 중요한 전제는 획일적이고 편협한 이성의 관점으로 하나님의 권능을 제한하지 말아야 한다는 점을 성경학자들이 강조하나 일단 해석하려는 시도가 시작되면 이 어려운 계시에 사람의 지적 유혹과 허망한 상상력도 동반된다.

---

5 신학자 일부는 창세기 1장 1절부터 2장 3절까지와 2장 4절 이후는 서로 시기를 달리하는 지구의 환경을 설명하는 것으로 해석하기도 한다. 심지어 진화론, 히브리 문법과 어원의 분석(파자) 등으로 2장 4절 전후에 탄생한 사람을 서로 다른 사람으로 해석하기도 한다. 그러나 본 고찰에서는 이러한 신학적 견해를 불문하는 것은 본 고찰의 방법론에 큰 영향을 주지 않기 때문이다.

풍부한 과학적 사실의 발견과 진화론이 발전하면서 창세기에 근거한 신학, 신앙, 믿음, 해석 등에 큰 영향을 주었다. 그러나 창세기 1장의 계시 의도와 블랙홀 이론 또는 진화론과 같은 자연과학의 이론을 비교하거나 찾고자 하는 것은 전적 갈등이고 몰이해이다. 이는 절대 비교할 수 없는 전혀 다른 분야이다. 후술하지만 창세기 1장 자체는 하나님의 창조 사역을 말씀과 시지각 결과(출현, 탄생, 도래)[6]를 영적으로 계시(상징)하는 것인 반면 블랙홀 이론, 진화론이나 초고대인의 우주관 및 신화 등에 바탕을 둔 해석은 하나님의 창조 사역을 물리적 또는 (생)화학적 형성이나 변화 과정의 합리적 또는 종교적 시도에 불과하다. 창세기 1장을 해석한 대부분 내용 속에 진화론, 과학 이론, 수메르 신화 등의 수세적 방어 논리나 이론을 수용하여 병합하려는 시도는 시도에 불과한 것으로 때로는 전혀 타당하지 않은 불신앙의 결과물들이 생성된다.

사람이 창세기 1장에서 하나님의 창조 사역을 과학적 해석이나 합리적으로 추론하려는데 창세기 1장은 이런 의도를 위한 묘사가 전혀 아니기에 이런 시도는 갈등을 유발하거나 심지어 하나님에서 멀리하게 된다. 이런 특성 때문에 또 많은 사람이 창세기 1장 때문에 넘어지고 또 거짓된 설화라고 주장하고 읽지 않으며 묵상하지 않는다. 과학적 분석으로 묵상이 되지 않는 내용이다. 다만 창세기 1장을 과학적으로 해석하지 못한다 하더라도 영적 믿음으로 받아들일 수 있거나 최소한의 합리적 이해가 불가능하지 않다. 하나님께서 말씀으로 창조한 만물의 시작과 시지각적 출현을 알려 주는, 사람이 알 정도의 눈높이 관점의 계시로 고찰할 필요가 있다. 하나님은 영이시고 영으로 우리에게 사역하신다는 점이 성경 전체의 맥락이며 창세기 1장을 파악하는데도 이 점이 중요하다.

대체로 모세오경(=토라: 창세기, 출애굽기, 레위기, 민수기, 신명기)[7] 이외의 개별 성경은 초반부에 저술자를 밝히고 또 저술 내용에서 저술 목적, 시기나 배경 등을 밝히거나 추정할 수 있다. 창세기 1장을 포함하여 창세기 전체 내용에 이를 밝히지 않고 있으나, 모세가 BC 15세기경 직접 서술한 것으로 보는 것이 정설이다. 그런데 창세기 1장의 히브리 원문을 분석하여 하나님의 계시를 받은 모세가 그의 견해를 반영하여

6 「시지각(視知覺)」이란 단지 보는 것이 아니라 본 것에 인지적 반응을 나타낸 사고 행위를 말한다. 창세기 1장의 묘사를 해석하기 위해 시지각이란 개념을 도입하는 것은 모든 성경의 계시가 후각이나 미각보다 시청각적으로 사람에게 나타나 보이며 특히 환상, 꿈, 영적 실체 등에 의한 계시 내용에는 시지각성이 많다. 창세기 1장에도 시지각적 묘사가 많아 시지각성의 개념으로 살피는 것이다. 이 관점으로 하나님의 창조물의 단계별 순차적 흐름이 시지각으로 나타나고 드러난 출현(탄생, 도래)을 시간성과 함께 파악하고자 하였다.

7 토라인 오경을 모세가 쓰지 않았다는 설이 있으나 모세가 취합한 자료에 따라 오경을 쓴 것으로 보이므로 본 고찰에서는 모세가 쓴 것으로 판단하여 모세오경이라 하였다. 다만 모세 후대에 재집필 당시의 문법과 히브리어로 사용할 수 있었을 것이나 근본은 모세가 작성하였을 것으로 본다. 이에 대하여 본 고찰 제3장 9절 「아브라함과 모세가 사용한 언어: 톨레도트를 중심으로」를 참조.

창세기 1장을 기록한 것으로 해석하기도 하는데 이를 인정하면 해석의 심각한 복잡성이 야기된다. 후술하겠으나 고대인의 우주관으로 창세기 1장을 썼다는 이런 유형의 주장을 본 고찰에서 받아들일 수 없고 순수히 하나님께서 계시한 바를 기술하였다는 전제로 고찰하였다.

창세기 1장은 천지만물이 완성되고 얼마의 기간이 지난 후 하나님에 의한 계시 내용이다. 에스겔서과 다니엘서 등의 예언, 마태복음 내 예수님의 마지막 날의 징조 설명, 요한계시록 등의 예언이나 미래에 대한 계시와 달리, 창세기 1장은 사람이 없던 과거에 일어난 하나님의 사역에 대한 묘사인데 내용의 외견상 성경의 다른 예처럼 상징이나 비유 등이 거의 없는 실제 존재와 현상을 매우 간단히 사실적으로 묘사한 것을 읽도록 기록하였다.

창세기 1장의 구체적이고 정확한 이해를 위한 실제적 접근법과 해설법이 없어 보이나 본 고찰은 전통의 보수적 해석을 바탕으로 하되 묘사의 특징을 찾아 창세기 1장의 난해함을 주로 시지각(視知覺)으로 파악하였다. 즉 하나님의 「말씀」으로 창조된 피조물이 「순차적 단계」 또는 「단계별 순차성」에 의한 「흐름」으로 완성되었다는 개념을 청각적 틀 이외에 주로 「시지각」의 틀에 따라 창세기 1장을 이해하려 하였다. 「말씀」[8]이란 화자(話者)인 하나님께서 태초에 하신 말씀을 말하며 청각적 계시의 수단이 된다. 「단계별 순차성」 또는 「순차적 단계」란 서로 다른 피조물이 6일이라는 각각의 동일한 시간 단위 속에서 여러 단계가 연속적인 것을 말하며, 「흐름」이란 피조물의 창조 단계가 단절된 흐름을 갖거나 지속된 흐름을 갖거나 피조물이 다른 피조물에 영향을 주는 것을 말한다. 「시지각성」이란 창세기 1장 묘사의 주된 순차적 단계와 흐름이 시지각적 측면에서 계시의 내용이 묘사된 것을 말한다. 청각적 계시가 어떻게 시지각적 내용으로 환원되어 기술되었는지 그 방법을 성경에서 찾을 수 없다.

「날」이란 기록자가 초고대인에게 하나님께서 계시하여 천지창조를 설명한 기본 단위이며 또 이 시간 또는 기간 단위를 기준으로 설명함으로써 일종의 창조 법칙 또는 원리가 되었다. 즉 창세기 1장에 국한하여 「날」이라는 단어는 시간이나 기간이 아닌 창조 법칙 또는 원리로서의 「날」로 봄이 적정하다. 창세기 1장에 나타난 우주관이나 공간과 피조물의 개념도 「날」의 개념을 추정하는데 필수적이다. 본 고찰은 창세기 1장의 묘사가 하나님께서 창조한 구체적 방식을 설명할 수 있는 내용이 아니기에 하나님께서 계시한 기록상의 묘사 특징을 찾아 창세기 1장을 간접적으로 이해하려 하였다.

8 이에 대한 설명은 깊은 신학적 사항이고 창세기 1장 내용과 별개로 설명해야 할 사항이기에 여기 접근법에 큰 관계가 없어 폭 넓고 깊은 설명은 생략한다. 조직신학 등의 분야이다.

1-3. 창세기 1-3장에 나타난 묘사의 여러 특징과 반성

창세기를 모세가 기록하였다 하더라도, 창세기 1장부터 6장까지의 초반부 내용은 최종 노아를 거친 기록으로 볼 수 있는 것은 창세기 전반부의 초고대 1천 년 동안 일어난 내용은 노아(가족) 이외 알 사람이 없기에 결국 노아를 통해 후세에게 전수되었기 때문이다. 또 창세기 1장을 성경의 다른 묘사와 비교하면, 하나님께서 직접 계시한 현재의 창세기 1장 내용이 아담부터 노아를 거쳐 창세기를 집필한 사람에게 전해지면서 당초 천지창조 내용보다 일부는 매우 짧게 생략되어 묘사된 것이 명백하다. 왜냐면 창세기 2장 4-6절을 살피면 셋째 날 이후의 지상 환경을 하나님께서 자세히 영상으로 본 듯한 모습으로 기록하게 하였기 때문이다.

창세기 1장을 구체적으로 살피기 전 창세기 2장 4-6절 묘사를 먼저 자세히 살펴 창세기 전체의 묘사 방식을 유추해 보자. 이 구절의 묘사는 아담을 창조하기 전 상황을 설명한 구절인데 이 시점은 창조 시작 후 얼마나 지난 시기인지 알 수 없으나 장소는 아담 창조를 설명하는 도입 구절이므로 에덴(동산)이 위치한 근처로 여겨진다. "땅에 *비가 내리지 아니하셨고 땅을 갈 사람도 없었으므로 들에는 초목이 아직 없고 밭에는 채소가 나지 아니하였으며 안개만 땅에서 올라와 온 지면을 적셨다* (창세기 2:4-6)"라는 묘사는 뭍이 드러난 셋째 날이거나 최대 여섯째 날일 것이다. 그런데 식물체는 셋째 날 뭍과 함께 만드시었기에 이 상황은 최소 셋째 날을 설명한 것으로 볼 수 있다.[9] 이 때 하나님께서 비를 내리지 않았다고 함으로써 만일 에덴동산의 네 강(비손, 기혼, 힛데겔, 유브라데)이 있었다면 비에 의한 강이라기보다 샘 또는 지면의 안개로 인한 강으로 추정된다.

이 묘사의 특징은 마치 아름다운 자연 속에서 살아 본 적이 있는 사람이 원시 지구의 자연환경이나 생태계를 묘사한 내용인데 묘사 방식이 「시각」과 「시지각」의 결합이다. 즉 아담 이후 사람이 자연환경 속에서 충분히 살고 경험한 후에 할 수 있는 묘사이다. 또 단지 이 환경이 아담을 창조하기 전 에덴동산에 관한 묘사인지 에덴동산 외 다른 곳의 환경인지 확실치 않으나 비를 내리지 않고 안개가 「온」 지면을 적셨다는 점으로 보아 광역적 상황을 설명하였다. 그런데 2장 4절에서 두 가지 시간을 나타내는 단어인 「때」와 「날」의 시간 명사가 성경의 다른 부문에서와 마찬가지로 불특정한 내용의 명사로 표현하였기 상황 해석이 불가능하다.

---

9 이 문제는 제1장 14절에서 자세히 다시 설명한다.

창세기 2장 4-6절 묘사를 자세히 고찰하면, 뒤에서 언급할 것이나, 이 중요한 묘사는 창세기 1장과 비교하면 창세기 1장의 날과 다른 국지적이고 특정한 「날」인 듯하며 그 특징은 ① 사람의 평상 지적 수준에서 묘사한 것이며, ② 시각적 내용이 사실적이고 섬세하며 ③ 자연환경에 관한 일시적 상황이 아닌 장기간에 걸친 관찰로 묘사하였다. 또 ④ 영적 설명이 아니며 상징이나 비유가 전혀 없는 자연환경을 본 후 그 내용을 시지각적으로 기록하고 있다. 사람이 살기 전 내용이므로 ⑤ 하나님께서 계시한 것은 당연하나 ⑥ 계시받은 사람이 청각적 내용보다 시각적 영상을 보고 (직접) 묘사하였다는 것이다. ⑦ 이 내용을 계시받은 사람이 1장을 계시받은 사람과 동일인이라면, 분명히 천지창조의 전체 계시가 사실적이고 자세히 영상을 보는 것처럼 보고 들었을 것으로 단정할 수밖에 없다. 그리고 1장과 2장을 계시받은 사람이 서로 다른 사람이라면 1장과 2장을 동시에 한 책으로 엮은 것으로 보아 동질적 권위의 내용을 (서로가) 인정한 것으로 보아야 할 것이다. 그리고 ⑧ 동일한 사람이 1장과 2장을 계시를 받았다면 창세에 관해 계시받은 내용의 많은 부분을 1장에 기록하지 않은 것으로 보아야 한다. ⑧ 비를 내리게 하시는 이가 하나님이라[10] 하여 자연의 존재와 현상을 하나님이 주관하거나 만든 것으로 1장처럼 정의하였다. 다만 ⑩ 하나님이 비를 내리지 아니하셨다는 정보는 청각적으로 계시를 받았거나 기록자의 영감에 의한 판단으로 보인다.

위 10가지 중 ③번과 ⑧번은 창세기 1장 해석에 중요한 단서를 제공한다. 창세기 2장 4-6절 묘사가 일시적으로 또는 짧은 시간 또는 하루에 관찰된 것이 아니라 「장기간」 자연을 관찰하고 사람의 경작 활동과 연관된 묘사라는 점에서, 이 장면이 태양계의 하루 내지 닷새 동안 형성된 자연환경에 관한 묘사로 보기 어렵고 장기간에 형성된 자연환경을 묘사한 것으로 볼 수 있다. 이와 같은 단서는 창세기 1장의 창조 단위의 각 「날」이 오늘날과 같은 하루가 아닌 오랜 기간임을 뒷받침하고 또 창세기 1장의 창조 과정을 상세히 계시받은 것으로 판단하게 한다. 그러하다면 창세기 1장의 「날」은 태양계에 의한 하루가 아닌 하나님께서 행하신 일의 시간적 단위를 영적 의미의 날로 해석해야 할 것이라는 판단을 제공한다. 그리고 「날」은 하나님께서 행하신 창조의 단위라 할 수 있다. 즉 시간적 단위가 아닌 창조 단위라고 생각하게 한다. ③번과 ⑧번 사항 등의 두드러진 특징과 아울러 창세기 2장 4-6절의 다른 묘사 특징이나 단서도 창세기 1-2장을 해석하는데 필수적인 힌트를 제공하는 것으로 보아야 할 것이다.

우리가 배운 바는, 알 수 없는 우주 공간과 시간 안에 알려지지 않은 무개념의 암흑물질 이외 기본 물질은 원자번호 1번인 수소 약 74%와 원자번호 2번인 헬륨 약 24%가

10 이 구절의 영문은 "the Lord God had not caused it to rain on the earth"이고 우리말은 "여호와 하나님이 땅에 비를 내리지 아니하셨고"이다

대부분이며 기타 원소가 약 2%로 이루어졌다는 것이다. 또 알려지지 않은 암흑 에너지 외 태양과 같은 빛이나 복사 에너지를 발하는 항성은 1주기 원소인 수소 또는 헬륨과 같은 물질로 구성되어 있다고 한다. 생명이 없는 이들 원소나 물체는 공간과 시간 속에서 압력, 에너지, 힘 등의 특징을 띤 자연질서와 법칙에 따라 분해·결합, 팽창(폭발·분산), 축소(응축), 변화, 순환 등의 흐름을 지속한다. 또, 사람 등 생명체는 원자번호 1, 2주기 원소인 C·H·O·N가 99% 이상이고 그 밖의 극미량 원소들이 화학결합(이온결합, (극성)공유결합, 소수성 결합, 공명결합, 수소결합, 반데 발스 결합, 금속결합) 외 여러 방식으로 결합하여 단백질, 지방, 탄수화물인 고분자 유기화합물을 형성하여 유기체가 완성된다. 생명체는 몸이라는 한정된 공간 내에서 이미 존재하는 자연법칙이나 유기적 법칙으로 각종 물질을 섭취, 분해, 생성하여 생체를 유지하면서 유전 물질을 씨에 담아 자식에게 전달 후 자기는 소멸한다. 생존하기 위해 자연법칙에 순응하는 본능 외 의식을 통한 자율적 행동을 고안한다.

물질계와 생명체에 대한 구성과 원리에 대한 설명과 다른 방식으로 생명체인 아담과 이브를 창조한 개념어를 살피면, ① 창세기 1장 26-27절에서 우리(하나님)의 형상과 모양을, 2장7절에서 ② 땅의 흙 ③ 생기 ④ 코를 사용하였고, ⑤ 2장 18절에서 독처하는 것이 안쓰러워 ⑥ 2장 21-22절에서 돕는 베필이 없어 ⑦ 깊이 잠들게 ⑧ 갈빗대 하나를 취해 ⑧ 살로 대신 채우시고 등으로 창조를 설명하였다. 이 창조 개념어 중 창조된 사람을 구성하는 물질명사는 흙과 갈빗대 및 살 세 가지만이 있고, 나머지는 하나님의 형상과 모습 및 생기(生氣)는 사람의 원형, 근원과 인격 및 실존을 설명한다. 이브를 창조한 배경인 돕는 「베필」과 아담의 「갈빗대」에서 한 생명체의 실존을 강화하거나 온전케 하려는 하나님의 의도를 볼 수 있다. 하나님 스스로 밝힌 이같은 창조 묘사에서 알 수 있는 점은, 물질계와 생명체를 파악하는 과학적·분석적 용어가 아닌 원형, 근원, 인격 및 실존을 위해 영과 혼을 주신 것이다. 즉 사람이 무엇인가를 물질적으로 설명하기보다 실존적으로 누구인지를 설명하고 가르치고자 하신다.

창세기 2장 15절부터 3장 24절까지 내용인 아담과 이브의 창조, 그들의 활동과 죄를 짓는 상황과 하나님과의 대화 등은 창세기 2장 4-6절보다 자세하다. 하나님께서 계시한 내용 외에 이 사실을 고백한 사람은 아담 부부였을 것이고 이 내용은 노아를 거쳐 창세에 관한 내용과 함께 후대에 전해졌을 것이다. 이 내용은 창세기 1장과 달리 자연이 아닌 첫 사람을 대상으로 하나 묘사의 수준이나 정도가 창세기 1장보다 더 자세하여 창세기 1장과 2장을 함께 계시받았거나 동일 사람이 기록하였다면 창세기 2장이나 3장처럼 1장을 자세히 묘사할 자료와 의욕을 가졌을 것인데 왜 짧게 묘사하였는지 그렇다 할 중요 단서를 성경에서 찾을 수 없다. 기록자가 사람의 눈높이에서 하나님께서 계시한 내용을 최대한 간략하게 완벽한 시적 체계로 기록한 것으로 볼 수 있다. 이 계시를 기록할 때 주로 종합하여 시지각적이고 영적 측면에서 압축해 묘사하였다.

18세기 이후 물리학, 양자역학, 지질학, 화석학, (분자)생물학, 언어학 등의 체계적 연구와 발전으로 신학자들도 창세기 1장을 해석하는데 전통적 해석을 바꾸거나 새로이 해석해야 하는 과제가 대두되었다. 과제의 핵심은 창세기 1장에 계시된 공간, 시간, 물체 및 생명체와 하나님의 권능을 조화롭게 이해하는 것이다. 최근에 학자들에게 뜨거운 쟁점은 지구를 약 6천-1만 년 정도의 「젊은 지구」로 볼 것인지 아니면 수십억 년 된 「나이 든지구」로 볼 것인지에 대한 것이고, 무한하신 하나님의 권능의 문제는 하나님께서 천지 만물을 어떻게 다루시었는지에 관한 것으로 이 점은 매우 경건하고 거룩한 깊이에서 묵상하여 고백하는 내용에 속한다.

창세기 1장 내용이 전체적으로 현재 우리가 체험하는 존재와 현상을 등장시켜 매우 사실적으로 묘사된 특징 때문에 창세기 1장을 물리적이고 인문적 지식으로 접근하려는 적지 않은 유혹과 시도에 빠진다. 예컨대 창세기 1장 14절부터 19절의 묘사는 자전하는 지구의 북극이나 남극이 아닌 중위도 지역에서 일어난 특징을 서술한 듯하다. 어쩌면 1장과 2장을 계시받은 사람이 동일인이라면 예컨대 아담이 에덴(동산)을 중심으로 한 지역을 묘사한 듯하다. 창세기 2장의 에덴동산 묘사는 광역적 지리정보와 자연환경과 생태학적 분위기를 매우 사실적으로 담고 있고 아담과 이브를 창조한 기사는 하나님의 권능과 창조 방식과 창조 목적을 알게 한다. 창세기 3장의 묘사는 아담과 이브가 선악을 알게 하는 나무의 열매를 먹은 사람이 육신에 매인 실존적 상황인데 현대인이 체험적으로 이해가 어려운 하나님과 사람의 깊은 영적 측면을 다루고 있다. 3장에서 사람의 구원과 하나님의 역사성을 담고 있다고 이해된다.

이런 점에서 창세 초기 기록인 1장부터 3장까지는 ① 사실적, ② 실존적 설명과 함께 ③ 영적 설명으로 신화가 아니라 현실적 해석이 가능한 묘사이며 내용이다. 이런 세 가지 묘사의 특징과 창세기 2장 4절-6절의 묘사적 10가지 특징을 더하여 창세기 1장을 살피자. 즉 창세기 1장을 음미할 때 사실적, 실존적, 그리고 영적 묘사라는 점과 창세기 2장 4-6절의 구체적 묘사 특징 10가지에 추가하여 프레임(frame)을 정해 생각해 볼 필요가 있다.

창세기 1장이 전능하신 하나님의 계시라는 점과 동시에 사실적으로 묘사되었다는 가장 큰 특징으로 말미암아 만물이 24시간의 하루로 해석되는 총 6일 동안 창조되었다는 전통의 보수적 해석이 지지받아 왔고 이 믿음이 여전히 다수인 것 같다. 만일 창세기 1장이 사실적으로 묘사되지 않았다면 전통의 6일 창조설은 성립하지 않았을 것이며 영적 해석이나 진화적 유신론 등을 응용한 다양한 해석이 가능했을 것이다. 이 사실적 묘사의 특징을 분석해 보고자 함이 본 고찰의 방향이기도 하다.

보통 성경은 미래에 일어날 일을 계시할 때 일상적으로 파악하기 쉽지 않은 상징, 비유, 징조, 암시, 예표, 은유, 그림(이미지), 단정적 짧은 묘사, 유비, 메리즘(merism: 양극단을 표현하여 전체를 설명하는 표현 기법) 등으로 기록되는데 반하여, 언뜻 보아 창세기 1장의 내용은 과거에 일어났고 또 기록된 내용을 후세의 독자들이 읽어 실제의 존재와 현상과 비교하여 이해하는데 도움을 주어야 하므로 상징이나 징조나 비유 등으로 설명하지 않고 창조의 내용인 시간과 공간과 존재와 현상 중 주된 존재와 현상을 사실적으로 나열하여 독자에게 간단히 설명한 것으로 보인다. 또 그런 의도가 명백하다. 그런데 창세기 1장을 포함한 창세에 행하신 하나님의 권능에 대한 초고대 사람의 이해 수준을 살피면 오늘날 사람과 거의 유사해 보이나, 오늘날 우리에게 창세기 1장이 어려운 것은 묘사 대상의 광대함과 묘사의 단순함과 단정적인 창조의 결과치인 피조물의 출현, 오늘날과 다른 당시의 언어 구조와 정의, 높은 영적 수준에서의 묘사 때문이며 또 이를 심각히 물리적으로 해석하려는 경향 때문으로 보인다.

1-4. 창세기 1장의 묘사 개관

가장 먼저 문자적으로 또는 존재론적으로 1장을 파악해 보아야 한다. 피조물의 창조를 설명하였기에 문장이 갖는 그대로의 의미가 중요하다. 창세기 1장은 몇 가지 구성으로 요약된다. 전체 구조 또는 구성은 여덟 가지 뼈대이다. 이 뼈대 중 첫 뼈대(◎)와 둘째 뼈대(①)는 하나로 합해 생각해야 한다(그 이유는 뒤에서 설명한다). ◎ 태초 혼돈의 (하늘들과) 물들과 땅(1-2절) + ① 빛(3-5절) + ② 궁창(6-8절) + ③ 땅과 바다와 식물체(9-13절) + ④ 발광체(14-19절) + ⑤ 궁창과 바다의 생명체(20-23절) + ⑥ 땅의 생명체(21-31절) + ⑦ 안식(2장 1-3절)이다. 이 뼈대를 세 마디로 요약하면 ① 빛(1-5절) + ② 날(6-31절) + ③ 안식(2장1-3절)이요, 두 마디로 요약하면 ① 빛(1-5절) + ② 날(6-2:3)이다. 다시 한 마디로 압축하라면 모든 신앙인의 생각대로 3절의 「빛」인데 이는 빛이 주는 광범위한 영적 계시의 다양한 스펙트럼 때문이며 인식의 영적 개념이 빛에 포함되기 되기 때문이다.[11] 이 빛은 또한 성경 전체를 요약하는 용어로 이

11 30대 초반에 어느 날 창세기 1:1을 접하고 깊은 묵상 중에 갑자기 이 위대한 계시의 비밀과 섭리를 깨달아 깊은 찬양과 감사를 동반한 내 경험은 여러 신앙인에게서도 발견된다.

는 하나님(의 여러 속성)을 지칭(요한복음 1:4)하는 매우 깊은 상징, 은유, 비유 등의 영적 개념을 품고 있다. 그러나 본 고찰에서는 3절의 「빛」을 깊이 다루지 않고 「날」에 대하여 집중하여 창세기 1장을 전체를 살피려 한다. 위 요약 중 가장 적절한 요약은 세 뼈대 ① 빛(1-5절) + ② 날(6-31절) + ③ 안식(2장1-3절)으로 「빛」은 하나님이요 「날」은 피조물의 실존과 현상의 단위요 「안식」은 거룩과 하나님의 영원한 안식을 상징하는 것으로 파악하기 때문이다.

앞에서 언급한 창조의 「흐름」은 안식일 제외한 6일간 연속적, 불연속적, 지속적 영향을 주는 흐름이라 했는데 이를 위 뼈대 구조로 설명하면, 8가지 뼈대는 각기 독립 내용으로 분리되어 있어 문학적 또는 이미지상 불연속적 구성이다. 그러므로 이 각각의 뼈대를 순차로 연결하는 접속사 역할을 하는 개념이 필요한데 「저녁이 되고 아침이 되니(the evening and the morning)」라는 구절이다. 이 접속구절을 5회 사용하여 태초의 6일(날)의 앞날과 뒷날을 연결하면서 하나로 묶어 창세기 1장을 완성하였다. 이로써 하나님의 창조 사역은 단절 없는 지속성을 갖고 있으며 시간적 연속성을 느끼도록 묘사하였다. 참으로 놀랍게 치밀한 구성의 문장이다 ! 「날」을 오늘과 같은 시간이 아닌 창조의 시간 법칙을 「저녁이 되고 아침이 되니(the evening and the morning)」라는 구절로 시간의 창조 법칙을 설명하면서 각 「날」을 연결하는 「날 접속어」 또는 「연결 시간구(句)」로 사용하였다.

단절 없는 지속성이란 한 피조물이 계속 진화하거나 점진적[12]인 변화를 하는 것이 아니라 새로운 속성 즉 피조물이 갑자기 새로운 단계에 순차로 나타나는 창조의 시간적 지속성이다. 8가지의 각 뼈대는 시지각으로 갑자기 나타나 드러난 것으로 묘사되었으나 이 접속구(「날 접속어」 또는 「연결 시간구(句)」)가 각 피조물을 묶어 단계별로 창조한 것으로 묘사하고 있다. 이런 문맥상 6회 사용된 「저녁」과 「아침」은 태양에 의한 현상이 아니라 영적 개념이라 생각된다. 왜냐면 태양은 넷째 날 출현하였기 때문이다. 또 서로 끊어진 불연속적인 뼈대를 연결하는 「흐름」의 내용 중 다른 피조물에 영향을 주는 「흐름」이란 예컨대 둘째 날의 궁창은 넷째 날 광명체가 거하는 곳이 되고 셋째 날 뭍은 여섯째 날의 들짐승의 거처가 되는 것과 같은 흐름으로 역방향의

12 묘사의 특징으로만 보면 하나님께서는 창조를 점진적으로 하지 않았다고 보아야 한다. 하나님의 창조는 갑자기 나타난 기적과 같이 우리에게 시지각적으로 갑자기 나타난 것이 가장 중요한 첫째 특징이라 할 수 있다. 만일 점진적으로 설명하더라도 우리는 그 점진성을 파악하기 힘들 것이다. 점진적이 아닌 묘사의 이유는 청각적 계시를 시지각적 계시로 환원하여 기록한 것이기 때문으로 보인다. 즉 기록으로 창조의 점진성을 파악할 수 없다. 즉 하나님께서 사람에게 창조의 점진성을 파악하지 않도록 설명하였다. 이런 이유로 본 고찰에서는 점진성이라는 용어보다 단계별 순차성이라는 용어를 사용하였다. 점진적이라는 개념은 진화론적 개념과 유사한데 창세기 1장에서 진화론적 점진성 개념을 찾기 어렵다.

흐름은 없고 순방향을 나타낸다. 전 3일 피조물 창조는 후 3일 피조물 출현의 바탕이 되는 순방향의 흐름을 갖는다 (표 1-5-1 및 그림 1-6-2).

2장 1-3절의 안식일은 「거룩」이라는 매우 영적 개념의 날로 하나님께서 규정한다. 6일과의 연결에서 「저녁이 되고 아침이 되니」라는 「연결 시간구」를 사용하지 않은 점이 특이하며 다른 날과 구분된 것으로 설명한다. 즉 안식일은 다른 날과 분리되고 단절되어 불연속적이고 새로운 시작의 개념으로 보는 문맥으로 기록하였고 실제로 영적 의미로도 그러하다. 연속의 6일과 별개로 단절된 제7일 안식의 날로 묘사하였다. 이들 문장은 거룩 개념에 분리 개념이 있음을 암시하였다.

여기서 2장 3절까지 문장에서 나타날 수 있는 궁금증은, 일곱째 다음 날이 무슨 날인지 묘사가 없어 즉 안식 후는 무슨 날인지 처음 창조 설명을 듣는 사람에게 궁금증이 생길 수 있으나 하나님께서 모든 일을 그쳤다 함으로써 창조 사역이 마친 것을 설명하여 더 이상의 궁금증을 차단하였다. 이러한 점 때문에 창조 사역이 7일이라는 단위로 완성된 것으로 생각하게 하였다. 그리고 창세기 1장에서 하나님의 속성인 전능(全能)과 권능(權能)의 개념이 나타나나 영원의 개념이 명확하게 드러나 있지 않아 시작(in the beginning) 전이 무엇인지 궁금증을 유발한다. 창세기 1:1-2:3만의 문장으로 보면, 태초 전 그리고 안식 후 영원하신 하나님의 속성을 찾자면 안식(安息, rest)에서 찾아야 하는데 창조 사역과 관계없이 쉬신 하나님의 안식이 무엇인지 확인하기 어렵다. 그리고 시간은 태초부터 직진하는 것으로 파악하게 만들어 그 직진성이 영원까지 이어지는지 궁금증을 낳게 한다. 물론 이 문제는 하나님 자신과 선지자와 사도들의 설명으로 궁금증이 해소되나 천지창조 설명을 접하면 이들 궁금증이 해소되지 않는다.

성경의 히브리어 「욤」[13]을 우리말 「날(day)」로 번역하였는데, 이 단어의 히브리 개념은 ① 나절 정도의 짧은 기간 ② 하루 24시간의 날 ③ 긴 기간으로 사용된다는 것이다. 창세기 1장에서 이 「날(욤)」이라는 단어를 일정한 형식으로 총 7회 반복 사용하여 「날」은 일종의 창조 원리가 되었다. 「빛」을 도입하기 전 창세기 1장 1절과 2절은 혼돈과 공허와 흑암과 깊음이 있는 (초기) 원시 지구의 물리적 상태와 원시 우주를 묘사한다. 이 묘사에 대해 전통의 다수설인 해석과 달리, 하나님의 영(성령을 의미함)이

13 창세기 1장의 욤은 첫 날부터 다섯째 날까지는 정관사가 없고 이후의 날에는 정관사가 있다. ①욤(명.남.단) 에하드(형.수.남.단), ②욤(명.남.단) 쉐니이(형.남.수.서), ③욤(명.남.단) 셀리쉬(형.남.단.수.서), ④욤(명.남.단) 레비이(형.남.단.수.서), ⑤욤(명.남.단) 하미쉬(형.남.단.수.서), ⑥욤(명.남.단) 하쉬쉬(정관.형.남.단.수.서), ⑦바욤(전.정관.명.남.단) 하쉐비이(정관.형.남.단.수.서)로 각각 사용되었다.

지구 수면 위를 운행하셨다는 이 기간에 대하여 「날」이라는 용어를 사용하지 않은 점 등 여러 가지 면에서 엿새가 아닌 별도의 기간을 갖는 구절로 해석하는 소수설이 있다. 이 소수설은 빛이 있으라라고 말씀하신 3절부터 각 날을 파악한다. 각 날의 시작을 「하나님이 가라사대(God said)」로 보며 각 날의 끝을 「저녁이 되고 아침이 되니(So the evening and the morning were)」로 본다.

「날(욤)」에 행하신 창조에 별도로 복을 주어 충만한(full) 상태가 되어 「하나님이 보시기에 좋았더라(God saw that it was good)」라고 총 7회 언급하였다. 둘째 날에는 좋다는 평가가 없고, 셋째 날과 엿새째 날에는 두 번을 사용하였으며 여섯째 날 마지막 1회에는 「보시기에 심히 좋았더라」고 강조하였다. 2장 2-3절에서 제7일에 「하나님이 가라사대」와 「저녁이 되고 아침이 되니」와 「보시기에 좋았더라」 엿새 동안 반복된 이 세 구절을 사용하지 않고 대신 모든 일을 그치고 일곱째 날에 날을 「복」되게 하사 「거룩」하게 하시며 (피조물이 아닌) 하나님께서 「안식」하였다는 것이다.

< 표 1-4-1 > 창조 관련 묘사

묘사의 구분	내용	비고
사실적 묘사	창조하시니라, 있으라, 만드시다, 나누다, 하시다, 이루다, 지으시다, 나누사, 날(욤), 하나님의 영이 수면 위에 운행하시니라, 그대로 되니라	창조, 시각, 시지각, 청각, 명령과 법칙: 우주의 물리적 초기 조건(예: 열역학 법칙 등)
존재적·실존적·현상적 묘사	가라사대, 칭하시고, 생육하고 번성하고 충만하여, 주관하게, 종류대로, 정복하라, 다스리라	명령과 법칙: 유전, 관리, 다양성, 복잡성 등
영적·추상적 묘사와 평가	혼돈하고 공허하며 흑암이 깊음 위에 있고, 보시기에 (심히) 좋았더라, 우리의 형상을 따라 우리의 모양대로, 복되고 하사 거룩하게 하셨으니, 안식하셨음이라	피조물의 시지각적 질서와 통일성의 미, 둘째 날에는 「보시기에 좋았더라」고 하지 아니하고 셋째 날과 여섯째 날은 2회 사용

창세기 1장의 전체 묘사는, 창조된 날의 순서대로 존재와 현상을 묘사하고 이로 인해 드러난 높은 수준의 질서, 원리와 법칙이 매우 평범한 단어로 간단히 설명되어 있으나 매우 영적이며 추상적이다. ① 창조와 관련된 용어는 창조하시니라, 있으라, 하시다, 이루다, 만드시다 등으로 사용하였다. ② 창조 시 관련된 부속 문구는 「생육하고 번성하고 충만하여」, 「주관하게」, 「종류대로」, 「우리의 형상을 따라 우리의 모양대로」, 「정복하라」, 「다스리라」 등인데 이는 하나님의 명령이요 법칙이기도 하다. ③ 「그대로 되니라」, 「보시기에 좋았더라」 등으로 표현한 평가는 창조의 명령에 따라 순종하여 나타난 원리와 법칙에 대한 매우 수준 높은 영적 또는 추상적 설명이며 이는 우리의 합리적 생각과 충돌될 여지가 없으며 동시에 사람이 하나님께 감사와 찬송해야 할 이유를 강하게 암시한다. 이들 묘사는 앞에서 언급했듯이 「그대로 되니라」는 기록자의 시지각적 계시이고 「보시기에 좋았더라」는 청각적 계시로 파악할 수 있다.

또 창세기 1장의 이러한 묘사에 따라서 하나님의 창조를 절대적으로 믿어야 할 이유와 하나님께서 창조하신 자연과 더불어 「보시기에 좋았더라」라고 하신 만큼 좋아 하고 사랑해야 할 근거와 이유를 제공한다. 창조된 피조물이 출현한 결과의 평가를 하나님이 하신 것이 아니라 계시받은 사람이 평가한 것으로 해석하는 신학자도 있으나 그렇게 볼 수 없다.

1절에 하늘들과 땅을 창조하였고 2절에 땅(지구)의 깊은 무질서와 공간과 시간과 물질인 흙과 물이 존재했으며 하나님의 영(성령)이 운행하셨다. 땅[14](지구, the earth)은 혼돈(formless)과 공허함(void) 상태였고, 이외 흑암(darkness)이 깊음 위(upon the face of the deep)에 있었으며 하나님의 영(靈)이 수면 위에 운행(運行, hovering over the face of waters)한 점으로 보아 빛이 있기 전 정지된 시간이 아닌 흐르는 시간이 있어 시간이 창조되어 있었다. 혼돈, 공허, 흑암, 깊음[15] 그리고 수면과 물은 알 수 없는 신비한 영역이다. 이 구절로만 보면 시간은 어떤 유형의 빛이나 항성, 행성에 의해서도 정의되지 않는다. 또 깊음이란 혼돈과 공허함과 흑암이 심히 깊음을 강조한 의미로 보이며 빛이 창조되기 전 상태이다. 빛이 있기 전이므로 시각적 요소를 전혀 볼 수 없다. 빛 이전에 지구, 공간 및 시간이 존재했고 동시에 물을 포함한 기본 물질이나 질료(質料)가 매우 공허하고 혼돈된 상태에 있었으며 이 시각적 요소를 영적 질서와 앞으로 창조될 정리 이전 상태를 시지각으로 표현한 것이다. 빛이 있기 전 시각적 요소가 보이지 않았으므로 혼돈과 공허와 흑암 및 깊음으로 앞으로 창조될 시지각 측면을 상대적으로 표현하였다.

이 혼돈과 공허와 흑암과 깊음도 하나님의 주권 안에 있고 하나님의 영이 주관하고 있는 것이므로 이 표현을 몰가치한 것으로 보아야 할 것이 아니라 엿새 동안에 하나님께서 나중에 창조될 피조물과 상대적으로 비교하여 그러하다고 하나님이 계시한 것으로 보아야 할 것이다. 즉 몰가치 또는 무질서가 아닌 사람의 이해를 위한 상대적 표현에 불과하다. 아마도 2절의 상태 역시 매우 체계적 질서와 미적 아름다움이 있었을 것이다. 비유컨대, 미국의 Death Valley, 극지방 극한의 경관, 아프리카의 사하라 사막 등 더 나아가 저 멀리에서 빛나는 화성, 목성과 토성뿐이랴 온 만물의 미물까지 알지 못하는 통일된 질서와 아름다움을 발하지 않는가. 생명이 없더라도 놀라운 창조의 질서가 반짝이며 깊은 정막이 있더라도 부드러움, 강렬함, 화사함, 극한 대비, 삭막함 등의 위대한 아름다움이 영원한 우주 공간에 존재하거나 운행되고 있지 않은가.

---

14 1장 1절의 「땅」을 지구, 토양, 대지(육지), 흙 등으로 번역 가능할 것이나 1절의 하늘, 2절의 수면, 9절의 물 등에 반대되는 육지(뭍)가 드러나기 전 상태의 수면 아래 부분으로 봄이 적정해 보인다. 주 21 참조.

15 깊음을 지구의 내핵 또는 음부(지옥)의 실체로 영적 또는 히브리 원어로 설명하는 학자도 있다.

창세기 1장 2절은 절대로 몰가치한 표현이 아니며 사람의 눈높이에서 표현한 시지각적인 상대적 추상의 표현이며 심오한 무엇을 담고 있다. 결국 하나님께서 시간의 경과에 따라 점점 더 높은 가치인 「보시기에 좋았더라」라는 아름답고 체계적인 상태로 천지를 만드시었다. 2절은 그럴지라도 1장 전체는 단계적 구속이 내포되어 있고 영원한 안식의 미래 지향적 방향을 포함한 묘사로 보아야 할 단서가 숨은 듯하다.

1-5. 창세기 1장의 궁창·하늘·땅·바다 등의 형성

창조 흐름의 포인트는 흑암 상태에 빛을 창조하신 후 먼저 하늘을 만드시고 다음으로 땅을 만드시었다는 점이다 (暗→光→天→地). 하늘 다음으로 땅이 만들어지면서 생긴 바다, 강, 호수 등의 형성은 부수적인 상황으로 이해하고 이들 공간에 피조물을 창조하여 채우셨다는 것이 1장 전체의 줄기이다.

히브리어 문장이 오늘날처럼 문장 마침표가 없고 내용의 심오성 때문에 학자들이 1-5절 문장에 단락을 두기가 쉽지 않은 모양이다. 이 다섯 절을 나눌 때 혼란과 유혹과 선입견이 발생하여 여러 설이 등장한다. 심지어 진화론적 해석이 개입되는 문장이다. 그러나 이 다섯 절을 해석하는 기준은 하나님께서 직접 언급한 기준으로 생각해야 한다. 출애굽기 20장 11절 "*「엿새 동안」에 나 여호와가 하늘과 땅과 바다와 그 가운데 모든 것을 만들고 일곱째 날에 쉬었음이라*" 함에서 시간을 여러 날이나 기간으로 나누지 않도록 해야 함이다. 이 원칙을 벗어나 여러 갈래로 해석하는 경향이 있다.

문단을 나눌 때, 1-2절과 3-5절 두 단락으로 나누는 설과 1-5절을 하나의 단락으로 보는 설이 있다. 1-2절과 3-5절 두 단락으로 나누어 첫째 날 「빛(light, 오르)」이 창조되기 전 어떤 기간에 하늘들과 땅이 먼저 있었다고 보는 해석이 소수설이나 분명한 근거 없는 자의적 판단에 의한 잘못된 해석이고 심지어 학자 중 일부는 2절과 3절 사이에 엄청난 시간적 간격[16]이 있다고까지 해설한다. 이에 반해 1-5절을 하나의 단락으로 보는 설은 태초의 첫날에 시간과 공간과 빛과 함께 원시 땅(지구, the earth)[17]과 하늘들(the heavens)이 창조된 것으로 보는 해석으로 다수설이다(전통 보수설).[18] 본 고찰은 기본적으로 전통보수설을 수용하나 전통보수설이 가진 관점은 보완하려 한다. 이

16 시간적으로 간극이 있다는 간극설(gap theory)을 말한다.

17 창세기 1장에서 하늘(the heavens)과 땅(the earth)을 둥근 천체의 하늘과 구체(球體)인 지구로 보아야 한다는 개념보다 단순히 윗 공간인 하늘과 하늘 아래의 땅이라는 공간감으로 구분하여 표현한 듯하다. 시각 그리고 중력을 고려한 공간 구성을 말하는데 이 성경 말씀을 고대인의 천체관이라고 규정하는 것은 명백히 잘못된 개념이다.

18 톰슨 II 주석성경(1988) 기독교지혜사 p 1 및 오픈성경(1989) 아가페출판사 p 1, 그리고 강병도 편 카리스마 종합주석(2003) 기독지혜사 pp 229-230.

전통 보수설에도 1절과 2절을 분리하여 해석하려는 경향이 있으나 분리하기 어려운 점은 창세기 1장 전체 문맥으로 보아 각 날은 시작과 끝을 묘사하기에 첫째 날의 시작은 태초의 흑암인 밤이며 끝은 빛을 창조한 후의 저녁이다. 다만 1절의 문장은 다른 모든 구절을 포함하는 대주제로서의 문장이다.

소수설의 관점은 유신 진화론과 같은 유구한 지구의 시간을 수용하려는 발상에서 비롯된 듯하나 이는 사람의 생각을 성경에 집어넣은 것으로 성경적 근거가 전혀 없는 잘못된 해석이다. 전통 보수설을 믿는 분 중에서 어떤 이는 6일 동안 창조하셨다는 창세기 1장 2절을 원역사라는 용어로 정의하면서 실제 창조일의 시작을 즉 첫째 날은 3절부터라고 설명하는데 이들 모두 창세기 1장 전체에 묘사된 「날」의 개념을 이해하지 못하는 점 때문에 야기되는 착오, 오류 등이다. 「날」의 성경적 개념을 정확히 이해하지 못하면 1절부터 5절까지 내용에서 이런 착시 현상을 일으켜 잘못된 주장이 발생한다. 추정하건대 1장 1-2절을 원역사로 분류하고자 하는 또 다른 생각에는 2절의 묘사가 워낙 심오하고 긴 기간을 묘사한 것으로 우리의 사고를 유도하기 때문에 3절부터를 진정한 첫날의 시작이라 할 수 있으나 이러한 착각은 다른 날도 그러한 방식으로 생각하면 하루가 아닌 매우 긴 기간으로 추론되지 않을 수 없다.

창세기 1장 전체에서 나타난 「날」이란 무엇이며 어떻게 정의되어야 하는가. 이 개념은 창세기 1장뿐 아니라 성경 전체에 매우 큰 영향을 미치는 개념이다. 창세기 1장의 「날」에는 반드시 밤과 낮을 합한 구성이어야 하고 또 어둠인 밤이 먼저 있고 그후 빛인 낮이 있어야 함을 표준으로 삼아야 한다. 밤과 낮의 반복인 날이 있어야 함을 배제하거나 이 개념에 혼란과 혼동이 있기 때문에 여러 방법으로 해석을 (성경에 없는 인위적 생각을 추가하여) 시도한다.

하나님께서는 매 6일 동안 창조 사역을 마치실 때마다 「날」을 정의하는데 「저녁이 되며 아침이 되니」라고 총 6회로 각각의 날을 두시었고 날들을 나누시었다. 그런데 1절과 2절을 읽은 후 3절에 와서 *"하나님이 가라사대 빛이 있으라"*고 하여 빛을 맨 처음 창조하고 그 빛부터 시작되었으니 첫날 즉 새 날의 첫 시작이 빛으로 생각하여 이 빛이 비춘 아침과 낮을 첫째 날인 것으로 착각을 일으킨다. 이런 착각의 문제는 첫날은 밤이 없고 낮만 있는 반나절이 된다. 따라서 성경의 묘사대로 정의해야 한다.

2절에서 혼돈, 공허, 흑암(히브리어 호쉐케, darkness, 어둠), 깊음을 설명한 후 3절에 하나님께서 말씀하시고 빛이 등장하니 빛이 등장하기 전 상황을 다른 날로 상상하게 만드는 문장 구성일 수 있으나 그런 구성의 문장이 아니다. 창세기의 하루 즉 「날」은 저녁부터 그 다음 날 저녁까지를 하루인 날로 계산하기에 첫째 날의 저녁과 밤은 대체 어디에 있는지 생각해야 한다. 첫째 날은 낮만 있는 하루인가. 창세기 1장 1절부터 5절까지 이런 착시 현상이 있을 수 있으나 분명히 밤과 낮을 설명하고 있다.

천지창조 시 상태는 「흑암(어둠)」이었다. 첫째 날의 시작은 흑암이다. 따라서 첫째 날 밤은 2절의 「흑암」을 말하며 3절에서 「빛」이 창조되었기에 그 빛이 낮이 되어 2절에서는 밤이라 칭하지 않고 밤 이전의 흑암(darkness)이라고 설명한 것이다. 즉 5절에서 정의된 밤은 빛이 있은 후 나타난 현상이고 빛이 없었기 때문에 밤이 아닌 흑암으로 묘사하고 있다. 얼마나 천지 창조에 관한 깊은 묘사이며 정확한 정의인가 ! 하나님의 이 정의를 간과하거나 혼동하며 이 혼동으로 창세기 1장 전체 해석을 특히 1절부터 5절까지를 여러 문단으로 나누기에 오류를 범하고 있다. 더구나 흑암이 깊음 위에 있다 함으로써 결코 밤과 다른 매우 신비한 깊음 위에 있는, 빛 이전의 흑암임을 명확히 설명하고 있다. 2절부터 3절에는 이미 하루의 단위인 밤+낮으로 설명한 것으로 파악해야 한다. 그리고 나서 5절에서 밤과 낮을 다시 정의한 것이다. 사람의 논리나 상상이 아닌 하나님께서 설명한 날의 정의에 따라 해석하고 이해해야 한다. 왜 하루의 시작이 밤이고 나중이 낮인지 창세기 1장 2절과 3절을 통해 이해할 수 있다. 이러한 정의가 성경의 정의가 되었고 또 전통적인 히브리 개념이 되었다.

이러한 개념 없이는 하나님께서 출애굽 후 모세에게 직접 엿새 동안 천지를 창조하였다고 한 말씀을 변형하여 해석거나, 2절을 첫째 날과 약간 다른 원역사[19] 등으로 파악하거나, 첫째 날 전 별도의 기간 또는 날이 있다고 파악하여 임의로 해석하여 창세기 1장 전체를 불완전한 문장으로 만든다. 또 소수설은 문장을 나눌 때 창조를 시작한 날 시작부에 「하나님이 가라사대(이르시되)」라는 도입부가 있으므로 첫째 날의 시작을 3절부터 해석하려 하나 「날」의 도입부 「하나님이 가라사대(이르시되)」는 1절이 대신하고 있다. 1절은 창세기 1장 전체 내용을 총괄하는 제목이 되고 도입부 「하나님이 가라사대(이르시되)」와 동일한 의미를 포함하고 있다고 보아야 한다. 그러므로 창세기 1장 1절부터 5절까지를 첫째 날로 정의해야 하며 1절은 첫째 날이기도 하고 성경 전체를 말하는 대주제이고 대선언이다.

< 그림 1-5-1 >은, 소위 「날」에 대한 성경적 또는 히브리적 개념인, 밤의 시작 저녁부터 다음 날 저녁의 밤 시작까지를 하루로 보는 창세기의 1장의 설명이다. 첫째 날의 밤은 흑암을 말하며 낮은 창조한 빛이 있는 시간을 말한다. 둘째 날부터 이 개념을 반복하여 적용하고 있으며 하루의 시작은 어둠이었으나 마감은 빛이 있는 상태로 하나

19 「원역사」로 파악하는 순간 다른 날에도 별도의 기간을 첨가할 수 있는 여지가 많으므로 원역사가 아닌 첫째 날의 천지를 창조한 것으로 보아야 하며 그런 지구의 상태를 묘사한 것이 성경 묘사이다. 굳이 해석하자면 이를 「원시 지구」의 상태로 보아야 한다. 따라서 첫째 날에 빛 이외에 시간, 공간, 천지, 기본 물질인 흙, 물, 공기 등이 창조되었다.

님께서 창조 사역을 하셨다는 설명은 복음적이며 영적 계시요 신비이다. 참고로 아래 < 그림 1-5-1 >은 창세기 2장 1절부터 3절에서 안식일 묘사 시에 밤과 낮과 영원을 설명하고 있지 않으나 1장의 날의 반복 개념을 추가하여 도식화 한 것이다.

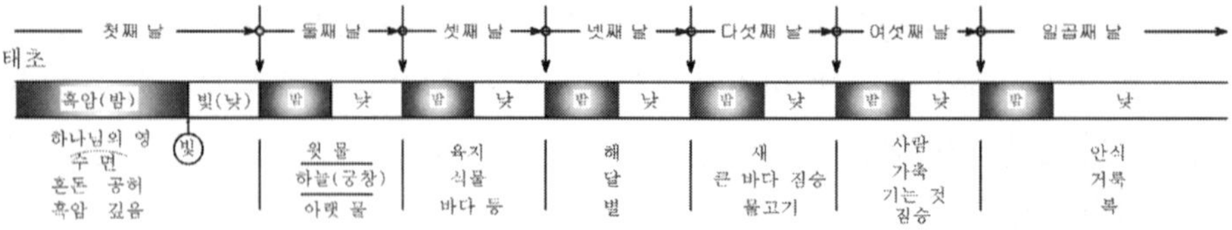

< 그림 1-5-1 > 「날」의 구성과 피조물

창세기 1장 1절은 창세기 2장 4절, 5장 1절, 10장 1절과 요한복음 1장 1절 등처럼 종종 성경의 문맥 형식에서 보듯이 후반 내용을 자세히 설명하기 전 도입부와 대제목으로 볼 수 있고 2절은 빛을 창조하기 전 상태의 흑암인 밤으로 보는 것이다. 2절은 혼돈과 공허와 흑암과 깊음으로 무(無)의 상태를 설명하는 듯하나 창조된 유(有)의 상태를 설명하고 있다. 무는 형용할 수 없기 때문이다. 빛이 없을 뿐 시각적, 시지각적 또는 영적으로 혼돈과 공허와 흑암과 깊음을 표현하고 실제 상태는 물과 흙과 공기가 혼재되어 있어 그런 상태로 묘사될 수 있을 것이다. 빛이 없었으므로 시각이 아닌 시지각으로 계시된 혼돈 등의 상태로 묘사한 것으로 볼 수 있다. 물과 흙 등은 빛이 없었으므로 사람은 볼 수 없었고 하나님께서 그 상태를 영적으로 알려 주어 시지각으로 묘사한 것이다. 빛이 창조되기 전 *"땅이 혼돈하고 공허하며 흑암이 깊음 위에 있고 하나님의 신이 수면 위에 운행* (창세기 1:2)"한 것을 시지각으로 묘사한 것으로 판단할 수 있다. 흑암이란 빛이 없는 상태인데 「흑암이 깊음 위에 있었다」고 함을 빛이 없는 순수한 영적 설명으로 이해하여야 함이다. 2절에서 하나님께서 태초에 지구를 잉태하는 창조 사역을 우리로 하여금 정확히 상상하도록 묘사하시지 않는가 !

빛이 창조되기 전 2절에서는 혼돈과 공허와 흑암과 깊음의 원시 지구를 만드신 것으로 보면 「태초(시작의 때에, in the beginning)」에 별도의 시간, 공간, 질료(특히 흙과 물들)가 창조되었다. 어떤 「빛」도 없고 「저녁」과 「아침」이 없었기에 「날」이 완성되지 않았으나 빛이 창조됨으로써 아침과 낮이 있게 되어 「날」이 완성되었다. 태초부터 빛이 있기 전 특정한 시간 단위를 갖춘 날이 없었고 단지 흑암의 시간만이 존재했다. 하나님께서 첫째 날에 유(有)에서 유(有)를 창조한 것이 아니라 무(無)에서 유를 창조한 것으로 해석해야 하고 또 태초 후 얼마 지나 빛이 만들어진 것이다. 그 빛이 사라진 저녁이 될 때 하루가 마치었다. 1-5절까지를 한 단락으로 보아 1절 「태초」를 첫째 날의 시작으로 보며 첫날 중간 어떤 때 빛을 창조하셨다. 소수설은 이와 반대로 빛이 창조되기 전 특정의 시간을 두어 유에서 유를 창조하였다고 하나 이는 앞에서 설명했듯이 창세기 자체에서 설명한 날의 구성 단위, 전체 문장에서 설명한 날의 개념 및 단락 구분 등을 오해하여 매우 이상한 해석을 하며 또 하나님의 말씀을 왜곡하거나 부정한다.

출애굽기 20장 11절에서 하나님께서 모세에게 직접 이르신 말씀 중에 "*엿새 동안에 나 여호와가 하늘과 땅과 바다와 그 가운데 모든 것을 만들고*"라고 짧은 문장으로 6일 동안 창조한 창세기 1장을 재확인시키며 이 6일 이외의 추가 기간이 있다는 소수설은 성경의 설명과 특히 문자적으로 상치된다. 이외 출애굽기 31장 17절과 히브리서 4장 3-4절도 6일 이외에 6일과 안식일 외에 별도의 기간이 없는 동일한 믿음의 해석을 뒷받침한다.

1장 1절에 「하늘들(天, the heavens, 하샤마임: 정관.명.남.복.)」과 「땅(地, the earth)」이 등장한다. 히브리 원문의 문장 구조를 해석하는 한 가지 설에 의하면 시간적으로 1-2절은 단절된 시간이 아니고 하나의 기간이라는 것이다. 1-2절을 통합하여 해석하면 1절의 「땅(the earth)」은 흙이 아닌 지구의 땅을 의미하며 물들(waters)과 흙이 혼재된 상태의 땅으로 묘사(암시)한다 할 수 있으나 둘째 날 하늘인 궁창이 나타나기에 이 하늘들(the heavens)은 무엇이고 어떤 상태인지 전혀 묘사하지 않고 있다.

6절의 둘째 날에 첫째 날의 하늘들에 궁창(穹蒼, a firmament, an expanse, 라키아[20])을 만드시었으므로 첫째 날은 궁창이 없는 어떤 원시 하늘이거나 지구 밖의 하늘로 봄이 명백하다. 또 땅 역시 셋째 날 완성되므로 1절의 땅이 무엇을 말하는지 확실하지 않으나 원시적인 땅이라면 물과 흙이 섞인 드러나지 않은 상태의 땅이라 할 수 있다. 1절의 하늘이 복수형인 점에서 궁창을 만드시기 전이든 후이든 하늘이 여러 개임을 알게 된다. 특히 이 하늘들에 관한 개념과 출현 과정 및 시지각 개념은 매우 중요하므로 먼저 이를 살피면서 땅의 형성 과정을 추정해 보자.

창세기 1장의 여러 곳에 나타난 하늘들(the heavens)과 궁창(a firmament)의 시지각 개념을 먼저 이해해야 이들 개념에 혼동이 없다. 하늘들은 1장 1절에 등장하는데 하늘들이란 중력이 작용하는 땅에서 볼 때 중력 반대 방향의 공간이라는 개념이 가장

20 원어에 막(膜) 개념이 있다 한다. 이 막이 궁창을 떠받치고 있거나 구분하여 존재한다고 본 듯하다. 물층 중간에 「공간이 형성되었다」는 의미가 내포된 「궁창」으로 설명한 것은 정확한 개념이다. 이는 원시 지구에서만 나타난 유일한 창조 사역에 의한 공간이다.

우선적이다. 그런데 태초부터 하늘을 복수로 묘사하고 있다. 반면 이 하늘의 아래 중력 중심 쪽 지면을 땅(the earth)이 된다. 여기서 땅을 둥근 행성인 지구로 볼 것인지 애매하다. 그런데 지구가 아닌 땅으로 해석하면 시지각적 개념으로 땅이 평평해 보이므로 1절의 땅을 평평해 보이는 그런 땅이라고 이해할 수밖에 없으나 행성인 지구로 보아도 전혀 이상할 것이 없다. 왜냐면 이 묘사는 사람이 태어나기 전이고 어떻게 계시를 받았는지 알 수 없기 때문이다. 이 묘사는 사람의 시지각 차원과 원시 상태의 지구(땅)를 묘사한 것이 틀림없다. 그런데 2절에서 태초에 지구를 둘러싼 두꺼운 물층이 있었고 성령이 물층 위를 운행하셨다고 하였기에 물 아래의 잠재적으로 드러나지 않은 땅이 물층으로 1절의 하늘들과 차단되어 있었다. 1절과 2절의 내용을 물리적 분화와 흐름으로 이해하면 대체로 < 표 1-5-1 >과 같다.

< 표 1-5-1 > 원시 천지(天地)의 시지각적 분화[21]

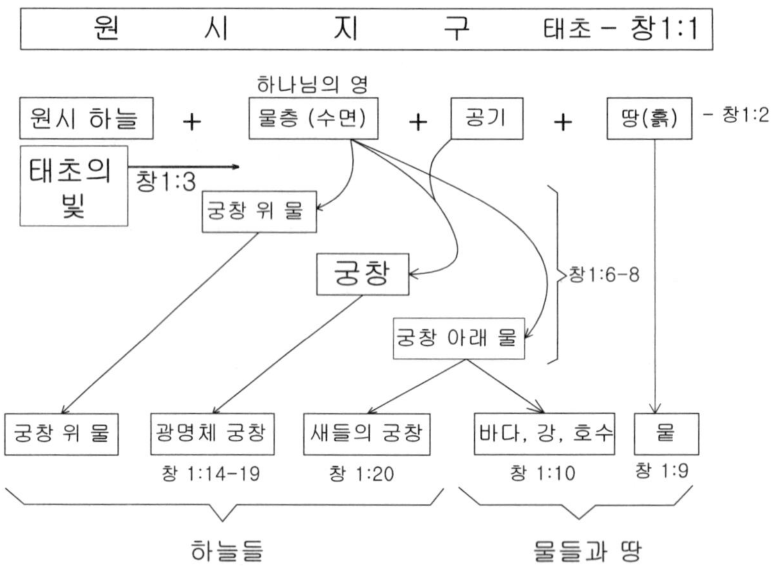

그런데 둘째 날 이전에 이미 수면 위에 「하늘들」이 있었는데 둘째 날 드러나지 않은 잠재적 땅 위 두꺼운 물층 중간 구역에 물이 없는 큰 공간(an expanse)을 둔 것이 궁창(a firmament)이다. 새로이 생긴 큰 공간인 궁창을 하나님께서 「하늘」이라고 정의하셨다(창세기 1:8). 따라서 둘째 날 기존의 「하늘들」과 별도로 추가로 새로운 「하늘」이 또 생기게 되었다. 즉 새로이 생긴 하늘이 기존의 하늘들과 직접 연결되었다. 이 형성 개념을 자세히 이해해야 한다. 그 내용은 다음과 같다.

21 태초부터 6일간의 흐름의 분화를 눈 감고 상상하면 아름다운 만물이 영상으로 펼쳐지는 것 같지 않은가 !

둘째 날 수면 위에 하나님의 신이 운행하신 두꺼운 물층 중간에 형성된 궁창의 개념은 새로 생긴 「하늘」인데 이는 물층의 물들이 위와 아래로 이동하여 중간이 텅 비게 된 공간일 뿐 향후 기능적으로는 진정한 하늘을 위한 공간이었다. 신학적·구속사적으로 해석하면 둘째 날 궁창을 만드신 핵심의 목적은 궁창을 만들어 지상(뭍)의 하늘로 드러내어 기존의 하늘들과 직접 연결하기 위함이다. 둘째 날 만들어진 궁창의 하늘은 완전한 하늘이 아닌 것은 아직 아래에 물층이 있기 때문이다. 셋째 날 궁창 아래 물층에 뭍이 드러남으로써 궁창 아래 물이 바다 등이 되고 따라서 궁창이 더 넓어지고 땅(뭍)과 직접 접하는 하늘이 되었다.

사도 바울이 다녀온(고린도후서 12:2) 하나님께서 계시는 하늘을 「셋째 하늘(the third heaven)」이라 하였고 이를 통해 지상의 대기권인 하늘을 「첫째 하늘」이라 하면 이들 사이 하늘(우주 공간)을 「둘째 하늘」로 이해하는 것이 성경에서 말하는 「하늘들」이다. 창세기 1장에서 처음 궁창에는 물이 궁창 위와 아래에 있다고 설명하고 셋째 날 뭍이 생기고 난 후 넷째 날 해 등이 나타나는 하늘을 다시 구분하여 원근법에 따른 대기권 밖의 우주 영역의 둘째 하늘을 궁창의 하늘에 있는 것으로 시지각과 기능 영역으로 포함된 것으로 설명하였다. 또 다섯째 날 새가 나는 궁창의 하늘을 묘사함으로써 「첫째 하늘」을 시지각적, 원근법 및 기능적으로 파악하여 복수의 하늘처럼 묘사하였다. 이런 형성 과정과 인식 과정으로 태초에 복수의 하늘들로 설명하였고 그 후 지상의 하늘을 단수로 표현한 것이다 (그림 1-6-3).[22]

이 형성 개념은 「하나님이 계시는 셋째 하늘과 사람이 사는 첫째 하늘이 연결되었음」을 의미하는 매우 중요한 개념이다. 궁창을 만드시고 이 공간을 「하늘」이라고 칭한 점은 실존적이고 기능적이며 공간적으로 또 구속사적으로 매우 중요한 창조 사역이다. 첫째 날에 혼돈과 공허와 흑암과 깊음이 물로 차단된 지구가 향후 사람이 접할 하늘이 둘째 하늘인 우주 공간을 통해 하나님이 계시는 셋째 하늘과 직접 연결되는 사역을 두 번째 날 하시었다 ! 이 얼마나 귀중한 사역이며 의도된 사역이신가! 얼마나 놀아룬 창조 방식이신가! 감사와 찬양을 드릴지어다 ! 이로써 우리가 하나님이 계시는 하늘을 더 자세히 매일 바라보도록 하시었고 이 하늘을 통해 예수 그리스도가 승

22 다시 설명하면, 사도 바울이 다녀온 하나님이 계시는 하늘을 「셋째 하늘(the third heaven)」이라 하였고(고린도후서 12:2) 이를 통해 지상의 대기권인 하늘을 「첫째 하늘」이라 하면 이들 사이 하늘(우주 공간)을 「둘째 하늘」로 이해하는 것이 성경에서 말하는 「하늘들」이다. 이런 형성 과정과 인식 과정으로 하늘을 복수의 하늘들이 된 것이다. 이러한 개념을 원시의 천체관이라고 설명하는 것은 하나님의 정확한 천지창조 과정을 몰이해한 인본주의적 억지이다. 태초의 하늘이 복수인 점으로 보아 빛이 창조하시기 전 즉 1절의 태초 이전 최소 하나님께서 계시는 하늘나라인 셋째 하늘은 이미 존재한 것으로 해석하는 것이 적정하다.

천하시고 이 하늘을 통해 그분께서 오시도록 통로로 만드시었다. 그분의 길을 우리를 위해 그분께서 여시었다. 그분이 창조하신 빛 역시 이 하늘을 통해 비추어 오도록 하였다. 그리고 우리도 장차 본향에 갈 때 이 하늘을 통해 가도록 하셨다. 이 얼마나 놀라운 사역이신가 !

앞에서 설명한 바처럼 이 궁창이 더욱 확장되며 온전하게 된 시점은 셋째 날이다. 궁창이 더 온전하게 된 과정 묘사가 생략되었다. 둘째 날 형성된 궁창 아래 물은 셋째 날에 하나님께서 뭍(땅)을 만들면서 바다, 호수 및 강으로 물을 모이도록 하였다. 즉 셋째 날에 (궁창 윗물의 일부분과) 궁창 아래의 물들이 한곳으로 모이도록 하여 둘째 날의 궁창을 더욱 넓은 공간으로 또 투명하고 아름답게 창공(sky)을 만들었다는 점이 성경에 생략되어 있으며 결국 뭍(육지)이 만들어진 것을 묘사한 내용에서 알 수 있다. 궁창 (위 물 일부와) 아래 물이 어디로 갔는지에 대한 설명이 생략되었는데 앞뒤 문맥으로 정확히 파악된다. 셋째 날 하늘 궁창이 더욱 하늘답게 아름다운 창공이 되도록 하셨다.

여기서 하나님께서 만드신 신비한 궁창에 대하여 깊이 생각하여 그 개념을 더 공고히 할 필요가 있다. 혹자는 궁창의 의미와 기능을 전혀 모르거나, 단어 사용에 잘못이 있다고 하거나, 궁창과 하늘을 혼돈하거나, 현재 궁창이 없어졌다는 등의 주장을 하나 현재도 궁창은 존재한다. 혹은 궁창의 물이 대홍수 때 사라졌다는 등의 추론을 편다. 그러나 궁창의 대기 구성은 둘째 날 이후 다섯째 날까지 변했듯이 둘째 날 이후 변해 왔으나 엄연히 정확히 현재도 존재한다. 1장 7절의 궁창이란 전 우주에 펼쳐진 하늘에 접한 지구 표면에 극히 얇게 형성된 공간으로 창세기에서 정의한 것이기에 오늘날도 명백히 존재하며 하나님께서는 이곳을 특별히 하나님께서 계시고 이미 존재했던 그 하늘들(Heavens)이라는 명칭에서 차용하여 땅에 가까이 있는 「하늘」이라고 부르신(창세기 1:8) 점을 기억하여야 한다.

최초 궁창이란 지구의 땅을 둘러싼 두꺼운 물층의 중간을 나누어 형성된 중간 공간을 말한다. 이 중간이 맑고 투명하며 비게 되면서 궁창이 된 것이다. 원시 상태에서 이 궁창 위·아래에 물층이 있음은 당연한데 윗 물층이 매우 엷어 본래의 하늘과 그 하늘에 있는 광명체가 보이고 또 우주인 2층 하늘과 하나님이 계시는 3층 하늘과 직접 연결된 공간이 됨으로써 하나님께서 이를 땅에 속한 하늘(heaven, 정확히 말하면 1층 하늘)이라고 명명한 것이다. 현재도 지구에 속한 하늘 궁창에 물이 존재하지 않는가. 다만 최초 궁창인 하늘보다 그 물의 양이 얼마나 줄었는지 우리는 알 수 없으나 현재도 궁창이 존재하며 우리는 하나님의 명명하심에 따라 지구에 속해 있는 이 궁창을 단수형인 하늘(heaven)로 말한다. 아마도 이러한 궁창은 온 우주에 있는 여러 행성에 하늘은 있을 것이나 지구처럼 매우 특수한 공간인 궁창이면서 하늘은 없을 것이다. 다른 행성은 2층인 우주 공간인 하늘과 직접 맞닿아 있으나 지구는 공기와 수분이 있는 궁창인 하늘이 있는 것이다. 하나님께서 직접 설명하신 창세기 1장에서 이러한 궁창과 하늘의 놀라운 의미와 기능을 간과하지 말아야 한다.

창세기 1장 1절의 히브리어 하늘을 정관사+복수형 하늘들인 「하샤마임」으로 표현한 점은 두 가지 의미로 해석된다. 태초를 첫날 전의 태초라 하면 태초의 하늘들이란 지구의 궁창인 하늘이 만들어지기 전 이미 복수의 하늘이 있었음을 의미하여 둘째와 셋째 하늘을 의미할 것이다. 아니면 1장 1절을 창세기 1장 전체 제목이라고 해석하면 1장 1절의 하늘들에는 잠재적인 궁창인 하늘이 포함된다. 이런 점에서 창세기 1장 1절의 하늘은 항상 복수로 생각하며 창세기 1장에 등장하는 하늘의 의미를 묵상해야 한다. 또 하나님께서 창조하신 궁창이라는 단위 공간을 의미할 때는 단수형 하늘[23]이라고 생각해야 한다. 다만 궁창의 영역은 물리적으로 지구의 하늘로서 우주 공간의 하늘과 물리적 성격이 달라서 단절되었다고 여겨지나 시각 또는 시지각으로는 단절된 것이 아니라 하나로 연결된 공간으로 인지되어 우리가 말할 때 또는 성경을 읽을 때 혼란이 야기되어 번역에 오류나 혼동이 있다.

이미 만들어진 하늘 궁창에 넷째 날 광명체가 생기고 다섯째 날 날짐승들이 사는 공간이 되었다. 오늘날과 같이 생명체들이 살고 아름다운 창공에 해·달·별이 있는 하늘이 형성된 것으로 설명하고 있다. 이런 하늘 궁창의 개념이 고대인의 평면적 우주관이라 설명하는 듯하나 이는 하나님의 창조 사역에 대한 계시이므로 고대인이 인식한 우주관[24]이라고 절대로 해석해서는 아니 된다. 창세기 1장은 하나님의 계시이다. 이 계시를 초고대인의 사고방식이라는 것인데 그러한 것이 아니라 창세기 2장 4-6절의 묘사의 열 가지 특징에서 알 수 있듯이 고대인의 우주관이 아닌 하나님의 자세한 계시의 정확한 시지각 묘사이다. 또 이런 창세기 1장 묘사는 사람이 창조되기 전 묘사이므로 이 내용으로 지동설이니 천동설이니 빅뱅이니 등을 주장할 내용이나 근거가 전혀 없다. 성경은 이런 유의 사람 생각을 넘어선 것들을 드러내고자 함이다. 또 창세기 1장으로 천동설 등의 주장을 역설적으로 잘 설명할 수도 있다.

---

23 넷째 날 광명체가 있는 하늘의 궁창과 다섯째 날 새들이 나는 하늘의 궁창으로 원근법에 따라 묘사하여 하늘을 복수로 하고 있으나 궁창이 단수이므로 이 궁창에 있는 하늘은 기능적 그리고 원근법으로 복수로 파악할 수 있다.

24 이런 유의 해석은 창세기 1장의 하나님의 사역을 인본주의적으로 불순하게 해석하는 것으로 배척되어야 한다. 많은 성경의 주석난에 이런 유형의 해석과 그림이 그려져 있으나 매우 무지하고 어리석은 해석이다. 하나님의 깊은 뜻을 사람의 뜻으로 대치한 생각이다.

궁창의 위치와 역할과 기능을 묘사하길, 15절에 「광명체들이 하늘의 궁창에 있어(let them be for lights in the firmament of the heavens)」 또는 17절에 「그것들(날짐승)을 하늘의 궁창에 두어(set them in the firmament of the heavens)」라고 하여 궁창은 하늘들에 속해 있고 하늘들의 끝부분에 있는 공간으로 묘사한다. 즉 하늘들의 일부인 궁창은 오늘날과 같은 대기권에 나타난 시지각적 현상과 피조물이 머무는 공간으로 묘사되었다. 어쨌든 1절부터 17절까지의 순차적 그리고 단계적 창조에서 확인되는 바대로 1장 2절에서 지구 표면의 상층부인 두꺼운 물층은 궁창이 없는 원시 하늘이 잠재적으로 태동 중이었고, 이 당시 시지각 측면에서, 소수설의 주장처럼 둘째 하늘에 발광체가 있었다 하더라도 지구 표면에서 보면 시지각적으로 드러나지 않거나 볼 수 없는 상태였다. 창세기 1장 2절부터 8절까지에 묘사된 궁창 및 하늘의 형성 과정을 이해하면 「하늘들」이 무엇을 지칭하는 것인지 이해할 수 있으며 창세기 1장을 고대인의 우주관이라고 해석하는 것이 잘못된 개념이라는 것과 또 하나님께서 왜 궁창을 만들었고 하늘이라고 부르신 이유를 알게 한다.

물론 2절의 문장에서는, 궁창이 있기 전 물층 안에 잠재적인 원시 하늘의 태동이 있었고 하나님의 영이 수면 위를 운행[25]하신 것으로 해석할 수 있다. 지구 표면의 두꺼운 물층[26]을 제외한 수면부터 우주 영역까지 영역을 둘째 하늘로 볼 수 있느냐에 관한 구체적 정보는 없으나 사도 바울이 하나님이 계신 셋째 하늘로부터 추정되는 것이다.

2절에서 지구 전체의 상태를 4가지 즉 영적·시지각적 추상어(혼돈, 공허, 흑암, 깊음)로 설명했으나 물층 자체에 관한 설명은 없다. 궁창이 태동 중인 이 물층은 지표 부근에 두꺼우면서 광범위하게 퍼져 있는 것으로 보아야 할 것 같은데 물층의 위치와 상태가 물 자체로 지표면부터 있었는지, 지구 표면에 공기층이 있고 그 위에 있었는지, 또 짙은 수증기[27] 형태의 물층+공기+토사 등의 미립자 등이 섞인 층인지 전혀 알 수 없으나 셋째 날 물의 이동으로 물들이 정리된 점으로 보아 지면 위부터 둘째 하늘에 접한 일정 구역까지 두꺼운 물과 공기가 있는 물층으로 보는 것이 적정해 보인다. 그런데 이 물층에 공기가 어떻게 함께 있었는지는 알 수 없으나 밀도와 무게가 무거운 물층 위에 공기층이 있은 것으로 상상할 뿐이다.

---

25 지구 표면의 70%정도가 물로 덮여 있는데 지구 표면이 매끈하다면 물의 깊이가 2.8km 두께로 덮힌 수행성(水行星 the water planet)이라는 것이다(헨리 모리스(1988), 이현모·최치남 역, 현대과학의 성서적 기초, 요단출판사, p 323). 그러므로 창세기 1장 2절의 표현은 매우 놀랍게 정확한 묘사이다.

26 「물층」은 성경에 없는 용어인데, 물을 복수로 사용한 점으로 보아 두껍고 분포가 광범위한 층으로 보고 물층으로 표현하였다.

27 원시 지구에 어떤 열원(에너지)이 있었기에 물이 수증기와 함께 존재했다고 볼 수 있다.

2절 땅에 관한 시지각적 표현인 (추상적 또는 영적) 공허, 혼돈, 흑암 및 깊음이란 물층이 복잡한 성분으로 구성되면서 물층이 지각까지 연결되었기에 그러하게 묘사될 수 있고 아니면 빛이 없었기 때문에 땅을 그러하게 묘사되었을 것이다. 이 물층에 토사 등의 미세립자도 있었을 것으로 보이는데 이는 땅이 혼돈의 상태라는 묘사에서 유추할 수 있다. 나중에 물층 중간에 맑은 궁창이 분화되었기에 궁창 일부 층에는 매우 진한 수증기 형태의 두꺼운 물층이 잔재한 것으로 파악할 수 있다. 이 진한 수증기 형태의 물층이 궁창 위의 물로 묘사된 것이 아닌가 생각된다. 히브리 원어를 해석하는 의견에 따르면 깊음이란 영적 표현이 아니라 땅의 깊은 곳을 의미한다고 한다.[28]

이러한 묘사로 둘째 날 궁창이 형성되기 전 잠재적 원시 궁창(하늘)을 태동 중인 물층은 최소 3개의 층으로 형성되었을 것인데 ① 하나님의 영이 운행한 지표면에서부터 두꺼운 물층과 ② 물층 위 공기층과 ③ 이 공기층부터 우주로 이어지는 공간이었을 것이다. 5절까지 지구에는 전혀 하늘들에 관한 언급이 없기에 실제 하늘은 궁창이 형성된 둘째 날부터 넷째 날까지 점점 온전해진 것으로 봄이 타당하다.

상상하자면, 둘째 날 하늘과 땅까지의 수직 단면 구조는 4-5개의 층으로 ① 우주 공간(둘째 하늘) ② 최상부 밀도 낮은 공기층과 그 아래 궁창 내 밀도 낮은 수증기 형태의 물층 ③ 투명하고 맑은 궁창(첫째 하늘) ④ 궁창 아래 지표의 밀도 높은 물층이었을 것이다. 창세기 1장에서는 우주의 빈 공간이나 대기권에 관한 개념은 없고 나중에 이를 크고 작은 광명체가 있는 「하늘의 궁창(넷째 날)」과 새들이 있는 「땅 위 궁창(다섯째 날)」으로 표현하여 궁창을 기능적이고 시지각으로 두 개의 하늘 영역을 원근법으로 표현하였다.

또 상상하기로는 궁창 위 물층은 기체와 액체의 수증기 층이 두껍게 형성한 웅장한 하늘이었을 것이고 궁창 아래의 물층은 액상의 지각 위 물일 것이다. 둘째 날의 궁창은 넷째 날 새들이 거하는 하늘과 다섯째 날 광명체가 있는 하늘의 준비 단계였다.

종합하면, 물층 속의 잠재적 원시 궁창(하늘)은 성령이 운행하시어 둘째 날 맑은 공간인 궁창이 되고 셋째 날 뭍이 생기며 더 큰 넓고 맑은 궁창이 되면서 우주의 하늘과 연결되었고 넷째 날과 다섯째 날이 되어 오늘과 같은 밝고 아름다운 광명과 생명체가 거하는 하늘 창공이 완성되었다. 궁창의 위치와 기능을 맑고 깨끗한 곳인 날짐승이 날아다니는 궁창인 하늘, 옅은 물층이 있는 하늘, 크고 작은 광명체가 있는 최상부 궁창의 하늘을 시지각으로 3개로 묘사했다. 이러한 묘사에서 대기권 밖의 우주 공간

28 비블리아선교회 지종엽 목사님의 유튜브 해설 중에서.

(둘째 하늘)과 하나님이 계시고 천사들이 거하는 하늘(셋째 하늘, 하늘나라, 에베소서 2:6 및 히브리서 9:24)을 생략하고 있으나 1장 1절에서 왜 복수의 하늘인지 함축한다.

창세기 1장에 나타난 궁창과 여러 유형의 하늘 개념을 대기권에 한정하여 해석하려는 경향이 많다. 특히 넷째 날 하늘에 나타난 광명체가 하늘의 궁창에 위치한 것으로 묘사되어 우주 영역이 아닌 대기권까지를 하늘로 묘사한 듯 해석을 하곤 한다. 이러한 근본적 오해는 궁창을 만든 과정과 하늘의 개념을 혼동하고 있는 점에 기인한다. 궁창과 하늘의 개념은 근본적으로 다르다. 원근법과 기능의 시지각적 묘사이며 궁창을 하늘이라 명명한 하늘이란 하나님이 계시는 하늘나라와 우주의 개념인 하늘의 개념에서 비롯되었다. 즉 창세기 1장의 하늘은 고대인의 우주관에 의한 묘사라 할 수 없다. 창세기 1장의 하늘과 궁창은 사람의 우주관으로 기록한 것이 아니라 창조 전 그리고 둘째 날 만들어진 개념으로 현재에도 유효한 개념이다. 창세기 1장의 하늘과 우주공간 개념은 오늘날처럼 우주 비행선을 타고 지구를 묘사할 정도의 정확한 개념이다.

< 표 1-5-2 > 창세기 1-2장에 나타난 「하늘들」에 관한 묘사

창세기 구절	날	하늘 유형	해석
1:1	첫째 날	하늘들	창세기 1장 전체의 여러 하늘들
1:2		-	수면 위를 성령이 운행하여 궁창의 태동을 준비하심
1:8	둘째 날	궁창·하늘	궁창이 형성되고 이를 (첫째)하늘이라 부르심
1:14	넷째 날	하늘들의 궁창	광명체가 둘째 하늘에 접한 궁창에 나타난 모습을 시지각 원근법 그리고 기능적으로 묘사함
1:15			하늘 궁창 위치에서 광명체의 기능을 묘사함
1:17			하늘 궁창에서 빛이 비추는 시지각적 묘사임
1:20	다섯째 날	하늘들의 궁창	궁창인 새들의 거처를 묘사함
2:1	여섯째 날 이후	하늘들	지상에 여섯째 날까지 창조된 첫째 하늘을 지칭함
2:4			

혼돈과 공허와 흑암과 깊음 상태의 땅 위에 짙고 두꺼운 물층 위를 하나님의 영이 운행하여 궁창을 둠으로써 지구의 궁창이 하늘이 되도록 하여 하나님이 계시는 셋째 하늘까지 직통으로 연결하셨다. 궁창 위 물 일부와 아래 물은 바다 등으로 모이고 뭍이 형성되어 지구의 골간과 기반을 조성하신(ground-forming) 후 우주에 있는 광명체(해·달·별)를 보이도록 두고 각종 생명체가 살 수 있도록 하셨다.

1-6. 창세기 1장의 창조 흐름과 중심어군

1-6-1. 창조의 흐름: 존재와 현상의 출현(탄생, 도래)

창세기 1-3장에 나타난 묘사의 10여 가지 특징, 하늘과 땅의 출현 흐름이 우리의 눈높이(4차원 중 특히 시지각적) 수준으로 설명되었음을 살펴보았다. 인식 가능한 공간과 시간과 만물의 순차적 창조의 큰 흐름과 구조를 시지각적으로 살피면 ① 혼돈과 공허와 흑암과 깊음 가운데 성령의 운행이 있어 빛으로 밝힘(lighting)→ ② 공간 형성(ground-forming)→ ③ 공간 채움(figure-filling)→ ④ 온전함(goodness and fullness)으로 끊이지 않고 연속적이다.

< 표 1-6-1 >　창조의 시간과 피조물 출현(탄생,도래) 흐름

<table>
<tr><th>공간 위계</th><th>바탕화 (ground-forming) - 전 3일</th><th>구체화 (figure-filling) - 후 3일</th></tr>
<tr><td>지구 안밖</td><td>① 하늘과 땅, 빛과 어둠(낮과 밤[29]) - 창 1:1-5</td><td rowspan="2">④ 해·달·별 - 창 1:14-19
⑤ 하늘의 새 - 창 1:20-22</td></tr>
<tr><td>지상(수직적)</td><td>② 궁창, 궁창 위 물과 아래 물 - 창 1:6-8</td></tr>
<tr><td rowspan="3">지표(수평적)</td><td rowspan="2">③ 땅(뭍) - 창 1:9-10</td><td>③ 식물체 - 창 1:11-12</td></tr>
<tr><td>⑥ 뭍짐승과 사람 - 창 1:24-31</td></tr>
<tr><td>③ 바다 - 창 1:9-10</td><td>⑤ 물고기 - 창 1:21-22</td></tr>
</table>

주 1: 창세기 1:11-12에서 「식물체」는 뭍과 바다가 형성(forming)될 시 구체화 된 생명체로서 가장 먼저 지구상에 출현(탄생)하였다. 하나님께서 땅으로 하여금(let the earth bring forth) 식물체를 내라고 명령하신 하나님의 창조 방식을 엿볼 수 있다. 식물체는 태양으로부터 오는 빛에 의존하는데 태양보다 하루 먼저 창조하였다는 점은 매우 의아하나 첫날의 빛으로 생육하였다고 해석할 수밖에 없다. 식물체의 엽록소가 이용하는 빛이란 빛의 일부인 특정 파장의 광자이므로 꼭 태양에서 나오는 적외선, 가시광선, 자외선 등을 포함하는 빛일 필요는 없다. 최초에 하나님께서 만든 빛이 지구를 따뜻하게 하였으며 또 식물체가 필요한 특정 광자를 발산하였다면 식물체가 살 수 있었을 것이다.

주 2: 위 표에서 전 3일 바탕화 모형에서 후 3일 구체화 모형으로 이행되는 과정에서 구체화된 반복의 패턴이 나타난다. 전 3일과 후 3일은 대칭적이다. 이 모형 자체와 전이 과정에서 어떤 신비나 암시가 숨어 있는 듯하다.

문자적으로 이해하면, 첫째 날 혼돈과 공허함과 흑암과 깊음을 태초의 빛으로 밝히시고(lighting), 둘째 날 수직적으로 물을 나누어 궁창으로 맑은 공간을 형성하여 하늘을 창조하셨다 (forming). 셋째 날 수평적으로 궁창 아래의 물을 구획하여 땅과 바다

29　1장 2절의 흑암(darkness)과 첫째 날인 4절의 어둠(darkness)은 동일한 히브리어 「오쉐케」이나 우리말로 해석 시 다른 용어로 번역하여 기초적 개념의 혼동을 주고 있다. 따라서 첫째 날 빛이 창조되기 전 (오랜 기간) 태초의 흑암이 있었고 그 태초의 흑암을 밤으로 해석해야 한다고 앞서 설명하였다. 원어에 의하면 현재 우리의 밤은 최초의 셋째 날까지의 밤과 다르다.

등으로 구획·형성하여(forming) 가장 먼저 식물체를 종류대로 만드시고(filling), 넷째 날에 하늘 궁창에 광명체를, 다섯째 날에 물에 큰 바다 짐승과 물고기와 궁창에 새를, 여섯째 날에 땅의 짐승과 사람을 종류대로 만들어 채우신(filling) 후 이 모든 창조가 결과적으로 보시기에 좋았고(good) 특히 생명체에게는 복을 주어 생육하고 번성하고 충만토록(full) 하셨다 (1L 3F 1G). 또 수직화→ 수평화→ 채움의 흐름이다.

창조 흐름을 묘사한 이 계시는 사람이 누구나 쉽게 볼 수 있는 아름다운 그림이나 영상을 부드럽게 순차로 보여 주며 하나님의 말씀(목소리)으로 설명하셨다. 모든 신학자들이 설명하듯이 하나님의 창조 사역은 크게 「바탕화」과 「구체화」로 나뉜다 (그림 1-6-1 및 그림 1-6-2). 「바탕화」는 「구체화」를 위한 공간이나 골격을 형성(ground-forming)하는 전기 단계인 전 3일의 사역이다. 구체화는 바탕화에서 형성된 공간이나 골격에 광명과 생명을 채우는(figure-filling) 후기 단계인 후 3일의 사역이다. 「바탕화」 3일과 「구체화」 3일 총 6일 후 1일로 사역을 마감하고 쉬시었다. 기본 물질인 충만한 물층(waters)이 가득한 원시 하늘로서의 궁창(穹蒼 firmament, expanse)을 두어 수직적으로 궁창 위 물과 궁창 아래 물로 구획하였으며, 다음으로 수평적으로는 물은 가둔 바다 등과 뭍으로 구획·형성하셨고(ground- forming), 채움(filling)은 구획된 하늘 궁창에 크고 작은 광명들로, 궁창과 바다와 뭍에는 종류대로 생명체를 만드신 후 모든 것이 충만하도록 하셨다(full and good). 여기서 유의해야 할 점은 하늘, 땅, 바다 및 피조물을 창조한 과정이 날이라는 단위 안에 세부적이 아닌 매우 대표적인 군집의 피조물로 설명된 점이다. 이 군집성은 2장으로 가면 실제 하나님께서 매우 세부적으로 창조하신 것을 알게 되므로 1장에서 하나님께서 행하신 창조 사역의 섬세함을 간과하면 아니 된다. 하나님께서 두부를 자르듯 결코 창조하시지 아니 하셨다.

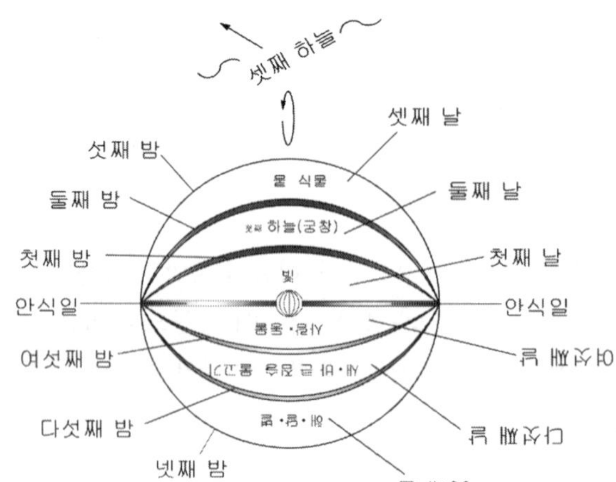

< 그림 1-6-1 > 천지창조의 날별 시지각 피조물의 출현(탄생)

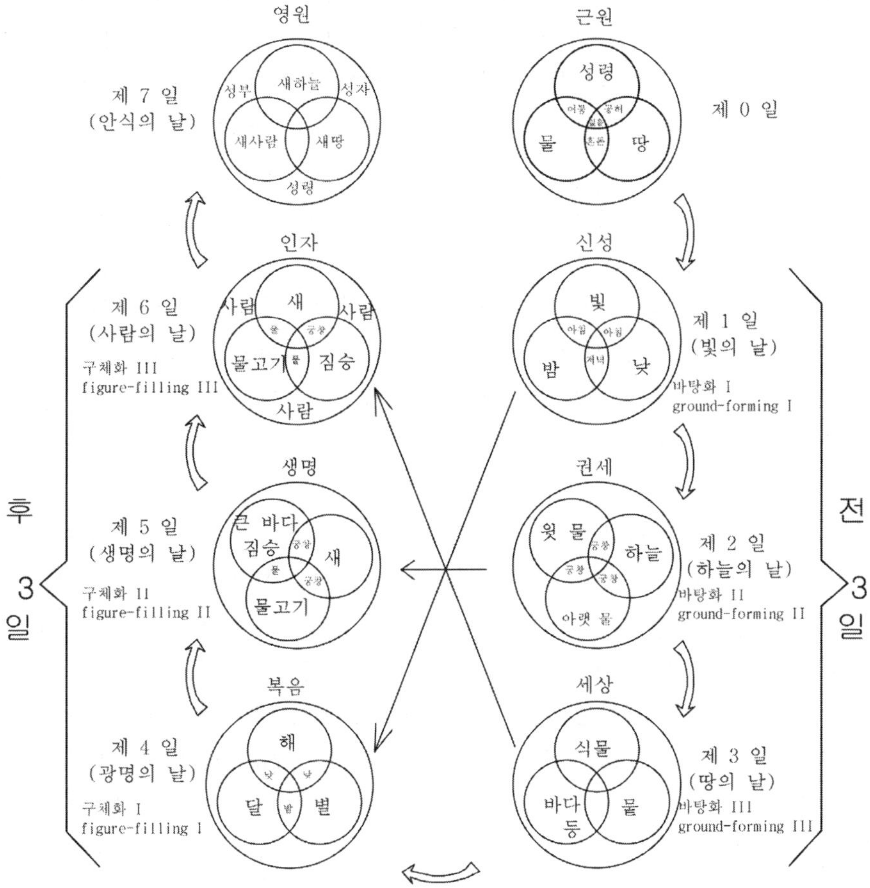

< 그림 1-6-2 > 피조물의 삼위(三位) 창조 흐름

창세기 1장에서 시간과 관련된 단어 정의와 용례 및 그 뉴앙스를 먼저 전통 다수설에 따라 살피자. ① 피조(被造)된 존재의 시작을 「태초」로 정의하여 시간과 공간과 물질과 빛이 첫날 동시에 창조되었으며 ② 여러 존재와 현상의 창조를 「날(욤)」이라는 동일 시간 단위로 설명하였다. ③ 「밤」과 「낮」은 햇빛이 아닌 첫째 날 창조한 태초의 「빛(light)」에 의한 현상으로 정의하였다. 그리고 나서 넷째 날 이후 구체적으로 밤과 낮은 그리고 천문 현상을 주관하는 크고 작은 광명체(lights)의 창조를 묘사하였다. 밤과 낮은 지구 자전에 의한 현상이 아닌 단지 태초의 빛으로 정의되었기에 셋째 날 이전에는 오늘날과 같은 낮과 밤이 없었다고 보아야 한다. 이런 이유로 밤과 낮을 태양빛이 아닌 빛으로 정의되어 우리가 알 수 없는 넓은 개념 즉 영적 개념을 시사한다고 볼 수 있다. ④ 하나님께서 사역을 마친 시간이 「저녁」이 되며 사역의 시작을 「아침」으로 설명한 듯하여 시간의 흐름을 알게 하며 이 두 기간의 합을 「날」로 묘사하되 밝은 빛이 있음으로써 「날」이 정의된다. ⑤ 중요하고 기본이 되는 중요 피조물 이

외 기타 언급되지 않은 「허다한 만물(all the host of heavens and the earth 창세기 2:1)」이 어떤 「날」에 창조된 것으로 묘사하여 날의 신비와 함께 우리가 자세히 알지 못한 피조물에 관한 하나님의 권능과 신비와 존재를 드러낸다. 천사 등을 포함한 허다한 만물이 엿새 동안에 창조된 것으로 해석하기도 한다. ⑥ 창세 이후 오늘날까지 하나님께서 창조하신 피조물의 활동 질서와 법칙이 정연하게 작용하고 있음과 영원한 시공(時空)을 전체 문장에서 느끼도록 설명하고 있다. ⑦ 이러한 하나님의 창조 사역의 여러 양태(樣態)를 「날」이라는 반복적인 동일 시간 단위로 설정하였으나 특정되지 않는 실제적 시간의 의미로 사용하였다. 이로써 「날」이라는 단어의 사용은 태양 중심이 아니고 극히 하나님 사역 시간인 단어로 사용하였음이 틀림없다. ⑧ 전술했듯이 이 「날」은 7일 동안 동일하게 반복함으로써 시간의 개념을 넘어 빛과 같이 일종의 창조 법칙으로 사용하였다.

이러한 창조 흐름(과정)에서 존재와 현상이 나타나며 드러난다. 존재들에 의한 자연현상 등 여러 현상과 실존[30]이 정의된다. 창조된 존재의 주(主)된 4가지 대상은 공간성을 갖는 ① 빛 ② 궁창 ③ 바다(물) ④ 뭍(땅)이고 이에 대응하는 3가지 피조물은 ④ 광명체 ⑤ 공중과 바다의 생명체 ⑥ 땅의 생명체이다. 이외 중요한 공기(空氣) 등이나 각종 미물(微物)의 창조 묘사는 창세기 2장 1절로 짧게 대체하고 생략하였다. 이때 물과 땅과 공간은 피조물 창조의 기본 소재이고 공통의 소재로 언급되어 있다. 창조에 언급된 대상은 천지(天地 the heavens and the earth), 빛, 빛에 의한 낮과 밤, 하루의 단위인 저녁과 아침, 공간인 궁창과 뭍과 바다, 시각적 존재인 광명(lights: 징조, 계절 또는 절기, 날, 년)과, 뭍짐승과 날짐승과, 큰 바다 짐승과 물고기, 사람 등이다. 이들 피조물과 피조물에 의한 현상과 실존을 발생하도록 「명령」하고 「축복」하셨다. 예컨대 날씨, 징조, 절기, 생식에 의한 번성, 생명의 영혼 활동 등이며 이들의 실존을 형성하여 현상이 있도록 하였다.

1-6-2. 창조 흐름의 연결 개념: 「창조 묘사 중심어군」 및 「날 접속어」

이러한 창조 과정에서 존재와 현상이 나타나며 드러나도록 함에 있어 날을 구성하는 틀과 이 틀을 연결하는 고리를 만들어 반복적으로 묘사하고 서로를 연결하여 전체적

30 실존(existence)은 존재가 시간과 공간 속에서 활동하여 드러나고 나타나거나 만들어진 현상을 말한다. 창세기 1장에서는 안식일에 축복하는 복으로 존재 간의 충만한 실존을 설명하였으나, 구체적 존재 간의 현상인 사람-하나님, 사람-생명체, 사람-사람, 사탄-사람, 사탄-하나님, 물체-물체 간의 실존 상황에 대한 상세하고 구체적 내용은 3장 이후 아담과 이브 등에게 명한 관계에 나타난다. 이 존재들 간의 연구가 신학의 분야이다. 또 인문학의 대상이다.

으로 단단히 묶인 아름다운 하나의 사슬이 되도록 기술하였다. 이 틀로 1장이 마치 시(詩)와 그림 같은 구성이다. 큰 그림으로 보면 < 그림 1-6-3 >처럼 하나님의 영원한 나라로 연속된 개념을 갖도록 한다.

각 「날」을 구성하는 틀이란 일곱 가지 개념어의 조합으로(이하 「창조 묘사 중심어군」) 한정한다. 「하나님이 가라사대」, 「그대로 되니라」,「저녁」, 「아침」, 「날」, 「좋았더라」인 6가지로 구성된다. 이 6가지의 창조 묘사 중심어군은 다시 세 가지 ① 청각 용어: 가라사대(11회)와 칭하다(5회)[31], ② 시간 및 기간 용어: 아침(6회)과 저녁(6회)과 날(8회) 및 밤(1회)과 낮(1회), 그리고 ③ 하나님의 시지각적 평가 용어: 보시기에 좋았더라(7회) 및 그대로 되니라(6회)로 분류된다. 이 세 가지 유형으로 구성된 창조 묘사 중심어군은 총 6일 동안 6회 공히 사용되어 여섯 개의 틀을 형성되었다. 이 틀 중 둘째 날에만 「좋았더라」라는 평가어는 빠져 있었는데 이는 아마 궁창이 창조된 둘째 날 천사의 타락이 있었거나 타락한 천사나 공중의 권세자가 거할 공간이거나(에스겔 28장 중 특히 13-18절 및 유다서 1:6), 노아의 대홍수 때 궁창 하늘 물(창세기 7:11)이 지상 생명체를 멸할 것 때문에 좋다고 평가하지 않은 듯하다.

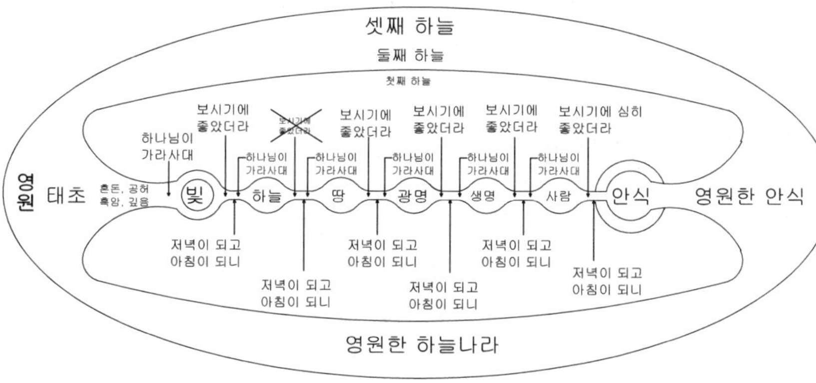

< 그림 1-6-3 > 창조의 흐름과 시간성 및 연결 고리[32]

틀을 서로 연결하는 고리 역할은 창조 묘사 중심어군 중의 두 단어인 저녁과 아침을 함께 묶은 「저녁이 되며 아침이 되니」 구절이며, 이는 「연결 시간구」 또는 「날 접속어」로써 이를 6회 사용하여 전체 6일의 내용을 하나의 사슬로 엮는다. 6일 동안 창조

31 사람이 있기 전 창세기 2:23에 남자와 여자를 만드신 후 남자와 여자라고 칭하신 점에서도 최초의 피조물 명칭은 하나님께서 작명하신 것을 알 수 있다.

32 히브리어 「베레쉬트」를 KJV은 in the beginning이라 번역하였고 우리 성경은 「태초(太初)」 또는 「시작」이라고 번역하였다. 처음(初)을 太로 강조하여 매우 오래된 시작(始作)의 때를 나타내므로 단순한 시작보다 태초가 맛이 깊은 번역이다. 태초라는 한자어를 잘 쓰지 않아 현대인들에게 의미 전달이 어려워 「시작」이라 번역한 것으로 보인다.

된 서로 다른 여섯 가지 유형의 피조물은 수직적 또는 수평적 공간에 유사하거나 동질적 「묶음」의 피조물들인데 시간적으로 이들이 단계별 순차적 연속의 흐름을 갖도록 「연결 시간구」 또는 「날 접속어」를 도입함으로써 연결하였다. 특히 각 단위 틀의 머리 구절인 「하나님이 가라사대」와 마감 구절인 「좋았더라」는 틀의 맨 앞과 끝에 두어 앞 틀과 뒷 틀을 단단하게 고정하였다. 이 특성으로 창세기 1장의 문장은 전체가 단단한 하나가 되며 각 틀의 시적 운율과 반복과 부드러운 연결의 아름다운 문학적 특징을 갖는다.

전체로, 1절과 2절의 틀에 하나님의 계심과 창조주를 명확히 드러내며, 이어서 6개의 「창조 묘사 중심어군」 틀의 첫머리에 하나님의 사역이 「하나님이 가라사대」라고 함으로써 말씀으로 이루어진 것과 마감에 결과가 「좋았더라」라고 매번 강조하고 있다. 마지막 사슬에는 이러한 틀과 완전히 다른 안식일로 마감하여 더욱 아름답게 장식한 하나님의 사역을 설명하였다. 이러한 합이 창세기 1장과 2장 3절까기이며 하나의 사슬을 형성하여 이 중 어떤 하나를 끊거나 단절하면 창세기 1장의 모든 의미는 파괴된다. 특히 7일째인 안식일은 이 창조 묘사 중심어를 사용하지 않고 별도로 하나님께서 안식과 거룩과 복으로 정의한 영적인 날의 마지막 고리인 점이 매우 특이하다. 이는 우리로 하여금 감사와 찬양과 하늘나라의 안식과 소망이 마지막임을 알게 한다.

1-6-3. 창조 방식과 유형

개별 피조물을 창조한 하나님의 활동 양태로써 무(無)에서 유(有)를 「창조」한 개념과 유에서 유를 만든 히브리어 단어인 「만든」, 「짓는」, 「있게 하다」 등이 있다. 창세기 1장 1절, 21절 및 27절은 무에서 유를 「창조」한 개념인 「바라」를 사용하였고, 이와 달리 창세기 1장 7절 등은 유에서 유를 「만든」 또는 「짓는」 방식인 「야찰, 바나 또는 아사」라는 단어가 사용되었다. 한편 창세기 2장 7절에서 아담을 만든 방식은 유(흙+생기)에서 유(사람)를 만들었으므로 「아사」 등의 단어를 사용해야 하나 「바나」를 사용한 것처럼 성경에서 이 개념어들을 혼용하고 있어 히브리 원문에서 사용한 단어로 피조물의 창조 과정이나 하나님의 활동 양태를 정확히 정의할 수 없다. 이런 이유로 이들 용어의 개념을 본 고찰에서 제외하였다.

창세기 1장 해석에 중요한 하나인 하나님께서 창조하고 만들고 짓는 사역 방법과 과정의 구체성을 알아야 하나 「아사」, 「바라」, 「야차르」, 「바나」 등에 관한 창조 비밀이 숨겨져 있고 시간성, 시지각적 공간과 피조물의 최종적인 출현(탄생, 도래)[33]으로 묘

33 본 고찰에서 「출현(탄생, 도래)」이라는 단어를 사용한 것은 하나님의 창조를 부정하는 의미가 아니라 하나님께서 창조한 방법과 과정에서 피조물들이 시지각적으로 최종 나타나고 드러난 방식과 결과를 설명하기 위한 것이다.

사되고 주요 피조물이 만들어진 결과치만을 알게 하여 하나님께서 어떻게 피조물을 구체적 과정으로 창조하였는지 해득이 불가하다. 다만 창조 용어 대신 창조 묘사 중심어군로만 받아들일 수밖에 없어 사람이 새로운 해석을 하지 못하도록 틀을 정했다.

< 표 1-6-2 > 피조물 창조 방식 및 유형

창조 유형	피조물	비고
창조하다, creat	천지(창 1:1), 물고기와 새(창 1:21), 사람(창 1:27)	무에서 유
있게 하다, let	빛(창 1:3), 땅으로 채소와 과목을 내라 하시다(창 1:11)	
만들다, make, set	궁창(창 1:7), 광명체(창 1:16-17), 육축과 짐승(창 1:24-25 땅으로 내라 하시다)	
기타 명령	나뉘다(divide), 복주다(bless) 등	

* 바라(창조하다, create): 무에서 유 창조(창세기 1:1, 1:21, 1:27, 시편 51:10, 이사야 65:17, 아모스 4:13 등)
* 아사(만들다 make): 근본적 의미에서 바라와 동의어(창세기 1:7, 16, 25, 26 등)
* 야찰: (예컨대 토기를) 제작자 자신의 뜻에 맞도록 만듦(창세기 2:7, 9 등)
* 바나: 세우다, 건축하다(창세기 2:22 등)

둘째 날 궁창을 만든 중심어는 7절의 「만들다(make)」는 작위(作爲)인데 6절에는 궁창을 「물과 물로 나뉘라 하시어(let it divide the waters from the waters)」 형성된 것이므로 「나뉘도록 한」 하나님의 명령이 먼저인 것으로 파악되는 명령과 명령에 따른 작위(作爲)다. 「나뉘도록 한」 하나님의 명령에서 일종의 물리 법칙을 엿보게 한다. 그리고 묘사 순서상의 이유로 명령과 작위 중 어떤 것이 중심적인 창조 용어인지 알 수 없는 여러 유형의 창조 과정을 담고 있다고 해석해야 할 것이다. 또 셋째 날 9절에서 하늘 아래 물이 모이도록 하고(let the waters under the heavens be gathered unto on place) 또 식물체를 만든 11절에서 땅(뭍)으로 하여금 내라(let the earth bring forth)고 명령하여 하나님의 명령과 작위 방식을 추측할 뿐이다.

한편, 하나님의 창조 활동 중에서 아담을 흙으로 지으시고 생기를 코에 불어 넣었고 이브는 아담의 갈빗대 하나를 취하여 만들고 아담의 빈 갈빗대에는 아담의 살로 채운 점을 보면, 사람 외에 모든 생명체를 이미 있는 각종 질료로 만든 것으로 보아야 할 것이다. 또 식물체 역시 지구에 있는 각종 질료로 지었음이 당연하겠으나 만들어진 시점을 보면 태양에 의지하여 살아가는 식물체는 태양을 창조하기 전 예외적으로 셋째 날에 땅(뭍)으로 하여금 식물체를 내라고(창세기 1:11) 하여 바다, 공중, 땅의 생명체보다 이틀 내지 나흘 먼저 만든 것으로 묘사되었는데 이는 식물체를 이동성이 없는 생육적 특징으로 파악하여 땅과 하나로 묶는 개념으로 땅과 함께 창조한 듯하고 태초의 빛으로 생육하였을 것이다.[34] 피조물의 형성을 피조물의 삶의 근거지인

34 합리적 추정으로 보면 식물체의 출현(탄생)은 넷째 날 또는 다섯째 날로 묘사해야 하나 사람의 합리적 추정을 넘어

땅에 내라고 한 명령(말씀)에서 피조물인 땅의 역할과 하나님의 창조 방식을 엿볼 수 있다. 이같이 창조의 양태가 여러 유형으로 묘사되고 하나의 피조물이 창조된 내용도 한 유형의 단어로 묘사하지 않고 있음으로써 피조물의 창조 과정이 복잡하고 다양한 과정을 거쳐 만들어진 것을 암시한다.

하나님의 창조 사역의 흐름을 설명하는 < 표 1-5-1 >, < 표 1-6-1 > 및 < 그림 1-6-2 > 에서 보듯이 「바탕화」와 「구체화」 과정에서 공간 내 존재와 현상의 시지각적 출현이 주된 주제이며 창조 방식과 유형(표 1-6-2)은 주요 주제가 아니다. 오히려 하나님의 창조 방식과 유형을 < 표 1-6-2 >와 같은 원어 중심에 그 의미를 찾기보다 「구체화」를 설명하는 존재와 현상의 출현 방식에서 찾음이 더 나을 듯하다. 그 한 가지는 유사성 또는 동질성의 원리이며 다른 하나는 순차성과 반복성의 원리이다. 유사성 또는 동질성이란 창조물인 존재와 현상을 유사한 것 또는 동질인 것을 하나로 「묶어」 같은 날에 창조된 것으로 설명하고 있다는 점이다. 예컨대 공간 위계에 따라 궁창(하늘)에도 유사하거나 동질의 유형인 것으로 파악하여 광명체를 창조하시고, 공중과 땅과 바다에는 종류대로 생명체를 공간 단위로 유사하거나 동질적 유형으로 묶어 창조하신 것으로 묘사한다. 순차성과 반복성은 「날」이라는 동일 시간 단위 안에 「창조 묘사 중심어군」를 사용하여 유사한 또는 동일 「묶음」의 피조물 또는 생명체를 순차적 단계의 「흐름」으로 창조하였다는 점이다. 여기서 흐름의 특성은 앞에서 연속, 불연속, 순방향이라는 것을 살피었다. 이런 묘사에서 하나님의 설명은 어린아이와 같은 우리에게 맞도록 쉽게 묘사한 점을 발견한다. 감사할찌어다 !

종합하면, 창세기 1장의 전체 묘사는 뗄 수 없는 고리에 의해 묶인 조직적 구성이며 바탕에 그림이나 영상이 떠올리는 듯한 회화이며 시적 구성이다. 시간의 흐름이 바탕이 되어 서사시와 같기도 하다. 이는 네 가지로 요약된다. 창조된 ① 3차원의 공간 질서를 「물」을 중심으로[35] 공간 위계를 수직적·수평적으로 구획하였다(ground-forming). 수직적으로는 지구를 둘러싼 물층에 궁창으로 이원(二元)화하고 다시 수평적으로도 지각 위 많은 물을 뭍과 바다(들)로 나누어 이원적으로 구획하였다는 점이다. ② 창조된 구체적 존재의 출현은 유사하거나 동질의 묶음의 틀로 나눈 후(figure-filling) ③ 순차로 「날」이라는 동일 시간 단위를 6회 반복 적용한 후 ④ 최종 안식일로 종결하였다. 이 시지각적 반복의 순차성이란 단계적으로 점점 가치가 증진

선 매우 심오한 구절이다. 다만 이를 이해하기 위해 뭍이 생긴 셋째 날에도 첫날의 빛이 맑은 궁창에 있는 밝은 태양빛이 아니더라도 오로라와 같은 형태로 지상에 비추었다면 셋째 날 식물체가 창조되었다는 점은 이치적이다. 이 문제는 다시 13절에서 해결한다. 뒤에서 왜 셋째 날 식물체를 땅에 내라고 하였는지 설명한다.

35 이 점으로 하나님의 영이 수면 위를 운행하였다(창세기 1:2)는 하나님께서 행하신 창조의 직접성을 알 수 있다.

되고 강화되는 방향으로 나아가도록 아름다운 완성과 질서와 생명을 특징으로 한다. 처음 존재한 어둠(흑암)이 밤이 되고 빛이 있는 기간을 낮이라 칭함으로써 밤이 시작이며 낮으로 마감되는 날의 개념이 비롯되었다. 「날」이라는 시간의 반복적 틀은 하나님께서 계시한 시간에 관한 가장 기본이 되는 틀로써 일주일(7일)이 탄생한 개념이고 이 틀이 역사적으로 셈법의 여러 기초 단위가 되었다. 존재와 현상의 묶음은 「날」 안에서 하나님께서 창조 원리를 설명하기 위한 영적 질서와 법칙으로 해석된다.

둘째 흐름은 이 「창조 묘사 중심어군」을 공히 사용하면서 각 「날」의 흐름을 단계별 순차로 연결하기 위해 「하나님이 가라사대」를 머리에 두고 「저녁이 되고 아침이 되니」로 「날」이라는 시간을 연결하는 「날 접속어」를 반복적으로 사용하여 개별의 「날」들을 연결하여 창조 사역의 전체 흐름을 매우 단순하게 그리고 단단하게 연결하여 전체가 하나가 되도록 하였다. 창세기 1장에서 「창조 묘사 중심어군」를 반복 사용하고 시간에 관한 「날 접속어」을 6회 사용한 구성(plot)은 매우 특이한 문장으로 하나님의 창조 계시에 의한 인식 체계로 파악되며 이를 인간이 해체하지 못하고 새로운 사상을 넣지 못하도록 하였다.[36]

* 시작 상태: 혼돈, 공허, 흑암(어둠), 깊음(2절)
* 전 3일 바탕화(ground-forming, 2-13절)
  - 흑암(어둠, 밤)이 있었고 이에 빛(낮)을 둠
  - 수직적·수평적 공간 구획과 질서: 천상(하늘·궁창)과 천하(뭍·바다)
* 후 3일 구체화(figure-filling, 14-31절)
  - 존재(만물) 출현(탄생)의 묶음: 유사성 또는 동질성과 순차적 단계별 증진성(엿새)
* 창조 묘사 중심어군:
  1) 청각 용어: 「가라사대(11회)」, 「칭하다(5회)」
  2) 시간 및 기간 용어: 「태초(1회)」, 「날(8회)」, 「아침(6회)」, 「저녁(6회)」
  3) 하나님의 평가: 「보시기에 좋았더라(7회)」, 「그대로 되니라(6회)」
  4) 상태어: 밤(흑암, 어둠: 4회), 낮(2회)
* 날 접속어 또는 연결 시간구: 「저녁이 되고 아침이 되니(6회)」
* 종결 및 안식(제7일)

1-7. 성경에 나타난 하나님 사역의 시간성

청각, 시각, 시지각 또는 영의 질서로 묘사된 창세기 1장이 성경의 다른 책과 비교해 하나님 사역의 시간성이 어떻게 묘사하였는지 살피자. BC 560년경에 기록된 에스겔서는 에스겔에게 하나님의 이상(異像 vision, 에스겔서 1:1)을 보게(saw) 하고 신

36 매우 특이한 이 문장 구성 방식에 처음 읽는 독자는 동의반복적 사용에 당혹스러워 할 것 같다.

(Spirit)이 임하여 이르시어(said unto me 에스겔서 2:1, 3:1) 작성하게 하였다. BC 6세기 후반 다니엘에게는 환상(vision, 다니엘서 2:19, 7:15 등)과 가브리엘 천사(다니엘서 8:16)를 통해 본 것을, 아모스 선지자에게 BC 760년경 작성한 아모스서 7-8장에 하나님께서 시지각적 환상으로 이스라엘에 대한 징계와 심판을 계시하셨으며, AD 95년경에 작성된 요한계시록은 요한에게 천사(天使 angel)를 보내어 지시한 것(요한계시록 1:1, 10:1)과 성령에 감동하여 큰 음성을 들은 것과 본 것(요한계시록 1:10, 4:2, 5:1 등)을 기록하였다. 즉 하나님께서 직접 말씀으로, 성령으로, 천사를 통해, 이상(환상)을 보게 하거나 듣도록 (시청각적으로) 하였는데 그 계시받은 내용은 창세기 1장보다 자세하고 풍부하게 기록되었다.

그런데 창세기 2장 4-6절의 자세한 시지각 묘사와 또 에스겔서, 다니엘서, 아모스와 요한계시록의 내용도 자세히 기록된 점으로 보아 창세기 1장도 하나님께서 창세 과정도 자세히 계시하였을 것으로 보인다. 창세의 천지창조에 관하여 말씀, 이상, 천사 등으로 계시받은 자는 마치 영상에서처럼 보고 들었을 것과 같았을 것인데 대부분을 생략하고 짧게 설명하여 창세기 1장을 쓴 것을 추정할 수 있다. 그리고 창세기 1장은 에스겔서, 다니엘서, 아모스, 요한계시록 등에 비해 상징과 비유와 환상(이상), 그림(이미지) 등에 의한 묘사가 없으며 시지각적 존재와 현상에 관한 사실이 대부분이고 주로 하나님의 영적 결정(의지 명령, 판단, 축복)으로 청각적 계시의 말씀으로 압축하여 간결하게 묘사하였다.

성경 전체에 나타난 하나님의 절대 권능 즉 초자연적 권능의 예를 일반화할 수 없으나 하나님께서 시간을 다루는 두 극단의 예를 살피자. 아담 출생 후 약 2,448년(BC 1,461, 표 1)인 출애굽(14장 21-29절) 묘사에서 홍해를 갈라 이스라엘 자손이 건너가도록 하는 장면을 살피면, 모세가 ① 지팡이를 들고 손을 내밀어 홍해를 가르킨 후 ② 큰 동풍이 밤새 불었고 ③ 이로 인하여 물이 물러가 갈라지고 ④ 바다가 마른 땅이 되었고 ⑤ 좌우로 물벽이 생겼다는 것이다. 그리고 ⑥ 이스라엘 자손이 홍해를 건넌 후 ⑦ 모세가 손을 바다 위로 내밀매 ⑧ 새벽이 되어 바다의 힘이 회복되면서 ⑧ 물 안에 있던 애굽 사람들이 바다에 수장되었다는 것이다. 참고로 야살의책에는 이처럼 상세히 묘사되지 않고 이 장면이 「율법책」 즉 출애굽기로 추정되는 책에 묘사된 것으로 기록하고 있다 (야살의책 81:44). 출애굽기의 이 묘사는 하나님께서 일순간 또는 즉각적으로 홍해를 가르지 아니하고 10여 시간 이상 수일 동안 강한 바람을 이용하여 물을 가르고 땅을 마르게 하신 것을 알 수 있다. 이 기록은 시간에 따라 정연한 순차성을 갖는 것으로 묘사하고 있다. 요약하면, 누구나 동일하게 인식하도록 시간과 자연으로 하여금 하나님께서 권능으로 정연히 순차로 행하신 것으로 묘사되었다.

이보다 큰 유사한 사건이 노아의 대홍수인데 하나님께서 창조한 많은 것들을 하나님 스스로 파괴한 대홍수 발생을 즉각적이 아닌 40일 동안 주야로 하늘과 땅에서 발생한 물이 온 지면을 덮은 현상은 자연의 법칙과 그것이 이행되는 시간 속에서 진행하도록 하셨으며 육지가 마르는데도 1여 년이 소요되었다 하여 홍수 발생과 홍수 소멸 현상을 자연스러운 상황으로 묘사하였다. 이들 예는 하나님께서 그의 권능을 매우 짧은 순식간의 시간 안에 행하신 것이 아님을 묘사한다. 만일 이 두 사건에 대한 이같은 상세한 묘사 없이 일어난 결과값만을 기록하였다면 즉각적 기적으로 판단할 사례이기도 하다. 노아 대홍수에 버금가는 역사적으로 중요한 바벨탑이 건축되고 무너진 사건은 하나님이 직접 내려오셔(창세기 11:5) 파괴한 사건이나 노아 대홍수처럼 과정을 자세히 기록하지 않고 결과값인 언어의 혼잡과 족속의 분산으로 짧게 묘사하였다.

이와 달리, 여호수아의 기도로 달과 해를 멈춘 사건이라든가, 히스기야 왕에게 해시계 바늘을 10도 정도 뒤로 돌린 일, 다니엘이 풀무불에서 살아난 일, 나아만 장군이 요단강에서 일곱 번 몸을 씻어 문둥병이 치료된 일과, 예수님께서 기도 후 축사하시고 행하신 오병이어(五甁二漁)와 물 위를 걸어가심과 물을 포도주로 만든 일과, 죽은 나사로 살린 일이라든가, 침을 흙에 뱉어 눈에 발라 눈먼자를 고친 일 및 부활과 승천 외에, 감옥에 갇힌 바울의 수갑을 성령께서 푼 일 등 순간적으로 또는 짧은 시간 내에 초자연적인 권능의 기적을 소개하는 장면이 많다. 위와 같은 두 극단의 예에서 하나님께서 순간의 시간과 그렇지 않은 시간을 선택하여 사역하신다. 사건을 품은 시간이나 시간을 품은 사건은 하나님에 속하며 우리는 인지되고 파악된 사건과 시간만을 알 뿐이다.

전체로 보면, 우리의 인식 체계 내에서 창세기 1장 1절부터 현재까지 시간의 흐름을 하나님께서 갑작스럽게 단절시키거나 역행하거나 바꾸어 운행하지 아니한 것으로 보인다. 시간은 변함없는 일정한 속도의 직진성을 갖도록 창조된 것으로 보이며 이는 불변의 법칙으로 작용한다. 매우 특별히 여호수아 시대 하나님께서 해와 달의 운행을 멈추었다는 기록은 시간의 전체적 직진성은 계속되었으나 특별한 존재의 활동(지구의 자전과 달의 공전)이 멈춘 초자연적 현상으로 기록되어 있다. 또 초극세 시간부터 거대한 우주의 시간까지 우리가 상상하는 것 이상으로 초정밀한 수리(數理)로 하나님께서 역사하시며 안정과 균형으로 지속하는 것은 확실하다.

마지막으로 하나님께서 다루시는 시공간 외에, 역사를 통한 하나님의 섭리(攝理)를 살피자. 하나님께서는 아브라함의 씨를 통해 2천 년 후 예수 그리스도를 보내 인류를 구원한 긴 시간의 역사성을 반추하면, 갑자기 또는 성인으로 예수 그리스도를 이 세상에 보낼 수 있으시나 그러하지 않으셨고 변하지 않는 시간의 법칙 안에 사람의 삶을 두시고 보편적으로 인식되는 시간 속에 역사적 섭리로 구원하셨다. 하나님께서 정한 시간의 흐름에서 또한 사람 입장에서 하나님께서 정한 인내의 시간과 때를 택하여 하나님의 사역을 펼친다는 것이 보편적이라 할 수 있다. 하나님의 시간은 단번보다 그분이 정하신 시간의 흐름 속에서 하나씩 이루는 보편의 역사적 양태(樣態)와 흐름을 읽을 수 있다. 이러한 방법으로 하나님께서 사역하시는 시간을 이해하면서 창세기 1장에 나타난 피조물의 출현(탄생, 도래)의 시지각적 묘사를 살펴보자.

1-8. 창세기 1장에 나타난 만물의 출현(탄생, 도래): 선재성, 시지각성과 영적 시간

창세기 1장 묘사의 내용, 구성과 특징 등을 여러 관점에서 살펴본 것처럼 창세기 1장은 하나님의 창조 사역에 관한 구체적 방법이나 방식에 관한 설명이 아니다. 주된 창조 방법과 방식은 「말씀」[37]이다. 2절에서 성령이 수면 위를 운행하신 것과 말씀으로 창조하셨으나 사람 이외의 피조물이 어떤 재료에 의해 어떤 과정으로 어떻게 변하여 최종 어떤 모양을 갖추도록 하였는지 즉 개별 피조물의 창조 과정을 전혀 자세히 계시하지 않고 주로 창조된 시지각적 결과값인 존재와 현상을 순차적 흐름으로 단계적으로 출현(탄생, 도래)한 기록에 치중한 계시이다. 후술하겠으나 창세기 본문으로 창조의 결과값인 출현의 과정과 방법은 아담과 이브의 창조 이외에 다른 피조물에 관해서는 전혀 알 수 없다. 따라서 피조물의 시지각적 출현의 과정과 방법에 나타난 시간성은, 일단 사람의 상상력을 배제하고, 창세기 1-2장 본문과 다른 성경 본문에 나타난 묘사의 특징으로 유추해야 한다.

창세기 1장의 태초 전인 「태초」에 대하여 밝힌 요한복음 1장 1-3절과 골로새서 1장 15-17절, 히브리서 1장 2-10절, 및 베드로전서 1장 20절을 살피면, 창세기 1장의 피조물은 창세기 1장 1절 태초 전의 「만물」[38]로 정의할 수 있다. 즉 만물은 이미 예수 그리스도 「안에」 그리고 예수 그리스도와 「함께」 있었다 하였다. 이는 만물이 창조 전 그 원형(原形)이 이미 선재(先在)했음을 의미한다.[39] 그 선재의 원형은 아마도 요한계시

37 말씀이 무엇인지는 제6장 3-5절에서 설명하였다.

38 「만물」을 창세기 2:1절에서는 「all the host of them」이라 하였고 요한복음 1:3절과 골로새서 1:16에서는 「all things」라 번역하였다. 신학자는 이를 우리가 알 수 없는 영적 존재나 질서까지를 포함한 우주 만물로 보는 듯하다.

39 이 선재의 원형은 물리적 상태보다 하나님은 영이시므로 영적 상태가 우선적일 것이며 또 요한계시록에 의하면 하늘나라에서 영이 아닌 지상과 다른 형태를 지닌 실체로 설명하고 있다. 사도 요한과 바울이 자세히 시지각적으로 표현하지 않은 것은 지상의 것으로 설명할 수 없었기 때문이다. 이 관점은 최고도의 지식이다.

록 21장에 계시된 모습(형상)으로 다시 존재(의 출현, 탄생, 도래)[40]할 수 있다. 만물의 출현은 예수 그리스도의 계획과 예정으로 선재한 것으로 예수 그리스도로 말미암아 천지에 만물이 새롭게 나타나 드러난 것으로 설명하고 있다. 즉 사도 바울은 예수님은 "*모든 피조물보다 먼저 나신 이로서 the firstborn over all creation* (골로새서 1:15) --- (중략) --- *만물이 그(예수 그리스도) 「안에 함께」 섰느니라 by(in) Him all things consist* (골로새서 1:17)" 하였다. 이 말씀의 관점은 매우 중요하며 존재와 현상을 보는 관점이며 시간을 이해하는 관점이 된다.

오늘날 우리가 보는 모든 만물의 실재(實在)는 태초 전 예수 그리스도 안에 함께 있었던(섰던) 것이며 예수 그리스도로 말미암아 창조된 만물이 온 우주에 시지각으로 「새로이 나타나고 드러난 것」을 우리가 경험하는 것이라는 의미이다. 불행히도 우리는 우리 삶 안에서 많은 만물의 실재를 실제로 경험하나 이 만물이 그리스도 안에 함께 그의 나라에 선재한 원형의 도래, 재현(再現)[41]임을 알지 못하며 살고 있다. 그래서 창세기 1장, 요한복음 1장, 골로새서 1장 및 히브리서 1장의 말씀처럼 하나님의 말씀이 필요하다. 사도 요한과 바울 및 베드로가 이를 알도록 짧은 힌트로 제시했다. 훗날 우리가 하늘나라(또는 새하늘과 새땅, 베드로후서 3:13)에 가면 더 뚜렷하고 많은 원형의 재현 속에 살 것이다. 하나님께서 창조한 만물은 창세 전의 원형이 그리스도를 통한 그리고 말미암은 실재이며 요한이 요한계시록에서 계시한 바와 같이 그리스도와 함께 그리고 그분 안에서 미래에도 새로운 형상의 실재가 될 것이다. 지금 우리와 함께 존재하는 만물은 창세기 1장에서 설명한 것처럼 그리스도의 창조 계획과 예정에 따라 시지각적 순차로 출현하였다. 동일 논리로 존재와 우리가 영적으로 이해하는 모든 현상 역시 태초에 예수 그리스도 안에 함께한 것의 실재화로 보아야 할 것이다.

사도 요한과 바울 및 베드로의 이런 해석을 빌면 창세기 1장의 내용은 창세 전 그리스도 안에 함께 있던 만물이 현세의 만물(all of the host, 창세기 2:1)로의 탄생이므로 우선 영적 해석이어야 하며 더불어 시지각적 해석이 가능하다. 존재론적으로 만물은 창조 전에 예수 그리스도 안에 함께 있었으므로 영적으로는 무의 상태가 아닌 유(有)였다고 할 수 있다. 창세기 1장은 존재론적 또는 시지각으로 무에서 유의 상태로 창조된 사역이나 태초 전 예수 그리스도 안에서 함께한 것이 그리고 말씀으로 유 또는 무의 상태에서 온 우주와 지상에 유로 나타나고 드러난 것으로 이해되며 요한복음 1장 3절[42]이 이를 설명한다. 따라서 창세기 1장의 묘사는 사도 요한, 바울 및 베드로의 계시를 사람의 이해 범위의 말씀인 청각적 내용과 특히 시지각 내용을 영적으

40 천지만물의 창조는 시지각으로는 출현이요, 없던 것에서의 탄생이며, 하늘나라에 있던 것이므로 도래이다.

41 양자물리학이 이 현상을 설명하려 노력하는 듯하다.

42 "만물이 그로 말미암아 지은 바 되었으니 지은 것이 하나도 그가 없이는 된 것이 없느니라"

로 요약한 구절로 여겨진다.

창세기 1장에서 지상에 드러난 존재와 현상이 시지각으로 드러난 시간과 순차성의 관점을 보면, 창세기 1장을 영적으로 해석하는 경향을 무시해서는 아니 되나, 하나님께서 천지를 만들 때 「태초」[43]라는 시점(in the beginning) 이후 3일 동안에 바탕화(ground-forming) 하였고 후 3일 동안 만물의 존재를 「날」에 따라 「묶음」으로 구체화(figure-filling)한 과정을 「나타나 드러나 보이는 순차성에 따른」 관점으로 우선하여 기록하였다.

따라서 존재와 현상의 「단계별 순차성」이란, 사도 요한과 바울 및 베드로가 정의한 예수 그리스도 안에 함께 선재했던 만물을 시지각으로 드러내는 그리스도의 계획과 예정이라 할 수 있으며 그리스도의 단계별 순차성의 계획과 예정이 창세기 1장에 묘사된 6일간의 창조된 존재와 현상들이 「바탕화」와 「구체화」를 통해 그리고 세부적으로는 「수직적·수평적 공간 분할」로 위계와 질서를 만드신 후 유사한 또는 동질의 것을 묶음으로 이들 공간에 깃들게 하고 축복한 창조 과정이라 할 수 있다. 그리고 다른 부수적 많은 피조물의 묘사는 생략되었는데 분명히 유사한 원리에 따라 시지각의 단계별 순차로 창조되었다고 봄이 적정하다.[44]

그리고 단계별 순차성은 하나님께서 정한 창조의 시간 흐름을 창세기 1장에 나타난 「날」이라는 시간의 반복성과 순차성을 띠면서 최종 생명체가 창조된다. 공간의 「바탕화」를 거쳐 피조물의 유사성과 동질성에 의한 「묶음」으로 「구체화」를 반복한 패턴(pattern)으로 < 그림 1-6-2 >처럼 묘사되었다. 「바탕화」는 공간을 선(先) 수직화하여 하늘과 궁창으로 나누고, 후(後) 수평화하여 뭍과 바다로 분할하는 단계를 갖고 다시 수직화 및 수평화된 공간에 유사성과 동질성으로 묶어 피조물을 「구체화」하는 단계로 창조한 것으로 묘사하였는데, 매우 특이한 점은 「창조 묘사 중심어군」으로 동일하게 한정하여 창조 단위를 「날」로 설명한 것이다. 이 특이성이 창세기 1장을 접하는 우리를 당황하게 하고 이해하기 불가능하게 만든다. 명확히 이해하거나 설명할 수 없으나 창조의 시간성을 「창조 묘사 중심어군」와 「연결 시간구」로 대신하여 표현하였다. 이 표현이 하나님의 방식인 점이라고 설명하였다. 그러므로 「날」은 사람이 알 수 없는 매우 영적인 하나님의 시간 또는 창조 법칙으로 파악할 수밖에 없다.
창세기 1장 1절은 창세기와 성경의 대주제이고 「태초」라는 시점은 영원 전과 연결된

43 「태초」라는 용어를 요한복음 1장1절에도 동일하게 사용하나 신학자는 이 두 용어의 개념이 다른 바 창세기 1장1절의 태초는 시간, 공간, 존재의 시작점이라 한다.

44 아마도 진화론적 유신론자는 소진화의 원리를 이 예로 들 것이다.

다. 또 하나님께서 천지의 창조주임을 선언한다. 소수설의 해석대로 또 문장 순이나 물리 현상을 추리해 보면, 1장 2절은 빛이 있기 전 묘사이나 설명이 전혀 불가능한 것 같지 않으며 그 시기의 특징은 지구의 물과 수면 위를 운행하시는 하나님의 영이다. 물리적 환경으로 이해하면 빛이 없고 밤과 낮이 구별되기 전이므로 초기 지구의 온도, 습도, 바람 등 기후 현상만이 있는 원시 대기 상태에서 물층이 수직적으로 있었고 이 상태 역시 땅과 유사하게 혼돈, 공허, 흑암 및 깊음으로 존재했을 것이다. 특히 물층 위 즉 수면 위를 하나님의 영이 운행하여 궁창 등을 만드신 사역을 암시한다. 빛[45]이 있기 전 물이 있었다는 점으로 보아 지상의 온도는 영점(零點) 이상의 온도가 유지된 것으로 보인다. 빛이 있기 전인데 얼음이 아닌 물이 액체 상태로 존재한 것은 성령의 작용 또는 지구 내외에 이미 어떤 에너지원이 있었고 1장 3절의 빛은 이 에너지원에 새로운 에너지 형태로 하나님께서 추가한 것으로 보인다. 크고 작은 광명체가 넷째 날 창조되었으므로 햇빛이 없는 이러한 상황을 물리적 그리고 시지각으로 해석한다면 2절의 시기에 열 에너지원이 지구 안밖에 존재했다면 하나님의 권능의 에너지가 지구를 감싼 것으로 상상된다. 이처럼 1장 2절의 빛 이전의 빛이신 빛으로서의 하나님을 알게 한다.

소수설의 추리대로, 1절과 2절의 태초에 이미 태양이 창조된 것으로 가정하면 궁창이 없었기에 지구 표면을 둘러싼 혼재된 두꺼운 물층과 혼돈의 흙 때문에 드러나지 않는 지상 또는 지각에서 태양 등의 빛을 시지각으로 볼 수 없는 깊은 흑암으로 묘사한 것으로 보이며 이후 (맑은) 궁창(하늘)이 만들어진 후 넷째 날에 크고 작은 발광체가 시지각으로 드러난 것으로도 해석 가능하다.

참고로 빛과 관련하여 아담이 창조되기 전인 창세기 2장 6절을 보면, 안개만 땅에서 올라와 온 지면을 적셨다는 장면은 지상을 자세히 본 묘사로 태양에 의해 지표에서 대기가 안개가 가득할 정도로 따뜻했음과 태양 빛의 충만 상태를 유추할 수 있다. 따라서 이 시기는 지구가 태양 빛이 충만한 상태인 넷째 날 또는 다섯째 날로 추정된다. 2절에 빛이 창조되기 전에는 흑암(darkness, 어둠)이 존재하였으나 하나님께서 이를 밤으로 칭하기 전이었다. 흑암에 빛이 창조되어 이를 낮으로 정의한 바처럼 이 흑암을 밤으로 해석할 수 있다. 따라서 2절은 첫째 날 흑암을 일종의 밤으로 보아야 한다고 앞에서 설명하였다. 3절에서 흑암의 첫날 「빛」을 창조하여 만물이 빛으로 새롭게 드러나도록 하셨다. 빛이 없다면 어떤 시각적 또는 시지각적 존재도 인지할 수 없기에 그 빛으로 창조 전 존재한 기본적 사물이 드러났고 동시에 낮(밝음)과 밤(어둠)이

45 창세기 1장 3절의 빛은 가시광선을 말하나 가시광선이 창조된 점으로 보아 모든 유형의 광자와 파장을 가진 것이 창조되었다고 볼 수 있다.

정의되었다. 이 빛이 지구상에만 존재하였는지 온 우주에 비춘 빛인지 알 수 없으나 빛은 즉각적으로 퍼지는 물리적 속성으로 첫날 빛의 창조는 온 우주적 빛으로 광자와 파장을 가진 유형의 모든 것으로 보아야 할 것이며 특히 지구에도 충만한 빛으로 여겨진다. 그리고 이 빛은 분명히 원시 지구에 매우 큰 영향을 주었을 것이다.

원시 지구의 땅(흙)과 물층이 혼재했으나 (빛이 없기에 존재가 존재로 나타나지 않았는데) 하나님께서 빛으로 존재를 드러내셨고 단계별 순차로 드러내기 위한 기본 물질인 지상의 물부터 사역을 시작하셨다. 무(無)나 무질서를 사람에게 감각적 차원으로 계시할 수 없었을 것이며 2절처럼 시지각으로 뚜렷하지 아니한 영적 묘사로 밖에 알려 줄 수 없었을 것이다. 빛이 없다면 사람과 같은 시지각적 존재에게 물리적 감지나 시간적 출현 순서를 알 수 없다. 빛은 나타나게 하고 드러나게 하며 빛은 깊은 혼돈, 공허함이나 흑암을 순식간에 사라지게 한다. 이 설명부터 사람의 시지각적 차원으로 환원된 하나님의 계시가 명료해진다. 또 그 빛에 의해 하나님께서 창조하신 것들이 새롭게 나타나 드러나는 순서를 준비하신다. 그 빛 아래 피조물이 존재한다. 이런 이유로 모든 창조의 첫째는 흑암의 모든 존재를 드러내는 빛이 된다. 영적으로도 그러하지만 시지각으로 더욱 그러하다. 이 빛의 시지각적 의미는 흔히 말하는 창조의 점진론적 또는 진화론적 의미가 아니라 창조되는 만물이 나타나고 드러내는 원천이요 시작을 말한다. 사람의 입장에서보면 빛은 만물의 시지각적 출발과 바탕이 된다.

창세기 1장 5절에 빛에 의한 낮과 어두움에 의한 밤은 빛을 창조한 결과에 의한 당연한 시지각 현상으로 이해되나 태양으로 밤과 낮으로 정의하지 아니하고 빛으로 정의한 점은 빛의 물리적 역할과 함께 영적 해석의 중요성을 드러낸다. 창세기 1장 3절의 최초의 빛은 다른 피조물보다 앞선다. 이 선재성은 요한복음 1장 7절의 빛이 예수 그리스도임을 밝히듯 창세기 1장 3절의 빛의 선재성은 세상을 밝히실 그리스도의 선재성(요한복음 1:3 및 베드로전서 1:20)을 의미하는 해석과 일치한다. 창세기 1장 3절의 빛과 요한복음 1장7 절의 빛이 서로 유비(類比)적 관계라면 성자(聖子) 예수 그리스도가 만유(萬有)의 주님이므로 3절의 빛은 온 우주적 빛으로 창조되어 항상 어디든 존재하는 것으로 보아야 한다.

창세기 1장 3절에서 빛의 영적 속성을 명백히 유추할 수 있으나 물리적으로 어떤 빛인지 알 수 없다. 물리적 보면 다른 빛보다 먼저 창조된 이 빛은 모든 시지각적 피조물의 전제가 되며 시지각적 이해의 출발점이며 묘사와 존재가 빛으로 말미암아 시작된다. 최초의 빛이 창조된 후 사흘이 지나 빛을 내는 크고 작은 광명체를 두었는데 이 광명체에 의해 밤과 낮 또는 저녁과 아침을 정의하지 않고 주관하도록 한 점에서 최초의 첫째 날 빛은 다른 모든 광명체보다 앞선 근원적인 빛이다. 첫째 날의 빛이 어떤 빛인지 정의할 수 없기에 소수설에 견해처럼 넷째 날 광명체가 1절 당시에 창조되었으나 혼돈의 지상에 궁창이 없어 지상에서 하늘의 광명체를 볼 수 없었다면 이 빛은 태양 빛으로 상상할 수 있고 시지각의 단계별 순차성에 따라 둘째 날 궁창이 창조된 후 넷째 날에 하늘 궁창에 두어 땅을 비추게 한 시지각적 출현의 단계별 순차성을 묘사한 것으로 해석 가능하며 창조적 절차의 물리적 현상을 이해하는데 모순이 없다.

또 창세기 1장에서 피조물의 창조를 시지각성의 단계별 순차적 출현(탄생)으로 이해되는 것은 첫째 가장 먼저 시지각적 근원의 「빛」[46]이 있은(there be light) 후 여러 사물과 생명체 창조를 순차로 묘사되며, 둘째는 시지각으로 알 수 없는 지구의 혼돈, 공허, 흑암과 깊음이 있었고 하나님의 영이 수면 위를 운행하는 모습이 빛에 의해 점차 시간에 따라 시지각으로 온전히 드러난 모습으로 확장되는 묘사에서 그러하며, 셋째는 지구의 물을 궁창 위와 아래의 물로 나눈 후 궁창에 광명체를 소개한 표현에서 그러하다. 넷째는 창세기 1장의 전체적인 특징인데 「하나님이 보시기에 좋았다 God saw that it was good」라고 하여 천하 만물에 대한 하나님의 시지각적 내지 영적 만족 특징을 사람의 시지각으로 환원하여 기록하였다는 점에서 더욱 그러하다. 다섯째 「공허」라는 추상어를 선택한 이유는 하나님께서 빛이 있기 전이고 아직 바탕화(ground-forming)와 피조물을 채우기(firure-filling) 전이므로 「공허」하다고 한 것으로 보인다.

창세기 2장 4-6절 또는 예시한 창세기 외 다른 성경 계시의 묘사 상세성을 참조하면 창세기 1장의 단계별 순차성의 시간성은 하나님께서 홍해에 큰 동풍을 불게 하여 홍해를 가르고 홍해 바닥을 마르게 하셨던 것과 같은 상세한 묘사가 있어야 하나 그런 관점의 묘사가 아닌 단순한 결과값만을 묘사하였다. 피조물을 한꺼번에 동시에 모두가 아닌 시간적 단계로 또 순차로 나타나고 드러내셨는데 이들이 「날」 동안에 갑자기 또는 천천히 나타났느냐 함을 추정하기가 어려우나 앞에서 예증했듯이 「날」이라는 틀 안에서 시지각으로 출현한 것만으로 묘사하였기에 영적 날로 봄이 적정하다.

그러나 창세기 1장의 문장을 영적으로 해석하지 않고 문자적 의미로 해석하면 창조된 존재의 시지각적 그리고 순차적 출현의 끝을 저녁으로 하고 시작을 아침으로 구분된 날 안에서 갑자기 기적적으로 창조한 것과 총 6일이라는 점 외에 알 수 없다. 또 일곱째 날에 하나님의 창조 사역이 전혀 없는 안식(安息 rest)일은 사역이 마친 것만으로 해석하게 한다. 안식일에 하나님께서 창조한 것들이 활동을 쉬는 것이 아니고

---

46 성경학자들은 예외 없이 1장 3절 첫째 날의 빛을 깊은 영적 의미를 포함하는 빛으로 해석한다. 그중 가장 명백한 신학적 해석 중 하나로 빛으로 세상에 오신 예수님의 상징으로 본다.

창조의 뜻에 따라 새 완성을 기리고 적극적이고 긍정적이고 밝고 맑은 활동(일)[47]을 하며 주신 복에 따라 지속적 현상을 낳으며 새날을 기다리는 영적인 날일 것이다.[48] 안식일이란 피조물의 활동이 멈춘 상태로 있는 것이 아니라 창조된 피조물이 창조주의 뜻에 따라 활동하는 것이므로 창조주의 의지는 지속되며 활동하는 날이 명백하다. 그러므로 안식일을 문자적으로 해석해서 아니 되며 적극적으로 영적 의미의 날이다. 이로써 일곱째 날에서 「날」은 시간적 의미보다 영적 의미 자체임을 알 수 있다. 나아가 창세기 2장 2절에서 문자적으로 「날」에 반복 사용한 「날 접속어(연결 시간구)」인 「저녁이 되고 아침이 되니」를 안식일에 생략한 점은 시간적으로 피조물이 창조된 6일과 다른 차원의 시간성을 설명하고 나아가 영원한 안식의 암시를 유추할 수 있고 창조의 날이 안식일을 포함하는 단위를 갖는다는 생각을 유도한다 (표 1-2-1).

창세기 1장 3절과 16절을 천문학적으로 이해하면 최초의 빛은 태양 빛이 아니므로 오늘날의 날로 정의되지 않고 넷째 날부터가 오늘날의 태양일이 되어 사람에게 시간과 기간으로 인식된다. 태양이 없는 첫째 날의 빛으로 빛(밝음)과 어둠을, 밤과 낮을, 저녁과 아침을 동시에 정의하였음에 유의할 필요가 있다. 사람에게는 이 빛의 기능이 태양 빛 기능과 동일하여 의미가 다중적이다. 소수설의 견해인 태초 첫날에 태양계가 이미 창조되었다고 해석하면 빛과 시간의 다중적 의미는 축소된다.

창세기 1장의 「날」을 태양력의 시간이라는 젊은 지구론의 관점은 반론이나 의문을 동반한다. 하나님께서 공중, 땅, 물에 사는 여러 동식물을 종류대로 만드신 후 충만하고 번성하라고 축복하셨다. 충만하고 번성하라는 이 명령은 즉시 온 땅과 물과 하늘에서 모든 동식물이 하루에 갑자기 꽉 차도록 충만하고 번성한 것으로 창조한 것으로 볼 수밖에 없다. 그러나 이 명령은 많은 아담과 이브가 아닌 한 쌍을 창조한 것처럼 사람 이외의 고등동물이나 고등식물도 암수 한 쌍을 만들어 번성하고 충만하도록 한 법칙에 따라 그렇게 된 것으로 보인다. 왜냐면 하나님께서 이들에게 번성과 충만토록 한 생명의 법칙은 출생, 영양성장, 짝짓기 등을 통하여 이루어지게 만드시었기에 시간의 경과를 거치도록 한 것으로 추정할 수 있기 때문이다. 다시 말해 시간의 법칙 속에서 생명의 생육적·생태적 법칙을 통해 번성이 이루어지도록 하나님께서 만드셨기 때문에 하나님께서 명령한 법칙에 따라 기간의 상당한 경과에 따라 단계별 순차로 충만하고 번성하였을 것이다. 그러하다면 그러한 시간 속에서 시지각으로 출현하였고 아름다운 지구가 되었다고 봄이 적정할 것이다.

47 마태복음 12:12

48 마태복음 12:1-8 및 누가복음 6:1-5에 예수님께서 안식일에 다윗이 함께한 사람들과 성소의 진설병을 먹은 일에 대하여 설명하였고 요한복음 5:1-12을 보면 예수님께서 안식일에 38년된 병자를 적극적으로 고치시었다.

물론 하나님께서는 갑자기 짧은 시간에 충만하게 번성시킬 수 있겠으나 아담과 이브가 생육의 법칙에 따라 자손이 번성한 창세기 사례를 보면 갑자기 짧은 시간에 충만하고 번성한 것이 아님을 알 수 있다. 적어도 아담과 이브가 자식을 낳아 그 자식이 남녀 각 4명의 자식을 낳아 인구가 번창한 개략적 기간은 약 700여 년이 지난 아담의 8대손 므두셀라 시대로 보인다(표 1 및 표 7-1-1).[49] 아담과 이브보다 먼저 창조된 식물과 그리고 아담과 동일한 날에 창조된 동물이 충만하고 번성하려면 최소 수백 년 정도의 세월이 지났을 것이다. 아담이 동물들의 이름을 지은 시점(창세기 2:19-20)은 아담이 창조된 여섯 째 날이 아닌 그 이후였을 것인데 이들 동물들의 성장 기간을 고려하면 많은 시간이 소요되었음이 틀림없다. 이런 점에서 적어도 셋째 「날」부터의 「날」의 의미는 24시간이 아닌 영적 의미로 표현된 오랜 기간을 의미하는 즉 창조의 명령대로 완성된 기간으로 보아야 할 것이다. 그렇다면 약 360년 전 아일랜드의 대주교 제임스 어셔(James Usshe r)가 주장한 천지창조의 시점을 BC 4,004년과 같은 추정은 가능하나 「날」의 해석 관점에서 「젊은 지구론」은 재해석되어야 한다.

셋째 날 땅이 만들어진 후 모습을 2장 5-6절의 생태학적 묘사를 보면, 「땅에서 올라온 안개가 온 지면을 적셨더라(a mist from the earth, and watered the whole face of the ground)」 하였다. 이때 땅에는 비, 사람, 초목, 채소가 없었고 이후 3장에 이르러 아담을 창조하고 에덴동산 창설 시 에덴동산의 모습을 보면 강, 사람, 각종 나무 및 열매 외 경작된 채소, 비, 초목, 뱀 등 들짐승이 있었으므로 하나님께서 명령한 법칙인 생태학적 시간은 많은 시간의 경과가 있었음을 설명하며 이 묘사도 앞에서 살펴본 긴 시간 속에서 창조의 단계별 순차성을 명백히 설명한다.

창세기 2장 8-17절까지의 에덴동산의 묘사를 보면, 에덴동산이 긴 기간 동안 형성된 모습으로 볼 수 있다. 아담과 이브를 창조한 후 아름다운 에덴동산에 아담과 이브를 두시기(put)[50] 전에 이미 네 개의 흐르는 강, 여러 수목(생명나무, 선악을 알게 하는 나무, 무화과 등), 뱀 등 들짐승이 있었던 점으로 보아 아담과 이브가 에덴동산에 거할 즈음은 천지창조가 시작된 창세기 1장 31절부터 생태적이고 환경적으로 그리고 하나님께서 「복 주시고 명령한 대로」 생물학적으로 충만하고 번성할 조건에는 「많은 시간」이 지났다[51]고 보아야 할 것이며 이를 배척할 성경적 이유도 없어 보인다. 앞에서 설명했듯이 하나님께서는 시간의 직선적 흐름을 파괴하지 않고 그분이 정해 둔

---

49 야살의책 2장 3절 이하를 보면, 에노스 시대에 문명이 발달하고 사람의 죄악이 심하여 하나님께서 기혼 강에 홍수가 나서 사람의 1/3을 죽게 하였다고 기록한 점에서 그러하다.

50 창세기 2장 8절 등에 의하면, 아담과 이브를 에덴동산 안에서 창조하지 않고 에덴의 어떤 곳에서 창조한 후 에덴동산으로 이끌어 두신(put) 것으로 보인다.

51 이런 의미에서 에덴은 '시간에 따라 번성하여 점차(점진적으로) 아름다운 에덴 환경이 조성된 것'이라 할 수 있다.

시간의 법칙에 따라 만물이 흐르도록 창조하시고 이에 따라 번창하였다.

물론 「젊은 지구론」으로도 보더라도 원시 상태의 지구 환경에서 어떤 시작부터 200-300년 동안에 지구의 모든 생태계의 생명이 급속히 성장하여 전 지구를 아름답게 될 수 있음을 부정할 수 없으나 「나이 든 지구론」으로 본다면 하나님께서 창조한 만물들이 그분의 법칙에 따라 형성되도록 오랜 기간을 허락하셨다고 봄이 적정해 보인다. 나이 든 지구론을 믿는 것이 합리적일 수 있으나 사람의 합리성은 철저하지 못하며 젊은 지구론을 믿은 분들의 믿음 역시 배척할 정확한 이유도 많지 않아 보인다. 본 고찰에서 성경 문구로 살펴보았듯이 단계별 순차적 시지각성에 입각한 시간성으로 볼 때 나이 든 지구론이 성경적 문구로는 합리적이다. 문자적 해석에 의하면 창세기 1장 3절과 16절에서 물리적인 빛과 시간의 의미가 이중적 또는 다중적이므로 「날」의 의미도 이중적 또는 다중적일 수 있는데 창세기 1장 전체의 시간성에는 이중적이거나 다중적 의미를 배제한 단일한 개념의 「날」로 표현하고 있다. 사람의 어떠한 유형의 합리성도 항상 그리고 결국에 부족함이 있다. 다만 우리는 그리스도 안에 그리고 그와 함께 그의 하늘나라에 있던 만물이 온 우주에 만물인 존재와 현상으로 나타난 바 되었다는 사도 요한과 바울 및 베드로의 해석에 따라 존재와 현상인 계시를 이해하고 하나님께 감사하고 찬양하는 일이 더욱 중요하다.

예수님의 사도들이 설명한 바대로, 우리가 보는 실재는 하늘나라의 원형을 보는 것이라 하였다. 베드로후서 3장 13절과 요한계시록 21장과 22장에서 아름다운 새하늘과 새땅을 보았는데 하늘에 있는 하나님과 함께하는 많은 백성, 여러 보석으로 지은 새 예루살렘, 장막, 아름다운 영광의 빛, 천사, 생명수의 샘물, 생명수의 강, 하나님과 및 어린양의 보좌, 생명나무와 12가지 열매 및 잎사귀 등을 소개하였다. 다만 그곳은 지구의 악함, 처음의 하늘과 땅과 바다가 없다고 하였다.

요약하면, 창세기 1장은 하나님께서 창조하신 피조물의 출현(탄생, 도래)을 시지각으로 계시하기 위해 시간과 기간 단위인 「날」이라는 개념을 도입하여 기술하였다. 각 「날」에 창조된 피조물은 「창조 묘사 중심어군」으로 반복으로 설명하되 특별히 6일과 분리된 사역 후 안식의 1일로 설명되었다. 또 각 날을 「날 접속어(연결 시간구)」를 사용함으로써 각 날이 끊어진 시간이 아닌 흐름을 갖는 연속된 창조 사역을 설명하였다. 또 이러한 묘사적 특성으로 인하여 창조의 7일을 사람이 분석적으로 끊거나 쪼갤 수 없도록 하였다. 이러한 흐름과 연속의 틀을 담고 있는 동일 단위 개념의 「날」이란 오늘날과 같은 시간의 날이 아닌 창조 사역을 영적인 시간으로 피조물의 시지각적 출현을 설명하기 위한 일종의 법칙이나 원리로 도입한 점이다.

이처럼 「날」이 오늘날과 같은 시간이 아닌 창조를 설명하기 위한 일종의 영적 법칙이거나 원리로 파악한다면, 완전수이면서 영원을 의미하는 일곱(7)이라는 원리에 따라 창조를 하나님께서 사랑하는 사람에게 하늘의 법칙을 설명할 필요성을 계시하였을 것이며 그 점이 7일로 압축 설명한 것이라 생각된다. 그리고 각 날을 하나님의 영원 전 계획과 원리를 담고 있는 각각의 시간성으로 파악해야 된다고 판단된다. 그러므로 창세기 1장 전체는 영원하신 하나님의 창조 계획과 섭리를 7일에 담은 하나님의 시간표와 피조물의 탄생에 관한 설명으로 볼 수 있다. 이 영적 원리는 실재를 주관하고 실재(만물)가 나타난 하나님의 원리로 보아야 할 것이다.

1-9. 창세기 1장의 문장 변형 분석

이상은 창세기의 계시가 주로 시지각적이며 하나님 나라에 선재한 것의 지상 구현(그림자, 모델, 형상 등)이라는 점을 강조하면서 그 묘사가 「나타나 드러나 보이는 순차성에 따른」 특징을 갖고 창조된 피조물을 유사성이나 동질적 성격의 「묶음」으로 「창조 묘사 중심어군」과 「날 접속어」를 사용하여 창세기 1장을 고리로 형성된 구성(plot)이라는 점을 설명하였다.

만일 창세기 1장 문장 중에서 동일 반복적으로 사용된 「창조 묘사 중심어군」과 「날 접속어」에서 시간을 나타내는 「날」, 「아침」, 「저녁」, 「저녁이 되고 아침이 되니」라는 반복 용어를 빼고 창세기 1장 전체 문장을 < 변형 문장 I >과 < 변형 문장 II>으로 나누면 문장 전체 구조와 의미가 어찌 되는지 살펴보자. 이는 계시의 초점이 「날」인지 아니면 「피조물」인지를 음미하기 위함이다. 창세기 1장 문장은 태초부터 안식까지 「날」 등의 시간과 기간에 관한 용어들이 빠지면서 피조물의 창조 골격인 < 태초→빛→궁창→바다·뭍·식물→광명체→물고기·새→짐승·사람→안식→영원 > 순으로 출현의 흐름만 남는다. 즉 창세기 1장 전체 내용의 뼈대를 이해하기 위해 태초부터 하나님께서 창조하신 한정된 시간이나 기간의 단위인 「날(8회)」, 「저녁(6회)」, 「아침(6회)」을 배제하면, 소위 수학적으로 말하여 인수분해(因數分解)한다면, 어떤 시간이나 기간 속에서 피조물을 창조하셨는데 그 피조물의 창조 흐름이 시지각으로 < 빛→궁창→바다·뭍·식물→광명체→물고기·새→짐승·사람 >으로 드러난 순차로 묘사된 < 변형 문장 I >이 된다.

1장 1절부터 13절까지의 문장에서 시간과 기간을 묘사하는 「날」, 「저녁」 및 「아침」을 빼더라도 창조 내용 역시 생생히 살아 있다. 창조의 시간이나 기간 개념이 없으나 창조된 피조물의 종류와 창조된 흐름 내지 순서가 선명하게 드러난다. 5절에서 「낮」과

「밤」조차 시간과 기간이 배제된 상태로 정의한 개념이 되며 태양에 의한 밤과 낮이라기보다 빛에 의한 밤낮이 되어 밤과 낮의 절대적 정의가 도출된다.

< 변형 문장 I >

1. 태초에 하나님이 천지(天地)를 창조하시니라.
2. 땅이 혼돈하고 공허하며 흑암이 깊음 위에 있고 하나님의 신(영)은 수면에 운행하시니라.
3. 하나님이 가라사대 빛이 있으라 하시매 빛이 있었고,
4. 그 빛이 하나님의 보시기에 좋았더라 하나님이 빛과 어두움을 나누사,
5. 빛을 낮이라 칭하시고 어두움을 밤이라 칭하시니라(이하생략).
6. 하나님이 가라사대 물 가운데 궁창(穹蒼)이 있어 물과 물로 나뉘게 하리라 하시고,
7. 하나님이 궁창을 만드사 궁창 아래의 물과 궁창 위의 물로 나뉘게 하시매 그대로 되니라.
8. 하나님이 궁창을 하늘이라 칭하시니라(이하생략).
9. 하나님이 가라사대 천하의 물이 한 곳으로 모이고 뭍이 드러나라 하시매 그대로 되니라.
10. 하나님이 뭍을 땅이라 칭하시고 모인 물을 바다라 칭하시니라. 하나님이 보시기에 좋았더라.
11. 하나님이 가라사대 땅은 풀과 씨 맺는 채소와 각기 종류(種類)대로 씨 가진 열매 맺는 과목(果木)을 내라 하시매 그대로 되어,
12. 땅이 풀과 각기 종류대로 씨 맺는 채소와 각기 종류대로 씨 가진 열매 맺는 나무를 내니 하나님의 보시기에 좋았더라.

13절 이하 생략

위 < 변형 문장 I >에서, 문장의 특징이 시간이나 기간 개념은 사라지고 하나님께서 「말씀」으로 창조한 피조물의 종류와 창조 흐름이 매우 부드럽게 드러난다. 이 문장을 읽는 우리는 태초에 사역하신 하나님의 창조 종류, 순서와 흐름을 파악할 수 있으나 사역의 시간적 단위를 상상할 수 없다. 이는 연속된 시간 속에서 창조하셨을 것이라고 상상할 수밖에 없는 것은 밤과 낮 및 저녁과 아침이라는 단위 시간과 기간보다 시간의 연속성으로 피조물이 완성되었을 것이라는 생각이 지배적이기 때문이다. 오히려 이 문장이 우리에게 익숙한 것은 진화론적이고 시간적 관념이 우리를 지배하고 있는지도 모른다.

또 < 변형 문장 I >과 달리 창세기 전체 문장에서 시간과 기간 관련 용어만을 도출하면 아래 < 변형 문장 II >는 무미건조해지고 < 변형 문장 II >는 < 변형 문장 I >에 시간과 기간을 삽입하여 전체 문장을 온전하도록 떠받치는 문장인 것을 알게 한다.

< 변형 문장 II >

< 1장 >

5. 저녁이 되며 아침이 되니 이는 첫째 날이니라.

8. 저녁이 되며 아침이 되니 이는 둘째 날이니라.
13. 저녁이 되며 아침이 되니 이는 셋째 날이니라.
19. 저녁이 되며 아침이 되니 이는 넷째 날이니라.
19. 저녁이 되며 아침이 되니 이는 넷째 날이니라.
31. 저녁이 되며 아침이 되니 이는 여섯째 날이니라.

< 2장 > 공통 문장

1. 천지와 만물이 다 이루니라.
2. 하나님의 지으신 일이 일곱째 날이 이를 때에 마치니 그 지으시던 일이 다하므로 일곱째 날에 안식(安息)하시니라.
3. 하나님이 일곱째 날을 복 주사 거룩하게 하셨으니 이는 하나님이 그 창조하시며 만드시던 모든 일을 마치시고 이날에 안식하셨음이더라.

< 창세기 1장 전체 주요 용어 >

- 창조 주체: (삼위) 하나님
- 시간 또는 기간: 태초, 밤, 낮, 날, 계절, 날, 해
- 숫자(서수): 1, 2, 3, 4, 5, 6, 7
- 하나님의 사역: 창조하시다, 있으라, 이르시다, 나누다, 부르시다, 드러내다, 내라, 이루라, 비추라, 만드시다, 날으라, 복 주다, 이르시다, 하라, 하시다, 주노라, 마치다, 안식하시다
- 피조물 탄생: 물, 빛, 궁창, 하늘, 뭍(땅), 바다(강, 호수), 식물체, 광명체, 동물체, 사람

어떤 이는 창세기 1장 1절부터 1장 31절까지의 위 < 변형 문장 I >로 읽으면 아마도 하나님께서 어떤 특정 기간 중 연속된 사역을 부드럽게 하셨다고 상상할 수 있을 것이다. 그래서 이 문장에서 천체 물리학적 이론과 연결하는 이론을 펼칠 수도 있을 것이다. 또 어떤 이는 저녁과 아침의 개념을 제시하지 않았기에 빛이 없는 어두움과 빛이 있는 우주 공간을 상상하며 하나님의 여러 사역이 복합적으로 그러나 단계적으로 긴 기간 속에서 하나씩 창조된 것으로 시적(詩的) 상상하기도 할 것이다. 또 어떤 이는 이 문장을 신학적으로 다양하게 해석하기도 할 것이다.

만일 < 변형 문장 I > 중간 중간에 시간과 기간 개념을 넣어 새로이 문장을 작성하라면 어떻게 할까. 요즘의 천체물리학자는 분명히 빅뱅이론을 도입해 억년 단위로 설명하려 시도할 것이다. 어떤 신학자는 성경에 나타난 7, 10, 12, 1000 등의 개념을 도입하여 7단계, 10단계, 12단계, 1천년 등으로 나누어 설명할 수도 있을 것이다. 그리고 대부분의 평범한 사람이 그러하듯 시간을 무수히 미분(微分)하여 마치 진화론적 개념으로 창조의 단계와 기간을 상상할 것이다. 아마도 7단계의 문장이니 7단계 시간이나 기간 개념으로 재구성할 수도 있을 것이다.

어쨌든 창세기 1장을 대할 때 하나님께서 이러한 각종의 상상이나 궁금증에서 벗어나 매우 명확히 창조의 단위와 단계에 시간과 기간 개념을 도입할 때 하나님의 법칙인 수(數, number)를 사용하여 7의 법칙, 빛과 밤과 낮을 제시하면서 별도로 안식으로 설명하셨다고 해석해야 할 것이다. 창세기 원문과 < 변형 문장 I >을 대조하여 읽은 후 < 변형 문장 I >에서 하나님의 창조 사역을 크게 장애 없이 이해할 수 있고 또 하나님의 창조 사역 설명을 크게 훼손하지 않는다는 점을 확인할 수 있다. 이런 점에서 피조물과 시간(날)과의 관계에서 피조물을 주제로 보면 시간(날)은 주제를 드러내기 위한 「단락 요소」로 볼 수 있다. 7일의 날을 피조물의 시지각적 출현, 탄생 및 도래라는 관점에서 1차적 주제가 아닌 것으로 파악한다면 날을 피조물의 출현, 탄생 및 도래의 창조 사역을 나누어 설명하기 위한 일종의 법칙으로 볼 수 있을 것이다. 여기서 1차적 주제가 아닌 것으로 파악한다는 점은 창세기 1장의 절대적 관점이 아니라 시간적 관점에서 보면 역시 날은 동일하거나 그 이상으로 중요한 주제이며 법칙을 의미하여 < 표1-2-1 >이나 < 그림 1-15-1 >에서의 영적 개념을 함축하는 중요한 개념이라 볼 수 있다.

창세기 원문이 하나님 나라에 선재한 것이 지상에 구현(그림자, 모델, 형상 등)된 피조물이 「나타나 드러나 보이는 순차성에 따른」 시지각적 출현, 탄생 또는 도래인데 < 변형 문장 I >이 이러한 특징을 잘 드러내는 문장이다. 그러면 하나님께서 왜 시간과 기간의 개념을 명확히 사용하여 창세기 1장을 기록하도록 계시하였을까 하는 의문이 남는다. 사람의 생각과 달리 하나님께서는 창조 사역의 시간과 기간 도입을 위해 7이라는 수의 법칙성 즉 완전성인 7을 삽입하여 선재하는 하나님 나라의 지상 구현을 6일과 안식일로 창조의 시간과 기간을 설명하였다고 추정할 수 있다. 이러한 문장 변형 분석에 의하면, 「날」의 개념은 지상의 시간이 아닌 하늘나라의 영적 개념의 시간과 기간이라는 점을 드러낸다. 아마도 10일 또는 12일로 설명 가능하였으나 7이라는 의미에는 일종의 창조 법칙이 내재해 있는 듯하다.

1-10. 시간과 기간의 현상학적 해석

시간은 무엇이며 어떻게 느낄까. 시간을 공간으로 변경할 수 있을까. 공간에 시간을 삽입할 수 있을까. 이 질문은 물리학의 문제이며 현상학(現象學, phenomenology)의 주제이다. 창세기 1장의 시간인 「날」, 「저녁」 및 「아침」 등을 음미하기 위해 이 질문이 동반된다. 시간은 절대적이지 않고 상대적이다. 물리학은 광자 등의 속도를 절대 시간 단위로 사용하나 사실 이마저도 물리적으로 절대적이지 않으며 양자 단위의 미시 세계에서는 그 측정이 매우 어렵다. 현상학은 존재에 대한 우리의 감각적 반응이나 인지로 파악하려 한다. 시간에 관한 현상학적 파악은 시간만을 대상으로 하기보다 존재를 전제나 관계로 보아야 파악이 쉽다.

창세기 1장에는 시간과 기간을 나타내는 단어가 태초, 저녁, 아침, 날, 밤, 낮 여섯 가지다. 창세기 1장 1절의 태초는 천지창조의 시작점을 설명하나 일반적으로 이는 요한 복음 1장 1절의 태초 후의 태초라고 설명한다. 하나님의 시간은 영원무궁인데[52] 창세기 1장의 천지창조는 영원무궁이 미분된 시간과 기간 속에 이루어진 사역이다. 우리가 모르는 시간은 천지창조 전 이미 존재하였다. 사도 바울은 우리가 모르는 하늘나라를 다녀 왔는데 이 하늘나라는 창세기 1장 1절의 태초 이전의 시간에 있던 곳이다.

창조 사역을 자르고 나누어 설명하기 위해 시간 부사구인 「저녁이 되며 아침이 되니」가 6회 사용되었는데 이 부사구는 시간인 「날」과 「날」 사이에서 날을 자르고 연결하는 기능을 한다. 즉 이 부사구는 단절과 연결의 기능을 갖는다. 그러니 이 부사구는 시간과 기간 모두 아우르는 참으로 절묘한 표현이다. 그런데 하나님께서 저녁이 되어 창조를 멈춘 것이 아닌데 "사람처럼" 저녁이 되어 쉬시고 아침이 되어 다시 사역하신 것으로 느끼게 한다. 물론 창세기의 저녁과 아침은 오늘날과 같은 시간이나 기간 개념이 아닌 영적 개념어로써 날과 날을 구분하거나 사역의 흐름을 단절하여 기간 개념을 갖는 기능을 주로 한다. 이 「날 접속어」를 6회 사용함으로써 창조 기간은 엿새(6일)가 되었다. 모세가 창세기 1장을 인용하여 엿새 동안에 천지, 땅, 바다 및 모든 것을 만들었다고 재확인하였다 (출애굽기 20:11).

절대적 정의가 불가능한 시간이란 (시작과 끝을 가진) 기간이나 지속성, (측정되는 시간) 단위, (물리학적으로 표현하는) 속도나 순간성(미분), (현상으로 인지하는) 전후·방향성·흐름, (사건으로 정의되는), 과거, 현재, 미래, 역사 등으로 생각하는 개념이다. 시간의 개념이 어떻게 창세기 1장 문장에 나타나 있는지 그 음미를 생각해 보자.

사람이 「시간」을 느끼는 것은 「변화」가 주된 요인이다. 변화란 나타나거나 없어지거나, 순서나 배열이 나타나거나 바뀌거나, 흐름을 갖거나, 공간 속에서 거리 또는 간격을 갖을 때 그 변화를 시간으로 변경하여 해석하고 알아챈다. 변화로 인한 차이에서도 시간을 느끼지만 두 가지 이상의 것을 단순 비교한 차이에서는 시간을 느끼지 못하고 비교한 것을 논리적으로 추론하여 시간을 감지해 낼 뿐이다. 이 점이 시간에 관한 감각계의 현상학적 속성이다. 이렇게 우리에게 인식되는 시간은 주로 공간에서 나타난 존재를 시각(視覺)하거나 본 것을 해석하여 시지각적 판단할 때 더 선명하게 인

52 요한계시록 1:8, 4:8, 16:5 등에서 알파와 오메가라 이제도 있고 전에도 있었고 장차 올 자요. 처음과 나중이라고 묘사하였다.

지된다. 시간을 인식하는 방식이 주로 시각에 의존한다는 점도 시간의 현상학적 특성이다. 이와 유사하게 청각적으로도 시간을 파악할 수 있다. 예컨대 눈을 감더라도 소리의 원근과 지속 길이, 방향, 파장과 세기의 변화, 간격, 패턴, 강도, 흐름 등에서 시간을 감지한다. 물론 후각도 시간을 이해하는데 미미한 도움을 준다. 대부분 시간은 존재의 변화에 따라 특정된다. 촉감 역시 시간을 느끼는데 도움 준다.

물리학 또는 화학 개념인 엔트로피(entropy)도 시간의 개념을 형성하는데 중요한 요소이다. 엔트로피 법칙이란 시간이 경과 할수록 항상 질서가 감소하는 또는 무질서도가 증가함으로써 변화가 일어나는 것을 말하기에 하나님께서는 태초부터(in the beginning) 이 질서 속에 시간을 창조하셨다고 보아야 한다. 우리의 인식 또는 무의식 안에는 엔트로피의 개념이 내재화되었다고 할 수 있다. 시간과 공간 자체도 엔트로피의 법칙에 따라 무질서가 증가하는지 알 수 없으나 시간과 공간도 이 법칙 속에 있는 것으로 보아야 한다. 아담 부부가 범죄한 후 하나님께서 사람을 에덴동산에서 내쫓으며 사람과 생태계를 징벌하셨는데 이 징벌로 타락 전보다 세상의 엔트로피 속도가 더 빨라지게 한 것으로 보인다 (창세기 3장).

두 번째 요인은 인식 체계인데 과거와 현재와 미래를 회상하는 「기억」에 의해 사건을 정하거나, 끄집어내거나 앞뒤로 나열(배열)하거나, 중첩하거나, 투영시켜 시간을 만드는 사고 행위이다(time-making process). 기억으로 시간을 만들어 낸다. 이때 시간 명사, 시간 부사, 시간 명사구 또는 부사구, 또는 시간 명사절 또는 부사절 등이 형성된다. 지금, 그 때, ~할 때, 옛날에, 그전에, 아침에, 어린 시절, 내일, (이)전에, (이)후에 등으로 사건을 배열하여 시간과 기간을 만든다. 이로써 특정 시점이나 기간이나 역사가 형성된다. 이 용어는 현상학적으로 시간 자체보다 사건의 배경을 설명하거나 사건을 연결하는 경우가 많다. 예컨대 "학생 시절 열심히 공부했다" 또는 "아침밥을 먹었다"라는 표현에서 핵심어는 공부와 밥인데 시간을 나타내는 '시절'과 '아침'은 시간을 이해하는 사건의 배경인 부속의 부사어이다.

태초부터 존재한 시간의 이러한 현상적 특성 때문에 존재와 인식 없이 순수하게 홀로 존재하는 시간 자체는 인지하지 못한다. 시간 자체를 감각이나 인식으로 파악하지 못하기 때문이다. 시간은 존재의 변화와 이에 대한 기억의 흐름과 함께 인지되어 우리의 기억에 스스로 존재한다고 인지되지 않는다. 시간은 상대적 변화와 기억의 크기가 크거나 명료할 때 인지가 쉽다. 시간과 기간은 상대적으로 나타난다. 시간을 표현하는 빠르다(늦다), 오래되었다, 지났다, 많다(적다) 등의 개념은 시간의 흐름과 양을 상대적으로 설명한다. 물리학자는 이를 절대값으로 환원하려 애쓴다. 그러나 우리의 기억 속에 시간 자체를 절대값으로 표현할 수 없다. 시간은 절대화된 시작점과 끝점이 없다. 시간과 기간은 영원무궁의 미분이다. 공간에서 특정 시간을 정의할 수 있으나 공간마저 정지해 있지 아니하므로 정의할 수 없다.

창세기 1장으로 돌아와, 「태초」가 지난 어떤 시점에 사용된 「저녁이 되며 아침이 되니」라는 시간 부사구는 공간에서 일어난 창조 사역을 설명하는 부가적 배경이다. 6회 사용한 이 시간 부사구를 창세기 1장에서 전부 빼낸 < 변형 문장 I >을 문자적으로 읽더라도 창세기 1장의 의미를 거의 해득할 수 있는 점은 이 시간 부사구가 부가적 배경을 설명하기 때문이다. < 변형 문장 I >에서 태초는 시간의 고정 시점으로 출발하고 이 시점부터 출발하여 하나로 쭉 이어진 시간으로 이해하게 한다. 시간을 등분하여 1/7을 날로 보았고 그 마지막 안식일은 다른 1/7과 다른 날인, 저녁이나 아침 등으로 설명하기보다 안식·거룩·복으로 설명하였다. 7일이라는 시간을 창조 법칙의 하나로 추정한 점은 창조 법칙으로 세상을 만드신 설명을 7일로 설명하였기 때문이다. 이런 점에서 날은 시간 이전의 하나님의 수리(數理)인 듯하다. 이 시간 부사구에서 시간의 지속성, 순간성, 변화량 등을 추론할 수 없고 단지 방향성과 흐름만 알 수 있다. 이런 이유로 이 기간을 수억년이라 해도 무방하다.

현상학적 시간이란 실제의 공간이든 가상의 공간이든 그 공간 속에서 시간보다 더 절대적 요소는 물질적 또는 비물질적인 존재와 사건이다. 만일 시간을 절대적 요소로 보는 경우 사건을 시간의 배경이나 부속으로 파악하여 이를 시간과 인과성으로 연결하여 역사로 인식한다. 창세기 1장의 천지창조의 절대적 요소는 공간 속에 나타난 피조물의 시지각적 출현이다. 천지창조에서 태초 이후의 시간 즉 「저녁이 되며 아침이 되니」는 피조물의 공간상 위치를 결정해 주고 피조물의 출현 순서를 정하여 단계와 흐름을 이해하는 기능어이기도 하다.

일상에서 개별 또는 서로 떨어진 여러 사건이나 일을 서로 연결하는 고리 역할은 인과성, 작용·반작용, 변화 등이 있다. 학문적으로 물리학, 화학, 역사학, 언어학, 논리학 등은 떨어진 사건과 일의 인과성과 반응의 현상학적 파악이다. 창세기 1장의 창조 사역에서 우리가 인문학으로 익힌 바대로 인과관계, 작용 및 반작용 등을 찾을 수 없기에 이를 메우기가 매우 어려워 창세기 1장이 매우 어렵다. 하나님의 사역에서 나타난 사건과 일의 연결 고리 중 시간과 기간 요소가 유일하다. 그런데 「저녁이 되며 아침이 되니」라는 시간 부사어는 창조 사역을 끊고 잇기 위한 고리 기능의 시간 부사어이다. 하나님께서 하나님의 사역을 끊어서 6일로 설명하되 다시 이를 연결하기 위해 시간과 기간의 개념어인 「저녁이 되며 아침이 되니」를 사용하여 창조의 사건과 일(사역)을 연결하는 것이 창세기 1장에 나타난 시간과 기간의 현상학적 의미이다.

익숙한 물리학으로 생각하면, 하나님의 천지창조 사역(일)에 물리적 시간을 부가하여 설명하려면 시종점, 시간 또는 기간 단위를 도입해야 하는데, 매우 놀랍게, 익숙하지 아니한 「저녁이 되며 아침이 되니」라는 시간 부사구를 사용하였다. 이 부사구는 시종점과 기간을 동시에 나타내는 매우 특별한 용어이다. 창세기 1장의 「날」을 한정하길 「저녁이 되며 아침이 되니」의 원형은 어둠과 빛으로 정의되었다. "*어둠을 밤이라 부르시고 빛을 낮이라 부르셨으니* (창세기 1:5)"라 하였다. 따라서 「저녁이 되며 아침이 되니」에 이 정의로 대체하면 「어둠이 되며 빛이 되니」라는 표현으로 바뀐다. 얼마나 놀랍고 깊은 의미인가 ! 이 원형을 창세기 1장 문장에 6회 적용하면 "어둠이 되며 빛이 되니 00째 날이니라"처럼 바뀐다. 즉 밤이나 낮이라는 시간이나 기간의 개념이 아닌 어둠과 빛으로 바뀌었다. 따라서 밤과 낮으로 형성된 「날」의 원형 개념은 시간이나 기간이 아닌 상태를 말한다. 창세기 1장 5절 내에서 어둠과 빛의 개념이 (순식간에) 「날」이라는 시간 또는 기간의 개념으로 바뀌었다. 어둠과 빛이라는 존재론적 현상이 우리가 존재론적으로 알지 못하는 현상학적 의미의 「날」로 바뀌었다. 이러한 순식간의 변경이 우리 대부분에게 개념적 혼란 또는 혼동이 발생하는데 이는 소위 시간을 인식하는 과학적 또는 진화론적 사고에 익숙한 우리들의 언어 습관 때문이다.

시간이나 기간 개념을 설명하기 위해 「저녁이 되며 아침이 되니」라는 표현을 왜 이렇게 썼을까. 이는 합리적이고 정확한 방법임을 묘사에서 태초의 질서를 깨닫게 한다. 1장 2절까지는 태초라는 시작만 있었지 기간 개념이 없다. 2절까지는 빛이 없는 지속된 어둠(흑암)만이 있었고 빛이 없는 상태를 밤이라고 정의하였기 가장 먼저 하루를 정의하는 시점은 빛이 없는 어둠이므로 밤이 먼저이고 그 다음 빛이 창조되었기에 「저녁이 되고 아침이 되니」라고 첫날을 정의한 것이다. 관용적으로 낮을 먼저 생각할 수 있으나 태초에는 흑암이 지속된 (긴) 밤이었고 그리고 빛이 들어오면서 빛이 출현한 아침을 칭한 것으로 창세기는 설명하므로 스스로 문장처럼 당연한 묘사이고 합리적 정의이다. 결국 창세기 1장에 의하면 시간과 기간은 최초의 빛으로 정의된다.

하나님께서는 창조 사역을 태양계의 「날」이라는 시간적 단위 속에서 하신 것이 아니라 어둠과 빛 속에서 활동하신 것을 우리의 현상학적 이해를 돕기 위해 밤과 낮이라는 시간과 기간의 의미로 대체하여 끊어 설명한 내용이 창세기 1장의 엿새이다. 이 점은 안식일에서도 명확하다. 정확히 말해 안식일은 시간이나 기간을 말하지 않는다. 안식일이 아닌 엿새의 날은 어둠과 빛처럼 어떤 상태를 말하는 개념이기 때문이다. 이런 이유로 창세기 1장의 「날」은 시간이나 기간을 함축하는 것이 아니라 영적 개념어로 설명된 하나님의 시간 법칙으로 파악하는 것이다.

1-11. 진화와 믿음

기독교 초기 교부(教父)시대에 「날」의 해석을 태양계에 의한 하루가 아닌 오래된 기간으로 해석하려는 어거스틴과 같은 신학자들이 있었다. 최근 지질학, 지사학(地史學), 화석학, 천체물리학, 생물학, (환경)생태학, 분자생물학 등의 발달로 자연 발생에 의한 진화론에 영향을 받은 진화론적 유신론(또는 유신론적 진화론)은 창세기 1장의 「날」을 오늘날의 「하루」가 아닌 매우 오래된 시간으로 해석하여 「나이 든 지구론」을 주장하나 창세기 해석 시 이러 유형의 진화론에 영향을 받아서 아니 될 것이다.

생명을 포함하는 온 우주의 만물은 「법칙」에 의해 생성, 운행, 순환, 사멸하는 것이지 진화가 법칙이 되거나 법칙과 유사한 것처럼 스스로 운동력이 있어 존재를 변화시키는 것이 아니다. 진화는 법칙이 될 수 없다. 하나님께서 태초에 만드신 법칙에 의거 만물이 존재하며 그 존재 법칙에 따라 생성, 운행, 순환, 사멸하는 것이다. 다만 진화론적 유신론에 반하여, 하나님의 무한하신 권능과 말씀 그대로 의미에 순복하는 문자적 창조론자처럼 세상의 탄생을 문자대로 6일로 믿는 신앙도 그대로 받아들일 수밖에 없다. 문자적 해석의 장점은 하나님의 연역적 절대 계시의 말씀에 그대로 순복하는 믿음의 순수성과 자신의 합리적 이성을 하나님 앞에서 유보하는 점이다. 실제 사람의 귀납적 추론은 하나님의 절대성과 권능을 인식할 수 없기에 문자적으로 이해함이 매우 중요한 원리이다. 문자적으로 이해한다고 함은 글자 그대로 이해함을 포함하여 문자의 정확한 함의(含意, connotation)와 상징성까지도 포함해야 할 것이며 어디까지 문자의 의미를 찾을 것인지는 어렵고 무리하게 확장된 의역은 배제되어야 할 것이다.

우주와 생명의 기원을 하나님의 창조에 두면서 하나님께서 사람에게 준 이성적 추론으로, 사실과 근거를 수용하려는 진화론적 유신론은 사물과 현상을 합리적으로 해석하면서 믿음을 성경에 두는 장점이 있고 앞으로 점차 대세를 이룰 듯한데 이는 발전하는 과학적 지식 때문이다. 이 해석은, 우주와 지구에서 발견된 과학적 사실과 증거를 살피면, 하나님께서 창조한 기본 물질과 자연환경 등이 오랜 기간 변해 왔고 생명체 역시 소진화하여 다양성을 나타냈다는 점을 수용하는 것이다. 「젊은 지구론」이든 「나이 든 지구론」이든 또 같은 부류의 신학자들 간에도 각론에 온전한 일치를 보지 못하고 있는데 이는 창세기 1-3장이 하나님의 계시를 체계화된 틀 안에서 너무 간결하게 기록하여 하나님께서 창조한 거대한 우주 만물의 다양함과 정밀함과 복잡함과 그리고 시간성을 하나로 해석할 수 없음에 기인한다.

진화론은 지사학, 화석학, (환경)생태학, (천체)물리학, (분자)생물학 등에서 제기된 여러 문제를 매우 긴 시간으로 전제하여 한 가지 뿌리로 종합하여 해석하기 위해 매우 애쓰는 가설이다.[53] 물질과 매우 다양한 생명의 출현과 변화를 매우 긴 시간 동안 물질 간에 어떤 조건과 작용(열, 압력, 운동, 충격, 반응, 흡수, 선택, 기후, 우연 등)에 의해 자연 발생, 적응, 혁신적 진전과 도약이 있었다는 것과 이들 현상을 설명한다. 출현과 변화 과정을 환경과 상황에 적응(adaptive trait)하여 발전적 방향 즉 소진화와 대진화까지 설명한다. 매우 긴 시간을 인정하더라도 생명의 발생과 진화의 개념에 어떤 조건과 작용들이 있었는지 과학적으로 명료하게 제시해야 하나 가설에 입각한 이론을 단계별로 점프(jump)해 펼친다. 진화론자들이 밝혀낸 많은 그리고 다양한 생명[54]의 출현과 변화와 멸종(적응방산, adaptive radiation)을 일으킨 작용을 실증적이며 납득할 만한 법칙 또는 원리로 제시하지 못하고 있고 단절된 합리성을 제공하기에 결코 이를 과학적이라 할 수 없다. 크게 보면 진화론이 매우 그럴 듯하나 세부적으로 보면 합리적 설명이 전혀 되지 않아 전체로도 과학이 아니다. 현재 진화론을 배제하면 사람의 사상이 새로운 대체 개념을 제시하지 못하고 있다.[55] 진화론으로 모든 것을 설명하려는 발상 역시 무모한 점이 너무 많다. 화석은 멸망과 소멸과 파멸과 격변 현상을 설명하고 있다. 그러하다면 성경도 이의 기원과 원인을 계시한 문자에서 충분히 진화론처럼 가정적으로 설명할 수 있다.

모든 사람과 생명체 또는 생태계가 받는 실존 상황과 인문학적 역사를 진화론으로 설명할 수 없으며 특히 사람의 속성인 영혼이나 정신의 문제는 과학이나 진화로 해석하려 하나 결코 이들을 통해 온전한 답을 얻지 못한다. 우주의 법칙은 과학적 합리와 수리(數理)로 설명되나 정신세계는 설명할 수 없다. 숭고한 생명과 영적 가치를 배제한 사고는 유물주의이다. 사람은 이성 이외에 경외, 두려움, 아름다움, 존경, 사랑, 경쟁, 희생 등을 느끼고 높은 가치를 추구하는 영적 존재이기에 이를 무시하거나 해석하지 않음은 편향과 왜곡이며, 부분적 과학주의 또는 물질주의는 잘못된 것이거나 온전한 것이 되지 못하며 결국 파멸에 이른다. 인문학적으로도 과학주의 또는 물질주의가 최종적으로 높은 가치나 윤리를 포함하고 지향할 때 더욱 바람직한 것이 된다.

53 진화의 연구 분야는 우주 진화, 화학 진화, 생물 진화, 인간 진화 등으로 나뉘는데 진화론자들은 진화론이 가설이 아니라 주장한다. 진화론자는 생명의 기원을 36-38억 년 전으로 추정한다(김준호 외 번역(2006), 생태와 환경, 라이프 사이언스 p 85).

54 오늘날 지구상에 생존하는 생명체의 수는 과거 생명체의 1-3%만 존재한다고 한다.

55 예컨대 「지적 설계론」이란 온 우주를 정밀하게 설계한 어떤 지적 존재가 있다는 가설인데 이는 신학이 아닌 과학적 상상에 속한다.

사람은 하나님께서 창조한 자연에 더불어 순응하며 의지하며 하나님을 찾도록 만들어진 신비한 생명을 갖는 피조물이다. 하나님께서 사람에게 요구하는 증거는 하나님에 대한 믿음이며 이 믿음에 근거한 그리스도를 향한 우리의 삶이다.

원자 이하의 양성자, 중성자, 광자 등 양자 속성에 대하여 양자물리학은 이론과 실험으로 미세 세계를 설명한다. 또 원자로 구성된 분자의 형성 과정에 대한 생화학적 구성과 반응과 흐름에 대하여도 많은 양자적 원리가 밝혀져 있어 이 원리를 이용하여 약, 화학물질, 유전물질 등을 인공적으로 만들고 있으나 부작용과 환경 악화를 초래하고 있다. 통상 인간 지식에 의한 부작용과 악화란 과학주의, 물질주의, 유물주의 등의 불완전함을 의미하며 잘못된 또는 구멍 난 지식과 체계가 내재한다. 사람이 밝혀낸 멘델법칙, 적자생존과 불이익의 원칙, 돌연변이, 자연선택, 공진화(共進化 coevolution) 등 많은 가설과 이론으로 진화론을 체계화하나 생명 자체 또는 이를 이루는 구성요소, 작동원리, 기원, 존재 가치 등을 온전히 설명하지 못한다. 경제학이 사람의 경제활동의 여러 현상을 설명하듯 진화론은 본질을 설명하지 못하고 현상을 분석하여 전체를 설명하려 한다. 진화론은 사람에 의한 귀납적 지식으로 절대적인 법칙을 말하는 것이 아니다.

1-12. 문자주의 한계와 문자의 의미

창세기 1장의 「날(욤)」이라는 단어를 오늘날과 동일한 시간이나 기간 단위로 믿는 사람은 하나님의 무한한 능력에 두껍고 깊은 믿음을 두는 분이다. 이 단어의 개념을 이해하기 위한 본 고찰에서 창세기 1장의 내용과 묘사가 피조물인 사람에게 시지각으로 단계별 순차성에 따라 드러난 관점으로 묘사되었다고 보아 태양계에 의한 하루라기보다 하나님께서 무한한 권능으로 행하신 천지만물의 창조 질서와 법칙을 사람의 눈높이에서 표현하기 위한 영적 시간 단위로서의 「날」로 봄이 적정한 것으로 설명하였다.

피조물의 창조를 설명하기 위해 사용된 시간 단위를 「날」로 설정하고 이 「날」을 「창조 묘사 중심어군」을 반복적으로 사용하여 하나의 틀을 형성하였다. 이 단어 중 「날」, 「아침」, 「저녁」은 오늘날과 같은 시간이나 기간이나 때를 나타내는 개념이 아니며 특히 「날」은 창조의 법칙성을 규정하는 개념임과 「하나님이 가라사대」, 「좋았더라」, 「그대로 되니라」 용어는 청각과 시지각적 계시의 영적 의미를 담고 있다 하였다.

창세기 저자로 하여금 사람이 창조되기 전 창조된 내용을 사람이 보지 못한 하나님의 사역을 설명하기 위해 천사나 동물이 아닌 사람에게 친숙한 시간 개념인 「날」을 선택하시었다. 하나님의 권능과 시간을 태양과 지구의 공전과 자전에 제한된 날이라는 개념에 한정하여 해석하려는 관점은 하나님의 권능을 오늘날과 같은 하루라는 제한된 시간에 맞추어 강조하여 오히려 하나님께서 계시하려는 영적 의미를 배제하려는 위험도 있다. 물론 문자주의로 해석할 수밖에 없는 깊은 신중함 역시 존중되어야 할 것이나 "*주께는 하루가 천년 같고 천년을 하루 같은* (베드로후서 3:8)" 그리고 "*주의 목전에는 천 년이 지나간 어제 같으며* (시편 90:4)"이기에 하나님의 시간을 우리가 한 가지 의미로 단정하여 정의할 수 없다고 봄이 적정할 듯 하다. 창세기 1장의 「날」의 의미가 영적이라면 다의적·중의적(多義的·重義的)일 수 있다. 영적 의미를 갖는다면 창세기 1장의 문자적 해석보다 폭넓은 영감을 갖게 된다. 「날」의 의미가 다의적·중의적이기에 해석에 어려움이 있어 보인다.

창세기 1장에서 하나님 사역의 시간성을 요약하면, 창세기 1장 외 다른 구절에서 기술된 초기 지구와 에덴동산 등에 관한 묘사에서 천지창조에 관한 계시가 자세하였을 것임을 창세기 2장 4-6절 등을 인용하여 예증하였고 또 창조 과정의 계시 내용이 상세하고 많은 내용을 기술할 수 없어 계시받은 기록자는 계시로써 이 한계를 극복하고자 짧게 요약하고 단순화하거나 생략하여 중요한 내용만을 특히 시지각적 출현(탄생)에 중점을 두어 기록한 것으로 보았다. 6일이라는 영적 기간의 단위인 「날」로 설정하고 각 6일에 피조물의 창조를 유사성이나 동질성의 것으로 대표적으로 묶은 후 이를 단계별 순차성인 「바탕화」와 「구체화」 방식의 흐름으로 출현(탄생)하였다고 파악하였다. 잘 짜진 시지각 묘사는 「날」이라는 시간적 흐름을 「창조 묘사 중심어군」으로 견고하게 구성하여 마치 그림이나 영상을 보는 듯하여 문자로 이해를 하게 함으로써 사람의 눈높이에서 하나님의 창조 사역에 대한 믿음으로 이끌고 하나님의 깊은 영적 세계를 평범한 방식으로 드러낸 것으로 파악하였다. 이런 전체 구성으로 마치 아름다운 운율을 가진 서정시 및 서사시를 하나님께서 화자가 되어 설명하는 듯하다.

성경이 분명히 지적하듯 창조 전 태초에 이미 예수 그리스도 안에 함께 있는 만물이 온 우주와 지구에 「나타나 드러나 보이는 순차성에 따른」 출현(탄생, 도래)이 창세기 1장의 기록인 것으로 보는 것이다. 각기 다른 날에 창조된 주요 피조물은 구획된 수직적 또는 수평적 공간에 유사하거나 동질적 묶음의 피조물로서 순차적 단계의 흐름을 시간적 연속으로 설명하기 위해 사슬을 묶는 고리인 「연결 시간구」를 사용하여 창조의 사슬을 형성하였다. 처음은 흑암(어둠)과 빛으로 시작하여 이 사슬 마지막에 안식일로 단단히 묶인 아름다운 사슬 구조의 묘사가 창세기 1장 1절부터 2장 3절까지이다. 이 연결 부사구에 의한 사슬 구성이 창조 시간을 포함하거나 창조 기간을 대신하듯한데 이는 매우 특이한 하나님의 계시이거나 계시의 묘사 방식으로 파악하였다. 사람을 창조한 묘사(창세기 1:26-27)에서 놓치지 말아야 할 점은 사람의 형상과 모습 즉 하나님을 닮은 사람의 여러 속성은 이미 하나님 안에 존재한 것의 구현이고, 사도 요한과 바울 및 베드로가 지적한 바대로 우주의 만물(萬物, all the host of them:창세기 2:1, all things:요한복음 1:3, 골로새서 1:16-17 및 히브리서 1:2-3)도 하나님 안에 함께 존재한 것의 구현이며 하나님으로부터 나오는 만물의 구현임을 알 수 있다. 이 묘사 내용을 창세기 1장 1절부터 2장 3절까지로 보아야 한다면 창세기 이 구절은 실재적이면서 하늘나라의 것을 설명하는 영적인 것이다. 이 구현을 7일로 나누어 계시하시었다.

이러한 창조의 물리적 과정이나 분석보다 중요한 점은, 창세기 1장이 명백하게 우리에게 주는 영적 교훈으로 하나님이 계시고 하나님 안에서 이미 선재한 것을 창조하시어 질서와 법칙과 시간 속에 피조물과 피조물의 역사가 순행하고 지금도 작용한다는 점이다. 또 창조의 중요 목표는 하나님께서 사랑하는 사람이다. 창세기 1장이 합리적 과학주의의 개념으로 계시되고 집필된 것이 아니어서 요즘 배우고 익힌 합리적 과학주의 개념으로 이해할 수 있으나 하나님께서 계시한 창조의 섭리가 이미 천지가 창조되기 전 주 예수 그리스도 안에 함께 존재했던 것이 하나님의 계획과 예정의 신비성을 모르면 창세기 1장의 진정한 의미를 잃는 것이다. 그리고 그 점은 일상에서 보는 바와 같은 일반계시로 나타나 있으며 현재 역사하신다. 더 나아가 하나님의 이 계획과 예정은 미래에도 다른 실재(實在)로 나타날 것이며 우리가 하늘나라에 가서 그 실재 속에 살 것이라는 점이다.

하나님의 계시가 다의적이고 중의적 의미로 묘사되는 것은 하나님의 사역이 그리스도 안에서 영원 전 계획과 영원 후 예정을 포함하나 이것을 보고 기록하고 읽어야 할 사람은 한계에 머문다. 사람이 알기 쉽도록 설명한 간단하며 단순한 구조와 내용인 창세기 1장이 불가해한 이유는 하나님께서 매일 매일의 「날」에 행하신 태초의 예정과 사역이 광대한 질서와 대상을 미래까지 함의하여 묘사하였기 때문이다. 이 함의를 다의적·중의적으로 해석하려는 시도에서 전체를 보지 못하고 약간의 이해만을 동반할 뿐이다.

항상, 문제는 깊지 못함에서 나오는 경박함과 무지가 우리를 괴롭힌다.[56] 에스겔서와 다니엘서와 요한계시록 등에서 보이지 않은 영적 세계를 시청각적 계시로 기록한 것

56 사람의 생각은 극대 또는 극소로 갈수록 오류를 포함하고 막연해진다. 그리고 시간이 지날수록 무질서가 증대된다.

과 유사하게, 예수 그리스도 안에서 그리고 그와 함께 창조 전 이미 존재한 만물은 창세기 1장의 「빛」 등으로 나타나고 드러나 보이는 실재 속에서 우리가 살고 있으며 우리의 작은 눈으로 복잡하고 미세하며 거대한 실재를 이해하려 하나 미치지 못하며 하나님께서 직접 우리에게 설명하여도 이해하지 못한다. 우리는 한순간, 한 단면을 보고 전체를 추상할 뿐이다. 아마도 이러한 사람의 속성 때문에 하나님께서 창조 역사를 최소한의 한 단면 한 순간으로 쉽게 보라고 창세기 1장처럼 다음과 같이 매우 짧게 요약하여 기록한 것이 분명하다. 예수님께서 성경이 예수님 자신을 증거하는 것(요한복음 5:39)이라 하였으며 창조의 「날」들은 예수님의 뜻과 예정 자체를 말할 것이다.

- 창세기 1장을 계시받은 사람은 하나님으로부터 상세히 계시받고 알았을 것이나 계시 내용 중 일부를 사람의 눈높이에 맞도록 단순하게 그린 아름다운 그림과 유사하다.
- 6일에 해당하는 「날」은 문자적 시간인 「날」이 아니며 하나님의 창조 사역을 설명하기 위한 기간을 6회로 나누어 설명한 영적 기간인 것으로 파악된다. 이 날은 물리적 시간으로 측정될 수 없다.
- 피조물의 창조를 순차적 단계의 흐름과 시지각적 연속으로 이해하기 위해 「창조 묘사 중심어군」과 「연결 시간구」를 반복하면서 사슬과 같이 연결하였다. 첫 고리는 1-2절이며 중간 6개 사슬은 6회의 날이며 마지막 고리는 안식일이다.
- 창세기 1장은 매우 튼튼하게 짜진 견고한 틀이어서 분해하거나 자를 수 없는 강력한 구조체이다.
- 이사야와 요한과 바울 등이 밝혔듯이, 창세기 1장의 피조물과 만물 그리고 보지 못하는 지금의 실재는 영원 전 존재한 하나님 나라의 실재이다. 동일하게 우리가 죽은 후 새로운 나라(새하늘과 새땅, 이사야 65:17, 66:22, 베드로후서 3:13, 요한계시록 21:1)에서 지상에서 본 것과 더 새로운 실재의 아름다운 세계에 다시 도래하여 현현할 것이다.

쉬운 상상으로, 현존하는 최고의 지혜자와 과학자와 문학가와 종교인 등 1만 명이 모여 과거의 지구가 아닌 현재 우리가 겪고 있는 지구와 우주의 존재와 현상을 자세히 기록하기로 하였다고 상상하여 보자. 아마도 일치되지 않은 견해도 많고 묘사할 수 없는 것도 많거니와, 알 수 없는 내용은 더욱 많을 것이며, 알고 있는 사실과 묘사 가능한 분야를 추려 기록한다고 하더라도 너무 많기에 다 기록할 수 없을 것이다. 만일 기록하였다 하더라도 수천억 쪽에 달하는 내용을 읽지도 못할 것이거니와 읽었다 하더라도 이해할 사람은 한 사람도 없을 듯하다.[57] 그러하다면 하나님께서 여러 면에서 매우 미련한 우리에게 보편적이며 단순하고 쉬운 설명의 방법은 영적 계시나 일종의 상징 및 은유(metaphor)인데 이 내용이 창세기 1장일 것이다.

57 팔만대장경만을 읽어 이해하는데 약 300년이 걸린다 하며 읽어 깨우치는 사람도 거의 없을 것이며 깨우친 사람도 의견이 제각기 다를 것이다. 사람의 지식은 이와 같다.

요한복음 20장 30절과 31절에서, "*예수께서 제자들 앞에서 이 책에 기록되지 아니한 다른 표적도 많이 행하셨으나 오직 이것을 기록함은 너희로 예수께서 하나님의 아들 그리스도이심을 믿게 하려 함이요 또 너희로 믿고 그 이름을 힘입어 생명을 얻게 함이니라*"고 하였고 이어서 21장 25절에서 "*예수의 행하신 일이 이 외에도 많으니 만일 낱낱이 기록된다면 이 세상이라도 이 기록된 책을 두기에 부족할 줄 아노라*"고 한 것처럼 하나님께서 말씀으로 이 아름다운 천상천하 만물을 만드신 바를 낱낱이 기록하지 못하고 짧고 단순한 문체로 기록한 것은 사람이 상상하는 것보다 더욱더 섬세하고 더욱더 광대한 하나님의 깊고 놀라운 창조 사역의 연구에 헛되이 애쓰지 말고 오직 하나님이 천지를 만드신 분이라는 계시를 믿고 그분의 피조물인 사람의 할 바를 하라는 계시가 이 모든 것에 우선하는 지혜일 것이다. 솔로몬 역시 창세기 1장을 깊이 읽고 오랫동안 묵상하였을 것인데 솔로몬이 이르기를 "*하나님이 모든 것을 지으시되 때를 따라 아름답게 하셨고 또 사람에게 영원을 사모하는 마음을 주셨느니라 그러나 하나님의 하시는 일의 시종(始終)을 사람으로 측량할 수 없게 하셨도다* (전도서 3:11)"라 하였고 사도 바울은 "*이 아들을 만유의 후사로 세우시고 또 저로 말미암아 모든 세계를 지으셨니라* (히브리서 1:2)" 했으니 단순 해석의 경박함을 이미 경고하고 깊은 뜻을 이해하도록 하였다.

1-13. 창세기 1-2장의 미분(微分, differential) 관점

창세기 1장의 「날」은 문맥으로 볼 때 분명히 시간과 기간을 의미하며 각 날에 나타난 것은 주요 피조물과 생명의 시지각적 출현으로 설명하였다. 하나님께서 천지를 창조하실 때 주요 피조물와 생명의 탄생을 날별로 설명하였으나 창세 1장의 시간보다 더 자세히 묘사한 창세기 2장 구절에 있어 창세기 1장의 「날」이 어떤 시간과 기간을 말하는 것인지를 살피면 날의 의미를 좀 더 구체화할 수 있을 것이다.

창세기 2장 4절과 5절과 6절이 창세기 1장의 어떤 날에 해당되는지 정확히 알 수 없으나 들에 초목이 없었고 지면이 안개로 인해 적셨더라 하였으므로 개략 땅(뭍)을 만든 셋째 날 이후로 볼 수 있을 것이라 앞 절에서 설명하였다. 혹은 단정적으로 이날을 넷째 날 또는 다섯째 날이라고 할 수 있다. 왜냐면 셋째 날 하나님께서 뭍으로 하여금 식물체를 내라고 명하셨기에 땅이 내도록 준비하는 기간이 필요했다면 넷째 날 또는 다섯째 날일 수 있기 때문이다. 이 장면은 오늘날과 동일한 엔트로피 법칙이 작용한 것으로 파악된다.

그런데 2장 7절부터 아담을 지은 묘사가 있기에 4-6절은 여섯째 날 전이다고 단정할 수 있다. 아담을 창조하였다면 당장 아담의 음식인 과실 등을 먹어야 할 것이기에 셋째 날 이후에 자란 식물 중 채소와 과일(창세기 1:29)이 있을 때 하나님께서 아담을 창조한 것으로 설명하였기 때문이다. 하나님의 창조 법칙인 동식물의 생육을 고려하면 적어도 채소가 땅에서 나와 먹을 채소가 되려면 1개월 정도가 되어야 하며 나무가 열매를 맺으려면 기본적 성장 기간을 지난 후 3개월 정도 걸린다. 문자주의 해석론자는 아마도 이미 하나님께서 알 수 없는 식량을 준비하셨을 것, 예컨대 다섯째 날 물고기와 새를 창조하였기에 물고기와 새를 먹도록 하였을 것이라고 막연히 생각할 수 있으나 하나님께서는 물고기와 새를 식량으로 주지 않고 식물을 식량으로 주셨기에 출애굽기 광야에 주신 만나와 같은 상상은 쉽지 않다. 어쨌든 4-6절은 먹을 식량이 없는 상황을 객관적으로 그리고 명확히 설명하고 있다. 문자로 해석하면 채소가 없으니 역시 과목(果木)이 있을 수 없다. 창조하신 사역을 시간으로 파악한다면 4-6절 이후 오랜 기간이 지난 후 7절부터 아담이 탄생하는 상황이 있어 6절과 7절 사이 (많은) 기간이 있었으나 이 묘사가 빠진 것을 알 수 있다. 같은 방식으로 육상 동물의 먹이로서 풀 등이 성장할 시간도 필요했을 것이다.

7절 이후 아담이 창조된 묘사를 보면, 강, 나무, 동물 등 생태계가 완벽하다. 창세기 1장에서 셋째 날 이후 생태계가 점차 완성되다가 엿새째 날까지 전부 완성되었다고 이해하여야 하나 아담을 창조한 엿새 이전 날까지로 추정되는 4-6절에서 생태계가 완성되지 않은 점은 매우 이상하다. 창세기 1장에 의하면 아담과 이브가 창조되기 전 식물과 공중과 물의 동물은 창조되었기에 2장 4-6절 묘사가 창세기 1장 묘사와 일치하지 않거나 부정하고 있기에 이를 서로 부합하게 이해하기 위해 창세기 2장 4-6절이 창세기 1장의 「날」을 해석하는 실마리를 제공한다고 볼 수 있다.

다음으로 아담과 이브를 지은 상황을 살피자. 어떤 신학자는 창세기 1장의 사람과 창세기 2장의 아담과 이브를 서로 다른 사람이라고 해석하기도 한다. 이들은 오늘날 과학이 지구 연대를 매우 오랜 기간으로 파악하고 유인원 등과 여러 화석의 방사성 원소 측정으로 창세기 1장이 해석되지 않기 때문에 1장과 2장의 시점이나 기간을 분리하려는 시도이다. 창세기 2장 4절로 그런 해석이 가능하다고 할 수 있으나 2장 4절의 문장이나 5장 1-2절이 창세기 1장 27절과 유사하게 반복하는 구절이어서 1장과 2장 사이의 큰 공백을 가정하기가 쉽지 아니할 것 같다. 어쨌든 아담과 이브라는 사람을 창조한 상황을 창세기 1장에서 보면 엿새째 날이다.

창세기 2장에서는 아담과 이브가 동시에 창조되지 않고 각기 창조되었는데 1장 27절에서는 동일 날에 창조되었다는 정보를 제공한다. 이브가 창조된 2장 21-23절 상황을 보면, 성년인 아담을 깊이 잠들게 한 후 갈빗대를 취하여 탄생하게 되었다. 만일 창세기 2장을 시간적 순차로 본다면 아담과 이브가 같은 날에 창조된 것으로 보기 힘든 점이 있고 아담이 창조된 후 이브가 창조되기 전 상황에 여러 순차적 상황이 있었다. (순차적 상황으로 기록한 것이 맞다고 보아야 하며) 즉 하나님께서 ① 아담을 지은 후 ② 에덴동산으로 아담을 이끌어 두었고, ③ 에덴동산을 다스리고 지키게 하였으며 ④ 동산의 먹을 실과와 먹지 못할 실과에 대한 명령을 주셨다. 그런 후 ⑤ 하나님께서 지으신 각종 들짐승과 공중 새의 이름을 짓도록 하셨다. (이런 일련의 흐름이 순차로 실제 어떻게 발생했는지 모르나) 순차로 묘사된 사건 후 이브를 지었는데 창세기 1장을 보면 이 모든 일이 엿새인 하루 안에 있었던 것으로 해석하게 한다. 문자적으로 창세기 1장의 날이 오늘의 하루라면 아담과 이브에게 위 다섯 가지 사건이 엿새째 날 하루에 있었다는 것이다.

이런 창세기 2장의 묘사로 1장을 반추하면, 즉 창세기 1장의 여러 주요 피조물의 출현을 창세기 2장의 내용으로 보면 창세기 1장의 창조 과정을 실제의 지식보다 적은 묘사 수준으로 기록된 것을 암시하며, 또는 다 기록하지 않은 섬세하고 많은 하나님의 사역이 있음을 알게 되며 동시에 시간적 세분이 있음을 알게 한다. 창세기 1장은 창조 과정에서 사람의 생각보다 엄청 복잡하고 다양한 내용이 있었다고 명백히 단정할 수 있고 오히려 사람에게 이를 보다 쉽게 설명하는 것임을 깨닫게 한다. 즉 창세기 1장은 매우 다양한 창조 변수들이 얽힌 복잡한 상황을 매우 간단히 설명한 것으로 파악해야 한다.

창세기 1장의 창조된 피조물을 시간에 따른 시지각적 출현으로 파악한다면, 창조된 피조물의 출현은 시간의 변수로 해석될 수 있다. 영원하신 하나님의 시간 중에서 창조 시간을 극한값으로 생각해 보자. 하나님께서 창조한 매시간 시지각적 출현의 내용이 달라지는 것을 창세기 2장에서 알 수 있듯이 피조물의 출현(탄생)은 시간에 따른 변화로 볼 수 있다. 시간의 변화량(Δtime 또는 dt)은 피조물의 탄생의 변화량(Δcreature 또는 dc)이다. dc는 dt의 종속변수가 아니며 하나님의 사역량이 된다.

창세기 1장의 무한하신 하나님의 사역은 다항 함수이어서 함수 구현이 불가능하나 그 중 창조 시간(times)과 피조물(creatures)을 설명한 창세기 1·2장을 수학적으로 이해하면 피조물의 출현(c, creature)은 하나님의 사역[58](G, God' Work)과 시간(t, time)과 질료(m, material) 등의 함수로 정의할 수 있다. 즉 $c=G \cdot t \cdot m$이 된다. 창세기 1장과 2장에 나타난 시간과 피조물과 질료를 미분하면 $dc \cdot dm/dt$가 된다. 하나님께

58 하나님의 사역을 창세기 1장 2절 및 1장 26절에서 하나님의 영이 운행하여 피조물을 잉태 후 낳은 것으로 파악할 수 있다.

서 사역한 시간(t)을 미분하면 dm은 dc로 변화되며, 피조물(c)의 변화가 시지각적 출현 또는 탄생(dc)이다. 창세기 1장에서 dt는 단순히 6일(dt_1 - - - - dt_6)이었으나 2장 5절 이후로 오면 1장의 dt를 세부하여 다시 설명하는데 자연생태환경과 아담과 이브를 창조한 일련의 흐름을 별도로 dt_8부터 dt_{16}까지 세분할 수 있다. 2장 1-3절의 안식일은 dt_7, 5-6절은 dt_8, 8-14절은 dt_9, 7절은 dt_{10}, 8절은 dt_{11}, 15절은 dt_{12}, 16-17절은 dt_{13}, 19-20절은 dt_{14}, 21절은 dt_{15}, 22-23절은 dt_{16}로 총 9가지로 나타난다.

< 표 1-13-1 > 창세기 1-2장에 나타난 피조물의 출현(탄생, 도래) 시간

창세기 구절	시간 미분(dt)	피조물 출현 미분(dc)	최소 (안목) 시간	비고
1:1-2	dt_0: 첫째 날 (태초부터 빛 창조 전)	dc_0: 하늘, 땅(흙), 물, 하나님의 영, 수면, 혼돈, 공허, 흑암, 깊음(심연)	긴 기간	
1:3-5	dt_1: 첫째 날	dc_1: 빛	하루	전 3일
1:6-8	dt_2: 둘째 날	dc_2: 물(궁창 위와 아래), 하늘(궁창)	하루	
1:9-13	dt_3: 셋째 날	dc_3:뭍(땅)과 식물체	하루	
1:14-19	dt_4: 네째 날	dc_4: 광명(해, 달, 별)	하루	
1:20-23	dt_5: 다섯째 날	dc_5: 하늘의 새, 큰 바다 짐승, 물고기	하루	후 3일
1:24-31	dt_6: 여섯째 날	dc_6: 가축 등 땅 동물, 사람(남녀) 창조	하루	
2:1-3	dt_7: 일곱째 날	dc_7: 안식일	하루	
2:4		1장1절과 유사한 도입부		
2:5-6	dt_8: ?	dc_8: 땅과 젖은 지면과 안개	수개월 이상	자연환경
2:8-14	dt_9: ?	dc_9: 에덴동산 창설- 나무들, 다섯 강 등	수년 이상	자연·생태· 인문·지리
2:7	dt_{10}: 여섯째 날	dc_{10}:아담 탄생	하루	
2:8	dt_{11}: 여섯째 날	dc_{11}:아담을 에덴동산에 둠	하루	
2:15	dt_{12}: 여섯째 날	dc_{12}: 에덴동산을 경작함	하루	
2:16-17	dt_{13}: 여섯째 날	dc_{13}: 선악과에 대한 계명을 줌	하루	
2:19-20	dt_{14}: 여섯째 날	dc_{14}: 아담이 동물 이름 작명	수일	
2:21	dt_{15}: 여섯째 날	dc_{15}: 아담이 잠듦	하루	
2:22-23	dt_{16}: 여섯째 날	dc_{16}: 이브 창조와 부부 탄생	**하루**	

위 표에서 dt_0인 1장 1-2절은 다른 날과 달리 피조물의 중간 상태와 창조된 결과값 두 가지를 묘사하고 있다. 창조된 빛(dc_1)은 나타난 결과값으로 묘사했다. 그러나 피조물의 중간 상태라 함은 빛이 창조되기 전 지구 표면이 혼돈하고 공허하며 흑암이 깊음 위에 있는 상태의 묘사를 말하고 이런 상태는 결과값이라기보다 다른 상태로 옮겨지기 전의 중간 상태를 설명하고 있다. 다른 날에 창조된 피조물의 모든 묘사는 결과값 이외 중간 상태의 묘사가 없으나 유일하게 2절만이 성령께서 활동하시는 피조

물의 중간 상태를 설명하고 있다. 이 특징이 2장 5절 이후 다시 나타난다.

dt_7은 안식일로 창조된 만물이 각기 창조 목적과 질서에 따라 휴식과 활동(dc_7)을 하였을 것이다. 창세기 2장에 나타난 dt_8 - dt_{16}은 아담과 이브를 창조한 전후 상황을 말하므로 창세기 1장으로 말하면 셋째 날 이후 여섯째 날의 상황을 상세히 설명한 것으로 보인다. 아담과 이브는 창세기 1장에서 보면 여섯째 날 하루 동안 창조되었다고 설명되었으므로 시간 dt_{10} - dt_{16}는 하루 동안 일어난 것으로 볼 수 있다.

그런데 dt_8은 창세기 1장의 시간으로 보면, 셋째 날 이후 다섯째 날의 자연환경을 묘사한 장면이나 식물이 없는 상황이므로 셋째 날의 「극초기」로 봄이 적정할 것이다. 이 상황은 식물이 없던 환경이므로 식물을 먹는 동물도 당연히 없었던 것으로 보인다. 이 구절은 자연환경을 넘어서 생태 환경을 잘 아는 사람이 에덴의 어떤 지역을 계시로 본 후 묘사한 것으로 앞 절에서 설명하였고 또 엔트로피 법칙하의 환경으로 보인다. 그런데 이러한 자연환경은 태양 빛 아래 보인 경관을 설명하므로 태양일로 넷째 날 내지 다섯째 날로 단정해야 한다. 매우 자세히 특정 지역의 자연환경을 묘사한 이 구절로 창세기 1장의 피조물의 출현과 자연환경을 순차로 이해하려는데 어려움이 있다. 만일 이 구절이 아담이 창조되기 전 다섯째 날인 상황(dc_8)을 묘사하였다면 적어도 셋째 날에 창조된 식물들이 있어야 하는데 식물체가 없다고 하였으므로 이 상황(dc_8)을 설명하는 시간 dt_8가 창세기 1장의 날 중 어떤 날인지 또 이 기간이 얼마 동안 지속된 시간인지 추정 불가능하지만, 지속 기간은 하루 동안의 상황이라기보다 적어도 「수개월 이상 긴 기간」으로 보면 상황 이해가 가능하고 그렇게 단정해야 한다.

그런데 더 이해가 어려운 점은, dt_9의 2장 8-14절은 아담을 창조하기 전에 완성된 에덴동산에 관한 자연, 생태, 인문, 지리 환경에 관한 설명을 포함하고 있다. 일반적 시간의 흐름으로 보아 또 창세기 2장의 순차적 묘사로 보아 dt_8 이후에 dt_9가 있었고 그 후 아담이 창조된 dt_{10}가 있음이 확실하다. 그런데 dt_9 시간에 있었던 에덴동산의 출현 상황(dt_9)을 오늘날 우리의 시간계 즉 안목(眼目) 시간으로 추정하면 최소 수년이 걸린다. 에덴에서 발원하여 하나의 근원이 되는 (어떤 큰) 강과 이로부터 갈라진 네 강이 흐르는 시간과 과수목들이 과실을 맺는 시간을 추정하면 최소 수년의 시간이 소요되기 때문이다. dt_8과 dt_9 시간에 일어난 dc_8와 dc_9의 피조물 출현 묘사는 생태환경 법칙에 따른 현상과 매우 유사하게 설명하므로 그 안목 시간을 최소 수년 이상으로 추정해야 한다. 그러므로 아담이 창조되기 전 시간인 dt_8과 dt_9의 총 시간은 수년 이상의 장기간이 된다. 따라서 이런 묘사에서 창세기 1장의 「날」을 2장의 시간적 묘사에 나타난 특징으로 살피면 오늘날의 「하루」가 아님을 분명히 알 수 있다.

이러한 창세기 1장의 dt와 dc와 창세기 2장의 dt와 dc 간의 불일치 그리고 부조화 등으로 신학자들이 창세기 1장과 2장은 서로 다른 사람이 썼든지 혹은 서로 다른 시간을 설명하는 내용이라는 주장이 제기된다. 그러나 만일 창세기 1장의 날을 오늘과 같은 「하루」가 아닌 하나님의 영적 시간이라고 해석하면서 매우 긴 시간의 기간이라고 보고 2장을 살피면 1장과 2장의 충돌 또는 부조화는 사라지게 된다. 이러한 창세기 2장 묘사 특징으로 지구 나이가 6일이 아닌 긴 기간으로 볼 수밖에 없다.

위에서 창세기 2장 5-6절을 설명한 dc_8는 창세기 1장의 셋째 날 dt_3의 「극초기」에 발생한 것으로 추정하였는데 만일 이 극초기 기간이 수백 - 수천 년의 시간이고 이 dt_8 외 다른 시간을 모두 합하면 dt_3의 하루는 수만 년 이상으로 길어질 수도 있을 것이다. 또 창세기 2장 19-20절인 dt_{14}는 창세기 1장의 여섯째 날로 이브가 창조되기 전 아담이 혼자 사는 상황인데 아담이 돕는 배필 없이 새와 동물의 이름을 작명하는 상황을 묘사한다. 새와 동물 이름을 작명하는 시간이 상상키로 이브를 창조하기 전이므로 엿새째 날 하루 동안 작명한 것으로 추정해야 또 아담을 잠들게 하여 이브를 같은 날 창조하였으므로 작명의 시간은 짧은 시간 동안에 행해진 것으로 추정해야 하는데 이 모든 흐름이 하루에 진행된 것으로 이해하는 것은 태양이 출현한 때이므로 상식적 타당성은 없다. 따라서 dt_8은 창세기 1장의 여섯째 날 전의 하루가 아닌 최소 짧은 수개월의 기간의 상황(dc)으로 추정함이 적정해 보인다.

정리하면, 창세기 1장에서 특정 피조물의 출현을 「날」로 설명하였으나 창세기 2장에 오면 이 「날」은 매우 긴 기간으로 대체되는 것으로 이해되었다. 창세기 1장과 2장의 시간은 피조물의 출현 시간(dt)과 상황(dc)을 누적한(적분한, $\int f(c \cdot t)dcdt$) 것으로 파악해야 하며 그 시간은 긴 기간을 말한다. 이같이 수학적으로 분해한 창세기 1-2장의 시간이나 기간과 피조물의 시지각적 출현을 종합하면 하나님께서 창조한 대상 중 미분 시간(dt)에 따른 피조물의 시지각 출현의 변화값(dc)을 특정하여 창세기 1장에서 「날」이라는 단위에 넣어 묘사한 것으로 이해해야 한다. 즉 필요한 설명을 위해 하나님의 특정 시간이나 기간을 미분(dt)하여 특정 피조물 출현 변화값(dc)을 설명하고 있다는 관점을 상기할 필요가 있다.

마지막으로, 셋째 날 창조된 식물체 창조 시점을 다시 추론해 보자. 창세기 1장에 나타난 히브리어의 시제는 일단 미루고 시간 흐름으로 판단해 보자. 앞에서는 식물체들이 넷째 날(dt_4) 창조된 태양이 아닌 첫째 날(dt_1) 창조된 빛에 의해 살았을 것이라 가정했다. 창세기 2장 5-6절은 태양 빛 아래의 자연환경을 묘사한 시점(dt_8)이므로 당연히 식물체가 있어야 함에도 없는 것으로 묘사된 점이 매우 이상하다고 설명하였다.

아담이 창조되기 전 시점 dt_9에 오면 모든 생태가 완벽한 것으로 나타나는데 식물체가 나타난 것은 dt_8과 dt_9 중간 시점임을 알 수 있다. 즉 창세기 2장에 의하면 셋째 날(dt_3) 식물체가 출현한 것이 아니라 태양이 출현하고 그 후 에덴동산이 창설되기 전에 식물체가 출현된 것으로 나타난다.

식물체가 출현한 창세기 1장의 셋째 날 묘사(11-12절)의 히브리어 동사는 땅으로 하여금 풀과 씨 맺는 채소를 「내라(힙.미)」고 말씀하였고(계.칼.미) 또 열매 맺는 나무를 「내라(칼.능)」하였다. 그것이 보기에(계.칼.미) 좋았다(칼.완)라고 함으로써 미완료 동사를 사용한 후 최종 평가는 완료형으로 기술하였다. 보시니, 하나님 명령대로 땅이 모든 식물체를 낸 것으로 묘사하였다. 보시고 평가한 시점은 2장에 의하면 셋째 날 보신 것이 아님을 알게 한다. 1장 12절 묘사에 시간 역치(逆置)가 있어 보인다.[59]

창세기 1장 12-13절의 히브리어 시제와 창세기 2장의 미분된 시간에 대응하는 시지각 출현의 피조물의 상황 묘사를 종합하면, 창세기 1장의 식물체 성장의 기반이 되는 땅이 형성된 셋째 날에 바로 식물체를 하나님께서 내라고 땅에 명령하여 그 시점에 탄생한 것으로 해석할 것이 아니라 창세기 2장 5-6절 시점(dt_8) 이후 에덴동산이 창설되기 전 시점(dt_9)에 탄생된 것으로 해석되기 때문에 셋째 날 하나님께서 식물체를 탄생하도록 명령한 바는 육지에 뿌리를 두고 살 생명체인 식물을 두시기로 하셨다는 의지 미래 완료형 개념으로 묘사한 것으로 파악할 수 있을 것이다.[60] 즉 식물체의 출현은 셋째 날 땅을 물로부터 만드실 때 하나님의 의지를 설명한 것이며 그 실현은 태양을 두고 땅의 환경이 식물체가 성장 가능할 즈음(dt_8 - dt_9)에 땅이 식물체가 나타나도록 하여 생태 환경이 완성된 것으로 (소위 생태법칙으로) 추론된다.

결론으로, 창세기 2장 특정 시간을 미분하여(differential) 그 시점에 나타난 피조물 출현 상황의 변화를 묘사한 내용으로 창세기 1장을 살피면 창세기 1장의 날은 시간과 기간 개념을 도입하기 위해 날을 사용한 것으로 해석할 수 있다. 창세기 1장의 날이란 일련의 오랜 기간의 많은 시간이나 기간 중에 출현한 다양한 피조물 중 대표적 피조물의 시지각 출현 변화값(dc) 중 특정하여 여섯 번 미분(dt)하고 그때의 동류의 피조물 출현값(dc)을 설명한 것이 창세기 1장의 엿새로 이해할 수 있다. 그리고 1장의 피조물의 창조가 갑자기 완성품으로 창조되었다기보다 특정의 시간 및 기간을 두고 하나님의 섭리로 창조되었다고 해석된다. 창조 사역이 하루가 아닌 6일이라는 시간적 순차로 피조물이 완성됨을 설명하는 창세기 1장의 6일이 다시 세분된 시간 또는

59, 60 나는 히브리어를 몰라 정확한 해석을 하지 못하며 이 부분은 히브리어를 아는 분이 해결하면 좋겠다. 히브리 동사의 시제에서 하나님의 말씀(창조 명령)이 완료, 계속 진행형 등의 의미를 갖고 있다는 원어 해석을 참조하면 좋다. 이 점은 본 고찰에서 깊은 관련이 없어 연구에서 제외하였다.

기간 내에서 하나님의 섭리가 있음을 2장을 통해 합리적으로 이해하게 한다.

또 하나님께서는 모든 피조물의 세부적 창조 과정을 생략하고 특정 피조물과 특정 시간값에 해당하는 대표적 내용만 추려 창조된 결과값만 창세기 1, 2장에 계시한 것으로 이해해야 한다. 우리의 생각은 3차원을 미분하면 2차원이 되는데 4차원의 역사가 되는 어떤 원형이 있을까. 하나님이 계시는 하늘나라의 세계를 미분하면 우리가 사는 4차원이 되지 않을까 싶다.

1-14. 「날」에 대한 예수님의 대답

이상은 일반적으로 평상의 신앙인이 생각할 수 있는 창세기 1장의 해석 방식이라 할 수 있는데 마태복음 13장 35-36절에 의하면, 예수님께서 무리에게 비유가 아니면 말씀하지 아니하셨고 창세부터 감추인 것을 드러내리라 함을 이루려 하셨다 하였으니 예수님께서 가르치신 방법을 살펴야 할 것이다.

□ 인식 언어의 한계

어떤 사람이 창세기 1장의 「날」이 무엇인가를 묻는다면 이를 즉답할 사람이 거의 없을 것이며 눈에 보이는 것과 배운 것과 성경과 자신의 사고나 과학적 지식 및 영감을 종합하여 이 「날」에 대한 통합적 지식에 이르렀다 하더라도 그 답에 동의가 쉽지 않을 것이다. 예수님께서 세상에 계실 때 신비한 하늘나라에 관한 지식은 대체로 「비유」 등의 방식으로 말씀하셨기 때문에 혹 창세기 1장도 비유 등의 계시 언어가 아닐까 하는 생각이 든다. 창세기 1장은 매우 사실적으로 기록되었으니 이는 하나님께서 이를 계시할 때 사람이 가진 여러 사유 방식 중 가장 적정한 방식으로 하나님의 사역과 법칙과 현상을 사실적 표현으로 기록하신 것으로 보이는데 현실에서 사용하는 보편적 인식 언어를 사용하는 사람이 하늘나라 지식을 알지 못하기 때문에 다양한 해석이 나오고 일치된 견해가 없는 것으로 보인다.

본 고찰에서 살펴본 과정과 도출한 내용은 창세기 1장을 연구하는 학자들의 접근법과 유사하거나 소위 제도권 학원에서 연구 방법과 크게 다르지 않을 수 있다. 여러 인문학 용어를 도입하였고 접근법이 오늘날의 사유 방식이다. 창세기 1장을 여러 방식으로 분석 후 통합하기 위한 개념으로 「시지각」, 「창조 묘사 중심어」, 「연결 시간구」, 「창조 법칙」, 「시각적 분화」, 「바탕화, 공간 형성(ground-forming)」, 「구체화, 공간

채움(figure-filling)」, 「출현(탄생, 도래)」, 「흐름」 등 주로 비성경의 용어를 (그중 탄생이나 도래가 비교적 성경적 용어) 사용하여 「날」이 태양계에 의한 시간이 아닌 하나님의 영적 시간이며 창조 법칙이라고 결론을 내었다.

전통적 분석으로 넷째 날 태양이 출현하기 전후의 「날」을 같은 「날」로 해석하려는 경향이 많은데 분명히 태양은 넷째 날 출현하였으므로 넷째 날 전후의 시간이 다르므로 이중적 시간이 있었다고 해석해야 한다는 논점이 정확하다. 그러나 하나님께서 시간을 창조 시 이중적으로 처리하시지 않았을 것으로 여기고 6일 모두 동일한 날로 인식해야 하는 것은 「날」은 태양계에 의한 날이 아니라 하나님의 다중적이고 다의적인 영적 시간이라도 동일한 의미로 보아야 한다. 어쨌든 이런 유의 해석은 현대인의 사유 방식이며 또 익숙한 인식 언어의 체계에 지나지 않는다.

사도 바울이 다녀온 셋째 하늘을 설명하지 않은 이유와 유사하게 비유나 상징과 같은 계시 언어를 현실의 인식 언어로 바꾸거나 이해하기는 매우 어렵다. 또 인식 언어를 사용하지 않고 글을 쓴다는 것은 불가능하다. 성령께서 인도하시는 묵상에서 얻는 영감은 이보다 더 충만한 의미를 얻을 수 있으나 그 의미를 설명하는 내용이 충분히 자세하고 길다고 하더라도 독자는 충분히 이해할 수 없을 것이다.

성경을 묵상할 때에 성령 하나님의 충만한 권능에 사로잡혀 말씀을 정직하고 순수하게 받지 못하면 하나님의 말씀을 정직하고 순수하게 이해 후 이를 고백할 수 없다. 현대인의 연구 방식은 성령의 충만함에 있지 않은 경우가 많다. 단어와 문장에서 도출한 인식적 의미를 파악하고 다른 사람의 연구 내용을 인용하여 새로운 사상이나 내용을 창안하여 주장하는 일련의 사변적 작업이 많다.

이런 유형의 연구나 작업은 지능이 높거나 사고 훈련이 된 사람의 경우 특히 학자나 창의적 발상력이 있는 사람들에게는 어려운 일이 아닐 것이다. 훈련된 사람의 경우 대체로 6개월 정도면 자세한 글로 완성할 수 있을 것이다. 때때로 언어의 유희가 있다. 그런 후 자기 자신의 사상에 매료되어 스스로 취하며 또 권위자의 주장에 많은 사람이 따르게 되어 학파가 생긴다. 이런 사람의 연구를 배제하고 본 고찰의 주제를 예수님께 하였다면 예수님께서 어떻게 대답하셨을까.

□ 계시 언어

현재의 창세기 1장보다 더 자세한 정보를 갖고 있었으나 이를 압축하여 기록한 것으로 앞에서 예증하였고 사람이 없었을 때 일어난 것과 사람이 가질 궁금증 및 창조주 하나님이 계심을 사람에게 하나님께서 자의적으로 먼저 밝히신 것으로 보는 것은 사람에게 삶의 방향을 사람을 위해 사람이 생각하기 전 먼저 계시한 것이라 할 수 있다.

예수님의 말씀을 인용하면, 천국을 비유로 말씀하신 경위를 제자들에게 예수님께서 말씀하시길 "*내가 진실로 너희에게 이르노니 많은 선지자와 의인이 너희 보는 것들을 보고자 하여도 보지 못하였고 너희 듣는 것을 듣고자 하여도 듣지 못하였느니라* (마태복음 13장17절)" 하였다. 아마도 예수님 세대까지의 사람들이 창세기 1장의 「날」의 개념에 대하여 사람들이 알고자 하는 궁금증이 많았을 것이며 선지자와 의인이 알고자 하였으나 이에 대하여 듣지 못한 것으로 보인다. 그러면 사람이 가진 창세기 1장에 관한 구체적 생각이나 질문을 예수님께 물으면 예수님은 어떻게 대답하시겠는가를 공관복음에서 간접적으로 살피자.

□ **사탄의 유혹적 질의에 대해 :** 마태복음 4장 및 누가복음 4장

예수님께서 40일 금식기도를 마친 후 사탄의 질문에 답한 세 방식을 보자. 가장 먼저 사탄은 매우 시장한 예수님께 돌을 떡덩이로 만들 것을 제안하였는데 예수님의 대답은 먹을 것이 떡만이 아니라 "*하나님의 입에서 나오는 모든 말씀으로 살 것* (마태복음 4:4)"이라고 답하였는데 이 말씀의 출처는 신명기 8장 3절이다. 답의 방식이 하나님의 말씀을 인용하여 미혹하려는 사탄 질문에 답하시었다. 즉 선의가 없는 악의적 미혹을 적극적으로 하나님 말씀으로 답하셨다. 예수님께서 질문이 잘못되거나 악의적이면 답하실 필요 없이 물리치신다. 사람이라면 배가 고픈데 이러 저러한 방식으로 사탄이 준 생각에 토론과 자신의 생각으로 이브처럼 대답하셨겠으나 예수님께서는 하나님의 입에서 나오는 말씀으로 답하셨다.

또 예수님께 사탄이 성전 꼭대기에서 뛰어내리라 할 때 시편 11편 11-12절을 인용하여, "*주 너의 하나님을 시험하지 말라* (마태복음 4:7)"고 질문 자체가 불의한 것으로 파악하여 마귀의 입을 막으셨다. 그리고 세 번째 질문인 하나님의 천하만국과 영광을 보이며 사탄에게 경배하면 모든 만물을 주리라 한 말에 대하여 "사탄아 물러가라" 하면서 "주 너의 하나님께 경배하고 다만 그를 섬기라 (마태복음 4:10)"라 하셨다. 이 역시 질문의 의도가 악의적이면 이를 물리치되 하나님 말씀으로 해야 한다는 방식이다. 이에서 창세기 1장에 대한 우리의 궁금증이나 질문이 하나님을 향한 순수성과 하나님의 말씀으로 답을 내어야 함을 알 수 있다. 즉 6일 동안 세상을 창조하셨고 이레 되는 날이 안식일임을 믿도록 하셨다.

□ 안식일에 제자들이 밀을 채취한 노동의 불법성:
마태복음 12장, 마가복음 2장 및 누가복음 6장

바리새인이 안식일에 일하지 말라고 한 계명을 어기고 예수님의 제자들이 식사를 위해 밀밭에서 밀을 채취한 노동을 불법이라고 지적하자 예수님께서 대답하시길, 바리새인이 율법의 진정한 뜻과 사례를 곡해한 것과 안식일의 주인이 자신(마가복음 2:28)이라는 관점에서 설명하였다. 이는 질문 자체가 본질 의미와 논리적으로 성립되지 않음을 지적하였다. 즉 질문이 논리 모순이면 질문이 성립되지 않는다는 것이다. 당연히 그 질문에 대한 답을 할 필요가 없거나 할 이유가 없다. 안식일의 주인이 예수님이라는 답변에서 창조주가 예수님이심을 알게 하며 창세기 1장의 해석은 예수님을 향해야 함을 알게 된다.

□ 예수님의 모친과 동생의 정의: 마태복음 12장, 마가복음 3장 및 누가복음 8장

예수님의 모친과 동생들이 예수님 설교 중에 예수님께 말하려 밖에 기다린다고 제자들이 알리자, 예수님께서 예수님의 모친과 동생이란 "*하늘에 계신 내 아버지의 뜻대로 하는 자가 내 형제요 자매요 모친이니라* (마태복음 12:46-50)"고 답하시었다. 이 설명은 제자들이 한 질문은 아니고 제자들의 말을 듣고 영적으로 하늘나라에 있는 실재를 이 세상에서 벌어진 내용을 대비하여 설명한 것인데 본 고찰에서 실재와 현상의 근원적 개념이 하늘나라에 있음을 강조하여 여러 차례 인용한 바 있다. 지상의 존재와 실존과 현상은 하늘나라의 모형(그림자 등)이므로 사람의 인식 언어로 파악하기보다 하늘나라의 영적 지식으로 파악하여야 한다는 사례의 설명이다.

□ 예수님의 제자들이 식사 전 손을 씻지 않는 행위에 대해:
마태복음 15장 및 마가복음 7장

바리새인이 예수님의 제자들이 식사 전 손을 씻지 않는 행위가 장로들의 유전(遺傳, 전통의 관습)을 범한다고 질문을 하자 예수님께서 "듣고 *깨달아라* (마태복음 15:10)"라고 전제하고 하나님의 계명보다 유전에 집착함을 지적한 후 "*입에 들어가는 것이 사람을 더럽게 하는 것이 아니라 입에서 나오는 그것이 사람을 더럽게 하는 것이라 --- (중략)--- 심은 것마다 내 천부께서 심으시지 않은 것은 뽑힐 것이니--- (중략) ----입에서 나오는 것들은 마음에서 나오나니 이것이야말로 사람을 더럽히느니라* (마태복음 15:11-19)"라 하셨으니 사람을 더럽히는 것이 부패한 음식이 아니라 부패한 마음에 기인하였다 하셨다. 즉 질문에 대한 대답은 행위의 형식보다 행위의 본질로 말씀하셨다. 창세기 1장의 날이 표현의 형식이라면 본질은 하늘나라의 날이 아닐까.

□ 베드로의 신앙고백: 마태복음 16장, 마가복음 8장 및 누가복음 9장

예수님께서 베드로에게 예수님 자신이 누구인지를 묻자 베드로가 하나님의 아들이라고 신앙을 고백하자 자신이 죽고 삼 일 후에 부활할 것을 드러내어 말씀하셨다. 베드로가 그러하지 말아 달라고 간청하였는데 예수님은 이 베드로의 말을 사탄으로 규정하고 단호히 저지하셨다. "*사단아 내 뒤로 물러가라 네가 하나님의 일을 생각지 아니하고 도리어 사람의 일을 생각하는도다* (마가복음 8:33)." 하나님의 생각이 아닌 사람의 자의적 판단은 사탄의 생각과 동일한 지식임을 알게 한다.

□ 죄에 대한 용서 횟수에 대해: 마태복음 18장

어떤 형제가 베드로에게 행한 죄를 일곱 번 용서하는 것이 맞느냐 질문한 바를 예수님께 묻자, 예수님께서 "*일흔 번씩 일곱 번이라도 할지니라* (마태복음 18:21-22)" 하였는데 이는 마음의 중심(마태복음 18:35)과 깊이에서 진정으로 용서가 나올 때까지 하라는 것이다. 즉 예수님의 대답은 본질적 용서가 무엇인가를 정의하시고 대답하시었다.

□ 이혼에 대한 모세의 해결 방식에 대해 :
마태복음 19장, 마가복음 10장 및 누가복음 16장

한 몸인 부부가 이혼할 수 없도록 하나님께서 정하였는데 모세가 이혼증서를 써 이혼을 허락한 것이 옳지 않은데 어찌 된 것이냐를 묻은 바리새인의 질문에 사람의 마음이 완악(玩惡, hardness, 마태복음 19:8)한 점 때문이라고 답하시었다. 사람이 하나님의 말씀에 순종하지 못하는 품성이 원인이라 답하시었다. 그리고 음행한 연고 이외에 아내를 버리고 다른 데 장가드는 자는 간음이라 정의하셨다. 이 질문은 사람은 법리적 정의를 묻은 것이나 예수님의 답은 법리가 있게 된 법원리로 설명하셨다. 창조의 원리로서 날은 무엇일까. 미약한 사람을 위해 사람 눈높이로 설명한 것이 아닐까.

□ 선과 영생에 대해: 마태복음 19장 마가복음 10장

어떤 청년이 무슨 선한 일을 하여야 영생을 얻을까라는 묻는 질문에 선한 일에 관해 선한 분은 오직 한 분이시며 네가 생명에 들어가려면 계명을 지키라 하셨는데 그 청년은 열심히 계명을 지켰다고 하였다. 그러나 재물을 판 후 예수님을 좇으라 하므로 재물이 많아 근심하며 갔다고 하였다 (마태복음 19:16-22). 예수님께서 부언하여 이를 가능케 하는 방법은 사람으로 할 수 없고 하나님이 다 할 수 있다고 강조하시었다 (마태복음 19:26). 청년이 말씀을 읽고 열심히 행하여도 일어나는 의문은 자신의 부족함에서 일어난 현상 때문인데 예수님의 답은 청년의 마음 중심이 재물을 섬기는 마음을 보신 듯하다. 선이 영생과 직결된 문제임을 청년이 인식론적으로 간파하고 있는 듯했고 이에 더욱 확고한 구체적 선한 것이 무엇이며 그것을 통한 영생을 보장받는 길을 예수님께 질의한 것으로 보인다. 그러나 영생을 주는 가장 확실한 절대선은 오직 하나님이라 설명하였고, 추가로 당시 율법으로 알려지지 않은 계명으로 재물을 팔아 가난한 사람에게 주라고 한 말씀에서 사람은 전통적으로 교육받은 계명에 매여 있음을 알게 한다. 또 선을 행하는 방법은 하나님께서 인도하심을 알게 한다. 절대 지식은 하나님으로부터 나옴을 추정하게 한다. 이런 이유로 천지창조를 엿새라 한 명제는 변경할 수 없는 하나님으로부터 나온 절대 지식이다.

□ **부활이 없다는 사두개인에게:** 마태복음 22장 및 누가복음 20장

부활이 없다고 성경을 해석한 사두개인들이 7형제 중 맏아들이 장가를 들어 후사인 자식이 없어 죽었으므로 아내는 그의 동생과 결혼하여 자식을 낳아 후사를 삼아야 하는데 이 동생도 후사 없이 죽는 등 모든 7형제가 후사 없이 죽고 여자도 죽는 경우 부활 때 하늘나라에서 이 여자는 누구의 아내가 되는지 질의하였다. 이 질문에 대한 답은 성경과 하나님의 능력을 알지 못하는 데에 따른 오해에서 온다고 답하였다. 즉 예수님께서 사람의 해석 능력은 자기 사고에 갇혀 질문하고 있음을 지적하였다.

이외 "*많은 비유로 저희가 알아들을 수 있는 대로 말씀을 가르치시되 비유가 아니면 말씀하지 아니하시고 다만 혼자 계실 때에 그 제자들에게 모든 것을 해석하시더라 하였다* (마가복음 4:33-34)". "*내가 입을 열어 비유로 말하고 창세부터 감추인 것을 드러내리라* (마태복음 13:35, 시편 78:2 및 에베소서 3:9)"고 비유로 말하셨다.

이상의 사례에서 보듯이, 사람의 인식 언어는 자신을 가두는 지식이거나, 저의가 악하거나, 본래의 뜻 즉 원천 지식의 참뜻을 이해하지 못하는 데서 오는 의문과 질문이 많음을 알 수 있다. 또 사람의 지식이나 판단은 논리 모순에 있거나 사탄이 유발한 것도 알 수 있다.

이러한 사람의 질문에 예수님께서 ① 성경의 말씀으로 답을 하셨고 ② 사탄을 물리치셨고 ③ 하나님의 참뜻과 본질을 이해하도록 설명하였으며 ④ 악의적 질문에 답하지 않은 경우도 있다 (마태복음 20:8). ⑤ 하늘나라에 있는 원형의 것을 사람이 보지 못하므로 많은 경우 상세히 사람의 인식 언어로 설명할 수 없으므로 비유로 답하시었다. 창세기 1장도 하늘나라에 있는 원형이 세상에 온 것이므로 사람의 인식 언어로 다 헤쳐 풀이할 수 없다. 그저 창세기 1장을 그대로 문자적으로 믿을 수 밖에 없다.

< 표 1-14-1 > 사람의 질문과 예수님의 답변 유형

질문 유형	예수님의 사례에 의한 답변 방식
시험에 들게 함	사탄으로 규정하고 물리쳐 답을 얻지 못함, 하나님 말씀을 인용하여 답하고 사람의 생각을 도입하지 말아야 함.
자신의 유익을 구함, 부패한 마음으로 질문함	하나님의 영광을 위하지 아니하므로 질문 동기가 부적정함, 본질을 파악하도록 함.
질문이 되지 아니함	언어 모순에 빠진 질문이므로 모순을 바로잡아야 함.
사람의 인식 언어에 갇힘, 언어가 하나님 뜻을 파악하지 못하도록 함	하늘나라의 계시언어인 영적 의미를 찾아야 함.
순전히 하나님의 참뜻을 구하지 않음	하나님께서 영적으로 계시하여 밝히심, 사람에게 밝히지 않을 지식이라면 알 수 없음.
성경 지식이 모자라 오해함	깨달아 알도록 구해야 함, 원형을 보지 못하였으므로 아는 정도에 그침.

본 고찰 제5장 6절에서 언급한 내용인데, 뱀으로부터 유혹을 받은 아담과 이브는 선악을 알게 하는 나무의 열매를 먹기 전 평시 많이 보아왔던 동산 중앙의 열매를 다른 열매보다 더 자세히 보고 생각을 많이 하였을 것이다. 이브 자신의 생각 그리고 뱀과 토론을 거친 끝에 금단의 열매를 먹었다. 이런 사람의 인식 과정을 거치면 옳고 합리적 판단을 할 것으로 우리는 스스로에 대해 믿음을 갖으나 자신의 인식 과정을 거치는 것이 착오이며 잘못임을 가르치고 있다. 사람의 인식에 앞서, 우리에게 주신 하나님 말씀에 복종함이 우선임을 알게 한다. 복종 인식을 하라고 한다. 내 생각보다 하나님께서 이렇게 하셨다라고 먼저 하나님 말씀에서 그 답을 찾아 단호히 답해야 한다. 예수님께서 스스로 답을 얻기 전 겟세마네 동산에서 기도를 통해 기도의 인식으로 답을 구하지 않으셨던가 (마태복음 26:36-46). 사람의 언어 인식에 앞서 성령님께서 주시는 기쁨과 평안의 계시 언어와 기도 언어로 「날」의 의미를 묵상해야 할 것이다.

□ 예수님의 자기 정체성에서:

마가복음 6:10 및 14:49, 누가복음 24:44 및 49, 요한복음 5:46 등

예수님 생존 시 신약이 없었으므로 하나님의 뜻을 이해할 때 구약을 통해 알게 하셨다. 에디오피아 여왕 간다게의 모든 국고를 책임진 내시가 이사야서 53장 7절을 읽고 깨닫지 못하자 성령께서 빌립에게 이 구절이 해설토록 하여 예수 그리스도임을 설명하였고 (사도행전 8:26-39), 사도 바울은 로마에 있는 교인들에게 예수님을 설명할 때 구약 성경의 선지자를 통해 성경에 미리 약속한 것이라(로마서 1:2) 하여 구약 성경을 인용하여 예수님을 증거하였다. 즉 구약이 예수님을 밝히 나타내듯이 창세기 1장에서도 주 예수 그리스도를 밝히 보아야 할 것이다.

신약 성경으로 와서 마태복음 6장 10절과 마가복음 14장 49절 등 위 예시 내용은 예

수님께서 직접 말씀하신 것으로 성경이 하늘 아버지의 뜻이며 예수님을 말한다는 것이다. 즉 구약 성경은 예수님을 지칭하고 예수님께서 구약이 말씀한 대로 행하려 하심을 설명하신다. 하늘(에 계신 아버지의) 뜻이 있고 그 뜻이 하늘에서 이룬 것 같이 땅에서도 이루도록 예수님께서 기도하시고 행하셨으며 선포하셨다.

즉 하늘의 역사가 땅의 역사로 이루짐을 예수님께서 설명하시었기에 창세기 1장의 사역과 역사는 하늘의 뜻과 역사인 동시에 땅의 역사이다. 예컨대 예수님의 설명으로 창세기 2장 2-3절의 안식일은 현재 이 땅의 안식일이며 영원한 하늘나라의 안식일(사도행전 7:49, 히브리서 3:11 및 4:10)이기도 하다. 이런 관점에서 창세기 1장의 「날」은 땅의 「날」만을 말하는 것이 아니고 하늘의 뜻에 따라 하늘나라의 「날」이 땅의 「날」로 이루짐을 설명하는 것으로 이해함이 적정해 보인다. 이 점에서 창세기 1장의 「날」은 영적 상징이며 역사로 볼 수 있는 시사점을 제공한다.

1-15. 「날」에 대한 사도들의 견해

창조의 시간성 즉 「날」에 대한 성경적 개념과 의미를 오늘날과 같은 태양계에 의한 시간이라고 해석하려 하였으나 실패하였고 오히려 선지자들에게 보여준 여러 계시 사례에 나타난 특징과 예수님의 말씀에 비추어 「날」이 하나님의 영적 시간으로 결론을 내었다. 즉 귀납적 접근으로 창세기 1장 문장의 묘사를 분해하여 다른 성경 내용을 대조하거나 특징을 찾아 「날」이 태양계에 의한 시간일 것으로 파악하고자 하였으나 창세기 1장의 7일이라는 시간성에는 하나님의 영적 계시가 있을 것으로 파악하였다.

사람의 귀납적 연구는 오류와 알 수 없는 구멍이 존재하고 사람이 어렵게 다다른 귀납적 결론은 불안을 동반한다. 사람의 애쓴 귀납적 생각보다 하나님 말씀에 순종하는 연역적 복종(演繹的, deductive obedience)이 더 합리적이며 성경적이며 신앙적이다. 계시란 하늘에서 내려온 연역이다. 성령이 주시는 내적 확신이나 이미 성경에 밝힌 것을 통한 연역으로 묵상하고 기도해야 할 것이다. 이는 창세기 1장의 심오함을 말한다. 즉 사람의 인식력이 창세기 1장의 원대함과 심오성에 미치지 못함을 말한다.

창세기 1장을 접하는 현실적 답답함과 고민은 알지 못하니 말을 할 수 없고 말해야 이해하지 못하니 토론과 분쟁이 십상이다. 오랜 기간의 다양한 시도와 고민과 묵상에도 불구하고 지속적인 답답한 공통된 이 상황은 심각한 어떤 문제 또는 하나님의 비밀이 숨겨 있음을 말하며 이는 사람이 접근하기 어려운 것임을 알게 한다. 물론 창세기 1장만의 문제가 아니나 창세기 1장의 묘사가 사실적이어서 사실적으로 인식하다가 좀 많은 생각의 프리즘(prism)을 통해 보면 반드시 보이지 않는 어떤 장애를 만나게 되어 많은 생각이 멈춘다. 하나님께 간구하는 맘 이외 알 길이 열리지 않는다.

예수님께서도 사람 시야가 하늘나라의 실체를 못하고 땅에 머물러 있음을 한탄하시었다. 사람의 시야가 아무리 높다 할지라도 실체와 본체를 보지 못하면 땅과 육신에 머문다. 앞 14절에서 예수님과 사람 간의 문제 인식 차이 또는 사탄의 개입(시험)으로 사람은 올바른 발상과 그로 인한 오류 수정이 쉽지 않다. 시작부터 잘못되기 일쑤다.

앞 14절에서 예수님과 사람 또는 사탄 간의 질의·응답에서 보았듯이 예수님은 사람의 차원이 아닌 하늘의 차원에서 생각을 펼치시고 사람은 땅과 육신의 차원에 머물러 생각한다. 하늘의 것으로 땅의 것을 해석해야 한다는 점이다. 우리가 보는 현상을 현상 이전의 본질로 설명하시고 사람이 알지 못하므로 비유로 설명하셨다. 하늘의 원형과 계획이 그림자로 나타난 것을 아시는 주님이신 것이다.

□ 성소의 의미에서

이러한 오해와 무지를 예수님과 사도들이 성소(성막)를 해석한 관점을 살펴 창세기 1장의 「날」을 어떻게 해석할 것인지. 성소에 대하여 이 글의 마지막인 5장에서 살펴볼 것이나, 성소의 개괄적 구성(그림 5-9-1)은 ① 성소 전체를 막으로 둘러싸고 ② 동쪽문을 들어오면 ③ 마당에서 사람들이 제사용 동물을 잡는 뜰과, 그 뜰 중앙에 ④ 번제단과 ⑤ 물두멍이 있고, 이를 지나 서쪽 구역에 ⑥ 지성소와 지성소 전실인 내성소 전체를 둘러친 또 다른 막 공간이 있다. ⑦ 이 막 내부는 전실인 내성소와 그 안에 ⑧ 등잔대와 ⑧ 상 위에 진설병이 있으며 ⑩ 내성소와 지성소 사이에 휘장이 있으며 ⑪ 휘장 안 지성소에는 언약궤(법궤)가 있다. 뜰에서 각종 동물이 제사용으로 처리된다. 공간 내 각종 성물(聖物)은 금, 은, 놋쇠 등 금속재, 각종 보석류, 각종 실로 짠 직물류, 나무 판재, 조각목 등 목재류, 뿔, 동물과 해달 가죽, 향료와 향유, 곡물류 등으로 만들어졌다. 이를 종합하면 성소는 1) 세 공간과 2) 각종 재료로 구성된 여러 성물, 3) 제사의식, 4) 하나님께서 임재한 법궤, 그리고 5) 사람(죄인)이 합쳐진 성소는 「곳」과 「것」 그리고 「상징」들로 구성된다. 이 성소는 예수 그리스도가 세상에 오시기 전 예수님의 그림자이며 모형이라는 것을 알게 되었으니 이 성소가 만들어진 후 약 2,450년 동안 이 성소의 진정한 의미를 해석하지 못했다.

위에서 나열한 것 중 성소에서 가장 중요한 것이 무엇일까. 언약궤(법궤)라 할 것이다. 왜냐면 법궤가 가장 중요한 공간인 지성소(至聖所, Holy of Holies) 안에 있으며 하나님께서 실제로 임재하셨기 때문이다. 이 법궤가 가장 중요하다는 관점은 존재론적 관점에서 본 것이나 하나님과 사람 간의 관계론적 관점에서 보면 「피(blood)」가 법궤보다 더 중요할 것이다. 성소는 소, 양 등 동물의 피를 얻기 위한 공간이며 동물이 죽은 후 얻는 피 없이 하나님 앞으로 또는 가장 중요한 지성소에 다가갈 수 없으며 그 피가 언약궤 위에 있는 시은소(市恩所, Mercy Seat)에 뿌리기 위해 모든 초점이 맞추어졌던 곳이기 때문이다. 성소는 제사를 위한 공간이며 제사 의식은 피를 얻기 위한 것이며 그 피는 하나님 앞으로 나아가기 위한 매개(중보) 역할을 한다.

성소가 예수님의 예표 또는 그림자라는 의미는 예수 그리스도께서 십자가(제단)에서 어린 양처럼 피 흘려 죽으시고 그 죽은 양의 「피」가 하늘에 계신 하나님께 드려진 제사용 피로 사용되었다는 점을 이해한 후 예수님을 성소로 해석할 수 있게 되었다. 만일 예수님께서 제사 의식 전에 어린 양이 죽을 때와 같이 피를 흘리지 않으셨다거나 죽지 않으셨다면 문제는 성소는 예수 그리스도를 상징하는 것이 아니다. 성소에서 여러 공간, 대제사장과 그의 복장, 다양한 제사 의식, 여러 성물, 언약궤 등 모든 것이 예수님을 의미하는 것이나 그중 가장 중요한 점은 사람과 하나님을 연결하는 요소로서 사람의 죄가 전가된 동물이 죽고 그 피가 사람의 죄를 대속할 의미를 예수님께서 자신의 피로 해석하였고 또 제자들이 예수님의 실체를 본 후 이 구약의 상징과 의미를 제대로 해석할 수 있었다. 하나님께서 이스라엘 백성에게 짓도록 하여 출애굽 후 2년 1개월에 성소가 만들어졌으나 이후 2,450년 동안 성소에 담긴 의미를 이해하지 못하였다. 이 성소에 대하여 예수님과 사도 바울과 요한의 설명은 이러하다.

예수님께서 직접 말씀하시길, "*너희가 성경(구약)에서 영생을 얻는 줄 생각하고 성경(구약)을 상고하거니와 이 성경(구약)이 곧* 「*<u>내게 대하여 증거하는 것</u>*」*이로다 (요한복음 5:39)"라 하였다.* 이어서 "*모세를 믿었더면 또 나를 믿었으리니 이는 그가* 「*<u>내게 대하여 기록하였음</u>*」*이라* (요한복음 5:46)" 말씀하셨다. 즉 모세 5경 내용 중 약 25%를 할애한 성소 묘사가 예수님에 대한 것이라고 예수님께서 직접 설명하셨다.

사도 바울은 세상에서 만들어진 성소란 "*하늘나라에 있는 것들의 모형(the patterns of things in the heavens)이며 --- (중략) --- 참 것의 그림자인 손으로 만든 성소(the holy places made with hands, which are the figures of the true,* 히브리서 9:23-24)"라 하였으며 예수 그리스도는 그것의 원형인 점을 명확히 설명하였다. 사도 요한은 하늘나라에서 성전이 열리니 언약궤(법궤)가 있는 것을 보았는데 이로써 성소는 하늘에 있는 것의 세상에 나타난 모형(히브리서 9:23, 요한계시록 11:19)이라는 점을 알 수 있다. 이 설명에 의하면 하늘의 것이 지상에 도래(advent)한 것이다.

그런데 이 성소를 직접 보고도 원형을 알지 못하는 것은 즉 성소에서 제사를 드리면서도 또 이 세상에 오신 예수 그리스도를 알 수 없는 것은, 성경을 읽을 때 *"저희 마음이 완고하여 오늘날까지 구약을 읽을 때에 그 수건이 오히려 벗어지지 아니하고 있으니 그 수건은 그리스도 안에서 없어질 것이라* (고린도후서 3:14)"하였다. 하나님의 세계를 바라보는 영의 눈이 없거나 수건이 가리운 것이다. 우리의 눈은 세상 차원의 눈이며 하늘나라 차원의 눈이 아니다. 세상의 언어와 생각(발상과 방식)으로 본다. 그러면 창세기 1장에서 가장 중요한 점은 무엇일까. 사람과 하나님을 연결하는 피와 같은 고리가 있을까?

□ 어린 양과 초태생(firstborn)의 의미에서

제2장에서 자세히 고찰하겠으나 하나님께서 출애굽 전 이스라엘 백성이 지켜야 할 여러 영원한 규례(출애굽기 12:14)를 주셨는데 그 중 문 설주와 인방에 어린 양의 피를 바르지 않은 집의 「처음 난 것(초태생, 初胎生, firstborn)」은 죽음을 면치 못했다. 피 흘려 죽은 어린 양은 예수 그리스도의 모형이요 그림자이었다. (이스라엘 자손이 포함된 애굽 온 땅을 최종 심판하실 때) 하나님께서 집의 초태생을 죽이시기로 하였고 대신 어린 양을 죽여 그 피를 문 설주와 인방에 바르면 그 집의 초태생을 죽이지 않기로 하셨다. 어린 양이 죽은 집의 양 피를 보시고 그 집의 장자권을 가진 후사인 초태생은 양이 대신 죽어 죽음을 면하였으나 양이 죽지 않아 어린양의 피가 없는 경우 초태생이 죽어야 했다. 어린 양의 피가 없는, 마지막 심판날에 예수 그리스도의 피가 없는 자는 죽어야 한다. 죽음의 의미에서 「초태생」과 「어린 양」은 「예수 그리스도」와 동형적(同形的) 모형이다. 어린 양과 초태생이 의미하는 바는 하나님의 사람에 대한 「영원한 규례」라 하셨다. 그리스도의 사랑으로부터 영원한 규례인 것이다. 영원한 규례란 영원한 하늘나라의 것이 땅으로 내려온 것이다. 광야에서 하나님께서 명령하여 사람 손으로 지은 성소나 하나님께서 상징하신 어린 양과 초태생에서 그리스도의 그림자를 보는 것이다. 원형의 그림자를 보았으나 원형을 알지 못하는 우리였다.

성막, 어린 양 그리고 초태생 등은 예수 그리스도를 상징하는 모형이요 그림자로서 이러한 특성을 사도 바울이 「하늘나라에 있는 것들의 모형」이라고 하였다. 천지는 하나님께서 직접 창조하시었고 직접 계시하시었으니 직접 창조한 만물에 하나님의 뜻이 있을 것이다. 수많은 천지 만물을 지으신 것 중에 매우 특별한 것을 골라 순차로 만드신 창세기 1장의 계시에 하나님의 뜻(의지)과 역사가 그림자로 나타난 것이 아닐까. 성소와 어린 양과 초태생에도 그리스도가 때가 되어 순차로 나타나신 바 되었는데 천지창조에 하나님의 뜻이 없을까. 하늘나라에 있는 것의 모형이요 하나님의 뜻이 세상에 나타난 표적(sign)과 징조(symptom)와 현상(phenomenon)과 그림자(shadow, pattern)를 창세기 1장 말씀에서 연역할 수 있을까.

□ 사도들을 통해 설명한 만물(피조물)

인자는 안식일의 주인(Lord)이니라 (마태복음 12:8 마가복음 2:28, 누가복음 6:5).

인자(Son of man)가 자기 영광으로 모든 천사와 함께 올 때에 자기 영광의 보좌에 앉으리니 (마태복음 25:31).

그 때에 인자가 구름을 타고 큰 권능과 영광으로 오는 것을 사람들이 보리라 마가복음 13:26, 누가복음 21:27).

만물이 그로 말미암아 지은 바 되었으니 지은 것이 하나도 그가 없이는 된 것이 없느니라 (요한복음 1:3).

이는 만물이 주에게서 나오고(for from Him) 주로 말미암고(through Him) 주에게로(to Him) 돌아감이라. 영광이 그에게 세세에 있으리로다. 아멘 (로마서 11:36).

만물을 저에게 복종하게 하신 때에는 아들 자신도 그 때에 만물을 자기에게 복종케 하신 이에게 복종케 되리니 이는 하나님이 만유의 주로서 만유 안에 계시려 하심이라 (고린도전서 15:28).

모든 정사와 권세와 능력과 주관하는 자와 이 세상뿐 아니라 오는 세상에 일컫는 모든 이름 위에 뛰어나게 하시고 (에베소서 1:21).

그 때에 너희가 그 가운데서 행하여 이 세상 풍속을 좇고 공중의 권세 잡은 자를 따랐으니 곧 지금 불순종의 아들들 가운데서 역사하는 영이라 (에베소서 2:2).

이는 이제 교회로 말미암아 하늘에서 정사와 권세들에게 하나님의 각종 지혜를 알게 하려 하심이니 (에베소서 3:10).

우리의 씨름은 혈과 육에 대한 것이 아니요 정사와 권세와 이 어두움의 세상 주관자들과 하늘에 있는 악의 영들에게 대함이라 (에베소서 6:12).

그는 보이지 아니하시는 하나님의 형상이요 모든 창조물보다 먼저 나신 자니 만물이 그에게 창조되되 하늘과 땅에서 보이는 것들과 보이지 않는 것들과 혹은 보좌들이나 주관들이나 정사들이나 권세들이나 만물이 다 그로 말미암아 그를 위해 창조되었고 또한 그가 만물보다 먼저 계시고 만물이 그 안에 함께 섰느니라. Who is the image of the invisible God, the firstborn of every creature. For by Him were all things created, that are in heaven, and that are in earth, visible and invisible, whether they be thrones, or dominions, or principalities, or powers: all things were created by Him and for Him.

And He is before all things, and by Him all things consist (골로새서 1:15-17).

너희도 그 안에서 충만하여졌으니 그는 모든 정사와 권세의 머리시라 (골로새서 2:10).

정사와 권세를 벗어버려 밝히 드러내시고 십자가로 승리하셨느니라 (골로새서 2:15).

너는 저희로 하여금 정사와 권세 잡은 자에게 복종하여 순종하며 모든 선한 일 행하기를 예비하게 하며 (디도서 3:1).

저는 하늘에 오르사 하나님 우편에 계시니 천사들과 권세들과 능력들이 저에게 순복하느니라 (베드로전서 3:22).

이 일 후에 다른 천사가 하늘에서 내려오는 것을 보니 큰 권세를 가졌는데 그의 영광으로 땅이 환하여지더라 (요한계시록 18:1).

창세기 1장과 현저히 다르게 골로새서 1장 16절을 중심으로 하나님께서 창조하신 만물의 종류를 살피면 ① 하늘 ② 땅 ③ 보이는 것 ④ 보이지 않는 것 ⑤ 보좌(寶座) ⑥ 주관(主管) ⑦ 정사(政事) ⑧ 권세 ⑧ 능력 ⑩ 천사 ⑪ 공중의 권세 잡은 자 ⑫ 어두움의 세상 주관자 ⑬ 하늘에 있는 악의 영 ⑭ 이 세상과 오는 세상 ⑮ 기타 등등이다. 이 만물이 예수 그리스도에 의해(by) 그를 위해(for) 그의(of, through) 피조물(창세기 2:1, 요한복음 1:3 등)로 창조되었다. 보이는 것(물질계)과 보이지 않는 것(영계와 법칙)이 하늘과 땅에 존재한다고 설명한다. 이 만물에 예수 그리스도의 세계 즉 하늘나라의 목적과 역사를 나타내신 바가 창세기 1장에 묘사되지 않았는데 이들이 창세기 1장에 어떻게 계시된 것으로 볼 수 있을까. 사도 요한과 바울과 베드로을 통해 이 점을 설명하려 한 것이 아닐까. 이러한 만물을 통해 주 예수 그리스도의 원형을 보아야 하는 것이리라. 이런 사도들의 영적 해석과 관점을 창세기 1장에 비추어 보자.

창세기 1장 묘사는 눈에 보이는 대표적인 공간과 시간과 물체를 6일에 삽입해(나누어) 설명하였으나, 사도들은 주로 눈에 보이지 않는 것보다 영적인 만물에 대하여 6일로 나누거나 대입하지 않고 쭉 나열하였다. 창세기 1장은 시지각적 주요 피조물을 순차로 드러난 것을 설명하나 사도는 예수님의(of) 예수님에 의해(by, through) 예수님을 위한(for) 것으로 창조되었다는 것을 설명한다. 창세기 1장은 만물의 근원을 드러내지 않았으나 바울은 예수 그리스도를 만물의 근원인 초태생(먼저 나신, firstborn, 골로새서 1:15, 히브리서 1:6)이요 만유의 후사(heir of all things 히브리서 1:2)라 하였다. 즉 예수 그리스도를 구체화하기 위한 창조란 눈에 보이는 것과 보이지 않은 것으로 나타난 창조임을 알게 한다. 창세기 2장 1-3절인 제7일인 안식일의 주인을 예수님이라 함으로써 시간 역시 예수 그리스도에 속한 피조물임을 알게 한다.

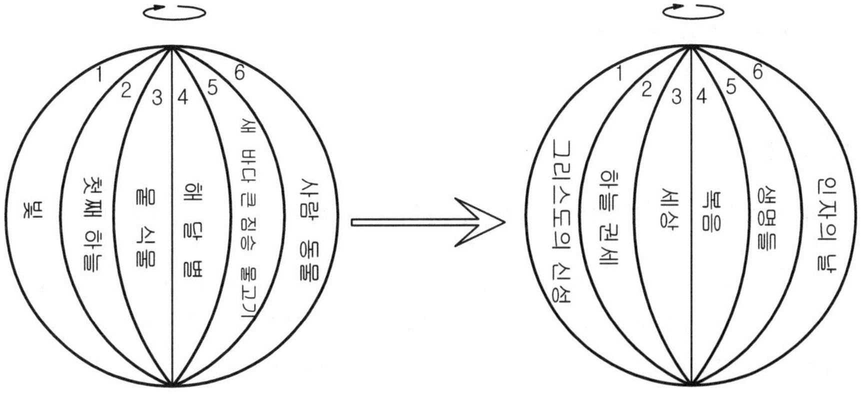

피조물의 시지각적 출현(탄생,도래)　　　피조물 출현(탄생,도래)의 영적 의미

< 그림 1-15-1 >　6일의 구속사적·영적 의미

이럴찐대, 천지 만물의 창조를 주 예수 그리스도를 향한 이해가 옳지 않은가. 천지와 하나님의 아들들[61](하나님께서 창조한 사람: 창세기 6:2, 욥기 1:6, 마태복음 5:9, 로마서 8:19, 로마서 9:26, 갈라디아서 3:26)을 창조한 바는 그의 선한 아들들로 하여금 세상을 다스리고 세상을 구속하려는 목적이지 않은가. 만유(萬有)에 감추었거나 나타났거나 그리고 나타날 주 예수 그리스도의 계획, 그의 모형이나 그림자, 하늘나라에 선재한 것의 출현, 그가 주관하는 사역과 역사, 그의 은혜와 권능, 무한한 시공간, 세상을 주관하는 법칙, 피조물의 운행 질서, 종말로 도래할 것에서 그리스도의 속성을 찾자.

항상 하늘 일과 뜻을 세상에서 경험하는 세상의 현상과 생각으로 해석하는 우리의 짧은 생각을 되새김하면 창세기의 날을 우선 하나님의 시간과 기간이라고 파악할 수 있을 것이며 그 해석은 앞에서 설명한 하늘나라에 대한 영적 내용이라 봄이 어떨지.

< 전제와 근원 >

□ 창조 목적과 대전제 창세기 1:1

하나님 자신과 피조물을 선언하신다. 하늘들과 땅을 창조하였다함은 피조물이 거하는 장소와 시간의 창조를 말한다. 하늘들과 땅이란 시공간의 질서 속에 생명과 육체

61　누가복음 3장에서 예수님의 아버지 요셉의 족보를 설명하면서, 그 최상위 사람인 아담을 소개하고 "그 이상은 에노스요 그 이상은 셋이요 그 이상은 아담이요 그 이상은 하나님이시라 (누가복음 3:38)"고 하여 사람의 조상은 하나님으로 설명하고 있어 사람은 하나님의 아들들이다. 신약에서는 하나님의 자녀라고 칭하였다.

를 가진 생명을 위한 영역이다. 그 시간은 영원으로부터 태초의 시간으로 연장된 특정 시점(beginning)에 시작되었다.

< 전 3일 >

□ 제0일(근원): 구체적 창조 시작과 질서의 부재 창세기 1:1-2

생명이 거할 수 없는 공간과 시간 속에 ① 땅이 혼돈과 공허로, ② 흑암이 깊음 위에 존재하였고, ③ 성령이 물의 표면에 운행하였다. 사람이 알 수 없는 시공의 흑암이 땅의 깊음 위 표면(the face of the deep)에 존재하였다. 알 수 없는 깊은 심연(沈淵)의 수면(그 물들의 표면, the face of the waters)에 하나님께서 운행하여(보살펴) 이들에 질서와 계획을 부여하기 위한 목적을 품으셨다. 흑암의 세력과 하나님의 사역이 작용함을 암시한다.

□ 제1일(그리스도의 신성): 참 빛 예수 그리스도 창세기 1:3-5

온 세상에 빛인 예수 그리스도가 흑암(어둠)에 빛으로 오셨다. 흑암을 빛으로 분리하였다. 그리스도의 신성과 권능과 계획이 온 우주에 맑고 환하게 비추는 충만한 근원으로 나타나셨다. 빛으로 어두움을 물리치었다. 눈으로 볼 수 없는 지극한 권능과 영광과 엄위이시다.

□ 제2일(하늘 권세): 하늘과 권세자 창세기 1:6-8

땅 위 하늘의 권세를 여시었다. 땅을 만드시기 전 먼저 하늘을 만들므로써 하늘나라의 하늘과 땅의 하늘을 연결하여 땅의 소망이 하늘나라를 향하도록 하셨다. 세상 질서를 주관하는 권세의 공간이다. 좋았다라고 평가하지 않은 점으로 보아 악한 하늘의 권세가 둘째 날 타락하여 권세를 잡은 것으로 보인다 (에스겔 28장 및 유다서 1:6).

□ 제3일(세상): 땅과 땅의 양식 창세기 1:9-13

혼돈과 공허 속에 있던 땅(뭍)을 하늘 아래 빛이 충만한 공간에 드러내었다. 흑암과 깊음에 묻혀있는 땅(세상)을 하늘 권세의 밝은 하늘 아래로 그리고 그 땅에 거할 생명에게 양식을 마련하셨다. 하늘나라인 셋째 하늘을 둘째 하늘인 우주 공간을 통해 지상의 첫째 하늘(궁창)과 연결하여 하나님은 지상으로 지상의 사람은 하늘로 연결하는 직접 통로를 만드시었다.

< 후 3일 >

□ 제4일(복음): 광명체과 하늘의 권세들 창세기 1:14-19

하늘에 어두움을 물리치는 참 빛 그리스도의 모형인 큰 광명 태양을 두어 밝음과 낮을 주관하도록 하였고, 악과 어두움의 세력의 권세(마귀)가 주관하는 밤 하늘에 달(마귀)과 별들(악한 영의 무리)인 작은 광명을 둔 것으로 보인다.[62] 선과 악을 다스리는 주관을 세상에 두셨다.

□ 제5일(생명들): 하늘과 바다의 영적 존재 창세기 1:20-23

하늘(공중 권세)에는 영적 존재인 천사와 마귀의 거처를, 바다(음부)에는 큰 바다 짐승(음부의 권세자)와 여러 종류의 물고기(음부에서 신음하는 영들)를 두셨다.[63] 물고기 외에 큰 바다 짐승이라고 특정한 점은 의미가 깊다.

□ 제6일(인자의 날): 생명의 주관자 창세기 1:24-31

땅에 거하는 사람과 짐승을 창조하시었다. 사람에게 하늘과 땅과 바다에 거하는 모든 생명을 주관하도록 하셨다. 모든 피조물을 다스리도록 권능을 사람(人子, Son of man)에게 주셨으며 하늘나라에서 천사보다 높은 존재로 그의 권능을 하나님께서 주셨다(시편 8:5, 히브리서 1:4 및 2:7).

< 영원한 안식 >

□ 제7일(영원): 안식 창세기 2:1-3

6일이 지난 후 안식일이 된다. 6일의 온전한 사역이 마친 후 안식일이 된다. 6일의 온전한 사역이 없으면 안식이 없었다. 사도 바울이 안식일에 대하여 다음과 같이 설명하였다. "*만물은 주에게서 나오고 주로 말미암고 주에게 돌아감이라 영광이 세세에 있으리로다. 아멘* (로마서 11:36)" 또한 "*이미 믿는 우리들은 저 안식에 들어가는도다. 그 말씀하신 바와 같으니, 내가 노하여 맹세한 바와 같이 저희가 내 안식에 들어오지 못하리라 하셨다 하였으나 세상을 창조할 때부터 그 일이 이루었느니라* (히브리서 4:3)."

---

62 이 해석은 어렵다. 밤의 어둠 세력에서도 발광체를 두어 사람에게 희망의 빛을 주는 복음의 그림자인 의미로도 해석된다.

63 이 해석 역시 어렵다.

(6일 동안 살며 준비하여) 하나님의 뜻에 동참한 자만이 안식에 들어갈 수 있도록 하였다. (6일 동안) 창조된 세상이 끝난 후 새하늘과 새땅에서 새사람이 되어 영원한 안식에 임한다. 세상의 고통이 없는 거룩한 날에 이르게 하실 것이다. 새하늘과 새땅에서 어두움이 없는 영원한 평안과 기쁨과 찬양과 감사가 넘치는 안식이다. 안식일의 주인(Lord)인 인자(人子, 그리스도)와 함께 영원히 거한다. 안식일은 믿는 자에게 줄 거룩과 영광의 날이다. 안식일의 계시는 믿는 자에게 다가 올 그림자요 영원한 안식이다.

< 기타 >

□ 보시기에 좋았더라

하나님의 목적과 뜻에 맞도록 창조되고 운행되어 보시기에 좋았다. 이는 선한 것과 악한 것과, 보이는 것과 보이지 않는 것, 운행하는 모든 만물의 질서와 법칙 등 모든 것이 하나님의 말씀대로 그대로 되어 보시기에 좋았더라 하시었다. 빛을 보시니 좋았으며, 하늘을 만드신 둘째 날에는 악한 영이 거하는 하늘과 궁창 아래 물을 보시고 좋아하지 않으신 듯하다. 또 궁창 아래 물인 음부와 무저굉(無底宏)의 권세를 보시니 좋아하지 아니하신 것으로 보인다. 특히 여섯째 날 창조가 완성되어 모든 피조물과 피조물이 운행되는 질서와 법칙을 보시고 심히 좋았더라 하시었다. 사람에게 다스리도록 하시었다.

□ 밤과 낮

낮은 예수 그리스도께서 다스리시며 복음의 세계이다. 반면 밤은 악한 영이 다스리는 세계로 대비할 수 있다. 세상이 복음과 악령의 지배가 공존한다. 밤이 깊어가면 빛의 아침과 낮이 온다.

□ 저녁과 아침

「저녁이 되고 아침이 되니」라고 시간과 기간을 동일하고 질서있게 반복하도록 하셨다. 저녁은 어둠인 밤의 시작이고 아침은 빛인 낮의 시작이다. 빛이 들면 어둠은 사라지고 하늘 영광 밝은 해의 권세가 드러나고 충만하다.

< 시간 >

□ 날(day, 욤)

창세기 1장은 시간성을 도입하여 미래의 것을 순차로 설명하려 한다. 날은 보이는 것과 보이지 아니한 피조물의 순차적 출현(탄생, 도래)과 단계적 흐름을 설명하는 영적 기간이며 창조의 시간 법칙을 말한다. 엔트로피(entropy)가 증가한 세상의 종말은 엔트로피가 없는 영원 안식의 새하늘과 새땅으로 재창조된다. 엿새 후 안식의 새하늘과 새땅이 도래한 날이 된다. 창세기 1장에 나타난 날들은 전 3일(근원-권세-세상)과 후 3일(복음-생명들-인자)로 나누며 안식으로 이어진다. 전 3일(바탕화 모형, ground-forming)은 ① 근원(빛), ② 권세(하늘) 및 ③ 세상(땅)이요, 후 3일(구체화 모형, figure-filling)은 전 3일의 것들이 ①′ 복음(광명), ②′ 생명들(하늘과 바다의 생물) 및 ③′ 인자(하늘과 땅과 바다에 속한 모든 것을 다스리자)로 구체화의 재현을 설명하는 영적 법칙이요 시간이요 기간이요 하늘나라의 시간표이다 (표 1-6-1 및 그림 1-15-1).

1-16. 창세기 1장의 목적론적 해석

1장 1절은 하나님의 천지창조의 대선언이며 2절부터 31절까지는 피조물 출현(탄생, 도래)의 순차적 흐름을 묘사이다. 기승전결의 마지막은 사람인데 하나님께서 하나님의 형상을 따라 하나님의 모양대로 사람을 만드시고 사람에게 모든 생물을 다스리는 권한 즉 주관(dominions), 정사(principalities) 및 권세(powers)를 부여하였다. 천지창조의 최종 목표는 사람의 탄생이요 사람에게 다스리는 권한을 주신 점과 만물 창조의 마지막 날이 안식이이므로 이 두 가지를 향한 목적론적 해석이 가능할 것이다. 이중 사람과 안식에 관한 성경 창조 목적 묘사 몇몇을 발췌하면 다음과 같다.

하나님이 가라사대 우리의 형상을 따라 우리의 모양대로 우리가 사람을 만들고 그로 바다의 고기와 공중의 새와 육축과 온 땅과 땅에 기는 모든 것을 다스리게 하자 하시고 (창세기 1:26).

여호와 우리 주여 주의 이름이 온 땅에 어찌 그리 아름다운지요. 주의 영광을 하늘 위에 두셨나이다. 주의 대적을 인하여 어린아이와 젖먹이의 입으로 말미암아 권능을 세우심이여 이는 원수와 보수자로 잠잠케 하심이니이다. 주의 손가락으로 만드신 주의 하늘과 주의 베풀어 두신 달과 별들을 보오니 사람이 무엇이관대 주께서 저를 생각하시며 인자가 무엇이관대 주께서 저를 권고하시나이까. 저를 천사보다 조금 못하게 하시고 영화와 존귀로 관을 씌우셨나이다. 주의 손으로 만드신 것을 다스리게 하시고 곧 모든 우양과 들짐승이며 공중의 새와 바다의 어족과 해로에 다니는 것이니이다. 여호와 우리 주여 주의 이름이 온 땅에 어찌 그리 아름다운지요 (시편 8편 다윗의시).

내가 또 밤 이상(異常, visions) 중에 보았는데 인자(人子, Son of man) 같은 이가 하

늘 구름을 타고 와서 옛적부터 항상 계신 자에게 나아와 그 앞에 인도되매 그에게 권세와 영광과 나라를 주고 모든 백성과 나라들과 각 방언하는 자로 그를 섬기게 하였으니 그 권세는 영원한 권세라 옮기지 아니할 것이요 그 나라는 폐하지 아니할 것이니라 (다니엘 7:13-14).

이미 믿는 우리들은 저 안식에 들어가는도다 그 말씀하신 바와 같으니 내가 노하여 맹세한 바와 같이 저희가 내 안식에 들어오지 못하리라 하셨다 하였으나 세상을 창조할 때부터 그 일이 이루었느라 (히브리서 4:3). 그의 안식에 들어간 자는 하나님이 자기 일을 쉬심과 같이 자기 일을 쉬느니라 (히브리서 4:10)

촛대 사이에 인자(a son of man) 같은 이가 발에 끌리는 옷을 입고 가슴에 금띠를 띠고 ---- (중략) ---- 나는 처음이요 나중이니 (요한계시록 1:13-17).

하늘에 계신 사람은 누구인가. 다니엘과 사도 요한이 본 「하늘에 계신 사람 같은 이(인자, Son of man)」가 있었는데 이는 예수님이다. 「하늘에 계신 사람 같은 이」와 같이 하나님의 형상을 따라 하나님의 모양대로 창조되어 세상에 탄생하게 되었는데 이 사람이 창세기 1장 26절의 사람이다. 만유이시며 만물의 주인이신 권능의 예수 그리스도께서 만유의 권세를 가지듯, 창세에 탄생한 사람에게 그리스도 형상과 모양의 권세를 부여하였다. 사람의 원형은 주 예수 그리스도에 있는 것이고 영원하신 그리스도와 함께 영원한 안식으로 함께 하고자 하셨다.

예수님은 누구인가. "그는 *근본 하나님의 본체시나 하나님과 동등됨을 취할 것으로 여기지 아니하시고 오히려 자기를 비어 종의 형체를 가져 사람들과 같이 되었고 사람의 모양으로 나타나셨으매 자기를 낮추시고 죽기까지 복종하셨으니 곧 십자가에 죽으심이라* (빌립보서 2:6)." 이 세상 베들레헴 땅에 사람의 형상과 모습으로 탄생하셨다. 그러므로 창세기 1장은 인자의 그림자를 그리고 있으며, 2장 1-3절은 에덴동산에서 안식일의 주인인 인자와 함께할 사람의 창조와 안식의 목적을 설명한다. 하나님께서 사람에게 시지작적 탄생과 출현을 설명함이요, 선지자와 사도들이 설명한 바와 같이 하늘나라에 선재한 것들의 도래와 앞으로 도래할 안식을 선포한 것이 창세기 1장의 기록 목적이다.

1-17. 창조 숫자에 대하여

< 표 1-2-1 >과 < 그림 1-15-1 >에서 창조 6일 또는 안식일을 포함한 7일에 관한 개괄적 상징을 살펴 보았다. 무엇을 만들 때 몇 개를 만들지 하나님께서 뜻을 정하시고 만드셨음이 확실하다. 이로써 세상에 나타난 수에 대하여 하나님의 뜻, 이치, 법칙 등이 있을 것이므로 이를 연구하는 바를 수비학[64]이라 한다. 하나님께서 천지창조를 엿새 동안 하시고 안식하셨다하여 총 7일 동안의 기간을 우리에게 설명하셨는데 이 7일이 오늘날의 하루이든 혹은 본 고찰에서 설명했듯이 영적 기간인이든 일곱으로 나누어 설명하신 이유가 있을 것이 확실하다. 세상에 드러난 자연상수와 같은 무한수가 있으나 하나님께서 특별히 구체적 자연수를 들어 직접 계시한 사례가 많고 또 그 의미를 정확히 해석한 연구도 있어 창조 6일에 대하여 영적 비밀 내지 의미론적 해석이 가능하다고 보는 것이다.

창세기 1장에나타난 숫자는 6과 7이고 이를 분해하여 얻을 수 있는 숫자는 1과 3이다. 천지창조에서 1, 3, 6, 7 및 12를 음미할 수 있다. 먼저, 확연히 드러난 숫자 6을 음미하기 전 우선「12」라는 숫자를 생각해 보자. 12라는 숫자가 구약에서 가장 먼저 등장하는 사건은 야곱과 이스마엘이 낳은 열 두 아들이다. 신약에서는 예수님의 제자가 열 두 명이었다. 이 12라는 숫자는 하늘나라에서도 여럿 나타나는데 요한계시록에 보면, 열 두 별의 면류관(12:1), 열 두 문과 열 두 진주(21:12 및 21:21), 열 두 천사(21:12), 이스라엘 열 두 지파(21:12), 열 두 기초석과 십 이 사도(21:14), 열 두 가지 실과(22:2) 등이다. 이 두 숫자의 대응적 관계에서 하늘나라에 선재한 열 두(12) 가지 형상이 지상으로 형상화 되었다고 봄이 적정하여 하늘나라와 이 세상의 나타난 열 두 형상은 1:1 대응적 관계가 있음을 알 수 있다. 창세기 1장에 나타난 열 두(12) 가지 피조물을 찾으면 1) 하늘(궁창), 2) 땅(뭍), 3) 빛(낮: 아침), 4) 어둠(밤: 저녁), 5) 바다[65], 6) 식물체, 7) 광명체, 8) 새, 9) 큰 바다짐승, 10) 어류, 11) 뭍 짐승, 12) 사람이다. 히브리서 1장 2절 말씀에서 "*저로 말미암아 모든 세계를 지으셨*"으니 지상은 하늘나라에 있는 것들의 형상으로 본다는 의미를 확장하면 숫자「열둘 12」는 하늘나라의 형상에서 온 의미로 보는 것이 적정할 것이다. 따라서 천지창조에서 12라는 숫자는 숨어 있다.

---

64 이를 수비학(數秘學 numerology)라 한다. 하나님께서 숫자로 사역과 역사를 이루게 하시는데(설명하시는데) 숫자에 나타난 몇 가지 비밀은 예컨대 4, 40, 400 등에서 4는 고난과 준비를 뜻하고, 옛 북이스라엘 왕국이 열왕기상 17장 및 열왕기하 25장에, 예루살렘의 멸망이 에스겔 4장에 숫자로 계시된 바는 해석이 가능하나 성경에 나타난 상징적 모든 숫자에 관한 구체적 해석을 하지 못하고 있다. 예컨대 요한계시록 14:3의 144,000이 대표적이다.

65 히브리어의 의미를 해석하면, 하나님께서 궁창 아래의 물을 바다, 강, 호수 등의 물 시스템이 된 것을 말한다.

12 이외 성경 전반에 1부터 18까지, 그리고 20, 24, 40, 50, 70, 100, 200, 300, 400, 666, 144,000 등 여러 숫자가 사용된다. 이들 수는 실제 자연수의 의미도 있고 영적 상징을 나타내기도 한다. 이 중 6의 의미는 대체로 사람의 수, 창조의 수, (완전수 7보다 1이 적은)불완전 수, 사탄의 수 등으로 본다. 6을 둘로 나눈 3을 2배 하여 6이 된다. 천지창조 6일의 전 3일(ground-forming)과 후 3일(figure-filling)을 합하면 6일이 되며 천지창조의 6은 < 표 1-6-1 >, < 그림 1-6-1>과 < 그림 1-6-2 >에서 보듯이 대응적 또는 순환 구조를 갖추어 3을 기본으로 하는 6이다. 이때 3의 의미는 하늘의 수, 하나님의 숫자(三位), 부활 등이다. 2의 의미는 짝, 결합, 분리, 증인 등을 의미한다. 12와 24는 6을 인수(因數)로 한다. 그런데 왜 하나님께서 6일간 천지를 창조하시었다고 설명하였을까.

대체로 성경 전반에서 12의 반인 6이라는 숫자는 좋은 뜻으로 많이 사용되지 않고 또한 사용 빈도가 높지 않으나 한 근원(줄기, 뿌리)에서 여섯 개의 가지로 나온다는 성경의 힌트가 있다. 그 첫 예가 하나님께서 야곱의 첫 부인 레아에게서 여섯째 아들이 있는데 레아는 여섯째 아들(잇사갈)을 낳고 하나님께서 후한 선물을 주셨다고 기뻐했다(창세기 30:20). 레아 뿌리에서 열두 지파의 반인 여섯이 나왔다. 둘째는 지성소 앞 성소에 놓인 등잔대 줄기에서 여섯 가지로 만들게 하였으며(출애굽기 25:32), 셋째 등잔대를 마주 배치한 진설병도 여섯 개를 나열하도록 하였다(레위기 24:6). 넷째 사람의 손가락이 여섯인 예는 사무엘 선지자 시대 이스라엘이 가드에서 전쟁할 때 거인 한 사람의 손가락과 발가락이 여섯씩이라 하였은 즉 태초부터 사람의 손발가락이 여섯 개인 듯 싶다. 다섯째 하늘 보좌 곁에 있는 네 생물의 날개가 여섯 개씩 있다 하였다(요한계시록 4:8). 기타 예는 레위인에게 준 도피성이 여섯이고(민수기 35:6), 하늘나라 보좌의 층계가 여섯이다(역대하 9:18-19). 요한계시록 13장 18절에 사람의 수이면서 짐승의 수로 666이 나온다. 이들 예를 보면 6은 나쁜 수이면서 좋은 수임을 알 수 있는데 하늘나라에 숫자 6의 원형이 있음을 감안하면 천지창조 6일을 해석하는데 도움이 된다.

천지창조 중 나타난 피조물 12가지에서 이를 6으로 인수분해하면 두(2) 꼭지가 발생하는데, 첫 꼭지의 여섯인 생명체인 식물, 짐승, 새, 큰 바다 짐승, 어류, 사람이 있고 둘째 꼭지인 여섯은 생명체가 아닌 피조물은 하늘(궁창), 땅(뭍), 바다, 빛(낮, 아침), 어둠(밤, 저녁), 광명체가 된다. 이런 분류로 보면 여섯 가지의 생명체를 위해 여섯 가지의 공간과 현상을 만드셨다고 파악된다. 그러므로 천지창조에서 6, 12는 매우 중요한 숫자임을 알게 하여 이 숫자의 의미도 하늘나라의 숫자로 해석해야 할 것이다.

한편, 천지창조의 6은 < 그림 1-6-2 >에서 보듯이 기본 수 3의 의미를 함축한 것으로 파악할 수 있다. 첫 기본수 3일은 그 흐름이 빛→하늘→땅(光→天→地)이다. 그리고 이에 대응하는 피조물을 나중 3일에 창조하신 것으로 설명하였다. 따라서 6일은 전 3일의 대응적 반복으로 후 3일이 나타난다(그림 1-6-1 및 그림 1-6-2). 3일의 2회 반복으로 6일이 되었다. 대응 내용은 ① 첫째 날 빛→넷째 날 광명체(빛→광명체), ② 둘째 날 하늘→다섯째 날 공중의 생명체(하늘→하늘 생명체), 그리고 ③ 셋째 날 땅→여섯째 날 땅의 생명체(땅→땅 생명체)이다. 여기서 셋째 날 창조된 바다 등과 이에 사는 생명체는 육지가 생기면서 창조된 동반 관계로 볼 수 있으니 실제 창조의 목표는 바다 등이 아닌 육지 형성에 있다.

그러므로 천지창조의 날은 실제 3이라는 날의 2회 반복으로 설명할 수 있는 구성이다. 따라서 실제 6의 의미보다 3의 의미가 더 중요해 보인다. 완전함을 의미하는 3을 두 번 반복하고 이에 안식일 하루(1)[66]을 더하여 7로써 천지창조의 날을 설명하였다. 즉 6일이라는 의미보다 3일을 두 번 하고 영원한 안식을 더한 것으로 보인다. 창세기 전체 문장에서 나타나는 여러 대칭과 반복 또는 순환 구조에 볼 수 있듯이 창세기 1장 구조 역시 이 대칭과 반복과 순환을 사용한 것으로 파악할 수 있다. 창세기 1장 1절부터 2장 3절까지의 구조는 3일 앞뒤에 태초와 안식을 삽입하면 ◑(태초) + ❶ + ❷ + ❸ → ① + ②+ ③ + ◐(안식)이 된다 (이 구조를 < 그림 1-6-2 >와 대조해 보라).

이상의 설명처럼 12의 인수인 6과 6의 인수인 3을 기본으로 하여 창세기 1장에서 천지창조의 피조물의 형성과 출현을 설명한 것으로 파악된다. 이런 점에서 1, 3, 6, 7, 12를 채용한 천지창조의 개념 중 엿새(6)동안 천지를 창조한 설명은 하늘나라의 숫적 의미를 나타내기 위한 것으로 볼 수 있다면 「날」의 개념을 태양계에 의한 날로 파악하기 힘들어 보인다.

참고로 창조 숫자 중 6일 또는 7일을 영적 상징으로 하여 하나님께서 주관하는 역사 기간을 7로 보고(세대주의와 유사한 일부의 관점에 따라) 하나님의 역사를 일곱 단계로 나누어 고찰한 < 표 1-2-1 > 또는 < 그림 1-15-1 >에서 각 1일을 1천년으로 산정하는 경우 하나님께서 주관하는 역사는 6천 년 또는 7천 년으로 해석된다.

---

66 안식일 하루를 1장에 포함하지 않고 별도로 창세기 2:1-3에 실어 본문을 구성한 성경 편집자의 의도가 매우 깊다.

1-18. 창세와 말세

창세기 1장의 「날」을 사람이 생각하는 날이 아닌 「하나님의 영적 시간」으로 파악하고 그 영적 의미를 하늘나라의 수 또는 하늘나라의 예정과 섭리에 따른 일종의 법칙인 것으로 이해하였다. 그러나 마지막으로 피할 수 없는 다음과 같은 과제와 질문이 남는다. 개인과 조직과 국가의 종말이 있듯이, 예수님께서도 세상의 끝날이 있다고 하셨다. 성경이 말하는 종말과 천지 창조의 날을 일종의 법칙으로 이해한다면 7일의 날을 실제 세월 즉 말세와 목적론적 또는 구속사 관점에서 어떻게 해석할 것인가. 아담 창조 후 현재까지 6천 년의 기간과 어떤 관계가 있을까. 하루가 천년 같고 천년이 하루 같다(베드로후서 3:8)는 말씀과 천년왕국(요한계시록 20:1-6 등) 등을 인용하여 법칙으로서 인류의 기간을 7천 년으로 해석해야 하는가.

□ 창세기 1-2장에 나타난 시간과 기간의 문제

창세기 1장 1-2절, 2장 5-6절, 2장 8-14절, 2장 19-20절 등에 나타난 긴 안목 시간으로 1장의 「날」을 태양계의 하루가 아닌 것으로 파악하여(표 1-13-1) 창세기 1장의 「날」을 영적 기간이며 하나님의 법칙으로 결론을 내어 각 날이 지닌 영적 의미를 < 그림 1-15-1 >처럼 도출하였다. 창세기 1-2장의 창조 사역으로 볼 때 지적 설계론, 유신 진화론(有神 進化論) 또는 진화론적 유신론을 수용할 수 없고 또 수용되지 않으나, 창세기 1장의 창조 기간을 성경적으로 얼마의 시간으로 보아야 할지 어려운 과제에 봉착하였다.

아담과 이브를 여섯째 날 창조한 것으로 설명한 2장에서 이브의 창조를 안목 시간으로 아담 창조 후 수일 이내로 단순 상상할 수 있으나 이런 식의 관점으로 각 날의 실제 기간을 추론할 수 없다. 특별히 성경 전반에서 창세기 1장의 창조된 사람과 2장의 아담과 이브를 동일한 사람으로 여겨 2장의 아담과 이브가 창조된 그 어떤 시점을 창세기 5장 아담 족보의 시점으로 삼을 수밖에 없는 실정이다. 예수님께서도 창세기 1장을 인용함으로써 여섯째 날 어떤 시점에 창조된 아담과 이브 이후의 실제 기간이 약 6천 년이 됨을 수용해야 할 것이다. 그러나 창세기 2장의 아담과 이브를 창조의 시간을 오래된 기간으로 추론했듯이 1장 1-2절의 태초 흑암의 기간 등 우리가 알 수 없는 흑암의 기간부터 사람이 창조되기까지 영적 기간으로 산정할 수밖에 없고 또 창세기 5장처럼 아담 이후 우리는 약 6천 년을 이어 온 것으로 파악할 뿐이다.

본 고찰 < 표 1 >과 < 표 2 >에서 아담이 창조된 시점을 BC 3,909년[67]으로 보았는데 이는 창세기 5장부터 출애굽기까지의 연대를 정리한 것이다 (이 연대는 2장에서 상세히 고찰하였다). 앞에서 자세히 설명했듯이 이브는 아담 창조 후 약간 늦게 창조되었으므로 인류의 시간표는 아담 창조 시점으로 설명된다. 다만 사람보다 먼저 창조된 식물체와 바다 등 생명의 경우를 보면 앞에서 예시했듯이 셋째 날 땅으로 하여금 식물체를 내라고 하셨는데 그 날 식물체를 낸 것이 아니라 2장에 의하면 셋째 날 후 아담이 창조되기 바로 전 식물체가 창조된 점을 알 수 있어 「날」은 영적 기간으로 보는 관점에서 매우 오래된 6일이라 단정하였다. 지사학(地史學) 또는 천체물리학 등에서 제기하는 학설과 이론 자체에 전적 동의하지 않으나 지구 자체 나이는 6천 년보다 더 나이 든 지구라는 점에 동의할 수밖에 없었다. 그리고 종합하면 우리가 창세기 1장의 묘사에서 느끼는 이상으로 매우 오래된 기간 동안 세상이 아름답고 온전히 창조됨을 알게 한다.

□ 말세에 대하여

"*내가 종말을 처음부터 고하며 아직 이루지 아니한 일을 옛적부터 보이고 이르기를 나의 모략이 설 것이니 내가 나의 모든 기뻐하는 것을 이루리하 하였노라* (이사야 46:10)." 또 "*여호와께서 가라사대 내가 옛적에 장래사를 고하였고 입에서 내어 보였고 내가 홀연히 그 일을 행하여 이루었느니라* (이사야 48:3)."

"*대답하여 가라사대 천국의 비밀을 아는 것이 너희에게는 허락되었으나 저희에게는 아니 되었나니 --- (중략) --- 이사야의 예언이 저희에게 이루리니 일렀으되, 너희가 듣기는 들어도 깨닫지 못할 것이요 보기는 보아도 알지 못하리라 이 백성의 마음이 완악하여져서 그 귀는 듣기에 둔하고 눈은 감았으니 이는 눈으로 보고 귀로 듣고 마음으로 깨닫아 돌이켜 내게 고침을 받을까 두려워함이라 하였으니라. --- (중략) ---내가 진실로 너희에게 이르노니 많은 선지자와 의인이 너희 보는 것들을 보고자 하여도 보지 못하였고 너희 듣는 것을 듣고자 하여도 듣지 못하였느라* (마태복음 13:17)."

마태복음 24장 36절에 말세의 "*그 날과 그 때는 아무도 모르나니 하늘의 천사도, 아들도 모르고 오직 아버지만 아신다*"하였고 또 사도행전 1장 7절처럼 "*때와 기한은 아버지께서 자기의 권한에 두었으나*" 초대교회 이후 신실한 그리스도인이 믿는 바처

67 이 출생 연도는 여러 설이 많아 단정하기 어렵다. BC 4,004년(제임스 어셔 대주교), BC 4,114년 등으로 주로 이스라엘 백성이 애굽에 거류한 기간, 아브라함의 출생 연도 등에 따라 큰 편차를 보이는데 3,909년의 근거는 창세기 15장 13절에 이삭부터 400년을 이방에서 객이 된다는 하나님의 직접적인 설명에 근거한 계산으로 작성한 연도이다.

럼 창세의 7일 각 하루를 일천 년씩 계산하여 총 7천 년을 인류의 기간이라는 계산에 대하여 < 그림 1-15-1 >처럼 창세기 1장이 이사야 48장 3절에서와 같이 영적 암시(implication)를 제시하는가. 이 해석의 당위성을 살피면, 창세기와 출애굽기에 의한 < 표 1 >과 그리고 실제 역사 연대를 사람을 기준으로 살피면 아담부터 노아 출생까지를 1천 년, 노아부터 아브라함 출생까지를 1천 년, 아브라함부터 다윗 출생까지 1천 년, 다윗부터 예수님 출생까지 1천 년 총 4천이 된다. 예수님 이후 1천 년을 교회시대, 교회시대 후 1천 년을 적그리스도시대(현 세대), 그리고 앞으로 다가올 예수님 재림 후 천년왕국 시대[68]를 1천 년으로 보는 시각으로 대입할 수 있다. 시대를 대표하는 각 사람이 1천 년의 역사와 사건을 지배하였고 시대의 상징으로 관찰되기 때문이다.

그리스도인이 아니더라도 현세의 사람이 노아 때와 같이 악함을 알 수 있다. 노아의 때와 같이 사람이 육과 혼에 이끌리고 집중하는 즐거움(pleasure)과 향락(entertainment)을 행복이라고 생각하여 이를 좇고 소비하는 시대가 되었다. 정치인, 경제인, 예술인, 학자, 종교인 등 모든 분야에서 분별력을 잃고 순수와 양심보다 돈과 권력과 명예와 쾌락을 지향하며 이를 삶의 최고 가치로 여기고 있다. "*홍수 전에 노아가 방주에 들어가던 날까지 사람들이 먹고 마시고 장가들고 시집가는* (마태복음 24:38, 누가복음 17:27)" 것에 대한 엄중한 경고(쾌락과 소유 중심의 실존)로 이런 행위를 하는 사람들이 죄에 빠져 분별없이 무가치한 것을 가치화하여 탐닉하고 죄를 짓는 것이다. 심지어 경제학 이론에 근거해 인류의 후생을 위한다는 명분으로 대량생산을 위해 자연 자원과 온갖 생명을 무분별하게 약탈하고 조작하는 시대가 되었다.

이 시대를 영적으로 판단한다면 사람의 영혼과 자연자연을 경제원리(주로 돈과 생산의 원리)로 팔고 사며 규제와 통제와 윤리는 있으나 이들은 묻히고 종국 귀중한 자연자원을 약탈하는 말세지말(末世之末)로 보아야 한다. 예수님께서도 말세가 도래한다고 돌아가시기 전 제자들에게 설명하였고 (마태복음 24-25장 등) 예수님께서 재림할 것 (마태복음 24:30, 요한계시록 1:7 등)과 심판 (마태복음 19:28, 요한계시록 20:12-13)을 경고하셨다. "*그(예수)는 창세 전부터 미리 알리신 바 된 자니 이 말세에 너희를 위하여 나타내신 바 되었다* (베드로전서 1:20)"하였고 "*내가 세상 끝날까지 너희와 항상 함께 있으리라* (마태복음 28:20)" 하여 세상 끝이 있음을 알리셨다.

세상 끝날과 예수님 재림의 날은 알 수 없다고 하였다. 다만 그 때의 징조는 노아의 때와 같고 대홍수가 발생했듯이 (마태복음 24:37, 누가복음 17:26, 베드로전서 3:20)

68 종말론에 속하는 이론으로 무천년설, 후천년설, 세대주의적 전천년설, 역사적 전천년설 등으로 나뉜다. 여기서 천년을 실제가 아닌 영적 기간으로 해석하는 학자들도 있다.

밤에 도적이 임하듯이 (데살로니가전서 5:2-4, 베드로후서 3:10, 요한계시록 3:3 및 16:15) 예고 없이 갑자기 인자가 임할 것이라 하셨다 (마태복음 24:35-37).

창조를 6일인 태양계의 하루인 날로 믿는 문자적 해석에 하나님의 시간을 제약하는 문제가 있어 보여 문자적 해석 또는 태양계에 의한 안목 시간이 아닌 이 「날」을 태초 전 하나님 섭리와 예정의 하늘나라의 뜻대로 이 땅에 이루어진 하나님의 창조 법칙 즉 만물을 창조하신 우주 만물의 법칙의 시간을 설명하기 위해 땅의 언어가 아닌 영적인 날로 해석하여야 함을 고찰의 결론으로 제시하였으나 경건한 영으로 세상사(世上史)를 성경으로 상고하는 신실한 그리스도인들이 아담 이후 실제 역사를 영적으로 해석하여 세상을 7천 년설을 믿고 신앙생활을 함에서 많은 것을 배워야 한다.

예수님께서 직접 언급하고 재림을 약속하셨으니 주님의 재림을 기다리는 신실한 신앙인과 우리 모두에게 7천 년설은 우물쭈물함 없이 성경의 내용과 역사를 매우 간결하게 그리고 명료하게 포함·설명하여 우리에게 강력히 깨어 있을 것을 가르친다. < 표 1 >와 실제 역사에서 보듯이 역사를 주관하신 하나님께서 인류에게 인류의 첫 사람인 아담 이후의 창조와 세상사를 1, 3, 6, 7, 12이라는 영적 숫자로 상징하고 특히 세상사를 7천 년을 예정하고 영원한 삶으로 하나님의 아들로 창조한 사람을 구속하실 것을 믿는 바이다. < 표 1 >에 의하면 약 2,090년이 아담 후 6천 년이 되는 해로 점점 새하늘과 새땅이 다가오고 있다. 우리를 구속하시기로 예정하셨고 그 예정에 따라 세상을 실제 주관하시는 하나님께 감사와 영광과 찬송을 드리고 성경에 주신 말씀으로 세상사를 창세기에서 또 성경에서 분별하여 기도와 믿음의 행위로 준비하여 주님의 재림을 기다려야 할 것이다.

1-19. 창세기 1장 고찰 후기

창세기 1장 전체를 문자주의와 사람에게 계시한 시지각적 개념에 근거하여 천지창조 흐름을 살펴보면 피조물의 시간적 출현은 물론이요 피조물의 존재와 현상을 설명하나 실제 그 이면을 묵상하면 하나님께서 만물을 창조하신 기획(planning, 뜻, 예정, 작정)이 있음을 아는 것이 더욱더 중요한다. 기획이란 창조 전 만물의 시점과 종점을 정하시고 시간 별로 피조물의 단계별 창조와 운행과 그 끝을 예정하셨다는 점이다. 즉 창세기 1장을 묵상할 때 반드시 또한 항상 창세 전 만물의 기원과 마지막을 기획하시고 또는 아시고 창조하셨다는 점을 간과하면 아니된다. 이 점에서 창세기 1장은 하나님의 시간표임이 분명한데 그 시간표 내용을 구체적으로 파악하기 힘들다. 여러 신학자들의 생각과 나의 묵상을 개략 정리하면 < 표 1-2-1 > 정도이다.

한편, 하나님의 나라가 어디 있는지 알 수 없으나 셋째 하늘에 계신다고 하였으니 둘째 하늘인 우주 안에는 없다고 보아야 할 것이다. 우리가 이해하는 시간과 공간 속 존재는 보통 영원하지 아니한 존재로 생각하나 하나님께서는 영원 불멸하시고 영으로 존재하시기에 하나님의 존재를 사람이 상상하는 존재로 정의할 수 없다. 다만 창세기 1장 2절에서 특별히 지구 수면 위에 영으로 운행하였다하여 하나님께서 계시는 나라와 우주 만물과 지구(천지)에 영으로 태초부터 지금까지 소통됨을 알 수 있다.

성경의 첫 부분인 창세기를 읽거나 들은 사람은 수백억 명에 달했을 것인데 그들 중 아담, 에녹, 노아, 셈, 아브라함, 이삭, 야곱, 요셉, 모세, 솔로몬, 에스라, 예레미아, 에스겔, 다니엘, 바울, 요한 등 놀랄만한 이 모든 분을 포함하여 예수님까지 창세기 1장을 얼마나 깊이 묵상하였을까를 생각하지 아니할 수 없다. 또 이들 모두에게 오늘날 제기되는 의문, 주장, 상상, 변증, 학설 등을 스스로 검증하고 이 말씀의 내용을 알았을 것이다.

빠뜨려서 아니 될 사람과 글인, 사도 바울의 골로새서 및 히브리서를 정독과 묵상을 반복해 보면 셋째 하늘나라에 다녀온 바울은 창세기 1-3장의 내용을 해석할만한 신비한 지식을 갖춘 사람임에 놀라지 않을 수 없다. 마소라 사본, 70인역, 사마리아 사본 등을 포함하여 많은 관련 경전과 자료를 읽었음이 확실한 정통 히브리인이요 유대교도였던 사도 바울은 이 창세기 1-3장에 대하여 오늘날의 성경학자나 신앙인들이 제기하는 의문이나 변증을 제기하기 아니하고 새롭게 적극적으로 창세기 1-3장의 신비를 매우 높은 추상적 개념에 담아 인용·설명하였다.

주목할 만한 점은, 하나님이신 예수님 역시 창세기 1장, 2장 및 3장을 읽었을 것인데 이 말씀에 대하여 변증보다 오히려 인용하시었고 성소 또는 구약 성경을 일컬어 예수님 자신에 관한 내용이라고 설명한 것처럼 모세오경에 대한 전적 권위와 신비를 명확히 밝히셨다. 결코 창세기 1장과 2장과 3장에 묘사된 내용은 부정될 수 없다. 진화론이나 발전된 과학적 지식에 영향 받은 사람의 인문학적 생각과 순간적 상상에서 나오는 위험한 발상은 혼란만 야기할 뿐 이 생각을 뒤로 하고 순수하게 말씀을 받아들여야 한다.

창세기 1-3장을 해석하거나 설명을 접하면 오늘날 피할 수 없는 인문학적 또는 인본주의적 고민과 의문에서 도출된 상상과 논법으로 해답과 주장이 동반된다. 이러한 경향이 더 심해져 성경을 부정하거나 불신이 증가하고 다양한 해석으로 혼란이 점증할 것으로 보인다. 우리가 평생 배운 인문학적 사고로 성경을 바라보면 이상한 의문과 상상이 펼쳐지며 이 의문과 상상에 답하기 위해 역시 인문학적 추론을 펼칠 수밖에 없는 분석력과 사고력에 익숙해 있음을 스스로 간과하고 있음을 반성하지 않는다. 문제는 성경을 묵상하며 생기는 의문과 상상은 배제할 수 없으나 성경의 뿌리와 골간을 심각히 훼손하는 지성인들이 점증하고 그들의 위험한 사상이 확장되어 헛된 믿음을 조장하는 것이다. 이 글을 쓰면서 이러한 반성을 하지 않을 수 없었다.

창세기 1장을 해설하는 사람들의 견해를 참조하면, 에컨대 현대인의 사고방식으로 창세기 1장을 읽고 모세가 이해를 잘 못했거나 모세 개인의 생각으로 기술하였다고 하며 혹은 하나님의 계시가 아닌 고대인의 우주관이라 설명하는 것은 창세기 1장의 정경성을 심히 훼손하는 편견이요 비신앙으로 단정해야 한다.

아름답고 경외롭고 매우 짜임새 있는 창세기 1장은 그야말로 천지창조의 역사와 세상사를 함축하는 대선언인 점을 믿음으로 받아들이면 오히려 이 말씀에서 무궁하고 영적 신비를 경험할 수 있다. 창세기 2장은 하나님께서 사람을 창조한 세밀한 과정을 설명하는 점에서 하나님께서 행하신 창조의 전체 사역을 섬세히 느끼게 하며 이로써 창세기 1장을 반추하여 하나의 말씀으로 온전히 보완하게 해 주는 것이라 판단된다.

진화론적 사고에 익숙한 오늘날의 사람들이 창세기 1장과 2장에서 진화론적 흐름을 찾으려는 노력은 그럴 수 있다. 창세기 1장과 2장은 오래된 지구를 부정하지 아니하나 유인원을 직접 설명할 만한 단서 또한 전혀 없고 사람은 하나님을 닮은 영적 피조물이라는 기원을 영적 원리에 따라 명백히 설명하고 있다는 점을 간과해서 아니된다.

거대한 우주와 지구를 놀랍게 정교한 방식으로 묘사한 창세기 1장을 해석하는 핵심은 1절부터 5절까지를 첫째 날로 보아야 하며 이날 창조된 흑암과 빛의 창조를 음미하는 일이다. 또 궁창과 하늘의 개념에 대하여 많은 이들이 혼돈하고 있고 첫째 날과 둘째 날 창조된 피조물의 개념을 오해하면 창세기 1장 전체가 왜곡된다. 이 두 가지 개념을 잘 못 가지고 있음으로 하나님께서 직접 말씀하신 내용을 사람의 인식 방식으로 왜곡하여 전체의 흐름을 부정하고 있다. 창조의 흐름이 태초의 흑암→ 빛→ (궁창)하늘→ 땅 순으로 파악되고 이 의미를 시간의 흐름과 함께 숙고해야 한다. 엿새 동안 창조 후 안식일을 두셨는데 이 안식은 하나님의 사역에 동참하는 믿는 자가 들어갈 안식을 예표한다 (히브리서 4:3). 빛 다음으로 하늘을 창조하심은 땅의 하늘을 하나님이 계시는 하늘나라와 직접 연결하여 땅의 사람이 하늘나라에 소망을 두고 바라게 함이다. 이 얼마나 놀라운 복음적 메시지인가 !

창세기 1장 1절의 하늘은 복수이고 둘째 날 궁창을 만들어 이를 8절에서 하늘이라 칭하셨는데 단수인 하늘로 묘사하였다. 사도 바울이 다녀온 셋째 하늘은 궁창인 하늘과 다른 하나님이 계시는 하늘나라이다. 궁창인 하늘과 하나님이 계시는 셋째 하늘을 연결하는 둘째 하늘 모두를 1장 1절에 포함하여 복수의 하늘들이라고 묘사한 것으로 본다면 창세기 1장 1절의 태초란 전통적 해석과 달리 요한복음 1장 1절의 태초와 같은 시간을 포함하거나 그 시간에 연결된 영원을 포함한 암시로 파악된다. 이 관점은 비전통의 해설이지만 이 점은 창세기 1장에서의 하나님의 시간이 이 세상에 오고 이 세상의 시간이 하늘나라의 영원한 안식의 시간에 연결되고 함께 하는 것으로 파악해야 한다는 점을 말하고 싶다.

창세기 1장을 묵상할 때 다윗의 시편 8편에서와 같이 먼저 신실한 신앙인의 영적 시각으로 하나님께서 창조하신 이 아름답고 심오한 우주만물을 통하여 우리가 즐거운 감사와 찬양을 드려야 할 것이다. 사람이 태어나기 전 이미 필요한 모든 것을 풍족하게 주시고, 내가 누구인지를 알게 하시며, 눈으로 보이는 것과 눈으로 보이지 않는 하나님의 영원하신 신비를 묵상하며 그 깊은 뜻을 새겨 앞으로 우리가 들어갈 영원한 안식의 하늘나라에 대한 소망을 잃치 않고 영원한 생명을 주신 창조주 하나님께 감사와 찬양을 드리는 마음을 항상 가져야 할 것이다.

우리 주(主) 하나님이여,
영광과 존귀와 능력을 받으시는 것이 합당하오니
주께서 만물을 지으신지라.
만물이 주의 뜻대로 있었고
또 지으심을 받았나이다
(요한계시록 4:11).

주여, 우리의 무지와 나태함을 용서하옵소서.
아멘.

제 2 장

하나님의 역사성: 창세기의 연대

- 요약 -

창세기 1장은 사람이 태어나기 전 하나님의 역사를 묘사한다. 하나님께서는 신으로만 존재하시는 분이 아니라 역사의 주관자로서 역사를 이루시는 분이다. 본 제2장 고찰 내용은 일반 신앙인의 중요한 관심사도 아니고 역사학과 신학에서 다룰 매우 중요한 이슈이다. 그러나 아브라함과 그의 자손의 방황을 이해하고 사람을 통해 하나님 말씀대로 역사를 이룬다는 점에서 중요하지 않을 수 없다. 창세기와 출애굽기의 연대를 고찰하면서 성경학자들이 주장하는 바 사건의 시간 차가 무려 수백 년이 되어 이 차이에 관한 궁금증을 해소하였다.

대홍수 이후 연대를 산정하는 기초 작업은 아브라함이 우르를 떠나 그와 그 자손이 방황하는 「거류(sojourning)」 개념과 이스라엘 백성의 애굽 거류 기간을 정의하는 것이다. 보통 이스라엘 백성의 애굽 거류 기간을 430년이라 기술한 출애굽기 12장 40-41절과 갈라디아서 3장 15-18절을 인용하나, 창세기 15장 13절 및 사도행전 7장 6절은 400년이라고 단정하여 이 두 설이 숫자로 충돌한다. 400년은 창세기 15장에서 하나님께서 직접 아브라함에게 말씀하였기에 430년보다 더 정확해야 할 것이나 성경 내에 이 두 설의 차이점을 해설하지 않는다.

애굽 거류 기간을 확정하기 위해서 세 방법으로 추적하였다. 「거류」 개념 이외 첫째 횃불언약의 배경과 설명이며, 둘째 성경의 족보 상세 내용이고, 셋째는 출애굽 전후에 조사된 출애굽기와 민수기 상의 현황 인구를 통한 통태적 추계이다. 이 세 방법으로 검증해 보니 이스라엘 자손의 애굽 거류 실제 기간이 210년이었고 동시에 하나님께서 창세기 15장에서 정의한 400년과 출애굽기 12장에 기술된 430년은 하나님께서 아브라함에게 설명한 시점과 거류(sojourning) 개념에 따른 기산(基算) 시점의 차이라는 점을 파악하게 되어 두 기간이 틀린 것이 아니고, 묘사의 차이였으며, 성경 구절 모두가 정확한 것을 알게 되었다. 즉 애굽 거류 210년은 성경의 유다 및 레위 족보로 검증 가능하며, 430년 또는 400년 동안 애굽에서 거류하였다는 설이 불가능함은 성서 인구 통태적 추계의 방법으로도 검증 가능하였다.

출애굽 인구의 통태적 추계를 위해 당시의 세대수, 거류 기간, 출생율(생잔율) 등에 관한 성경 묘사를 근거로 약 10여개의 인구 모델을 만들어 야곱이 애굽으로 입국할 때 남자 68명이 번창하여 근 220만 명으로 성장한 것으로 추정되었다. 출애굽 전 유월절에 관한 출애굽기 묘사와 출애굽 후 2년 2개월에 조사된 민수기 인구 통계에서 매우 특이한 내용인 「초태생(firstborn)」 개념을 보통 생물학적 「장남」이라고 이해해 왔으나 그 내용을 인구 통태적 방법으로 자세히 분석하면 초태생에 관한 정의가 단지 한 가정의 생물학적 장남이라기 보다 신학적, 사회학적 및 인구학적 개념으로 후사(後嗣, 상속자 an heir)의 개념과 장자의 개념을 포함하는 구속사적 개념의 초태생임을 알게 되어 이를 새로이 정의하게 되었으며 나아가 이 개념은 예수 그리스도를 상징하는 개념(골로새서 1:15)까지 연결됨을 설명하였다.

기타 창세기부터 가나안에 들어가기까지 성경 연대를 정함에 있어, 대홍수 발생과 바벨탑 사건의 발생 그리고 셈, 아르박삿 및 아브라함의 출생 연도를 확정하는데 큰 어려움이 없었다. 이에 출애굽은 아담 출생 이후 AM 2,448년이 되고 아담의 출생은 BC 3,909년으로 확정하여 연대기를 작성하였다 (표 1 및 표 2).

제 2 장. 하나님의 역사성: 창세기의 연대

2-1. 연대기 연구의 단서와 산정 방법

평소 이스라엘 자손의 애굽 거류 기간이 430년이었다는 출애굽기(12장 40-41절) 기록은 알고 있었으나 이와 달리 210년이다는 야살의책 기록을 읽고 매우 놀랐다. 430년을 문자적으로 믿고 있던 차에, 이 궁금증 해소를 위해 여러 성경 구절과 관련 주장을 살피니 큰 차이와 이에 대한 해석상 문제점을 알게 되었다. 심지어 이를 정확한 숫자로 해석하지 못함으로써 영적 해석이나 상상을 동원하는 경우도 있었다. 430년과 달리 창세기 15장 후반부에는 400년과 4대라는 하나님의 직접적 설명과 이를 원용한 사도행전 7장이 있고 갈라디아서 3장은 430년설의 출애굽기를 해석한 구절이 있다. 이들 차이가 무엇인지 규명하기 위해 창세기, 출애굽기, 민수기, 역대기, 사도행전 및 갈라디아서 등에 나타난 족보와 기간 해설, 그리고 민수기 상의 인구 통계를 근거로 애굽 거류 기간에 관한 포괄적이고 실증적이며 동태적 파악을 해 보았다. 이로써 기존 학설의 여러 문제점이 해결되어 애굽 거류 기간과 관련 숫자가 명확히 해석되고 이를 바탕으로 아담부터 출애굽기까지의 연대를 새로이 작성하였고 하나님의 역사성과 그 사역하심이 하나님께서 말씀하신 숫자대로 역사하심을 확인하였다.

신학적으로 거의 완성된 전통의 연대를 새로이 고찰하는 사적인 고민은 큰 즐거움이 아니나 매우 중요한 사안임을 알았다. 오랜 시간 성경을 단편적으로 읽고 관련 서적을 읽으면서도 연대기는 크게 중요하게 취급된 사안이 아니었고 또 성경 연대기가 개인 신앙 형성에 도움이 되는 명쾌한 영적 지식도 아니라 생각하여 무심으로 받아들였다. 그런데 연대기를 곰곰이 추적하다 보니 여러 영감을 얻고 관련 지식이 깊으며 정확해야 할 이유를 알게 되었다. 또 이스라엘 자손의 애굽 거류 기간에 대한 성경 자체의 기술과 이를 해석하는 신학자들의 견해 차이가 심한 것은 성경의 불특정한 난제를 신학적으로 잘못 또는 개략 해석하고 있음을 알게 되었다. 애굽 거류 기간과 아담 이후의 연대기를 추적하면서 성경 묘사의 이해 방법을 조금 터득하였고 성경에 불특정하게 묘사된 사실을 더 입체적으로 이해할 수 있었으며 더불어 성경이 기록한 사실에 대한 객관적 믿음도 갖게 되었다.

아담부터 출애굽까지의 연대 작성 시 큰 걸림돌은 이스라엘 자손이 애굽에서 얼마 동안 살았느냐인데 학설 차이가 30-200년 이상이 되기 때문이다. 이 문제는 결론부터 말하자면, 창세기와 출애굽기 및 역대기 등에 기록된 족보와 성경 전체의 여러 단서와 내용을 먼저 검토하고 다음으로 인구 조사에 근거한 인구를 통태적으로 분석(demographic analysis)해 보니 장기 거류설인 430년이 틀리며 단기 거류설인 215년 또는 210년이 적정하며 이 중 210년설이 가장 정확하다고 판단되었다. 따라서 본 고찰에서 파악된 애굽 거류의 기간은 210년으로 확정하고 성경과 야살의책[69]에 언급된 고대 족장에 관한 묘사나 사건 설명 시 병기된 연대를 비교하여 아담부터 새롭게 연대기를 작성하였다. 그 내용이 < 표 1 > 및 < 표 2 >이다.

모세오경으로 연대기를 정확히 확정하기 쉽지 않은데 사건을 소개할 때 연대를 추정할 만한 단서인 시점, 기간, 전후 관계를 정확히 기재하지 않았기 때문이다. 이로 인해 학자들이 추정한 연대가 학자에 따라 차가 발생한다. 또 초고대의 연대를 정하기 매우 어려운 것은 히브리 원문의 해석에도 견해 차가 있기 때문이다. 사해사본, 70인경, 사마리아사본 등의 창세기와 야살의책 묘사 연대를 비교해 보면 이들 책(scriptures)을 집필 시 참조한 원전과 여러 자료가 있었음이 분명하다. 연대를 추적하면서, 소설로 취급하는 야살의책에 전혀 신학적 신뢰를 두지 않으려는 경향이 매우 짙으나[70] 야살의책을 자세히 살피면 야살의책 내용에 무시할 수 없는 지식이 있는 것으로 파악되었다.

성경과 야살의책의 연대 차이는 노아 대홍수 이전보다 노아 대홍수 이후에 많다는 점이 의아하다. 창세기보다 노아 이전 연대를 많이 담고 있는 야살의책에서 발견되는 창세기와의 차이 또는 오류는 주로 오랫동안 보관 중 이기(移記), 복사, 새번역 등 과정에서 탈자, 오자, 착오에 의한 것으로 추정되나 그 차이나 오류는 쉽게 정정될 수 있고 정정하면 창세기와 대부분 일치되며 또 창세기 상의 연대를 유추하는 근거를 제공하기도 한다. 예컨대, 아브라함의 3대조인「스룩」의 수명은 창세기 11장 23절에 230세로 기록하나, 야살의책 21장 9-10절에는 스룩이 죽은 해를 이삭이 태어난 지 첫째 해에 그가 239세를 살고 죽었다고 기록한다. 야살의책에서 이삭이 출생한 연대와 스룩이 출생한 연대의 두 시점을 산출하면 이삭이 한 살때 스룩의 나이가 230세가 되므로 239세가 아닌 230세로 정정된다. 야살의책 자체 문장 구조에서 239는 230을 잘못 기록한 사항임을 쉽게 알 수 있다. 이처럼 오늘날의 야살의책 내 연대 오류는 대부분 쉽게 정정할 수 있고 이를 창세기 등과 비교하면 더욱 명료해진다.

본 장은 아담부터 출애굽 후 광야 생활까지의 연대기를 추적하는 작업인데 출애굽

69 이슈의 책 야살의책은 본 고찰 여러 곳에서 인용하며 그 특징을 이 책 제 3장 2절 및 제7장 6절에 수록하였다.

70 모세오경에 바탕을 두어 소설같이 개작하거나 전혀 가치 없는 위경이나 위작 등으로 취급하고 있다.

시점을 어떻게 BC로 환산할 것인가에 대하여 BC 1,461년을 출애굽 연도로 잡은 유진 폴스티크(Eugene Faulstich) 박사의 연구 결과를 인용하였다. 그가 산정한 BC 1,461년은 예루살렘 멸망 연대를 BC 588년을 근거로 산정한 것인데 다음과 같다.[71]

고대 북이스라엘이 호세아 왕 BC 722년(또는 721년)경 앗시리아(앗수르)에 멸망(열왕기상 17장) 후에 남유다는 시드기야 왕 BC 588년(또는 586년)에 바벨론 왕 느브갓네살에 의해 멸망하였다 (열왕기하 25장). 남유다 멸망 해로부터 출애굽한 연대를 산정하는 구약 구절을 찾으면, 열왕기상 2장 11절에 다윗이 7년을 헤브론에서 33년을 예루살렘에서 치리한 일과, 열왕기상 6장 1절에 출애굽한 날로 480년 즉 왕 즉위 후 4년에 솔로몬 성전 건축을 시작한 일과, 에스겔 4장 1-6절에서 예루살렘이 430년이 지나 멸망할 것을 예언하였다. 이를 근거로 솔로몬 즉위 4년 전 이미 33년 동안 다윗이 예루살렘에서 통치였기에 예루살렘 성전 건축 시작까지의 전체 통치 기간은 37년이다. 그런데 예루살렘이 430년 유지될 것이라는 에스겔 예언에 따라 솔로몬 성전 건축부터는 393년(=430년-37년)에 멸망한 것이다. 따라서 출애굽 후 솔로몬 건축까지 480년과 솔로몬 건축 후 예루살렘이 멸망하는 기간 393년을 더하면 873년이 된다. 이 873년을 BC 588년에 더하면 BC 1,461년이 되어 이를 BC 환산 기준으로 하였다.

외경의 연대는 참조하거나 대조를 할 수 없는 묘사의 허술함이 있어 이를 참고하지 않았고 주로 창세기와 야살의책을 대조하여 확정하였다. 이는 야살의책과 창세기 연대를 비교 검토 해석할 수 있다고 보았기 때문이다. 창세기와 야살의책에 이견이 없는 한 가지 연대는 아담부터 노아의 출생(AM 1,056)과 대홍수(AM 1,656)까지 연대이다. 위에서 설명했듯이 야살의책 연대 서술이 창세기와 정확히 일치하는 것은 아니나 야살의책 내용을 자세히 살피면 착오, 오류, 누락 등이 있는데 이를 바로 잡고 성경에 투사하면 두 기록이 정확히 일치한다.

창세기와 야살의책 두 책 모두 노아 대홍수를 기점으로 연대를 크게 분리하여 작성한 점이 체계상 동일하다. 즉 노아 대홍수 전 연대는 노아 전 사람과 사건을 모아 작성하고 그 이후는 노아 또는 대홍수 이후 사람과 사건을 기준으로 정리하고 작성하였다. 특히 야살의책에 이 체계적 특징이 두드러지는데 사건 연대를 노아 대홍수 전 사건이나 사람들끼리 비교하고 대홍수 이후는 대홍수 이후 사건이나 사람들끼리 비교하여 틀리지 않게 작성한 것에서 알 수 있다. 이러한 특징으로 보아 창세기와 야살의책을 작성한 어떤 원전(자료)이 노아 대홍수 전 자료와 대홍수 이후 자료가 별도로

---

71 유진 폴스티크의 연대기는 전 한동대 김명현 교수가 소개하고 있다.

있었음과 노아 전 자료가 많지 않음을 알 수 있고, 야살의책 집필자는 연대가 틀리지 않도록 섬세하게 비교 기록한 의도를 알 수 있다.

또 창세기 자체에서 노아 대홍수 이후 몇몇 연대를 결정하기 매우 어려운 것은, 추정할 수 있는 내용이 매우 애매하게 묘사되었거나, 이를 추정할 만한 확정적 단서가 없거나, 히브리어 원문 해석에 어려움이 있기 때문이다. 대홍수 이후 연대를 결정함에 있어 견해가 가장 첨예하게 분분한 사건은 ① 노아가 셈을 낳은 나이, ② 셈이 아르박삿을 낳은 나이, ③ 데라가 아브라함을 낳은 나이, ④ 이스라엘 자손의 애굽 거류한 기간 등이다. 이들의 해석에 따라 약 2백 년의 차를 보인다.

2-2. 애굽 거류(居留, sojourning) 기간 산정

아브라함 출생 전 구약 연대기 작성에 가장 중요한 사건은 이스라엘 자손의 애굽 거류 기간의 산정과 확정이다. 출애굽기 12장 40절의 KJV[72] 한글 번역은 "이스라엘 자손이 애굽에 「거주(居住)」한 지 「사백 삼십 년」이라"하였으나, KJV 원문은 "the 「sojourning」 of the children of Israel, who dwelt in Egypt[73], was 「four hundred and thirty years」"인 sojourning과 dwelt로 설명했다. 「sojourning」은 주로 장기간이 아닌 일시적 거주, 거류[74] 등을 의미인 단어를 사용하고 또 애굽에 살았던(dwelt) 이스라엘 자손의 sojouring 기간을 430년이라 하였다. 「sojourning(거류)」을 사용한 점은 여러 의미와 배경이 있다. 우리말 번역은 sojourning과 dwelt 두 단어를 합하여 「거주」라고 의역 내지 오역을 하였다. 따라서 거류의 실제적 의미를 살피는 것은 매우 중요한데 이는 아브라함과 그의 자손이 거류한 개념과 거류 기간을 파악하는 핵심 단어 중 하나이기 때문이다. 이 정의를 파악해야 애굽 거류 기간을 알게 된다.

이스라엘 민족의 거류(sojourning)의 개념을 살피자. 우르에서 가나안 지역으로 약 1,800km 이주한 아브라함은 선점하여 사는 가나안 족속의 구역에 들어갔다. 아브라함 이후 이삭, 야곱은 가나안 족속처럼 왕도 없고 성읍을 건축하지 못하고 광범위한 구역(남북으로는 하란에서 이집트까지, 동서로는 블레셋에서 레바논 구역까지)을 목

72 KJV(Athorized King James Version, 흠정역)는 잉글랜드, 스코트랜드 및 아일랜드 왕 King James 1세의 명으로 1,604-1,611년에 번역된 성경이다.

73 Athorized King James Version, Holy Bible(1954), International Bible Press는 콤마를 사용하여 관계대형용사절로 표현했는데 애굽에 거주했던 이스라엘 자손이 단지 애굽에 거주한 기간을 포함해 총 430년을 거류한 내용을 설명하였다. 오늘날의 KJV은 이를 콤마 없이 제한적 용법으로 표현하고 있다. 172쪽 2-2-4. 215년설을 참조.

74 일차적으로 「거류」란 남의 영토에 머물러 사는 것을 말한다.

축으로 장막(텐트)를 짓고 떠돌며 살았다. 아브라함의 아들 이스마엘이나 야곱의 장남 에서 역시 이방족과 결혼하거나 그들과 섞여 살았다. 실제 아브라함과 그의 후손이 가나안으로 거주한 후 가나안 족속을 몰아내어 땅을 차지하여 살기 시작한 것은 아브라함의 가나안 첫 이주 후 484년[75]이 지난 후였고 실제 자신의 땅에 성읍을 건축하고 거류가 아닌 최종 안정된 거주 시점은 다윗 왕 때였으니 아브라함의 가나안 이주 후 일천 년 정도가 되어서였다. 사도행전 묘사를 보면 아브라함이 우르에서 가나안 땅에 도착한 후 아브라함과 그의 자손이 가나안 지역에서 "*발 붙일 땅 만큼의 유업을 주지 아니 하시고 이 땅을 아직 자식도 없는 저와 저의 씨에게 소유로 주신다고 하시고 - (중략) - 그 씨가 다른 땅에 나그네 되리니 그 땅 사람이 종을 삼아 사백 년 동안을 괴롭게 하리라 하시고* (사도행전 7:5-6)"라 하였다. 아브라함과 후손들이 가나안과 애굽 및 광야에서 떠도는 나그네의 생활을 오랫동안 이방 땅에서 유리한 것으로 묘사하였다. 이 개념이 아브라함과 후손들이 생활한 성경에서의 "거류"이다.

야살의책 기록으로는, 하나님의 지시로 55세 아브라함이 함의 자손인 가나안 족속이 선점한 땅에 처음 들어와 70세까지 15년을 주로 헤브론에서 거주했었다. 이는 정착이 아닌 남이 사는 지역을 1차로 잠시 거류(sojourning)한 것으로 묘사하였다. 가나안 족속처럼 많은 혈족과 인구가 있는 것도 아니고 성읍을 갖지 못하고 단출한 가족이 장막을 쳐 옮겨 다니는 전형적인 유목민의 삶이었다. 아브라함은 55세부터 70세까지 1차로 가나안에서 15년을 살다 다시 부모형제가 있는 하란으로 돌아가 5년을 거주 후 75세에 조카 롯 등 72인을 동반하고 가나안으로 다시 온 후 100년 동안 여러 곳을 옮겨 다니며 살다 가나안에서 175세로 죽었다. 야살의책을 살피면 그나마 가나안 지역에서 거류할 수 있었던 배경에는 하나님의 보호와 인도하심 이외에 아브라함의 아버지가 매우 높은 사회적 위치(니므롯의 군대장관)와 후견인인 노아와 셈의 영향력으로 보인다.

어쨌든 창세기 12장 10-20절 및 야살의책 15장 33-47절에 가뭄을 피해 애굽으로 갔다고 돌아온 아브라함 78세 즈음 벧엘과 아이 사이 땅에서 함께 살았던 조카 롯이 가축에게 꼴을 먹이면서 가나안 족속과 브리스 족속의 관할 구역에 들어가자 가나안 사람이 아브라함과 이 일로 다투었다고 하였다. 아브라함이 롯에게 여러 차례 주의하였지만 조카 롯은 이 말을 듣지 않았다. 아브라함이 롯에게 한 말을 야살의책에서 살피면, "너는 내가 이 땅에서 가나안 자손들 가운데 「이방인」이라는 것을 알지 못하느

75 실제 아브라함은 55세에 가나안에 첫 발을 디뎠고(AM 2,005) 100세에 이삭을 낳고 이삭은 60세에 야곱을 낳고 야곱은 130세에 애굽으로 이주하였으며 이스라엘 자손은 210년을 머물고 광야에서 40년을 지낸 후 가나안 땅에 돌아왔으니(AM 2,489) 총 484년이 된다.

냐?"라고 심히 꾸짖고 결국 롯과 헤어지는 장면이 나온다. 이 장면은 창세기 13장에서 아브라함의 목자와 롯의 목자가 꼴을 먹이는 문제로 서로 다툰 상황이 (한번이 아니라 수차에 걸쳐) 가나안 사람과 브리스 사람이 거주한 구역에서 발생했음을 간단히 설명하고 있다. 이처럼 아브라함은 여러 족속이 선점하여 사는 타인의 구역에 들어가 눈치 보며 산 배경이 정착 또는 거주가 아닌 「거류(sojourning)」의 개념이다.

하나님께서 아브라함에게 가나안으로 가라 하였고 또 큰 민족을 이루게 하겠다고 약속하였음에도 자신은 가나안 지역에서 현실적으로 「이방인」으로 생각하였고 하나님께서도 실제 가나안에서 이방족으로 살 것이라 아브라함에게 말씀하셨다. 이러한 아브라함은 아모리 족속이 선점한 땅에 인근에서, 또 돈을 주고 막벨라 굴을 매입하거나 아비멜렉과 협약을 맺는 등 안착하려 노력하였다. 아버지 데라가 거한 하란을 70세에 가서 5년을 머물다 75세 아브라함이 가나안으로 2차 이주 이후 총 100년을 살았으나 가나안에서의 거주를 정착이 아닌 이방 땅에서의 거류로 생각하였다. 정착할 수 있는 성읍과 왕 없이 떠돌아다닌 아브라함의 생활 방식과 현실적 생각이 그의 자손들에게 영향을 주었고 출애굽 후 가나안 땅을 정복하기까지 스스로를 이방인 또는 나그네로 생각하였다. 가뭄을 피해 애굽으로 내려간 이스라엘의 후손 역시 수백 년의 삶을 애굽의 관할 구역인 남의 땅에서 산 것이므로 KJV 번역자가 거주가 아닌 거류(sojourning)라 하였다. 그러나 우리말 성경은 sojourn과 dwell의 개념을 각각 분리하여 별도로 해석하지 않고 「거주」라고 통합하여 번역하고 있다.

2-2-1. 애굽 거류설

< 표 2-2-1 > 애굽 거류설

설	내용	비고
400년설 (햇불언약)	언제부터 언제까지 또는 누구부터 누구까지 해석 없이 하나님께서 아브라함에게 직접 계시	창세기 15:13, 사도행전 7:6
430년설	애굽 입국 시부터 출애굽 시까지 430년	출 12:40-41 문자적 해석
430년의 이분설 (215년+215년)	1.아브라함부터 야곱 애굽 입국 130세까지 215년	갈라디아 3:15-18의 해석 ,
	2. 야곱 이집트 이주부터 출애굽 시까지 215년	제임스 어셔, 헨리 M 모리스 등
210년설	1. 아브라함 70세부터 야곱 입국 130세까지 220년 2. 야곱 이집트 입국 시부터 출애굽까지 210년	창세기 15:13의 400년설을 재해석, 야살의책
4대 만에 (햇불언약)	1. 대족장 4세대: 아브라함-이삭-야곱-요셉	엔드류 J. 테시아 등
	2. 애굽 출생 4세대 (유다자손): 람 - 암미나답 - 나손 - 살몬	헨리 M. 모리스 등
	3. 애굽 출생 4세대 (레위자손) : a) 아므람 – 아론 - 엘르아살 - 비느아스 b) 아므람 - 모세 - 게르손 - 요나단	
	4. 입국-출생 4대(레위 자손): 레위 - 그핫 - 아므람 - 모세	

애굽 거류 기간에 관련 묘사가 여러 가지인데 일반 역사학계에서는 120년이었다고 하는 설이 있으나 검토할 만한 것이 전혀 아니다. 「400년」은 창세기 15장에서 최초로 하나님께서 직접 애굽으로 가기 전 특정하셨으나 내용상 불특정한 점이 있어 신학적으로 해석을 정확히 하지 못하고 있다. 이후 수백 년이 지나 출애굽기 12장에 언급된 「430년」은 출애굽 후 모세가 기록한 묘사인데 이 역시 내용상 불특정한 점이 있다. 그리고 약 1,500년이 지나 신약 성경은 이 400년과 430년을 그대로 원용한다. 430년설도 두 가지로 나뉘는데 430년 전체 기간을 애굽에 거했다는 설, 430년을 둘로 나누어 애굽 입국 전후를 둘로 양분하는 215년+215년으로 보는 설이며, 그리고 210년으로 보는 설이 있으나 아직 체계적 연구가 되어 있지 않다. 이와 별도로 이방 땅에서 「4대만」에 가나안 땅으로 돌아온다는 내용은 하나님께서 창세기 15장에서 400년과 아모리 족속의 죄가 차지 아니한 조건을 언급할 때 함께 언급한 내용이다.

애굽 거류에 관한 첫 암시는 창세기 15장 횃불언약 때이다. 이때는 하나님께서 아브라함이 가나안 초기 거류 시 아브라함이 궁금해 할 훗날의 여러 일을 아브라함에게 직접 계시한 내용 중 아브라함의 자손이 이방에서 객이 되어 그들을 400년 섬기다가 4대만에 가나안 땅으로 돌아온다는 것인데 아모리 족속의 죄가 찰 때이며(15:13-16), 동시에 아브라함에게 이 계시와 함께 축복의 언약으로 하나님께서 아브라함에게 번제물의 종류를 명령하여 아브라함이 준비한 여러 번제물을 횃불로 태워 하나님 말씀의 증거로 직접 삼으셨다. 이 계시에서 구체적으로 확인해야 하는 점은 하나님께서 아브라함에게 계시한 시기(아브라함의 나이), 이방에서 객으로 사는 기간(400년)의 시종점, 4대에 관한 정의, 아모리 족속의 죄, 오랫동안 받아야 할 고통의 이유 등이다.

여기서 혼돈과 선입견을 갖지 말아야 할 것은 「이방」에서 객으로 지낼 「400년」을 「애굽」에서 「400년」간 객으로 지낼 것이라고 지칭한 것이 아니라는 점이다. 이런 선입견을 갖으면 430년도 400년처럼 해석할 수 없다. 이는 아브라함과 그 자손이 완벽한 지역을 차지하고 지도자가 있는 안정된 거주가 아닌 떠돌이 삶을 갖게 될 것 즉 거류를 말한 것으로 이해해야 한다. 하나님께서 말씀한 시점은 아브라함이 가나안 거주 초기이고 야곱이 애굽으로 가기 약 212년 전이며 어떤 이방 땅인지 아브라함에게 정확한 명칭을 가르쳐 주지 아니한 것으로 이해해야 한다. 그리고 아브라함이 죽기 15년 전 태어난 손자 야곱이 아브라함이 죽은 후 115년에 애굽으로 갈 것도 아브라함은 전혀 몰랐다. 400년설과 430년설을 정확히 파악하는 일은 하나님의 말씀에 따라 여러 사건이 완성된 내용의 결과로 해석 가능하다. 하나님께서 아브라함에게 계시한 시점과 아브라함, 이삭, 야곱 및 그의 후손 행적과 출생 연도, 이스라엘 자손의 인구 증가 등과 밀접한 관계가 있어 이를 면밀히 살펴 종합적으로 판단 가능한 사안이다.

애굽 거류설과 다른 사안이지만 먼저 창세기 등에 나타난 묘사의 모호성 내지 불특정 특징을 살피자. 이를 살피는 것은 성경의 묘사적 특징 즉 불특정성을 이해하고자 함이다. 창세기는 아브라함의 부친 데라가 언제 아브라함을 낳았는지 출생 시기를 밝히지 않고 있어 추정할 수밖에 없다. 창세기의 불특정 묘사 방식을 학자들이 서로 다른 방식으로 확정하여 해석하기에 신학적 쟁점이 되고 있으며 심지어 영적 해석으로까지 확장되기도 한다.

예컨대 창세기 11장 26절 내지 12장 4절 그리고 사도행전 7장 4절을 통해 아브라함의 아버지 데라가 죽은 205세에 아브라함이 75세였고 이때 하란을 떠나 가나안으로 갔다고 해석하여 데라 130세에 아브라함을 낳았다고 많은 신학자가 단정하고 연대기를 작성하기도 한다. 반면 헨리 M. 모리스 교수는 사건의 배열은 역사상의 시간적 순서가 아니라 기록상의 배열에 불과한 것으로 데라가 70세에 아브람을 낳고 아브람이 75세에 부름받았으므로 데라 145세 때 아브라함이 가나안으로 이주하였다고 주장한다.[76] 야살의책 해석도 데라 70세에 아브라함을 낳았다(야살의책 7:51)고 하고 데라가 죽을 때 이삭 35세였다고 기술하여 데라가 70세에 아브라함을 낳은 것을 재차 확인한다 (야살의책 22:33). 창세기와 사도행전 해석에 근거한 서로 다른 해석으로 연대기를 작성 시 60년의 차이를 보이나 본 고찰에서 70세에 아브라함을 낳았다고 판단하였다. 이처럼 창세기 또는 성경의 묘사 방식과 기술 내용이 특정하는 듯하나 실제 불특정된 의미를 사용하고 있어 해석에 어려움이 내재한다.

아브라함과 관련된 창세기 묘사 중 막연한 추정의 다른 예는, 창세기 11장 26절 묘사 순에 따라 데라의 세 아들 중 아브라함이 장남, 차남은 나홀, 막내는 하란으로 이해하도록 하나, 야살의책 해설은 데라가 하란과 나홀을 38세 때 낳았다(야살의책 7:22)고 하였으며, 아브라함은 데라가 70세에 낳은 막내로 묘사하고 아브라함의 두 형은 동일 시기에 태어난 쌍둥이인 것으로 생각하게 기록하였다. 참고로 창세기 24장 15절에 나홀을 아브라함의 「동생」으로 번역한 것은 실제로 동생이 아닌 형제(brother)의 개념을 창세기 11장 26절의 묘사 순에서 판단하여 임의로 번역한 것이다.

그러나 창세기 11장 끝부분에서 확인할 수 있듯이 아브라함은 우르에서 사망한 하란의 딸인 사래(=이스가[77], 사라)와 결혼하여 하란으로 왔고 또 75세에 아내 사라와 함께 자식 없이 가나안으로 갔음을 확인할 수 있다. 그런데 창세기에 우르에서 아브라

76 죤 위트콤·헨리 M. 모리스(1985), 전게서, p 570-573

77 이동진 편역, 외경 제2창세기, p 250에 의하면, 아브라함의 할아버지는 「스룩」인데 다른 이름은 「우르」였다는 것이며 우르의 아내 이름이 「이스가」였다고 한다. 하란이 딸 이름을 지을 때 할머니의 이름을 차용한 것으로 보인다.

함이 사라와 결혼한 나이는 묘사되지 않았으나 사라가 아브라함보다 10세 어린 점(창세기 17:17)에서 아브라함은 하란의 동생임을 유추할 수 있고 야살의책은 아브라함이 하란과 나홀의 동생으로 명확히 기록하고 아브라함의 형 하란이 우르에서 죽은 해인 아브라함 50세에 결혼하였다고 하였다 (야살의책 12:36 및 12:44). 창세기 11장 28-30절에서 보면 하란은 아들인 롯, 딸인 사라와 밀가인 1남2녀를 두었는데 하란의 형제인 나홀은 하란의 딸 밀가와 결혼하였고 하란의 형제인 아브라함도 하란의 딸인 사라와 결혼한 점으로 보아 하란은 아브라함의 형으로 추정하는 일이 자연스럽다. 이런 추정을 성경상 부정할 만한 확정적 단서가 없다. 이외 창세기에서 애매하게 묘사한 예는 셈과 아르박삿 출생 시점 등도 마찬가지이다 (셈과 아르박삿의 출생 연대에 대하여는 제2장 5절에서 상술한다).

위처럼 성경에서 불특정 의미로 기술된 내용이 애굽 거류 기간에 관한 설이다 (표 2-2-1). 기존 학설 간에도 차이가 있고 또 기간 차이도 크다. 기존 설을 살피면 추정치 또는 문자 그대로 의존하는 해석이 많다. 창세기 15장 기록은 하나님께서 직접 하신 말씀으로 400년 동안 고통받고 4대 만에 가나안으로 돌아올 것이라 하였는데 언제부터 400년인지 또 4대가 어떤 사람인지 성경상 기록이 없으나 단서는 명백하다. 하나님으로부터 처음 계시가 있을 때 아브라함은 자손이 이방 땅에서 고통이 있을 뿐 그 구체성은 몰랐던 것 같다. 이 계시를 뛰어넘어 오랜 기간 후 애굽에서 고통받고 출애굽 후 거주한 기간이 430년이라고 기술되어 아브라함에게 계시한 400년의 개념과 어떤 관계 내지 차이가 있는지 성경 기록이 전혀 없다. 이들 기록에서 애굽 거류 기간의 차이가 약 30년 내지 약 200년 이상이어서 이를 면밀히 검토하지 않을 수 없는 것은 아담 출생 이후 성경 연대기를 정확히 완성하는 일로 매우 중요한 해석에 속하기 때문이다. 이러한 두 가지 기록 중 많은 신앙인이 보통 애굽 거류를 하나님께서 직접 말씀하신 400년이라고 말하지 않고 430년이라고 믿고 있는 점은 의아하다.

「400년」 및 「4대(4代) 만에」에 관한 내용은 "*네 자손이 이방에서 객이 되어 그들을 섬기겠고 그들은 <u>사백 년 동안</u> 네 자손을 괴롭히리니 그 섬기는 나라를 내가 징치(懲治)하리니 그 후에 네 자손이 큰 재물을 이끌고 나오리라. 너는 장수하다가 평안히 조상에게로 돌아가 장사될 것이요 네 자손은 <u>사 대 만에</u> 이 땅으로 돌아오리니 이는 <u>아모리 족속의 죄악이 아직 관영치 아니함</u>이라*"는 말씀에 연유한다 (창세기 15:13-16). 이 세 가지 조건은 하나님께서 아브라함에게 직접 말씀한 내용이어서 불변의 사실로 해석해야 한다. 400년 및 4대와 아모리 족속의 죄가 찰 것이다는 세 조건이 모두 충족될 때 돌아올 것이다는 점을 하나님께서 직접 계시한 것이다.

또 이 400년은 스데반의 설교 중에 하나님께서 아브라함에게 하신 말씀을 인용한 구절에서 살피면, "*하나님이 또 이같이 말씀하시되 그 후손이 다른 땅에서 나그네가 되리니 그 땅 사람들이 종으로 삼아 사백 년 동안을 괴롭게 하리라 하시고*"라고 한 말씀에서도 확인된다 (사도행전 7:6).

한편, 430년설은 이스라엘 자손이 출애굽 후 출애굽기에 설명하기를, "*이스라엘 자손이 애굽에 거주한 지 430년이라. 430년이 끝나는 그 날에* 여호와의 군대가 다 애굽 땅에서 나왔은 즉"으로 기록한 내용이다 (출애굽기 12:40). 이를 70인역은 "애굽과 가나안에 거한 기간이 430년"이라고 확연한 차이로 기록하고 있다. 이처럼 애굽 거류 기간에 대한 창세기, 출애굽기, 사도행전 및 갈라디아서에 기록된 내용으로 정확한 의미 파악이 어렵다.

성경학자들은 400년을 430년의 어림수로 말씀하였다는 설과 실제 문자적으로 해석하는 설이 있는데 성경에 기록된 대부분의 연수나 숫자는 정확한 단위로써 400년이나 430년을 가상이 아닌 실제 숫자로 봄이 옳다. 다만 성경에 430년과 400년을 교차하여 사용하는 것은 성경(Scripture)을 작성하면서 원 자료를 인용하거나 기점을 달리 계산한 것으로 예상하거나 전제할 수 있다. 특히 400년과 4대를 특정한 언급은 하나님께서 직접 말씀한 점으로 기억해야 한다. 확실한 점은 출애굽 후 광야 40년의 방황한 기간은 이에 산입하지 않는 점이다.

가장 먼저 앞에서 설명한 거류의 정확한 개념을 갖고 애굽에서 생활한 실제 거주 기간이 400년 또는 430년이 틀림을 검증해 보자. 그리고 215년설 또는 210년설을 검토한 후 4대가 누구이고 언제의 누구인지를 검토해 보자. 이들에 관한 기록, 해석 등은 나중에 통태적 인구 분석으로 다시 검증할 것이다.

2-2-2. 400년과 430년설의 불가성

이스라엘(야곱) 자손이 애굽에서 거주한 전체 기간이 400년 또는 430년이었다는 장기 거류설은 성경 자체로도 불가능하며 동태적 인구 분석으로도 (거의) 불가능하다. 이유는 매우 간단한데 첫째 레위 지파와 유다 지파의 족보가 그 증거이며, 둘째 사도 바울의 해석이며, 셋째 동태적 인구 추정에 의한 검증 등이다. 먼저 레위와 유다 족보로 불가능함을 살펴본 후 인구 추정으로 검증해 보자.

야곱이 130세에 애굽으로 내려 갔을 때 이미 애굽에 있던 요셉과, 야곱의 아들 11명과, 그의 손자·손녀와 증손는 모두 70명이었고 그 중 남자는 68명이었다. 그런데 성경상 야곱의 아들 레위가 애굽으로 들어갈 때 나이는 정확히 밝혀져 있지 않으나 창세기와 기존 학설 및 야살의책으로 추정하여 종합하면 그의 나이 44세 때이다 (표 2-2-2 및 표 2-5-1). 창세기 등으로 추정하면 77세[78] 야곱은 하란에 있는 삼촌 라반의 집에 가서 7년을 일한 후 84세 때 레아와 결혼하여 네 아들을 낳았는데 레위는 셋째 아들이므로 빠르면 86세에 낳았다. 야곱이 애굽에 이주한 나이가 130세(창세기 47:9)이어서 레위는 44세 때 애굽으로 갔을 것이다.

여기서 중요한 레위의 자손에 관한 정보 또는 단서를 구약에서 찾아보자. 레위가 입국 시 세 아들(게르손, 고핫(=그핫), 므라리)을 낳은 후 그들을 동반하고 애굽에 입국하였으며(창세기 46:11) 레위는 애굽에서 93년을 더 산 후 137세로 사망하였다 (출애굽기 6:16). 즉 레위는 하란 출생이고 레위의 세 아들 출생은 가나안 지역이었다. 그런데 레위는 딸이 있었으니 그 이름은 모세의 어머니인 「요베겟」으로 애굽에서 출생하였다 (출애굽기 6:20, 민수기 26:59).

문제는 신학자들이 레위의 3남 1녀의 출생 기록을 정확히 이해하지 않고 있어 430년을 주장하거나 430년설을 문자대로 믿는 듯하다. 심지어 성경상의 "낳고"의 의미를 부자지간의 관계가 아닌 세대를 건너띄운 세기(世紀)[79] 등의 의미로 파악하여 이 개념을 레위 지파 족보에 적용하여 해석한다. 레위가 낳은 자식이 3남 1녀인 점과 요게벳이 모세를 낳았다는 관계는 위 창세기, 출애굽기 및 민수기에 병렬적으로 동일하게 기록되어 명백한 사실이고 의심의 여지가 전혀 없다. 이를 부정할 수 없다. 또 레위가 입국 시 그핫(고핫)을 낳지 않았고 레위의 허리 안에 있었다는 설을 주장한다. 즉 "낳고"의 문자적 의미를 부정하여 430년을 뒷받침하려는 학설을 주장하기 위해 부자지간이 아닌 세기(世紀)로 보거나 선조들의 허리 안에 있다고 보는 것이다. 레위는 세 아들을 가나안에서 낳고 애굽에서 딸 요게벳을 낳았다. < 표 2-2-2 >에서 보듯이 레위가 44세에 애굽으로 이주하였는데 이주 전 아들 3인을 출산하지 않았다는 주장을 하게 되면 즉 야곱에게 셋째 아들인 레위에게 아들이 없었다면 다른 형제들도 심지어 요셉도 자녀를 출산하지 않은 것이 되어 애굽 입국 가족 숫자 자체를 부정하는 심각한 결과를 초래한다. 야곱이 입국 시(또는 후) 야곱의 손자는 유다와 아셀 및 베냐민이 낳은 자녀 6인이고 딸은 1인이고 손녀는 2인이다. 아내와 손녀 및 종을 포함하면 애굽 이주 가족은 200-300명 정도였을 것이고 목축업을 하였으므로 수천의 가

78 에스라 성경지도·선도(2014), 전게서, p 137에 야곱이 70세에 삼촌 라반의 집에 간 것으로 계산하였으나 77세로 계산한 다른 출처도 여럿이다.

79 유진 H. 메릴, 곽철호 옮김(2011), 제사장의 나라, pp 90-95

축을 동반한 대규모 이동이었을 것이다.[80] 이삭이 180세로 죽은 후 10년이 지난 야곱 130세에 애굽으로 이주하였기에 이삭으로부터 야곱에게 귀속된 종은 많아 보이지 않으며 야곱보다 에서를 더욱 사랑한 이삭은 에서에게 많은 재산을 물려준 듯하다.

< 표 2-2-2 > 애굽 도착 시의 야곱 자손들 (창세기 45, 46장 등: 야곱 애굽 입국 시 나이 130세)

야곱 (147세) 12지파 (입국 나이-수명)		남 자	여자
레아 (남31, 여2)	르우벤(엘리우람): 46세 - 125세	하녹·발루·헤스론·갈미 (4인)	
	시므온(디나, 부나): 45세 - 120세	여무엘·야민·오핫·야긴·스할·사울 (6인)	
	레위(아디나): 44 - 137세	게르손·그핫(고핫)·므라리(3인)	요게벳(1세) (주 4 참조)
	유다(알리앗, 다말): 43세 - 12세	셀라·베레스·세라와 베레스의 아들 헤스론·하물 (5인)	
	잇사갈(아리다) : 41세 - 122세	돌라·부와·욥·시므론 (4인)	
	스블론(므리샤): 42세 - 114세	세렛·엘론·얄르엘 (3인)	디나(4세?)
실바 (남15, 여1)	갓(웃시): 42세 - 125세	시본·학기·수니·에스본·에리·아로디·아렐리 (7인)	
	아셀(하두라): 41세 - 123세	임나·이스와·이스위·브리아와 브리아의 아들 헤벨·말기엘 (6인)	세라
라헬 (남14)	베냐민(메갈리아, 아리밧): 30세-?	벨라·베겔·아스벨·게라 및 벨라의 아들 아룻·나아만/에히·로스·뭅빔·훕빔 (10인, 주6참조)	
	요셉(오스낫):17세 – 39세- 110세	므낫세와 에브라임 (2인)	
빌하 (남7)	단(아블라렛): 40세 - 120세	후심 (1인)	
	납달리(므리아): 43세 - 132세	야스엘·구니·예셀·살렘 (4인)	
합 계 (남67 여3)	12인(야곱의 아들)	55인 (야곱의 손자 49, 위 밑줄의 증손자 6인)	3인

주 1: 창 46:8-27. 야곱의 아내와 며느리들은 제외하였고 야곱과 레위의 딸 요게벳을 포함하면 70명이고 야곱을 포함하면 71인이다. 애굽으로 들어간 열두 아들이 입국 전 낳은 남자가 총 51인이므로 한 가구당 남자 4.25명을 낳고 입국하였다.

주 2: 12족장 괄호 내는 아내 이름 및 괄호 내 앞 수는 애굽 입국 시 나이이고 뒷 수는 사망 나이이다.

주 3: 요셉은 17세에 애굽으로 팔려간 후 22년이 지난 후 요셉 나이 39세 때 야곱 가족이 이주하였다.

주 4: 야살의책 59:9에서는 레위의 딸 요게벳은 이집트로 내려갈 즈음에 출생하였으니 도착 시 1세였다. 126세의 요베겟은 레위의 손자 고핫의 아들 아므람과 결혼하여(출6:20, 민26:59, 야67:2) 딸 미리암과 아들 아론과 모세를 낳았다. 출애굽 전후의 이스라엘 자손의 족보는 역대상 2장부터 8장 참조.

주 5: 야곱 아들의 수명은 야살의책에 의한 것이고 베냐민(불명)을 제외하고 평균 약 123세이다. 베냐민은 레위보다 14년 어리나 레위보다 먼저 사망한 것으로 추정된다 (야63:2).

주 6: 베냐민 10세 때 야곱이 하란에 사람을 보내 데라 증손자인 아람의 딸인 메갈리아를 며느리로 삼았고, 추후 다시 베냐민 18세 때 아브라함의 아들 쇼므론의 딸 아리밧을 며느리로 삼게 하여 메갈리아가 앞의 5명 낳고 아리밧이 뒤의 5명을 낳았다 (야살의책 45:21-22).

주 7: 사도행전 7:14에 요셉이 야곱에게 사람을 보내어 야곱과 온 친족 75인을 초청하였다는 내용은, 70인역과 사해 히브리 사본에 야곱의 허리에서 나온 사람을 계수하여 요셉의 아들들이 낳은 9을 포함하여 요셉을 제외한 66인 + 요셉의 가족 9 = 75로 계산한다는 것이다. 야곱이 애굽 도착 시 요셉의 손자(6인)는 출생하지 아니한 것으로 보인다. 사도행전의 계산법에서 어떤 출처가 있음을 알 수 있다.

주 8: 베냐민만이 가나안에서 출생하고 그의 11명의 형은 하란에서 출생하였다.

80 100세인 야곱이 하란에서 돌아올 때 소유한 가축은 총 550마리였다는 창세기 32장과 에서가 부리는 종이 400인이었다는 것과 창세기 33장을 참조.

모세까지의 레위 계보를 보면 < 레위 - 고핫 - 아므람 - 모세(아론) >이다. 레위의 아들「고핫」이 몇 살에 애굽에 들어갔는지 알 수 없고 고핫은 애굽에 살면서 네 아들 중 장남으로 추정되는「아므람」을 낳았으나 몇 살에 낳았는지 알수 없으며 고핫은 133세에 죽었다(출애굽기 6:18).「아므람」은 137세로 살며 레위의 딸인「요베겟」[81]을 아내로 맞이하여「미리암」,「아론」과「모세」를 낳았다 (출애굽기 6:20, 15:20).

레위 자손의 성경상 계보와 수명은, < 레위(137세) - 고핫(133세 - 아므람(137세) - 모세(120세) >이다. 레위는 하란 출생이고 고핫은 가나안 출생이고 아므람과 모세는 애굽 출생이다. < 표 2-2-3 의 도 A >에서 고핫이 1살에 애굽에 들어갔다고 가정한 후 사망 나이인 133세에 임신 후 다음 해에 아므람을 낳았다 하고, 아므람은 사망한 나이 137세에 모세를 임신 후 다음 해에 낳았다고 가정하면, 모세가 80세 때 출애굽하므로 이들 세 사람의 출생 시기와 나이를 합한 기간이 애굽에 거주한 기간이다. 즉 세 사람의 애굽 거주 기간에 2년을 추가하면 351년(=132+1+137+1+80)이 된다. 따라서 레위 자손의 계보로 보면 430년 거류설보다 79년이 적고 400년보다 49년이 적다. 즉 애굽 거류 430년 또는 400년은 불가하므로 출애굽기 12장 40-41절 등의 문장을 재해석해야 한다. 즉 애굽 거류 기간이 430년과 400년이 아니라는 점이 명확하다.

< 표 2-2-3 > 레위 계보에 의한 애굽 거류 추정 기간

A. 레위 자손 수명으로 본 최대 애굽 거류 기간 추정(창세기 및 민수기)

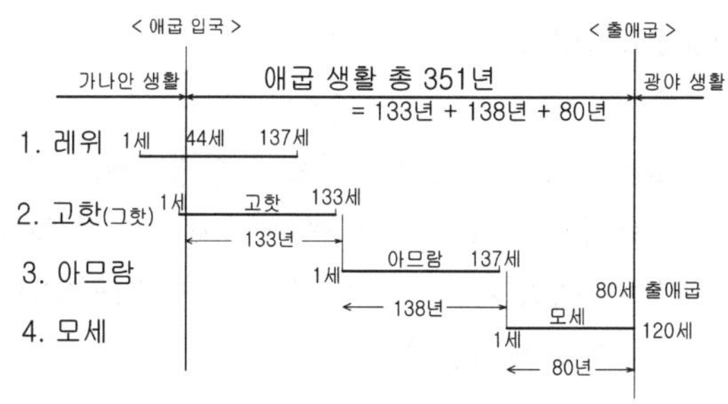

B. 모세의 모친 요게벳 출산으로 본 애굽 거류 기간 추정

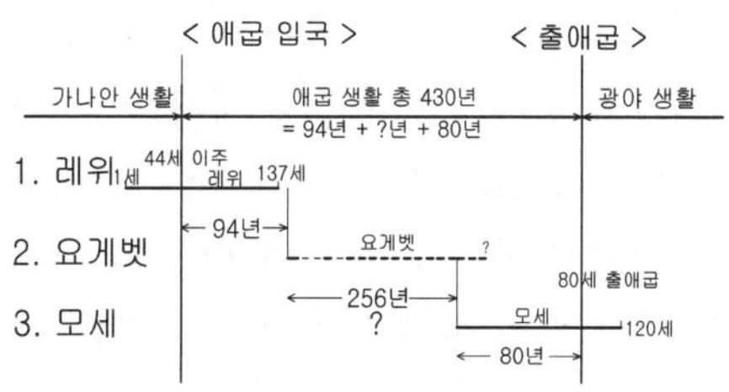

C. 모세의 모친 요게벳 출산으로 본 애굽 거류 기간 (야살의책)

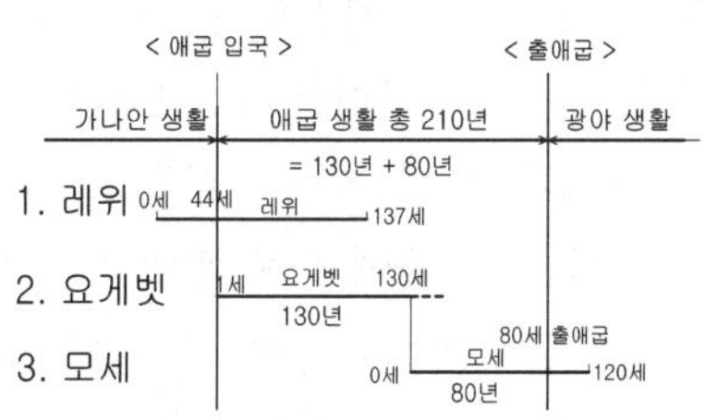

---

81 요게벳의 뜻은 하나님은 영광이시다. 그는 선지자로 기록되어 있다. 야살의책으로 보면 레위가 44세에 애굽에 입국했으므로 레위가 44세에 요게벳을 낳았다 (표 2-2-2 및 2-5-1 참조).

다음으로 < 표 2-2-3 의 도 B > 경우로, 모세의 모친인 레위의 딸 요게벳의 경우로 살펴보자. 요게벳은 애굽에서 출생하였다. 레위는 44세 때 애굽에 입국하여 137세로 죽었는데(출애굽기 6:16) 레위가 죽은 해에 요게벳을 임신하고 레위가 죽은 다음 해에 출산하였다고 가정하자. 레위가 입국 후 93년 지나 임신하고 다음 해에 출산하였으므로 입국 후 94년이 경과하여 출산한 것이 되고 모세 나이 80에 출애굽하였으므로, 430년을 애굽에 거주하였다면, 요게벳이 모세를 출산한 나이는 430-93(레위의 애굽 거주 기간)-1(레위 사망 후 다음 해 출산)-80=256세가 된다. 여기서 요게벳이 모세를 낳은 나이가 256세 정도라는 결과는 동시대 사람이 아니며 이는 아브라함의 5대조인 벨렉 시대의 나이이다. 자기 아버지인 레위와 요게벳의 형제와 자손들보다 2배 이상을 살았다는 것이다. 당시 사람은 약 130세 정도를 산 것인데 지나친 장수로 불가능하다. 요게벳의 남편은 아므람이며 그 계보는 < 레위 - 고핫 - 아므람 >이고 이들 모두의 수명은 130세 정도이다. 요게벳이 애굽 왕가에 영아인 모세를 돌보았더라도 최소 260세 정도를 살았다고 계산되므로 지나친 결과를 낳는다.

흥미로운 기록이 야살의책에 있는데, 요게벳은 애굽으로 가는 길에 낳은 레위의 딸로 애굽 입국 시 나이가 1세로 계산되고 하나님의 계시에 따라 요게벳이 126세부터 모세 누나인 미리암을 낳은 후 아론을 낳고 모세는 130세에 낳았다고 기록하고 있다(야살의책 59:9 및 68:3-4). 이 기록에 의하면 요게벳은 하나님의 계시로 자녀를 출산한 것으로 묘사되었고 특이점은 매우 늦은 나이에 2남 1녀를 출산하였다. 요게벳의 애굽 입국 후 모세 출산 나이(130)에 모세 출애굽 나이(80)을 합하면 210년이 된다는 점을 도출할 수 있다 (표 2-2-3의 도 C).

위 A 및 B의 두 가정을 400년설에 동일한 방식으로 각기 적용해 보면 A 경우는 49년이 모자라고, B 경우는 요게벳이 216세가 되어 아버지 레위와 형제보다 약 80-90세를 더 산 것이 되므로 역시 레위 지파 계보의 수명으로 애굽 400년설을 설명하지 못한다. 즉 애굽 거류 400년설도 부정된다.

다음으로. 유다 지파로 보아도 430년설이 타당하지 않다. < 표 2-2-2 >에서 보듯이 43세 유다는 손자 「헤스론」을 동반하여 애굽에 입국하였다. 유다의 입국 나이로 보아 손자인 헤스론 나이는 5세 전후로 보인다. 유다 계보는, 유다 - 베레스 - < 헤스론 - 람 - 암미나답 - 「나손」 - 살몬 >으로 이어진다. 람, 암미나답 및 나손은 애굽에서 낳았고 「나손」은 출애굽 후 광야에서 매우 중요한 역할을 한 사람이다. 예수님의 30대 조상이기도 한 「나손」은 광야에서 유다 자손의 방백(方伯, prince 으뜸인 사람)으로 성막 진영을 갖출 때 동편에서 맨 앞장을 선 사람으로 그의 휘하에 가장 많은 장정 74,600명을 거느린 대장이기도 하였다(민수기 2:3, 10:14). 그리고 모세를 도와 인구 통계를 작성하였고 예물을 드릴 때도 앞장을 섰으며(민수기 7:12) 그의 누이는 아론의 부인이었으므로(출애굽기 6:23) 나손은 모세와 아론과 동시대에 출생한 사람이다. 모세는 레위의 3대손이고 나손은 유다의 5대손인데 나이가 유사했던 것으로 보이며 「나손」이 출애굽 시 나이는 약 70세였을 것으로 보인다. 나손이 아들 살몬을 일찍 낳았다면 살몬은 애굽에서 출생하여 가나안에 들어간 사람으로 1차 인구 조사 시 20세 미만이었던 것으로 보이며 살몬을 여리고를 정탐한 소년(여호수아 6:23)으로 칭한 점은 미혼이기에 소년으로 표현한 것으로 보인다. 살몬은 가나안 입국 후 정탐 시 도움을 준 기생 「라합」과 결혼하여 예수님의 족보에 오른 사람이다.

< 표 2-2-4 > 유다 계보에 의한 애굽 거류 추정 기간

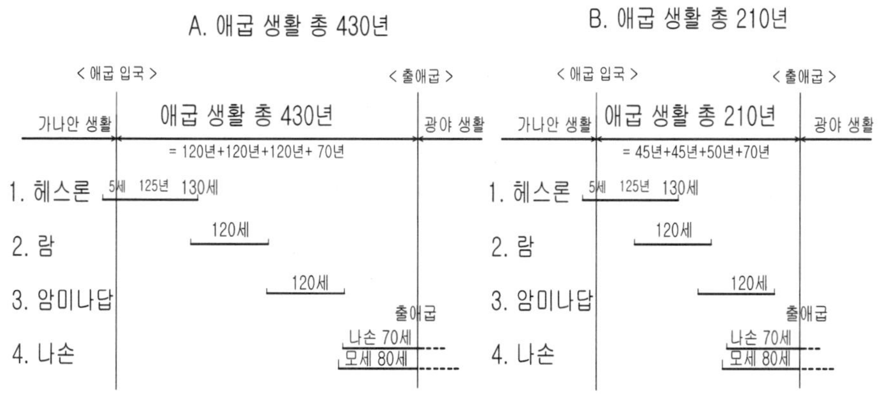

이러한 계보와 나이를 감안하고 애굽 거류 기간이 430년이라면 <표 2-2-4 의 도 A > 경우에서 보듯이 헤스론, 람, 암미나답이 그의 아들을 모두 약 120세에 낳은 셈이 된다. 즉 헤스론이 5세 정도에 애굽에 입국하여 120세에 람을 낳고, 람은 120세에 암미나답을 낳고, 암미나답은 120세에 나손을 낳았다면, 나손의 출생 시까지 (헤스론)120+(람)120+(암미나답)120+(나손)70=430년이 되어 나손이 출애굽 시 유다 지파의 방백의 역할을 충분히 감당할 수 있었을 것이다. 그런데 야곱의 열두 아들의 결혼 연령은 보면 < 표 2-2-2 >에서 추정할 수 있듯이 평균 30대로 보이므로 자식을 30-40대에 낳았다고 보아야 한다. 그런데 430년설이 맞다면, 베레스 - < 헤스론 - 람 - 암미나답 - 나손 > 계보에서 베레스, 람, 암미나답이 120세 정도에 그들의 아들을 낳았어야 430년설의 충족 조건을 만족해야 하므로 조건 충족을 위한 가정은 굉장히 낮은 확률이다. 만일 이 세 명 모두가 늙어서 젊은 아내를 새로이 맞아 자녀를 낳았다면 가능하다. 유다 지파 계보로 보아도 430년은 확률적으로 적정하지 않다.

이 유다 지파 계보를 400년설에 적용해 보더라도 베레스와 람과 암미나답이 각기 120세에 그의 아들을 낳아야 하는 충족조건이 성립되므로 가능성이 매우 낮다. 만일

< 헤스론 - 람 - 암미나답 - 나손 >의 계보에서 이들이 야곱의 아들처럼 자식을 50세 이전에 낳았다고 하면, 헤스론(45)+람(45)+암미나답(50)+나손(70)=210년이 되므로 이는 215년설 또는 210년설을 뒷받침한다.

끝으로, 모세가 출애굽 전 「르우엘(민수기 10:29)」이라는 이름을 가진 미디안 지방의 제사장 「이드로」의 딸과 결혼하였고 이드로는 출애굽 후 광야 생활 시 모세를 찾아와 몇 가지 조언을 하였다. 창세기 등에 의하면 미디안은 아브라함의 세 번째 부인 「그두라(가나안 여인으로 추정하나 확실하지 않다)」가 낳은 넷째 아들이므로 이드로가 미디안의 몇 대손인지를 살피면 애굽 거류 기간을 개략 추정할 수 있다. 그런데 창세기 등에는 미디안이 낳은 다섯 아들의 이름은 나열하였으나 이중 어떤 아들을 통해 이드로가 출생하였는지 기록이 없어 야살의책을 참조해 보니 미디안의 셋째 아들 하녹이 낳았다 하였다 (표 2-2-5의 도 A). 즉 < 아브라함 - 미디안 - 하녹 - 이드로 >이므로 이드로는 아브라함의 3대손으로 야곱이 낳은 열두 아들과 같은 계열이다.

< 표 2-2-5 > 아브라함의 부인 그두라의 자손에 의한 애굽 거류 추정 기간

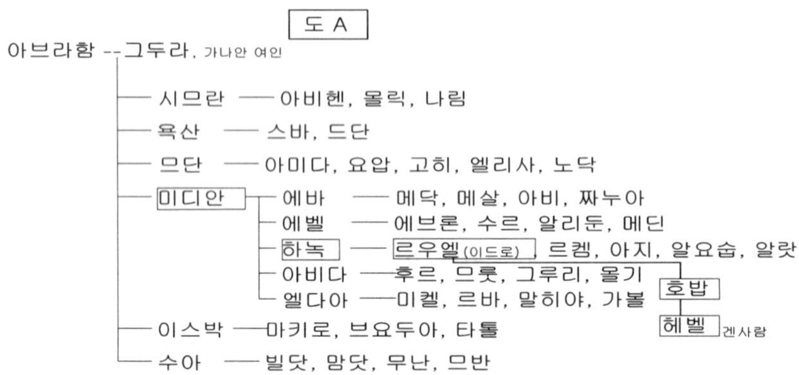

출처: 창세기 25:4 민수기 10:29-30, 역대상 1:33,
야살의책 25:1-13

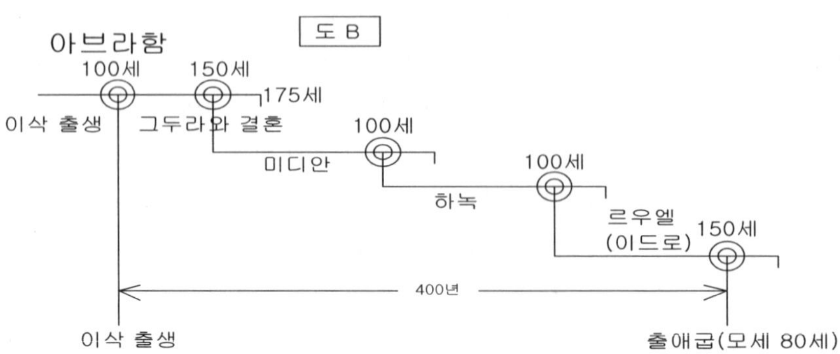

야곱의 아들과 같은 계열인 이드로가 출애굽 시까지 살았다는 점은 매우 특이하여 야살의책을 믿지 못하는 사람이라면 < 아브라함-미디안-하녹- ? -이드로 >처럼 하녹과 이드로 사이에 어떤 사람이 들어갈 수 있으나 야살의책이 미디안이 낳은 다섯 아들의 자녀를 상세히 기록하여 그 신뢰성에 의문이 적어 보인다.

아브라함의 처 사라가 죽은 해(AM 2,085)는 아브라함의 나이 137세였고 아브라함이 175세로 사망하였으니 사라와 사별 후 38년을 더 살았다. 셋째 부인 그두라와 결혼한 나이는 약 140세 후로 보인다. 혼자 지내기 적적한 아브라함 140세 때 아브라함의 할아버지 나홀과 아브라함의 형 나홀이 사망하고 또 이삭이 리브가와 결혼한 해였으므로 140세 후로 봄이 적정할 수 있다. 142세에 결혼하였다 가정하면 넷째 아들 미디안을 낳은 나이를 150세로 보자. 미디안은 다섯 아들을 두었는데 셋째 하녹을 낳은 나이를 60세로 가정하고, 또 하녹이 맏아들 이드로를 낳은 나이를 45세로 가정하면 출애굽 시 이드로의 나이를 살펴 애굽 거류 기간을 유추해 보자.

이 가정에 따라 아브라함이 그두라와 결혼하여 미디안을 낳은 해는 AM 2,098년이다. 이삭 출생이 AM 2,048년이므로 미디안은 이삭보다 50년 늦게 태어났다. 또 미디안이 하녹을 낳은 해는 AM 2,158년이며 하녹이 이드로를 낳은 해는 AM 2,203년이 된다. 그런데 출애굽 시 모세 나이가 80세였고 장인 이드로는 모세보다 나이가 많았던 것으로 보이는데 모세 80세 때 이드로 나이를 100세로 가정하면 모세 80세가 되는 해가 AM 2,303년이 된다. 즉 아브라함이 그두라와 결혼 후 출애굽까지의 기간은 213년이 된다.

그런데 사라가 죽은 해(AM 2,085)부터 야곱이 애굽에 이주한 해(AM 2,238)까지는 정확히 153년이 된다. 아브라함과 그두라의 계보에서 자식 출산을 가정한 위 기간에 따라 계산한 출애굽 해는 AM 2,303년이 되어 애굽 거주 기간이 65년이 되므로 계보가 누락되었거나 자식을 낳은 나이에 오류가 생긴다. 아브라함부터 이드로까지의 계보상 누락이 없다고 가정하여 다시 자식을 낳은 나이를 < 표 2-2-5의 도 B >와 같이 다시 유추해 보자.

아브라함 150세에 미디안을 낳고 미디안은 100세에 하녹을 낳았으며 하녹도 100세에 이드로를 낳았다고 가정하고 모세가 80세 때 이드로 150세라 하면, 아브라함이 미디안을 낳은 후 이드로가 150세가 된 기간은 총 350년(=100+100+150)이 된다. 이 가정은 아브라함의 셋째 부인부터 자녀를 출산한 연령을 제외하면 미디안과 하녹의 출산 연령은 다소 늦다. 미디안과 하녹이 본처가 아닌 아브라함처럼 후처에게서 자식을 낳은 격이 되고 이드로의 나이는 당시 사람의 연령보다 다소 오래 사는 듯하다. 이 가정이 무리가 많은 것이 아닌 것은, < 아브라함(175세) - 이삭(180세) - 야곱(147세) - 레위(137세) - 고핫(133세) - 아므람(137세) - 모세(120세) >와 비교하면 불가능한 가정과 계보가 아닌 것으로 보인다. 즉 야살의책에 의한 미디안의 계보로부터 얻을 수 있는 추정은 210년설을 부정하지 않는다.

만일 이스라엘 자손이 애굽에서 430년을 거주하였다면, 아브라함이 미디안을 낳은 나이 150세(AM 2,098)가 되는 해부터 야곱이 애굽에 입국한 해(AM 2,238)까지는 140년이 되고 이스라엘 자손이 거류한 기간 430년을 합하면, 아브라함이 미디안을 낳은 후부터 출애굽한 해까지의 총 기간은 570년(=140+430)이 된다. 이 570년 사이에 미디안-하녹-이드로의 관계가 성립되고 출애굽 시 이드로의 나이가 150세라 하면 380년 사이에 미디안과 하녹이 각각 190세에 자식을 낳아야 하므로 이드로가 아브라함의 3대손일 가능성이 없거나 계보 상의 누락이 명백하다. 성경과 야살의책에 기록된 계보가 정확하다면 애굽 장기 거류설이 아닌 단기설이 적정함을 알 수 있다.

아브라함과 그두라가 낳은 자식의 계보가 맞고 또 아브라함부터 하녹까지 자식을 낳은 연령이 레위 지파와 같이 늦은 점을 인정하면 < 표 2-2-5의 도 B > 추정이나 다른 유사한 가정에 의한 추정은 애굽에서의 거류 기간이 400년과 430년이 넘지 않는 것을 말한다.

이상의 세 방법 즉 레위 지파 및 유다 지파 계보의 출산 연령을 검토한 결과와, 모세의 장인 이드로의 계보를 통한 애굽 거류 기간 추정을 통해 이스라엘 자손이 애굽에서 430년 또는 400년보다 짧게 살았다고 해석할 수밖에 없다.

2-2-3. 400년설

앞에서 애굽에서 거류한 기간이 400년이다는 설이 타당하지 않으나 좀 더 살펴 볼 것이 있다. 400년설은 성경 두 곳에 나온다. 그 하나는 창세기 15장 13절이고 다른 곳은 사도행전 7장 6절이다. 창세기 15장 13절 횃불언약은 하나님께서 아브라함에게 직접 말씀한 언약이고 사도행전은 스데반이 예수를 전한다는 죄목으로 잡혀 대제사장에게 심문을 받을 때 이 창세기 말씀을 인용한 설명으로 보인다.

창세기 12장은 하나님께서 지시하여 아브라함이 우르를 떠나 처음 가나안에 도착한 초기 상황을 설명하는 장이다. 그리고 15장으로 가면 하나님께서 아브라함에게 아브라함의 씨가 번창할 것을 약속한 후 13-16절에서 그 「자손(desecdants)」이 이방 땅(a land that is not their's)에서 객(a stranger)이 되어 이방을 섬기며 이방이 400년 동안 네 후손들을 괴롭힐 것과, 후손(자손, they)이 4대만(in the fourth generation)에 가나안 땅으로 돌아올(come hither again) 것을 말씀한 것과, 아브라함이 마련한 짐승들을 하나님께서 횃불로 쪼갠 제물 사이로 지나간 것 등을 설명한다 (횃불언약).

15장의 상황과 배경은 아브라함이 가나안에 도착한 초기이므로 앞으로 이방 땅인 가나안에서 살아갈 일이 막막해 할 아브라함 자신과, 또 죽을 때까지 지낼 미래의 일과, 자손들의 미래에 관한 하나님의 설명과 약속과 예언이다. 하나님께서 우르에서 가나안으로 가라고 명하였기에 가나안에 도착한 아브라함 자신과 그의 자손들이 앞으로 어떤 생활을 할 것인지를 아브라함에게 소상히 알려 주고 그 설명의 확인과 약속으로 암염소, 숫양, 산비둘기 및 집비둘기의 중간을 쪼갠 사이를 횃불로 지나는 언약을 하나님 스스로 작정하시고 아브라함과 약속을 맺는 장면이다.

이 언약 시 하나님께서 400년 동안 이방을 섬길 것이라는 내용과 이방을 섬길 자손이 4대 만에 가나안에 돌아올 것이라는 내용을 함께 해석할 수 있거나 전혀 관계가 없이 분리하여 해석할 수 있다고 일단 전제하고 4대설에 대하여는 다시 검토하자.

400년은 아브라함 자신에 관한 것이 아니라 창세기 15장 5절에서 하나님께서 아브라함의 자손이 400년 동안 이방을 섬기겠다고 한 것으로 해석상 「이삭 출생부터의 자손」에게 적용해야 하는 숫자임이 매우 중요하다. 400년의 기간은 이방 땅에서 유리하고 이방을 섬기는 기간으로 아브라함이 아닌 「이삭 출생부터」이며 애굽 거류 기간만을 특정하지 않는다. 이 점을 오해하면 해석상 혼동이나 오류를 유발한다.

즉 400년이란 하나님께서 영원한 언약을 맺은 아브라함의 자녀인 「이삭 출생부터」 이스라엘 자손이 애굽에서 나올 때까지의 전체 기간이다. 야곱을 낳은 이삭의 나이가 60세요 야곱이 애굽에 들어간 나이가 130세이므로 이삭을 낳은 후 애굽으로 이주 전까지 이삭과 야곱이 가나안과 하란에서 거주한 기간이 190년이 된다. 따라서 애굽에 거주한 기간을 역산하면 210(=400-190)년이 된다. 레위 지파와 유다 지파 계보의 연령을 살펴 400년 동안 애굽에 거류하였다는 적정성은 앞에서 이미 설명했듯이 부정될 수밖에 없으며 가나안과 하란에서 거주한 기간을 제외하고 순 애굽 거류 기간은 하나님께서 말씀한 400년에서 이삭 출생 후 야곱이 애굽으로 이주할 때까지의 기간 190년을 제하면 210년이 되는 것이다. 이삭 출생부터 그의 자손이 가나안과 하란 땅에서 190년을 거류한 후 애굽에서 야곱의 자손이 거류한 기간 210년을 합하면 총

400년이 됨을 하나님께서 아브라함에게 계시한 것으로 해석해야 하는 것이다.

2-2-4. 215년설

215년설이 성경에 별도 있는 것이 아니라 430년이 너무 길다는 문제를 파악한 신학자들이 430년을 추적해 2분한 것이다. 창세기 12장에 아브라함이 75세에 가나안으로 이주한 시점부터 야곱이 가나안에 이주한 기간이 정확히 215년이 되므로 애굽에 거주한 기간이 430년의 남어지 215년으로 보는 설이다. 즉 215년설은 430년이 지나치게 긴 기간인 것과 70인역의 묘사를 근거로 설명한 이론이다.

첫째, 출애굽기 12장 40-41절의 흠정역 우리말 번역과 달리 1954년 authorized KJV을 보면, *Now the sojourning of the children of Israel, who dwelt in Egypt, was four hundred and thirty years* (40절). *And it came to pass at the end of the four hundred and thirty years, even the selfsame day it came to pass, that all the hosts of the Lord went out from the land of Egypt* (41절)라 하였다.

이 12장 40절의 영문은 우리말 성경 번역과 확연히 다르다. 이 KJV는 관계형용사절인 who dwelt in Egypt 앞뒤에 콤마(,)를 넣어 독립절로 묘사하였다(최근 발행된 KJV는 콤마 없이 이스라엘 자손을 직접 수식하도록 묘사되었다). 이 KJV 문장 구조의 의미는, 애굽에 살았던(dwelt) 이스라엘 자손이 거류(sojourning, 떠돌이)한 기간이 430년이다는 것이다. 애굽 거주(dwelt)가 430년이 아닌 애굽에서 거류했던 이스라엘 자손이 (가나안, 하란, 애굽 등에서 떠돌이) 거류한 기간이 430년이라는 뜻이다. 이런 의미와 동일하게 70인역[82]에서는 이를 명확히 묘사하였다. 70인역 출애굽기 12장 40-41절에는 *"이스라엘 족속이 애굽과 가나안에 거한 기간이 430년"*이었다고 표현하고 있다. 즉 70인역은 *"And the sojournung of the children of Israel, while they sojourned in the land of Egypt and the land of Chanaan, was four hundred and thirty years"*라 하였다. 우리말 성경은 40절에서 KJV의 "살았던"과 "거류한" 두 구절을 없애고 "거주한"이라는 한 구절은 사용하여 "애굽에 거주한 지 430년이라"고 뭉뚱그려 해석하였다. 이러한 의역과 오역은 일방적으로 430년설을 주장하는 설에 따른 번역이라 할 수 있다.

출애굽기 12장 41절은 40절을 다시 확인하는 문장인데 KVJ는 *"And it came to pass at the end of the four hundred and thirty years, even the selfsame day it came*

82 주전 3세기 중엽부터 주전 2세기 말엽 사이에 만들어진 가장 오래된 헬라어 구약 역본이다.

to pass, that all the hosts of the Lord went out from the land of Egypt"[83]라 하여 출애굽까지의 기간이 430년임을 재차 명시하였는데 이는 출애굽까지 지난 기간을 40절과 달리 묘사하였다. 이 구절에서도 430년의 종점은 확인되나 시점은 확인할 수 없다. 이 단서가 215년을 뒷받침하지 않으나 430년설을 부정하게 하는 문장이다. 특히 KJV와 70인역이 이삭과 그의 자손이 가나안과 하란과 애굽에 거한 기간을 암시하거나 명시함으로써 430년설이 부정되어 애굽 거류 기간을 찾아야 한다.

둘째, 사도 바울의 설교인 "*이 약속들은 아브라함과 그 자손에게 하신 것인데 여럿을 가르켜 그 자손들이라 하지 아니하시고 오직 한 사람을 가르켜 네 자손이라 하셨으니 곧 그리스도라. 내가 이것을 말하노니 하나님께서 미리 정하신 언약을 사백삼십년 후에 생긴 율법을 폐기하지 못하고 그 약속을 헛되게 하지 못하리라. 만일 그 유업이 율법에서 난 것이면 약속에 난 것이 아니니라. 그러나 하나님이 약속으로 말미암아 아브라함에게 은혜로 주신 것이라* (갈라디아서 3:15-18)"에 근거한다. 여기서 「오직 한 사람」이란 이스마엘이 아닌 이삭 계통에서 시작한 예수님을 말하고 하나님께서 율법을 준 때는 출애굽 후 3개월이 된 때이다 (출애굽기 19장1절 이하). 아브라함에게 「하나님께서 미리 정하신 언약」의 시점부터 430년에 하나님께서 율법을 주신 것으로 기록하였다.

사도 바울의 위 설명에서 430년을 계산한 시점이 「하나님께서 미리 정하신 언약」부터이므로 이 언약의 시점을 찾아야 하는데 창세기에서 정확히 찾을 수 없다. 확인되는 창세기 12장에서 아브라함이 하란을 출발한 나이가 75세로 하란과 헤브론까지의 거리가 약 800km로 보면 최소 2-3개월 소요되므로 아브라함이 가나안에 도착한 나이는 75세이나 75세에 가나안에 도착한 사실 외 특별한 언약이 기록되어 있지 않다.

그리고 창세기 12장 1-4절 문장의 불특정성 때문에 정확한 해석에 어려움이 있다. 또 가나안으로 가라고 한 이 말씀을 한 장소와 때에 관한 해석에 어려움이 있다. 이 문장은 하나님께서 말씀하신 장소가 가나안에서 하신 것인지 아니면 가나안에 도착 전 우르부터 하란 사이에서 하신 것인지 정확히 알 수 없고 하나님께서 아브라함 몇 살 때 하신 것인지도 파악되지 않는다. 문장 순서나 논리적으로 보면 우르에서부터 하란에 머문 사이에 하신 말씀으로 보인다. 이 12장 1절 내용의 "고향"은 「우르」이기에 우르에서 하나님께서 말씀한 것으로 보는 것은 사도행전 7장 2-4절에서 스데반이 "*하란에 있기 전 메소보다미아에 있을 때 하나님의 영광이 그에게 보여 가라사대 네 고*

83 최근 발행된 KJV의 번역은 이러한다. And it came to pass at the end of the four hundred and thirty years -on the very same day- it came to pass that all the hosts of the LORD went out from the land of Egypt.

*향과 친적을 떠나 내가 네게 보일 땅으로 가라 하시니 아브라함이 「갈대아 사람의 땅」을 떠나 하란에 거하다가 그 아버지가 죽으매 하나님이 그를 거기서 너희 시방 거하는 이 땅으로 옮기셨느니라"*라고 한 묘사에서 알 수 있다. 종합하면 우르에서 하나님께서 영광으로 하신 말씀이 고향 우르를 떠나 가나안으로 가라고 한 것만 확인되나 사도 바울이 설명한 「하나님께서 미리 정하신 언약」의 내용을 언제 하였는지는 확인할 수 없다.

또 사도 바울이 갈라디아서 3장 16절에서 말한 「하나님께서 미리 정하신 언약」은 문맥상 「하나님께서 미리 정하신 언약」을 창세기 12장 2-3절 내용이 아니라고 할 수 있고 「오직 한 사람을 가리켜 네 자손」이라고 한 내용에서 이 한 사람은 아브라함이 낳은 8인 아들(표 4-9-1) 중 「이삭」으로 단정할 수 있으며 자손(씨, seed)인 이삭에 대한 언약으로 보아야 하며 이에 대하여 12장 2-3절이 지난 후 여러 군데에 나타난다.

일부 신학자는 창세기 12장 2-3절을 「하나님께서 미리 정하신 언약」이 있은 때로 여겨 가나안에 도착한 시점인 아브라함 75세부터 아브라함과 자손이 이방 땅에서 방황하고 거류한 후 다시 가나안으로 돌아온 기간까지 총 기간을 430년으로 계산한다. 실제 창세기 12장 2-3절의 내용은 75세 이전이고 또 「하나님께서 미리 정하신 언약」에 관한 명확성이 없기에 75세를 430년의 기점으로 보기에는 타당성이 없다. 430년설의 논리와 근거를 창세기에서 찾고자 하는 어쩔 수 없는 해결책 모색을 위해 정확성이 없으나 사도 바울이 설명한 「하나님께서 미리 정하신 언약」이 있은 때를 창세기 12장의 아브라함 75세로 보고 이방 땅에서의 거류 기간 계산의 시점으로 보는 것이다. 다시 말해 아브라함이 씨에 관한 포괄적 언약을 받고 나서 가나안에 75세에 이주하였기 때문에, 어쩔 수 없이 성경을 벗어난 해석을 할 수 없어 75세부터 가나안 이방 땅에서 거류한 시점부터 기산하는 것으로 보인다.

아무튼 이 75세를 기점으로 하여 애굽 입국까지의 기간을 계산하면, 아브라함이 이삭을 낳을 때까지 25년, 이삭이 야곱을 낳을 때까지 60년, 야곱이 애굽 입구까지 130년이 되므로 총 기간은 215년이 된다. 따라서 사도 바울의 430년을 애굽 입국 전 215년과 애굽 입국 후 거류 기간이 215년으로 계산되기에 215년설이 등장한 것이다.

그런데 앞 400년으로 설명된 창세기 15장을 다시 생각해 보자. 창세기상 횃불언약의 시점을 추정하면 아브라함이 약 78세였다. 횃불언약은 아브라함이 가나안으로 이주한 75세 후 몇 가지 복잡한 세 사건이 있었다. ① 가나안 입국 후 가뭄이 있어 애굽으로 내려갔다가 바로에게 아내 사라를 빼길 뻔한 곤혹을 치르고, ② 애굽에서 가나안으로 돌아와 조카 롯과 가축의 꼴을 먹이는 토지 영역 문제로 다투어 서로 갈라 살게 되었으며, 그러던 중 ③ 메소포타미아 지방 그돌라오멜 왕의 연합군이 가나안 지역까지 와서 전쟁 중 소돔에 살던 조카 롯을 납치한 사건이 발생하여 아브라함의 사병 318명이 이를 무찌르고 피납된 롯을 구한 후 멜기세덱에게 십일조를 바치고 축복을 받았었다. 이들 사건 후에 횃불언약이 있었으니 아브라함이 최소 78세로 추정된다.

아브라함에게 하신 「하나님께서 미리 정하신 언약」의 내용에서 주로 복수인 「네 자손(thy descendants)」에 관한 내용이 창세기 12장 7절, 13장 15-16절, 15장 5·13-18절, 16장 10절, 17장 7·8절 등에 나온다. 특히 창세기 15장보다 앞선 12장 7절과 13장 15-16절에서 아브라함에게 자손에 대한 언약을 보면 시간의 간격을 두고 여러 차례 설명하다가 15장에서 종합적으로 강조(언약)하셨다. 즉 단수 또는 복수의 「자손, 상속자, 씨」에 관해 여러 시기에 여러 방법으로 설명한 것으로 파악된다.

15장 5절에서 아브라함의 후손이 번창할 것과, 14절에 아브라함의 후손이 이방에서 객이 되어 그들을 섬기겠고 그들(이방 땅 사람)이 400년 동안 네 후손들을 괴롭힐 것이라 하였다. 그리고 16절에서는 아브라함의 후손들이 4대 만에 가나안 땅으로 온다고 하였다. 그러므로 하나님께서 아브라함의 후손들이 400년에 돌아올 것을 설명하였으므로 아브라함의 후손이 누구인지 알아야 한다. 아브라함에게 자손이 전혀 없을 때 이 말씀을 하셨으므로 누가 후손인지 확정해야만 애굽 거류 기간을 알 수 있다.

그리고 사도 바울의 설명처럼 「하나님께서 미리 정하신 언약」에서 단수인 씨가 이삭이라는 것과 이 씨와 맺은 영원한 언약이라는 하나님의 확정적인 설명이 창세기 17장 19절에 명시되어 있다. "*내가 그와 내 언약을 세우리니 그의 후손에게 영원한 언약이 되리라*" 하였다. 그리고 다시 21절에서 "*내 언약은 내가 명년 이 기한에 사라가 네게 낳을 「이삭」과 세우리라*"고 다시 강조하셨다. 따라서 사도 바울이 지칭한 「하나님께서 미리 정하신 언약」은 아브라함이 낳은 8명의 아들 중 이삭에 관한 언약으로 하나님께서 여러 차례 서로 다른 장소에서 아브라함에게 설명하면서 아브라함의 기억[84]을 되새기며 강조한 것으로 보아야 한다. 또 이삭을 낳기 전 약 22년 전에 횃불언약에서 이삭이라는 이름을 지칭하지 아니하면서 설명하였으나 최종적으로 이삭을 낳기 1년 전에 이삭이라는 이름을 쓰라고 하면서, 99세에 명확히 약속하시었다고 판단해야 할 것이다. 이러한 흐름으로 본다면 모세와 사도 바울이 설명한 430년을 기산한 시점을 횃불언약이 아니라는 점을 판단할 수 있고 모세와 사도 바울이 어떤 자료에 의거 430년이라고 했는지 그 출처를 다시 추정해야 할 것이다.

84 아브라함도 창세기 15:3 및 24:7에서 이삭만이 자기를 이을 자라고 기억하고 있다.

만일 아브라함의 횃불언약 78세를 430년의 기점으로 계산하면 횃불언약부터 「이삭」을 낳을 때까지 22년, 이삭이 야곱을 낳은 나이 60년, 야곱 출생 후 애굽 입국까지 기간 130년을 합하면 212년이 되므로 애굽 거류 기간은 188(=400-212)년이 된다. 이는 기존 215년설의 주장과 27년간의 큰 차가 생긴다. 앞에서 설명했듯이 횃불언약에서 말한 400년이란 실제 아브라함이 가나안에 거주한 시점이나 횃불언약의 시점부터를 말하는 것이 아니라 아브라함의 씨인 이삭 출생 이후와 그 후손들에 관한 설명이므로 아브라함부터가 아닌 이삭의 출생 시점부터 기산해야 한다. 이삭 출생 후 애굽 입국까지는 190(=60+130)년이 되어 애굽 거류 기간은 210(=400-190)년이 되는 것이다.

창세기 12장 도입부 묘사를 보면 가나안에 도착하기 전에도 아브라함에게 후손의 창대함을 알게 하였는데 75세 이전에도 하나님께서 아브라함에게 언약을 하셨다고 볼 수 있다. 430년을 2분 하여 보는 설은 75세 전부터 99세까지 여러 차례의 반복된 언약 중 창세기 12장의 아브라함 75세를 언약의 시점으로 보고 430년을 계산하나 400년설을 분석한 결과 애굽 거류가 210년이 확실하므로 아브라함 70세에 「하나님께서 미리 정하신 언약」이 있었다는 어떤 자료를 근거로 모세와 사도 바울이 설명하였다고 봄이 적정해진다.

< 표 2-2-6 > 창세기와 야살의책에 의한 애굽 입국 전후 사건 (표 1 요약)

주요 사건	애굽 입국 소요 기간	나이	비고
하나님 1차 계시: 우르 출발 및 하란 도착 (AM 1,909 - BC 2,000)	애굽 입국 329년 전	아브라함 52세	야살의책 12:64-70
가나안 1차 이주 (AM 2,005 - BC 1,904)	애굽 입국 233년 전	아브라함 55세	야살의책 13:6-8
하나님의 4차 계시 및 하란 방문 (AM 2,018 - BC 1,891)	애굽 입국 220년 전	아브라함 70세	야살의책 13:17-19
아브라함 가나안 2차 이주 (AM 2,023 - BC 1,886)	애굽 입국 215년 전	아브라함 75세	창세기 12:4. 야살의책 13:25 이하
횃불언약 (AM 2,026 - BC 1,883)	애굽 입국 213년 전	아브라함 78세	창세기 15장. 야살의책 분류: 6차 계시
이삭 출생에 대한 계시 (AM 2,047, BC 1,862)	애굽 입국 189년 전	아브라함 99세	창세기 17:19 야살의책 17:16-20
이삭 출생 (AM 2,048 - BC 1,861)	애굽 입국 190년 전	아브라함 100세	창세기 21:5 야살의책 21:3
야곱의 출생 (AM 2,108 - BC 1,801)	애굽 입국 130년 전	이삭 60세	창세기 25:26 야살의책 26:16
가나안 이주 (AM 2,238 - BC 1,671)	이주	야곱 130세	창세기 47:9 야살의책 55;1-26

주 1: 창세기와 야살의책에 의한 위 사건 발생의 해당 인물 나이는 동일하다.

주 2: AM 연대는 본 고찰의 < 표 1 > 및 < 표 2 >에 의한 것이고 BC 환산은 예루살렘 멸망 연대(앗수르 연

대기)를 BC 588년으로 보고 애굽 거류 기간을 210년으로 보아 출애굽 시점을 BC 1,461로 환산하였다. 만일 이 기점을 위에서 설명한 다른 학자가 제시한 연대로 바꿀 시 BC 연대가 다르게 환산된다.

주 3: 이 표는 제4장에 상술된 < 표 4-11-1 >과 함께 살피면 좋다.

430년의 2분설인 215년설의 예를 보면, authorized KJV 영역 성경(1954년판) 주석이 아브라함이 75세에 가나안으로 이주한 창세기 12장 5절의 시점을 BC 1,921년으로 보며 이때부터 애굽 입국을 BC 1,706년으로 하여 이 기간을 215년으로 보았고 F. N. 존즈 박사 역시 가나안 도착을 BC 1,921년, 애굽 입국을 BC 1,706년으로, 출애굽을 BC 1,491로 보아 215년을 애굽 거류로 계산하였으며[85] 또 헨리 M. 모리스 교수도 동일하게 해석하고 있다.[86]

2-2-5. 210년설

210년설은 성경에 별도로 설명된 것이 아니라 앞에서 설명한 바처럼 창세기 15장 13절의 400년에서 도출된 설이다. 그리고 210년설로 400년설과 430년설이 합리적으로 해석된다. 창세기 12장에 75세의 아브라함이 가나안에 도착 후부터 야곱이 애굽에 이주할 때까지 215년과 애굽 거주 215년으로 이분한 215년 종래의 계산법으로 400년설을 설명할 수 없고 성경의 여러 기술과 배치된다. 앞 400년설에 의한 애굽 거류 기간 210년이 결정되었으므로 430년을 설명하기 위해 잔여 기간인 220년을 설명하는 근거나 자료를 찾아야 할 것이다. 모세나 사도 바울은 430년을 구체적으로 이해하고 묘사하였기 때문이다. 사도 바울이 70인역을 보았다면 430년을 갈라디아서의 묘사대로 설명하였을 것인데 70인역에도 애굽 거류 기간이 210년이 된다는 설명이 없다. 만일 성경의 여러 사본이나 참고 자료를 모세와 사도 바울이 보았겠으나 결과만을 기록하였다.

400년설 이외 210년설을 보완하기 위해 야살의책을 참고해 보니, 하나님께서 70세에 가나안 땅에서 아브라함에게 4차로 나타나셔 언약을 맺었는데 그 내용이 창세기 15장 횃불언약과 매우 유사하다. 만일 이 언약의 때를 430년의 기점으로 본다면 야곱의 애굽 입국 시점까지 가나안 생활 기간이 220년이 되고 애굽 거주 기간이 210년이 되어 총 430년이 된다 (표 2-2-6 및 표 4-11-1). 야살의책의 여러 곳을 참조하면 창세기 12장 1-4절과 사도행전 7장 2-4절의 묘사와 동일하게 우르와 하란에서 가나안으로 가라고 여러 차례 말씀하신 것을 확인하게 된다. 하나님의 처음 명령대로 아브라함이 55세에 가나안에 1차로 이주하였다. 가나안에 15년을 산 70세 때 아브라함에게

85 그리스도 예수안에(2014), 에스라성경지도·선도, 전게서, pp 136-137

86 죤 위트콤·헨리 M. 모리스, 이기섭 옮김(1986), 전게서, pp 583-587

하나님께서 4차로 나타나셔 자손에게 유업으로 줄 땅의 경계(미쯔라임부터 큰 강 유브라데)를 알려주시고 이 땅을 너와 네 씨에게 주업으로 줄 것이며 너는 장수하다가 평안히 너의 조상에게로 돌아 갈 것이고 넷째 세대(the fourth generation)가 가나안으로 돌아올 것[87]을 계시받고 아브라함은 하나님께 제사드렸다 (야살의책 13:17-19).

구체적으로 야살의책에서 75세까지 아브라함의 연령별 행적을 살피면(표 1, 표 4-9-4 및 표 4-11-1), 하나님께서 52세 아브라함에게 1차로 아브라함에게 가나안으로 가라 계시하여 52세에 하란에 도착하였고 3년을 부모형제와 하란에서 산 후 55세 때 가나안에 1차로 이주하였는데 가나안에서 15년을 살고 있을 때 70세인 아브라함에게 하나님께서 4차로 나타나 아브라함 자신과 아브라함의 「씨」에 대한 언약을 하셨다. 이 언약 후 부모형제가 있는 하란을 방문하여 5년 머문 후 롯을 포함하여 식솔 72인을 데리고 75세에 가나안으로 다시 내려온 사건부터의 설명이 창세기 12장 이후이다.

< 표 2-2-7 > 애굽 거류 관련 여러 설 종합

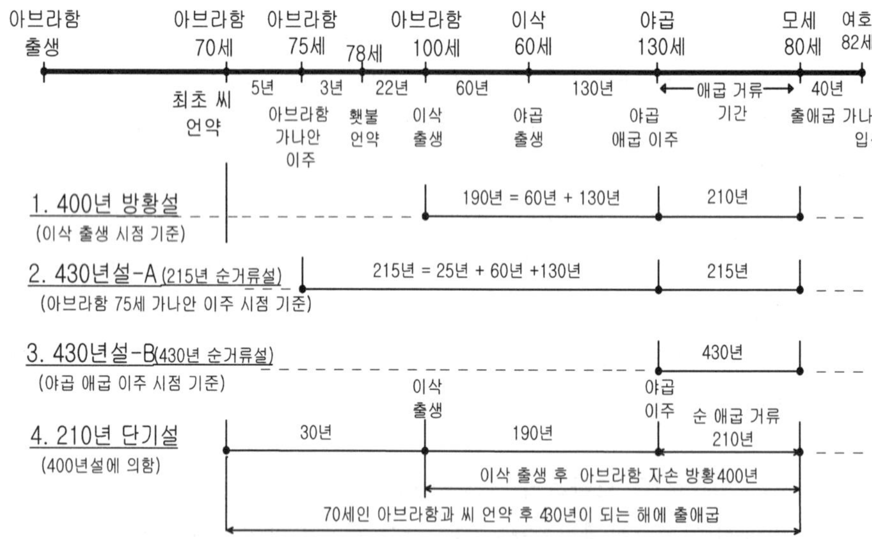

즉 창세기에 상술되어 있지 않으나 창세기 12장 이전 아브라함 70세에 가나안에 거주할 때 아브라함 자신과 아브라함의 씨가 이방 땅(가나안과 하란과 애굽)에 거할 것과 4대만에 가나안으로 돌아 올 것 그리고 가나안 땅을 영원히 상속할 것 등 앞으로의 아브라함과 자손의 거주 상황을 창세기 15장처럼 소상히 알려 주셨다 (야살의책 13:17-19). 이방 땅에 거주할 「씨」에 관한 「하나님께서 미리 정하신 언약」을 받은 아

87 이 언약에는 「400년」에 관한 언급이 없는 점이 횃불언약과 다르다. 횃불언약에서는 「애굽 강」이라고 하였는데 야살의책에서는 「미쯔라임 강」으로 표현되어 있다. 두 강은 동일하며 명칭을 달리 사용된다.

브라함 70세부터 야곱 애굽 입국까지 기간 220년과 400년설에 도출된 이스라엘 자손이 애굽에 거류한 연수 210년을 합하면 총 기간이 430년으로 계산된다 (표 2-2-7). 한편 야살의책 81장 3절에서도 이스라엘 자손이 애굽에 거류한 기간을 210년이라고 명시하고 있다. 이러한 계산 방식이 모세와 사도 바울이 430년으로 묘사한 내용을 뒷받침하는 기술이 될 수 있고 모세와 사도 바울이 야살의책 등과 같은 별도의 자료에 따라 연대를 정확히 계산한 것으로 보아야 한다.

만일 400년설로 애굽 거류 기간을 215년으로 하는 경우 애굽 입국 전까지의 기간이 185(=400-215)년이므로 이 때는 아브라함의 나이는 105세이고 이삭이 5세이므로 이 시점에 특별한 사건이 성경 상에 없어 아브라함 나이 75세를 기점으로 보는 215년설은 타당성이 전혀 없다.

창세기 15장의 횃불언약 시 하나님께서는 아브라함은 가나안에서 장수하다가 평안히 조상에게 돌아가 장사될 것이라 하였고 아브라함의 자손이 400년 동안 이방 땅에서 고통을 받고 4대 만에 가나안으로 돌아올 것이라 계시하였는데 이때 아브라함의 나이는 78세이고 사라를 통해 아브라함에게 씨가 생긴 것은 그후 22년이 지난 100세였다. 하나님의 말씀에 400년 기간에는 아브라함 자신의 생애를 포함하지 않는다는 의미를 포함하고 있다. 물론 이 계시를 받을 때 하나님에게 자식 없음을 하소연 하였으나 이후 22년 동안 자식이 없어 아브라함과 사라는 포기하고 사라의 몸종 하갈을 통해 후사를 정하려 하였다.

430년설을 해석할 때 「하나님께서 미리 정하신 언약」의 단서를 아브라함이 아닌 아브라함의 씨인 이삭의 출생 시점을 기산점으로 산정하는 경우 애굽 거류 기간이 240년이 되어야 한다. 아브라함이 가나안에 1차로 거주한 70세가 되는 해에 하나님께서 나타나 아브라함 자신과 아브라함의 씨가 이방 땅에서 거류할 것을 계시한 시점부터 기산하면 430년이 된다. 이삭 출생 후 애굽 입국까지는 190년이 되며 아브라함에게 최초로 언약한 70세부터 애굽 입국까지 220년이 되므로 400년설과 430년설이 모두 명쾌하게 해석되고 충돌이 없게 된다.

종합하면, 400년과 430년 설의 30년 차이는 아브라함에게 계시한 시점부터는 430년이 되고 이삭과 언약을 맺고 이삭이 태어난 시점부터는 400년이 되는 시점의 차이이며, 애굽 거류 기간인 210년설과 215년설의 5년 차이는 430년설의 애굽 거류 기간의 시점을 아브라함 70세 또는 75세로 보느냐에 따른 차이이다. 본 고찰에서는 하나님께서 이삭부터 400년간 이방 땅에서 거류하다가 가나안으로 돌아올 것이라는 말씀에 따라 이삭 출생부터 애굽 입국 시까지는 190년이 되며 동시에 애굽 거류 기간이 210년이 되므로 총 400년을 도출하여 성경 연대기를 작성하였다 (표 1 및 표 2).

2-2-6. 4대(代)와 거류 기간

이방 땅 또는 애굽 거류와 관련된 마지막 해석은 「4대 만에(창세기 15:16)」라는 하나님의 구체적 그러나 불특정 설명에 대한 파악이다. 아브라함 78세 때로 추정되는 창세기의 횃불언약에서 *"4대 만에 이 땅으로 돌아오리니"*라 하였고 야살의책에서는 아브라함 70세 4차 계시에서 "넷째 세대"라 하였는데 이는 400년과 별도로 이방 땅에서 유리하다가 가나안 땅으로 자손이 돌아 올 특정한 기간을 더 정확히 판단하도록 아브람에게 부가한 표현으로 보인다. 횃불언약 문맥으로 보아 이방에서 객이 되어 그들을 섬기는 기간이 400년(창세기 15:13)인데 이와 별도로 4대 만(창세기 15:16 및 야살의책 13:19)에 돌아온다고 하였기 때문이다.

다시 언급하면 이 하나님의 말씀은 아브라함이 우르에서 출발한 후 가나안에 이주한 초기에 아브라함에게 이방 땅에서 있을 상황을 소상히 아브라함에게 알려 주는 장면이다. 특히 가나안 족속이 이미 점령하고 사는 이방 땅에서 막막히 지낼 아브라함이 희망을 잃을까 싶어 미래와 격려와 소망을 포함한 언약의 말씀이요 계시이다.

하나님께서 직접 말씀한 「4대 만에」 표현이 누구를 가리키는지 사람을 명확히 지칭하지 않아 해석이 다양하고 심지어 영적으로 해석하고 있다. 그러나 이 해석은 하나님께서 아브라함에게 계시할 때 아브라함이 알 수 있도록 설명한 것으로 보이고 자손인 「씨」에 관한 설명이므로 아브라함 자신을 포함하지 않아야 한다. 왜냐면 먼저 아브라함은 "*장수하다가 「평안히」 조상에게로 돌아 갈 것* (창세기 15:15)"으로 묘사하고 그 다음으로 아브라함이 포함되지 않은 "*네 자손이 4대 만에 이 땅으로 돌아 올* (창세기 15:16)" 것이라고 하였기 때문이다.

그리고 「4」라는 숫자는 성경에서 고난과 준비를 의미한다. 「4」라는 숫자는 그 기간 동안 고난을 이기고 준비하면 그후 기쁨이 있을 것이라는 의미이다. 아브라함에게 고난을 의미하는 두 숫자 4와 400을 사용하여 아브라함 후 특정 세대(世代, 또는 계보)가 받을 고난과 준비를 설명한 것으로 보인다. 횃불언약에서 하나님께서 직접 ① 4대 만에 ② 400년이라고 고난받는 특정 기간을 지정하였으나 이 두 숫자의 시종점 범위를 파악해야 하여 이와 아울러 ③ 아모리 족속의 죄가 찰 때 돌아 올 것이라는 조건이 동시 충족될 때 아브라함의 자손이 가나안으로 다시 돌아오게 된다는 하나님의 설명을 놓치지 말아야 한다.

400년과 4대는 애굽 거류에 관련된 하나님의 설명이나, 애굽 거류 기간 자체를 성경에서 명확히 설명하지 않았으므로 애굽 거류 기간이라고 단정해서 아니 된다. 400년이라는 개념은 아브라함이 가나안 이주 후 초기에 설명한 말씀이므로 고향인 우르가 아닌 이방 땅(가나안+하란+애급)에서 방황하고 거류한 기간을 말하며 4대는 아브라함의 자손이 가나안을 떠나 다시 가나안으로 돌아오는 세대수를 말하는 것으로 파악해야 한다. 아브라함 자신을 포함하지 않는 4대를 이삭부터 계산할 것인지 아니면 애굽에 거류한 자손부터 계산할지에 대하여는 학자들간에 해석이 다양하다.

야곱은 130세에 애굽으로 들어갔다. 그의 손자 및 손녀까지 함께 갔으므로 3대가 입국했다. 문자적으로 야곱부터 4대를 적용하면 해석이 불가능하다. 그런데 하나님께서 「사대 만에」 돌아올 것이라 하였고 이 4대를 430년이나 400년설과 결합하면 해석하면 더 복잡해진다. 성경학자들의 주장은 < 표 2-2-1 >의 하단처럼 ① 가나안 세대부터 볼 것인가, ② 애굽에 들어간 세대부터 볼 것인가, ③ 애굽에서 출생한 세대로 볼 것인가에 따라 달라진다. 이 세 가지 경우에서 중요한 점은 「무조건」 애굽에 이주한 계보의 마지막 4대에 해당하는 사람이 가나안으로 돌아 올 수 있느냐를 살펴야 한다. 영적으로 해석하더라도 무조건 애굽으로 이주한 후 가나안으로 4대 만에 들어온 계보일 때 하나님의 조건인 애굽에서의 준비 기간이 충족될 수 있기 때문이다.

4대의 시작이 아브라함부터라는 설은 하나님께서 직접 아브라함에게 말씀하셨기에 아브라함을 포함하여 4대인 요셉까지라는 것이다. 예컨대 신학자 엔드류 J. 테시아[88]는 < 아브라함 - 이삭 - 야곱 - 요셉 >에서, 역대상 5장 1-2절에서의 지적처럼 장자 명분은 요셉에게 있고 또 요셉의 주검이 해골이 아닌 유골로 입관한 상태에서 보관되다가(출애굽기 13:19) 가나안으로 돌아온 점 등에 의거 요셉이 야곱을 이은 대라고 주장한다. 즉 4대의 의미를 순수하게 애굽에서 출생한 자를 말하지 않고 < 아브라함 - 이삭 - 야곱 - 요셉 >까지 4대라는 영적 해석이다. 제임스 어셔(James Ursher)도 아브라함부터 계산한 이 설을 주장한다. 대족장 중심의 영적 해석이라 할 수 있다.

다음으로, 아브라함부터가 아닌 애굽에서 출생한 4대를 적용하기 위해 12지파 중 성경에 자세히 설명된 대표적인 세 지파인 유다 지파, 레위 지파 및 요셉의 아들 에브라임 지파의 계보를 살펴보자. 애굽에서 출생한 레위 지파와 유다 지파는 4대이며 요셉

88 웹문서, The History of Redemtion Series, 구속사 핵심에서. 앤드류 박사는 Reserch Institute of Reformed Theolgy의 학장이다.

의 아들 에브라임지파는 10대에 걸친다. 여기서 먼저 레위 지파를 창세기 15장에서 말한 4대로 특정하여 이 4대가 애굽에서 얼마 동안 거류하였는지를 검토하고 계속하여 다른 지파의 4대가 어떤 사람인지는 추적하자.

제사장 족속인 레위 자손을 보면, 애굽 입국 시부터 출애굽 시까지 총 7대(출애굽기 6:16-25)로써 이스라엘(야곱 147세) - 레위(137세) - 그핫(또는 고핫 133세) - < 아므람(137세) - 아론 (123세) - 엘르아살 (?) -비느아스(?) >이다. 이 계보에서 레위는 가나안에서 그핫(고핫)을 차남으로 낳고(창세기 46:11) 44세에 애굽으로 들어갔으며, 애굽에서 출생한 세대는 실제 < 아므람 - 아론 - 엘르아살 - 비느하스 > 4대이고 비느하스는 가나안에 들어갔다 (사무엘상 4:11). 아론 대신 모세를 대입하여도 4대인 < 아므람 - 모세 - 게르손 - 요나단 >이 될 듯하나 모세 손자인 요나단(사사기 18:30)이 출애굽 전 애굽 출생은 불명하며 가나안 땅에 들어갔다고 하더라도 애굽 출생이 아닐 수 있다. 어쨌든 레위 지파 계보로 보면 애굽 땅에서 4대가 출생하고 4대만에 가나안 땅에 들어갔음을 알 수 있다. 참고로 여기서 아론과 모세는 출애굽 시 각기 83세와 80세였고 이들 생존 80년 사이 약 2-3세대가 형성되었음을 알 수 있다. 그리고 전체적 이스라엘 자손이 애굽에서 낳은 한 세대가 아론의 자손과 에브라임 지파를 보면 약 20 - 25년이 됨을 알 수 있다.

하나님께서 레위 지파를 4대로 지칭하셨다면 애굽에 입국하고 출애굽한 <레위 - 그핫 - 아므람 - 모세(아론) >가 아닌 것은 모세와 아론은 가나안 땅에 들어가지 못했기 때문이다. 온전히 애굽에서 출생한 세대만을 지칭한다면 < 아므람 - 아론 - 엘르아살 -비느하스 >로 4대만에 가나안 땅에 들어간 것이 확실하고 아론 대신 모세를 대입하면 모세의 손자 요나단은 애굽이 아닌 미디안 땅 또는 광야에서 출생한 듯하며 가나안 땅에 들어갔으므로(사사기 18:30) 4대 적용이 가능하다. 아론보다 세 살 아래인 모세는 (18세에) 왕실에서 도망하여[89] 출애굽 전 미디안 지방에서 아브라함의 후손인 제사장 이드로의 딸 십보라로부터 미디안 땅에서 두 아들(게르솜과 엘리에셀)을 갖는데 게르솜이 낳은 아들 요나단이 출애굽 전 애굽에서 출생하였다는 단서는 찾기 어렵고 미디안에서 출생한 듯하다. 모세가 80세가 될 즈음 출애굽기 4장의 피의 아들에게 할례를 행한 장면을 보면 손자가 없었던 것으로 보이고 야살의책 설명에 의

89 야살의책 71장에서 이 장면 설명은 이러하다. 왕궁에 있던 18세 모세가 부모를 보고자 고센으로 갔을 때 고센 근처에 이르러 싸운 두 광경을 출애굽기 2장 상황과 달리 설명한다. 첫 싸움은 애굽 남자가 이스라엘 사람의 부인을 강간한 사건으로 남자들 끼리 싸워 이스라엘 남자가 모세에게 도움을 청하자 모세가 애굽 남자를 죽인 사건이며 둘째 싸움은 다음 날 이 이스라엘 남자가 부인과 이혼하려 하자 여자가 집으로 도망하여 형제들에게 이를 알리었다. 이에 여자의 형제가 그 여자의 남편을 죽이려 하였다. 모세가 이들 싸움을 말리며 가해자인 여자의 형제를 악하다고 하자 이 남자가 모세가 애굽 사람을 죽인 사실을 폭로하였다. 이 폭로로 모세가 도망하였다고 하였다. 출애굽기 2장 11절에서 고역(苦役, burdens)함을 소개한 모세의 묘사와 차이가 크다.

하면 모세가 76세경에 십보라와 결혼하고(야살의책 77장) 80세에 출애굽하였기에 아들은 있었으나 손자는 출애굽 후에 광야에서 낳은 것으로 보인다.

다음으로, 4대를 유다 지파에 적용해 추적해 보자. 역대상 2장 3-13절 등의 유다 계보를 보면, 유다 - 베레스 - 헤스론 - < 람 - 암미나답 - 나손 - 살몬(살마) > - 보아스 - 오벳 - 이새 - 다윗 등으로 이어진다. 가나안에서 낳은 자녀는 유다의 증손자인 헤스론까지이고(창세기 46:12) 애굽에서 낳은 자손은 「람」부터 「살몬」[90]까지 4대로 추정된다. 이 계보 중 살몬은 애굽에서 출생하였다면 가나안에 들어간 사람이다. 따라서 유다 지파도 4대 만에 가나안으로 들어갔다고 할 수 있다.

참고로 보아스부터 다윗 출생까지 4세대 기간이 약 150년인 점을 감안하면 애굽에서 출생한 람부터 살몬까지 430년이 된다는 추정은 근거가 희박하다. 오히려 유다 계보의 4대 사람들 역시 애굽에서 산 평균 수명이 130여 년인 점을 감안할 때 레위 지파와 비슷한 것으로 추정되어 유다 지파로 보아도 210년설이 타당하다.

그리고 요셉 지파에서 애굽에서 출생하여 가나안에 들어간 계보를 보면 4대만이 아닌 10대만에 들어갔다. 역대상 7장 20-27절에서, 여호수아는 요셉의 10대손으로 애굽 출생 후 110세 때 가나안에서 사망(여호수아 24:29)하였다. 그의 계보는 야곱 - 요셉 - < 에브라임 - 브리아 - 레셉 - 델라 - 다한 - 라단 - 암미훗 - 엘리사마 - 눈 - 여호수아 >이다. 이 계보는 애굽에서만 10세대가 형성된 것으로 레위와 유다 계보와 달리 매우 많은 세대가 출생한 것이 특징이다. 요셉이 17세 때 애굽으로 들어가 30세에 총리가 된 후 자녀를 낳고 부유한 집안이라서 자손이 번창했을 것이다. 애굽 거류 기간이 430년이었다면 요셉의 계보 10세대 형성은 큰 어색함이 없으나 애굽에서만 태어난 레위 지파와 유다 지파와 비교할 수 없는 번창함이 있다. 아무튼 이 요셉 지파가 애굽에서 10세대가 형성되었다는 점과 애굽 거류 기간이 430년이라면 한 세대가 약 43년이 되고 210년이라면 한 세대가 약 21년이라는 점을 제공하여 인구 추정에 중요

90 여호수아가 여리고를 정벌할 때 두 정탐꾼을 보냈는데 이들을 여리고 왕이 찾을 때 「라합」은 숨기고 정탐하도록 도왔다(야호수아 2:1이하). 그후 그녀는 유다의 자손 「살몬」과 결혼(마태복음 1:5)하였고 이때 두 정탐꾼 중 한 사람이 「살몬」이다. 모세가 가나안을 정탐하러 12인을 파견하였는데 이들이 돌아와 정탐 보고할 때 여호수와 갈렙 이외 가나안을 정복하지 못한다고 하자 이스라엘 백성들이 이 말을 믿고 하나님을 불신하였다. 이에 하나님께서 첫 번째 인구 조사 시 계수된 20세 이상을 가나안에 못 들어가게 하였다. 즉 계수되지 아니한 레위 지파와 20세 미만의 자녀들은 가나안에 들어가도록 하였다(민수기 14:28-30). 만일 레위 지파가 아닌 유다 지파인 살몬이 애굽에서 출생하여 가나안에 들어간 사람이라면 첫 번째 인구 조사가 출애굽 후 2년 2개월에 시행되었는데(민수기 2:1) 이때 그가 20세 미만이어야 한다. 여리고를 정탐은 1차 인구 조사 후 약 37-38년에 하였으므로 살몬이 여리고를 정탐한 나이는 57세 미만으로 추정되고 여리고 입성 후 라합을 아내로 삼았다(여호수아 2:13-14). 그러나 라합에게 도움을 받은 57세 미만의 정탐꾼 살몬을 여호수아 6:23에서 young men이라 표현한 것은 미혼이었기 때문인 것으로 보인다.

한 시사점을 제공한다. 레위 지파도 210년을 애굽에서 거류하였다면 애굽에서 출생한 한 세대를 약 20년으로 산출되어 한 세대가 매우 짧다는 점도 동일하다.

헨리 M. 모리스 교수도 「4대」라 함은 예수님의 계보인 유다가 낳은 자손 중 애굽에서 낳은 < 람 - 암미나답 - 나손 - 살몬(살마) > 4대로 보았고 430년 동안이라는 것은 아브라함부터 적용한 것이라고 설명하는데 그 이유는 이러하다.[91] 아브라함 75세에 횃불언약[92]을 맺을 때 하나님의 말씀을 믿었으나(창세기 15:6) 하나님께 언약의 증거를 보여 달라고 반문한다. 하나님의 말씀을 믿었으나 확신을 갖지 않아 언약의 상실과 하나님의 징계가 아브라함과 그의 자손에게 있었다는 것이다. *"주 여호와여 내가 이 땅을 소유로 받을 것으로 무엇으로 알리이까* (창세기 15:8)." 아담이 범죄하여 자손이 그 허리에서 죄를 범했듯 아브라함도 이때 자손들과 함께 죄를 범하여 하나님은 4대에 걸친 430년간 애굽에서 종살이하게 하였다는 해석이다. 헨리 M. 모리스의 견해는, 아브라함이 횃불언약을 75세에 받았는데 언약 시 믿지 않은 그 해부터 야곱이 애굽에 내려갈 때까지 215년이 되고 그 나머지가 애굽 생활 215년으로 계산하여 430년을 해석한다. 즉 4대의 적용을 예수님 족보상의 자손인 유다 지파의 애굽에서 출생한 자를 적용하면서 430년설을 215년씩 2분할 하는 것이다. 이 학자의 주장에서 특이한 점은 아브라함 자손이 종살이하게 된 이유를 아브라함의 영적 불신앙에서 찾는 점이다. 그러나 횃불언약 시 아브라함의 나이는 75세 아니고 78세 즈음이 된다. 또 횃불언약에서는 430년이 아닌 400년이라 하였기에 헨리 모리스 박사의 견해는 이 점을 설명하지 못하거나 해석과 계산상 오류가 있어 부적정하다.

아무튼 「4대」라는 하나님의 말씀이 아브라함을 포함하면 영적인 해석인 < 아브라함 - 이삭 - 야곱 - 요셉 >이 되며, 반면 문자적 실제로 애굽에서 출생한 세대를 기준으로 본다면 예수님의 계보인 유다 지파로 보아 < 람 - 암미나답 - 나손 - 살몬 >이 되며, 레위 지파 < 아므람 - 아론 - 엘르아살 - 비느아스 >로 보아도 타당하다. 그런데 이 4대를 계산함에 있어 가나안에서부터 4대 만에 가나안 땅으로 다시 들어간 계보는 전혀 없기에 애굽 이주 후 출생한 자로서 가나안에 들어간 레위 지파 또는 유다 지파로 봄이 타당하다.

또 횃불언약에서 하나님께서 설명한 취지가 아브라함은 장수하다가 평안히 조상에게로 돌아가 장사될(창세기 15:15) 것을 설명하여 아브라함 자신을 포함하지 아니한 자손들에 대한 내용이 주된 것으로 보아 애굽 이주 후에 출생한 4대로 봄이 적정하다. 숫자 4는 고난을 상징하는 수를 지칭함으로 하나님께서 이스라엘 지파 중 어느

---

91 죤 위트콤 및 헨리 모리스 저(1985), 이기섭 옮김, 창세기 대홍수, 성광문화사, pp 583-586

92 대부분 성경학자는 창세기 15장의 횃불언약을 75세로 보나 창세기에 의하면 약 78세로 보아야 한다.

한 지파 예컨대 유다 지파를 염두에 두고 4대 만에 가나안으로 돌아올 것이라고 한 것으로 볼 수 있다.

이상의 여러 설명에서 보았듯이, 430년설 또는 400년설의 전체 기간 내에서 4대를 특정하여 함께 해석하는 방법은 불가능하다. 즉 430년, 400년 및 4대는 를 각기 별개의 의미를 갖는 구체적인 역사적 숫자로 해석해야 하며 그럴 때 성경 해석이 통합적이거나 개별적으로 해석 가능함을 알 수 있다. 하나님께서 특정한 400년과 4대의 숫자 「4」를 사용하여 아브라함의 자손이 이방 땅에서 고난을 통한 준비 후 가나안으로 돌아올 것이라고 명시한 것은 아브라함의 자손이 받을 고난을 실제적으로 말하는 것임과 함께 또 정확히 고난의 400년과 고난의 4대 만에 그리고 다시 고난의 광야 40년을 통해 더 준비하게 하여 가나안으로 돌아오게 역사하심을 알 수 있다 (이와 유사하게, 아담 후 고난의 4,000이 되어 예수님께서 그리스도로 이 세상에 오시었다).

야살의책에는 430년 또는 400년에 대한 구체적 묘사가 없고 이방에서 객이 되어 「넷째 세대」가 가나안 땅으로 돌아올 것(야살의책 13:9)과 출애굽 시 「210년」 애굽에 거하였다(야살의책 81:3)는 것만을 명시하였다. 야살의책 전체 연대를 정리해 보면, 하나님께서 최초로 70세인 아브라함에게 4차 계시 때 이방 땅에서 거류하며 고난을 받고 4대 만에 가나안 땅으로 올 것을 밝힌 시점부터 출애굽까지 거류(sojourning)한 기간은 430년이 되고 이삭 출생 시부터 계산하면 400년이 되어 야살의책이 기록한 연대의 정확성을 알게 한다. 야살의책을 < 표-1 >, < 표-2 > 및 < 표 2-2-7 >처럼 정리하면서 얻는 판단은, 야살의책 편집자 역시 모세가 기초한 동일 자료로 기록하고 해석하여 후대에 「야살」이란 의미가 정직, 곧바름이란 히브리어 단어가 말해 주듯 애굽 거류 기간 등의 여러 숫자를 「곧게」 기록하였다.

2-3. 출애굽 인구 현황과 인구 추계

이스라엘 자손의 출애굽 인구 연구는 신학적 내용과 인구 통계학(demographic statistics)에 관한 것인데 출애굽기와 민수기에 기재된 사항만을 그대로 이해할 수밖에 없는 다양한 어려움이 내재해 있어 깊은 이해를 위해 다양한 접근이 필요하다. 출애굽기와 민수기에 기록된 부분적이고 특수한 인구 현황을 여러 가지로 분석하여 애굽 거류 기간과 이스라엘 자손의 인구에 대한 특성을 도출해 인구 추정을 시도해 볼 수 있는데 그 과정은 < 2-3-1 >처럼 신학적 판단을 포함한 복잡한 전문 분야이다.

민수기에 기록된 출애굽 인구 현황의 핵심 개념은 두 가지이다. 첫째는 애굽에 입국한 야곱의 자손이 몇 년 동안 머문 후 출애굽 시 얼마큼의 인구로 성장하였느냐를 파악하여 것이고, 둘째 하나님께서 출애굽 전날 죽이려 했던 애굽에서 처음 난 것 즉 「초태생(firstborn, 출애굽기 12:11-12)」을 이해하여 이스라엘 자손의 출애굽 인구 특성을 살펴보는 것이다. 일반적으로 성경에서 초태생을 장자, 맏아들, 처음 난 자 등로 번역한 경우도 있고 또 단순히 특별한 의미 없이 이해해 왔으나 단순히 문자적 의미의 장자가 아니다. 이 초태생의 의미를 추적해야만 출애굽기와 민수기에 나타난 부분적이고 특수한 인구 구성의 통계를 입체적으로 이해할 수 있다.

2-3-1. 애굽 이주 인구 현황과 과제

인구 추정은 애굽에 입국한 야곱과 그의 자손이 증가하여 민수기에 기록된 인구가 430년, 400년, 215년 등 애굽 거류 기간에 형성 가능한지 그 타당성을 살펴보고자 함이 주된 목적이며 이를 추적하는 과정에서 세대(世代), 출산율, 생잔율, 초태생 및 가구 구성 등을 추정적으로 이해할 수 있다. 앞에서 설명했듯이 애굽 입국 시 야곱의 자손은 < 표 2-2-2 >에서 야곱을 제외한 70명은 야곱의 아들은 12명, 손자 49명이고, 여자는 손녀 3명, 증손자 6명이다. 레위의 딸 요게벳은 애굽에서 출생하였다(민수기 26:59)고 하였으나 야살의책은 애굽으로 가는 도중에 낳았고 하여 이 표에 추가하여 총 70으로 하였다. 사도행전의 스데반의 설교 내용인 75인은 고려하지 아니하였다. 야곱의 며느리 등도 계수되지 않았다.

민수기 인구 통계에서 수명, 가구 구성원, 초태생, 생잔율 등의 의미를 재해석하거나 추정하기 위해 창세기, 출애굽기, 민수기 및 역대상·하에 기록된 족보, 세대(世代) 및 인구 구성 특징을 살펴 가장 대표적인 430년설과 400년설, 215년설 및 210년설을 중심으로 거류 기간 중 형성 가능한 인구 모델을 만들어야 하는데 그 모델은 10여 가지 이상이나 본 고찰에서는 6가지만 발췌하여 요약하였다 (표 2-3-15). 인구 모델이나 산출식에서 산출된 연평균 인구 증가율, 거류 기간, 출산율과 세대(世代) 수 등을 검토해 거류 기간의 타당성 또는 적정성을 음미해 볼 수 있다. 물론 이 추정 모델이나 산출식이 정확한 것이 아니라 제기된 거류 기간에 증가한 인구가 출애굽 시 인구를 합리적으로 설명하는지 검토하는 수단이다. 추정 모델이나 산출식은 여러 가정을 전제한 뒤 최종 인구를 도출하는 것이므로 가정과 전제를 바꿈으로써 출애굽 시의 인구에 적합하도록 맞출 수 있기에 항상 정확한 것이 아니다. 그러나 모델이나 산출식은 인구 통계에서 합리적이면서 의미 있게 사용되는 것이며 그 결과가 합리적인지 음미할 수 있다.

<표 2-3-1> 출애굽 인구 추정 흐름도

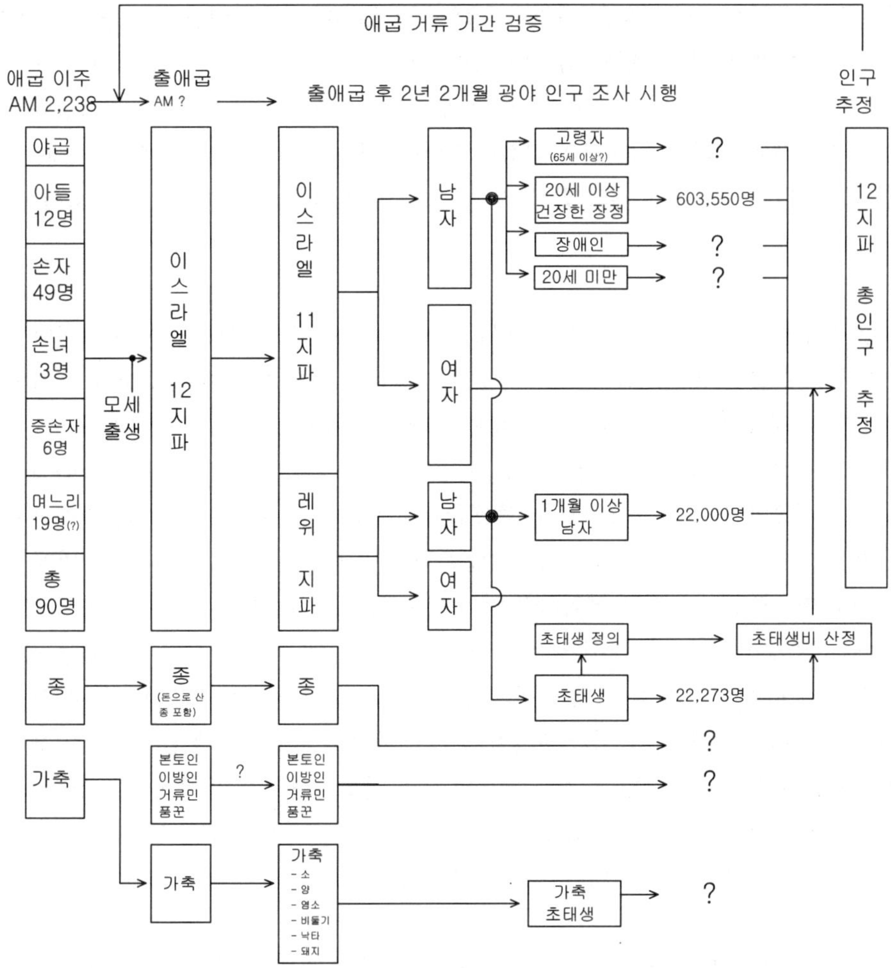

2-3-2. 출애굽 인구 개황

야곱과 그 자손이 애굽에 들어갈 때의 인구 현황은 명확하여 거류 기간이 정해지고 연평균 인구증가율을 통해 출애굽 인구를 알 수 있으나 남자 위주로 기록되어 있어 출애굽 시 총인구 파악이 어렵다. 출애굽 시 특정 계층의 인구만을 기록한 민수기의 인구 현황으로 인구 모델을 만들 때 기근, 전염병, 전쟁, 인구정책, 여성의 가임기 등을 알아야 하나 이 변수가 의미 없는 것은 이 변수가 반영된 생존한 남자 인구라는 점이다. 그리고 오늘날과 다른 결혼 및 가족제도가 있었다는 점도 전제가 된다.

애굽 인구 1차 개략 조사는 출애굽기 12장 37절에 출애굽 시 유아 외에 보행하는 장정이 약 60만 명의 어림값으로 기록하였다. 애굽에서 계수한 남자 60만 명에서 제외된 사람은 영유아, 노약자, 장애인, 종이나 이들과 함께한 다양한 사람들이 있었을 것이므로 실제는 이보다 많다.[93] 여기서 「유아(children)」라고 번역한 묘사를 민수기 1장을 참조하면 20세[94] 미만의 남자와 이스라엘 자손 이외 사람이 포함되지 않은 것으로 보인다. 왜냐면 이보다 2년 2개월 후에 조사된 2차 정밀 조사인 민수기 1장에 싸움에 나갈 레위 지파 외 11지파의 건장한 20세 이상의 남자가 603,550명이기 때문이다. 3차 정밀 조사는 2차 때와 같은 기준으로 가나안에 들어가기 전 시행되었다 (표 2-3-3).

오늘날 남성과 여성의 자연 출산 시 비율은 남성이 여성보다 약간 높은 편이거나 유사하다. 출애굽 시 여성 노인이 특히 많았을 것인데 이는 여성이 남성보다 오래 사는 경향과 애굽 왕 바로가 남아를 살해한 정책으로 인한 것이다. 하나님께서 모세에게 명한 유월절 규례 등을 보면 본토인, 이방 사람, 돈으로 산 종, 거류인, (타국) 품꾼이 함께 생활한 것으로 묘사되었다 (출애굽기 12장). 이 중 돈으로 산 종은 할례를 받은 후 유월절에 어린 양고기와 무교병(발효균이 없이 만든 빵)과 쓴 나물을 먹게 하였는데 이들을 인구 통계에 산입하지 아니 한 듯하다. 또 애굽 거주 시 이스라엘 여성이 애굽 남성에게 시집을 가서 낳은 자녀들은 인구 통계에 산입되지 아니 했을 것이며, 레위 지파인 아론과 유다 지파 살몬의 누이가 결혼한 예에서 보듯이 대부분의 이스라엘 여성은 이스라엘 남성과 결혼한 것으로 파악하여 이스라엘 남성만이 인구 통계에 포함된 것으로 추정된다. 기타 모세의 장인 이드로인 미디안 족속[95](출애굽기 18장, 민수기 25:15-18, 사사기 4:11)은 출애굽 후 광야에서 합류를 권유 받은 사례 등 유사한 사례는 극히 미미할 것이나 자세히 알 수 없다.

11지파의 건장한 20세 이상 남자 603,550명의 통계적 의미를 살피면, 전장에 나갈만한 나이인 남성이므로 65세 미만 나이로 추정하면 평균 약 42세(=(20세+64세)÷2)로 보거나 출애굽 18년 전 42세 이하 인구가 최소 603,550명 이상이었다고 할 수 있다. 즉 애굽 입국 시 야곱 포함 남자 68인이 출애굽 18년 전에 레위 지파 인구를 제외한 1-42세 남자가 603,550명 이상이 되었음을 의미한다. 따라서 출애굽 전 라암셋에서 발행하여 숙곳에 이른 유아 이외 보행하는 장정이 60만 명(출애굽기 12:37)이라 하였는데 실제 레위 지파 인구의 반을 계상하여 약 1만 명을 더하면 약 61만 5천 명이다.

---

93 출애굽기 12:43-45, 레위기 16:29 및 19:14 등에 이스라엘과 함께한 사람 중에 이방인, 거류민, 장애인, 종 품꾼, 본토인 등 다양한 사람이 출애굽 전 이스라엘 사람들과 함께 「집」에서 거주한 것으로 묘사되었는데 출애굽 시에도 이들 일부가 광야 생활에 함께한 것으로 보인다.

94 20세로 정한 기준은 신체적 정신적으로 미성년이고 미혼을 기준으로 본 듯하다.

95 미디안은 아브라함이 사라가 죽은 후 새로 얻은 가나안 여인 「그두라」에게서 난 여섯째 아들 중 넷째이다.

< 표 2-3-2 > 창세기-민수기에 나타난 이스라엘 후손의 인구 현황

구분	전체 남자 인구	레위 지파 외 20세 이상 남자 인구	레위 지파 1개월 이상 남자 인구	초태생 인구(f)	비고
애굽 입국시 (야곱 포함)	68	64	4	1	창세기 46장
출애굽 전 (1차 개략 조사)	약 60만 명 (보행 장정)				출애굽기 12:37
출애굽 2년2개월 (2차 정밀조사)		603,550 (A)	22,000	22,273	민수기 1-3장
출애굽 약 4년	고기를 먹고 싶어 원망하는 이스라엘 자손에게 메추라기를 주면서 큰 재앙으로 치심(민수기 11:33)				38,950+α명 사망 (성별 기록은 없으나 남자로 보임)
	고라의 반역으로 분향자 250명+14,700명이 염병으로 죽음(민수기 16:1-49)				
출애굽 40년 (3차 가나안 입성 전 정밀조사)	롯의 후손 모압 여자들과 음행하여 염병으로 24,000명이 죽음 (민수기 25:1-9)				
	?	601,730 (B)	23,000	?	표 2-3-3 참조

주 1: 광야 생활 중 이스라엘 자손의 죄로 재앙과 염병으로 사망하였고 사망한 사람이 남자라면 가나안에 입국한 모든 남자는 약 120만 명이 될 것으로 보이고 남녀 총인구는 250만 명 이상일 것이다.

주 2: 출애굽 후 2년 2개월에 2차 조사한 인구 통계 후 38년이 지난 동일한 기준으로 2차 인구 조사를 하였는데 1,320명이 줄었다. 이는 불뱀 사건, 자손의 모세와 아론에 대한 반역 및 모압 여자 간음 사건에 대한 하나님의 징계 등 때문이다. <표 2-3-3 >에서 인구가 증가된 유다 지파 등 6개 지파의 광야 생활 중 인구 증가율은 약 4.646%(광야 약 37.5년간 300,800명에서 357,900명으로 증가)로 이를 기준으로 보면 레위 지파를 제외한 인구는 총 718,129명으로 추계된다. 이로 광야에서 죄로 죽은 인구가 약 116,399명이 된다. < 표 2-3-3 >에서 죄로 가장 많이 죽은 지파가 시므온 지파로 출애굽한 후 약 63%가 사망한 점으로 보아 특히 모압 여자들과의 음행에 가장 많이 참여한 지파로 보인다.

주 3: 야살의책 86:1-4에 의하면, 가나안에 들어가기 전 3차 인구 조사 시 전체를 700,730명이고 레위 지파는 23,000명이라 하여 레위 지파 인구는 동일하나 비 레위 지파 인구 700,730명과 차이가 크다.

민수기 1장 3절에 출애굽 2년 2월 첫날[96]에 레위 지파 이외 사람은 "*20세 이상으로 싸움에 나갈 만한 남자* (from twenty year old and upward all that are able to go forth to war)"를 계수하였으니 건장한 남성의 군인을 말하고, 민수기 3장 15절에서 레위 지파 사람 중 1개월 이상의 남자(every male from a month old and upward) 인구를 계수[97]하였으니 레위 지파는 장애인과 고령자를 포함한 거의 모든 남성의 인구로 보아도 무방할 것 같다. 레위 지파와 레위 지파 이외의 인구 계수 기준이 상이하여 정확한 전체 인구를 추정하려면 보정이 필요하나 보정 방법이 쉽지 않다. 레위 지파 이외의 인구는 싸움에 나갈 만한 건장한 20세 이상 남성으로 파악하였으므로 실제 20세 이상이라 하더라도 노약자(고령자), 신체적 또는 정신적 약자는 제외하였을 것인데 실제 20세 이상의 남성은 이보다 많음이 분명하다 (레위기 19:14, 33, 34). 레

96 출애굽 전 장정의 인구를 출애굽기 12:37과 야살의책 81:1에 장정 약 60만 명으로 동일하게 기록하였다. 정밀한 인구 조사는 애굽에서 개략으로, 광야에서 출애굽 직후 2년 2개월에 및 가나안으로 들어가기 전 3회 시행되었다.

97 민수기 1:2에 "가족과 종족을 따라 명수대로 계수"하라고 명하여 통계 기준이 명확하다.

위 지파의 1개월 이상 남자 인구 22,000(또는 22,300)명[98]에 장애인과 고령자가 포함된 것으로 보이며 이 인구의 반을 최대 20세 이상 남자로 가정할 수 있으나 전장에 나갈 건장한 남자는 장애인과 고령자를 제외해야 한다.

그런데 11개 지파의 건강한 20세 이상 남자 이외에 20세 미만의 남자와 65세 이상 고령자 인구를 추정하여 남자 인구를 추정하거나 레위 지파 중 20세 이상의 건강한 남자 인구를 추정하여 인구를 추계하자면, 민수기 인구 자료에서 얻을 수 있는 정보로 변수를 확정하기 어려워 개략적 가정으로 인구를 추정해 볼 수밖에 없다. 아마도 가정을 통해서 얻는 결과는 연평균 인구증가율에 크게 영향을 미치지 않는 오차 범위 내에 있을 것으로 판단된다. 단지 남자보다 여자 인구가 많았을 것은 확실하며 여자 인구 추정이 매우 어렵다. 이스라엘 자손 중 처음 태어난 자(초태생)는 총 22,273명인데[99] 이 초태생의 의미는 신학적 그리고 인구 통계적으로 간과할 수 없는 귀중한 의미를 가지며 이에 대하여 상세한 검토가 필요하다.

2-3-3. 개괄적 출애굽 인구 의미와 출애굽 인구 추정

20세 이상의 인구와 그 미만의 인구수는 유사한 비율(5:5)로 구성된 것으로 보고[100], 또 신체적 또는 정신적 약자[101]는 전체 인구의 약 5%-10%[102] 정도이나 5%를 적용하며, 65세 이상 고령자[103] 비율은 우리나라 오늘날의 전체 인구 중 남성은 약 1.5% 여성은 약 3.7%로 가정해 보자. 레위 지파 이외 사람을 계수하면서 싸움에 나갈 수 없는 남자에 해당되는 계층은 20세 미만과 장애인 및 65세 이상 노약자(노인, 고령자)

98 민수기3:21-34에서 레위 세 아들의 합은 22,300명(게르손:7,500명, 고핫:8,600명, 므라리:6,200명)이 되나 39절에서 그 합을 22,000명으로 기재하여 300명 오차가 있다. 46절에서 이스라엘 자손의 처음 태어난 자(22,273명)가 레위인보다 273명이 더 많다고 한 점으로 보아 22,000명이 맞아 보여 여기서는 22,000명을 적용하였다.

99 민수기 3:43처럼 야살의책도 레위 지파와 11개 지파의 인구를 동일하게 기재하였고 또 이스라엘 자손 중 처음 출생한 남자로서 1개월 이상된 남자는 22,273명으로 동일하게 기록하였다 (야살의책 83:20-23) .

100 이스라엘 당시 인구보다 매우 적고 의료체계가 완비되어 있지 않은 1975년과 1980년 인구가 약 60만 명 도시인 광주(광역)시를 참고하였다. 실제 당시 우리나라는 모든 도시의 인구가 급히 증가하는 시기라서 광주(광역)시도 20세 미만 인구가 20세 이상 인구보다 약 6-7% 많았다. 반대로 인구증가율이 감소하는 요즘 20세 미만 인구는 20세 이상 인구보다 현저히 그 비율이 낮다 (표 2-3-5 참조).

101 레위기 19:14에, "너는 귀 먹은 자를 저주하지 말며 맹인 앞에 장애물을 놓지 말며 네 하나님을 경외하라, 나는 여호와니라"라고 명시하여 출애굽 시 장애인이 적지 않음을 알 수 있다.

102 우리나라는 의학적 기준이 엄격하여 인구의 약 5%이다. 장애인 분류에 인권적 개념을 가진 미국은 약 10%이다.

103 우리나라 고령자인 노인을 65세로 분류한다. 3,500년 전 통계에서 노인 연령은 추정 불가하나, 모세의 기도 시편 90:10에 "우리의 연수가 70이요 강건하면 80이라"한 대목에서 65세로 가정하면 부당하지 아니 할 것 같다. 다만 레위기 27:3에 의하면 서원 예물을 드릴 때 사람의 값을 세 단계별로 구분하였다. ① 단계:1개월-5세, ② 단계:5-20세, ③ 단계: 20-60세로 구분하였다 이 구분으로 보아 노약자는 60세 이상으로 파악한 듯하다. 여기서는 모세의 기도 시편 90:10을 참고하여 65세를 적용하였다.

가 계수되지 않았으므로 이들 비율을 추가하여 전체 남자 인구를 추정할 수 있다. 이런 가정적 비율과 조건을 대입하여 출애굽 후 2년 2개월 시 인구를 추계하면 아래 < 표 2-3-2 >처럼 남성 인구 약 131만 명이고 여성 인구는 남성 인구보다 명확히 많을 것이나 동일한 것으로 가정하면 총인구는 약 262만 명이 된다. 그런데 종, 이방인, 거류인, 타국 품꾼 등을 포함하면 최대 300만 명 가까이 이를 수 있다. 이를 통해 사람 인구 외 가축 수도 굉장히 많았음을 이해해야 하며 출애굽 사건은 상상 이상의 굉장한 이주이며 탈출로 하나님의 보호하심과 인도하심이 절대적임을 알게 된다.

레위 지파 인구를 11개 지파 인구 통계와 동일하게 추산하면

☐ 남자 전체 인구(D)=22,000명은 개략 다음과 같이 추정할 수 있다.

D=1개월 이상 64세 미만의 건강한 남자(D1)+1개월 이상의 남자 장애인(D2)+65세 이상의 고령 남자(D3)

☐ 레위 지파 남자 인구(D) = D1 + 0.05D(=D2) + 0.015D(=D3)

☐ D = D1 + 0.065D

그러므로 D1 = 0.935D에서 D가 22,000명이므로 D1 인구는 20,570명이 되고 1개월 이상된 남자 장애인(D2)은 1,100명이며 65세 이상의 고령자(D3)는 330명이다. 따라서 20세 이상 인구는 전장에 나갈 만한 건강한 레위 지파 인구는 장애인과 고령자를 제외한 20세 이상 64세 이하 남자(20,570명) 인구의 반으로 보면 10,285명이 되어 이 숫자를 전체 인구 < 표 2-3-3 >에 산입하여 개략 추정하였다.

< 표 2-3-3 > 자연 출산 시 출애굽 후 2년 2개월 이스라엘 자손 개략 인구 추정

12 지파		20세 이상 남자(M) (괄호는 3차 정밀 조사)	20세 이상 여성 (W)	합 (P=M+W)
르우벤		46,500 (43,730)	46,500	93,000
시므온		59,300 (22,200)	59,300	118,600
유다		74,600 (76,500)	74,600	149,200
잇사갈		54,400 (64,300)	54,400	108,800
스블론		57,400 (60,500)	57,400	114,800
갓		45,650 (40,500)	45,650	91,300
아셀		41,500 (53,400)	41,500	83,000
베냐민		35,400 (45,600)	35,400	70,800
요셉	에브라임	40,500 (32,500)	40,500	81,000
요셉	므낫세	32,200 (52,700)	32,200	64,400
단		62,700 (64,400)	62,700	125,400
납달리		53,400 (45,400)	53,400	106,800
(소계 1: 20세 이상 건강한 11지파의 인구)		603,550 (A) (601,730)	603,550 (B)	1,207,100
(소계 2: 20세 이상 건강한 레위 지파 인구)		10,285	10,285	20,570
(소계 3= 소계 1 + 소계 2)		**613,835**	613,835	1,227,670
20세 미만 인구(C: 장애인 포함)		**646,142**	**646,142**	**1,292,284**

20세 이상 인구(D: 장애인/고령자 포함)	646,142	646,142	1,292,284
65세 이상 고령자 (E: 전체 인구의 남자 1.5%, 여자 3.7%)	19,384	47,815	67,199
총인구 (P=C+D)	1,311,668	1,311,668	2,623,336
초태생 인구 (F)	22,273	f=P/F=58.89	

주 1: 인구 통계를 작성한다는 것은 체계화된 조직을 가진 지성적 집단에서 가능하다. 따라서 이스라엘 자손은 모세를 중심으로 잘 짜인 실행력 있는 조직임을 알 수 있다.

주 2: 출애굽 전 이스라엘 자손은 제한된 지역인 고센 지방에 집단으로 모여 살았을 것이고 의료 환경이 빈약했을 것이다. 우리나라 1975년에서 1980년 사이 광주광역시의 남여 인구는 각각 606,468명, 727,259명이었는데 이는 이스라엘 자손 인구의 약 1/4 작은 모집단이다. 이 광주광역시의 65세 이상의 고령자 비율은 남자는 1.5%, 여자는 3.7%였고 이를 이스라엘 자손에 적용해 본 것이다.

주 3: 실제 애굽 바로 왕의 남아 출산 억제 정책으로 여자 인구는 실제 위 추정보다 많음이 확실하다.

주 4: 민수기 3장의 레위 인구는 장애인 5%, 65세 이상 고령자 1.5%를 포함한 것으로 판단하고 또 그의 1/2을 20세 이상으로 보았다.

주 5: 20세 미만 장애인 포함 인구(C)는 건강한 20세 이상의 약 5%가 포함된 장애인 인구와 동일하다고 가정하면 613,835/0.95가 되므로 646,142명이 된다.

주 6: 20세 이상 인구(D)에 고령자와 장애인 포함한 인구는 20세 미만 인구와 동일하게 본다.

주 7: 에브라임 자손 용사 3만 명이 출애굽 30년 전, 하나님의 뜻에 반하여, 가나안 땅으로 이주하려 식량 없이 갔다가 블레셋 사람의 식량을 약탈하려 하자 블레셋 사람들에게 전멸 당하고 10명만이 살아 돌아온 사실을 반영한 인구라면, 출애굽 인구 중 가장 많은 인구가 에브라임 지파였을 것이다 (야살의 책 75장).

주 8: 출애굽 후 2년 2개월인 때 20세 이상 레위 지파 제외 남자의 초태생비(f)는 27.10(=603,550/22,273)이고, 레위 지파의 반을 20세 이상으로 보면 f=27.56(=613,835/22,273)이며, 추정된 **남자 총인구 1,311,668 대비 초태생비(f)는 58.89(=1,311,668/22,273)**이다.

위 표에서 남자 인구 중 특이점은 유다 지파 인구가 상대적으로 매우 많다는 것과 레위 지파 인구와 세대(世代) 수가 매우 적다는 점이다. 레위 지파는 레위 세 아들이 8종족을 낳았으나 출애굽 시까지 낳은 1개월 이상의 남자 인구는 총 22,000(22,300)명으로 다른 지파의 약 1/5 수준이다. 레위 지파의 남자 인구가 적다는 점에는 하나님의 역사와 섭리가 있음을 알 수 있는데 레위가 입국 시 다른 형제보다 적은 자녀를 낳은 것이 아니나 출애굽 시 초태생 수와 레위 지파 1개월 이상의 남자 인구를 매우 근접하도록 하나님께서 레위 지파 사람들의 출산을 의도적으로 관리하신 점이다. 이는 다른 지파와 달리 레위 지파는 순혈주의 결혼관 등을 통한 특별한 무엇인가를 하나님께서 역사한 것으로 볼 수 있다. 유다 지파 역시 4대 정도가 애굽에서 출생한 것으로 파악되는데 유다는 입국 시 아들 3인과 손자 2인을 동반하였으나 인구가 다른 지파에 비하여 번창하여 가장 많은 인구가 되었다. 이는 다처에 의한 번창이었는데 유다 지파를 통한 이스라엘 역사를 주도할 하나님의 강한 섭리로 해석해야 한다.

2-3-4. 이스라엘 자손의 수명과 출산

애굽에 입국한 야곱(0세대)과 그의 아들(1세대), 손자(2세대) 및 애굽에서 출생한 증손자(3세대)의 수명은 약 100-130세였고, 현손(4세대)인 모세 또는 아론 세대까지도 100세 이상을 살았다. 모세가 쓴 시편 90장 10절에서 살아야 70이고 강건하면 80이라 하였으니 출애굽 전 마지막 세대나 광야에서 출생한 세대는 70세 정도 산 것으로 보인다. 출애굽한 대부분의 남자 인구는 출애굽 전 100년(AM 2,348) 이후 출생한 3-4대일 것이다.

출애굽 시 인구는 유다, 단, 시므온 지파가 많은 편이고 특히 유다 지파가 많다. 유다 지파는 애굽에서 번창하였는데 손자 헤스론은 첫 아내를 통해 여라므엘, 람, 글루배(갈렙, 갈미)을 낳고, 둘째 아내를 통해 스굽을 낳고, 셋째 아내를 통해 아스훌을 낳았으니 총 5명의 아들을 두었다 (역대상 2:9-24). 헤스론의 아들 5명은 여러 아내를 통해 많은 자손을 낳았다. 헤스론의 아들 여라므엘은 두 아내을 통해 아들 6명과, 헤스론의 아들 글루베(갈렙, 갈미)는 여섯 아내를 통해 아들 19명을, 헤스론의 아들 아스훌은 네 아내를 통해 11명의 아들을 두었다 (역대상 4:1-10). 이들처럼 여러 아내를 통해 자녀를 둔 사례는 아브라함은 세 아내를 통해 아들 8명을 두었으며, 이스마엘은 두 아내를 통해 아들 12명을, 에서는 두 아내를 통해 5명의 아들을 두었다 (표 4-9-1). 이같은 인구 증가 요인은 다처제가 주된 것임을 알 수 있다.

잇사갈은 네 아들을 두었는데 아들 중 돌라는 여섯 아들을 두었다. 요셉의 자손은 약 10대에 걸친 자손을 형성하였다. 요셉의 손자 발한은 아들 7명을 두었다. 베냐민에게는 6명의 아들이 있었고 이중 벨라와 베겔은 각 9명의 아들을 두었고 아스벨은 1명의 아들을 두었다. 아론은 아들 4명을 두었다. 출애굽 인구 20세 이상 약 60만 명 중 주요 족장들의 족보가 민수기에 기록되었는데 이를 통해 남자를 평균 몇 명을 출산한 것인지를 파악하기 힘드나 다처를 두었으며 평균 3-5인의 남아를 둔 것으로 보인다. 이는 애굽 거주 시 남자의 수명이 100세 이상인 점에서 첫째 아내가 늙은 경우 가임 여성인 젊은 아내를 맞이하여 다처를 형성하여 다출산한 것이 일반적이었다.

2-3-5. 초태생(初胎生, firstborn)의 신학적 및 인구 통계적 의미

출애굽기 11장 5절, 12장 12절, 13장 2절 등과, 민수기 3장 2절, 3장 13절, 8장 16-18절 등에 「장자」, 「처음 난 것」 또는 「초태생(firstborn)」이라는 용어는 히브리어 「베코」를 번역자가 여러 용어로 번역하였다. 초태생은 애굽 왕 바로가 하나님의 명령을 어겨 하나님께서 출애굽 전날 밤 애굽 땅에 있는 애굽 사람이나 이스라엘 자손 중의 처음 난 모든 사람이나 그들 가축의 첫 새끼(출애굽기 11:5, 11:12, 12:29)를 죽이기로 한 징벌의 대상이다. 이 징벌이 있을 때 문 인방과 양 설주에 어린 양의 피를 바른 이스라엘 자손과 가축의 초태생은 죽음을 면하였다. 또 유월절에 죽음을 면한 "*이스라엘 자손 중 사람이나 짐승을 막론하고 처음 난 모든 것은 다 거룩히 구별하여 내게 돌리고 이는「내 것」*"이라 하였다 (출애굽기 13:2). 또 출애굽 후 특별히 민수기 3장 12절에 레위인 중「*태를 열어 태어난 모든 맏이(all the firstborn that open the matrix)*」를 초태생으로 정의하여 생물학적으로 여성의 첫 아들을 초태생으로 말하는 듯하다. 그런데 문제는 출애굽 전후에 나타난 초태생의 여러 개념이 장자로 보이나 출애굽 2년 2개월 후 조사하여 계수된 초태생 인구 숫자에 나타난 통계학적 의미로 파악하면 초태생의 실제적 의미가 모든 장자가 아닌 점을 드러내기 때문에 출애굽 전후에 나타난 초태생 개념이 무엇이며 또 누구인지를 재고할 필요가 있다. 현재까지 연구가 매우 미흡한 초태생의 개념을 단순히 생물학적「장자」로 이해하여 왔으나 여기서 새로운 정의를 도출하였고 이 개념은 예수님까지 연결되기에 상세히 살필 필요가 있다.

초태생의 개념을 생물학적 즉 출산 여성에 적용하면 그 정의가 매우 단순하나, 남자 입장에서 보면 생물학적이 아니라 가구 중심의 개념인 장자권을 가진 첫 남자(후사 , 상속자)로 바뀐다. 우선 이런 가정을 해보는 것은 출애굽 전 그 집의 가족대로 식구를 위하여 어린 양을 취하고 그 어린양의 피를 문설주와 인방에 바른 단위 공간은 집이었기 때문이다 (출애굽기 12:3-7). 또 아브라함과 애굽에 거주한 그 후손들의 실제 가구 구성이 복잡하였기에 민수기에 나타난 초태생의 통계적 의미를 살필 필요가 있다.

한 남자가 여러 여자와 결혼한다면 남자 입장에서 첫 아내에게서 난 남자를 장자이면서 초태생이나 생물학적으로 각 아내는 자기 입장에서 처음 난 남자를 맏아들 또는 장자로 여길 수 있기 때문에 초태생이 여럿일 수 있다. 이 예는 야곱이 네 아내로부터 12명의 아들을 낳았으나 장자는 레아가 낳은 르우벤만을 장자로 취급하였고 영적으로 유다 또는 요셉이 되었다. 출애굽 시에도 이처럼 가구의 세대 구성, 이혼, 부인 수 등의 개념이 달라지면 초태생 개념을 적용할 사람이 달라질 수 있어 보인다. 결론은 출애굽기와 민수기에 언급된 유월절의 초태생[104] 개념을 신학적 그리고 인구 통계학적 두 측면에서 추적한 결과 장남이기는 하나 해당 가구의 세대원 중 장자권(후사)이 부여된 한 명의 장남으로 정의해야 출애굽기와 민수기의 신학적 묘사 및 인구 통계가 종합적으로 풀이된다. 이 개념은 종국적으로 예수를 믿는 **모든 그리스도인의 초태생**이며 **만유의 초태생**이신(골로새서 1:15) 예수님까지 연결되는 정의가 된다.

---

104 이 개념은 아직 신학적으로 전혀 연구되어 있지 않고 막연히 장자라고 생각하고 있는 듯하나 그렇지 않다.

출애굽기 12장 13-30절 등에서 그 의미를 자세히 살피면 어린 양고기를 먹을 공간 단위와 초태생을 죽일 공간 단위를 「가족(families)의 식구」[105]가 거주하는 방(rooms)이 아닌 「집(houses)」으로 설명하고 있다. 이 묘사를 근거로 하고 동시에 당시 가구 구성을 추적하여 민수기에 나타난 인구 통계에 적용하면 신학적 그리고 인구 통계에 적용할 초태생의 개념을 정의할 수 있다.

출애굽 후 2년 2개월에 모든 이스라엘 인구 중 초태생이 22,273명(민수기 3:43)인데 이들이 문자 그대로 "장남"이라고 하면 매우 이상하거나 심각한 문제가 생긴다. 왜냐면 < 표 2-3-3 >에서 보듯이 레위 지파를 제외한 20세 이상의 남자가 603,550명인데 이중 장남이 22,275명이라는 것이어서 비율로 남자 약 27.10명 중 1명이 장남이라는 것이다. 이 얼마나 이상한가. 더구나 레위 지파 인구를 포함하거나 20세 미만의 남자 인구를 포함하면 당 초태생 1인당 남자 인구 비율은 더 높아질 것이기에 초태생의 개념이 장자가 아니거나 매우 특별한 의미임이 틀림없다. 따라서 민수기에서 초태생 인구 통계에서 매우 특이한 자료이며 이 의미를 정확히 파악해야 할 것이다.

민수기에서 초태생을 계수하라고 한 하나님의 취지는, 즉 출애굽 후 인구 조사에 이를 포함시킨 깊은 의도와 의미는 출애굽 후 구별, 거룩한 제사, 성소 관리, 가나안 정복을 위한 인적 자원 파악 등의 개념이다 (종국에는 예수 그리스도를 상징(그림자, 모형)으로 미리 나타내시고자 하시었다). 하나님께서 출애굽 전날 밤 애굽 땅에 처음 난 남자와 동물을 모두 죽이고자 할 때 어린 양의 피를 집문 좌우 설주(문의 양쪽 기둥)와 인방(문의 상인방과 하인방 모두)에 발라 그 집 초태생의 죽음을 면하게 하셨다. 이 날을 유월절(踰越節, passover)한다. 만일 이 초태생의 의미를 정확히 안다면 출산율, 생잔율(生殘率), 가구수, 가구원 구성 등의 의미를 유추할 수 있을 것이다.

출애굽 후 2년 2개월이 될 때 1개월 이상된 초태생 22,273명을 계수하여 이 초태생을 하나님의 것으로 여기시고 1개월 이상된 레위인 남자 22,000명과 초태생의 숫자 차이 273명은 인당 5세겔을 성소에 속전(贖錢)으로 바치도록 하여 초태생을 계산하였다 (민수기 3:40-50). 출애굽 전 초태생의 개념은 출애굽 후 민수기 3장에 인구 통계로 파악되었다. 하나님의 명령이지만 민수기에서 초태생 인구를 계수할 때 출애굽 전과 다른 개념으로 파악할 수 없는 것은 출애굽 후 2년 2개월이 지난 시기로 가구 구

105 출애굽기 12:3에 보면 「가족의 식구」를 위하여 어린 양을 취하라는 설명이 나오며 이를 「세대원」으로 파악해야 한다. KJV Exodos 12:3-4 they shall take to them every man of their fathers, **a lamb for an house**. And **the household** be too little for the lamb, let him and his neighor next unto his house take it according to the number of the souls (이하 생략).

성이 달라지지 않았다고 보기 때문이다. 즉 출애굽 후 인구 구성이나 민수기상의 초태생의 개념이 출애굽 전 정의와 같을 수 밖에 없다고 보아야 한다.

초태생의 신학적 의미를 인구 통계학으로 살피면, 출애굽 후 2년 2개월에 계수된 1개월 이상의 초태생인 이스라엘 남자 22,273명은 출애굽 전 유월절에서 살아남은 12지파의 초태생인 이스라엘 남자가, 매우 정확하지 않으나 큰 오차 없이, 22,273명이었다는 점을 의미하다. 앞서 설명하였지만 매우 놀랍고 흥미로운 점은 이스라엘 자손의 초태생 수와 레위 지파 1개월 이상의 남자 수 22,000명과 매우 유사한 점에서 하나님께서는 오래 전부터 이스라엘 자손의 씨(남자)에 대하여도 총량적으로 예정하신 점을 알 수 있다. 레위 지파 1개월 이상의 남자 수와 차이인 273명에 대한 속전과 11지파의 가축 대신 레위인의 가축(민수기 3:41)을 하나님께서 사용하도록 한 점도 하나님의 의도적이고 세심한 배려이다.

초태생의 인구 통계적 개념을 이해하기 위해 구체적인 가정의 예를 들어 보자. 가상의 인구 통계 모집단(표 2-3-4)에서, 야곱(가나안 0세대)이 애굽 입국 전 12명의 아들을 낳았고(가나안 1세대), 그 12명이 한 명의 부인에게서 3인씩 아들을 낳아 36명이 애굽에 입국하였다(애굽 1세대). 36명 아들이 한 명의 부인에게서 3인씩의 아들을 애굽에서 낳으면 108명이 되고(애굽 2세대), 이 108명이 애굽에서 한 명의 부인에게서 아들 3인씩을 낳으면 324명이 된다(애굽 3세대). 그리고 출애굽 시에는 야곱(가나안 0세대)과 야곱의 12명 아들(가나안 1세대) 및 애굽 1세대는 사망하고 애굽에서 출생한 애굽 2세대 108명과 애굽 3세대 324명이 출애굽하였다고 하자.

애굽에서 사망한 자를 제외하고 출애굽한 남자 인구 432인이며 그중 맏아들인 장남은 144인이 된다. 만일 하나님께서 출애굽 전날 밤 죽이기로 한 초태생이 생물학적으로 장남이라 한다면 남자 432명 중 33.3%인 144명 모두가 죽어야 하는 것인가 하는 문제가 등장한다. 마찬가지로 출애굽 하루 전 가축이나 애굽 사람들도 이와 같은 개념으로 하나님께서 죽였을까하는 문제도 제기된다. 답은 명백히 그러하지 아니하다.

그런데 앞에서 아브라함 이후 후손의 경우처럼 가구 구성을 보면 실제 여러 형태가 있기에 생물학적 초태생의 개념이 달라질 수 있다. 한 남자가 여러 부인을 가진 경우 한 남자에게서 출생한 남자가 많으나 후사권을 가진 즉 장자권을 가진 장남으로서의 초태생은 한 명으로 볼 수 있다. 여성 입장에서 생물학적으로 보면 각 부인이 낳은 맏아들이 여러 명이므로 생물학적 초태생은 여러 명이 되나 가구주 입장에서 보면 후사권을 가진 장남은 한 명이다. 또 후사권은 생물학적 외 영적 개념이 된다.

< 표 2-3-4 > 야곱 자손의 출애굽 시의 장남과 비장남 현황(예시)

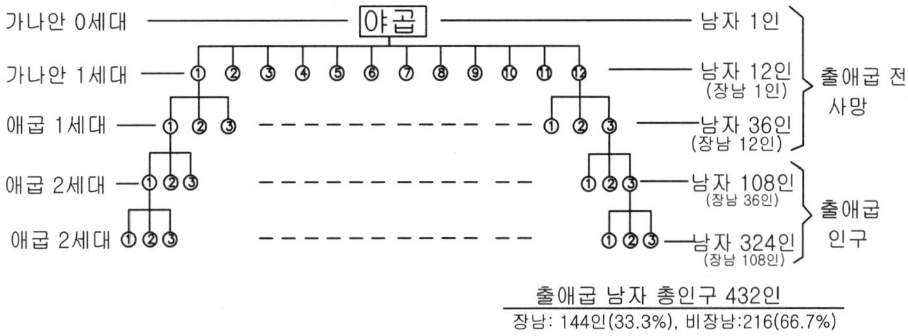

그러나 생물학적이 아닌 후사권을 가진 장자를 초태생으로 보는 초태생비(f)를 전체 남자 수/후사(1인) 수의 비로 정의하는 경우, 즉 초태생비=전체 남자 인구/후사인 초태생으로 정의하면 항상 분모는 1인이 된다. 이때 어떤 가구에서 높은 초태생비(f)는 ① 부인이 한 명이라 하더라도 남자를 많이 낳거나 ② 한 남자가 여러 명의 아내를 갖고 각 부인이 남자를 많이 낳은 경우 나타난다. 또 모집단이 가구가 아니라 어떤 사회에서 생물학적이 아닌 후사인 초태생비가 낮을 때는 ① 분자인 한 가구의 남성이 많이 사망하여 남자가 적어지거나 ④ 기 출생한 남자 인구는 유지되면서 가임여성이 남자 출산을 하지 않거나 적게 할 때 등에서 나타난다. 즉 모집단에서 초태생비가 낮다는 것은 남자 출산율이 낮거나 기 남자 인구는 유지되고 가임여성이 남자 출산을 매우 적게 할 때 나타난다고 보아도 무방하다.

이 초태생의 생물학적 개념과 후사권을 가진 초태생비의 의미를 파악하였듯이, 순수하게 한 남자와 한 여자에게서 출생한 초태생비는 부부의 남자 출산율을 의미하거나 한 가정에서의 초태생 대비 남자 인원을 말한다. 실제 민수기에 기록된 출애굽 후 인구 통계(표 2-3-2 및 표 2-3-3)에서 초태생 대비 레위 지파 남자를 제외한 20세 이상의 남자 인구비인 <u>초태생비 f=27.10(=603,550/22,273)</u>은 레위 지파 인구를 제외한 이스라엘 11개 지파에서 한 가구의 가장(家長)에게서 20세 이상의 남자 27.10명을 낳았다는 것인데 이는 비현실적이므로 이 초태생비의 의미는 생물학적 의미가 아닌 무엇인지를 파악해야 할 것이다. 만일 20세 이상이 아닌 20세 미만의 남자 인구를 추가하면 < 표 2-3-3 >에서와 같이 <u>초태생비 f는 58.89(=1,311,668/22,273)</u>이 되어 더욱 비현실적이어서 출애굽 후 초태생 인구 통계에 생물학적 장남인 초태생이 아닌 새로운 해석이 필요하다. 즉 가구 단위 또는 사회학적 인구 구성의 초태생 개념이 필요하다.

출애굽 후 초태생비가 27.10과 58.89 사이라는 점이 시사하는 바는 애굽에 거주한 이스라엘 남자들이 2-3인 정도의 다처를 두었다 하더라도 한 가구(家口, 세대,

household)를 구성하는 한 가장이 20세 이상의 남자 27.10명 또는 20세 미만을 포함한 모든 남자 58.89명을 낳았다는 사실을 말하는데 이는 솔로몬을 제외하면 구약에서 찾을 수 없으며 비현실적이다. 다만 모세 출생 세대까지는 평균 수명이 100세 이상이어서 노년층이 많아 생잔율이 높고 바로 왕의 남아 출산 억제 정책으로 초태생비가 갑자기 높아질 수 있었겠으나 이러한 초태생비는 불가능하다. 만일 왕과 같은 권력자는 가능할 것이나 이스라엘 자손 평균에 적용하기는 가능성이 전혀 없다. 만일 민수기에서 계수된 인구와 초태생 통계가 정확하다면 초태생에 관한 인구 통계적 개념의 확인이 필요한 것이다.

위 모델 < 표 2-3-4 >를 두 경우로 나누어 다시 살피자. 첫째 출애굽 전 애굽 출생 2세대와 3세대가 2세대 장남 「집」에서 「모두」 모여 「함께」 살면서 출애굽하였다고 하자. 이때 가장(=가구주)은 2세대의 장남 36명이 되어 애굽 2세대의 가구 수는 36가구이다. 이 한 가구에는 전 가구주가 낳은 3명의 아들과 3명이 낳은 손자 9명으로 구성되어 가구당 남자 인구는 가구주를 포함 12명(=3+9)이다. 따라서 초태생비를 가구 단위에 적용하면 장자권을 가진 초태생인 손자가 1명이므로 f=12(=12/1)가 된다. 만일 이 가구에 장자권이 아닌 생물학적 맏아들을 초태생으로 본다면 초태생비 f=3(=12/4)[106] 이 된다. 이 가구 집단 전체를 생물학적 초태생으로 보아도 초태생비 f는 4이다. 이처럼 초태생과 초태생비는 남자가 결혼하여 여자 중심으로 출생한 생물학적인 장자로 보면 항상 남자 출산율에 의해 결정되나 여자 단위가 아닌 가구 중심으로 그 가구의 구성 형태와 장자권을 누가 갖느냐에 대한 개념에 따라 크게 달라진다.

즉 출애굽기와 민수기의 「초태생」을 어떤 개념으로 볼 것인지 그 정의가 매우 중요하다. 「맏아들」로서의 초태생 개념이 아닌 「집(house)」의 여러 세대가 사는 「대가구(household)」[107] 중심의 장자권(후사)을 가진 (영적 의미를 포함한) 초태생이라는 점이 출애굽기와 민수기의 개념이다. 여러 세대로 구성된 대가족에서 초태생 개념은 각 세대 또는 여러 부인이 낳은 맏아들로서의 초태생의 합이 아니라 항상 마지막 세대의 「처음 난 것」 즉 후사인 장자권을 가진 1명이다. 출애굽기와 민수기에는 후사(an heir)[108]인 장자권의 남자를 초태생으로 정의하지 않았으나 우선적으로 후사인 초태생으로 파악해야 하는 것이다.

그런데 이 개념을 적용 시 특수한 몇 가지를 생각해 보자. 첫째 어떤 집(가구)에서 여

---

106 이 가구의 생물학적 초태생은 가구주 1인과 그의 장남, 가구주의 동생 2인이 낳은 장남 2인 총 4인이다.

107 영어의 clan보다 작은 개념으로 봄이 적정할 듯하다. 야곱이 애굽으로 내려갈 때 가구 구성을 감안하면 될 듯하다.

108 생물학적으로 장자가 아니면서 장자권을 가진 성경적 후사는 대족장을 포함 이삭, 야곱, 유다, 다윗 등 많다.

러 남자 중 처음 난 남자가 죽으면 둘째가 장자권을 이어받는데 이 차남을 초태생으로 볼 것인가 하는 문제가 있다. 이 차남을 장자로 보는 경우 죽임을 당할 남자로 보아야 할 것이나 장자가 아닌 생물학적 초태생으로 보는 경우 죽임을 당할 남자로 볼 수 없을 것이다. 그러나 하나님께서 죽이려는 목적은 그 집안의 대를 끊으려는 유월절 목적이 있었기에(민수기 12:19) 장자권을 가진 차남을 초태생으로 여겼을 것으로 보인다. 둘째 남자가 없는 집(가구)이란 초태생이 없는 가구이므로 처음부터 민수기 통계에서 예외가 되는 경우이다. 셋째 가장(家長)이 생물학적으로 장남이고 가구원 중 남자가 없다면 가장만이 초태생이므로 가장이 죽임을 당할 남자가 된다. 이러한 경우는 이스라엘 자손이 대가족인 점을 감안하면 극히 희소할 것으로 보인다. 실제 출애굽기와 민수기에서 이 경우와 다른 예를 어떻게 초태생을 계수하였는지 알 수 없으나 사례가 거의 없을 듯하다.

이러한 예외적이고 희소한 경우에도 불구하고, 출애굽기와 민수기를 종합한 초태생이란 한 지붕 한 「집」에서 산 남자에 적용해야 하므로 초태생은 항상 한 집당 1명으로 그 가구의 마지막 세대의 처음 태어난 장자권을 갖는 남자(an heir)로 보아야 할 것이다. 즉 당시 가구 구성의 특성과 유월절에 죽임을 당할 초태생의 최소 개념에 의하면, 여러 세대나 여러 부인으로 한 가구를 이룬 여러 장남이 있다하더라도 한 집의 세대주는 1명이 되고 이 집의 가장(家長) 입장에서 항상 초태생은 마지막 세대의 장자권을 가진 1명만이 초태생으로 파악해야 민수기의 인구 통계 해석이 가능하다.

데라와 아브라함[109] 등의 이스라엘 족보에서 볼 수 있듯이 족장 또는 대가족 중심의 목축업으로 생계를 꾸미고 있어 한 가구의 단위를 족장 또는 대가족 중심으로 구성되었다고 본다면 한 가구는 2-4세대 정도의 대가족으로 파악할 수 있다. 민수기 및 역대상에서도 이런 개념의 족장 중심의 족보를 기록한 예와 한 남성(가장)이 여러 부인을 거느린 대가족 중심[110]이라는 개념을 알게 된다. 또 레위기 기록을 살피면 출애굽 후 순수한 이스라엘 자손이 아닌 이방, 종, 거류인, 품꾼 등이 포함되어 출애굽한 대가족 중심임을 알 수 있다. 애굽 거주 이스라엘 자손이 「고센 땅」이라는 한정된 구역 안에서 목축과 농업을 위주로 하는 2-3대로 구성된 대가족 중심에 속한 남자가 최소 20-30명 내외 구성된 것으로 보이며 이 대가족 인구 중 마지막 세대가 낳은 장자권을 가진 초태생 1명씩을 대상으로 하였다면 초태생의 인구 통계적 의미는 가구 수

109 이러한 예는 아브라함이 엘람 왕(그돌라오멜) 연합국에 피납된 롯을 구하기 위해 집에서 길들인 사병(私兵) 318인을 보냈다 (창세기 114:14).

110 대가족 중심의 생활에서는 가족, 선조 및 친족에 대한 상세한 정보를 평생 함께 하였기에 정확히 기억할 수 있음을 상기할 필요가 있다.

를 의미하게 되며 초태생비는 가구원의 남자 인구를 말한다.

이 생물학적 개념이 아닌 대가족 중심의 초태생 정의로 민수기에 기록된 초태생 22,273명의 통계적 또는 신학적 의미를 귀납적으로 도출할 수 있고 또 이를 연역적으로 해석할 최소의 정의로 삼을 수 있다. 민수기 인구 통계를 더 입체적으로 이해 할 수 있다. 출애굽 전 유월절 규례를 지키지 아니한 이스라엘 자손과 애굽 주민의 초태생은 하나님께서 끊어지게 하거나 죽이셨는데 이때의 첫 초태생 개념은 생물학적 맏아들이 아닌 대가족 단위 개념의 장자권을 가진 아들이었고 출애굽 후 이 개념을 다시 이스라엘 자손에 적용하였다. 이를 민수기 인구 통계를 통해 실증해 보자.

2-3-6. 생잔율(生殘率)과 수명

민수기 인구 통계와 후사권을 가진 초태생 개념을 분석하기 전 생잔율 개념을 소개하면 한 연령층이 일정 기간 지난 후 살아남는 확률(비율)을 말한다. 예컨대, 2000년의 1-10세의 100명이 2020년에는 21-30세에 이르는데 이 동안 5명이 사망하면 생존자는 95명으로 생잔율은 95%이다. 그러나 성경에서 사실상 출산율을 알 수 없고 출산 후 생존한 사람을 계수한 것이므로 생잔 인구로 보아야 한다. 이 책에서 혹 출산율을 이라 표현하는 경우 이는 자녀 출산 후 산 사람을 설명하므로 생잔율을 의미한다.

출산율과 생잔율에 큰 영향을 주는 것은 전쟁, 기아, 사고, 전염병, 건강, 기후 등이다. 이스라엘 자손의 인구 번창[111]이 모세 출생 전까지 지속되었고 그후 모세 출생 전 애굽 왕 바로의 남아 출산 억제 및 살해 정책으로 출애굽 전 85년 이후에는 남아 출산율이 떨어지면서 후사권을 가진 초태생비(f)가 서서히 증가하였을 것이며 큰 전쟁 등이 없었으나 중노동이 있었고 평균 수명이 100세 이상이므로 생잔율은 약간 내려갔을 것으로 보인다. 출애굽 연령층이 상대적으로 85세 이상이 많았을 것이고 1세에서 85세 이하가 적었을 것이다.

2-3-7. 출애굽 초태생비 및 가구 구성

앞에서 정의된 대가족 중심으로 본 후사권을 가진 초태생비(f) 개념에 따라 초태생이 22,273명이므로 출애굽 후 2년 2개월 때 대가족을 이룬 가구 수는 22,273이다. 이 가구 수는 출애굽 전에도 (거의) 동일한 것으로 보아야 한다. 왜냐면 통계가 출애굽 2년

111 출애굽기 2:9에 의하면 인구 번창은 확실한데 이 번창이 꼭 출산율이 높다는 것을 의미하는 것과 일치하지 않는다. 왜냐하면 단기간의 번창은 출산율과 관계되나 저출산으로 오랜 기간 지속되어도 번창할 수 있기 때문이다.

2개월에 파악되어 분화된(출가한) 새로운 가구가 아니라 대가족인 가구였기 때문이다. 애굽 이주 시 야곱을 포함한 한 가구의 증손자까지 남자가 68명이므로 애굽 입국 시 초태생비(f)는 68이다. 참고로 야곱의 유언을 보면 맏아들인 르우벤이 장자이나 실제로는 넷째 아들 유다가 홀(笏)을 가진 후사라고 생각했음(창세기 49:10)을 주시할 필요가 있다. 야곱 중심의 하나의 대가족이 애굽 거류 기간 동안 22,273 가구로 증가하였다는 것을 의미한다. 애굽 이주 초기의 수명이 130세 정도이고 출애굽 후 광야 생활시 70-80세로 단축된 것으로 보이는데 당시 가구 구성은 늙은 가장을 중심으로 2-3대 정도로 한 남자가 여러 부인을 가진 대가족임을 설명하였다. 이같은 가구 구성은 출애굽기 묘사와 다음과 같은 추정으로도 뒷받침된다.

애굽으로 이주 후 한 남자가 한 아내를 통해 낳은 남자의 생잔 인구를 3-5인(평균 4인)으로 보며 애굽 거류 기간 중 태어난 세대를 8세대라 보고 출애굽 시 5세대부터 8세대가 한 가구를 이루어 출애굽하였다면 애굽에 입국한 야곱의 아들과 손자 55명[112]이 55*4*4*4*4*4=56,320[113] 가구로 형성된 것으로 계산되어 출애굽 시 형성된 22,730 가구가 가능할 수 있는 유의미한 결과를 얻을 수 있다. 실제 22,273명의 세대주는 손자 또는 증손자까지 약 2-3대로 구성된 대가족이며 이들 인구의 합이 출애굽 시의 총인구가 된다. 애굽 거류 전체 기간 중 형성된 세대는 모세 출생 전 약 4세대와 모세 출생 이후 약 4세대 총 8세대가 적정해 보인다(애굽 거류 기간 중 형성한 세대 수는 뒤 인구 추정에서 다시 다룬다).

또 위와 달리 한 세대주가 낳은 남녀 각 5명이 생잔하고 다시 5명의 아들이 자녀를 낳아 남녀 5명이 생잔하여 총 3세대로 구성된 대가족이라 가정하면, 가구원의 수는 세대주 부부 2인, 1세대 부부 10인, 5명의 딸은 출가하였으므로 가구원에는 미포함되며 그리고 다섯 아들이 낳은 남녀 자녀는 50인이 되므로 가구원 인구는 62인(=2+10+50)이다. 이 때 초태생비(f)는 남자가 31인이므로 31(=31÷1)이 된다. 이 대가족의 3세대 구성과 생잔율의 이 예시에 볼 수 있듯이 출애굽 당시의 세대 구성을 3세대로 보고 남자 1인에게서 낳은 남녀 각 5명 정도가 생잔한 것으로 가정하면 실제로 출애굽 시의 초태생비(f)가 31 정도의 범위인 것을 예상할 수 있고 한 남자가 여러 명의 부인을 두면 초태생비는 증가한다. 이 예에서 생잔율을 남녀 5인이 아니라 각 4명으로 가정하여 초태생비(f)를 계산하면 21이다.

112 실제 창세기 이후 모든 성경은 55인이 아닌 12지파를 중심으로 인구와 족보를 설명한다.

113 이 산출을 바로 왕의 인구 정책으로 출산율을 점점 낮게 잡아 55*5*5*4*3*2로 변형한다고 하더라도 총 가구는 33,000이 되어 대가족이 된다는 것과 초태생비에 의한 가구 형성이 가능함을 알 수 있다.

그런데 민수기 출애굽 인구 통계에서 어려운 추정 중 하나가 세대주에 속한 가구원의 구체적 구성이다. 출애굽기 12장 43-48절에 명시된 본토인 이방인, 돈을 주고 산 종, 거류인, 타국 품꾼 중에 돈으로 산 종은 할례 후에 어린 양과 무교병과 쓴나물(출애굽기 12:8)을 먹게 하였으므로 남자 종 가족도 이스라엘 자손과 같이 죽음을 면하는 혜택을 받았으므로 지파에 산입하였는지 판단하기 매우 어렵다. 이들이 실제 지파의 씨에 의한 출생은 아니나 지파에 「속한」 사람으로 파악할 수 있을 듯한 것은 민수기의 초태생비가 상상 외로 높기 때문이다. 애굽에서 히브리인 중에서 종이 된 사람이 있는데 이들은 인구 통계에 계수되었다고 보아야 할 것 같은 점은 전장에 나갈 남자를 계수하였기 때문이다 (출애굽기 21:2).

레위 지파를 제외한 20세 이상의 남자에 대한 초태생비는 < 표 2-3-3 >의 하단 주 8에서 보듯이 27.10이고 자연 출산하였다고 가정 시 개략적인 남자 전체 인구에 대한 초태생비는 58.89가 된다. 즉 추정할 수 있는 **초태생비 범위는 27.10 < f < 58.89**인 것을 알 수 있다. 이는 상상보다 높은 것은 앞에서 설명했듯이 높은 생잔율, 2-3대의 대가족, 다처제 및 종을 포함한 가구원 등으로 인해 초태생비가 높다고 보아야 한다.

2-3-8. 출애굽 인구의 초태생비 산정과 출애굽 인구 추정

출애굽 후의 초태생비(f) 범위(27.10 < f < 58.89)를 알았으므로 이 초태생비를 앞에서 정리한 개념에 따라 세부 의미를 파악해 보자. 민수기의 초태생 인구에 레위 지파 사람의 포함 여부는 포함된 것으로 파악하는 것이 적정하다. 이는 하나님께서 출애굽 전 모든 초태생을 죽이기로 하였으므로 레위 지파도 해당되어 전체 이스라엘 인구에 대한 초태생을 계수한 후 이 계수한 사람을 하나님의 것으로 파악하였기 때문이다.

당시 혼인한 여성의 정확한 출산율을 알 수 없으나 애굽으로 이주한 후 한 여성이 평균 3-5인의 남자를 출산한 것으로 관찰되며 한 남자는 여러 명의 아내를 두었다는 점과 한 가구가 여러 세대로 구성된 점을 감안하면 집(가구)을 기준으로 한 가구당 출산율이 높은 것으로 파악되며 이는 곧 초태생비가 높다는 것을 의미한다. 모세가 출생한 세대 전후 사람부터 출애굽하였을 것이고 그들은 최소 70-100세 정도를 살았을 것으로 보인다. 남아 출산 억제 및 살해 정책으로 남아 출산이 매우 적었다면 생잔율이 높게 유지되었으므로 초태생비(f)가 높아진다.

아래 < 표 2-3-5 >에서 자연 출산의 우리나라 1960년대의 연령별 인구 피라미드의 상단의 도표 또는 1960년 및 1970년대 우리나라 광주광역시 인구 현황(표 2-3-6)에서 알 수 있듯이 20세 전후 인구는 1:1 정도의 비율을 나타내나, 출애굽 약 85년 전 이후부터 자연 출산이 아닌 남자 인구 억제 및 남자 영아 살해 상황으로 20세 미만 인구는 많이 감소하여 아래의 인구 피라미드 두 번째 도표와 같은 유사한 모양 예컨대 전체 인구의 20-30% 정도로 감소하였을 것이다.

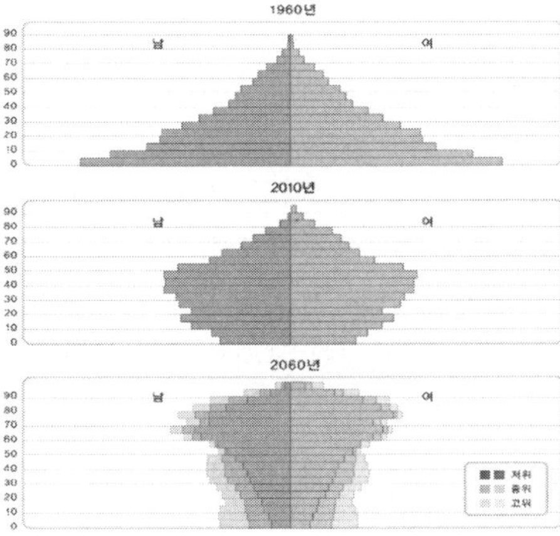

< 표 2-3-5 > 우리나라 인구 피라미드 추이 (1960년-2060년)

민수기 통계에 미반영된 20세 미만 인구는 출애굽 전 18년 이후에 출생한 세대이다. 여기서 20세 미만의 남자 인구를 20세 이상 인구의 25%[114]로 (단순하고 개괄적으로 최소화하여) 가정해 보자. 이러한 가정의 배경은 이러하다. 첫째, 출애굽한 세대 중 모세가 출생한 세대는 약 100년을 살았으므로 모세 출생 이전 1-2세대와 모세 출생 후 2-3세대를 합해 3-4대로 추정하면 20세 미만보다 노인층이 많기 때문이다. 20세 미만을 낳는 세대도 남자 인구 억제 및 남자 영아 살해 상황에서 출산된 남자이므로 이들이 낳은 남자 인구도 자연 출산 시 보다 적어졌을 것이다.

둘째, 출애굽 세대가 3-4세대로 구성되었기 20세 미만의 인구는 출애굽 세대를 구성한 세대 중 마지막 세대에 해당한다. 즉 이들 인구가 최대 20세 이상 인구의 25% 이하가 되었을 것이다. 셋째, 20세 미만 인구가 그다지 많아 보이지 않는 점은 < 표 2-3-2 >에서 가나안에 들어가기 전 광야에서 생활한 인구가 하나님으로부터의 징계와 염병으로 두 차례 인구 감소가 있었다 하더라도 출애굽 후 2년 2개월 인구 조사보다 약 38년이 지난 시점에 남자 인구가 크게 늘지 않은 점은, 가임여성의 인구보다 결혼할 남성의 절대 인구가 많지 않던 것으로 유추 가능한데 이들 남성은 민수기 1장에

114 오늘날 자연 출산의 경우 20세 미만과 20세 이상 인구는 엇비슷하고 남자가 여자보다 출생율이 조금 높다.

서 조사된 20세 미만의 남자가 대부분이었기 때문이다. 이런 이유로 출애굽 시점에 20세 미만의 인구가 그다지 많지 않은 점을 예측하여 20세 이상의 남자 인구의 최대 25%로 단순하게 최소한으로 가정한 것이다.

이처럼 출애굽 후 레위 지파 이외 20세 이상 남자 인구의 25%를 20세 미만의 인구로 보고, 이 인구에 레위 지파 전체 인구를 합하면 출애굽 시 남자 인구는 최소 **776,438명**(아래 계산 참조)이 되고 이때의 개괄적인 **초태생비(f)는 34.86(=776,438/22,273)**이 된다. 이 초태생비에는 인구 구성 중 장애인, 노인 등이 제외되었기 최소값이라 할 수 있다. 그리고 남자보다 여성 인구가 많고, 출애굽한 인구 구성의 다양성 즉 이방인, 종, 거류민 등을 감안하면 남자 인구가 최소 100만 명 정도로 추산된다. 이 방식은 자연 출산 조건에서 추정한 개략적인 남자 인구 1,313,936명과 초태생비(f) 58.89와 현격한 차이를 보인다(표 2-3-3 참조). 여기에서 민수기 인구 통계를 추정하여 얻을 수 있는 초태생비의 범위가 **34.86 < f < 58.89**에 있음을 알 수 있다. 즉 가구당 남자 인구가 34.86명에서 58.89명 사이임을 알게 한다.

< 계층별 인구 구성에 의한 개괄적 초태생비(f) 산정 >

- 20세 이상 건장한 11개 지파의 남자(a): 603,550명
- 20세 미만의 남자(b): 603,550 * 25% = 150,888명
- 11개 지파 남자 총인구(a+b): 754,438명
- 레위 지파 남자 총인구(c): 22,000명
- **출애굽한 남자 총인구(a+b+c): 776,438명**
- **초태생(F): 22,273명**
- **초태생비(f): 34.86**(=776,438÷22,273, 대가족 가구당 남자 인구 34.86명이 있음을 의미함)
- 장애인, 고령자, 기타 이방인, 종, 거류민 등을 감안하면 남자 인구 90만 명 이상, 여자 약 131만명
- 여성 인구가 남자 인구보다 많았을 것이고 다양한 신분의 사람이 있었으므로 출애굽 총인구는 약 220만 명.

또 애굽으로 이주한 남자 68명이 출애굽 시에 776,438명이 되었다면 애굽 거류 기간에 관한 여러 설에 따라 이 인구의 연평균 인구 증가율을 산출하면 < 표 2-3-6 >과 다. 430년설인 경우 2.19%이며 약 32.2년마다 인구가 2배로 증가하며, 210년설인 경우 4.50%로 인구 2배 증가 소요 기간은 약 15.8년이 소요된다. 430년설의 인구 증가율은 통상의 자연 출생의 인구 증가율을 보이며 210년설의 연평균 인구 증가율은 높은 편이다.

대가족 개념의 초태생비 등으로 추정한 최소 남자 인구 776,436명은 자연 출산의 경

우로 개략 추정한 남자 인구 1,311,668명(표 2-3-2)의 3/5 정도가 되고 최소 초태생비(f)는 34.86 역시 자연 출산인 초태생비 58.89의 3/5정도가 된다. 자연 출산한 출애굽 남자 인구 추정인 1,311,668명은 20세 미만 인구를 20세 이상 남자 인구와 동일하다고 가정하여 추정한 것이므로 출애굽 남자 인구의 최대값에 버금갈 것으로 보인다. 따라서 민수기 상의 남자 인구의 초태생비는 **34.86 < f < 58.89** 범위에, 그리고 남자 인구수는 **776,136 < p < 1,311,668** 범위에 있을 것이다.

초태생비(f) 최소값 34.86은 한 가구(집)의 남자가 34.86명이다는 의미이다. 당시 여자 인구는 남자보다 많을 것이므로 이 초태생비는 전체 남녀 가구원 수가 70명 이상이 되는 것을 의미한다. 오늘날 기준으로 한 가구원이 70명 이상이 된다는 점은 당시 이스라엘 자손이 제한된 구역 내에서 목축업과 농업을 위주로 생활한 대가족이라는 점이라 하더라도 과한 가족원으로 생각되나 야곱이 애굽으로 이주 시와 비슷한 가구원이다. 야곱을 가구주로 보고 전체 가구원 수와 비슷한 인원이다.

초태생비 최소값 34.86의 세대 구성을 추정해 보자. 앞의 예시를 다시 인용하면, 만일 한 세대주가 남녀 각 5명의 자녀를 출산하고 다시 5명의 아들이 남녀 5명의 자녀를 출산하여 총 3세대로 구성된 대가족이라면, 가구원의 수는 세대주 부부 2인, 1세대 부부 10인, 5명의 딸은 출가하였으므로 가구원에는 미포함되며 그리고 다섯 아들이 낳은 남녀 자녀는 50인이 되므로 가구원 수는 62인이다. 이 때 초태생비(f)는 남자가 31인이므로 31(=31÷1)이 된다. 이 예시에서 볼 수 있듯이 출애굽 당시의 가구원 인구나 가구의 세대 구성을 이해할 수 있다. 출애굽한 가구주는 모세 전후 세대 및 모세 다음 세대 중에서 된 것으로 판단된다. 만일 3세대가 아닌 4세대로 구성된 가구로 파악하면 초태생비는 이보다 높은 값을 나타낼 것이다. 당시 가구원 구성은 여성이 남성보다 오래 살고 바로의 남아 출산 억제 정책으로 여성이 남성보다 많았을 것이 확실하므로 여성 수가 많은 70인 정도로 보아도 될 듯하다.

출애굽기 12장 43-48절에 명시된 이방인, 돈을 주고 산 종, 거류인, 타국 품꾼 중에 돈으로 산 종은 할례 후에 어린 양 고기와 무교병과 쓴나물(출애굽기 12:8)을 먹게 하였으므로 이들을 가구원에 포함된 것이 확실하나 지파 인원으로 계산되지 아니한 것 같다. 통계적으로 최소 초태생비(f=34.86)가 오늘날 상상하는 것보다 높은 것은 앞에서 설명했듯이 높은 생잔율, 2-3대의 대가족, 다처제 때문인 것은 확실하나 종을 포함하여 인구수를 파악할 가능성을 완전히 배제할 수 없을 듯하다.

민수기 인구 통계를 통한 초태생비에 의한 의미를 종합하면, < 표 2-3-3 >의 자연 출산의 개략 추정에서 실제 애굽에서의 노동 강도나 모세와 동시대 남자에게 있었던 남아 살해 정책 등으로 남성은 이 인구보다 매우 적고 여성 인구는 더 많았을 것이어서 남자 인구는 의미가 크지 않다고 버리고 여자 인구만을 취해 볼 필요가 있다. 초태생비(f=34.86) 등으로 추정된 최소 남자 인구 「776,438명」과 자연 출산 하에서 추계된 여자 인구 「1,311,668명」을 합하면 출애굽 최소 인구는 「2,088,106명」이 된다. 이는 한 가구당 가구원은 약 93.75명(=2,088,106/22,273)이며 남자는 34.86명 여자는 58.89명으로 구성된 대가족으로 파악된다. 이 가구원 구성은 약 2-3대에 걸쳐 각 세대는 4-5명의 자녀를 출산한 대가족을 구성한 것으로 종 등의 가족 수를 포함하면 더 많은 가구원으로 구성될 것이다. 실제 여러 유형의 사람을 포함한 출애굽한 총인구는 최소 220만 명 정도로 추정할 수 있다. 그리고 생물학적 장남이 아닌 대가족 중심의 실제적 의미의 초태생 정의에 따라 출애굽한 총 가구수는 22,273을 조금 넘었을 것이다. 즉 남자가 없는 가구가 있었을 것이기에 22,273을 조금 넘었을 것이다.

2-3-9. 초태생의 구속사적 의미

이상에서 출애굽기와 민수기에 나타난 초태생(초태생, firstborn)의 정의를 생물학적 의미와 대가족 중심의 가구 구성으로 더 나아가 영적 의미를 살폈다. 생물학적으로는 어떤 여성이 처음 난 맏아들(장자)을 초태생이라 할 수 있으나, 출애굽 시의 인구 구성에서 추정되었듯이 여러 자식 또는 여러 세대로 구성된 대가구의 가장을 중심으로 보면 여러 아들이나 손자 등이 있더라도 그중 맏아들이 낳는 후사로서의 (또는 우리나라 대가족에서 장손과 유사한) 장자를 초태생으로 봄이 적정하다고 정의하였다.

더 나아가 어떤 특정 모집단 즉 한 명의 가장을 중심으로 한 집에서 숙식을 같이 하는 혈연공동체에서 전통과 가업을 이을 후사이며그 공동체에서 가장 아끼는 장자를 출애굽기와 민수기에서 초태생으로 파악되는 바 이 개념은 영적 초태생이신 예수 그리스도를 믿는 특수한 관계로 연장될 수 있어 보인다. 독생자이시고 만유의 초태생이신 그리스도의 피를 믿는 영적인 혈연적 공동체까지 연장되는 구속사적 의미가 있음을 출애굽기와 민수기에서 그림자로 예시한 것으로 파악된다. 애굽에서 이스라엘 자손을 구속하기 위해 무교병과 쓴나물을 먹게하고 어린 양을 잡은 후 그 피를 문의 인방과 설주에 바르게 하여 대신 죽음으로써 그 가족의 기업을 이을 초태생을 구원하도록 하셨는데 초태생이신 예수 그리스도께서 십자가상에서 피를 흘린 어린 양으로 돌아가시고 그 피를 마음에 발라 믿는(믿음으로 피를 뿌리는, 히브리서 11:28) 그 피로 하나님의 자녀인 신앙인을 영원한 죽음에서 구속한 예표가 되시었다. 할렐루야 !

유월절의 어린 양이시며, 만유의 창조주 되시고 만유의 초태생이신 예수 그리스도를 믿어 그 안에 있는 자에게 구속의 은혜를 누리는 의미가 담겨 있다. 더 나아가 만유가 그 안에 있으니 만유를 회복케 하시겠다 하였다.

사도행전 3장 21절에 이르기를 "*하나님이 영원 전부터 선지자의 입을 의탁하여 말씀하신바 만유를 회복하실 때까지는 하늘이 마땅히 그를 받아 두리라*" 하였고 또 히브리서 1장 2절에 이르기길, "*이 모든 날 마지막에 아들로 우리에게 말씀하셨으니 이 아들을 만유의 후사로 세우시고 저로 말미암아 모든 세계를 지으셨느니라*" 하였다

신약 성경에 예수 그리스도를 초태생이라 지적한 문구가 여럿 등장한다. 예수님은 세상에 오신 영원한 생명의 초태생이며 동시에 죽음에서 부활한 초태생이시고 우리 부활의 초태생이시다. 예수님의 사도들의 설명을 신약 성경 구절에서 살피자.

(누가복음 2:7) *「맏아들」을 낳아 강보에 싸서 구유에 뉘었으니*
(누가복음 2:23) *이는 주의 율법에 쓴 바 「첫 태에 처음 난 자」마다 주의 거룩한 자라 하리라 한 대로 아기를 주께 드리고*
(로마서 8:29) *하나님이 미리 아신 자들로 또한 그 아들의 형상을 본 받게 하기 위하여 미리 정하셨으니 이는 그로 많은 형제 중에서 「맏아들」이 되게 하려 하심이라*
(골로새서 1:15) *그는 보이지 아니하시는 하나님의 형상이요 모든 창조물보다 「먼저 나신 자」니*
(골로새서 1:18) *그는 몸인 교회의 머리라 그가 근본이요 죽은 자들 가운데서 「먼저 나신 자」니 이는 친히 만물의 으뜸이 되려 하심이요*
(히브리서 11:28) *믿음으로 유월절과 피 뿌리는 예를 정하였으니 이는 「장자」를 멸하는 자로 저희를 건드리지 않게 하려 한 것이며*
(히브리서 12:23) *하늘에 기록한 「장자」들의 총회와 교회와 만민의 심판자이신 하나님과 및 온전케 된 의인의 영들과*
(요한계시록 1:5) *또 충성된 증인으로 먼저 죽은 자들 가운데서 「먼저 나시고」 땅의 임금들의 머리가 되신 예수 그리스도로 말미암아 은혜와 평강이 너희에게 있기를 원하노라 우리를 사랑하사 그의 피로 우리 죄에서 우리를 해방하시고*

2-3-10. 애굽 거류설별 인구 증가율 검증

이상에서 야곱을 포함한 68명의 남자가 입국하여 출애굽 후 2년 2개월까지 증가한

남자 인구를 두 가지 방법으로 추정했는데, 초태생비(f)로 추계한 최소 남자 인구는 776,438명이고 자연 출산으로 추계한 인구는 1,311,668명이 되었다. 물론 자연 출산의 인구값은 출애굽 약 90년 전 바로 왕의 인구 억제 정책으로 따라 자연 출산율이 떨어져 실제보다 적었을 것이 확실하나 이 인구값이 의미하는 바는 출애굽 시의 남자 인구의 최대가 된다고 보는 참고치였다. 그런데 이 두 인구값이 몇 년 동안 몇 세대를 거쳐 증가하였는지 알 수 없어 이를 알아 보자. 즉 애굽 거류 430년, 400년, 215년 및 210년 동안 몇 세대(世代)가 형성되었으며 그리고 가구당 출산율(또는 생잔율)[115]이 어떤지를 추정해야 할 것이다. 물론 앞에서 성경상의 하나님께서 아브라함에게 말씀하신 400년의 해석, 족보와 그들의 나이를 통해 애굽 거류 기간이 210년이라고 단정하였으나 이를 포함하여 430년설, 400년설 및 215년설에서 초태생비로 추계한 인구와 자연 출산으로 추계한 인구 범위에 알맞은 세대 구성 및 가구당 출산율을 가정하면서 각 거류설의 거류 기간의 타당성을 다시 검증해 보자.

출애굽기 1장의 배경은 애굽 이주 후 이스라엘 자손 인구가 자연 증가하여 절대 인구가 애굽 왕 바로를 압박한 상황과 모세가 출생하기 전 즉 출애굽 약 90여 년 전 증가된 것으로 묘사되었다. 야살의책 설명에 의하면 그 압박 시기가 출애굽 약 100여 년 전부터 여러 이유로 시작되었다고 묘사되었다. 어쨌든 출애굽기 1장 이전까지는 이스라엘 자손 인구가 자연 출산에 의해 급증한 것으로 보아야 하며, 그 후에는 중노동과 살해 정책을 실시하고 또 영아를 나일 강에 버리도록 하여 인구가 급감할 여지가 있다. 가장 먼저 중노동을 시켰으나 감소하지 않자 급기야는 히브리 산파에게 죽이도록 하였고 산파가 꾀를 내어 남아를 죽이지 않도록 핑계를 댔고 이것도 실패하자 마지막 나일 강에 영아를 버리도록 하였으나 이마저 바로 왕이 원하는 바대로 확실히 성공하지 못했다. 따라서 이러한 애굽의 정책에 따라 출애굽 90여 년 그 이전까지는 자연 출산에 의한 인구 증가가 있었으며 출애굽 전 90-100년 이후는 중노동 등 출산 억제책과 남아 살해 정책으로 인구 증가율이 둔화된 것을 알 수 있고 다른 정보는 출애굽기를 통해 알 수 없다.

출애굽기는 미리암·아론·모세 출생 시점에 애굽 바로가 이스라엘 자손의 급격한 인구 증가로 불안감에 싸여 있어 중노동, 산파를 통한 인구 억제 및 남아 살해 정책 등 세 가지 수단을 실시한 점을 기술하면서 인구 억제에 한계가 있음을 설명하고 있으나 야살의책은 인구 억제책의 시기와 방법을 성경보다 상세하고 명확하게 시간적으로 설명한다.[116] 창세기, 출애굽기, 민수기 등과 야살의책을 참고하면 애굽 거주 102

115 성경에서는 살아 남은 사람의 이름과 자녀 숫자를 말하므로 정확히 출산율이라 할 수 없고 생잔율이라 할 수 있으나 이를 혼용하여 사용하되 정확히는 생잔율을 말한다.

116 창1:7, 창1:12, 창1:20, 야65:38, 야66:9, 야66:31, 야67;59 등을 보면 이스라엘 자손들의 인구가 늘어남과 동시에 이

년이 되는 해부터 새로이 등극한 바로가 AM 2,340년 실시한 비암과 라암셋 건축의 중노동 정책이 실패하자 남아 살해 정책으로 선회하였다고 설명한다.[117] 남자 아이를 죽이라는 명령은 이스라엘 자손이 애굽 입국 125년이 되는 해부터 시작하였다.[118] 이 시점은 모세가 태어나기 5년 전이었다. 이 명령도 결국 실패하자 출생한 남아를 찾아다니며 물에 던지도록 하였다 (출애굽기 1장 22절).

이 배경은, 애굽에 들어간 야곱 후손은 요셉의 덕택으로 애굽 거류 210년의 전반 기간 100여 년 동안에 가나안보다 풍족한 생활로 인구가 폭발적이었으나 요셉이 죽고(애굽 입국 후 71년 AM 2,301) 마지막으로 레위가 죽은(애굽 입국 후 93년 AM 2,331) 후 애굽인이 이스라엘 자손을 괴롭히고 재물을 빼앗아 가기 시작하다가 AM 2,340년에 요셉과 야곱의 아들들을 모르는 새로운 바로 메롤[119]이 그의 아버지를 이어 등극하여 학대가 극심했던 것으로 야살의책이 구체적으로 묘사하고 있다. 또 야살의책은 이스라엘 자손의 인구가 급격히 증가한 것과, 애굽과 에서의 자손인 깃딤 왕간의 전쟁에서 이스라엘 자손이 애굽을 돕지 않고 깃딤 왕을 도와 승리하자 이스라엘 자손의 강건함(출애굽기 1:7)과 이방 족속과 연합할 경우 애굽이 당할 위협에 불안감을 느껴(출애굽기 1:10) 강력한 인구 억제 정책을 실시한 것으로 설명하였다.

인구는 기하급수로 증가하기에 수학적 방법 중 기하급수 증가공식(geometric growth formular)인 $Pn=P0(1+r)^n$을 응용하여 장래 인구를 추정하거나 증가된 인구의 연평균 인구 증가율(r)을 산출할 수 있다.[120] 이 공식에 입국 시 인구와 추정한 출애굽 시의 남자 인구를 대입하면 거류 기간별 연평균 인구 증가율을 구할 수 있다. Pn은 출애굽 후 2년 2개월 시 남성의 총인구로써 초태생비로 추정된 남자 인구 776,438명이거나 자연 출산 시 추정된 남자 인구 1,311,668명이다. P0는 애굽 입국 시 여자를 제외한 남자로 야곱을 포함 총 68명(표 2-2-2)[121]이며, r은 구해야 할 연평균 인구증가율이다. 승수 ^{n}은 애굽에서 거류 기간과 출애굽 후 2년 2개월(=2.166)의 합이다. 기하급수증가공식에 이 상수들을 대입하면 430년, 400년, 215년 및 210년을 거류 시 연평균 인구 증가율(r)과 인구가 2배 증가하는 소요 기간이 계산된다 (표 2-3-6).

스라엘 자손들이 강한 사람들로 설명하고 있으며 이는 하나님의 역사임을 밝히고 있다.

117 야살의책 63장, 65-67장

118 야살의책 66:2

119 야살의책 63:4, 출애굽기 1:8

120 이는 특별 제약이 없는 자연출산인 경우 인구가 기하급수적으로 늘어난다는 전제로 사용하는 식이다.

121 애굽 이주 시 야곱의 12 아들의 평균 연령은 40대 초반이므로 이주 후 출산을 할 수 있는 나이이므로 야곱을 제외하고 67명으로 볼 수 있으나 통계 원칙으로 68인으로 하였다 (표 2-2-2 참조).

먼저, 출애굽 후 2년 2개월에 인구 조사를 하였으므로 430년설에서 승수 n은 430+2.166년을 대입하면 산식은 776,438=68*(1+r)의 432.166승 또는 1,311,668=68*(1+r)의 432.166승이 되어 연평균 인구 증가율(r)을 구할 수 있다. 430년 애굽 거류 시에 연평균 인구 증가율(r)을 구하면 초태생비로 추정된 예상 인구의 인구 증가율은 0.021854(=2.19%)가 되고 자연 출산으로 추정된 예상 인구인 경우 0.023099(=2.31%)이 된다. 같은 방식으로 계산하면 400년설, 215년설 및 210년설에 의한 연평균 인구 증가율과 인구가 2배로 증가되는 소요 기간이 아래 표 < 2-3-6 >과 같이 산출된다. 산출된 결과를 보면, 초태생비에 의하든 자연 출산에 의하든 430년과 400년의 연평균 인구 증가율 2.19 - 2.48% 범위는 낮은 편이 아니나 자연 출산을 감안하면 높은 편도 아니다. 이 증가율은 우리나라 베이비부머(baby boomer)[122] 세대의 1961년도 인구증가율 3.1%보다 낮고 1970년대 연평균 인구증가율인 2.59%보다 낮다.

< 표 2-3-6 > 애굽 거류 기간별 연평균 인구 증가율 및 총인구 2배 소요 연수

애굽 거류	연평균 인구증가율(r)		총인구 2배 소요 연수		모세 출생 시기
	초태생비에 의한 남자인구 (776,438명)	자연 출산시 남자인구 (1,311,668명)	**초태생비에 의한 남자인구 (776,438명)**	자연 출산시 남자인구 (1,311,668명)	
430년설	**2.19 %**	2.31 %	**약 32.2년**	약 30.5년	입국 후 350년
400년설	**2.35 %**	2.48 %	**약 30년**	약 28.4년	입국 후 320년
215년설	**4.40 %**	4.65 %	**약 16.2년**	약 15.3년	입국 후 135년
210년설	**4.50 %**	4.76 %	**약 15.8년**	약 15.0년	입국 후 130년

주: 총인구가 2배로 늘어나는 소요 연수는 기하급수증가공식 공식 $Pn=P0(1+r)^n$으로 산정하였다.

< 표 2-3-7 > 산아 제한 추진 전후 시기의 우리나라(남한) 인구 증가 현황 (단위 만 명)

연도별	1960년	1970년	1980년	1990년	2000년	2010년	2020년
인구	2,499	3,147	3,744	4,352	4,598	4,799	5,000
연평균 증가율	-	2.59 %	1.62 %	0.56 %	0.43 %	0.41 %	-

주 1: 60년간 남한은 약 2배 증가(연평균 약 1.67%)하였고, 동 기간 세계 인구는 2.5배 증가(1962년 연 2.2%가 최고였고 현재는 약 1% 수준).

주 2: 헨리 M. 모리스 교수는 215년설을 주장하고 연평균 인구 증가율이 4.75%로 계산하였다. 그의 책 한글 번역본에 한국의 6.25 사변 전후 통계를 인용하면서 1940년 3.9%, 1941년 4.2%, 1942년 6.7%, 1959년 4.86% 및 1956-1963년 사이는 평균 약 3% 인구 증가하였다고 인용하고 있다.

122 제2차 세계대전 이후 출생한 세대이며 우리나라는 주로 1955-1963년 생을 말함.

< 표 2-3-8 > 산아제한 전후 근세기 세계 인구 추정 (단위: 10억 명) [123]

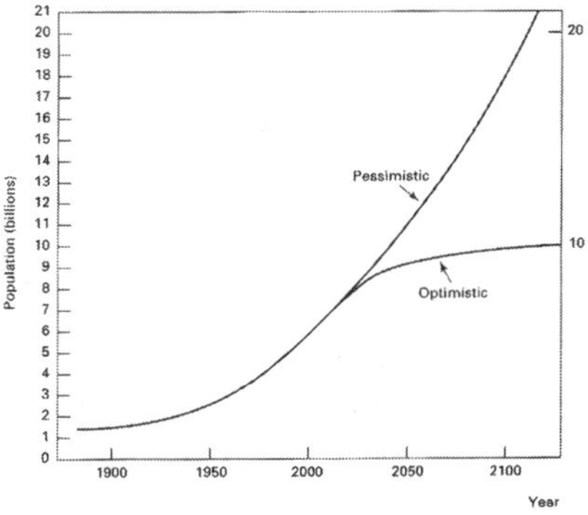

그런데 < 표 2-3-9 >에서 애굽 거류 시 인구 억제 정책을 시작 전까지 자연 출산 시의 연평균 인구 증가율을 적용하여 남자 인구를 구하면 430년설인 경우 애굽 입국 후 330년이 된 때 남자 인구가 127,490명이 되고 400년설은 300년이 된 때 105,741명이 된다. 여자 인구를 합하면 약 2배가 될 것이며 이 인구에 바로 왕이 압박을 받았다는 것이다. 즉 두 경우 총인구 약 25만 명 이하이고 미성년을 제외한 남자는 최대 7만 명 정도로 이에 압박을 받았다는 것이다. 따라서 바로의 인구 억제 정책이 있기 전에는 평균 출산율보다 높은 출산을 하였고 그 후 여러 인구 억제책으로 자연 출산율이 둔화되고 영아를 살해하였기에 출애굽 시는 131여만 명이 되려면 초기 출산율이 더 높아야 함을 알 수 있다. 다만 초기의 높은 출산율이 남아 억제 정책으로 얼마나 감소되어 출애굽 인구가 최소 약 77만 명에서 최대 약 131만 명이 되었는지 알기 위해서는 별도의 시나리오가 필요하다.

2-3-11. 동태적 인구 모델에 의한 출애굽 인구 및 거류 기간 추정

다음으로, 215년설에 의한 연평균 인구증가율(r)을 구하면 위 공식에서 승수^{n}이 217.166년이므로 r=0.046485(4.65%)가 되어 급격한 인구증가율을 나타낸다. 이 증가율로 인구가 2배에 도달하는 기간이 약 15.2년이다. 그리고 210년설의 연평균 인구증가율을 구하면 승수^{n}이 212.166년이며 r=0.047606(4.76%)가 되어 인구가 2배 도달하는 기간은 약 15년이다. 215년설과 210년설에 의한 인구 증가율은 급격한 인구 증가를 말하며 인구 억제책을 쓰기 바로 전의 남자 인구는 각각 12,662명과 11,324명이 되는데 이 인구로는 바로 왕이 압박을 받기에 부족한 인구로 보이며

123 Eban S. Goodstein(1995), Economics & The Environment, Prentice Hall, p 445. < 표 2-3-7 >는 1995년에 과거 인구를 바탕으로 한 추정인데 추정처럼 실제 증가하였다. 1900년 약 16억 명, 1960년대 약 30억 명, 1990년에 약 53억 명, 2000년에 약 60억 명, 2020년 약 78억 명으로 50년간 1.4배로 증가하였다. 즉 2세대 만에 세계 인구는 2.6배 이상 증가세를 보였다.

이 전제와 가정을 세대당 출산율로 다시 분석할 필요가 있다. 이 분석에서 얻어진 내용을 430년설, 400년설, 215년설 및 210년설별로 자연 출산 또는 초태생비에 의한 출애굽 시 인구에 맞는 세대 구성, 가구당 출산율을 추적한 모델을 만들어 애굽 거류설의 타당성을 검토하자.

< 표 2-3-9 >

출애굽 전 100년경 남아 출산 억제책을 쓴 시기의 애굽 거류 남자 인구 추정

거류 기간별	인구 증가율	남아 출산 억제 정책 직전 남자 추정 인구
거류 430년설	자연 출산 인구 증가율 2.31%	**이주 330년경 남자 인구: 127,490명**
거류 400년설	자연 출산 인구 증가율 2.48%	**이주 300년경 남자 인구: 105,741명**
거류 215년설	자연 출산 인구 증가율 4.65%	**이주 115년경 남자 인구: 12,662명**
거류 210년설	자연 출산 인구 증가율 4.76%	**이주 110년경 남자 인구: 11,324명**

주: 기하급수증가공식 $Pn=P0(1+r)^n$으로 산정하였다. Pn=1,311,668명이다.

그런데 < 표 2-2-2 >은 보면, 야곱은 그의 삼촌 라반의 집에서 77세부터 91세까지 근 20년 동안 노동을 제공하면서 4명의 아내로부터 총 12명의 아들을 낳는다. 레아가 아들 6인 그리고 다른 세 아내가 아들 2인씩을 낳아 아내 1인으로부터 평균 3명의 아들을 출산하였다. 야곱은 늙은 77세부터 100세까지 자녀를 출산하였고, 야곱의 열두 아들은 딸 3명 아들 49명 출산하여 가구당 남자 4.08명을 낳았다. 또 출애굽기 6장 14절 이하 및 역대상 2장 3절 이하 등을 참조하면 한 남자로부터 3-5명의 아들 출산이 적정해 보인다.

이스라엘 자손의 한 세대(世代) 평균 수명은 창세기부터 민수기까지 참조하면, 가나안에서 출생한 야곱의 아들과 손자는 약 130세 전후로 보이며 광야에서 출생한 사람들은 약 70-80세[124]로 보인다. 출애굽 전 세대의 평균 수명은 평균 약 100세로 가정할 수 있다. 남성의 자녀 출산 시작 나이는 20-40세 정도로 보이고 여성의 가임기와 출산 연령 파악은 어렵다. 남성이 평균 30세쯤 첫 아이를 낳은 것으로 보이는 것은 셈 이후의 남성들의 첫아들 출산 평균 연령이 30세 정도였는데 야곱의 12명의 아들이 애굽에 들어갈 때 나이가 29세(막내 베냐민)-46세(장자 르우벤)에 걸쳐 4.08명의 남자가 생잔하여 애굽에 입국하였기 때문이다. 분명한 점은 모세 출생 전 인구가 중다(衆多, 출애굽기 1:7)하였고 애굽 사람이 이스라엘 민족의 인구를 두려워하여 남아의

124 시편 90편 10절의 모세 기도를 보면, "우리의 년수가 칠십이요 강건하여도 팔십이라도 그 년수의 자랑은 수고와 슬픔 뿐이요 신속히 가니 우리가 날아가나이다"라고 한 내용에서 당시 일반인의 수명을 70-80세 정도로 유추할 수 있다. 모세가 이 시를 쓴 것은 인생 후반 광야에서 쓴 것으로 본다면 수명이 많이 단축되었음을 알 수 있다. 그러나 모세 이전 세대는 야곱의 12 아들과 레위 자손의 나이에 보듯이 100세 이상을 생존하였다.

살해 명령으로 인한 출산율이 감소한 점은 분명하다.

남녀 성비는 모세가 태어날 때 남자를 죽였으므로 성비 불균형이 있었을 것이고 유대 산파들이 출생 시 가보니 이미 출생하여 죽일 수 없다는 지혜 등을 발휘하였다(출애굽기 1:19-21)하였으나 불균형이 있어 여아가 더 많았을 것이다. 여러 변수를 가정하기 전 야살의책에 기술된 자세한 상황을 참조하면, 남아 살해 명령은 요셉을 모르는 바로 메롤이 등극(AM 2,340)하면서 시작했고 이 정책이 효과를 거두지 않자 그를 이은 아들 바로 아디감이 통치할 때까지 여러 정책으로 이스라엘 자손을 괴롭혔으니[125] 억압과 고통이 108년을 지속되다가 출애굽하였다. 요지는 애굽 생활 초기부터 아론 출생 전 100여 년 동안 자연출산 인구가 급격히 증가 때문에 각종 인구 억제책을 실시하였다는 것이다. 중노동과 남아 살해 명령 등 약 100년 동안 다양한 인구 억제책이 있었다 하더라도 절대 인구가 증가한 점은 명확하다. 이러한 개괄적 설명과 애굽 거류설의 타당성 검토를 위해 여러 가정으로 인구를 동태적으로 추계해 보자.

□ 인구 추정 모델 1

< 표 2-3-10: 모델-1 >은 이스라엘 자손이 430년 동안 애굽에서 거류하면서 요셉의 아들 에브라임 지파 경우처럼 10세대를 형성하고 자연 출산하여 가구당 남녀 각 3인이 생잔하였다고 가정한 모델이다. 이와 같은 방식으로 인구를 추계하는 것을 조성법(組成法, cohort method)이라 한다. 430년을 거주하였으므로 야곱의 아들이 입국 후 애굽에서 출산한 세대를 10대를 본다면 1세대가 43년이 되며 모세가 출생한 시기는 출애굽 전 3세대가 낳은 여덟 번째 세대가 되고 출애굽한 세대는 출애굽 전 마지막 세대인 8, 9 및 10세대로 볼 수 있다. 가구당 남녀 각 3이 생잔하다가 바로의 남아 출산 제한 정책 시행 이후 남녀를 각 1.5인이 생잔한 것으로 가정하여 출애굽 후 2년 2개월에 총인구를 산출하고 이 인구의 연평균 인구 증가율을 산정해 보았다. 출애굽 후 2년 2개월에 20세 이상 남자 인구 조사를 하였으므로 애굽에서 임신하여 또는 광야에서 임신 후 출산한 인구도 약간 있었을 것이다.

애굽에서 430년 동안 10세대를 형성하였다면 한 세대는 약 43년이 되어 최근보다 긴 편이다. 이 동안 가구당 남자를 4명으로 생잔한 것으로 가정하면 민수기에 기록된 출애굽 시의 추정 인구보다 상상을 초월하기에[126] 가구당 4명으로 가정할 수 없다. 즉 <

125 출애굽기 1:8 이하를 보시라.

126 애굽 입국 후 330년까지 순수히 남자 출산을 가구당 4인으로 하면 모세 출생 시 남자 인구만 약 1,096,704명이, 출애굽 시 남자 인구 71,024,640명이 되어 모델이 의미가 없다. 한편 모세 출생 이후 남자만 1인을 출산했다고 하면 출애굽 남자 인구는 3,342,336명이 되어 이 경우도 무의미하여 430년설에 남자 출산(생잔)을 4명으로 가정할 수 없다.

표 2-3-10: 모델-1 >에서 430년 거류 시 앞에서 검토한 < 표 2-3-9 >와 같이 자연 출산의 연평균 인구 증가율 2.31% 정도에 맞도록 하기 위해서는 가구당 남녀 각 3인으로 하다가 모세가 출생한 시기 전 약 80-90년 동안 남자를 1.5인이 생잔하였다고 가정해야 한다.

가정된 생존 연령에 따라 3세대마다 전(前) 세대는 사망하여 출애굽 시점에 생잔한 사람은 8-10대의 3세대 인구이다. 애굽 이주 후 가구당 3명의 남자가 생잔하다가 모세 출생 즈음 1.5명을 생잔하면 모세 출생 시점에 남자 최소 인구는 328,414명이 된다. 만일 1.5명이 아닌 3명을 계속 생잔하면 최대 495,720명이 된다. 총인구로 보면 이 인구의 2배인 최소 656,828명 최대 991,440명이다. 이 모델에서는 이 인구에 바로가 압박을 받은 것이다. 모세 출생 이후에 남자 생잔을 1.5인으로 보는 경우 초태생비에 의한 출애굽 남자 인구 776,438명보다 약 13만명이 많은 인구이다. 그리고 모세 출생 이후의 남자를 가구당 1.5명이 생잔하였다고 하면 전체 기간 430년의 남자 인구 평균 증가율은 2.22%로 < 표 2-3-9 >의 2.31%에 약간 미치지 않는다. 이를 세부적으로 보면, 애굽 이주 시부터 모세가 출생한 시기까지의 남자의 평균 인구 증가율은 2.50%이고 모세 출생 후 출애굽 시까지의 남자 평균 인구 증가율은 1.19%가 된다.

< 모델-1 >의 심각한 약점과 부적정함은 모세 출생 전 350년 동안 가구당 남자 3명이 생잔한 자연출산율과 모세 출생 전후부터 80-90년 동안 남자 1.5명 이하로 생잔했다는 급격한 출산율 감소는 창세기 족보 및 출애굽기(와 야살의책) 설명과 부합하지 않는다. 모세 출생 이후 1.5인의 남자가 생잔하였다 하더라도 모세 출생 전 3인이 생잔했다는 가정은 당시로 출산율로 보아 타당하지 않으며 430년설을 위한 전적인 가정이라 할 수 있다. 데라와 아브라함 세대 또는 야곱의 아들 세대가 낳아 생잔한 4.08명에 비하여 풍부한 고센 지방에서 산 것을 감안하면 낮은 저출산이다. 시대는 다르나 다윗의 아버지 이새는 아들을 8명을 둔 점은 고려한다면 평상시 남자 생잔을 3명으로 가정한 점은 타당하지 않아 보인다. 즉 430년 동안 100세 이상을 장수한 세대가 남자 3인 또는 1.5인을 생잔했다는 가정은 매우 낮은 출산율(2.22% - 2.60%)이다. 이런 부적합한 결과로 이 모델은 부정되어야 한다. 더구나 입국 시 68명의 남자가 입국하여 430년 동안 증가된 인구가 출애굽 시에 레위 지파를 제외한 약 60만 명의 장정이 되었다는 민수기 기록에 맞추기 위해 남자 3인 이하로 출생했다는 저출산율은 타당하지 않아 이 430년 거류설은 연평균 출산율은 숫자적으로 의미 외에 조성법으로 추적하면 어떠한 출산율을 적용할 수 없기에 폐기될 수밖에 없다.

< 표 2-3-10: 모델-1 >

430년 거류 10세대 가구당 남녀 각 3 또는 1.5인 생잔 시 인구 추계

애굽 출산 세대(Ni)	가구 수 (A)	남자 생잔 인구 (C)	당해 세대 남자 인구 (A+C)	누적 남자 인구	비고
야곱 (AM 2,238)	1	12	13	13	가나안 세대
이주 0.5세대 (AM 2,239-2,260)	12	51	63	64	
이주 1세대 (AM 2,261-2,281)	51	153	204	216	
이주 2세대 (AM 2,282-2,324)	153	459	612	675	
이주 3세대 (AM 2,2325-2,367)	459	1,377	1,836	2,040	
이주 4세대 (AM 2,368-2,410)	1,377	4,131	5,508	6,120	
이주 5세대 (AM 2,411-2,453)	4,131	12,393	16,524	18,360	
이주 6세대 (AM 2,454-2,496)	12,393	37,179	49,572	55,080	
이주 7세대 (AM 2,397-2,539)	37,179	111,537	148,716	165,240	애굽 세대
이주 8세대 (AM 2,540-2,582) (모세 출생 세대)	**111,537**	**167,305 (1.5인 생잔)**	**278,842**	**328,414**	
	111,537	**334,611** (3인 생잔)	**446,148**	495,720	
9대 (AM 2,583-2,625)	**167,305 (1.5인 생잔)**	**250,958**	**418,263**	566,979	
	334,611 (3인 생잔)	1,003,833	1,338,444	1,487,160	
이주10세대 (AM 2,626-2,668)	**250,958 (1.5인 출산)**	**376,437**	**627,395**	**906,237**	
	1,003,833 (3인 생잔)	3,011,499	4,015,332	4,461,480	
출애굽 시 남자 인구(F) (8세대-10세대)	**1.5인 생잔 시: 111,537+167,305+250,958+376,437=906,237** **3인 생잔 시: 111,537+334,611+1,003,833+3,011,499=4,461,480**				
출애굽 시 초태생비(f)	1.5인 생잔 시: **f=A/F=40.69(=906,237÷22,273, 유의미)** 3인 생잔 시: **f=A/F=200.31(=4,461,480÷22,273, 무의미)**				
비고	1. 모세 출생 이후 가구당 남자 1.5인 생잔 시 연평균 인구 증가율(r)= **2.22%** 2. 애굽 거류 430년간 가구당 남자 3인 생잔 시 연평균 인구 증가율(r)= **2.61%** 3. 출애굽시 여자 인구는 남아 출산 억제책으로 남자보다 많았을 것이므로 가구당 3인으로 계산하면 4,461,480명이 된다.				

주 1: 출애굽 전 출생한 사람이 100-120세 살았다면 3세대(43년*3=129년)마다 3세대 전 출생한 사람은 사망한 것으로 계산된다.

주 2: 430년설에 따른 모세의 출생 연도(AM 2,588년)는 평균 8세대에 해당하는 시기이다.

주 3: 애굽 이주 시 남자 인구는 야곱의 며느리 등을 제외하고 68인으로 하였다.

□ 인구 추정 모델 2

그러면 400년설의 인구 모델을 만들어 보면 < 표 2-3-11: 모델-2 >와 같이 작성하면

이 모델 역시 < 모델 1 >과 같이 총 10세대가 되면서 애굽 출산 세대(Ni)가 43년에서 40년으로 변경된다. 다른 점은 모세가 출생한 시점의 남자 생잔을 1.5명으로 하였으나 실제 여덟 번째 세대의 끝 시점에 태어났으므로 남자 생잔을 1.5인보다 많이 해야 한다. 이때 인구 증가율은 430년 < 모델-1 >보다 기간이 30년 단축되므로 약간 증가한다. 1.5인 이상으로 하는 경우 출애굽 남자 인구 등 각종 인구 추정이 아래 인구 추계 이상이 되기 때문에 430년설보다 더 무의미하다. 즉 400년설도 폐기하여야 한다.

< 표 2-3-11 모델-2 >

400년 거류 10세대 가구당 남녀 각 3 또는 1.5인 생잔 시 인구 추계

애굽 출산 세대(Ni)	가구 수 (A)	남자 생잔 인구 (C)	당해 세대 남자 인구 (A+C)	누적 남자 인구	비고
야곱 (AM 2,238)	1	12	13	13	가나안 세대
이주 0.5세대 (AM 2,239-2,258)	12	51	63	64	
이주 1세대 (AM 2,239-2,278)	51	153	204	216	애굽 세대
이주 2세대 (AM 2,279-2,318)	153	459	612	675	
이주 3세대 (AM2,319-2,358)	459	1,377	1,836	1,020	
이주 4세대 (AM 2,359-2,398)	1,377	4,131	5,508	6,120	
이주 5세대 (AM 2,399-2,438)	4,131	12,393	16,524	18,360	
이주 6세대 (AM 2,439-2,478)	12,393	37,179	49,572	55,080	
이주 7세대 (AM 2,479-2,518)	37,179	111,537	148,716	165,240	
이주 8세대 (AM2,519-2,558) (모세 출생 세대)	**111,537**	**167,305 (1.5인 생잔)**	**278,842**	**328,414**	
	111,537	**334,611** (3인 생잔)	**446,148**	**495,720**	
이주 9세대 (AM 2,599-2,638)	**167,305 (1.5인 생잔)**	**250,958**	**418,263**	566,979	
이주 9세대 (AM 2,549-2,598)	334,611 (3인 생잔)	1,003,833	1,338,444	1,487,160	
이주 10세대 (AM2,599-2,638)	**250,958 (1.5인 생잔)**	**376,437**	**6627,395**	**906,237**	
	1,003,833 (3인 생잔)	3,011,499	4,015,332	4,461,480	
출애굽 시 남자 인구(F) (8세대-10세대)	**1.5인 생잔 시: 111,537+167,305+250,958+376,437=906,237 3인 생잔 시: 111,537+334,611+1,003,833+3,011,499= 4,461,480**				
출애굽 시 초태생비(f)	1.5인 생잔 시: **f=A/F=962,006÷22,273=40.68 (유의미)** 3인 생잔 시: **f=A/F=4,461,480÷22,273=200.31 (무의미)**				
비고	1. 모세 출생 이후 가구당 남자 1.5인 생잔 시 연평균 인구 증가율(r)= **2.40%** 2. 애굽 거류 430년간 가구당 남자 3인 생잔 시 연평균 인구 증가율(r)= **2.81%**				

□ 인구 추정 모델 3

430년설과 400년설의 위 모델은 타성성이 없으므로 210년설에 적정한 < 모델-3 >을 구축해 보자. 애굽에서 출생한 유다 지파와 레위 지파가 4세대(世代)인 점을 참조하여 210년 동안 애굽에서 출생한 이스라엘 자손이 4대를 형성하였다고 전제하여 210년 동안 4세대를 조성법(組成法)으로 추정해 보는 것이다. 그러면 한 세대가 52.5년 정도가 된다. 당시 연평균 수명이 100세 이상이었던 점으로 보아 한 세대가 52.5년이 되는 것은 (약간의) 무리가 있는 듯하다. 이 가정에 의한 < 표 2-3-12: 모델-3 >은 210년 거류하는 동안 자연 출산 시 연평균 인구증가율이 4.76% 범위(표 2-3-9)에 충족하고 15년마다 인구가 2배로 증가하는 유형을 나타내고 출애굽 시 남자 총인구(776,438< p <1,313,936) 범위와 초태생비(34.86< f <58.89)의 범위 내이어야 할 것이다.

< 표 2-3-12: 모델-3 >

210년 거류 4세대 가구당 남녀 각 12인 생잔 시 인구 추계

애굽 출산 세대(Ni)	가구 수 (A)	남자 생잔 인구 (C)	당해 세대 남자 인구 (A+C)	누적 남자 인구	비고
야곱 (AM 2,238)	1	12	13	13	가나안 세대
이주 0.5세대 (AM 2,239-2,640)	12	51	63	64	
이주 1세대 (AM 2,281-2,290)	51	612	663	675	애굽 세대
이주 2세대 (AM 2.291-2,343)	612	7,344	7,956	8,015	
이주 3세대 (AM 2,344-2,395) **(모세 출생 세대)**	7,344	88,128	95,472	96,118	
이주 4세대 (AM 2,396-2,488)	88,128	1,057,536	1,145,664	1,150,560	
출애굽 시 남자 인구 (3세대-4세대)	(7,344÷2*3)+88,128+1,057,536=1,150,560				
출애굽 시 초태생비(f)	f=**A/F**=51.66(=1,150,560÷22,273)				
비고	연평균 인구 증가율 r=4.74%				

주 1: 남자 누적 인구를 계산할 때 당해 세대 남자 인구와 전 세대 남자 인구의 2/3을 합산하였다.

이 범위 내에 적정한 유사한 모델을 만들려면 아래 < 표 2-3-12: 모델-3 >에서 52.5년 동안 가구당 남자 12명 정도(남아 출산 제한 정책 시행 시에도 남녀 10인 정도)가 생잔해야 출애굽 시의 인구가 된다. 이는 한 남자 또는 가임 여성이 52.5년 동안 「모든 남자」가 총 12명의 아들을 두어야 하는데 이는 상상 이상의 엄청난 자녀 출산으로 창세기부터 역대상까지의 기록이나 오늘날의 출산율을 감안하면 비현실적이다. 만일 바로의 남아 출산 제한 정책에도 불구하고 「모든 남자」가 생애 동안 아내를 2-3명 정

도 둔다면 가능하나 비현실적이다. 물론 3,500년 전의 인구 문제를 지금으로는 상상할 수 없고 타당성이 없다. 또 이런 전제가 충족하면 출애굽 시의 남자 총인구는 유사하나 초태생의 남자 인구 22,273명의 1.5배 정도이므로 부적정한 모델이 된다. 이 모델의 문제는 모세 이후 출생 세대의 남자 출산율을 더 낮추어야 하는데 낮출 수 없다는 점이다. 따라서 < 모델-3 >은 210년 동안 애굽에 입국 후 4세대 동안 모든 가구의 남자 1인당 12명을 출산한다는 가정은 비현실적인 모델이 되므로 폐기되어야 한다.

□ 인구 추정 모델 4

따라서 < 모델-3 >에서 210년 4세대 동안 가구당 고출산 문제의 비현실성 문제를 보완해야 한다. 210년 동안 애굽에서 출생한 요셉의 에브라임 계보가 총 10대인 점을 감안하면 급격한 인구 증가를 보인 210년 동안 총 8세대를 형성하였다고 가정하자. 210년의 거류 기간을 총 8세대로 보는 것은 210년 거류 기간 중 아론과 모세가 출애굽 전 80년 이전에 태어났는데 이들이 출애굽 시 아론에게 손자가 있음을 감안하면 아론과 모세 출생 전 130년 동안 약 4-5대가 형성된 것으로 볼 수 있기 때문이다.

따라서 한 세대를 26.25년(=210/8) 정도이므로 크게 불합리하지 않다. 모세 출생 이전 각 가정은 남자를 각 5인이 생잔하고 모세가 출생한 즈음부터 남아에 대한 여러 출산 제한 정책으로 모세 출생 이후는 남녀 2.2인씩 생잔하였다고 가정하면 아래 < 표 2-3-13: 모델-4 >와 같다.

이 모델에 의하면, 모세가 출생할 즈음 남자 총인구는 69,105명이고 남녀 총인구는 138,210명이다. 이 인구에 애굽 바로 왕이 압박을 받은 것으로 분석되는데 이에 압박을 받았다는 점에 대한 궁금증은 성경이나 통계적으로 또는 당시의 사회적 상황에 대한 이해 없이 해결할 수 없다.

다만 이 모델에 의한 산출된 초태생비(f) 38.16와 출애굽 남자 인구 805,382명은 초태생비(f=34.86)에 의한 남자 출애굽 인구(776,438명)와 매우 유사하다. 또 인구 증가율 4.56%도 초태생비에 의한 인구 증가율(4.50%, 표 2-3-6 참조)과 유사하다. 따라서 애굽 이주부터 모세 출생 즈음까지 가구당 남녀 각 5인 정도를 낳다가 모세가 출생할 즈음에 가구당 남녀 2.2명 정도가 생잔했다고 가정한 모델을 작성하면 민수기 통계에 의한 초태생비로 산정한 인구 추정값과 매우 유사값을 얻는다.

< 표 2-3-13: 모델-4 >

210년 거류 8세대 가구당 남녀 각 5 또는 2.2인 생잔 시 인구 추계

출산 세대(Ni)	가구 수 (A)	남자 생잔 인구 (C)	당해 세대 남자 인구 (A+C)	누적 남자 인구	비고
야곱 (AM 2,238)	1	12	13	13	가나안 세대
0.5대 (AM 2,239-2,225)	12	51	63	64	
이주 1세대 (AM 2,226-2,264)	51	255	306	381	애굽 세대 (8세대)
이주 2세대 (AM 2,265-2,291)	255	1,275	1,530	1,593	
이주 3세대 (AM 2,292-2,317)	1,275	6,375	7,650	7,968	
이주 4세대 (AM 2,318-2,343)	6,375	19,125	25,500	27,081	
이주 5세대, (AM 2,344-2,369) 모세출생 세대	**19,125 (2.2인 생잔)**	**42,075**	**62,200**	**69,105**	
이주 6세대 (AM 2,370-2,396)	42,075 (2.2인 생잔)	92,565	123,640	161,415	
이주 7세대 (AM 2,397-2,422)	92,525 (2.2인 생잔)	203,643	296,168	363,743	
이주 8세대 (AM 2,423-2,448)	**203,643 (2.2인 생잔)**	**448,014**	**651,657**	**805,382**	
출애굽 시 남자인구 (5세대-8세대)	**19,125+42,075+92,525+203,643+448,014=805,382**				
출애굽 시 초태생비(f)	**f =A/F=38.16(=805,382÷22,273)**				
비고	출애굽시 남자 연평균 인구 증가율은 r=4.56%				

주 1: 누적 남자 인구는 당해 세대 인구와 전 3세대의 인구가 생존해 있으므로 이들 인구를 합한 것이다.

주 2: 모세 출생시 남자 인구 69,105명=255+1,275+6,375+19,125+42,075이다. 총인구는 남자와 여자를 5:5로 보면 138,210명이 되고 이 인구에 바로 왕이 압박을 받은 것이 된다.

주 3: 출애굽 시 여자 인구는 남아 출산 정책에 영향이 없었다고 보아 가구당 3인을 출산하였다고 계산하면, 5세대에 57,375명, 6세대에 172,125명, 7세대에 516,375명, 8세대에 1,549,125명이 되어 총 2,295,000명이 된다. 따라서 출애굽 총인구는 3,100,382명이 된다.

□ 인구 추정 모델 5

< 모델-4 >와 동일한 210년 거류 기간 동안 8세대로 보고 출산율을 조금 다르게 보정해자. 바로의 남아 출산 제한 정책 전에 가구당 남자가 4명이 생잔하다가 이후는 2.5명이 생잔하였다고 하면 < 표 2-3-14: 모델-5 >와 같다. 출애굽 남자 인구가 약 84만 명(연평균 인구증가율 r=4.58%)이 되어 출애굽기와 민수기 인구 통계의 자연 출산의 인구 증가율 4.76%(표 2-3-9)와 유사하며 < 모델-4 >보다 세대당 출산율이 성경의 세대당 출산율에 가까워 더 합리적 모델이 될 수 있다.

< 표 2-3-14: 모델-5 >

210년 8세대 가구당 남자 4명 또는 2.5명 생잔 시 인구 추계

출산 세대(Ni)	가구 수 (A)	남자 생잔 인구 (C, 명)	당해 세대 남자 인구 (A+C)	누적 남자 인구	비고
야곱 (AM 2,238)	1	12	13	13	가나안 세대 (0.5세대)
0.5대 (AM 2,239-2,225)	12	51	63	64	
이주 1세대 (AM 2,226-2,264)	51	204	255	267	애굽 세대 (8세대)
이주 2세대 (AM 2,265-2,291)	204	816	1,020	1,083	
이주 3세대 (AM 2,292-2,317)	816	3,264	4,080	4,347	
이주 4세대 (AM 2,318-2,343)	3,264	13,056	16,320	17,391	
이주 5세대, (AM 2,344-2,369) 모세 출생 세대	**13,056 (2.5인 생잔)**	**32,640**	**45,696**	**49,980**	
이주 6세대 (AM 2,370-2,396)	32,640 (2.5인 생잔)	81,600	228,480	131,376	
이주 7세대 (AM 2,397-2,422)	81,600 (2.5인 생잔)	204,000	285,600	334,560	
이주 8세대 (AM 2,423-2,448)	204,000 (2.5인 생잔)	510,000	714,000	**841,296**	
출애굽 시 남자인구 (5세대-8세대)	**13,056+32,640+81,600+204,000+510,000=841,296**				
출애굽 시 초태생비(f)	**f = A/F=37.77(=841,296÷22,273)**				
비고	출애굽시 남자 연평균 인구 증가율 r=4.58%				

주 1: 모세 출생시 남자 인구는 49,980명이 되고 이 인구에 바로 왕이 압박을 받은 것이 된다. 여자 출산을 4명으로 보면 여자 인구를 포함하면 약 113,016명이 된다.

주 2: 위 모델에서 여자 인구는 남아 출산 제한 정책 영향을 받아 가구당 3명이 생잔했다고 계산하면, 여자 인구는 5세대에 39,168명, 6세대에 117,504명, 7세대에 352,512명, 8세대에 1,057,536명이 되어 출애굽 시 총 1,566,720명이 된다. 따라서 남자와 여자의 출애굽 총인구는 2,408.016명이 된다.

이상에서 검토한 여러 모델에서 거류 기간, 거류 기간 동안의 세대(世代)수, 가구당 자녀 출산수, 연평균 인구 증가율, 초태생비(f) 등을 종합적으로 검토한 의미를 요약하면 아래 < 표 2-3-15 >와 같이 각 모델의 타당성이 도출된다. 장기 거류설인 430년 또는 400년설은 적정하지 않고 단기 거류설인 215년 또는 210년설이 적정하다. 단기설 모델은 모세가 출생 전에 100여 년 동안은 가구당 남자를 4-5인 정도를 출산하였고 모세 출생 즈음부터는 바로가 남아를 살해하는 정책을 썼기 때문에 이보다 출산율이 낮은 남자 각 2명 정도가 100여 년간 생잔하면 출애굽 후 민수기 인구 통계에 버금하는 것을 < 모델-4 >와 < 모델-5 >에서 처럼 당시 실제적 출산율과 인구 증가를 찾을 수 있을 것이다. 215년설은 210년설과 불과 5년 차이로 세대 간의 차이가 없으

므로 210년설과 동일한 결과를 얻게 되어 구체적 도표를 작성할 필요가 없어 생략하였다.

< 표 2-3-15 > 조성법에 의한 거류 기간별 인구 추정 타당성 종합

애굽 거류 기간	총 세대	세대 기간	가구당 남자 생잔 인구	인구증가율 및 초태생비(f)	출애굽시 남자 인구 (천명)	출애굽시 총인구 (천명)	모델 적정성 판정
430년설	10	43	3인	2.60% f=200.31	4,461	8,923	부적정(×)
			모세 전 3인 모세 후 1,5인	2.22% f=40.69	906	3,167	부적정(×)
400년설	10	40	모세 전 3인 모세 후 1,5인	상동	상동	상동	부적정(×)
210년설	4	52.5	12인	4.70% f=51.66	1,150	2,310	부적정(×)
	8	30.0	**모세 출생 전 5인 모세 출생 후 2.2인**	**4.52% f=38.16**	**805**	**3,100**	적정(0)
			모세 출생 전 4인 모세 출생 후 2인	**4.54% f=37.77**	**841**	**2,408**	**적정(0)**

< 모델 타당성 판정 주요 기준 >

1. 연평균 인구 증가율(r)이 현저히 높거나 낮으면 부적정한 것으로 판정
2. 초태생비(f)가 34.86 이상 58.89 이하 범위 내에 있을 것
3. 출애굽 남자 인구가 776,438명 이상 1,311,668명 이하 범위 안에 있을 것

이상에서 성경 및 야살의 책 묘사를 참작한 내용으로 가정과 변수를 상정한 모델에 의한 인구 추정과 다른 방법으로 달리 할 수 있겠으나 본 고찰을 종합하면, 첫째 여러 방법으로 검토한 민수기 인구 통계는 야곱이 애굽에 이주한 인구가 430년이나 400년 동안 장기 거류하여 형성됨이 불가능하고 210년 동안 단기 거류하여 형성된 것을 합리적으로 보여 준다. 둘째 출애굽 시와 출애굽 후 2년 2개월 기간이 있으므로 이 동안 출생과 사망은 연평균 인구 증가율은 r=4.76%을 적용하고 기하급수증가 공식 $Pn=P0(1+r)^n$으로 역추적할 수 있으나 미미한 근사값을 나타낼 것이다. 셋째 인구 구성과 관련하여, 야곱의 열두 아들의 며느리 중 일부는 셈, 에벨, 아브라함, 나홀, 이스마엘 등 혈족에서 구했다는 야살의책의 기록으로 보아 아브라함 이후 보인 보수적 결혼관과 가족 전통성 유지에 강한 애착을 보이고 있다. 왕권이 탄생하는 유다 자손의 번창함과 제사장 직분을 담당하는 레위의 자손이 며느리를 셈과 에벨의 자손의 딸로 삼은 순혈주의 그리고 이들 지파에 대한 자녀 출산, 그리고 레위 인구(22,000명)와 초태생 인구(22,273명)의 유사성 등은 하나님의 섭리로 보아야 한다. 넷째 출애굽 시의 가구 구성은 초태생수인 총 22,273 가구 정도로 보며 출애굽 최소 총인구는 약 220만 명으로 추정된다. 다섯째 한 가구당 인원은 약 90명(남자 35명 여자 55명)로 보이며 출애굽한 남자 총인구는 약 80만 명으로 추정된다.

2-3-12. 거류설 요약 및 결론

전술한 레위 지파 또는 유다 지파의 족보에 의한 거류 기간의 적정성 검토, 거류 기간 동안의 연평균 인구 증가율 산정과 조성법에 의한 여러 유형의 애굽 거류 모델에서 애굽 거류 기간을 210년으로 보고 애굽에서 출생한 세대를 약 8세대 정도로 가정하는 경우 세대 구성, 가구당 출산율, 인구증가율, 초태생비 및 총인구가 민수기 인구현황에 적정하다고 추정하였다. 애굽 거류 기간에 대한 성경의 몇몇 다른 기술과 이를 해석하는 성경학자의 견해 차는 다음과 이유로 설명할 수 있고 해석된다.

창세기 15장의 횃불언약 시 하나님께서 아브라함 자손이 400년 괴롭게 될 것이라고 하신 말씀의 400년은 아브라함의 아들 이삭이 출생한 시점(AM 2,048)부터 가나안과 애굽에서 자손이 지속적으로 안착할 땅 없이 방황한 후 출애굽한 시점(AM 2,448)까지를 계시한 것이다. 실제 210년을 애굽에 거주하였는데 하나님은 210년이라 말씀하지 아니하고 400년이라고 한 말씀은 아브라함의 씨인 이삭 출생을 기점으로 준비를 위한 고난을 의미하는 숫자로 아브라함에게 설명한 것이다.

그리고 해석상의 가장 어려운 4대라 함은 애굽에서 출생한 세대로 한정한다면, 유다 지파 또는 레위 지파가 4대이므로 이들을 지칭한 것으로 봄이 적정해 보이며 또 하나님께서 아브라함에게 4대를 설명 시 이 4대에 대한 의문이 아브라함에게 없는 듯하고 고난의 상징 수인 400년과 별도로 고난 수인 4[127]로 아브라함에게 설명하였을 것이다. 4대가 누구인가인 점은 < 레위 - 그핫 - 아므람 - 모세(아론) > 4대로 보는 것보다 유다 지파로 보아야 하는 것은 「반드시」 가나안 땅으로 돌아와야 하고 애굽에서 태어나고 가나안에 들어간 장자권을 가진 유다 지파 < 람 - 암미나답 - 나손 - 살몬(살마)>로 봄이 적정해 보이며 또 위 네 대가 다른 세대보다 애굽에서 심한 고통을 받은 것으로 볼 수 있기 때문이다. 앞에서 설명하였듯이 애굽으로 들어가서 가나안으로 돌아올 아브라함의 자손은 이삭의 자손이 아닌 이스라엘 자손이므로 4대 만에 가나안으로 돌아올 것을 하나님께서 고난과 준비의 수로 지칭한 것으로 볼 수 있다.

창세기 15장 13-16절에서는 400년과 4대 만으로 기록한 후 출애굽기 12장 41절에서는 「4대 만에」 또는 애굽 거류의 시점에 대한 정확한 기술 없이 애매하게 「430년」이라고 기록한 점은 400년과 불일치되어서가 아니라 하나님의 계시 시점, 아브라함의 자손이 가나안과 애굽에서 방황한 세월 등의 내용을 서로 다른 분석을 통해 다른 기준점으로 계산하여 정확히 기록한 것임이 알 수 있다. 따라서 이러한 해석에 의하면

127 예수님께서도 아담이 창조된 후 고난과 준비의 4,000년이 지나 이 세상에 오셨다.

KJV, 마소라 사본, 70인경, 야살의책 모두 각 숫자는 그것대로 유의미하고 정확한 것을 알게 되었으며 해석도 명료해진다. 즉 우리가 접하는 성경의 숫자는 어림수가 아닌 정확한 수이나 그 숫자를 설명하는 구체적 내용이 성경에 기록되지 아니하여 정확한 의미를 찾지 못함을 알게 되었다. 하나님 말씀에 의한 숫자는 어림수 역사가 아닌 정확히 역사적으로 나타남을 알게 되었다.

400년 또는 430년설에서 도출된 210년설과 215년의 차이는 애굽 입국하기 전 기간을 계산함에 있어 아브라함 70세로 보느냐 75세로 보는 관점이다. 그런데 210년이 명백한 이유는 횃불언약에서 하나님께서 직접 말씀하신 400년의 기점은 이삭의 출생일을 기점으로 하므로 이때부터 400년이 되는 시기가 정확히 출애굽 시점이 되고 이삭의 출생일부터 애굽 입국까지 기간이 190년인 바 400년에서 190년을 빼면 애굽 거류 기간은 210년이 되는 것이다. 215년설은 막연한 계산법이다. 또 430년의 기산점은 아브라함 75세가 아니라 70세부터 기산하므로 애굽 입국 전 기간은 220년이 되고 애굽 거류 기간은 210년이 된다.

야곱이 정점인 한 대가구(종을 포함하면 200명 정도)가 애굽으로 이주해 210년 동안 3-4세대 정도로 구성된 22,273 대가구로 성장하여 출애굽하였다. 한 가구는 약 90명이며 남자는 35명 여자 55명 정도로 추정된다. 가구 중 번창하지 못하여 식구가 적은 가구가 있었겠으나(출애굽기 12:4) 대부분은 2-3대로 구성된 대가족임을 알았으며 남자 인구는 약 80-90만 명 여자는 약 130만 명으로 총 210-220만 명으로 보인다. 이외 다양한 신분의 이방인이 함께 출애굽한 것으로 보여 전체로 보면 약 220만 명 이상일 듯하다. 인구 통계 연구에서 빠뜨릴 수 없는 중요한 개념은 초태생인데 이는 마치 성막(성소)가 예수 그리스도를 계시한 모형이듯 예수 그리스도에 관한 구속사적 모형이라는 점을 알았다.

애굽 거류 기간을 검증한 결과를 반영한 아담 이후의 주요 인물과 사건간의 개략 기간으로 정리하면 아래 < 표 2-3-16 >과 같다. 아담 후 600년에 에녹이 태어나서 승천하며, 에녹 승천 후 400년 후에 노아가 태어나고, 노아 출생 후 600년에 대홍수가 일어났으니 아담 후 1천년이 되어 세상이 멸망하였다. 노아 대홍수 후 340년이 지나 바벨탑이 파괴되어 족속별로 흩어져 민족과 국가가 도처에서 발생하고, 이즈음 아브라함이 태어나 가나안으로 이주하였다. 아브라함 출생 후 고향 우르에서 52년 살다가 그와 자손들이 가나안과 하란과 애굽에서 약 500년을 사람은 있으나 땅과 지도자 없이 방황하였다.

< 표 2-3-16 > 주요 인물과 사건 사이 기간 (예수님 출생을 BC 4년으로 봄)

< 아담 출생 기준 >

*** 아담 출생 후 아브라함의 우르 출발까지 -- 2,000년**

* 아담 출생 후 이삭 출생까지 ----------------------------------- --------------- 2,049년

* 아담 출생 후 출애굽까지 --- 2,448년

*** 아담 후 예수님 출생까지 --- 3,905년**

< 노아 대홍수 기준 >

* 노아 대홍수부터 바벨탑 사건까지 --- 340년

* 노아 대홍수 후 출애굽까지 -- 792년

* 노아 대홍수 후 예수님 출생까지 --------------------------------- -------------- 2,249년

< 아브라함 기준 >

* 아브라함 출생부터 출애굽까지 --- 500년

* 아브라함 우르 출발부터 출애굽까지 --- 448년

* 아브라함 가나안 도착 시부터 출애굽까지 --- 443년

* 4차 계시(70세) 시부터 애굽 들어갈 때까지 --------------------------------------- 220년

*** 4차 계시(70세) 시부터 출애굽까지 --- 430년**[128]

* 횃불언약(78세) 시부터 애굽에 들어갈 때까지 ------------------------------------- 212년

* 횃불언약(78세) 시부터 출애굽까지 -- 422년

* 아브라함 출생부터 모세 출생까지 -- 420년

* 아브라함 출생부터 다윗 출생까지 -- 876년

* 아브라함 출생부터 예수님 출생까지 -- 1,957년

< 이삭 기준 >

*** 이삭 출생 시 부터 출애굽까지 -- 400년**

* 이삭 모리아산에서 제사부터 출애굽까지 --- 363년

* 이삭 출생부터 예수님 출생까지 --- 1,857년

* 이삭 모리아산 제사부터 예수님 출생까지 -- 1,820년

* 이삭 모리아산 제사부터 예수님 골고다 십자가 사망까지 -------------------------- 1,853년

< 야곱 기준 >

* 야곱 출생 시부터 출애굽까지 --- 340년

*** 야곱이 애굽 들어갈 때부터 출애굽까지 --- 210년**

128 출애굽기 12장 40절의 "이스라엘 자손"을 문자적으로 야곱의 자손으로 해석하여 430년의 시점을 야곱이 태어난 날을 기준으로 430년설을 주장하기도 하나, 야곱이 태어난 해가 AM 2,108년이고 출애굽 해는 AM 2,448년이므로 문자적으로 거류(sojourning) 기간은 340년이 된다.

* 야곱 출생부터 예수님 출생까지 -- 1,797년
* 야곱 애굽 이주부터 예수님 출생까지 -- 1,667년

< 출애굽 기준 >
* 출애굽부터 다윗 출생까지 -- 376년
* 출애굽부터 예수님 출생까지 -- 1,417년

창세기 15장 13절-16절(KJV) *"네 자손이 이방에서 객이 되어 그들을 섬기겠고 그들은 사백 년 동안 네 자손을 괴롭히리니---(중략)---네 자손은 사대 만에 이 땅으로 돌아오리니"*라는 말씀을 이상에서 검토한 내용으로 의역하면, 「네 자손인 이삭과 이삭의 허리 안에 있는 자손이 이방 땅 가나안과 하란 지역과 애굽 땅에서 객이 되어 그들을 섬기겠고 내가 영원한 언약을 맺을 이삭이 출생한 시점부터 사백 년 동안 그 자손을 괴롭히리니---(중략)--- 이스라엘 자손은 애굽에 들어간 지 사대 만에 이 땅 가나안으로 돌아오리니」라는 문장으로 환원하여 숫자 「400」, 「4」 및 「자손」이 이해된다. 여기서 해석을 괴롭히는 시점과 기간을 이삭이 가나안에서 태어날 당시 가나안 족속과 애굽에 의해 정치적 그리고 사회적으로 고난의 「거류」로 해석해야 하는 점이다.

그리고 출애굽기 12장 40절에 *"이스라엘 자손이 애굽에 거주한 지 430년이라. 430년이 끝나는 그 날에 여호와의 군대가 다 애굽 땅에서 나왔은 즉"*으로 기록한 말씀 앞에 「하나님께서 아브라함에게 계시한 때부터」라고 추가하여 「하나님께서 아브라함에게 계시한 70세부터 이스라엘 자손이 애굽에서 나온 연수가 430년이라. 430년이 끝나는 그 날에 여호와의 군대가 다 애굽 땅에서 나왔은 즉」처럼 보완하면 쉽게 이해되며 창세기 15장 13-16절과도 불일치의 문제가 사라지며 성경 말씀이 어림수를 사용하지 않았음을 알게 된다. 다만 하나님께서 아브라함에게 계시한 때는, 야살의책으로 보면, 4차로 계시한 아브라함 70세 때이다. 이로써 성경의 여러 저자의 의도와 묘사 기준과 저자의 해석의 틀을 알게 되었다.

2-3-13. 가나안 이주에 대한 하나님의 목적

처음 제기하였던 조심스러운 여러 의문 중, 왜 하나님께서 우르에서 가나안으로 이끌어낸 아브라함과 그의 씨(후손)를 이방 땅인 가나안과 하란과 애굽에서 오랜 방황과 고난을 받도록 하고 최종 가나안으로 이주시킨 하나님의 의도 또는 목적에 대한 이해가 해결되지 않았다. 노아 대홍수 이후 하나님의 공간은 실제 가나안이다. 창세기 12장부터 예수님이 승천하실 때까지 그리고 예루살렘 감람산에 재림하실 때까지의 하나님의 공간이 가나안임을 주목해야 한다. 이에 대해 많은 성경상의 불특정 의

미를 성경은 간접적으로 설명하나 그 비밀을 감추고 있다. 창세기부터 요한계시록까지 성경은 매우 단순하고 짧은 불특정 용어나 문장으로 설명하듯이 이 가나안 문제도 그러하다. 우르를 떠나 가나안과 애굽에서의 오랜 방황은 아브라함 자신에게 당황스럽고 자손에게는 매우 힘겨운 고난이다. 이에는 어떤 사연이 있음이 분명한데 창세기 15장 13-16절에서 하나님의 설명은 불충분한 듯하다. 일견 매우 힘든 세월이라면 헨리 M. 모리스의 해석처럼 아브라함 본인의 죄 또는 조상의 죄를 자손에게 전가되는 것이 성경적이다. 그러나 아브라함의 죄 문제는 확실히 아닌 것은 이 모든 것을 아시고 땅의 복과 자손의 복을 주시고 이삭과 영원한 언약(창세기 17:19)을 맺겠다고 하시었기 때문이다.

그런데 한 가지 단서는 횃불언약 시 말씀한 창세기 15장 16절에 "*이는 아모리 족속의 죄악이 가득 차지 아니함이니라 하시더니*"라고 하나님께서 직접 말씀한 것으로 보아 아브라함의 질문에 하나님께서 답으로 부가한 듯하고 이 말씀에 힌트가 있는 듯하다. 아모리 족속의 죄가 관영하도록 방치하시겠다는 취지는, 창세기 15장과 야살의책 16장을 참조하면, 아브라함과 횃불언약 시 (예루)살렘 지역은 가나안 족속이 아닌 멜기세덱이(야살의책은 이를 셈이라 하였고 그의 증손자 에벨과 함께) 살던 거룩한 곳이었는데 멜기세덱과 그의 자손이 그 지역에서 살다 모두 죽은 후 아모리 족속이 차지하여 그 땅을 출애굽 후까지 더럽힐 것을 하나님께서 아시므로 그때까지 (대표적으로) 아모리 족속 등을 방치한 후 공의로 심판하시겠다는 것을 아브라함에게 알린 듯하다. 이 점은 제4장 10절에서 다시 설명한다.

아모리 족속은 우상을 섬기며 아브라함이 살던 지역에 거주했는데 하나님의 이 말씀을 아브라함이 확실히 이해하지 못했다면 아브라함에게 이 말씀은 매우 당황스러웠을 것이나 이미 가나안 족속이 시날 지역과 가나안지역에서 우상을 섬기는 타락상을 아브라함이 우르에서부터 익히 알았던 사항이라 아모리 족속 등 가나안 족속이 예루살렘을 포함한 여러 지역을 우상 등으로 심히 더럽힐 때까지를 기다려 공의로 심판하시겠다 하나님의 설명을 이해했을 것이다.

아모리 족속은 노아 아들 함이 낳은 가나안의 넷째 아들의 후손이다(표 4-4-1). 바벨탑이 무너진 후 이 족속들은 아브라함보다 먼저 가나안에 들어와 살았던 힘 센 원주민들로 주된 거주 지역은 사해 북쪽 요단강 주변 산지와 브엘세바 근처, 아브라함이 살던 마므레 지역이다. 그리고 여부스 족(여호수아 15:8)이 거주한 예루살렘 지역의 왕을 포함해 아모리 다섯 왕이 지배하였고(여호수아 10:5), 바알 신의 모체인 아세라 여신을 섬기는 등 죄악이 심한 족속이었다. 또 모세가 출애굽 시 가나안으로 들어갈 때 첫 관문인 아모리 족속의 땅을 지나야 하는데 갈 길을 열도록 협상에 응하지 않아 이스라엘 자손을 이끄는 여호수아가 아모리 다섯 왕을 죽이고 전쟁하여 승리하였다. 이처럼 하나님께서는 아모리 족속의 죄가 관영하도록 버려 두시고 기다리셨다.

400년간 이방 족에게 괴롭힘을 당하는 객이 되어 4대 만에 돌아올 것이라는 하나님의 계시를 해석함에 있어 고려할 사항은 ① 아모리 족속의 죄 문제(창세기 15:16), ② 아브라함 또는 아브라함 조상의 죄 문제, ③ 횃불언약 시 하나님께 준비시킨 동물들을 하나님을 위한 제사용이 아닌 하나님과 계약용으로 준비하였다는 죄설, ④ 아브라함이 횃불언약 시 하나님을 의심하였다는 설, ⑤ 애굽에 대한 징벌, ⑥ 가나안 땅에 대한 아브라함 자손의 지배권을 회복하기 위한 준비설(고난설), ⑦ 이스라엘 민족을 단련시키기 위한 준비설, ⑧ 아브라함 자손의 인구 번창 및 재물 축복설, ⑧ 기타 우리가 알 수 없는 하나님의 섭리 또는 경륜 등으로 생각할 수 있다.

이 중 ①, ⑥, ⑦, ⑧, ⑧을 출애굽 전후 시대 상황으로 살피면, 바벨탑이 무너진 후 가나안 후손이 가나안 지역의 지리적 중요성을 알고 아브라함보다 먼저 와서 이 지역을 장악하였고 그중 아모리 족속이 여리고 등으로 추정되는 사해 서편의 하사손 다말과 아브라함이 살던 마므레[129]까기 번창하였다 (창세기 13:18, 14:7, 14:13, 18:1). 수메르 지역의 우상을 섬기던 아모리 족속이 예루살렘 서편과 남부 지역에 상당한 애착을 가진 것으로 보인다. 하나님께서는 아브라함 거하던 지역의 아모리 족속을 특정하여 그들의 죄가 관영하기까지 기다려 그들을 멸하시고(레위기 18:24-25) 아브라함의 자손에게 주실 목적을 가지고 우르에서 아브라함을 끌어내면서 그의 자손이 새로이 국가를 이룰 시간과 땅을 주겠다고 약속하신 것으로 보인다. 이스라엘 자손을 번창케하여 옛 에덴인 가나안으로 이끄실 목적이었다. 결국 하나님께서 이삭 후 4백 년 동안 이스라엘 백성에게 준비시키고 가나안으로 들어올 때 첫 관문인 아모리 족속을 몰아내었고(민수기 21:21-30) 최종 다윗 왕을 통해 에덴과 에덴동산 옛 영토를 회복하여 예수님의 출생 - 입성 - 사망 - 부활 - 승천 - 재림을 준비하도록 한 것이다. 잃어버리고 감추었던 에덴을 회복하기 위하여 아브라함과 그의 후손이 믿음과 행동으로 그곳으로 준비하여 가도록 하였다. 아모리 족속이 에덴동산인 예루살렘을 영적으로 물리적으로 심각하게 더럽히도록 기다리신 것이다. 하나님께서 이를 미리 아시고 아브라함과 그의 씨와 약속하신 후 예루살렘을 거룩한 땅으로 회복하시려 한 것이다.

바벨탑 사건으로 망한 수메르 문명권의 도시 우르에서 하나님의 말씀에 따라 유브라

129 정확한 위치는 파악되지 않으나 예루살렘 남쪽 30km 헤브론 또는 인근 지역(창세기 23:19)으로 알려져 있으며 헤브론은 예루살렘 다음으로 중요한 도시이고 아브라함, 이삭 및 야곱의 무덤이 있고 다윗이 왕이 된 도시이기도 하다.

데강을 따라 하란을 거쳐 가나안으로 온 아브라함과 하나님은 원대한 구체적 언약을 맺었는데 이는 아브라함 70세 AM 2,018년(BC 1,891년) 일이다. 이때의 계시는 이삭 출생 전 30년 전의 일이며 하나님의 일방적 약속이다. 하늘의 별과 같이 자식을 주겠다는 약속은 이삭이 출생하는 그 시점부터 시작되었고 이삭의 아들인 야곱과 그 자손을 애굽에서 번창케하여 가나안으로 돌아오게 한 후 예루살렘을 더럽힌 아모리 족속을 포함한 가나안 족속을 없애고 결국 이스라엘 자손을 통해 하나님의 나라로 세우겠다는 400년 전 계시였다. 이로부터 약 2천 년 후에 예수님의 십자가를 에덴동산 갈보리 산 위에 완성키 위한 가나안 정복의 예비적 조처가 필요했다.

이스라엘과 그의 자손 70인으로 시작하여 이들의 자손이 가나안을 정복하고 국가를 세우기 위해서 시간과 경륜이 필요한데 이는 옛 에덴 땅에서 많은 인구(장정)로 나라를 세우고 경영할 규례(율법) 등이 필요함에 따라 하나님은 준비 기간을 두셨고 이를 고난의 준비 기간 400년으로 정하였다. 이 400여 년 중 190년은 가나안에서 210년간은 애굽에서 떠도는 객으로 힘들게 살지만 풍성한 땅 애굽에서 아브라함의 한 씨(창세기 24:7, 사도행전 3:25)가 번창하여 가나안을 정벌할 정도의 인구(군인 약 60만 명, 총인구 약 220만 명)로 성장하여 가나안으로 돌아오게 할 것이라는 하나님의 구상이다. 더불어 공의의 하나님은 죄악이 가득한 아모리 족속을 포함하여 에덴을 영적으로 물리적으로 훼손한 가나안 족속을 심판하려 하셨다.

하나님의 구속사는 옛 에덴인 가나안을 하나님의 백성이 거주하는 나라로 삼고 그 나라 가운데 에덴동산이 있었던 곳 거룩한 땅 모리아산에 성전을 건설하여 이스라엘 자손을 그의 거룩한 백성으로 삼고자 한 것이다. AM 1,948년[130] 특별한 한 사람 아브라함을 을 우르에서 나게 한 후 가나안으로 가게 하시고 그의 출생 후 정확히 500년이 되는 해인 AM 2,448년에 그의 자손을 출애굽하게 하여 가나안으로 인도하셨다. 또 아브라함의 한 씨인 이삭의 출생 후 그의 자손이 애굽에서 큰 민족이 되어 이삭이 출생한 후 400년이 되는 해에 애굽을 떠나 가나안을 향하게 된다.

40년 동안 광야에서 훈련받은 새로운 세대가 하나님의 언약궤를 메고 가나안에 들어온 후 다시 500여 년이 지나 그리스도의 예표 다윗 왕국이 예루살렘에서 세워지고 다시 500여 년이 지나 하나님의 아들 예수 그리스도께서 예루살렘으로 입성하여 골고다(모리아산)에서 십자가에 돌아가심으로 인류의 죄를 해결하는 하나님의 신비한 경륜, 인내와 섭리의 여정이었고 이를 위해 이스라엘 자손에게 축복과 단련과 준비의 긴 여정이었다. 그리고 예수님께서 돌아가시고 고대로마에 의해 망한 이스라엘 민족

130 신기하게 AD 1,948년은 이스라엘이 세워진 해이다.

이 흩어진 후 AD 1,948년에 이스라엘 민족은 가나안으로 돌아와 국가를 세웠다.

이러한 고난과 준비의 여정은 실제 이스라엘 민족에게만 특별히 작용했던 섭리이나 하나님을 따르는 자에게 영적으로 동일하다. 사람과 가족과 민족은 길고 깊은 고난을 통과하면서 묵상과 인내로 삶을 단련하여 정금(요한계시록 21:18)과 같이 순수하고 맑으며 빛난 거룩한 소망을 갖도록 함이 하나님께서 모든 믿는 사람과 가족과 민족을 향한 동일한 역사 법칙으로 작용한다.

두 손을 높이 들어 영원하신 하나님께 찬송과 감사와 영광을 돌릴찌어다 !

2-4. 아담-노아 연대기

□ 아담 출생과 생애에 대한 추측

성인 아담이 몇 살로 창조되었을까. 개략 20세-70세 정도로 추정된다. 이는 출애굽시 쓸만한 연령을 최소 20세 또는 30세로 보았다. 20세 이상은 육체적으로 싸움 가능한 장정으로 보았고 제사장의 나이는 최소 30세 이상으로 보았다. 즉 하나님께서는 육체적 또는 정신적으로 완숙된 최저의 나이인 청장년을 쓸만한 사람으로 보고 있기 때문이다. 또 예수님의 공(公)생애는 30이 되어 시작하였기에 아담 부부가 최소 30세 정도로 창조된 것으로 추정하는 것이다.

또 70세로 보는 이유는 노아 대홍수 전 초고대인은 평균 수평이 900세 이상이며 가장 오래산 므두셀라는 969세를 살았다. 이로써 하나님께서는 사람의 수명을 1천 년 정도를 살도록 창조하신 것으로 여겨진다. 그러하다면 최초 사람인 아담이 사망한 나이가 930세인데 그가 만일 70세로 창조되었다면 실제 육체적으로 1천 년을 산 격이 될 것이다. 또 70세가 적정할 수 있는 점은 당시 초고대인들이 첫 자녀를 낳은 나이가 약 1백세 정도인 것을 감안하면 아담 부부가 70세에 창조된 후 100세 전후로 가인을 낳은 것으로 보인다.

창세기에 아담이 세 아들을 낳았다는 정보 이외에 없으나, 야살의책 1장 12절에는 에덴동산에서 쫓겨 난 후 2남 3녀를 두었다고 하고, 외경 제2창세기 아담과 하와의 생애편 24장 3절에는 셋을 낳은 130세 후 30남 30녀를 출산하였다고 한다. 13년에 1명 정도를 출산한 셈이다.

아담이 장남 가인을 둔 나이가, 외경 제2창세기 아담과 하와의 생애편 23장 5절에 의하면, 108세에 아벨을 낳고 아벨이 22세 때 가인에게 살해되었다 한다. 이 설명으로 아담 130세에 아벨이 살해되고 이 즈음 셋을 낳은 셈이다. 또 셋이 아들 에노스를 낳은 나이가 105세이며 에노스가 아들 게난을 낳은 나이가 90세인 점으로 보아 당시 결혼하여 자녀를 낳은 나이가 100세 전후일 것이다.

그런데 셋이 결혼하여 아들 에노스를 105세에 낳았다면 셋은 누이와 결혼할 수밖에 없어 야살의책이 에덴에서 쫓겨나 2남3여를 두었다는 기록이나 외경의 설명은 타당해 보인다. 이를 근거로 아담은 30세 전후에 출생해 100세 이전까지 에덴동산에 살다가 에덴 동편(여리고)으로 쫓겨 난 후 자녀를 둔 것으로 추정된다. 아브라함의 생애가 이삭과 야곱의 생애를 소개하면서 자세히 기록되어 있지 않듯이 아담 부부의 생활상이 기록되지 않았으나 선악과를 먹은 후 많은 번민과 어려움 및 죄에 대한 회개 등이 평생 뒤따랐을 것이다. 이 부분은 외경에 상세히 나타나 있다.

□ 야살의책 연대기

아담부터 노아까지의 연대는 < 표 1 >과 같이 정리되는데 이 부분에 대해 신학계의 이견이 없다. 즉 아담 출생 후 대홍수까지 1,656년은 정설이다. 그런데 창세기보다 족장의 연대기를 더욱 상세히 묘사한 야살의책에 몇몇 족장의 나이와 출생이 창세기와 다른 기술이 있는데 이는 관리 및 이기(移記)할 때 발생한 오류 등으로 보이며 쉽게 정정이 가능하며 정정 시 창세기 연대와 일치하게 된다고 앞에서 설명하였다.

창세기 연대로 노아 출생은 AM 1,056년이다. 야살의책으로 노아 출생 연대를 추적하면 창세기 기록과 세 가지 차가 있다. 창세기 5장 18절에 아담 5대손 야렛이 아들 에녹을 162세에 낳았다고 하나 야살의책은 62세에 낳았다(야살의책 2:37)고 하며, 또 창세기 5장 25절에는 아담의 7대손 므두셀라가 그의 아들 라멕을 187세에 낳았다고 하나 야살의책은 87세로 기록하였다(야살의책 3:13). 이 두 사람의 출생 기록이 각 1백 년이 단축된 야살의책 기록은 백 단위 숫자의 누락이 확실한 것은 다른 사람의 출생과 사망 시점을 비교해 보면 백 단위 숫자 누락을 쉽게 알 수 있기 때문이다.

창세기 5장 28절에 라멕이 노아를 낳은 나이 182세라 하였으나 야살의책 4장 11-15절에 노아 부친 라멕이 180세에 그의 아내 아스무아가 임신하여 181세에 아들을 낳은 것과 "그 때에 해가 지나 임신하여 아들을 낳았으니" 182세로 해석할 수 있다.[131] 그런

131 야살의책 4:11-15

데 노아의 출생과 관련, 야살의책 5장 1절에 노아 84세에 에노스가 905세로 죽고 노아 179세에 게난이 죽었다는 기록을 계산하면 노아의 출생은 AM 1,056년이며 창세기 연대와 야살의책 연대가 일치한다.

이외 노아 출생 시점을 결정하는데 영향을 주지 아니하는 두 책의 불일치가 다음과 같다. 창세기 5장 8절에서 셋이 912세를 살았다고 하나 야살의책 4장 10절에 라멕 160세 때 920세를 살았다고 기록하여 8세 차이가 있으나 이 차를 해결할 단서를 찾지 못 했다. 그리고 야살의책 5장 4절에 노아 336세[132]에 아담의 5대손 야렛이 962세로 죽었다 하였는데 창세기 연대로는 노아 366세 때로 파악되므로 이는 십 단위 「6」을 「3」으로 잘못 기록한 것으로 보인다.

한편, 야살의책 5장 19-20절에서 노아 195세에 라멕이 770세로 죽었다고 하였는데 창세기 5장 30절에 777세에 죽었다고 하였다. 라멕이 770세 되는 해는 창세기 연대로는 노아 588세였고 777세 되는 해는 노아 595세가 되는 해이다. 야살의책의 라멕 사망 연대를 창세기처럼 777세 한다면 당시 노아 나이가 595세가 되는데 노아 나이 백 단위 5를 1로 오기한 것으로 보면 해결된다.

끝으로, 창세기 5장 25-27절에는 므두셀라가 969세 사망하였다고 하였는데 야살의 책은 960세로 기록하고 있다. 므두셀라 사망에 대해 야살의책 기록 뉴앙스가 방주를 만든 후 대홍수 전으로 기록하여(야살의책 5:34-6:1) 사망은 969세이며 그가 죽은 해에 홍수가 있을 것이라는 의미로 볼 때 창세기 기록이 정확하다.

이처럼, 두 책 연대가 상이하거나 약간의 오기는 대족장 사망 등 기록에서 계산상 착오, 누락 및 오류이다. 그러나 기본적으로 노아의 출생 연대가 두 책에서 동일하게 AM 1,056년으로 일치되는 점이 놀랍다. 또 중요한 점은 창세기 9장 29절에 의하면 노아는 950년 살아 그의 사망은 AM 2,006년이다. 야살의책 13장 9절에 아브람 58세 때 노아가 950세에 죽었다고 하여 이 결과로 아브라함 58세가 AM 2,006년이 됨을 알게 한다. 이 시점은 새로운 발견이 있기 전까지 불변의 연대로 보아야 할 것이다.

전체적으로 창세기와 야살의책의 기록으로 볼 때 대홍수 전 대족장 10인의 출생과 사망 연대 확정에 큰 문제가 없는 것을 알게 하므로 노아 이후의 연대와 동일 연대를 수록한 야살의책 기록도 믿을 만하다는 결론에 이른다. 또 노아 출생 후 대홍수까지 600년 동안 6-7 세대가 출산한 것으로 보아야 할 것이나 이에 대한 기록이 전무하다.

---

132 한글 번역본은 360(365)로 기록하나 영문 번역본은 336세로 하고 있다.

2-5. 노아 이후 연대기

구약 연대기에서 가장 첨예하게 대립되는 4가지 사항은 대족장인 셈, 아르박삿 및 아브라함의 출생과 애굽거류 기간이다. 대족장 3인 모두에 대하여 창세기 출생 기록(창세기 5:32, 11:10, 11:26)이 애매하게 기록되어 있기 때문이고 애굽 거류 기간은 앞에서 이미 검증하였다. 그 결과를 종합하고 상세히 정리한 내용이 < 표 1 > 및 < 표 2 >이다. 여기서는 셈, 아르박삿 및 아브라함의 출생과 나이에 대하여 이견과 야살의책에 묘사된 야곱과 그의 열두 아들에 대한 생애와 연대기를 정리하였다.

2-5-1. 셈의 출생 시점 AM 1,558에 대하여

셈의 출생 시점에 대한 해석 차이 해결을 위해 창세기 일곱 문장을 우선 살피자.

1) 창 5:32: 노아가 500세 된 후에 셈과 함과 야벳을 낳았더라
2) 창 7:11: 노아 600세 되던 해 2 월 곧 그 달 17일이라. 그 날에 큰 깊음의 샘들이 터지며 하늘의 창들이 열려
3) 창 8:13-14: 601년 정월 곧 그 달 1일에 지면에 물이 걷힌지라 -- (중략) -- 2월 17일에 땅이 말랐더라
4) 창 9:28-29: 홍수 후에 노아가 350년을 지내었고 향년이 950세에 죽었더라
5) 창 10:1 그들(노아의 아들)이 홍수 후에 아들들을 낳았으니
6) 창 10:22: 셈의 아들은 엘람과 앗수르와 아르박삿과 룻과 아람이요
7) 창11:10-11: 셈은 100세 곧 홍수 후 2년에 아르박삿을 낳았고(Shem was one hundred years old, and begot Arphaxad two years after the flood) 아르박삿을 낳은 후 500년을 지내며 자녀를 낳았으며

창세기 5장 32절에 "*노아는 500세 된 후에 셈과 함과 야벳을 낳았다*"라고 하여 노아가 셈을 500세부터 언제 낳았는지 정확히 알 수 없다. 그런데 이 구절 해석은 주로 3가지로 나뉜다. 첫째 설은 실제 막내이나 장남[133]으로 잘 못 알려진 셈이 진짜 장남이라면 셈을 500세에 낳은 것으로 보는 설이다. 이 설은 크게 지지받지 못하는 듯하다. 이는 마치 창세기 11장 25절에 "데라가 70세에 아브라함과 나홀과 하란을 낳았더라"와 같이 애매한 묘사를 해석한 방식이다.

둘째 설은 502세에 낳았다는 설이다. 본 고찰의 < 표 1 >에는 노아가 셈을 502세에 낳았다고 작성하였고 대주교 제임스 어셔도 502세에 낳았다고 주장한다. 야살의책 5장 15-18절에 노아가 자녀를 낳은 순서로 야벳을 장남으로 확실히 언급하였다. 낳

133 창세기 10:21 우리글 성경은 셈이 야벳의 형이라고 번역되었는데 이는 오류이다. 형(the elder)인 야벳으로 번역하는 것이 옳다. (KJV) "Unto Shem also, the father of all the children of Eber, the brother of Japheth the elder, even to him were children born"

은 아들 중 야벳을 가장 먼저 소개하며 이름을 "하나님이 땅에서 나를 창대하게 하셨다"[134]라고 명명한 점이다. 결혼 전 홍수가 있음을 안 노아는 장가가지 아니하려 하였는데 하나님이 그를 장가가도록 독려하고 자녀를 낳도록 하여 498세에 결혼을 하였다고 한다. 혼자 지낼 노아가 첫 아들을 낳았으니 첫 아들의 이름을 「창대」라고 한 취지에서 야벳이 맏아들임이 분명하다. 498세에 장가든 노아가 창세기 5장 32절처럼 500세부터 자녀를 낳았다는 기록을 적용하면 야벳을 500세에 낳았고 또 임신하여 셈을 노아 502세에 낳은 기록[135]에서 해석의 실마리를 발견한다. 함이 차남인 것은 창세기의 세 아들 묘사 순(셈-함-야벳)에 함을 중간으로 기술하고 야살의책 7장의 묘사 순서도 중간(야벳-함-셈)으로 묘사되어 함이 차남이기에 함은 501세에 낳은 셈이다.

502세에 낳았다는 설의 문제는 여성이 모유 수유를 하는 경우 아이를 매년 낳을 수 없다는 것이 오늘날의 해석인데 이점 때문에 세 자녀를 매년 낳을 수 있을까 하는 점이 문제가 된다. 이를 해결하려면 막내인 셈은 노아 504세 즈음 낳은 것으로 해석해야 한다. 500세설 및 504세설은 추정에 의할 뿐 기록이 없고 502세설은 야살의책에 근거하나 이 책에 대한 신뢰가 문제가 된다. 어쨌든 야살의책에 근거해 추적해 보자.

노아가 셈을 500세에 낳았다면 그 해가 AM 1,556년이고, 502세에 낳았다면 AM 1,558년이며, 또 504년에 낳았다는 설에 의하면 AM 1,560년이다. 야살의책을 근거로 「노아가 아브라함 58세에 950세로 죽었다」는 기록(야살의책 13:9)과 「이삭 110세 그리고 야곱 50세에 셈이 600세로 죽은」(야살의책 28:24) 점을 참고하면 해결 가능하다. 이 기록에서 아브라함과 노아의 나이 차이는 892년(=950년-58년)이고, 아브라함이 100세에 이삭을 낳았기에 노아와 이삭의 나이 차는 992년이며, 셈과 이삭의 나이 차이는 490년(=600년-110년)이 된다. 이 두 기록은 노아와 셈의 나이 차 또는 노아와 셈 이후 아브라함, 이삭 및 야곱의 출생 연대를 결정하는 결정적 중요 단서를 제공한다.

◎ 노아가 결혼한 나이: 498세 (AM 1,555년)
◎ 셈을 낳은 노아 나이: 502세 (AM 1,558년)
◎ 홍수 발발 해: 노아 600세 (AM 1,656년)
◎ 땅이 마른 해: 노아 601세 (AM 1,657년)
◎ 노아 - 아브라함 나이 차: 892년
◎ 노아 - 이삭 나이 차: 992년
◎ 셈 - 아브라함 나이 차: 390년
◎ 셈 – 이삭 나이 차: 490년

134 야살의책 5:17

135 야살의책 5:18

이삭 1세(아브라함 100세)를 기준으로 셈은 이삭 출생 전 490년에 출생하였고 이삭 1세 때 노아가 살았다면 나이가 992세이며 셈은 490세였다. 따라서 노아와 셈의 나이 차가 502세(=992세-490세)이므로 노아 502세 때 셈이 출생한 것이다. 또 야살의책 3군데 분산된 자료(야살의책 5장12-18절, 13장9절, 28장24절)를 맞추어 보면 노아가 셈을 502세에 낳았다는 설명이 서로 어긋나지 않고 서로 일치한다. 종합하면, 노아는 500세에 야벳을 낳고 501세에 함을 낳고 502세에 셈을 낳은 것이 되어 셈의 출생은 AM 1,558년이다. 그리고 고대의 여성은 매년 자녀를 출산 가능한 점을 알게 한다. 결혼한 여자가 매년 출산한 사례는 야곱의 아내들이 아들을 낳은 사례에서 가능함을 알 수 있다 (이 장 4절에서 상술).

창세기를 기록한 묘사의 불특정 특징 때문에 창세기 5장 32절만으로 해석하기에 어려움이 있는데 야살의책은 특이하게 다른 족장의 나이와 함께 사건 발생을 병렬로 기록하고 있어 추적 가능하다. 야살의책이 사건을 병렬적 연대로 기록함으로써 고의로 변경하는 경우 전체 연대가 왜곡되기에 수정할 수 없게 기록하였다. 이 기록 방식에 의해 작성된 야살의책 연대기를 성경에 서술된 내용 간에 또는 성경과 야살의책 간의 해석상에 오류가 없는지를 검토하면 많은 도움이 된다. 그러나 아직 야살의책에 대하여 이 책 서문에서 밝혔듯이 신학적으로 고증 내지 검증하지 않은 것으로 보이고 단지 소설류로 여기고 있어 이런 추정을 신뢰하기란 여간 쉽지 않아 보인다. 그러나 야살의책의 여러 연대를 연구하면 그 전체적 신뢰는 의심할 여지가 없어 보인다.

2-5-2. 아르박삿의 출생 시점 AM 1,658에 대하여

아르박삿의 출생 시점을 판단해 보자. 앞에 인용된 창세기 일곱 문장을 살피면 이러하다. 홍수는 노아가 600세 되던 해 2월 17일(AM 1,656년 음력)에 발발했고 땅이 마른 시점은 601세 된 2월 17일이었으며 홍수 기간 1년 중에는 자녀 출산이 없었다는 것이다. 홍수 발발 해는 AM 1,656년 2월 17일이고 땅이 마른 해는 AM 1,657년 2월 17일이다.

그리고 홍수가 지난 때 셈이 엘람, 앗수르, 아르박삿, 룻, 아람 5인을 낳았다. 참고로 역대상 1장 17절에는 이 5명 이외 우스, 훌, 게델, 메섹 4인을 추가로 기록하여 총 9인을 낳았다[136]고 기록하였다. 이 기록의 순으로 아르박삿은 셋째이다. 야살의책도 셋째로 기록하였다 (야살의책 7:15).

136 이는 창세기 문맥으로 볼 때 이들은 아르박삿이 바벨탑 사건 이후 낳거나 손자의 이름을 추가한 것으로 보인다.

그런데 창세기 11장 10절에서 "*셈은 100세 곧 홍수 후 2년에 아르박삿을 낳았다* (Shem was one hundred years old, and begot Arphaxad two years after the flood)"는 문장 중 「홍수 후 2년」의 해석에 여러 설이 있다. 노아 홍수 발발 AM 1,656으로 기점으로 보느냐 홍수 기간 1년을 제외하고 보느냐에 따라 해석이 달라진다. ① 홍수가 시작된 AM 1,656년 후 2년이 되는 시점 AM 1,658년으로 보는 설, ② 홍수가 끝난 AM 1,657년 후 2년이 되는 시점 AM 1,659년으로 보는 설, ③ 유진 폴스티크(Eugene Faulstich)의 해석처럼 히브리어 원문 "홍수 후 2년이 되는 「해(히브리어 복수형)」"를 "홍수가 끝난 해 AM 1,657년이 지나고 그리고 2년의 다음 해"로 보아 AM 1,660년으로 보는 설[137]이 있다. 이 설은 또 셈이 100세인 해가 AM 1,660년이므로 셈의 출생을 AM 1,560년으로 보게 된다. 유진 폴스티크의 설에 대하여 히브리어를 쓰는 이스라엘 성경학자는 동의하지 않는다고 한다.

창세기 11장 10절의 "셈은 100세 곧 홍수 후 2년에 아르박삿을 낳았고"라는 설명하고 11장 12-13절에서 438세를 살았다고 하였다. 야살의책에는 셈이 언제 아르박삿을 낳았는지 직접 묘사하지 않으나 아르박삿의 사망 기록에서 출생 시점을 추적할 수 있다. 야살의책 25장 29절에 이삭 48세에 아르박삿이 438세에 사망하였다고 기록하고 있다. 따라서 아르박삿과 이삭의 나이 차이가 390년(=438-48)이다. 앞에서 살폈듯이 셈과 이삭의 나이 차가 490년이고 아르박삿과 이삭의 나이 차가 390년이므로 셈과 아르박삿의 나이 차는 100세이다. 따라서 셈이 아르박삿을 낳은 나이는 100세가 된다. 이 해석에 따르면 창세기 11장 10절의 묘사는 셈이 100세인 때가 홍수 후 2년이 된 해라는 뜻이다.

이 해석을 노아의 나이와 홍수 시점에 적용해 보면 같은 의미가 됨을 알 수 있다. 앞에서 셈의 출생을 노아 502세(AM 1,558)로 확정했는데, 셈이 100세가 되는 해가 AM 1,658년이며 홍수 발발 2년이 되는 해이다. 즉 홍수 발발 AM 1,656년에서 2년이 경과한 AM 1,658년에 아르박삿을 낳았다고 해석된다. 제임스 어셔 박사도 이 설을 주장한다.

요약하면, 노아가 셈을 낳은 나이가 502세로 대홍수가 노아 600세에 발발했으므로 대홍수 발발 시 셈의 나이는 98세이다. 셈이 100세가 되는 해 즉 홍수 발발 후 2년이 되는 해에 아르박삿이 출생한 셈이다. 창세기 11장 10절 내용을 이 분석에 맞추어 이해한다면 셈 98세에 대홍수가 발발하였고 그로부터 2년 후 100세 때 아르박삿을 낳았으며 그 해가 AM 1,658년이 된다.

137 전 한동대 김명현 교수, 유튜브 강의

◎ 셈을 낳은 노아 나이: 502세 (AM 1,558년)
◎ 홍수 발발 해: 노아 600세, 셈 98세 (AM 1,656년)
◎ 땅이 마른 해: 노아 601세, 셈 99세 (AM 1,657년)
◎ 아르박삿을 낳은 셈의 나이: 100세 (AM 1,658년)

그런데 문제는 창세기와 야살의책 묘사 순에서 아르박삿이 셈의 셋째 아들이라면 쌍둥이 형을 홍수 시 임신하여 홍수가 끝난 후 낳고 또 아르박삿을 임신하여 다음 해에 출산 해야 된다. 모유 수유 시 임신과 출산의 어려움이 오늘날과 동일하게 있다는 점에서 홍수가 끝난 후에 셋째 아들까지 연년생으로 출산하는 것은 매우 어려워 보인다는 주장에 직면한다. 이 주장을 회피하려면 아르박삿이 쌍둥이거나, 장남이거나, 차남인 경우 가능하다. 그러나 모유 수유와 관계없이 연년생의 출산의 예는 야곱의 아들에게서 찾아 볼 수 있어 고대에는 일반적인 것으로 파악되나 이들의 출생은 매우 희귀한 사례라 생각된다. 아무튼 야살의책으로 아르박삿의 출생에 관한 창세기 이 묘사 해석에도 셈의 출생에 관한 창세기 해석과 마찬가지로 문제가 없는 점에 주목할 필요가 있다.

2-5-3. 아브라함의 출생 시점 AM 1,948에 대하여

창세기 11장 32절에 아브라함 부친 데라가 하란에서 죽은 나이를 205세로 기록하고 이어서 12장 4절에서는 아브라함이 75세에 가나안으로 간 내용을 설명한다. 이 묘사와 사도행전 7장 4절 스데반의 설명을 인용하여 성경학자들은 데라가 하란에서 205세로 죽은 해에 75세인 아브라함이 가나안으로 간 것으로 이해하여 데라와 아브라함의 나이 차를 130세로 보아 데라 130세에 아브라함을 낳았다고 해석한다. 이 해석에 의하면 아브라함은 노아가 죽은 후 2년에 태어났다.

또 창세기 11장 26절에 데라가 "70세에 아브라함, 나홀 및 하란을 낳았다"고 한다. 이 묘사 순으로 보면 아브라함이 장남이고 하란은 막내인 듯하다. 그래서 아브라함을 장남으로 보아 데라가 70세에 낳은 것으로 해석한다. 그런데 위에서 데라가 130세에 아브라함을 낳은 것으로 보는 해석과 70세에 낳은 것으로 보는 해석 간에는 60년의 큰 차가 발생한다. 이 기술은 성경에서 데라와 아브라함 나이를 추정할 수 있는 유일한 기록이며 또 이 기록으로 데라가 아브라함을 언제 낳았는지를 유추 후 단정하는 것이다.

야살의책으로 간단히 아브라함의 출생 연도를 결정하는 방법은, 앞에서 살핀 것처럼 「노아가 아브라함 58세에 950세로 죽었다」는 기록(야살의책 13:9)에서 아브라함의 출생 연도는 노아가 출생한 시점이 AM 1,056년이므로 이부터 계산하면 AM 1,948

년(=1056+950-58)이 된다. 노아 출생 시점은 창세기와 야살의책 모두가 일치하므로 아브라함 58세에 노아가 죽었다는 기록이 맞다면 아브라함의 출생 연도가 정확히 산정된다. 그리고 AM 1,948년에 아브라함이 출생하였다면 그때 데라 나이는 70세인데 야살의책이 그러하다고 기록하였다.[138] 이외 아브라함의 나이와 다른 사람과의 관계가 기술된 야살의책을 살피면, 아브라함 48세 때 벨렉이 239세 사망(야살의책 10:1)한 것과, 49세에 스룩의 아들 나홀이 죽은 것(야살의책 11:12)과, 78세에 르우가 239세로 사망(야살의책 16:22)한 등이다.

제임스 어셔는 AM 1,878년생인 데라가 130세에 아브라함을 낳았다고 해석하여 아브라함 출생을 AM 2,008년으로 보고 있다. 그러나 70세에 낳았다고 한다면 AM 1,948년이 된다. 신구약 성경으로 이 두 가지 해석을 해결할 문구가 전혀 없다. 야살의책은 데라가 아브라함을 70세에 낳았다[139]고 하고, 하란과 나홀은 데라가 38세였을 때 낳았다[140]고 기술하여 나홀은 하란과 쌍둥이인 듯이 묘사되었다. 따라서 형(들)과 아브라함의 나이 차는 32세이다. 하란은 82세에 니므롯이 우르(=카스딤)에서 아브라함과 함께 화형을 시켰는데 82세[141]에 죽고 아브라함은 하나님의 도우심으로 살았으니 아브라함 50세 때였다.

한편, 카스딤 화롯불에서 살아남은 50세 아브라함은 하란의 딸인 40세 사라와, 형 나홀은 하란의 딸 밀가와 결혼하였다.[142] 아브라함의 아내 사라는 아브라함보다 10년 연하(창세기 17:17)인 점은 창세기와 야살의책이 동일하게 묘사한다. 창세기에는 이들의 결혼 시기에 대하여 기록하지 않고 있으나 야살의책은 아브라함 50세에 40세인 사라와 결혼하였다고 기록하고 있다. 만일 아브라함이 장남이라면 동생인 하란의 딸인 사라와 결혼해야 하는데 50세 장남이 40세인 질녀와 결혼을 하려면 아브라함의 남동생 하란이 매우 어린 나이에 결혼하여 두 딸(사라와 밀가)과 아들(하란)을 낳아(창세기 11:29) 딸인 사라가 40세가 된다는 점은 가능하지 않아 보이며 야살의책이 설명한 가족 사항을 바탕으로 창세기 11장 27-29절의 가족 사항 묘사에서 아브라함의 출생과 결혼을 쉽게 이해할 수 있다.

창세기와 야살의책을 전체적으로 비교하면, 아브라함이 막내이나 창세기가 아브라함을 기준으로 기록한 책이므로 아브라함, 나홀, 하란 (역)순으로 묘사하면서 아브라

---

138 죤 위트콤·헨리 모리스도 아브라함은 데라가 70세에 낳았다고 주장한다(죤 위트콤·헨리 모리스공저, 이기섭 옮김(1985), 대홍수, 성광문화사, p 571)

139 야살의책 7:51

140 야살의책 7:22, 12:16

141 야살의책 12:37

142 야살의책 12:44

함을 낳은 나이를 70세에 낳은 것으로 기록한 것으로 보면 창세기와 야살의책의 모든 설명과 일치한다. 이러한 야살의책의 모든 설명과 창세기 묘사의 해석이 부합하여 셈이나 아르박삿을 낳은 시기를 야살의책이 명쾌히 설명하듯 이 문제 역시 해결된다. 다만 나홀은 하란과 쌍둥이인 둘째 아들로 보인다. 왜냐면 창세기와 야살의책에서 나홀 묘사 순서가 모두 중간 위치에 놓았기 때문이다. 따라서 아브라함은 데라가 70세 때 막내로 낳았는데 그 해가 AM 1,948년이 된다. 대부분 성경학자가 이에 동의한다.

2-5-4. 야곱의 결혼과 자녀 출생 시점에 대하여

이삭 60세에 형 에서와 동생 야곱을 쌍둥이로 낳았다. 에서는 40세에 헷 족속 브에리의 딸 유딧과 헷 족속 멜론의 딸 바리맛을 아내로 맞이했다 (창세기 26:34). 이 일로 이삭과 리브가가 근심했다 (창세기 26:35). 이는 가나안 족속의 여성이었기 때문이었다. 에서가 장가든 해는 이삭 나이 100세였고 야곱은 이때 장가들지 않았다. 이삭은 180세까지 살았다.

이삭이 나이가 많아 눈이 어두워 맏아들 에서에게 축복을 하고자 할 때 야곱과 어머니 리브가는 이삭을 속여 장자 에서가 받을 축복권을 가로채 에서의 극렬한 미움으로 야곱을 죽이고자 하자 어머니가 (야곱에게 사람을 보내) 야곱을 불러 하란에 있는 리브가의 오라버니 라반의 집으로 피신하게 하였다. 이 장면이 창세기 27장에 나오는데 F. N. Jones는 이때 야곱의 나이를 70세로, 이삭의 나이는 130세로 추정하였다. 이 추정은 야곱이 애굽에 들어간 나이와 그의 열한번째 아들 요셉이 애굽에 팔려가 총리가 된 나이 등을 기술한 창세기에서 대강의 나이를 역추적 가능하다.

이 장면을 야살의책은 상세히 단계별로 풀어 설명하였다. 에서의 미움과 살해 위협을 피해 곧바로 외삼촌 라반의 집으로 피신한 것이 아니라, 일단 화가 난 에서를 피해 셈의 아들 에벨의 집으로 피신하였는데 야곱이 63세였다고 기술하고 있다(야살의책 29:11). 이때 이삭 나이가 123세였다. 에벨의 집에서 14년을 머물며 지낼 때 야곱이 부모를 보고자 집(헤브론)에 이르렀을 때 에서가 이삭이 죽을 만큼 나이가 들었으므로 야곱을 죽이려는 마음을 갖고 있었음을 알아챈 리브가가 (사람을 보내어) 야곱을 불러 오라버니 라반의 집으로 피신하라고 명하면서 형의 화가 그칠 때까지 머물 것(창세기27:45)과 이삭은 가나안 족속의 딸을 아내로 삼지 말고 외삼촌 라반의 딸 중에서 아내를 삼으라(창세기 28:1-2) 하면서 하란으로 야곱을 보낸다. 이때 야곱은 77세였고 이삭은 137세였다고 설명한다. 창세기 연대를 연구한 F. N. Jones 추정과 7년의 시차가 있다.

헤브론에서 북쪽 도시 하란까지는 약 800km로 약 2달간 이동하는 거리였으므로 야곱이 외삼촌 라반의 집에 도착한 나이가 77세였다. 야살의책도 야곱이 77세에 외삼촌 집에 도착한 것을 다음과 같이 설명하였다. 「야곱이 하란에 거주한 지 둘째 해, 즉 야곱이 79세였을 때 그해 셈의 아들 에벨이 죽었다. 그가 죽을 때 464세였다」 (야살의책 30:15).

야곱을 만난 외삼촌 라반은 야곱의 이야기를 듣고 자기 집에 머물러 일을 하도록 하였는데 품삯을 제안하자 야곱은 우물가에서 처음 만난 아름다운 라반의 둘째 딸 「라헬」에게 마음이 빼앗겨 그녀와 결혼을 조건으로 7년을 일하겠다고 하였다. 그런데 약속한 7년 노동 후 84세가 된 야곱은 첫 아내를 라헬이 아닌 맏딸 29세[143]의 「레아」를 맞았으니 라반의 속임수였다. 하란 지방에서는 맏딸을 먼저 시집보내는 일이 풍속이라고 야곱을 설득하여 라헬을 7일 후에 아내로 줄 것이니 추가의 7년을 더 일하라고 제안하였다 (창세기 29:26-27). 야곱은 7일 후에 라헬(29세[144])을 아내를 얻고 추가의 7년을 더 일하였다. 야곱이 라반의 두 딸을 아내로 얻을 때 라반의 여종 두 명을 두 딸의 시녀로 받았다. 아들이 없는 라반은 야곱을 아들처럼 일 시키고 딸들을 야곱에게 시집보낼 심사였다. 야살의책 여러 내용을 종합하면 레아와 라헬은 쌍둥이로 추정된다. 두 아내와 두 아내의 두 시녀로부터 자식을 출산하는데 이들의 출산 순서는 명확하지 아니하며 창세기와 야살의책으로 추정하자.

야곱의 첫 아내 레아는 ① 맏아들 르우벤을 낳았고 ② 차남 시므온을 ③ 삼남 레위를 그리고 ④ 막내 유다를 낳은 후 출산이 멈추었다 (창세기 29:35). 레아가 이들 4형제를 낳은 야곱의 나이는 창세기 기록에 없으나, 야살의책에 기술된 이들의 애굽에서 사망한 해와 사망 시 나이로 계산하면 맏아들 르우벤은 야곱 나이 84세에, 시므온은 85세에, 레위는 86세에, 유다를 87세에 낳았다고 계산되며 (모유 수유에 상관 없이) 연년생으로 낳았음을 알 수 있고 창세기도 이 순으로 기술하였다. 에컨대 야곱은 130세에 애굽에 들어갔고 입국 후 79년에 맏아들 르우벤이 125세로 사망하였다 하였으므로 하란과 가나안에서 산 기간은 46년이 되어 야곱이 84세에 출산한 것으로 계산된다. 이와 같은 방식으로 열두 아들의 출산 시 야곱의 나이를 추정할 수 있으나 막내 아들인 베냐민의 사망에 대한 기록이 없어 확정할 수 없다.

언니 레아가 아들을 낳자 라헬이 자기에게 자식이 없음을 한탄하고 언니를 시기하였다. 불임을 이유로 야곱에게 성을 내며 죽겠다고 떼를 쓰자 야곱은 하나님께서 임

143 야살의책 41:2

144 야살의책 36:8-11에서 계산하면 야곱과 라헬의 나이 차이는 55년이다.

신 못 하게 하는 것이지 어떻게 자기가 임신하게 할 수 있느냐라고 달래자 라헬이 자기를 대신하여 자기의 시녀인 「빌하」에게서 자식을 얻도록 하겠노라 하여 야곱이 빌하에게서 ⑤ 첫아들 단과 ⑥ 둘째 아들 납달리를 낳았다 (창세기 30:1-8). 여기서 레아가 어떤 아들을 낳았을 때 라헬이 시기하여 라헬의 시녀가 자녀를 낳았는지 명확한 기록이 없으나 일단 레아가 4명의 아들을 낳자 시기하여 라헬의 시녀 빌하를 통해 야곱이 단을 낳은 나이를 88세로, 납달리를 낳은 나이를 89세 이후로 추정할 수 있을 뿐 단과 납달리 사이의 정확한 터울은 알 수 없다.

또 레아가 출산을 멈춤을 알고 자기의 시녀 「실바」를 통해 야곱에게서 아들을 낳게 하였으니 ⑦ 첫아들 갓과 ⑧ 둘째 아들 아셀을 얻었다 (창세기 30:9-13). 레아가 출산을 멈춘 것을 알았다면 아마도 레아의 넷째 아들 유다를 낳은 후 1년 정도의 터울이었을 터이니 야곱 나이 88-89세로 보인다. 따라서 갓을 낳을 때 야곱의 나이 최소 88-89세이고 아셀을 낳을 때 89-90세로 추정된다.

그후 라헬이 레아의 맏아들 르우벤이 들에서 꺾은 야생화 다발(합환채)을 엄마 레아에게 주자 이를 자기에게 달라고 하였다. 레아가 야곱의 사랑을 독차지한 라헬에게 야곱을 자기 방에 들이도록 하면 합환채를 주겠다고 하자 라헬이 응하여 레아가 야곱과 동침하여 ⑧ 다섯 번째 아들 잇사갈을 낳았고 다시 아들을 낳으니 ⑩ 여섯 번째 스블론이었다. 또 레아는 딸을 낳았으니 ⑪ 디나였다 (창세기 30:14-21). 이 세 자녀를 낳을 때 요셉의 나이는 창세기 문맥에서 파악 불가능하나 레아의 시녀 실바가 아셀을 낳은 후라면 야곱 나이 90세 이후로 보인다.

자식이 없는 라헬의 소원을 하나님께서 들으셔 자식을 주셨으니 ⑫ 요셉이었다. 요셉을 얻을 때의 야곱 나이가 창세기에 정확히 기재되어 있지 않으나 아마도 외삼촌과 약속한 14년이 지난 시기로 보이는데 야곱이 외삼촌 집에 온 나이가 야살의책으로 계산하면 77세였기에 그의 나이 91세이다. 왜냐면 창세기 30장 25절에 외삼촌에게 요셉을 낳은 후 고향 나의 땅으로 가게 해달라고 하면서 자기가 한 일을 아신다고 한 점으로 보아 그러하다. 한편 야살의책에도 야곱이 요셉을 낳은 나이가 91세였다고 하였다 (야살의책 31:21). 이때 야곱의 어머니가 야곱에게 사람을 보내어 집으로 돌아오라고 하였고 또 외삼촌과 약속한 14년의 기한이 찼다고 한 점(야살의책 31:22-24)으로 보아 야곱의 나이 91세에 요셉을 얻었다.

집으로 가겠다는 야곱의 청을 외삼촌은 삯을 주겠노라 제안하자 야곱은 6년을 더 거주하기로 하였다. 외삼촌에게 6년의 노동을 제공한 97세의 야곱이 부모의 집으로 돌아오는 중에, 야살의책 36장 3-12절에 의하면, 야곱 99세에 벧엘에 도착하고 100세에 라헬이 ⑬ 베냐민을 임신한 후 에브랏 베들레헴에서 낳을 때 난산하여 라헬이 죽었다. 라헬이 45세에 사망하였다 하였다 (야살의책 36:11). 이로 야곱과 라헬의 나이 차는 55년이 된다. 따라서 라헬은 언니인 레아와 쌍둥이일 가능성이 높다.

창세기 29장 21-25절 및 35장 16-20절을 바탕으로 야곱이 84세부터 91세까지 자식을 얻은 13명의 출산 순서는 다음과 같이 보는 것이 일반이다.
I. 레아에게서 ① 르우벤 ② 시므온 ③ 레위 ④ 유다,
II. 라헬의 시녀 빌하에게서 ⑤ 단 ⑥ 납달리,
III. 레아의 시녀 실바에게서 ⑦ 갓 ⑧ 아셀,
IV. 레아에게서 ⑧ 잇사갈 ⑩ 스블론 ⑪ 디나,
V. 라헬에게서 ⑫ 요셉 ⑬ 베냐민.

그런데, 야곱의 아들 12명의 출산 서열을 추정할 수 있는, 야곱 임종 시 자식들에게 유언과 축복을 하는 장면에서 살펴볼 수 있다 (창세기 49장). ① 르우벤 ② 시므온 ③ 레위 ④ 유다 ⑤ 스블론 ⑥ 잇사갈 ⑦ 단 ⑧ 갓 ⑧ 아셀 ⑩ 납달리 ⑪ 요셉 ⑫ 베냐민 순이다. 그러나 이 순서는 앞에서 설명한 출산 순서와 일치하지 않는다. 또 야살의책 43장에 11명의 아들의 결혼 상세를 기록한 순서와도 상이하다.

야살의책(59장-63장)에 기재된 야곱 자녀들의 출산 시점을 추정할 수 있는 기술이 있다. 애굽 입국 후 몇 년을 살고 사망하였다고 기록한 내용을 계산하면 출생 시기가 역산된다. 다만 야살의책에는 베냐민의 사망 시기와 나이를 기록하지 않았다. 야곱이 애굽 입국 시 나이는 130세이고 그 해가 AM 2,238년이므로 < 표 2-5-1 >처럼 자녀들의 출생과 애굽 입국 나이를 역산할 수 있다.

이 표와 창세기의 출산 순서와 비교하면 창세기 30장에서는 빌하가 낳은 첫아들이 단이며 둘째 아들이 납달리라 하였는데 야살의책은 단이 납달리보다 3년 아래로 기재하고 있어 야살의책이 단과 납달리에 대하여 바꾸어 기재한 듯 하다. 또 창세기에서는 레아가 다섯 번째 낳은 아들을 잇사갈로 기재하였으나 야살의책은 잇사갈보다 스블론을 먼저 출산한 아들로 기재하여 상이점이 발견된다.

이 표에서 확인되는 내용은 야곱은 9년 동안 매년 아들을 1-2명을 낳았고, 야곱이 입국 시 자녀들의 평균 나이가 40세 초반이라는 점과 또 그들이 결혼하여 총 51명의 자녀를 낳았으니 평균 4.25명의 아들을 데리고 애굽으로 이주하였다는 점이다. 또 이주

시 레위의 나이는 44세였고 동반한 세 아들은 게르손, 그핫 및 므라리였다 (창세기 46:11 및 민수기 3:17). 야곱의 아들들은 요셉이 애굽으로 팔려간 해(AM 2,216)에 르우벤이 24세 때 결혼한 것(야살의책 45:1)으로 시작하여 평균 20세 정도에 결혼한 것으로 보인다. 이처럼 나이가 비슷한 야곱의 아들들은 비슷한 시기에 결혼하였고 20여년이 지난 시점에 심한 가뭄을 당하였다. 그들의 자녀가 애굽으로 입국 시 평균 15세 전후의 어린 나이였음이 틀림없다. 또 특이한 점은 레위가 애굽에 들어가서 딸 요게벳을 낳았다(민수기 26:59)고 하였고 야살의책은 이를 애굽으로 가는 중 낳았다(야살의책 59:9)고 하고 있다. 야곱에게 딸이 디나 외에 없듯이 야곱의 아들들에게도 여자 출산이 적어 2인만 있어 매우 특이하다.

야곱이 애굽에 내려간 후 바로를 만나 자기의 생애를 약술한 창세기 47장 9절에 "*내 나이가 얼마 못 되니 우리 조상의 나그네 길의 연조에 미치지 못하나 험악한 세월을 보냈나이다*"라고 설명하는 점은 그가 형 에서와의 깊은 갈등 및 외삼촌 집에서 겪은 수모, 자녀들간의 다툼, 일찍 부인을 잃은 심정, 아들 요셉을 잃은 상처 등을 술회하는데 야곱의 고난은 결코 쉽게 이해되지 않는 고난의 삶임을 알 수 있다.

< 표 2-5-1 > 야곱의 자녀 출생 시점 및 애굽 입국 나이 (야곱의 출생 AM 2,108 기준)

야곱 아들	르우벤	시므온	레위	유다 및 납달리	스블론 및 갓	아셀 및 잇사갈	단	요셉	베냐민
출생 (AM)	2,192	2,193	2,194	2,195	2,196	2,197	2,198	2,199	2,209
모친 및 출산 나이	레아 (29)	레아 (30)	레아 (31)	레아 (32): 유다 빌하: 납달리	레아 (33): 스블론 실바:갓	레아 (34): 잇사갈 실바: 아셀	빌하	라헬 (35)	라헬 (45)
출생 시 야곱 나이	84	85	86	87	88	89	90	91	101
애굽 입국 시 나이	46	45	44	43	42	41	40	17 (39)	29
애굽 거류 기간	79	75	93	유다 86 납달리 89	갓 83 스블론 72	잇사갈 81 아셀 82	80	71	?
사망 나이	125	120	137	유다 129, 납달리 132	갓 125, 스블론 114	잇사갈 122 아셀 123	120	110	?

주 1: 레아가 출산한 딸 「디나」는 스블론의 여동생이므로 야곱이 90세 이후에 낳았을 것이다.

주 2: 야곱과 레아가 결혼한 나이는 야곱 84세였고 이때 레아와 라헬은 29세의 쌍둥이로 추정된다. 라헬은 45세에 에브랏(베들레헴) 근처 길에서 베냐민을 낳다가 사망하고 그곳에서 장사되었고(창세기 35:16-20, 야살의책 36:10-12) 레아는 51세로 사망하여 헤브론 막벨라 밭의 굴에 장사되어(야살의책 41:2-3) 야곱의 아내 레아와 라헬 모두 가나안 땅에서 사망하였다.

주 3: 아들을 낳은 야곱의 나이=야곱의 입국 시 나이(130세)+아들의 애굽의 거류 기간-아들의 사망 나이

주 4: 요셉 아들의 입국 시 나이=사망 나이-애굽 거류 기간

주 5: 오늘날과 달리 수유 기간에도 출산하였다. 이는 야살의책에서 야곱 아들의 사망 연도와 애굽 거주기간에서도 확인된다.

주 6: 요셉은 17세에 애굽으로 팔려가 30세에 총리가 되었고 총리 9년에 야곱이 이주하였다.

야곱의 열두 아들이 가나안에서 낳은 자식 이외에 애굽에 들어가서 새로이 부인을 얻어 출산하였다는 근거는 전혀 없으나, 열두 아들의 평균 수명이 베냐민을 제외하면 123세이고 애굽에 들어가 약 80년을 살면서 새로운 부인에게서 자녀를 낳았을 수 있어 보인다. 야곱의 아들들도 아브라함과 에서가 낳은 동족의 여성을 아내로 삼았음을 아래 표의 주에서 알 수 있으나 애굽 여성을 아내로 삼았음은 희소해 보인다.

< 표 2-5-2 > 야곱 아들 결혼 및 자녀 (창세기 46장 및 야살의책 45장 외)

야곱의 아내	야곱 아들	야곱의 아들 아내 이름(종족 등)	자녀 이름
레아	1. 르우벤 (24세 결혼)	엘리우람 (가나안 디나 사람 아비의 딸)	하녹, 발루, 헤스론, 갈미 (4인)
	2. 시므온	부나 (가나안 세겜 성에서 잡은 여자, 레아의 딸 디나를 돌본 몸종)	사울 (1인)
		디나 (스블론이 낳은 여동생)	므무엘, 야민, 오핫, 야긴, 소할 (5인)
	3. 유다	알리얏 (히라, 가나안 아둘람 땅 수아의 딸)	엘, 노난(가나안에서 사망) 실로 (3인)
		다말 (셈의 아들 엘람의 딸)	베레스, 사라 (2인)
	4. 레위	아디나 (에벨의 손자 욕단의 아들 요밥의 딸)	게르손, 그핫, 므라리 (3인)
	5. 잇사갈	아리나 (에벨의 손자 욕단의 아들 요밥의 딸)	돌라, 부바, 욥, 쇼므론 (4인)
빌하	6. 단	아블라렛 (모압 사람 하무단 의 딸)	후심(1인)
실바	7. 갓	우싯 (하란 땅 나홀의 손자 우스의 아들 마무람의 차녀)	스비온, 학기, 수니, 에스본, 에리, 아로디, 아랠리 (7인)
빌하	8. 납달리	므리마 (하란 땅 나홀의 손자 우스의 아들 마무람의 장녀)	야스엘, 구니, 야셀, 살렘 (4인)
실바	9. 아셀	아돈 (이스마엘 손자 하닷의 아들 아블랄의 딸)	자녀 없이 사망
		하두라 (셈의 손자 에벨의 아들 아비마엘의 딸)	임나, 이스바, 이스비, 브리아 (4인) * 세라(여자, 주2 참조)
레아	10. 스블론	므리샤 (미디안의 손자 아비다의 아들 몰랏의 딸)	세렛, 엘론, 야글렛 (3인)
라헬	11. 요셉	오스낫 (보디베라의 딸, 요셉 34세)	므낫세, 에브라임 (2인)
	12. 베냐민	메갈리아 (데라의 손자 소바의 아들 아람의 딸, 베냐민 11세)	벨라, 베겔, 아스벨, 게라, 나아만 (5인)
		아리밧 (아브라함의 아들 쇼므론의 딸, 베냐민 18세)	아히, 로스, 뭅빔, 훕빔, 오룻 (5인)

주 1: 아셀의 아내 「하두라」는 원래 셈의 손자 에벨의 아들 말기엘의 아내였으며 딸 「세라」(창46:17)를 두고 있었다. 하두라는 남편과 사별 후 친정 아버지 아비마엘 집에서 거하는 중 「아셀」과 결혼하였고 세 살된 딸 세라를 데려와 「세라」는 아셀의 딸로 자라서 「아셀」의 딸로 기록되었다. 세라는 용모가 뛰어나고 거룩한 길을 걸었으며 노래와 악기에 매우 능하였다 한다. 야곱의 아들들이 요셉이 살아있다는 말을 아버지 야곱에게 직접 말하기 두려워 「세라」에게 수금을 타도록 하면서 요셉이 살아있음을 두세 번 반복하여 말하자 야곱에게 하나님의 영이 임하여 기뻐하고 이 소녀를 축복하였다 (야살의책 54:91-99).

주 2: 베냐민의 아내 메갈리아를 얻을 때 야곱이 사람을 직접 하란에 보내어 며느리를 데리고 왔다.

주 3: 유다는 베냐민이 장가를 들 즈음, 그의 장자 「엘」을 위해 「셈」의 맏아들 「엘람」(표 4-4-1)의 딸 「다말」을 며느리로 삼았으나 설정을 밖으로 하여 하나님께서 엘을 죽였다(창세기 38:6, 야살의책 45:23-24). 다말은 유다의 권유로 씨를 얻기 위해 엘의 동생 「오난」을 남편으로 삼았으나 오난도 밖으로 설정하여 하나님께서 오난을 죽였다(창세기 38:9-10, 야살의책 43:26). 유다는 이 일로 다말을 좋아하지 않았다. 그러나 유다의 아내 「알리얏」이 죽은 후 다말의 유혹으로 유다에게서 다말은 「베레스」와 「사라」를 낳았다. 이 베레스가 예수님의 족보로 이어진다. 사람을 통한 하나님의 사역은 매우 신비하다.

주 4: 야곱 며느리의 족보를 보면 많은 경우 순혈주의를 알 수 있다. 셈, 에벨, 데라, 아브라함의 후손의 딸들을 데려온 점이 그러하다. 특히 유다의 며느리 「다말」은 「셈」의 맏아들 「엘람」의 딸이라는 점과 이를 통해 예수님이 탄생하는 점이 매우 놀라우며 또 제사장 지파인 레위 며느리는 「에벨」의 손자 딸이라는 점도 매우 놀랍다.

2-6. 하나님 역사의 연결 고리

하나님께서 신 자체로만 존재하는 것이 아니라 그분의 뜻과 예정으로 온 우주에 역사를 이루시는 분이신데 이 점은 사람에게도 마찬가지로 우리 곁에서 그분의 역사를 시간에 따라 장소에 따라 사람에 따라 정확히 이루신다.

이제까지 창세기 연대기를 중심으로 애굽 거류 기간 및 역사적 인물과 사건을 중심으로 해석이 어려운 부분을 찾아 그것을 해석하였다. 그런데 < 표 1 >의 아담 이후 대족장의 족보는 매우 중요하다는 점과, 계속되는 뒷 장에서 설명하기 전, 대족장 중에서 노아와 셈 그리고 에벨을 매우 중시해야 할 관점을 논해야 할 차례이다. 왜냐면 이 세 분은 대홍수 전후 세대와 직접 아브라함과 함께 살면서 세대를 뛰어넘어 신앙을 전달하고 연결하는 고리 역할을 하기 때문이다. 이 점은 제3장 9절에서도 강조된다.

노아는 아담 출생 후 약 1천 년이 지나 태어났고 그의 선조 6명과 함께 생존한 사람으로 아담과 그의 아들 셋 그리고 승천한 에녹 세 사람만을 만나지 못하고 6명의 선조들과 최단 84년 최장 600년을 함께 산 사람이다. 이점은 노아가 선조들에게 많은 정보를 얻고 배우며 특히 하나님에 대한 풍부한 신앙 교훈을 얻었음을 시사한다. 600년 동안 에덴을 포함한 넓은 지역을 여행하여 풍부하고 높은 상식과 식견 및 통찰력을 가진 사람이요 하나님으로부터 인정받은 의인이다.

야살의책 5장에 의하면, 노아는 대홍수로 인하여 인류가 멸절될 것을 알고 결혼을 하지 않았는데 하나님의 독려로 하늘로 승천한 에녹의 딸 나아마(580세)와 498세에 결혼하여 세 아들을 두었는데 야벳, 함 및 셈이었다. 셈을 낳을 때 노아 나이가 502세였다는 것이다. 노아 600세에 대홍수가 있었으니 그의 세 아들은 대략 100세 전후였다. 세 아들은 홍수 직전 므두셀라의 손녀 세 여자와 결혼하였다. 노아의 아내는 노아보다 82세 연상이므로 아담을 제외한 아담의 아들 셋부터 모든 대족장을 만날 수 있는 나이였으므로 나이와 부모의 경륜로만 보면 노아의 가족 중 가장 많은 정보를 습득한 사람으로 볼 수 있다.

홍수 전 노아 세 아들 나이가 100세 전후였으므로 노아의 세 아들은 할아버지(라멕)과 증조할아버지(므두셀라)를 만난 사람이었으므로 이들로부터 여러 살아있는 교육과 지식을 얻었음이 틀림없다. 만일 노아가 세 아들을 데리고 에덴을 포함한 넓은 지역을 여행하였다면 노아의 세 아들도 에덴에 관한 실제 정보를 갖고 있었을 것이다. 노아의 세 며느리가 몇 살인지 므두셀라의 아들 에리아킴의 세 딸들(야살의책 5:35)이므로 연상으로 보이며 노아 여덟 식구는 므두셀라와 라멕과 함께 산 사람이다.

이러한 족보에서 노아 여덟 식구는 대홍수 전 정보와 자료를 대홍수 후로 전달하는 고리가 되는 사람들이다. 이들이 무슨 정보를 대홍수 후에 전달하였는지는 창세기에 간단히 나타나는데 그중 중요한 정보가 천지창조, 에덴동산 및 인류의 조상, 아담 후손의 죄악상, 대홍수 등에 관한 것으로 창세기 10장까지이다. 가장 중요한 정보와 자료는 신앙에 관한 것임이 명백하다. 방주에 많은 자료와 유물을 보관하였음이 틀림없고 그중 일부는 아담 부부의 가죽옷, 아담이 쓰던 지팡이가 있었다고 야살의책에 기록되어 있다. 이들 이외 점토판이나 석판에 쓴 여러 자료도 소장하였을 것으로 추정된다. 중요한 정보는 오랜 기간 선조들로부터 들은 기억력에 의한 정보일 것이다.

또 노아와 셈 그리고 에벨이 매우 중요한 사람인 이유는 그들이 아브라함과 함께 가까이 함께 산 사람이기 때문이다. 또 특히 노아와 셈은 아브라함에게 직접 신앙 교육을 한 사람으로 태초의 지식을 아브라함에게 직접 전달한 사람이며 셈이 보조자였음이 야살의책 여러 군데 소개되어 있다. 노아는 아브라함 58세까지 살았고 셈은 야곱 50세까지 산 사람으로 아브라함 손자까지 신앙 교육자 및 후견인이 된 사람이다. 야살의책은 셈을 살렘 왕 멜기세덱으로 기록하고 있다. 한편 에벨은 야곱 79세까지 산 사람이다.

아브라함이 멜기세덱을 만난 나이가 약 78세이며 이 때 600년을 산 셈의 나이는 죽기 전 132년인 468세이고 464년을 산 에벨은 죽기 전 161년인 303세였다. 셈은 노후의 노아를 모시고 산 사람이고 셈의 3대손인 에벨도 셈을 모시고 살았는데 이 관계에서 에벨이 셈과 함께 노아를 모시고 함께 산 것으로 추정된다. 에벨이라는 이름은 「히브리」라는 어원이 되어 아브라함 자신 또는 그의 자손을 에벨족 즉 히브리 후손으로 소개할 때 사용되었다 (창세기 10:21, 14;13, 39:14, 40:15, 41:12, 43:32, 출애굽기 1:16, 1:19, 2:6-18 등과 어원은 제3장 9절에 상세히 설명하였다).

요약하면, 하나님께서 대홍수로 인류가 멸절될 때 특별히 노아와 셈을 준비하여 하나님의 역사와 신앙이 단절 또는 중단되지 않도록 하셨으며 아담 이후 모든 초고대 역사의 증인이 노아와 셈을 준비시키시고 이어 에벨을 야곱 시대까지 생존케 하셨다. 하나님의 역사는 사람을 통해 역사하므로 노아와 셈과 에벨을 통해 아브라함과 이삭과 야곱에게 하나님의 역사를 잇도록 하나님께서 섭리하셨다는 점을 명심할 필요가 있다. < 표 1 >은 단순한 도표와 족장의 연결이라는 평면적 정보가 아니라 하나님의 역사와 신앙의 전통을 잇는 역사 고리인 관점인 동시에 우리에게 주어진 귀중한 말씀 일부라는 점이다. 이 족보가 잃어버린 많은 통찰과 알 수 없는 역사와 신앙을 드러내는 기능을 한다. 이 족보에 대한 여러 기능은 각 장에서 필요 시 다시 구체적으로 설명할 것이다. 본 고찰 제3장 9절에서 이를 더욱 세밀히 어떻게 연결하고 후대에 전달되는지 아담부터의 톨레도트를 분석하여 연결 고리를 살펴 볼 것이다.

제 3 장

원역사에 관한 몇 가지 단편: 배경과 해석

이 장은
노아 대홍수 이전과 그후의 인류 및
수메르 문명에 관한 관련 자료에서 살필 수 있는 몇몇 단상과
톨레도트의 속성에 내재된 문화와 전통의 전달이라는 관점에서 본
톨레도트의 재해석이다.

제 3 장. 원역사에 관한 몇 가지 단편: 배경과 해석

내용 상 제2장에 두어야 할 본 제3장은 아브라함이 등장하기까지 약 1천5백 년간의 묘사인 창세기 1장부터 11장까지의 개략적 내용이다. 이 기간을 신학적으로 원역사(原歷史)라며 이는 역사의 시원(始原)에 관한 몇 가지 단상과 < 표 1 >의 창세기 톨레도트에 재해석에 관한 것이다. 천지창조, 아담·이브의 탄생과 범죄, 그의 후손 9대까지 족보와 생애, 노아의 대홍수, 바벨탑 사건으로 인한 언어 분화와 민족 형성 등 수록하고 있다. 이 시기의 고고학적인 역사는 장구하며 학문적으로 성경과 일치된 자료가 많지 않다. 인문학에서 설명하는 각종 역사적 사실을 신학에 도입하여 일괄 나열하거나 설명할 수 없는 비신학적 사실에 관하여 단상도 나열하였다.

3-1. 창세기와 몇 가지 단상

성경은 하나님의 계시, 신앙인의 영적 고백과 해석, 역사 사건을 밀도 높은 추상어와 압축 문장으로 기록되었다. 하나님께서 아담 부부에게 가르친 지식이 많았을 것이고 또 아담 부부의 지적·영적 높은 통찰력과 시행착오로 아담 부부가 여러 후손에게 여러 지식을 가르쳤을 것으로 보인다. 그리고 그 높은 지식은 최종 노아에게 전달되었을 것이다. 오늘날의 사람이 부여한 의미와 사람의 상상을 초월하는 창세기 1장의 천지창조에 대한 다양한 해석이 많으나 우리의 지성이나 상상력을 하나님의 전능하심과 위대하심에 굴복해야 한다면 창세기를 먼저 문자적으로 받아들여야 할 것이다. 이 외 무신론적 진화론[145]등 다양한 상상과 이론을 전개하여 성경을 이해하려는 꾸준한 시도가 진행되었으나 그 해석을 온전히 받아들일 통일된 지식과 해석이 없다.

천지창조 정보 특히 창세기 1-3장은 사람의 상상력이 아닌 하나님께서 아담 등에게 계시한 것이며 또 이 최초 정보가 자세하지 않으나 광대한 피조 세계를 간단히 묘사함로써 해석의 어려움이 있다. 아마도 아담부터 1천 년간 매 선조들이 돌판 문서나 구전으로 노아까지 전달 된 누적 지식과 계시는 노아와 아브라함을 통해 최종 모세에게 전달된 것으로 여겨지는데 특히 모세는 여러 내용 중 핵심을 추려 간단히 기록하였을 것이다.[146] 창세기 1장을 신화로 여기거나 받아들이지 못하면, 노아 대홍수까지

145 무신론적 진화론은 지층, 화석 등 지구에 남긴 기록과 천체물리학 등의 자료를 과학의 모양과 통합된 가설 또는 이데올로기이다. 진화론은 과학자가 만든 천지만물을 설명하는 한 가지의 방대한 대안이다.

146 야살의책 43:28에, 야곱이 요셉을 잃고 애도하는 장면에서 창세기 2:7을 인용하고 다음과 같이 말하고 있다. "하나님이 너를 지으시고 네 뼈를 만드시고 살로 덮으시고 너의 코에 생명의 숨을 불어넣으시고----"라고 하여 이미 모세가 창세기를 기록하기 전 지식을 인용하고 있다.

인 창세기 8장까지의 지식과 정보 역시 창세기 1장과 유사하게 전설적이고 신화적 요소가 많기에 받아들이지 못할 것이다.

이해하기로는, 후대에 작성된 창세기의 천지창조를 저자가 섣불리 기록하지 않았을 것이다. 노아 부부, 그의 세 아들과 며느리는 홍수 전 다른 대선조와 동시대를 산 사람이고 특히 노아의 아내는 당시 존경받고 믿을 만한 에녹의 딸로서 아담의 아들 셋을 보았던 사람이며 노아의 세 며느리는 므두셀라의 손녀들이어서 아담으로부터 전달받은 천지장조 등에 관한 지식을 포함하여 선조가 전해 준 왜곡 없는 내용을 후손에게 전달하였다고 볼 수밖에 없어 그 기록의 신뢰성을 의심할 수 없다.

제1장에서 살펴본 것처럼 창세기 1장은 우리에게 많은 신앙적 과제를 안겨준다. 우리가 상상하지 못하는 시간 속에 영(靈)으로 존재하는 하나님 안에 함께한[147] 만물의 계획과 예정이 시공간 속에 깊은 혼돈, 공허, 흑암의 지구에 처음 빛이 있으라는 첫날부터 엿새간 온 우주와 지구 환경을 완성한 「날」을 이해함에 있어, 하나님께서 행하신 사역을 저녁과 아침을 각각의 「날(day)」로 정의하면서 만물을 창조하여 시공간에 피조물을 채운 것과 하나님의 존재를 창세기 1장은 우리에게 밝히 알려준다. 하나님께서 아담 등에게 주신 불가해한 지식과 정보를 우리의 지성에 맞추려는 지적 해석과 호기심을 지우고, 창세기 1장의 계시가 하나님이 계심과 만물의 근원과 원형이 영원 전에 하나님 안에 함께 있음으로 먼저 감사로 찬양하고 묵상해야 할 것이다.

사람은 매우 아름답고 귀한 생명을 갖는 존재이나 그 존재가 실존[148]으로 이행되는 과정에서 찢어지고 구겨진 모습으로 나타나는 것을 부정할 수 없다. 식사하고 이를 닦지 않거나 늙어 감에 따라 치아가 상하고 빠지듯 실존은 항상 여러 문제를 야기한다. 그래서 올바른 실존적 삶을 지탱하기가 불가능하다. 삶의 과정에서 전제가 옳지 않거나 역경을 선택하면 어려운 삶이 되고 또 꼬이게 된다. 때로는 어려운 선택이더라도 종국이 좋다고 여기면 그 전제를 옳은 것으로 여기게 된다. 때때로 우리는 옳다고 생각한 것이 착시 현상인지도 모르고 살고 있다.

튀르키예의 동남부 시리아 접경 지역 괴베클리 테베에서 발견된 초고대의 거대 석재 유적지[149]가 1만 년 전 것이라는데 이 유적지 발굴로 학자들이 정의한 신석기시대의

---

147 요한복음 1:1-3 및 골로새서 1:15-17

148 요즘 '실존(實存 existence)'이라는 표현 대신 '존재감'이라는 표현을 많이 쓰는 듯하다. 생명을 지닌 '존재(存在 being)'가 생명 활동을 하면서 삶을 일구는 과정을 '실존'으로 정의한다. 크게 유신론적 실존과 무실론적 실존으로 나눈다.

149 시리아 북쪽의 튀르키예(터키) 동남부 도시 하란, 산리 우르파(옛 지명 에데사) 인근 지역으로 1963년 발굴이 시작되었는데 매머드가 살던 시기의 유적지로써 수메르 문명보다 인문학적으로 6-7천 년 앞섰다고 한다.

정의가 흔들렸다. 이처럼 사람의 집단지능과 지식과 추론적 결론이 때때로 거짓이 된다. 존재를 이해하고 실존이나 역사를 파악하기가 이처럼 어렵다.

수메르(sumer)[150] 문명[151]의 말기 한 사람이 수메르 우르 문명[152]을 탈출하여 500년 후 민족과 국가를 이루었는데 그 뿌리가 아브라함이었다. 아브라함은 하나님으로부터 매우 특이한 삶을 살도록 강요받았다. 이와 대조적으로 아브라함의 손자인 야곱은 자의적이고 고집스럽게 고통스러운 삶을 살았다. 야곱의 삶을 구체적으로 이해하려고 하던 중 야살의책이 있음을 알게 되었고 또 외경[153] 등을 참조하여 읽다 보니 창세기 전체의 고찰적 독후감과 연구가 되었다. 또 아브라함을 이해하기 위해서 그가 태어난 메소포타미아의 수메르 문명에 대한 이해가 필요했다.

성경에 의하면 말씀(진리)이 존재를 잉태하고 생명을 가진 존재는 현상과 실존으로 나타나도록 창조되었다. 그러나 인문학적으로 사람의 실존은 읽기가 복잡하고 통일된 정의가 없을 정도로 어지러운 모습을 갖는다. 옛적 고대인은 어떤 문화의 사람이었을까. 호랑이처럼 홀로 어슬렁거리며 먹이를 구하던 종(種)이 아니었다. 가끔 암수가 만나 자손을 퍼트리지도 않았다. 사람은 처음부터 인간(人間)으로 살아왔다.

과학이든, 종교이든, 신화이든, 전설이든 초고대의 현생 인류는 하늘에서 갑자기 떨어진 생명으로 나타난다. 생물종인 사람은 언제 어디서 어떤 계통으로 호모 사피엔스(Homo Sapiens)가 되었는지 알 수 없다. 외진 동굴 속 또는 외딴 사막 바위에 그려진 추상적 벽화를 통해 인류의 기원을 찾을 수도 없다. 지층 분류와 방사성 동위원소로 시간을 추적할 수 있을까.[154] 인간은 탄소 화합물인 원시 유기물을 찾아 우주로 나서고 있고 2022년 9월 화성에서 매우 단순한 방향족 탄소 유기분자를 찾았다는 것이다. 그리고 인간의 욕심은 실험실에서 세포를 만들고 나아가 우주 공간에 인공의 행성을 만들려 할 것이다.

현생 인류가 문명을 이룬 기원 중 그나마 체계적으로 밝혀진 하나가 수메르 문명이다. 갑자기 사라져 그동안 알려지지 않던 수메르 문명은 학문적으로 밝혀진 메소포타

---

150 수메르란 '검은 머리' 뜻이며, 메소포타미아(그리스어)와 시날(히브리어)은 '강 사이'라는 뜻이다.

151 문명을 문화와 동일어로 보기도 하나 차이를 둔다면 문화보다 차원이 높은 문명은 글자, 도시, 왕권, 기술이 집약되어 이룩한 것을 말한다.

152 역사적으로 이를 「우르 3왕조」 때라 한다.

153 이동진 편역(2013), 제2의 성경 아포크리파 구약시대, 출판사 해누리

154 죤 위트콤·헨리 모리스 공저, 이기섭 옮김(1985), 창세기 대홍수, 성광문화사. 창조과학의 여러 기초 개념을 소상히 과학적으로 다룬 방대한 책으로 여러 이슈에 대한 논쟁이 계속되고 있다.

미아 문명보다 수 천 년 앞섰고 다른 문명의 기원이 된다는 것이 정설인 듯하다.[155]

학자들의 주장을 살피면 수메르 문명은 BC 5천 년부터 BC 2천 년까지 약 3천 년간 문명을 유지한 것으로 파악한다. 메소포타미아 문명, 그리스 문명, 나일 문명, 인더스 문명, 황화문명보다 2천 년 이상 앞선다. 수메르 문명보다 5천 년 이상 앞선 튀르키예의 괴베클리 테베 유적 석재에 조각된 그림이 있으나 아직 문자는 찾지 못하여 이를 건설한 사회를 문명이라 하지 못하고 있는 듯하다. 이처럼 문명으로 분류되지 아니하거나 해석할 만한 단서가 없는 매우 발달한 유적을 남긴 여러 초고대 사회는 신비에 싸여 있다. 우리의 기준으로 초고대인이 미개하다는 전제나 선입견으로 이들을 평가하려는 취지가 어리석다.

성경 연대기와 고고학의 (가끔 바뀌는) 표준연대기를 병합할 수 없으나, 창세기의 전체적 기술로 보아 노아 대홍수 이후부터 아브라함이 가나안으로 이주하기까지를 수메르 문명으로 봄이 좋을 듯하다. 아담부터 노아 대홍수까지 약 1,600여 년을 초고대 문명(원역사)으로 구분하나 넓게는 학술적으로 이를 수메르 문명으로 파악하는 듯하다. 창세기처럼 외경이나 야살의책에도 노아 이전 사람들이 건설한 문화에 대하여 공통으로 약술하고 있으나 노아 홍수로 파괴된 후 새로운 역사에 대해 상대적으로 몇몇 중요한 사건을 창세기 이상 상술하고 있다.

현재까지의 학술 연구에 의하면, 수메르 문명 기간은 워낙 긴 수천 년의 시간을 갖는 문명이고 여러 민족에 의해 형성된 왕조들이 많아서 체계적 분류가 어렵다 한다. 글자를 가진 이 문명에 대하여 새뮤얼 크레이머(Samuel Noah Kramer)가 말했듯이, 고고학적으로 세계 최초의 것이 이 지역에서 많이 유래하였다고 밝혔으나 시대별 문명에 관한 체계적 파악이 어려운 것은 설화적 내용, 장구한 세월, 다양한 민족과 이들에 의해 세워진 도시국가가 혼재했기 때문이라는 것이다. 특히 수메르 문명의 말기에 아브라함이 살던 수메르 시대에 대하여도 구체적으로 특정하기 어려운 듯하다. 또 아브라함이라는 인물과 관련된 시대 배경 파악이 어려운 것은 우르 지역을 중심으로 하는 수메르 문명이 갑작스러운 멸망에 해당하는 어수선한 짧은 시기였고 학문적으로 밝혀진 수메르 문명과 직접 연관성을 찾을 수 없는 한계 때문으로 보인다. 다만 성경과 야살의책에 의하면 이는 바벨탑 사건으로 갑자기 멸망하여 사라진 원인과 시기를 명확히 밝히고 있다.

155 수메르 문명의 기원에 대하여 새뮤얼 노아 크레이머(Samuel Noah Kramer)의 책 "역사는 수메르에서 시작되었다"를 참고하면 좋다. 이 글은 주로 주동주(2020), 수메르 문명과 역사, 범우출판사 및 유투브 자료를 참조하였다.

수메르 문명에 관한 인문학적 고찰과 신학적 고찰에서 통일된 관점을 찾기 어려운 점은 수메르 문명과 성서고고학[156]이 정확할 정도의 일치가 없기 때문이다. 과거를 해석하는 것은 연역적, 귀납적 추론 등의 방법으로 확장 또는 축소되기 때문에 더욱 비사실적 내용이 포함될 수밖에 없다. 또 성경 해석은 다양한 방법[157]과 학설이 있어 성경의 내용과 인물을 해석함에 주관성이 개입된다. 이에 불구하고 성경을 사실로 믿고 보아야 하는 것은, 고고학이 땅을 파듯이, 생각의 골을 깊이 파고들어 고대 문서를 작성한 저자들의 의미와 의도를 다시 파서 드러내어 이해하고자 함 때문이다. 이 해체 작업을 위해서는 비성경적인 인문학적 검토[158]도 동반한다.

성경 고찰에서 유의해야 할 사항은 성경은 성령으로 기록된 글이므로 글의 의미를 성경의 다른 글과 영으로 읽지 않으면 안 된다는 점이다.[159] 따라서 성경이 밝히지 않는 불특정 정의 또는 불특정 의미를 영으로 살피는 일이다. 본 고찰에서 성경이 밝히지 않는 불특정 사항인 에덴의 위치, 아브라함이 우르를 떠나 가나안으로 가야 했던 이유 및 가나안 지역의 장소적 중요성을 파악하고자 하였는데 이들은 창세기와 야살의책을 읽으며 필수적으로 동반한 호기심이다. 다시 말해 이 사항들은 예언이 아닌 성경에 감추인 불특정한 의미를 특정한 의미로 환원하여 하나님의 예정과 섭리를 구체적으로 음미해 궁금증을 해소해 보려 하였다.

우르를 떠나 가나안으로 향한 실존적 이유를 성경에서 명백히 밝힌 바는 하나님께서 아브라함을 독려하고 제시한 여러 가지 복이라 할 수 있다. 그러나 이 복의 의미를 더욱 구체적으로 파악하기 위해 아브라함이 가야 할 장소가 왜 가나안 지역이어야 하는가라는 신학적 또는 구속사적 관점과 함께 생각하면 가나안 지역의 장소적 중요성이 매우 크다.

타락한 수메르 문명에서 하나님께서 아브라함을 분리하여 그의 예정과 섭리를 위해 가나안이라는 특정의 장소로 끌어낸 이유를 성경은 밝히지 아니한다. 가나안으로 가서 얻게 될 복을 구체적으로 제시하고 있으나, 가나안 지역의 영적 의미를 추가로 밝히는 작업이 필요하다. 이 작업은 가나안 지역에 대한 영적 의미를 더욱 풍부하게 할

---

156 학자들에 의하면 성경 상의 지명에 대한 고고학적 발굴은 0.1% 이하도 하지 못했다 한다.

157 내용 배후 연구(역사, 자료, 기록 시기, 시대상, JEDP편집 , 전승 비평 등), 내용 자체 연구(수사·문학적 관점, 정경 관점 등), 현대인의 독자 입장 연구(포스트모더니즘, 해체주의 등)

158 성경의 신학적 그리고 인문학적 검토 또는 연구가 신학인데 신학이 하나님께 감사하고 찬양하는 감화가 없다면 논쟁뿐인 허무한 지식과 사상에 머문다.

159 성경은 성령으로 쓰인 것이므로 예언을 사사로이 풀지 말며 성령의 감동으로 풀어야 할 것과, 억지로 풀거나 교묘하게 풀면 멸망에 이른다고 경고하였다 (베드로후서 1:20-21 및 3:16-18).

것이다. 성경에 나타난 명백한 특징은 아브라함에게 하나님의 자상한 이유와 설득을 설명하기보다 하나님의 일방적 명령과 구속사적 예정에 따르는 아브라함의 순종과 믿음을 더욱 드러내어 신앙인이 방황하며 가야 할 그대로의 모습을 자세히 기록한 점이다. 순종적 행위와 하나님의 역사를 알게 하는 점이 창세기의 일관된 설명이나 가나안으로 가야 할 이유를 자세히 특정하지 않는다.

노아 대홍수 이후 이스라엘 백성이 출애굽까지 약 800년간의 고대인의 신앙과 인성과 이로 인한 역사를 통시적으로 살피면 과학자, 고고학자와 성경학자들의 연대 추정은 서로 큰 차이를 보이며 고고학적 증거는 성경에서 일어난 사건을 매우 부분적으로 설명한다. 연대 차이는 주로 다양한 장소와 서로 다른 언어들에 의한 기록과 해석 및 방사선 동위원소[160]에 의한 연대 측정에 기인한다. 우리에게 남겨진 고대의 언어와 문화는 사건, 사실, 의미와 상징인데 이의 해석에 있어 우리가 고대인과 다른 의미와 상징 체계에 있고 또 성경은 하나님의 여러 계시를 담고 있기에 우리의 해석이 불가피하게 정확하지 않거나 해석자들 간의 불일치가 있다. 우리 손에 성경이 있으나 우리에게는 초고대인이 가진 영적 지식과 안목이 부족하다.

혹 지성은 편견과 보려는 것만 보려는 자기 지식에 갇힌 한계를 갖는다. 다른 주장이나 증거를 수용하기 어려운 두꺼운 편견과 갇힌 지성이 스스로 가두거나 흡수할 수 없도록 한다. 고대인을 무시하려는 경향이 우리 안에 있다. 전문가의 해석에 지나치게 의존하는 경향도 있다. 주류 학계의 서로 다른 주장은 오류가 있음을 말한다.

고대인들이 기술한 내용이 비과학적이다거나 비현실적이다거나 과장되었다는 오늘날의 판단은 고대인에 대한 오류와 착시인가, 오늘날과 다른 해석의 차이인가. 예컨대 양자가 중성자로 그리고 중성자가 양자로 변하는 몇몇 사실만 알뿐 현상을 주관하는 진리는 거의 모른다. 인간은 우리의 감각적 지식-언어 체계로 해석된 것 이외의 것은 모른다. 알려고 노력할 뿐이다.

성경의 사건을 살피면 인과적 관계를 명확히 그리고 자세히 찾기 어려운 경우가 있다. 그리고 당연히 밝혀야 할 내용임에도 이를 불특정한 내용으로 남겨 두거나 숨겨 두었다. 성경 기록을 영이 충만한 사람들에 의해 여러 사람의 검증을 통해 기록하였다는 점에서 사건의 기록과 해석을 사견 없는 영으로 보아야 할 것이다. 단서와 연결된 결과를 중시하는 과학적 사고보다 성경을 기록할 당시 상식적 정보를 갖춘 사람

160 방사선 동위원소 측정에 의하면, 아담의 출생년도가 십만 년 정도로 수정되어야 하거나, 아담 전 인류를 설명해야 한다.

이 충분히 이해한 내용을 시간이 오래 지나 독자들이 이해하지 못하는 경우가 있거나 사고방식의 차이 등 여러 이유로 이해하지 못하는 경우도 있을 것이다.

문서는 기록 목적이 있으며 내용은 기록 목적 중심으로 우선하여 해석해야 할 것이다. 다의적·다중적 해석 중 최종 기록 목적과 부합된 것을 선택하여 의미화하는 것이 바람직할 것이다. 성경은 인간의 행동과 생각이 죄와 어떤 관계를 갖는가에 대한 의미를 밝히려 하며 이 관계 설명은 설득이 아닌 매우 단순하고 평범한 추상들이다. 신을 전제로 하지 않는 행동과 생각은 유의미한 해석이 아니므로 성경이 어려운 것이다. 이로써 성경의 문맥 자체는 우리를 매우 제한적으로 해석하게 한다. 하나님과 사탄을 전제하여 해석하게 만든다. 그리고 우리의 인식을 하나님의 말씀보다 우선시키는데 불행이 있다.

창세기 1-11장은 아담부터 아브라함 출현 전까지 약 2천 년간의 기술로 그 주된 내용을 천지창조, 사람의 타락과 실낙원, 죄악의 번창, 노아 대홍수, 노아 대홍수 이후의 인구증가와 바벨탑 파괴로 인한 언어 분화 및 민족 형성으로 기술한다. 이 기술은 메소포타미아 지방에 살던 초기 인류에 관한 것이다. 노아 사망 후 약 5백 년이 지난, 지금으로부터 약 3천5백 년 전 모세에 의해 모세오경이 기록되었다는 것이다. 최종 노아가 전한 구술, 기록, 자료 등을 모세가 정리했을 것이다.

3-2. 관련 자료

에덴에서 실낙원 후 메소포타미아 지역에서 살던 사람들이 대홍수로 노아의 8식구 외 멸절된 후 다시 번성하였으나 불신앙으로 살면서 바벨탑을 건설하다가 파괴되면서 언어 혼란에 빠져 각 부족이 언어대로 널리 흩어지던 중 아브라함이 수메르 문명의 중심지 우르에서 가나안으로 이주하는 과정과 아브라함의 후손이 고대 이집트에서 종살이하며 번성한 후 다시 가나안으로 가는 과정이 창세기, 출애굽기와 야살의책에 상술되어 있다.

이외 신약, 외경[161], 수메르 문명[162] 및 관련 신학 서적을 참고하였다. 아브라함과 유사한 시기에 살았다고 추정되는 구약 욥기서의 주인공인 욥의 생활상과 그의 생각에서 고대 사람의 사고방식이나 생활방식을 살필 필요도 있었다. 외경에서는 주로 아담이

---

161 이동진 편역(2913), 제2의 성서 아포크리파 구약시대, 출판사 해누리

162 주동주(2020), 수메르 문명과 역사, 출판사 범우

나 아브라함에 관한 묘사, 이삭의 증언, 야곱의 증언, 야곱의 사다리, 요셉과 그의 아내 아네세트의 사랑, 열두 조상의 증언 등이다.

야살의책은 성경에 비해 역사적 관점이 두드러지고 인문학적이며 사실적이다. 외경은 과장과 상상이 풍부한 기술이 가득하여 인용하기에 매우 거북한 점이 많다. 그리고 유투브 등을 참고하였다. 인명이나 지명 등은 성경에 나오는 명칭을 사용하는 것을 원칙으로 하였고 야살의책이나 외경에만 나오는 것은 그것대로 사용하였다.

광범위한 여러 설의 나열과 선택에는 혼란이 가중될 수 있어 일부 신학적 내용을 검증하거나 추정하는 내용만을 포함하였다. 성경과 야살의책 등을 읽으며 드러난 개인적 영감과 판단, 인문학적 검증 및 독후감을 서술하였다. 성경을 근 60년 듣고 읽어도 행간 이해에 어려운 점을 야살의책과 외경 등에서 도움을 받을 수 있었다.[163]

사도 바울이 약 2천 년 전에 고린도 교회에 썼으나 유실되어 성경에 포함되지 아니한 두 서신[164]이나 유다서에 유다가 참고한 외경[165]의 출처를 밝히지 않고 있다. 이처럼 성경에 출처를 기록하지 아니한 내용이 드문드문 있음을 보면 많은 정보와 자료가 별도로 있음이 확실하다. 하나님의 말씀으로 읽고 새겨야 할 것들이 오랜 세월로 사라졌으나 성경에 포함되지 아니한 자료들이 야살의책처럼 새로이 발굴되어 우리에게 다가올지 모른다.[166] 오랫동안 알려지지 않았으나 1,750년에 영국에서 출판되어 알려진 이 야살의책이 주는 의미들은 결코 무시할 수 없는 신뢰와 성경 해석에 중요한 단서를 제공해 주는 것으로 이해되었다.

약 3천5백 년 전 저술된 창세기는, 모세가 80세에 출애굽한 이후 사망한 120세 사이에 저술하였다는 것이다. 또 다른 설은 바벨론 포로시기에 저술되었다는 설도 있다. 모세는 야곱의 아들인 레위 3대손으로 이집트에서 BC 1,541년[167] 출생한 사람이다. 모

163 예컨대, 창세기 4장23절에 가인의 5대 후손인 라멕이 사람과 소년을 죽여 자기의 두 아내에게 용서와 통회하는 장면이 나온다. 창세기의 이 내용만으로는 어떤 사람과 소년인지 알 수 없다. 그러나 야살의책 2장과 외경 아담과 하와의 책 제2서 13장(pp 211-212)에 보면, 눈이 나쁜 (또는 소경인) 라멕이 그의 아들인 두발가인과 함께 들에 있다가 그의 아들이 아담의 장남 가인이 동물인 줄 알고 아버지에게 활을 쏘라 하여 가인을 죽였는데 알고 보니 할아버지인 것을 라멕이 알게 되어 자기 아들을 살해하게 되었다. 이처럼 야살의책을 대조하면 성경 원문상의 사람과 소년이 누구인지 정확히 이해하게 된다.

164 고리도전서 5:9 및 고린도후서 2:9

165 유다서 1:6 및 1:9를 기록한 외경이 어떤 책인지 알 수 없다. 이런 예는 가끔 성경에 나온다.

166 강병도 편 카리스 종합주석(2003, 기독지혜사) pp 20-28에 따르면 야살의책은 외경이나 위경으로 분류하지 않은 점에서 아직 철저한 연구가 되지 아니한 책이다.

167 이 연도는 야살의책을 참고로 산정하였다.

세의 어머니 요게벳은 레위의 딸(모세의 고모할머니)로 가나안을 출발 후 노상에서 출생하여 애굽으로 들어간 여인이다. 요게벳이 애굽 입국한 후 130세에 낳은 모세는 애굽에서 아브라함, 이삭 및 야곱인 선친들에 관한 이야기를 요게벳으로부터 자세히 들었을 것이고 당시 선조들이 물려 준 풍부한 자료와 정보로 창세기를 자세히 편집할 수 있음이 확실하다.

그리고 최초의 모세 기록이 추후 시대 변화에 따라 내용이나 용어 변경 등이 있었다고 학자들은 보고 있다. 창세기 5장 1절에 아담의 계보를 소개하면서 "아담 자손의 계보가 이러하니라" 또는 "이것은 아담의 계보를 적은 책이니라(This is the Book of the genealogy)"라고 소개한다. 여기서 「이 책(the Book)」이라고 하면 창세기를 말하는 것이 아니라 모세가 창세기를 저술 시 참고한 다른 기록의 책(톨레도트[168], 레러티브 등)을 말한다는 점과, 야살의책 2장 13절에 아담의 4대손 게난은 앞으로 올 일에 대하여 돌판에 기록하여 창고에 보관하였다는 점에서 아담에서부터 아브라함에 이르기까지 구술 이외에 여러 기록이 노아를 통해 전승된 것으로 보인다. 아담부터 노아에게 전승된 자료와 유물을 노아가 셈을 통해 후손들에게 전승한 것을 참고하여 모세가 기록하였을 것이다.

야살의책 저자와 저술 시기를 모르나 다수의 편집자에 의한 종합 저술로 보인다. 여호수아서[169] 10장 12-13절과 사무엘하 1장 17-18절을 야살의책 내용(88장63-64절 및 56장8-9절)에 이 책 내용을 인용한다.[170] 현재 출판된 이 책이 구약이 말하는 책으로 보이나 소설쯤으로 여기는 듯하다. 또 바울은 디모데후서 3장 8절에서 야살의책 79장 27절 및 36절의 마술사(얀네와 얌브레)를 인용하고 있다는 것이다. 야살의책 내용에 해당하는 성경은 창세기부터 사사기 제1장까지인데 창세기에 관한 내용은 성경보다 약 2배 많은 정보를 수록하고 있다.[171] 구약에서 이 책을 인용한 것으로 보아 여호수아서의 저술 시기(BC 1,374-BC 12세기로 추정[172]) 전인 BC 12세기 이전에 이 책이 있었으므로 지금으로부터 3천2백 년 이상된 고서이다. 역사가들이 창세기보다 약간 늦게 저술된 것으로 보기도 한다는 것이다. 창세기 1-3장 내용이 거의 없으나 창세기

168 고대 히브리인의 족보를 말한다.

169 여호수아서는 구약의 다섯 번째 책이다. 이 책의 저술자는 여호수아와 몇몇 사람들이 저술한 것으로 알려져 있다. 이집트에서 출생한 모세의 차기 후계자인 여호수아의 출생 시기는 알려져 있지 않으나 그는 모세가 사망한 BC 1,452년경이 지난 28년 후 BC 1,424년경에 가나안에서 사망하였다.

170 이 기술로 보아 아담 이후 노아까지 직계 대족장과, 그리고 노아부터 아브라함의 자손까지도 별도의 서기관(書記官) 조직을 갖추고 있음이 확실하며 별도로 정경인 성경의 기초가 되는 여러 문서를 기록한 것으로 볼 수 있다.

171 야살의책 한글판, 전게서, 서문 p 13

172 기독지혜사(1988), 톰슨II 주석성경, p 320

4장 이후는 창세기보다 풍부한 정보를 제공하고 있다.

성경과 야살의책 내용을 보면 사건 묘사들이 일치하지 않는 부분이 있다. 어떤 사건은 성경에 있으나 야살의책에는 없고 또는 그와 반대인 경우도 있다. 동일한 사건의 묘사 내용이 야살의책이 자세하고 방대하다. 매우 특징적인 점은 야살의책은 사건의 연대를 따라 순차로 묘사하고 있다. 이 차이점에서 이 두 고대 문서의 출처가 별도 있어 보이며 야살의책이 창세기를 베낄 수 없다는 판단이 든다. 어떤 원전(原典)이나 종합된 정보집이 있어 이를 바탕으로 야살의책이 사건에 대해 체계적이고 정밀하게 기술한 것이 분명하다. 이 책의 저술자는 한 명이 아니며 여러 명인데 문학적 능력도 매우 높다. 흥미로운 점은 전체적인 서술 방식이 성경과 유사한 흐름을 갖고 있다는 점이다. 그래서 두 책을 정밀 비교해 읽으면 더욱 흥미롭게 새로운 사실과 숨겨져 있거나 빠진 귀중한 고리들을 발견한다.

성경과 야살의책의 연대기는 거의 일치하며 반면 외경의 연대기는 단편적 서술이 많아 인용하기가 불가능하다. 고대 문서의 연대는 「**왕 **년」처럼 또는 어떤 사건 「후 몇 년에」 등으로 기록하였다. 학자들은 한 사건이 일어난 명백히 확정된 연도를 찾아 이를 기준으로 다른 사건과의 시간 차로 연대를 산정한다. 따라서 어떤 사건을 정확한 시점으로 삼느냐에 따라 연대가 다를 수 있는데 예컨대 아담[173] 또는 아브라함의 출생 연대라든지 출애굽 시기 등이 그러하다. 성경에 기술된 내용으로 산정한 주류 기독교 연대를 기준으로 한 후 야살의책 연대를 참고로 정리하였다 (표 1 및 표 2). 특히 야살의책에 기록된 연대는 두 사건을 상호 비교로 묘사하여 오류가 없도록 하였기에 신뢰가 있다.

기원 후에도 이스라엘 랍비들이 야살의책을 인용하였다는 것으로 보아 히브리적 전통이나 개념에 충실한 책이다는 것이다. 이 책의 또 다른 특징은 성경에 기술되지 아니한 풍습이나 히브리적 개념 및 인문학적 묘사가 충실하다고 평한다. 이 책의 영문판 서문에 소개된 평에 따르면 요세푸스가 "이 책은 - (중략) - 역사적 기록의 정확성으로 인하여 야살 또는 정직함이라고 불렀다"는 것이다.[174] 야살의책은 책 스스로가 내적으로 검증하듯 내용을 기술하는 면이 있다. 이런 이유로 성경을 뒷받침하는 신뢰가 발견되어 야살의책을 적극적으로 인용하면서 고찰하였다.

---

173 존스(F. N. Jones)의 저서 The Chronology of the Old Testament, March 2005, New Leaf Press Edition, Master Book을 인용한 출판사 그리스도 예수 안에(2014), 에스라 성경지도 선도, pp 136-139를 주로 참고하였는데 다수설은 어셔 대주교가 주장한 BC 4,004년이나 본 고찰에 의하면 BC 3,901년이 된다.

174 야살의책, p 17

바벨탑 파괴는 신학적 그리고 인문학적으로 매우 중요한 사건인데 고대 메소포타미아 지역에 살던 80여 족장이 최소 반경 7천km 이상의 지역으로 그리고 다양한 언어를 가진 민족으로 분산되는 계기가 된다. 아브라함과 그의 부친 데라의 가정 역시 바벨탑이 파괴된 4년 후 「우르(Ur)」[175]를 떠나 부친은 하란에서 살았고 아브라함은 최종 가나안으로 이주하였다. 창세기에는 구체적 정보를 파악하기 매우 어려우나 야살의책에는 구체적으로 노아의 초기 자손부터 바벨탑 사건 전까지의 인구 통계와 통태적인 인구 이동 현황을 기록하였으며, 이를 기초로 인구 성장에 따른 사회적 여러 현상을 인구 통계 추정으로 당시 사회 구조 일부를 이해할 수 있다.

< 사진 3-2-1 > 우르의 지구라트와 아브람의 집으로 추정하는 저택(적벽돌 건축물)

야살의책에는 창세기 1장의 천지창조에 대한 기록이 전무한데 저자의 분명한 의도에 따라 기록하지 않았을 것이다.[176] 천지창조 이외 다른 부분은 성경보다 사람, 사건과 사회적 상황에 대해 더 구체적 내용을 담고 있다. 창세기와 야살의책을 대조하여 읽으며 상상하면, 노아와 모세는 진실된 초고대 자료를 풍부히 가지고 있었음이 분명하고 이의 일부를 요약한 것으로 보인다.

우리는 고대인이 비이성적이다거나 지능이 떨어진다거나 문명적 기술(技術)이 현저히 낙후된 것으로 생각한다. 이 편견을 버려야 고대 문서를 제대로 이해 가능할 것이다. 거짓을 위해 애써 책을 쓰는 것은 헛된 낭비이다. 기록한다는 것은 읽거나 생각하는 것보다 100배 이상의 지성과 노력이 필요하다. 고대 문서를 이해하기 어려운 점이 있을 뿐 그들의 시각에서 서서히 침착하게 그들의 생각을 해석할 필요성이 있다. 수메르 문명은 그들뿐 아니라 오늘날 사람의 사고방식, 신앙, 문화, 언어, 민족과 국가 형성이나 뿌리 등을 엿보는 창이 된다.

175 「우르」가 1927년 레오날드 울리에 의해 이라크 남부라고 발굴되기 전에는 튀르키예 동남부 「산리 우르파」라고 여기었었다.

176 천지창조 내용을 수록하지 않은 다른 이유는 제6장 6절 참조.

성경과 야살의책 등을 보면 고대인이 오늘날 사람 이상의 비상한 기억력이 있거나 놀라울 정도의 광범위한 정보를 공유하고 또 체계적 자료를 작성한 후 전승하였음을 보여준다. 심지어 지리적으로 광역적 여행을 한 기록을 볼 수 있다. 그 기록은 오늘날과 유사하게 정확하다. 또 야살의책과 외경 내용에는 선조들이 자녀를 가르치고 또 전승된 자료를 작성하여 보관하였다는 묘사가 여러 군데 있다. 또 노아 이후 자손인 수메르인들 역시 문자인 쐐기글자(점토판)[177]를 발명하여 많은 점토판을 만들어 교육 등에 사용한 유물이 발견된 점으로 보아 초고대인들도 체계적 자료와 전승받은 많은 정보를 갖고 있음이 확실하다. 창세기는 신앙서이기 전에 매우 독특한 고대 자료이다. 노아 이전 및 이후 자손이 철저한 기록을 남기고 후손에게 전달한 것은 분명하다.

외경인 아포크리파(apocrypha) 종류는 다양하고 신약과 구약에 대한 외경이 있다. 이는 이집트에 거주하던 유대인들이 코이네(Koine) 그리스어로 당시 유대교 경전인 구약성서를 번역하면서 모세오경(토라 torah)[178]에 충실하지 않거나 히브리어 원본이 없거나 헬라 사상 등이 가미된 문서들이어서 이를 경전에서 제외 시킨 것을 말한다. 외경을 성경과 야살의책과 비교하면 묘사가 과장되고 풍부한 상상력을 담고 있으며 체계성이 부족하고 정경과 비교할 때 편차를 크게 벗어난다. 외경은 정경을 읽은 사람들의 개인 견해와 상상이 첨가된 것으로 보인다. 그리고 Google, Daum, Naver 등에서 얻을 수 있는 자료, 그리고 U-Tube의 해설 및 설교 등도 참고하였다.

3-3. 외부 지향적 삶

인류고고학에 의하면 예전에 사람의 종과 유사한 유인원이 있었다는 것이다. 야살의책 9장 35절에 의하면, 바벨탑 사건 때 주께서 바벨 지역에 있던 사람들을 세 무리로 나누어 심판하였는데 첫 무리를 유인원(apes)과 코끼리들과 같이 되도록 하였다는 묘사도 있다.

원시의 유인원이 지금과 같은 인격을 갖춘 종으로 분화된 것이 언제일까. 몸을 포함하여 지성과 감성이 디지털적(digital)으로 진화했을까 아니면 아날로그(analog)적으로 진화했을까. 양자역학이나 분자생물학으로 보면 생화학 반응이 매우 작은 나노 단

177 유브라데 강 중류의 「마리」라는 도시에서 대량의 점토판에 쓰인 「마리 문서」가 발견되어 아브라함과 그의 조상들 이름이 확인되었다.

178 모세가 기록하였다는 구약성경 첫 다섯 책인 창세기, 출애굽기, 레위기, 민수기 및 신명기를 말한다.

위의 기계처럼 디지털적으로 작동하는데 디지털적인 진화를 하였다면 디지털적 점프(jump)의 원동력이 무엇인지 궁금해지고, 아날로그적 진화라면 유인원이든 현생 사람이든 진화 시점을 정의하기 불가능할 것이다. 온갖 생물이 암수를 달리하여 생명을 잇는 진화론의 최초 원리는 어떤 것이며 이 생명의 기본 법칙은 어떤 것일까. 성경상 오늘날의 사람은 아담의 약 150대손이 되고[179], 진화론적 생명체라면 디지털적이든 아날로그적이든 알 수 없는 어떤 종들의 수 십만 내지 수 백만 대가 되는 상상의 후손일 것이다. 수억 년 전 무기물질 또는 원생동물 후손이기도 하다. 어쨌든 진화론적으로 보아도 사람은 어쩔 수 없는 자연 발생의 피조물이다.

성경이나 수메르 시대의 고대인은 우리가 아는 추상의 원시인이 아닌 요즘 사람과 동일하거나 뛰어난 지성과 감성을 가진 사람이다. 요즘도 외딴 동굴이나 소수 집단으로 사는 사람이 있는데 우리의 문화로 그들을 지능과 감성이 현저히 낮은 원시인이라고 하지 못할 것이다. 문명의 밖에서 사는 사람일 뿐이다. 그들의 어린이를 초문명권으로 옮겨 살도록 하여도 그들의 지능과 감성은 전혀 문제될 것이 없을 것이다. 몇몇 사실에서 고대인들이 현생의 사람보다 더 뛰어난 존재인 점을 알게 되면 놀랍다. 인류 최초의 문명으로 여기는 수메르 문명[180] 뿐 아니라 세계 도처 고대의 유물과 유적 중에서 오늘날과 다른 방식의 뛰어난 기술이 많이 존재하는데 이는 고도의 지성을 전제하지 아니하면 해석이 불가능하다. 현재에도 풀지 못하는 그들의 공학적 기술(오파츠: Out-of-Place Artifacts)의 유적 및 유물이 세계 도처에 매우 많으니 우리의 지능보다 낫다. 고대인의 문장력도 오늘날과 동일하게 심오하다.[181] 우리가 그들이 남긴 고대적 사고에 입각하여 그들의 문장을 이해하거나 해설하지 못하는 단편들을 바라볼 뿐이다. 사람뿐 아니라 사실 동물의 지능도 매우 놀랍게 영리하다.

진화론이든 창조론이든 생명체에게 고유하며 불변하는 특징이 몇 가지가 있다. 첫째 여성과 남성이라는 두 생명체에 의해 자기와 같은 유형과 형상을 지닌 생명이 지속된다는 점이다. 둘째 생명체는 먹어야 하며 자기도 알지 못하고 지워지지 않으며 끝

---

179 누가복음 3장23절 이하에 의하면 예수님은 하나님의 73대손이다.

180 수메르 문명이 꽃핀 시기는 BC 약 24세기부터 BC 20세기에 걸친 약 4백년 정도의 시기(성경의 노아의 홍수에서부터 아브라함 유년시절 까지)를 말하며 장소적으로는 이라크 남부 유프라데스 강 하류의 에리두에서 시작하여 우르, 우르크, 라르사 등 지역을 중심으로 발생한 세계 최초의 문명이다. 고고학적으로는 매우 광범위한 시대를 말하고 심지어 BC 66세기경의 거주지를 발견했다고 할 정도이다. 부분적으로 수메르 문명 내용이 성경과 일치하는 점이 있어서 성경적 관점에서 수메르 문명에 대해 이해하여도 크게 충돌하지 않는다. 수메르 문명은 우르 인근 지역에서 발견된 수만여 점의 점토판(길가메쉬 서사시, 왕연대기 등), 유적과 유물에 의해 풍부한 사회상이 알려져 있다.

181 야곱이 자식에게 행한 유언과 축복은 실로 심오하며 방대한 사상을 갖는다(창세기 49장). 고대인의 놀라운 혜안과 깊은 사상과 높은 지능을 보라!

없이 분출되는 욕구와 본능대로 생명(生命)작용을 진행하고 자신이 원하는 바를 의지적으로 완성하지 못하며 늙어 죽는다는 점이다. 성경 상 에녹과 같은 죽지 않고 승천(휴거)한 특별한 예가 있으나 현생의 모든 생명체는 죽는다. 셋째 유전법칙에 의한 몸뚱이의 유전뿐 아니라 지성, 감성, 문화 등도 교육으로 유전된다. 사람의 특성에 관한 심리학이나 정신분석학에서 칼 융이 말하는 집단 무의식과 환경요인이 이런 유형의 하나이고 유전적 특징을 갖는다.

생존 시 부모를 포함하여 그 사람이 처한 외부 환경에 의하여 영향을 받는다. 지성과 감성 특히 감수성, 기억력, 의지력 및 판단력 등으로 외부 환경 해석을 통해 살아가는 실존적 생명체이다. 이때 실존적 삶은 수용과 이해와 해석과 행동으로 합리적 지성 이외에 본능적 욕구, 체념, 무의식, 꿈, 믿음, 신앙, 감성, 조언, 점(占), 요행(僥倖), 욕심, 점성술과 같은 자연의 징조 등 많은 요인이 작용하여 결정된다. 이처럼 실존은 때때로 비합리적이고 감성적이고 의존적이다. 이러한 경향 때문에 시대에 따라 다양한 문화와 양식이 나타난다.

행위의 근저에 믿음(信)이 있는데, 믿음은 본능적, 주관적, 합리적 인식이 있으나(내부 지향성), 반대로 믿음의 객체를 자아와 관련 없는 외적 실체에 의지하려는 경향(외부 지향성 또는 외부 의존성)을 갖기도 한다. 이 점이 사람의 종교성이요 본능이다. 내부 지향적 믿음은 학문, 사상, 철학 등이며 외부 지향적 믿음은 종교이다. 삶의 필수적 기초인 믿음의 불완전성 때문에 궁극적으로는 점(占)을 치고, 요행을 바라고, 기도하고, 묵상이나 명상하고, 상담하고, 꿈에 의지하고, 변증하고, 책을 보며, 사례를 뒤적이며, 연구하는 등 고민한다. 요즘은 인공 지능(AL)에 의지한다. 즉 일상의 믿음은 합리성과 비합리성 모두를 포함한다.

구약은 아담에서 아브라함을 거쳐 구세주인 예수님을 바라보게 한다. 구약시대 총 4천 년 중간 지점인 BC 20세기에 태어난 아브라함은 역사적으로 또 인문학적으로도 매우 중요하다. 특히 이스라엘 유대교, 그리스 정교회, 이슬람교, 러시아 정교회 또는 기독교 신앙의 윤곽은 아브라함에서 시작하여 그의 아들 이삭과 손자 야곱을 거쳐 기초를 세웠다. 「이스라엘」이라는 이름은 야곱의 두 번째 이름이고, 그의 12명 아들로 구축된 혈연 공동체의 국가를 만들었다. 특히 예수님 탄생 이후 아브라함의 믿음은 내적 지향성에서 외부 지향적 삶을 갖는 믿음의 사례를 원형으로 설명하고 있다.

3-4. 신앙적 삶의 해석

오늘날 불안정한 윤리적 기반 위에 기술 발전으로 삶이 급변한다. 앞으로 약 30년 후인 2,050년경에는 화성에 사람이 갈 것이라 한다. 지식, 사상, 윤리, 종교 등이 융합되어 가고 특히 합리적·과학적 지식은 세계화·보편화 돼가며 사회는 다원적 구조로 가속화되고 있다. 미래로 갈수록, 물질적 경제관과 과학적 발전론이 우선시 될 것이다. 자연이나 자원의 훼손 없이 지속가능한 발전은 난망해 보인다. 되돌아갈 수 없는 가속도의 문명이다. 잘못된 가속도의 끝은 멸망이다. 자연자원의 수탈과 급격한 생태 및 환경 변화가 우리를 어떻게 몰아갈 것인지도 모르며 지구 탈출을 모색하고 있다.

소유 중심의 세계를 지향한다. 1950년대 에리히 프롬(Erich Fromm)이 경고한 것처럼 실존보다 소유 중심의 세계다. 실존과 존재감을 소유에 의존하는 세상이 되어 실존의 개념이 바뀌게 되었다. 소유 없이 실존이 불가능하다. 단순과 순수보다 복합과 종합과 다양성이 우선 시 된다.

태초의 순수하고 맑은 것을 잃고 복잡한 혼탁과 불분명한 삶이 계속될 것 같은 생각이 든다. 물, 공기, 숲, 강, 바다, 하늘, 산과 들이 맑고 순수를 잃고 있다. 생각도 순수를 잃어간다. 왜 물질과 사상과 생각이 이토록 점점 불순하고 혼탁한 것인가. 순수로 돌아가기에 비용과 희생이 요구된다. 이 경향은 지속되고 확대되는 것인가.

성경이 신적 간섭과 신앙을 알리므로 인간에 대한 신적 간섭과 섭리를 배제하여 해석하기 불가하다. 성경은 일관되게 하나님을 중심으로 통일되어 다른 해석의 방법론을 도입할 수 없는 순환적 논리[182]를 갖는다. 이로 말미암아 성경은 필요로 하는 사건이나 사실만을 선택적으로 소개하며 부수적 관점으로 여겨지는 사건이나 사실을 기록하지 않는다. 성경의 관점은 해석의 다양성이나 인본적 해석을 허용하지 않는다.

아브라함과 그 후손들의 역사를 통해, 첫째 창세기에 나타난 초고대 선조의 신앙 교육이 동시대를 산 후손들에게 어떻게 전달되었는지 살펴보며, 둘째 아브라함의 삶의 여정에 나타난 믿음의 발생, 시작, 단계별 분리에서 나타난 특징을 살펴 하나님의 간섭과 역사와 믿음을 정의하고, 셋째 바벨탑 사건의 후폭풍과 이에 따른 아브라함이 우르를 떠나 가나안으로 가게 된 역사적 신학적 배경과 그 시기를 밝히며, 넷째 가나안 지역의 신학적 또는 영적 해석과, 다섯째 이스라엘 민족의 애굽 거류 기간 등에 대한 인구 통계학적 검증 등이 주요 고찰 사항이 된다.

---

182 존 M. 프레임, 김재성 옮김(2014), 신론, P & R, p 588

3-5. 고고학적 관점

아브라함에서 시작된 기독 신앙 체계가 오늘날 유대교, 카톨릭, 기독교, 여러 형태의 정교회, 이슬람교 등 보편적 종교가 되었으나 창세기의 아브라함, 이삭 및 야곱에 관한 기록은 개인과 특정 가문이 갖는 신앙적 고백이요, 증언이요, 교훈이라는데 특징이 있다. 아담에서부터 노아에 이르는 소수 특정인의 핵심적 신앙과 사상의 구전(口傳)과 기록이 노아를 통해 수메르 시대의 사람 아브라함 자손에게 전달된 자료와 이야기가 창세기에 체계적으로 통합되어 오늘날에 이르렀다.

아브라함과 동시에 살았다고 추정되는 「욥」에 관한 기록인 욥기[183]에서 욥이 하나님에 관한 신앙을 욥의 친구들과 함께 고민한 고대인의 생각을 살피면, 하나님을 경외한 사람들에게 창세부터 노아 이후까지의 신앙이 소수 사람에게 전승되었음이 확실하다. 이런 이유로 특정의 소수 사람이 갖고 있었던 신앙을 검증할 만한 보편적인 또는 일반인이 공유한 유적이나 유물을 찾기가 쉬워 보이지 않는다. 성경 자체가 특수한 범주의 고대 자료이며 이에 관한 내용을 인문학적으로 일반화할 수 없는 특수한 사상이다. 이 특수성은 하나님의 의도와 목적이 사람에게 나타난다. 이를 하나님의 역사성 또는 인격성으로 파악하여 본 고찰 제2장과 제4장에서 다루고 있다. 성경 역시 이러한 특수성을 설명하고 있다. 이러한 특수성 때문에 성경에 관련된 추가적인 고고학적 발견이 있다고 하더라도 성경이 지닌 고고학적 가치와 평가는 신앙의 범주로 남을 것이다.

아브라함 청년기 48세에 발생했던 바벨탑 사건(창세기 11장 1절-9절, BC 1,913년)을 창세기에 기록해야 될 내용으로 평가한 사람은 노아, 셈, 에벨 등 영적인 대족장을 중심으로 하는 신앙인일 것이며 이들의 신앙적 판단에 따라 기록하였을 것이다. 왜냐면 이들이 다룬 정보는 통시적이면서 광역적이기고 영적이기 때문이다. 성경 이외에 이들의 영적 신앙인의 관점이나 평가를 고고학적으로 발굴해 낸다는 것은 해변가에서 몇 개의 조개껍질을 찾아내는 것과 같을 것이다. 바벨탑 사건에 대하여 당시 사람들은 상식 수준에서 알고 있었겠으나, 특정 신앙인이 경험하고 평가한 바벨탑 사건에 관한 특수한 영적 관점으로 성경을 작성하였고 또한 아브라함에게 신앙적 정통성을 부여하면서 아브라함에게 고대의 핵심적 기록을 전승한 것으로 보임에 따라 이를 고고학적으로 검증하기는 불가능해 보인다. 만일 창세기와 동일하거나 유사한 내용을 발견한다 하더라도 결국 성경에 관한 다른 자료이므로 일반 고고학자들은 이를 일반화하지 않거나 개인적 신앙의 자료로 분류할 것이다.

---

183 구약 18번째 책

우리가 찾을 수 있는 고고학적 흔적 또는 자료는 인류고고학, 성서고고학, 근동고고학 또는 성경에 바탕을 둔 지명, 인명, 유적, 유물 등과 사회상이다. 그러나 발굴된 고대 유적이나 유물에 나타난 그것이 성경 내용과 일치된 고고학적 환원이 어려워 보이고 고고학자들도 통일된 의견으로 정의하지 못하며 다양한 해석을 하고 있다. 그러나 성경의 내용이든 고고학의 발견이든 동일 사건이나 사실 두 개 이상이 공존할 수 없다. 즉 여기서는 성경에서 설명한 사건이나 사실을 진실로 보고 이를 고찰하였다.

성경 자체에 대하여도 성경고고학자 또는 신학자 간에도 의견 일치를 보지 못하고 있는 점 때문에 본 고찰에서도 성경, 야살의책 및 외경 이외에 신학자들이 주장하거나 해석한 내용을 정확한 것으로 인용하기 쉽지 않다. 예컨대 BC 연대로 환산한 아담 출생 연대를 BC 4,114년, BC 4,004년 등으로 보는 것은 다수의 성경학자 또는 저명한 학자에 의한 설이라는 것 이외에 별도 의미가 없어 보인다. 유사하게 창세기 1장의 온 우주의 천지창조가 6천 년 전에 창조되었다는 학자들의 설에 전적으로 동의하는 것이 아니나, 최소한 제1대 조상인 아담과 이브에 관하여는 6천 년 전 창조된 오늘날 인류의 조상이라는 성경의 상세하고 명백한 기술에 믿음을 갖고 고찰해야 한다.

본 고찰에서 야살의책을 적극 검토 후 인용하는 것은 야살의책이 성경과 달리 연대기적 순서에 따라 명확하고 다른 사건들과 더블체크(double check) 가능하도록 병렬적으로 기술되어 신뢰가 높았기 때문이다. 또 성경 상에 나타난 연대의 흐름이 애매한 부분이 많고 성경학자 간에도 통일된 의견 일치에 어려움이 있으나 야살의책에서는 (창세기와 대조 시) 하자가 거의 발견되지 않는다. 이런 점에서 야살의책 연대기에 의거 성경 이해에 참고하였다.

예컨대, 창세기 제12장에 아브라함의 거주지였던 우르와 하란을 떠난 시기와 여행 방법 등에 대하여 성경 내 자세한 기술이 없다. 이런 사항을 야살의책에서 살펴보면 창세기를 이해하거나 해석하는데 도움이 된다. 오래전 고대인 또는 특정의 유대인에게는 상식적이고 이미 알려진 풍부한 정보 즉 야살의책과 같은 정보가 있었기에 창세기를 읽으며 이해하거나 해석함에 어려움이 적었을 것이다. 지금은 풍부한 정보가 사라진 상태여서 해석에 어려움이 있다. 특히 인문학적 기술이 풍부한 야살의책에서 창세기에 미기재된 사항과 불특정 의미를 영적으로 확인하는 일이 가능하며 정경인 성경을 훼손하지 않으며 하나님의 사역을 더욱 정확히 이해하고 찬양하게 한다는 생각을 지울 수 없다.

3-6. 주요 고찰 대상과 사건

고찰할 주요 인물은 창세기의 노아, 셈, 에벨, 아브라함[184], 이삭, 야곱과 그의 12명의 아들과 및 주변 인물이다. 또 아브라함[185]과 동시대의 인물로 추정되는 욥도 참고하였다. < 표 1 >은 아담 이후 아브라함의 손자까지 총 26대 약 2천5백 년 동안의 대족장 가계도이고 연대기이다. 이 기간 중 주요 사건은 아담 창조 이외 노아의 대홍수, 바벨탑 사건, 아브라함의 우르에서의 가나안 이주, 가나안에서의 아브라함과 그의 후손인 이삭과 야곱의 생활, 야곱의 열두 아들의 이집트에서의 생활, 그리고 이스라엘 자손의 출애굽이다.

< 표 1 >를 전체적으로 보면, 아담 출생과 예수님의 출생 간격은 약 4천 년이고 이 중간 시점인 약 2천 년에 아담의 9대손인 노아가 사망한다. 또 노아 사망 58년 전인 AM 1,948년(BC 1,961년)에 아브라함이 태어났으므로 아브라함도 아담과 예수님 출생 중간 시점에 태어났다. 즉 개괄적으로 아담과 예수님 출생 중간 시기에 노아가 사망하고 아브라함이 출생하였다. 아담과 예수님을 잇는 사람이 노아와 아브라함이다.

또 < 표 1 >에서 노아의 대홍수는 AM[186] 1,656년(BC 2,253년경)에 발발하여 1년 지속되었다. 아브라함은 대홍수 발발 후 약 292년이 되는 AM 1,948(BC 1,961)에 태어났다. 이때는 모든 인류가 단일 언어를 가졌고 메소포타미아 지역에 최소 1천만 명이 몰려 살던 때였다 (표 4-7-1 및 표 4-7-2). 아브라함 48세 AM 1,996년(BC 1,913) 바벨탑 사건으로 노아 자손들의 말(언어)이 혼잡해지고 서로 알아듣지 못해 광역적으로 분산해 여러 민족과 국가를 이루었다 (그림 4-6-1 및 표 4-8-1).

창세기에는 수메르 문명 말기 왕권과 사회상을 단편적으로 짧게 기록하여 희미한 정보를 제공한다. 우르 이외에 수메르 문화권에 속한 우르 인근 북쪽에 위치한 우르크, 400여 km 이상 북쪽 지역인 바빌론 및 앗수르 등, 그리고 더욱 북서쪽 약 1천 km에 위치한 하란 지역의 사회상에 관한 성경의 묘사는 아브라함의 활동 외 사회상, 지명, 족속 명칭, 왕의 이름 및 전쟁 발발 내용 정도이다. 야살의책에는 이보다 자세히 정치적 상황, 다신 사상, 부족 간의 전쟁이 있었고 부족국가 또는 도시국가 체계를 갖춘 모습 등에 대한 사회상을 다소 상세히 기록하였다. 지난 세기에 발견된 이들 지역의

184 「아브라함」의 원래 이름은 「아브람」이었다. 고향 우르에서 출생 시 아브람이었으나 가나안으로 이주 후 하나님께서 99세인 아브라함에게 할례 의식을 치른 후 언약을 세우고 아브라함으로 개명하라고 하여 준 이름이다(창세기 17장 전반부). 따라서 정확히 구분하여 사용하여야 하나 여기서는 편의상 이를 구분하지 않고 혼용하여 사용한다.

185 이 글에서 전통적 분류의 연대를 사용하지 않고 < 표 A 1 > 및 < 표 A 2 >로 작성해 사용하였다.

186 Anno Mundi의 약자로 아담 출생 후 연대를 말한다.

유적과 유물은 실로 그 발전 정도가 놀랍다 (사진 4-2-1).

아브라함이 살았던 도시 우르의 수메르(Sumer) 문명은 일반적으로 알려진 메소포타미아 문명이 아닌 그 이전의 오래된 여러 문명을 말한다. 이 문명에 대하여 알려진 것은 지금으로부터 약 150년 전 성서에 기록된 여러 도시를 발굴하면서 수메르 문명이 인류 최초의 문명으로 알려지게 되었다. 역사학자들은 이 문명이 기원전 2천 년에서 5천 년 사이 약 3천 년간 메소포타미아 지역에서 꽃핀 고대 문명으로 본다. 약 3천 년을 지속한 문명의 방대한 자료가 발굴되었다 한다.

BC 20세기경에 태어난 아브라함이 산 시대는 역사학의 표준 연대로 수메르 문명 말기 우르 3왕조, 이집트 중왕조 시대이고 우리나라 단군조선 초기인 청동기시대로 분류된다. 아브라함은 50세에 장가들어 자녀가 없다가 86세에 아내의 권유로 아내의 몸종 하갈을 통해 아들 이스마엘을 낳았으나 하나님께서는 이스마엘을 적자(嫡子)로 인정하지 않았고 사랑하는 아내 사라를 통해 100세에 이삭을 낳았으니 결혼 후 50년 만에 적자를 얻어 오늘의 역사까지 강력히 영향을 미치고 있다.

이삭은 그의 고백대로[187] 아브라함이 하나님께 제물로 바치려 했던 아들이며 이삭은 이란성 쌍둥이 아들을 갖게 된다. 이삭은 장남 에서를 좋아했으나 아내인 리브가는 차남 야곱을 더 좋아해서 가족 간에 문제가 많았다. 야곱은 어머니 자궁에서부터 매우 특이한 성격을 갖고 있었고 그의 성격으로 인하여 그의 생애 역시 혼란스러울 정도로 복잡하고 심히 고생했으며 미묘한 점이 많았다. 네 명의 처로부터 낳은 열두 아들의 성격 역시 다양하여 형제들 간에 또는 이들 형제에 의해 발생되는 여러 사건이 복잡하게 벌어진다. 야곱은 그의 11번째 아들인 요셉이 고대 이집트로 팔려가 이집트의 총리가 된 후 야곱과 그의 아들 등 70인이 가뭄을 피해 이집트로 이주하였다. 야곱은 이집트로 이주 후 17년을 살다가 147세에 사망하고 그의 열두 아들이 모두 이집트에서 죽고 애굽 입국 이후 210년이 되는 해에 그의 후손 약 220만 명이 이집트를 탈출하였다 (AM 2,448 또는 BC 1,461).

3-7. 수메르(Sumer) 문명

창세기 10장부터 12장은 노아의 세 아들 족보, 수메르 문명의 왕 니므롯, 바벨 성읍

187 야살의책 22장 40-44절. 이 책 제4장 13절의 9에서 상술한다.

및 탑 건설, 아브라함을 소개한다. 이 내용 중 왕 니므롯과 바벨탑 사건과 아브라함의 가나안 이주는 각기 분리된 개별 사건이고 서로 연관성이 없는 것으로 해석하기 쉽다. 그러나 이 사건은 서로 순차적으로 연관성이 있고 실제 아브라함과 니므롯은 동시대의 사람이며 니므롯은 바벨탑의 건설자요 아브라함은 니므롯이 세 차례 살해하려 한 피해자였다. 바벨탑 사건 이후 니므롯을 피해 우르를 탈출하여 가나안 족속들이 선점하여 살던 지역인 오늘날의 이스라엘 땅으로 간 사람이다.

「수메르」라는 의미는 정확하지 않으나 대체로 '검은 머리'라는 뜻으로 추정하고 있다. 수메르인은 자신을 '웅상기가(ug sag gig ga)' 그리고 그들이 사는 곳을 '키엔기르(고귀한 사람들의 땅, Ki-en-gi-ri)'라고 했다는 것이다. 메소포타미아 문명과 구분하여 수메르 문명이라 지칭하는 것은 현대 학자들이 앗시리아(BC 2,300–BC 605)를 연구하면서 앗시리아인이 작성한 문헌에 나오는 명칭을 쓰면서 시작되었다 한다.[188] 학술적으로 수메르 문명은 수메르인이 이룩한 문명과 이를 계승한 전체 문명을 수메르 문명으로 분류하고 있으나 구체적으로 수메르 문명의 시기와 지역에 관한 정의가 불투명하다. 다만 편의상 창세기를 고찰함에 있어 아브라함이 사망하기 전 즈음까지 및 당시 도시를 수메르 문명권으로 보고 설명하였다. 외경은 수메르 문명의 주요 도시인 우르를 아브라함의 2대 조부인 우르(=나홀)가 건설하였다고 한다.[189]

학자들의 설명은, 최소한 지금으로부터 7천 년 전 형성된 수메르 문명이 3천 년 지속되다가 기원전 2천 년에 완전히 사라졌다는 것이다. 사라진 시점을 성경 연대로 보면 약 4천 년 전 아브라함이 우르를 떠나 가나안으로 이주한 시점이며 또 바벨탑이 파괴된 시점과 일치한다. 출토된 수메르 지역의 점토판(쐐기문자 등)과 유적 등에 의해 다양한 인종, 민족 간 전쟁, 다신(多神) 사상, 도시문화, 왕권에 의한 지배, 법률 체계, 신분 차별, 농업 위주의 생산, 토목·건축 등 기술, 천문학, 다양한 문자, 교육제도, 풍부한 문학사상 등을 구비한 문명으로 파악되었다. 그 내용에서 사실 오늘날과 큰 차이가 없는 문화와 지적 수준을 갖고 있음을 알게 된다. 아래의 당시 속담[190]에서 알 수 있듯이 사람이 사는 모습과 생각은 오늘날과 큰 차이가 없는 사회였음을 알게 된다.

> *즐거운 것은 맥주 괴로운 것은 나그넷길*
> *많은 은을 가진 사람은 행복할지 모른다, 많은 보리를 가진 사람도 행복할지 모른다.*
> *그러나 아무것도 가지지 않은 사람은 잠을 잘 수 있다.*

---

188 주동주, 전게서, p 25

189 이동진 편역, 전게서, p 250

190 주동주, 전게서, p 37

가난한 사람은 사는 것보다 죽는 게 낫다, 그에게 빵이 있을 때는 소금이 없다, 소금이 있을 때는 빵이 없다. 그에게 고기가 있을 때는 양이 없다, 양이 있을 때는 고기가 없다.
아내나 자식을 부양해 보지 않은 사람은 코에 가죽끈이 꿰어지지 않은 사람이다.
쾌락을 위해 결혼, 한 번 더 생각해 보면 이혼.
조건이 잘 갖추어진 사람, 부유한 사람은 누구인가? 내 사랑을 간직할 사람은?
우정은 한 날 가지만 혈연은 영원하다.
정의가 무너지면 불의가 득세한다.

성경 묘사로 보면 신석기 및 구석기 시대를 정의할 수 없는데, 고고학적으로 신석기 시대에서 청동기시대 말기에 걸친 약 3천 년을 지속한 수메르 문명을 지배했던 왕조들에 관한 목록 비문(King List)이 1900년 초 후 여러 차례 이라크 중부 니프르(Nippur)에서 발견되었다. 이 비문에 의하면 신석기시대에 해당하는 문명은 크게 우바이드 시대(5,000-4,000 BC), 우르크 시대(4,000-3,200 BC), 젬뎃 나르기 시대(3,200-2,900 BC)로 나눈다 한다. 이 선사시대를 지나고 나서 왕조 비문에 기록된 내용에는 홍수 이전에 하늘에서 왕권이 내려와 「에리두」를 시작으로 우르 등 5개 도시를 8명의 통치자가 약 240,120년을 다스렸다고 한다. 그리고 청동기시대에 해당하는 대홍수 이후에 다시 왕권이 하늘에서 내려와 「키쉬」에 있었다고 하며 그 후 여러 지역의 도시에서 발생한 20개 왕조를 135 왕들이 다스렸다는 것이다.[191]

약 3천 년 동안 지속된 화려하고 발전한 수메르 문명은 그후 오랜 기간이 지나 메소포타미아 문명이라고 지칭되는 고바빌로니아 제국(BC 1,894-1595)을 거쳐 앗시리아 제국(BC 2,300-605)으로 그리고 신바빌로니아 제국(BC 626-539)로 이어졌고 최종 페르시아의 키루스 왕에게 망해 역사 속으로 사라지게 된다. 학자들은 인류 최초의 문명과 문화를 만든 수메르 문명의 사라진 흔적이 그리스, 로마 등 여러 다른 나라의 뿌리가 되는 것으로 파악하고 있다.

비성경학자들이 주장한 바를 살피면, 수메르 문명의 고고학적 단서가 구약의 창세기를 직접 뒷받침하지 않으나 수메르 문명의 창조 및 홍수 신화 등은 성경과 유사함[192]으로 인하여 성경에 내포된 사상이 수메르 지역에서 유래된 것으로 보고 있다. 심지어 구약의 모세 율법서, 욥기, 잠언 등에 나타난 사상을 수메르 문화에서 전래된 사상으로 보고 있다.

191 주동주, 전게서, pp 70-79.

192 카리스 종합주석 1권(2003), 기독지혜사, p 750의 구약과 길가메쉬의 대홍수 비교표.

수메르 문명에 해당하는 시기인 창세기 1장에서 11장까지, 야살의책 1장에서 13장까지 그리고 외경 여러 장은 노아 대홍수(BC 2,253) 이전과 대홍수 이후 약 300년 기간에 발생된 사건을 설명한다. 이들 문서의 주요 내용은 창조, 주요 인물의 계보, 그들의 행적, 역사적 사건, 종교적 관점의 기술이다. 수메르 문명의 도시로 알려된 창세기 지명(성읍)인 우르, 우르크(에렉), 니느웨, 바빌론(바벨), 아카드(악갓), 칼루(갈라) 등이며 이 명칭은 수메르 유물에서 나온 도시명과 일치한다. 아담이라는 성경 상의 이름도 앗수르 2대 왕의 이름으로 등장한다는 것이다.

20세기 발견된 유브라데스강 중류 도시 마리, 티그리스강 중류 도시 누지, 북 가나안 지역의 에볼라 왕궁에서 발견된 수만 점의 토판문서에서 BC 20세기 창세기에 묘사된 아브라함이 살던 문화와 동일한 기록이 발견되었으며 심지어 성경에 나오는 신의 이름과 신앙행태, 고대 도시명과 인명이 발견되었다는 것이다.[193]

수메르 문명의 윤리적 또는 종교적 특징 중 성경과 일치하는 점은 다신 사상, 사회의 부패와 타락상이다. 그들의 고대 문헌에 의하면 앞서 지적했듯이, 인격적 또는 지적으로, 오늘의 사람과 큰 차이가 없다. 부패와 타락의 혼란상이 오늘날과 유사하다. 수메르 문명의 말기 사람 아브라함은 이 말기적 문명에서 탈출하여 즉 하나님에 의한 계시적 분리[194]로 가나안으로 향했다는 배경을 창세기는 자세히 밝히지 않으며 야살의책은 시대적 상황과 이유 및 과정을 자세히 기록하고 있다. 아브라함을 가나안으로 분리시킨 배경은 창세기에서 평면적으로 암시하는 것 이상으로 심각하다는 점을 마리문서, 누지문서 등에서 확인할 수 있다. 바알 신을 섬기는 그들은 비를 내리기 위해 당시 신전의 매춘부였던 사제와 성관계를 맺으며 흥분시켜 비를 내린다는 신앙을 갖고 있었는데 이렇게 타락한 사회에서 하나님께서 아브라함을 가나안으로 이주시키는 구체적 배경이 창세기에 없다.

수메르의 종교심이 강렬하고 신은 다양하였으며 종교가 생활이었다. 지배적인 남자와 여자 그리고 왕 등을 신적인 위치에 올려놓았고, 만물의 주요한 것들 예컨대 태양, 달, 별, 화성 등 항성이나 행성, 바람, 땅(산), 바다, 계절, 물, 사랑(욕정) 등을 신으로 파악하여 이들이 생사화복(生死禍福)을 주관하는 것으로 해석하고 각 도시와 사람은 이들을 역사의 주관자 또는 수호신으로 섬기었다. 지구라트(Ziggurat)는 신을 섬기던 국가의 신전 또는 사당이었다. '수메르 문명과 역사'의 저자 주동주는 이러한 다신

193 정준호(갈릴리신학대학원, 2017.2) 유투브강의, 마리 & 누지 토판문서, 성경의 내용을 증명하는 고대 근동의 문서들.

194 「분리」란 성경적 의미로 「거룩」 개념에 속한다. 세속적인 것에서 분리되어 하나님에게 나아가 거룩에 이른다.

사상을 권력에 의한 이데올로기 또는 일종의 자연관으로 해설한다.[195] 또 자연의 이치 속에 나타난 자연물을 인격화 내지 신격화하여 이를 신화적으로 표현하였다. 이러한 수메르 신관이 오늘날까지 여러 형태로 변형되어 세계에 퍼져 있다.

3-8. 욥의 실존적 고민

아브라함과 동시대의 고대인으로 추정되는 욥기서[196]의 주인공 「욥」의 고백을 살피면 당시의 신앙 이외 정신적, 문학적, 사회적 수준도 볼 수 있다. 기원전 20세기경인 수메르 문명 말기 욥은 사해(死海) 남동쪽 지역으로 추정되는 성경 상 「우스」 땅에 살았고, 많은 부를 축적한 족장으로서 순전하고 정직한 신앙인이다. 그가 튀르키예 동남부 도시 하란 근처 산리 우르파에서 지냈다는 전설이 있다. 자신이 겪는 원인 모를 심각한 많은 고초 등을 친구들과 변증하는 내용을 상세히 다룬 책이 욥기이다. 욥기 이외 욥기처럼 사상과 신앙을 깊게 다룬 고대의 종합 서적은 없는 듯하다.

욥에게 갑자기 닥친 영문도 모르는 역경들 - 처자의 죽음, 평생 쌓은 엄청난 재산이 순식간에 사라짐, 자신에게 닥치는 병마, 친구들로부터의 업신여김, 사탄의 역사(또는 개입), 위대한 자연에 대한 견해 등을 본질로 다룬다. 즉 신(神)의 존재와 심판, 사건에 대한 합리적 내지 인과론적 원리, 정의(正義)와 선악의 문제, 기복신앙, 고통의 근본 문제, 하나님의 축복 등을 다루고 있다. 4천 년 전에 욥이 당면했던 당시의 형이상학적 즉 신학적, 실존적 및 인식론적 문제는 오늘날과 동일한 본질의 주제이고 유사한 인식체계를 보여준다. 오늘도 실존적으로 욥이 겪던 고민과 답을 넘어서지 못하고 있다. 욥이 고민한 차원이 낮거나 편협하지 않고 지평이 객관적으로 넓고 심오했다. 욥이 고민하고 신앙하는 이 근원적 문제를 친한 3명의 친구와 변론하였다.

4천 년 전 육체적으로, 정신적으로, 신앙적으로, 사회적으로 욥의 고민이 깊고 처절하고 냉엄하였다. 고대인도 현대인과 같은 깊은 실존적 고민을 안고 살았다. 오래전에 살았다는 이유로 그들을 정신적으로 단순화하거나 원시화(原始化)하지 못한다. 다만 시간만이 과거일 뿐이다. 그의 삶과 신앙이 동일한 선상에서 우리에게 지금도 조명한다. 동일 이유로 확장하여 유추하면, 지구상의 모든 생명은 욥처럼 깊은 실존적 고민과 현상 속에서 생명을 유지하고 살아간다.

---

195 주동주, 전게서, p 46.

196 구약의 18번째 책

욥의 고백은 인간은 피조물이고 전적으로 하나님에 종속된 생명체이고 인격체라는 점과 만물을 주관하시는 이가 하나님임을 밝힌다. 이 점은 성경 전체의 주제 중 하나로서 욥의 고백과 마찬가지로 아브라함, 이삭, 야곱 등도 동시대를 살았던 사람이므로 동일하게 겪었을 것이다. 어느 곳에서든지 욥이 받은 은총처럼 하나님께서 신앙을 단련하게 하며 이들을 보호하고 기르신다는 점이다.

3-9. 아브라함과 모세가 사용한 언어: 톨레도트(toledot)[197]의 재해석

바벨탑 사건 이후 최초의 언어인 수메르 언어가 히브리어로 분화한 과정은 정확히 밝혀져 있지 않다. 창조신학연구소 소장 조덕영 목사의 설명[198]에 의하면, 수메르 지역 학교에서 600여 개 언어(쐐기문자 cuneiform)를 가르치었다고 하니 바벨탑 사건으로 수메르 지방 언어가 창세기 묘사보다 더 혼잡스러웠던 모양이다. 발굴된 학술 자료에 의거 히브리 언어의 엔트로피 증가로 창세기의 해석 특히 창세기 1장 해석에 심각한 혼란 내지 어려움이 있는 것으로 설명하고 있다.[199] 본 고찰 제4장 8절에서는 82개 족속(표 4-6-1)으로 분화되어 초기 언어 분화를 80여 가지로 추정했는데 언어 분화에 관한 학술 연구 자료를 참고하면 실제 더욱 심화된 것으로 보인다. 창세기와 출애굽기에 기술된 톨레도트를 중심으로 노아, 셈, 에벨, 아브라함 및 모세가 사용한 언어를 비언어학적 논리인 인간이 가진 관습과 전통에 의한 문화(특히 신앙)의 공유와 전달이라는 관점에서 추론해 보자.

< 표 1 >을 보면 노아가 태어날 때 노아는 7대 선조들과 함께 살았고 아브라함이 태어날 때는 노아부터 총 10명의 직계 조상이 살아 있었다. 아브라함 출생 시 10대조 노아의 여명(餘命)은 58년, 9대조 셈은 210년, 8대조 아르박삿은 148년, 7대조 셀라는 178년, 6대조 에벨은 239년, 5대조 벨렉은 48년, 4대조 르우는 78년, 3대조 스룩은 73년, 2대조 나홀은 73년, 그리고 아버지 데라는 135년이었다. 따라서 아브라함은 노아와 58년을 살았고 다른 9명의 대족장과 근 100년 이상 200년을 함께 살았다.

197 성경의 족보를 말한다.

198 유튜브 온라인 포럼, 조덕영 목사님(2011.11.20.), 창세기 1장 어떻게 해석할 것인가.

199 본 고찰 제1장에서 창세기 1장은 하나님께서 천지창조를 시지각적으로 계시한 바를 설명하였다. 천지창조는 시지각적 계시이므로 설령 히브리 언어의 엔트로피 증가가 있었다 하더라도 처음 계시받은 내용이 완벽하게 보존되었다고 할 수밖에 없다.

< 표 1 >은 족장들의 실제 수명과 계보이나, < 표 3-9-1 >은 < 표 1 >에서 선조와 함께 같은 시대를 살면서 신앙 및 문화를 공유한 사람을 기준으로 축약하여 세대를 다시 표기한 것이다. 예컨대 < 표 1 >에서 노아는 실제 아담의 9대손이나 < 표 3-9-1 >에 의하면 아담의 2대손으로 볼 수 있다. 왜냐면 므두셀라는 아담과 함께 243년을 신앙적으로 문화적으로 공유한 삶을 함께 살았기 때문에 1대손이고 노아는 아담이 죽은 후 므두셀라의 아들과 신앙적 및 문화적으로 공유한 삶을 살았기 때문이다.[200]

이같은 방식으로 노아의 실제 10대손인 아브라함은 노아와 함께 58년을 함께 살았기에 노아의 2대손으로 볼 수 있다. 또 노아가 아닌 셈은 아브라함보다 35년을 더 오래 살고 야곱 97세에 죽었기 때문에 아브라함, 이삭 및 야곱은 셈의 2대손으로 볼 수 있다. 이같은 신앙 및 문화 공유 방식의 톨레도드 단축 개념으로 보면 실제 아담의 21대손인 야곱은 < 표 3-9-1 >처럼 아담의 4대손이요 아담의 25대손인 모세는 아담의 7대손으로 볼 수 있다. 또 모세는 실제 노아의 16대손이나 노아의 4대손으로 볼 수 있다. 이같은 방식으로 톨레토드를 이해할 필요가 있음은 아브라함과 모세가 사용한 언어가 어떤 것인가를 추정하는데 중요한 개념이 될 수 있다. 또 이같은 개념을 다른 개념이나 추론에 적용할 수 있다.

< 표 3-9-1 > 아담-모세간 신앙 및 문화 공유 톨레도트

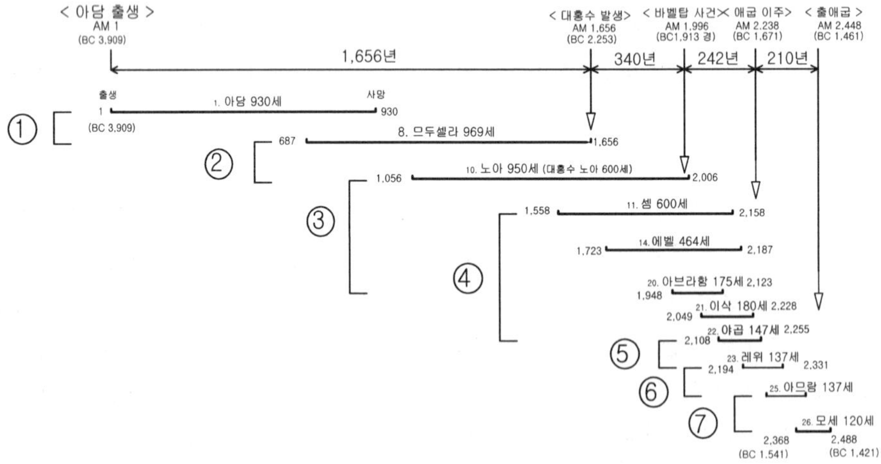

노아의 후손 중 가장 장수한 두 사람인 「셈(600세)」과 「에벨(464세)」에 주목할 필요

200 삶의 이 공유 방식은 하나님께서 만들어 주신 아담 부부의 가죽옷(창세기 3:21)을 아담이 6대손인 에녹에게 물려 주었고 에녹은 승천하기 전 므두셀라에게, 무드셀라는 홍수 전 노아에게 물려 주었다는 야살의책 7:25-26의 예와 하나님께서 아담에게 만들어 주신 지팡이를 모세가 가지고 있던 점(출애굽기 4:20 및 야살의책 77:39)에서 신앙 외적인 방식에서도 찾아 볼 수 있다.

가 있다. 에벨은 셈보다 29년을 더 살았다. 셈과 에벨은 175세를 산 아브라함보다 더 오래 살았고 이삭과 야곱과 동시대를 살았다. 이삭이 출생 시 생존한 선조는 셈, 아르박삿, 셀라, 에벨, 데라 총 5명이다. 야곱이 출생 시 생존한 선조는 셈, 셀라, 에벨, 데라 총 4명이었다. 「셈」과 「에벨」은 각각 야곱 50세와 79세 때 사망하였다.

본 고찰 제2장 5절에서 설명했듯이 셈, 아르박삿, 아브라함의 출생 시기 해석에 < 표 1 > 연대기 작성 시 60~65년 차가 있다. 가장 큰 차는 데라가 아브라함을 70세에 낳았느냐 130세에 낳았느냐에 따른 60년 차이다. 만일 130세에 낳았다면 아브라함 출생 시 10명의 선조 중 노아와 벨렉만이 아브라함의 출생을 보지 못했고 다른 선조는 모두 생존해 있었다. 같은 방식으로 이삭 출생 시 셈, 셀라, 에벨, 아브라함 이외 선조가 없었고, 야곱은 에벨과 아브라함 이외에 없었다. 데라가 아브라함을 130세에 낳았다고 하더라도 아브라함의 6대조 「에벨」은 아브라함, 이삭, 야곱 출생 시 생존한 유일한 선조가 된다. 창세기 10장 21절에 "*셈은 에벨 온 자손의 조상*" 이라 하여 창세기 톨레도트에서 「에벨」을 아르박삿이나 셀라를 제외한 주요한 대족장으로 기술했음에 틀림없다. 성경학자들이 아브라함의 출생 시점을 어떻게 결정하든 에벨이 야곱까지 동시대를 함께 산 대 조상이라는 전제는 불변이며 이는 매우 중요한 개념이다.

여기서 기초적 합리성과 가능성이 높은 몇 가지 전제를 생각하자. ① 만일 한 자녀가 태어난다면 온 가족이 기뻤고 축하하였을 것이며 시간이 지남에 따라 점점 소문이 퍼져 가까운 이웃과 먼 친지에게 알려졌을 것이다. ② 한 집(가구)에 3대가 모여 산다면 한 집에 사용하는 언어(주로 엄마 언어일 수 있다)는 3대 동안 유지되는 것으로 보아야 한다. 만일 한 세대가 30년이라면 최소 90년 동안 동일 언어는 유지되었을 것이고 한 세대가 100년이라면 300년은 동일 언어로 유지된다고 보아야 할 것이다. 즉 세대(世代)의 최소 3배 정도의 기간에는 언어 변화가 거의 없다고 보아야 한다. ③ 가장 중요한 점은 성경의 톨레도트에서 알 수 있듯이 당시 대족장의 후손들은 평생 자기의 족보와 교육과 신분과 신앙을 귀중히 여겨 전통을 계승하였고 자기가 어느 족속이라는 것을 잘 파악하고 살았다는 것이다. ④ 자녀의 언어는 엄마의 영향을 많이 받은 것으로 가정할 수 있다. 만일 엄마와 아버지가 동일한 지역에서 함께 산 사람이라면 자식의 언어는 그 지역의 언어체계(발음, 문법구조 등)를 정확히 물려받을 것이다. ⑤ 더구나 아브라함, 이삭 및 야곱처럼 누이나 가까운 혈족끼리 결혼한 경우 언어의 동일성은 더욱 잘 유지되었을 것이다.

창세기 11장 1절의 묘사에 의하면 "*온 땅의 구음(口音, 말, 구어)이 하나이요 언어(문자 등)가 하나이었더라*"라 하였는데 이 문구를 < 표 1 >과 < 표 3-9-1 >로 분석해 보

자. 바벨탑을 쌓은 시점은 대홍수가 마친 AM 1,658년 이후 300년이 되는 해로 아브라함이 10세 때(AM 1,958)였고 바벨탑이 무너진 시점은 쌓기 시작 후 38년이 된 아브라함 48세 때인 AM 1,996년이다. 노아 자손들이 가구당 평균 남녀 4인을 출산 시 인구 추계(표 4-7-1)에 의하면 탑을 쌓기 시작할 때 인구는 약 319만 명이었고 무너질 때 인구는 약 1천280만 명이 되었다. 그러므로 창세기 11장 1절의 묘사에서 구음과 언어가 하나였던 당시 인구는 약 319만 명이었고 11장 8-9절의 묘사대로 민족 단위로 흩어진 인구는 약 1,280만 명이었다. 탑을 쌓은 주된 집단은 가장 인구가 많고 니므롯이 속한 족속인 함족이었다는 것이 야살의책 설명이다.

< 표 1 > 및 < 표 3-9-1 >에서 확인할 수 있는 언어적 시사점은 아담의 9대손인 노아가 사용한 언어는 아담이 사용한 언어라는 것이다. 노아가 아담과 그의 아들 셋을 보지 못하였으나 아담은 노아 이전의 8대손과 함께 살았고 노아는 아담의 2대손부터 7대손까지의 사람들과 함께 살았으므로 노아는 당연히 아담의 언어를 사용한 것이다.

창세기 11장 1절은 대홍수 시작 이후 바벨탑 사건까지 340년 동안은 한 언어를 사용하였다는 것을 설명한 내용이며 < 표 1 > 및 < 표 3-9-1 >에서 노아와 셈과 에벨과 함께 산 아브라함은 노아의 언어를 사용할 수밖에 없다. 또 당시 사람들은 노동력이 필요한 농경 및 목축을 하던 때이므로 최소 3세대가 함께 거주한 것으로 판단되며 한 세대가 200-400년을 살았기에 아브라함은 당연히 노아가 사용한 언어를 사용한 것으로 보아야 한다. 이 점 이외 야살의책에 아브라함은 노아와 셈의 집에서 유년과 청소년 시절 39년을 살았다는 기록에서 그와 같은 고대 가계의 전승을 엿볼 수 있다. 그리고 분가(分家) 전후에도 단기간 아닌 오랜 수백 년의 기간을 선조들과 함께 또는 근거리에 산 것을 알 수 있다.

창세기는 구음과 언어가 족속, 방언, 지방, 나라대로(창세기 10:31) 분화했음을 설명하고 이 분화 방식대로 나뉘어 살게 되었다고 부연 설명하고 있다(창세기 10:32, 11:8-9). 즉 주로 대족장의 대집단 거주 단위로 구음과 언어가 분화되고 나라를 이룬 것으로 설명하였다 (표 4-8-1). 아브라함의 언어가 언어의 혼잡과 분화 시 무슨 언어로 바뀌었는지 알 수 없으나 노아의 언어를 쓴 점은 이와 같은 방식의 추정으로 확실시 된다.

아브라함은 아버지 데라와 같은 언어를 쓴 것이 분명한데 이는 우르에서 하란으로 2세대로 구성된 가족이 집단적, 함께, 그리고 동시에 이주를 하였기 때문이다(창세기 11:27-32). 또 아브라함 출생 시 아브라함의 할아버지가 생존하였으므로 할아버지와 같은 언어를 썼을 것이나 (우르를 건설하였다고 전해지는) 아브라함의 할아버지 나홀은 하란으로 이주하지 않고 우르(근처)에서 산 것으로 보이나 확실하지 않다. 데라는 하란에서 122년을 살며 증손자까지 보았으므로 하란에 있는 데라의 자손(표 4-9-1)도 데라와 같은 구음과 언어를 썼다고 보아야 할 것이다.

아브라함의 아내는 형의 딸(사라)이므로 독자 이삭은 정확히 아브라함의 언어 즉 데라의 언어를 썼을 것이다. 또 이삭은 하란에 사는 할아버지(데라)의 손녀 리브가(브두엘의 딸)와 결혼 후 야곱을 낳고 야곱은 외삼촌 집 하란에 가서 네 명의 아내에게서 12명의 아들을 낳는데 아내 두 명은 데라의 4대 손녀이므로 데라의 언어를 사용하였을 것이며 두 명은 몸종인데 하란 지역의 이방족이었다면 하란 지방의 방언을 야곱의 자식들이 사용할 가능성이 있다. 그러나 야곱 아들 12명의 언어 구조는 할아버지 데라의 언어로 보아야 할 것이다 (표 4-9-1).

당시 사회의 한 가구가 몇 세대로 구성되었는지를 추적해 보자. 세대 인구 구성의 추정은 어려우나 기본적으로 최소 3세대가 살았음은 합리적 전제이다(제2장 3절 출애굽 인구 추정 참조). 그때는 농경 목축 사회였으므로 가족 노동력이 필요했을 것이므로 어쩌면 최대 4대 정도의 대가족도 있었을 것이며 빈 땅이 많았으므로 결혼 후에도 근거리에 함께 거주했을 것이다.

< 표 1 >과 < 표 4-6-1 >에서 노아 대홍수가 끝난 후 초기 대족장의 출생 연대를 보면, 셈은 셋째 아들 아르박삿을 100세에 낳았다. 셈과 그의 셋째 아들 아르박삿은 노아의 언어를 사용하였음이 명백한데 아르박삿은 대홍수 후 2년이 되는 해에 출생하였기에 영아부터 할아버지와 함께 거주하였음에 의심의 여지가 전혀 없다. 또 아르박삿은 맏아들 셀라를 35세에 낳고 셀라는 (맏아들로 추정되는) 에벨을 30세에 낳았다. 아르박삿, 셀라 및 에벨 세 사람은 노아 대홍수 후 67년 이내 모두 출생하였으므로 노아의 언어를 사용할 수밖에 없다.

노아의 4대손인 에벨이 출생한 때의 총인구는 약 3,130명(표 4-7-1)이기 때문에 노아 부부가 사용한 언어가 에벨까지 전달되는 과정에서 바벨탑 사건으로 분화 가능성이 전혀 없다고 보아야 한다. 이와 같은 추정적 사실을 부정하면 사람의 기본 성정(性情)과, 가계 구성, 전통 및 창세기(톨레도트)를 부정하는 것과 다름없다.

그런데 노년의 노아는 세 아들 야벳, 함, 셈 중 누구하고 살았을까. 아니면 독거 노인으로 살았을까. 창세기로 보아 말년에 셈과 함께 살았을 가능성이 매우 높다. 노아의 만취 사건의 설명(창세기 9:18-27)을 보면 손자인 가나안이 출생한 때이므로 노아의 나이가 방주에서 나온 후 오랜 기간이 지난 시점임을 알 수 있다. 대홍수가 끝난 후 오랫동안 세 아들과 손자들과 함께 산 점을 알 수 있다. 당시 언어의 뿌리가 되는 노아 가족 이외 다른 사람이 살지 않았기에 다른 언어를 사용할 수 없고 다른 구음과 언어가 있을 수 없다.

그리고 세 아들의 자손들이 번창한 후 노아의 세 아들이 분가하였을 것인데 노년의 노아는 함을 저주한 격이니 함과 함께 살지 않았을 것이고 야벳이나 셈과 함께 살았을 것인데 신앙적인 측면에서 셈일 가능성이 매우 높다. 이러하다면 늙은 노아는 셈과 함께 살면서 동일한 언어를 아브라함이 태어날 때까지 사용했을 것이 확실하다. 만일 바벨탑 사건으로 하나님께서 언어와 말의 혼잡을 일으켜 노아와 셈 간의 언어를 혼잡하게 하여 갈라놓았다면 노아와 셈은 함께 살 수 없었을 것이다.

노아 노년에 셈과 함께 살지 않고 독거 노인으로 살았다는 상상이 좀처럼 쉽지 않은 것은 앞에서 전제한 ③ ④번 항과 노아와 셈의 톨레도트(표 1 및 표 3-9-1)가 이를 설명한다. 그리고 노아에게서 전달된 정보가 아브라함까지 전해져 내려온 방법은 셈과 에벨과 아브라함이 동시대를 함께 살면서 아브라함에게 전한 구음과 언어일 것이므로 동일 종류의 언어를 사용하였다고 볼 수밖에 없다. 그러하다면 노아가 쓴 언어가 아브라함이 쓴 언어로 볼 수밖에 없다. 노아 세 아들의 족보, 노아의 만취 사건, 니므롯의 등장과 바벨탑 사건의 해석, 특히 셈 자손에 대한 출생과 나이를 기록한 최초의 창세기 언어가 노아가 사용한 언어가 아니고 바벨탑으로 혼잡된 언어로 작성된 후 아브라함까지 전래하였다는 가정은 타당성이 없다. 만일 그러하다면 이는 언어학자들의 연구를 전제한 상상일 것이며 고고학적 자료가 없다는 발상에 의한 부정적 견해일 수밖에 없다. 창세기의 톨레도트는 동일한 언어를 사용한 증거이며 화석이다. 노아, 셈, 아르박삿, 셀라 및 에벨은 동시대의 사람이므로 같은 언어를 사용한 것으로 보아야 하며 바벨탑 무너진 시점은 아브라함 48세이므로 창세기 11장 1절이 설명한 대로 같은 구음과 언어를 사용하였다.

대족장인 셈, 함, 야벳의 후손들의 이름과 거주 지역을 창세기에 상세히 기록한 점과 셈의 후손의 예에서 보듯이 이들 간에 빈번한 결혼·교육·교류가 있었고(표 2-5-3의 하단 주, 표 3-9-1 및 표 4-3-1) 언어의 불통이 있어 보이지 않으며 다소 방언이 있을 수 있겠으나 창세기의 상세한 자료로 보아 이들은 적어도 동일한 언어를 썼을 것이다.

더 구체적으로 살펴보면, 위 분석은 초기 대족장인데 아브라함 시대는 어떠했을까. 아브라함 죽기 15년 전 160세에 손자 야곱을 보았다. 이때는 아브라함의 아내가 죽은 후 23년이 지난 시기로 새 아내 그두라를 맞이하여 여섯 아들을 낳고 살던 때인데 이삭과 함께 살다가(2세대로 구성하여 살던 중) 아브라함은 새 자식들을 분가시켜 이삭과 떨어져 살도록 하였다고 한다(창세기 25:1-6). 창세기 25장과 26장을 보면 이삭이 어린 아들 야곱을 데리고 블레셋 지방 그랄에 머문 것을 알 수 있다. 이때는 아브라함이 죽은 후로 보인다 (야살의책은 아브라함이 죽은 후로 기록). 아브라함과 이삭은 거의 2세대로 구성한 삶을 살았고 잠시 3세대로 구성한 적이 있다.

결혼한 야곱의 가구 구성은 명백하여 애굽으로 이주 전 가족 사항을 창세기 29-46장에 보면 하란에서 2세대로 가나안에서 3세대로 생활하였다. 애굽에 이주 시에도 자녀들이 결혼하여 자식을 낳았으므로 3세대 가구로 구성된 것을 알 수 있다. 아브라함과 이삭이 함께 산 기간은 75년이다. 이삭과 야곱이 함께 산 기간은 총 120년인데 이 중 가나안에서 함께 산 기간은 77년이며 하란에서 떨어져 산 기간은 22년이고 하란에서 돌아와 함께 산 기간은 21년이다. 이삭의 생애 180년 중 야곱과 함께 산 기간 120년이다. 그러므로 야곱의 언어는 이삭의 언어로 보아야 한다. 너무나 상식적인 말이나 이처럼 아브라함, 이삭 및 야곱은 동일한 언어를 사용하였다.

여기서 다시 의심해야 할 점은, 야곱이 12명 중 11명의 자녀를 낳은 지역은 야곱이 출생한 가나안에서 약 800km 떨어진 하란 외삼촌 집인데 이 지역에서 무슨 언어를 사용하였는가가 매우 중요하다. 만일 야곱이 자식들에게 아브라함의 언어 대신 하란 방언을 쓰도록 하였다면 또 이 방언이 아브라함의 언어가 아니라면 야곱의 자녀 즉 애굽에서 생활을 시작된 이들의 언어는 아브라함이 쓰던 언어가 아닐 수 있다.

그런데 < 표 4-9-1 >에서 보듯이 야곱의 아들들이 아브라함의 언어와 다른 언어를 사용했을 가정이 매우 어려운 것은 야곱의 엄마는 하란의 외사촌 브두엘의 딸 리브가였고 야곱의 아내 역시 브두엘의 손녀 두 명과 그녀들의 두 몸종이었기에 하란 언어는 아브라함의 언어이며 이는 데라의 언어이다. 하란에 사는 이들은 아브라함의 아버지 데라가 하란 도착 후 122년을 살며 자녀와 손자들과 함께 살았기에 이들의 언어가 데라의 언어이다. 야곱의 외삼촌(라반)은 데라의 증손(3대손)으로 데라가 죽은 후 태어났을 것이 확실하나 데라의 아들 나홀이 3대를 구성한 가족일 것이므로 야곱의 아들과 손자들은 데라의 언어를 사용하였음이 틀림없다. 아마도 몸종 두 명이 하란 여성이라면 약간의 하란 지역의 방언이 섞여 있음을 부정하여서는 아니 되나 기본적인 구음과 언어는 데라의 언어였음이 분명하며 이 언어는 아브라함이 쓴 언어이다. 야곱이 12명의 아들을 낳은 시기가 데라가 죽은 후 약 110년이 된 시기였기에 약간의 하란 사투리가 섞일 수 있음을 부정할 수 없다.

그리고 애굽에서 지낸 이스라엘 자손의 언어 변화의 가능성을 추적하자. 이 책 제2장 3절의 초태생비(f)에서 밝힌 대로 아브라함 시대와 그 이전 시대의 가구 구성은 2-3대를 기본으로 하고 때로는 증손자들까지 함께하는 대가족임을 알 수 있다. 애굽에 살던 이스라엘 자손 인구 추정에서 초태생비(f)의 정의에서 보듯이 이스라엘 자손의 한 가구 인원은 약 90명 정도임을 알았다. 이 정도의 가족원은 3-4세대로 구성될 수 있고 각 세대의 남자들은 남녀 약 4-5인씩을 출산한 것으로 파악되었다. 애굽에서 거류 시 한 집에서 3-4세대로 구성된 90명 정도가 가족원을 이루면서 210년을 산 것이 출애굽기와 민수기의 내용이다. 애굽에서 태어난 야곱(이스라엘) 자손은 100-130년을 살았기에 애굽에 이주 후 출애굽까지 실제 세대수는 약 8세대일 수 있으나 3-4대로 이루어진 가정이므로 약 3-4대로 구성된 대가구의 가정이 약 3회 구성된 후 출애굽했다고 보면 된다.

이스라엘 자손이 애굽인들이 사는 구역을 돌아다니며 흩어져 산 것이 아니고 또한 애굽 사람은 히브리 사람이 목축을 했기에 이를 가증히 여겨 고센 지방(=라암셋, 창세기 46:34 - 47:11)에 제한적으로 살았으므로 야곱의 아들들이 사용한 언어가 애굽 사람과 완전히 섞이거나 큰 변화가 없었을 것이다. 애굽 입국부터 출애굽 시까지 고센 지방에서 모여 살았다는 증거는 출애굽 시 라암셋에서 발행하였다(출애굽기 12:37)고 한 점에도 이스라엘 자손이 입국부터 출국 시까지 한 곳에서 집단적으로 모여 살았음을 알 수 있다. 만일 430년을 애굽 사람들과 섞여 살았다면[201] 이스라엘 사람의 언어 변형이 여러 변수로 크게 변하였을 것이나 210년을 한 지역에서 집단으로 살았기에 그 언어 변형의 가능성이 희박하다고 할 수 있다. 애굽 땅에서 살았으므로 애굽 언어 일부를 차용하여 히브리어에 편입시킬 수 있으나 언어 구조는 바뀌지 않은 것으로 보아야 한다. 야곱이 애굽으로 왔을 때 통역관(창세기 42:23)을 사용한 점으로 보아 애굽 언어와 히브리 언어는 구조적으로 달랐음을 알 수 있다.

언어학자 또는 성경학자 일부는 오늘날의 히브리 언어가 모세 시대에 만들어진 것으로 파악한다는 것이다. 이 점은 최초 모세오경의 원본이 사라진 점에서 수메르 문화를 발굴한 언어에서 그 흔적을 찾을 수 없어 그러하게 추정할 수밖에 없는 것 같다. 그러나 성경의 언어를 수메르 문명의 흔적에서 찾으려는 고고학적 또는 언어학적 접근은 잘못이 없으나 찾을 수 없다고 히브리 언어를 모세 시대에 새로이 완성된 언어

201 430년을 애굽에서 살았다는 성경학자들은 이 기간 동안 히브리어가 급격히 변형했을 것이라 추정할 수 있다.

로 보는 가정이나 추정은 타당하지 않다. 전술했듯이, 창세기 연대와 톨레도트와 가족 구성, 세대 단위 그리고 < 표 1 >와 < 표 3-9-1 >에 따른 노아 전후의 수명과 후손들과의 동시대 거주 기간, 한 세대의 수명, 가구 구성 및 폐쇄적 혈연공동체를 고려한다면 언어의 계승과 자료의 전달은 단절되지 않고 지속적이라고 봄이 타당하다.

할아버지 언어를 최소 3대손이 함께 사용하는 것은 당연하므로 노아의 언어는 3대손까지인 셈, 아르박삿, 셀라까지 함께 사용하는 것은 합리적 가정이라기보다 당연하다. 앞에서 설명하였듯이 장수한 고대 족장들은 동시대를 최소 200년에서 600년을 함께 살았으므로 언어의 동일성은 최소 200년에서 600년까지 동일하게 유지되었다고 봄이 적정하다. 이러한 방식은 모세까지 언어의 전달 과정으로 보아도 무리가 없다.

위에서 「에벨」이라는 노아의 4대손은 매우 특이한 톨레도트의 사람이라고 지적하였다. 즉 두 가지 특이성 중 첫째가 에벨은 노아, 셈, 아르박삿, 셀라와 함께 산 기간이 최소 373년에서 최대 435년을 함께 살았고, 둘째는 아브라함의 전 생애, 이삭과 139년, 야곱과 79년을 함께 산 사람이다. 만일 에벨이 노아의 신앙적 반차(계열)를 좇은 대족장이라면 노아의 언어는 에벨의 언어이며 또한 에벨의 언어는 아브라함, 이삭, 야곱에게까지 전달되었다고 봄이 적정하다. 「에벨」은 「셈」과 함께 노아의 믿음과 문화와 자료를 야곱까지 보전하고 전달하는 중간 메신저(messenger)이요 고리요 산 화석이다.

여기서 「히브리」라는 어원을 생각해 보자. 히브리라는 단어는 창세기 14장 13절에 최초로 등장한다. 이 장면은 시날(메소포타미아) 지역의 4개국 연합군이 가나안 지역의 5개국 왕들이 조공을 바치지 않자 이를 빌미로 공격 후 소돔에 살던 아브라함의 조카 롯을 잡아간 일이 있었다. 아브라함의 나이 약 78세 때였다 (야살의책에 의하면 이때 멜기세덱인 셈은 예루살렘에 살았고 그의 나이 468세이고 증손자인 에벨의 나이는 303세일 때였다). 사로잡혀 갔던 사람 중 히브리인이 아닌 것으로 추정되는 도망자가 아브라함에게 이 사실을 알리었는데 창세기는 아브라함을 「히브리 사람 아브람(창세기 14:13)」이라고 하였다. 이 묘사에서 히브리 사람이 아닌 도망자가 히브리 사람 롯을 알아본 후 같은 동족인 히브리 사람 아브라함에게 이를 알렸다는 취지에서 「히브리」라는 단어를 쓴 것으로 보인다. 또 아브라함의 증손자인 야곱의 아들 요셉이 애굽에 팔려가 모함을 받을 때 요셉을 히브리 사람으로 명명하였고(창세기 39:14 등), 애굽에 있던 이스라엘 자손을 애굽 사람들은 히브리 사람의 땅(land of Hebrews 창세기 40:15) 또는 히브리 사람(Hebrews, 창세기 43:32, 출애굽기 1:15 등)이라 묘사하였다. 이를 통해 아브라함과 그의 자손은 스스로를 히브리 사람으로 표현한 것으로 보인다.

만나 성경 주석에 의하면, 「히브리」라는 어원을 「강 저편(여호수아 24:2)」 또는 노아의 4대손이요 아브라함의 6대조인 「에벨」이라 한다. 강을 건넜다는 뜻은 우르에서 가나안까지 오려면 요단강 또는 유브라데강을 건너와야 한다. 필수적으로 유브라데강을 건널 수밖에 없어 유브라데 강을 건너 온 사람이라는 의미를 갖는다고 봄이 적정하다. 그런데 이 중 「강 건너」 의미가 틀린 것으로 생각할 수 있는 이유는 가나안족속 모두 또는 가나안 지역에 살던 대부분의 사람은 당초 시날 땅 또는 우르 근처에서부터 북쪽 하란 지역에 걸친 비옥한 초생달 지역에 살았을 것이다. 따라서 가나안지역에 사는 대부분 사람은 강 건너 온 사람이기에 이 개념을 유독 아브라함에게 적용하는 것은 타당하지 않다. 자신이 유브라데강을 건너 온 사람이고 유브라데강을 건너온 사람들에게 자신을 강 건너 온 사람으로 소개하는 것은 매우 이상하다. 오히려 자기의 조상이 어떤 사람인지를 밝히는 것이 더 확실하게 상대편에게 신뢰를 주는 방법일 것이다.

그러면 두 가지 추정이 남는다. 하나는 요셉이 애굽 사람들에게 자신을 소개한 바처럼 「히브리」라는 땅(창세기 40:15)이 있어 그곳 땅에서 온 사람이라는 신분을 밝히는 개념어이고 다른 하나는 증조할아버지 아브라함이 「히브리」라는 사람의 후손이라는 신분을 말하는 개념어일 수 있다. 노아 대홍수 이후 당시 땅은 노아 대홍수 이전 옛 사람이 살았던 땅 이름을 회복할 수 없는 때라서 오히려 땅 이름을 그곳에서 산 사람의 이름에서 차용한 예가 대부분으로 「히브리」라는 지명은 땅 이름이 아니라 사람 이름으로 봄이 적정한데 「에벨」의 다른 이름이 「히브리」일 수 있다. 야곱을 포함하여 아브라함의 후손들은 가나안 지역에 살 때 자신들을 히브리 사람으로 소개하였을 것인데 요셉도 애굽 사람들에게 자신을 소개할 때 출신 성분을 가나안 지역의 히브리인들이 사는 땅에서 온 사람이라고 소개한 것이다.

대족장 「에벨」의 특이성을 다시 살피자. 아브라함이 가나안에서 자신을 히브리 사람이라고 소개할(될) 때 나이는 약 78세였다. 이때 아브라함의 2대조(나홀), 4대조(르우), 5대조(벨렉)는 죽고 10대조(노아), 9대조(셈), 8대조(아르박삿), 7대조(셀라), 6대조(에벨), 3대조(스룩), 2대조(데라) 대족장 7명이 살아 있었다. 이 7명 중 잔존 수명이 가장 많이 남은 사람은 「에벨」로 그의 잔존 수명이 161년이었기 당시 꽤 알려진 대선조인 족장으로 보아야 한다. 만일 아브라함이 가나안에 거주하면서 자신의 신분을 노아의 자손이라든가 또는 셈의 자손이라든가 하면 이는 너무 많은 사람의 선조이기에 변별력이 없으므로 이들의 자손이라고 소개할 수 없다. 노아와 마찬가지로 아르박삿과 셀라의 자손이라 하더라도 변별력이 크지 않아 확실한 신분이 될 가능성이 적다. 아브라함 약 78세 때 인구가 최소 1천2백만 명 이상이었는데(표 4-7-1) (최)상위 대선조들 의 이름을 대면서 그의 후손이라고 밝히면 헷갈릴 것이다. 왜냐면 (최)상위 대선조들의 이름을 대면 거의 다 알 것이나 또 워낙 그들의 후손들이 많기에 (최)상위 대선조들의 이름을 차용하는 것은 변별력이 없다. 그렇다고 3대조 '스룩'이나 2대조 '데라'의 후손이라고 밝히면 가나안 사람들이 '데라'와 '스룩'이 누구인지 알 가능성이 높지 않아 이 역시 매우 낮은 변별력 때문에 적절하지 않다.

따라서 아브라함이 자신을 소개할 때 가장 적합한 사람으로 신분이 훌륭한 사람이 적정할 것이므로 당시 살아있는 6대도 선조이며 대족장인 「에벨」의 후손으로 소개했을 것이다. < 표 4-7-1 >을 보면 「에벨」은 아브라함이 태어날 당시 1천1백만 명 정도의 총인구 중 대족장은 260명 뿐이기 때문에 에벨의 후손이라 하면 가장 자신의 신분으로 적합한 선조였을 것이다. 즉 대족장 중 한 사람이며 동시대의 모든 사람과 함께 산 사람이기에 아브라함이 인지도가 높은 에벨의 후손이라고 설명하면 가나안 사람이 그 신분을 쉽게 알기 적합한 사람이었을 것이다. 이 점에서 「히브리」라는 명사는 '강 건너'라는 뜻보다 에벨의 다른 이름으로 추정된다.

아브라함이 에벨의 후손이라고 설명한 점은 다음과 같은 점에서 더 많은 합리성을 제시한다. 앞에서 노년의 노아가 자식 중 셈과 함께 산 것으로 추정하였다. 그런데 노년의 셈은 누구와 함께 살았을까. 셈의 직계 자손 아들 아르박삿과 손자 셀라는 확실히 아닌 것은 셈보다 일찍 죽었기 때문이다. 따라서 「에벨」이 노년의 셈을 모실 수밖에 없다. 이 점에서 자신을 「에벨」의 후손이라고 가나안 족속에게 설명하기 쉽고 또 가나안 사람들은 셈과 에벨이 함께 사는 대족장이었으므로 에벨의 인지도가 높아(창세기 10:21) 쉽게 이해하였을 것이며 아브라함은 이 정황과 신분을 적극적으로 소개하였을 것이다.

그러면 「히브리」라는 뜻이 「에벨」이라는 이름과 동의어인지를 밝혀야 하는데 이를 성서언어학자들은 확인할 수 없는 모양이다. 창세기의 땅 이름이 대개 사람 이름에서 유래하였거나 당시의 지방의 방언인 경우가 있고 또 한 사람도 여러 개의 이름을 갖고 있었으므로 히브리와 에벨을 동의어로 볼 수 있을 듯하나 이 역시 근거가 없는 모양이다. 그러나 이상과 같이 믿음의 계보, 대족장의 톨레도트, 가구(가족) 구성에 의한 언어 및 정보 전달의 특성에서 아브라함은 종합적으로 자신을 히브리인으로 소개하였고 또 노아가 물려준 에벨의 언어인 히브리어를 사용하였음이 창세기 전반적 사황으로 보아 그 언어의 뿌리는 히브리요 에벨이다. 다만 에벨의 다른 이름이 히브리인지 문헌적으로 확실하지는 않으나 아브라함이 자신을 소개할 때 에벨의 자손이라고 소개하기에 매우 적정한 여러 강점과 합리성이 있어 에벨을 히브리로 봄이 적합하다고 볼 수 있다.

창세기에서 아브라함의 행적 중 히브리인이 아닌 사람들과 만남의 예를 보면 ① 애굽 왕 바로는 함 족속이며 바로 왕이 선물로 준 여자 하갈 역시 애굽 사람이며(12장), ② 벧엘과 아이 사이에서 다툰 브리스 사람은 어느 족속인지 밝혀져 있지 않으나 가나안 족속의 한 계열로 보이고(13장), ③ 사웨 골짜기에서 만난 소돔 왕은 함의 자녀들이 세운 성읍의 왕이고 또 아브라함이전쟁 노획물의 1/10을 바친 살렘 왕은 야살의책에서 셈으로 밝히고 있으며, ④ 아브라함의 종인 엘리에셀은 다메섹 사람이며(15장), ⑤ 그랄 땅의 아비멜렉(I, II)은 함의 둘째 아들(미스라임)의 손자인 블레셋 족속이며(20장), ⑥ 막벨라 굴의 소유자인 헷 족속은 함의 아들 가나안의 차남 후손이었다.

이중 특이점은 아브라함과 이삭은 그랄 땅에서 살며 친교를 맺은 아비멜렉 (I)과 그의 아들인 아비멜렉(II) 간에 어떤 언어적 불통이 있었던 것 같지 않고 또 상업적 거래를 하려면 정확한 의사를 교환하여야 하는데 헷 족속에게서 막벨라 굴을 살 때 통역을 사용한 느낌이 없다. 가나안 지역에서 다양한 사람들(롯이 소돔 지방에서 살 때 왕 그돌라오멜 등에게 피납 당할 때 함께 피납된 그 도시의 사람이 아브라함에게 피납 사실을 알린 점 등)과 함께 지낸 점으로 보아 당시 함의 자손들과 언어상의 문제는 크게 없었거나 이중 언어 능력을 갖춘 것으로 보인다. 이때는 아브라함이 우르를 떠난 지 75년 이후 100년 기간이었다. 이중 언어 능력을 갖추었다면 아브라함은 가족에게 가나안 족속의 언어가 아닌 히브리 언어를 썼을 것이 분명하다. 사람의 신분은 언어와 얼굴 모양 등으로 구분하기에 아브라함은 가나안 지역에 들어가 살면서 자신의 신분을 속이고 살 수 없었을 것이다. 자신을 히브리 사람이라고 한 이유가 분명하였을 것이다.

우르 지역에서 발굴된 쐐기문자의 다양한 언어 구조에 따라 만일 셈족인 아브라함과 함족인 가나안 여러 족속 간에 대화가 되지 않을 가능성이 높았다면 아브라함 생애 동안 서로 통역을 사용하였을 것이 당연하나 이상하게 창세기를 보면 넓은 지역을 자유롭게 다니며 거류한 아브라함에게서 불통의 느낌이 없다. 이중 언어 능력이나 언어 구조가 매우 유사성을 갖춘 것으로 보인다. 통역은 요셉이 애굽에서 총리가 된 후 요셉의 형들이 곡물을 사러 와 요셉이 형들을 심문할 때(창세기 42:23) 처음 나오는데 이 시기는 아브라함이 죽은 후 114년이 된 해이고 바벨탑 사건이 일어난 지 241년이 된 해이다. 이로써 시간이 많은 경과한 이때는 애굽 사람과 히브리 사람 간의 언어는 불통이었다는 점을 알 수 있다.

한편, 아브라함이 죽은 후 325년에 출생한 모세가 아브라함이 사용한 히브리 언어가 아닌 다른 언어 또는 새로운 형태의 히브리 언어를 사용할 수 있다는 점에 대하여 살피자. 창세기와 출애굽기에서 야곱의 아들들까지 히브리인으로 소개하는데 이들 3대가 사용한 언어는 히브리 사람인 아브라함이 사용한 언어가 아닌 다른 언어일 수 없다. 아브라함의 6대손[202]이요 야곱의 4대손이요 레위의 3대손인 모세가 아브라함의 언어가 아닌 새로운 히브리 언어를 사용하였다는 주장에는 모순이 많다. 애굽 왕가에서 자란 모세가 완벽한 히브리어를 구사하지 못했다면 애굽 언어와 섞인 일종의 변형어를 사용하였을 가능성을 배제할 수 없다. 학자들은 언어의 엔트로피(무질서도)가 증가한다는 이론과, 이스라엘 자손이 애굽에서 430년을 노예 생활하였다는 주장과, 아브라함이 히브리인으로 소개되었다 하더라도 알 수 없는 옛 히브리어를 사용하였다는 증거를 찾지 못하여 모세가 광야에서 새로운 히브리어의 체계를 확립하였을 것으로 추정한다는 것이다.[203] 그러나 모세가 조상들과 다른 언어를 사용했다는 주장이 가능하지 않은 점을 살피자.

이스라엘 자손이 애굽에서 430년을 거류하였다는 설은 명백히 잘못된 주장으로 실제 210년임을 앞에서 증명하였다. 또 거류 기간 전체를 노예로 살면서 언어가 강제적으로 애굽화되었다는 주장은 잘못된 가정인데 출애굽기 1-2장을 자세히 살피면 거류 기간 중 전반기인 모세가 출생하기 120년 전까지는 노예로 살았다고 볼 수 없고 후반 90여년은 노예화 정도가 심하여 이스라엘 자손을 노예로 부린 것으로 설명되어 있다(이 부분은 제2장 2절에서 자세히 설명하였다). 또 100여 년 동안 노예적 생활을 하면서 애굽인들이 강제로 히브리 언어를 말살하여 애굽 언어로 일체화하였을 것으로 상상하는 주장은 아마도 일본이 조선을 합방하여 언어 일체화 정책을 실시한 사례를 들어 아브라함의 언어인 히브리 언어가 심각히 훼손되었다고 상상하는 듯하다.

그러나 210년 거류설을 부정하거나 혹은 거류 기간 초기 100여 년을 중노동을 하면서 애굽화하였다는 것을 주장하면 창세기, 출애굽기, 민수기 및 역대기 상하의 톨레도트와 관련 기록 및 < 표 3-9-1 >의 개념을 부정하는 것이다. 그러면 210년 중 야곱이 자손들과 애굽 입국 후 사용한 언어가 어느 정도로 분화하거나 변형하였을까 하

202 아브라함(0대)-이삭(1대)-야곱(2대)-레위(3대)-고핫(4대)-아므람(5대)-모세(6대) 순이다.

203 유튜브 온라인 포럼, 조덕영 목사(2011.11.20.), 창세기를 어떻게 해석할 것인가

는 점을 고찰해야 할 것이다. 앞에서 고찰한 초태생비(f)에 의한 가구 구성 등을 상세히 살펴보았다.

이스라엘 자손이 애굽에서 살았다 하더라도 언어 변화가 희박하다는 증거는 모세와 그의 장인 이드로관계에서 확인된다. 이드로는 아브라함의 아내 사라가 죽은 후 새로 얻은 아내(그두라)에게서 낳은 3세손[204](창세기 25장, 표 2-2-5)으로 홍해 건너편 아라비아 서부 광야에 살던 사람이다. 모세는 애굽 왕궁에서 살았으므로 애굽 언어에 능한 사람이며 또한 어려서부터 모친의 품에서 (몇 살까지인지 알 수 없으나 야살책 71장 1절은 18세 청년 시절에 부모집[205]을 방문하였다고 한다) 자라 히브리어를 사용할 줄 아는 사람이었다. 또 이드로가 근거리에 있는 강대국의 애굽 언어를 사용할 수도 있었을 것이고 또한 아브라함의 자손이므로 아브라함이 쓰던 언어를 사용할 줄 아는 사람이었을 것이다. 모세가 이드로의 집에서 오랫동안 머물며 이드로와 소통하고 그의 딸과 결혼하게 된 경우와 출애굽 후 이드로와 그의 아들 호밥이 모세를 찾아 여러 조언 등을 한 점으로 보아 언어의 소통이 자유로웠다고 봄이 적합하다. 이런 점에서 모세와 이드로가 쓰는 언어는 아브라함이 쓰던 공통 언어는 히브리 또는 애굽 언어로 볼 수 있다.

여기서 야살의책을 인용하여 위 합리적 가정과 추정을 검토해 보자. 이미 본 고찰에서 여러 차례 야살의책을 인용하여 여러 내용을 설명했듯이, 아브라함은 노아와 셈의 집에서 유소년과 청년기 39년을 지냈으며, 아브라함은 이삭을 모리아산에서 제사 드린 후 37세의 이삭을 셈과 에벨의 집으로 보내 3년을 거주하도록 하였고, 이삭은 18세인 야곱을 셈과 에벨의 집에서 32년을 교육받도록 하였다는 것이다.[206] 또 야곱은 에서의 살해 위협을 피해 에벨의 집에서 14년을 지냈다. 흥미로운 점은 이삭이 젖을 뗀 2살 생일에 셈, 에벨, 데라(이삭의 할아버지로 하란에 거주), 나홀(아브라함의 형), 아비멜렉 왕이 축하연에 참석하였다는 것인데(창세기 21:8, 표 4-3-1) 지금부터 약 3,882년 전에도 오늘과 같은 가정의 아름다운 잔치가 있었다는 것이다. 이런 기록에서도 그들의 언어가 수백 년간 지속적으로 유지되었음을 엿볼 수 있다.

---

204 아브라함(0세)-미디안(1세)-하녹(2세)-이드로(=르우엘, 아브라함의 3세) 순이다.

205 모세의 모친 요게벳이 모세를 130세에 모세를 낳았으므로 모세가 18세 때 요게벳의 나이는 148세였는데 살아 있을 수 있는 나이이다. 요게벳은 레위가 낳은 딸이기 때문에 수명이 130세 정도를 산 세대이다. 다만 부친 아므람은 레위의 손자로 137세를 살았고 몇 살에 모세를 출산하였는지 알 수 없으나 모친인 요게벳보다 매우 어린 사람이기에 살아 있었음이 확실하다. 따라서 모세 18세에 양친이 모두 살아 있었을 것이 거의 확실하다.

206 이런 점과 아브라함이 롯을 구할 당시 셈과 에벨은 예루살렘에 함께 살았기에 자연스럽게 아브라함을 에벨인 히브리 사람이라 했을 것이고 또 그 땅을 히브리 사람의 땅(창세기 40:15)이라고 했을 것이다.

요약하면 창세기, 출애굽기, 민수기 및 역대기상하의 톨레도트 및 인구 분석 등에 따른 전제와 추론 및 사례 등으로 보아, 아브라함이 쓴 언어는 노아, 셈 및 에벨이 쓴 순수한 (히브리) 언어일 것이다. 또 모세오경의 최초 언어는 당연히 히브리 민족 약 220만 명에게 신앙 교육과 문서인 율법서를 집필하였기에 모세가 다양한 언어를 구사할 수 있었다 하더라도 통일된 단일 언어인 히브리 언어를 사용할 수밖에 없었을 것이다. 모세는 율법서를 언약궤 옆에 두었다 하였으므로 이스라엘 백성이 이해할 수 있는 히브리어로 쓴 것이었을 것이다. 다만 모세가 사용한 언어는 노아, 셈 및 에벨이 쓴 언어일 것이나 약간의 하란 지방, 가나안 지방 및 애굽 지방의 용어를 차음(借音) 내지 편입할 수 있었을 것이며 선조들이 쓴 언어 골격은 변치 않았다고 봄이 타당하다.

오히려 솔로몬 이후 바벨론과 앗시리아에 망한 이스라엘 민족의 언어 구조가 애굽 거류 기간보다 더 긴 시간 동안 여러 나라의 이민족 속에서 분산하여 살았기에 심한 언어 변화가 있어 당초의 전해진 히브리어 언어와 글(성경)이 이때 새로이 작성되면서 변화된 언어로 작성될 수 있다는 추정과 연구 결과를 배제할 수 없을 듯하다. 언어학적으로 아브라함과 모세가 사용한 언어를 발굴할 가능성은 매우 희박할 것이다. 셈, 에벨, 아브라함, 모세 등이 사용한 당시의 (히브리)단어를 찾아 언어학과 신학으로 고증하는 일은 매우 어려워 보인다. 몇몇 단어의 변화 과정은 언어학적으로 어떻게 유사하고 변화하였는지 알 수 있겠으나 노아가 쓴 언어가 모세까지 내려왔다는 본 고찰의 주장은 고고학적 근거가 없다고 하겠으나 이는 창세기, 출애굽기, 민수기 등에 나타난 톨레도트와 이상에와 같이 여러 내용을 종합하면 시사점이 많고 합리성이 매우 높을 것이다.

성경 중 최초로 작성된 창세기와 출애굽기는 매우 특별한 소수의 가족과 혈연공동체에게 전달된 문서와 기록으로써 원본을 고고학적으로 발굴하기 어려운 것은 아브라함과 그 후손이 창세기의 묘사대로 국가적 안정성과 큰 민족의 형태를 갖지 않고 하나의 족장으로서 가나안에서 목축업과 애굽 지역에서 목축업 또는 농업으로 유리하는(sojourning) 형태로 생활하였고 그 후 많은 시련과 민족 분산이 있었기 때문이나, 노아가 물려준 언어 즉 히브리어는 비언어학적 논리인 인간이 가진 관습과 전통에 의한 문화(특히 신앙)의 공유와 전달이라는 관점에서 보면 그리고 하나님께서 특별히 이 점에 관여하시어 하나님께서 선택하고 예정한 사람들에게 하나님의 뜻을 전달하고 보전하도록 하심으로써 아담의 언어일 가능성이 매우 높다.

제 4 장

하나님의 인격성: 아브라함과 믿음을 중심으로

- 믿음은 바라는 것의 실상(實狀) -

(히브리서 11:1)

4-1. 아브라함 출생과 가계 개요

4-2. 수메르 지역과 아브라함의 방랑 개요

4-3. 교육, 전통 계승과 신앙 개요

4-4. 죄악의 일상화

4-5. 노아의 만취

4-6. 바벨탑 사건

4-7. 고대 메소포타미아 지역의 인구와 바벨 성읍 건설

4-8. 언어 분화와 민족 분산

4-9. 젊은 아브라함의 삶: 우르에서 가나안으로

4-10. 아브라함의 가나안 이주 배경

4-11. 아브라함의 가나안 정착

4-11-1. 1차 정착과 주요 사건 4-11-2. 2차 정착과 주요 사건

4-11-3. 멜기세덱의 축복 4-11-4. 횃불언약

4-12. 아브라함의 삶의 분리

4-13. 믿음에 관한 인식론과 신앙

4-13-1. 믿음과 행위 4-13-2. 현대 사상과 종교의 기원

4-13-3. 서양 사상과 과학의 믿음 4-13-4. 불교의 믿음

4-13-5. 유교(유학)의 믿음 4-13-6. 기독교의 믿음

4-13-7. 믿음의 모습 4-13-8. 믿음의 형성

4-13-9. 이삭의 믿음

4-14. 믿음의 행위론

4-15. 믿음과 인공지능(AI)

4-16. 하나님의 인격성(결론)

- 요약 -

아브라함은 약 4천 년 전 BC 20세기 초 수메르 문명 말기 페르시아만 근처 우르에서 출생한 사람이다. 그는 창세기 11장에 노아의 10대손으로 처음 등장하여 12장에 75세에 가나안으로 가는 장면이 소개된 후 175세로 가나안에서 죽기까지 100년의 삶이 다소 상세히 신앙을 중심으로 묘사되었다. 다윗과 예수님도 아브라함의 혈통이며 예수님께서 죽은 거지 나사로가 천사들에게 받들려 하늘나라 아브라함의 품에 있음(누가복음 16장)을 인용할 만큼 아브라함은 성경에서 매우 중요한 인물이다. 역시 역사적으로도 그 영향력이 아직도 크다.

아담 이후 하나님께서는 쓸만한 사람을 준비시킬 때 사람의 방법이 아닌 하나님께서 택정한 「씨」를 택하시는데, 장자도 아니고 외모도 아니고 지식도 아니며 부모가 훌륭한 사람의 아들을 선택하는 것도 아닌 듯하다. 노아의 직계 장손도 아닌 9대손 데라의 셋째 아들인 그를 하나님께서 하나님의 사람으로 선택한 방식이 창세기에 명확히 소개되어 있지 않으나 하나님께서 연단을 거쳐 그를 드러내고 그를 신앙의 모범으로 삼는다는 점 이외 개인적 삶이 자세히 소개되어 있지 않아 창세기로만 보면 신비한 사람이다.

아브라함 개인의 삶과 신앙의 삶을 보면 한 사람의 실존적 고뇌가 드러나며 전체적 보면 아브라함의 삶은 매우 무거웠다. 50살에 그의 질녀와 결혼한 그는 사랑하는 아내가 불임으로 결혼 후 50년이 지나 하나님의 도움으로 100세에 외아들 이삭을 얻을 때까지 본처의 자식이 없어 방황하였고 육신으로는 가나안에 이주 후 115년 동안 가나안 족속들이 선점한 지역의 틈새에서 장막을 치며 목축으로 돌아다니는 방랑을 하며 평생 눈치보며 살았다. 더구나 하나님께서 70세에 계시하기를 아들이 있을 것과 자손들이 400년간 이방 땅에서 유리할 것이라고 알려 주었으니 심사가 복잡했을 것이다. 이런 아브라함에게 하나님께서 자주 나타나서 돕고 격려하고 언약을 맺는데 이로 인하여 하나님을 의지할 수밖에 없는 삶을 살았음이 분명하다. 그의 부모형제는 약 800km 북쪽 하란에 거주하였기에 심리적으로도 위안 받기 쉽지 않은 가운데 가나안 땅에서 목축업으로 생계를 유지하였다. 아내 사라를 통해 이삭을 낳기 전 애굽왕이 준 사라의 몸종 하갈을 통해 이스라엘을 낳았으나 갈등으로 헤어져 살았고 사라가 죽은 후 새로 아내 그두라를 얻는 등 세 아내로부터 총 여덟 아들을 두었다. 하나님께서 물질적으로 축복하였고 성격적으로도 대범하여 가나안 족속들과 무리 없이 지낸 편이었으나 평생 불안하고 무거운 삶을 살았다.

신앙으로 보면, 하나님의 일방적 선택으로 말미암아 아브라함의 실존은 개인적 욕망과 선택에 의한 삶이 아니라 하나님의 선택과 의지의 삶으로 나타난다. 아브라함을 믿음의 조상이라 하고 또 하나님을 믿는 그를 의롭다고 여겨(以信稱義) 믿음의 원형로 삼으나, 하나님의 벗(이사야 41:8)인 아브라함의 삶에 나타난 하나님의 인격성에서 사람의 신앙과 하나님의 인격성을 볼 수 있다. 사람은 하나님을 볼 수 없고 알지 못하여 사람에게 나타난 하나님의 신성(神聖)을 직접 알지 못한다. 따라서 하나님의 역사성과 유사하게 하나님의 인격성이란 하나님의 의지가 사람에게 작용하여 그 결과로 하나님께서 사람을 통해 사역하신다는 점을 이해할 수 있다. 아브라함처럼 우리도 같은 방식으로 하나님의 인격이 우리에게 실행되도록 우리를 신앙해야 한다는 점을 이해해야 하며 그 점이 우리에게 요구하는 하나님의 인격성이다. 「하나님의 사람(여호수아 14:6, 열왕기상 13:11, 욥기 2:1, 로마서 9:26, 갈라디아서 3:26)」이란 사람의 뜻이 아닌 하나님의 뜻이 사람에게 나타나 그 뜻대로 하나님의 삶을 대신 산 사람임을 아브라함 생애에서 알 수 있다. "*나더러 주여 주여 하는 자마다 천국에 다 들어갈 것이 아니요 다만 하늘에 계신 내 아버지 뜻대로 행하는 자라야 들어가리라* (마태복음 7:21)"는 말씀의 그 의미가 명확히 드러난다.

제 4 장. 하나님의 인격성: 아브라함과 믿음을 중심으로

4-1. 아브라함 출생과 가계 개요

이 제4장 전체에서는 노아 대홍수 후도 대홍수 전과 같이 집단적 또는 개인적 사람의 행동과 행태와 심리가 유사하게 반복되는 현상이 죄로 나타나며 이 죄를 역사적으로 해결하기 위해 하나님의 새로운 방식의 사역이 아브라함을 통해 새로이 시작된다는 점을 설명하고자 한다. 아브라함을 이해하기 위해서 고향을 떠나 어려운 삶을 산 사람이라 전제해야 한다. 아브라함의 일상적 삶에 나타난 여러 약한 모습이 드러나나 그가 수메르 문명 말기에 메소포타미아 도시 우르에서 나와 왜 가나안으로 이주했느냐와, 하나님과의 관계에서 하나님은 아브라함을 어떻게 대했느냐와, 아브라함은 어떤 방식으로 하나님을 의지하였느냐에 초점을 맞추어 창세기와 야살의책에서 그의 출생부터 살펴 보았다. 또 아브라함은 역사적으로 신학적으로 노아와 예수 그리스도를 잇는 중간자(the mediator)임과 서양 사상의 한 축인 사람임을 기억할 필요가 있다.

대홍수 전 사람의 문제는 ① 하나님에 대한 사람의 불신과 배신 즉 불순종의 죄에서 시작하여 ② 사람과 사람간의 반목과 악행이 점점 심해졌고, ③ 또 사람의 죄가 자연생태에 끼친 악영향이 있었으며 여러 죄악이 증폭되어 결국 ④ 하나님의 진노가 대홍수로 마감되었다. 즉 하나님과 사람, 사람과 사람, 그리고 사람과 자연과의 문제를 원역사에서 다루고 있다. 자세히 묵상하지 않으면 그 심각성을 이해하기 쉽지 않다. 이러한 인간의 문제가 대홍수 이후에도 반복되었음을 직시해야 한다. 창세기 11장이 등장한 성경 전체 구조는 그 문제가 계속되다가 340년이 지나 바벨탑 사건을 정점으로 하나님의 진노가 있음을 간단히 설명한 후 창세기 12장에 갑자기 아브라함을 등장시켜 예수님까지 이어 가는 매우 긴 흐름과 구조이다. 그러나 사람 자신이 자신을 속이는 비양심이나 정신적 내면의 다양한 갈등, 불안 등은 창세기에 잘 나타나지 않으나 창세기 외 다른 성경에서는 이 문제를 신학적·심리적·영적으로 자세히 다루고 있다.

창세기에서 보다 실제 수메르 문명의 발굴 기록을 살피면 정신적 부패와 타락이 극심했음을 알 수 있다. 앞에서 이에 관해 약간의 예시를 하였는데 메소포타미아 여러 도시에서 발굴된 당시의 쐐기토판 문서를 보면 수메르 문명이 발전하였으나 부패와 타락의 정도가 심하였다는 것을 알 수 있다. 이 부패와 타락한 사회에서 특히 하나님을 저버린 인간들 속에서 한 사람 아브라함을 꺼내어 하나님의 긴 구속사(救贖史)[207] 를 펼친 사건이 아브라함을 이해하는 배경과 초점이다. 아브라함의 전 생애를 이해하는 배경은 심각한 「인간의 타락」이다. 이를 깊이 이해하지 못하면 하나님께서 강제로 아브라함을 우르에서 가나안으로 나오게 한 목적을 이해하지 못한다.

노아 대홍수 후 노아의 후손이 번창하여 화려한 문명을 이룩한 즈음 하나님을 배반하고 대적하여 건설한 바벨탑은 파괴되고 하나님께서는 언어의 혼잡으로 수메르 문명을 심판하여 사람들

---

207 하나님 입장에서 구속이요 사람의 입장에서는 구원이다.

을 여러 곳으로 흩으신다. 이즈음 아담 출생(AM) 후 2천 년이 되는 해에 하나님께서 아브라함에게 우르에서 가나안으로 가라고 명하셨다. 아브라함이 가나안에 도착한 후 1,900년이 지나 예수님께서 가나안 땅 베들레헴에 탄생하시고 예루살렘 모리아산에서 모든 사람의 죄를 위해 죽으시고 부활·승천한 후 앞으로 재림하셔 낙원을 회복하려는 하나님의 원대한 섭리인 구속사 즉 하나님의 사람에 대한 사랑인 하나님의 인격성을 살펴보는 구체적 시작이 아브라함이다.

사람으로서 아브라함 성격과 인성이 창세기에 드문드문 나타난다. 신앙인인 셈족이 이방신을 믿는 함족 가운데 들어가 살아남기 위한 인간의 전략적 행동과 생각이, 가장 신분으로서의 처신과 대범함과 전략이, 이웃과 가족에 따뜻한 정과 배려가 소개되어 있다. 가나안에서 100년간 살면서 여러 차례 큰 실수를 하는 가운데 하나님의 인도를 따르는 그의 믿음이 지적인 믿음이라기보다 하나님 말씀에 따라 행동하는 신앙과 믿음이라는 점을 간과하여서는 아니 된다.

성경에서 초고대 역사의 두 분기점은 노아 시대 대홍수와 바벨탑 사건 두 가지이다. < 표 1 >을 보면, 첫 분기인 노아 대홍수는 아담 후 AM 1,656년(BC 2,253) 아담의 9대손 노아 600세 되던 해에 일어났다. 이 분기는 자연생태와 인류의 멸절이었다. 둘째 분기점은 바벨탑 사건으로 대홍수 후 340년이 지난 AM 1,996년(BC 1,913)에 일어났다. 아브라함은 아담의 19대손이고 노아의 10대손으로 바벨탑은 그가 10세에 건설되기 시작하여 48세 파괴되었다. 그리고 바벨탑 파괴 4년 후 52세 아브라함이 AM 2,000년에 우르를 탈출하였다. 아브라함의 출생, 바벨탑 사건 및 아브라함의 우르 탈출은 아담 출생과 예수님 출생 중간 시기이며 수메르 문명이 멸망한 시기이다.

아브라함은 수메르 지역 우르에 살다가 50세에 형의 딸과 결혼하여 52세에 우르를 떠나 하란을 거쳐 가나안에 최종 75세에 정착하였다. 아내의 몸종 하갈로부터 86세에 첫아들 이스마엘을 낳고 아내 사라로부터 100세에 둘째 아들 이삭을 낳는다. 아들 이삭은 아브라함이 둘째 고향으로 여기는 하란에 거주하는 아브라함 형 나홀의 손녀 리브가를 40세에 아내로 맞이하여 손자인 쌍둥이 에서와 야곱을 얻는다. 63세 야곱은 아버지와 형을 속여 장자권을 뺏은 후 형의 살해 위협을 피해 하란에 있는 외삼촌 라반의 집으로 77세에 피신해 20년을 지내며 외삼촌의 두 딸과 딸들의 두 몸종을 통해 열두 명의 아들과 부를 얻는다(표 2-5-1). 하란에서 가나안으로 돌아온 야곱이 가나안에서 10년을 살던 중 야곱 몰래 그의 11번째 아들 요셉(17세)을 10형제가 애굽으로 가는 상인에게 팔아 애굽에 종살이하였다. 꿈 해석에 능한 요셉은 바로 왕의 꿈을 해석하여 30세에 총리가 되었고 가나안에 심한 흉년으로 애굽에 식량을 구하러 가서 요셉을 만나 온 형제와 야곱이 그의 모든 식솔들과 애굽으로 이주하여 그의 후손이 210년간 살며 번창하였다. 번창한 후손이 애굽 왕과 그의 사람에게 탄압을 받자 야곱의 4대손인 모세와 그의 형 아론이 그들을 이끌고 애굽을 탈출하였다.

한편, 앞 제2장 9절에서 자세히 설명했듯이, 아브라함은 10대 선조 노아와 9대 선조인 셈과 함께 동시대를 산 사람이며 이삭은 셈과 7대 선조인 에벨과 함께, 야곱 역시 셈과 에벨과 함께 지낸 사람이다. 노아의 아들인 셈은 야곱이 50세 때 사망하였다. 따라서 아브라함, 이삭 및 야곱은 복수(6-8대)의 선조들과 함께 살며 그들의 생애와 여러 사건에 관하여 생생한 이야기를 듣고 자랐을 것이고 그들의 영향력이 컸을 것이다. 특히 아브라함부터 야곱까지 그들은 유년기부터 복수의 조상들에게 생생한 교육을 직접 받고 자랐다. 선조들의 자손 교육에 대하여 창세기는 설명하지 않고 있으나 이 점에 유의할 필요가 있다. 성경의 족보는 또 다른 교과서이며 교육인 점이 분명하다. 우리나라의 뼈대 있는 가문의 족보와 문중 전통의 계승 교육과 유사하나 그들은 족보(톨레도트) 속에 상세한 역사 자료와 하나님의 계시를 갖고 있었다. 참고로 본 장은 창세기를 기준으로 하되 가나안 도착 전 행적은 야살의책에 기록된 내용이 많기에 생소할 것이다.

4-2. 수메르 지역과 아브라함의 방랑 개요

우르의 고고학적 발굴로 아브라함이 메소포타미아(=시날, 갈대아)를 지나는 두 강 유브라데스와 티그리스 강 하류 지역인 수메르의 「우르」[208]에서 태어나고 살았다는 것이 확인되었다 (그림 4-2-1). 아브라함이 우르에 거주하게 된 동기는 정확히 알 수 없으나 노아의 방주가 아라랏산에 정박한 후 그 후손들은 근동과 중동지방의 비옥한 초승달 지역에 몰려 산 것은 확실하다. 창세기 11장 2절에서는 동방으로 점점 이동하였다고 기록하였다. 노아와 그의 셋째 아들 셈의 자손들이 유브라데 또는 티그리스 강을 따라 비옥한 우르 근처로 동남쪽으로 남하하여 생활한 것으로 보인다. 외경에 아브라함의 할아버지인 「우르(=나홀)」가 그의 이름 따서 「우르」라는 성읍을 세웠다고 하므로 아브라함이 우르에서 태어난 이유가 될 것이다. 그러나 튀르키예 이슬람교인은 아브라함의 출생지가 하란 근처에 있는 「산리 우르파」라고 믿고 있다.

아브라함 부친 「데라」[209]는 노아 세 아들 중 막내아들 셈[210]의 셋째 아들 아르박삿의 7

---

208 야살에책에 소개된 「우르」의 다른 명칭인 「카스딤」은 현지 명칭이거나 히브리 명칭인 듯하다.

209 야살의책 7:43, 9:21. 여호수아 24:2에서 추측하여 데라가 우상 판매상이라 잘못 알려져 있다.

210 창세기 5:2 등에 노아의 세 아들 이름을 셈, 함, 야벳 순으로 기록하고 있어 다수설은 셈을 맏아들로 분류한다. 그런데 히브리 원문 창세기 10:21의 해석을 두고 야벳이 맏아들이라 해석하여야 한다. 야살의책 7장과 10장에서 노아 아들의 기술 순서를 야벳, 함 및 셈으로 순서를 정하였고 5장에서 노아가 498세에 혼인하였고 낳은 맏아들을 야벳(뜻: 창대케 함)이라 하고 혼인 4년 후 낳은 다음 자녀를 셈(뜻: 남은 자)으로 하고 있는데 함이 중간인지 막내인지는 분명하지 않으나 세 아들을 묘사할 때 중간에 두어 차남이 확실하다. 야벳의 후손은 주로 유럽지역에, 셈의 후손은 주로 메소포타미아 지역에, 함의 자손들은 근동, 중동 및 아프리카 지방에 퍼져 거주하였다.

대손이다. 데라보다 약 31년 늦게 태어난, 당시의 절대 권력을 가진 왕 「니므롯」은 노아 둘째 아들 「함」의 네 아들 중 「구스」가 낳았고, 왕이 되어 도시국가인 시날 평지에 신도시 바벨을 건설하면서 탑을 세웠다. 아브라함 아버지 데라가 이 도시국가의 군대장관[211]으로 발탁되었기에 아브라함은 우르(또는 바벨)에서 거주하였을 것이다. 이 니므롯은 추후 시날에서 여러 성읍을 건설하고 북쪽 지방까지 여러 도시를 정복하여 세워 큰 권력을 갖은 왕이 되었다.[212] 니므롯은 아브라함 출생 시 아브라함이 왕이 될 것이라는 하늘의 징조와 꿈을 해석하여 아브라함을 세 차례 죽이려 하였다. 결국 니므롯의 악정과 살해 위협에 못 이겨 바벨탑 사건 4년 후 52세 아브라함은 부친 데라를 설득하여 데라는 아브라함을 포함하여 자손들을 데리고 우르를 떠나 하란에 도착하게 된다 (창세기 11:31-12:4 및 야살의책 7장에서 12장).

아브라함은 부모형제와 함께 유브라데강 최하류 지역의 고향 우르를 떠나 유브라데강 서북쪽 최상류 지역인 북쪽 현재 튀르키에 동남부 도시 「하란(Harran)」[213]으로 약 1,000km를 이동하여 3년을 거주하던 중 하나님의 명령으로 55세 때 아브라함은 아내와 함께 남쪽 약 800km를 이동하여 가나안으로 내려간다. 가나안 헤브론 마므레 평원에서 15년을 주로 살다가 부모형제가 사는 하란을 방문한 70세의 아브라함은 5년간 지내던 중 하나님의 재촉으로 75세에 그의 조카 롯 등 72인의 식솔을 데리고 가나안으로 돌아오고 부친 데라와 그의 자손은 하란에서 살았다 (창세기 11:27-32 및 야살의책 13:20-28).

창세기 24장 4절에, 부모와 멀리 떨어져 살던 아브라함이 가나안 지방에 거주할 때 40세된 그의 아들 이삭의 아내를 얻고자 할 때 그의 늙은 종에게 설명하기를, 자기가 거주하고 있는 가나안 지역 여성이 아니라 「내 고향(my country) 내 족속(my kindred)」에 가라고 하는데 이곳이 하란에 있는 형 나홀[214]이 사는 나홀성이다. 아브

211 야살의책 7:41

212 똑똑한 니므롯이 최초의 도시국가를 세운 큰 왕 또는 큰 용사(창세기 10:8)가 된 여러 배경으로 야살의책이 소개하길, 하나님이 만들어 준 아담과 하와의 가죽옷은 에녹과 므두셀라(야살의책 7:2-26)를 거쳐 노아가 물려받았는데 니므롯의 할아버지인 함이 방주를 나올 때 노아에게서 몰래 훔쳤고 이 옷을 아들 구스에게 구스는 다시 아들 느므롯에게 주었다. 니므롯은 이 가죽옷(창세기 3장21절)을 입고 권세를 얻게 되었다고 기록하고 있다(야살의책 제7장 노아의 족보 중에서). 그러나 역사적으로 수메르 지역의 도시국가 왕 중 누가 니므롯인지에 대하여 고증이 이루어지지 않고 있다. 야살의책 제7장에서 아담과 이브가 죽을 때 이 옷은 아담의 6대손인 에녹에게 전해졌다 하고 에녹이 하늘로 승천하기 전에 그의 아들 므두셀라에게 므두셀라는 다시 노아에게 전해졌으며 노아가 방주에 보관 중이던 이 옷을 그의 아들 함이 훔쳐 보관하다가 그의 아들 구스에게 주고 구스는 최종 니므롯이 20세 되었을 때 주었다는 것이다. 이후 이 가죽은 아브라함의 아들 에서가 취한 것으로 야살의책은 기록하였다 (야살의책 28:10).

213 도시명 「하란」은 아브라함의 아버지가 머물 때 우르에서 사망한 맏아들 「하란」을 기억하여 작명한 것으로 보인다.

214 나홀은 데라 아버지 나홀에서 차용하여 작명하였고 데라 아들 하란이 낳은 딸 사래(사라)인 이스가(창세기 11:29)는 데라 어머니 이름을 차용하였다(이동진 편역(1998), 제2의 성서 아포크리파 구약시대, p 250).

라함의 아들 이삭은 아브라함 형(창세기 11:27, 24:15)[215]인 나홀의 아들 브두엘의 딸 리브가를 데리고 와서 5촌간 근친혼을 하였다. 가나안에 있는 아브라함은 고향을 하란으로 생각하고 있던 것은 그의 부친 묘소가 있고 그의 혈족들이 살기 때문으로 보인다. 우리말 「고향」은 태어나고 자란 의미가 강한데 우리말 성경이 하란을 고향으로 번역한 것에서 아브라함이 태어난 곳이라는 오해를 야기하나 우르가 출생지였고 하란을 제2의 고향으로 여겼다. 이삭의 아들 야곱 역시 부모 권유로 하란에 거주하는 외삼촌에게 가서 그의 두 딸과 두 딸의 몸종을 아내로 삼았다.

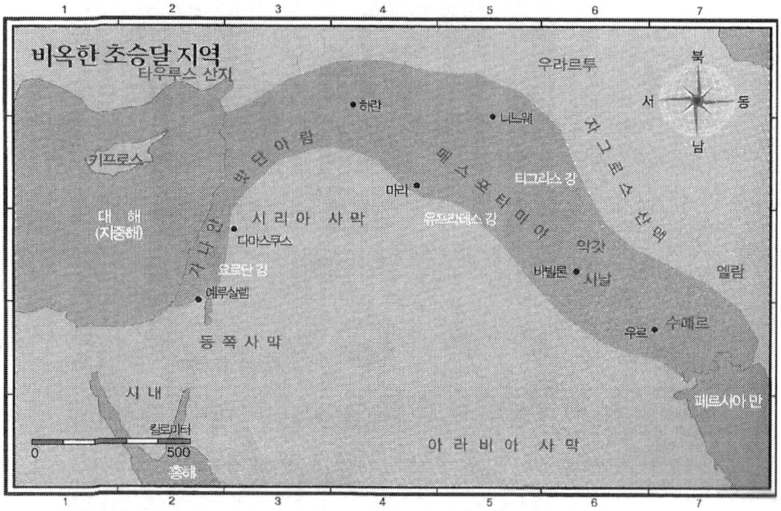

< 그림 4-2-1 > 고대 근동 비옥한 초승달 지역[216]

창세기 11장 31절 - 12장 5절에서 아브라함이 우르를 떠나 하란에 머문 후 「하나님의 말씀을 좇아」 75세 때 고향 하란을 떠났다고 기록하였고 사도행전 7장 2-4절에서 스데반은 "*하란에 있기 전 메소보다미아에 있을 때에 영광의 하나님이 그에게 보여 가라사대 네 고향과 친척을 떠나 내가 네게 보일 땅으로 가라*"고 하고 이어 "*하란에 거하다가 그 아비가 죽으매 하나님이 그를 거기서 너희 시방 거하는 이 땅으로 옮기셨느니라*"라고 하였다. 스데반의 이 설명은 창세기에 없는 내용으로 그는 다른 글(scripture)을 인용하여 설명하고 있으나 창세기는 우르를 떠나 하란에서 머물렀고 이후 하란에서 아브라함은 롯과 하란에서 얻은 사람과 「하나님 말씀을 좇아」 가나안 간 것만 단순히 묘사하고 구체적 시간 흐름은 생략하였다. 창세기와 사도행전의 공백

215 우리말 창세기 26장은 동생으로 번역하나 KJV는 단지 brother로 번역되어 있고 야살의책은 나홀이 아브람의 형으로 기록되어 있다. 야살의책 7:22에 의하면 데라 38세에 하란과 나홀을 낳았다고 하여 쌍둥이로 추정된다. 같은 책 7:51에 데라 75세에 아브라함을 낳았다고 하였다.

216 에스라성경지도/선도(2014), 출판사 그리스도 예수 안에, p12.

을 야살의책에서 상세히 살필 수 있다. 야살의책에 의하면, 52세 아브라함은 아버지에게 왕 니므롯을 피해 우르를 떠나 가나안으로 갈 것을 설명 및 제안[217]하였다. 이 제안을 노아와 셈이 권고함으로써 그들이 우르를 떠나는 배경을 설명하고 있다.

< 사진 4-2-1 > 우르에서 발견된, 왕실 무덤 유적, 조각, 신상, 황금 기타, 전쟁 등을 기록한 자개 수공품의 전면과 후면[218]

우르를 떠나 하란을 거쳐 최종 가나안으로 이주한 아브라함의 행동으로 그의 후손들은 사울 왕이 최초의 이스라엘 왕이 되기까지 하란, 레바논, 이집트, 사우디아라비아, 요르단 및 가나안 지역의 이민족의 국가들 사이 빈 땅에서 또는 이민족 국가 영역에서 국가 없는 부족으로 약 1천 년을 장막을 치며 방랑하였다. 실제 아브라함부터 야곱

217 아브라함의 설명과 제안에는 기독교인의 본질적 신앙 고백인 웨스터민스터 소요리문답 신앙고백 1문에 해당하는 선언과 동일한 내용을 담고 있다(이 책 4장 10절에서 상술). 이 위대한 진리를 하나님께서 아브라함을 통해 오래 전에 선언하셨다! 그리고 지금도 그의 고백이 우리의 고백을 통해 놀랍고 감사하게 동일하게 실현되고 있다!

218 대영박물관에 보관 중인 '우르의 깃발(Standard of Ur)' 수공예품. 앞면에는 평화의 모습 뒷면에는 전쟁의 모습을 그린 작은 목곽 상자로서 1927년 레오날드 울리(Leonard Wholley)가 우르에서 발굴.

까지 약 300년간 가나안 일대에서 목축으로 외로운 부족으로, 그리고 야곱의 후손들은 애굽에서 210년간 이방인과 노예로서, 그리고 광야와 가나안에서 사울 왕을 세울 때까지 약 400년을 방랑과 전쟁을 했으니 약 1천 년을 이민족의 틈새에서 눈치보고, 지배 당하고, 싸우며 긴 방황 생활하였다.

4-3. 교육, 전통 계승과 신앙 개요

< 표 1 >에서 보듯이 930년을 산 아담은 그의 9대손 노아를 제외하고 8대손까지 함께 살았던 사람이다. 960년을 산 노아는 그의 10대손인 아브라함까지 함께 살았다. 이 점은 아담이 거의 일천 년을 살면서 그들의 9대 또는 10대손에게 그의 영향력을 미치고 또 그들에게 산 교육 시켰음을 의미한다. 출산, 결혼, 위독한 병, 사망 등과 같은 중요한 가정 일에 자녀들이나 후손들이 함께 하였음이 당연한 일상사였을 것이다. 중요한 결정에 대하여 선조와 상의하였을 것이다. 창세 후 3-4세대 또는 노아 대홍수 후 3-4세대 동안에는 인구가 적었고 또 가까이 살았기에 한 가족으로 살았을 것이다.

창세기에는 에녹을 제외한 평균 수명이 912년인 선조가 후손들에게 교육하거나 가까운 혈족 간 모임을갖거나 서로가 축하와 위로를 행한 기록이 창세기 21장 8절의 이삭의 이유식 날 잔치를 가졌다는 기록 이전까지 전혀 없으나, 야살의책에는 이러한 설명이 여럿이다. 특히 게난, 에녹, 므두셀라, 노아 등과 같은 사람은 신앙적이고 윤리적이며 하나님을 향한 신앙 교육을 실시한 예를 소개하고 있다. 아담에서부터 노아 전까지 교육적 경험과 정보는 결국 노아에게 전수되었을 것이다.

야살의책에 노아는 그의 셋째 아들 셈과 함께 평생 살았던 정보를 기록하고 있는데 아브라함은 노아와 셈에 집에서 39년 교육을 받았으며, 노아가 죽은 후 셈은 그의 아들 에벨과 함께 살면서 아브라함은 그의 아들 이삭을, 그리고 이삭은 그의 아들 야곱을 셈과 에벨의 집에서 오랫동안 또는 수년간 지내도록 하였다. 주로 신앙 교육을 위해 또는 삶에서 어려운 일을 당했을 때 여러 차례 보낸 것으로 설명한다. 아브라함, 이삭, 야곱의 삶과 신앙을 선조들에게서 물려받고 또 선조들은 후손에게 당연히 베풀어야 할 교육적 의무에 행한 창세기에 없는 내용을 야살의책은 구체적으로 설명하며 오늘날과 같이 선조의 후손 교육의 중요성을 엿보게 한다.

아브라함, 이삭 및 야곱 등은 배우자를 매우 가까운 혈족에서 선택한다. 물론 이들 중에도 셈족이 아닌 첩을 통해 후손을 낳은 경우도 있으나 성경 상의 적자(嫡子)들은 혈족 간 혼인을 통해 얻는다. 아담 이후 약 2천 년 동안 근친혼이 자연스러운 풍습이었던 것으로 보인다. 정치적 또 종교적으로 매우 혼란한 시대에서 살았던 소수의 사람은 하나님에 대한 신앙을 지키기 위해 근친혼을 택한 것으로 보인다. 하나님 이외의 신을 경배하는 사람들과 혼인을 하지 말 것을 성경, 야살의책 및 외경은 기록하고 있다. 이는 아담부터 이어지는 믿음의 전통으로써 주(主)를 경외한 선조들의 교육, 유언과 경고에 근거하고 또 소수의 사람에 의해 그 전통이 계승된다.

< 표 4-3-1 > 고대 대족장의 후손에 대한 교육과 소통 등

대족장	교육 내용	비고
게난 (아담 3대손)	지혜로 영들과 마귀를 다스림, 일어난 일을 돌판에 새겨 보물창고에 둠	야2:11-13
에녹 (아담 6대손)	왕으로 243년간 지혜와 지식과 주의 길을 가르침, 승천하기 전 80만 명이 따름	유다서 1:14 야3:9-12, 32
므두셀라 (아담 7대손)	에녹 대신 므두셀라가 왕이 되어 지혜와 지식과 하나님 경외를 교육	야4:1-3
노아 (아담 9대손), 셈 (노아 아들)	- 노아가 세 아들에게 축복하고 유언함 - 노아와 셈이 그들의 집에서 아브라함을 10세부터 49세까지 주의 길을 가르침 - 52세 때 아브라함이 니므롯의 살해를 피해 노아와 셈 집으로 피신 시 가나안으로 가라고 조언 - 아브라함 58세에 노아 사망(950세)	창9:25-27 야9:5-6 야12:69 야13:9
셈, 에벨, 데라 등	아브라함 78세 때 조카 롯이 엘람 왕 4개 연합국에 피납 후 이들과 전쟁하여 이겨 롯을 구출하고 셈에게 십일조를 드리고 셈은 아브라함을 축복함	창14:17-20 야16:7-13
	이삭이 이유식을 하는 날 셈, 에벨, 데라, 나홀(아브라함 형), 아비멜렉 왕 등이 축하연에 참석	창21:8 야21:5-8
	이삭의 모친 사라가 죽자 아브라함이 37세인 이삭을 셈과 에벨의 집으로 3년간 교육차 보냄	야24:17
	이삭의 아내 리브가가 쌍둥이를 임신 중 고통스러워 셈과 에벨의 집을 찾아 상담하니 쌍둥이 임신 사실을 알려 주고 작은 자가 큰 자를 섬길 것을 예언	창25:23 야26:9-12
	셈은 이삭 110세 야곱 50세에 사망(600세), 에벨은 이삭 139세 야곱 79세 사망(464세). 야곱이 셈과 에벨의 집에서 32년을 지내다 셈이 죽자 아버지 집으로 감	야28:18-24, 야30:15
	63세의 야곱이 에서의 장자권을 빼앗아 에서가 야곱을 죽이려 하자 에벨의 집으로 14년간 피신	야29:11
이삭	이삭이 야곱과 에서에게 축복(예언)	창27장
야곱	야곱이 열두 아들과 요셉의 두 아들에게 축복(예언)	창48-49장

주 1: 야살의책에, 노아의 족보는 노아-셈-아르박삿-셀라-에벨로 이어지고 아르박삿과 셀라가 에벨보다 먼저 죽고 에벨이 노아와 셈을 모시고 야곱 생존 시까지 살아 아르박삿과 셀라를 뛰어 넘어 에벨이 셈을 이은 실제적인 대족장으로 대를 이은 것으로 묘사되었다.

주 2: 히브리 뜻은 「에벨」의 자손이 '강 건너 왔다'또는 에벨의 다른 이름(수메르어 ?)으로 에벨 이후에 다른 족속이 에벨 족속을 부른 말로 추정하나 에벨의 다른 이름으로 앞 제3장 9절에서 변증하였다.

주 3: 외경에는 선조들이후손들에게 교육한 내용이 위 표보다 많다.

구약 여호수아 24장 2절에, 아브라함의 부친 데라는 하나님을 믿지 아니하고 여러 신(神)을 섬겼다 하였다. 야살의책에는 데라의 신앙관을 자세히 기록하였다. 데라가 집에 여러 신상을 두고 숭배하여 아들 아브라함과 엄청난 갈등이 있었다. 데라의 집에는 나무 및 돌로 만든 신상을 만들어 놓았고 매달 다른 신을 섬겼다는 기록이 있는 것으로 보아 데라는 성경의 기록처럼 하나님에 대한 신앙이 없었던 것이 확실하다. 우르 지역은 달 신 「난나」를 섬긴 것으로 알려져 있다 (표 4-3-2).

창세기에 간헐적으로 아브라함의 신앙과 믿음을 간단한 추상어로 표현하고 있어 생활 속에 나타난 하나님을 향한 신앙관이 어떠했는지 구체적으로 이해하기 어렵다. 아브라함의 경우 하나님을 어떻게 알고 신앙하였으며 하나님의 계시가 구체적으로 사람에게 어떻게 전달되며 하나님의 특성이 무엇인가 등 구체적 파악이 어렵다. 또 아브라함의 실존적 삶에 나타난 비신앙적인 묘사가 있는데 이를 반대해석하면 확실한 신앙이 존재했음을 알게 한다.

아브라함과 달리 아브라함과 유사한 시기에 산 욥의 경우를 보면 아담에서부터 야곱에 이르는 2천 년 동안의 역사, 신앙, 윤리, 사상 교육이나 전통에 대한 구체성을 살필 때 막연한 형태가 아닌 구체적이고 정확한 생각과 행동을 알 수 있다. 또 노아와 셈을 통한 신앙 교육이 분명했던 점으로 보아 아브라함을 포함한 신앙인들이 고대에 다수 존재했음이 확실하며 그들의 신앙적 고민은 깊고 결단 역시 강했다. 외경에 나타난 신앙의 명암은 상당히 자세하여 오늘날의 신앙인 모습과 유사한 것을 엿볼 수 있다.

가계로 전승되는 전통적 신앙관은 장남이 아닌 비장남(非長男)들에게 전래됨이 성경, 야살의책이나 외경에 많이 나타난다. 노아의 아들 셈은 장남이 아니라 막내이다. 아브라함은 3형 중 막내이며, 이삭 역시 아브라함으로 보면 차남이고(아내 사라 입장에서 보면 장남) 야곱도 차남이다. 야곱의 영적 장자권은 육신의 장남이 아닌 넷째 유다에게 전승된다. 하나님께서 장남이 아니더라도 특별히 선택한(택정한) 사람을 통해 자녀 삼아 역사하신다. 또 아내를 얻을 때 이들은 영적인 관점에서 선택하려는 관점이 확립되어 있다.

아담에서부터 23대 요셉에 이르기까지 선조들이 자녀들에게 가르친 깊은 훈련 및 신앙관에 관해 욥기같은 자료가 많았을 것으로 보인다. 수메르 시대에 살았던 욥의 영적 그리고 지적 수준이 매우 높았고, 야곱이 자녀들에게 죽기 전 자식들에게 한 축복과 예언을 살피면 야곱의 문학적 그리고 신앙적 수사는 매우 높은 수준에 있음을 알게 된다. 이 점으로 아담부터 야곱에 이르는 고대 선조들의 신앙과 사상 수준은 매우 높은 것으로 판단해야 하는데 이것은 선조로부터 교육과 그들의 높은 지적 그리고 신앙적 수준에서 유래된 것으로 보아야 할 것이다. 이미 수메르 문명의 높은 문학적 수사를 고려하면, 족장이요 부를 축적한 욥, 아브라함, 기타 대족장 등은 다양한 정보를 갖추었고 지적 수준이 높을 수밖에 없다. 그래서 그들이 가진 신앙의 관점이나 경험 역시 상상 이상으로 높은 것으로 해석해야 할 것이다. 그리고 현재 우리가 본받아야 할 것으로 아담 이후 대족장들이 자손들에게 유언하거나 축복하는 전통[219]이다.

창세기의 놀라운 내용 중 하나가 창세기 48장 후반과 49장이다. 147세의 늙고 병든 야곱이 그의 아들 12명과 요셉의 두 아들 총 14명에게 축복과 유언과 예언을 하는 장면이다. 노환에도 불구하고 자녀들의 성장 시에 행한 행동, 성품 및 개성, 능력, 특성을 잘 파악하고 있으며 이를 바탕으로 자녀들에게 직관, 장기적 관점, 높은 비전(vision), 풍부한 상징과 비유로 유언과 예언을 깊고 높은 통찰력과 식견으로 구사한다. 오늘날도 어떤 누구도 결코 쉽지 않은 축복과 예언의 명장면이며 놀라운 내용이다. 야곱이 셋째 아들인 유다에게 유언(예언)한 내용은 다음과 같다.

> *유다야, 너는 네 형제의 찬송이 될지어다. 네 손이 네 원수의 목을 잡을 것이요 네 아버지의 아들들이 네 앞에 절하리로다. 유다는 사자 새끼로다. 내 아들아 너는 움킨 것을 찢고 올라갔도다. 그가 엎드리고 웅크림이 수사자 같고 암사자 같으니 누가 그를 범할 수 있으랴. 규(圭, 또는 홀笏, sceptre)[220]가 떠나지 아니하며 통치자의 지팡이가 그 발 사이에서 떠나지 아니하기를 실로[221]가 오시기까지 이르리니 그에게 모든 백성이 복종하리로다. 그의 나귀를 포도나무에 매며 그의 암나귀 새끼를 아름다운 포도나무에 맬 것이며 또 그 옷을 포도주에 빨며 그의 복장을 포도즙에 빨리로다. 그의 눈은 포도주로 인하여 붉겠고 그의 이는 우유로 말미암아 희리로다* (창세기 49:8-10).

이처럼 수준 높은 야곱의 언어와 식견과 통찰을 음미하면, 창세기 48장 이전에 나타난 그의 인격에서 상상할 수 없는 그의 비범함을 보게 될 뿐 아니라 선조들로부터 물려받은 지식, 경험, 언어, 사상, 신앙과 그의 인격, 안목, 자신감, 다년간의 경험과 그의 깊은 예언자적 통찰력과 신앙을 본다. 또 그가 가진 성품, 기질, 기품, 경험 등은 그의

219 아담부터 아브라함 전까지 자손들에게 행한 축복, 유언, 예언 등을 노아 이외에 대족장에게서 구체적으로 찾을 수 없으나, 아브라함부터는 창세기와 출애굽기에 기술된 것으로 보아 이는 부모가 자식들에게 행한 매우 오래된 전통임을 알게 한다.

220 「규」 또는 「홀」은 통치자가 권세를 상징하는 화려한 장식이 있는 일종의 지휘봉이나 지팡이를 말한다.

221 「실로」에 대하여는 장소설(場所說)이 있으나 메시아설이 다수설이다.

선조들과도 무관하지 않을 것이다. 선조들의 생존 연령은 길게는 900세 이상이요 짧게는 2백 년 이상인 사람들이었기에 그들이 선조로부터 물려받은 정보 및 통찰력, 경험, 지식이 많았음이 분명하다. 특히 그들은 근동과 중동 지역, 유럽 및 아프리카 지역에 넓게 퍼져 살았기 때문에 광범위한 지역적 정보를 긴 생존 기간 접하고 축적하였을 것이다. 참고로 동일하게 야곱 사망 약 230년 후 모세가 노래하고 유언과 축복한 기도에서도 매우 높고 아름다운 비젼(vision)이 나타난다 (신명기 32장-33장).

총명했던 이들의 정보력과 지성을 평소 자녀 교육에도 활용하였음도 분명하다. 병들고 매우 늙었음에도 야곱은 직설적 상징을 사용하여 자신에 찬 미래관과 인생관을 자녀들에게 표현한다. 특히 왕권과 메시아 사상을 담고 있는 그의 사상은 상상 이상의 참으로 원대하며 조상들의 전통을 유지하고 확보하려는 소망과 야심이 가득하다. 그의 예언대로 유다의 자손에서 약 600년 후에 다윗 왕이, 그리고 그 예언 후 약 1,650년 후 예수님이 태어나신다. 이러한 교육적, 사상적 및 신앙적 환경에 대하여 야살의책과 외경에도 암시하는 부분이 풍부한 편으로 이를 통해 성경 해석의 난점과 빠진 여백과 고리가 다소 채워진다.

수메르 지역은 범신론을 형성하여 각 부족 또는 도시마다 자기들의 신[222]을 가졌고 이를 숭배하기 위해 주택 내 사당과 도시국가의 국가 신전(지구라트 ziggurat)이 있었다. 해, 달, 별, 산, 바람, 금성(비너스), 물 등 가장 중요한 7대 자연 요소를 신으로 삼았고 기타 자연을 소재로 하거나 남성적 또는 여성적인 것으로 의인화하고 신들이 서로 혼인하여 다른 신을 낳아 매우 다양한 성격과 종류의 신들로 분화시켰다. 힘이 센 신과 힘이 약한 신이 함께 존재하며, 힘센 7신(神)들이 일주일을 대표하는 오늘날

---

222 < 표 4-3-2 > 수메르 신들의 계보 (출처: SNS)

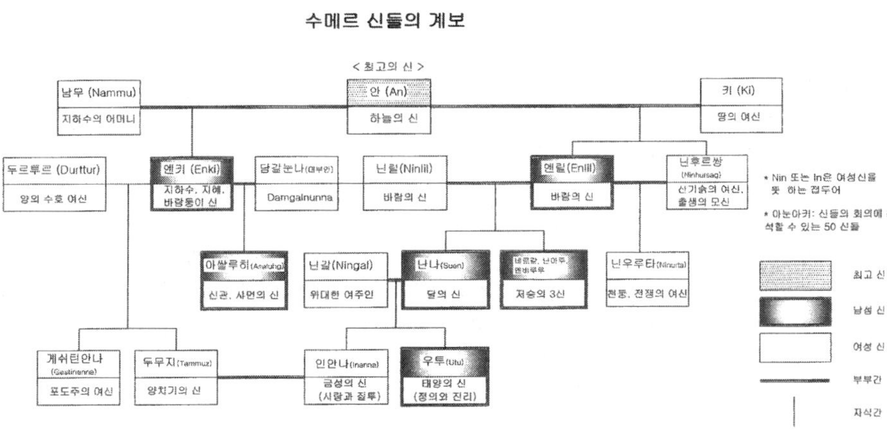

의 달력 문화를 만들었다. 대자연이나 물체에 인격을 불어넣어 생명을 넣어 인격화하였고 이를 신으로 만들었다.

자연의 법칙이나 거대한 자연물을 자신을 위한 신으로 만들었고 이들을 신격화하고 과장하며 의인화하였다. 바벨탑 사건으로 민족들이 수메르 우르 지역을 중심으로 반경 약 7,000km로 퍼지며 메소포타미아의 다신 사상도 그들과 함께 세계 도처로 퍼졌다. 이들의 다신 사상이 그리스-로마신화처럼 여러 신으로 변형[223]되었다. 다신론은 사람의 창의력에 의해 만들어진 신을 믿는 믿음이다. 자신의 사상을 믿는 종교 행위인 것이다.

아브라함의 아버지 데라가 수메르 지역에서 나온 후에도 수메르의 토속신을 숭배한 사람이었고 아브라함을 제외한 데라의 자녀와 손자들도 그러하였다. 하란 지역은 현재 레바논의 북부 및 튀르키예 동남부 지역의 교통 중심 도시였는데 메소포타미아 전역이 다신 사상이 지배하였던 것처럼 그곳 주민들도 토속신앙을 가지고 있었다.

주원준 교수[224]는 구약 성경도 다른 신들에 대한 정보를 기록하고 있으나, 기독교 유일신은 이들 수메르 지역의 모든 신을 신으로 인정하지 않고 하나님이라는 유일신의 하위 개념으로 둔 매우 독창적 사상이라 설명하고 있다. 성경은 이 여러 신을 신이 아닌 우상이라고 단정하고 사람이 타락하여 우상을 만들었다고 설명한다. 즉 성경은 다신론인 인본주의적 사고의 발달 또는 문명의 발달을 타락의 과정으로 묘사한다. 다신론을 가진 이들의 삶의 형태는 육정의 만족과 기복을 추구함으로써 타락된 모습을 띠게 된다. 타락은 소멸 후 200-300년[225] 지나면 극도로 번창한다. 사람은 하나님을 직접 인식할 수 없기에 보이는 대자연을 신으로 섬기는 속성을 갖는 존재이다. 이 점으로 사람에게서 하나님이 떠나셨다(창세기 6:3).[226] 하나님은 영(靈)이신데 하나님의 영이 떠나므로 사람이 참 신이신 하나님을 알 수 없게 되었다. 허전해지고 공허한 사

---

223 변형(變形 transmulation)은 원형(原型 arche-type)-전형(典型 proto-type)-판형(版型 stereo-type)를 거친다.

224 한남성서연구소 구약성서학 수석연구원.

225 창세기와 야살의책에 도출한 인간의 극심한 타락 주기이다.

226 성경에서 하나님의 영이 사람에게서 떠난 시점을 두 가지로 볼 수 있다. 아담의 2대손인 에노스가 게난을 낳은 때로 추정할 수 있다. 셋이 그의 아들 이름을 에노스(뜻 사람)라고 작명한 이유는 사람의 아들들이 번성하여 하나님의 명령을 어기고 거역함으로 그들의 혼과 마음을 괴롭게 하였기 때문이라고 야살의책(야 2:2)에 설명하고 있다. 이런 에노스의 이름 뜻과 당시 부패상으로 창세기에 기록된 "하나님의 아들들이 사람의 딸들의 아름다움을 보고 자기들의 좋아하는 모든 자로 아내를 삼는(창 6:2)" 일로써 하나님 스스로 하나님의 영을 타락한 사람에 두지 않았다. 두 번째 추정은 홍수가 있기 전에 하나님이 인간의 수명을 120세로 제한(창 6:3 및 야 5:11)한 것으로 보아 홍수 전에 하나님의 영이 완전히 사람에게서 떠난 것으로 볼 수 있다.

람의 영은 대자연과 자신의 사상을 신으로 섬기는 신앙을 만들었다.

사람을 어떻게 정의하든, 태생적으로 피조물이고 불안한 존재이므로 이 미약한 존재를 보다 안전하고 행복한 현세에서 내세까지 자기를 완성하는 수단의 하나로 사상이나 신을 만든다. 사람 외 다른 피조물은 신을 형상화하거나 숭배하지 않는다. 고대인들의 신에 관한 발상과 그 내용이 유전으로 대물림되고 있다.

눈에 보이지 않는 현상과 이치를 세상으로 끌어와 눈에 보이도록 하여 그 신들을 사당이나 신전에 만들고 제사를 지냈다. 또 이러한 종교의식을 그들의 권력과 안위와 행복을 강화하는 수단으로 만들었다. 눈에 보이지 않는 많은 신을 눈으로 보이게끔 서열화하며 또 사람 자신을 신 또는 반은 사람 반은 신이라고 하거나 신의 아들이라는 다양한 표현으로 사람을 신적 존재로 승격시키는 광범위한 문화가 생활 속에 뿌리박고 있었다. 오늘날도 고대인처럼 자신을 특별한 존재로 착각하는 망상에 빠지거나 훌륭한 사람을 신격화·정치화하는 사례가 이와 유사하다. 신을 사람을 위한 수단으로 이용하는 정치적·기복적 신관(神觀)의 뿌리가 수메르 사상 중 하나였다. 고대 이데올로기든, 철학이든, 우주관이든 혼란한 사상은 오늘날까지 다양한 모양으로 우리에게 잔존해 있고 우리 스스로를 신격화하기도 하고 자기애에 집착한다. 신은 발명품이 되어 우리 곁에 지켜서 있다. 벽에 신을 도망하지 못하게 단단히 못을 박고 그들을 흔들리지 않게 고정시킨다 (이사야서 41:7). 이러한 수메르 문명의 반지성주의가 그리스 문명 등 합리주의의 태동을 촉박하게 한 동기이기도 하다.

4-4. 죄악의 일상화

죄가 일상화되어 퇴폐와 타락으로 나타난 점이 아브라함을 이해하는 배경과 초점이라고 앞에서 강조하였다. 아담은 그의 8대손인 라멕 56세까지 함께 생존했으니 아담과 이브가 죄를 짓고 하나님께서 지어준 가죽옷을 입고 에덴에서 쫓겨 난 후 평생 자손들 앞에서 엄청난 죄책감, 참회 등에 시달렸음이 확실하다. 실낙원과 장남에 의한 차남의 피살 이외에 외경에는 이들의 육체적 고통과 정신적 압박, 부부 갈등, 자살 시도, 사탄의 새로운 유혹과 싸움, 굶주림 등 상세한 설명이 많다. 심지어 하나님이 아담의 몸에 70가지 재앙을 주었다 한다. 아담과 이브의 이러한 마음의 짐은 그와 함께 살던 8대손이 살아있는 900여 년간 후손에게 훈육과 주의 사항이 되었을 것이다.

오랜 고통을 갖고 산 아담과 이브는 그의 경험적 지식을 직접 그리고 강조하여 자손들에게 자기가 겪은 시행착오를 비롯하여 죄에서 멀리해야 한다고 교육하였을 것인데, 야살의책과 외경에 아담이 그들의 후손에게 가르친 교훈에 관한 설명이 있다. 선조들이 자손들에게 교육하는 것은 예나 지금이나 어떠한 유형이든 당연한 것이 틀림없다. 아담은 유언으로 그의 아들 셋에게 가인의 자손들과 함께 섞이지 말 것과 대홍수로 인해 8인을 제외한 모든 사람이 모두 죽을 것을 예언하였다 한다.[227]

외경에 기록된 아담이 자손에게 한 유언은 네 가지로 다음과 같다.[228] 첫째 순진한 천성을 보존하라. 둘째 순수하고 정의로운 사람이 되라, 셋째 하나님을 신뢰하라. 넷째 사탄의 말에 귀를 기울이지 말고 변장한 사탄이 나타나도 현혹되지 말라. 그리고 아담 자신의 시체와 함께 여호와가 에덴동산에서 준 징표로 준 황금, 유향 및 몰약을 잘 보존하였다가 대홍수 시에 방주로 가져가 보관할 것을 부탁하였다.

야살의책에는 노아가 아담의 가죽옷과 아담이 사용한 하나님의 청옥 지팡이를 보관하였다는 기록은 있으나 이중 출애굽기 4장 20절에 하나님의 지팡이에 대한 내용만이 있다. 아담이 에덴동산에서 추방되어 거주한 곳이 「엘다」였다[229]고 하며 그곳 동굴에서 지냈는데 그 동굴에는 아담의 시신이 보관되어 있고 성경에 나오는 셋의 후손들이 수시로 모이는 장소였으며 노아도 이 동굴을 방문하고 생활한 것으로 묘사되어 있다.[230]

야살의책 10장에 아담의 셋째 아들 셋의 7대손인 라멕(창세기 5:18)과 동명이인으로서, 아담의 맏아들 가인의 5대손 라멕(창세기 4:18)이라는 사람의 두 아내에게 아담이 충고한 장면이 소개되어 있다. 가인 후손 라멕의 아내 두 명(아다와 씰라, 창세기 5:19)은 셋의 2대손 게난의 두 딸인데 이들과 가인의 후손 라멕이 혼인을 하였다.

라멕의 아내 씰라가 늙어 아들 두발가인을 출산하였다. 들판에서 눈이 어두운 라멕과 그의 어린 아들 두발가인이 멀리 떨어진 가인을 짐승으로 오인하고 두발가인이 아버지 라멕에게 화살을 쏘라고 하여 4대 조부 가인을 살해하였다. 이 일로 라멕이 크게 잘못을 뉘우치는 장면이 창세기 4장 23절-24절에 기록된 것으로 보이며, 야살의책에는 가인이 피살된 것을 두고 아벨의 피 값을 치렀다고 설명하였다. 라멕은 그의 아들 두발가인이 활을 쏘라고 하여 가인을 죽였기에 자기 아들 두발가인을 죽였다는 내용

227 이동진 편역, 전게서, pp 201-204

228 이동진 편역, 전게서, p 202

229 튀르키예인 및 이슬람인은 아담과 하와가 쫓겨나 산 곳을 「하란」으로 여기고 있다.

230 이동진 편역, 전게서, p 233-234 외

과 그로 인해 라멕이 큰 근심을 하였다 한다.[231] 한편 외경은 가인의 사망은 라멕에 의한 피살이 아니라 아담이 죽은 해 집이 무너져 깔려 죽었다고 달리 기록하고 있다.[232]

이러한 가인의 우발적인 피살과 특히 라멕이 자기의 자식 두발가인을 살해한 일로 라멕의 두 아내가 라멕을 죽이려 하였다. 라멕은 자기가 시력이 나쁘고 자식이 잘 못 본 우발적 살해라고 아내들에게 설명하였고 또 이 사건에 대해 아담이 라멕의 두 아내를 설득하여 라멕을 용서하고 함께 살도록 하였다는 것이다.[233]

아담의 3대손 게난이 자손들에게 행한 교훈이 야살의책 2장에 기록이 있다. 게난은 매우 지혜로운 사람으로 그가 홍수를 예언하였고 미래 일들에 대하여 돌판에 새겨 보물창고에 두었으며 당시 사람들에게 하나님을 섬기도록 가르쳤다고 하였다.[234]

외경에는 에녹이 글을 쓰고 지식과 지혜를 배운 최초의 사람이라고 묘사하고 책을 366권을 썼다[235]고 하며 현재 외경 에녹서 3권이 있다. 365년을 살다 하늘로 승천한 에녹 역시 아담 및 그의 자손들과 함께 생존하였는데 그들의 선조로부터 많은 교육을 받았다는 것이다. 신약 유다서 1장 14절에 에녹이 *"주께서 수만의 사람과 함께 임할"* 예언을 일 수 없는 외경에서 인용하고 있다.

이러한 선조들의 생생한 체험담과 간곡한 교육에도 불구하고 자손들이 끊이지 않고 악행을 저지른 일, 하나님의 존재를 부정한 일, 악한 자손들의 생각과 행동이 넓게 전파되어 악행이 일상의 삶이 된 것, 세상의 아름답고 즐거운 것 즉 향락에 빠져 스스로 통제와 절제를 하지 않는 삶으로 살았다는 것이다. 심지어 외경에는 아담이 자손들에게 인간의 성적 타락과 가인의 후손들과 타락한 천사(사탄, 악마 등)와의 혼인 문제를 경고하고 있다.

야살의책 2장과 4장에 놀라운 악행이 소개되어 있다. 아담의 4대손 마할랄렐 시대 사람들이 아내에게 물약을 마시도록 하여 피임을 하도록 하였는데 이는 출산으로 아름다운 외모를 잃지 않으려는 의도였다는 것이다.[236] 지금부터 5천5백 년 전 약물로 임신을 방지할 정도의 지능과 욕정 그리고 자연법칙을 파괴하였는데 오늘날도 동일하

231 야살의책 2:31.

232 이동진, 전게서, 제2의 성서, p244.

233 야살의책 2:36.

234 야살의책 2:13 등. 게난은 아담의 3대 손으로 아담 출생 후 525년에 태어났으며 이때 문자가 있었음을 말한다.

235 이동진 편역, 전게서, p 243 및 에녹 제2서 23장.

236 야살의책 2:20.

다. 대홍수 전 사람들이 서로 다른 동물들의 종간(種間)[237]교배를 시행한 것과 재판장과 지도자들이 타인의 아내를 강제로 빼앗은 것은 물론이요, 이웃과 친척에게서 도둑질하고 기타 폭력 및 신상(神像) 숭배를 하여 온 땅이 더럽혀졌다는 것이다.[238] 이로 인해 하나님은 노하셔 대홍수로 타락하고 혼탁해진 인간과 생물을 심판하였다는 것이다. 창세기에 죄악상이 상세하지 않으나 노아 시대 상상 이상으로 심하여 하나님의 심판은 필연이었던 것 같다.

노아의 대홍수 사건 전에도 에노스 시대에 하나님을 거역하고 우상을 만들어 섬김으로 하나님께서 기혼강의 홍수로 당시 인구 1/3이 죽고 또 심한 기근을 발하여 저주하였다고 야살의책 2장에 기록되어 있다.

아담의 여러 가지 유언 중에서, 아담이 자손들에게 '순수(purity, integrity 또는 순결)'할 것을 당부하였는데 영혼과 사상과 물질의 순수성을 말할 것이다. 종간 교배란 일종의 생명의 순수성을 파괴하는 것인데 오늘날에서 이에 대한 생물학적, 분자생물학, 양자 단위에서 순수성을 훼손하고 있다. 공기와 물에 온갖 인공물이 섞여 순수성을 잃었고, 분자 단위로 물질을 화학적 조작하거나 혼합하며, 유전자를 조작하고 변형하여 생태계의 질서 및 순환을 교란하고 이에 기반을 둔 현대 물질문명은 순수성을 심각히 파괴하고 있으며 이 경향은 상업화에 편승해 점증하고 있다. 순수를 지키기 위해서는 문명의 단절 내지 후퇴와 고비용을 동반하는 시대가 되었다. 오늘날의 문명은 자연자원의 약탈과 변형으로 쌓은 높은 성으로써 무너질 거품을 동반하며 성장한다. 지구의 자원을 넘어 외계에서 자원을 약탈하려 하고 있다. 고대의 타락과 본질적 개념에서 동일하다.

아담부터 노아까지의 사람 중 대표적 의로운 사람으로서, 게난(3대손, 이름 뜻: 둥지를 만들다, 보금자리를 만들다, 뜻밖에 긍휼을 얻었다), 야렛(5대손, 이름 뜻: 내려가다), 에녹(6대손, 이름 뜻: 봉헌자 또는 시작하는 자), 노아(9대손, 이름 뜻: 휴식 또는 위안) 등인데 하나님을 경외한 사람은 이처럼 (극)소수였다. 진실한 신앙인은 자손에게 교육 열정을 쏟은 것으로 설명한다.

아담 후 사람이 하나님을 멀리하게 된 이유가 악한 본성과 혼인이다. 고대 신앙인의 혼인은 영적 신앙인을 위주로 폐쇄적 가정을 이룬 것으로 파악된다. 노아와 그의 자녀를 보면, 야살의책 5장에 아담의 9대손 라멕은 삼촌(엘리사)의 딸인 아스무아를 아

237 Covid 19, Sars, Mers는 m-RNA의 종간(種間) 이전이며, 유전자 조작을 통해 대량의 백신을 만들고 있다.

238 야살의책 4:16 이하.

내로 맞는데 이 아내에게서 노아를 낳았다. 노아의 아버지는 노아를 므나헴(이름 뜻: 위로자)이라고 하였으나 「노아」라는 이름은 라멕의 아버지인 므두셀라가 작명하였다. 노아는 하나님과 동행하는 건전한 삶을 산 의인이었고 대홍수가 있을 것을 알았기에 아내를 얻으려 하지 않았다. 이에 하나님께서 결혼을 권유하여 3대 조부인 승천한 믿음의 사람 에녹의 딸인 나아마와 혼인하게 된다. 이때 노아의 나이가 498세였고 아내는 580세였다는 것이다. 이에 야벳(뜻: 하나님이 땅에서 나를 창대케 하심), 함(뜻: 검다, 뜨겁다) 및 셈(뜻: 하나님이 나를 남은 자가 되게 하셔 땅 가운데 자녀를 낳게 하심) 세 아들을 낳았다. 이 세 아들의 아내는 므두셀라의 아들 엘리아김의 딸들이었다.

< 표 4-4-1 > 노아 후손

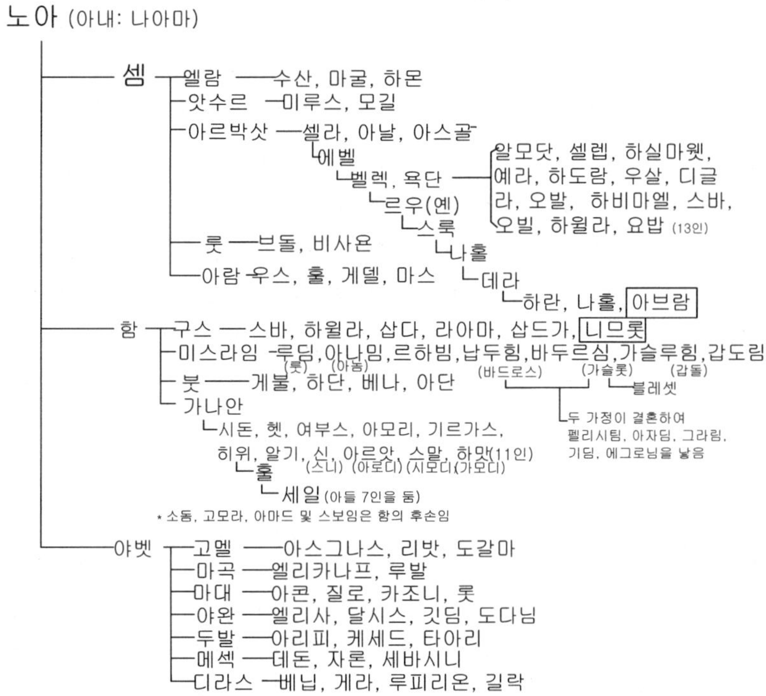

* 이 표는 창세기 10장, 11장 및 야살의책 7장과 10장을 참조하여 작성한 표로, 아브라함까지 10대 직계손을 나열한 것이다.
* 셈의 4대손 중 '벨렉'이란 이름은 '그의 시대에 사람들의 아들들이 나뉘고 후일에 땅이 갈라졌다'는 뜻이며, 그의 아우인 '욕단'은 '그의 시대에 사람들의 생명이 줄었다'는 의미인데, 이 때부터 사람들이 분열되어 살고 생명이 단축된 시대상의 분기점을 이름으로 지적하고 있다 (야살의책 7장).

훌륭한 믿음의 딸과 결혼하여 낳은 아들에게도 문제가 있었으니, 대홍수가 끝난 후 많은 세월이 지나 노후의 노아가 포도주를 마시고 잠들어 벌거벗었는데 이를 본 아들 함이 야벳과 셈에게 이를 말하자 야벳과 셈은 옷을 어깨에 메고 뒷걸음쳐 아비의 하체를 가려 준 일이 있었다. 술이 깨어 이를 알게 된 노아가 함이 아닌 함의 아들 「가나안(이름 뜻: 자색 또는 낮은 지대)」을 저주하게 된다. 손자 가나안의 자손이 셈과 야벳의 종들의 종이 될 것이라 저주한다. 또 노아는 셈은 여호와를 찬송하고 야벳은 하나님께서 창대하게 하여 셈의 장막에 거하게 할 것이라 축복한다.[239] 이상한 점은 노아가 직접 함에게 저주한 것이 아니라 손자 가나안을 저주한 점이다. 이 점은 아마도 함의 아들 네 명(구스, 미스라임, 붓 및 가나안) 중 막내아들 가나안이 부끄러운 이 사건의 직접적인 빌미를 제공하거나 할아버지를 놀린 것으로 보인다.

역사적으로 보면 노아의 가나안 저주 이후 가나안은 다른 형제의 자손들과 적이 된다. 특히 성경에서 셈의 자손과 적이 된다. 노아가 아들에게 행한 축복과 저주는 오랫동안 함의 자손들에게 매우 깊은 상처와 복수심을 유발하였을 것이다. 또 셈과 야벳 자손은 함의 자손들에 대해 우월감 내지 자존심을 갖게 된 계기가 되었을 것이다. 오늘날도 중동 지역에 이 영향이 잔존한다.

노아의 만취 사건은 노아 자신에게 일상일 수 있으나 영향력과 파괴력을 갖는 사건이 되었다. 노아 홍수가 끝나고 노아가 술에 취한 사건을 등장시킨 이유는 분명해 보인다. 아담과 하와가 자기를 창조한 하나님의 명령을 어기고 선악을 알게 하는 나무의 열매를 먹어 인류가 범죄에 이르렀듯이, 새로운 인류사가 시작되는 시점에 아비의 부끄러운 행동에 자식 중 하나가 잘못 행동함으로써 낳게 되는 사슬과 같은 죄악을 예고하는 듯하다. 아담은 하나님에 대하여 범죄한 반면, 함과 가나안은 아버지에 대하여 범죄하였다. 그후 실제 자손들 간 반목과 분열과 싸움을 일으키는 죄악이 일상화되고 바벨탑을 쌓는다. 바벨탑 사건으로 인류는 새로운 분열의 국면을 맞는다.

4-5. 노아의 만취

5년 동안 대형의 방주를 건조하고 1년의 대홍수를 견딘 노아 여덟 식구가 아라랏산에 정박한 후 하나님께서 노아 가족의 새로운 삶을 축복하신다. 하나님께서는 그 증표로 무지개를 삼으셨다 (창세기 8:17-9:17). 창세기 9장 8절 이후에 노아가 포도주에 만취해 벌거벗고 잠든 사이 부자지간 불미스러운 사건을 소개한다. 술에 취한 노아의 실수와 세 아들의 선행과 악행에 따른 축복과 저주를 설명한다. 성경은 아담 부부의 선악을 알게 하는 열매를 먹는 하나님과 사람간의 죄와 대칭적으로 새 인류 문제 로 사람과 사람간의 문제를 다룬다. 부모에 대한 자식의 죄와 축복을 다룬다. 이에는 새로운 사람의 등장을 예언하는 장면도 숨어 있다. 해석이 어려운 노아의 만취 사건을 생각해 보자.

---

239 창세기 9:20-27

노아의 만취 사건은 세 맥락으로 구성된다. 포도주에 취해 벌고 벗고 잔 것과, 아버지의 하체를 본 세 아들의 행위와, 노아의 자녀들에 대한 축복과 저주의 예언이다. 이 세 맥락을 해석하는 데는 몇 가지 이슈가 있다. 첫째 노아의 육정적 만취와 자녀 행위를 어떻게 보아야 할 것인가. 둘째 노아의 세 아들과 함의 막내아들 가나안의 등장에 대한 노아 예언의 축복과 심판을 어떻게 해석할 것인가. 셋째 창세기 기자(記者)는 노아 대홍수 이후 하나님께서 생명에게 축복하고 노아는 하나님께 아름다운 제사를 드려 순조로운 삶을 설명하나 왜 노아 만취 사건을 갑자기 성경에 기록하였는지. 넷째 노아가 자녀들에게 예언한 시기가 언제인지. 다섯째 노아 만취 사건 전체를 하나로 해석하는 영적 개념이 무엇인지 등이다.

이 사건 중 가장 중요한 전제는 노아가 어떤 사람인지를 정확히 이해해야 할 것과 이 사건의 등장 이유이다. 히브리서 11장처럼 보통 믿음의 대족장에 대하여 자세한 기술이 없어 대족장의 권위와 영적 능력을 자세히 알 수 없다. 노아를 포함한 대족장은 하나님께서 특별한 은혜를 주신 사람이라는 점에서 그들에게는 특별한 권위와 능력을 갖춘 사람이 분명하며 우리의 상상 이상의 매우 비범한 사람인 것이라는 점을 전제해야 한다.

노아의 만취에 관한 가장 쉬운 평범하나 중요한 관점은 윤리성이다. 아버지의 부끄러운 행동에 대하여 자녀들이 갖추어야 할 덕목으로서, 셈과 야벳처럼 아버지의 부끄러움 또는 수치심을 드러내지 말아야 할 윤리성이 강조된다. 남의 허물을 드러내어 수치심을 주지 말아야 하는 도덕적 용서와 인내심을 말한다. 모든 사람에게 허물이 있으나 이 허물로 정죄하고 드러내기보다 용서를 해야 한다는 것이다. 아버지도 실수할 수 있음에 자식들도 그 실수를 용서해야 한다는 점이다. 윤리적 측면에서 셈과 야벳의 행동은 칭찬받아 마땅하다. 매우 상식적인 사건을 창세기에 강조할 이유가 크지 않은데 이를 기록한 것에서 기록자가 전달하고자 하는 다른 의미가 있을 것이다. 셈·함·야벳에 대한 축복과 저주는 자식들의 행위에 반응하는 단순한 그것 이상의 영적 의미가 있을 것이다. 바벨탑 사건과 아브라함의 등장을 설명하기 위한 영적 배경이 아닌가 싶다.

레위기 18장 6절 이하를 살피면, 어머니의 하체는 곧 아버지의 하체라 하여 영적으로 양친의 하체를 동일 시 하였고 자식에게 어머니의 하체를 범하지 말하고 하였다. 또 고모, 이모, 숙모, 자매, 손녀, 외손녀, 형제의 아내 등의 하체를 범하는 행위를 악행(레위기 19:17)으로 규정하고 있다. 이 개념에 의하면 아내 이외의 여성의 하체를 범하는 행위는 악행으로 규정하는데 이는 영적 질투(레위기 19:18)가 원인이 됨을 설명한다. 이 개념을 확장하면 아버지의 하체를 본 것은 어머니의 하체를 본 것과 동일한 것이므로 노아와 마찬가지로 노아의 아내 역시 세 자녀와 며느리들 그리고 손자 16명 그리고 알려지지 않은 손녀 등 약 100여 명 이상의 후손들(표 4-4-1)에게 큰 수치심을 버리지 못하고 살았을 것이다.

사람에게 자연스럽게 솟아올라 억제하지 못하는 그래서 어찌할 수 없이 분출하는 육신적 본성이 있는데 이 본성은 「육신」에 속해 육신의 일을 좇는 법칙으로 작용한다(로마서 8:5). 이 육신에 의한 본능적 욕구는 삶에서 강한 실존적 추구[240]로 나타나며 사람으로서 이를 어찌할 수 없다. 아담 부부의 범죄는 하나님과 사람 사이 발생하나 노아의 만취 사건은 혈육간 또는 사람간에 발생한 윤리의 문제이다. 아버지가 술 취해 하체를 드러낸 것을 목격한 일과 자녀들의 서로 다른 반응으로 인해 되돌릴 수 없는 복잡함이 발견된다. 노아 잘못과 순수해야 할 자녀의 행동이 후손에 미치는 극명한 영향을 보여주는 예를 넘어 노아의 축복과 저주가 역사적으로 끊임없이 나타난다.

하나님의 은혜를 입은(창세기 6:8) 의로운 사람(창세기 7:1)이며 믿음의 사람(히브리서 11:7)으로 평가받는 노아와 같은 훌륭한 사람에게 육신에 매인 내재적 죄성이 드러난다. 자식이 지켜야 기본적 예의와 윤리가 허물어졌다. 또 노아의 아내는 당대 의인이던 에녹의 딸 나아마였다. 훌륭한 두 부부가 세 아들을 낳았다. 또 세 아들은 하나님의 사람 므두셀라[241]의 세 딸을 아내로 삼았으니 믿음의 사람들로 이루어진 훌륭한 여덟 식구였다. 이런 영적 건강성을 갖춘 사람에 숨어 있는 죄의 보편성이 밖으로 드러난다. 나아가 노아의 화가 자손들에게 증폭되었다.

길고도 피곤하며 긴장된 경건한 생활을 한 노아는 엄청난 600년간의 스트레스를 이겨내고 함께 살던 모든 사람이 죽음으로 사라졌고 아름다운 자연이 파괴되는 거대한 생태적 재앙에서 살아남은 공포와 외로움에 얼마나 침통했을까. 외경은 노아가 방주 안에 있을 때 동물들과 함께 극심한 두려움에 떨었다고 한다. 구원의 기쁨 속에서도 온 천지가 적막하고 막막하고 평소 보았던 세상의 생명과 자연환경이 사라진 허무한 세상에서 술이 때때로 친구가 되어 잠을 청하고 시름을 잊을 수 있었겠음이 이해된다. 홍수가 끝나고 손주로부터 위로받으며 생활을 즐기는 상황에서 만취 사건이 발생하였다.

충격을 다스리며 쉴만한 노후를 맞이하여 인생을 회고하고 포도주로 마음을 달래다

240 키엘케고르가 정의한 가장 낮은 1단계의 실존적 만족 또는 향락적 실존에 속한다. 주로 본능에 속한 행위를 말한다.
241 성경 상에 969세로 가장 장수한 사람이고 무드셀라가 죽은 해인 아담 후 1,696년 홍수가 발생하였다.

가 취하여 생리적으로 몸에서 나는 열을 못 참았는지 벌거벗고 잠으로써 노아 자신과 노아 아내는 자식과 손자들에게 수치를 당하였다. 노아가 손자를 둔 상황에서 발생한 사건이므로 그의 나이가 700세[242] 정도로 보인다. 이 사건은 그의 자손들 간에 심각하고 중요한 문제를 야기하는 사건이 된다고 추정할 수 있다. 성경은 셈을 전통으로 하는 신앙관과 역사관으로 이 사건을 풀이하고 있으나 야살의책은 이 사건을 기록하지 않고 있다.

상황 설명이 어설픈 외경 제2의 창세기 5-7장에 의하면, 방주가 땅에 안착한 후 노아는 포도나무를 심고 3년 후 포도주를 담가 다음 해 1월 초승달이 뜨는 첫날 축일로 삼아 이 포도주를 하나님께 제물로 바치고 포도주를 마셨다 하였다. 노아가 가나안을 저주하였다는 이야기를 함이 듣고 불쾌히 여기고 네 아들을 데리고 노아를 떠나 방주가 정박한 아라랏산 인근 루바르산에 마을을 건설하고 그의 아내 이름을 따 「네엘라타마우크」라 명명하였다 한다. 또 함이 마을을 건설한 일로 인해 야벳도 마을을 세웠는데 그 이름을 아내인 「아다타네세스」라 명명하였고 노아와 함께 살던 셈도 노아의 권위에 의지하여 마을을 건설하고 그의 아내 이름을 따서 「세데카델레바브」라 명명하여 루바르산 인근에 세 아들에 의해 세 마을이 만들어졌다는 것이다. 즉 노아의 가나안 저주로 마을 3개가 만들어지고 자식들이 서로 흩어져 살게 되었다는 것이다.

노아가 취하여 벌거벗고 자는 상황이 노아의 자연스러운 생리적 반응으로, 숙면 중인 사람으로서 정당화할 수 있는 일상의 행위로 보이는데 이 일로 아버지로서의 자식에 대한 심각한 저주가 있었고 성경에 이를 기록한 의도가 있을 것이다. 함이 아닌 그의 손자 가나안을 왜 저주해야 하는 상황이었는가. 아마도 노아가 세 아들에게 행한 축복과 저주는 잠에서 깬 후 즉시 예언과 축복을 시행한 것으로 창세기는 설명하는 듯하나 이 노아의 축복과 저주는 가나안이 출생한 상태이므로 노아가 죽음을 앞둔 노후에 자식들에게 행한 유언으로 봄이 맞을 듯싶다. 대족장인 아브라함, 이삭, 야곱이 자식에게 행한 축복과 저주는 주로 늙은 나이에 (죽기 전에) 시행된 사례에서 보듯이 노아의 이 축복과 저주 역시 노아는 극히 화가 난 상태에서 행한 것이 아니라 늙은 나이에 노아의 세 아들 및 손자들에게 행한 축복과 저주의 예언 내용 중 일부를 발췌한 창세기 기자(記者)의 의도로 보이며 이 내용만을 기록한 의도를 해석함이 중요할 것이다.

노아 사망 전 자녀들에게 행한 축복과 저주의 예언이라면 야곱의 그것에서 볼 수 있

---

242 노아가 만취한 시기에 늦 손자 가나안이 있었으므로 대홍수가 끝난 약 100년이 지난 것으로 추정된다. 노아의 아들은 홍수 후에 자녀를 출산하였다. 가나안은 함의 넷째인 막내아들이므로 노아 나이 최소 700세 정도로 보인다.

듯이 노아는 각 자녀에게 영적으로 그들의 미래를 보며 예언을 담은 축복과 저주를 하였을 것이다. 이런 이유에서 함에게 행한 저주는 누락되었고 특히 그 중 가나안에게 행한 저주가 명백히 실리게 되었음을 추정할 수 있다. 또 가나안에 대한 노아의 저주는 가나안이 부모형제 등에게 행한 여러 행적에 따르는 결과로 보인다. 함에 대한 저주 내용와 세 형제간의 반목이 기록되지 않았는데 함의 행적 특히 바벨탑 사건을 살피면 이 점을 유추할 수 있다.

노아 스스로 행한 실수 또는 부끄러운 행위보다 이 일로 자식들에게 행한 대족장의 축복과 저주는 차별적이고 손자가 받아야 할 심리적 상처는 심각했을 것으로 보인다. 가나안을 저주한 표현[243]에 따르면, 단순한 종이 아니라 "종들의 종"이 된다는 것이다. 자신의 정체성에 큰 영향을 미치는 저주이다. 과하게 술을 마신 자기 실수에 대한 자기 책임을 물어야 할 필요 없는 부모의 당연한 권리인가 자연스러운 반응인가. 이러한 창세기의 관점은 인간적인 평범한 기술 이상으로 여겨야 한다. 이는 하나님께서 노아를 통한 역사적 선언[244]으로 보아야 한다. 셈의 후손인 이스라엘 백성과 가나안 족속 간의 영적 싸움에 나타날 계시로 봄이 출애굽 후 기록으로 보아 적절하다.

가나안은 함의 막내아들로 함의 사랑을 많이 받았고 의욕이나 욕심이 왕성한 사람으로 보인다. 이는 노아의 손자 16명이 낳은 63명 아들 중 가나안이 가장 많은 총 11명 아들을 두었음에 그러하다 (표 4-4-1 및 4-6-1). 아마도 할아버지가 술 취해 하체를 드러낸 사건에서 성격이 강하고 욕심이 많으며 괴팍스러운 손자 가나안이 할아버지를 극심하게 불쾌하게 했을 수 있다. 손자인 가나안은 성장 과정에서 노아와 자손들에게 성격적으로 문제아였던 것으로 보인다. 예컨대 할아버지의 수치심을 극도로 자극하는 등의 문제를 야기했음을 상상할 수 있고 이로 인한 저주를 받은 것이 아닐까 생각된다. 홍수로 닥칠 일이 걱정되어 혼인도 포기할 정도의 경건한 삶을 지속해 온 노아가 노후의 외로운 생활을 못 이겨 술로 위로받고 편안하고 육정에 속하는 삶으로 세월을 보냈을까. 그러하지 않았다면 자식들에 대한 이러한 심각한 문제가 없지 않았을까. 아니면 스스로 자제하고 저주를 극복할 수 있지 않았을까. 예언자적 권위가 있는 노아가 시행한 극도의 저주 내용으로 보아 단순한 사람간의 문제인 만취 사건 이외 또 심각한 영적 문제가 있었음이 분명하다.

---

243 저주의 대상이 가나안이 아니라 함이라고 해석하는 신학적 의견이 있으나 성경과 외경은 가나안이라고 지적한다.

244 영적 권위를 가진 부모에 대한 자식 또는 자식에 대한 부모간의 관계를 규정짓는 노아의 선언은, 하나님께서 이스라엘 자손에게 명한 법칙에서 유사하게 나타난다. "나를 미워하는 자의 죄를 갚되 아비로부터 아들에게 삼사대까지 이르게 하거니와 나를 사랑하고 내 계명을 지키는 자에게는 천대까지 은혜를 베푸느니라 (출애굽기 20:5)".

노아가 갖는 영적 권위와 지위에서 한 사람이 보여주는 스스로 경솔함이 불행하게 자식들에게 유전된 단편적 사건으로 기술하고 있으나 이는 노아가 사망 전 앞으로 있을 역사를 바라보는 선언으로 봄이 적정하다. 이 축복과 저주는 후손들에게 역사가 되었고 하나님께서 노아의 선언을 통해 주관하는 역사를 반추하면 알게 된다. 노아의 만취 사건은 사람 누구에게나 내면에 숨어 있는 본질적 죄성이 행위의 범죄로 드러나는 것과 시간적으로 단절되지 않는 연속성의 모습 즉 죄의 역사성을 보여준다.

통시적으로 보면, 그야말로 소수의 단란한 가정으로 출발한 노아의 식구들이 서로 부끄러운 언행으로 가족이 분열되고 결국 사회가 혼탁하여 끝내 바벨탑 사건을 유발한다. 사회심리학적 연결 고리가 되며 바벨탑 사건의 한 원인을 제공한 것으로 보인다. 칼 융이 말하는 집단 무의식의 결과인가. 결국 노아의 선언이 역사가 되어 함의 후손(가나안 족속)과 셈의 후손(아브라함 족속)은 서로 등지고 4천 년 이상의 엄청난 시련과 싸움을 치러야 하는 상황이 지금도 반복된다.

실제로 노아의 이 말은 모세의 결혼관까지 강력하게 미치었다. 야살의책 73장을 보면, 모세가 애굽인을 살해 후 구스로 도망가서 구스 사람들에 의해 27세에 왕으로 추대되면서 사망한 왕 키키아누스의 왕비인 구스 여인 아도니아를 왕비로 받았으나 이 여인과 성관계 등을 맺지 않았다. 그 이유는 이삭이 야곱에게 한 말을 기억하였다 하면서 "함과 그의 자손과 그의 모든 씨를 셈의 자손과 야벳의 자손과 그들 뒤에 올 그들의 씨에게 영원히 종으로 주셨기 때문이라 (야살의책 73:32-36)" 하였다. 참으로 놀라운 노아의 선언이요 신앙의 고백이다 !

아담과 이브가 뱀의 유혹에 빠져 선악을 알게 하는 나무의 열매를 먹은 후 에덴동산에서 추방되었다. 죄의 대가가 있음을 알면서도 이들의 자손은 죄의 뿌리를 보지 못하고 유사한 죄를 반복적으로 대홍수 사건까지 1천 년간 짓는다. 창세기가 고발하는 주된 죄의 단편적 여러 양상은 살인, 불경건과 불신앙, 성적 탐욕, 포악 등 행위와 부패함(창세기 6:12)이다. 아담과 이브를 통해 들어온 죄악은 자손에게 유전(답습)[245]됨으로써 반복되는 현상(법칙)이어서 모든 사람에게 나타난다고 사도 바울은 해석한다. "*이러므로 한 사람으로 말미암아 죄가 세상에 들어오고 죄로 말미암아 사망이 왔나니 이와 같이 모든 사람이 죄를 지었으므로 사망이 모든 사람에게 이르렀느니라* (로마서 5:12)."

245 사람의 죄는 유전적 특징이 있다. 동일한 죄는 아니더라도 후대에 죄가 동일 범주 또는 유사한 양상으로 나타나기 때문이다. 사회문화적으로 부지불식간에 모방하거나 배워 죄를 짓는 것은 죄를 좋아하거나 죄를 향한 인간의 내재적 경향 때문이므로 죄는 유전적이라고 할 수 있다.

죄악과 부패와 퇴폐가 쌓이고 증폭되어 결국 모든 인간의 삶이 점점 시간이 지남에 따라 힘들게 된다. 하나님께서 인간이 만드는 편만한 고통과 부조리함과 죄악을 징벌(심판)과 죽음과 영원한 구원 세 가지 방법으로 처리하신다. 창세기와 야살의책에 인간에게 발생하는 죄악과 부패와 퇴폐의 심판으로 대홍수와 소돔으로 설명한다. 소돔에서는 사회의 법령과 관습을 악하게 만들고 외국 방문자에게까지 이를 적용하며 심지어 재판관까지 악법으로 판결하였다. 어린 자녀들이 악을 배우며 악으로 이득을 취한다. 마음의 부패가 행위의 부패함으로 나타난다. 숨어 있는 악의 본질은 항상 외부로 현상을 드러내는 것이다. 본질은 숨어 있지 않고 때를 타서 드러낸다.

인간은 죄악과 부패와 퇴폐를 통제하기 위해 교육을 강화하고 윤리와 질서를 법으로 시행하나 이 악행을 공권력이나 자신의 의지로 차단하지 못한다. 악을 뿌리 뽑지 못하기 때문이다. 학원, 교회, 절, 수도원은 물론 홀로 있는 방안에서도 이 죄악과 부패를 차단하지 못하며 숨어 있는 죄와 악이 솟고 퍼진다. 약간의 일시적 통제는 가능하다. 부패한 심령은 오히려 악을 즐거워한다.

에덴동산에서 뱀과 사람이 서로 대화하였는데, 로마서와 요한계시록 해석을 빌면, 사탄이 뱀에 들어가 뱀은 사람의 감성과 이성에 혼란과 탐욕의 영적 메카니즘을 작동시켜 결국 의지적 행동을 하게 함으로써 하나님에게 불순종하였다. 사탄이 작동시킨 이 영적 메카니즘이 사람의 보편적 본성인 죄성으로 고착되었다. "*큰 용이 내어 쫓기니 「옛 뱀」 곧 마귀라고도 하고 사탄이라고도 하는 온 천하를 꾀는 자라 땅으로 내어 쫓기니 그의 사자들도 저와 함께 내어 쫓기니라* (요한계시록 12:9)"

죄의 보편성은 노아의 둘째 아들 함의 계보에서 아담 세대 이후 또 다른 모습[246]으로 나타남으로써 옛 뱀(요한계시록 12:9) 사탄이 강력하게 작용하였음을 알게 한다. 창세기가 함의 계보에 나타난 죄악을 사탄의 역사로 직설적으로 고발하지 않으나 함의 손자 가나안과 니므롯의 행위를 역사적으로 드러냄으로써 아담과 이브에게 작용한 사탄의 역사를 다시 보게 된다. 바벨탑 사건의 후유증으로 현재도 인간의 언어가 분열되었고 세계 각국이 찢어져 반목하고 있다.

노아가 손자 가나안에게 행한 극명한 영적 저주에서 사탄의 역사를 암시한다. 셈은 여호와를 찬송하는 지위에 오르나, 함의 아들 가나안은 셈과 야벳의 종으로 전락한

246 함의 맏아들 구스의 막내아들 니므롯과 함의 아들들이 바벨탑을 건설하는 배경을 설명함에 있어 이들이 거주할 신시가지 건설의 합목적성을 설명하는데 이 합목적성 속에 하나님을 대적하는 마음이 있음을 창세기와 동일하게 고발한다. 신학적으로 하나님을 대적하는 마음을 무너뜨리는 것이 바벨탑 사건의 주된 내용이다.

다 (창세기 6:26-27). 여기서 「종(servant)」이란, 셈과 야벳에게 축복한 내용이 영적인 것으로 보아, 영적 신분으로의 종으로 볼 수 있을 듯하다. 야살의책에서 설명하는 함의 자손들의 다른 악행 중 노아가 보관한 아담과 이브의 가죽옷을 훔친 사건을 고발한다 (결국 니므롯이 보관하던 이 가죽옷은 이삭의 아들 에서가 니므롯을 살해한 후 빼앗는다). 니므롯은 함의 네 아들과 함께 하나님을 대적하는 바벨탑을 쌓았으나 하나님께서 이를 무너뜨리신다. 함의 아들 가나안 족속의 욕심은 여기서 끝나지 않고 바벨탑이 무너진 후 (에덴으로 추정되는) 가나안 땅으로 가서 이 지역을 점령하고 여러 우상을 섬기며 원대한 하나님의 역사를 방해하려 한다. 사탄은 인간을 통해 죄를 짓게 하고 또 하나님의 섭리를 방해한다. 가나안 땅을 선점하여 사는 가나안 족속은 부패한 마음이 그 땅마저 부패하게 만든다. 그러나 결국 하나님께서는 하나님의 사람 아브라함과 그의 자손을 통해 가나안을 회복하신다.

사탄의 역사는 아담 한 사람뿐 아니라 그들의 자손을 통해 역사 속에서 보이지 않는 다양한 영적 형태로 현재까지 지속된다. 미세한 심리적 행태와 반응부터 세계적 규모의 큰 체계까지 다양한 모습으로 때로는 선으로 가장하여 아담부터 니므롯을 거쳐 오늘까지 나타난다. 그러나 하나님은 현세적인 징벌과 죽음으로 심판하고 영원한 구원을 통해 사람을 완전케 하신다. 결국 노아의 선언과 계시대로 셈은 셈의 하나님을 찬송하게 하며 그의 계보에서 예수 그리스도가 태어나신다.

4-6. 바벨탑 사건

노아 대홍수 후 인간의 권력과 세상사를 대표하는 사건인 바벨탑을 창세기 11장에서 명료하게 소개하나 구체적 설명이 적다. 야살의책에서 이를 살피면 그 사건의 발생 동기, 과정 및 결과가 자세히 파악된다. 사회·인문적 사항은 인구 증가, 주거 복지, 부족 간 대립, 왕의 정치적 야망과 국토 확장, 민족 형성, 언어 분화 등이고 신학적 사항은 하나님에 대항하는 인간의 죄와 하나님의 심판이다. 이 사건을 통시적(通時的)으로 보면 인류학적 그리고 신학적으로 세 가지 중요성이 있다. 첫째는 바벨탑이 파괴되면서 언어 혼잡으로 니므롯이 지배하던 수메르 문명이 퇴락한 후 여러 왕권으로 분산되였다. 둘째 대홍수 이후 번창한 인구가 광역적 분산 시 수메르 문명이 이들과 함께 세계로 퍼져 여러 민족과 국가를 형성한 점이며, 셋째는 신학적으로 타락한 수메르 문명이 소멸할 어수선한 시기에 아브라함도 우르를 떠나 가나안으로 간 것으로 창세기 12장의 배경이 된다.

이 사건이 주는 경고의 메시지는 인간이 하나님을 불신앙하거나 자연의 질서와 진리를 거슬리는 문화와 권력을 극대화시켜서 아니 된다는 것이다.[247] 바벨탑의 규모에 대하여 성경은 설명하지 않으나 이집트의 피라미드 건설 규모와 기술의 극단성에서 볼 수 있듯이 아마도 인간이 할 수 있는 극단의 경지에 이르도록 건설 규모와 기술을 집대성하여 건설하였을 것이므로 이 인간의 극단적 경지를 하나님께서 허락하지 아니하였을 것으로 보인다.

한편 구속사적으로 보면 오히려 바벨탑 사건에서 하나님께서 「아브라함」이라는 한 사람을 타락한 메소포타미아(시날) 지역의 수메르 문명에서 새롭고 순수한 신앙의 삶을 향해 그의 삶을 「분리」하여 최종 인류 구원의 「완성」을 위한 시작점이요 전환점(turning point)으로 계획하셨다. 이때부터 세계사는 영적으로 아브라함과 니므롯으로 대표되는 권세가 대칭적으로 내려온 형태(역사)를 띤다.

창세기 9장 후반에서 노아의 만취 사건이 나오고 10장에서 노아 세 아들의 계보와 그들의 거주지가 소개된다. 이어서 11장에서 갑자기 바벨탑 사건을 등장시켜 온 땅의 언어 혼잡으로 사람들을 흩으셨다고 한 후(11장 1-9절) 바로 11장의 끝 절(11장 31절)에 아브라함을 등장시키기 위해 11장 10절부터 셈의 족보를 소개한다. 아버지 데라가 그의 가족을 데리고 우르를 떠나 하란에서 거류했다고 하였으나 우르를 떠나 하란으로 이주하게 된 자세한 동기나 배경 설명이 없다. 즉 9장부터 11장까지 살피면 노아의 만취 사건, 노아의 후손 소개, 바벨탑 사건 및 아브라함의 하란 도착인데 이 4가지 사건은 서로 나뉜 각각의 사건으로 보이나 서로 뗄 수 없는 사슬(인과) 관계에 있다.

야살의책 7장부터 13장까지 네 사건을 통시적으로 소개하면서, (첫째) 노아 만취 사건으로 축복과 저주가 있었고 홍수 후 340여 년이 지나면서 (둘째) 당시 번창한 노아의 후손들이(아브라함이 출생할 즈음 총인구 약 320만 명, 표 4-7-1) 노아로부터 저주받은 함의 자손이 자기 족속을 위한 바벨 도시를 세우던 중 (셋째) 탑을 세워 하나님과 대적하여 하나님께서 탑을 파괴하고 언어를 혼잡케 하여 언어대로 민족으로 광범위한 지역으로 분산케 되었다. (넷째) 대규모 인구가 분산 시 아브라함 아버지 데라가 가족을 데리고 우르를 떠났다는 것이다. 창세기에서 이 시점를 정확히 분석할 수 없다. 대홍수 이후 위의 앞 세 사건이 원인이 되어 결과를 만들고 네 번째 사건인 아

247 모든 종교인과 철학자들이 설명해 왔듯이, 바벨탑과 유사한 것이란 오늘의 삶에서 일시적이거나 부분적으로 일어난 것이 아니라 거대하며 국가적이거나 세계적인 현상과 문화로 나타나는 것들이다. 소위 자연법칙과 진리에 반하고 무질서를 증가시키는 인위적 사상과 기술인데 예컨대 생태계 교란 행위, 유전자 조작, 성 조작, 불임, 성 문란, 소유 중심의 배금사상, 자연자원의 착취, 권력을 통한 억압과 통제, 불신앙, 윤리 부재, 생명 경시 등으로 그 양상들은 헤아리기 힘들 정도이다. 이들은 하나님께서 거대한 바벨탑과 같은 유형으로 여기는 거대한 죄악이다.

브라함이 아버지를 설득하여 우르를 떠나 가나안으로 가게 되었다는 것이 창세기 9장부터 11장까지 흐름과 고리이다. 또 하나님과 대적하여 세운 바벨탑 사건과 데라가 우르를 떠난 사건이 시간적으로 동시적이며 직접적 인과관계가 있으나 창세기에는 명확히 서술되지 않았다. 하나의 관점으로 요약하면 바벨탑 사건이 일어날 때 아브라함을 타락한 수메르 문명의 우르에서 나오도록 하나님께서 강제하는 사건은 동떨어진 시간이나 결과가 아니라 동시에 일어났다.

함의 손자인 왕 니므롯과 함의 네 아들이 주축이 되어 시날 동편에 신도시를 건설하면서 신전인 지구라트(Ziggurat, 사진 3-2-1)가 아닌 하나님을 대적하려는 분명한 국가적 의도로 거대한 탑을 세웠으나 하나님께서 이를 파괴하여 수메르 문명의 부족들이 광역적으로 분산 시 데라도 가족을 데리고 우르에서 떠난 사건이다. 창세기를 기술할 때 이스라엘 민족에게 상식적으로 잘 알려진 내용이라서 지금과 같은 묘사 방식으로 간단히 기술한 것으로 보인다.

「시날」[248] 의 빈 땅에 신시가지인 성읍과 탑[249]을 건설하면서 니므롯과 함의 네 아들이 힘을 합한다. 니므롯은 시날 성읍(바벨)에서 왕권을 점점 더 강화하여 메소포타미아 땅 전체에서 노아의 모든 자손을 지배하였고 당시 언어와 말이 하나로 통일되어 그의 통치가 가능하던 초기 시대였다. 니므롯은 215년간 왕위에 있었는데 그가 20세에 용감한 사냥꾼으로 명성을 얻고 30세에 왕이 된 후 49세 때 바벨 성읍을 건설하기 시작했고 건설 시작 후 38년이 되었을 때 탑이 파괴되었다. 이때가 니므롯 재위 57년으로 87세였고 아브라함 48세였다.[250] 노아 대홍수를 기준으로 보면 건설 시작은 대홍수 후 300년이 되는 때였고 무너진 시점은 340년이 되는 시기였다. 탑이 무너질 때 무너진 이유로 니므롯의 이름을 「아므라벨」이라 불렀는데 그의 고관들과 사람들이 탑에서 떨어졌다고 하여 불렀다는 것이다 (야살의책 11:6).

바벨탑 사건은 아브라함과 그의 후손들이 4천 년간의 오랜 방랑과 시련과 전쟁이 시작되는 사건이기도 하다. 야살의책은 당시 사회가 대홍수 후 바벨탑 사건까지 하나님

248 처음 니므롯이 도시를 건설 시 「시날」이라 하였으나(야살의책 7:43), 온 땅의 언어가 혼잡(바벨)케 되어 성읍 건설이 중단되고 탑이 무너진 결과로 「바벨(혼잡)」이라는 이름의 도시로 바뀌었다 (창세기 11:2, 9, 야살의책 9:37).

249 이제까지 이라크 지역에서 발굴된 탑 형식을 갖춘 지구라트(ziggurat)는 도시 중앙에 건설된 신전으로 당시의 도시 설계 기법의 구조물이어서 이를 바벨탑으로 볼 수 없다. 지구라트보다 바벨탑은 앞서 건설된 구조물이다. 또 지구라트 신전이고 바벨탑의 건축 목적인 하늘에 닿게 하여 우리 이름을 내고 온 지면에 흩어짐을 면하자(창세기 11:4)는 도시의 기념물이므로 지구라트와 다르다. 만일 바벨탑이 신전이라면 성경기록자는 우상숭배인 구조물이므로 우상과 관련하여 묘사하였을 것으로 보이나 이런 묘사는 성경, 야살의책 및 외경에 없다. 이집트의 피라미드나 캄보디아의 앙코르 와트 등의 건축 기술을 보면 바벨탑의 규모를 상상할 수 있다.

250 야살의책 7:34 이하 및 27:15-16

에 대한 신앙 없이 다양한 우상 숭배로 타락한 시기로 설명하고 이에 더하여 왕 니므롯과 그의 아들 마르돈의 폭정으로 주민들이 억압받은 시대라 해설한다.

창세기 10장과 11장의 문맥 순으로 보면 시간적으로 혼란스러운 부분이 있다. 10장은 방주에서 나온 노아의 세 아들과 그 후손들의 족장 이름을 나열하고 이들이 언어와 종족과 나라(창세기 10:5. 창세기 10:20) 또는 언어와 지방과 나라(창세기 10:31)대로 나뉘어 살고 있음을 설명한다. 이 10장 설명은 11장에서 소개된 바벨탑이 무너지기 전 이미 노아의 세 아들로 구성된 각 종족이 광역적으로 흩어져 살았던 묘사이다. 그런데 창세기 11장 1절에 바벨탑 사건이 일어나기 전 온 땅의 언어와 말이 하나였다는 것이다. 하나인 언어와 말은 노아와 그의 식구가 쓰던 언어였다. 문장 구성 전후 순으로 보면 10장에서 이미 언어와 종족과 나라(지방)대로 나뉘어 살았다고 하면 11장에서 바벨탑을 건설한 사람의 언어와 말을 혼잡하게 하여 지면에 흩어야 할 이유가 없다. 그러나 이는 10장에 기록된 언어와 말이 달라 종족과 나라(지방)대로 나뉘어 살게 된 이유로 바벨탑 사건을 등장시키고 족속들이 나뉜 이유를 11장에서 구체적으로 다시 설명하는 문맥이다. 10장은 노아의 세 아들에 관한 족보와 거주 지역을 말하고 11장 중반부 이하는 아브라함을 등장시킨 아브라함의 족보인데 그 사이 11장 초반부에 바벨탑 사건을 소개하여 10장의 언어와 말의 혼잡과 족속의 분산을 설명하고 아브라함도 그 결과 다른 종족처럼 우르를 떠나게 된 점을 상세히 설명하는 문맥이다.

여기서 발견되는 인문사회적 시사점은 대홍수 후 300년이 지난 시점에 노아의 번창한 후손들(수메르인)이 광역적 반경 약 7천km로 흩어지는데 노아 식구와 후손들이 광역적 지리 정보를 갖고 있었던 점이다. 아마 노아 대홍수 이전 사람들이 또는 대홍수 이후 어떤 족속들은 바벨탑 사건 이전에도 멀리 여행하였거나 먼 곳에서 이미 살았던 것으로 추정되며 바벨탑 사건이 발생하자 그들이 갖는 광역적 지리 정보에 따라 흩어진 것으로 보인다. 예컨대 아브라함이 가나안으로 가게 된 동기와 흐름을 보면 그러하다. 우르와 가나안의 거리는 약 1,800km 떨어졌음에도 이미 가나안 족속들이 선점하여 살았고 또 이집트 지역에도 이미 함의 자손들이 살고 있었던 점이 그러하며 아브라함도 이들 지역에 대한 상세한 정보에 따라 이동하였음을 알 수 있다.

해소해야 할 큰 궁금증은, 사람이 어떤 결정을 내리는데 중요한 원인이나 계기가 있어 이를 밝혀야 함에 불구하고, 창세기 11장 끝에 데라가 자녀를 데리고 우르에서 가나안까지 약 1,800km 머나먼 여행을 하다가 중간 지역인 하란에서 거류한 사실과 데라가 그곳에서 205세에 사망했는데 왜 이렇게 먼 여행을 시작했냐는 것이다. 먼 곳을 향해 우르를 떠나 가나안으로 간 사유, 또 가나안으로 가다가 하란에 왜 남았는지 그리고 그와 관련된 시기, 기간 등 여행의 배경을 창세기는 매우 구체적으로 밝히지 않는다. 사도행전 7장에서 스데반은 어떤 자료에서 이를 읽고 설교하였으나 그 출처와 내용의 구체성은 다른 성경에도 묘사되어 있지 않다.

우르를 떠난 맹백한 이유는 창세기 12장 1-3절에서 하나님의 지시와 축복(언약)이었다는 점이고 사도행전 7장에서는 영광의 하나님께서 나타나 말씀하신 지시였다. 이를 추적하면 바벨탑 사건은 중요한 배경이면서 이유가 된다. 이미 우르를 떠나 하란에 도착한 창세기 11장 31절 - 12장 1절과 사도행전 7장 2-4절을 보면 하나님께서 지시할 곳으로 떠나라는 계시는 데라가 아닌 아브람에게 직접 설명한 것으로 보인다. 이 역시 창세기를 기록할 당시 이스라엘 자손들에게 너무나 당연한 상식적 내용이기 때문에 창세기와 같은 문장으로 간단히 설명한 것으로 보인다.

창세기 12장 1절에 "*너의 고향과 친척과 아버지의 집을 떠나 내가 네게 보여 줄 땅으로 가라*"고 하였는데, 하나님께서 「언제 어디에서」 이 말씀을 하셨는지 또 「고향과 친척과 아버지의 집」과 「보여줄 땅」으로 가라고 했을 때 이 지명도 알 수 없는 불특정한 내용이다. KJV는 "*Get out of your country, from your kindred and from your father's house, To a land that I will show you*"로 표현하고 있다.

하나님께서 이 말씀을 하란에서 하셨고 또 만일 부모형제가 하란에 살았기 때문에 아브람이 하란을 고향(your country)으로 생각하였다면 맞는 표현이고 창세기 12장 4절에서 여호와의 말씀을 따라 75세에 하란을 떠났다는 문맥과 혼동되지 않는다. 이 가정은 문장이 시간순으로 기록되었음을 의미한다. 그러나 아브라함이 태어나고 자란 곳 즉 고향은 「하란」이 아닌 「우르」가 명백하다. 따라서 이 문장을 시간적 사회적 상황을 파악해야 이해된다. 사도행전 7장 2-4절을 보면 창세기 12장 1-3절까지는 하나님께서 하란이 아닌 우르에서 하신 말씀이다.

"*아브라함이 하란에 있기 전 메소보다미아에 있을 때 영광의 하나님이 그에게 보여 이르시되 네 고향과 친척을 떠나 내가 네게 보일 땅으로 가라 하시니* (사도행전 7장 2절과 3절)"라고 한 묘사는 누가가 스데반이 창세기가 아닌 어떤 외경의 기록을 인용한 말씀을 기록한 것이다. 야살의책에도 여러 차례 하나님께서 아브라함에게 우르를 떠나 가나안으로 가라고 명한 내용이 나오는데 최초로 아브람 52세 때(바벨탑이 무너진 후 4년) 말씀하였다고 기록하고 있다. 따라서 이 두 가지 기록에 의할 때 창세기 12장 1-3절까지의 내용은 우르에서 있을 때 하나님께서 하신 말씀이 명백하다.

창세기와 사도행전 및 야살의책을 종합적으로 보면, 우르에서 하나님께서 냉혹하게 아브라함만 나오게 명령한 것으로 보인다. 아브라함만을 떠나도록 명령하였으나 오히려 아브라함의 설득으로 부모형제가 함께 나왔고 부모형제는 하란에 머물렀다.

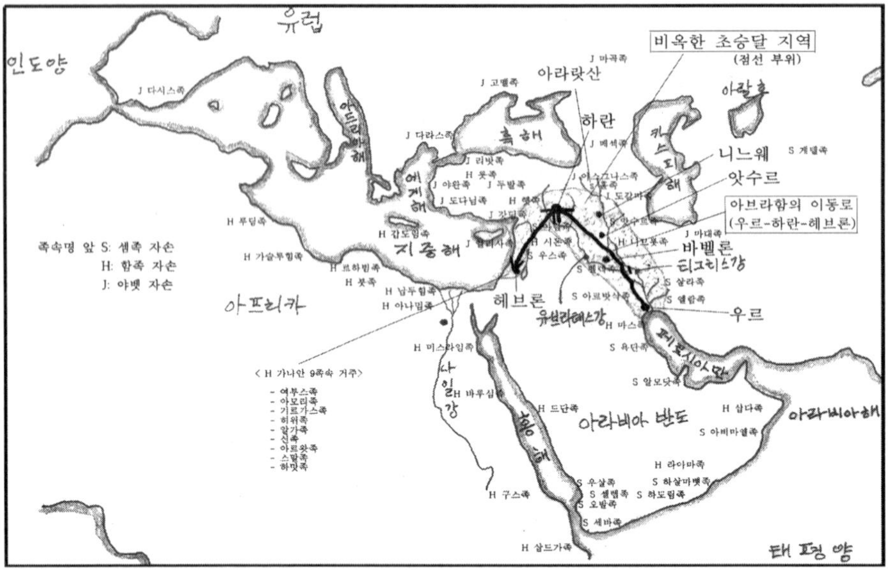

< 그림 4-6-1 > 바벨탑 사건 이후의 노아 후손 거주 분포 및 아브라함의 초기 이동 경로

「우르」란 산업이 풍부한 시날의 중심 도시 하나로 이곳을 떠나 약 1,800km 떨어진 낯선 가나안으로 가야 하는 직접적 동기는 자식과 땅의 복을 주시겠다는 하나님의 일방적 약속과 명령이었다. 이외 우르를 떠나 가나안으로 가려는 배경에는 왕 니므롯이 아브라함을 세 차례의 살해를 피하려는 의도와 아브라함의 부친 데라 설득 및 노아와 셈의 권고가 있었다고 야살의책은 설명한다.

놀랍고 흥미롭고 귀중한 점은, 노아의 자손들에 대한 세계 최초의 고대인의 인구 통계가 야살의책 7장에 기록하고 있다.[251] 이를 요약하면 < 표 4-6-1 > 및 < 표 4-6-2 > 의 좌측 난 상단 내용이다. 구약에 출애굽 후 자세한 인구 통계가 2회 있으나 야살의책 인구 통계는 민수기 1차 인구 조사보다 700년 정도 앞서 시행된 것이며 매우 정확한 단위까지 조사된 자료이고 여러 가지면에서 매우 유의미하다. 이를 근거로 당시의

251 야살의책 7장에 기록된 노아 4대손까지의 귀중한 인구 통계는 단순한 몇몇 가문에 관한 내용이 아니라 당시 살아있는 모든 사람에 대한 전면적인 조사 자료라는 점이 매우 놀랍다. 이러한 통계를 작성하려면 당시 노아 후손 모두를 조직적으로 통제 관리된 시회 시스템이 있었음을 의미한다. 노아를 최고 수장으로 하고 세 아들이 조직적으로 모든 후손을 관리하여 인구 조사를 하였을 것이다. 마치 모세가 출애굽 후 최고 책임자가 되어 일사불란하게 이스라엘 자손의 인구를 조사하여 작성한 통계와 같이 조직적 시스템에 의한 조사가 있었음을 의미한다.

출산율은 물론 바벨탑을 쌓게 된 사회적 환경과 배경을 추정할 수 있다. < 표 4-6-1 > 및 < 표 4-6-2 >에 기록되지 아니한 자손의 명단은 총 인구(총1,490명)에 포함되는데 이는 20세 미만인 것으로 추정된다.

이 두 표에서 창세기와 야살의책 인구 통계가 작성 시점 차이로 일치하지 않는다. 다만 창세기 10장에는 노아의 세 아들의 중 야벳과 함의 2대손까지의 이름을 나열하고 있으며 특별히 함이 가나안을 낳았는데 가나안은 첫 용사이며 용감한 사냥꾼인 니므롯이 건설한 성읍을 소개하며 가나안이 낳은 모든 아들(11인)의 이름 나열한다. 그리고 셈의 자손은 셈을 포함 6대손까지(즉 아브라함의 4대 조부 항렬까지) 나열하고 있다. 그리고 11장으로 넘어오면 바벨탑 사건을 소개하는데 누가 언제 바벨탑을 쌓았는지 상황을 소개하지 않고 동기나 원인(불신앙)과 결과(언어 혼잡과 민족 분산)만을 간단히 설명하고 다시 셈과 데라의 족보를 설명하면서 마지막으로 아브라함을 등장시킨다. 이 창세기 10장과 11장의 개괄적 인구 자료를 요약한 표가 < 표 4-6-2 >의 우측 난이다.

< 표 4-6-1 > 노아 4대손까지의 82 족장 이름 및 인구 현황[252]

(야살의책 7장: 82족장 및 인구 1,490명)

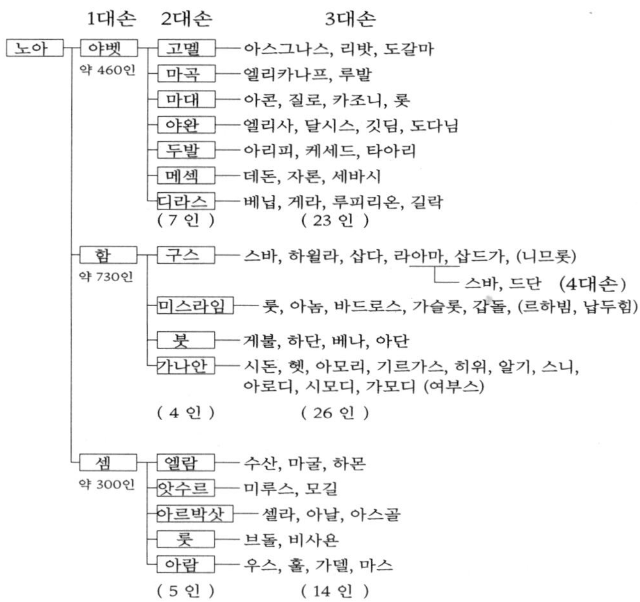

* 괄호 ( ) 내 사람은 추후 낳은 자녀로 야살의책 7장 명단에 기록되지 않았음.

주: 야살의책에 미스라임의 다섯 아들 이름을 창세기 10장 13-14절과 다른 이름인 루딤, 아나밈, 르하빔, 납두힘, 바드루심, 가슬루힘 및 갑도림(7명)으로 기재하였고 가슬루힘이 블레셋을 낳았다고 하였다.

252 야살의책 7장 정리

창세기 10장에서 「바벨」이라는 성읍이 니므롯의 영역이다는 점을 기술하여 바벨 성읍과 탑을 건설한 사람이 니므롯임을 알 수 있다. 노아 아들의 족보를 보면, 바벨탑 사건 이전인 10장에 셈의 6대손까지 나열하였으므로 바벨탑을 노아의 6대손 르우[253] 시대에 쌓은 것이 아닐까 하는 추정이 가능하나 야살의책 연대를 종합하면 르우가 죽기 30년 전인 209세 때이며 노아 5대손 벨렉이 죽은 해에 바벨탑이 무너졌다.

야살의책 7장부터 10장까지의 자세한 인구 통계 자료와 바벨탑을 건설하게 된 배경을 보면, 노아 대홍수가 끝나고 7장에서 노아의 3대손까지의 이름과 그의 가족 인구 통계, 셈의 족보와 데라의 자녀(하란과 나홀) 출생, 니므롯과 그의 바벨 성읍 즉 시날 성읍 건설, 그리고 아브라함의 출생을 기록한다. 8장에서는 니므롯과 아브라함의 아버지 데라와의 정치적 관계를 설명하면서 아브라함 출생부터 상세히 기록하길 영아인 아브라함을 하늘의 징조로 니므롯이 아브라함을 살해하려 하자 동굴로 10년간 피신시킨 내용을 담는다. 9장에서는 아브라함의 영적 성장과 바벨 성읍과 탑 건설 및 하나님의 심판을 설명한다. 10장에서 무너진 바벨탑으로 노아 후손들이 종족 단위로 유럽, 아프리카 등 넓은 지역에 걸쳐 분산됨을 시간 순으로 묘사한다. 이 시점은 아브라함 청년 이전이다. 니므롯은 30세에 우르(?)[254]에서 왕이 되어 바벨(시날 동편) 성읍을 건설을 시작으로 계속 확대하여 북부와 동부 지역에 총 8개 도시를 건설하였다(창세기 10:10-12).

야살의책 7장에 기록된 노아 3대손 이름과 그의 후손 1,490명의 인구 통계(즉 노아의 5대손까지, 표 4-6-1 또는 표 4-6-2 좌측 상단 내용)를 살펴 언제 이 통계가 작성된 것인지를 추정하자. 창세기 10장과 대조하면 야살의책 7장은 노아 세 아들 중 함의 아들 구스는 6명의 아들을 낳았는데 5인을 기재하여(니므롯을 미기재) 창세기 10장보다 먼저 기록된 자료임을 알 수 있다. 또 함의 아들 가나안은 11명을 낳았는데 10인으로 기록하고(여부스 미기재), 또 함의 아들 미스라임은 7인을 낳았는데 2인이 빠져 있어(르하빔, 납두힘 미기재) 야살의책에 수록된 이 명단을 작성한 시점은 노아의 아들이 모든 아들을 낳기 전이며 창세기 10장을 기록하기 전 인구 현황임을 알 수 있다.

노아의 증손자 63명(=23+26+14)에 속한 후손들의 인구는 총 1,408(=1,490-63-16-3)명으로 족장당 22.3명(=1,408÷63)의 후손들이 있으므로 이들은 최소한 노아 3대손

253 르우는 대홍수 후 131년에 출생하여 239세를 살았으며 아브라함의 4대조부이다.

254 우르에서 왕이 된 것으로 추정하는 것은 데라와 아브라함이 우르에서 살았고 니므롯이 데라를 군대장관으로 지명한 점과 우르라는 성읍은 데라의 아버지가 건설한 도시라는 외경 설명에 따른 것이나 확실하지 않다. 니므롯이 시날(=바벨)에서 엘람 왕 그돌라오멜이 등장하기 전까지 약 60년간 왕권을 유지하고 통치한 것으로 보인다 (야살의책 13:12-16).

족장의 증손자까지 포함한 인구이며 대가족임을 알 수 있다. 따라서 이 통계는 가구당 4인의 남자를 낳은 노아의 5대손까지의 인구 통계(표 4-7-1 참조)로 보아야 할 것이다. 이 분석으로 이 통계의 작성 시점은 노아 4대손이 벨렉을 낳을 시기로 보인다. 벨렉의 출생은 AM 1,757년이므로 노아 대홍수(AM 1,656) 후 1백 년 즈음의 통계로 보인다. 즉 이 통계는 벨렉이 출생할 즈음의 통계이다.

< 표 4-6-2 > 바벨탑 전후 노아 자손의 인구 현황 요약

<table>
<tr><th colspan="2">야살의책</th><th colspan="2">창세기</th></tr>
<tr><td>7
장</td><td>1. 노아 후손 및 족장 이름 및 인구
* 야벳 후손: 노아 2대손 족장 30명 등 가족
약 460명 (30.9%)
* 함 후손: 노아 2대손 족장 28명 등 가족
약 730명 (49,0%)
* 셈 후손: 노아 2대손 족장 19명 등 가족
약 300명 (20.1%)
- 총 81족장 및 가족 약 1,490명-

2. 셈의 계보 소개:
창세기 제11장 셈의 계보와 같은 내용으로 노아의 9대손인 데라까지 기록

3. 니므롯과 아브람의 출생 소개</td><td rowspan="3">10장</td><td rowspan="3"><노아 후손 족장과 이름>
* 야벳 후손: 2대손 족장 7명 등 11명
* 셈의 후손: 2대손 족장 5명 등 23명
* 함의 후손: 2대손 족장 4명 등 30명
- 총 16족장 64명-

* 족장들 이름만 기재하고 인구 통계는 없으나 족장들 명단은 야상의책과 유사함.</td></tr>
<tr><td>8장</td><td>니므롯의 지혜자들(데라와 아브람 이야기)</td></tr>
<tr><td>9장</td><td>바벨탑 사건 발생과 아브람 출생과 청년 시절</td></tr>
<tr><td>10장</td><td>- 아브람 48세 때 벨렉 사망
- 야벳의 후손 이름과 이주 분포: 주요 12명의 족장 이름 및 거주 지역을 기록하는데 주로 튀르키예(터키), 흑해, 카스피해, 유럽 지역임
- 셈의 후손 이름과 이주 분포: 주요 10명의 족장 이름과 거주지역을 기록하였는데 주로 메소포타미아를 중심의 중근동 지역
- 함의 후손 이름과 이주 분포: 주요 18족장 이름과 거주 지역을 기록하였는데 주로 아프리카 및 근동 지역임

* 주요 40족장의 이름은 7장에 기록된 족장 이외 여럿이 추가되었다</td><td>11장</td><td><바벨탑 사건>
10장에서 기록한 족속들이 시날 평지에 거하다가 바벨탑을 쌓고 흩어진 사실만을 기록하고 당시의 흩어진 구체적 족장과 지명에 관한 기록은 없고 제 10장에서 약간의 부기적 설명만 있음

<셈과 데라의 족보>
바벨탑 사건 이후에 셈과 데라의 족보를 기재하고 아브람을 등장</td></tr>
</table>

주 1: 인구는 노아와 세 아들을 제외한 20세 이상 남자만을 계수한 것으로 추정된다.

주 2: 족장들이 자기 부족의 정확한 가구 수와 인구를 모른다는 것은 족장으로서 자격이 없는 것이며 당연히 족장은 부족의 모든 인구 현황을 파악해야 하므로 야살의책 7장의 82족장 및 인구 현황은 정확하다고 보아야 한다. 다만 자료 관리상의 오류가 있다면 문제는 다르나 정확성은 인구 추계(표 4-7-1)에 의하여도 뒷받침된다.

주 3: 이 기록의 정밀한 인구 통계 및 방대한 지역에 관한 정보는 매우 강한 지도자에 의해 주도면밀하게 작성한 것으로 보아야 한다.

이를 상세히 설명하면, < 표 4-6-1 >에서 노아 아들 3인(1대)은 16인의 아들(2대)을 낳았으니 평균 5.3인을 낳았고 노아 손자 16인(2대)은 63명의 아들(3대)을 낳은 것으로 기록되었으나 미개재된 4인을 포함하면 65명이 되므로 평균 4.0인을 낳았다. 기록된 총인구가 1,490명인데 이는 노아 5대손까지의 통계로 추정되는 것은 남자 1인이 아들을 평균 4인[255]을 낳았다고 가정하면 노아 5대손(에벨의 아들)까지 남자의 누적 인구가 총 1,385인이 되어 야살의책 인구 통계 1,490명과 유사하기 때문이다(노아 1인, 1대손 3인, 2대손 16인, 3대손 65인, 4대손 260인, 5대손 1,040인: 1대에서 5대까지 남자 누계 1,385인로 추계. 표 4-7-1 참조). 창세기에는 야살의책 인구 통계와 같은 내용이 없으나 창세기 11장 10절 이하에서 셈의 족보를 삽입하여 아브라함의 등장을 족보로 대신 설명하고 있다.

바벨 성읍 및 탑을 건설한 장소, 시기와 사람에 대한 정보를 최초 기록할 당시의 사람은 이에 대해 당시 상세히 설명할 필요가 없었을 것인데 이는 너무 잘 알려진 상식이기 때문으로 보인다. 또 오늘날의 창세기를 기록할 당시도 이와 같은 이유로 이를 자세히 기록할 필요가 없었던 것이다. 야살의책 9장을 보면, 아브라함 출생 후 10세 즈음으로 추정되는 시기에 함의 네 아들과 함의 손자인 왕 니므롯이 주축이 되어 함의 자손들이 살기 위해 시날 평야 동쪽에 신도시를 건설하면서 도시 내 탑을 건설하였다 한다. 바벨 성읍 건설 시 바벨이라는 명칭을 사용하지 않고 처음에는 「시날」 성읍이라고 하였고(창세기 11장 2절, 야살의책 7장 43절) 하나님께서 탑을 파괴하고 언어를 혼잡하게 하였기에 그 의미를 「바벨」(창세기 11:9 및 야살의책 9:37)로 부르게 되었다.

야샬의책 9장에서 바벨 성읍 건설 상황 설명을 끝낸 후, 10장 1절을 보면 「그때에」라고 시간 부사구를 사용함으로써 바벨탑이 파괴된 사건은 대홍수 후 101년에 출생하여 239년을 산 「벨렉」이 사망하고 아브라함이 48세였다고 소개하면서 노아의 세 아들 후손의 무리들이 흩어졌고 흩어진 지역을 상세히 설명한다. 벨렉의 사망은 홍수 발발 후 340년이 되는 시점이다. 벨렉은 노아의 5대손이고 아브라함의 5대 조부이며 이름은 「분리」를 뜻한다. 또 벨렉 사망 시점에 노아 자손들이 광범위한 지역으로 분리·확산한 이주 내용을 < 표 4-8-1 >처럼 상술한다.

야살의책 7장, 9장과 10장에서 창세기에 기술되지 않은 바벨 성읍 건설을 누가 언제 왜 건설하였는지 등을 확인할 수 있다. 이 장들에 의하면, 아브라함 10세 즈음 바벨탑을 건설한 사람이 함의 네 아들과 49세의 왕 니므롯이며 건설 시작 후 약 38년이 지나 바벨탑이 무너져 족속이 분산된 시점은 아브라함의 5대 조부 벨렉이 사망한 시점인 아브라함의 48세 때임을 알게 한다.

---

255 실제 창세기와 대조하여 노아 손자들의 명단이 4명이 누락되어 이를 포함하여 노아 3대손이 낳은 평균 남자 출생은 가구당 4인이 된다.

창세기 10장과 야살의책 9장을 종합하면, 바벨 성읍은 함의 자손 60만 명이 살 신시가지로 함의 자손이 주축이 되어 건설되었다.[256] 함의 네 형제(표 4-6-1)와 그들의 가족들이 의논하여 이 성읍과 탑을 건설했다. 니므롯은 바벨 성읍이 파괴된 후에도 바벨 성읍 외에 메소포타미아 8개 성읍(창세기 10:10-12)을 장악하였는데 이런 기술로 보아 바벨탑 전후로 많은 인구가 광역적으로 번창했음을 알게 한다.

60만 명이 거주할 바벨 성읍을 건설하기 위해서는 많은 인력과 시간과 비용이 필요하다. 야살의책 7장에 기재된 위 인구 통계를 보면 노아의 5대손 벨렉 항렬 출생까지 82족장과 그의 자손 1,490명인데 이 인구로는 바벨 성읍 건설에 매우 부족한 노동 인구이다. 보통 유대인의 인구 통계처럼 20세 이상 남자만을 계수하는 것이 관습이었다면 총인구는 여자와 20세 미만 남자를 포함하면 약 4배 정도이므로 이 통계를 근거한 총인구는 약 6천 명이 된다. 따라서 60만 명의 인구로 바벨 성읍을 건설한 적정한 시기는 노아의 5대손 이후가 되어야 한다. < 표 1 >에서, 노아의 5대손 벨렉 항렬이 태어난 시점은 AM 1,757년인 홍수 후 101년이 되고, 야살의책 9장에 기록된 바벨탑 파괴는 노아의 9대손 아브라함 48세 때인 AM 1,996년이므로 239년의 시간 차가 있다. 그러므로 벨렉 항렬까지 기록한 위 인구 통계를 아브라함 항렬까지의 인구 통계로 추계하여 바벨 성읍 건설 시의 인구 현황을 살펴볼 필요가 있다.

노아의 5대손 「벨렉」은 홍수 발발 101년 후에 태어나고(AM 1,757 또는 BC 2,152) 홍수 발발 340년(AM 1,996 또는 BC 1,913)에 239세로 죽은 사람이다. 벨렉이란 이름은 "그의 시대에 사람들이 나뉘고 그 후에 땅(세상)이 나뉘었기" 때문이라는 뜻이다.[257] 이 의미는 벨렉 시대에 바벨탑 사건이 일어나 사람들이 언어 혼잡으로 나뉘었고 그로 인해 족속들이 나눠졌다는 것이다.

창세기 10장에서는 노아 아들 야벳과 함의 2대손까지 및 셈의 5대손(벨렉의 아들 르우)까지 기록되어 있는 점으로 보아 바벨탑 사건이 셈의 5대손이 생존 시 발생한 것으로 추정할 수 있다. 창세기에는 노아의 어떤 후손 중 누가 무엇을 할 때 바벨탑 사건이 일어난 것인지에 대하여 정확한 설명이 없으나 앞에서 추정했듯이 노아의 5대손인 벨렉과 그의 아우인 욕단[258] 그리고 욕단의 아들 이름까지를 기록(창세기 10:25)하고 있고 역대상 1장 19절에서 창세기 10장 25절을 인용하여 벨렉 때에 세상이 나뉘었다 하였으나 정확한 시점을 설명하지 않고 있다. 바벨탑은 니므롯이 쌓고 니므롯은

256 야살의책 9:21

257 창10:25 및 야살의책 7:19

258 「욕단」 이름의 뜻이 그의 시대에 사람의 아들들의 생명이 줄어들었다는 뜻이라 설명하였다 (야살의책 7:20).

함의 아들인 구스가 낳은 아들인 점을 창세기에서 추정할 수 있으나 창세기에서 바벨탑의 건설과 니므롯 출생 연대 추정은 불가하다.

그런데 '분리'라는 의미를 벨렉이 「태어날 때」 바벨탑 사건이 일어나 족속들이 분리되어 분산하였는지, 아니면 벨렉이 「죽고」 분리되어 이주하였는지는, 아니면 그가 「생존 시」였는지 바벨탑 파괴 시점을 확정하는데 이름 해석이 매우 중요하다. 벨렉의 출생은 대홍수 후 101년이고 그의 생존 기간은 239년이므로 대홍수 후 340년이 되는 해까지 살았다. 일부 성경학자들은 벨렉의 출생 시점을 바벨탑 파괴 시점으로 해석하기도 하나 이는 명백히 잘못된 추정이다. 벨렉의 출생 시점을 바벨탑 파괴 시점으로 본다면 벨렉이 태어난 해인 홍수 후 101년이 되며 이 때는 니므롯 출생 152년 전이고 총인구는 약 3천 명 정도로 그리 많을 때가 아니었다(표 4-7-1). 반면 < 표 1 >과 < 표 4-7-1 >에서 벨렉의 사망 시점은 노아의 10대손 아브라함이 48세 때로 총인구가 약 320만 명 이상(표 4-7-1)으로 성장할 시기였다. 바벨탑의 건설 배경, 니므롯의 정치력과 그가 장악하고 세운 큰 도시가 8개인 등을 보면 인구가 시날 지역만이 아닌 메소포타미아 전역에 번창하였음을 알 수 있어 바벨탑 건설과 파괴 시점이 벨렉이 태어날 시점의 3천 명 정도의 시점으로 볼 수 없다. 이는 인구 추계로 검증할 수 있다. 인구 추정 < 표 1 >과 < 표 4-7-1 >는 벨렉이 죽을 당시는 아브라함이 청년 때임과 인구 번창이 엄청난 때임을 증명한다.

이 인구 추정 이외, 벨렉 사망 전후에 바벨탑 건설과 파괴가 발생하였다는 견해가 옳다고 생각되는 것은 다음 세 가지 이유 때문이다. 첫째 벨렉의 7대 선조인 「므두셀라」 이름의 뜻이 홍수가 있을 것을 말하는데 므두셀라의 출생이 아닌 죽고 나서 홍수가 난처럼 벨렉 이름도 벨렉 사망 시 사건 발생을 지칭하는 작명법[259]과 동일한 예와, 둘째 벨렉의 출생 시점설로 본다면 홍수 후 101년이 지난 시점은 노아의 4-5손들이 태어난 시기로 자손들의 인구가 매우 적어(3,130명) 니므롯이 8개 큰 도시를 세웠다는 묘사와 부적합하고 또 새로운 신시가지 건설이 필요하지 않거나 건설 인력 충당이 불가능하였다.

셋째, 바벨 성읍을 건설할 전후는 8개 성읍 건설(창세기 10:10-12)이 있었는데 이는 지역 인구 증가와 팽창이 있었음을 의미한다. < 표 4-7-1 >와 같이 벨렉의 사망 시점인

259 사건 전에 그 사건을 예언하거나 바라는 작명법과 사건이 일어난 후 그 사건의 의미를 뜻하는 작명법이 있는데 「벨렉」이란 출생 시에 앞으로 일어난 일을 뜻하는 작명법일 수 있으나 벨렉이 죽자 원래 이름을 벨렉으로 명명한 것일 가능성이 더 높다. 사건이 일어난 후 작명법인 예가 「므두셀라」 및 「바벨」인데 이는 역사를 설명하는 이름으로 정확히 사건이 있어났음을 뜻하는 히브리적 관습에서 볼 수 있듯이 벨렉은 사건이 일어난 후의 지은 이름으로 판단함이 적정하다.

아브라함 탄생 시기에 함의 자손 인구가 증가함을 보여 주는데 이 증가된 인구로 새로운 도시 건설 필요성과 노동력 확보가 가능한 점을 보여 준다.[260] 즉 바벨탑 건설은 벨렉 201세에 시작했고 파괴는 239세 사망 시점인 홍수 발발 후 340년(AM 1,996년)으로 아브라함 48세였고 당시 인구가 320만 명 이상으로 성장할 즈음이었다. 이로 언어가 혼잡해지고 벨렉이 죽은 해 온 땅으로 족속들이 분산[261]하였음을 의미하는 이름이 「벨렉」인 것이다.

함의 후손은 노아의 아들 족장 중에서 가장 많은 족장으로 약 49%이고(표 4-6-1) 건설 당시 전체 인구 20세 이상이 약 156만 이상(표 4-7-1 하단 주 2 참조)이고 이 중 20세 이상 남자는 78만 명이 되어 야살의책이 설명하는 대로 함의 자손 약 60만 명 동원은 쉽게 가능하였다 (야살의책 9:23 및 표 4-7-1 하단 주 2 참조).

창세기와 야살의책을 종합하면, 아브람 48세인 벨렉 사망 시 바벨탑이 파괴되었으며 이는 대홍수 발발 후 340년으로 AM 1,996년(BC 1,913)이 된다. 바벨탑 건설이 43년 동안이었다는 설[262]이 있으나 야살의책에 의하면 아브라함 10세 즈음에 시작되어 38년 동안 건설한 것으로 추정된다. 따라서 벨렉의 이름이 의미하는 바를 그가 사망한 해에 바벨탑이 파괴되고 언어가 혼잡해져 언어대로 족속대로 분산되었다는 설명은 매우 합리적이요 역사적이다.

바벨탑이 무너지기 전 니므롯이 세운 고대 국가는 4개 지역에서 건설되었는데 바벨, 에렉(우르크), 악갓(아카드) 및 갈레(갈대아)였다 (창세기 10:10). 창세기의 이 서술 순서로 보아 가장 먼저 성읍을 건설한 도시가 바벨로 보이며 이 서술은 야살의책 11장 1-5절 서술과 일치한다. 바벨탑 사건 전후에 니므롯의 아들 마르돈까지 왕위를 계승하여 악행으로 다스렸다. 그후 니느웨, 르호보딜, 갈라 및 레센까지 4개 도시로 확장한다 (창세기 10:12). 메소포타미아 전역으로 도시를 확장하였으나 바벨탑 사건이 일어난 다음 해부터 니므롯의 왕권은 급격히 쇠락하여 니므롯의 신하였던 셈족 엘람 왕 그돌라오멜이 유민(流民)을 모아 니므롯과 대항하여 새로운 국가를 만들었다 (창

260 여러 사람이 인용하고 광범위한 초기 인류 및 고대 지구학 연구 서적을 저술하였고 창조과학의 탄탄한 기반을 구축한 미국 버지니아 폴리텍 토목공학과 교수인 헨리 M. 모리스 박사(1918-2006)의 '현대과학의 성서적 기초' pp 489-502에서 바벨탑 사건 발생을 「벨렉」의 출생 시점으로 보았는데 이 시점은 홍수 후 101년이 되는 해로 인구가 약 3천 명 정도였으므로 바벨 외 7개 성읍이 필요하지도 않았으며 또 이 인구로 바벨 성읍을 건설하였다는 추정은 성경의 여러 묘사를 뒷받침하지 못하며 또 의미 부여도 어렵다(이현모 최치남 공역(1988) 전게서, 요단출판사, p498). 따라서 벨렉 사망설에 의한 사건 발생이 적합하다.

261 창세기 10:25 및 역대상 1:20에서는 벨렉 때에 땅이 나뉘었다고 설명하고 있다.

262 이동진 편역, 전게서, p 249.

세기 14:1-4, 야살의책 11:9-11 및 13:12-16).

함의 아들 늙은 구스에게 5명의 아들이 있었으나 새로이 아내를 얻어 막내아들 니므롯을 낳았다. 니므롯은 함의 손자로 동시대에 태어난 사람처럼 최소 300여 년을 살았을 것이나 야살의책에 의하면 그가 215년을 살고 왕으로 185년을 지낼 때, 아브라함이 죽은 후, 아브라함의 아들 에서에 의해 피살되었다.[263] 니므롯의 출생 시점에 대한 정확한 기록은 없으나 야살의책 27장에서 아브라함이 죽은 후 이어서 에서가 살해한 사건을 설명함으로써 AM 2,124년 사망한 것으로 추정되어 그의 출생을 역추적할 수 있다. 추정되는 니므롯 왕국은 AM 1,939 - AM 2,124(BC 1,970 - BC 1,785) 총 185년간이었다. 앞에서 설명한 것처럼 니므롯이 아버지로부터 20세에 아담과 이브의 가죽옷을 물려받아 용감한 사냥꾼과 용사가 되어 30세에 왕위에 오른다. 에서가 그를 죽인 후 아담 부부의 가죽옷을 취하였고 에서는 니므롯과 싸움에서 지쳐 집에 돌아와 죽을 것 같아 야곱과의 이야기 중 빼앗은 아담 부부의 가죽옷, 장자권과 막벨라 굴에 대한 권리를 야곱에게 양도하였다는 것이다.[264]

왕 니므롯과 그의 아들이 오랜 기간 집권하면서 번창한 인구 문제를 해결해야 할 필요성도 있었고 풍부한 노동력을 제공할 인구도 있었으므로 그의 주도하에 함의 네 아들과 합의로 시날 성읍과 탑[265]을 건설하다가 하나님을 대적하자 하나님의 심판으로 많은 인구가 언어와 종족과 나라대로 갈대아 지역을 벗어나 유럽, 아프리카, 튀르키예, 이란, 흑해 등 중근동 지역에 이르는 최대 약 7천km 범위로 퍼진 내용[266]과 이

263 야살의책 27:15-16

264 야살의책 27:11-14

265 니므롯이 세운 바벨탑을 고고학으로 분류한다면 구 바빌로니아 시대(BC 1,895-BC 1,595)에 속하는 것으로, 현재의 고고학에서 말하는 바벨론에 위치한 신바빌로니아(BC 627-BC 539)의 네부카드네자르 2세(BC 630년경)의 왕궁터 근처 지구라트(밑변 사방 약91.2m, 에테멘앙키, 카딩기라키) 구축물과 다른 것은 연대 차이가 1,500년 차가 있고 또 서로 다른 왕이 다스릴 때이다. 역사학자들은 성경의 바벨탑 사건을 유대인의 좁은 시각으로 세계사를 바라본 해석이라고 설명하며 성경의 바벨탑 사건을 인정하지 않고 있다. 지구라트와 바벨탑은 전혀 다른 용도의 구조물이나 학자들은 이것을 바벨탑으로 착각하고 있다. 이집트의 피라미드 건설은 바벨탑 이후 최소 200여년 이내로 보인다. 우리나라 EBS컬렉션-사이언스에서 방영한 "성서 속 바벨탑을 찾아서" 다큐멘타리 내용은 잘못된 내용이다. 창세기 11장에 의하면 이 탑은 시날 평지에 있었고 야살의책 9장에 의하면 시날 평지 동쪽 계곡 근처에 주거지를 건설하면서 세운 상징탑 정도로 묘사하였으나 그 위치를 특정하지 않고 (함 족속들이 많이 거주한 어떤 장소 또는 니므롯의 바벨 왕궁을 중심으로) 이틀거리 동편이라고 한 점으로 보아 유브라데 강 동편 근처로 보인다. 아브라함 52세 때 니므롯은 바벨 성읍에 거주하였다고 야살의책 12:45에 기록되었다. 현재 바벨론이라고 알려진 곳이 창세기나 야살의책에서 바벨 성읍인지 확인할 수 없다.

266 벨렉의 아우 욕단의 후손이 "메사에서부터 스발로 가는 길의 동편 산에 거주하였다"는 기록(창세기 10:26-30)에서 한민족의 기원을 설명하는 우리나라 성경학자들이 많은데 본 고찰에 의하면 벨렉의 아우 욕단이 우르 지역을 떠난 시점이 BC 1,913년경이므로 단군조선 BC 2,333년과 차이가 많다. 이 부분은 더 연구해야 할 사항이다.

들 중 아브라함이 가나안으로 이주하게 된 배경은 메소포타미아 주민의 타락과 하나님을 대항하는 바벨탑 사건이다. 동시에 언어학적, 인문지리적 그리고 인구 동태적 의미를 갖는 바벨탑 사건은 수메르 문명이 갑자기 사라진 계기가 되고 이들 인구가 퍼진 후 점차 기원전 약 5-6세기 고대 4개 문명의 뿌리가 되는 인류사의 매우 중요한 사건이면서 아브라함을 수메르 문명에서 벗어나게 하는 직접적인 사건으로 해석해야 한다.

4-7. 고대 메소포타미아 지역의 인구와 바벨 성읍 건설

앞서 설명한 야살의책 7장에 기록된 인구 통계를 기초로 바벨탑 사건 발발 시의 인구를 추정해 보자. 바벨탑이 파괴된 시점은 노아의 5대손 벨렉의 사망 시점이고 노아의 10대손(아브라함 항렬)이 출생한 때이다. 인구 추계 방법은 출애굽 인구를 추정한 바와 같이 수학적 방법과 조성법(組成法 또는 연령집단 生殘法, component method) 두 가지를 사용할 수 있다. 수학적 방법은 인구가 기하급수적이거나 지수적(指數的)으로 증가한다는 것을 전제로 등비급수에 의한 산술 증가식, 기하급수 증가식인 선형방정식, 지수곡선 방정식, 최소자승법, 로지스틱(logistics) 곡선방정식 등을 사용하고, 조성법(생잔법)은 시기별 특정 지역 내 출생율, 사망 및 전출입 등의 변화 요인을 찾아 인구를 증감하는 방식이다.[267]

노아 대홍수 후 인구는 자연 증가하므로 추정은 등비급수에 의한 산술증가법과 조성법이 적정하며 이에 의해 추계 시 지수적으로 증가한다. 추계 시 생명표도 필요하다. 다행히 노아 자손 12대까지의 생명표가 성경과 야살의책이 서로 미세하게 다르나 사용하기 적합하다 (표 1).

야살의책 7장 인구 현황 통계에서 노아 5대손까지로 추정되는 족장과 그 가족의 통계가 있다 (표 4-6-1 및 표 4-6-2). 이 통계에서 노아의 세 아들(셈, 함 및 야벳)이 낳아 생잔한 남자는 16명으로 평균 5.3인이다. 이 16명은 창세기에서 찾을 수 있는 미기재의 남자를 포함하면 65명이고 평균 생잔 인원은 약 4.0명이다. 노아의 1-3대 족장의 합이 82명인데 총인구 1,490명에서 이를 제외하고 3대손 63명의 족장당 평균 가족 인구는 약 23명이 되는 대가족이며 3대손 족장의 자녀만을 기록한 것이 아니라 노아의 4-5대손까지를 포함한 인구 통계로 파악된다. 이 인구 통계를 노아의 5대손 즉 벨렉 항렬이 낳은 자까지로 보고 각 가구당 남자의 생잔 인구를 4인으로 가정하면 앞

267 황용주(1984), 도시학사전, 녹원출판사, pp 254-278

에서 이미 추정했듯이 < 표 4-6-1 >의 총인구인 중 남자 인구 1,490명과 유사한 인구 1,385명[268]을 < 표 4-7-1 >에서 산출할 수 있다.

이 인구 현황 통계 자료에 의한 당시 생잔 남녀를 4인씩으로 가정하여 인구를 추계하자. 산아제한이 없는 당시 남녀 8인은 잘못된 전제가 아닌 것으로 판단된다. 또 9대손 데라는 두 아내로부터 총 4명의 아들을 두었고 10대손 아브라함은 세 아내에게서 총 8명의 아들을 두었다 (표 4-9-1). 농경 및 목축 시대였던 당시 부족장이 아닌 일반인도 남녀 8명 정도였을 것이고 다처제였기에 충분히 가능한 출산이다. 또 당시 수명이 200년에서 400년이었는데 이 기간 남녀 8인 정도의 자녀 수는 무리가 없는 듯싶다. 1950년대 한국전쟁 전후에도 6-8명 정도 낳고 기른 부모들이 많았음과 산아제한을 하지 않은 20세기 출산율을 감안하면 가구당 남자 4인은 무리한 추정이 아니다.

한 가구가 4인의 아들과 4인의 딸을 길렀다 가정하여 이삭 출생 시까지 메소포타미아 전 지역에 분포한 인구를 추계한 표가 < 표 4-7-1 >이다. 인구학적으로 남녀 성비는 동등하고 또 당시 부족 간 전쟁, 출산을 제약할 유행병이나 가뭄, 자연환경 악화 등이 있었겠으나, 당시 인구 통계는 이와 같은 제약 환경에서 살아남은 남자를 계수하는 것이므로 이를 감안하여 계산하면 < 표 4-7-2 >와 같이 대홍수 이후 이삭 출생 시까지의 연평균 인구증가율은 4.07%로 급격한 기하급수적이고 인구가 2배로 되는 기간은 약 17.4년이다.

< 표 4-7-1 >에서 노아 아들 셈의 항렬에는 남녀 16명이고 누적 인구는 노아 부부 2인을 합하여 40명이 되고, 16명의 아들이 가구를 이루어 아들 64명(실제 기록은 65인)을 낳는다. 이때 누적 인구는 전차 인구인 40명 + 65*2인 = 170명이 된다. 이런 식으로 Ni세대의 누적 남녀 총인구는 Pi=2*(해당 항렬 남자인구 C)+전차 세대의 인구(Pi-1)가 된다. 같은 방법으로 아브라함 출생하여 살 때 전 세대의 누적 인구를 계산하면 약 1,280만 명이 된다.

이 인구증가율은 < 표 4-7-1 > 우리나라 70년대 인구증가율(표 2-3-5)과 세계 인구증가율(표 2-3-6)을 비교하면 약 2배 정도로 매우 높은 것인 것은 가구당 인구은 2배 이상이 되지 않으나 평균 수명이 근세와 달리 대홍수 후 평균 수명이 200-400년 정도로 죽지 않고 장수하였기 때문에 이들이 낳은 인구가 서서히 증가하다가 나홀 이후 급격히 증가하기 때문이다 (표 4-7-2). 아마 대홍수 이후 초기는 정착을 위해 남녀 각 4인 정도 생잔하였더라도 안정을 찾은 후는 이보다 더 출산하였을 수 있다.

---

268 <표 4-7-1 >에서 에벨 시대의 남자 인구는 1+3+16+65+260+1,040=1,385명이 된다.

조성법으로 인구를 추정한 < 표 4-7-1 >을 야살의책 7장에 기록된 실제 인구 통계(표 4-6-2 좌측 상단)와 비교해 보자. 노아 세 아들의 증손자까지 실제 기록은 노아를 제외한 남자만 총 1,490명이다. 이와 달리 < 표 4-7-1 >의 추정에서는 노아 4대손까지의 누적 인구를 남자로만 계산하면 1,384명이 된다. 야살의책 통계인 1,490명보다 105명이 적어 추정값이 약 7% 적다. 이 오차가 당연한 것은 항상 추정값과 실제값의 차이가 있고 추정 생잔율을 다소 낮게 잡았기 때문이다. 따라서 실제 생잔율은 남녀 각 4인 이상으로 보인다. 이러한 추정치로 보아 야살의책 통계가 약 4천 년 전이나 신뢰가 매우 높다.

< 표 4-7-1 > 대홍수 이후 이삭 세대까지 세대별 남녀 4인씩 생잔 시 인구 추계

(연평균 인구 증가율 r=4.07%)

노아의 세대(Ni)	가구 수 (A, 등비급수 4)	아들 인구(C, 명)	누적 남녀 인구(Pi, 명)
노아	1	3	8
1대 (셈 세대)	3	16(실제)	40
2대 (아르박삿 세대)	16	65(실제)	170
3대 (셀라 세대)	65	260	777
4대 (에벨 세대)	260	1,040	3,130
5대 (벨렉 세대)	1,040	4,160	12,539
6대 (르우 세대)	4,160	16,540	50,174
7대 (스룩 세대)	16,540	66,560	200,714
8대 (나홀 세대)	66,560	266,240	802,874
9대 (데라 세대)	266,240	1,064,960	3,194,874
10대 (아브라함 세대)	1,064,960	4,259,840	12,779,509
11대 (이삭 세대)	4,259,840	17,039,360	50,315,173

주 1: 생명표 < 표 1 >을 보면 아브라함 청년 시까지는 모든 전차 세대가 살았으므로 누적 인구 계산은 모든 전차 세대를 누적한 인구로 계상된다. 그러나 이삭 세대가 출생 시에는 벨렉(5대) 항렬에서 나홀(8대) 항렬까지 출생한 사람(802,874명)는 사망한 것으로 추정되어 이삭 세대의 누적 인구에서 이들을 제외하였다.

주 2: 바벨 성읍 건설은 아브라함 10세에 시작하고 아브라함 48세에 파괴되었다. 함의 자손 인구는 노아 5대손까지 총인구의 약 49%를 차지했다. 바벨탑 건설 초기에 함의 남자 인구를 추계하기 위해 이 비율을 적용하면 20세 이상의 인구는 약 78만 명이 된다. 야살의책 9장 23절에 바벨 성읍 건설에 동원된 인구가 (남여?) 60만 명이라 하였으니 이 추계로 건설 인력 동원이 가능함을 나타낸다. 건설 시점 함 자손 20세 이상 추정 인구 약 78만명 = 약 3,94천명 * 49% * 50%

주 3: 위 표에서 데라 시대의 도시 구성 인구를 1개 성읍을 부족별 1-5만 명이라고 보면, 광활한 메소포타미아 지역 직경 1천 km 범위에 크고 작은 300여 개 성읍이 분산되었을 것이다.

주 4: 위 표에서 가구당 남녀 5인씩을 생잔한 경우로 추계하면 10대 아브라함 항렬에서의 총인구는 약 6천9백만 명이 되고, 실제는 가구당 남녀 4인보다 약간 더 많이 생잔한 것으로 보이므로 바벨탑이 파괴될 당시의 메소포타미아 지역의 전체 인구는 2천만 명 이상이 되었을 듯하다.

주 5: 홍수 발발(AM 1,656) 후 이삭 출생 시점(AM 2,048) 사이 392년 동안의 인구증가율(r)을 구하면, 인구 추정의 수학적 방법 중 기하급수증가공식(geometric growth formular)인 $Pn=P0(1+r)^n$에서 Pn은 50,315,173이고 P0는 8이며 ^{n}은 392이므로 연평균 인구증가율(r)은 4.07%이다.

< 표 4-7-1 >를 나타낸 인구 곡선 < 표 4-7-2 >로 보면, 노아 자손 1대부터 4대까지의 인구는 약 400년 이상 살면서 아브라함과 동시대를 살았으나 스룩 세대까지의 절대 누적 인구가 적었다. 절대 인구는 7대 스룩부터 폭발적인데 높은 출산율(생잔율)과 수명이 길었기 때문이다. 니므롯은 아브라함의 아버지 데라보다 약 31년 늦게 출생한 (AM 1,909년경) 인물이며 출생 당시 총인구는 약 80만 명이었으나 왕이 된 후 8개 성읍이 건설할 만한 인구가 급격히 증가한 시기였음을 알 수 있다.

< 표 4-7-2 > 노아 - 아브라함 인구 증가 추이 (인구: 만 명)

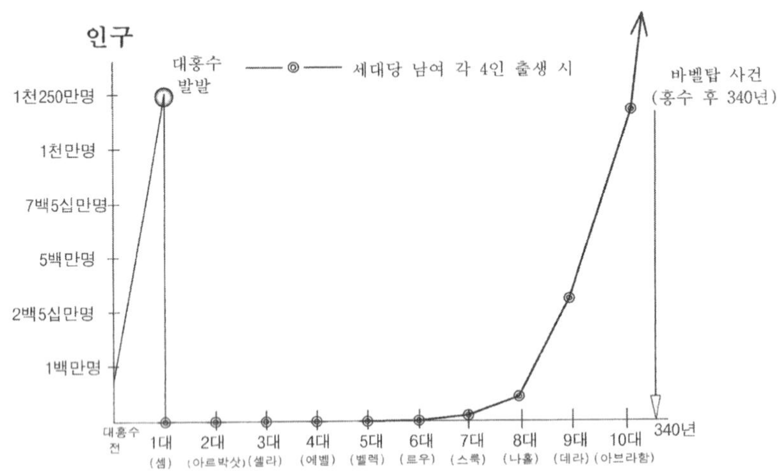

주: 노아 대홍수 발발 시 사망한 총인구는 < 표 7-1-1 >에서 보듯이 약 10억 명으로 추산되고 에노스 시대에 기혼강의 홍수로 1/3 인구가 죽었다는 야살의 책의 기록으로 보정하여도 실로 대홍수로 인한 사망자는 엄청나다. 위 도표에서 대홍수 전의 곡선은 급격한 인구 절벽을 개념화한 것이다.

바벨탑 사건이 발생한 아브라함이 48세 이후, 노아의 5대손에서 8대손까지 출생한 사람 대부분이 자연사했을 것이다. 이 추정에서 유의미한 점은 이삭 항렬 때에는 인구가 더욱 폭발적이어서 전차 세대 인구의 약 4배로 증가한 점이다. < 표 4-7-1 >에서 아브라함 세대의 인구 약 1,280만 명이 바벨탑 파괴로 메소포타미아를 중심으로 하여 약 7천km 지역인 유럽, 아프리카 등으로 퍼져 나가 이삭이 활동할 시에는 약 4천만 명 이상 된 사회였음을 알 수 있다.

이러한 인구의 급격한 팽창으로 니므롯 시대에, 인구가 집중된 도시에서는 밀집된 주거 생활을 하였을텐데 고층건물을 지을 수 없는 벽돌조였으므로 저밀도의 분산된 거주지였을 것이다. 주된 거주지가 우르 및 우르크와 같은 큰 성읍이 평원 지역이어서 넓게 퍼져 사는 것은 가능했을 것이다. 니므롯이 8개 성읍을 건설하였다는데 이는 메소포타미아 지역의 두 강을 따라 북부와 남부 지역에 건설된 주요 도시들이다.

니므롯 왕은 부족을 통합한 절대 왕권을 갖고 인구가 폭증하고 또 도심으로 집중된 인구를 분산하기 위해 역사상 최초의 대규모 신시가지(시날=바벨)를 세운 것으로 보인다. 창세기 10장에도 니므롯이 시날 즉 바벨을 시작으로 즉 메소포타미아 하류 지역 평야에 4개 성읍을 시작으로 북쪽으로 가서 4개의 성읍을 추가로 세웠다.[269] 니므롯이 왕이 될 때 아브라함의 아버지 데라는 니므롯의 군대장관으로 우르에 살은 것으로 보인다(야살의책 7:41). 혹은 니므롯이 왕이 된 후 시날(바벨)에 왕궁을 지었다 하므로(야살의책 7:43, 9:23) 아브라함의 아버지 데라는 시날에 거주하였을 수 있으며 이 시날이 오늘날의 바벨론인지 또 우르와 얼마나 떨어진 도시였는지 알 수 없다.

야살의책 9장에 바벨 성읍 건설 배경을 자세히 설명한다. 인구 팽창이 니므롯에게는 시급하고 당연한 도시문제로 보인다. < 표 4-7-1 >에서 보듯이 노아 후손들의 급격한 인구 팽창은 심각한 주거 문제로 대두될 수밖에 없다. 이 문제를 해결하여야 했던 함의 손자인 왕 니므롯은 함의 자손 인구의 약 49%(표 4-6-2)를 차지할 만큼 인구가 많아 함 족속을 위한 새로운 주거지가 필요했을 것이다. 왕 니므롯은 함의 아들 4형제 후손이 모여 살 신도시를 건설하기로 합의하여 인구 60만 명(약 1-2만 가구)을 수용할 적지를 찾아다닌 끝에 이틀거리에 있는 시날 평원 동쪽 계곡[270]을 선정하여 성읍 건설 등 주거 문제를 협의하면서 정치적 상징이면서 하나님을 대항할 구조물로 바벨탑을 건설하였다는 것이다.[271] 이 신도시는 함의 자손들을 위한 신도시이며 노아의 다른 두 아들 야벳과 셈의 후손들을 위한 거주지가 아니다.[272] 함의 혈족을 위한 특별시에 해당한다. 당시 인구의 약 49%가 함의 자손이므로 아브라함 소년기에 전체 인구 약 320만 명 중 156만 명으로 추정된다. 이들 중 시날 근처 동쪽에 함 후손 60만 명을 위한 신시가지로 건설하였다는 것이다.

발굴된 우르의 유적을 보면 매우 정교한 도시계획에 의한 토목사업을 진행했고 또한

---

269 니므롯은 처음 시날 평야에 바벨(뜻:혼잡)을 시작으로, 에렉(뜻:분산), 악갓(또는 에케드:큰 전쟁) 및 갈레(뜻:큰 통치자와 강한 자의 멸망)를 세우고, 바벨탑이 무너진 후 북쪽 앗수르에는 니느웨, 르호보딜, 갈라 및 레센을 건설하였다 (창세기 10:10-12). 야살의책 제11장에도 시날 땅에 세운 4개 성읍에 대한 기록이 있는데 명칭은 괄호 내 뜻처럼 당시의 바벨탑이 무너진 후 사건에 따라 작명했다 한다 (야살의책 11:1-5).

270 계곡부에는 물이 있기에 신시가지 계획의 타당성을 뒷받침하는 입지 설명이다.

271 야살의책 9:21 이하

272 이런 함의 4형제 단결은 아마도 노아가 포도주 만취 시 당한 수치심으로 함의 자손이 다른 형제들의 종들의 종이 된다는 유언에 반감이 작용할 수 있었을 것이다.

건축술[273]이 대단하였음을 알 수 있다. 도시계획, 토목, 건축술, 수학, 천문학뿐 아니라 조각, 공예, 음악 등 다양한 찬란한 문명이었고(사진 4-2-1 및 그림 4-7-1) 바벨 신시가지는 아름다운 도시로 건설되었음이 틀림없다.

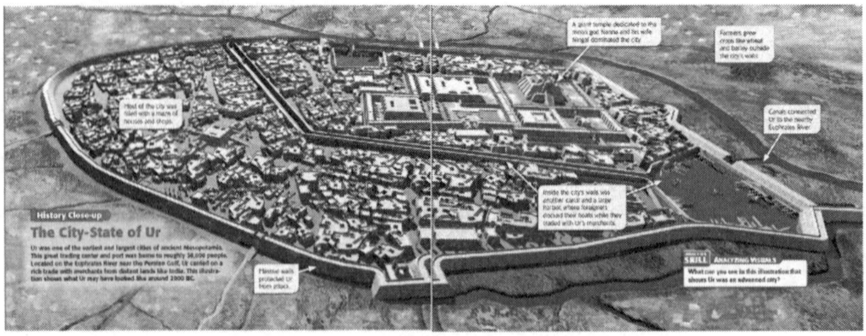

< 그림 4-7-1 > 도시 우르 상상도

주변 중앙에 궁궐과 지구라트가 있고 페르시아 만에 연결된 유프라데스 강과 연결된 인공 수로가 있다.

근세기에 발굴된 당시의 우르 유적은 주로 왕궁 및 고급 주택들로 서민들이 사는 주택 규모를 알 길이 없으나, 시날에서 동쪽 방향으로 이틀 거리에 있는 동쪽 계곡부에 둘레가 사흘길 거리 규모로 60만 명을 수용하는 2만 호[274](30인/세대)를 짓기 위한 바벨 성읍의 규모를 산정해 보자. 각 세대는 약 3대가 함께 모여 살았고 2층 구조의 단독 주택이고 한 세대당 최소 대지면적을 600㎡로 보고 2만 세대로 가정하자.

도로 등 공공용지를 포함한 호당 면적을 1,000㎡으로 보면 바벨 성읍의 규모는 2천 ha(20㎢)가 되고 호당 면적을 두 배로 보면 4,000ha(40㎢)가 되어 주거 밀도가 150인/ha - 300인/ha이다(분당 판교신도시의 밀도는 95인/ha이다). 높은 구릉지와 홍수가 발생하는 저지를 제외하면 여의도 면적(2.9㎢)의 20배 정도의 면적이었을 것이고 저지와 고지를 제외한 거주 지역의 밀도는 150-300인/ha이다. 고밀의 주거지로 추정되는 이유는 대가족 중심의 거주였기 때문이다. 야살의책에 의하면 둘레가 사흘길이라 했으니 그 둘레가 100km 정도로 보인다. 거주 면적이 40㎢인 구역의 전체 둘레를 돌자면 구불구불한 비포장 길을 사흘 정도 걸었을 것이다. 엄청난 규모의 신시가지로서 외경은 43년간 건설하였다 하였고 야살의책 9장의 전후 묘사로 볼 때 아브라함이 10세가 조금 지난 시기부터 약 38년 정도 건설된 것으로 보인다. 이 건설 기간과 규모는 야살의책이 설명하는 인구 통계, 신시가지 건설 규모와 입지 등 여러 면을 종합할 때 합리적 내용이라 판단된다.

---

273 성벽, 지구라트, 지하 왕묘 등이 유적으로 남아 있다.

274 출산율이 남녀 각 4인이고 가구당 인구는 3대가 살았으므로 40명 내였을 것이다(출가한 2대 여자는 제외).

야살의책에 의해 추정된 인구 통계 < 표 4-7-1 >로 보아 이 지역에 살던 인구 중 함 후손들이 셈 후손들보다 약 2.4배, 야벳 후손보다 약 1.9배 많아 함 후손들의 정치적 영향력이 세력이 컸을 것이다. 당시 아브라함의 조상인 셈은 노아의 막내아들이고 그 후손들은 다른 두 형제의 후손에 비해 인구 비율이 20%로 정치적 영향력이 적었을 것이다.[275] 함의 후손 중 가나안의 아들이 많았고 또 가나안의 막내아들인 니므롯이 아담과 이브의 가죽옷을 갖게 됨으로써 다른 족속보다 큰 권위를 누렸다는 것이다. 야살의책은 총명한 니므롯이 20세에 이 가죽옷을 입어 그가 능력과 힘을 하나님으로부터 얻어 강한 사냥꾼이 되었고 동물들을 하나님께 바쳤다고 해설하고[276] 창세기 10장 8-9절도 이를 뒷받침한다.

니므롯은 이 지역의 유일한 왕이었고 강력한 지배자였다. 점차 시날과 앗수르 지역에 총 8개 도시를 장악하였으나 결국 권력 남용으로 악한 왕이 되었으며 니므롯의 아들인 마르돈은 니므롯보다 더 악하여 당시 속담에 "악한 자로부터 악이 나간다"라는 속담이 생겼다고 한다.[277] 니므롯은 당시 야벳과 셈의 후손에게 반감이 있었을 것이고 야벳과 셈의 후손들은 바벨탑 사건으로 정치적 압박과 무서움으로 시날 지역에서 타 지역으로 이주를 촉진하게 된 이유도 있을 것이다. 총 8개 성읍과 가나안을 포함하는 광역적 주변 지역인 가나안 지역까지 부역과 세금 징수도 했고 니므롯의 많은 전쟁으로 노예 제도가 본격화되었다 (창세기 14-15장 및 야살의책 13장).

바벨탑에 대한 외경의 기록은 제2의 창세기 10장[278]에 소개되었으나, 야살의책처럼 왕 니므롯의 시대라는 기록은 없다. 시날 평원에 아담 후 1,590-1,596년경 벽돌에 해산물을 접착제[279]로 사용하여 43년 동안 높이 5,433규빗(cubit)으로 43년간 건설하였는데 AM 1,639년에 언어의 혼란과 강한 바람으로 파괴되었다고 묘사되어 있다. 이 건설 규모와 연대 기록은 인용하기 어려우나 43년간의 건설 기간이나 규모[280]는 야살의책과 유사하다.

종합하면, 바벨탑 사건은 노아 대홍수 후 340년이 지난, 노아의 9대손(아브라함의 항렬)이 태어난 시기, 즉 수메르 지역에서 인구가 폭발적으로 증가한 시기에 함의 자손

275 바벨탑 사건으로 함의 자손은 분산되어 힘을 잃은 듯하다. 그 후 셈 족 중 엘람 족과 앗수르 족은 나중 막강한 힘을 시날 지역에서 성장하여 메소포타미아 전 지역을 장악하는 국가를 탄생시킨다 (창세기 14장).

276 야살의책 7:24 이하

277 야살의책 7:48. 이런 이유로 성경은 바벨과 니므롯을 사탄으로 비유한다.

278 이동진 편역, 전게서, 제2의 성서, p 249

279 성경에는 이를 '역청'이라 하고 야살의책은 '석회'라 번역하였으며 현지 발굴 결과 석회도 사용

280 이집트 대피라미드, 캄보디아 앙코르 와트, 중국 만리장성 등을 생각하면 바벨탑의 규모를 이해할 수 있다.

들이 주축이 되어 시날 평원 동쪽에 신시가지 건설 중에 일어난 사건인데 권력욕과 불신앙에 빠진 왕의 폭정과 하나님을 대적하는 왕권의 교만함 및 당시 주민의 타락으로 하나님께서 바벨탑을 파괴하고 언어를 혼잡하게 하여 많은 인구가 광역적으로 퍼지면서 민족과 국가를 형성하는 사건이면서 동시에 아브라함을 가나안으로 이주하게 된 원인이 되었다.

윤리적 또는 역사적으로 볼 때 바벨 성읍과 탑을 건설할 당시 대홍수를 직접 경험한 노아와 그 세 아들이 실존하였음에도 후손들이 홍수에 관한 선조의 설명과 경고를 망각하고 왜 동일한 악습과 악행을 행했을까. 이 사건의 일부 발단은 노아 자신과 그의 가족에서 연유하며 본질적으로 사람의 영적 악함에 있다. 역사에서 원인과 결과는 반복하며 연장·확장·증폭된다. 성경적으로 아담의 9대손인 노아가 살 때 세상이 심히 타락하여 대홍수로 망했듯이 노아의 9대손인 데라 생존 때도 동일하게 악이 누적되어 바벨탑 사건이 발생하여 수메르 문명이 망하는 사건은 역사의 유사 반복이다. 인간은 불완전한 자신의 부패한 인격에 의지하고 자신의 상상력과 이성을 신뢰하고 이를 관습화하여 반복한다. 시대가 경과 할수록 이런 악행이 심해지고 커진다. 결과적으로 누적된 악행으로 망한다.

야망을 갖는 인간은 권력과 재물과 자만과 신화(神話)를 지향한다. 오늘날 공산 권력이나 독재 권력뿐 아니라 민주적인 권력에서도 인간의 지성과 다수의 힘을 바탕으로 법과 지도력과 경찰력과 국방력으로 또는 체계화된 교육으로 질서 체계를 유지하나 인간의 부패성은 근절하지 못한다.

왕 니므롯이 국가를 185년간 유지하기 위해 얼마나 많은 군사력과 경제력과 정치력이 필요했겠는가. 각종 재화는 물론이요 조직적 징수와 부역 없이는 대도시를 건설하고 유지 불가능하다. 전쟁을 통한 노예(종) 제도로 노동력을 착취하였을 것이다. 타락한 권력과 인간은 자기변명과 합리화, 거짓말, 상황적 윤리관, 자기 과시와 과포장, 살인, 살상, 선전, 회유, 조직적 선동, 강압, 폭력 및 파괴를 일삼는다. 선량해 보이는 논리 속에 악한 논리를 숨겨 사람을 유혹하고 판단을 마비시키고 종속시킨다. 그러나 종국에는 악한 본질의 이것들이 숨어 있을 뿐 드러나고 종말을 맞는다.

노예, 가난한 자, 약한 부족들과 재력과 권력이 없는 사람들은 착취를 당하고 권력자의 눈치 속에 살았고 권력에 힘입어 약자를 괴롭혔을 것이다. 대도시일수록 재화가 풍부하고 화려하다. 재력가나 권력자는 더욱 호화롭고 사치스러운 생활을 즐겼고 빈부차는 심하였을 것이다. 권력자는 스스로 신으로 여기고 영원을 추구하였을 것이다.

노아에게 저주를 받은 함의 후손들이 전체 인구의 약 49%를 점하고 왕권이 함의 손자인 니므롯에게 있었음으로 노아의 저주로 인한 상대적 열등감을 가진 함의 후손들이 셈과 야벳의 후손들에게 차별적 괴로움을 주었을 것으로 보인다.

히틀러 같은 사람은 스스로 만든 체계화된 사상과 자존심의 노예가 되어 자기 구속에 빠지고 대중은 이에 굴복한다. 허망한 상상과 자존심이 자유를 억압하고 포기하게 만든다. 권력화된 민주주의 역시 조직화된 구속이다. 확대 생산과 한계 이익을 추구하는 경제는 물질주의요 부의 집중이다. 본질에서 벗어난 사상은 강력한 자기장(magnetic field)처럼 구속력을 갖는다. 사람을 위한 종교는 권력화되고 그럴듯한 종교로 포장되어 사람 위에서 군림한다. 이념이 신으로 변하고 안방과 내 의식의 신상(神像)이 된다. 메소포타미아 지역의 부족 국가들과 그들이 만든 권력과 신화가 그러했다. 그 유명한 신들과 신화는 모두 사라졌으나 새로운 모습들로 변장해 우리 곁과 속에 있다. 오래전 사람들과 함께 묻혔으나 다른 형태로 우리를 가두고 있다. 사람은 스스로 만든 우상에 갇혀 산다. 부패와 권력과 우상에서 멀어져야 한다.

한 개인의 부패성은 곰팡이가 퍼지듯 퍼진다. 가족으로, 친구에게, 이웃에게, 조직으로, 국가로 침투한다. 악이 선보다 빨리 전파된다. 악령[281]이다. 이상하게 타락이 타락을 낳는 것임을 배웠음에도 이를 끊지 못한다. 교육도 이를 끊지 못한다. 부패한 정치, 경제, 종교, 문화, 사상에 익숙한 여러 사람은 세계로 퍼져 나간다. 모든 문화의 기원이 되는 수메르 문명을 복사하여 수메르 지역에 살던 이들이 타지역으로 분산되면서 그것을 이식하여 새로운 모습으로 전통으로 자리 잡는다. 다원주의, 인권, 학문적 진리, 달콤한 말을 가장하기도 한다. 결국 망하고 심판받는다.

수메르 고대 왕국의 많은 신은 다른 지역에서 동일하게 번창하였다. 신앙뿐 아니라 문화적 산물도 퍼져 나갔다. 요세푸스 등에 의하면, 니므롯의 아내는 극도로 사악한 여자로 각종 미신과 신상을 숭상하는 여자로서 그의 압제하에 있는 족속들에게 신상을 만들고 믿도록 하여 각국으로 퍼지면서 다신 사상이 더욱 퍼진 것으로 추정하고 있다.

281 사무엘상 16:14 이하를 참조. 사울에게 임한 악령(악신)은 다윗의 음악으로 치료 받았다. 사울은 악한 생각과 마음으로 변민한 것인데 이는 세상에 만연한 악한 생각과 말에 사로잡힌 악한 영(마음)이다.

4-8. 언어 분화와 민족 분산

시날에서 먼 지역으로 흩어진 족속에 관하여 야살의책은 아래 < 표 4-8-1 >에서 최소 62개 지역을 소개하나 창세기 10-11장과 초기 부족을 소개한 야살의책 6장을 종합하면 노아의 3대손 82개 부족이 반경 7천km 정도의 아시아 및 유럽 지역으로 분산되었다. 아담 부부가 쓴 언어가 노아를 거쳐 노아의 9대손 아브라함의 부친 데라 시대인 AM 1,996년(BC 1,913) 바벨탑 사건 전까지 노아의 3대손 80여 부족이 한 가지 언어를 근 340년간 사용한 것으로 볼 수 있다.

< 표 4-8-1 > 바벨탑 사건 후 노아 자손들이 분산된 62개 지역[282]

노아 자손	거주 지역	비고
셈 후손	< 약 9개 성읍 > - 엘람성읍, - 아르박삭 성읍, - 룻 성읍 - 우스 성읍(아람의 자녀들의 맏아들) - 앗수르 아들의 4개 성읍: 니느웨, 레센, 칼락, 르호브데르 - 벨라(앗수르의 아들) 성읍: 소알 땅 지역	앗수르가 가장 인구를 많이 낳음에 따라 성읍을 5개 건설
함 후손	< 약 27개 성읍 > - 구스 성읍, - 미스라임 성읍, - 붓 성읍, - 가나안 성읍 - 미스라임 아들의 7대 성읍(루딤, 아나밈, 르하빔, 납두힘, 바드루심, 가슬루힘, 갑도림): 이집트 시홀 강가에 건설 - 바드로스와 가슬록 자녀 5대 성읍: 펠리사팀, 아자딤, 그라림, 기딤, 에그로님 - 가나안 자녀 5대 성읍(소돔, 고모라, 아드마, 스보임, 세일(가나안의 손자)) 등 11개 성읍 이상	가나안 자녀들이 세운 성읍은 총 11개 이상이라 함
야벳 후손	< 약 26개 성읍 > - 고멜성읍(프린크인으로 세나강 및 프란자 땅) - 마곡성읍, - 메대성읍(오렐인으로 구손 땅 거주) - 야완성읍(마크도니아 지역) - 두발성읍(파시아 강가 및 투스카나 땅 거주) - 메섹 자녀: 시자시니 성읍 - 디라스 자녀의 3대 성읍: 루사시, 그스니, 옹골리스 성읍 (트란강으로흘러가는 구라 강가, 야부스 강가) - 두갈마 자녀 10대 성읍: 부자르, 파르주낙, 벨가, 엘리카눔, 락비브, 타키, 비드, 제부크, 온갈, 틸마즈 (우르의 북쪽 히스라와 이탈락 강가), - 두브니 강 인근 4대 성읍: 앙골리, 발가, 파르주낙 - 엘리사의 자녀(일반인): 욥과 시바드모 산 사이에 있었고 이탈리아 정복 - 깃딤 자녀(로마인): 티부르 강가 카노피아 계곡 - 도다님의 자녀: 보드나 땅 기혼 바다 근처	

주: 야살의책 10장 5절에 위 성읍 이름은 그들 자신의 이름, 자녀들의 이름이나 그들의 특별한 사건을 따라 지었고 또 10장 39절에서 그들이 질서대로 다스리고 성읍에 정부를 세웠다 한다. 즉 그들은 법을 가지고 있었음을 알수 있다. 고고학적으로 함무라비법전보다 300년 이상 오래된 우르남무법전이 발견되었다.

282 야살의책 10장. 주 72와 같음

분화된 언어가 80여 가지로 보는 것은 첫째 야살의책 9장 32절에 언어를 혼잡하도록 70 천사를 보냈다는 기록, 둘째 < 표 4-8-1 >처럼 서로 흩어진 족장들이 최소 62개 지역을 소개한 점, 셋째 바벨탑 사건이 발생할 즈음의 인구 통계를 82족장으로 설명한 점에서 아담이 사용한 초기 언어가 최소 70에서 최대 80여 부족 언어로 분화된 것으로 보인다. 이후 지역적 고립과 긴 시간의 흐름에 따라 문법 및 발음 구조가 바뀌어 수천 가지 변형어가 생겼을 것이다. 특히 야살의책 9장 25절에서 하늘로 올라와 화살을 싸우겠다는 무리를 온 지면에 흩게 하였다고 강조하였다.

아브라함이 사용한 언어적 관점을 살피면, 노아와 그의 아들 셈 및 셈의 증손 에벨은, 아브라함, 아브라함의 아들 이삭과 손자 야곱의 후견인으로 그들이 죽을 때까지 함께 지냈다. 셈은 그의 증손 에벨과 함께 지내면서 아브라함과 이삭과 동시대를 지냈으며 야곱 50세까지 교육하고 교류하며 살았기에 애굽에 들어간 야곱(이스라엘) 자손은 아담이 쓰던 언어를 썼음이 확실하다(이 언어 계승은 제3장 9절에 자세히 설명하였다). 이런 점에서 선조들의 전통을 철저히 보전하고 계승한 그들이 사용한 고대 히브리어는 아담과 노아가 쓰던 언어일 것으로 추정하였다.

4-9. 젊은 아브람의 삶: 우르에서 가나안으로

아브라함 출생 시 이름은「아브람」[283]이다. 데라 70세 때 낳은 막내아들이었다. 아브람이 태어날 때 왕 니므롯이 하늘에 나타난 별들의 징조에 관한 해석을 듣고 아브람을 죽이려 하자 왕의 군대 장관인 아브람의 아버지 데라가 종의 신생아를 아브람이라 속여 종의 신생아가 대신 죽고 아브람을 동굴에 피신시켜 10년간 키운 후 노아와 그의 아들 셈의 집[284]에서 49살이 될 때까지 기거하였다는 것이다.[285] 이때 아브람은 직접 방주를 만들고 대홍수 생활을 겪은 노아와 셈에게서 그에 관한 이야기와 기타 선조들에게 있었던 이야기를 자세히 듣게 되었을 것이다. 하나님에 관한 신앙은 세 살 때부터 배웠다고 야살의책은 설명한다.[286]

아브람 48세에 바벨탑이 무너지고 50세 되던 해에 노아와 셈의 집에서 부친 데라의

283 아브람의 뜻: 고귀한 자(아버지)

284 방주가 아라랏 산에 정박한 후 300여년이 지난 시대적 배경인데, 야살의책은 노아가 아들 셈과 함께 살았던 것으로 설명하며 그들의 집이 어디에 위치하였는지 언급이 없으나 우르 지역에 살던 아브람이 왕의 살해 위협에서 두 차례 피신한 것으로 보아 우르 지역에서 멀리 떨어진 안전한 지역에 거주한 것으로 추정할 뿐이다. 튀르키예(터키) 구전으로 노아는 아라랏 산 서남쪽 지역 하란(산리 우프파)에서 살았다고 한다.

285 야살의책 11:13

286 야살의책 9:6

집으로 돌아왔는데 아브람이 부친 집에 설치된 나무와 돌로 만든 신상(神像)을 부수면서 부친을 책망하자 부친이 아브람의 행위를 왕에게 고하여 재판을 받게 된다.[287] 이에 왕 니므롯은 50년 전 데라가 자신을 속이고 종의 아들을 대신 죽도록 하여 아브람을 피신케 한 사실을 알게 된다. 아브람을 숨긴 사실을 추궁 당한 데라는 그의 큰아들 하란[288]이 아브람 대신 종의 신생아를 아브람이라고 속이도록 하여 종의 자식을 대신 죽도록 하였다고 답하였다. 이에 왕 니므롯은 당시 50세인 아브람과 82세인 형 하란을 잡아 화롯불에 넣었으나 불신앙의 하란은 불에 타 죽고 아브람만이 살았다는 일화가 야살의책에 기록[289]되었으나 외경은 달리 설명[290]하고 있다. 창세기 11장 28절에도 하란이 우르(카스딤)에서 죽은 것으로 기록하나 상세한 설명은 없다.

화형에서 살아남은 아브람에게 감동을 받은 왕 니므롯은 아브람에게 많은 금, 은 등 재물과 그의 우두머리 종인 「오니」와 「엘리에셀」[291]을 선물로 주었다. 이즈음 아브람은 화롯불에 타죽은 맏형 하란의 막내딸 사래(=이스가, 창세기 11:29)를 아내로 맞이하였다. 당시 사래는 40세였고 아브람은 50세였다. 하란은 아브람보다 32세 연상인 맏형으로 아들 롯과 두 딸인 밀가와 사래를 두고 죽었으며 데라처럼 하나님에 대한 신앙이 없던 사람으로 묘사된다. 아브람은 최종 가나안으로 갈 때 하란에 머물던 아내의 오빠인 롯과 동행하는데 아브람보다 한 살 나이가 많은 조카인 처남을 친구 내지 아내인 사래를 위로할 사람으로 기대한 것으로 보인다.

하란이 자녀를 혼인시키지 않고 사망했고, 또 결혼 적령기가 지난 손녀 사래와 아들 아브람을 아버지 데라가 당시 흔한 자녀끼리 결혼시켰다. 역시 아버지를 잃은 하란의 맏딸 밀가도 데라의 둘째 아들 나홀과 결혼하였다 (창세기 11:29). 이런 결혼은 가문을 귀족으로 생각한 데라가 다른 족속과 그 풍속이 달라 섞이지 않으려는 이유도 있어 보이고 당시 노아와 셈의 영향도 있을 것으로 추측된다. 당시 우르 지역은 다신 숭배 지역이어서 족속들끼리 신앙이 다르고 또 데라에게 여러 족속이 모여 사는 우르 지역의 다른 족속과 혼인해서는 안 된다는 심리도 있었을 것이다.

---

287 야살의책 11:50. 한편 이동진 편역, 전게서, 제2의 창세기 제12장에서는 아브람이 부친의 우상을 불로 태웠다 하고 니므롯과의 연관성에 대하여는 묘사가 없다.

288 창세기 등에서 하란이 아브람의 형인지에 대한 내용은 없으나 아브라함의 아내는 10세 연하의 하란의 딸이란 점에서 하란이 아브라함의 형인 점을 추정할 수 있다.

289 야살의책 12:16 이하

290 이동진 편역, 전게서, 제2의 창세기, p 251에서는 아브람이 부친의 우상을 태울 때 우상을 구하러 간 하란이 불에 타 죽었다고 하였다.

291 「엘리에셀」은 다메섹 출신이라 아브람이 하나님께 말하였다 (창세기 15:2). 다메섹은 현 시리아의 다마스커스이다.

그후 아브람 52세 때 왕 니므롯이 꿈을 꾸게 되는데 이 꿈이 불길하여 아브람을 또 죽이려 한다. 이를 알아챈 아브람의 종 엘리에셀이 이를 아브람에게 알리자 아브람은 노아와 그의 아들 셈 집으로 피신하여 한 달 동안 기거한다. 이때 데라가 아브람의 안전을 확인하기 위해 노아의 집을 방문하자 노아와 셈이 데라에게 아브람의 생각대로 왕 니므롯의 해악을 벗어나 **가나안**으로 가자고 하자 데라가 아브람의 생각대로 가나안으로 가겠다고 한다. 아브람 52세 때 아버지에게 가나안으로 가자고 한 이 첫 제안[292]에 대하여 창세기는 소개하지 않으나 이미 아브라함에게 52세 전후에 가나안으로 가라는 하나님의 1차 계시로 추정되는 장면이다. 사도행전 7장 2-3절이 이 장면을 소개하는 듯하다. 이에 122세의 데라는 그의 아들 나홀과 그의 아내 밀가, 아브람과 그의 아내 사래를 데리고 우르를 떠나 하란에 도착한다. 이 장면이 창세기 11장 31절이다. 나홀은 하란에서 아버지 데라와 함께 남았고 데라는 하란에서 83년을 거주 후 이삭이 35세일 때 205세로 사망하였다 (창세기 11:32). 가나안에 이주한 아브람은 110세 때 왕 니므롯이 하사한 그의 종 엘리에셀을 파견하여 아들 이삭의 아내를 하란에서 거주하는 작은 형 나홀의 손녀인 리브가(나홀의 처 밀가로부터 얻은 브두엘의 딸)를 맞도록 하였다 (창세기 24:51).

< 표 4-9-1 >은 아브라함 후손 계보이며 < 표 4-9-4 >는 생애를 창세기를 바탕으로 야살의책을 참고한 내용이다. 아브람의 행적을 보면, 우르(시날)[293] 출생→ 왕 니므롯 살해 위협→ 동굴 피신(10년)→ 노아 집 거주(39년)→ 바벨탑 파괴(48세)→ 우르(바벨) 화형(50세)[294]→ 사래와 결혼(50세)→ 왕 니므롯 살해 위협(52세)→ 노아 집으로 피신(52세)→ 우르 출발(52세)→ 하란 도착(52세)→ 가나안 도착(55세)→ 하란 부모형제 방문(70세)→ 가나안 복귀(75세)로 밝히고 그 시점을 기록하고 있다. 데라, 나홀, 롯의 행적은 우르→하란인데 데라는 하란에서 죽고, 나홀은 하란(나홀성 또는 밧단 아람[295])에 남아 번창한다. 데라와 함께 롯도 하란에서 살았으나 가나안에 갔던 아

---

292 데라 나이 122세이며 아담 후 AM 2,000인 해였다.

293 아브라함의 출생을 상세히 묘사하는 야살의책 7-9장을 보면 니므롯이 시날(바벨)에 왕궁을 짓고 아브라함의 아버지 데라를 군대장관으로 임명하였기에 데라가 시날에 거주하였다고 볼 수 있어 바벨이 고향인 듯하다. 그러나 우르가 아브라함의 거주지로 볼 수 있는 설명이 있다. 아브라함이 니므롯에 의해 왕의 화롯불인 우르 카스딤에 화형을 당하였다 하였다 (야살의책 12:6). 야살의책 13장 1절에 하나님께서 가나안으로 가라고 명령한 장면에서 아브라함은 우르 카스딤을 떠났다고 설명하였고, 하란에 도착한 아브라함에게 말씀하시길 13장 3절에서는 우르 카스딤에서 이끌어 내었다고 설명함으로써 아브라함이 우르에서 나온 것이 확실하나 데라가 군대장관으로 임명되어 바벨에 살았다고 보면 아브라함의 거처는 두 도시로 볼 수 있거나 카스딤이 두 곳에 있는 것으로 보아야 하나 불명하다. 본 고찰에서는 성경에 우르가 고향으로 설명한 바에 따라 우르를 고향으로 본다.

294 야살의책에 소개된 카스딤(Casdim)은 우르 또는 왕의 화롯불의 현지어 또는 히브리어로 보인다. 바벨의 왕궁 또는 우르 시내 왕이 머물던 근처에 화롯불이 피워진 곳으로 보이나 야살의책에 명확히 구분하여 설명하지 않는다.

295 하란의 다른 명칭 「밧단 아람」은 데라의 아들 나홀을 통해 낳은 아들 중 그므엘의 셋째 아들인 아람에서 유래한 듯하다 (표 4-9-1).

브람이 아버지가 있는 하란을 방문하고 가나안으로 나올 때 롯을 포함 그를 따르는 72인을 데리고 나왔다 (창세기 12:5 및 야살의책 13:20-26). 여러 해 가나안에서 함께 지내다가 롯의 종들이 가나인 족속인 현지인들의 목초지로 들어가 꼴을 먹임으로 인하여 현지인들이 아브람에게 항의하는 사태가 발생하자 이를 만류한 아브람이 롯과 헤어져 살았다. 헤어진 롯은 타락의 도시 소돔으로 이주하여 살게 된다.

< 표 4-9-1 > 아브라함의 부친 데라의 후손

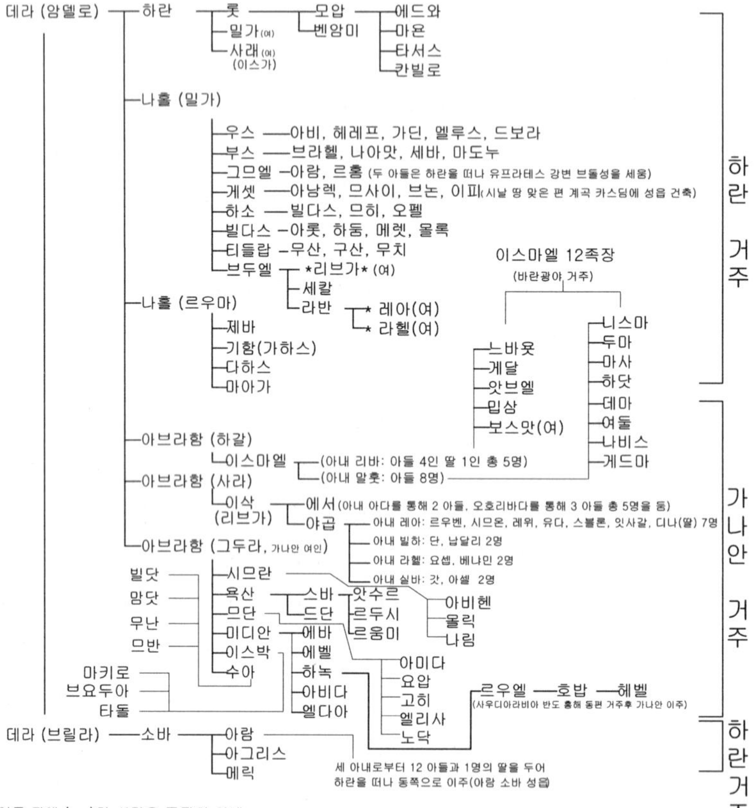

* 이름 뒤에 ( )한 사람은 족장의 아내
* 데라의 네 명의 아들 중 하란은 우르에서 죽고 나홀과 소바는 데라와 함께 하란(밧단 아람)에서 살고, 아브라함과 조카 롯은 가나안으로 이주한다.즉 데라의 자손들은 하란과 가나안을 중심으로 번창한 가문이 된다.
* 야살의책 22:15-31, 24:23-26, 25:1-27, 창세기 22:20-24, 25:1-4 등에서 정리

야살의책 내용과 대조하면, 창세기 12장 1-5절의 묘사는 아브람이 최초 가나안으로 간 것을 말하는 것이 아니고, 아브람이 55세에 가나안에 가서 15년을 살다가 70세일 때 부친이 사는 하란을 방문하여 5년을 거주한 75세에 하나님이 나타나셔 아브람에게 다시 가나안으로 갈 것을 명령하여 하란을 떠나 가나안으로 가는 내용이다. 즉 아브람이 하란에서 롯과 아브람을 따르는 72인을 데리고 가나안으로 복귀한 것을 말한

다. 이 상황은 야살의책 13장 20절 이하에 묘사되어 있다. 성경학자[296]들이 창세기 11장 31절부터 12장 8절까지의 행적과 그 시기에 대한 정확한 정보가 없어 가정하여 해석을 하거나 해석에 혼란스러워하는 이유가 창세기에 아브라함의 나이에 따른 행적 추적이 곤란하기 때문인데, 야살의책 13장20절 이하를 참고하면 이 혼란이 해소되고 해석이 용이하며 비성경적이지 않아 보인다.

그리고, 창세기 12장 1절에 묘사된 아브람의 고향(the country 또는 birthplace)을 페르시아 만 인근 갈대아(Chaldea=메소포타미아) 남부 도시 「우르」로 볼 것인가 아니면 우르에 나온 후 아버지와 그의 형제들이 살고 있고 아브람도 8년[297]을 거주한 튀르키예 땅 산리 우르파의 「하란」으로 볼 것인가에 대한 혼동이 있으나 「우르」가 출생지 고향으로 봄이 타당할 듯하다. 보통 우리말 고향은 '태어나서 자란 곳'을 말한다. KJV는 하나님, 아브라함 자신 또는 아브라함의 종이 표현하는 우리말 「고향」을 country, land를 선택하고 있다. 또 야살의책에서도 하란을 출생지(birthplace)로 번역하여 혼동을 주고 있다. 성경과 야살의책을 발췌한 < 표 4-9-2 > 및 < 표 4-9-3 >을 보면, 아브라함이 마음에 그리고 자기의 뿌리가 되는 장소를 하란으로 추정되는 표현이 많다.

여러 이 표현은 성경과 야살의책을 쓴 기록자가 5백 년 전 사람인 아브라함에 대한 정보를 수집하면서 다양한 표현들을 채택할 수 있다는 점과 또 히브리어 개념을 번역 시 선택한 단어로 보인다. 다만 야살의책 13장 17절 이하에서 하나님이 아브람에게 나타나셔 「우르 카스딤」에서 나오도록 하였다고 설명하고 있어 현지 지명인 「우르」와 우르의 현지 명칭 또는 히브리어로 추정되는 「카스딤」을 함께 사용하여 우르가 확실한 고향임을 알 수 있다. 야살의책의 이 지명은 시간이 지나도 변형이 있을 수 없는 고유명사이므로 우르가 출생지이며 고향으로 봄이 적정하다. 또 창세기 11장 28절에 아브람의 형 하란을 데라가 우르에서 나오지 못했는데 그 이유를 설명하면서 *"그의 고향 갈대아인의 우르에서 죽었더라(in his native land, in Ur of the Chaldeans[298])"*고 기록하고 있는 점과 사도행전 7장 2-4절을 보면 출생지와 고향이 우르가 확실하다.

아브람이 태어난 우르에 대해 살펴보자. 니므롯이 시날(바벨)에서 왕이 되었고(창세기 10:10, 야살의책 7:39-44) 이때 데라를 그의 군대장관으로 임명하였다는 것이다.

---

296 대주교 어셔 역시 이 부분에 대한 해석에 혼동이 있어 창세기 연대기 전체에 혼동이 있고 신학자들 사이에서도 이 영향을 받아 해석상의 이견을 보이는 듯하다.

297 우르를 아버지 등과 함께 떠나 하란에서 3년을 살다가 가나안으로 갔고 가나안에서 15년 살다가 하란에 와서 5년을 살았기에 총 하란의 거주 기간은 8년이 된다.

298 King James 판(1954)에는 in the land of his nativity, in Ur of the Chaldeas라 표현함.

당시 시날 지역의 우르[299]는 중심 도시로서 데라가 우르에 거주하였을 것이다. 아브람은 아버지 데라가 장관으로 임명된 후 15년 정도 지난 후 70세 때 낳은 막내아들[300]이다. 당시 중심 도시인 「우르(뜻: 빛, 밝음, 불꽃)」에 니므롯의 왕권이 미치었다.

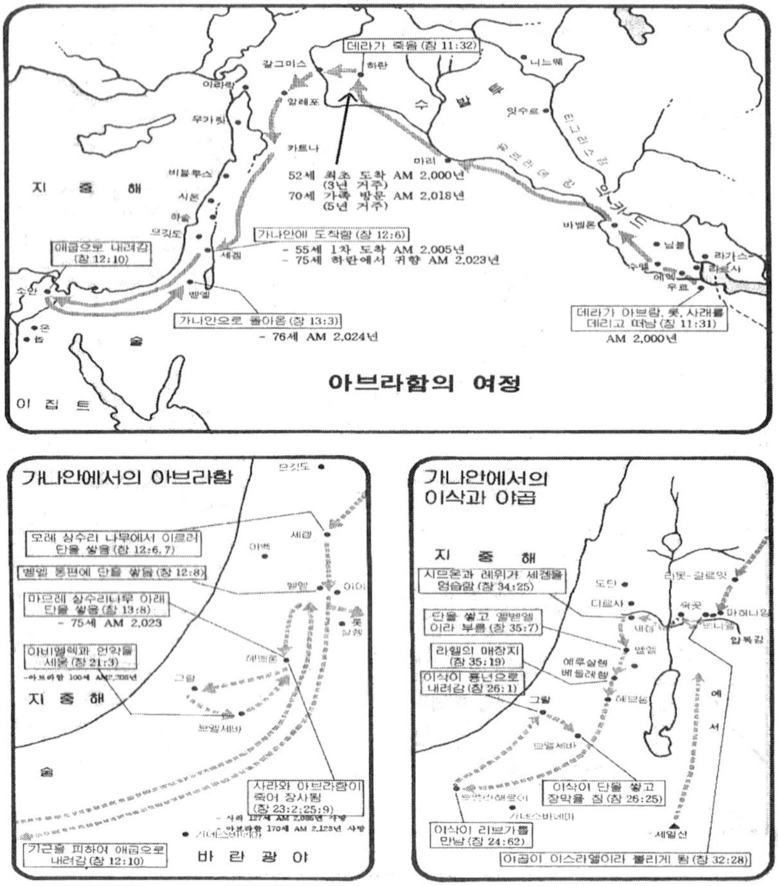

< 그림 4-9-1 > 아브라함의 여정[301]

데라는 노아와 셈의 후원을 받는 사람으로서 노아의 여러 자손에게 존경을 받았을 것이므로 니므롯은 군대장관으로 발탁한 것으로 보인다. 외경 제2의 창세기 11장에는 「우르」라는 도시는 아브라함의 할아버지 「우르(성경 상 이름은 나홀)」가 건설한 성읍이라는 것이다.[302] 즉 아브라함의 할아버지 이름이 우르였고 이 할아버지가 우르

299 학자들은 우르 3왕조로 분류한다.

300 창세기 제24장15절에 나홀을 아브라함의 동생이라 하여 아브라함을 둘째 아들로 번역하였다.

301 톰슨 성경(1986), 기독지혜사, 부록 지도 4-6

302 이동진 편역, 전게서, p 250에 의하면 케서드(성경 이름: 스룩) - 우르(성경상 이름 나홀, 아내 이스카) - 데라 - 아브람으로 이어진 족보이다.

성읍을 세웠다는 것이다. 이 외경 기록이 사실일 가능성이 높은 것은 당시 성읍의 이름을 작명할 때 성읍을 세운 족장의 이름을 많이 차용하였으며, 니므롯이 왕이 될 때 아브람의 부친 데라를 존경하는 사람으로 대접하였고, 또 군대장관으로 임명한 것은 데라를 통해 셈족을 다스릴 정치적 방편으로 발탁한 것이다. 이러한 점을 참고할 때 아브람의 출생지는 우르였을 것이다.

< 표 4-9-2 > 성경에서 아브라함의 고향을 지칭한 표현들(영문은 King James Version)

성경	고향 관련 표현	지칭 장소
창 12:1	- 하나님께서 하란에 거하는 아브라함에게 갈대아 우르 있을 때 우르(창 11:31)에서 나오도록 하신 말씀을 기억하게 한 말씀: 너의 고향, 친척과 아버지의 집 your country, from your kindred and from your father's house	갈대아 우르
창 24:4	- 아브라함이 이삭의 아내를 얻기 위해 종에게 가야 할 장소를 지칭: 내 고향 내 족속 my country and my kindred	하란
창 24:7	- 아브라함이 이삭의 아내를 얻기 위해 종에게 설명한 고향을 떠나라고 한 명령을 설명한 내용: 내 아버지 집과 내 고향 땅 my father's house and the land of my kindred	메소포타미아 나홀 성
창 24:38	- 아브라함이 이삭의 아내를 얻기 위해 보낸 종이 라반에게 아브라함이 보낸 취지를 설명하면서 아브라함의 말을 인용한 표현: 내 아버지 집과 내 족속 my father's house and my kindred	
행 7:3-4	- 스데반이 예루살렘 공회에서 아브라함에 관한 설교를 한 내용으로 아브라함이 갈대아 사람의 땅 메소포타미아를 떠났다고 설명: 네 고향과 친척 your country and relatives	갈대아 사람 땅

< 표 4-9-3 > 야살의책에서 고향을 지칭하는 표현들(영문은 야살의책 영문판)

야살의책	고향 관련 표현	지칭 장소
야 13:23	우르를 떠나 하란에 아브람이 3년간 머무를 때 하나님이 아브람에게 가나안으로 가라고 하면서 우르를 떠난 것을 상기시킴: 너의 땅, 네가 태어난 곳 thy land, thy birth-place	우르
야 24:31	아브라함이 이삭의 아내를 얻기 위해 종 엘리에셀에게 가야 할 장소를 지칭: 내 땅 내가 태어 난 곳 my land and my birthplabe	하란
야 24:32	아브라함이 이삭의 아내를 얻기 위해 보낸 종 엘리에셀이 아브라함의 말을 듣고 대답한 말: 당신이 태어난 곳 당신의 아버지 집 thy birthplabe and to thy father's house	(나홀의 성읍) 하란

아브람의 고향을 하란으로 추정하는 설 중, 창세기에 아브라함이 이삭의 아내를 구하러 늙은 종 엘리에셀을 보낼 때 "*내 고향 내 족속에게로(to my country and to my kindred* 창세기 24:4)" 보냈다고 하나 야살의책에는 아브라함이 종에게 "*내 땅 내가 태어난 곳으로(to my country and to my birthplace* 야살의책 24:31)"이라고 하였는데 그곳이 하란이었다. 종을 보낸 후 아브라함은 이삭을 데리러 사람을 셈과 에벨

의 집으로 보냈다는 기록이 있다.[303] 고향에 대한 두 책의 영어 번역은 같으나 우리말 번역 시 번역자의 판단을 반영한 듯 하다.

도시 하란은 아라랏 산맥에서 동남쪽 멀리 떨어진 곳이나 대홍수 후 노아, 셈과 에벨이 하란 근처에서 살 수도 있다. 이삭을 셈과 에벨의 집에 보낸 사실과 노아, 셈 및 에벨이 하란 근처에 살았다면 아브라함은 하란 지역을 그의 혈족이 사는 고향으로 생각했던 것으로 보인다. 이러한 추정으로 튀르키예 이슬람교인은 하란이 있는 산리 우르파를 아브라함의 고향으로 말하는 듯하다.

< 표 4-9-4 > 아브라함의 주요 연대기

아담 출생 연대 (AM)	아브라함 나이	주요 행적	기록
1,656 (BC 2,253)	**- 292**	**< 대홍수 발생 – 노아 600세 >**	창7:6, 야6:13
1,878 (BC 2,031)	- 70	- 아브라함의 아버지 데라 출생	창11:24, 야7:22
1,909 (BC 2,000)	- 65	- 니므롯 출생	
1,916 (BC 1,993)	- 32	- 하란과 나홀 출생	야7:22, 야9:4, 야12:16
1,939 (BC 1,970)	- 25	- 왕 니므롯 즉위(40세) 및 데라를 군대장관으로 임명	야7:39 이하
1,948 (BC 1,961)	1세	**- 아브람 출생** - 니므롯이 아브람을 죽이려 하자 동굴로 피신(10년)	창11:26, 야7:51, 야8:36
1,958 (BC 1,951)	10세	**- 바벨 성읍 및 바벨탑 건설 시작: 시날 성읍에서 동쪽 약 이틀 거리 (60km)에 함의 네 자녀와 후손이 60만 명 도시** - 사래 출생 - 아브람이 동굴을 나와 노아와 셈의 집으로 피신(39년간)	야9:23 야9:3-5
1,996 (BC 1,913)	**48세**	**- 14대 벨렉 사망(239세)** **- 바벨탑 파괴 및 민족 분산**	창11;1-9, 야10:1 이하 야13:12이하
1,997 (BC 1,912)	49세	- 아브람의 증조부 나홀 사망 - 엘람 왕 그돌라오멜이 니므롯을 쳐 우르 지역 장악(1차 중동전쟁) 하여 세금 징수 시작(12년간)	야11:12
1,998 (BC 1,911)	50세	- 노아와 셈 집에서 39년 피신 후 집으로 귀가하여 아버지 집에 있는 12개 신상(神像) 파괴 - 형 하란은 화룻불에서 사망(82세)하고 아브람은 살아남음 - 사래와 결혼	야11:13 이하 및 야12장 야12:44
2,000 **(1,909) 하란 도착**	52세	- 니므롯이 꿈을 꾸고 아브람을 죽이려 하자 노아와 셈의 집으로 피신 후 아브람의 제안으로 우르 카스딤을 떠나 가나안으로 이동 중 하란에서 데라 가족(아브람 및 나홀 식구 포함) 거주 시작 **- 하나님께서 아브라함에게 가나안으로 가라고 명령(1차 계시)**	야12:45 이하 및 야13장

303 야살의책 24:34

2,005 (BC1,904) 가나안 도착	55세	- 아브람에게 여호와께서 아브람에게 나타나 복을 줄 약속과 가나안으로 갈 것을 명령(2차 계시) - 아브람만 하란에서 가나안으로 최초 이주 (세겜에서 ?) - 하나님의 약속과 축복 (3차 계시) - 15년간 가나안에 머뭄	야13:3-5 야13:6 이하
2,006 (BC 1,903)	58세	- 노아 사망(930세)	창9:29, 야13:9
2,008 (BC 1,901)	60세	- 소돔과 고모라 왕이 엘람 왕을 배반하여 세금 납부 거절	창14:4, 야13:11
2,013 (BC 1,896)	65세	시날 계곡에서 엘람 왕 그돌라오멜과 니므롯이 싸워 엘람 왕이 이기고 (니므롯의 아들 마르돈 사망) 엘라살 왕 아리옥과 고임 왕 디달과 언약을 맺고 이들을 지배함	야13:12 이하
2,018 (BC 1,891)	**70세**	**- 하나님께서 나타나 우르에서 명하신 약속을 기억시키고 4대 후손들이 가나안으로 돌아 올 것을 계시(4차 계시, 일명 애굽 거류 계시)** **- 여호와께서 아브람에게 20전 약속한 것을 재확인하자 제단을 쌓고 제물을 드림**	야13:17 이하
2,021 (BC 1,888)	73세	증조부 나홀 사망(172세)	창11:25
2,023 **(BC 1,886)**	**75세**	- 하란에서 하나님께서 가나안으로 가라고 계시(5차 계시)하여 조카 롯 및 식솔 등 72인과 함께 가나안으로 귀향	창12:1-4, 야13:20 이하
2,023 **(BC 1,886)**		- 하란에서 세셈과 벧엘을 거쳐 헤브론에 도착. - 헤브론 마므레에서 네 씨에게 이 땅에 주겠다 계시(6차 계시) - 가나안 땅의 기근으로 롯과 함께 이집트로 내려감 - 사래를 애굽 왕 바로가 취하려 하자 하나님의 천사가 사래를 구함. - - 바로가 그의 딸 하갈을 사래의 몸종으로 그리고 남녀 종, 금은 및 가축을 선물 받아 가나안으로 돌아 옴	창12:10 이하 야13:25 이하 야15:1 이하
2,026 (BC 1,883)	78세	- 엘람 연합군이 소돔과 전쟁(3차 중동전쟁) 시 롯이 피납되어 아브라함이 구출하고 전쟁 탈취품 1/10을 멜기세덱에게 드리고 축복 받음 **- 횃불언약(7차 계시: 후손 번창, 가나안 땅을 유업으로 주시겠다함)** - 아브라함의 고조부 르우 사망(239세)	창14:5 이하 야15:41-47 창15장, 야16:22
2,033 (BC 1,876)	85세	- 사라의 몸종 하갈을 아내로 삼음	창16장, 야16:27
2,034 (BC 1,875)	86세	- 이스마엘 출생	창16장, 야16:36
2,047 (BC 1,862)	**99세**	- (8-9차 계시) 이름 개명: 아브람 → 아브라함, 사래 → 사라 - 할례 시작, - 이삭 임신, - 소돔과 고모라 멸망	창17-19장 야17-21장
2,048 (BC 1,861)	100세	- 아브라함이 이삭을 낳음 - 마므레 평야에서 블레셋으로 거주지 옮김	창21장, 야21:3
2,049 (BC 1,860)	101세	- 아브라함의 증조부 스룩 사망(239세)	창11:23, 야21:9
2,063 (BC 1,846)	115세	- 아브라함 아버지 데라 사망(205세)	창11:32, 야22:34
2,083 (BC 1,826)	135세	- 아브라함의 부친 데라 사망(205세)	창 11:32 야 22:33
2,085 (BC 1,824)	137세	- 이삭을 모리아산에 제사 - 이삭을 제사한 충격으로 사라 사망	창22장 야 23:65-68

2,088 (BC 1,823)	140세	- 이삭과 리브가 혼인 - 아브라함의 형 나홀 사망 하란에 장사(172세)	창24장, 야24장
2,096 (BC 1,813)	148세	- 아브라함의 7대 조부 아르박삿 사망(438세)	창11:13, 야25:29
2,108 (BC 1,801)	160세	- 야곱과 에서 출생	창25:24-26 야 26:16 창 24:1-2
2,123 (BC 1,786)	**175세**	**- 아브라함 사망(이삭 75세, 야곱 15세): 막벨라 굴 안장**	창25:7-18 야26:29
2,124 경 (BC 1,785)	+ 1	- 에서가 니므롯을 살해: 왕 니므롯국 해체, 아담 부부 가죽옷승계 - 야곱이 에서로부터 장자권과 막벨라 굴의 권리를 얻음	창 25:27-34 야27:11 이하
2,125 (BC 1,784)	+ 2	- 이삭이 블레셋 왕 아비멜렉 지역으로 이주	창 26:1-22 야 28:1-16
2,126 (BC 1,783)	+ 5	- 이브라함의 6대 조부 셀라 사망(433세)	창11:15 야28:17
2,158 (BC 1,751)	+ 35	- 노아의 아들 셈 사망(600세)	창11:11 야28:24
2,171 (BC 1,738)	+ 48	- 아브라함의 장남 이스마엘 사망(137세)	야29:18

1927년 레너드 울리(Charles Leonard Woolley 1880-1960)가 이라크 남부의 우르를 발굴하기 전까지, 튀르키예 이슬람교도가 믿는 것처럼 아브라함의 출생지 우르는 현재 하란 근처의 산리 우르파(옛 지명 에데사)[304] 안에 있는 곳으로 여겼으며 「우르파」가 「우르」와 같은 명칭으로 보고 이곳을 아브라함의 고향으로 본 것이다.[305] 그들은 우르파 내에 아브라함의 출생 동굴 및 화롯불을 피운 화형장 유적(현재 연못 유적)을 보존하고 있다. 또 우르파 내에는 구약의 욥이 지내던 동굴 유적지가 있고 선지자 엘리아가 지내던 곳으로 여겨 성지로 의미를 부여하고 있다. 만일 이 우르파가 창세기의 우르라면 아브라함이 이삭의 아내를 구하러 그의 종을 보낼 때 말한 표현을 뒷받침하나 데라 가족이 거의 접해 있어 하룻길도 안 되는 수 km 내 좁은 권역 내인 우르에서 하란으로 이주했다는 점은 정황상 이유와 의미가 없어 아브라함의 고향은 튀르키예 산리 우르파가 아니다. 야살의책에 의하면 데라가 우르에서 하란까지의 이동 시간이 수 개월 이상 정도 걸린 것으로 보인다.

야살의책은 데라가 니므롯 등을 피해 영아 아브람을 동굴에 10년간 숨긴 후 어린 아브람을 노아와 셈의 집으로 보내 39년간을 노아와 셈에게 교육을 받도록 했을 때 또 우르에서 나오기 전 노아와 셈의 집에 머물렀다. 52세 때 노아와 셈이 우르를 떠나겠다는 아브람의 생각이 옳은 일이라는 조언에 따라 데라가 최종적으로 우르를 떠나는데 이런 점에서 노아와 셈의 집이 우르에서 매우 멀지 않은 거리로 추측된다.

304 현재 튀르키예 동남부 지역의 중심도시인 산리 우르파 시내에 하란이란 구역이 있다.

305 에스라하우스 TV의 노후오 목사님은 구약 난제 해설에서 아브라함의 고향을 하란으로 추정하면서 우르로 간 후 다시 하란으로 돌아 온 것으로 설명하였다.

튀르키예 아나톨리아의 하란 지역은 평원과 동굴도 많은 지역이다. 하란 지역은 노아의 방주가 머문 아라랏 산 근처 루바르 산이 있는 광역권인데 노아, 셈 및 에벨이 하란 근처에서 살았을 수도 있다. 만일 왕 니므롯이 아브람을 살해하려 하자 데라가 우르와 아주 먼 거리(약 1,000km) 하란에 어린 아브람을 10년간 동굴에 숨기고 나서 노아와 셈의 집에 다시 39년간 있도록 하였다고 가정하면 아브람이 노아와 셈 집이 있던 곳인 하란 근처 지역을 내 고향, 내 족속이 있는 곳으로 칭하였을 법하나 우르와 거리가 멀어 아브람의 부모가 어린 아브람을 이토록 먼 거리까지 보낼 것 같지 않아 타당성이 거의 없어 보인다. 다만 성경에서 처음 등장하는 하란이란 이름은 데라의 장남 이름인데 데라가 우르에서 죽은 아들을 생각하여 지명으로 사용한 이름이 아닌가 추정할 수 있다.

아브라함과 하나님이 지칭한 고향에 관한 여러 표현을 종합하면 다음과 같다. 첫째, 실제로 아브라함이 형 하란과 나홀 모두 갈대아 우르에서 태어났다. 첫째 레오날드 울리가 발굴한 우르를 태어난 고향으로 보는 것은, 창세기, 사도행전, 야살의책에서 설명하듯이 하란과 우르가 하루 생활권인 근거리가 아니고 먼 거리에 떨어진 곳이어서 레너드 울리의 발굴처럼 페르시아 만 근처 유브라데 강 하구의 우르에서 태어난 것이 틀림없다. 야살의책 24장 31절에서 아브라함이 종에게 설명하면서 하란을 태어난 의미의 고향이라는 표현은 오기 또는 오역으로 보인다.

둘째, 우르가 원래의 고향이나 아버지와 친척들이 번창한 하란을 제2의 고향으로 아브람이 마음으로 생각하고 있었던 점은 확실하다. 출생지로서의 고향과 마음의 고향 모두를 아브라함은 고향으로 생각하고 있었기에 하나님은 아브람을 이들에게서 분리하고자 함을 알게 한다.

셋째, 우르를 떠난 아브라함의 일관된 생각은 고향(my country)을 부모형제가 사는 하란으로 생각하고 하란에서 며느리를 데려왔다. 데라가 우르에서 나와 하란에서 거주하다가 죽고 또 하란에서 작은 형 나홀[306]은 두 아내로부터 총 12명의 아들을 두었다(표 4-9-1). 또 이 표에서 보듯이 데라가 하란에서 얻은 아내 브릴라에게서 아들 소바를 낳았고 소바는 세 아들을 두었다. 하란 지역은 나홀과 소바의 자녀들이 번창한 곳이라서 이 지역에 대한 자부심을 갖고 있었을 것이며 아브라함 자신도 이곳에서 8년 동안을 머문 곳이기도 하였기 고향(my country)이란 표현을 사용하였을 것이다. 아마도 아브람은 바벨탑이 있었고 타락한 니므롯의 도시인 시날 또는 우르를 고향으

306 데라의 아버지 이름은 나홀(뜻: 코고는 자)인데 데라는 그의 둘째 아들 이름을 그의 아버지 이름을 따라 나홀이라고 작명하였다.

로 생각하기 싫었던 심리적 반감이 있었을 것이다. 데라 가족도 (할)아버지가 세운 도시였으나 도망 나온 타락한 도시 우르를 싫어했을 것이다.

데라와 아브라함의 출생지 고향은 레너드 울리가 발굴한 유프라데 강 하류 우르이므로, 고향과 생업 지역을 떠나 약 1,800km 정도 떨어진 낯선 곳 가나안에서 산다는 것은 매우 어려운 일이다. 친인척도 없고 낯선 가나안 족속뿐인 땅으로 이주한다는 것은 특별하고 어려운 결정이다. 이주에는 특별한 계기가 작용하였음이 분명하다. 아브람이 막 결혼한 청년이고 또 그의 부친이 왕의 군대장관으로 지인이 많았으며, 산업이 풍부한 고향을 떠나게 된 배경을 야살의책에서 종합하면 시날 지역의 왕(니므롯 및 그의 아들 아르돈)의 폭정, 주민의 타락, 전쟁, 바벨탑 파괴, 족속 간의 언어 불통과 분열이 있었고 결정적 이유는 아브람 개인에게는 하나님의 수차례 강력한 계시, 노아와 그의 아들 셈의 충고 등과 아브라함의 신앙심이었다. 그리고 니므롯의 폭정으로 인한 권력 말기 아버지 데라의 정치적 영향력의 감소가 추정된다.

야살의책이 상세히 설명하는 이러한 심각한 사회적 상황과 아브라함의 고난과 갈등을 창세기는 배제하고 단순하게 기록하고 있다. 즉 하나님께서 아브라함에게 계시한 믿음에 의거 행동으로 이주하게 되었다는 것을 핵심으로만 기록하고 있다. 창세기에서는 하나님은 "*네게 보여 줄 땅으로 to a land that I will show you* (창세기 12:1)" 가라고만 하였지 보여 줄 땅에 대한 정확한 위치는 밝히지 않는다. 보여 줄 땅이란 아브라함이 실제로 방황한 곳, 가나안 전체 지역을 의미한다. 히브리서는 아브라함이 "*갈 바를 알지 못하고 not knowing where he was going* (히브리서 11:8)" 떠났다고 기록하고 있는 것으로 보아 떠난 계기와 방향은 확실해 보이나 갈 곳에 대한 정확한 정보 없이 하나님 말씀을 믿고 의지하여 떠난 것으로 설명한다. 이처럼 때때로 우리의 새로운 삶은 새로이 방황해야 할 곳이며 그곳이 우리가 살 새 땅이며 약속의 땅이다. 우리의 새 삶의 땅은 익숙한 곳이 아니다. 하나님의 계시는, 탁하고 어지러운 세상이 아니라 우리가 가야 할 낯선 땅이다. 참다운 실존은 항상 방황을 동반한다.

또 성경은 하나님의 계시와 자손들을 향한 비전(vision)을 여러 번 설명하고 강조하였다. 즉 하나님은 75세 아브람에게 "너로 큰 민족을 이루고 네게 복을 주어 네 이름을 창대케 하리니 너는 복이 될지라. 너를 축복하는 자에게는 내가 복을 내리고 너를 저주하는 자에게 내가 저주하리니 땅의 모든 족속이 너로 말미암아 복을 얻을 것 (창세기 12:2-3)"이라는 원대하고 중요한 미래 약속에 대한 믿음을 강조한다. 믿음은 행동을 동반한다.

가나안으로 가라는 하나님의 명령과 축복에는 숨은 난제가 있다. 아브람에게 갈등을 조장할 만한 지시이다. 노아가 저주한 사람이 함의 손자 가나안인데 가나안 지역에는 아브람이 가기 전 이미 가나안 후손 약 9족속이 살고 있었다. 노아 저주의 내용이 가나안은 「그 형제의 종들의 종(창세기 9:25)」이 되라고 한 것인데, 노아의 선언이나 현실로 보면 아브람에게 가나안 족속들이 이미 점령하고 있는 땅으로 가서 종들의 종을 삼으라는 것이다. 노아로부터 축복을 받은 셈의 후손인 아브람에게 종들의 종이 사는 또는 알지도 못하는 사람이 사는 곳에 들어가 살라는 명령이므로 아브람은 내키지 않았을 수 있다. 아브람도 선지자 노아와 셈에게 직접 교육을 50세까지 받았기에 노아의 축복과 저주과 가나안에 가야 할 필요성을 알았을 것이다. 그래서 하나님의 이 명령이 의미하는 바를 심각히 고민하였을 것이다. 우르에서 약 1,800km 떨어진 곳이며 낯선 가나안으로 가야 한다는 심각성과 중요성을 모를 리 없다. 더구나 우르라는 지역은 상업 및 농업지역(주로 보리와 밀)이 주된 곳이며 가나안은 목축 지역이다. 그가 경험하지 않은 목축으로 삶을 이루어야 한다는 것은, 즉 우르를 떠난다는 것은 위험과 난관들이 많다는 것을 고위 관료인 아버지와 함께 의논해 보고 상황이 퍽 복잡한 것을 알았을 것이다.

토속 신앙을 철저히 신봉한 데라와 그의 아들 나홀 그리고 손자들이 우르를 떠난 전후에도 그들은 하나님을 믿지 않았고 우르와 하란 지역에서 습득한 문화와 관습 및 토속 신앙을 계속 갖고 있었다. 데라가 노아, 셈 및 아브람의 설득으로 우르를 떠났음에도 생업이 풍성한 하란에 머물고 가나안으로 가지 않은 이유는 데라의 아내와 더불어 우르 지역에 익힌 생활 습관과 토속 신앙을 버리지 못한 것으로 보인다(이는 하란에 거주한 야곱의 외삼촌 라반의 생활에서도 나타난다). 데라가 하란에 머문 자세한 이유를 알만한 자료는 없으나 이들이 하란에 머문 후 불신앙인 부모형제로부터 아브람을 분리하고자 하는 하나님의 의도가 확실하다.

가나안은 자식을 11명을 낳은 최대 족장으로서 그의 자손 상당 인구가 바벨탑 파괴(전)후 가나안으로 가장 먼저 이주하였기 때문에 이들이 장악한 가나안 지역 성읍의 틈새를 비집고 들어가 살라는 하나님의 명령은 경쟁, 싸움, 눈치를 유발하는 명령이다. 아마 하나님도 이 점을 알기에 아브람을 축복하는 자를 축복하고 저주하는 자를 저주할 것(창세기 12:3)이라는 말씀으로 격려하여 가나안으로 가도록 한다. 합리적으로 판단하면 부모형제가 사는 하란에서 함께 살았어야 하는데 하란에 거주하지 말고 가나안으로 가라는 명령은 받아들이기 힘든 난제이다. 결국 아브람은 하나님의 지시에 따라 가나안을 선택함으로 자신과 그의 자손들이 수천 년 긴 방랑과 갈등과 싸움이 그치지 않았고 주변 국가와 민족들과 갈등은 현재도 지속된다. 이처럼 세상에서의 신앙은 숨이 거둘 때까지 낯선 곳에서의 영적 싸움이요 방황이다.

이상에서 창세기 11장 31절, 12장 1절, 사도행전 7장 2절 및 야살의책의 상세한 설명에 의거 아브라함의 고향을 「우르」라고 단정하여 설명하였으나 우르를 아브라함이 태어나고 성장한 고향이라고 성경에 단정한 문장은 없으며 가나안으로 가기 위해 출발한 장소가 우르로 명시하여 그의 고향으로 단정하여 설명하였다.

야살의책 역시 아브라함의 출생지를 우르라고 명확히 밝히지 않으나 창세기처럼 우르을 떠나 하란을 거쳐 가나안으로 간 사실은 정확히 밝히고 있다 (야살의책 13장). 그런데 니므롯과 데라와 아브라함의 관계를 소상히 밝히고 있는 야살의책 묘사는 니므롯이 왕이 된 후 19년이 된 때 시날에 최초로 바벨 성읍을 시작으로 시날 지역에 총 4개 도시를 세운 후 북쪽 앗시리아 지역에 4개 도시를 더 세운 것으로 창세기와 동일하게 설명하고 있다.

문제는 < 그림 4-9-1 > 윗 그림을 보면 「바벨」은 「우르」에서 북쪽으로 약 300km 떨어진 거리로 성경 지리가 밝히고 있는데 야살의책 설명은 니므롯이 왕궁에 거주하면서 아브라함의 출생 시부터 수시로 아브라함의 아버지 데라와 아브라함과 접촉한 내용을 소개하고 50세에 아브라함을 죽이려 화롯불을 피운 장소를 바벨 궁에서 멀지 않은 카스딤이었다고 설명한다. 이러한 묘사에서 니므롯이 최초로 도시를 건설한 시날인 바벨의 위치가 <그림 4-9-1 >처럼 우르와 멀리 떨어진 곳인지 판단하기 어렵다. 야살의책의 묘사에 의하면 아브라함의 출생은 니므롯이 왕이 된 10년 후 태어났고 아브라함의 아버지 데라가 그의 군대장관이었으므로 시날이 우르 근처였을 것으로 보이고 그 후 왕권이 강화된 19년 후에 우르에서 동쪽 지역 시날 골짜기에 인근에 성읍을 세운 것으로 생각된다. 이런 점에서 현재 바벨론으로 알려진 고대 도시는 수메르 시대의 바벨이 아닌 후대의 바벨론이 아닌가 여겨진다.

4-10. 아브라함의 가나안 이주[307] 배경

바벨탑 파괴 4년 후 아브람이 52세일 때 노아와 셈에 집으로 피신하여 가나안으로 가겠다는 생각을 아버지 데라에게 말하자 노아와 셈이 아브람의 생각이 맞다고 한 사실에서 몇 가지 점을 추정케 한다. 노아와 셈도 바벨탑 사건으로 혼란에 빠진 도시에서 다른 지역으로 이주할 생각을 하면서 아브라함과 같이 가나안으로 갈 생각을 품

307 우르에서 하란을 거쳐 가나안으로의 최초 이주 배경에 대하여는 야살의책을 근간으로 정리하였다.

을 수 있었다는 점이다. 노아, 셈 및 아브람의 생각이 모두 일치하는 것은 하나님께서 이들에게 동일한 생각을 갖도록 계시함이 명백하다 (야살의책 12:68 이하). 또 노아의 포도주 만취 사건으로 가나안의 자손들이 셈과 야벳의 종들의 종이 된다는 예언(창세기 9:25)에 따라 노아와 셈이 아브라함을 가나안으로 이주하도록 하는 것은 상식적으로 적정해 보이지 않으나 가나안 땅으로 가야 할 확실한 이유가 있을 것이다. 따라서 노아와 셈이 아브라함을 가나안으로 가게 한 권유에는 비밀과 하나님의 뜻이 있음이 분명하고 그들이 가야 할 이유를 알았을 것이나 성경이나 야살의책 등은 이를 밝히지 않고 있다. 모든 하나님의 지시와 명령과 계시에는 하나님의 뜻이 반드시 그리고 분명히 있다. 이 점을 추정해야 한다.

가나안으로 가야 한다는 하나님의 뜻을 아브라함이 52세에 최초로 고백하였다. 노아와 셈과 그의 아버지 앞에서 고백한다. 「가나안으로 갑시다. 당신(아브라함의 아버지)이 땅에서 당신을 창조하신 주를 섬기면 잘 될 것입니다.」[308] 이 고백은 점점 드러날 것이지만 「에덴동산으로 갑시다. 그곳에서 우리를 창조하신 하나님을 경배하자」는 사람의 창조 목적과 삶의 방향을 고백하는 신앙을 말한다. 아담과 이브가 하나님께 다 못한 신앙을 찾는 고백으로 하나님의 영에 힘입은 고백이었을 것이다.

어리고 젊은 아브람의 신앙 후견인이었던 노아와 셈 및 에벨이 아브람과 비슷한 시기에 가나안으로 갔을 가능성이 매우 높다. 58세 아브람이 가나안에 있을 때 노아는 930세로 사망하였다. 노아의 사망 장소는 알려져 있지 않다. 만일 노아와 셈이 가나안으로 갔다면 가나안의 (예루)살렘에서 살았을 가능성이 있다. 야살의책 13장 9-10절에서 노아의 죽음을 소개하면서, 직접적 기술은 아니나, 가나안에서 살았음을 추정케 하는 군집명사(연합한 사람들)[309]가 노아와 셈과 에벨을 포함하는 표현이 아닌가 엿보게 한다.

셈은 아브라함 사망 후 55년을 더 살았고 이삭 110세 야곱 50세 때 600세로 사망하였다. 야살의책으로 보면 셈이 (예루)살렘의 왕이요 제사장이므로 예루살렘에서 사망하였을 것이다. 셈과 항상 함께 산 노아는 늙은 아버지 노아를 예루살렘에 모셔 함께 살았을 것이기에 노아도 예루살렘에서 사망하였을 것이다. 노아는 조상으로부터 듣은 지식으로 가나안 지역이 에덴 지역이며 예루살렘이 에덴동산인 것을 알았을 것이며 이를 비밀로 하였을 것이다.

308 야살의책 12:68

309 야살의책 13:9-10 "아브람이 가나안 땅에 거주한 지 3년이 되는 해에 노아가 죽었다. 그때는 아브람이 58세였다. 노아는 950세를 살고 죽었다. 아브람이 가나안 땅에 거하며-- (중략)-- 그 땅의 주민들 중 그와 연합한 사람들과 함께 살았다."

아브라함 나이 78세 즈음 소돔 성에 살던 조카 롯이 엘람 왕에게 피납되어 아브라함이 구출하고 돌아오자 (예루)살렘 왕 겸 제사장인 멜기세덱(또는 아도니세덱, 뜻: 의의 왕)에게 전쟁에서 획득한 재물의 1/10을 바치는 장면(창세기 14:20 및 야살의책 16:12)이 나오는데 이 멜기세덱이 셈이라 야살의책이 밝힌다.[310] 이 설명에서 노아, 셈 및 에벨은 우르에서 살다가 최종 가나안의 (예루)살렘에서 살았을 것으로 추정된다. 노아, 셈 및 에벨은 아브라함에게 큰 어른이었으며 평생 신앙의 후견인이요 선생이요 지도자였고 객관적 신분은 부족장(왕)이며 제사장으로 지냈을 것이다. 또 이는 아브라함의 가나안 정착에 큰 도움이 되었을 것이다. 가나안으로 아브람이 가게 된 배경은 노아와 셈이 가나안이 에덴이고 예루살렘이 에덴동산일 것이라는 선조들로부터 들었을 것이다. 또 노아의 손자인 가나안도 노아에게서 에덴 지역이 어디에 있었는지를 알았을 터인데 당시 가장 인구가 많고 권력이 센 가나안 족속이 동일한 이유로 이 지역 대부분을 선점한 것으로 보인다. 예루살렘에 살던 셈의 3대손 에벨이 야곱이 하란에 있는 외삼촌 라반의 집에 있을 79세에 죽었는데 예루살렘에서 에벨이 죽은 후 예루살렘을 아모리 족속이 장악하고(창세기 15:16) 나중 여부스 족도 차지한 것으로 파악된다 (여호수아 18:28, 사사기 1:21). 하나님께서 아브라함에게 후손이 가나안 땅으로 돌아오는 조건으로 아모리 족속의 죄가 가득 찰 때인 4대 만에 돌아온다고 한 점이 이를 말하는 것으로 추정된다. 이 점은 제2장 3절의 13에서 약간 설명했다.

4-11. 아브라함의 가나안 정착

4-11-1. 1차 정착과 주요 사건

아담 후 연대 AM 2,000년이 되는 해인 52세의 아브람이 우르를 떠나 하란에서 3년간 부모형제와 함께 거하던 중 하나님께서 아브람에게 가나안으로 가라고 재촉하자 55세에 아내와 가나안으로 가서 70세까지 15년을 머문다. 이 15년이 가나안 1차 정착 기간이다. 여행 경로는 하란에서 남하하여 세겜을 거쳐 최종 헤브론에 주로 머물렀다. 야살의책에는 52세부터 아브람 70세까지 하나님께서 네 차례 나타나 계시한 것으로 나타난다 (표 4-11-1). 아브라함 70세의 4차 계시는 창세기 15장에 나타난 횃불 언약 내용과 부분적으로 유사한데 이방 땅에서 후손들이 거하다가 4대 만에 가나안

310 창세기의 멜기세덱을 야살의책에는 예루살렘 왕 아도니세덱이라 칭하면서 하나님 앞에 제사장이라 하고 그가 곧 셈이라고 한다 (야 16:11-12). 성경에서는 멜기세덱의 지극히 높은 제사장의 신분은 밝히나 출생 등은 밝히지 않은 신비한 인물로 설명한다 (히브리서 5:11).

으로 올 것이라 하였다. 창세기 저자는 아브라함 70세의 4차 계시를 기재하지 않았고 약 78세 아브람이 롯을 구출한 후 아브람과 행한 횃불언약에 이 4차 계시 내용과 유사한 내용을 15장에서 설명하고 있다. 아브람 78세는 아브람이 70세에 하란에 가서 5년을 지낸 후 75세에 다시 가나안으로 온 2차 정착 기간에 해당하는 시기이다.

창세기와 야살의책을 종합하면 이삭을 낳기 전까지 하나님께서 아브람에게 모두 9차례 계시(표 4-11-1)하면서 축복과 위로와 권고와 지시와 계시로 약속(언약)한 내용을 살펴보자 (물론 이 계시 이후에도 하나님의 계시가 지속된다). 1차부터 4차까지는 창세기에 명확히 나타나지 않고 우르와 하란에서의 계시인 5차 계시 내용은 단순한 문장으로 기술되어 있다 (창세기 12:1-4). 아브라함은 가나안에서는 주의 이름으로 제단을 쌓았으나 가나안이 아닌 하란과 우르에서는 주의 제단을 쌓지 않은 것으로 나타난다.

< 표 4-11-1 > 이삭 출생 전 (가나안 이주 초기) 하나님의 계시

계시 차수 (장소)	아브라함 나이	지시 및 약속 내용	비고
1차 (우르)	52세 (AM 2,000)	- 우르에서 아브라함이 아버지에게 가나안으로 가야 한다는 제안에 노아와 셈이 동의한 점에서 하나님께서 이들에게 이미 계시한 것으로 추정	야 13:64-70, 사도행전 7:2-4
2차 (하란)	55세 (AM 2,005)	- 우르에서 이끌어 내고 대적의 손에서 구해낸 주(主)임을 밝힘 - 주의 음성을 듣고 내 계명과 율례와 법을 지키면 대적들이 네 앞에서 넘어지게 하고 너의 씨를 크게 성하게 하여 하늘의 별과 같게 함 - 가나안에서 머물면 부족함이 없는 복을 줄 것임 등등	야 13:3-5
3차 (가나안)	55세 (AM 2,005)	- (가나안에 도착하자) 가나안이 너와 네 씨에게 영원히 주는 땅인 것과 네 씨를 하늘의 별과 같게 하고 네가 보는 모든 땅을 네 씨에게 유업으로 줌. - 제단을 쌓고 주의 이름을 부름	야 13:6-8
4차 (가나안)	70세 (AM 2,018)	(일명 애굽거류 계시[311]) - 가나안 땅을 유업으로 주기 위해 우르 카스딤에서 이끌어 낸 주임을 밝힘 - 내 앞에서 걷고 완전하며 나의 명령을 지킬 것 - 미쯔라임 강에서부터 큰 강 유브라테스[312]까지의 땅을 너와 네 씨에게 기업으로 줄 것 - 너는 장수하다가 평안히 너희 조상들에게 돌아갈 것 - 넷째 세대가 이 땅 이곳으로 돌아와 이곳을 영원히 상속받을 것 - 주의 이름을 부르고 제단에 희생제물을 드림(횃불언약이 있던 곳이 헤브론이므로 이곳이 헤브론으로 추정됨)	야 13:17-19
5차 (하란)	75세 (AM 2,023)	- 20년 전 계시한 것을 상기시키며, 너의 땅 네가 태어난 곳, 네 아버지의 집으로부터 나가서 내가 너와 네 자녀에게 주려고 내가 너에게 보여 준 땅으로 가라. 그 땅 그곳에서 너에게 복을 주어 너를 큰 민족으로 만들고 너의 이름을 크게 하며 네 안에서 땅의 족속들이 복을 받게 하려는 것임. - 네게 속한 모든 자와 또한 집에서 태어난 모든 자와 네가 하란에서 얻은 모든 사람은 가나안으로 돌아가라 함	창 12:2-3 야 13:22-24

311 계시 내용이 창세기 15장의 횃불언약과 유사하여 이 글에서 정해 사용한 명칭이다.

312 창세기 15장18절과 같이 「큰 강 유브라데」라 기술한 점으로 보아 「작은 강 유브라데」가 있음을 유추하게 한다.

6차 (가나안 세겜 및 벧엘 동편)	75세 (AM 2,023)	(하란에서 가나안으로 온 후) - 네 씨에게 이 땅을 주겠다 하여 제단을 쌓음 - 벧엘 동편 제단을 쌓고 여호와의 이름을 부름	창 12:7 창 12:8 야 13:28
	77세 (AM 2,025)	- 애굽을 다녀온 후 조카 롯과 헤어지고 헤브론에서 제단을 쌓음	창 13:18
	78세 (AM 2,026)	- 시날의 엘람 왕 그돌라오멜 연합국에 피납된 롯을 구출하고 멜기세덱에게 십일조를 바치고 축복을 받음	창 14장
7차 (가나안 헤브론 마므레 평야)	78세 (AM 2,026)	(일명 횃불언약: 롯을 구출하고 멜기세덱에게 축복을 받은 후) 1. 창세기 기록 - 하나님께서 아브라함에게 수시로 계시·약속한 야살의책 내용을 종합하는 말씀으로 복, 유업으로 줄 땅의 경계, 사백년 간 자손이 괴롭힐 것, 사대 만에 돌아올 것 등을 수록하고 있고, - 이를 보장하는 약속으로 제물 위로 횃불을 지나게 함. 2. 야살의책 기록 - 두려워 말라, 내 앞에서 네 상이 매우 크도다. 이는 내가 너를 번성하게 하고 너에게 복을 주며 네 씨를 측량하거나 셀 수 없는 하늘의 별과 같이 많게 하기까지 내가 너를 떠나지 않을 것이다. - 내가 네 눈으로 보는 이 모든 땅을 네 씨에게 주어 그들에게 영원한 유업으로 주겠다. - 오직 강하고 두려워하지 말며 내 앞에서 걷고 완전하라.	창 15장 전체 야 16:20-21
8차 (가나안)	99세 (AM 1,862)	- 언약: 왕들이 나오며 가나안 땅을 기업으로 영원히 줌 - 개명: 아브람→아브라함, 사래→사라 - 할례: 아브라함과 이스마엘이 할례를 받음	창 17장 야 17:16-20
9차 (가나안 마므레)	99세 (AM 1,862)	- 사라가 임신하여 이삭을 낳을 것을 알려 줌	창 18장 야 18:3-10
그랄 땅	100세 (AM 1,863)	- 이삭 출생	창 21:3 야 21:1

주: 창세기 12장부터 14장까지 그리고 사도행전 7장 2-4절을 살피면, 하나님께서 우르부터 여러 번 아브라함에게 직접 나타난 사실이 있고 여러 차례 언약을 맺은 사실과 제단을 쌓은 사실 등이 있으나 아브라함의 나이와 계시 장소에 대하여 명확한 기록이 없어 야살의책 묘사를 중심으로 요약하였다. 창세기 12장 1-5절의 말씀은 가나안에 도착하기 전 (우르와) 하란에서 말씀한 기록이다.

아브라함이 가나안으로 내려와 15년을 지낸 1차 정착 시 70세 때 받은 4차 계시와 약속이 중요한 것은 ① 아브라함과 아브라함의 「씨」가 받을 기업의 땅 경계, ② 아브라함은 장수하다가 평안히 너의 조상에게로 돌아갈 것과 ③ 「넷째 세대」가 이 땅 이곳으로 돌아와 이 땅을 영원히 상속받을 계시이다 (야살의책 13:17-19). 이 4차 언약은 AM 2,018년(BC 1,891)으로 이 시점부터 출애굽한 AM 2,448년(BC 1,461)까지를 계산하면 출애굽기 12장 41절의 430년의 원년이 되는 해임을 제2장 2절에서 해설했다.

7차 계시를 기록한 야살의책과 창세기의 15장 횃불언약의 내용 차이가 있으나, 야살의책의 기록은 아브라함에게 무서워 말고, 담대하고 강하고 내 앞에서 걷고 완전하라는 명령과 위로가 있는 것을 보면 엘람 왕과 싸운 후 나타난, 그리고 창세기 15장의 횃불언약에서 보여준 하나님의 강력한 계시에 나타난 아브라함에게 두려움에 있었던 점과 주의 이름을 부르고 주께 희생제물을 가져 왔다는 점이 유사하다. 하나님께서 아브라함에게 「씨」를 통한 복을 약속하시었는데 이 때 씨란 이스마엘이 아닌 「이삭」과 「이삭이 낳는 자」를 의미하는 것으로 하나님은 직접 이를 아브라함에게 해석하셨다 (창세기 21:12).

4-11-2. 2차 정착의 주요 사건

아브라함은 하란을 5년간 방문 후 아브람을 따르던 롯을 포함 72명과 소유물을 가지고 가나안으로 내려와 완전 정착 후 가나안에서 100년을 살다가 사망하였다 (표 4-9-4). 가나안에서 2차 정착 초기에 기근을 피해 애굽으로 갔다가 아내 사래를 애굽왕 바로(파라오, Pharaoh)[313]가 취할 뻔한 일이 발생하였는데 천사가 구하였다. 바로가 남편이 있음을 알고 선물과 남녀 종 및 바로의 딸인 소녀 하갈을 사래의 몸종으로 주었다. 이로써 하란에서 올 때 함께 한 72인 식솔 및 애굽에서 얻은 남녀 종 등을 거느린 부족장이 되는 밑바탕이 되었다.

86세 때 아브람은 자식을 낳지 못하는 아내 사래의 요구로 사래의 몸종 하갈을 통해 아들 이스마엘[314]을 얻었고 100세 때 아내 사래가 하나님께서 약속한 「씨」 이삭을 낳는다. 아브라함 137세 때 37세인 이삭을 예루살렘 모리아산에서 하나님께 제사 드리는 시험이 있었고 이 일로 아내 사라가 정신적 충격으로 127세로 사망하였다. 이 일 3년 후 하란에 있는 조카의 딸 리브가를 며느리로 얻는다.

아브라함 75세부터 140세에 이르는 약 65년 동안 가장 많은 활동을 하던 시기로 창세기에는 주로 이 기간의 활동을 기록하였다. 이 기간 중 애굽 방문, 아브람과 사래의 이름 개명, 피납된 롯의 구출, 살렘 왕에게 십일조 드린 일과 그로부터 축복, 개명, 득남, 할례, 소돔 멸망, 이삭 제사, 가족 묘소인 헤브론의 막벨라 굴 매입, 아내 사망, 손자인 에서와 야곱의 출생 등이 주요 사건이었다. 아브라함은 죽기 15년 전인 160세에 손자 에서와 야곱을 얻었고 그는 사라가 사망 후 새 부인 그두라와의 결혼하여 여섯 아들을 낳았다 (표 4-9-1).

하란에서 내려온 아브람은 점점 남방으로 내려가면서 거주를 하였는데 결국 기근을 피해 이집트로 내려갔다[315]. 창세기 12장에서 아브람은 세겜 땅 모레 상수리나무→벧

313 야살의책 14장에 따르면, 시날 땅에 살던 지혜롭고 가난한 「리카욘」이라 사람이 이집트로 가서 주민에게 무덤 사용비용을 거두어 당시 왕인 아놈의 아들 오시리스에게 뇌물을 바치어 환심을 사는 등 지혜와 언변으로 관직을 얻었는데 왕이 리카욘의 이름을 「바로」라 칭하게 되었다. 이때 「바로」라는 뜻은 「죽은 자에게서 세금을 거두었다」는 뜻으로 소개되었고 이 명칭이 법으로 제정되어 이후 왕과 동등한 명칭으로 사용하게 되었다고 설명하고 있다.

314 이름 뜻: 하나님이 들으심

315 창12:6-10. "아브람이 그 땅을 지나 세겜 땅 모레 상수리나무에 이르니 그때에 가나안 사람이 그 땅에 거주하였더

엘 동쪽 산→ 남방지역(헤브론)으로 옮겨 간 것으로 묘사하고 헤브론[316]은 롯과 헤진 후 장막을 옮긴 곳(창13:18)이며 횃불언약이 있었던 곳이다. 창세기 12장 이후 묘사는 주로 75세 이후 아브라함의 구체적 행적이다. 하란에서부터 여행한 아브람이 북쪽에서부터 남쪽에 이르는 행로를 순차로 기록하고 있다. 헤브론과 세겜의 거리는 약 120km이며 세겜에서 점점 남방으로 내려와 헤브론의 마므레 평원 등에서 머물렀다(그림 4-9-1 및 사진 4-11-1). 아브람의 주된 정착지는 마므레(뜻: 강하다) 평야 헤브론(뜻: 연합, 동맹, 친교)[317]이고 롯과 함께 장막을 치고 생활하던 곳이다. 이곳에서 하나님께 단을 쌓은 아브람에게 하나님께서 나타나 이 땅을 「너의 씨」에게 주겠다고 7차 약속하신다(횃불언약, 창세기 15장, 야살의책 13:27).

바벨탑 사건 전에는 가나안 자손들이 가나안 지역 여러 곳에 드물게 산 것으로 보인다. 창세기 12장을 보면 바벨탑 사건 이후는 대거 가나안 자손이 이주한 것으로 묘사되었으며 가나안 자손이 이주 후 아브람과 함께 가나안으로 이주한 노아, 셈 및 에벨은 가나안 자손이 살지 않은 예루살렘 구역에서 산 것으로 추정되며 아브람은 예루살렘 남방 약 40km 헤브론에 주로 살았다. 아브라함이 주로 헤브론에 살고 예루살렘에 살지 않은 이유를 추정케 한다. 노아와 셈과 에벨 및 그 후손이 죽자 이곳을 아모리 족속이 오래 차지하였고(창세기 15:16) 그후 가나안 셋째 아들인 여부스 족속도 이곳에서 거주하면서 이 땅을 더럽히나 이스라엘 자손이 회복한다 (여호수아 15:8).

이스라엘 자손이 애굽에 거류하는 동안 여부스 족속은 이곳에서 우상을 섬기고 많은 죄악을 행하고 예루살렘을 물적으로 영적으로 더럽혔는데 이스라엘 자손이 가나안에 입성 후 여호수아가 예루살렘 왕을 포함 다섯 왕을 죽였다 (여호수아 10장 5-27절). 또 여호수아가 죽은 후 유다 지파가 시므온 지파와 합세하여 이스라엘 성을 쳐 불살랐다 (사사기 1장 8절). 최종적으로 베냐민 지파에게 분배된 예루살렘 구역을 무

라. 여호와께서 아브람에게 나타나 이르시되 이 땅을 네 자손에게 주리라 하신지라. 자기에게 나타나신 여호와께 그가 그 곳에서 제단을 쌓고 거기서 벧엘 동쪽 산으로 옮겨 장막을 치니 서쪽은 벧엘이요 동쪽은 아이라 그가 그 곳에서 여호와께 제단을 쌓고 여호와의 이름을 부르더니 점점 남방으로 옮겨 갔더라. 그 때에 기근이 들었으므로 아브람이 애굽에 거류하려고 그리로 내려갔으니 이는 그 땅에 기근이 심하였음이라"

316 현재 팔레스타인 요르단 강 서안 지역에 속한 헤브론은 아브라함의 주된 거주지였고 아브라함, 이삭 및 야곱의 묘가 있는 곳으로 옛 이스라엘의 수도이다. 다윗이 예루살렘으로 수도로 옮기기 전 7년 동안의 수도였다.

317 아브람이 거주한 상수리 나무의 헤브론은 아모리족과 헛타이트(블레셋, 함의 아들 가슬루힘(가슬롯)의 아들)족이 살던 곳이며 아브라함의 자손, 유대인 및 이슬람교도에게 매우 중요한 장소이다. 예루살렘 남남서쪽 30km 지점의 해발 930m 지점이다. 아브라함이 헷 족속 소알 사람 에브론에게 은 400세겔을 주고 막벨라 밭(쌍굴이 있음)을 사서 이곳에 아브라함, 사라, 이삭, 리브가, 야곱, 레아 등 조상의 무덤으로 사용한 곳이다. 또 출애굽 후 이스라엘 12 정탐꾼을 보내고 보고 받은 장소이며 다윗 왕이 기름 부음을 받은 장소이고 현재는 헤롯왕이 세운 헤브론 성벽이 남아 있다. 현재는 팔레스타인 자치구 내의 최대 도시로 물이 풍부한 도시이다.

력으로 정복하려 하였으나 베냐민 자손들이 이곳의 여부스 사람들을 다 쫓아내지 못하던 중 다윗이 이곳 사람들을 멸절시켜 다윗성이라 명명하여 완전한 지배권을 획득하게 되었다 (사무엘하 5장 6-9절). 그리고 다윗은 거룩한 언약궤를 예루살렘 다윗성에 두었다 (사무엘하 6장 12-17절). 이때가 출애굽 후 414년이 된 해였고 (BC 1,047년), 아브라함이 가나안에 최초로 이주한 지 857년이 된 해였다.

< 사진 4-11-1 > 오늘날의 헤브론[318]

이집트에서 아내 사래를 바로에게 빼앗길 뻔하고 돌아온 아브람과 롯은 가축이 많았는데 롯의 종들이 가축을 가나안 족속의 구역에 들어가 사육하는 일이 발생하자 가나안 주민들이 부족장인 아브람에게 이를 항의하는 곤란한 문제가 있었다. 이 일로 아브람과 롯이 다투어 함께 거주하지 않기로 하여 롯은 요단강 구역의 소돔 지역으로 이주하였고 아브람은 헤브론에 계속 거주하였다. 아브람이 하란에서 나올 때 조카 롯을 데리고 나온 일은 일종의 가족애이며 연민이나 실수로 보인다. 하나님께서 하란에 머물 때 5차 계시로 하란에서 *"네게 속한 모든 자와 또한 네 집에서 태어난 모든 자와 네가 하란에서 얻은 모든 사람"*을 데리고 가나안으로 가라 하였는데(야살의책 13:24) 롯을 포함하는 지시였는지 알 수 없으나 이는 하나님의 뜻이 아닌 것으로 보인다. 롯은 조카이므로 하나님께서 처음 아브람에게 우르에 있을 때 "고향*과 친척과 아버지의 집을 떠나* (창12:1)"라고 한 내용과 배치된 내용이기 때문이다.

4-11-3. 멜기세덱의 축복

아브람과 헤어져 소돔에 살던 롯이 3차 중동전쟁을 일으킨 엘람 왕에게 피랍된 사실이 창세기 14장과 야살의책 16장에 기록되어 있다. 이 사건은 아브람 78세에 발생한

318 출처: 다음백과 및 https://cafe.daum.net/yununhan

것으로 보인다. 이 사건 발생이 아브람이 이집트를 다녀온 후인 것이 확실한 것은 기근으로 인하여 이집트를 방문 후 가나안으로 돌아온 롯과 아브람이 가축에게 꼴을 먹이는 문제로 다투어 거주지를 서로 달리하게 되었는데 롯은 소돔 지역으로 가서 살 때 엘람 왕에게 피랍되었기 때문이다. 또 메소포타미아 지역의 엘람 왕이 셈이 사는 (예루)살렘과 아브람이 사는 헤브론을 공격하지 않은 점으로 보아 엘람 왕 연합군이 셈과 아브라함의 신분적 중요성을 안 듯하다.

엘람 왕 그돌라오멜이 가나안을 침공한 배경을 창세기 14장과 야살의책 16장 등을 종합하여 풀이하면 다음과 같다. 니므롯과 2차 중동전쟁을 치른 시기는 아브람이 가나안에 1차로 거주한 10년째 되는 65세였는데 엘람 왕이 니므롯과의 전쟁에서 이겨 중동 지역 전역에 징수를 시작하였다. 가나안 지역 왕들이 12년 세금을 내다가 아브람 78세부터는 세금을 내지 않자 엘람 왕이 13년째에 연합군을 형성하여 가나안 여러 지역 성읍에 쳐들어 왔음을 말한다 (3차 중동전쟁). 가나안 지역의 소돔(왕 베라), 고모라(왕 비르사 또는 베르사), 아드마(왕 시납). 스보임(왕 세메벨) 및 소알(왕 벨라) 등 5개 성읍의 왕들이 연합하여 엘람 왕 그돌라오멜 13년이 되던 해부터 그돌라오멜의 지배에서 벗어나려 했기에 발생하였다. 이에 엘람 왕은 시날 왕 아므라벨(=니므롯), 엘라살 왕 아리옥 및 고임 왕 디달과 4개 연합군을 편성하여 가나안 여러 지역을 치고 염해 지역인 싯딤 골짜기에서 소돔 왕 등 5개 연합군을 무찔렀다 (창세기 14:1-12 및 야살의책 16:1-6). 이때 아브라함과 헤어져 소돔에 살던 조카 롯이 피랍되었다.

아브람이 승전한 후 아브람을 맞이한 멜기세덱에게 십일조를 하자 멜기세덱이 아브람을 축복[319]하였다. 살렘 왕이요 제사장인 멜기세덱이 「떡과 포도주」[320]를 아브람에게 주고 아브람은 멜기세덱에게 전쟁 노획물 1/10를 바치었다. (예루)살렘의 왕이요 대제사장을 창세기는 이를 멜기세덱[321]이라 하였는데 야살의책은 이분을 노아의 아들 셈인 아도니세덱이라 하였다. 셈은 아브람에게 9대 선조로 당시 469세요 아브람은 약 78세였다. 노아가 사망한 지 19년이 되었기 셈은 온 지면의 노아를 대신한 왕이요 어른이며 하나님을 경외하며 제사를 드린 제사장으로 묘사한 것이다.

---

319 창14:19 *천지의 주재이시오 지극히 높으신 하나님이여 아브람에게 복을 주옵소서. 너희 대적을 네 손에 붙이신 지극히 높으신 하나님을 찬송할지로다.*

320 살렘 왕이요 지극히 높으신 제사장인 멜기세덱이 아브라함에게 떡과 포도주를 준 점은 장차 우리가 먹고 마셔야 할 예수님의 피와 살(요한복음 6:53)을 상징으로 암시한다.

321 창세기 14장에 처음 나타난 멜기세덱의 뜻은 「공의(公義, 세덱)의 왕(멜기)」으로 바울은 히브리서 5장과 7장에서 멜기세덱과 예수님에 대하여 설명한다. 히브리서 5:11에서 밝히길, 신약시대 히브리 사람에게 멜기세덱의 정체성에 대하여 해석의 어려움이 있음을 전제로 하면서 예수님이 멜기세덱의 반차(班次, 반열)를 좇아 대제사장이라는 점을 설명한다. 7장에서 멜기세덱의 신분(출생과 가계 등)을 알 수 없어 오늘날 신학자 중 일부는 노아의 아들 셈이 아니라 예수님이 살렘 왕 멜기세덱으로 나타나신 것으로 해석하기도 한다.

야살의책과 달리 히브리서 7장3절에서 사도 바울은, 멜기세덱을 하나님인 듯한 묘사를 하고 있다. 사도 바울이 이 멜기세덱을 언급한 이유는 출애굽 후 성막 생활 시 레위 지파만이 제사장 신분이 있었으나 유다 지파인 예수님은 멜기세덱의 반차를 좇은 제사장인 신분임을 설명하는 과정에서 사람이 아닌 듯하게 설명하였다.

그러나 멜기세덱이 사람인 점은, 노아가 죽은 후 최고의 어른인 점에서 예루살렘에 거주한 엘람 왕이 공격을 하지 않았던 점(혹은 공격을 하지 못했던 점), 살렘(=살롬)이라는 성의 이름을 평화라고 한 점, 그의 신분이 지극히 높으신 하나님의 제사장이었던 점, 그의 이름이 뜻하는 바처럼 공의의 왕인 점, 예루살렘에 거주했던 점, 하나님을 상세히 알고 아브라함에게 축복한 점, 아브라함이 전리품을 1/10을 바친 점 등에서 추정 가능하다. 그러면 당시 이만한 사람은 누구였을까. 아담 연대기 < 표 1 >로 보아 노아는 사망하였고 그의 세 아들 중 셈이라고 할 수밖에 없다.

4-11-4. 횃불언약

창세기 15장에 설명된 아브라함과 이스라엘 자손에게 매우 중요한 이 언약은 아브라함과 후손에 대한 전반적 사항을 아브라함에게 알린 언약이다. 아브람을 담대하게 함, 아브람의 후사(상속권자 heir)가 종 엘리에셀이 아닌 아브라함에게 날 자임을 알린 약속, 아브람 자신과 후손에 대한 축복과 언약을 믿어 의롭게 여김을 받음(이신칭의), 자손이 이방에서 객이 되어 섬기고, 400년 동안 자손들을 괴롭힐 것과, 큰 재물을 이끌고 사대 만에 나올 것, 후손들이 유업으로 받을 가나안 땅의 영역 등에 관하여 아브람에게 설명하였다. 이 설명을 하나님은 직접 하고 이를 확증하기 위해 아브람에게 삼년된 암소, 삼년된 암염소, 삼년된 수양과 산비둘기 및 집비둘기 새끼를 취한 후 암소, 암염소와 수양을 둘로 쪼개도록 하고 하나님께서 횃불로 쪼갠 사이로 지나 태워 언약을 맺었다. 이 횃불언약의 의미는 아브라함의 가나안 이주 초기에 그와 그의 후손에 대한 향후 삶에 대하여 밝히 말씀하시면서 하나님 스스로 아브라함에게 한 위로와 약속이라는 점이다.

4-12. 아브라함의 삶의 분리

대홍수 후 340년 지난 시점의 인구가 < 표 4-7-1 > 및 < 표 4-7-2 >에서 보듯이 급속히 증가하면서 타락하는데 하나님께서 수메르 문명을 심판하면서 그중 한 사람 아브라함을 택하여 가나안으로 이끌어 하나님의 새로운 역사를 만들고자 하심을 설명하였다. 아브라함 아버지 데라는 최상위 엘리트층이었고 노아와 셈의 후원을 받는 사람이었다. 하란으로 이주한 데라는 여러 식솔을 거느린 족장이요 재산가였다. 데라의 셋째 아들 아브라함도 죽기 전까지 세 부인으로부터 아들 8인을 낳은 족장이 되었다.

창세기 12장 이전 아브라함에 관한 족보 이외 구체적 배경 설명이 없다가 75세 아브라함의 갑작스런 등장에 여러 궁금증과 신비감을 갖게 된다 하였다. 아브라함이 어떤 환경의 사람이며 또 왜 아브라함에게 하나님께서 갑자기 나타나셔 일방적 명령과 미래의 축복을 약속하였는지에 대하여 의아하나 이 의문과 가나안 이주 이유를 좇고자 함이 본 장의 취지이다. 성경의 기록 목적이 사생활에 대한 것이 아니고 하나님의 계시와 성취이기 때문이다.

아브라함의 전체적 삶의 자취에 대한 의문을 유발하는 창세기 묘사와 달리, 야살의 책에는 아브라함의 출생과 삶의 흐름에 대하여 비교적 상세히 기록한다(특히 이 기록 때문에 많은 사람은 야살의책이 소설과 같다고 심히 저평가하는 것 같다). 창세기 11장 31절에서부터 12장 4절까지 총 6개절에서 아브람의 전반기 75년의 삶을 묘사하나, 야살의책은 이를 무려 총 6장 224개절로 상세히 설명한다. 즉 창세기의 빠진 고리인 출생에서부터 가나안에 이르기까지의 전반기 75년간의 삶을 그리고 그 이후 생활을 창세기보다 더 구체적으로 묘사한다. 이 내용의 검증 문제는 별도이나 많은 시사점을 제공하며 대부분 신뢰할 만하다고 여겨지고 영적으로 비성경적이 아니다.

외경 제2창세기에서, 아브라함의 할아버지인 우르(성경 상 이름 나홀)가 우르 성읍을 세운 후 상당한 기간이 지나, 니므롯이 왕이 될 때 우르 성읍을 세운 우르의 아들 데라를 군대장관으로 지명했다 하였다. 왕권 강화와 전쟁 승리가 중요한 시기였으므로 군대장관은 지금으로 보면 최고위 관료였을 것이다. 야살의책은 왕 니므롯이 데라를 매우 귀하게 여기는 사람이라고 설명하는데 데라는 태생이 셈 혈통의 8대손이고 우르 성읍을 건립한 가문이고 노아와 셈이 후원하는 집안이었기 때문이었을 것이다. 데라가 낳은 세 아들 중 아브람은 70세에 낳은 막내아들이다. 모친은 고르네보의 딸 암델로[322]인데 모친과 그의 가문에 관한 자료는 전혀 없는 것 같다. 두 형은 쌍둥이로 보이고 아브라함과 32세 차이다. 데라의 식구는 노아와 셈과 에벨과 가까이 교류하며 살았다.

야살의책은 간과할 수 없는 인간으로서의 아브라함의 실존적 삶과 동시에 하나님께서 실존적 삶에 어떻게 간여하고 계시하는지 있는지 엿보게 한다. 이외 신학적으로

322 야살의책 7:50

아브람 전반기 생애에 미치는 여덟 가지 정도의 중요 단서와 사회적 복잡성을 찾을 수 있다. 첫째 노아의 만취 사건으로 인해 노아가 자녀들에게 행한 차별적 축복과 저주의 문제요, 둘째는 아담 부부의 가죽옷, 아담이 쓰던 지팡이 등 선조들의 유물 계승 문제요, 셋째는 아브람 출생 시 하늘의 전조와 니므롯 왕의 꿈이요, 넷째는 아브람의 자아 정체성에 관한 노아와 셈의 신앙 교육이며, 다섯째가 부모형제의 불신앙이다. 여섯 번째는 바벨탑 파괴와 민족 분산이고 일곱 번째는 사회 전반에 만연한 부패와 하나님에 대한 불신앙이요, 여덟 번째 가장 큰 이슈는 하나님의 간섭이며, 아홉 번째는 하나님의 섭리와 예정(언약)이고, 열번 째는 아브라함의 가나안으로의 이주와 하나님의 말씀을 따르는 믿음이다.

노아의 포도주 만취 사건은 아브라함을 포함해 현재의 후손까지 극명한 긍정과 부정의 효과를 발생시킨다. 말과 글은 인과론적 결과를 야기한다. 축복은 감사를 수반하고 경멸과 멸시는 복수심을 낳는다. 격려는 삶의 힘을 북돋우며 용서는 용서하는 자와 용서받는 자가 복을 받도록 한다. 저주는 앙갚음과 또 다른 저주의 말을 양산하고 싸움을 유발한다. 말이란 유사한 원인과 결과들을 반복하여 확대하고 대를 이어 진동하고 나아가 공진(共振)한다. 애매한 말은 사람을 혼탁하게 만들고 좋은 말에 나쁜 말을 섞어 교묘하게 속인다. 정직과 거짓은 모두에게 드러난다.

니므롯이라는 왕의 등장을 보면, 방주에서 나올 때 니므롯의 할아버지 함이 아버지 노아가 보관 중인 아담 부부의 가죽옷을 훔쳐 보관하였다. 아마 노아는 함이 이 가죽옷을 훔친 것을 알고 그를 미워하였을 것이다. 이 가죽옷은 아담과 하와가 6대손 에녹에게 주었고 에녹은 아들 므두셀라에게 주고 므두셀라는 손자인 노아에게 주었다는 것인데 아버지가 소유한 물건을 훔친 함이 아들 구스에게 다시 구스는 막내아들인 20세인 니므롯[323]에게 이 옷을 주었다는 것이다.[324] 똑똑하고 건장하게 태어난 니므롯은 이 옷으로 인하여 더욱 유명한 장수가 되었다고 하며, 창세기 11장은 용감한 사냥꾼이요 첫 용사요 8개 성읍을 건설한 왕이라 하였다. 아담 부부의 가죽옷을 가졌으니 소유의 자부심과 타인으로부터의 존경이 있었을 것이다 (야살의책에 의하면 최종 이 가죽옷은 에서에게 빼앗기고 에서는 야곱에게 이를 양도하였다 한다). 어쨌든 이러한 배경으로 사람들은 똑똑하고 힘센 니므롯을 왕으로 섬기게 되었고 처음 하나님을 신앙했던[325] 니므롯은 결국 자존심, 권력욕과 불신앙으로 생활하였고 왕이 된 후 아브라함의 출생과 유년기와 청년기 성장을 크게 방해하고 세 번 살해하려 하였다.

---

323 니므롯의 뜻은 하나님의 명령을 거역한다 또는 늠름하다이다 야살의책 7:23).

324 야살의책 7:29

325 야살의책 7:30-33

하늘의 권세과 징조를 세상의 권력자들의 눈으로 오해하여 아브라함을 살해하려는 사건이 앞에 소개했듯이 세 번있었다. 아브람이 출생한 날 밤에 데라의 모든 종과 니므롯의 지혜자와 마술사들이 데라의 집에서 축하 연회가 있었는데 동쪽 하늘에서 큰 별이 나타나 사방의 별들을 부수었다는 것이다. 이 광경을 목격한 니므롯의 지혜자와 마술사들이 아브람이 온 땅을 차지하고 영원히 그럴 것이라고 해몽하고 왕 니므롯에게 이를 알리자, 니므롯이 데라에게 아들을 죽일 것을 명하였고 데라가 그의 종이 출산한 신생아를 아브람이라 속여 죽게 하면서 아브람을 어머니와 유모와 함께 동굴로 10년간 피신시킨 일이 있었다.

동굴 생활 후 데라는 아브람을 노아와 그의 아들 셈 집으로 보내 39년을 지내도록 하였는데 이때 이들에게 신앙교육을 받았다. 이러한 교육에도 불구하고 아브람은 하나님에 대한 확실한 신앙이 없어 영적 방황이 있었다. 당시 아브람의 부모를 포함하여 모든 사람이 해와 달과 별 등을 존재의 근원으로 보고 이를 신격화한 것과 노아와 셈으로부터 받은 신앙 교육이 상반됨으로써 아브람이 고민하고 갈등을 소개하고 있다.

니므롯에 의한 두 번째 살해 시도는 다음과 같다. 아브람 48세 때 바벨탑이 무너진 후 아브람이 50세가 되어 노아와 셈의 집에서 나와 집으로 귀가하여 부친 집에 있는 많은 돌과 나무 신상을 파괴함으로써 아버지를 화나게 하자 부친을 통해 이를 알게 된 왕 니므롯이 아브람이 살아 있음을 알게 되었다. 아브람이 어떻게 살아 있는지 데라를 추궁하자 아브람의 맏형 하란이 종의 신생아를 아브람이라 하여 그렇게 되었다고 답했다. 이에 왕 니므롯은 아브람과 그의 맏형 하란을 열흘간 감옥에 가둔 후 화롯불에 넣어 화형한 일이 있었다. 이때 82세 하란은 죽고 50세 아브람은 하나님의 보호로 불에서 살아남았다는 것이다. 이 일을 신통히 여긴 왕은 아브람에게 금, 은 및 진주 그리고 그의 종 두 명을 주는데 그 하나는 엘리에셀이요, 다른 하나는 오니였다.

니므롯에 의한 세 번째 살해 시도는 화형 사건 후 2년이 지나 바벨 왕궁[326] 보좌에서 니므롯이 꾼 꿈 때문이었다. 화로에서 아브람과 같은 사람이 나와 칼을 빼고 왕에게 달려들어 왕이 도망하는데 그가 왕의 머리에 알을 던지자 강물로 변하고 군대가 강에 빠져 몰살하였다. 왕은 앞에 선 세 사람을 피해 도망하고 강물이 왕 앞에서 알로 변했다. 그 알에서 어린 새가 나와 왕의 눈을 뽑았으며 세 사람의 옷이 왕의 의복과 같고 화려하며 왕들의 용모와 위엄이 있었다는 꿈이다. 이 꿈으로 니므롯이 불안과 두려움에 지혜자에게 해몽하도록 하였는데 아브람의 씨가 왕 니므롯을 죽일 것이

326 이 점으로 보면 아브라함은 우르에서 살았고 데라는 니므롯의 군대장관이므로 바벨 성읍에 근무하였을 가능성이 있어 아버지가 집에 없는 동안 우르 집의 신상을 파괴한 것으로 보인다.

라 하자 몰래 아브람을 죽이려는 음모를 꾸몄다. 니므롯에게 선물로 받은 아브람의 종 엘리에셀이 이를 알아채고 아브람에게 알려 아브람이 노아와 셈 집에서 한 달간 숨어 지낸다. 이때 52세 아브람은 하나님으로부터 가나안으로 가라는 메시지를 받게 된다. 아브람의 안전을 확인하기 위해 찾아온 아버지 데라를 아브람이 설득하여 가나안으로 가자고 하고 이러한 제안에 노아와 셈이 그리하라고 하였고 데라는 승복하여 전 가족을 데리고 가나안으로 떠나게 된다.

52세인 아브람은 니므롯이 아브람의 아버지를 아끼고 영광과 재물과 부를 준 것은 자신의 이익을 위함인데 결국 니므롯이 노하는 날에 이 모든 것을 앗아 갈 것이며 자기와 부친을 죽일 것이므로 니므롯의 해악과 모사에서 벗어나 가나안으로 가자고 하였다. 「가나안 땅으로 갑시다. 당신이 땅에서 당신을 창조하신 주(主, Lord)를 섬기면 잘 될 것입니다」라고 제안한다.[327] 이 말에 노아와 셈이 진실된 말이라고 충고한다. 이로써 데라는 아버지가 세운 성읍이요 자기가 자라고 성공한 고향 우르를 버리고 가나안으로 향했다는 것이다.

아브람이 데라를 설득하는 내용 중에는 하나님께서 아브람에게 가나안으로 가라고 계시한 언급이 없고 니므롯의 해악으로부터 목숨을 건지자는 내용이 부각되어 있다. 아브람이 아버지에게 우르를 떠나자는 하나님의 지시인 제안을 비신앙적인 아버지에게 합리적으로 설명하였을 것이다. 나중에 아브람이 가나안에서 15년 거주하다가 하란에 사는 아버지 데라를 만나기 위해 70세에 방문할 때 하나님께서 다시 나타나 52세 때 우르에서 아브람에게 가나안으로 갈 것을 명령한 사실을 상기시키면서 부친이 사는 하란에 있지 말고 가나안으로 가라고 다시 재촉한 일에서 알 수 있다.

하나님께서 하란으로 돌아온 아브람에게 가나안으로 가라고 계시하지 않았다면 아브람은 부모형제와 함께 하란에 살았을 것인데 그 이유는 아버지 데라가 새 아내로부터 낳은 자손들이 있고 형 나홀의 가정이 번창하고 목축 등 생업이 풍성한 지역이어서 아브람에게 심리적으로 매우 안정된 생활을 할 수 있는 지역이었기 추정할 수 있다. 아브람이 하란에서 5년을 거주하자 이러한 아브람의 심리를 알게 된 하나님이 당초의 지시대로 가나안으로 떠날 것을 재차 명령한 것 같다. 우르에서 50세에 사래를 아내로 맞이하여 신혼인 아브람이 하란에서 3년을 거주한 후, 자식 없이, 친인척 없이 외지인 가나안에서 15년 동안 외롭고 뾰족한 길이 안 보였을 수 있어 70세에 다시 부모와 친척이 많은 하란으로 돌아와 보니 살만하여 부모와 형이 있는 하란에서

327 야살의책 12:68. 아브함의 이 제안과 노아와 셈의 권유에는 가나안으로 가야 한다는 어떤 목적과 당위성이 있을 것이다. 이 점에 대하여 이 책 5장에서 상술한다.

계속 살 것 같아 하나님께서 여러 차례 재촉한 것으로 보인다.

아브람의 유년기와 청년기 생활상을 살피면, 영유아 때 동굴에서 10년간 키워졌다는 것은 가족의 온전한 따뜻한 매일의 사랑을 받지 못했다는 것인데 이런 환경이 아브람 성격 형성에 미친 영향은 컸을 것이다. 사람을 그리워하며 지냈을 법하다. 어린 아브람은 왜 다른 사람처럼 집에서 지내지 못하고 동굴에서 지내야 하는지 왜 가족은 가끔 만나야 하는지 등 많은 의문을 갖고 살았을 것이다. 친구가 거의 없었을 것이다. 얼마나 부친과 형들이 그립고 보고 싶었을까. 얼마나 울었을까. 살해 위협을 피해 장기간의 고독하고 외로움을 강제적으로 통제해야 할 정도의 분리된 삶을 살면서 형성된 그의 인격은 독립적이고 사색적이고 경계심이 있는 성격이었을 듯하다. 노아 가족과 함께 지낸 기간을 포함하면 막내 아들인 그가 가족과 분리된 49년간의 생활로 동시대의 보편적 정서와 다른 성격을 갖었을 것인데 세상에 대한 경계심과 불만도 쌓였을 것이다. 세상은 자신이 꾸려할 삶의 장소가 아니다는 생각도 들었을 것이다.

청소년기와 중년기에 노아와 셈의 집에서 39년을 기거[328] 시 아브람의 인생관이 확립되었을 것이다. 아브람의 부모가 어떤 이유로 노아와 셈의 집에 아브람을 보냈는지 야살의책에 자세한 설명이 없으나, 아브람의 신변 안전이 우선일 것이고 데라라는 사람의 신분과 인격이 출중하여 노아와 셈과 가깝게 지내며 교육을 위해 보낸 것으로 보인다. 당시 노아는 모든 사람의 살아있는 조상이었고 셈은 셈족의 아버지였으므로 노아와 셈의 집은 당시 모든 권위와 영향력이 매우 높은 사람임에 틀림없다. 만일 셈이 노아의 세 아들 중 장남이 아니라도 노아를 모시고 사는 상황에서 셈의 권위도 상당하였을 것이다. 셈족의 인구 비율이 상대적으로 적어서(전체 인구의 약 20.1%, 표 4-6-2) 셈족이 크게 힘을 발휘하지 못하였으나 노아와 셈의 영향력은 절대적으로 보아야 할 것이다.

아브람이 노아와 셈에게 어떻게 어떤 교육을 받았는지 성경에는 전혀 없으나 야살의책에 약간의 언급이 있다. 노와와 셈의 집에서 하나님에 대한 교육을 받고 평생 주의 길을 갔다는 설명이다. 또 주께서 동굴에 있을 때 아브람과 함께 하였고 세 살부터 주를 알았다는 것에서 엄마로부터 유아 시부터 신앙 교육이 있었던 같으나 확실하지 않다.[329]

엄청난 사건과 인생의 허망함을 수백 년 이상 지켜본 노아와 셈에게 후손에게 바른

328 야살의책 9:5-6

329 야살의책 8:36 및 9:6

인생관, 신앙 교육의 중요성과 시급성은 당연한 과제였을 것인데 그중 한 사람이 아브람이었다. 다른 사람들과 마찬가지로 아브람이 들었던 이야기는 노아가 태어나기 전 1천 년 동안 일어난 사건과 이에 대한 해석이었을 것이다. 그중 가장 생생한 이야기는 천지창조, 아담 부부 창조과 대홍수 이야기였을 것이다. 39년 동안 노아와 셈의 집에서 지냈기에 친자처럼 교육을 받았을 것이다. 아브람은 부모에게 떨어져 동굴에서 지내며 형성된 인생관은 노아와 셈으로부터 직접 생생한 체험적 교육을 통해 체계적으로 형성되었을 것이 확실하다.

세상 속 아브람에게도 사춘기 시절 자기 정체성과 신앙 사이에서 혼동의 시기가 있음이 확인된다. 50살이 되기까지 이 갈등을 노아와 셈이 흔들림 없이 잡아 준 것으로 보인다. 동시에 피신 생활 중인 아브람은 노아와 셈의 집에서 농사 혹은 가축을 돌보는 일 이외의 특별한 직업이 없는 세상과 단절된 삶을 살았을 것이다. 사람에게는 부모와 스승과 선배와 보호자의 올바른 가르침이 필요하다. 아마도 평범하지 아니한 삶을 산 아브람의 청년 시절에 욥과 같은 영적 고뇌와 시련이 있을 것이다.

아브람 중년까지 형성된 핵심적 인생 과제가 신앙이었을 것인데 야살의책은 아브람이 주의 길로 갔다고 하였으나 그의 신실하였던 행동은 아버지 집의 신상을 파괴한 것을 예시로 설명한다. 그 믿음의 시작은 부모가 아닌 노아와 셈을 통해서 형성되었다. 형식에 본질(내용)이 없으면 껍데기인데 아브람이 본질과 형식을 부모가 아닌 다른 사람으로 배웠다면 노아와 셈으로부터 배우고 익혔음이 확실하다. 그리고 하나님의 직접 계시였다.

아브라함의 믿음(信)은 험한 고난과 시련 그리고 인내를 통해, 또 선조의 교육 및 하나님의 직접적 계시와 접촉을 통해 형성되었다. 욥기에서 욥의 신앙과 고민은 창세기보다 신학적으로 논증된다. 이 두 사람에서 찾을 수 있는 공통의 단서는 하나님은 다양한 방법과 장소에서 하나님을 신앙하게 하는 사람들을 지속적으로 단련시키고 그의 자녀들을 키우신다는 점이다. 열왕기상 19장 18절 *"그러나 내가 이스라엘 가운데 칠천 명을 남기리니 다 바알에게 무릎 꿇지 아니하고 다 바알에게 입 맞추지 아니한 자니라"*에서도 확인할 수 있다.

지식만으로 형성되는 것이 믿음과 신앙이 아니다. 그 이상의 것으로 정의된다. 믿음은 사람에게서 난 지식이 아니라 하늘로부터 나는 지식이다. 또는 믿음은 사유의 깨달음이 아니다. 현상을 이해하는 것도 아니다. 믿음은 사람이 쌓거나 전수 받은 지식이 아니라 하나님으로부터의 단련이요 체험이요 은혜요 선물이라는 것이다. 하나님을 아는 지식이 믿음이라는 것인데 그 믿음은 하나님이 직접 주어서 받은 것 또는 하늘로부터 받은 연역적 지식이다. 본질을 알게 하시는 이가 하나님이시다. 본질과 접한 믿음이 그 믿음으로 인하여 부수적 지식을 형성해 내는 것이므로 믿음은 점점 더 믿음에서 믿음에(from faith to faith) 이른다. 불교 철학에서는 믿음의 문제를 심오하게 분석하여 믿음을 인식론의 바탕으로 보며 믿음을 귀납적 깨달음으로 파악하나 이와 달리 기독교의 믿음은 하나님께서 주신 연역적 인식에 근거하며 신앙한다.

믿음이란 사상이 아니고 생각이 아니고 지식도 아닌 실제이고 실상이다. 순종의 생각과 행동을 자연스럽게 유발한다. 믿음 위에 사상이, 생각이, 지식이 얹어지고 쌓이며 결국 행동을 동반한다. 즉 믿음은 행동과 실행을 수반한다. 믿음 위에서 행동으로 아버지 신상을 파괴하고 가나안으로 향했다. 이를 히브리서 11장 8절에서 *"믿음으로 아브라함은 부르심을 받았을 때 순종하여 장래 기업(基業, inheritance)으로 받을 땅에 나아갈 새 갈 바를 알지 못하고 나갔으며"* 짧게 묘사하였는데 이 믿음이라는 시점이 창세기 12장 4절과 사도행전 7장 2-4절에서 말한 우르에서 하나님 말씀이 있은 때 말씀에 의지해 행동하기 시작한 것으로 묘사하였다. 어려서 부모형제와의 격리된, 젊은 나이에 알아야 할 세상과 단절된, 출생 후 50년의 외로운 고난 속에서, 신앙으로 삶과 인생관을 펼친 사람이다.

순수하고 방황하는 젊은 아브람에게 작은 믿음이 형성되고 그 믿음에 따라 실행에 옮긴 과정 즉 타락한 세상에서 분리되는 그의 삶의 여정을 (창세기와 야살의책에서) 자세히 살펴보면, 그의 생애 동안 한 번의 분리가 아니라 다단계의 분리 과정을 겪으며 단계별 연단과 시련을 통해 인격과 신앙이 견고히 성장하여 인생관과 신앙관을 형성하는 특이한 삶을 산다. 순수가 부패와 혼탁하지 않도록 세상과 점차 그리고 더욱 분리된 삶이다. 창세기와 신약에서는 < 표 4-12-1 >처럼 여러 분리 단계로 묘사되지 않고 4·5차 분리에 대하여 중점적으로 묘사하고 있다. 그러나 최소 6차 이상의 분리 중 4차 분리가 가장 힘든 영적 결단이요 육신과 세상과 부모형제에서 벗어난다.

아브라함에게 나타난 분리는 거룩과 하나님 나라 건설을 위함이다. 1차 분리는 아브라함 전체 인생에 대한 하나님의 섭리와 예정과 분리의 예고이다. 거룩을 향한 시작이다. 이는 하나님께서 인류를 구원할 새로운 계시이며 섭리의 시작이다. 하늘의 권세와 징조를 세상 권력의 눈으로 해석한 왕 니므롯이 아브람을 살해하려 하자 부모형제로부터 분리가 시작한다. 모든 자녀는 부모가 정성으로 양육된다. 아브람에 대한 이런 분리는, 하나님의 특별한 강권적 분리이다. 이 분리를 통해 우상 숭배하는 부모로부터 분리되며 아브람은 독립적이고 내성적이고 강인한 인생관과 신앙관이 형성되었을 것이다.

< 표 4-12-1 > 아브라함에게 나타난 삶의 단계적 분리

분리의 단계	아브람 나이	분리 대상	분리 후 장소	주요 거주지
1차 분리 (출생 분리)	출생-10세	부모형제	동굴	동굴
2차 분리 (교육 분리)	10세-49세	부모형제	노아와 셈의 집	노아 및 셈의 집
3차 분리 (신분 분리)	49세-55세	우르, 부모형제	가나안	우르(결혼), 하란
4차 분리 (고향 분리)	55세-75세	하란, 부모형제	가나안	가나안 1차 정착 15년, 하란 5년
5차 분리 (세속 분리)	75세 -175세	가나안 거주민	가나안, 이집트	가나안 2차 정착
6차 분리 (육신과 세상 분리)	175세 (사망)	육신과 세상	하늘나라	천국

사람의 자아 형성은 본능적 애착과 호기심에서 시작하나 이미 형성된 것-모방, 체험, 경험, 의식, 교육, 풍습 등에서 정체성을 확립한다. 자아 영역은 점점 넓혀져 지능과 자아 본능을 강화하면서 순수성을 잃고 생명과 자유를 억압하는 행위도 모방한다. 부모, 선배, 친구를 흉내 내거나 이들로부터 자아를 잃고 상처받는다. 타인을 억압하려는 권력에 이르러 순수한 자아를 망각하며 세속화되고 타락한다. 사람의 본질을 망각하고 하나님을 벗어나 인간의 강력한 본능인 자기 만족과 욕심과 욕구와 소유와 권력의 길로 자신을 높이나 허망한 삶을 늦게 깨닫는다.

생명의 탄생은 자아와 무관하고 생명의 유기체 역시 자아의식이나 의지로 통제하지 못하는 자율계가 자신을 강력히 이끈다. 생명은 맡겨진 선물임에도 이 선물을 자아의 것으로 여기며 살아간다. 생명에 자아의식을 담는 것이 사회화이며 삶의 과정이다. 어떤 이는 산에서 구도하며, 어떤 이는 순수(진리)를 찾아 연구하고, 어떤 이는 무신론자로, 어떤 이는 맹목으로, 어떤 이는 신앙인으로, 사업에 집중하는 등 대부분 관습과 인륜과 유전에 따라 살아간다. 아브람이 이러한 자아의식 형성 초기에 사회와 가정으로부터 강제로 분리되어 하나님께서 정해 준 길을 간다.

생명은 성적 결합에 의해 자신의 의지와 무관하게 태어나고 죽는다. 태어난 후 신이 선택하는 것이 아니라 태어나기 전 신이 부여한 예정이 생명에 있다. 자연법칙은 신이 예정한 섭리이므로 모든 생명과 삶은 신의 섭리이다. 생명은 신적 속성 즉 신성(神性)에 의한 것이다. 더러워진 생명은 신성에서 멀어진다. 신성에서 멀어진 자아는 생명을 더럽힌다. 모든 분리는 고통과 인내가 따르고 결단이 필요하다. 고귀한 생명은 어디에서 왔다가 어디로 가는 것인가. 고대인의 생각처럼 없어지지 않고 조상을 따라 고향으로 가는 것인가. 신은 영원하므로 신성에 의해 창조된 생명의 본질은 영원의 신을 향해 되돌아 간다.

아브람의 탄생에 나타난 1차 분리에서 보듯이 우리 자신의 자아와 무관한 탄생 전 예정된 신화(神話)를 갖고 태어난다. 그 신화를 이루는 현실적 신화는 남녀의 사랑이지만 그 사랑은 이미 하나님의 예정된 법칙이다. 우리는 예정의 법칙 안에 있다. 우리의 출생 신화는 읽혀지지 않은 소설 같은 낱낱의 드라마이며 태어난 후 예정된 길을 걷는다. 작동하는 의지는 예정된 범위 내의 선택과 결정이다. 이런 의미에서 진정한 자유와 의지를 인간은 갖지 못하며 제한된 주어진 선택 안에서 살뿐이다. 아브람의 탄생과 출생과 성장은 신앙의 극단적 분리 모델을 제시한다. 우리 스스로가 어쩔 수 없는 세속적 혼탁이냐 아니면 이 혼탁으로부터의 강제된 분리 속에 살아가느냐에 있다. 처절하고 진정한 실존의 모습은 사실 이 두 극단을 보여 준다. 아브람처럼 특별히 예정된 강제가 아니라도 우리는 하나님의 예정된 강제를 벗어나지 못한다.

2차 분리는 자발적으로 보인다. 즉 동굴에서 나온 청년 아브람은 사람들의 눈을 피해 노아와 셈[330]의 가정으로 보냈는데 39년을 그곳에서 지내게 된다. 인격 형성과 특별한 신앙 형성에 중요한 청년기 39년간 가족과의 분리에서 철저한 신앙을 노아와 셈으로부터 배우는 기회를 갖는다. 첫째 분리가 하나님의 강제 분리라 한다면 두 번째 분리는 부모의 자발적 의도에 의한 생명보존 및 신앙교육을 위한 분리이다.

3차 분리는 아브람이 결혼하여 가장이 되어 고향인 우르를 떠난 시기이다. 우르에서 50세 아브람은 아버지 집의 신상을 파괴한 사건으로 왕에게 고발되나 화형에서 살아남은 후 40세의 질녀와 결혼한다. 아브람 52세 때 니므롯이 다시 아브람을 죽이려 하자 아버지를 설득하여 우르의 모든 생활 기반을 버리고 가나안으로 가자고 한다. 부유하고 안정된 대도시에서 모든 것- 재물, 명예, 권리, 친구, 이웃, 배경 등을 버리고 데라의 가족은 우르에서 가나안을 향한다. 우르를 떠날 때 하나님께서는 우르에 부모형제를 남겨두고 아브람만을 가나안으로 가게 한 것으로 보이나 아브람이 아버지 데라를 설득하여 온 가족이 우르를 떠나 하란에 머문다.

3차 분리는 정확한 방향성을 포함한 분리이다. 분리는 결국 목표와 방향성이 없으면 헤매고 부서진다. 우르를 떠나 가나안으로 향한 목표이다. 고향과 부모와의 분리도 어렵지만 가나안이 여명의 세월을 보내야 할 곳인지에 대해서도 막연하였을 것이다. 고위 관료인 데라가 가나안 지역에 관한 광역적 정보를 갖고 있었겠으나 가나안 족속이 선점한 지역이고 또 이집트의 영향권이 클 수 있는 지역이라서 데라는 가나안에 대한 두려움을 가질 수 있어 보인다. 만일 이집트 왕조가 우르를 탈출한 데라에 대

330 노아와 셈은 보통 사람 이상의 매우 비범한 사람이요 대선지자라는 점을 상기해야 한다. 특히 이 특징은 셈인 멜기세덱을 묘사한 창세기, 시편, 히브리서에 나타나 있다.

한 적개심이나 반감이 있다면 가나안 지역은 위험성이 있을 수 있다. 데라 자신이 하란에 머문 이유는 메소포타미아, 가나안과 이집트로부터의 지정학적 위험을 배제한 것일 수 있다. 신혼 초 가나안으로 간 아브람의 첫 3차 분리는 실패였다. 아브람은 15년을 가나안에서 살다가 다시 부모형제가 있는 하란으로 돌아와 5년을 지내면서 안착하려는 심사를 가졌던 것으로 보인다. 이 심사를 알아챈 하나님은 하란에서 아브람을 강권하여 가나안으로 가도록 여러 차례 재촉하고 격려한다.

하나님께서 아브람을 우르에서 분리 후 가야 할 곳으로 「가나안」[331]을 지정하였는데 왜 이 지역을 택하였는지 성경에 힌트가 없다. 유럽, 아시아 지역일 수 있는데 왜 가뭄이 있고 황량하며 지형이 험한 가나안인지 알 수 없다. 유럽이나 아시아도 풍부한 자원이 있고 메소포타미아 정치 세력으로부터 전혀 간섭받지 않은 지역이 많음에도 왜 가나안을 택하여 하나님께서 훗날 이스라엘 국가를 그곳에 둘 계획을 세웠는지 해답을 찾아야 할 것이다. 아브람이 처음 계시를 받을 때 "*아름답고 광대한 땅, 젖과 꿀이 흐르는 땅 곧 가나안* (출애굽기 3:8)"으로 하나님께서 말씀하지 않았다. 이 설명은 아브라함이 가나안에 처음 이주 후 정확히 450년이 지나 하나님께서 출애굽 시 모세에게 설명한 내용이다.

하란으로 다시 가서 머물려 하던 아브라함의 심중을 알아 챈 하나님께서, 부모가 사는 고향 하란으로부터의 4차로 분리하려 지시하신다. 가나안에서 자식 없이 15년을 살아보니 외롭던 아브람은 부모형제를 만나고 싶어 다시 찾은 모양이다. 3차 분리가 고향과 부모형제를 떠난 분리였으나 아브람의 마음에는 항상 고향에 대한 향수가 가득하여 실제 마음으로 고향을 떠나지 못한 모양이다. 결국 하란으로 돌아 왔는데 이에 하나님께서 다시 가나안으로 가라고 명하신다. 4차 분리도 강제적이었다. 사람은 현실적으로 키엘케고르가 말한 1·2 단계의 실존에 안주하려 하며 실제 이것에 만족하려는 것이 대부분의 인생이다.

온전한 분리는 순종과 행동을 동반할 수 있는 강력한 믿음으로만 가능하다. 꿈과 내적 확신 없이 불가능하다. 아마도 하나님께서 부여한 원대한 꿈과 약속에 대한 믿음이 있었기에 아브람은 가나안에 들어갔을 것인데 이는 인간적인 실패로 끝났고 재차 하나님께서 강제하신다. 진정한 분리인 3차 분리가 실패하자 또 다시 하나님께서 부모 및 형제자매는 하란에 머물게 하고 이들로부터 강제적으로 분리시킨 듯하다. 그래서 창세기 15장에서처럼 하나님께서 불안해 하고 방황 속에 있는 아브라함의 미래에 대한 확실한 정보와 축복을 알리신 것으로 보인다. 4차 분리는 인간적으로 보면 매우

331 자색 또는 낮은 지대라는 뜻이다

가혹하다. 그러나 이는 하나님께서 처음부터 의도한 진정한 분리이다. 가나안에 내려간 아브람은 물론 그의 손자들도 고향을 하란으로 생각하고 방황하며 이민족 속에서 살았다.

새로운 결단과 출발을 위해 모든 것과 분리되어야 하는 것은 외견상 불교적 출가와 같다. 하나님께서 요구하는 분리는 철저하고 냉엄한 분리를 요구한다. 불교의 출가는 자아 완성을 위한 것이나 아브람의 분리는 자가 완성보다 하나님의 나라를 이 땅에 여는 시작이요 원대한 꿈과 축복을 위한 매우 특별한 분리와 섭리이다. 하나님이 제시하는 목표와 목적을 위한 분리이다. 데라가 노아, 셈 및 아브람의 설명을 들었을 것인데 데라는 가나안으로 가지 않은 것을 보면 사람의 판단으로 하나님의 제안을 비현실적으로 생각했던 것으로 보인다.

높은 이상(理想)을 바라보지 못하는 즉 철저한 믿음 없는 사람, 가족, 민족은 원대한 꿈이나 제안을 알지 못하며 또한 순종과 행동으로 역경에 응하지 못한다. 높은 이상을 가지도록 하나님께서 아브람에게 요구한 여러 차례의 분리도 아브람에게 막연하거나 불안하게 할 가능성이 있어 보인다. 따라서 믿음은 바라는 것의 실상이어야 한다. 하나님께서 아브람에게 여러 차례 계시와 기적을 보였으나 이를 무시했던 것으로 보이며 지속적으로 재촉한 것을 보면 하나님의 끈기와 열심으로 아브람을 독려하였고 미래를 바라는 믿음을 여러 모양으로 주셨다. 이처럼 하나님께서는 사람 차원의 믿음의 인격으로 끊임 없이 접촉하고 보살피시고 기다리신다 (예레미야애가 3:50).

아브라함의 예에서 부모형제와 고향을 등지고 새로운 목적과 목표를 향하여 달리며[332] 하나님을 의지하는 믿음을 기독 신앙의 믿음으로 해석하는 것이다. 사도 바울은 "*믿음은 바라는 것의 실상(實像)이요 보이지 않는 것의 증거이다* (히브리서 11:1, *Faith is the substance of things hoped for, the evidence of things not seen*)."라 하였다. 믿음은 미래를 향한 「본질, substance」이라는 것이다. 현실에 의지하는 우리는 「증거」를 눈에 보이는 것이나 현재와 과거에 발생한 사실 또는 과학적 또는 합리적인 것, 추론 등으로 생각한다. 신앙은 보이지 않는 미래 가치, 목적과 목표를 「실상」과 「증거」로 삼아 숨을 거두기까지 믿음으로 기다리며 인내로 행동한다. 믿음은 이런 점에서 고독이요 순종이다. 보이지 않는 것을 믿음의 증거로 삼는 고독한 선한 싸움 (디모데전서 6:12)이다. 기독교인은 하나님께서 약속하신 말씀을 믿음의 증거로 삼는

332 마가복음 10:29에서 예수님께서, "내가 진실로 너희에게 이르노니 나와 및 복음을 위하여 집이나 형제나 자매나 어미나 아비나 자식이나 전토(田土)를 버린 자는 금세에 있어 집과 형제와 자매와 모친과 자식과 전토를 백 배나 받되 핍박을 겸하여 받고 내세에 영생을 받지 못할 자가 없느니라"하셨다. 이처럼 믿음은 세상과의 분리가 포함된다.

다. 합리적이지 않아 보이는, 보이지 않으나 믿음을 증거로 삼아 미래를 향해 행동하는 것이 믿음이요 신앙인 것이라고 사도 바울은 정의한다.

유신론적 철학자 키엘케고르의 실존의 3단계에 따르면[333], 1·2단계인 향락적, 미적, 본능적 실존을 어느 정도 갖춘 부잣집의 격조 높은 가문의 아들 아브람에게 하나님께서 지시한 내용은 하나님의 말씀을 실천하는 믿음이다. 하나님께서 육신[334]의 1·2단계 실존과 신 앞에서 자아를 완성하는 3단계 실존을 넘어서 예수 그리스도를 준비하는 하나님의 나라를 향한 행위를 요구하신다. 키엘케고르가 제시한 3단계의 실존인 신 앞에서 단독자로서의 신앙적 실존은 아브람이 어려서부터 고민한 문제로서 신앙을 평생 잘 유지하거나 하나님의 길을 좇으면 될 것이건만 하나님은 이러한 3단계의 실존 과제보다 높은 벅찬 제안을 하였기에 아브람에게 특별하고 탁월한 이상 없이는 보이지 않고 막막한 믿음을 선택하고 이에 순종하기 매우 어려웠을 것이다.

이런 점에서, 하나님의 명령은 아브람에게 현실적이고 합리적인 것이 아니다. 가나안으로 분리하고자 하는 하나님의 독려는 물질적 축복과 자손 등을 포함하는 실존적 자아 성취를 포함하나 사실 아브람 자신의 문제보다 (영원한) 후손에 비중을 두고 있기에 결혼 50년 동안 자식이 없는 아브람에게 모호한 신앙적 결단에 속해 보인다. 보통 낮은 단계의 종교인은 윤리적 내지 착한 마음으로 살아가는 결단을 믿음이라고 생각한다. 그러나 믿음은 그 이상의 것을 내포해야 한다. 헤겔의 합리적 사유방식을 반대한 키엘케고르의 말처럼 신앙적 실존은 현실과 평상의 이성에 반할 수 있다. 이런 점에서 반지성적이다. 아브람에게 제안된 믿음은 자신을 넘어선, 더 높은, 그리고 하나님 차원의 결단을 포함한다. 하나님의 인격과 의지가 사람에게 나타난다. 그 믿음의 방향, 목표 및 목적은 하나님의 나라를 향한 의식과 결단적 행동이 원형(原型)이다. 키엘케고르의 3단계 실존이란 좌절한 사람이 구원을 받아야 하는 절망의 상태에서 실존을 말하는데 이런 점에서 아브람의 믿음과 결단은 키엘케고르의 3단계 실존 이상이다. 보이지 않는 하나님의 말씀(언약)에 의지하여 미래를 향하는 자기희생과 순복의 믿음의 행위를 나타낸다. 아브라함의 종교적 윤리적 행동이나 하나님께 감사와 찬양하는 이상의 믿음이다. 아브라함의 이 믿음은 야곱의 예언과 축복에서 나타나며 이는 예수 그리스도를 바라본다.

창세기에서 보통 사람으로서의 아브라함은 그의 삶에서 나타난 실존적 판단, 결정,

333 안병욱(1974), 현대사상, 삼육출판사, pp 254-260

334 로마서 7장에서 사람의 일반적 속성을 「육신」에 속한 특징에서 나타나며 이 속성이 사망의 법칙으로 본다. 사망이란 물리적 육체와 영혼 모두의 사망을 말한다.

실수, 갈등, 행동 등을 드러낸다. 지·정·의를 지닌 사람으로서 하나님을 신앙하는 생활 속에서 겪는 그의 실상과 행동을 드러내나 후손들에게 믿음을 정의한다. 사람의 판단과 경험에 의존하는 결론은 합리적·이성적 믿음이나 하나님의 말씀에 의존하는 것과 하나님의 섭리를 신앙이라 설명한다. 또 하나님의 말씀을 믿는 그것을 의(義)로 여긴다. 이런 유의 설명은 욥기에서 욥의 믿음과 신앙을 극단적 질고(疾苦), 고민과 토론을 통해 인식론적·신학적·윤리성으로 설명할 수 있다. 진정한 신앙인은 이러한 신앙적 실존 속에 삶을 지탱한다. 이것만으로도 위대하다. 케엘케고르는 이러한 신앙적 삶을 3단계의 신 앞에서의 실존을 설명한다.

그러나 아브라함의 믿음과 행동은 이보다 높은 그리스도를 향한 섭리에 순종하는 믿음과 행동으로 설명해야 한다. 성경에 나타나 있지 않으나 야곱이 유다에게 축복한 유언에서 추측컨대 아브라함은 가나안으로 올 때 노아와 셈으로부터 메시아 사상을 들었을 것이며 이 점이 자녀들에게 전해진 것으로 추정된다. 즉 이를 위해 우르에서 영광의 하나님께서 나타나(사도행전 7:2) 최초의 분리가 시작된다. 하나님 앞에서 우리가 그리스도를 향한 아브라함의 모습과 행동처럼 동일한 삶을 살 수 없겠으나 우리는 하나님께서 아브라함에게 행하신 하나님의 섭리의 이치와 마찬가지로 하나님의 은총에 힘입어 그의 나라와 의를 향하여 의지하는 믿음은 동일하며 이 믿음을 의롭게 여기신다.

가나안 2차 정착 시기에 하나님의 횃불언약이 있으나, 52세부터 강력하게 시작된 하나님의 제안, 격려, 약속, 명령 등의 계시 또는 언약은 가나안에 안착까지 약 7차례(표 4-11-1) 있었는데 하나님께서 아브라함에게 제시한 약속 하나는 이러하다. "*내가 너로 큰 민족을 이루고 네게 복을 주어 네 이름을 창대하게 하리니 너는 복이 될지라. 너를 축복하는 자에게는 내가 복을 내리고 너를 저주하는 자에게는 내가 저주하리니 땅의 모든 족속이 너로 말미암아 복을 얻을 것이라* (창 12:2-3)"고 약속한다. 이 하나님의 언약에 아브람이 얻게 될 현실의 실존적 행복[335]도 있으나 하나님께서 제시한 원대한 꿈을 믿고 자기희생을 결단할 수밖에 없는 내용으로 구체성은 막연하고 원대한 목적과 목표만 있었다. 사람의 실존적 꿈이란 자기 행복과 자기실현을 위한 것이 대부분이다. 아브라함이 마주 할 씨(seed)와 그 자손의 미래적 실현을 현재의 실재(實在)로 바라본(hope for) 것처럼 제단을 쌓고 감사와 찬송을 하는 것이다. 하나님의 제안에는 현실적 격려도 있으나 이는 부차적이며 실제적 최종은 메시아에 관한 소망이며 천국의 소망이다.

335 성경에서는 '행복'이라는 단어를 거의 사용하지 않는다. 이에 반해 행복의 내용인 평안, 평강, 기쁨, 감사 등을 하여 사용한다.

우리는 생명과 자아에 깊은 실존적 자각 없이 주어진 환경에 적응해[336] 살아간다 1·2 단계의 실존에 머물러 생을 마감하기도 한다. 대중에 파묻혀 살고 유행을 따라 산다. 자신을 잃고 산다. 타인의 행동과 관습과 주어진 학습에 따라 그것의 노예처럼 관성의 법칙으로 산다. 사상과 권력의 노예이며 독립자 내지 단독자가 아닌 대중의 한 사람으로 살아간다. 진정한 자유가 없다. 3단계 실존의 자유를 알지 못한 채 삶을 마감한다. 진리를 알지 못하기에 자유함이 없다. 홀로 자유를 찾아 집을 떠났으나 마치 아브람이 가나안에서 하란의 아버지 집으로 돌아오듯이 고향을 평생 그리며 산다. 주어진 습관과 게으름에 의존해 생을 부지하기도 한다.

아브라함 75세의 4차 분리는 혈연과 환경에 의지하고 쌓아 온 모든 것으로부터 분리되어 아브라함이 새로이 그리고 홀로 순수와 언약을 지향하여 인고(忍苦)로 살아가야 하는 분리요 그의 새로운 삶의 시작과 하나님의 응축된 계획이 나타나는 분리이다. 3차 분리에서 보여 준 가나안의 여정도 만만치 않았다. 두려운 것은 셈의 후손인 아브람이 배타적인 함의 자손인 가나안 족속의 구역 속으로 파고 들어가서 현실적 삶과 신앙을 병행해야 하는 인생의 후반기 시작이었다. 4차 분리부터 아브라함의 믿음의 씨앗이 가나안에 심기고 그 싹이 자라기 시작한다. 아들 이삭을 통해 생명과 부활의 씨앗이 심긴 시기이다.

5차 분리는 가나안 지역의 비신앙적인 주민들과 싸우는 영적 삶이요 세속으로부터의 분리다. 그들의 사고방식, 생활방식, 신앙관 등 풍습과 다른 삶을 살면서 하나님과의 약속된 방향으로 나아가는 신앙의 삶이다. 이 5차 분리의 삶을 위해 하나님은 우르를 떠나라고 명령한 셈이다. 부모의 후원이나 믿을 만한 것이 없이 홀로 살아가야 할 신앙의 시기였고 자식을 키우며 묵상으로 하나님과 동행하는 시간이었다. 신앙만이 살 길이라는데 아브라함은 어떤 길을 걸어갈까. 자식과 손자를 얻으며 하나님의 계획 즉 분리 목적과 목표는 그의 자손을 통해 계속되나 사람의 실수와 어리석음이 여전히 드러난다.

이 5차 분리 시작 시 하란을 떠나 올 때 맏형의 아들이며 처남인 롯을 동행했다. 롯은 아브람보다 1살 나이 많은 조카라서[337] 아브라함 자신과 아내에게도 심리적 안정과 도움을 주였을 터이나 결국 롯은 가나안에서 아브라함에게 심리적 불안 상황을 여러

336 안병욱 교수는 이러한 삶의 모습을 "그것은 외면적 쾌락의 노예가 된 생활이요 향락 속에서 본래의 자기를 잃어 버린 것이다. 나는 자유인 줄 알았더니 사실 자유가 아닌 쾌락에 사로잡힌 노예였었다"라고 키엘케고르의 설명을 인용하고 있다(안병욱 교수, 전게서, P 257). 돈, 시간, 권력이 있으면 얼마난 많은 향락거리가 많은가. 여행, 스포츠, 마약과 술, 성, 드라마, 먹거리 등 즐길 것이 집 안팎으로 가득하다.

337 야살의책 24:22

차례 발생시켰고 롯은 불신앙으로 가나안 족속에 동화되고 풍요한 소돔 지역에서 현실적 풍부함을 떠나 세속에 산다. 조카 롯과도 분리시키셨다.

6차 분리는 세상에서 그의 사명을 마치고 숨을 거두어 하늘나라로 향한 마지막 분리이다. 이 분리는 모든 사람이 겪어야 할 마지막 분리이다. 세상의 고된 여정을 여러 단계의 어려웠던 분리를 통해 하늘 본향(本鄕)으로 간 아브라함의 매우 특별하고 신비한 여정이다. 마음에 에덴동산을 두고 몸은 가나안에 두고 산다. 우리 각자도 신비한 탄생으로 시작된 삶이 여러 단계인 분리와 실패, 부패의 속에 묻혀 순수성을 잃고 타락하고 이것들과 싸우다 마지막 신비하고 엄숙한 분리의 시간을 지나 마지막 심판대 위에 선다.

의지적 삶이냐 숙명적 삶이냐. 의지적 숙명이냐 숙명적 의지의 삶이냐. 숙명적 삶을 산 존귀한 자였던 젊은 아브람[338]이요 열국(列國)의 아비인 노후의 아브라함이다. 그의 이름처럼 자신의 의지적 삶은 적었다. 생명은 실제 비의지적이요 하나님에 의한 전적 종속이다. 생명이 비의지적일찐대 주어진 삶마저 비의지적이어야 하는가. 아브람이라는 생명 자체가 비의지적이고, 그의 삶 역시 비의지적 숙명으로 시작된다. 그의 의지적 선택이나 결정에서 혹독한 일이 발생하였고 그때마다 하나님께서는 자기의 벗(이사야 41:8, 누가복음 15:6)을 도우셨다. 특별한 아브라함의 삶에 나타난 축복과 은혜와 대가(代價) 역시 하나님의 선물이요 아브라함의 의지적 산물이 아니었다. 생명은 신비로운 축복으로 태어난다. 때때로 그리고 모르면서, 우리 현실은 암담한 또는 암울한 것들에 막히고 둘러싸인 채 살아간다. 이 장애를 우리는 의지적으로 돌파하여야 하는 의지적 운명인가 비의지적 강요에 의한 축복인가. 우리가 축복을 받도록 선택되는 것인가. 인생은 신비에 싸여 죽음으로 나아간다. 피조물에게 하나님께서는 우리의 요청에 관계 없이 골고루 그의 은혜와 구원을 주시고 약속을 그리스도를 통해 공포하셨다. 할렐루야 !

아브라함 후기 삶의 본격적 시작은 우르를 떠난 47년 후 99세 개명(改名)에서 시작된다. 이삭을 낳기 1년 전에, 99세의 「아브람」에게 여호와께서 이름을 「아브라함」으로 바꾸라고 명한다. 아브라함은 열국(列國) 즉 여러 민족의 아버지라는 뜻이다. 동시에 아내 이름 「사래(공주)」를 「사라(열국의 어머니)」로 바꾸게 한다. 그들의 새로운 이름은 하나님께서 아브람에게 우르를 떠날 때 이미 아브람에게 일방적으로 축복한

338 아브람 이름은 「존귀한 아비」라는 뜻인데 이는 아브람의 아버지 데라가 군대장관이고 존귀한 사람이므로 아브람을 낳고 자신이 존귀한 사람임을 기념하여 작명한 것이다. 사실 왕 니므롯도 데라를 존귀한 사람으로 극진한 예우를 해 주었다 하니 자신을 세상에 드러내 지칭하고 싶고 이러한 자신을 아들에게도 자부심을 갖도록 했을 것이다.

내용이다.

향락이나 권력에서 그리고 부패와 불신앙의 땅에서 분리된 아브라함은 새로운 환경에 불안 심리와 외로움이 심했을 것이다. 아브라함의 성격은 전 생애에 걸쳐 족장다운 인내심, 대범함, 자신감 그리고 강직함을 가진 사람이었다. 그의 생애를 자전적 술회 내지 주변 관찰자가 바라본 내용이 성경과 야살의책에 기록된 것일 터인데 자신의 허점을 대담하게 술회한 것들을 보면 자신감과 교양과 지식과 영감이 깊은 사람임이 확실하다. 분리된 삶을 살아가나 온전함이 부족하기에 하나님께서 주신 만큼의 믿음의 분량으로 하나님의 적극적인 인도와 도우심으로 살아간다.[339]

- 사회·정치적으로 매우 불안한 수메르 마지막 시기에 우르에서 3형제의 막내로 태어나 혼란의 시대에서 외롭게 성장하였다.
- 어려서부터 청장년 시기까지 부모와 떨어져 부모형제의 풍부한 사랑을 적게 받은 것으로 보인다.
- 어린 유년기에 부모형제로부터 얻은 아름다운 추억이 많지 않아 보인다.
- 맏형인 하란을 잃은 상처와 상실감이 매우 컸을 것이다.
- 화형에서 하나님께서 구원하신 놀라운 기적과 신비를 직접 체험하였다.
- 52년간의 우르에서의 생활에는 평안이 없었다.
- 부모형제와 신앙적 갈등을 평생 안고 살아가는 고통이 있었을 것이다.
- 결혼 50년 동안 본처로부터 얻은 자식이 없는 허망함이 100세 이삭을 낳을 때까지 지속된다.
- 부모에 대한 깊은 존경심과 사랑은 갖고 있었다.
- 하나님께서 첩에게 얻은 자식(이스마엘)을 사랑하셨듯이 역시 사랑이 극진하였고 그를 축복하였다.
- 신앙적 단련과 도전으로 선지자인 아브라함에게는 정신적 휴식이 없었다.
- 최소 장정 318명을 거느린 족장으로 용감히 시날 왕들의 연합군인 적들과 맞싸운 맹장이다.
- 아브라함 137세에 37세인 하나님께서 주신 외아들 이삭을 하나님께 제사드리라는 명령을 받고 시험을 이긴다.
- 고된 역경을 이기었고 후손이 번영할 기반을 하나님의 은혜로 단단히 세운 사람이

339 죤 위트콤과 헨리 M 모리스가 평한 아브라함의 종교심에 대해, 노아의 생활은 종교적이라기 보다 본유적이나 아브라함은 종교적 사람으로 보았다. 아브라함은 하나님에 대한 87%의 본유적 성분을 상실하고 17% 잔존한 본유적 성분(종교의 씨 또는 일반 은총)으로 하나님과의 언약을 수납하였다고 하였다. 노아, 셈, 아르박삿, 셀라 및 에벨을 통해 종교적 지식과 예법을 배웠을 것이라 설명하였다. 이들의 뛰어난 해석과 통찰은 그들의 저서 창세기 대홍수(1985), 성광문화사, pp 622-624 참조하라.

나, 어려서부터 삶의 여정은 세상의 안락을 추구하거나 즐거움을 찾는 것이 아닌 세상과의 분리된 삶이었다. 하나님께서 아브라함을 벗 삼아 동행하며 위로하셨다.
- 하나님의 뜻이 사람에게 나타나 하나님 말씀에 따라 순종하고 행동하는 믿음의 원형을 보여 준다. 하나님께서 주신 이러한 말씀을 믿는 믿음을 의롭게 여기신다고 아브라함의 벗인 하나님께서 정의하셨다.
- 앞에서 설명했듯이 아브라함은 그리스도의 임재를 계시받은 듯하다. 이는 야곱의 예언과 아브라함 자신이 고백한 창세기 묘사에서 그의 높은 메시아에 대한 소망을 엿볼 수 있다.

4-13. 믿음(信)에 관한 인식론과 신앙

기독교의 믿음은 이론이 아니다. 믿음은 하나님의 계시(말씀)를 따르는 순종의 행동이다. 사람은 자기 스스로 믿음을 갖기 위해 통계 처리와 합리적 추론과 경험에 의한 판단 등을 하나 기독교의 믿음은 하나님께서 마련해 거저 주시는 은혜(favor)이다. 믿음의 신앙은 이론의 신학 서적이나 심리 활동이 아닌 성경 말씀으로 성령 하나님과 인격적 관계를 맺은 후 끊임 없이 기도를 하며 하나님께 묵상과 감사와 찬양으로 영광을 돌리는 것이다. 사실 이 글과 같은 신학적이고 신앙적 고찰이 필요 없다. 무릎을 꿇고 조용한 방에서 하나님께 기도하고 말씀을 묵상하는 것이 더 중요하다.

아담과 이브가 하나님께서 주신 말씀을 믿고 따르지 않고 저버려 자기 인식으로 자기 이론과 자기 믿음을 형성함으로써 사람은 자기 인식으로 살아가는 독립적 존재가 되었다. 자기 인식으로 살아가는 인생은 평생 피곤하고 허망한 마음을 갖는다. 생각하지 않으면 불안하며 생각 없이 살 수 없는 존재가 되었다. 자기 사고로 자기의 실존을 형성한다. 하나님 안에서 실존을 배척하는 존재가 되어버렸다. 인생이 넉넉하게 엿새동안 하나님께서 모든 만물을 만드시었으나 인생은 자기 인식 과정을 통해 투쟁하며 무엇인가 얻어야 하는 존재가 되어버렸다. 끊없이 많은 고통의 인식으로 살아가는 것이 인생이 아닌가.

아브라함의 신앙적 삶을 총론으로 파악하면, 하나님께서 아브라함에게 하나님의 말씀을 믿고 따라 행하도록 하셨고 아브라함은 그리 행하였다. 하나님의 섭리와 예정이 아브라함의 행동으로 나타남으로써 사람을 통해 「하나님의 삶」이 드러난다. 이런 점에서 하나님의 벗인 아브라함은 「하나님의 아들, 곧 자녀(son of God)」가 되고 「하나님의 벗(friend)」이 된다. 아브라함과 약속 후 2천 년이 지나 아브라함의 씨(이삭)를 통해 결국 예수 그리스도가 나시고 그의 말씀을 믿는 믿음으로 구원하려는 믿음의 원형과 기원을 창세기에 묘사하였다. 일반적으로 사람의 인식, 결정, 행위는 믿음 없이 불가능하기에 믿음은 삶의 핵심이요 절대 주제이다. 동서양의 철학과 종교의 인식론의 출발점이 믿음이며 또 삶의 중요한 덕목이요 행동과 행위의 근거가 된다.

행위와 인식을 통한 결정은 믿음을 근간으로 한다. 감성에 바탕을 둔 행동, 즉각적이고 본능적 행동(일종의 반응), 합리적 생각이나 연구 등을 통한 의사결정, 시켜서 하는 (법률적·윤리적) 행동, 남을 따라 하는 모방 행동, 통찰이나 직관에 의한 행위, 어쩔 수 없는 행동, 점이나 꿈 등에 의지한 행위, 학습·신앙·전통·관습에 의한 행위 등의 이면에는 어떤 믿음이 존재한다.

믿음이 완성되기 전의 인식, 결정 행위 전에는 고민, 혼돈 또는 갈등이 동반한다. 이성과 감성 그리고 의지간에도 다툼이 생긴다. 판단에도 어느 것이 더 합리적이냐를 두고 갈등이 있으며 선택 기준이 모호하여도 고민과 혼돈과 갈등이 야기된다. 감성과 이성 간의 갈등 시에도 감성은 무시할 수 없다. 이때 진정한 믿음이 필요하다.

4-13-1. 믿음과 행위

기독교를 믿음의 종교라 하고 또 믿음의 조상을 아브라함이라 한다. 아브라함의 믿음은 하나님을 향한 믿음을 말한다. 횃불언약에서 하나님께서 아브라함에게 말씀하시니 아브라함이 그 하나님(말씀)을 믿으니 그 믿음을 보고 그의 의(義, righteousness)로 여기었다는 것이다(창세기 15:6). 이 성구에서 신학적으로 그를 믿음의 조상이라고 한 듯하다. 아브라함의 믿음은 어떠했기에 믿음의 조상이라 하는가. 아브라함의 믿음이 완전하였던가. 믿음이 무엇인가. 하나님으로부터 나온 참지식을 아는 것이다.

아브라함은 그의 10대 선조인 노아와 그의 아들 셈으로부터 신앙 교육을 받고 죽음의 시험을 거치며 하나님의 직접적인 보호와 구원과 기적과 축복의 은혜를 입어 그가 경험한 신앙의 세계는 폭이 넓다. 아브라함은 하나님께서 아브람에게 하신 직접의 약속함과 나타나심에도 불구하고 그가 보인 반응과 행동은 인간적인 의심, 갈등과 약함을 드러내었다. 하나님의 특별한 은혜를 입고도 사람이기에 하나님의 말씀에 의존하지 않고 때때로 현실 또는 본성에 끌리어 판단하고 행동하고 실수하며 좌절하며 고뇌하는 나약성을 드러낸다.[340] 믿음에 기초한 인간의 지·정·의는 어떻게 작용하는가. 역으로 지·정·의를 통해 얻은 단단한 믿음은 무엇인가.

340 성경 등을 살피면, 아브라함은 대범하고 정직하며 희생적인 사람이다. 그리고 자신에 관한 자랑은 드러내지 않고 오히려 부족함을 고백하여 후손에게 남긴 교훈과 하나님의 사역을 기록하게 한 것으로 보아 통찰력이 매우 뛰어난 비범한 사람이다. 그리고 영적 능력이 있는 선지자 중의 선지자로 보아야 한다.

BC 1,970년 경에 태어나 BC 1,882년경[341]에 사망한 「라반」이라는 사람은 메소포타미아 북부 지방 하란에 살았으며 아브라함의 형 나홀이 낳은 막내 아들의 막내 아들이다(표 4-9-1). 라반의 증조부 데라는 우르에서 3형제(하란, 나홀, 아브람)를 낳고 살다가 바벨탑 사건 발발 4년 후 BC 2,089년 경 그의 자손들과 함께 우르에서 서북쪽 메소포타미아 상류 지역으로 약 1,000km 이동하여 튀르키예 동남부 하란에 거주하였다. 아브라함 형인 나홀[342]의 아들 브두엘은 두 아들 세칼과 라반과 딸인 리브가를 두었고 라반은 두 딸 레아와 라헬을 두었는데 이 두 여자가 야곱의 아내이다. 또 아브라함의 아들 이삭의 아내는 리브가인데 라반의 누이이다.

아브라함의 손자인 야곱은 라반의 조카이다. 아브라함은 아버지가 사는 하란을 떠나 약 800km 남쪽인 가나안에 살며 왕래하여 집안과 지역 사정을 알고 지냈다. 가나안에 사는 아브라함은 며느리 삼을 때 가나안 족속의 딸들이 아닌 하란에 사는 자기 형의 딸과 근친혼을 시켰다. 아브라함은 하란에 거주하는 조카 딸인 리브가를 데려와 이삭의 아내로 삼았다. 이삭 역시 아들 야곱을 하란에 보내 하란에 거주하는 삼촌 라반의 두 딸을 아내로 삼도록 하였다.

그런데 야곱이 라반의 딸들과 결혼하게 된 배경은 복잡하다. 이미 설명했듯이, 이삭의 쌍둥이 아들 중 차남인 야곱이 63세 때 어머니 리브가와 짜고 형 에서에게 팥죽을 대접한 후 장자권을 얻은 후 시력이 나빠진 123세 아버지를 속여 형이 받아야 할 장자권과 축복을 빼앗은 사건이 있었다. 형 에서의 심한 노여움과 살해 위협을 피해 어머니 리브가가 야곱을 하란 집 오라버니 라반으로 피신케 하였다. 야살의책에 의하면, 야곱은 일단 노아의 손자인 에벨의 집에서 약 14년을 피신 후 형의 노여움이 풀리지 않자 다시 77세에 라반의 집으로 피신하도록 하였다 한다.

삼촌 집으로 피신한 77세 야곱은 첫날 첫눈에 우물가에서 만난 둘째 딸 22세 라헬 미모에 반해 그녀를 아내로 삼고자 했으나 삼촌 라반은 야곱이 7년의 노동력을 제공하면 라헬을 아내로 주기로 약속하였다. 7년 노동 후 라반은 첫날 밤 라헬 대신 언니인 레아를 야곱의 방에 들여보냈으니 그 지역의 풍습이 맏딸부터 시집을 보낸다는 핑계였다. 이 때 야곱 나이 84세였다. 결혼에 속은 야곱은 라반과 다시 약속하여 7년의 노동력 제공하겠다고 하여 일주일 후 결국 29세인 라헬을 아내로 얻게 되었다. 두 아내의 몸종을 함께 받은 야곱은 이들로부터 11명의 아들과 1명의 딸을 얻고 많은 재산을

341 야살의책을 통해 추론한 연대이다.

342 나홀을 우리말 번역 창세기 24:15에서는 동생이라 하였으나 KJV 영문을 보면 brother(형제)라고 하였으며 야살에 책에는 그는 하란과 쌍둥이가 아니면 하란의 동생이며 아브라함의 형이 된다.

쌓은 후 부모에게 돌아오려고 했으나 라반의 설득으로 6년을 더 지내고 97세에 부모 곁 가나안으로 향한다.

라반의 집을 떠나올 때 아내 라헬이 남편과 친정아버지 모르게 집의 수호신 「드라빔」을 훔쳐 나온 사건이 있었다. 야곱 가족이 떠난 지 사흘 후에 드라빔이 분실된 사실을 알게 된 라반은 야곱을 추적하여 야곱과 자기 딸들과 신경전을 벌이는데 라헬이 이 드라빔을 낙타 안장 밑에 두고 그 위에 앉아 생리 중이므로 낙타에서 내릴 수 없다고 핑계를 대어 드라빔을 찾지 못해 드라빔 도적 사건은 마무리되었다 (창세기 31장).

야곱은 하나님을 믿었으나 그의 삼촌 라반과 그 딸은 지역의 우상을 신앙하였다. 이들의 3대 조부인 데라도 수메르 시대의 다신론 사상을 갖었던 사람으로 그의 집에는 열두 가지 신상을 두고 매달 한 가지 신을 경배하는 사람이었다. 그가 하란으로 이주한 후에도 계속 다신론 사상을 버리지 못한 사람으로 보인다. 고조부의 토속 신앙이 후손인 라반에까지 영향을 미쳤기에 라반이 드라빔을 신앙하게 된 경위인 듯하다. 라헬 역시 아버지의 토착 신앙 속에서 자란 사람으로 이 수호신을 매우 중요하게 생각하였기에 아버지의 집에서 가장 중요한 우상을 도둑질하여 집을 떠났고 라반 역시 매우 중요한 가족 수호신을 잃은 방황과 불안이 심각하기에 이를 꼭 찾고자 하였다. 이처럼 사람의 「믿음」은 행위를 유발하게 된다.

여기서 당시 「드라빔」의 제조 과정과 그 기능을 살피면 사람의 믿음과 믿음으로 인한 행위가 어떠한지 알게 된다. 평상의 믿음이란 여러 감성적 또는 심리적 복잡함과 이성적 또는 비이성적 판단이 결합된 것을 이해할 수 있다. 다음은 야살의책을 인용한 내용이다. 이 사건은 지금으로부터 약 3,900년 전의 일로 이집트의 피라미드가 건설 때와 유사한 시기이다.

> 장자를 데려다가 그를 죽이고 그의 머리에서 머리카락을 뽑는다. 소금을 가져다가 그 머리를 소금에 절이고 그것에 기름을 붓는다. 그리고 구리나 금으로 만든 작은 판을 가져다가 그 위에 이름을 쓰고 그것을 머리의 혀 아래에 둔다. 그 판을 혀 아래에 둔 그 머리를 가져다가 집안에 두고 그 앞에 불을 피우고 그것에게 엎드려 절한다. 그들이 그것에게 엎드려 절하면 그것이 그 안에 적힌 이름의 권세로 그들이 묻는 모든 것에 대하여 그들에게 말한다. 어떤 사람들은 금과 은으로 사람의 형상으로 만들어 그들에게 알려진 시간에 그것에게 가면 그 우상이 별들의 감동 받아서 그들에게 미래의 일을 말해준다 (야살의책 31:41-43). 이 목적으로 만들어진 것이 라헬이 아버지로부터 훔친 우상이다.

자기 아들 장자의 생머리를 자르고 그 두상의 부패 방지하기 위해 소금과 기름에 절여 집안에 이를 모셔두고 신앙 행위로 일상생활을 하였다는 것이다. 사람의 생머리로 만든 드라빔을 일종의 점치는 수단으로 사용하였다. 의사결정을 자신의 판단에 의하지 않고 자신이 만들어 형상화한 사물에 의지한다. 라반에게 아들이 없던 점은 그가 장자를 죽여 드라빔을 만든 모양이었다. 믿음의 방법을 사람을 죽여 그의 머리를 사용하는 일이 가능한가. 자신의 안녕을 위해 타인의 생명을 죽이고 이용하며 정당화하는 행위를 하게 되는 그 밑바탕은 무엇인가. 확고한 신념과 믿음이 그 흉측한 행동하도록 만드는 것이다. 생명과 자연을 수단으로 여기고 이를 경시하는 일상의 확고한 생각이 믿음으로 변하면 신앙이 되고 나아가 범죄와 타락을 합리화한다. 본질보다 껍질을 추구하고 껍질에서 본질을 찾는 모양이다. 별이 죽은 사람에게 계시한다는 믿음이 어떻게 가능했을까. 피라미드를 만든 당시 사람의 과학적 사고가 우리보다 전혀 미개하지 아니한데 이러한 행위와 믿음으로 생활하였다는 것은 무엇을 말하는가.

수메르 문명사를 보면 이외 끔찍한 행위를 유발하는 다양한 믿음의 형태를 쉽게 찾아볼 수 있다. 신을 섬기는 신앙뿐 아니라 일상생활의 법규와 기준으로 보면, 무질서와 혼란이 나타난다. 소돔(Sodom)에서도 그 예를 본다. 오늘날 이러한 끔찍한 행위가 없다 하더라도 유사한 발상과 작동 과정을 갖는 믿음의 양상을 볼 수 있다. 믿음의 대상을 사람, 동식물 및 자연물에서 복사하여 모든 것을 형상화하여 신격화 또는 사상화(思想化)하여 이를 믿음으로 만들어 생활에서 구현한다. 타력 종교 형태이다. 지구라트(gizuratt)에서 일반인이 여사제와 성행위를 하는 일이 비를 내리게 한다는 믿음이 당시의 일상이었다. 오늘날도 행위만 변했을 뿐 유사한 일들이 벌어진다. 자기만족이나 성취를 넘어서 기복신앙이 되어 타락한 정신문화가 되고 유전된다.

성경은 드라빔을 훔치고 보관한 우상숭배의 믿음을 가졌던 라헬의 행동에 대하여 구체적 평가를 하지 않으나 그는 이 사건 후 4년이 지나 막내아들 베냐민을 낳다가 난산하여 45세 나이로 죽는다. 드라빔과 그녀의 요절에서 인과성을 찾기 어려우나 라헬은 욕심이 많고 질투심이 많은 미인이었고 이 욕심이 긴장과 불안을 낳고 이를 방어하기 위해 수단을 찾아 드라빔에 대한 허망하고 강한 믿음이 그녀의 정신세계 안에 도사려 자리 잡고 있음직하다. 허망한 욕심이 죄를 낳으며 죄가 자라서 사망에 이르게 한다 (야고보서 1:15). 정직하고 맑은 믿음은 삶의 원천이요 강력한 힘을 갖는 것일찐대 우리의 일상은 이러한 순수와 양심을 버리고 허상을 추구하거나 눈에 보이는 것을 따른다.

사람의 마음은 이처럼 나약하고 나태하다. 이를 메우고자 한다. 절제하기 어려운 욕심은 끊임없이 분출되어 이를 채우고자 갈구하고 노력한다. 부적을 붙이거나 갖고 다니며 요행을 바라며 점에 의지해 결정하거나 미래를 엿본다. 조상신에게 자신의 안위를 부탁하며 타인의 판단에 신뢰를 보낸다. 이러한 믿음은 죽기까지 계속한다. 넓고 깊은 세상의 이치를 안다고 하지만 정연한 질서를 무시하거나 파괴하고 자신의 이익과 욕심을 우선하여 결정하고 행동한다. 눈에 보이지 않는 실질적인 질서와 이치에 순복하기보다 눈에 보이는 피상성, 직감, 그리고 자신의 욕망과 타인의 시선에 의존한다. 요행을 바라며 스스로 판단을 혼미케 한다. 결정 기준과 가치가 이성과 윤리가 아닌 시류에 따른 다수결, 유행에 편승하기도 한다. 자연과 만물은 사람의 합리, 의지나 소원과 무관하게 정연한 질서로 가득하다. 자연에 순복하지 못하며 조급해 한다.

우리가 누리는 자유가 방종이 되고 내 자유를 위해 타인의 자유를 침범한다. 욕심으로 질서와 자유를 측정한다. 인간이 발명한 각종 이념과 사상을 절대화하여 다수의 약속으로 우리를 지배케 한다. 다수가 소수의 자유를 배제한다. 거짓 천재와 선동가에 의해 대중은 속는다. 이런 유사성은 반복한다. 모순을 반복하고 상황에 요동치는 인격을 지녔다.

4-13-2. 현대 사상과 종교의 기원

사상적 기초가 되는 체계적 인식론, 윤리학 및 종교의 시작은 동서양 모두 거의 같은 시기에 출발했는데 출발 시기의 유사성에 학자들은 의아해한다. 세계적으로 비슷한 시기에 그리스 철학, 인도 불교, 중국 공자 사상 그리고 기독교가 태동하였다.

그리스 철학은 BC 6세기경 이오니아의 밀레투스에서 발생하여 아테네로 옮겨가며 후기 철학으로 발전하였다. 초기 철학자는 피타고라스, 제논 등이며 후기 철학자는 소크라테스, 플라톤, 아리스토텔레스 등으로 이들이 아테네 중심으로 활동하였다. 이들의 주요 관심은 만물의 이치와 원리, 존재와 본질 추구에 있어 객관적 또는 합리적 사유를 동원한 진리 추구를 특징으로 한다. 이성적 합리주의가 그리스 철학의 방법론이다. 사유의 혼란을 방지하기 위해 진리에 도달하기 위해 믿을 만한 기초인 "이성적 방법"으로 접근하였다. 불확실한 것, 주관성, 신앙 등을 배제하였다.

당시 매우 다양하고 혼란한 사고들이 번창하였기에 똑똑한 사람들이 이를 정리·개선하고자 하였다. 철학(哲學, philosophy)이란 의미대로 지혜를 추구하였다. 혼란이나 무질서가 아닌 지혜와 이치를 사유로써의 「믿음」을 구하는 것이었다. 이 점이 서양 사상의 태동이었고 사회적 배경이었다. 이 방법론은 과학과 합리적 사유 체계를 구축하였다.

유사 시기에 인도로 가면 BC 1,500년경 인도를 지배하던 힌두사상을 석가모니(붓다, BC 560년 출생 추정)가 잘못된 믿음 즉 혼란으로 인식하였다. 힌두사상은 다신론과 다원론의 수메르 사상에 기원을 둔 것으로 추정되어 창시자도 없고 교주(教主)도 없었다. 여러 유형의 믿음이 다원적 신앙관을 형성한 것이다. 애니미즘, 자연 만물에 대한 다신 사상, 정령 사상, 주술, 신비주의, 기복주의 등 요소가 혼재되어 여러 종교적 행태가 일상생활로 일체화된 것이 힌두 사상인데 이를 석가모니는 혼란으로 판단하고 새로운 사상인 불교 철학을 낳았다. 시작 시기는 그리스 철학과 유사하다.

왕자 석가모니는 BC 5-6세기경 네팔과 인도 국경 부근에 살던 석가족의 수도인 카리라바스투(현재 네팔의 룸민데)에서 태어났다고 한다. 당시 석가모니는 어려운 평민들의 삶과 각종 생명이 받는 고통을 직시한다. 당시 많은 도인과 지혜자가 살았는데 이들이 설파한 힌두 사상의 설법과 주장이 허위임을 알고 석가모니는 스스로 깨달음의 길을 찾아 붓다(깨달은 자)가 되었다. 당시 도인의 주장과 사상이 어지러운 말로써 사람들을 속이고 있음을 알고 참 깨달음이 무엇인가를 알고자 정진하여 평생을 고뇌하여 불교 철학을 낳았다.

유교인 유학의 기원은 기원전 6세기 중국의 공자(孔子, BC 551- BC 479)로부터 시작한다. 최고의 덕을 인(仁)으로 여기고 이에 더하여, 믿음(信), 의로움(義), 예의(禮) 등의 덕목을 사람의 본분을 정립한 윤리 사상이 되어 동양 사상의 주춧돌이 되었다. 이외 공자와 유사한 시기에 활동한 노자(老子, 생존 기간 미상이나 공자와 동시대 인물)의 사상은 도덕경(道德經)에 나타나며 참된 길 즉 도(道)의 본질은 무위자연(無爲自然)이며 그에 상응한 덕(德)을 세움으로 사람답게 살아가는 것을 목표로 하였다.

이처럼 기원전 5-6세기경 그리스, 인도 및 중국에서 개혁 사상이 만들어진 점은 그 시대를 다스리는 국가와 사회상이 비윤리적이요, 비자연적이요, 비이성적인 어둡고 혼란한 사회문화적 환경에 있었기 때문에 이에 대한 반발 또는 개혁으로 지혜롭고 윤리적이며 합리적 사고를 한 사람들이 새롭게 해당 지역에서 새로운 사상을 만들게 되었다.

즉, 기원전 5-6세기경 동서양은 사상 혼란의 시대로써 정치 권력, 경제력, 군사력(힘)으로 무고한 생명을 파괴하고 타인의 재산을 빼앗는 현상들이 많았고 괴변, 술수, 점술 등으로 대중을 속이는 일이 많았기에 피폐해진 사회에 합리적이고 이성적 가치를 주장한 사람들이 같은 시기에 여러 나라에서 등장하게 되었고 이들이 제안한 사상이 2천 년간 동서양의 사상의 근본이 되었고 오늘까지 발전되어 왔다.

4-13-3. 서양 사상과 과학의 믿음

서양 사상의 요람인 그리스 사상은 그리스 신화에서 보듯이 허황된 사상이 반영된 신화에서 벗어나 이성을 새로운 삶의 근간으로 하였다. 이를 위해 우주의 근원(arche), 만물의 원리인 진리(logos)와 그 속에 있는 미를 찾고자 하였다. 또 사람에 대한 탐구에 관심을 갖고 전승된 도덕과 가치를 의문 시하고 윤리학을 열었다. 이성, 존재론, 인식론의 바탕과 수메르 및 이집트의 수학 등을 발전시켰다.

이 그리스 사상은 중세의 기독교 세계관을 극복하고 데카르트 등과 같은 합리주의자와 과학이 발전하면서 이성적이고 보편적인 것을 추구하는 합리주의적 인식론이 되어 오늘날 세계적 보편 사상이 되었다. 근대 이후 변증법적 유물론, 생의철학, 실존철학, 현상학, 분석철학, 비판이론 등으로 분화되고, 과학은 연구와 이론 및 기계·설비 등 장비의 발달로 우주시대를 개척하기 시작하였으며, 물질과 자본을 극대화하는 경제학이나 자연과학을 통합하려는 진화론과 같은 사상이 발전하였다. 과학적으로 검증되지 않는 종교적 믿음은 점차 소멸하고 객관화된 과학적 그리고 「합리적 지식」이 우리 삶을 지배한 「믿음」으로 변해 가고 있다. 또 인공지능과 빅테이터를 의지한다.

4-13-4. 불교의 믿음

기독교를 믿음의 종교라 하나 불교 역시 「인식론적 믿음(信)」을 놀랍게 체계화 시킨 믿음의 종교이다. 이 점으로 보면 타력 종교에 속한 기독교보다 철저한 믿음의 종교이며 자력 종교이다. 불교는 사유가 무엇이며 그 사유로부터 얻을 수 있는 참 진리가 무엇인지에 대한 매우 기간 깊은 고뇌를 통한 인식의 종교이다. 초기 불교는 믿음(信, 삿다 saddadh)을 중심으로 인식 체계를 구성한다. 믿음(信)이 발하여 열반(涅槃)에 이른다. 마치 믿음이 구원한다는 예수님의 말씀(누가복음 18:42)과 유사한 명제이다.

인도와 중국의 불교 철학의 대가인 우리나라 원효(신라, AD 617-686)는 그의 해설 논문집인 「대승기신론소(大乘起信論疏)」에서 「기신(起信)」이란 즉 믿음이 올바로 발(發)하도록 하여 사유(이론)와 수행(실천) 체계를 갖춘 진리(大乘)를 설명한다. 불교에서 발하는 「믿음」이란 그러하다고 논리와 객관을 통해 그리고 심층의식과 표층의식 모두를 다루며 판단하는 이성적 믿음을 말한다. 올바른 사유로 「평정의 마음」[343]에 도달하는 믿음이다. 그러한 믿음에 도달하는 수행을 위해 삼독심(三毒心)인 탐·진·치(貪瞋痴)[344]를 제거하는 작업도 한다. 원효가 해설한 믿음을 발하는 것이란, 믿음은 결단코 그러하다고 여기는 말이니 이른바 이치가 실제 있음을 믿고(信) 이해하여(解) 닦아서(行) 얻을 수 있음(證)의 무궁한 덕이 있음을 네 단계(신·해·행·증, 信·解·行·證)의 교리로 해설한다.

이 인식과 실천 과정을 통해 얻는 믿음의 최종 목표는 열반과 해탈에 이르는 것이며 이 과정의 방법론에 대한 이론은 매우 깊고 다양하고 육중하다. 사성제(四聖諦)[345]와 팔정도(八正道 또는 道聖諦)[346]를 통해 깨달음과 진리에 이르는 믿음을 얻는다. 또 일반인 중생은 그 믿음의 진리에 다다를 수 없어 방법론인 삼보(三寶) 즉 부처님의 가르침인 불(佛, 부처)을 믿고, 법(法, 부처의 가르침인 교법)을 믿고 또 승(僧, 수행을 쌓은 승단)을 믿어(의지하여) 즉 귀의해야 한다는 것이다. 신해행증(信解行證)이란 믿음과 이해와 수행 그리고 증득(證得, 깨우침)을 말하며 이 네 단계는 끊을 수 없는 불가분의 관계이다. 여기서 일반 사람은 스스로 믿음에 도달해 깨달아 알 수 없고 이미 검증된 체계화된 신해행증의 방법론에 따르도록 하여 믿음이 교리화 되어 있다. 또 교리 중 하나인 다섯 가지 힘인 오력(五力)이란 믿음으로 시작하여 노력하고 주시하고 집중을 통해 결국 지혜에 이르도록 끝없이 정진하는 것이 불교이다. 부처님의 몸(身)과 입(口)과 뜻(意) 세 가지가 믿음의 대상이 되고 이해와 수행과 덕, 이 세 가지가 믿음을 성취하는 것으로 보는 것이 화엄경이다.

붓다는 깨달은 후 "그대들에게 열반은 열려 있다, 귀를 가진 자여 믿음을 내어라. 이 숭고하고 미묘한 법이 사람들 사이에서 해악을 초래할지 모른다는 인식 때문에 나는 설하지 않으려 하였다"다고 기신(起信)을 강조하였다. 원론적으로 보면, 불교는 믿음의 종교요, 사람의 이성을 극대화한 합리적 이성주의요, 지성주의이다.

금강경에 "여시아문(如是我聞) 신수봉행(信受奉行)"이란 문구는 "이같이 (부처님께서 하신 말씀을) 나는 들었으니 믿어서 받들어 행한다"라는 뜻이다. 일반 대중은 깨닫기 어려워 즉 참 믿음을 얻기 어려워 이미 터득한 부처님의 가르친 말씀(法)을 믿

343 참으로 진리에 도달하려는 놀라운 마음의 상태를 직관하는 기준이다.

344 독이 되는 세 가지로 탐욕, 성내고 시기하고 질투하는 마음, 그리고 어리석음이다.

345 불교에서 제(諦)란 깨우침 또는 진리를 뜻한다. 사성제란 고·집·멸·도(苦集滅道)로 생로병사의 괴로움(고), 고의 원인이 되는 번뇌(집), 번뇌를 없앤 깨달음의 경계(멸), 깨달음의 경계에 도달한 수행(도)를 말한다.

346 팔정도란 사성제의 도에 이르는 여덟 단계를 말하는 것으로 정견(正見), 정사유(正思惟), 정어(正語), 정업(正業), 정명(正命), 정정진(正精進), 정념(正念), 정정(正定)이다.

으라는 의미를 포함하는 경구(經句)이다. 불교에서 사람이 깨닫는 참 믿음을 얻기 위해서는 간단치 않은 과정 때문에 이런 경구가 있다.

< 사진 4-13-1 > 파키스탄 국보 1호 붓다의 고행상

이처럼 초기 불교는 믿음을 기초로 하는 인식론적 사상이 종교가 되었다. 당시 혼란스러운 힌두사상을 배척하고 합리적이고 철저한 인식적 논리와 체험적 검증 단계를 거쳐 참으로 그러한 믿음에 기초하여 진리에 도달하고자 한다. 이런 점에서 불교의 믿음과 서양 철학에서 말하는 합리적 이성에는 차이가 없어 보이나 불교는 심층 심리를 바탕으로 하는 인식론에 가깝다.[347] 또 온전한 믿음에 도달하기 위한 수행 체계(실천)와 복잡하고 다양한 이론(교리)을 특징으로 하기에 생활 종교가 되었다. 초기 불교가 후기 불교로 발전하면서 논리는 더욱 정교하게 세분되어 복잡하고 다양한 사상 체계를 갖추었고 한편으로 인식의 논리를 넘어 종교화된 사상이 되었다.

4-13-5. 유교(유학)의 믿음

불교에서 정의한 믿음은 인식론에 의한 것인데 반하여 유교 엄밀하게 유학에서는 실존적으로 믿음을 파악하여 믿음의 윤리적 상황을 중시하였다. 서양 사상이 태동할 시기에 고대 중국에서는 다섯 가지 덕목(오행 五行)인 인·의·예·지·신(仁義禮智信) 사상을 정립하였다. 이중 믿음(信)을 토행(土行)으로 여겨 다섯 항목의 중심에 두었다. 인을 목행(木行), 의를 금행(金行), 예를 화행(火行), 지를 수행(水行)을 보며 '인·의·예·지'가 발현되는 것이 '신(信)'이라 하여 신(信)을 중심에 두고 중시하였다.

347 불교에서 얻은 믿음을 "공(무)"로 표현하기도 한다. 이는 논리적 통찰을 통한 객관적 인식이며 이를 위해 논리를 통한 논리의 해체 과정을 추구하는 중관학(3론)의 방법을 택하기도 하나 기독교는 오직 하나님(성령님)을 통한(말미암은) 믿음에 의존한다.

사랑(仁)과 바름(義)과 겸양(禮)과 지혜(智)를 움직이고 그 바탕에 두는 것을 믿음(信)으로 보는 것이 동양철학 유학의 깊이이고 핵심 사상이다. 믿음이 없거나 흔들리면 그 모든 것이 아름답지 못한 것으로 파악한다. 즉 믿음이 없거나 흔들리면 그 사람의 4행(四行)인 '인·의·예·지'가 파괴되는 것이다. 역으로 4행이 온전하면 그 사람의 믿음이 온전한 것으로 본다. 유학 사상의 믿음은 불교 사상과 같이 믿음 자체가 무엇인지 인식론 또는 진리적 차원에서 깊이 규명하지 않고 사람이 행할 인격 요소로서의 중요성을 파악하고 다른 인격적 요소(인·의·예·지)들과 어떻게 상호작용(오행의 순환적 구조와 견제작용)을 인륜적 차원에서 강조하였다.

4-13-6. 기독교의 믿음

기독교의 믿음 역시 앎 또는 지식이지만 믿음을 얻기 위한 사유를 통한 지식이 아님을 전제하고 기독교에서 말하는 믿음에 관한 내용과 대상을 살피자. 그리고 믿음이 수반하는 행동을 살필 것이다. 마태복음 17장 20절에서 예수님께서 제자들에게 믿음이 적은 바를 지적하면서, 믿음이 「겨자씨」 만큼만 있으면 "*이 산을 명하여 저기로 옮기라 하여도 옮길 것*"이라 하였다. 겨자씨 한 톨은 2-3mm 정도인데 사람의 믿음이 극히 적고 작음을 지적한 말씀이었다. 인식론적으로 보면 인식이 불완전하여 사람의 믿음은 올바른 행위와 진리에 이를 수 없음을 의미한다. 사람의 인식을 부정하고 하나님으로부터 온 말씀에 의존하는 믿음을 말하므로 타력 종교이다.

기독교의 믿음에 관한 깊은 논의는 사도 바울의 로마서와 히브리서 등에 잘 나타난다. 구약에서 믿음에 관한 언급이 있으나 신학적 내용은 사도 바울이 상술하였다. 근세에는 루터가 1,508년 어느 날 수도원 탑의 작은 방에서 로마서 1장 17절 말씀에서 믿음을 근간으로 하는 복음의 진리를 깨닫고 회심하여 결국 종교개혁에까지 이르게 된 동기가 되었다고 한다.

복음에는 하나님의 의가 나타나서 믿음으로 믿음에 이르게 하나니 기록된 바 오직 의인은 믿음으로 말미암아 살리라함[348]*과 같으니라* (로마서 1:17).
믿음은 들음에서 나며 들음은 그리스도의 말씀으로 말미암느리라 (로마서 10:17).

믿음은 복음을 접하지 않고 생기지 않기에 듣거나 말씀을 보아야 한다. 고대에는 말씀(Scripture)을 일반인이 읽기 매우 힘들므로 주로 설교자 등의 설교를 듣고 믿음을 형성하여 로마서 10장 17절과 같이 들어서 믿음을 가지라고 기록되었다. 그러나 듣거

348 사도 바울의 이 언급은 구약 하박국 2장4절을 인용하고 있다.

나 말씀을 읽을 때에도 믿음의 통로 즉 인식의 주체가 사람 스스로가 형성하여 얻을 수 있는 내용이 아닌 것이 기독교의 특징이다. 이러한 특징으로 기독교인도 가끔 헷갈린다.[349] 성경과 성령 없이 형성한 사고 과정을 거친 믿음의 내용을 배격한다. 사람에게 형성된 말씀과 믿음은 하나님께서 주신 것으로 은혜요 선물이라는 것이다. 사람이 스스로 인식하여 믿음을 깨달을 수 없으며 하나님이 주신 말씀과 믿음을 통해 진리에 이르는 믿음에 이르게 된다는 것이다. 내가 지닌 내 믿음은 내 것이 아니요 성령 하나님에게서 온 것이라 점이 중요하다. 성령이 주신 믿음으로 진리를 알게 되며 사람을 변화시킨다. 즉 성령께서 주신 믿음으로 사람이 믿음으로 거듭나서(요한복음 3:3) 진리를 알며 이로써 하늘나라까지 이르게 된다. 이 설명은 영적 깨달음을 중시하는 영지주의가 아니다. 또한 행위가 없는 거짓된 믿음도 아니다 (14절 믿음의 행위론 참조). 구원에 이르는 율법을 향한 믿음이 아니라 구원의 예수님을 향한 믿음이다.

기독교 교리 중 이신칭의(以信稱義, 믿음으로 의롭게 됨, 창세기 15:6)란 믿음을 가진 자는 하나님으로부터 의롭다함을 얻는데 이 믿음은 수행이나 이성적 논리적 과정을 통해 얻는 믿음이 아니라 성령께서 사람을 깨닫게 해 준 믿음을 말한다. 하나님을 믿는 믿음으로써 신앙인의 사고 체계와 인격이 바뀌게 된다. 바뀐 사고 체계로 인하여 인식 체계나 관점이 바뀌고 메타 패라다임(meta-paragdigm)이 새로이 형성된다. 즉 거듭난다. 기독교에서 1차적 믿음은 죄를 회개하여 거듭난 인식체계를 말한다.

이런 점에서 기독교는 오로지 죄를 회개하여 그리스도의 십자가를 통한 영생을 구하는 믿음의 종교이지 수행이나 기도나 연구로 합리적 믿음을 찾거나 믿음에 이르는 길을 좇는 구도(求道)의 종교가 아니다. 기독교의 믿음은 사람에게서 나온 합리성과 이성으로 구축한 진리를 배제한다. 그렇다고 사람의 삶에서 사람의 이성과 합리성을 배격하는 것은 아니다. 하나님을 믿는 믿음은 사람의 합리성과 이성적 접근이나 방법으로 얻어지는 것이 아니라는 하나님께서 우리에게 주신 내용을 믿는 것이다.

하나님께서 온 우주를 창조하심을 믿고 하나님을 신앙한다. 실존적 삶의 과정에서 이성과 감성을 발휘하나 하나님의 말씀에 이성과 감성과 의지를 함께하여 전적으로 순종한다. 이성적 합리성을 하나님 앞에 드러내기 보다 굴복하며 전적으로 불완전하고 타락[350]한 존재인 것을 고백한다. 이러한 변화를 거듭남(중생 重生, 진정 자신을 죄인이라고 인정하고 하나님에게로 돌아오는 회개)[351]이라 하고 참 믿음이 시작된다.

349 심지어 이 정의를 잘못 정의하면 이단 시 될 수 있을 정도이다.

350 타락에 관한 책은 아더 핑크 저 서문 강 역(1989), 인간의 전적 타락, 청교도신앙사를 참조.

351 자아를 부정하고 예수님에게로 향한 시각의 변화 즉 영의 파라다임(paradigm) 변화이다. 이에 반하여 영광의 몸 또는 부활하여 변화하는 부활체는 새로이 탄생하는 몸의 실체적 변화를 말한다 (사도행전 17:18, 빌립보서 3:21). 중생에 관한 개인적 체험에 대하여는 제8장 3절「감성과 영성」에 약간 설명하였다.

하나님으로부터 발원한 믿음을 가진 신앙인은 하나님을 향한 믿음을 갖게 되며 그 믿음에서 더욱더 믿음의 체계를 갖고, 즉 믿음에서 믿음으로(from faith to faith) 삶을 살아가는 것이 기독교인이다. 불완전하나 연단을 통해 시험을 겪고 점점 온전한 믿음을 갖게 되는 과정(종교성)을 겪는다.[352] 작은 시작의 믿음이요 그 끝도 사실 겨자씨보다 작고 미약한 믿음이나 하나님께서 보시고 그 사람을 믿음의 사람으로 보고 이를 의롭게 여긴다는 것이다.

따라서 믿음의 내용과 대상 중 핵심은 창조주이시요 하나님이시요 그리스도인 예수님을 향한 믿음이다. 예수님께서 불완전성과 죄성이 본질인 인간을 구속하기 위해 십자가에서 대속(代贖)의 피를 흘려 죽고 부활[353]한 사실, 이러한 하나님 스스로 작정과 약속(언약)을 믿는 믿음이기도 하다.

하나님께서 아브라함이 *"하나님을 믿으니 하나님이 이를 그의 의로 여기시고*[354] (창세기 15:6)"라 함에서 하나님이 의롭게 여긴 것은 사람 아브라함의 인격성과 성정(性情)에 두지 않고 하나님을 향한 그의 신뢰에 근거하여 의로움을 부여하였다는 점이다. 하나님께서는 사람의 타락하고 불완전한 인격성에 관심을 두지 않고 사람을 구원하기 위한 하나님을 향한 사람의 믿음을 본다는 점이다. 이 믿음에 기초한 행위가 드러나고 열매를 맺는다.

근본적으로 기독교는 사람의 깨달음이나 지혜로 얻는 사유의 확신이나 믿음이 아닌 하나님이 주신 말씀에 대한 믿음이다. 믿음의 방법인 수행, 사변 및 논리 등를 통해 얻는 믿음이 아니라 성령 하나님께서 주신 믿음에 근거한다. 믿음의 내용이 하나님으로부터 나온 것이므로 믿음을 자기의 것으로 자랑치 못한다. 하나님이 주신 믿음으로 그를 믿는 믿음에 이른다(로마서 1:17). 역시 신앙생활에서 종교성이 필요하다.

마틴 로이드 존스(Martin Lloyd Jones) 목사님이 설명한 근원적 믿음의 특징을 인용하면 다음과 같다. "믿음은 사람과 하나님과 연결시키는 특별 원리입니다. 믿음은 사람을 지옥에 떨어지지 않게 보호해 주고 그를 천국으로 인도해 주는 원리입니다. 그것은 이 세상과 오는 세상사의 결합입니다, 믿음은 허물과 죄로 죽은 인생을 일으켜 새로운 존재, 그리스도 안에 있는 새 사람으로 살게 할 수 있는 놀라운 신비적인 원리입니다. 이것이 바로 믿음이 왜 그렇게 보배로운 것인가의 이유입니다. 믿음이 그처

352 이를 신학적으로 "견인(이끌고 인내함)"이라 한다.

353 예수님의 이 부활은 사망을 이김과 동시에 예수님의 부활을 통해 그를 믿는 자의 부활을 의미한다.

354 하나님에 대한 믿음을 최초로 언급한 구절이 아브라함에 대한 이 내용이다.

럼 보배롭기에 하나님은 그것이 절대 완전하기를 원하십니다. 이것이 베드로의 논증입니다. 그러한 믿음의 특성 때문에 신자들이 여러 가지 시험을 당하고 있다는 것입니다. 그러나 이제 나는 약간 다른 형태로 이 사실을 설명해 보겠습니다. - (중략) - 믿음의 정도가 있음이 분명합니다. 우리가 믿음이라고 부르는 것 속에는 일반적으로 처음부터 상당한 양의 혼합물이 들어 있습니다. 우리가 알지 못하는 상당한 양의 찌꺼기가 들어 있습니다. -(중략)-. 하나님은 믿음의 본질에 속하지 않는 것들이 떨어져 나가도록 하기 위해 마치 불로써 하는 것처럼 시련을 통하여 우리를 시험하십니다."[355]

신학자 John M. 프레임(John Marin Frame, 1939 -) 교수가 설명한 기독교에서의 믿음, 인식, 사람의 실존적 관계를 언급한 탁월한 설명[356]을 살펴보자. 하나님은 인간의 언어나 사유체계로 불가해(不可解, incomprehensive)한 분이시기에 그분이 친히 우리에게 믿음을 주어 하나님을 알게 한다. 즉 하나님의 계시로만 인간은 하나님을 알 수 있다. 아래 단편에서 보듯이 하나님은 인격적 소통으로 하나님을 알게 하는 믿음과 새로운 마음을 주고 또 새롭게 알게 한다.

- 기독교[357]의 믿음은 하나님이 세상에 널리(universal) 깔아 놓은 바를 이해하는 기초적인 믿음과 특별히 하나님의 존재와 연합된, 즉 하나님의 인격과 연결된 믿음으로 크게 구분할 수 있다. 히브리서 11장에는 여러 사람을 예시하며 믿음을 소개하는데 이는 믿음의 실존적 유형이 삶에서 여러 가지로 나타남을 알게 한다 (표 4-13-1 참조).
- 그리스도 안에 있는 은혜가 우리의 마음을 새롭게 하기 전까지 우리가 하나님의 실존을 철저히 믿을 수 없다.
- 믿음은 성령의 절대 주권적인 역사에서 오며 그분은 임시적이거나 이론적인 것이 아니라 삶을 변화시키는 하나임을 믿는 신앙을 우리에게 주신다.
- 안다는 것은 자율적이지 않다, 그것은 단순히 경험적 자료, 논리적 원칙 그리고 인간 경험의 조작이 아니다. 그것은 성경 안에 그리고 세상 안에 있는 하나님의 계시에 우리의 생각을 복종시키는 것이며, 세상에 대한 우리의 해석을 다스리시도록 하는 것이다.
- 그분의 창조와 섭리를 떠나서는 아무것도 실존할 수 없다.
- 하나님이 실존하지 않으신다면 사실이란 것은 아무것도 없을 것인데 따라서 모든 사실은 하나님을 계시한다.
- 성령은 중생한 사람에게 새로운 마음(믿음), 즉 그리스도의 마음을 주신다. 그분은 그리스도인이 새로운 삶의 부분으로써 새로운 방법으로 생각하도록 하신다. 이 새로운 방법이 성격적으로 생각하는 것이다.

355 마틴 로이드 존스, 오성종·유영기 옮김(1987), 영적 침체, 새순출판사, pp 136-137

356 존 M. 프레임, 김재성 옮김(2014), 신론, 개혁주의신학사, pp 1,060-1,063

357 기독교의 기독이란 단어는 그리스도를 소리대로 읽은 한자어이다.

< 표 4-13-1 > 신약 성경에 나타난 믿음의 유형과 내용[358]

믿음의 유형	믿음의 내용
믿음의 대상	3위 하나님(요12:1), 예수 그리스도(요14:1), 성령
믿음의 어의	믿는다(스피튜오), 믿음(피스티스 또는 페포이데시스),
피스티스	1. 바라는 것의 실상(히11:1), 2. 보지 못하는 것의 증거(히11:1), 3. 하나님의 선물(엡2:8)
피스티스의 본질	1. 희망(히11:1), 2. 진실(마8:13), 3. 능력(막9:23)
피스티스의 종류	1. 말씀만을 믿음(마8:5-13) 2. 큰 믿음(마15:28),3. 적은 믿음(마14:31), 4. 단순한 믿음(마9:19-22) 5. 행동하는 믿음(마9:1-2) 6.더딘 믿음(눅24:25)
피스티스로 얻는 것	1. 영생(엡2:8), 2. 의롭다함(롬1:5, 갈3:11, 히10:38), 3. 하나님께 당당히 나감(엡3:12), 4. 생수를 얻음(요4:10), 5. 자기 집이 구원을 얻음(행16:31)
피스티로 말미암은 삶	1. 믿음에 이르는 삶(롬1:17) 2. 전진하는 삶(히11:8) 3. 더 나은 예배를 드리는 삶(히11:4) 4. 말하는 삶(히11:4) 5. 하나님을 기쁘게 하는 삶(히11:7) 6. 방주를 예비하는 삶(히11:7) 7. 기도하는 삶(골2:7) 8. 감사하는 삶(골2:7) 9. 사랑하는 삶(딤전1:5) 10.역사하는 삶(살전 1:3) 11. 선한 싸움을 싸우는 삶(딤전6:12)
피스티로가 자라는 방법	1. 말씀을 들음으로 믿음이 성장(롬10:17) 2. 예수 안에 뿌리 박고 자람(골2:6-7) 3. 교훈을 받음으로 믿음이 자람(골2:7) 4. 기도함으로 믿음이 자람(눅22:32) 5. 환난과 핍박 속에서 자람(살후1:3-4) 6. 말씀을 의지하는 결단을 통해서 자람(눅5:3- 6) 7. 성령의 도움으로 믿음이 자람(행9:31) 8. 희망으로 믿음이 자람(히11:1) 9. 사랑함으로 믿음이 자람(갈5:6)

주: 구약 성경에 나타난 믿음에 관한 히브리 어휘는 에무나(49회 사용, 신실함, 믿음), 아만(138회 사용, 신실하다, 진실하다), 헤어민(신뢰하다, 믿는다), 아멘(진실로)이 있다.

믿음은 전인격적이다. 믿음의 방향은 하나님을 향하며 하나님에 관한 지식을 넘어 하나님과 「인격적」 관계를 맺으며 하나님과 「연합」한다. 믿음이 인격적이고 연합된 관계라 함은, 느끼고 이해하고 신뢰하며 주고받으며 사랑하고 행동하는 교제적 요소를 포함하는 것이다. 아브라함이 하나님을 지식으로 알았으므로가 아닌 하나님을 믿음으로써 의롭다함을 받은 것이다 (창세기 15:6, 로마서 4:3). 갈라디아서 2장 16절에 믿음의 대상과 기능을 자세히 설명하고 있다.

사람이 의롭게 되는 것은 율법의 행위에서 난 것이 아니요 오직 예수 그리스도를 믿음으로 말미암는 줄 아는 고로 우리도 그리스도 예수를 믿나니 이는 우리가 율법의 행위에서 아니고 그리스도를 믿음으로서 의롭다함을 얻으려 함이라 율법의 행위로서는 의롭다 함을 얻을 육체가 없느니라 (갈라디아서 2:16). 이 구절은 우리가 행하는 종교적 윤리적 신실함이나 노력 아닌 예수님의 신실하심을 믿어 그리스도의 의가 우리의 의가 되어 우리가 의롭다함을 입는다는 것을 말한다.

하나님을 개념으로 추상하거나 이론을 펴거나 철학적 또는 사변적 귀결로 아는 것이 아니라 살아계신 하나님을 인격적으로 믿음으로써 그 믿음의 결과로 추상, 이론, 철학, 신학, 간증, 행동, 결단 등이 부수적으로 발생한다. 종교성, 윤리성, 율법성을 향한

358 김승교 지음(1983), 주제별 원어 설교 제12권, 목회자료사, pp 31-100

것 - 연습, 구도, 실천, 기도 등이 믿음이 아니다.[359] 사람이 하나님을 추구하는 동기와 욕망을 갖는다고 하더라도 그분이 그분의 존재를 우리에게 나타내실 때만이 우리가 그분을 인격적으로 알 수 있고 이해할 수 있기에 이 믿음은 전적으로 우리에게 속해 있지 않고 하나님에게 속한 영역 즉 영적 은혜의 영역이다. 하나님께서 친히 우리에게 믿음을 주어 비로소 영적으로 하나님을 아는 지식을 갖게 되고 인격적으로 만나며 우리는 더욱 의지적으로 다가선다.

< 표 4-13-1 >에서 믿음의 유형을 살폈으나, 크게 두 가지로 요약할 수 있다. 첫째, 구원에 이르는 믿음(회심)과 이 믿음에서 발생하는 믿음이 있다. 구원에 이르는 믿음은 사람의 사유 행위에 의한 결과물이 아니다. 따라서 믿음은 자랑치 못하니 하나님으로부터 온 전적 은혜요 선물이다 (에베소서 2:8-9). 영생을 주시기로 작정된 자에게는 다 믿게(사도행전 13:48) 하는 믿음을 주신다.

둘째, 믿음은 구원의 씨가 되는 믿음에서 성장한 여러 믿음의 유형이 있다. 교제를 통해 믿음이 굳어지기도 하며(사도행전 14:22), 산을 옮길 만한 믿음이 있고(마태복음 17:20), 병 나을 믿음이 있고(누가복음 8:44) 에녹처럼 믿음으로 죽음을 보지 아니한 경우도 있고(히브리서 11;5), 하나님이 준 믿음에서 떠나는 경우도 있고(디모데전서 4:1, 6:10), 믿음이 더 할 수 있고(고린도후서 10:15), 자랄 수 있다(데살로니가후서 1:3). 믿음의 분량(로마서 12:33)만큼 우리가 믿고 있을 뿐이나 그 분량은 겨자씨보다 적고 작다 (마태복음 17:20). 믿음은 그에 따른 행동을 동반한다 (야고보서 2:24). 이렇게 다양한 유형으로 나타나는 것은 성령과 사람의 다양한 인격의 상호적 관계 또는 성령의 주권적 선택이다.

왜 믿음을 가질 수 없는가. 어떻게 믿음을 갖는가. 이미 여러 유형으로 설명했듯이 기독교의 믿음은 인문학(the humanities)[360]이나 인간중심주의(humanism)로 얻거나 알 수 있는 것이 아니라 하나님으로부터 그리고 하나님에 속한 것이어서 성령 하나님이 주시기까지 믿음을 가질 수 없다. 다만 인문학을 통해 구체적이 아닌 막연한 신적 믿음의 특성을 이해할 뿐이다. 이런 점에서 인문학 즉 철학, 종교(신학), 역사, 과학 등으로 얻는 지식으로부터 형성된 믿음과 차이를 나타낸다. 하나님을 계시한 성경(말씀)과 성령을 통하지 않고 믿음이 형성되지 않는다. 이성적, 합리적, 자연적, 본능적,

359 영지주의는 외부에서 오는 어떤 영적 매체 또는 영적 지식을 깨달아 구원에 이른다는 점을 강조하나 이는 기독교 교리와 전혀 다른 이단으로 사탄의 계략이나 사람 스스로 구도의 길에서 얻는 방법에 속한다.

360 인문학이란 신, 만물, 생명체에 관한 질서와 원리를 찾는 인간 스스로의 이해, 지식 및 노력의 결과물이다. 사도 바울은 "철학과 헛된 속임수로 너희를 사로잡을까 주의하라. 이것은 사람의 전통과 세상의 초등학문을 따름이요 그리스도를 따름이 아니라 (골로새서 2:8)"고 경고하였다.

경험적, 감각적 믿음은 하나님이 주시는 믿음과 다르다. 근원적 믿음으로서 하나님으로부터 연유하는 믿음은 하나님의 속성인 거룩한 것이며 죄를 깨닫고 회개하고 청결한 자에게 주어진다. 하나님이 주신 믿음은 죄와 병행하지 않고 거룩과 하나님의 말씀에 순종하는 행동을 동반한다. 인문학으로 성경이 정의하는 죄를 알 수 없다. 또 인문학으로 기독교의 거룩을 설명하지 못한다.

죄(罪, sin)란 무엇인가.[361] 영과 혼과 육으로 구성[362]된 사람은 어떤 존재인가. 사람이 창조되기 전 선악을 알게 하는 나무(창세기 2:9)가 에덴동산 중앙에 있음으로 보아 선과 악 두 가지는 선험적으로 동시에 존재하였다. 하나님께서 금지한 선악을 알게 하는 나무의 실과를 따서 먹지 말라 함을 거역한(창세기 2:17) 행위로써 첫째 선악을 알게 되었고 죽음에 이르고, 둘째 자아를 통한 자기 논리로 자기의 믿음에 따라 행하고 하나님 말씀에 불순종하는 죄를 범하여 죄인이 되었다. 아담과 이브의 죄로 모든 사람이 죄인이 되었다. 이는 우리가 알 수 없고 쉽게 이해하기 어려운 성경상 내용이나 심리 및 정신적 법칙으로 모든 사람에게 작용하고 있음을 알 뿐이다.

사도 바울은 이 법칙을 깨닫고 사람을 지배하는 선악의 법칙을 설명하였다. *이제는 내가 이것을 행하는 자가 내가 아니요 내 속에 거하는 죄니라. 내 속 곧 내 육신에 선한 것이 거하지 아니하는 줄을 아노니 원함은 내게 있으나 선을 행하는 것은 없노라. 내가 원하는 선은 하지 아니하고 도리어 원치 아니하는 악을 행하는도다. 만일 내가 원치 아니하는 그것을 하면 이를 행하는 자가 내가 아니요 내 속에 거하는 죄니라. 그러므로 내가 한 법을 깨달았노니 곧 선을 행하기 원하는 나에게 악이 함께 있는 것이로다. 내 속 사람으로는 하나님의 법을 즐거워하되 내 지체 속에서 한 다른 법이 내 마음의 법과 싸워 내 지체 속에 있는 죄의 법 아래로 나를 사로잡아 오는 것을 보는도다. 오호라 나는 곤고한(困苦, wretched)*[363] *사람이로다. 이 사망의 몸에서 누가 나를 건져 내랴. 우리 주 예수 그리스도로 말미암아 하나님께 감사하리로다. 그런즉 내 자신이 마음으로는 하나님의 법을 육신으로는 죄의 법을 섬기노라. 그러므로 이제 그리스도 예수 안에 있는 자는 결코 정죄함이 없나니 이는 그리스도 예수 안에 있는 「생명의 성령의 법」이 「죄와 사망의 법」에서 너를 해방하였음이라* (로마서 7:17-81).

육신이란 내 의지와 상관 없는 유전된 본래의 인격과 몸을 말한다. 사람 안에 거하는

361 교리적으로 조직신학이나 인간론에서 '죄'를 다룬다.

362 신학자에 따라 영과 혼을 하나로 보아 영혼으로 표현하는 경우도 많다.

363 사도 바울이 곤고(困苦)한 사람이라고 자신을 한탄한 표현은 형편없고 어찌할 수 없고 보잘것 없는 영락(零落)한 지위의 비참한 존재를 일컫는 말이다. 괴로운 자신의 심리상태를 고백하는 매우 심각한 상태의 인간적인 표현이다. 거듭난 사람은 사도 바울의 위 고백과 유사하게 자아의 모습을 객관적으로 볼 수 있고 설명(회개)할 수 있다.

죄(sin)란 사람의 심리적 또는 행동적 행위로 나타나는 불법적인 개개의 행위(범죄, offence, sins)가 아니다. 영(靈 spirit)과 혼(魂 soul)에 내재한 불완전, 타락, 왜곡, 악함, 고통, 부조리 등을 끊임없이 생산해 내는 본질과 속성과 실체로 나와 상관 없이 육신 속에 거하는 그 무엇인데 이를 성경에서 「죄」 또는 「사망의 법」라 한다. 모든 사람은 이러한 「죄가 자신을 다스리는 법」이 되어 태생적으로 가진 죄인이며 이를 깨닫게 하는 분이 하나님(성령)이다. 하나님의 기준에서 성령이 조명하시길, 인간의 영혼은 맑고 아름다운 영혼이 아니라 죄로 물들어 있다. 성령께서 이 죄가 무엇인지를 알게 하신다. 죄를 깨달음으로 사람의 선한 생각과 행동을 함에 불구하고 사람의 악함을 안다. 성령께서 내 속의 죄를 깨닫게 하므로 이성과 감성과 의지로 즉 전인격적으로 죄를 깨닫게 하신다. 이러한 자신을 깨닫고 하나님을 향한 마음이 더욱 생기도록 성령께 의지한다.

믿음이 관여하는 영역은 영과 지·정·의(知情意)이어서 전인격(全人格)적으로 깨달아(know) 확신(assurance)하고 하나님을 신뢰하며(trust) 하나님의 질서와 율법에 충성(faithful)한다. 죄를 깨달으면 윤리성과 관련 있으나 나의 인격을 구성하는 영과 지·정·의 전 분야에 걸쳐 죄가 분포하고 있음을 알게 한다. 이를 교리적으로 인간의 속성을 전적 타락이라고 한다.

< 표 4-13-2 > 선악 실존 상황

인문학의 실존 상황	기독교의 실존 상황
(악함) 전쟁, 노예, 압제, 권력, 야만, 폭력(무력), 사기, 절도, 살인, 착취, 자연(환경)파괴, 약탈, 강간, 탐욕(욕심), 분노, 미련, 고통, 생노병사, 집착, 번뇌, 좌절, 궁핍, 두려움, 염려, 낙심, 허무, 혼동, 고난, 슬픔, 불안, 무지, 소외, 고독, 부조리, 재앙, 거짓, 분열, 편견, 차별, 마약 등	(악함) 불의, 추악, 탐욕(탐심), 악의, 시기, 살인, 분쟁, 사기, 수근댐, 비방, 미움, 능욕, 교만, 자랑, 거역, 우매, 배약(背約), 무정, 무자비, 정죄, 음란, 송사, 도적질, 불순종, 사망, 사탄과 마귀, 악령 등
(선함) 양심, 기부, 표창, 기여, 칭찬, 양보, 존경, 인내, 사랑, 용서, 충성, 예의, 격려, 봉사, 믿음, 정의와 윤리 등	(선함) 율법, 양심, 성령의 9 열매(사랑·희락·화평·오래 참음·자비·양선·충성·온유·절제), 거룩, 평강, 용서, 관용 등

주: 선악 2분법의 중간으로써 악을 다스리거나 악을 선으로 유도하는 수단인 징벌, 시련, 시험, 고난, 훈계, 보복, 재앙 등이 있어 보인다. 역사적, 윤리적 등 관점에서 절대적 악함과 선함의 실질적 내용을 구분하기는 쉬워 보이지 않다. 특히 성경에 나타난 하나님의 말씀과 행함에 인간의 판단을 개입할 수 없는 예들이 드러난다. 인간의 판단에서도 파스칼이 지적했듯이 '피레네 산맥 이쪽의 참은 저쪽에서는 거짓이다'라고 하고 있다. 에덴동산 중앙에 생명나무와 선악을 알게 하는 나무를 두었음은 생명과 선악의 근원은 하나님에 속한 것으로 인간에게 허락되어 있지 않고 하나님에 속한 것이다. 즉 선악 판단은 인간에 속하지 않는다. 인간은 많은 경우 선악 간에 행한다. 선으로 행동하나 악이 된다. 사람이 악으로 판단하나 하나님은 선이라 정의함을 볼 때 선악의 개념은 죄보다 상위의 영적 개념으로 보인다.

죽음의 원인을 죄로 정의한다. 현대 의학은 죽음을 유전자를 보호하는 유전자 끝 텔로미어(telomere)의 단축 혹은 활성산소 발생 등으로 설명하나 성경은 죄로 말미암아 육체와 영혼에 사망이 이르게 되었다고 한다 (로마서 5:12 등). 또 죄는 죽음 뿐 아니라 악(惡)을 동반한다. 이를 죄악이라 한다. 악함은 죄로 물든 인간의 영혼에서 자연스럽게 솟는다. 사람의 죄로 인하여 만물도 피곤하다고 설명한다 (전도서 1:8). 심지어 만물보다 거짓되고 심히 부패한 것을 마음이라 하였다 (예레미아 17:9). 영혼이 물들은 죄로 인하여 실존의 삶에서 내적(심리적)으로 자신을 속이고 은밀하거나 무의식적으로 작용하여 알아채기 쉽지 아니하고, 외적(행위)으로 시공간적이며 입체적이고 광범위하며 영속적이며 유전적이며 누적(累積)으로 나타난다. 하나님은 이렇게 무서운 죄의 단절 또는 극복을 위해 두 가지 해결책을 마련하였는데 그 하나는 사람과 생태계를 위해 사람의 육신이 영원히 살지 못하고 사망으로써 죄가 더욱 확장되고 누적되는 것을 방지하였고, 다른 하나는 이 세상에서 그리스도를 통해 죄를 회개하여 중생하고 믿음으로써 새사람이 되고 죽은 후 영생하도록 2중 장치를 하셨다.

실존주의나 심리학이나 정신분석학에서 어쩔 수 없는 존재 상황인 내면의 고독, 불안, 소외, 허무, 갈등, 부조리, 분열 등으로 설명하면서 이 문제를 극복하는 방법[364]을 찾으나 영원한 대안과 휴식과 위안이 없다. 성경은 인간이 죄 아래에 메인 바 됨을 고백하고 회개하여 창조주·절대자·주권자·자존자(自存者)·지존자(至尊者)·구원자(救援者) 하나님께 돌아오고 순종하라는 것이다. 성경은 모든 사람을 죄된 사람으로 규정한다. 여기서 죄(罪)와 반대되는 말은 의(義)인데 죄를 회개하고 하나님을 믿는 믿음 때문에 죄인이 의인이 된다 (하박국 2:4). 거룩한 속성의 믿음은 죄악을 배척하고 거룩한 믿음을 가진 사람을 죄인화 하지 않고 의인화한다.

4-13-7. 믿음의 모습

바벨탑의 건설자 니므롯의 권력이 바벨탑이 무너진 BC 1,913년 이후 허약하게 되면서 번창한 수메르 문명이 세계 각지로 분산하였다.[365] 수메르 지역에 살던 인간이 세계로 흩어지면서 수메르 문명의 무질서하고 다양한 사상도 여러 지역으로 퍼지고 다시 그 지역에서 더욱 변화 또는 심화된 것으로 본다. 힌두사상의 시작을 BC 17세기로 보면 수메르 문명이 망한 300여 년 후 수메르 문명이 인도에 정착 후 발달한 사상으로 보인다. 수메르 문명의 후손들이 이집트, 그리스, 중국 등으로 이전하여 그 지역에서 그들만의 문화를 독자적으로 형성한 것으로 본다.

364 예술, 문화, 법학, 윤리학, 종교학, 심리학, 뇌과학, 의학 등

365 역사학은 갑자기 사라진 수메르 문명의 패망 원인을 아직 파악하지 못하나, 창세기는 바벨에 탑을 쌓게 된 동기가 하나님을 대적하여 하나님께서 무너트리고 인간의 언어를 분화시켜 세계로 사람을 흩어지게 하셨다고 한다.

태양이나 달을 신앙하거나, 주술적 방식으로 믿음을 갖거나, 분석적이고 논리적 방식으로 믿음을 갖거나, 기도와 명상을 통해 믿음을 갖거나, 점술인의 도움을 받아 믿음을 갖거나, 꿈을 꾼 내용에 믿음을 부여하거나, 조상에게 빌어서 믿음을 갖거나, 성령을 통한 믿음을 얻게 되거나, 개인적 경험칙을 통해 믿음을 갖거나, 학문에 의해 믿음을 갖거나, 다수결에 따른 믿음을 갖거나, 지적 통찰력(직감)에 의해 믿음을 얻게 되거나, 통계 분석을 통한 확률에 의지하거나 어떤 형태의 자력에 의한 또는 타력에 의한 믿음 없이는 방황하며 결정하지 못하며 믿음이 없다면 불안한 존재가 사람이다.

믿음은 혼란과 불안을 넘기 위한 결정에 절대 필요하다. 우연이나 혹시를 전제하는 행동은 무모하다. 매우 감사하게도 많은 자연 질서가 참되고 순수하고 안전하며 안정되어 우리는 그러한 질서에 대한 믿음으로 편히 자고 행동한다. 어떠한 작은 믿음이라도 깨어지거나 알지 못하면 실존이 불안해지고 혼란과 불안이 가중된다. 놀랍게도 하나님께서도 잘 짜여진 질서와 법칙 속에서 반복되는 일상의 믿음에 기초하여 살도록 하셨다.

믿음이 유발하는 행동을 보면 그 믿음의 실체를 알 수 있다. 믿음이 없으면 행동을 하지 않는다. 거짓된 믿음은 거짓 행위와 빈말을 일삼으며, 믿음이 적으면 항상 불안하여 행동에 자신이 없다. 참된 믿음은 마음의 평안을 동반하며 타인을 해치지 않는다. 세상의 지식이 복잡하고 방대한 이유는 일종의 객관적 지식을 갖기 위함인데 많은 경우 자신의 이익인 재물과 권력과 향락과 안전을 강화하려는 행동에는 헛된 야심과 탐욕이 도사려 있다. 순수한 믿음은 이런 유형을 동반하지 아니하므로 행위로 믿음을 알 수 있다.

4-13-8. 믿음의 형성

개인적 체험을 일반화함이 바람직하지 않으나 30대 초반인 1986년 가을부터 1987년 봄까지 약 6개월 정도 성경을 읽으며 기도를 통해 성령의 강력한 조명으로 「나」를 보게 되면서(반성과 회개) 성령에 영향을 받은 지·정·의로써 기독 신앙이 사람을 구원할 합리적인 사상임에 깨닫게 되어 예수 그리스도를 믿게 되었다. 개인적으로 성령이 가르친 지식 없이 기독교를 설명할 수 없다고 판단하게 되었다. 성령이 주시는 조명 없는 성경 지식은 허망한 사상이다. 신앙을 갖고서도 믿음의 질과 내용에는 많은 영적 굴곡, 변화, 의심과 시험으로 매우 어려운 과정을 겪고 있으나 믿음의 순수성과 목표를 향해 조금씩 나아가는 것이 또한 믿음의 과정이라고 생각하고 신앙한다.

자유란 지·정·의를 통해 얻는 통합적인 온전한 내적 동의를 말한다. 여기서 지·정·의를 통한 통합적 내적 동의란 감정은 동의하는데 의지와 지성이 동의하지 못하면 사상의 진정성과 자유를 얻는 것이 아니므로 지·정·의가 하나로 합의를 얻는 것을 말한다. 이 세 가지 요소가 완전한 동의 상태에 있을 때 자유, 평안 그리고 기쁨이 다가온다. 따라서 믿음은 감성만이 아니고 또한 지성만도 아니다. 주관적이나 인격의 요소인 지·정·의가 하나가 되는 깨달음이 있고 이를 가능하게 하는 것은 내가 아니고 사람에게 주신 거룩한 영 즉 성령이시다.

초월 사상을 주장하는 대표적인 철학자 야스퍼스, 노자의 자연무위(自然無爲)사상, 불교의 해탈 등은 사람의 일그러진 속성을 벗어나 진정한 행복과 자유를 찾고자 한다. 자아 초월의 궁극적 목표에 영생을 추구하는 사상이 가미되면 과학적 합리주의에서 벗어나 신비적 종교가 된다.

기독교에서는 인문학에서 말하는 「초월(trans-personal)」이라는 단어를 사용하지 않는다. 사람이 스스로 초자아[366]를 작동시켜 초월적 존재가 되는 것을 부정하기 때문이다. 기독교 사상에 초월이란 용어를 사용하자면 자아에 의하지 않는 비자아(非自我)적 초월이다. 이는 자아의 부조리를 깨닫고 이 부조리함을 극복하기 위해 자신의 지·정·의를 통해 초월하는 것이 아니라 예수 그리스도를 믿는 구원의 도 즉 비자아인 성령 하나님께서 역사하시는 초월의 방법에 의지하는 믿음을 갖는 은혜와 선물에 따르는 것이다. 추가하면 기독교의 비자아 초월은 영생까지 포함하고 있다. 따라서 기독교는 하나님에 의해 자신을 초월하는 것 뿐 아니라 시간, 공간 그리고 영적 초월이다.

성경을 읽을수록 드는 확신은, 믿음은 사상이나 사유가 아니며 행동을 반드시 동반하는 것으로 행동이 없는 믿음은 관념론이며 구원에 이르지 못한다는 점이다. 포도나무는 사과나무가 아닌 포도를 맺으며, 열매를 맺지 못하는 나무는 베어지고 버려진다는 것이다 (마태복음 3:10, 7:21 등).

어떤 믿음이든 믿음은 삶의 기초이다. 믿음은 학문으로는 인문학적 앎이 되며 종교로는 신앙이 되며 일상적 삶에서는 실존적 가치와 법과 행동의 규범이 된다. 사람은 믿음보다 본능에 일차적으로 충실하다. 먹고 마시고 생육하고 쉬고 자는 등의 낮은 단계의 본능을 믿음이라 하지 않는다. 마찬가지로 본능적 감정도 믿음으로 분류하지 않는다. 이보다 높은 단계의 본능인 지적 호기심은 인식 과정을 거쳐 정보를 파악하여

366 '초자아'를 자기가 스스로 통제하여 이상적이고 완전을 추구하려는 의지(권중돈(2016), 인간행동과 사회환경, 학지사, p195 참조)로 보는데 기독교에서 이런 개념을 사용하지 않는다.

인식론적 믿음을 형성한다. 습득한 상식과 지식이 이 유형의 믿음일 것이다.

태어날 때부터 본능은 생명의 본질 또는 특징이 되나 인식론적 믿음은 형성 과정을 거쳐 습득된다. 형성 과정은 스스로의 관찰과 연구이며 외부로부터 얻게 되는 과정은 전달과 교육인데 상식 이상의 공고한 믿음을 얻기가 쉽지 않다. 전래된 경험과 지식 없이 홀로 새로운 믿음을 얻기가 어렵다. 홀로 절대적 믿음을 형성하기에는 거의 불가능에 가깝다. 절대적 믿음이 아니더라도 높은 단계의 믿음을 얻기 위한 철저한 반복과 학습으로도 얻기 쉽지 않다는 데 인간의 어려움이 있다. 역사적으로 매우 특별한 몇 사람이 홀로 작은 진리와 실체를 밝혔을 뿐 불행히도 대부분 사람이 새로운 믿음의 내용을 찾아내지도 못하고 천재들의 주장을 이해하지 못 한다.

이런 이유로 대부분 사람의 실존은 낮은 단계의 본능적 삶으로 살아가며 높은 단계의 인식론적 믿음이 결여된 채 삶을 살아간다. 다행인 점은 실제 높은 단계의 인식론적 믿음 없이도 타고난 기초적인 본능과 능력 덕으로 생존할 수 있다. 사람의 삶은 주어진 환경을 이해하는 본능적 감각에 따라 낮은 단계로 대부분의 삶을 유지하여 살 수 있도록 태어나며 높은 단계의 인식 과정을 거친 믿음을 갖어야 할 이유는 대부분 특별한 경우이다.

아브라함의 믿음을 원형의 믿음이라고들 하는데 이유가 있다. 하나님께서 각 사람에게 나타나셔 매우 강력하고 정확한 믿음을 주면 얼마나 좋을까. 마치 강의실에서 훌륭한 선생님이 철저한 설명으로 모든 수강생에게 아름답고 정확한 지식을 주어 그를 정확히 이해하여 믿음을 갖도록 하는 방식으로 모두에게 믿음을 주면 얼마나 좋을까. 사실 이 방법은 매우 유익하고 편리하고 가장 정확한 방법일 수 있다.

아브라함이라는 한 사람의 일생을 살폈듯이 아브라함은 하나님을 여러 차례 직간접으로 체험하였으나 갈등과 의심과 낙심이 반복한 일상의 사람이었다. 하나님께서 매우 특별히 선택한 사람 아브라함에게 특별히 그의 믿음을 보고 의로운 사람이라고 칭한 점은 또한 특별하다. 아브라함은 대범하고 타인을 존중하는 인격이 높으나 갈등과 실수를 드러내었다. 이러한 연약함은 아담, 가인, 노아, 모세, 다윗 등이 공히 모든 사람의 인격과 행위에서 동일하게 나타난다. 우리 모두 유사한 학습과 인식적 사고 과정에서 습득한 다양한 유형의 믿음을 갖고 일상적인 삶을 살고 있음이 분명하다. 실수와 시행착오와 불안한 삶을 영위한다.

삶이 그러하다면, 그 원인이 무엇이든 사람이 가져야 할 삶의 규범과 진리에 대한 믿음을 스스로 찾아 믿음을 갖지 못하는 존재가 사람이기에 안타깝고 슬픈 존재이다. 실제 사람은 믿음을 가져도 약하며 순간적인 존재이다. 영원히 견고한 복된 삶을 영위할 수 있는 믿음이 필요한 것이 사람이나 오랜 기간 선조들이 물려준 믿음의 체계가 나약하고 불완전한 것이라면 사람은 어떻게 믿음을 찾아야 하는 것인가. 산 속에서 끊없는 기도와 묵상으로 구도의 길을 떠나야 하는 것인가. 명백히 그렇지 아니하다. 비슷하게 그 믿음에 접근할 수 있을 것이나 명백히 온전한 믿음을 형성하지 못한다. 온전한 믿음을 갖었다 하더라도 믿음 위에 서지 못하고 넘어진다. 귀납적으로 완전한 믿음에 도달하지 못하고 행하지 못한다.

이러하기에 하나님께서 아브라함을 특별히 벗(이사야서 41:8 및 야고보서 2:23)으로 삼아 믿음을 주시어 의인(창세기 15:6)으로 택하여 하나님을 향한 믿음의 사례로 증거로 삼았다. 아브라함의 믿음을 예시하여 그러한 방식으로 갖는 것이 믿음이라는 것을 공개적으로 알려 준 성경 상의 자세한 예증이다. 모든 사람이 아브라함처럼 특별하길 원할찌 모르나 모두가 아브라함처럼 특별할 이유가 없는 모양이다. 하나님의 말씀에 의지하여 신앙하며 생을 살도록 하였다. 믿음이 인식에 머물 때 사상이 되어 죽은 믿음이 되며 행동을 동반할 때 부활하는 신앙이 된다.

사람의 믿음은 각 사람이 그들의 방식으로 구도하여 형성되는 것이 아니라 전래된 선조들의 검증된 믿음을 살펴 하나님께서 가르치신 말씀을 믿고 산다. 아브라함에게 이미 확증한 믿음 즉 아브라함이 걸어간 믿음을 원형이라 하며 이를 성경에 보여 줌으로써 하나님은 모든 사람이 그러한 예처럼 살아가도록 우리가 학습하도록 요구하신다는 점이다. 하나님으로부터 나온 믿음은 이미 공개된 참지식인데 이를 위해 매우 특별한 교육이 왜 필요하겠는가. 우리 곁에 성경이 있지 아니한가. 성령께서 우리 곁에 계시지 아니한가! 감사와 찬송을 드리고 도우심을 바랄지어다 !

4-13-9. 이삭의 믿음

이삭의 믿음에 대한 아래 내용 일부는 성경에 기록되지 아니하여 신학적으로 예민하나 야살의책에 상세히 기록한 내용을 독후감으로 소개하지 않을 수 없다. 이삭은 하나님께서 아브라함에게 영원한 언약을 맺겠다고 약속한 사람이다 (창세기 17:19). 히브리서 11장 17절에 아브라함은 "*시험을 받을 때 믿음으로 이삭을 드렸고*" 이어 20절에 이삭은 "*믿음으로 「장차 오는 일」에 대하여 야곱과 에서에게 축복을 하였다*"라고 하였다. 「시험을 받을 때」라는 불특정 의미와 시기와 상황에 대하여 야살의책이 상세히 해설하였다. 사도 바울이 히브리서 11장에서 여러 선조가 행한 간략히 믿음의 사례를 나열하면서 이삭 믿음의 지향성 즉 장차 오는 일에 대한 믿음을 특별히 설명하였다. 성경에 아브라함의 믿음에 대하여는 다른 조상들보다 많은 횟수로 설명하는데 이삭의 믿음에 대하여는 아브라함보다 그 횟수가 매우 적은 편이다.

아브라함과 이삭의 관계 속에 드러난 믿음을 설명할 때 빼놓을 수 없는 사건이 아브라함이 이삭을 모리아산에서 제사 드리는 창세기 22장의 장면이다. 야살의책에는 창세기에 담긴 내용 이외에 인간적인 충격적인(?) 여러 설명이 담겨 있어 이를 해석함에 있어 창세기의 본질적 내용을 재해석해야 할 정도이다. 이삭의 성격, 형 에서와 갈등, 믿음의 순수함, 강직함, 아브라함과 사라의 이삭에 대한 깊은 애정, 사탄의 시험, 아브라함과 이삭의 하나된 믿음, 그리고 하나님의 섭리가 그 속에 있음을 드러내어 놀랍고 때로는 아름다운 장면도 있다.

아브라함의 아내는 아브라함의 형 하란의 딸 사라인데 사라는 원래 불임의 여성이다. 그녀는 절세가인으로 아브라함이 쉴 때도 곁에 둘 정도로 매우 아낀 여성으로 50세 아브람이 40세 사래와 우르에서 결혼하였다.

아브람 55세 사래 45세 때 하란에서 하나님께서 가나안에 가면 씨가 크게 번성하여 하늘의 별과 같을 것이라고 최초로 자식에 대하여 축복의 말씀을 하셨다 (야살의책 13장 3-5절). 이후 여덟 차례 이상 하나님께서는 아브라함에게 가나안에서 후손이 별과 같이 바다 모래 같이 많을 것이라는 축복을 하였는데 도무지 자식이 생기지 않았으니 사라가 결혼 후 49년 동안 불임이었다.

자식이 없으면 가업(기업)을 이을 수 없다는 사회적 인식 때문에 아들이 절대적이었다. 아들이 없으면 종에게 가업을 물려주는 풍습이 있었으니 아브라함도 매우 초조하였다. 그러니 사래는 무척 답답함을 넘어서 심히 불안해하였고 자책하기도 했다. 고향 우르를 떠나 여러 차례 하나님이 자식을 주겠다는 약속을 하였으나 자식이 없자 초조한 사래가 아브람을 설득해 이집트 바로에게서 얻은 몸종 하갈을 통해 가업 이을 자식을 얻고자 아내로 주었다. 이때 사래의 나이 75세 아브람 나이 85세였다.

이에 문제가 발생하길, 자기 남편의 품에 있는 하갈에게서 멸시와 심리적 압박을 받아 초조한 사래가 아브람을 압박하기 시작하였다. 즉 자기가 하갈로 인하여 멸시를 받는데 자기는 아들을 낳기 위해 자기 몸종을 준 것밖에 없음에도 왜 하갈에게서 자기가 멸시를 받아야 하는지 그 모멸과 멸시는 자기가 받을 것이 아니라 남편인 아브람이 받아야 하는 것이라고 아브람에게 따졌다. 불임의 원인과 여성의 심리적 박탈감을 아브람에게 돌리었다. 또 아브람과 자기 사이의 문제를 하나님이 판단해야 할 것이라는 초강수의 말을 아브람에게 하였다. 아브람도 할 수 없이 사래에게 사래의 몸종이니 하고 싶은 대로 하라고 맞받아 쳤다. 사래가 하갈을 심히 학대하자 하갈이 멀리 광야로 도망하였으나 하나님이 나타나셔 여주인에게 돌아가서 그를 섬기라고 하고 자식을 얻을 것이라 하여 위로하였다 (창세기 16:5-11). 다시 돌아온 후 곧 하갈은 아들 이스마엘을 낳는데 아브람 86세였다.

이스마엘이 점차 커 13세가 될 때였으니 아브람 99세 사래 89세였다. 하나님께서 아브라함에게 나타나 자식이 있을 것과 또 당초 이름인 「아브람」과 「사래」를 「아브라함」과 「사라」로 바꾸라고 계시하면서 남자는 할례를 받을 것을 명하자 99세 아브라함과 13세 아들 이스마엘이 할례를 하였다. 그런 후 하나님의 사자가 쉬고 있는 아브라함에게 또 나타나 사라에게 아들이 있을 것이라는 이야기를 하자 하나님의 사자를 위해 음식을 준비하고 있는 사라가 이 말을 듣고 자기 나이 89세에 경수가 끊어졌는데 무슨 임신을 하겠느냐고 속으로 웃었다. 하나님께서 아브라함에게 사라가 웃었음을 알리자 사라가 웃지 않았다고 시치미를 떼었다 (창세기 18장). 이 사라의 웃음으로 사라가 낳은 아들의 이름이 「웃음」을 뜻하는 「이삭」이 되었다.

무자인 사라는 아브라함을 설득하여 자신도 자식을 얻을 수 있도록 하나님께 기도를 하라고 부탁을 하였다. 이 점으로 사라도 하나님께 기도를 얼마나 많이 하였을까 하는 점을 이해하게 됨과 동시에 하나님께서 자기 기도를 들어주지 아니하여 남편에게 하소연하는 장면도 소개되어 있다. 헤브론에서 블레셋 땅 그랄로 옮겨 살던 90세 아브라함 가족은 하나님 사자의 예언이 있는 다음 해 사라가 임신하여 100세에 아들을 낳았으니 이스마엘보다 14년 어렸다. 이삭이 4살이 되던 해 활을 잘 쏘는 이스마엘이 이삭을 시기하여 활을 쏴 죽이려 하는 광경을 목격한 사라가 하갈과 이스마엘을 쫓아 내었다. 그후 아브라함은 광야로 쫓겨간 이스마엘을 가끔 방문하였고 애굽 출신인 하갈은 아들 이스마엘에게 애굽 여자로 며느리를 삼아 가정을 이루게 하였다.

블레셋의 그랄 땅에 살던 126세의 아브라함 가족은 블레셋 땅 끝으로 이주하여 브엘세바 우물을 파고 거주하였다. 광야에 나가살던 이스마엘이 아브라함 집으로 돌아와 함께 살았는데 37세의 이삭이 이스마엘과 장막에서 담화를 나누던 중 이스마엘이 13세 때 하나님께서 명령한 대로 아브라함으로부터 할례 받음을 자랑삼아 이야기하자, 이삭이 이스마엘에게 답하길, 형의 몸에서 살을 조금 잘라낸 것을 자랑할 필요가 없지 않느냐 반문하고 「하나님께서 아버지 아브라함에게 자기를 번제로 드리게 하더라도 삼가지 않고 기쁘게 따를 것」이라 답하였다.[367] 이러한 배경과 대화가 창세기에는 전혀 언급이 없으나 매우 충격적인 이 장면을 포함하여 이삭을 제물로 드리는 내용이 야살의책 22-23장에 자세히 기록되어 있다. 그의 나이 37세 때 자신의 굳건하고 순수한 신앙과 믿음을 고백하는 장면 등 여러 내용이 담겨 있다.

창세기에는 이삭의 행적이 아브라함과 야곱의 행적에 비해 묘사가 적다. 그런데 이삭이 이스마엘과 대화한 위 내용의 요체는 하나님께서 아브라함에 명하여 자기(이삭)를 번제물로 드리게 해달라는 내용이다. 즉 이삭의 신앙적 고백이 발단이 된 이 사건을 수록하지 않고 이삭을 번제물로 드리는 아브라함의 신앙과 믿음을 아브라함의 행적으로 창세기 22장에 기록하고 있다. 앞에서 지적했듯이 히브리서는 이를 「시험을 받을 때」라고 간단히 불특정한 내용으로 소개하고 있다. 그러나 이삭의 말로 인해 발생한, 즉 사도 바울이 지적한 「시험을 받을 때」에 대하여 자세히 소개하길 이삭, 아브라함 및 사라가 세 사람이 사탄으로부터 시험을 받았다는 것이다. 사탄이 욥을 시험하듯 아브라함과 사라를 시험한 자세한 내용의 개략은, 마치가 욥기의 욥이 당한 시련과 유사한 장면으로, 이러하다.

이삭과 이스마엘의 이야기를 하나님의 눈에 좋게 여겼다는 것이며 이 이야기를 안 사탄이 하나님께 청원하여 아브라함을 「시험」하고자 하였다는 것이다. 사탄은 아브라함을 시험하기 위해, 37년 동안 이삭을 하나님께서 보살펴 주시고 또 아브라함이 주의 은혜를 망각하여 번제와 화목제를 드리지 않았다고 하나님께 상소하였다. 그러자 하나님께서 아브라함의 신앙을 칭찬하며 그가 소와 양을 내게 드림은 물론 그의 아들 이삭까지 번제를 드리라 하더라도 드릴 것이라 사탄에게 말하니 사탄은 그리해 달라고 청원하였다. 그러자 하나님은 아브라함에게 브엘세바에서 약 100km 떨어진 북쪽의 모리아 땅에 있는 산(예루살렘 골고다 언덕인 산으로 보이나 대부분 사람이 성전산으로 여김)에서 이삭을 번제로 드리라고 명령하였다. 이 대부분 내용은 창세기에 없고 하나님께서 아브라함에게 모리아 땅에 있는 하나님이 지정하는 산에 가서 이삭을 제물로 드리라는 명령만이 나온다 (창세기 22장).

아브라함의 고민(시험)을 이어 소개하길, 자신이 이삭을 번제로 드림이 매우 곤란한 것과 모친 사라에게서 떼어 낼 수 없다고 말한다. 이를 실행하기 위해 사라에게 둘러대는 말을 하는데 이삭이 하나님을 섬기는 법을 알도록 셈과 그의 아들 에벨의 집(당시 셈은 예루살렘에 거주하였다)에 데려다주어 하나님 섬기는 법을 가르치게 하겠다고 말하여 사라의 동의를 받고 이삭을 데리고 떠나기 전 사라가 느낌이 좋지 않았는

367 야살의책 22:40-44

지 여러 세심하고 매우 간절한 당부를 아브라함에게 하였고 떠나기 전날 밤새 그리고 아침 작별 인사 시 통곡을 하였다 한다.

처음 모리아산으로 갈 때 이삭은 자기를 번제물로 바칠 것을 모른 듯하다. 반면 종 엘리에셀과 아들 이스마엘[368]이 동행하는데 이들은 이삭이 죽을 것을 알고 아브라함의 재산이 자기에게 모두 상속될 것을 속으로 기뻐하였다 한다. 엘리에셀은 아브라함이 하갈과 이스마엘을 내보낼 때 상속권을 이스마엘에게 주지 않기로 한 약속을 알았기에 이삭이 죽은 후 자기에게 올 몫이라고 서로 다툰다 (야살의책 23:21-24). 이외 사탄이 아브라함을 미혹(시험)하는 일 등이 야살의책에 비교적 상세히 묘사되어 있다.

그리고 아브라함이 브엘세바를 떠나 3일 후 모리아 땅에서 하늘 불기둥이 나타나고 영광의 구름이 산위에 나타난 곳을 보게 된다. 아브라함은 아들 이삭에게 이삭을 번제로 드릴 것이라는 이야기하며 그의 심정을 묻는데 이삭의 흔들림 없는 찬양과 신앙을 고백한다. 이삭이 아브라함에게 「내가 이 일에 기쁘고 즐거운 마음으로 있으며 내가 오늘 나를 그분 앞에 번제로 택하신 주를 찬양합니다(야살의책 23:55)」 하자 아브라함은 이에 대하여 크게 기뻐하였다고 하였다. 하나님께서 지시한 모리아 땅에 있는 산에 제단을 쌓은 일과 자기를 결박하기까지 이삭이 아브라함을 돕고 순종하기를 함께 하였다. 심지어 자기를 태운 재를 어머니 사라에게 갖다주며 향기로운 향이라고 전해 달라고 한다.[369] 이 놀라운 장면도 창세기에 미기재 사항이나 하나님께서 번제물로 제단 위에 있는 이삭 대신 숫양을 준비하여 대신 번제를 드린 내용은 창세기와 동일하다. 모리아산에 나타난 하나님의 영광과 이삭의 고백은 모리아산에 십자가에 달리신 예수 그리스도와 같은 고백이며 이삭은 그리스도의 예표이다. 왜 이런 배경과 이삭의 고백을 창세기에 수록하지 아니했는지 모르겠으나 단순히 「시험을 받을 때」 라는 부사절로 야살의책의 상세한 내용을 갈음했기에 매우 아쉽다.

그리고, 사탄이 노인으로 가장해 이삭을 번제로 드린다는 사실을 사라에게 알려 사라를 시험에 빠트리자 통곡을 하며 이삭을 찾으러 집의 종들을 브엘세바에서 헤브론 등 여러 곳에 파견하고 직접 다니며 아브라함과 이삭을 찾았으나 만나지 못하였다. 그러던 중 헤브론에서 사탄이 아브라함이 이삭을 죽이지 않았으며 이삭이 죽지 않은 사실을 알리자 사라가 너무 큰 기쁨으로 인하여 죽었다고 한다. 그녀의 나이 127세였다. 이 시간적 경과를 창세기 22장과 23장에서 살피면 매우 비슷한 시기에 사라가 사망한 것을 알 수 있다. 창세기 22장 20-24절에 하란에 거주하는 아브라함의 형 나홀

368 창세기 22:3에서는 엘리에셀과 이스마엘 대신 「두 종」으로 기록하고 있다.

369 야살의책 23:50-65

의 가족 사항이 소개되어 있으며 모리아 땅에서 누군가가 아브라함에게 형의 소식을 전해준 것으로 보이는데 이 내용은 야살의책에 소개되어 있지 않다. 모리아 땅에서 돌아온 부자는 헤브론에서 사라가 죽었음을 알게 된다. 그리고 헷 족속 에브론에게서 사라의 매장지로 헤브론 마므레 앞에 있는 막벨라 굴과 밭을 은 400 세겔에 사서 장사 지냈다. 탈상한 후 이삭을 셈과 에벨의 집으로 보내 3년간 있도록 하였다고 한다.

이상의 약술처럼 이삭의 믿음은 아브라함의 믿음과 동일 선상에서 하나님 앞에 사탄의 시험받았으며 이삭의 순전하고 단단한 믿음으로 인하여 아브라함의 믿음이 더욱 온전히 완결됨을 알게 한다. 이처럼 신앙은 신앙하는 자가 하나님의 뜻과 연합되어 함께 성장하고 함께 영광을 돌리는 것이며 그리스도와 연합하여 하늘나라의 뜻을 행하며 부활하는 것이다 (예레미야 50:5, 로마서6:5).

4-14. 믿음의 행위론

예수님께서 당시 구약에 설명된 율법과 하나님에 관한 지식이 출중한 대제사장, 바리새인, 사두개인 및 서기관을 향하여 독사의 자식(마태복음 12:34, 23:33)이라고 하였고 이들은 예수님을 십자가에 매달았다. 이 사람들은 하나님에 관하여 누구보다 많은 지식이 있어 다른 이를 가르쳤고 그 지식대로 살려 애쓴 한 사람들이다. 문제는 하나님을 알되 잘못된 지식으로 알았다는 것이다. 헛된 믿음, 이단의 믿음을 가졌던 것이다. 어떤 믿음이든 반드시 행동을 동반한다. 즉 반드시 올바른 믿음을 가져야 한다.

믿음과, 행위와, 율법과, 죄와, 의와, 구원과, 중생 등 기독교의 핵심 개념을 통합 설명하지 못하고 여러 곳에서 나누어 조금씩 설명하였으나 믿음은 행위와 결정과 판단을 위함이다. 영원 전 우리를 구원하기 위한 하나님의 여러 계획과 사람(인자)으로 오신 주 예수 그리스도를 묵상하면 놀라운 신비로 가득하므로 깊이 묵상해야 한다. 어마어마한 신비로 가득하므로 이 개념의 신학적 내용을 보면 다양한 설이 있으나 개인들에게 주시는 각각의 영감이며 매우 깊은 묵상으로 신비한 영의 지식이다.

죄로부터의 구원은 율법이나 행위에서 오는 것이 아니고 예수 그리스도를 믿는 믿음에서 온다는 이신칭의(以信稱義, justification by faith) 교리를 설명하였는데 이 개념이 가진 행위에 대한 구체적 이해를 위해 재론이 필요하다. 오늘날 이 핵심 교리에 대한 오해와 잘못된 해석과 지나친 강조로 초기 기독교인처럼 행위와 믿음의 불일치가 있으며 구원에 이르지 못하는 믿음을 갖는다. 옳은 믿음은 옳은 행위를 동반한다.

믿음에 관한 불교와 유교편에서 믿음의 정의에서 살펴 보았듯이, 믿음은 사색과 성찰과 깨달음이 아닌 궁극의 행위를 목적으로 한다. 믿음은 낮은 단계의 사고이든 높은 단계이든 생각으로 시작하며 그 결과는 무의식 반응이나 행동보다 의식적 행위로써 말과 몸의 행위를 동반한다. 생각하는 사고, 말이나 몸을 함께 하는 행위 전부가 그 사람의 인격을 유발하는 믿음이지 머릿 속 사고만의 행위는 전체적인 믿음을 설명하지 않음을 알 수 있다. 사고 행위는 지식을 얻기 위한 관념론이며 상상이고 이데올로기라 할 수 있으나 이들은 결국 행동을 동반하는 특성이 있다. 이 점에서 사고 행위도 넓은 의미에서 행위를 포함한다. 기독교에서 말하는 믿음은 사고 행위와 말과 몸으로 하는 광범위한 행위를 다룬다. 관념론으로의 생각하는 사고만을 믿음이라고 성경이 절대 말하지 않는다. 특히 믿음이 관념이 아닌 행위라는 점을 야고보서 2장 14-26절에 상세히 설명되어 있다.

샌드위치(sandwich)를 제조 방법을 아는 것은 지식이며 가치 중립적이다. 잘 아는 지식으로 온전한 샌드위치를 만들 수 없다. 요리 전 재료를 준비하는 과정부터 샌드위치를 나쁜 재료를 쓰거나 잘못된 방식으로 만들거나 태우거나 하면 먹을 수 없는 샌드위치이거나 불량 샌드위치가 된다. 이로써 올바른 가치에 도달하지 못한다. 믿음은 생각으로 평가 받기보다 행위의 결과로 평가되며 행위가 올바르기 위해 올바른 생각부터 시작하고 올바르게 행하여야 한다. 맛있는 샌드위치 제조술은 단지 이론일 뿐이다. 믿음은 인식이나 이론만이 아니고 행위를 분리할 수 없고 포함한다.

창세기 3장 1-6절에서 아담과 이브가 하나님 말씀을 어기는 사례를 되새기면, 평상시 그들이 살고 있는 동산을 오가며 중앙에 있는 생명과와 선악과를 가장 많이 보았을 것인데 이 중 선악과에 대하여 하나님의 명령과 뱀이 설명한 것을 포함하여 그들의 생각을 종합하여 매우 심각하게 여러 번 고민하고 그들이 선악과에 대하여 토론하였을 것이다. 선악과를 먹은 행위는 즉각적인 반응이 아니라 여러 사고 작용을 거친 행위요 선택이었다. 하나님께서 그들에게 식량으로 과일을 주셨기에 생명과와 선악과를 보면서 많은 생각을 하지 않을 수 없다. 먹어 볼까, 정말 죽을까, 하나님처럼 선악을 알까, 만져볼까, 눈이 밝아질까, 지혜로워질까 등 많은 생각의 행위를 설명한 창세기 3장에서 이를 알 수 있다. 여기까지는 사고 행위의 내용들이고 그들이 따서 먹은 것은 (무식의적 반응이 아닌) 의식적 행위이다. 일반적으로 하나님께서는 생각의 행위까지 죄로 규정한다 (마태복음 5:28 등).

아담과 이브가 선악과를 먹기 전까지 선악과를 보며 여러 생각으로 갈등한 이 장면 중 하나님을 의심한 생각이 원론적으로 보면 마태복음 5장 28절에 의하면 죄였으나 먹기 전까지 아담과 이브는 그 죄로 인하여 하나님의 징벌을 받지 않았다. 이 점으로 이들이 죄를 지을 수 있는 경향의 완전하지 않은 순수한 피조물로 창조된 것으로 보인다. 이 신학적 유추 해석이 어떠하든 문제는 창세기 지적은 「행위」에 관한 중요한 단서를 제공한다. 구약과 신약을 살피면 하나님께서 말씀에 순종하지 않는 「행위」에 대하여는 단호한 심판이 있음을 알 수 있다. 즉 의롭지 못한 행위에 대하여 하나님은 항상 심판을 하셨다. 구약 계명 대부분이 행위에 관한 법규이고 신약에 오면 더 넓은 의미의 행위를 강조하여 언듯보면 마치 비윤리적이고 반규범적 행위로는 지옥 심판을 받는 것으로 설명하여 윤리적 행위를 강조한 대목이 많다 (로마서 1:18-32 등).

율법에 의해, 율법에 나열된 여러 행위를 모두 지킬 수 없어 율법으로 규정한 행동으로 구원이 불가능하다는 즉 행위로써 의(義)에 이를 수 없고 믿음으로 의에 이를 수 있다는 점이 이신칭의이다. 여기서 「의」와 「구원」을 분리해서 생각해 보자. 구원을 받기 위한 필요한 조건은 믿음이다. 즉 믿음은 구원의 충분 조건이 아니다. 여기서 일차적으로 믿음은 사유(思惟)에 가까운 믿음이라 할 수 있으나 사람의 사유 작용에 의해 형성된 지식이 아니다. 철학적 또는 사변적 사유가 아닌 성령께서 주셔 하나님을 믿어 발생한 사유로서의 믿음을 말한다. 왜냐면 사람의 사유로 진정 하나님을 알거나 믿을 수 없기 때문에 하나님으로부터 발생한 믿음을 본질로 한다. 이 믿음을 하나님은 기뻐하시고 의롭다고 여기시며 일차적으로 구원할 준비가 마련된다. 이런 측면에서 하나님을 믿는 믿음은 명백히 단회(單回)적이다. 중생(거듭남)은 두 번 일어나는 것이 아니라 한 번이다. 하나님을 믿는 믿음은 복수로 일어나지 않는다. 하나님을 믿는 믿음의 행위를 버리면 배신하는 것이 된다. 성령을 거스려 모독하는 것이 되어 용서받지 못한다(마가복음 3:28-29, 누가복음 12:10 등). 성령이 주신 믿음을 배반하는 행위는 용서받지 못하며 지옥의 심판을 면치 못한다. 이런 점에서 믿음 자체로 구원에 이르지 못함을 알 수 있다. 마귀도 믿음을 가졌으나 믿음만으로 구원에 이르지 못함을 설명한다 (야고보서 2:19). 어려운 예정론이 있으나 불문하고 말로 표현하자면 「오직 믿음」이라는 기독교의 명제는 충분 조건을 설명하지 않는다. 행위 구원론에 대한 반명제를 강조한 것에 지나지 않는다.

구원의 전제 조건인 의롭다함의 평가를 사람의 생각이나 행위로 할 수 없는 것은 사람의 생각이나 행위에서 진정한 선을 찾을 수 없기 때문이다. 이럼에도 불구하고 또 이러한 점을 하나님께서 충분히 아시므로 하나님 입장에서는 여러 가지 방법이 있을 터이나 단 한 가지 조건인 「주 예수 그리스도를 믿는 믿음」을 스스로 계획하여 사람에게 그 약속을 일방적으로 공포하신 것이다. 따라서 구원은 행위에서 나오는 것이 아니라 이 약속을 믿는 믿음에서 나온다. 구원은 믿음에 의한 것이지 행위로 받을 수 없다는 이 점(복음)을 일차적으로 명확히 그리고 필수적으로 이해해야 된다. 율법이 명시한 행위로 구원을 받을 수 없기에 행위가 아닌 믿음으로 구원받는다는 이 중요한 교리를 믿는 초대 교회 교인들에게 심각한 함정이 있었고 또 믿으나 행위의 잘못이 있었기 때문에 사도 야고보는 강력한 경고를 야고보서 2장 14절부터 하고 있다. 즉 믿음의 의로 구원받는다는 명제(이신칭의) 내에 행위가 없다는 착각 내지 착오가 있었다. 에베소 교인들처럼 믿음을 이해한다면 잘못된 구원관이다. 이 잘못된 구원관이 오늘날 기독교를 어지럽히고 있고 타 종교에 비해 언행일치 사례가 부족하며 좁은 길로 들어서지 아니하며 기복신앙, 물질주의, 팽창주의를 꿈꾼다. 믿음을 지나치게 강조한「오직 믿음(sola fide)」에 대한 교리 해석에 여러 가지 이유 중 가장 핵심 이유는 행위로 구원을 받으려는 율법주의를 신봉하던 당시 유대인을 포함한 보편적 윤리관에 대한 경고 내지 복음을 설명하는 대명제일 뿐이다. 오직 믿음이라는 명제인 이신칭의에 대한 이해 부족, 광범위하게 퍼진 사이비 해석 내지 잘못된 해석을 경계해야 한다. 예수님께서 말세에 바른 믿음을 가진 자를 찾기 어렵다고 하셨다 (누가복음 18:42). 행위가 없는 바르지 못한 믿음관이 유행처럼 퍼지고 있고 이는 지옥이다.

아브라함에게 나타난「하나님의 인격성」을 설명했다. 하늘나라에 들어갈「하나님의 사람(디모데후서 6:11)」,「하나님의 자녀(누가복음 20:36, 요한복음 1:12, 로마서 8:16 등)」 또는「천국(하늘나라)의 아들(마태복음 13:38)」은 <u>「하나님이 말씀에 따라 행동」</u>하는 사람을 말한다. 마귀는 하나님에 대하여 잘못된 지식이 아닌 정확하고 많은 지식을 갖고 있는 영적 존재이다 (야고보서 2:19 등). 하나님에 관한 정확한 지식을 갖는다라고 해석하는 경우 오해를 유발할 수 있는 표현일 수 있으나, 마귀는 하나님에 대한 지식(믿음)을 사람보다 정확히 많이 갖고 있고 사람을 하나님께 고발하는 자이다 (욥기서 등). 하나님의 신격 등 예수 그리스도의 구원 사역과 재림 및 영원한 하늘나라 그리고 심판에 대하여 사람보다 더 정확한 영적 지식(믿음)을 갖고 있다. 그러나 이 마귀는 마지막 심판 시 구원 없는 무저갱에 갇히게 된다. 마귀는 하나님의 말씀에 반역한 자요 순종하지 않고 행동하는 자이다. 마귀도 사람처럼 영적으로 사고하며 행동하고 이적을 만들기도 한다. 마귀 사례에서 보듯이 하나님을 정확히 그리고 많이 아는 영적 지식이 결코 믿음이 아니다. 여기서 믿음은 결코 관념이나 지식이 아님을 알게 한다. 신학적 지식이나 성경 지식이 믿음이 아닌 이유도 유사할 정도의 수준으로 동일하다. 즉 믿음이 관념이 아닌 것을 알게 한다. 지능이 높은 사람이 참 그리스도인이 아니다. 하나님의 뜻대로 행하는 자가 참 그리스도인이다 (마태복음 7:21, 마가복음 3:35).

믿음의 개념에 대하여는 앞에서 자세히 설명했듯이 예수 그리스도가 하나님이심과 죄인을 위한 구속 사역(사람으로 오심(incarnation), 속죄의 죽음, 부활, 승천)을 행하시고 앞으로 재림할 것을 믿는 것을 골자로 한다. 이 내용을 크리스챤이 아닌 사람도 얼마든지 논리적 체계와 지식으로 이해하거나 습득할 수 있다. 마귀도 이러한 영적 지식으로 예수 그리스도를 정확히 안다 (마태복음 4:3, 마가복음 5:7, 누가복음 8:28 등). 믿음이 영적 지식이지만 행위인 것을 설명해야 할 것이다. 기독교인이 예수 그리스도를 믿는 지식은 신비하게 사람에 의해서 형성된 것이 아니라 성령의 역할로 형성된 것이라 설명했기에 생략하고 행위에 초점을 두어 생각해 보자.

율법과 행위를 이원론 내지 이분법적으로 설명하는 경향이 많아 에베소서 교인처럼 믿음과 행위를 따로 생각하기 일쑤다. 성경 대부분에서 하나님께서는 믿음에 관한 지식을 보는 것이 아니라 올바른 믿음이 행동하는 결과를 평가하신다. 사람으로서 아브라함의 실존적 행위는 결코 온전하지 않았음에도 하나님의 말씀을 믿고 그 믿음에 따라 행동한 것을 하나님께서 의롭다고 하셨지 하나님을 믿는 그 생각만을 의롭다고 평가하지 않았음을 기억해야 한다. 야고보서 2장 후반 주석에 창세기 15장 6절을 해석하면 「하나님을 믿으니 이를 그의 의로 여기시었다」고 정의한 믿음을 아브라함의 생각만을 의롭다고 하나님께서 여기신 문장으로 단편적으로 해석하여서는 아니된다는 점을 알게 한다. 아브라함의 전 생애를 앞에서 설명하였지만 아브라함의 행위는 하나님의 말씀을 실행한 아브라함이었지 아브라함의 자신의 믿음대로의 생각을 이행한 사람이 아니다. 이런 점 즉 하나님의 생각과 뜻과 말씀을 믿어, 하나님의 생각과 뜻과 말씀대로, 하나님을 대신하여 사람이 이행했다는 점이 핵심이며 이를 아브라함의 믿음이라고 이해해야 하고 이를 하나님께서 의롭다고 하셨다고 이해해야 한다.

또 로마서 1장 17절 *"믿음으로 말미암아 살리라"*는 구절은 하박국 선지자의 글 하박국서 2장 4절에서 인용하였는데 이 뜻은 관념의 믿음이 아니라 하나님께서 주신 은혜의 특징으로서의 믿음을 설명하기 위한 명제이다. 하나님께서는 사람이 지켜야 할 행위 즉 율법을 지켜 올바른 의의 사람이 될 수 없기에 하나님께서 거저 주시는 은혜의 믿음으로 구원을 받는다는 점을 강조한 설명이어서 행위가 아닌 믿음만으로 구원받는다는 의미가 전혀 아니다.

성경이 원론적으로 강조하는 바에 따르면, 기독교의 믿음은 성령 하나님께서 주시는 것이기에 성령의 작용이 항상 동반한다. 즉 성령의 작용이란 여러 유형의 감동과 감화인데 이것에 의해 행위가 동반되는 것으로 이해해야 한다. 사람이 자의적으로 옳다고 판단하거나 선한 일을 하기가 쉽지 않아 성령이 주시는 뜻과 능력으로 하나님의 선한 말씀과 인도를 「실행」하라고 성경에 지적한다. *"이로 보건대 사람이 행함으*

로 *의롭다 하심을 받고 믿음으로만 아니니라*" 하였다 (야고보서 2:24 및 2:26). 이로써 기독교인의 행위가 잘못되거나 예컨대 세상적인 방법으로 행위를 하거나, 말씀에 따른 행위가 없는 경우 이를 죽은 믿음이라고 한다. 보통 기독교인을 포함하여 성령의 인도에 따라 행하지 않고 사람의 생각으로 의를 행하려는 윤리적이고 사회과학적 논리, 심리적, 정신분석학적 방법론 등의 의도적 방식이나 종교적 선행을 행하려는 경향이 나타나나 이는 믿음의 행위가 아니라 믿음을 가장한 유사 행위이다. 성경에서 성령의 충만함을 강조한 이유는 성령 하나님께서 사람의 생각과 행위가 선악을 분별하지 못하므로 성령으로 인도 받고 성령께서 주시는 능력으로 기도, 찬양, 감사, 사랑과 선행, 성령의 9가지 열매, 전도 등에 힘써 땅에서 하늘나라를 이루도록 힘써 노력하는 행위이다.

강력한 성령이 결여된 성령의 침체 때문에 그리고 보편적인 선(법규, 인륜, 양심, 율법, 말씀)을 위해 사람이 행할 이 행위에 관해서 예수님께서 선한 사마리아인의 행위(누가복음 10:30-37)를 칭찬한 예처럼 사람의 선한 행위는 하나님 보시기에 좋아 하시나 실제 믿음의 강력한 행위는 성령의 감동과 감화에 의한 또는 하나님께서 명하신 양심과 율법의 가르침에 따라 실행하는 행위를 말한다. 사도 바울은 "*항상 복종하여 두렵고 떨림으로 너희 구원을 이루라* (빌립보서 2:12)" 하였다. 성화(聖化)의 필요성을 바울이 설명하나 사람은 죽기까지 온전한 성화가 불가능하며 단지 예수님의 모습을 닮아 가는 견인되는 것이다. 만일 예수를 믿고 행위의 성화가 온전히 이루어진다면 예수 그리스도가 필요 없음을 말하는데 이는 이율배반이다. 신학에서 말하는 성화란 사람이 죽기까지 예수 그리스도의 은혜에 의지하며 감사를 드리며 성경 말씀과 성령의 이끄심으로 하나님의 거룩에 동참하는 것을 말한다.

예수님께서도 행위를 강조하셨고 행위로 심판 받는 점을 설명하셨다. 주 예수 그리스도를 믿는 믿음은 구원의 조건이요 그 믿음에 근거한 행위는 충분 조건이 된다고 보아야 한다. 예수님께서 직접 말씀하신 성경 몇몇 구절을 보자

- *나더러 주여 주여 하는 자마다 천국에 다 들어갈 것이 아니요 다만 하늘에 계신 내 아버지의 뜻대로 행하는 자라야 들어가리라* (마태복음 7:21).
- *누구든지 하늘에 계신 내 아버지의 뜻대로 하는 자가 내 형제요 자매요 모친이니라* (마태복음 12:50).
- *많은 사람이 내 이름으로 와서 이르되 내가 그로라 하여 많은 사람을 미혹케 하리라* (마태복음 24:5 및 마가복음 13:6).
- *자기 양을 다 내어 놓은 후에 앞서 가면 양들이 그의 음성을 아는고로 따라 오되*

(요한복음 10:4).

- *내 양은 내 음성을 들으며 나는 저희를 알며 저희는 나를 따르느니라* (요한복음 10:27).
- *볼찌어다 내가 문 밖에 서서 두드리노니 누구든지 내 음성을 듣고 문을 열면 내가 그에게로 들어가 그로 더불어 먹고 그는 나로 더불어 먹으리라* (요한계시록 3:20).

이생에서 영육혼의 참되고 순수하고 거룩하며 평안의 열매를 맺고 하늘나라에서 영생을 보장하는 믿음의 요지를 설명하자면 다음과 같으나 이보다 넓고 깊은 신비를 묵상으로 이해해야 할 것이다.

① 「믿음」은 나의 죄를 대신하여 영생을 주신 하나님의 아들인 주 예수 그리스도를 믿는 (구원의) 믿음과 단지 예수를 매우 훌륭한 사람, 사상가 또는 성인 등으로 아는 정도의 인식적 믿음으로 구분된다. 후자는 예수 그리스도에 관한 이론이나 종교적 분석적 지식으로 이에는 구원이 없다. 또 성경은 믿음에 관한 이론이나 논리(교리)에서 사이비와 오류가 많음을 경고한다 (마태복음 7:22, 마가복음 9:38, 누가복음 21:8).

② 율법을 지키려는 행위의 믿음이 아니라, 구원은 예수님을 향한 믿음과 그 믿음으로 인하여 행위를 동반한다. 아무리 선한 행위를 쌓더라도 의에 이를 수 없기에 하나님께서 주 예수 그리스도를 영접하는 믿음으로 의롭다 함을 얻는 구원의 내용과 방법(=복음)을 스스로 제정하여 선포하셨다. 주 예수 그리스도를 영접하지 않는 믿음은 구원받지 못하나 영접하면 구원의 조건이 부여된다 (요한복음 3:16 등). 이런 면에서 하나님께서는 율법 즉 선을 이룰 수 없는 행위로 구원을 받고자 하는 사람에게 율법적 행위로부터 자유롭게 하셨다. 예수 그리스도를 믿는 믿음이 없는 사람의 선행 자체는 하나님의 약속을 믿지 않기에 그 선행으로 구원하지 않으신다. 하나님의 뜻에 따른 행위는 구원의 충분 조건이다.

③ 예수 그리스도를 믿는 믿음은 우리 스스로 노력해서 갖는 인식 행위가 아니라 성령께서 주시는 믿음이기에 이는 은혜이고 선물이며 거저 주시는 은총(favor)이므로 우리가 자랑할 것이 전혀 없다. 구원의 발원은 하나님이 주시는 믿음에서 나온다. 이런 의미가 「오직 믿음」이라는 뜻이다.

④ 구원은 그리스도 예수를 믿는 믿음에서 발생하나 하나님의 뜻대로 행하는 행위가 없으면 구원에 이르지 못하고 그 행위가 온전하지 못하면 간신히 부끄러운 구원

(고린도전서 3:15)에 이를 뿐이다. 이런 뜻에서 구원은 행위가 수반된다. 오직 믿음과 동시에 행위도 중요하다. 하나님께서는 믿음을 가진 자에게 행위를 요구하신다. 왜냐면 사람의 행위를 통해 하나님께서 사역하시기 (원하시기) 때문이다, 아브라함처럼. 이 때 하나님의 뜻대로 행하는 사람이 진정한 하나님의 자녀이다. 믿는 자가 자신의 판단으로 행동하면 그 결과는 그 사람에 귀속되며 아름답고 선한 행동은 하나님께서 보시기에 아름답다 할 것이다. 포도나무는 포도를 맺는다. 행위에 앞서 하나님께서 역사하시고자 하는 성령의 도움을 받도록 기도하여 성령의 열매를 맺는 것이다.

⑤ 하나님이 주신 믿음을 행위로 배반하면 구원받지 못한다(사탄, 가롯 유다의 예와 성령의 모욕하는 죄).

끝으로 이 책 제6장 3절 「예수 그리스도」편에서 설명하지 않았고 신학적으로 잘 다루어지지 않는 「예수 그리스도의 행위」에 대하여 생각해 보자. 이 설명은 자칫하면 신학적 오해를 낳거나 신성을 잘못 설명할 소지가 있는 매우 어렵고 심오한 부분이다.

예수님은 하나님이시고 성부 하나님의 아들(성자)이면서 동시에 사람(인자)이다. 사람의 몸을 가졌기에 사람과 같은 성정(性情)을 가졌다고 해야 할 것이다. 사람처럼 출생-성장-사망까지 식사-수면 등을 하였다. 예수님께서 안타까워 했고 괴로워 했으며 육신의 고통을 느꼈고 눈물과 피를 흘리셨다는 신약에서의 설명에서 사람이 확실하다 (요한복음 11:35 등). 사람의 몸을 지니셨기에 사람이 육신과 죄와 사망의 법과 율법(로마서 8:2 및 고린도전서 15:56 등)이 주는 심히 괴로운 그 고통의 깊은 깊이까지 즉 사람과 동일한 존재가 받을 수 있는 것과 우리가 다 이해할 수 없는 모든 심각한 고통을 완전히 이해하셨다고 보아야 한다. 이 점을 예수님께서 이해하지 아니 했거나 모르셨다면 예수님은 하나님이 아니시고 사람이 아니다. 따라서 십자가에서 죽어야 할 이유를 예수님을 모르신 것이 된다.

그런데 영의 속성과 혼의 속성인 지·정·의와 육신인 신경계 반응 등 속성을 가진 생명체가 사람의 특징이다. 하나님의 형상과 모양(창세기 2:26)을 닮도록 사람이 창조될 때 하나님의 여러 특징 중 우리가 모두 알 수 없는 일부를 사람에게 부여하셨다 (특히 영혼의 속성에 하나님의 형상과 모양이 있어 보인다). 신약에서 예수님에 관한 사람의 특징을 부분적으로 묘사하였으나 사람과 동일한 속성을 가졌다면 사람과 동일하게 죄를 지을 수 밖에 없는 사람으로 볼 것인가 함은 신약의 묘사로 볼 때 그리고 논리적으로 사람처럼 생각과 말과 행위로 죄를 짓지 않은 완전한 사람으로 생각해야 한다. 이 점이 매우 신비한 부분이다. 사람의 특징(형상과 모양)을 갖고 세상에 오시면서 죄가 없으나 죄가 있는 사람의 모양으로 즉 사람의 속성을 지닌 예수 그리스도로 판단해야 한다는 것이 불가해하며 신비이다. 또 이를 믿음으로 믿는 것이 크리스챤이다.

하나님의 아들, 예수님께서 세상에 계실 때 생각과 말과 행위의 죄가 없는 사람이었으며, 사람의 죄를 전가(轉嫁)받아 사람의 죄로 사람을 위해 죄인이 죽어야 할 속죄제물로 사람 대신 돌아가셨다는 것이 교리이다. 추측하자면 이 점이 가능한 것은 성령께서 잉태와 출생 시부터 승천하실 때까지 항상 충만하게 함께 하셔 예수님께서 그러한 것이 가능한 사람이었다고 추측할 따름이다.

4-15. 믿음과 인공지능(AI)

정확히 말하면 기독교의 믿음은 사람이 만든 사유 체계가 아니나, ChatGPT 등과 같은 인공지능(Artificial Intelligence)의 급속한 발달로 자료와 정보 수집, 분석, 논리적 추리, 응용 등이 용이하여 믿음에 영향을 주는 정보도 제공하고 분석 및 도입할 것이다. 종교적 쟁점이 되는 각종 신학이론이나 교리 등 광범위한 자료와 정보를 토대로 백과사전적 분석이 가능할 것임에 따라 믿음에 관한 이론과 교리 등이 점점 객관화되어 이단 종파가 자취를 감추일 가능성이 있으나 인공지능을 맹신하는 사람에 의한 새로운 이론과 교리가 등장하여 강력하고 새로운 종파가 등장할 가능성이 없지 않다. 벌써 설교 자료 등을 이 방식으로 접근하고 있다.

또 종교적 신념이나 믿음은 신을 전제로 하는데 진화론을 바탕으로 하는 주장이나 이론과 신이 없다는 의견이 번창해 왔고 이를 심층 답습한(deep learning) 논리 체계를 더욱 발전시킬 것이다. 오랫동안 발전해 온 기존 인문학의 자료와 분석을 근거로 정밀한 무신론과 진화론적 사상을 강력하게 확장하고 기독교적 신앙은 상대적으로 위축될 가능성이 있어 온전한 믿음을 지켜야 할 과제에 직면할 것이다. 적그리스도의 등장을 인공지능이 더욱 촉진시킬 것이다.

기독교의 믿음의 영역은 성령의 감동과 감화를 바탕으로 하나 믿음의 정의를 영과 감성이 없는 인공지능이 감지할 수 없다. 현대인이 겪은 다양한 믿음의 주관적 체험과 사례는 폭증하여 믿음의 세부적 양태를 새롭게 정의할 가능성이 있다. 동시에 주관적 혼란에 빠지게 할 수 있다. 많은 설교자뿐 아니라 일반 신앙인이 인공지능을 이용하여 스스로 학습하고 교육함으로써 믿음을 점점 객관화하여 보편적 신앙관을 갖게 될 것으로 보여 행위 없는 지적 신앙인이 점증할 것으로 보인다. 말세에 믿음이 온전한 자를 찾기 어렵다 함과 같이(누가복음 18:8) 인공지능은 기도 대신 신앙적 지식을 고양시키고 행동하는 믿음을 퇴락하게 할 것이다.

4-16. 하나님의 인격성(결론)

신학적으로 그리고 역사적으로 매우 중요한 사람, 아브라함 중심의 이야기는 창세기 11장 29절에 나타나고 25장 11절에서 마감된다. 신학적으로 검증되지 않은 야살의책을 독후감으로 인용하면서 창세기에 나타난 아브라함의 생애를 자세히 살펴보았다. 아브라함과 유사한 시기를 살았다고 추정되는 구약의 열여덟 번째 책 욥기에 나타난 욥의 삶과 아브라함의 삶을 비교할 수 없으나 아브라함은 욥보다 고단한 긴 삶을 살았다는 생각이 든다. 욥기 내용이 주로 하나님의 주권이 한 개인의 극단적 삶에 어떻게 관여하는지를 드러낸다면, 창세기에서는 아브라함의 개인적 삶의 모습은 많이 드러내지 않고 분명히 아브라함의 씨를 통한 하나님의 나라와 아담 이후의 사람(인류)에 대한 구속사적 관점을 개인 아브라함에 투영하고 있다.

아브라함의 출생부터 전 생애에 걸친 개인의 삶을 창세기보다 자세히 다룬 야살의책은 아브라함이 욥 이상으로 장기간에 걸친 인내의 삶을 살았음을 설명한다. 또 강조하여 드러내지는 않으나 아브라함의 삶 속에 노아와 셈을 곁에 둔 하나님의 섭리를 찾을 수 있는데 이는 아담 이후 노아 전 역사가 노아 대홍수로 단절될 수밖에 없는 하나님의 역사를 노아와 셈을 통해 아브라함으로 잇도록 한 것이다. 아브라함은 이 귀중한 하나님 사역의 의미를, 성경 내용으로 보면, 많이 몰랐던 것으로 보이며 단지 하나님 말씀에 순종으로 그의 삶을 살은 것으로 기술되어 있다. 이런 점에서 아브라함의 삶은 하나님의 삶으로 환원할 수 있다. 하나님께서 아브라함의 삶을 통해 하나님의 삶을 이루도록 하셨다.

개인의 삶 중에서 아브라함과 사라에게 가장 기뻤던 일은 창세기 21장 8절일 것인데 이는 하나님께서 약속하신 결혼 후 50년만에 사랑하는 아내가 이삭을 낳고 젖을 떼어 큰 잔치를 베푼 날이었을 것이다. 이삭을 낳은 90세 사라가 이삭을 낳고 하나님께서 자기를 웃게 하였다고 찬양하고 또 21장 6-7절에서 세상 사람들이 자기가 아이를 낳지 못함을 빈정대어 남편에게 사라가 자식에게 젖을 먹일 수 있겠냐고 하였는데 노경에 자식을 낳아 이 눈총을 다 벗었다고 즐거워하였다.

이 장면이 야살의책 21장 4-8절에 소개되길, 블레셋 땅 그랄에 살던 아브라함은 이날 셈과 에벨과 아비멜렉과 그의 군대장관 비골과 그랄 땅의 모든 위대한 사람과 그리고 하란에 있는 아브라함의 아버지 데라와 아브라함의 형 나홀이 축제일에 찾아와 먹고 마셨다고 하였다. 이유일을 이삭 2세로 본다면 셈은 493세, 에벨은 328세, 아브라함 아버지 데라는 173세, 아브라함의 형 나홀은 132세로 이들 모두가 살아 있을 때였다. 젖을 뗀 이유(離乳)일에 축제를 연 점으로 보아 블레셋 왕이 참석할 정도였고 하란에 있는 아버지와 형이 참석할 정도였으니 하객의 수는 수천 명이 되었을 것이며 데라와 나홀이 아브라함 집에 머문 기간이 수개월이 됨직하다. 사라는 데라의 손녀이므로 데라가 얼마나 크게 기뻐했겠는가.

창세기는 아브라함의 개인사를 다루되 개인적 사안, 감정이나 심리 상황을 거의 다루지 않고 있다. 개인적 사건을 묘사할 때 관련 자료가 충분히 많았다 하더라도 대부분 생략하고 간단한 흐름과 소개 정도로 그치고 하나님과의 관계에 초점을 맞추는 점이 창세기의 특징이다.

이런 특징으로 창세기를 묵상할 때 깊게 묵상하더라도 그 깊이에 다다르기에 힘든 점이 많다. 그래서 창세기를 읽으면 무거운 마음을 갖는다. 창세기 전체 중 다른 아름다운 장면을 꼽으라면 야곱이 요셉을 만나는 광경일 것이다. 요셉의 열 형제가 요셉을 팔므로써 야곱과 가족에게 깊은 상처를 주었고 야곱의 형제들이 서로 찢어졌다. 가족간에 갈등한 22년의 긴 세월을 뒤로하고 결국 요셉을 만난 가족은 서로 용서한다. 야곱이 잃어버린 자식 요셉을 만나 온 가족이 화합하는 장면은 너무나 큰 감동과 감사가 넘친다. 그리고 평생 고생하며 살아 온 야곱과 그가 가장 사랑한 요셉은 뿌리 깊은 형제간 반목과 미움이 재발할까 싶어 눈을 감기까지 사랑과 용서를 당부하는 장면은 눈물 없이 읽을 수 없다.

우리의 삶에서 이삭이 젖 뗀 연회일같은, 야곱이 요셉을 재회하는 이 놀라운 감동의 소설 같은 장면이 많으면 얼마나 좋을까. 그러나 아쉽게 창세기는 사람을 다룰 때마다 어려운 내용이 빼곡히 쌓여 있어 마음을 무겁게 하는 드라마가 많은 책이다. 하나님께서 계시한 창세기의 이면을 보기 쉽지 않으며 상세한 해설이 거의 없다. 모리아 산에서 아브라함이 이삭을 제물로 바치는 장면은 사람의 눈으로 보면 매우 기이하고 야살의책에 묘사된 이면을 살피면 사탄의 역사를 하나님의 섭리로 해석하는 뜻을 알게 하나 이 역시 매우 무거우나 신비한 구속사의 주제이요 우리의 일상과 거리가 멀다. 매일 매일 어렵게 갈짓자로 걸어가는 우리에게 하나님께서 매 순간 쉬운 행보를 하도록 하는 모습이 거의 나타나지 않는 답답함이 있다. 그러다가 어느날 나타나셔 한숨을 돌리는 경우를 읽게 된다. 창세기를 인내로 읽으며 묵상하지 않을 수 없다. 하나님께서 왜 성경의 첫 내용인 창세기에 명쾌하지 아니한 여러 주제로 빼곡이 채우셨을까.

하나님은 신이시므로 우리가 알 수 없는 신성(神性)을 갖는 분이다. 하나님의 위대한 신성은 사람과 멀리 떨어져 있어야 하며 하나님 앞에 사람은 존재할 수 없다. 하나님을 보는 자는 죽음이다 (출애굽기 33:20)[370]. 사람이 신성을 체험하거나 알지 못하기에 하나님의 신격(神格)을 구체화하지 못하고 인격으로 나타나야 한다 (이사야 55:8-9). 신격을 알지 못하는 우리에게 그분은 임재하시어 하나님의 인격을 나타내신다. 하나님을 닮게 창조된 사람은 인격을 갖고 있으며 하나님이 임함으로써 하나님의 신격을 간접적으로 알며 인식할 뿐이다. <u>이 점이 하나님의 인격성이다</u>. 사람에게 하나님의 인격이 나타나 하나님을 보는 것이다 (요한복음 14:9).[371] 아담과 이브에게서 떠난 하나님께서 우리와 함께 하신 하나님의 인격이 우리에게 나타난다.

실낙원, 대홍수와 바벨탑 사건을 거친 인류를 처리하신 하나님의 마음은 가볍지 않고 무거움으로 가득하다. 이 무거움이 창세기의 주제이다. 인류를 바라보는 하나님의 무거운 마음이 창세기의 주제이기에 창세기를 읽을 때마다 난해한 무거움이 매절마다 매장마다 나타나는 것은 하나님의 마음이 무겁기 때문이다. 만일 하나님께서 세상에서 사시면 가벼운 마음으로 살 수 있었을까. 예수님의 삶이 가벼웠던가. 매우 무거운 십자가를 지시지 않았는가.

성자 하나님께서 <u>세상의 사람</u>으로 오셔 자신의 정체를 스스로 「<u>사람의 아들, 인자(人子, Son of Man)</u>」라 칭하였다. 거꾸로 구약과 신약에서 사람을 「<u>하나님의 아들(sons of God</u>: 창세기 6:2, 욥기 2:1, 로마서 8:19 및 9:26, 갈라디아서 3:26 등)」이라 칭하였다. 하나님의 아들이라 칭함은 하나님께서 사람을 하나님의 형상과 모양대로 창조하셨기에 사람은 하나님께서 「낳은」 아들이다. 이 얼마나 놀라운 대칭적 동질의 함축적 정의인가 ! 할렐루야 !!

실낙원, 대홍수와 바벨탑 사건을 거친 사람을 다루는 하나님께서 사람 안으로 들어오

370 "네가 내 얼굴을 보지 못하리니 나를 보고 살 자가 없음이니라"

371 특별히 예수님께서 제자 빌립에게 설명하시길, 예수님을 본 것이 하나님 아버지를 본 것이라 설명하였는데 이 점은 하나님의 신성이 사람에게 나타난 하나님의 인격성을 말한다.

셔 사람의 삶 속에서 매우 무거운 삶을 살 수밖에 없는, 무거운 사역을 감당할 수밖에 없는, 무거운 짐이 아담 이후부터 계속 나타난다. 아브라함의 삶에서 아브라함의 삶이 아니라 하나님의 삶이 녹아 있음을 직시해야 한다. 하나님께서 아브라함과 언약을 맺고 계시하신다. 하나님의 인격은 아브라함에 나타나 하나님과 동행하는, 아브라함과 하나님은 동시에 함께 무거운 짐을 지고 사는 모습이 창세기 11장 29절부터 25장 11절까지의 내용이다. 하나님께서도 인격적으로 인내와 무겁게 사는 모습이 창세기이다. 십자가가 얼마나 무거운 짐인가 !

창세기 내용을 하나님의 의도와 목적에 따라 아브라함 개인의 삶과 분리하여 신학적으로 투영할 수 있으나, 아브라함에게 나타난 하나님의 모습은, 신성의 하나님께서 사람 아브라함에게 인격적으로 나타난 모습으로 읽을 수 있다. 이 점이 하나님의 인격성이다. 하나님의 인내와 고뇌가 아브라함의 인내와 고뇌로 나타나 있어 창세기가 무겁고 아브라함의 삶이 무겁다.

신앙이 무거운 것은 하나님의 아들이 된 신앙인이 무거운 삶을 사는 것을 말한다. 어찌 이삭이 젖 뗀 축제일처럼 삶이 어찌 항상 기쁘리요. 창세기가 축제의 기쁨을 표현하는 것이 아니라 하나님의 인격성이 하나님의 아들 아브라함에게 나타나 있다. 하나님을 신앙하는 자 곧 그가 하나님의 아들(자녀)이며 그 신앙을 지고 가는 무거운 짐 진 자, 하나님의 인격을 수행하는 자, 곧 하나님의 사람이 아브라함인 것을 창세기가 설명하고 있다. 하나님의 아들이란 하나님의 삶을 사는 자이다 (갈라디아서 3:26). 신앙이란 하나님의 삶을 대신하여 사는 것을 말한다, 아브라함처럼 인내의 십자가를 지고. 하나님의 신성이 사람에게 인격으로 나타난다. 창세기의 아브라함이 하나님의 무거운 삶을 대신 살아가는 모습에서 하나님을 발견한다. 아니 이는 하나님을 보는 것이다. 이 하나님의 인격성은 하나님의 인격화이기도 하다. 이는 곧 또 다른 복음이다. 하나님께서 사람 우리에게 나타나신 바이기 때문이다.

제 5 장

하나님의 공간성: 에덴과 성소를 중심으로

저가 수정같이 맑은 생명수의 강을 내게 보이니
하나님과 어린양의 보좌로부터 나서 길 가운데 흐르더라.
강 좌우에 생명나무가 있어 열두 가지 실과를 맺히되 달마다 그 실과를
맺히고 그 나무 잎사귀들은 만국을 소성(蘇醒)하기 위하여 있더라.
(요한계시록 22:1-2)

-요약 -

하나님께서 「하나님의 사람(son of God)」을 위해 태초에 하늘들과 땅을 창조하시고 에덴동산을 지어 사람을 두었으나 사람이 동산 주인(Lord)의 명령을 어겨 동산 주인으로부터 추방되었다. 에덴동산 동쪽으로 쫓겨 살던 인류는 아름다운 집과 마을을 에덴동산처럼 짓고 살려 하나 불가능하였다. 추방 후 번창하던 인구는 노아 대홍수로 멸절된 후 메소포타미아 지역에서 다시 인구가 번성하였다.

아브라함의 가나안 이주 배경, 과정 및 행동을 제4장에서 살폈다. 아브라함의 사회적 이주 배경은 메소포타미아 지역의 인구 증가와 니므롯의 바벨 성읍 건설이었고 정치적 배경은 니므롯의 3차 살해 시도였다. 사람들이 바벨탑을 쌓아 하나님과 대적한 의도를 하나님께서 징벌하여 언어대로 민족을 나눈 시기와 일치한 시점에 아브라함을 가나안으로 이주시켰다. 아브라함의 자의적 판단이 아니라 하나님의 일방적 결정이었다. 풍요로운 우르에서 가나안 족속이 선점해 사는 척박한 가나안 땅으로 왜 가라고 했는지 하나님의 의도가 성경에 명시되지 않으나 예루살렘이 에덴동산이요 그곳 동산 중앙 모리아산에서 이삭을 제물로 바치기 위한 것 등을 위해 인도한 것으로 이해하였다.

아무런 개인적 의향과 목적 없이 하나님의 결정에 따라 우르에서 52년 동안 청년기를 보내고 우르에서 결혼 후 잠시 하란에 거주한 기간 8년을 제외하면 가나안에서 115년을 외롭고 무겁게 살게 된 이유를 추론해야 하는데 이 점이 구속사적으로 가나안이 옛 에덴이며 예루살렘이 에덴동산인 점이며 하나님께서 가나안 족속으로 더럽혀진 그 땅을 회복하기 위한 결정으로 파악하는 것이다.

창세기 2장에 나타난 에덴의 지형·지리·인문 정보는 상세하나 많은 연구가 있었음에도 정확한 위치를 파악할 수 없다. 본 고찰에서 창세기, 레위기, 민수기, 요한계시록 등 성경에 나타난 에덴동산의 여러 특별성, 에덴동산에 관한 은유적 묘사, 에덴동산과 성막(성소)의 동형적·유비적 특성 등을 통해 예루살렘을 에덴동산으로, 그리고 예루살렘에서 예수님께서 하신 사역(죽으심과 부활)과 앞으로 있을 재림에서 예루살렘이 에덴동산의 장소성과 동일한 의미를 갖는다 파악하였다.

하나님의 「장소성」이란 하나님께서 사람을 지으시고 사람과 함께 거하는 실제적 공간 상의 위치를 말한다. 무소부재(無所不在)하신 하나님께서 특정 공간에만 계시는 것이 아니고 온 우주가 하나님의 장소성으로 나타나나, 우리가 사는 지상에 하나님께서는 특정한 사람에게 또 특별한 시기에 특정한 장소에서 그의 뜻을 나타내셨고 사람은 그곳으로 가서 하나님과 함께 하여야 한다. 천지창조 시 수면 위를 운행하신 하나님께서 그후 사람과 함께 거했던 곳이 에덴동산이었는데 불순종과 타락으로 하나님의 장소에서 추방된 사람은 다시 하나님의 장소로 회귀하도록 하나님은 예정하셨다. 에덴동산으로의 회복과 하나님의 임재가 다시 필요하다. 그곳이 바로 옛 에덴이던 예루살렘이라는 점을 동형적 유비 모형으로 추적하였다.

이 추적을 통해 사람은 에덴동산에서 왜 어떻게 타락하였는지, 타락이 결국 어떻게 성결하게 되는지 어떻게 하나님을 만나게 되는지를 에덴동산과 성소를 통해 살폈다. 하나님을 만나기 위해 사람은 어떤 인식과 반성을 해야 하는지 또 하나님께서는 사람을 어떻게 구속하실 것인지를 성경을 통해 다시 상고하였다.

사람이 하나님께서 계신 에덴동산에서 「내」라는 자기 인식을 통한 자기 믿음으로 살고자 하여 쫓겨났다. 사람이 「나」라는 인식의 장막을 거두고 하나님을 주어로 생각하면 항상 하나님의 장소에 거할 수 있는 이유를 에덴동산을 추적해 얻는 결론이다.

제 5 장. 하나님의 공간성: 에덴과 성소를 중심으로

5-1. 에덴동산의 위치

□ 원천 정보와 정보 전달에 관하여

에덴동산의 위치를 구체적으로 추적하기 전, 에덴동산 현황과 그 위치를 알았던 사람은 누구였을까. 그후 이 정보는 누구에게 전달되었을까. 당연히 아담 부부는 정확히 에덴동산의 위치 등 주변의 지리정보와 자연환경을 익히 알았을 것이며 그의 자녀는 위치는 알았을 것이나 에덴동산에서 살지 않았고 에덴동산 출입이 금지되었기에 아담 부부만이 에덴동산 내외부에 관한 원천 정보를 갖은 사람이다.

에덴동산 자체에 관한 2차 정보를 가진 아담의 후손은 에덴동산 주변 지역을 방문하였을 것으로 추정된다. 그러나 에덴동산에 관한 정보가 아담 자녀들에게 전달될 때는 아담 부부가 가진 원천 정보의 약간의 유실 또는 손상이 불가피하다. 왜냐면 직접 보지 않고 부모에게 들었기 때문이다. 아담 부부가 에덴동산으로부터 얼마나 멀리 쫓겨나 살았는지 성경상 정보는 없으나 에덴동산에서 매우 멀지 않은 에덴지역에 산 것으로 보이는 것은 에덴 지역 주변의 광역정보를 창세기 2장에 상세히 묘사한 점으로 유추할 수 있다. 창세기 2장에 소개된 에덴동산에 관한 내용은 아담 부부가 갖고 있던 원천 정보이며 에덴 지역을 포함한 광역적 인문·지형·지리 정보는 아담 후손들이 수집한 원천 정보에 추가한 자료로 보이나 약간의 원천 정보를 누락 또는 약술한 것으로 보아야 하며 또 많이 삭제되어 묘사되었을 것을 제1장에서 유추한 바 있다.

< 표 1 >의 노아 대홍수 전 족장 생존 기간에서 보듯이, 아담은 그의 8대손 라멕과 함께 살았고 9대손인 노아 출생 126년 전 사망하였다. 따라서 아담의 8대손까지는 아담으로부터 에덴동산의 위치와 에덴동산에서 있었던 이야기를 직접 들었다고 봄이 타당하다. 아마도 아담과 그 후손들은 에덴동산 근처를 탐방했을 수 있으나 이미 에덴동산이 파괴된 상태라서 에덴동산 안에 들어갔을찌라도 아담의 설명이 그리 생생하지 아니했을 것이나 모리아산이 에덴동산 중앙인 것을 알았을 것이다. 창세기 2장에 설명된 에덴 지역과 에덴동산에 관한 광역적 또는 자세한 정보는 아담부터 8대에 이르는 선조들이 해당 지역을 여행하여 파악한 종합 정보로 보인다. 이는 대홍수 전 약 800년 동안 에덴 지역에 관한 정보를 아담의 후손들은 현지를 탐방하여 갖었던 것으로 < 표 1 >로 추정할 수 있기 때문이다. 또 아담과 함께 생존한 아담 8대 후손까지는

아담 부부에게서 직접 들어 어긋나지 않은 공통된 정보를 유지할 수 있었을 것이다. 그런데 노아 전 모든 조상과 인류가 대홍수로 멸절되면서 각종 정보의 유실이 대홍수로 발생하였고 모든 정보는 노아의 여덟 식구 외에는 아는 사람이 없었다. 이 때문에 창세기 6장까지의 1,656년간의 역사는 매우 짧게 기록된 것일 수 있다.

아담 사망 후 출생한 노아 부부는 아담의 2대손인 에노스부터 부친 라멕까지 총 6대 선조들과 함께 살았으므로 가장 중요한 정보인 에덴동산, 에덴 지역과 아담 부부 생애에 관해 약 600년 동안 이들로부터 듣고 자랐을 것이다. 노아 역시 대홍수 전 에덴 지역을 여행하였을 수 있다. 결국 노아는 에덴에 관한 종합 정보를 가진 사람으로 판단할 수밖에 없으나 노아가 가진 정보는 아담부터 따지면 에덴동산에 관한 이야기는 3차 정보에 속하고 에덴 지역에 관한 정보는 에덴 지역을 방문하였다면 2차 정보로 분류할 수 있어 정보의 유실과 변형이 어느 정도 있을 수 있다. 대홍수 전 노아가 가진 유일한 이 정보가 대홍수 이후 여러 사람에게 전달됐고 결국 오늘날의 창세기에 기록되었다고 보아야 할 것이다. 앞 제3장 9절에서 설명했듯이 노아보다 82세 많은 노아의 아내 나아마는 노아가 접하지 못한 아담의 아들 셋을 본 사람이기에 노아보다 생생한 정보를 가진 사람이어서 자녀에게 노아보다 생생한 정보를 줄 수 있는 사람이다.

야살의책 2장에 의하면, 아담 2대손인 에노스 시대에 기혼 강물이 넘쳐 인구 1/3이 죽었다는 묘사가 있고 이때 에덴동산이 더욱 파괴되었다면 아담과 셋 이외 사람이 가진 에덴 지역에 관한 2차 정보 역시 변형이 불가피하여 에덴 지역에 관한 노아가 가진 정보는 3차 정보로 볼 수 있다. 노아가 에덴 지역을 방문하였다 하더라도 기혼강 홍수로 인해 많이 파괴되거나 변형되어 노아가 선조에게서 들은 2차 정보와 노아가 직접 목격하여 얻은 3차 정보에는 차가 있었을 것이다.

노아에게는 세 아들(야벳, 함, 셈)이 있었는데 대홍수 시 그들의 나이가 약 100세이었으므로 노아의 세 아들도 할아버지인 라멕과 증조할아버지 므두셀라에게 직접 에덴동산과 에덴지역 및 아담 부부에 관한 이야기를 들었을 것이다. 노아는 대홍수가 있을 것을 미리 알았던 사람이므로 세 아들과 함께 파괴되기 전 에덴동산 주변 지역을 세 아들과 함께 여행했을 수 있다. 만일 야벳, 함, 셈이 에덴 지역을 노아와 함께 여행하였다면 세 아들 역시 노아 다음으로 생생한 에덴 지역에 관한 정보를 가진 마지막 세대라 할 수 있다.

여기서 노아와 셈의 생존 기간은 모든 역사와 신앙을 해석하는 매우 중요한 포인트가 된다. 즉 창세기 1장부터 11장까지는 노와와 셈이 가지고 있던 또는 그들이 종합한 정보로 보아야 한다. 노아는 셈과 더불어 아브라함 58세까지 함께 살았던 사람이므로 노아가 지닌 3차 정보는 아브라함을 포함하여 그의 10대손까지 그가 직접 교육하고 전달한 것으로 보아야 한다. 이 점으로 노아의 중요성은 강조하여도 지나치지 않다. 또 이는 하나님의 섬세한 계획과 섭리로 보아야 한다. 본 고찰 제3장 9절 등에서 노아와, 셈과, 에벨과 아브라함의 관계를 자세히 설명하였듯이 에덴, 에덴동산 및 아담 부부에 관한 모든 정보는 노아로부터 아브라함에게 전달되어 아브라함은 원천으로부터 4차 정보 소유자로 분류된다 (표 3-9-1). 이 정보에 의해 아브라함이 가나안으로 가야 할 당위성과 중요성을 특별히 노아와 셈이 아브라함에게 설명하고 또 하나님께서 이들에게 설득한 것으로 전제하고, 이 점이 이 장 전체 즉 가나안의 입지적 중요성을 살펴야 할 핵심적 관점이 된다.

아브라함은 손자 야곱 출생 후 15년을 더 산 사람으로 아브라함이 가진 정보가 야곱까지 소상히 전달되었다고 보면 야곱은 아담부터 계산하면 에덴에 관한 5차 정보 소유자로 파악되나 셈이 야곱 50세에 죽었으므로 셈으로부터 정보를 전달받은 것으로 보이기에 4차 정보 소유자로도 파악할 수 있다. 야곱이 죽기 전 자녀들에게 축복한 예언을 살폈듯이 그가 원대한 이상과 야심찬 소망을 자녀들에게 축복한 점으로 보아 그는 11대 조상인 노아의 아들 셈과 할아버지 아브라함이 가진 에덴에 관한 직접 정보를 소유한 사람으로 파악해야 할 것이다.

야곱은 죽기 전 셋째 아들 레위와 그의 아들(고핫)을 본 상태였고, 고핫은 모세의 아버지 므라리와 함께 살았으므로 모세가 가진 정보는 아담부터 약 2,400년 동안에 약 7차 정보 보유자로 파악된다. 모세가 가진 이 정보를 토대로 모세는 창세기 2장을 묘사한 것으로 파악할 수 있다. 물론 창세기가 이스라엘이 망한 후 선지자 에스라 등에 의해 재집필되었다는 설이 있으나 현재 창세기 2장의 정보 근원은 아담 후 약 7차를 거치면서 핵심 정보가 창세기에 기술된 것으로 파악해야 할 것이다. 모세는 가나안을 「아름답고 광대한 땅, 젖과 꿀이 흐르는 땅(출애굽기 3:8)」이라고 하나님으로부터 듣고 최초로 언급한 사람으로 이 표현은 그가 가진 정보를 바탕으로 가나안의 위치적 중요성에 대한 암시적 표현으로 기술한 것으로 보아야 한다.

□ 창세기 2장 에덴동산과 에덴 지역에 묘사에 대하여

창세기 2장에 에덴동산의 위치를 자세히 설명하고 있으나 끊임없는 연구에도 불구하고 그 위치를 정확히 찾을 수 없다. 유대인의 생각이나 외경에 의하면 가나안 지역이 에덴이라 하나, 학설은 ① 흑해 인근 아르메니아 고원, ② 바벨론 남쪽 에리두 근처 평원, ③ 이집트 서쪽, ④ 지중해 해중, ⑤ 비밀의 불가사의한 곳 등이라 한다.[372] 성경의 히브리어 원어 해석, 항공사진 등 현지 지형, 지리 및 수문 조사, 고대 문헌 등 모든 조사와 연구로도 에덴동산의 위치를 밝히지 못하고 있다 (그림 5-4-1).

완전히 파괴되고 변형된 지형으로 찾을 수 없는 에덴동산의 위치 연구 방법론은 수메르 설화가 있으나 성경을 통한 귀납적 접근이 우선이다. 하나님께서 아브라함에게 가나안으로 가라고 명령하였으며 결국 예루살렘 골고다에서 예수 그리스도께서 인류 구속의 보혈을 흘려 돌아가시고 감람산으로 재림하실 것이라 하였기 때문에 가나안 지역을 에덴으로 그리고 예루살렘이 에덴동산으로 추정되어 이를 (역)추적하고자 한다. 이 추정의 충분한 이유는 하나님께서 에덴동산을 지으신 깊은 의미와 아브라함을 가나안으로 이끄신 이유에서 풍부하고 은혜와 감사가 넘치는 동일한 영감이 있기 때문이다.

왜 성경에 자세히 묘사된 에덴동산 위치를 파악하지 못하는 것일까. 하나님께서 아브라함에게 가나안으로 이주 전에 가나안이 에덴이었다고 직접 말씀하시고 이를 성경에 기술하였으면 얼마나 손쉽게 성경을 읽겠는가. 하기야 성경에 그리 기록되었다 하더라도 믿을 사람이 얼마나 되겠는가. 공공연한 비밀로 보이는 가나안이 에덴이라는 희미한 그림자를 보며 추적해 보자. 그리고 성경에 가나안이 에덴이고 예루살렘이 에덴동산이라고 밝히지 않은 많은 이유가 있을 것인데 그중 하나가 신앙의 눈으로 보지 않으면 보지 못하고 만일 눈으로 보아도 보지 못하며 깨닫지 못할 것이기 때문이다 (마태복음 13:13). 앞에서 가나안이 에덴이라는 점을 조금씩 설명하였다.

5-2. 아브라함의 가나안 이주 배경

에덴동산에 쫓겨 난 사람은 에덴동산을 꿈꾸나 지금도 환경을 파괴하며 더 악화된 환경을 만들어 가고 있다. 이럴수록 에덴동산과 같은 곳을 찾아 여행하며 어마어마한 돈을 지불하여 아름다운 주택과 정원을 짓는다. 하나님께서 에덴동산을 파괴한 이유는 본 고찰에서 점차 드러날 것이다. 만일 죄지은 사람을 에덴동산에 두었더라면 사람의 본능과 자만으로 에덴동산의 아름다움에 취해 안락과 타락이 더 했을 것이며 하나님께서 에덴동산을 철저히 파괴하고 추방한 것은 하나님을 향한 새로운 소망을 갖고 인간의 고통과 나태함을 덜기 위함이다.

372 카리스종합주석 제1권, pp 341-344

사람의 저 깊은 의식 속에는 지워지지 않는 에덴동산의 원형이 박혀 있다. 에덴동산과 같은 것을 보면 기쁨과 평안과 아름다움을 즉각적으로 느끼는데 사람의 마음에 에덴동산의 원형을 하나님께서 두심이 확실하다.

아브라함과 그 후손들의 행적을 살피며 드는 생각은, 하나님께서 특별한 한 사람 아브라함을 수메르 문명에서 벗어나게 하면서 세계 곳곳에 비옥한 땅들이 많고 많은데 가뭄이 심하고 비옥하지 않으며 지형도 험하고 큰 강도 없으며 가나안 족속이 선점하여 사는 험지 가나안 지역으로 가라고 했고 모세에게 아름답고 광대한 땅, 젖과 꿀이 흐르는 땅이라 했을까 하는 궁금증이다. 그러나 이스라엘 후손의 역사적 여정과 예수님의 탄생과 재림 약속을 살피면 가나안 지역이 바로 에덴이었고 예루살렘이 에덴동산이었다는 추론의 결론으로 이끌게 된다.[373]

이 단원의 연구를 마무리할 즈음 일부 성경학자들도 이미 예루살렘이 에덴동산으로 추론하고 있다는 점을 확인하게 되었다. 전술했듯이, 아브람이 우르를 떠나 가나안으로 가야 한다는 첫 고백에는 세상에 살지 말고 에덴동산 낙원에 가서 하나님께 경배하자는 신앙의 목표가 발견된다. 야살의책 12장 68절에 보면 "가나안으로 갑시다. 우리가 함께 가나안으로 가서 --(중략)-- 당신이 그 땅에서 당신을 창조하신 주를 섬기면 잘 될 것입니다"라고 신앙을 아브라함의 아버지에게 고백하는 것이다.

아브람이 우르를 떠날 때 가나안 지역의 인문지리적 상황이 메소포타미아 지방에 비해 그리 좋지 않았다.[374] 성경, 야살의책 및 외경 등에 가나안으로 가야 하는 이유에 대한 힌트 없이 하나님께서 갈 바를 정하여 명하니 가나안으로 간 것 이외에 파악되지 않는다.

이 책 제4장에서 상세히 살폈듯이, 아브람이 가나안으로 가겠다는 최초의 고백은 52세 때였다. 니므롯의 살해를 피해 노아와 셈의 집에 피신 중인 아브람을 찾아온 아버지 데라에게 아브람이 가나안으로 가자고 설득한 고백에 나타나며 노아와 셈이 아브람의 생각이 옳다는 대화에서 최초로 소개되었다. 이때는 아담 출생 이후 정확히 2천년이 되는 AM 2,000년이 되는 해이다 (표 2).

---

373 본 추론은 일종의 유비적이고 귀납적인데 반하여, 지질학적 분석으로 에덴의 위치를 추적한 "Gaines R. Johnson, 김용묵 옮김, 성경과 지질학, 제20장 에덴의 강들을 찾아서"를 참고.

374 아브라함은 가나안 지역의 기근을 피해 애굽으로 두 차례 갔었고 손자 야곱과 그의 자손은 거의 죽을 지경의 수년 동안의 기근으로 심한 어려움을 겪었고 결국 그와 그의 자손 70명이 애굽으로 피난하였다.

야살의책은 이 대목에서 아브람이 가나안으로 가고자 한 의도가 하나님의 계시로 소개되어 있지 않으나 노아, 셈 및 아브람 모두가 가나안으로 가야 한다는 일치된 생각을 갖는데 이들 모두에게 하나님께서 계시한 것이 분명하다. 즉 아브람이 가나안으로 가야 한다는 점을 하나님께서 노아와 셈과 아브람 모두에게 동일하게 계시하였기 아브람 아버지 데라가 동의했을 것이다. 데라가 이때 아브람의 설득과 노아와 셈의 권고로 가나안으로 가야겠다고 결심한 분위기로 출발하였다. 그리고 이때 노아와 셈도 가나안으로 간 것으로 추정된다.

아브라함 생애에 닥친 두 거대한 막연함이 있는데 그 하나는 우르에서 가나안 이주이고 다른 하나는 창세기 15장의 횃불언약[375]이다. *"네 자손이 이방에서 객이 되어 그들을 섬기겠고 그들은 사백 년 동안 네 자손을 괴롭히리니 -- (중략) -- 네 자손은 사 대 만에 이 땅으로 돌아오리니 이는 아모리 족속의 죄악이 아직 가득 차지 아니함이니라 하시더니* (창세기 15:13-16)"에서 자손이 4대 동안 또는 4백 년간 고통받는 객이 된다는 점이다. 힘들게 가나안까지 왔는데 그의 후손에게 발생할 새로운 험로가 또 있었다. 이 두 질문을 해결하기 위한 단서는 「가나안이 에덴이거나 에덴적인 에덴」이어야 한다는 점이 추론의 단서이다.

대홍수 후 340년간 인구가 약 1,280만 명(표 4-7-1)으로 번창한 수메르 문명이 아브람 48세 때 바벨탑 사건으로 망해 수메르 지역에 살던 여러 종족이 온 세상으로 분산되는 과정에서 하나님께서 아브라함에게 ① 「왜」 그리고 ② 「가나안」으로 이주토록 했는지를 설명이 없다. 아브람에게 명령과 현실적 독려를 하면서 가나안으로 가야 할 핵심적 이유를 설명치 아니했으나 실제 아브라함은 하나님의 명령에 순종하여 행동하였다. 아브라함의 믿음의 순종으로 그의 후손은 2천 년간 가나안 및 세계 각국에서 방황하였고 아직 주변 비유대인들과 극히 대립적인 점은 사람의 눈으로 의아하다.

성경에는 *"갈 바를 알지 못하고(히브리서 11:8)"* 떠났다고 기록한 것으로 보아 아브라함은 갈 곳에 대한 정확한 정보 없이 하나님 말씀에 의지하여 믿음으로 떠난 것으로 설명한다. 또 하나님께서 말씀한 *"네게 보여 줄 땅으로* (창세기 12:1)" 가야 한다는 방향만을 아브라함에게 가르쳐 주었다. 창세기의 이 기술은 가야 할 구체적 장소를 모르고 우르를 떠나 가나안으로 향한 대목이다. 이 두 성구에서 아브람이 하란에서 받은 말씀이 아니라 우르에서 가나안으로 떠날 때 받은 말씀으로 보아야 하며 「네게 보여 줄 땅」이란 결과적으로 보면 창세기 15장에서 하나님께서 가나안에 도착 후 경

375 이를 분정(分定)언약이라고도 하는데 동물인 제물을 두 쪽으로 쪼갠 후 나누어 배치하고 하나님께서 아브라함과 약정하였기 때문이다.

계를 설명하셨는데 처음 우르를 떠날 때 특정 장소를 지칭하지 않고 말씀한 것이 된다. 하나님께서 아브라함 70세 때(또는 78세 때) 가나안에서 아브라함의 자손에게 줄 가나안 땅 경계를 정확히 밝히시는데 이러한 점으로 보아 처음 하나님께서 아브라함에게 가나안 중 특정 장소에 대한 언급 없이 가나안으로 말씀하신 것으로 파악된다.

두 번째 궁금증은, 가나안에 도착한 아브라함을 계속 가나안에 살도록 하지 않고 왜 아브라함 자손이 400년간 유리하다가 4대 만에 가나안으로 회귀하는 기간을 두었지에 관한 사항이다. 왜 이방 땅에서 방황하거나 애굽으로 가서 아브라함 자손이 종살이를 오랫동안 해야 하는지 아브라함이 매우 당황할 문제였으나 이에 관한 구체적 설명이 없다. 하나님께서 아브람에게 설명한 위 성경 구절 중 "*아모리 족속의 죄악이 아직 차지 아니함이라*"고 설명하였으나 이는 이방의 객이 되어 마치는 종점의 조건을 부가하는 설명으로 보이며 셈과 에벨 및 그의 후손들이 살도록 허락한 후 에덴 동산을 더럽힌 가나안 족속의 죄악을 일괄 없애고 성지를 예비하시려는 하나님의 의도로 보인다고 전 장에서 설명하였다.

5-3. 가나안에 관한 성경 묘사

함의 막내아들 가나안은 11명의 아들을 두었다 (표 4-4-1 및 표 4-6-1). 바벨탑 사건 후 야벳과 셈의 후손은 계속 시날 지역을 중심에 퍼져 살았으나 함의 자손은 가나안과 애굽 방향을 이주한 것으로 파악된다 (그림 4-6-1). 가나안이라는 지명이 사용된 점으로 보아 이때 가나안이 그의 아들 대부분과 실제 가나안으로 이주해 살았을 것으로 보인다. 가나안의 이주 나이를 추정하면 노아가 만취 후 가나안을 저주한 경위로 보아 300세 전으로 보이고, 약 400세 정도를 살았기에 이삭이 살던 시기에 가나안에서 살다가 사망했을 것이다 (표 1).

바벨탑 사건 이후에 수메르 지역에 살던 여러 족속이 아프리카, 유럽과 중동 지역 등으로 광범위하게 퍼지는 과정에서 함의 막내아들 가나안이 다른 족속보다 가장 먼저 빈 땅인 가나안 지역 대부분을 선점하고 살던 것으로 보인다 (창세기 12:6). 아브라함이 가나안으로 간 후 약 500년이 지나 모세가 하나님에게서 가나안은 "아름답고 광대한 땅, *젖과 꿀이 흐르는 땅* (출애굽기 3:8 등)" 즉 에덴동산과 같은 뉴앙스로 들은 바 있다 (출애굽기 13:5). 아브라함에게는 이 힌트를 성경 등에서 정확히 찾을 수 없으나 출애굽기 13장 5절이 설명에서 아브라함, 이삭 및 야곱이 이를 안 것으로 추정할 수 있다. 아브라함이 가나안 지역의 위치적 중요성을 알았다면 노아로부터 전래된 정보로 알았을 것이다. 아브라함과 이삭이 가나안에 거주할 때 기근이 있었고 하나님께서 아름답고 광대한 땅, 젖과 꿀이 흐르는 땅으로 모세에게 설명한 점은 비현실적 묘사로 보이며 하나님께서 그러하게 말씀하시었기에 그렇게 기술한 것으로 보인다.

아브라함이 가나안 족속의 땅으로 이주하게 된 최초의 이유를 억측하면, 노아의 만취 사건으로 노아가 "*가나안은 --- 그의 형제들의 종들의 종* (창세기 9:25)"이 되어서 "*가나안은 셈의 종* (창세기 9:26)"이 된다는 저주(예언)에서 셈의 자손인 아브라함의 자손과 가나안의 자손 만남은 필연이 될 소지가 있음을 추정케 하나 이 인과성으로 가나안으로의 이주 이유를 충분히 설명할 수 없다. 만일 손자 가나안이 에덴의 위치를 분명히 알았다면 노아는 이 정보를 아브라함에게 알려 주었을 것이며 이후 창세기를 쓴 모세까지 이어졌을 것이고 이 정보를 바탕으로 모세가 에덴에 관한 지리적 묘사를 하였을 것이다.

노아가 안 정보를 역시 그의 아들 셈도 알고 셈이 가나안의 (예루)살렘에서 왕으로 거주하였다는 점에서 이를 추정할 수 있다. 함도 아버지 노아를 통해 가나안 지역의 중요성을 알았다면 함의 막내아들인 가나안 역시 에덴 지역에 와서 살고자 하는 욕심이 없을 리 없었기에 당시 인구의 과반수(약 49%, 표 4-6-2)를 점했던 함의 후손인 가나안 족속들이 먼저 가나안 지역을 선점한 것으로 보인다. 노아를 거친 에덴에 관한 정보를 셈이 가지고 있었다면 아브라함도 당연히 알았을 것이다.[376] 물론 이런 정보의 흐름을 성경에서 파악할 수 없고 모세가 가나안 땅이 젖과 꿀이 흐른다는 약간의 연관성을 최초로 밝힌 점 이외 정확한 단서는 알 수 없다.

5-4. 에덴동산의 지형·지리·인문 등 정보

□ 기본 정보

창세기 2장의 에덴에 관한 초고대의 인문·지리 설명은 놀랍다. 광활한 지역 정보를 사실적으로 상세하게 묘사한다. 묘사의 구체성으로 보아 에덴 지역과 에덴동산에 관한 구체적 정보를 요약한 창세기 저자는 에덴과 에덴동산이 어느 곳에 있었는지 확실하게 알았음이 명백하다. 이에 관한 원천적 정보는 930년을 살며 여행에서 얻은 광역적 정보를 안 아담이 후손들에게 전해주다가 최종 노아에게 전수되면서 정보가 추후 부가되었거나 기타 정보는 창세기 기록에서 생략되었을 것이다. 모세가 환상이

376 노아가 알았다면 셈이 알았을 것이고 또 노아와 셈과 함께 산 아브라함은 이를 전달받았을 것이고 혹 하나님께서 하나님의 벗(이사야 41:8)인 아브라함에게 알려 주었을 것으로 추정된다.

나 계시로 정확히 알았음을 추정하기 어려운 것은 앞 제1장에서 충분히 고찰했듯이 창세기의 묘사가 직접 본 듯한 사실적 묘사 때문이고 또 노아가 아브라함과 함께 지낸 사람이기 때문에 그런 추정이 필요 없어 보인다. 창세기를 쓸 수 있는 자료를 모세가 참조하여 정확히 편집하였을 것이다. 일설에는 묘사된 언어 등으로 이스라엘 자손이 바벨론 포로로 생활할 때 바벨론 지역의 설화를 인용하여 묘사한 것으로 보기도 한다는 것인데 < 표 1 > 또는 < 표 3-9-1 >을 보면 그런 주장은 창세기의 톨레도트를 무시하거나 이해하지 못하는 상상으로 보인다.

앞에서 상세히 살폈듯이, 노아 출생 시 셋의 아들 에노스는 노아와 같은 84년을 살았고, 또 에노스의 아들 게난은 노아와 179년을 함께 살았으며 매우 지혜가 뛰어난 사람으로 온 땅을 지배하고 영들과 마귀들을 다스림은 물론 사람들의 죄악으로 하나님이 향후 대홍수로 멸할 것을 알고 앞으로 일어날 일을 돌판에 새기어 보물창고에 넣었고 사람들을 하나님에게로 돌아오게 하였다고 한 점으로 보아 노아는 에노스와 게난에게 많은 교육을 받았을 것이다 (야살의책 2:11-14 및 표 1). 이들은 노아에게 많은 지식과 함께 창세에 일어난 일들을 포함하여 에덴과 에덴동산에 관한 정보를 전수하였을 것이 이치이다. 게난에 의해 기록되거나 전수된 여러 정보 중에는 에덴동산에 관한 내용이 빠질 수 없었을 것이므로 노아 역시 에덴동산의 위치를 알고 있었을 것이다. 또 하나님께서 그렇게 하도록 하셨을 것이다. 아담 부부가 입은 가죽옷과 아담이 쓰던 하나님의 지팡이[377]는 에녹을 거쳐 므두셀라에게 그리고 노아에게 전수되었다는 야살의책 기록에서 볼 때 노아는 많은 유물과 정보를 갖고 있었음이 분명하며 방주 안에 주요 기록이나 보물들을 보관하여 후손들에게 교육 자료로 사용하였을 것이다.

창세기 1장을 자세히 살펴 상상하면 창세기를 기록한 사람의 지능은 매우 높고 특정 개인이 아닌 매우 총명한 여러 사람에 의해 검증된 기록인 점을 알게 한다. 한 사람의 자서전도 아니고 인문, 사회, 역사 등의 관점에서 사실을 기록하고 이를 하나님의 말씀으로 기록하였기에 매우 비범한 사람과 특수 집단이 상호 정보를 주고 받아 체계화한 문서이다. 예컨대 야곱의 영적 지능은 그의 언어 구사 능력과 사상에서 나타나는데 상상 이상으로 높은 점에서 노아 전 사람의 총명함을 상상하면 창세기를 쓴 사람의 영적 풍부함과 정확성을 상상할 수 있다. 또 아브라함의 생애를 기록한 생생한 자신의 실수를 정확히 객관적으로 고백하여 후손들에게 교육하게 하며 그 내용은 하나님과의 인격적 교류로 고백하고 있다는 점이다.

---

377 야살의책 7:25-26의 청옥 지팡이며 모세가 쓰던 출애굽기 4:20의 지팡이를 말한다.

창세기 2장의 에덴동산의 위치를 추정하는 일은 언어학, 인문지리학, 지형학, 지질학, 광산학, (성서)고고학, 항공측량 등의 자료 해석에 의한다. 외경인 제2의 창세기 8장 19절[378]에 유대인은 에덴동산이 가나안에 있었던 것으로 생각한다고 한다. 창세기 2장에 *"하나님이 동방의 에덴에 동산을 창설(God planted a garden eastward in Eden)"*라 하였다. 에덴이라는 지역의 동쪽에 동산을 만들었다는 설명과 *"에덴에서 강이 흘러나와 동산을 적시고 거기서부터 네 강의 근원이 되었으니(And a river went out of Eden to water the garden; and from thence it was parted, and became into four heads) 첫째의 이름은 비손이라. 금이 있는 하윌라 온 땅을 둘렀으며 그 땅의 금은 순금이요 그곳에는 베델리엄과 호마노도 있으며 둘째 강의 이름은 기혼이라. 구스 온 땅을 둘렀고 셋째 강의 이름은 힛데겔이라. 앗수르 동쪽으로 흘렀으며 넷째 강은 유브라데더라.* (창세기 2:10-14)"하여 에덴이라는 지역의 인문·지리적 상황과 에덴동산을 설명한다.

이 설명에서 ① 「에덴」이라는 지역의 ② 「동쪽 구역」이 에덴동산인 것을 알게 한다. ③ 에덴에서 발원하는 큰 물줄기의 「어떤 한 강」이 있었다. 에덴동산에서 갈라진 ④ 네 강의 이름은 ④-1 하윌라(뜻: 모래가 많은 땅) 지역의 비손(뜻: 거품이 나는 bubbling) 강, ④-2 구스 지역의 기혼(뜻: 터져 나옴, bursting forth) 강, ④-3 앗수르 동쪽으로 흐른 힛데겔(그리스어 티그리스) 강, 및 ④-4 유프라데(히브리어 프라트 P'rath)[379] 강이다.

또 ⑤ 에덴 지역의 해발고도는 높으며 수량이 풍부한 지역임을 알 수 있다. ⑥ 에덴에서 발원한 어떤 한 강은 네 강의 근원으로 가장 높은 고도에서 발원하기에 수량이 풍부한 큰 산, 큰 샘 또는 호수가 있는 것을 알 수 있다. ⑦ 에덴동산은 에덴 지역의 동쪽 기슭의 넓은 구역으로 보인다. ⑧ 에덴 지역보다 해발고도가 낮은 에덴동산에서 네 강이 분기되어 발원하고 긴 강이므로 네 강도 수량이 넉넉하고 주변 지역도 산(구

378 이동진 편역, 전게서, p 248: 「에덴 정원은 주님의 집으로서 가장 거룩한 곳이고, 시나이 산은 사막의 중심이고, 시온산은 지구의 배꼽의 중심인데, 이 셋은 서로 마주 보고 있었다」

379 성경의 유브라데 강은 아브라함 후손에게 약속된 땅의 동쪽 경계를 형성하는 큰 강(창15:18)이거나 예루살렘 북쪽 약 10km 위에 있는 작은 강(여레미야 13:4)을 말한다. 횃불언약에서 「큰 강 유브라데」은 예루살렘 북쪽 작은 강 유브라데가 아니다. 아브라함 당시에 큰 강과 작은 강 유브라데가 있었음을 알게 한다. 노아의 후손은 아담 당시 에덴동산에서 발원하는 유브라데 강 이름을 우르 근처 페르시안 만까지 흘러 들어가는 강의 이름에 에덴동산에 있던 강 이름을 추억으로 차용했을 수 있다. 야곱이 에서와 이삭의 유산을 나누는 장면(야살의책 47:24-29)에서 야곱은 가나안 땅을 갖고자 하여 에서와의 약정에서 이집트에서 유브라데스 강까지 모든 일곱 족속(헷, 히위, 여부스, 아모리, 브리스, 기르가스 등)의 성읍과 헤브론의 성읍을 가질 것을 정하는데 여기서 유브라데스강은 큰 강이 아닌 예루살렘 북쪽 강을 의미한 것으로 보인다. 즉 이스라엘 민족에게 에덴동산의 발원지 유브라데스강은 가나안 땅에 있는 강을 주로 지칭한 것으로 보인다.

릉)과 숲이 있었다. ⑧ 생명나무(the tree of life)와 선악을 알게하는 나무(the tree of the knowledge of good and evil) 등이 있던 에덴동산은 각종 동식물이 풍부한 생태 환경이 갖춘 곳임을 알 수 있다. ⑩ 안개가 온 지면을 적셨다는 창세기 2장6절의 묘사가 에덴 지역이라면 이 강수(降水)가 모여 에덴동산으로 흘러들어 간 어떤 한 강일 수 있다. 아니면 특정 지점에 대규모의 샘이나 호수가 있어 에덴동산으로 흘러들어 간 어떤 강일 것으로 보인다. 그리고 어떤 기점을 기준으로 동쪽이었다는 묘사가 없어 추정을 더욱 어렵게 한다.

창세기에 사실적으로 묘사된 이러한 정보 제공에도 불구하고 에덴의 위치 파악이 어려운 점은 약 6천 년 전 오래된 위치 정보, 지형의 변화와 에덴동산의 파괴가 주된 원인으로 보고 있다. 지형 변화는 창조 후 어떤 때 또는 노아 대홍수 때 일어난 것으로 추정한다. 그중 창조 당시와 전혀 다른 지형의 변화가 확실하여 수원(水源)이나 강 이름이나 위치 추적이 불가능해 보인다.

< 표 5-4-1 > 에덴동산의 4대 강[380]

강 이름	유수 의미	추정 유역	특징	비고
비손	풍성하게 흐름	아라비아 - 인도지역	금, 은 등 보석의 다산지역 하윌라 지역 통과	가나안에서 남쪽 방향으로 흐른 강
기혼	차고 넘치도록 흐름	아라비아, 페르시아만과 홍해 사이	구스 땅 통과	예루살렘 다윗성의 샘 기혼과 이름 동일
힛데겔	화살처럼 빠르게 흐름	그리스어 티그리스의 옛 이름 (다니엘 10:4)	앗수르 동편 지역	서쪽에서 동쪽으로 흐른 강
유브라데	물맛이 달고 상쾌 (예레미아 2:18)	메소포타미아	큰 강 및 하수(출애굽기 23:31, 신명기 1:7, 이사야 7:20)	예루살렘 북쪽의 건천 이름과 동일

주 1: 구약에서 하수(下水, the River)라 번역된 큰 강은 현재의 유프라테스강이다.

주 2: 이름 의미로 비손과 기혼이 유량이 풍부하고, 힛데겔은 급한 협곡이나 급사면을 지나며, 유브라데는 수질이 좋다.

흑해와 카스피해 사이 아르메니아 고지대를 에덴 지역이라는 설은 비손과 기혼 두 강이 북쪽으로 흐르는 지금의 파시스와 할리스 강으로 가정하고 남동으로 흐르는 지금의 유브라데 및 힛데겔로 가정하면 지형과 수원 및 발원이 적정해 보인다. 만일 에덴동산 창설 이후 지형적 큰 변화가 없고 에덴동산에 관한 묘사가 노아 대홍수 전의 정보를 바탕으로 이스라엘 후손들이 바벨론 포로 시에 그 지역의 전래 설화를 참작해 작성[381]한 것이라 한다면 아르메니아 지역에 에덴동산이 위치했을 가능성이 있다.

380 카리스종합주석, p 346를 참조하여 재작성

381 우르 남쪽 20km의 에리두에서 1918년 대영박물관 발굴대가 발견한 토판에 "에리두 안에는 신비로운 생명나무가 있었다. 그 뿌리는 깊고 가지는 하늘에 닿았는데 사람이 들어가지 못하도록 수호신 지키고 있었다" 기록에 따라 에리두가 바벨론 민족의 시조인 '아나피'의 고향이라는 점 때문에 바벨론 평원 지대를 에덴동산이라 생각하고 있다.

한편, 페르시아만 인근 에리두 주변 바벨론 평원이 에덴동산이었다는 설이 만족하려면 페르시아만으로 흐르는 유브라데와 티그리스강 하구 지역이 오래전 높은 고원이었는데 급격한 지형 변화로 아라비아판이 전체적으로 옛날보다 매우 낮아졌다는 전제가 충족되어야 한다. 현재의 페르시아만 인근 쿠웨이트, 아라비아 및 이라크의 풍부한 원유 매장량으로 보아 옛날 동식물이 풍부한 지역이었음이 확실하여 이 설을 뒷받침할 수 있다. 또 에덴동산이 지각변동으로 지중해에 가라앉았다는 설과 이집트 서쪽에 있었다는 설은 가인이 동쪽으로 이동하여 지금의 아라비아 서쪽 지방인 놋 땅에 거주한 점 등을 기초로 가정한 설이다.

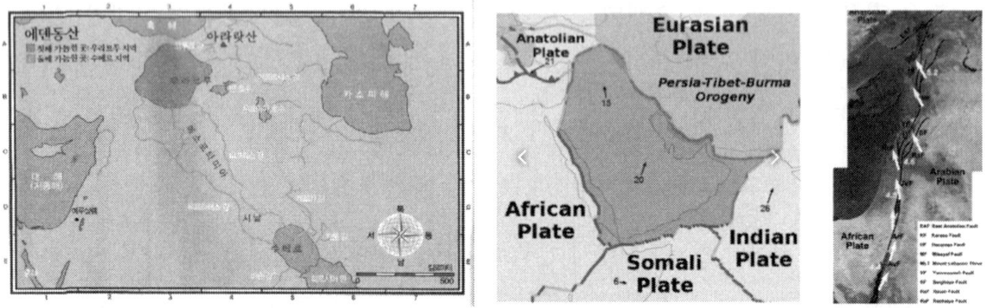

< 그림 5-4-1 > 에덴동산 추정 주요 지역과 가나안 지역 주변 지각판[382]

주: 가나안 땅(현 이스라엘)은 둘째 그림의 중앙 아라비아판에 속한다.

이 설과 달리 가나안 설을 살피자. 가나안 지역은 아라비아판 서측 구역이며 아프리카판과 아나톨리아판과 만나는 인근 지역이다. 가나안 지역은 동쪽의 홍해 열곡와 사해 단층을 경계로 아라비아 반도와 접한다. 아라비아판이 매년 약 2cm 정도 북쪽으로 이동함에 따라 가나안 지역은 매년 2cm 정도 북서쪽으로 밀려 이동한다고 한다. 이러한 대륙이동설에 따라 매우 오래전 가나안 서쪽 지중해 바닷가 일부가 육지였을 것이며 현재 예루살렘의 해발고도(약 770m)는 현재보다 낮았을 것으로 보여 가나안 전체 지역의 면적은 현재보다 더 넓고 해발고도도 낮을 수 있다. 예루살렘의 기반암은 석회암으로 이루어져 있어 매우 오래전 바다였던 것으로 보인다.

비손강이 위치한 「하윌라」는 성경에서 사람의 이름 또는 지명으로 사용되었다. 「하윌라」라는 최초 명칭은 함의 아들인 구스의 둘째 아들(창세기 10:7, 표 4-6-1)에 나타난다. 그후 셈의 아들 4대손인 욕단의 아들(창세기 10:29, 역대하 1:23)에도 나타난다. 지명으로는 "*이스마엘의 후손들이 「하윌라」에서 앗수르로 통하는 애굽 앞 술까지 이르러 그 모든 형제의 맞은 편에 거주하였더라* (창세기 25:18)"라고 기록되었고

382 이 글을 정리하던 2023.2.6에 아나톨리아 판과 아라비아 판이 충돌하여 튀르키예 하란 남부 지역에서 강도 7.8 대지진이 발생하여 튀르키예와 시리아 사람 약 5만 명 이상이 사망하고 이재민이 150만 명 이상이 발생하였다.

"사울이 하윌라에서부터 애굽 앞 술에 이르기까지 (그곳에 살고 있던) 아말렉 사람을 치고 (사무엘상 15:7)"라에 기록되어 북서 예멘 지역으로 추측하고 실제 금이 풍부한 예멘 북쪽 500km 떨어진 사우디아라비아의 메디아의 서남쪽 히자즈 산맥으로 추정하고 있다. 이 주장에 의하면 비손강은 현 이스라엘 남부에서 남쪽으로 흐르던 강이다.

기혼강이 위치한 「구스」라는 최초의 명칭은 함의 맏아들 이름에서 유래하였다. 이후 아프리카 지역명 또는 그 지역의 사람을 일컫는데 구스의 후손은 메소포타미아 또는 아프리카 지역에 분포한 것으로 보아 기혼강의 위치를 정확히 알 수 없다. 예루살렘의 주요 수원인 기혼샘은 다윗성 동측 기드론 골짜기 근처에 있으며 간헐적으로 용솟는 샘으로 물줄기가 항상 흐르는 강이라기 보다 기드론 골짜기로 흐르는 천이었다. 히스기야 시대에 성 밖 기혼샘에서 성 안의 실로암까지 연결된 지하수로[383]를 만든 후 현재까지 흐르고 있다 (역대하 32:1-3). 예루살렘의 기혼샘과 기혼강의 이름 유사성에서 에덴동산설을 도출해 내는 주장이 가능하나 확실한 증거가 거의 없고 단지 명칭이 동일한 힌트 뿐이다.

급류의 강이라는 뜻의 히브리어 힛데겔은 그리스어인 현 티그리스강이라 한다. 이 강은 현재 북쪽에서 동남쪽으로 흐르는데 성경에서는 앗수르 동쪽 지역으로 흐른다고 하여 현재의 유수 방향과 다르게 표현되어 있다. "the name of the third river is Hiddekel that is which goeth toward the east of Assyria (창세기 2:14)"이므로 힛데겔 발원지인 에덴동산은 서쪽에 위치한다. 아담이 에덴동산에서 쫓겨 난 방향과 가인이 이동한 방향은 모두 동쪽인데 만일 에덴동산에서 발원하여 동쪽으로 흐른 강이 힛데겔이라면 아담과 후손들은 힛데겔 강변을 따라 이동하면서 살았을 것이다.

야살의책 2장 6절에 아담의 2대손 에노스 시대에 사람의 아들들이 하나님을 거역하여 하나님의 진노로 기혼강에 홍수가 나서 당시 사람의 1/3일 멸절하였다는 기록을 보면 아담 이후 사람이 에덴동산의 동편으로 이동한 점을 감안하면 기혼이 에덴동산에서 동편에 있었음을 알 수 있다. 즉 아담 후손은 기혼강변을 따라서 이동하고 살다가 기혼강 홍수 후에 타 지역으로 이주하였을 가능성이 있다. 창세기 2장과 야살의책 2장을 종합하면 힛데겔과 기혼이 에덴동산을 중심으로 동편으로 흐른 강 또는 동편에 있었음을 알 수 있다. 외경에는 아담 부부가 요단강 근처에서 생활하였다 하는데 그러하다면 기혼이 요단인데 발원지가 골란고원으로 일치하지 않는다.

---

383 현재 거의 지중화된 천으로 건기 시에 약 1천명이 먹을 수 있는 수량이라 한다.

능력 또는 큰 강을 뜻하는 유브라데는 성경에 관련 지리·인문 정보를 담지 않았다. 워낙 위치적으로 또는 중요하고 유명한 강이라서 단지 이름만을 기록한 듯하다. 성경에는 페르시아만으로 흐르는 「큰 강」을 유브라데라 하였으며 또 예루살렘 북쪽 약 4km 예레미아 고향인 아나돗의 와디[384] 파라(wadi Farah)를 작은 강 유브라데라고 하였다. 하나님께서 아브라함에게 후손에게 줄 땅의 영역을 큰 강 유브라데까지로 말씀하셨는데(창세기 15:18) 에덴동산의 유브라데가 이 강인지 알 수 없으나 학자들은 이를 동일 시 한다.

광범위한 지역 에덴에서 모인 수원이 「어떤 한 강」이 되고 이 강이 에덴동산에서 네 강으로 나뉘는데 유독 힛데겔이 동쪽 앗수르로 흘렀다는 묘사에서 다른 강들이 흐른 방향을 추정해 보자. 에덴에서 발원한 어떤 한 강은 서쪽에서 동쪽 에덴동산으로 흘러들어 온 것으로 봄이 적정하다. 왜냐면 에덴동산은 에덴의 동쪽 구역이기 때문이다. 그리고 네 강은 서쪽 구역을 제외한 최대 세 방향으로 흐른 것으로 추정할 수 있다. 네 강의 기록 순서를 보면, 「비손(남향)→기혼→힛데겔(동향)→유브라데」인데 힛데겔이 동쪽으로 흘러갔다면 힛데겔 다음으로 묘사된 유브라데는 서쪽, 남쪽 또는 북쪽일 수 있다. 그러나 서쪽으로 흐를 수 없다.

< 표 5-4-2 > 구약의 네 방향 묘사 순서 예

창세기 13:14	창세기 28:14	민수기 35:5	신명기 3:27	열왕기상 7:25	역대상 9:24	역대하 4:4
북-남-동-서	서-동-북-남	동-남-서-북	서-북-남-동	북-서-남-동	동-서-북-남	북-서-남-동

주: 우리말 성경 번역은 우리말 습관에 따라 순서를 정하였기에 KJV 번역을 기준으로 작성

< 표 5-4-2 >에서 보듯이 구약에서 네 방향 묘사의 일정한 기준은 없어 한 방향을 대칭으로, 시계 방향 또는 시계 반대 방향으로 묘사하는 불규칙성을 보인다. 비손이 가나안에서 남쪽으로 흐른다는 인문·지리 정보에 의거 가나안 지역에서 남쪽으로 흐른 강이라 일단 정하고 서쪽은 높은 에덴 지역이므로 강이 흐른 방향이 아님을 전제로 한다면 유브라데는 북쪽으로 흐른 강일 수 있다. 즉 비손(남)-기혼(동)-힛데겔(동)-유브라데(북) 순서로 묘사한 것으로 추정되나 오늘날의 여러 설에 대응하지 않거나 알 수 없는 방향이기에 이 방식으로 확인하기 어렵다.

대체로 초고대 사람이 살던 땅은 그 땅에 처음 살았기에 산 사람의 이름에 따라 작명하였으나, 한 지역에서 타 지역으로 이주한 사람들은 이주한 지역의 지명을 이주 전 살던 지역명에 사용하는 예가 있어 고대 시대에도 이러한 작명법이 있을 수 있다. 당초 네 강 이름은 아담이 지었을 가능성을 배제할 수 없다. 왜냐면 아담이 동식물의 이름을 지었기 때문이다. 또 대홍수 이전 아담 등이 사용한 옛 지명을 노아의 후손들이

384 와디(wadi)는 건천이다.

새로이 정착한 지역에 옛 지리 정보를 차용하여 작명할 수 있다. 이런 가정이라면 에덴동산의 힛데겔과 유브라데는 이름은 같으나 현재의 힛데겔과 유브라데와 다른 강일 수 있다. 아니면 모세 또는 바벨론 포로 시 에스라 등이 에덴동산에 관한 계시 내용 중 집필 시 그들이 살던 시대 실제의 강 이름을 차용하여 에덴동산에 사용할 가능성이 있다. 왜냐면 가인이 쫓겨난 지명을 에덴의 동쪽 놋(Nod)[385]이라 하였는데(창세기 4:16, 그 위치가 정확하지 않다) 이 지명은 아담 출생 후 사람이 산 적이 없는 곳이므로 나중에 많은 사람 중 놋이라는 사람이 살던 땅에서 차용하였던 점에서 에덴동산의 네 강의 이름 역시 나중 유명한 강 이름에서 차용한 이름일 수 있다. 즉 당초의 에덴 네 강 이름이 유실되었다면 또는 집필 시 후대에 새로운 이름을 차용할 수 있다.

혹, 노아가 전해 준 최초의 에덴동산에 관한 내용을 창세기를 (재)집필 당시 에덴동산의 위치를 정확히 해석할 자료가 불충분했을 수도 있다. 이 점은 외경에 나타난 아담과 하와 등에 관한 여러 문서에서도 에덴의 위치를 창세기 이상으로 정확히 추정할 수 있는 내용이 없다는 점에서 유추된다. 다만 외경 제2의 창세기 8장 19절에 에덴동산이 가나안 지역에 있었다는 내용이 있고 요단강 이야기가 많으나 이를 다른 외경의 기록들과 대조하면 이 역시 정확한 내용으로 단정할 수 없다. 아담과 이브가 요단강을 이용한 내용으로 보아 가나안 지역이 에덴 지역인 것으로 상상할 뿐이다.

5-5. 에덴동산의 특별성

□ 환경적 특별성

에덴[386]과 에덴동산은 여러 면에서 현재 우리가 상상하는 것 이상으로 매우 특별한 장소이다. 에덴동산 외곽 에덴도 에덴동산과 같이 특별히 아름답고 평화롭고 기쁨을 제공하는 장소로 보아야 한다. 동산(garden)이란 어떤 전체 구역 중 사람이 특별히 거하기 좋은 일정 구역이기 때문에 에덴 중의 에덴이다. 에스겔 28장 13-16절에 에덴동산을 「하나님의 동산」, 「하나님의 성산」이라 언급한 점으로 보아 에덴 전체 구역을 하나님이 계시는 거룩한 곳으로 볼만하다. 따라서 에덴과 에덴동산이라는 곳은 장소로 그리고 영적으로 특별한 곳이다.

385 이 단어는 성경에 단 1회 사용되었는데 가인의 7대손 후 사람이거나(창세기 4:16 이하 가인의 족보 참조) 노아 이후 사람으로 추정된다.

386 페르시아어 헤덴(Heden)에서 유래한 희브리어로 기쁨, 환희라는 뜻이라 한다.

에덴의 특별성은 ① 하나님이 거하신 곳(창세기 3:8), ③ 에덴의 특별한 곳에 에덴동산을 창설(창세기 2:8), ② 많은 나무가 있으며 생명나무와 선악을 알게 하는 나무 두 종류를 강조한 점(창세기 3:9), ④ 하나님의 모양과 형상대로 만든 사람이 살게 한 점(창세기 1:26-27), ⑤ 아담의 아내를 아담의 갈빗대(옆구리의 것)에서 취해 만들어 배필을 창조한 점, ⑥ 생태적 환경이 아름다웠던 점(창세기 2:9), ⑦ 하나님께서 동산 중앙에 생명나무(the tree of life)와 사람에게 선악을 알게 하는 나무(the tree of knowledge of good and evil)를 심고 선악과를 먹지 말라는 계명(창세기 2:17)을 준 점, ⑧ 에덴동산의 동식물을 사람에게 관리하도록 사명을 준 점, ⑧ 에덴의 지형은 하나의 강이 흘러들어와 네 강으로 분기하는 형상이어서 매우 특이하고 희소한 형상을 갖추고 있다는 점(보통 강 줄기 형상과 반대) 등이다. 이 중 핵심은 두 가지이다. 하나님께서 에덴을 창설하신 목적과 선악과 관련 계명을 준 점이다. 에덴을 창설한 목적은 사람에게 영원성을 부여한 점이며 선악과 문제는 사람과 세상의 모든 실존(失存, 實存)을 원인으로 설명한다. 에덴은 영원성을 부여하는 하나님의 영원 전 계획이 실행된 장소라는 메시지를 담고 있다.

이 특별성은 제1장에서 설명했듯이 우리가 상상할 수 있는 것 이상의 최상의 상태였다는 점과 에덴의 원형은 하늘나라에 있음을 간과하면 아니된다. 예컨대 에덴동산과 이곳에 심긴 생명나무의 원형은 하늘나라에 있는데 "*이기는 자에게는 내가 하나님의 낙원(paradise)에 있는 생명나무의 과실을 주어 먹게 하리라* (요한계시록 2:7)"하였고, 이어 에덴동산의 강과 생명나무에 대한 묘사를 "*또 저가 <u>수정같이 맑은 생명수의 강</u>을 내게 보이니 <u>하나님과 어린양의 보좌로부터 나서</u> 길 가운데 <u>흐르더라</u> 강 좌우에 <u>생명나무</u>가 있어 열두 가지 실과를 맺히되 달마다 그 실과를 맺히고 그 나무 잎사귀들은 <u>만국을 소성(蘇醒)</u>하기 위하여 있더라* (요한계시록 22:1-2)"하여 창세기 2장에 있는 에덴동산을 설명하고 있다. 여러 차례 강조하였지만 지구에 있는 모든 실체와 현상은 하늘나라에 있는 원형들의 재현인 관점으로 성경을 묵상해야 한다.[387]

창세기상 인문지리 정보와 현 중동 지역의 지형 및 강 이름 등에서 착안하여 에덴 및 에덴동산의 위치 파악이 어려운 것은 에덴동산에서 갈라진 네 강의 길이, 유역(流域 drainage basin), 위치 등으로 보아 이들 강이 매우 큰 강일 것이라는 생각에 집착한 관점일 수 있다. 지형적으로 에덴이 고원지대 또는 산에 있음이 분명하나 에덴동산에서 갈라진 네 강의 유량과 폭은 현 페르시아만 근처의 대하천인 유프라테스나 티그리스강이 아닐 수 있는 관점을 가질 필요가 있다.

387 「하나님의 사람」들은 성경 많은 부분에서 지상에 있는 것들이 천국에 있는 실체들이라는 것을 증거하고 있다. 천국에 있는 것과 지상의 것들이 동일한 형상과 기능을 갖지 아니하나 원형은 하늘에 있다고 하였다.

에덴의 강은 실제 넷이 아니라 다섯임을 알 수 있다. 근원이 되는 「어떤 한 강」의 이름은 모르나 이 강이 에덴동산으로 들어와 갈라져 에덴동산을 적신 후 네 구역으로 흘러 「네 강」의 발원이 되었다는 것이다 (그림 5-5-1). 근원이 되는 어떤 강은 매우 중요함에도 이에 대한 설명이 전혀 없다. 이 어떤 강이 에덴동산을 적신 후 형성된 네 강물의 수량은 근원이 되는 강물의 약 1/4 정도이고 강 폭이 좁은 한 줄기의 시내, (실)개천, 소하천 등으로 분기된 것을 알 수 있다. 그리고 갈라진 네 줄기의 소하천은 고원지대에서 발원된 것이기에 바다나 큰 호수에 이를 때까지 다른 유역(流域)에서 유입된 여러 소하천과 합류되어 큰 강이 되어 현존하는 이름의 큰 강이 될 수 있다.

□ 형상의 특별성과 작명법

< 그림 5-5-1 > 오른편 그림에서 보듯이 지상의 대부분 강은 한 작은 줄기로 내려가다 여러 소하천이 합류되어 형성된다. 최상류의 한 물줄기가 큰 강이 되어 바다나 큰 호수까지 가는 단일 물줄기의 강은 거의 없다. 큰 강물은 매우 많은 유역에서 흘러들어 온 여러 소하천의 물들이 합류하여 이루는 것이 지구의 지형이다. 에덴에서 근원이 된 강은 요한계시록 22장 1절에 묘사된 생명수의 강으로 보이고 네 강은 만국 세상으로 통하여 세상을 소성(蘇醒)시키는 강임이 틀림없으나 지형적으로 보면 에덴의 다섯 강은 지상에서 찾아보기에 매우 특이하며 희소하다. 그리고 네 강이 매우 긴 강이므로 에덴동산은 매우 높은 위치에 있어야 하며 현재 이런 위치에서 네 강의 발원이 되는 장소는 매우 희소하거나 없다.

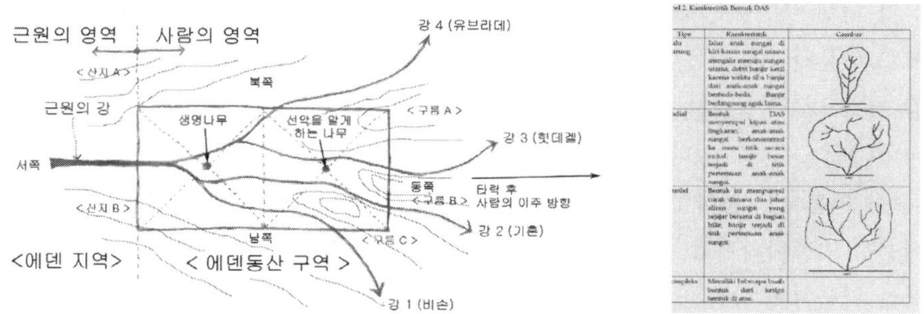

< 그림 5-5-1 > 에덴의 공간 개념 및 지구상의 강물 줄기 형상[388]

작명법(作名法)과 유수의 흐름을 고려하면, 에덴동산에 설명된 강의 이름을 현재의 유프라테스강과 티그리스(힛데겔)강과 일치시킬 이유가 없어 보인다. 강 이름을 부여하는 방식은 여러 가지일 수 있다. 여러 유역에서 형성되는 각각의 물줄기에 각각의

388 www.guntara.com(Morfologi & Bentuk Kualotatif DAS). 이처럼 대부분의 강 상류는 한 줄기이며 하류로 갈수록 여러 줄기가 합류되나 에덴의 강은 이와 반대로 상류가 네 가지를 갖는 특이한 형상이다.

강 이름을 부여할 수 있다. 또 본류인 큰 강의 이름을 각 유역의 작은 물줄기에도 동일하게 사용할 수도 있을 것이다. 가장 먼 발원지에서 시작되는 강의 명칭을 원용하여 본류와 합류하는 지류의 강 명칭을 별도로 사용하지 않고 본류의 이름을 원용할 수 있다. 그러나 오늘날 이러한 예는 매우 드물고 보통 본류와 합류되는 여러 개의 작은 강(소하천)의 이름은 합류되기 전 구역까지 각각의 명칭을 부여하는 경우가 많다.

따라서 에덴동산에서 갈라진 네 강이 큰 하천이 아닌 작은 물줄기이기에 그 이름을 본류인 큰 강의 이름으로 단정할 이유가 없다. 본류의 이름과 일치할 수 있으나 앞에서 설명한 바와 같이 일치할 이유가 항상 있는 것이 아니다. 길이가 긴 강일수록 유역이 매우 넓어 많은 명칭의 소하천이 유입된다. 본류 이름과 소하천 이름은 별개이다. 특히 지형이나 지리 및 유수 흐름에 관한 정보를 갖춘 폐쇄적 이용자들에게는 본류에 합류되는 모든 지천의 강 이름을 통일된 이름으로 사용할 필요가 존재하기 않기에 국지적 이름으로 작명될 것이다. 창세 당시에는 에덴 지역에 비가 오지 않은 것으로 보이지 않으나 현재 중동지역에는 비가 오지 않은 평상 시 알 수 없는 건천을 '와디'라는 강으로 생각하고 있는 점도 특이하다. 한편 스가랴 14장 4-9절 마지막 때에 예루살렘 감람산(그림 5-9-4)이 동서로 갈리고 남북으로 산이 서는 등 지형이 바뀌고 생수가 솟아 동서로 흐른다는 묘사를 참조하고 또 예루살렘을 에덴으로 추정하면 에덴동산의 물줄기 중 두 개는 각각 서쪽 지중해로 흐른 것으로 보인다.

창세기 2장에서 에덴동산의 강을 설명할 때 광역적으로 긴 강으로 묘사하였기에 본류가 아닌 에덴동산에서 사용된 지천의 이름인 네 강의 이름을 후대에 본류의 이름으로 사용되었을 가능성도 있다. 역으로 본류의 하천 이름을 차용하여 에덴동산의 네 강 이름으로 사용 가능성을 생각할 필요가 있다. 왜냐면 후대에 창세기 2장을 재집필하였다면 그럴 수 있다. 작명의 이러한 관점은 에덴동산이 파괴된 후에 에덴동산의 네 강 이름을 차용하여 아담의 후손들이 사용할 수 있다. 네 강의 이름이 아담 당시 사용된 이름이라기보다 창세기를 모세 또는 에스라 등이 (재)집필할 때 당시의 강 이름을 차용하여 사용된 것으로 볼 수 있다. 네 강 이름에서 에덴동산의 위치를 찾고자 하는 전제가 주는 오류가 있음과 현재까지 이런 추적이 위치를 알 수 없는 장애를 유발하는 것 같다. 근원이 되는 어떤 한 강의 이름과 주변 현황을 밝히지 않고 있는 점은 매우 신비한 면이 있으나 아담은 지류인 네 강 이름을 작명하고 근원이 되는 강 이름을 작명하지 않았다고 추정하는 것은 비현실적이다. 이 근원이 되는 강 이름이 유실된 점으로 보면 모세까지 이르는 동안 정보의 유실 또는 의도적 차단이 있어 보인다. 이처럼 긴 역사 속에 강의 이름마저 유실된 것으로 보인다.

에덴동산 위치를 찾고자 하는 연구가 어려운 점은, 에덴동산에서 분기한 네 강의 이름을 바다에 이르는 대하천인 강 이름일 것으로 단정하여 연구하기 때문에 에덴동산의 위치에 대하여 많은 혼란을 갖거나 찾을 수 없음을 시사한다. 에덴동산에서 분기된 네 강은 소하천으로 이 하천 모두가 최종 대하천일 필요는 없어 보인다. 하천의 명칭은 아담 당시 사용한 하천의 이름이 유실되었거나 아담 때 사용된 강 이름을 후손들이 차용해 다른 강에 사용할 수 있거나 이의 역방식일 수 있다. 즉 우리가 알고 있는 강이 형성되는 지형적 특징, 강 이름의 작명법, 시간적 변천 등을 고려하여 현존하는 강의 이름과 에덴동산의 네 강 이름을 분리하여 에덴동산의 위치를 추정할 필요가 있어 보인다. 또 근원이 되는 강 이름이 왜 유실되었는지 생각하며 에덴동산의 위치를 생각해야 할 것이다.

□ 근원의 선재: 근원의 생명수, 생명과 선악

에덴과 에덴동산의 지형은 < 그림 5-5-1 > 좌측 그림에서 보듯이 네 강이 갈라지려면 네 강 사이와 한 개의 근원이 되는 강 사이에 적어도 다섯 개의 「(작은) 구릉(또는 산)」이 반드시 존재한다. 근원이 되는 하나의 강 발원지가 산, 샘 또는 호수라면 한 개 또는 두 개의 산지일 수 있는데 이 발원지는 에덴동산보다 표고가 높다. 즉 에덴 구역은 최소 여섯 개 또는 일곱 개의 구릉형 지형이다. 따라서 에덴동산은 주변이 산이나 구릉으로 둘러싸여 있다.

설명했듯이 에덴동산 한 지점에서 발원하여 네 강으로 분기되는 지형은 매우 희소한 지형이다. 보통 지구에 존재하는 큰 강은 여러 소하천이 합류되면서 < 그림 5-5-1 > 우측 그림과 같이 형성되는데 에덴동산에서 분기되는 방식은 지형적으로 거의 있을 수 없는 역분기(逆分岐) 방식의 특징을 갖추고 있다. 또 아담 부부를 추방한 후 에덴동산 동편 구역을 들어오지 못하도록 한 점으로 보아 서쪽, 북쪽, 남쪽 방향은 자연적 요새를 갖춘 것으로 보여 에덴의 지형도 특이하면서 희소하다. 이런 희소한 지역 특징이 에덴의 위치를 추적을 더욱 어렵게 한다.

< 그림 5-5-1 > 좌측 에덴의 모형도에서 에덴이라는 특별 구역 중 동쪽에 하나님과 사람이 함께 거니는 아름다운 곳을 택하여 동산을 만들어 사람이 관리하도록 하였다. 동산 중앙의 생명과는 정신적 그리고 육체적으로 영원한 생명을 공급하는 열매를 맺는 나무라고 해석하는 이유는 창세기 3장 22절과 요한계시록 22장 2절에 근거한다. 선악을 알게 하는 나무란 문자대로 선악을 알게 하는 지식을 공급하는 열매를 맺는 나무이다. 아담 부부에게 생명나무의 과실을 허락한 것은 아담 부부에게 부여된 생명의 영원성을 공급하려는 하나님의 의도이다. 요한계시록 22장 2절을 참고해 해석하

면 생명과는 달(月)마다 맺는 12가지 과실을 제공하므로 이 과실을 계속 먹으면 영원히 살 수 있었던 것으로 보인다.

반면 생명과의 특성을 유추해 선악을 알게 하는 나무의 과실의 특성을 유추하면, 선악과를 먹음으로 인해 선악이 사람에게 들어와 선악의 인식론적 사고로 사람의 영혼이 선악간의 혼란에 빠지고 나아가 육체적 죽음에 이른다는 것을 의미하는 것으로 보인다. 정신적으로는 선과 악을 겸비하여 선악으로 생각하고 행동하며[389] (동시에) 육체적으로 손상된 존재가 된 것이다. 매우 불완전한 존재로 낮아진 것이다. 생명나무와 선악을 알게하는 나무의 기능적 특성으로 보아 아담 부부는 불완전하지 않으나 영원성이 없는 순수한 존재로 창조된 것으로 보인다. 순수한 상태에 「영원」이 부여되기 전에 「선악」[390]이라는 오염원을 먹은 것이다. 악하지 아니한 생명체로 창조된 아담 부부에게 선악이 들어온 존재가 된 것이다. 하나님에게는 악이 없으므로 악과 공존할 수 없다. 악을 분리할 이유가 발생하였다. 하나님은 악이 있는 사람을 매우 불쌍히, 긍휼히, 안타깝게 여기신다. 또 악한 행동을 한 대가를 예고한 바대로 반드시 치러야 했다.

악이 들어와 죽음에 이른 사람은 하나님의 동산 거룩한 곳을 더럽혀 동산에서 동쪽 구역으로 쫓겨났고 하나님은 악이 있는 사람이 들어오지 못하도록 하였고 에덴동산을 포함하여 에덴 구역을 파괴하였다. 그러므로 네 강 역시 파괴되었을 것으로 추정되어 에덴동산은 창세기 묘사대로 현존할 수 없는 것 같다. 또 학자들이 에덴동산을 찾지 못하는 또 다른 이유를 노아 대홍수로 에덴 지형의 변화로 추정한다.

5-6. 아담 부부의 영·혼·육

하나님께서 아담 부부는 흙으로 빚어 코에 생기(living breath)를 넣어 생명체로 만드셨는데 이로써 살아있는 혼(living soul)[391] 즉 「사람」이 되었다 (창세기 2:7). 육체에 혼을 넣어 지은 바 된 사람에게는 육신에 의한 본능(식욕, 성욕, 여러 욕구와 감각 등)과, 본능으로 반응하는 즉각적 반응과 통찰, 이를 해석하는 감성, 그리고 사고 능력인

389 이 표현은 선악은 하나님께 있고 사람은 자기가 생각하고 행동하는 것이 선과 악 중 무엇을 하는지 근원적으로 모른다는 의미이다 (창세기 25:50-51, 전도서 12:14).

390 「선악」은 양면성을 갖는다. 사람이 절대 선악을 판단하기 어려우며 이는 하나님에 속하는 분야이다.

391 살아있는 「영」이 아닌 「혼」이다. 히브리어 또는 헬라어 성경 모두 혼과 영을 분명히 구분하여 사용하였으나 하나님께서 주신 영의 실체를 경험하지 못한 번역자들이 오역한 것으로 보인다. 하나님께서 육체에 넣으신 것은 혼이어서 사람을 혼적 존재로 설명하였고 별도로 영이신 하나님께서 아담 부부에게 영도 주셨다.

지성을 갖추고 있다. 본능과 지·정·의를 갖춘 혼(魂)적 특성을 자아 또는 사람의 특성인 인격이라 한다. 하나님께서 인격을 갖춘 사람이 되게 하셨다.

뱀이 유혹하고 뱀과 토론하여(창세기 3:1-5) 그 결과 선악을 알게 하는 나무와 실과에 대한 이브의 반응은 "① 본즉 ② 먹음직도 하고 ③ 보암직도 하고 ④지혜롭게 할 만큼 탐스럽기도 하였다(when the woman saw that the tree it was good for food, and that it was pleasant to the eyes, and a tree to be desired to make one wise (창세기 3:6)"는 것이다. 즉 뱀과 토론 후 이브가 나무를 ① 시각적으로 확인하니 ② (본능적) 식욕이 생겼고 ③ (감성적 또는 이성적) 시지각적 촉각적 아름다움을 느끼며, 그리고 종합한 결과 ④ (의지적) 먹음으로써 능력이 생길 것으로 판단하여 결국 먹었다는 것이다. 이는 이브가 가진 혼적 기능 즉 본능적, 자아적 반응과 인식적 판단력을 통한 결과를 행동으로 옮긴 것을 말한다. 더 구체적으로 해석해 보자.

사람에게는 (단순한) 반응 본능이 있다. 아담 부부는 동산에 있는 여러 실과의 존재를 알았을 것이고 여러 차례 보았을 것이고 그중 여러 실과는 음식으로 먹었을 것이다. 채소와 실과 이외 다른 것을 음식으로 먹지 않았기에 실과의 여러 특성을 상세히 알았을 것이다. 그러나 선악과와 생명과는 먹지 않고 단지 이들의 존재만을 인지하고 있었을 것이다. 단지 시각적으로 본 것과 그 나무와 열매가 있다는 존재의 인지만을 하고 있었다. 이처럼 단순한 시각적 반응과 인지적 반응에는 전혀 문제가 없다는 것이 창세기의 전제이다. 문제는 이러한 단순 반응과 인지적 앎을 넘어선 것이 매우 심각한 문제를 야기하였다.

창세기 3장의 배경과 아담 부부가 하나님께 고백한 내용은 보면, 선악과를 본 것(시각)만으로 또 있다는 것을 인지한 것만으로는 하나님께 죄를 짓거나 사망에 이르지 아니한 것이 명백하다. 단순히 본 것과 알고 있는 것은 가치 중립이며 선악 상태에 이르지 아니한 것으로 보인다. 뱀이 여러 유형으로 이브에게 설명하고 설득함으로써 이브가 선악과를 바라보는 관점 즉 시각(視覺)을 넘어선 시지각적(視知覺的)[392] 판단에 변화가 생겼다. 물론 뱀의 설명과 설득·토론 및 유혹 과정에서 들은 청각적(聽覺的) 판단도 중요한 원인이 되었을 것으로 보인다. 이 상황에서 사람이 단지 본능에 의해 사물 그대로 보는 것과 들은 것을 통해 존재를 인지하는 것은 나쁜(악한) 것이 아님을 알게 한다. 마치 새를 보는 것과 새가 소리를 내어 듣는 것은 단순한 시각적 또는 청각적 반응으로 이는 사람에게 아름다움이며 악이 아니다. 하나님께서 창조한 모든

392 「시지각」의 개념은 1장에서 설명하였다. 시지각이란 시각(視覺)이 지적 작용을 동반하여 여러 사고 반응과 인식 작용을 말한다.

것은 사실 그대로 아름답고 맑고 순수하다. 이에 대한 사람의 반응이 순수하고 아름답도록 창조하시었다.

문제는 이브의 순수하고 단순한 반응은 그 선을 넘는데 선악과를 자세히 살피며 분석하고 해석한 데서 야기되었다. 단순히 보지 않고 평상 시 갖지 않던 선악과의 존재를 넘어 선악과가 갖는 여러 특징, 효능, 본능적 욕구 등 자신의 판단과 주관적 가치를 갖게 되었음을 알 수 있다. 뱀의 질문에 논리적으로 생각한 이브는 스스로 견해를 갖었고 하나님께서 경고한 함정에 빠졌다. 뱀의 말에 말려든 이브는 하나님께서 명령한 내용 이외 것을 추가하여 스스로 질문하고 해석하여 답을 만들었다. 또 뱀도 여러 상황을 부가하여 해석하게 하여 이브의 판단을 흐리게 한 것으로 보인다. 특히 눈이 밝아져 하나님과 같이 되어 선악을 알게 된(창세기 3:5) 것을 설명하였다. 이런 일련의 과정은 시각 반응을 넘어 선악과를 주로 시지각적으로 해석하게 만들었다.

여자가 선악과를 여러 차례 「본」(when the woman saw) 결국은, 단지 「단지 선악과 있다 또는 먹어서 아니 된다」라는 시각적·존재적·인지적·율법적 단순 반응을 넘어 본능과 지성에 의해 새로운 인식과 해석을 하였는데 ① 먹음직한 식욕, ② 보암직한 시각적 매력, ③ (선악을 알게 할) 지혜롭게 할 만큼의 탐스러운 가치를 주는 실과라는 "새로운 관점"을 갖게 되었다. 이브가 자연물에 주관적 판단과 가치를 새롭게 부여한 과정을 거치었다. 뱀의 생각과 자신의 생각을 결합하여 최종적으로 사물을 본 새로운 시지각적 해석을 하여 따먹은 행동을 하게 되었다.

이 분석이나 관점을 뒤집어 해석하면, 사람에게 부여된 육신과 정신적 기능 이외에 하나님께서 주신 영적 기능 즉 하나님께서 영으로 인도하는 판단력과 힘에 의지해서 혼을 제압하여 혼으로 판단하지 말아야 한다는 것을 내포한다. 하나님의 말씀에 의지하지 않고 사람의 독자적 능력인 육신과 혼으로 의사결정 및 행동을 하게 됨으로써, 즉 자아의 관점을 하나님의 명령보다 앞세운 점 때문에 하나님으로부터 영·혼·육에 대한 심판을 받았다.

예수님께서 이르시길, "*네가 어찌하여 나를 선하다 일컫느냐 하나님 한 분 외에는 선한 이가 없느니라* (마가복음 10:18, 누가복음 18:19)"라 하셨는데 선의 (절대적) 기준은 사람에게 있지 않고 하나님에게 있다는 것으로, 사람이신 예수님께서 사람의 입장에서 하신 말씀이다. 사람의 인식은 선하지 않으며 옳지 않으므로 사람의 인식 대신 하나님의 뜻과 말씀을 따라야 한다. 이를 환원하면 "내 생각으로는 --- 이다"라든가, "네가 -- 하면 좋다"라든가 등 대신 "하나님의 뜻은 --- 이다" 또는 "하나님께서 ---

라고 하시었다"라고 인식하고 행동해야 한다. 인식의 주체이며 주어인 "나, 내, 나의, 내가 등" 대신 인식의 주어를 "하나님께서, 하나님이, 하나님은, 하나님의 말씀은, 하나님이 이르시되 등" 하나님으로 해야 한다는 것이다. 사람 대신 하나님이어야 한다. 이브의 문제가 하나님의 말씀 대신 자신의 생각과 사유(思惟)를 사용하여 즉 인식의 주체를 자아로 대신한 것이 문제가 되었고 그에 따른 행동이 영생을 잃고 죽음을 맞이하였으며 생태계의 복잡한 화도 초래하였다. 이 현상은 현재도 계속된다. 이 현상을 성경은 죄, 불순종이라 하고 그 결과를 벌, 죽음 또는 심판이라 한다.

다른 예를 들면, 노자(老子)의 무위자연(無爲自然) 사상은 자아의 혼탁한 생각을 버리고 자연의 법칙으로 대신하는 것이며, 과학주의 사상은 합리적 통계와 수치와 법칙으로 자신의 생각을 대치하는 것이다. 점술사는 별의 순행에서 얻은 내용을 사람의 생각으로 대신하여 의사 결정한다. 이브의 문제는 악한 뱀의 생각을 편입한 사고의 혼탁을 말하고 하나님의 절대 명령을 거스린 의사 결정을 말한다. 오늘날의 사람의 의사결정 과정도 이런 방식을 벗어나지 아니 한다. 또 그렇게 살 수밖에 없는 운명적 존재가 되었다.

선악과를 먹은 결과를 창세기는 쉽게 설명하길, 눈이 밝아져 벌거벗은 수치심을 느껴 무화과나무 잎을 엮어 치마를 입었고, 하나님의 음성를 듣고 하나님의 낯을 피하여 숨었다(창세기 3:7-10) 하였다. 이어 뱀, 아담, 이브 및 생태계에 미친 별도의 심판이 도래하였다. 하나님의 영의 가르침(말씀)에 따르지 않고 육과 혼(정신)을 통한 본능과 판단으로 행동함으로써 아담 부부에게 영·육·혼의 심판이 도래했다. 불완전한 영혼으로 살아가는 존재로 바뀌었다. 실존(失存)한 실존(實存)이 되었다. 이 점은 사람이 죄를 지을 수밖에 없는 존재임을 알게 하며 아담 부부에게서 나를 보게 된다.

죽음을 육체와 영으로 나누어 살피자. 노아 시대 점점 더 악이 창궐하여 마침내 하나님의 영이 사람과 함께 하지 아니하시겠다고 하였다 (창세기 6:3). 사람에게는 영과 육과 혼이 있는데 하나님의 속성은 거룩한 영이다. 혼은 생명을 지닌 사람의 유기적 활동과 함께하는 정신 또는 의식 활동을 말하나 영은 혼과 별도로 육과 혼을 관장하는 하나님의 속성인 실체로 하나님께서 주신 것이다. 육체가 죽으면 영혼의 작동은 중지하고 (죽으나) 영은 죽지 아니한다. 노아 시대 사람에게서 떠난 영이란 하나님께서 사람에게 주신 영으로 영적 능력 또는 성령의 작용이 사라진 것을 말한다. 하나님의 거룩한 영이 떠나고 사람의 악한 영이 남아 있다는 것이다.

영(靈, spirit)과 혼(魂, soul)을 정확히 신학적으로 또는 의식으로 구분하여 매우 설명하기 어렵다. 개인적 체험을 일반화할 수 없으나, 체험으로 영과 혼의 실체를 설명하면, 거듭나지 아니한 사람은 육신의 감각과 본능인 혼에 의하여 반응하며 살아간다. 이는 하나님께서 사람을 만들 때 불어 넣은 혼으로 본다. 혼의 주된 작용은 정신 활동으로 나타나며 지·정·의로 정의한다(그림 6-5-1). 사람은 태어날 때부터 거룩하지 아니한 (이를 성경은 죽었다 한다) 영은 육과 혼의 지배를 받아 영과 혼이 일체화 되어 있어 혼의 지배를 받거나 악한 영에 의해 지배받고 있다. 처음 사람은 혼 이외에 하나님이 주신 영이 충만하였으나 타락을 거듭한 끝에 노아 대홍수 전 하나님의 영이 떠났다 한다(창세기 6:3). 따라서 사람은 육에 의한 감각, 본능, 무의식 등 혼이 작용하며 불완전한 지·정·의에 종속되어 혼이 죄의 양상을 쏟아낼 수밖에 없어 죄에 친숙한 반응하게 되며 죄를 짓는다. 사람은 죄와 친화적이다. 하나님께서 주시는 거룩한 성결의 하나님의 영(聖靈, Holy Spirit)이 내게 임하면 영이 살아나서 영이 혼과 육을 지배하며 죄와 멀어지게 되며 하나님과 인격적인 관계를 맺게 된다.

아담 이후 모든 인류는 육체적 죽음으로 생을 마감한다. 몸과 몸을 활성화 시키는 혼은 죽으나 하나님을 향해 거듭난 영은 천국에 이르며 거듭나지 아니한 영은 지옥(음부)에 이른다. 성경에서 이러한 영을 죽은 영이라고 하고 이 영이 지옥에 이른 것으로 해석하기 때문이다. 모든 육신과 영혼은 죄(의 법) 아래(로마서 7:14, 7:23) 갇혀 죄를 지으나, 즉 죄성이 밴 육신과 영혼이 자아를 완전 장악함으로써 죄를 지으나, 거룩한 영으로 거듭난 사람은 하나님께서 부여하는 거듭난 영으로 말미암아 영과 혼이 맑게 되며 죄를 멀리하게 되는 생활을 하게 된다. 물론 육신에 매어 있어 죄를 짓지 아니하는 것이 아니나 거듭나기 전과 달리 거룩한 생활을 지향하며 죄를 멀리하는 새로운 마음으로 생활을 한다. 거듭난 사람의 영·혼·육은 부활한 생명체(부활체)로 영원한 하늘나라에서 산다.

아담 부부가 선악과를 먹은 죄로 인해 죽음 이외에 생태계에 미친 악영향은 막중하여 곤고한 세상이 되었다. 죽음 이외 하나님의 명령을 어긴 죄로 인한 심각한 심판이 부가되었다. 창세기 3장 후반에서 죽음 이외 이브는 임신의 고통이 더 크며 수고하여 자식을 낳고, 남편이 아내를 다스리며, 죄로 땅이 저주를 받았고, 땀으로 수고하여 소산을 얻도록 평생의 심판을 받았다. 뱀은 다른 짐승보다 더욱 저주받아 배로 다니며 흙을 먹도록 하였고 여자의 후손과 원수가 되어 머리를 상하게 할 것과 여자 후손의 발꿈치를 상하게 할 것이라 하였다. 즉 아담 부부의 죄로 인해 아담 후손에게 동일하게 일어날 심판이 부가되었다. 죄로 생명체와 생태계에 죽음과 곤고와 피폐가 발생하였다. 아름다운 세상에 일어난 모든 부조리한 실존의 원인을 하나님 말씀에 대한 불순종으로 설명한다. 심지어 죄로 인해 아름답고 질서 정연한 자연계가 열역학 제2법칙[393]에 따라 무질서가 점증하는 고통의 세상이 될 것을 예고하였다. 이 하나님의 선언으로 세상은 더 어려우며 더 고비용을 유발하여 고통이 가중되었다.

에덴동산 동쪽의 외줄기 길로 추방된 아담 부부는 해 아래에 피곤한 생을 일구고 서쪽에 있는 하나님의 에덴동산에 이르는 길은 막혔고 생명나무는 사라졌으며 에덴동산은 파괴됨으로써 낙원을 영원히 상실하였다. 그러나 불쌍한 사람을 위해 하나님께서 결코 구원의 방법을 버리시지 않으셨다. 또 외면치 아니하셨다.

창세기 1장의 묘사가 매우 압축되고 일부 내용은 생략된 것으로 추정했듯이 아담 부부의 죄짓는 장면 역시 상세한 편이나 그 이상의 상세한 묘사가 많이 생략되었을 것이나 해석의 골격은 명확하다. 선악과, 아담 부부의 문제를 다룸은 에덴동산에 있던 원형을 살펴 성소를 이해해 보고자 한다.

5-7. 에덴동산에 있었던 선재성과 사람의타락:
신성, 생명, 선, 악, 죽음 및 구원

최초의 에덴동산은 오늘날의 지상보다 상상 이상으로 훨씬 아름다웠다고 하였으나 보이지 않는 것들은 지금의 상태와 유사한 것임을 알 수 있다. 하나님이 계셨고(신성의 임재), 별도로 사람이 창조되기 전 선과 악, 영생과 죽음이 선재하였다. 사람이 창조된 후 아담과 이브에게 영생과 죽음이 도래하기 전 선과 악 사이에 있었고 이로 인해 구원의 선재가 필요하였다. 오늘날도 사람이 태어나기 전 이 구원의 선재성은 지속되어야 하며 동시에 아담 부부 때보다 더욱 필요하다.

아담 부부가 각종 생물의 이름을 작명하고 이들과 함께 한 시간과 뱀의 유혹을 거쳐 선악과를 먹기까지 짧지 아니한 시간이 경과 되었을 것이다. 성인으로 창조된 아담 부부가 에덴의 다양한 아름다운 생태계를 접하고 또 여러 경험에서 얻는 폭넓고 통

393 엔트로피(entropy)의 증가를 말하는 것으로 고전적 열역학, 통계적 열역학, 정보적 열역학 등 물질계에서 쓸모 없는 에너지, 무질서, 잡음, 혼돈, 무조직 등이 증가하고 노화, 죽음 및 인간의 행동을 엔트로피의 증가로 설명한다. 헨리 M 모리스, 이현모·최치남 역(1989), 현대과학의 성서적 기초, pp 225-260에서 이 내용을 자세히 다루고 있다. 그는 시간에 따른 엔트로피의 증가 속도의 기울기를 약 30°로 그려 매우 빠르게 증가하는 것으로 생각하였다 (그의 번역책 pp 248-249). 그리고 2023.1 미국 하버드 의대 싱클레어 교수와 양재현 박사에 따르면 노화는 유전물질인 DNA가 감기고 풀리는 과정에서 돌연변이 없이도 제대로 원상대로 되지 않아 문제가 발생한다는 사실을 밝혔는데 이는 노화를 유전 정보의 엔트로피 증가로 설명할 수 있다.

찰력과 능력을 갖춘 상상 이상의 사람임이 틀림없다. 심지어 간교한 뱀(창세기 3:1, 사탄)과 신중한(?) 깊은 대화를 하였으니 여러 생명체와도 영적으로 교류하였을 것이다. 에덴동산에 거주할 때 자녀를 낳지 않고 추방 후 낳은 것으로 묘사되어 추방되기 전 오랫동안 부부끼리 그리고 자연과 생명체와 교감하며 살았을 것이다. 또 하나님과 대화하였으니 지혜자였을 것이다.

앞 제1장부터 제4장까지 논증했듯이 창세기는 매우 긴 기간에 일어난 사건을 매우 함축하여 몇 단어나 문장으로 표현하였기에 에덴동산과 그 안에서 있었던 일들을 추정하기 어려우나, 아담 부부가 에덴동산에만 머물지 않고 동산 이외 밖 에덴 지역을 다니며 자연과 동식물을 관찰하였을 것이 당연하다. 에덴동산으로 한 강물이 들어와 네 강으로 갈라졌다는 묘사에서 동산의 크기가 작지 아니한 것으로 보이며 이 강을 따라 주변 지역을 다녔을 것이다. 에덴동산에서 추방된 구역은 에덴 지역 내 또는 동산 인근으로 보인다. 추방하여 아담 부부의 "*근원이 된 땅*(the ground from whence he was taken)*을 갈게 하였는데* (창세기 3:23)" 아담을 만든 후 에덴동산에 두시었기에(창세기 2:8) 그들이 만들어진 그곳으로 돌려보냈다는 의미일 수 있고 흙으로 만들었기에 그 흙의 땅으로 돌아가라는 의미일 수 있다.

아담 부부가 선악과를 먹은 과정과 사실의 속성을 전후 사정에서 개략 추정할 수 있다. 아담 부부가 매우 뛰어난 지능과 통찰력을 가진 사람으로 창조되었으나 뱀의 유혹을 떨쳐버릴 수 있는 정도의 지적 능력이 완전하지 않은 사람(창세기 3:2-6)으로 창조된 것이 확실하다. 하나님께서 경고한 자신과 인류와 생태계에 미칠 죽음과 심판이 초래할 끔찍한 미래를 전혀 상상하지 못한 점을 보면, 순수한 세계에 순수한 사람으로 창조되었으나, 사탄의 유혹과 논쟁에 빠져들었기에 타락 전 모습은 완전하지 아니한 사람으로 보인다. 역시 아담 부부는 죽음 대신 생명나무 과실에서 얻을 영원한 생명에 대한 정확한 개념을 갖지 않은 것으로 보인다.

결과로 보면, 아담 부부 앞에 놓인 죽음, 생명, 선 그리고 악이 무엇인지 모를 만큼의 순수한 사람으로 창조되었으나 하나님께서 미리 알려준 지식을 충분히 이해하지 못했거나 본유의 절대 가치에 앞에서 신중하지 못하고 지혜가 부족했다.[394] 이러한 사람에게 하나님은 「자율의지(또는 자유의지)」를 주었다는 신학적 정의는 다소 의아하다. 사탄의 거대한 담론과 유혹에 그리고 아내의 말에 무비판(?)으로 반응하는 것이 자율의지일까. 놀랍게 그리고 한편으로 매우 감사하게 사람은 선악과를 선택하지 않아도

394 성경에 상술되지 않았으나 하나님께서 육체적 죽음 이외 엄청난 재앙이 자신과 생태계에 닥칠 것을 아담 부부에게 상세히 미리 경고했을 듯하다. 창세기 3장 후반부를 보면 단지 선악과를 먹으면 정녕 죽으리라는 점 이외 여러 심각한 재앙이 닥쳤기 때문이다. 하나님께서 이러한 심각한 심판을 동시에 알렸을 것이며 사탄도 이점을 알고 아담 부부를 상상 이상으로 교묘히 꾀었을 것이다.

하나님께서 살 수 있도록 만들어진 것만을 「그냥」 선택하면 살 수 있는 존재였다. 에덴동산의 상황을 보면, 사람은 하나님이 주신 충만하고 질서 있는 사항을 선택하는 피조물로 보인다. 오히려 선악과를 먹음으로써 자유의지와 일반의지를 사용하여 자신을 더욱 통제하여야 할 나쁜 상황에 빠진 인간이 되었다. 선택을 위해서 하나님이 주신 말씀을 배제하고 자신의 본능과 지성(혼의 기능)을 통한, 의식적 사고과정을 거친 자아 우선의 사람이 됨으로써 스스로 피곤한 존재가 되어 버렸다.

하나님께서 명백한 죽음(창세기 2:17)을 상세히 여러 번 심각하게 경고하였을 것이고 뱀도 이브가 선악과를 꼭 먹도록 끊임없이 교활하며 논리적으로 아담 부부를 설득하여 선악을 알게 하는 열매를 먹도록 하였을 것이다. 이 장면의 창세기 설명은 매우 간단하나 아담 부부는 심각한 고민 후 결정하였을 것이다. 창세기 묘사가 아담이 최종 덥썩 받아 먹은 것으로 해석할 수 있으나 이는 부부의 복잡한 논의 과정을 거친 후 일치된 결정을 한 것으로 보인다. 그리고 치졸한 부끄러운 변명을 늘어놓은 아담이 되었다. 이는 역사 속에 나타난 사탄의 강력한 세력과 능력과 사람의 반응에서도 알 수 있다. 에덴동산에 나타난 이 사탄의 세력과 능력은 성경 전체에 지속하며 지금도 그러하게 나타난다. 이 선악과 사건의 핵심은 죽음과 죽음 이외의 여러 유형의 상상 이상의 심판이요 성경 전체에 나타난 하나님의 지속적인 염려이다.

창세기 1장 1절부터 2장 3절까지는 천지창조를 묘사하고, 2장4절부터 14절까지는 에덴과 에덴동산을 묘사하며, 15절부터 2장 끝 절까지는 사람이 해야 할 것과 하지 말아야 할 것을 부가한 내용이다. 3장에서는 아담 부부가 죄를 짓는 장면을 소개함으로써 모든 피조물이 겪게 될 죽음과 죽음 외 고난의 근원을 설명하며 이 부분은 하나님의 염려와 이 염려를 뛰어 넘는 사역을 암시한다. 성경은 창세기 2-3장에서 아담 부부가 지은 죄의 대가와 회복을 다루므로 성경 대부분은 창세기 2-3장에 의한 현상과 해결책인 각론이다. 선악과를 먹은 문제가 세상의 모든 문제이며 하늘나라와 예수 그리스도의 문제이다. 이 맥락을 이해하는 믿음 즉 눈의 수건을 벗기는 작업이 하나님의 사역이요 역사이다. 사탄은 이 수건을 벗기지 못하도록 방해하고 있다.

창세기 1장의 문자적 해석(하나님의 시간표)에 의하면, 식물체는 셋째 날에 창조되었으니 아담 부부보다 사흘 먼저 창조되었다. 동산 중앙에 있는 「생명나무」와 「선악을 알게 하는 나무」도 아담 부부보다 사흘 먼저 있었을 것이다. 이로써 아담 부부가 창조될 때 물질계 이외에 보이지 않는 영적 핵심인 영원한 생명(창세기 3:22), 선, 악, 죽음 및 사탄이 사람보다 선재(先在)하였다. 이 선재한 것과 이 선재성의 의미[395]를 사탄

395 이 선재한 것과 이 선재성의 의미에 대하여 많은 교리(dogma)와 파(派)가 형성되고 이단이 등장한다.

은 알고 있으나 사람은 사탄 이상 몰랐던 것 같다. 죽음이 선재하였음은 아담에게 하신 말씀에서 알 수 있다 (창세기 2:17). 이 개념에서 사람이 창조되기 전 사람이 알 수 없는 것들이 하나님 안에 있던 "*만물이 다 이루어*(창세기 2:1)" 세상에 임한 것을 알 수 있다. 하나님의 명령을 거스른 죄로 인하여 에덴에서 추방되어 동시에 발생할 사람과 생태계의 고통스러운 실존을 성경은 드러내고 이 난제를 하나님의 사랑과 계획으로 회복하시겠다는 말씀(언약)이 성경이다.

기독교의 본질 문제이며 모든 인문학의 주제인 죄, 사망, 생명, 선악, 정의, 법을 이해하는 열쇠가 "선악을 알게 하는 나무(the tree of the knowledge of good and evil)"에 직결되어 있다. 사람이 창조되기 전 선재한 이 본질은 영적이면서 물리적인 실재로 이해된다. 사도 바울은 "*죄의 삯이 사망* (로마서 6:23)"으로 정의하였다. 생명의 반대로 생각되는 죽음은 무엇인가.[396] 아담 부부에게 준 생명은 육체가 죽을 수 있는 육체적 생명을 말하는 듯하다. 그러나 뱀은 "*결코 죽지 아니 하리라* (창세기 3:4)"고 함으로써 사람의 육체적 생명이 어찌 될 것인지 혹은 하나님에 의해 사람이 구원받을 것을 알고 (그리스도를 통한 영원한 생명을 말하고 영원한 죽음을 아는 듯한) 이야기를 한 듯하다. 영의 문제인 선악과를 먹도록 유혹하는 말로 해석할 수 있으나 예수 그리스도를 통한 하나님의 구원은 사실 영생을 의미하기에 죽지 않을 것을 뱀은 알고 있었던 것으로 보인다. 요한계시록(12:9)이 설명하듯 이 (옛)뱀이 사탄이라면 이를 명백히 알고 있었을 것이다.

육체적 죽음이 선악과를 먹음에서 왔느냐 혹은 하나님의 영적 명령을 거역한 불순종의 죄행으로 왔는가. 죽음이 과일 안에 있느냐 하나님 말씀에 대한 불순종에 있느냐. 문자적으로 보면 생명과에 영생이 있는 것처럼 선악과에 죽음이 있는 듯하다. 죽음을 유발하는 유형은 매우 많으나 아담 부부에게 닥친 죽음의 첫 유형인 육체적 죽음은 선악과를 먹은 자의적 판단과 의도적 행위이다.

익사나 병과 같은 유형의 육체적 원인이 아닌 영적 불순종이 영적 죽음이라는 것이 성경의 해석이다. "*네가 먹는 날에는 반드시 죽으리라* (창세기 2:17)"하셨다. 죽을 수 밖에 없는 하나님의 명령을 어긴 것을 규범적으로 「죄」라고 정의하며 하나님과의 관계적 또는 영적 용어로는 「불순종」이라 한다. 선악과를 먹음으로써 죽음에 이르는 병이 사람의 몸에 닥쳤고 영에도 닥쳤다. 영·혼·육 모두 죽음이 동반하였다. 선악과를 먹음으로 육체에 죽음이 오고 또 불순종으로 영이 죽게 되어 심판을 받았다.

---

396 문제는 성경 상의 죽음이란 사라지지 않고 영원하다는 점이다.

“*선악을 아는 일에 우리 중 하나 같이 되었으니 생명나무 열매를 따먹고 영생할까 하노라* (창세기 3:22)”로 묘사된 문장에서 사람이 선악을 알게 되었고 영생이 생명나무 열매에 있는 것처럼 영생할 수 없는 죽음이 선악과 자체에 있는 듯하다. 이 묘사에서 하나님께서 사람 창조 시 육체에는 영원성을 부여하려 한 점이 명백하다. 왜냐면 예수 그리스도께서 우리를 구원 시 육체와 영혼 모두를 새로운 생명체인 부활체까지 이끄시도록 계획된 점 때문이다. 하나님께서는 사람을 미리 아시고 우리를 위해 미리 계획하신 것으로 보인다(예지예정론 豫知豫定論). 이런 점에서 하나님께서 주신 생명의 의미를 희미하게 이해할 수 있다.

영생은 생명과를 먹음에 있었고 죽음은 선악과를 먹음에 있었다. 신학적 이론(교리, dogma)에 따르면 사망의 원인을 「선악과」 자체보다 포괄적이고 상위 개념인 하나님께서 죽을 것이라는 말씀에 대한 「불순종」으로 설명한다. 사도 바울 등 예수님 제자의 광범위한 저술에서 역시 죄로 사망을 정의하였으나 창세기에서 죽음은 선악과를 먹음에 있었고 사람과 모든 세계의 고통과 번민과 갈등은 하나님 말씀에 대한 심판(저주)에서 발생하였다고 하였다. 창세기 3장 17절 전에서 영생과 죽음을 생명과와 선악과로 설명하고 3장17절 이후로 사람의 영적, 육체적, 생태계에 대한 심판을 구분 설명하고 있어 죽음 자체와 죽음에 이르는 심판을 나누어 설명하였기 때문이다.

육체적 사망으로 죽어 소멸하나 영이 소멸하지 않는 점에서 선악과를 먹음으로 인한 죽음은 육체적 사망을 우선 설명하는 것으로 보인다. 물질인 선악과가 물질인 육체에 죽음을 초래한 것은 확실하다. 그러하다면 하나님께서 주신 사람의 영력(靈力) 쇠퇴와 상실, 영의 타락과 오용 등 하나님과 대화할 수 없는 영적 죽음은 하나님 말씀에 대한 불순종의 결과다. 노아 대홍수 전 하나님께서 하나님의 영을 사람으로부터 떠난 일은 비극적 영적 죽음이며 죄와 사망에 더욱 빠져드는 심판으로 이어졌다.

성경 전체에서 하나님의 말씀에는 직접적인 죽음과 간접적 저주나 재앙이 있다. 아담 부부가 선악과를 먹은 일에는 사망의 씨앗이 몸에 심겨 죽을 것과 하나님의 말씀에 대한 불순종으로 죽음과 저주와 재앙이 동반하였다. 의학에서 텔로미어, 활성산소, 유전자(DNA)의 노화 등을 죽음의 원인으로 설명하듯 육신의 죽음 자체는 선악과를 먹는 일에 영향을 받은 것으로 보인다. 아담 부부가 선악과를 먹었다고 즉시 죽지 않은 것으로 보면 사망의 씨앗이 몸에 이르렀으나 이 씨가 자라 육체적 죽음이 초래한 것으로 보인다. “*죄의 삯이 사망* (로마서 6:23)”이라는 정의는 육체적 정의와 영적 죽음을 동시에 설명한 대명제로 보인다. 그리고 이 정의는 회개치 아니한 죄로 인해 영원한 지옥의 심판을 포함한다.

두 나무의 존재 목적은 동일 선상에 있다. 생명나무를 먹었다면 인류와 피조물의 세계는 오늘날과 달랐을 것이다. 선악과를 먹음으로 예수 그리스도가 세상에 오셨고 재림과 그 이후 그리스도의 사역으로 그리스도 안에 있는 자는 종국으로 하늘나라에 이르는 관점에서 보면 방법은 양극단이나 생명나무의 과실을 먹든 선악과를 먹든 하나님의 사람에 대한 영원성은 보장되어 있었다.

두 나무 앞에서 선 사람의 결정 능력을 자율의지라 하나, 진정한 자율의지가 있을까. 욕망과 지성과 감성에 이끌리는 의지. 아담 부부 앞에 놓인 (어쩔 수 없는 혹은 자의적) 선택. 하나님의 명령을 거스리기 전 도사리고 있는 것은 「육신」에 깊게 파묻혀 숨어 있는 지성과 감성과 욕망의 덩어리로 그 뿌리를 도려 낼 수 없다. 육신이 영혼을 더럽히며 더러운 영혼이 육신을 더럽힌다.

죽음과 영생을 동시에 선택할 우려에 하나님께서는 아담 부부를 동산에서 즉시 추방하여 영생을 차단하셨다. 신중하지 않고 게으르며 어리석고 무비판의 사람이 영생을 누린다면 그로 인해 저지를 죄행(범죄)이 영원히 계속되어 죄악이 차고 넘칠 상황을 즉시 차단하셨다. 육체적 죽음은 사회적으로도 악이 쌓이는 것을 매우 효과적으로 차단한다. 이런 점에서 죄된 인간의 죽음은 은혜요 축복이다. 세상에 사는 죄된 인간의 육체는 반드시 죽어야 한다. 선악과를 먹은 육체 즉 육신 안에 거하는 선악을 아담 부부가 낳듯이 모든 인류가 동일하게 선악을 반복하여 낳고 있다. 이로써 불완전한 인간이 낳을 선악을 죽음으로 차단하시겠다는 의미를 설명한 것이 창세기 2-3장이다.

조직신학과 인간론 및 성경에서 불순종의 죄로 사망이 왔다고 포괄적으로 설명하나, 영적이고 포괄적 해석보다 문자적으로 육체와 영혼의 죽음과 선악을 초래한 결과는 원천적으로 선악과를 먹음에서 유래한 점을 강조하였고 또 선악 간에 행하는 인간 행태와 생태적 피해의 차단을 죽음으로 해석하며 죽음이 동반하는 복음적 필요성이 드러난다. 에덴동산의 실제 의미는 이런 면에서 생명과 죽음과 선악과 복음을 주제로 하고 아브라함이 가나안으로 가게 된 배경인 낙원을 향한 생명이며 복음이 된다.

5-8. 에덴의 서편과 동편

앞에서 에덴의 모형은 매우 특이하며 지상에 존재하기 어려운 특징을 갖고 있음을 설명하였다. 관심은 에덴 지역의 알려지지 않은 에덴동산의 「서쪽」과 사람의 구역인 「동쪽」이다. 서쪽은 하나님의 보좌에 해당하는 근원이 되는 상징적 장소와 위치로 보이며 동쪽은 동산이 위치하고 사람이 사는 구역이다. 이러한 동쪽의 의미는 아담과 하와가 죄를 짓고 에덴동산에서 쫓겨난 방향이 에덴동산의 「동쪽」(창세기 3:24, 야살의책 1:12)인 점에 근거한다. 하나님께서 동쪽으로 쫓아낸 이유가 분명하다. 그 여러 이유 중 가장 합리적 현실적 상상은 아담과 그 후손들의 생업(生業)으로 보인다. 동쪽으로 추방된 아담과 후손들이 하나님께서 주신 양식의 채취가 아니라 직접 목축과 농사를 하게 하였다. 농사를 짓는 가인이 목축을 하는 아벨을 죽인 후 에덴 「동쪽」인 놋[397] 땅(창세기 4:16, 야살의책 1:33)으로 가서 거주하였다 한다. 아담 부부가 쫓겨난 지역에서 더 동쪽인 듯하나 에덴을 기준으로 동편이었다.

창세기에 에덴 주변 중 서·남·북쪽 구역에 대한 설명이 없으나 서쪽을 포함하여 북쪽과 남쪽 지역에 큰 호수, 산맥, 협곡, 좁은 땅 또는 바다 등이 위치했거나 거주와 경작에 적정치 아니한 것으로 앞에서 살폈다. 아담 부부가 에덴동산에 접근하지 못하도록 에덴동산 동쪽 구역을 지킨 점으로 보아 동쪽 외 구역은 지형적 접근 불가한 곳이다.

에덴동산 주변 네 방향 중 「서측 지역」은 신비한 구역이다. 에덴 서측 지역에 대한 설명이 전혀 없으나 네 강의 근원이 되며 이름이 밝혀지지 않는 「어떤 하나의 강(a river)」[398]이 서측 지역에서 발원한 것으로 보는 것은 에덴동산이 에덴 동측에 있기 때문이다. 네 강의 수원인 강이 서측에서 에덴동산을 향해 동쪽으로 유입하였다. 이 「어떤 하나의 강(a river)」은 중요한 강으로 성경에 대해 구체적 설명이 없으나 에덴동산의 생명나무를 포함한 모든 생태계의 생명수 역할을 하는 강이다. 그러므로 에덴동산으로 흘러들어 온 이 어떤 강은 에덴동산에서 갈라져 나간 네 강보다 더욱 중요하고 에덴동산의 서측 지역은 실제 에덴동산에 근원이 되는 영역이다. 전체로 보면 에덴의 서측은 에덴의 동측보다 높고 중요한 근원의 높은 땅이다.

에덴동산에서 힛데겔이 앗수르 동편으로 흐른다는 묘사가 힛데겔이 에덴동산에 발원하여 에덴동산에서 동편으로 흘러 앗수르로 흐른다는 의미인지 혹은 에덴동산에서 발원하여 단지 앗수르의 동편 지역으로 흘렀다는 것인지 정확히 해석되지 않으나 전체적 의미를 서쪽에 있는 에덴동산에서 동편에 있는 앗수르로 흐른다고 해석하면 에덴동산부터 힛데겔강이 골짜기를 형성하여 앗수르 지역까지 동쪽으로 흘러갔다고 이해된다. 아담이 동편으로 쫓겨났으므로 아담과 후손은 힛데겔 강변을 따라 앗수르

---

397 '방황자 또는 도망자'라는 뜻이며 현재의 이란 서부지역 등으로 추정하고 있다.

398 에덴에서 흘러 에덴동산을 적신 강(a river)을 말하며 네 강이 아닌 이 강가에 생명나무와 선악을 알게 하는 실과를 맺는 나무가 있은 듯하고 또 이 강이 에덴동산의 생태계를 만들었다고 보아야 한다 (창세기 2:1). 이 강은 요한계시록 22장 1절의 생명수의 강과 대칭된다,

에 이르는 영역까지 이주한 것으로 추정할 수 있다. 앞에서 설명했듯 야살의책 2장에 비손강 홍수 설명한 내용을 추가하면 아담의 후손들은 남쪽으로 흐른 비손 강변으로 이동하여 살았을 것이다. 이 사실을 종합하면 아담 부부가 힛데겔로 흐른 강 골짜기로 이동한 한 후 200-300년 즈음 번창한 일부 후손은 힛데겔 강변에서 남쪽 지역인 비손 강변으로 이동한 것으로 보인다.

이상의 지리적 또는 지형적 특징에서, 에덴 외곽 동쪽 지역은 사람이 살만한 곳으로 설명하고 에덴동산 서쪽 지역은 사람이 접근할 수 없거나, 살 수 없거나, 신성한 근원이 되는 구역인 점을 상상하게 한다. 하나님께서는 사람을 동편으로 쫓아 낸 후 사람들이 생명나무에 접근할 수 없도록 언제까지 에덴동산 동편에 생명나무를 지키는 그룹과 화염검(창세기 3:24)을 두었는지 알 수 없으나 생명나무가 없어질 때까지 접근을 막았을 것이므로 아담 이후 자손은 에덴동산 밖 동편에 살았고 그룹과 화염검을 일정 기간 동안 두었을 것이다. 창세기 3장 17-19절로 보면 하나님께서 생명나무를 오랫동안 두지 않고 죄를 짓은 후 조기에 에덴동산 전체를 생태적으로 완전히 파괴한 것으로 보이며 사람은 파괴된 에덴 구역으로 돌아와 살지 않도록 하였을 것이다.

아담 출생 후 1천 년이 지나 에덴 동편에서 산 많은 후손 중 노아도 동방에 거주하다가 방주를 건조한 것으로 보인다. 노아가 방주를 제작한 장소나 지명은 알려지지 않았으나, 방주의 규모로 보아 실제 작업장은 최소 사방 2km 정도의 넓고 평평한 터가 있었을 것이며 주변에는 대형 수목(고페르, gopher)을 대량 벌채할 수 있고 방수제인 역청(pitch)[399]이 많은 곳이며 방주로 이끌 모든 생물이 사는 풍부한 수림이 울창한 넓은 아름다운 산기슭이거나 평지일 것이다. 또 노아 식구와 생물들이 1년간 먹을 곡식을 거둘만한 생태계임을 추정케 한다 (창세기 6:13-21).

현재의 아라랏산에 방주가 정박하여 대홍수 후 노아 후손 대부분이 점점 동남쪽으로 남하하여 페르시아만 근처 메소포타미아 중남부 지역에 집중하여 모여 살면서 수메르 문명을 이룩한 것으로 보인다. 성경은 노아의 후손이 "*동방으로 옮기다가 시날 평지를 만나 거기 거류하며* (창세기 11:2)"라 고 한 점에서 아담부터 노아까지 초기 인류는 점점 동진(東進)한 점을 알게 한다. 여기서 「동쪽」이라는 방향성은 서쪽을 기점한다. 즉 에덴동산에서 쫓겨나서 동쪽으로 갔을 때와 마찬가지로 에덴을 기점으로 동쪽인 것으로 말할 것이다. 야살의책은 노아와 그의 아들들은 하나님께서 말씀하신 땅

399 역청은 수목에서 나온 수지(樹脂)와, 석유나 석탄에 나온 타르(coal tar, 아스팔트)가 있다. 노아 방주에 칠한 역청은 고페르 나무에서 나온 수지보다 대량으로 사용하였을 것이므로 채취가 용이한 아스팔트일 가능성이 있으나 심각한 악취를 감안하면 수목에서 나온 수지일 가능성이 더 크다.

에 거주하였다 기록한다 (야살의책 6:41). 종합하면 하나님께서 아담 이후 에덴동산 추방부터 바벨탑 사건까지 즉 약 1천5백 년 동안 에덴동산에서 동쪽[400]으로 계속 이주한 사람들은 노아 대홍수 이후 최종 메소포타미아 지역에 거주한 점을 알게 하며 하나님께서 노아 가족에게 살아야 할 곳을 지정하신 것으로 알 수 있다.

한편, 동쪽 방향 또는 이 방향의 지역을 명시한 욥기의 욥의 생활 터전을 살펴보자. 아브람과 동시대의 사람으로 추정되는 욥의 거주지는 「우스」[401] 땅이었는데 「동방」 사람 중에 가장 훌륭한 사람이라고 하였다 (욥기 1:1-3). 성경학자들은 이 우스를 현재 에돔과 아라비아 사이 지역인 가나안 동쪽으로 파악하고 있다. 욥은 양 7천, 낙타 3천, 소 5백, 암나귀 5백 마리를 키우고 종도 많았던(욥기 1:3) 족장인 것을 보면 가축을 방목한 매우 넓고 목초 등이 많은 큰 규모의 동방 지역이 분명하다. 욥이 고난의 시험을 극복하고 하나님으로부터 받은 최종 축복을 보면 양 1만4천, 낙타 6천, 소 1천, 암나귀 1천 마리로 늘어났음을 알게 되는데 이 역시 매우 넓고 비옥한 방목지가 동방에 있었음을 알게 한다. 만일 동방이라는 방향의 기점이 에덴 지역으로 추정되는 가나안이라면 우스가 지금의 아라비아 반도 내지 멀리는 메소포타미아 남부 지역까지 확장될 수 있거나 노아 대홍수 직후 아라비아 반도 일부 지역은 비옥한 평원이었던 것 같다.

참고로, 창세기 29장 1절에서 야곱이 형 에서를 피해 외삼촌 라반의 집으로 간 장면을 보면, 실제 야곱은 가나안 헤브론에서 북향하여 하란 근처 우물가에 이르렀는데 이 지점을 가르켜 「동방 사람의 땅(the land of the people of the east)」이라 하였다. 이 묘사는 헤브론에서 북동쪽임에도 하란을 동방에서 와서 사는 사람의 땅이라고 하였다. 만일 데라와 그 자손이 살았던 시날 지방인 우르를 기준으로 하란은 서쪽이므로 하란에 사는 데라의 자손을 가르켜 동방 사람이라고 하였다면 하란을 동방 사람의 땅으로 지칭한 것은 옳다. 데라가 하란에 도착하여 살면서 우르에서 죽은 맏아들 「하란」을 기억하여 작명한 땅이라면 그 지방은 동방 사람의 땅이 된다.

5-9. 성막(성소): 공간, 성물, 배치, 방향 및 그 의미의 구체성

출애굽 후 광야에서 하나님께서 모세로 하여금 짓게 한 「성막(聖幕, 또는 성소)」을 살피는 것은 하나님께서 창설한 에덴의 지형적 그리고 동산 중앙의 두 나무 등이 성막

---

400 「동쪽」 방향을 성경에 기술한 특징을 생각하면 동쪽 지역이 사람이 살만한 맑은 풍부한 물과 비옥한 토양 및 산림이 있었던 것으로 보인다. 이는 아브라함에게도 적용되었는데 아브라함이 이삭과 다른 자녀들이 토지 영유권으로 싸우지 말 것을 위해 동방 곧 동국(東國) 땅으로 가게 한(창세기 25:6) 사실에서도 엿볼 수 있다. 동방은 사람이 살지 않은 빈 땅이 많았음을 알 수 있다.

401 셈의 막내아들 아람이 낳은 맏아들 이름이다. 후손은 아프리카 지역에도 많이 거주하였다.

공간과 성물의 배치(그림 5-9-1 상단)와 유사한 점 때문이다. 성막 전체는 동서 길이 약 50m (100규빗)이고 남북 길이 약 25m (50규빗)이다. 서쪽 반 약 25m×25m 중앙에 법궤(언약궤)를 둔 하나님의 공간 성소와 동쪽 반 역시 약 25m×25m 규모로 중앙에 번제단을 두는 번제 공간(뜰)으로 구성된다. 이 전체 공간은 외부를 세마포로 둘러친 이동형 막구조이다. 성소 중 지성소(至聖所, The Holy of Holies)는 사방 약 5m (10규빗) 면적으로 그 중앙에 언약궤(법궤)를 모셨고 전실(前室)은 지성소 공간의 두 배 크기로 지성소 사이를 휘장으로 구획하였다. 제사드릴 뜰에는 동물을 죽이는 기물과 태우고 피를 받아 드리는 번제단 그리고 제사장이 손발을 씻는 그릇(물두멍) 등이 모든 공간과 성물이 법궤를 축으로 동서 방향으로 일렬 배치되어 있다. 특히 법궤는 하나님이 거하시던 공간이며 법궤 위 상판 덮개부는 사람의 죄를 사하기 위해 동물의 피를 드리는 금을 두드려 만든 시은소(施恩所, 속죄소, The Mercy Seat)이다.

성막과 관련된 성경은 총 50개 장이다. 출애굽기에 25-27장 및 34-40장 총 13개 장(성막 짓기)을, 레위기에 1-9장과 16-17장과 21-25장 및 27-28장 총 18개 장(제사[402] 제도)이며, 민수기는 1-4장과 7-8장과 15-19장과 28-29장 총 13개 장(성막 이동)이고, 신명기는 10장과 11장 총 2개 장(성막 이동)이며, 히브리서는 7-10장 총 4개 장(제사제도)이다. 성소에 대하여 성경 총 50개 장에 상세하고 중요하게 설명되어 있음을 알게 한다. 즉 성소는 성경에서 매우 중요한 의미를 갖는 장소요 공간이다.

지성소(至聖所, The Holy of Holies) 내 법궤[403]는 가장 신성한 중요 장소이고 그 안에는 십계명 돌판(2개), 아론의 싹난 지팡이, 만나 항아리가 있었다. 지성소에서 "*내가 너와 만나고 속죄소 위 곧 증거궤 위에 있는 두 그룹 사이에서 내가 이스라엘 자손을 위하여 네게 명령할 모든 일을 네게 이르리라* (출애굽기 25:22)"하였다. < 그림 5-9-1 > 에서 보듯이 모든 공간과 성물(聖物)의 배치 축이 동서향이고 하나님이 계시는 곳은 서쪽 끝 부위로써 법궤와 법궤 위 시은소이다 (출애굽기 26:33). 사람이 드나드는 출입문과 사람이 활동하는 뜰은 동쪽에 두었다 (출애굽기 27:13, 민수기 3:38). 전체 공간의 반 동쪽은 제사를 위한 사람의 공간이고 전체 반 서쪽은 하나님의 전유 공간이다. 사람이 하나님을 만날 때 동쪽 구역에서 엄격한 절차를 마친 후 서쪽 하나님의 구역에

402 제사는 아담부터 행하였으나 이스라엘 백성에게 총 5가지로 주셨다. 번제, 소제, 화목제, 속죄제 및 속건제이다.

403 십계명 두 돌판이 궤 안에 있고 덮개부에 두 천사가 보좌하는 속죄소(贖罪所, 시은소 施恩所, The Mercy Seat)가 있다. 메고 다닐 수 있는 이동형 직육면체 금상자로 단순히 궤(The Ark), 증거궤, 언약궤, 여호와의 궤, 하나님의 궤, 주의 능력의 궤, 거룩한 궤 등 16가지로 불리우며 그리스도의 모형(로마서 3:23-31)이며 하늘나라에 있는 것의 모형(히브리서 9:23)이다. 하늘나라에 있는 언약궤(요한계시록 11:19)로 불리운다. 하나님께서는 십계명 두 돌판만을 궤에 넣도록 하였으나 이스라엘 사람들이 신성하다고 여긴 아론의 싹 난 지팡이와 만나 항아리를 넣었다. 모세는 율법책을 언약궤 곁에 두어 증거가 되도록 하였다 (신명기 31:26).

들어갈 수 있으며 서쪽 지성소와 성소에 들어갈 수 있는 사람은 모세와 레위 지파의 제사장이다. 그리고 거룩한 지성소에 들어갈 사람은 모세와 대제사장뿐이었다.

성막 내 공간은 법궤를 중심으로 모든 성물이 하나로 일체화된 영원한 「언약」이 있는 「곳」이며 거룩한 「것」이다. 법궤와 성막과 금향로, 물두멍, 진설병 등 여러 성물이 이동 시에 분리되어 옮겨지나 일단 진을 치면 동일 공간과 구성이 되어 모든 것이 일체가 된다. 이들이 따로 분리되어서는 아니된다. 성소의 이동은 사람의 뜻이 아닌 하나님의 뜻에 따라 이동하였다. 가나안에 들어가기 전 성막의 이동 시기와 장소는 사람의 생각이 아닌 하나님의 뜻에 따라 42회 이동되고 진 쳤다. 이스라엘 백성이 가나안 땅에 들어가 법궤만을 분리하여 전장에서 승리하려는 목적으로 사용하다가 이방족에게 빼앗겨 일곱 장소를 이동하여 보관 중 보관한 사람과 백성이 큰 낭패를 보았다. 빼앗긴 법궤를 다윗 왕이 되찾아 최종 솔로몬이 성막 대신 성전을 지어 법궤를 일체의 공간과 다른 성물과 함께 모셨다.

모세에게 짓도록 한 성막은 무엇이며 왜 성막에 대하여 성경 전체 중 총 50개 장에 이르는 많은 분량으로 상세히 기술하였는가. 예수님께서 말씀하시길, *"너희가 성경(구약)에서 영생을 얻는 줄 생각하고 성경(구약)을 상고하거니와 이 성경(구약)이 곧 「내게 대하여 증거하는 것」이로다* (요한복음 5:39)"라 하였다. 이어서 *"모세를 믿었더면 또 나를 믿었으리니 이는 그가 「내게 대하여 기록하였음」이라* (요한복음 5:46)" 말씀하셨다. 모세 5경의 약 25%를 할애한 성막 묘사가 예수님에 대한 것이라고 예수님께서 설명하셨다. 사도 바울은 세상에 있던 옛 성막(성소)은 *"하늘나라에 있는 것들의 모형(the patterns of things in the heavens)이며* --- (중략) --- *참 것의 그림자인 손으로 만든 성소(the holy places made with hands, which are the figures of the true,* 히브리서 9:23-24)"라 하였으니 예수 그리스도는 성소의 원형이시다.

사도 요한은 하늘나라에서 성전이 열리니 그 안에 있는 언약궤(법궤)가 하늘나라에 실재하는 것을 보았다 (요한계시록 11:19). 성막은 세상에 나타난 모형이라는 점을 밝히고 있다. 성막의 공간과 성물의 배치와 이들의 여러 기능이 예수님을 「증거」하는것이며 예수님에 대한 「기록」이라고 예수님이 말씀하셨다. 따라서 성막을 볼 수 있는 영적 해석의 눈은 예수 그리스도를 볼 수 있는 눈이다. 언약궤와 시은소, 진설병, 향로, 물두멍, 성막의 구조와 배치, 성막을 지은 재료와 제조 방식, 성물의 종류와 성격, 제사 제도, 제사장의 옷 등 모든 것의 의미와 상징이 예수님을 설명하는 것이라는 뜻이다. 그런데 이 성막을 보고도 예수님을 알 수 없는 것은, 성경을 읽을 때 *"저희 마음이 완고하여 오늘날까지 구약을 읽을 때에 그 수건이 오히려*

벗어지지 아니하고 있으니 그 수건은 그리스도 안에서 없어질 것이라 (고린도후서 3:14)"하였다. 하나님의 세계를 바라보는 영의 눈이 없거나 수건으로 가리운 것이다.

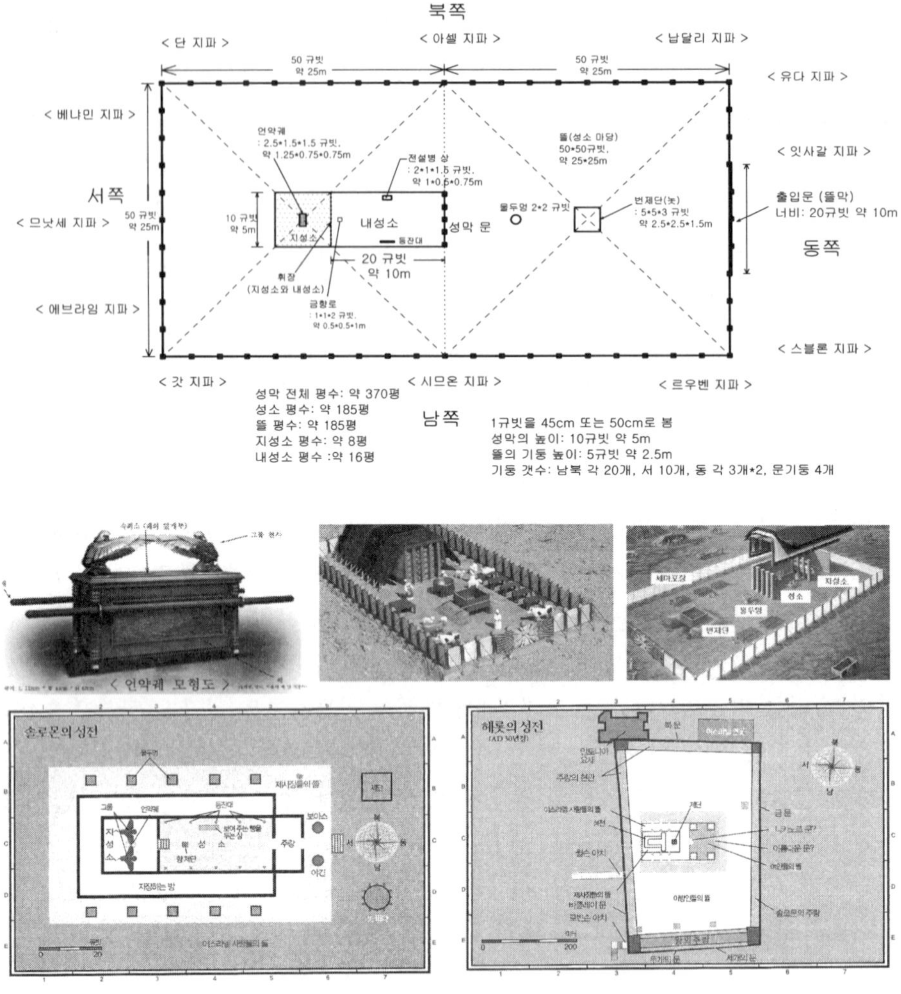

< 그림 5-9-1 > 성막(성소), 법궤(언약궤), 성전 공간 배치 및 방향성

영이신 하나님께서 거할 공간을 왜 지상에 짓도록 하셨는가. 왜 하나님께서 그의 생각을 지상에 형상화하여 사람이 그곳에 오도록 하였는가. 성막 없이 하나님은 사람에게 하나님의 생각을 계시하실 수 있으신데 왜 성막을 짓도록 했을까. 영이신 하나님께서 물리적 형상으로 왜 사람에게 다가와야 하셨을까. 이스라엘 자손의 눈에 수건이 가리워 애굽에서 이끌어내신 하나님을 알지 못하고 믿지 못하여 금송아지를 만들어 하나님이라 한 그들에게 하나님이 현현할 공간과 성물(聖物)을 두어 왜 하나님을 믿

게 하셨는가. 영이신 하나님을 향한 사람의 영이 닫혀 있었다. 보아도 알지 못하였고 들어도 깨닫지 못했다 (마태복음 13:13).

아브라함이 우르에서 가나안으로 첫 이주 후 443년이 된 해에 그의 자손이 출애굽하여 광야에 머물기까지 이스라엘 자손에게 있던 증거는 아브라함, 이삭 및 야곱에게 하신 하나님의 언약과 노아가 물려준 유물이나 기록 몇 점 그리고 조상의 체험 이야기(기억)와 받은 계시 등이었을 것이다. 아브라함 가나안 첫 이주 후 445년이 되는 해에 광야의 「성소」로 성자 하나님의 모습을 형상화 하셨다. 처음 모세도 미디안 광야 호렙산에서 하나님을 직접 만나기 전 하나님이 누구신지 정확히 몰랐다 (출애굽기 3:1-14, 출애굽기 6:3). 당시 이스라엘 자손 대부분은 하나님에 대한 구체적이고 체계적인 영적 지식과 믿음 없이 하나님을 지적 지식으로 알았다. 이방 족속은 눈으로 보이는 구체적 신을 갖고 있으며 신전과 신상과 제사장도 있었으나 이와 유사한 방식으로 하나님을 숭상하는 제도가 없었으므로 이스라엘 자손에게 하나님을 신앙하기에 큰 어려움이 있었던 것으로 보인다. 모세마저 이러했으니 일반인은 어떠했을까. 당시 그들에게 오늘날과 같은 성경책도 없었으니 하나님을 알기에 매우 답답하였을 것이다.

하나님께서 방황하는 220여만 명 이상의 이스라엘 자손들에게 가나안 땅에 가서 하나님의 백성과 땅을 다스릴 새로운 영적 말씀과 권세와 제도를 주고자 하셨다. 사람에게 새 말씀과 권세와 제도인 성막을 광야에서 주셨는데 이 성막이 물리적 형상이 아니라 하늘나라에 계신 예수님이라 하셨으니 예수님이 물리적 모형으로 이스라엘 백성의 손으로(히브리서 9:24) 지은 바 된 것이다. 형상은 물리적 실체이나 그 내용은 예수님이라는 것이다. 예수님께서 물리적 형상으로 나타나셨으나 이를 영의 눈으로 보아야 된다는 것이다.

예수님의 영적 형상인 성막의 공간 구조 및 각종 성물 배치 등을 유형학(typology, 類型學, 모형론)[404]으로 에덴동산과 어떤 관계인지를 살펴보자. 동쪽으로 쫓겨나간 사람이 만일 서쪽의 에덴동산으로 돌아오기 위해서 하나님의 특별한 절차적 허락이 필요했을 것이다. 특별한 절차 없이 들어가지 못했다. 그러나 이미 에덴동산은 파괴되어 돌아갈 필요가 없게 되었다. 성막에서 사람은 동쪽에서 들어온 후 하나님이 계시는 서쪽 지성소 안으로 가기 위해서는 피의 제사 후에 특별한 한 사람 대제사장을 통해서만 가능하다. 하나님께서는 쫓겨난 동쪽 공간에서 지은 죄를 사하기 위하여 죄의 대가인 피흘림을 요구하신다. 내가 죽어야 할 죄값을 동물에게 전가(안수)하여 동

404 유형학이란 구약과 신약의 내용에서 유형의 대칭적 상관관계를 찾아내어 해석하는 것과 같은 것을 말한다. 예컨대 모리아산에서 이삭(어린양(type))을 번제로 드리는 사건에서 모리아산 골고다에서 예수님을 십자가의 희생제물인 어린양(anti-type)으로 돌아가신 사건을 해석하는 것이다.

물을 죽이고 죽을 때 흘린 피를 하나님께 보여 내가 죽었다 함을 신고하는 거룩한 절차가 요구되었다. 대제사장 마저도 동쪽에서 자신과 백성의 죄를 위해 수송아지를 제물로 대제사장과 백성의 죽음으로 삼고 그 증거로 수송아지의 피를 속죄소 위에 뿌려야 했다. 동쪽 문부터 속죄소까지 약 31m를 가려면 속죄의 피 없이 가게 되면 죽는다. "*동이 서에서 먼 것같이 우리의 죄과를 우리에게서 멀리 옮기*(시편 103:12)"지 아니하고 성막의 동쪽 문에서 서쪽의 지성소까지 먼 거리 31m를 이동하지 못한다.

① 사람(죄인)은 성막 동측의 성막 문으로 들어간다.
② 사람은 동측 뜰에서 소, 양, 염소 흠 없는 어린 수컷 동물과 산비둘기와 집비둘기에 사람의 죄를 안수하고 죽인다.
③ 제사장은 그 동물의 피를 번제단 뿔에 바르거나 피는 번제단 밑에 쏟는다.
④ 제사장은 나팔은 분다.
⑤ 제사장은 물두멍에서 손과 발을 씻는다.
⑥ 제사장은 서측 성소의 문으로 들어간다.
⑦ 제사장은 성소 우편에 하나님께 드릴 진설병을 관리 후 먹는다.
⑧ 제사장은 성소 좌편의 일곱 금등잔에 감람유를 부어 항상 불을 밝힌다.
⑨ 제사장은 지성소 문 앞 금향로에 소합향+나감향+풍자향+소금으로 만든 향으로 분향한다.
⑩ 대제사장은 가장 서측에 위치한 지성소에 들어가기 전 세마포를 벗고 몸을 씻고 자기와 백성의 번제로 속죄하고 속죄제물의 기름을 제단에서 불사른다. 대제사장은 석류와 금방울이 달린 겉옷과 에봇을 입고 견대를 어깨에 붙이고 허리띠를 매고 흉패를 붙이고 흉패 안에 우림과 둠빔을 넣는다.
⑪ 대제사장은 자신의 죄를 위해 어린 수송아지 또는 수양(백성을 위한 속죄제인 경우 염소 2마리, 대속죄일 7월10일) 피를 속죄소(시은좌) 동편 위에 한 번과, 속죄소 앞에 일곱 번 뿌린다.

모세에게 짓도록 한 성소의 공간 구조의 유형학적 암시(메시지, 그림자, 히브리서 8:5[405])는 에덴 서측 구역은 사람이 거하지 못하는 근원이 되는 구별된 거룩한 곳이며 에덴의 동쪽에 사람이 거할 동산과 거처이다. 동산에 쫓겨 나온 아담 이후 모든 후손은 에덴에서 동쪽으로 이동하며 거주하였다. 하나님은 서쪽에 계시며 사람은 동쪽 지역에 머물게 되었다. 하나님을 만나기 위해서 동쪽 문을 통해 들어가 선악을 알게 하는 나무의 열매를 먹은 죄와 죄과를 피로 사함을 받은 후 하나님을 대하여야 한다. 사람이 에덴동산에 쫓겨난 이후 2천5백 년간 하나님을 만나지 못한 사람을 위해 이스라엘 백성을 택하여 하나님께서 계실 곳과 사람이 속죄할 장소로 성막을 짓도록 하고 법궤가 불기둥과 구름기둥으로 인도하여 동쪽 요단강을 건너 언약궤를 앞세워 꿀과 젖이 흐르는 가나안 땅 거룩한 땅(여호수아 5:15) 서쪽 예루살렘으로 인도하고자 하였다. 예수님인 성막에서 하나님을 만나고 성막 안으로 사람을 인도하고자 하였다.

405 *저희가 섬기는 것은 하늘에 있는 것의 모형과 그림자라 모세가 장막을 지으려 할 때에 지시하심을 얻음과 같으니 가라사대 삼가 모든 것을 산에서 네게 보이던 본을 좇아 지으라 하셨느니라* (히브리서 8:5, 출애굽기 28:40).

즉 에덴동산에서 쫓겨난 사람에게 새 공간에서 항상 사람을 만나 죄를 씻고 새 마음을 주며 인도하셨다.

출애굽 후 호렙산에서 만든 법궤는 광야 숙곳부터 이스라엘 백성이 진 칠 곳을 38년간 41회 법궤 위 불기둥과 구름 기둥으로 인도하셨다 (민수기 10:33-36, 33:5-49). 법궤는 가나안에 들어와 42번째[406] 길갈을 거쳐 실로에 진 치고 성막 안에 약 322년 보관되었다.

엘리 제사장 시대 블레셋과의 전쟁에서 패하자 에벤에셀과 아벡으로 옮겨 블레셋과 싸움에 법궤를 이용해 승리하고자 법궤를 앞세워 싸우다 패하여 법궤가 이방 족속에게 100년간 빼앗겼다. 다윗이 이를 찾아와 예루살렘 다윗성에 보관 중 솔로몬이 성막 대신 성전을 지은 후 성전 안에 모시었다 (그림 5-9-1). 솔로몬 성전(1차 성전)에 약 410년 보관되다가 BC 588년 바벨론 침공으로 솔로몬 성전이 파괴되고 바벨론에서 70년간 포로 생활 후 돌아와 스룹바벨 성전(BC 515, 2차 성전)을 지어 법궤를 다시 약 500년간 보관하였다. 헤롯이 지은 헤롯 성전(BC 18 시작하여 약 46년 건축)[407]에 법궤를 보관 중 AD 70년 로마 티투스(Titus) 장군에 의해 헤롯 성전이 파괴되어 분실되기까지 약 1,500년간 존재하다가 역사에서 사라졌다. 왜냐면 실체인 예수님께서 가나안 땅 에덴동산에 생명나무로 오셨기에 모형인 성소는 필요 없게 되었다.

5-10. 에덴 vs 가나안 및 에덴동산 vs 예루살렘

에덴동산을 창설하고 사람과 함께 거하신 하나님께서 사람이 잃어버린 낙원 에덴동산을 재현하실까. 이에 관한 하나님의 생각, 의도, 계획 및 예정은 여러 형태 즉 그림자(형상, 모형)와 세상에 사람의 모습으로 오신 성자 하나님 예수 그리스도로 재현되어 우리 곁에 있어 왔다. 첫째 오래전 아브라함을 우르에서 불러 큰 백성이 되도록 한 후 모세를 통해 성막과 법궤로, 둘째 거룩한 땅 예루살렘에서 하나님의 성전으로, 셋째는 사람으로 가나안 땅에 오신 예수님으로, 넷째 마지막으로 예루살렘 감람산에 재림하여 하나님의 영광을 나타내고 그의 나라로 그의 백성을 영원으로 인도하실 하나님의 사역과 언약에 의해 그러하다.

---

406 아브라함의 42대 후손(마태복음 1장)이요 성막의 본체이신 예수님이 세상에 오셨다. 강문호 목사님(봉쇄수도원) 성막 유튜브 해설에서.

407 헤롯성전을 3차 성전이라 해야 하나 제사가 끊어진 적이 있어 향후 새로 지을 성전을 3차 성전이라 한다. 현재 이스라엘 지도자들이 잃어버린 볍궤을 찾으려 하고 또 파괴된 성전을 짓는 준비를 하고 있다.

에덴동산에서 쫓겨난 아담의 후손들은 에덴동산 동쪽 지역에서 1천 년간 죄를 짓고 살다가 노아 대홍수로 멸절되었다. 노아 후손들도 동쪽으로 옮겨(창세기 11:2) 340년 살다가 바벨탑을 건설하여 하나님을 대적하고 흩어지던 중 하나님께서 아브라함을 택하여 함께 동행[408]하시고 가나안으로 이주하게 하시고 애굽에서 큰 백성을 이루게 하였다. 아담이 에덴동산에서 쫓겨나고 아담 출생 후 2천 년이 되는 해에 아브라함에게 우르를 떠나 가나안으로 가게 하였고 에덴동산에서 쫓겨난 후 이스라엘 자손이 가나안으로 온 기간은 약 2,500년이 소요되었다(표 2-3-16). 그리고 에덴에 계셨던 하나님께서 성막의 형상으로 오시고 성막 대신 약 1,500년이 지나 하나님께서 가나안 땅에서 이스라엘 땅으로 이름이 바뀐 후 사람의 형상(인자, 人子)으로 오셨다.

여호수와와 이스라엘 백성이 요단강 서편 가나안 땅에 들어가 「길갈」[409]에서 진 쳤을 때 하나님이 나타나신 장면을 살피자 (여호수아 5장). 여호수아가 길갈 인근 여리고 평지에서 유월절을 지낸 후 여리고 근처에 왔을 때 한 사람이 칼을 빼 손에 들고 마주 섰는데 그 사람이 여호와의 군대장관임을 밝히자 여호수아가 땅에 엎드려 절할 때 「네가 선 곳은 거룩하다」 하고 「신을 벗으라」 명령[410]하였다 (여호수아 5:15). 이 사실에서 에덴의 동쪽인 여리고에서 하나님이 계시던 서쪽 에덴동산으로 진입하려면 피의 값을 치러야 했음과 거룩한 땅임을 알게 한다. 가나안은 하나님께서 계시던 에덴과 같이 거룩한 땅임을 알게 한다. 하나님의 거룩한 땅을 하나님의 허락 없이 침입한 가나안 족속이 더럽혔으나 이스라엘 백성으로 하여금 거룩한 곳에서 살도록 아브라함을 택하고 그의 자손을 법궤로 인도하여 거룩한 곳 가나안 땅에 오게 하였다.

하나님이 거니시던(창세기 3:8) 땅 에덴동산에서 쫓겨난 사람은 하나님의 산 거룩한 땅 호렙산에서 모세에게 신령한 의무를 감당하도록 하였고 하늘나라의 언약궤(요한계시록 11:19)가 이 땅의 언약궤(민수기 10:33)가 되어 이스라엘 백성을 거룩한 땅 가나안으로 인도하게 되었다. 에덴의 동쪽으로 쫓겨난 사람을 동편 요단강을 건너 서편 거룩한 땅 가나안으로 인도하시어 하나님께서 아브라함과 약속대로 이스라엘의 땅이 되게 하셨고 예루살렘을 회복하셨다! 선지자의 글 시편 2장 6절, 이사야 27장 13절, 에스겔 28장 13-14절을 보면 에덴동산과 하나님의 성산(聖山)을 그리는 묘사가 예루살렘을 말한다.

---

408 하나님께서 사람과 동행한 인격성의 의미를 이 책 4장의 16절에서 자세히 요약하였다.

409 애굽에서 당한 수치를 굴러가게 하였다고 하나님께서 작명하였다 (여호수아 5:9).

410 성경에서 하나님께서 거룩한 땅이므로 사람에게 신을 벗으라 명한 곳은 모세가 하나님을 만난 떨기나무 앞에서(출애굽기 3:5), 그리고 십계명을 받은 시내(호렙)산이며, 그리고 여호수아가 가나안에 들어가 첫 유월절을 지낸 후 여리고 근처 땅에서 나온다. 즉 하나님이 거룩한 곳으로 명한 장소는 호렙산과 가나안 땅이다. 최근 김승학 박사님에 의해 시내산이 아라비아 반도에 있는 호렙산이라는 주장하며 고증하였다 (갈라디아 4:25).

* *내가 나의 왕을 내 거룩한 산 시온에 세웠다 하시리로다* (시편 2:6).
* *그 날에 큰 나팔을 울려 불리니 앗수르 땅에서 파멸케 된 자와 애굽 땅에서 쫓겨난 자가 돌아와서 예루살렘 성산에서 여호와께 경배하리라* (이사야서 27:13).
* *네가 옛적에 하나님의 동산 에덴에 있어서 각종 보석 곧 홍보석과 금강석과 황옥과 홍마노와 창옥과 청보석과 남보석과 홍옥과 황금으로 단장하였음이여 네가 지음을 받던 날에 너를 위하여 소고와 비파가 예비되었도다. 너는 기름 부음을 받은 덮는 그룹임이여 내가 너를 세우매 네가 하나님의 성산에 있어서 화광석 사이에 왕래하였도다* (에스겔 28:13-14).

가나안 땅의 옛 이름은 에덴이고 예루살렘의 옛 이름은 에덴동산이었다는 유비적 모형을 검토하고자 하는 이유는 하나님께서 이 땅을 특별히 택하여 사람을 두신 섭리와 예정이 동일 위치와 장소와 공간으로 회복하시는 역사로 재현되는지를 음미하고자 함이다. 성경과 역사를 통해 현 예루살렘의 공간적 중요성을 익히 알고 있다. 에덴에 사람을 두어 아름답게 생활하도록 하였으니 앞으로 다가올 새 예루살렘이 옛 에덴동산인 점을 추정하게 한다.

성막(성소) 공간에는 하나님에 속한 피조물인 사람(죄인), 동물(번제물, 대속물), 식물(소제물, 대속물), 물(물두멍, 정결), 죄로 물든 땅과 바다의 소산(소제물, 소금, 향료, 곡물가루, 기름, 식물, 나무 등)이 한 공간 속에서 예수님을 지향하는 하나로 통합되어 있다. 사람의 진실된 마음과 죄를 씻기 위한 동물의 피뿐 아니라 여러 상징의 피조물이 한 공간 속에서 분리되지 않고 함께하며 하나님의 사랑의 원리와 온전과 신실과 순종에 의해 살아 움직이고 악을 배척하며 속죄의 원리가 작용한다. 보이는 것과 보이지 않는 것이 한 공간 속에 통합되어 하나님을 향하며 이를 하나님께서 살피고 하나님의 마음 역시 이와 함께 하신다. 이러하게 하나된 장소는 하나님께서 에덴동산를 창조하신 당초의 목적과 동일한 장소였다.

삼위 하나님이 하나이듯(요한복음 17:11, 17:22-23) 하나님께서 하늘의 원리와 섭리를 그리스도를 통해(말미암아) 하나된 형상(모형)으로 지상에 나타나신다. 또 나타난 실재 형상은 역사에 맞추어 다른 형태의 장소(에덴동산→ 성소→ 예루살렘→ 낙원)로 지속적으로 역사함을 알게 한다. 이스라엘 땅(에덴)의 예루살렘(에덴동산)에서 그리스도께서 사람의 아들로 임재하여 하나님과 사람 사이에서 중보자(中保者 mediator)로 하나님과 사람과 피조물이 하나가 되었다. 창세 전에(요한복음 17:5, 17:24) 사람은 하나님의 것이었는데(요한복음 17:6) 그리스도를 통해 사람도 하나가 되게 하여(요한복음 17:11, 17:22) 에덴동산에 이루지 못한 하나님의 목적을 이루셨다.

< 표 5-9-1 > 에덴, 성막 및 예루살렘의 유비(類比)적 동형(同形) 요소

구분		에덴(동산)	성막(성전)	예루살렘
시작		BC 4,000년 경	BC 2,450년 광야 호렙산	BC 1,047 (다윗왕이 법궤를 시온산에 모심)
공간 구성	하나님	서쪽 에덴, 생명나무, 그룹	서쪽 지성소: 법궤, 시은소, 그룹	모리아산, 골고다, 감람산
	사람	에덴동산, 두 나무, 강	동쪽 뜰: 번제단, 물두멍	가나안 땅, 요단강(기혼샘)
다른 명칭		하나님의 동산 (에스겔 28장13-14절)	하나님의 집 (역대상 6:48, 사사기 18:31)	거룩한 산 시온, 거룩한 성 (시편 2:6, 48:1-14, 요한계시록 22:10)
하나님의 임재		동산을 거느심	법궤와 함께 이동하심	예수 그리스도로 초림
사람의 행위		선악과를 먹고 동쪽으로 쫓겨나 살고 방황	광야에서 방황하고 지은 죄를 속죄함. 언약궤와 함께 가나안으로 들어감	하나님의 아들을 알지 못하고 박해하여 십자가형으로 죽임
공간의 근원		**네 강의 근원이 있는 서쪽**	**성소의 서쪽 지성소**	**골고다**
영적 상징		**낙원**	**예수님**	**성산**
실존 상황		**신성, 선, 악, 영생, 죽음 불순종(죄), 타락**	**신성, 죄(타락), 피의 제사, 속죄, 거룩한 곳**	**신성(그리스도), 죄(타락), 속죄. 죄인이 하나님 앞으로 나아감**
접근	공간적	동쪽으로 쫓겨난 후 서쪽에서 접근 불가	동쪽 구역에서 피의 속죄를 드린 후 서쪽 성소에 들어감	법궤를 요단강 동편에서 서편으로 이동하여 예루살렘에 이름
	영적	에덴을 마음으로 기림	피의 속죄를 드려 성소에 이름	예수 그리스도를 믿어 낙원에 이름
지속 기간		단기간(수십년)	약 1,500년	이 세상 종말까지
종료		BC 4,000년 경	AD 70년	영원으로 이어짐

주 1: 유실된 법궤를 찾아 현 이스라엘 정부가 제 3성전을 건축할 경우 성전에 보관할 것이며 이즈음 예수님의 재림이 있을 것이라 한다. 론 와이트가 예루살렘 골고다 아래 굴에서 법궤를 찾았다고 주장하였다 (각주 411 및 416 참조).

주 2: 종말론적으로 예루살렘은 새하늘과 새땅(베드로후서 3:13)으로 이루어진 "하늘의 예루살렘(히 12:22)"인 "새 예루살렘(요한계시록 3:12)을 가르킨다.

주 3: 유대인(이스라엘 사람)은 세상의 중심은 이스라엘 땅이고, 이스라엘의 중심은 예루살렘이며, 예루살렘의 중심은 성전(성소)이며, 성전(성소)의 중심은 지성소이며, 지성소의 중심은 법궤이며, 법궤 중 십계명인 두 돌판이라 한다.

에덴을 추적하는 인문학적 및 신학적 단서는 아담과 이브의 타락과 노아 대홍수로 생태와 기후 변화로 원래 지형이 파괴되고 사라져 이름이 밝혀지지 않은 근원이 되는 한 강과 네 강 이름과 강의 흐름과 인문·지리 사항이나 성경의 의미론적 단서는 < 표 5-9-1 >처럼 정리할 수 있다.

가나안이 에덴이었고 예루살렘이 에덴동산이었다면 이 지역에 남아 있는 지명 등과 성경에 나타난 이들과의 관계에 나타난 동형적 유비 모형로 추적할 수 있다. 이삭을 바치던 예루살렘의 모리아산, 그 주변의 지명인 기혼샘(다윗 성 아래), 유프라테스강

(예루살렘 북측 약 10km, 예레미아 13:4) 등이 있다는 점과, 이삭을 바친 곳이 예루살렘의 모리아산이었으며 이곳에 성전이 지어지고, 예수님께서 모리아산 인근 골고다[411]에서 피를 흘린 속죄소인 시은소(施恩所, The Mercy Seat)였다. 예루살렘이 지성소인 셈이다. 모리아산 동편 건너편 감람산(올리브산)에서 부활 승천하였고, 그러하다면 모리아산 인근은 에덴동산의 중앙으로 생명과 죽음과 피흘림이 있던 곳이다. 예루살렘의 모리아산은 법궤가 있던 장소이며 생명나무가 있던 장소였다. 그리스도의 피흘림의 죽음과 생명의 부활인 장소였다. 동쪽으로 쫓긴 사람은 동쪽에서 다시 서쪽으로 향해 언약궤와 함께 생명나무가 있던 곳으로 들어오도록 하였다.

하나님께서 사람을 지으시고(창세기 2:7) 에덴동산에 두시었으며(창세기 2:8) 또한 하나님께서도 에덴동산에 거닐고(창세기 3:8) 거하셨다. 에덴동산은 사람과 하나님이 함께 거하는 공간이었다. 에덴동산의 중앙에는 생명나무와 선악을 알게 하는 나무가 있었다. 생명나무는 영원(창세기 3:22)토록 살게 하는 생명의 근원인 예수님을 의미하고 선악을 알게 하는 나무는 선악을 판단하는 주권은 사람이 아닌 하나님에 속한다. 난제 중 하나로, 사람이 있기 전 선악을 알게 하는 나무를 동산 중앙에 둔 이유가 무엇일까. 선악은 사람보다 선재하였다. 예수 그리스도의 초림과 재림을 위해 이해할 수 없는 하나님의 신비한 선과 악과 생명의 예정과 섭리 역시 사람보다 선재하였고 이를 에덴동산에 계시하셨다.[412] 예지예정(豫知豫定)이다.

에덴동산에서 발생한 일련의 공간과 시간과 사건 속에는 성막과 같은 영적 요소 즉 하나님의 신성, 죄와 죄의 댓가, 추방, 죽음, 대속의 피 흘림[413], 복음, 영원, 사탄의 세력과 심판이 성막 안에 있듯이 에덴동산 안에 선재했고 실존했음을 이미 계시하여 알게 하셨다. 선악과가 있는 에덴동산에 예수 그리스도를 전제하지 아니하면 선악과의 선재성을 설명하기 어렵다. 설명하기 어려운 이론을 뛰어넘어 신비로운 하나님의 예정과 섭리에 사람의 모든 생각을 중지해야 할 당위성을 찾을 수밖에 없다. 에덴동산의 공간적·사건적·비물질적 요소에서 에덴동산과 성막과 예루살렘을 동질적·유비(類比)적 동형(同形)으로 보아야 한다. 우리가 에덴동산의 생명과 대신, 생명의 떡인 예수 그리스도를 먹어 영생하도록 하셨다 (요한복음 6:33, 6:35. 6:48, 6:51).

사람이 에덴동산에 있기 전 또 사람이 선악과를 먹기 전 이미 선악, 영생, 죽음과 구

411 론 와이트에 의하면 모리아산 구역 중 현 성전 북쪽 「정원무덤」이라 한다 (각주 416참조).

412 이해하기 어려운 이 난제는 하나님께서 피조물로 창조된 사람이 선악과를 먹지 않더라도 죄를 지을 수밖에 없는 존재로 창조된 것으로 개인적으로 이해하고 있다. 즉 선악과를 먹지 않더라도 하나님 앞에서 다른 유형의 죄를 지었을 것으로 느낀다. 이 부분에서 예지예정일 수밖에 없다.

413 하나님께서 아담 부부에게 가죽 옷을 입힌 점이 가축을 죽여 피 흘린 대속으로 보아 이를 원시 복음으로 해석한다.

원이 에덴동산 공간 안에 우리의 현실처럼 존재하였다. 사람이 선악과를 먹고 하나님의 계명을 어긴 죄로 인하여 선악을 이해하게 되었다. 선악이 마음에 들어와 고통과 연민과 갈등과 불안과 초조로 인하여 마음과 몸의 안식이 없게 되었다. 죄행과 범행을 짓지 않아도 죄된 생각으로 오래 사는 것 자체가 고난이요 불행이다. 오래 살수록 누적되는 질고(疾苦)과 괴로움(로마서 8:22-23)을 끊고자 죽음을 주셨다. 영생의 과일을 먹지 못하도록 아담 부부를 에덴동산에서 동편으로 추방할 수밖에 없고 추방되어야 마땅했다.[414] 생명과를 먹어 영생하여 죽지 않도록 함은 아담 부부에게 불행이 아니요 보혈과 죽음으로써 몸과 마음의 질고를 벗도록 함이요 아담 부부의 삶에 행복을 주는 하나님의 선택이요 선물이었다. 에덴의 동쪽에 거주하는 사람은 새 생명을 얻기 위해 속죄의 피를 흘린 후 서편에 계신 하나님께 돌아와야 했다.

에덴동산에 하나님께서 사람에게 죽음과 영생을 함께 주신 것이 놀라운 축복이요 신비이며 감사이다. 온 천하 만물들아, 만물이 사라지고 쇄락토록 한 하나님의 깊은 섭리에 영원히 찬송과 감사할찌어다. 이 에덴동산과 성막(성전)과 예루살렘에서 예수 그리스도를 앙망하며 에덴동산에서 동편으로 추방한 사람을 다시 에덴동산으로 들여보내기 위해 하나님께서 아브라함을 우르에서 인도하여 내시고 요단강 동편에서 언약궤를 메고 서편의 거룩한 땅, 젖과 꿀이 흐르는 거룩한 땅 가나안으로 인도하신 것이다. 그리고 마지막 아담(고린도전서 15:45)은 첫 아담이 죄를 지은 땅에 성육신하여 우리를 위해 선악과가 있던 그곳에서 생명의 대속의 피를 흘리시고 생명과가 되시어 부활·승천하시었다. 우리는 그분으로 말미암아 영원한 생명을 얻었다 !

> *나는 하늘로서 내려온 산 떡이니 사람이 이 떡을 먹으면 영생하리라 나의 줄 떡은 곧 세상의 생명을 위한 내살이로하 하시니라* (요한복음 6:51).
> *또 증거는 이것이니 하나님이 우리에게 영생을 주신 것과 이 생명이 그의 아들 안에 있는 그것이니라 아들이 있는 자에게는 생명이 있고 하나님의 아들이 없는 자에게는 생명이 없느니라* (요한일서 5:11-12).
> *기록된 바 첫 사람 아담은 산 영이 되었다 함과 같이 마지막 아담은 살려주는 영이 되었다나니* And so it is written, The first man Adam became a living." The last Adam became a life-giving spirit (고린도전서 15:45).

노아, 셈, 에벨 그리고 아브라함이 바벨탑 사건 이후 가나안 지역에서 함께 거주하였다. 셈(멜기세덱 또는 아도니세덱)은 (예루)살렘의 왕이요 하나님의 제사장이라는 점

414 하나님께서 본질적으로 에덴동산에서 추방한 이면에는 죄된 마음으로 영생하는 사람을 불쌍히 여겨 생명과를 먹지 않도록 은혜로운 조치를 취하여 죽음을 주었다고 해석하는 것이 합리적이다(창세기 3:22). 이 또한 복음적이다.

(창세기 14:18 및 야살의책 16:12)과, 다윗성과 성전(역대하 3:1)이 예루살렘에 있다는 점에서 하나님께서는 노아를 통해 에덴의 회복을 가나안과 예루살렘이라는 역사적 공간과 장소에서 재현하고 추후 이곳으로 예수님께서 재림할 장소로 예비하셨다.

야살의책에 소개된 "모리아 땅 --- 산들 가운데 하나를 볼 것이니 이는 네가 그곳에서 구름과 하나님의 영광을 보게 될 것 (야살의책 23:2)"이라고 아브라함에게 명하여 그곳으로 가 하나님께서 명하신 대로 이삭을 제물로 번제(창세기 22:2)로 바치는 내용을 살펴보자. 78세 아브라함이 엘람 왕 연합국에게 피납된 롯을 구하고 멜기세덱(셈)에게 십일조를 바친 후 59년이 지난 아브라함 137세 때 일이다. 창세기 22장 2절에 「모리아」[415]와 그 땅의 하나인 「산」이라는 명칭이 처음 등장한다. 아브라함이 블레셋의 그랄 땅 브엘세바에서 이삭을 100세에 낳은 후 이삭 37세 때 하나님께서 이삭을 데리고 지시한 모리아 땅의 산에 가서 번제를 드리라고 한다. 아브라함이 거주한 블레셋 브엘세바와 모리아산의 거리는 약 80km 2박3일 거리(창세기 22:4)이다. 모리아 땅은 셈과 에벨이 사는 구역이었다. 아브라함이 우르를 떠나 가나안으로 향한 시점이 에덴동산에 아담을 둔 해부터 2,000년이 된 해이며 아브라함이 이삭을 제물로 바친 시기는 아담 이후 2,085년이 되는 해이다. 만일 아담이 85세에 금단의 열매 선악과를 먹고 에덴동산에서 쫓겨났다면 이로부터 2천 년이 되는 해에 아담의 죄에 대한 번제로써 이삭을 하나님께 제물로 바치었다는 흥미로운 상상이 된다.

야살의책 23장에, 예수님의 예표인 이삭의 번제 사건에서 하나님께서 자신에게 바칠 희생 제사의 장소를 예루살렘 구역인 모리아산으로 지정한 것은 예수님께서 제물이 되어 돌아가실 실제적 장소가 되었다. 이 점에서 왜 셈과 에벨이 예루살렘인 모리아 땅에 계속 거주하였는지도 이해가 된다.[416] 하나님께서 이삭 대신 숫양을 준비하셨는데 야살의책 저자는 이 숫양이 주 하나님이 땅과 하늘을 만드신 날에 땅에 창조하신 숫양이었다고 (영적) 설명을 하였다 (야살의책 23:70).

415 Moriah 뜻은 「야훼의 계시」라는 뜻으로 성경에 두 번 나온다 (창세기 22:2 및 역대하 3:1).

416 야살의책처럼 셈이 멜기세덱이 아니더라도 왜 멜기세덱이 왕이요 제사장으로 이미 예루살렘에 거주하였는지 그 의미는 장소로 보나 인물로 보나 예언적이며 예루살렘의 중요성이 드러난다.

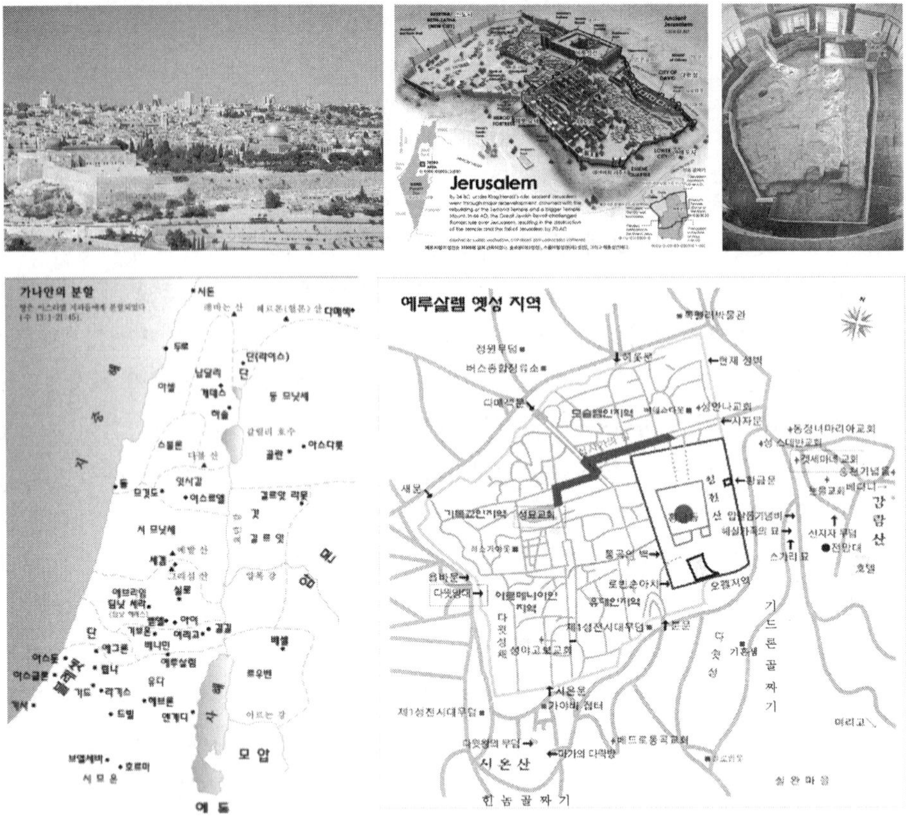

< 그림 5-9-2 및 사진 5-9-1 >

가나안, 예루살렘의 감람 산 및 모리아산(=성전 산) 주변과 제단 석재[417]

지리적으로, 예루살렘 서쪽은 지중해로서 사람이 거주할 또는 이주할 방향이 아니며 동쪽인 아라비아 반도가 대홍수 전에는 비옥한 땅(당시에 막대한 석유 자원이 있었고 고대에는 비옥한 땅임이 분명하다)이었다면 아담의 후손 또는 노아의 후손이 농업, 목축 및 사냥하기에 적정한 지역이었을 것이다. 아담 부부가 에덴동산인 예루살

417 < 그림 5-9-2 >에서 모리아산(=성전산, 해발 743m)에는 이슬람 모스크가, 동측으로 감람산, 남측으로 다윗성과 기혼샘이 있다. 남서측으로 시온산, 북서측으로 「정원무덤(Garden Tomb)」 언덕이 골고다로 추정되는 곳이 분포한다. < 사진 5-9-1 >의 모스크 내 보관 중인 석재는 이삭을 제물로 바친 제단으로 추정한다. Ron Wyatt(1933-1999 미국 탐험가)와 그의 발굴팀에 의하면, 다메섹 문 북쪽에 위치한 「정원무덤(Garden Tomb)」에서 예수님께서 십자가에 달려 보혈의 피를 흘리고 돌아가시면서 그 피가 정원무덤 지하 동굴에 감추인 언약궤(일명 법궤, 증거궤, 여호와의 궤, 하나님의 궤 등)까지 흘러 들어갔다고 한다. 피를 채취하여 염색체 분석결과 24개로 규명되었다는 것이다. 이 피는 언약궤의 뚜껑(길이 2.5규빗, 폭이 1.5규빗, 출25:1)인 속죄소에 뿌려져 있었다고 한다. Ron Wyatt의 주장대로라면 현재 알려진 모리아산 이슬람 모스크 내 바위가 이삭이 바쳐진 제단이 아니라 골고다 언덕으로 추정되는 「정원무덤」 상부가 아브라함이 이삭을 바친 곳이며 예수님의 십자가가 있던 곳으로 추정할 수 있다. 론 와이트는 자기가 발견한 언약궤과 십계명 돌판, 율법책, 진설병 상 등 성물을 촬영한 모든 자료는 언약궤 발견 장소에 놓았다고 한다.

렘에서 쫓겨났다고 한다면 아담 부부는 에덴동산의 동쪽인 「여리고」에서 살았을 가능성이 높다. 이스라엘 백성이 가나안으로 들어올 때 동쪽인 여리고를 통해 진입하였다. 이 여리고는 예루살렘보다 약 1,000m 고도가 낮은 지역이며 예루살렘으로 접근하기 어려운 지형 조건이나 사람이 농경과 목축하여 살기 좋은 평원과 물이 있기 때문이다. 그 후 아담 후손은 요단강을 건너 점점 아라비아 반도 쪽으로 이주해 번창해 살다가 대홍수 후 초승달 지역인 메소포타미아 전역에 살았고 결국 바벨탑 사건으로 우르에 살던 노아, 셈 및 아브라함이 먼저 가나안에 살도록 하고 아브라함의 후손이 에덴동산 쫓겨난 동편 여리고를 통해 회귀하고, 그리고 2천 년 후 예수님께서 생명나무가 있던 에덴동산인 예루살렘에서 생명나무가 되어 부활·승천하도록 예비되었다.

현 예루살렘 주변 지형을 보면 예루살렘의 고도가 높은 점[418]은 에덴과 일치하나 수원이 풍부한 물이 없다는 점과 네 강을 형성하는 물줄기가 없어 예루살렘을 에덴으로 단정하기 어렵게 보인다. 그러나 스가랴 14장 4-9절을 보면 "*그 날에 그의 발이 예루살렘 동편 감람산에 서실 것이요, 감람산은 그 한가운데가 동서로 갈라져 매우 큰 골짜기가 되어서 산 절반은 북으로 절반은 남으로 옮기고---(생략)---그 날에 생수가 예루살렘에서 솟아나 절반은 동해로 절반은 서해로 흐를 것이라 여름에도 겨울에도 그러하리라*"하였다.

현재 감람산(올리브산)은 예루살렘 성전을 동측에서 남북으로 감싸는 산으로 성전산보다 고도가 약간 높다. 때가 되면 이 산이 동서로 갈라지면서 남북에 각각 위치할 것이라는 계시는 엄청난 지진과 지각 변동[419]이 일어난다는 것이며 이로 인해 현재의 골짜기 구조도 바뀔 것이다. 또 예루살렘에서 물이 터져 나와 동과 서의 바다로 흐른다 하였으니 에덴동산에서 발원한 한 개의 큰 물줄기가 시온산에서 솟구쳐 오를 것으로 보인다. 솟구쳐 오른 물은 에덴동산에서 네 갈래 물줄기가 형성되었듯이 네 강이 될 것이다. <그림 5-5-1 >과 < 그림 5-9-4 >을 비교해 보면 시온산에서 솟구친 물이 예루살렘 성전 앞을 적시고 나뉘어 동서로 흘러 지진으로 변화될 현재의 골짜기인 성전산과 감람산 사이의 기드론 계곡, 성전산과 시온산 사이의 중앙골짜기, 시온산 서측과 다윗성 남쪽의 힌놈 골짜기[420], 베데스다 골짜기 등이 지형적으로 급변하여 스가랴 선지자의 예언대로 (에덴동산의 강과 같은) 큰 물줄기가 형성될 것이다.

---

418 현재 예루살렘 지역의 지반은 석회암 층으로 척박한 편이다. 에덴동산이 척박한 땅이 아닌 좋은 표토가 있었을텐데 이는 대홍수로 인해 유실된 것이 아닌가 추정된다.

419 < 그림 5-4-1 >에서 보듯이 이스라엘 지역은 4개의 지구판이 경계를 이루고 있어 스가랴 선지자가 예언하였듯이 때가 되면 이 네 개의 지구판의 급격한 이동으로 예루살렘의 지형이 급변할 것이다.

420 힌놈 골짜기를 샤웨 골짜기 또는 왕의 골짜기(王谷)라고도 하며 아브라함이 피랍된 조카 롯을 구출하고 돌아올 때 소돔 왕이 아브라함을 맞이한 곳이며 살렘 왕이며 대제사장인 멜기세덱이 아브라함에게 떡과 포도주를 주면서 축복한 곳이다 (창세기 14:17-20).

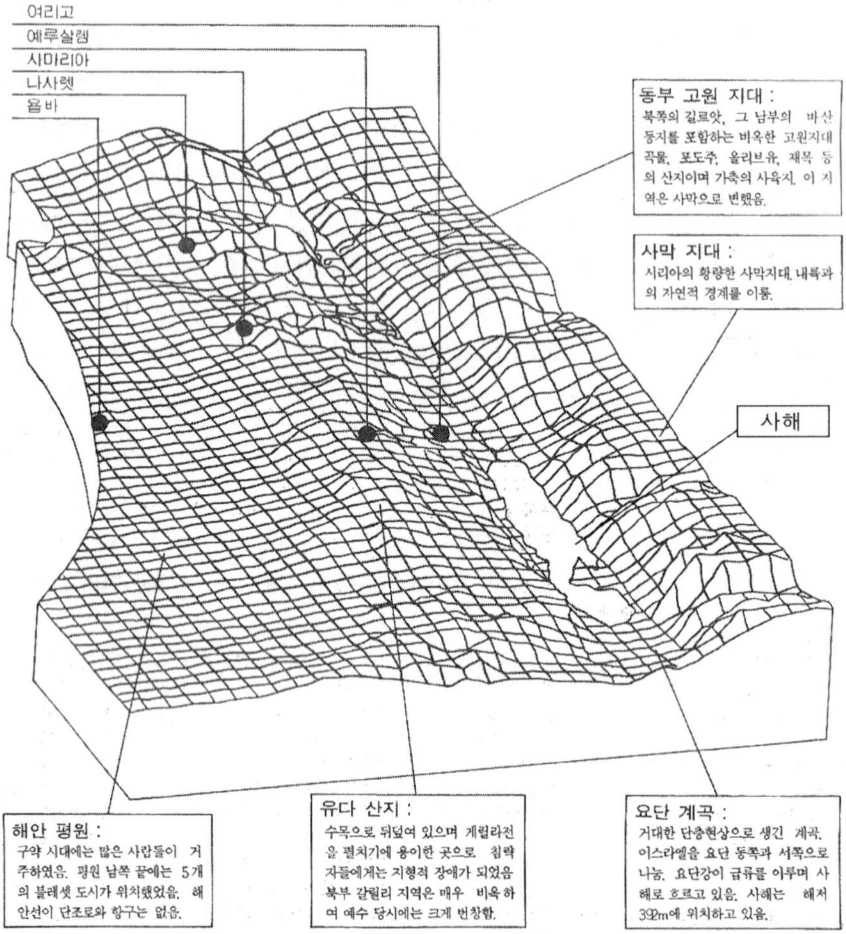

지형 단면도 (욥바 - 느보산)

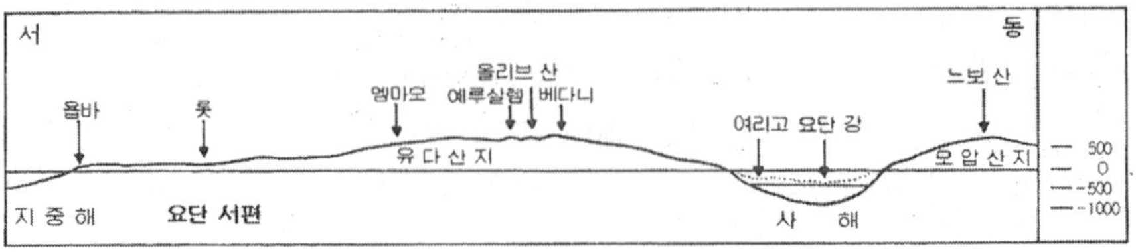

< 그림 5-9-3 > 이스라엘 지형[421]

---

421 톰슨 II 주석성경(1988), 기독기혜사, 부록 지도

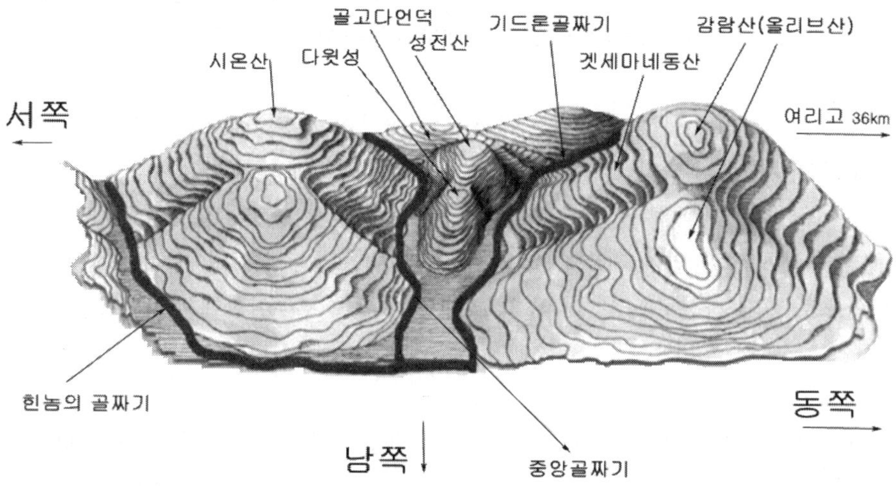

< 그림 5-9-4 > 현 예루살렘 지형도와 지명[422]

하나님께서 임재했던 거룩한 에덴의 위치 정보가 아담 후 하나님의 택하신 여러 사람을 통해 전해지다가 최종 노아 셈, 에벨 등에게 알려졌을 것으로 이 장 맨 앞에서 서술하였다. 하나님의 벗인 아브라함도 노아, 셈 및 에벨을 통해 이를 알았을 것이고 가나안 족속은 가나안의 아버지인 함으로부터 에덴 위치에 관해 정보를 얻어 가나안으로 먼저 갔을 것으로 추측하였다. 가나안 족속이 지리적·지형적으로 험지이며 환경적으로 특별히 좋은 땅이 아니었음에 불구하고 이곳을 선점한 이유는 에덴이라는 점을 알았기 때문으로 보인다.

노아, 셈, 에벨 및 아브라함은 가나안이 하나님의 거룩한 땅 에덴이고 예루살렘이 에덴동산임을 정확히 알았고 결국 바벨탑 사건 후 에덴동산이 있던 가나안의 예루살렘을 향해 서쪽으로 이주한 것으로 추정하였다. 다만 창세기 전체에서 가나안이 에덴임을 명시적으로 설명하지 않은 이유는 의도적으로 이를 감추고 최종 모세에게 명확히 밝힌 것으로 보인다 (출애굽기 3:8). 하나님께서 가나안 족속이 옛 에덴을 점령하여 사는 것을 허락하지 않기 위해 가나안 족속을 몰아내어(창세기 15:16-21) 그의 선민이 살도록 하고 예수 그리스도를 이곳에 오시도록 한 것으로 보아야 한다.

요약하면, 첫째 가나안 땅은 옛 에덴으로 하나님께서 아브라함에게 우르에서부터 계

422 시온산의 위치를 다윗성이 있는 곳을 말하기도 한다. 베데스다 골짜기는 성전산에서 북쪽으로 이어지는 골짜기이다. 바탕 그림은 류모세 목사의 유튜브 강의에서.

시한 땅이다. 아브라함에게 약속한 땅 또는 이스라엘의 12지파에게 분배된 땅(북 헬몬산부터 남 브엘세바까지)이 에덴이며 예루살렘은 에덴동산이다.[423]

둘째 아브라함이 이삭을 제물로 드린 곳 모리아산이 예수님께서 돌아가신 곳이요 에덴동산의 중심이며 생명나무와 선악을 알게 하는 나무가 있었을 것이다.

셋째 아담 창조 후 약2,000년이 되는 52세 때 아브라함에게 첫 계시로서 에덴인 가나안으로 가게 하셨고 85년 후 그의 초태생 이삭을 모리아산에서 제사드리게 하셨다.

넷째 이스라엘 백성에게 광야에서 하나님이 계실 언약궤를 준비하게 하고 레위 자손이 예수임의 모형인 언약궤를 메고 에덴의 동편 요단강에서 서편 에덴동산 예루살렘에 아담 출생 후 약 2,500년이 지나 이르게 하셨다. 또 우리의 초태생이요 만유의 초태생이신 예수님은 이삭이 모리아산[424]에서 희생 제물이 된 때로부터 약 2,000년 후에 같은 곳에서 사람이 먹은 선악과의 땅 골고다에서 영생을 회복하시기 위해 우리 죄를 위해 돌아가시고 부활·승천하셨다 ! 할렐루야 !

423 예루살렘(평화)과 에덴(기쁨)의 의미가 다르나 영적 유사성을 갖는다.

424 Ron Wyatt의 주장대로라면 이삭이 희생 제물로 바쳐진 장소는 현재의 이슬람 사원이 있는 「성전산」이 아니라 북서쪽 「정원의 무덤」이 있는 언덕이다.

제 6 장

생명: 예수 그리스도와 연합

- 예수 소망 -

(베드로전서 1:3)

- 예수 영생 -

(로마서 5:21)

- 요약 -

인간의 눈으로 보면 성경은 매우 의아한 책이다. 이 장에서는 기독교의 몇 가지 핵심 개념과 교리를 다룬다. 사람의 노력과 연구로 하나님의 신격과 신성 및 섭리를 알 수 없기에 하나님께서 사람에게 직간접으로 계시한 내용을 통해 알 수 밖에 없다. 직접 계시가 성경이며 역사이고 성령을 통한 믿음이다. 또 다른 계시는 온 우주에 편만한 아름다운 질서와 법칙에 하나님과 하나님의 말씀이 존재함을 안다. 성경은 이 모든 피조물은 만유의 후사인 예수 그리스도로 말미암아 지으신 것으로 밝히고 있다.

놀랍게 하나님의 사랑은 창조된 온 우주에 널리 존재하며 사람에게 집중되어 있다. 에덴동산에서 사람이 하나님의 명령을 의도적으로 불순종하여 하나님과 단절되어 영혼육이 사망에 이르게 되었으나 하나님께서는 사람을 구속하기 위해 주 예수 그리스도께서 사람의 모양으로 이 세상에 오셔 사람을 대신하여 율법을 지켜 의를 이루어 사람의 죄를 대신하여 피를 흘려 속죄 제물로 희생함으로써 영원한 단번의 제사를 드린 복음을 믿는 자에게 영원한 생명(영생)을 주시겠다고 우리의 의도와 전혀 관계 없이 일방적으로 약속하셨다.

예수 그리스도는 하나님의 아들로서 창조 전 그의 예정과 섭리에 따라 세상에 오시어 그분의 정체성과 육신으로 세상에 오신 목적을 선포하고 목적을 이루시고 승천하셨다. 주 예수 그리스도를 믿는 자는 그리스도의 죽음과 부활에 연합하여 죽어 의롭다 칭함을 받아 부활하며 이 세상과 육신에 매인 죄된 영혼육은 새로운 모습 하늘나라에서 그리스도와 함께 영원한 안식을 누리게 된다.

제 6 장. 생명: 예수 그리스도와 연합

6-1. 하나님을 알 수 있는가

사람이 유일신이신 성경의 하나님(God)을 알 수 있는가. 매우 심오하고 흥미로운 주제이나 답은 사람 스스로 하나님을 알 수 없다. 어떻게 하나님을 알 수 있는가. 다만 예수님께서 말씀하시길, 예수님께서 자기를 나타내고자 하는 자외에는 하나님을 알지 못한다 하였다. "*내 아버지께서 모든 것을 내게 주셨으니 아버지 외에는 아들을 아는 자가 없고 아들과 또 아들의 소원대로 계시를 받은 자 외에는 아버지를 아는 자가 없느니라. All things have been delivered to Me by My Father, and no one knows the Son except the Father. Nor does anyone know the Father except the Son, and he to whom the Son wills to reveal Him* (마태복음 11:27)". 이 말씀에서 예수님을 통하여 하나님을 알 수 밖에 없다.

미시 양자(量子) 세계와 거대 천문학 세계 이상의 분야이다. 아니 눈 앞에 있는 이집트 기자의 대피라미드를 어떻게 만들었지도 모르고 수많은 암의 원인도 모르는 인간이 어찌 하나님을 알 수 있겠는가. 성경의 하나님은 삼위일체(三位一體)[425]인 성부, 성자, 성령을 통칭하는 신을 말한다. 구약에 하나님이라는 명칭 대신 주(主, Lord, 아도나이 Adonai), 여호와(야훼), 엘로힘 등으로, 신약에서는 주, 예수 및 성령으로 많이 사용한다. 주(Lord)라는 개념은 하나님을 믿은 사람들이 하나님에 대하여 하나님의 이름을 망령됨 없이 사용하려고 또 매우 강력한 절대적 주종의 인격적 관계를 갖고 부르는 명칭이고, 고유명사 예수는 성자 하나님께서 세상에 오신 사람으로서의 이름이다. 보혜사(保惠師, 그리스어 「파라클레토스」의 한자어 음역) 성령님은 예수님 승천 후 특히 오늘날 사람과 함께 하시어 인격적 관계를 관장하여 감동·감화를 담당하신 하나님이시다 (요한복음 14장17절, 로마서 8장26-27절). 아담 이후 많은 사람은 하나님의 존재를 모르거나 망각하고 지낸 것으로 성경은 기록하고 있다. 현재는 하나님에 관한 지식이 보편화 되었으나 아담 이후 소수의 사람이 진정한 믿음으로 하나님을 믿었다. 이는 하나님을 알기가 또는 믿기 매우 어렵다는 것을 의미한다.

「여호와(Jehovah)」는 하나님의 이름인데 모세가 하나님이 누구인지 몰라서 하나님에게 질문을 하자 하나님께서 하나님의 이름이 여호와라고 가르쳐 준 일에서 처음으

---

425 성부, 성자 및 성령 세 하나님이나 한 분 하나님으로 정의된다.

로 알게 되었다.[426] 즉 여호와라는 하나님의 이름은 아담 이후 약 2,500년이 지난 BC 1,460년경 아라비아 서쪽 반도의 호렙산에서 모세를 통해 알게 되었다. 하나님의 존재에 대하여 알기 어렵고 하나님께서 사람에게 자신의 정체를 계시하기까지 사람은 알 수 없다. 계시한 하나님의 속성만을 알 뿐이다. 모세가 선조로부터 하나님에 관한 이야기를 많은 듣고 자랐으나 하나님께서 직접 모세에게 나타나서 알 수 있었다.

모든 사람은 태어나면서부터 하나님을 포함하여 영적 존재를 인지하지 못한다. 아브라함과 모세가 하나님을 배웠어도 모른 것처럼 사람은 하나님의 존재를 정확히 알지 못한다. 배움이 아닌 하나님께서 사람에게 자신을「알 수 있도록 나타내실 때만」사람은 하나님의 존재를 (영으로) 인격적으로 약간 인식할 뿐이다. 사람은 여러 인식 방법을 사용하여 일종의 신이 있음을 어렴풋이 느끼거나 상상할 수 있으나 삼위 하나님의 실체를 규명하거나 이해할 수 없다 (incomprehensive)[427]. 사람이 상상하는 신의 종류와 그에 따른 종교는 매우 많은데 이는 사람이 추론하거나 감동하여 만든 신이다. 이로써 심지어 죽은 조상을, 자연의 피조물을, 사상을 신으로 모신다.

그러나 하나님이란 신은 사람의 추론이나 감동을 통해 만든 개념이 아니고 하나님께서 스스로 알려 주거나 하나님의 사람(예언자, 선지자, 예수님의 사도, 성령을 받은 사람 등)이 하나님으로부터 받은 하나님의 개념을 성경 기록이나 체험을 통해 알려 주어 알 뿐이다. 즉 사람은 하나님께서 사람에게 계시한 만큼 하나님을 인식할 뿐이다. 물론 계시한 부분을 확장하거나 유추하여 하나님의 모습을 상상하나 이는 오직 사람의 생각일 뿐이다.

성경에 의하면 하나님은 사람과 차원이 다르며, 높으며, 깊은 존재이다는 것을 알 뿐 그 차원을 이해할 수 없다. 모든 신학자들의 연구도 그러하다. 하나님은 영으로 존재한다. 예수 그리스도께서 사람의 모습으로 세상에 오신 것은 매우 특별한 섭리요 널리 알려진 창세 전 비밀이면서 신비(mystery)이다. 살아있는 사람의 영은 비활성화 즉 죽었기 때문에 하나님을 영적으로 알 수 없다. 선지자 이사야가 하나님으로부터 받은 계시의 말씀과 사도바울의 말씀을 살펴보자. 만물을 이해하지 못하는 사람은 시간, 공간 및 만물 위에 계시는 하나님을 이해할 수 없는 존재이다.

> *이는 내 생각이 너희의 생각과 다르며 내 길은 너희의 길과 다름이니라. 여호와의 말씀이니라. 이는 하늘이 땅보다 높음과 같이 내 길은 너희의 길보다 높으며 내 생각은 너희*

426 출애굽기 3:15

427 이에 대하여는 존 M. 프레임 교수의 신론(개혁주의신학사, 김재성 옮김, 2014년) pp 300-310 참조

의 생각보다 높음이니라 (이사야서 55:8-9).

지극히 존귀하며 영원히 거하시며 거룩하다 이름하는 이가 이와 같이 말씀하시되 내가 높고 거룩한 곳에 있으며 또한 통회하고 마음이 겸손한 자와 함께 있으나니 이는 겸손한 자의 영을 소생시키며 통회하는 자의 마음을 소생시키려 함이라 (이사야 57:15).

깊도다, 하나님의 지혜와 지식의 풍성함이여!
그의 판단은 헤아리지 못할 것이며 그의 길은 찾지 못할 것이로다.
누가 주의 마음을 알았느냐 누가 그의 모사(謨士 counselor)가 되었느냐
누가 주께 먼저 드려서 갚으심을 받겠느냐.
이는 만물이 주에게서 나오고 주로 말미암고 주에게로 돌아감이라.
그에게 영광이 세세에 있을지어다. 아멘 (로마서 11:33-36).

사람의 인식은 과거의 지식(교육), 직관, 논리적 추론, 감각 등을 사용한다. 정밀한 인식하기 위해 통계, 확률, 유비(類比, analogy), 유추(類推), 인과(因果, 또는 원인과 결과), 조사, 분해 또는 분석, 실험, 경험, 측정 등을 동원하여 연역(演繹, deductive reasoning)하거나 귀납(歸納, inductive reasoning)하여 선택하고 결정하다. 이 선택과 결정은 인식 과정을 통해 최종 믿음화 한다. 이 방법은 과학적 또는 합리적 인식[428]이라고 하는데 사람이 자기를 또는 타인을 설득하는 방법 즉 학문이나 연구라는 수단을 사용한다. 이 방법을 사용하지 않으면 현대사회에서 어떤 주장이나 설명을 하지 못하는 경우가 대부분이다. 요즘은 사람이 아닌 빅 테이터(big data)를 인공지능(AI)을 써서 짧은 시간에 시행착오를 방지하거나 근접한 답을 찾기도 한다.

어떤 인식 방법을 사용하더라도 객체를 정의할 만큼 인식과 언어가 투명하고 종합적이지 못할찐대 더 나아가 절대자를 안다는 것은 불가능하다. 수많은 아름답고 질서 있는 자연 현상을 아직 통일적으로 해석하지 못하고 있다.[429] 사람의 인식 능력은 아직 미약한 편이고 이에 관한 이론이나 법칙을 찾았다 하더라도 이는 작은 부분이다. 사람의 상상과 이론으로 절대자를 정의할 수 없다. 이성으로 3-4차원으로 해석할 뿐 그 이상의 메타(meta) 차원의 최상위 개념이 무엇인지도 인식하기 불가능하다. 항상 발견과 상상 이후의 새로운 발견과 상상이 또 등장한다.

성경이 직접 밝히는 하나님의 계시와 현현(顯現)들 이외 과학자들이 주장하는 여러

---

428 동양학에서는 학문적으로 이를 이(理)라 한다.

429 통일장 이론을 말한다.

이론 중에 창조주인 하나님을 간접적으로 이해할 수 있는 사항이 있다. 신학이 정의하는 하나님은 하나님께서 스스로 계시한 내용을 정리한 것이다. 천지와 생명체에 나타난 질서와 현상을 통해 창조주의 지성과 섭리와 법칙을 알 수 있으나 하나님은 스스로 존재하는 보이지 아니라는 영적 존재이다.[430]

객체에는 사물이나 존재, 그리고 이와 관련된 현상이 있고 이를 파악하는 주체가 있다. 하나님을 제외한 객체 즉 이미 존재하고 있는 에너지, 물질이나 물체, 시간, 공간 속에서 법칙과 질서와 통일성으로 파악되는 것과 이에 반하는 무질서(entropy, chaos)의 법칙이 있을 듯하나 이 법칙, 질서와 통일성을 붙들고 있는 것이 무엇인지 전혀 알 수 없고 정의할 수 없다. 그냥 이들이 「존재한다는 것」과 「이들 현상」 이외 알 수 없다. 하나님께서 스스로 존재하는 자라고 밝혔듯이 이 모든 것이 스스로 존재하고 존재하는 현상 이외 가장 근본이 되는 최초의 제1원인을 모른다.

우연이나 필연의 법칙과 시간을 통해 객체가 만들어진다고 주장하는 시간 직진(直進)적 이론이 진화론인 반면 하나님의 권능으로 시작으로 만들어졌다는 것은 창조론이다. 이외 만물이 다른 모습으로 순환한다는 윤회론 등이 있다. 지적 설계론[431]이 아닌 창조론에 의하면 하나님께서 창조한 피조물과 현상 속에는 창조주의 뜻과 원리가 배어 있어 있다는 것이다 (제1장의 창세기 1장 해석 참조). 사람이 어떤 존재를 창안한 경우 창안한 사람의 지성이 개입하여 사물이 만들어지고 그 사물에는 지성과 의도가 배어 있듯이 말이다.

진화론자의 존재론은 매우 오랜 시간 스스로 발전하면서 만들어진 자발적, 우발적 또는 필연적으로 형성된 자존(自存)의 존재로 본다. 사람과 같은 존재는 종국적으로 생각하는 존재가 되었다는 설이다. 진화론자의 관점은 다양한 자연물 현상, 법칙 또는 생명은 지성의 개입 대신 다양성, 발전적 우연, 필연, 적응, 법칙 등의 산물이라는 것이다. 장구한 시간 속에서 에너지나 힘 등에 의해 시행착오, 변화, 균형, 적응, 발전, 반복, 재탄생, 순환 등의 원리가 현재 존재한 방향으로 직진하여 진화(進化, revolution)된다는 것이다. 이는 합리적 인식 방법으로 증명되었거나 추론적 원인과 결과에 의한 것이 아니다. 즉 법칙도 아니며 일종의 거대한 현상을 과학의 유사한 방식으로 설명한 시도일 수 있으나 그 원인 자체를 설명하거나 증명하는 것은 아니다. 각종 나열된 증거에 대한 현상을 이해하기 위한 상상, 합의 및 가설이다.

---

430 하나님은 스스로 있는 존재(출애굽기 3:14 I am who I am)라고 하고 있다. 하나님은 피조물이 아닌 「나는 나」라는 존재라고 하나님의 정체성을 설명하셨다.

431 "지적 설계론"은 창조주를 지적 지성이라 하며 기독교의 하나님을 부정한다.

진화론과 유사하게, 하나님께서 창조주라는 하나님의 말씀 역시 하나님의 설명을 보편 이성이나 객관적 증명을 통해 이해되는 것이 전혀 아니다. 사람이 이러한 하나님의 논리를 사람의 합리적 추론인 원인과 결과와 같은 방법으로 증명하거나 이해할 수 없다. 하나님을 알 수 없기에 하나님의 주장을 반박 또는 증명할 길이 없다. 진화론을 믿듯이 하나님의 주장을 믿을 수밖에 없다. 믿음으로 믿는다. 마치 부모가 나를 낳았다는 것을 믿을 수밖에 없는 것과 유사하다.

그럼에도 우리가 눈에 보이지 않고 알 수 없는 신을 정의한다면 그 정의 자체가 신이 있음을 증거할 것이다. 신은 상상 이상으로 스스로 완전하며 영원하며 무한한 능력의 창조자일 것이다. 또 우주보다 큰 절대자로 우주를 무한히 지배할 것이다(自存者, 權能者, 至尊者, 主權者 등). 이처럼 우리가 신으로 정의한 최고의 내용이 신의 속성일 것인데 이 속성을 나타내는 본질을 우리는 알 수 없으나 그 본질들이 드러낸 속성들은 우리 주위에 보편적으로 어디에서나 쉽게 찾을 수 있다. 그런고로 신은 부정되지 않으며 신을 긍정하며 그 지존자가 있을 것으로 믿게 되며 신의 존재를 확인할 수 있다. 예컨대 자연 현상을 정의할 때 항상 사용하는 자연상수나 원주율 값이 무한으로 뻗어가는 수도 무한수이다. 우리가 이 값을 정확히 찾을 수 없으나 이처럼 사소한 것에 신의 한 가지 속성인 무한이 일상으로 존재하고 법칙으로 자연 현상이 존속한다.

그러나 이 영적 통찰이나 묵상을 떠나 있는 사람이, 신을 알 수 없는 또는 알 필요가 없는 가장 큰 두 가지 이유는 사람은 아담과 이브처럼 태생적으로 하나님을 배제하려는 자기 스스로의 본성에 집착하고 합리성에 강한 신념을 갖고 살거나 갇혀 있다. 이성으로 스스로 합리와 이치를 만들고 그 합리와 이치에 갇혀 있다. 또 하나님 없이도 평생 그럭저럭 재미있는 살 수 있기에 하나님의 존재를 필요치 않다. 진화론이 내 실제 생활과 상관이 없듯이 하나님의 존재가 내 삶에 있어서 큰 문제가 되는 경우가 많지 않다. 그러나 큰일을 당하면 진화론에 의지하지 않고 절대자 신을 찾는 것이 사람인데 이 점은 사람이 영적 존재라는 것을 의미한다. 하나님을 알지 못하는 경우 진정한 평강을 알지 못하며 불안과 함께 진정한 기쁨 없이 살며 존재의 근원을 모르고 죽는다. 물론 이는 하나님과 성경이 지적하는 내용이다.

- 사람은 자신의 생각에 의존한다. 성경이 설명하는 방식대로 실존하려 하지 않는다. 자신을 설득하는 첫 단계로써 자기 합리화를 거치고 이것으로 부족하면 기존 이론과 경험이나 보편적이라고 여기는 사회적 합리에 맞추는 추가 단계의 합리화를 거친다. 즉 여러 논리와 검증의 과정을 통해 만족할 수준에 도달할 때까지 사유하는 과정에서 신을 배제하고 자신의 합리적 이론을 전개하여 믿음에 이르려 한다. 이 과

정에서 대개 이성으로 납득할 만한 것을 선택하고 신에 관한 내용은 제외된다. 현대인이나 합리적 사람은 신을 전제로 하는 사상을 종교적 범주로 보며 이를 합리, 상식이나 이성으로 취급하지 않는다.

- 신 대신 사람이 상상하거나 추론하는 직관, 느낌, 경험, 신비, 신화, 진화, 대전제나 가정, 수학적 논리, 모델, 확률 등을 도입하여야 인정된다. 왜냐면 이들은 지극히 인간적인 것이고 합리적이고 상식이고 보편이기 때문이다. 대체로 사람의 실존은 이것과 깊게 작용하며 연관된다.

- 사람이 살아가는 평생의 일상은 경험적, 감각적, 합리적 범위에 만족하며 살아간다. 취미, 향락, 놀음, 유희, 예술, 마약과 같은 탐닉, 자연의 아름다움, 스스로 만든 신(우상)과 사상, 자기만족, 자랑, 사랑, 여행, 미와 진리탐구 등으로 신 없이도 재미있게 그리고 위로받고 생활할 수 있기에 하나님을 찾을 필요성이 거의 없다. 만일 신이 존재한다면 이는 거추장스럽고 불필요하고 느낀다. 무신론주의 실존적 정의가 이에 해당한다.

- 사람의 상식과 이성으로 신을 증명하는 것이 불가능하여 신을 전제로 하는 삶은 정신적 허황이며 비현실적이라 판단한다. 세상에 악이 차 있고 불의한 자들이 번창하는 등 참 신 하나님의 공의를 의심한다.

- 종교인이 신을 믿는 삶의 참된 전형을 보여 주지 않음으로써 신이 없으며 그들로부터 실망한다. 반대로 진화론적 과학주의, 인본주의와 합리주의는 점점 발전한다.

- 역사의 경향과 흐름은 끊임없이 하나님을 부정하려는 방향과 이론으로 전개돼 왔으며, 사람 스스로 진리를 찾아내려는 의지를 강화해 왔다. 그 결과 신은 없다고 단정한다. 역사는 사람이 끊임없이 저지르는 부패, 전쟁, 약탈, 사기, 거짓, 술수, 강압, 압제 등과 같은 개인과 집단의 악행과 일탈은 사람이 직접 시행하는 것이며 자연에는 이러한 인격적 무질서가 존재하지 않으나 대신 사멸과 죽음과 심판이 있다.[432] 불완전하며 스스로 속이는 행위 주체가 사람이다. 인간은 대체로 고의적으로 범죄를 시행하고 자신에게 관대하다.

- 사람이 신을 추구하거나 신을 믿는다 하여도 예수 그리스도를 제외한 모든 종교가

432 선악의 판단은 하나님에게 있다. 하나님은 처음부터 선악을 알게 하는 열매를 사람이 먹지 않도록 경고 하시었다.

사람에 의해 체계화된 이론[433]이거나 사람의 직관으로 형성된 신을 형상화한 것이다. 예수 그리스도의 복음은 사람이 만든 사상이 아니며 하나님이 직접 계시한 것으로 매우 기이하고 독특하고 신비하다. 사람이 만들 수 없는 내용으로 가득하며 하나님께서 가르쳐 준 내용이 성경이다. 불교는 자력 종교이나 타력 종교로 전락하였고 우상은 타력 종교의 모습을 하나 실제 자력 종교에 불과하다. 기독교는 하나님의 계시에 의한 타력 종교로 하나님의 말씀에 순종하지 않는 자는 구원이 없다.

- 사람은 인식 과정에서 남이 알려 준 진실을 쉬 받아들이지 못하는 짙은 의심을 가지려는 경향이 있고 역으로 진실이 아니더라도 일반 대중이 진실이라고 믿는 경향이 짙다면 이에 휘말려 거짓을 진실이라고 쉽게 믿는 어리석음이 동시에 존재한다. 특히 이 어리석음은 학식과 권력과 권위와 그리고 선동이 동반할 때 쉽게 빠진다.

- 하나님을 알았다는 믿음과 경험을 교리(敎理 dogma)로 일반화하여 설명할 수 있어도 하나님을 아는 과정을 학습처럼 일반화하기가 어렵다. 이 현상은 수십 년 교회를 다녀도 예수 그리스도를 알지 못하고 또 거듭나지 않는 사람이 있는 것에서 알 수 있다. 성령 하나님께서 알려 주기까지 하나님을 알지 못한다. 믿음과 신앙은 학식과 지능과 시간과 경험과 관계 없는 영적 깨달음(회개, 각성)이라는 점이다.

- 하나님이라는 신을 듣지 못하는 사람이 있고, 하나님의 존재를 들어도 믿지 않는 사람이 있다.[434] 하나님을 논리적으로 이해하는 사람이 있는데 이는 종교인이며, 성령을 통해 하나님을 깨달아 알며 참된 행위를 하는 신실한 그리스도인이 아닐 수 있다. 이처럼 하나님을 알고 믿기가 어렵다. 그리스도인은 그리스도를 믿고 그와 「연합」된 자이며 성령이 인도하는 대로 행하며 사는 사람을 말한다. 자기가 없고 하나님의 삶을 대신 사는 사람이 그리스도인이다.[435] 그러한 행함이 없는 그리스도인은 그리스도인이 아니다. 지식과 믿음만으로 그리스도인이 되는 것은 아니다. 행위가 없는 신앙인은 일단 가짜일 가능성이 높다.

- 사람보다 사탄은 하나님을 더 많이 안다. 하나님을 안다는 것과 하나님을 믿고 따른다 점은 서로 다르다. 하나님을 안다는 점보다 하나님을 깨달아 믿고 그의 말씀에

433 불교는 어마어마한 경험과 체험의 사례, 방법론, 이론 등으로 체계화된 사상으로 과학적 방식을 제외한 거의 모든 관념론을 집대성하고 있다.

434 수년 전 북한에 살고 있는 나의 셋째 누나를 만났는데 하나님과 예수라는 단어 자체를 모르고 있었다. 그 누나는 현재 평양에 살며 평양에 있는 최고 대학을 졸업한 지식인이요 수재였으나 신이 없다고 내게 말하였다.

435 야고보서 2:14-24에서 믿음은 행함을 동반한다고 하였고 마태복음 7:21에는 하나님의 뜻대로 행하는 자라야 천국에 들어간다고 하였다.

순종하고 행동하는 점이 더 중요하다. 하나님을 매우 잘 아는 사탄은 하나님의 뜻대로 사는 존재가 아니다.

천지와 생명체는 하나님의 창조 질서대로 아름답고 조화롭게 존재하며 학자들의 주장처럼 천지와 생명체 안에 존재하는 보편적 창조 원리가 공통으로 나열돼 있다. 여러 원리와 속성이 온 우주에 보편적으로 매우 놀랍게 유사하다. 그 원리로 열역학(제0 - 제3)법칙, 질량에너지보존법칙 이외 우주에 보편적인 미적 원리(표 6-1-1)는 우주 자연계, 생물학과 물리학 등의 과학, 미술, 자연적 조각[436], 인간이 구축한 건축, 조경, 음악, 예술, 그리고 생명체 등에서 공통으로 찾아볼 수 있는 일종의 질서 또는 통일성이며 아름다움(美)으로 나타난다 (창세기 1장에서 「하나님께서 보시기에 좋았더라」고 이를 평가하셨다). 지성의 위대한 본질을 나타내는 이 원리는 천지와 생명체에 보편적 통일로 균형과 리듬(rhythm)을 유지하며 정연하게 존재하고 활동한다. 또 천지와 생명체에 내재한다. 특별히 생명체에서는 이러한 미적 원리를 유지하기 위해 생명이 다할 때까지 끊임없이 모든 세포와 기관들이 균형으로 생명 활동을 지속한다.

< 표 6-1-1 > 만물의 미적 구성 원리

심미적 목표	내 용
1. 통일성 (unity)	가장 중요한 미적 목표이다. 여러 요소가 하나의 통일체가 된 듯이 하나를 이루는 느낌을 준다. 다른 원리인 변화, 비례, 조화, 대비, 균형, 리듬, 질서, 색채 등이 통일성을 지향한다. 미학적 통일성은 논리적 통일성, 진실된 통일성, 도덕적 통일성, 경제적 통일성 그리고 실용적 통일성도 동시에 만족되지 않으면 통일성을 잃어 유쾌한 감흥과 아름다움을 상실한다.
2. 변화 (variety)	지나친 통일성은 단조로움을 줄 수 있게 되므로 적절한 변화를 주어 지루하지 않도록 한다. 질서 있는 변화를 택해야 통일성과 변화가 조화를 이룬다.
3. 비례 (proportion)	선, 면, 길이, 공간, 시간 등 상호 간의 양적인 관계를 비례라 하는데 이들의 양적 관계가 적절하여 안정적이고 자연스러움을 유발한다.
4. 조화 (harmony)	부분과 부분이, 부분과 전체가 서로 질적으로 또는 양적으로 이질감이나 주지 않으며 서로 모순되지 않고 질서감을 준다. 부분과 부분 또는 부분과 전체가 서로 유사성(similarity) 안에 있는 경우가 많다.
5. 대비 (contrast)	조화와 달리 부분과 부분이, 부분과 전체가 상반되어 이질감을 나타내거나 서로의 특징을 강조한다.
6. 균형 (balance)	전체를 이루는 요소 간에, 또는 부분과 부분 간에 서로 시각적 또는 심리적 힘이나 크기가 안정되어 있다. 주로 심리적 균형과 시각적 균형은 대칭 구조에서 잘 나타난다. 비대칭 구조는 균형감이 결여되나 역동성을 준다.
7. 리듬 (rhythm)	구성 요소나 부분이 시각적으로 일정한 규칙성이 있다. 반복적인 리듬(repetition), 확장의 리듬(gradation), 억양(accentuation) 등이 있다.
8. 질감 (texture)	눈으로 보고 물체의 표면 특징을 만지는 것과 같은 느낌을 준다. 거칠고, 부드럽고, 딱딱하고, 무겁고, 푹신하고, 날카롭고 등의 느낌을 갖는다.
9. 색채 (color)	색채란 색상(hue), 명도(value) 및 채도(chroma)를 말하며 색채가 주는 심리적 영향이 크다. 색채를 사용할 때 유사색 조화, 보색조화, 명암조화 등을 이룬다.

436 예로, 프랙탈(fractal)도 이에 속한다.

10. 축 (axis)	공간을 인지하는 경우 시각적 축이 형성된다. 축에는 주축, 부축, 대칭축, 비대칭축, 직선축, 곡선축, 중앙축, 중심축, 분산축, 통경축(vista), 운동축 등이 있다.

이 원리에서 공통의 보편적으로(univerally) 창조주의 사랑 즉 하나님의 지성과 인격을 본다. 만들어진 사물에 존재하는 이 디자인 원리에서 창조주의 사랑을 유추할 수 있다. 이러한 형식의 사유 방식을 통해 하나님을 어렴풋이 알고 그의 계시와 주장에 승복할 뿐이다. 성경이 지적하는 바는, 사람은 그의 말씀을 통해 하나님을 이해하고 알 뿐이지 사람의 사유 방식으로 하나님의 신성과 존재와 속성(Hisness)을 알 수 없다. 성경을 읽지 않고는 하나님을 알 수 없다. 성경이 없다면 하나님의 존재뿐 아니라 그의 신성과 존재와 속성 및 우리에게 나타난 인격성도 알 수 없다.

이외에도, 생명체들의 세포 구성과 구조, 각종 기관, 이들의 기능과 기전(機轉), 생명체의 번식과 생존 방식 등에서 창조주가 이들에게 적용한 보편적 창조 원리와 질서를 직관으로 유추하거나 유비하여 하나님의 창조하심 속 사랑의 깊음과 높음과 크심을 어렴풋이 알 수 있고 그 질서를 다른 존재에서도 놀랍게 반드시 확인할 수 있다. 하나님께서 계시하시기 전까지 하나님을 알 수 없다. 사람이 하나님을 알 수 있는 유일한 방법은, 우리의 이성을 닫고 하나님 앞에 겸손히 무릎을 꿇고 하나님을 사모하면 하나님께서 우리에게 그의 존재를 드러내신다. 사람은 하나님을 얼마나 알까. 개인의 능력이 아닌 하나님께서 주신 만큼 안다. 성경으로 혹 성령의 도우심에 따라 하나님께서 주시는 만큼 알 수밖에 없다.

6-2. 성경

약 6천 년 동안의 기록인 성경은 신학적 내용을 제외하고도 문학 및 사상 등 인문학적으로도 매우 깊고 높으며 신비가 포함되어 있어 난해한 글이다. 성경(聖經, Holy Bible)이란 '거룩한 경전(經典)'의 준말이다. 문자로 「거룩」의 여러 뜻 중 기독교에서의 이 의미는 이 「세상 것과 구별」된 것이라는 의미이므로 성경이란 세상적이 아닌 책이라는 뜻도 있다. 성경의 다른 명칭인 사람에 대한 하나님의 「약속(約束)」을 의미하므로 예수님이 오시기 전 약속을 구약(舊約, Old Testament)으로 분류하여 '옛 언약'이라 하고 예수님 탄생 이후의 약속인 신약(新約, New Testament)을 '새로운 언약'이라 하여 두 권으로 구성된다. 성경은 처음부터 특정 집단에 의해 기록된 오래된 문서로 주로 하나님과 사람 그리고 사람과 사람 간의 관계를 다룬다. 하늘나라의 비밀이 이천 년 전 예수 그리스도께서 탄생한 후 제자들을 통해 전도되었다.

개신교에서 사용하는 39권의 구약은 BC 1,400년경부터 기록되기 시작하였고 신약 29권은 예수님 승천 후 AD 100년 전후에 기록된 여러 책이 전해지다가 혼란이 극심하여 후대에 선별하여 오늘날의 정경(正經, canon)으로 만들었다. 현 66권 성경(Scripture) 이외의 여러 기록들 중 379년 카르타고 공의회에서 엄선된 것이 오늘날의 66권 정경으로 분류되었다. 종파별로 정해진 정경과 비교해 외경(外經)은 받아들이기 어려운 창작적 상상이나 이론(異論)들을 포함하고 있고 정경과 상충되는 부분이 있다 한다. 예수님의 동생인 유다가 쓴 신약의 유다서는 알려지지 않은 외경의 내용[437]을 인용하고 구약의 여호수아(10:13)와 사무엘하(1:18)에는 야살의책을 인용하고 있는 등 신구약을 기록할 때 참작한 많은 믿을 만한 기록물이 유실되었다.

성경을 대할 때 어려운 점은 성경의 내용을 사실로 보느냐 신화와 같은 관점으로 보느냐에 있다. 또 일부 내용을 사실로 보느냐 아니면 전체를 사실로 보느냐에 따라 독해가 달라진다. 즉 해석의 관점이다. 일부가 진실이 아니면 전체가 사실이 아니기에 전부를 부정하는 경향에 빠지는 것이 일반적이다.

고대 그리스의 역사가 헤로도토스(BC 484-420 추정)가 이집트를 직접 방문하고 그가 방문한 시기보다 약 2천 년 전에 건설된 피라미드를 보고 들은 내용을 그의 역사서 제2권에 남긴 기록만 있고 이집트의 피라미드가 실제 존재하지 않는다면 현대인은 헤로도토스의 피라미드 기록을 믿을까. 아마도 거의 믿지 않을 것이다. 피라미드뿐 아니라 고대인들이 이룩한 문명의 유물을 보고도 이해하지 못하거나 재현하는 기술을 갖지 못하여 이 유물들을 외계인들이 구축한 것이라는 허망한 주장까지 한다. 보고도 이해할 수 없고 믿어지지 아니하는 유물들이 세계에 많이 산재한다.

성경은 무엇인가. 오랜 시간 여러 초고대 또는 고대 신앙인이 써 후손과 신앙인에게 물려 준 하나님의 「말씀」[438]이다. 하나님의 말씀이기에 사람의 지성과 경험으로 이해되지 않는 내용이 많다. 또 우리가 이해하고 있는 경험칙인 인과율, 자연법칙, 사람의 이성을 벗어난 기적, 기이함, 논리 초월 등이 가득하여 난해하다. 하나님 스스로 성경에 하신 선포는, 하나님의 생각은 사람과 다르다고 하였기에 하나님을 이해하기 어렵고 하나님의 실재를 전혀 알 수 없고 체험하였다 하더라도 형용하기 매우 어렵거나 글로 상세히 논리적으로 묘사할 수 없다. 말씀은 진리이며 일점일획(一點一劃)[439]도

437 유다서 1:9 및 1:14

438 「말씀」이 무엇인가는 후술하는 「예수님」 편에서 설명한다.

439 마태복음 5:18. 하나님의 「말씀」으로의 일점일획을 말하며 성경의 문자 자체가 아니고 문자의 진정한 의미요 진리를 말한다. 문자의 특성 상 점과 획의 변형은 다른 의미를 전달하므로 이러한 의미가 가능하다.

변치 않고 사라지지 않으며 다 이루어진다는 선언은 우리를 매우 당혹하게 한다.

성경의 대주제는 1) 하나님께서 만물을 창조하였고 2) 사람의 주(主, Lord)는 하나님이시며 3) 사람은 영원히 사는 존재로 창조된 바 사람의 영생을 위해 성육신(聖肉身)하신 예수 그리스도를 믿으라는 것이다. 성경의 구조는, 「천지와 사람을 창조한 나는 참 신이며 네가 ***하면 00할 것이다」라는 사실과 명령과 하나님 스스로의 약속(언약)이다. 여기서 「***하면 00할 것이다」라는 명령과 약속이 포함된 하나님의 조건문은 성경에 다양한 형태로 묘사되었는데 이는 하나님의 사람에 대한 사랑과 복 그리고 영생을 위한 하나님의 명령이며 약속이다.

대주제와 하나님의 사람에 대한 조건에서 여러 기독 교리와 사상이 형성된다. 사람 입장에서 중요한 관점은 하나님께서 창조한 사람에게는 영생이 부여된다는 점이다. 왜 그리고 어떤 방법으로 사람에게 영생을 허락하였으며, 하나님이 누구인가를, 하나님과 사람과의 관계 그리고 하나님과 만물과의 관계를 깨달아야 하는데 이 관점을 놓치면 부스러기 지식을 살피는 것과 같으며 성경의 핵심을 모르는 것이다.

성경에 묘사된 기독 사상이 히브리 또는 유대 사상에서 벗어나 보편적 사상이 될 수 있을까 하는 점을 설명하자면, 성경의 구성은 크게 세 가지의 개념 또는 체계로 기술된 것으로 파악하면 도움이 된다. 물론 이 세 개념과 체계는 서로 분리된 것이 아니라 상호 보완적 개념이다. 사건별로 보면 크게 천지창조(1장-2장), 아담 이후 노아 대홍수전까지의 초고대인의 역사(창세기 3장-8장), 노아 홍수 후부터 바벨탑 사건까지(창세기 9장-11장), 아브라함의 우르 출발 이후 예수님 초림 전(창세기 12장-말라기), 예수님 초림에서 부활 승천 이후와, 및 앞으로 재림으로 나눌 수 있다.

첫째 대단락은, 천지창조를 매우 짧게 해설한 창세기 1-2장인데 이는 창조 전 하늘에서 있었던 일과 여러 존재(천사, 피조물, 시공간, 에너지 등) 및 하나님의 의도 등 장고한 기간 동안 일어난 너무 많은 일이 숨겨져 있어 이 내용을 나머지 다른 성경과 비교하고 유추하여 여러 사실과 이론을 전개하기에 많은 해석과 종파와 이단이 생긴다. 아무튼 창세기 1-2장은 세상의 이치와 실존의 본질을 다루는 심히 난해한 부분이다(이 책 제1장과 제5장에서 이를 고찰하였다).

둘째 대단락은, 아담 이후 사람이 죄를 너무 많이 지어 하나님께서 노아의 여덟 식구를 제외하고 모든 인류를 멸하는 시기를 말하는데 이 초고대 기간은 아담 이후 AM 1,656년까지이다. 이 기간 중 사람은 대개 1천년 가까이 살았으므로 사람들은 7-8대

선조들과 함께 지냈다. 당시의 유적과 유물은 중동 지방에서 지금 출토되는 것으로 보이고 대홍수로 인한 동식물 사체는 화석 등으로 출토되고 있다고 창조론자들은 설명하나 이에 대한 충분한 연구가 지속되어야 할 것으로 보인다. 초고대 기록은 거의 사라졌으나 일부는 노아에게 전해졌고 노아와 그 식구는 구전으로 전해진 상당한 내용을 자손들에게 전해 현재 창세기에 기록된 것으로 보인다. 이 기록은 창세기 3장부터 10장까지이다.

셋째 대단락은, 대홍수 이후 약 340년이 지나 바벨탑 사건이 일어났는데, 당시 메소포타미아 지역에 살던 인구는 1,280만 명 정도로 추정된다 (표 4-7-1). 이 때 바벨탑 건설 목적이 인간이 도달할 수 있는 극한의 수준으로 하나님을 대적함에 따라 하나님께서 사람들의 언어를 혼잡하게 하여 약 80여개 언어와 족속으로 분화하여 메소포타미아를 중심으로 반경 약 7,000km로 분산시킬 때 아브라함을 그곳에서 가나안 지방(현재 팔레스타인 지역)으로 이주시킨 사건까지를 말한다. 이 사건으로 전 세계적으로 민족과 언어와 문화가 개별적으로 지역에서 자생하게 된 계기가 되었다. 이 기록은 창세기 11장이다. 제4장에서 이를 설명하였다.

넷째 대단락은, 아브라함이 가나안에 이주하고 그의 자손들이 이집트에서 큰 민족을 이룬 후 가나안으로 들어와서 지내던 중 왕조를 세우고 500여 년을 지내던 중 다른 나라(앗시리아, 바벨론, 고대 로마)에 의해 멸망되고 백성이 흩어져 살던 중 예수님께서 지상에 오시기까지 약 일천 년의 기간을 말한다. 이 기간 중 대부분의 구약 성경이 집필되었고 그 내용은 율법, 제사 및 유대 절기 등과 이스라엘의 역사에 관한 것이며 사실과 사건, 은유, 암시, 상징, 계시, 예언, 하나님의 말씀 등을 포함하므로 외견상 보편적 개념 위주의 설명이 아니고 종교적이고 히브리 개념이 짙으나 죄를 짓는 사람과 하나님에 대한 자세한 설명이 많다. 따라서 유대인이나 기독교인이 아닌 경우 이 개념 이해가 쉽지 않다. 이 기록은 창세기 12장부터 말라기까지이다. 일부 내용을 이 책 제4장에서 설명하였다.

다섯째 대단락은, 예수님 공생애 기간과 승천을 포함하여 지금까지 약 2천 년간 성령의 사역 기간을 말한다. 즉 예수님과 제자들의 사역, 신약 완성, 복음 전파가 이루어지는 시기를 말한다. 구약의 여러 상징과 예언을 풀어서 예수님과 제자들이 설명하는 것들이 신약에 기록되어 있고 예수님께서도 자신이 하나님의 아들임과 하늘나라에 대하여 말씀하거나 하나님의 권능을 행하는 내용을 제자들이 기록하고 있다. 사람의 구원과 영생을 핵심으로 소개하는 신약의 책 중, 사도인 요한이 앞으로 일어날 예수님의 재림, 사람의 부활 등을 기록한 요한계시록도 창세기 1장처럼 난해한 책이다.

성경의 체계와 주제를 설명하는 가장 핵심 문장을 세 문장을 꼽으라면 아래와 같다. 이들 문장은 창조주 하나님께서 행하신 사역과 그에 내재된 질서와 예정인 창조, 영생, 사랑을 정의하고 선언하는 3대 문장이다. 이외 요한복음 3장 16절을 추가하기도 한다.

- *태초에 하나님이 천지를 창조하시니라* (창세기 1:1, **창조주 선언**).
- *나는 부활이요 생명이니 나를 믿는 자는 죽어도 살겠고 무릇 살아서 나를 믿는 자는 영원히 죽지 아니하리니 네가 믿느냐* (요한복음 11:25-26, **영생 선언**).
- *그러나 이 모든 일에 우리를 사랑하시는 이로 말미암아 우리가 넉넉히 이기느니라. 내가 확신하노니 사망이나 생명이나 천사들이나 권세자들이나 현재 일이나 장래 일이나 능력이나 높음이나 깊음이나 다른 아무 피조물이라도 우리를 우리 주 그리스도 예수 안에 있는 하나님의 사랑에서 끊을 수 없으리라* (로마서 8:37-39, **사랑 선언**).

그러면 성경이 하나님의 말씀인 것을 어떻게 알 수 있는가. 그 첫째는 하나님 스스로 직접 밝히고 있기 때문이다. 둘째는 성경을 읽으면 사람의 기록물이 아님을 알게 되고 성경 스스로 자기 검증적으로(self evidential) 하나님의 말씀이라는 것을 감동과 깨달음을 통해 얻게 된다. 즉 말씀을 통해 하나님을 알게 하며 이를 믿게 만든다. 개인적 경험을 한 가지 더하면, 특히 예수님의 말씀과 그의 행적을 살피면 그가 사람이 아닌 하나님이심을 확신케 된다. 예수님이 하신 말씀으로 보아 그는 분명히 하나님이시다. 예수님은 단순한 능력자가 아니고 스스로 밝혔듯이 성자 하나님인 점을 알게 된다. 그가 지상으로 오셔야 할 이유 등은 하나님 스스로 만드신 계획과 실행임을 알게 하며(요한복음 17장), 예수님의 말씀과 그의 행적을 통해 그가 하나님인 이유를 이해하게 된다.

그러나 성경을 읽게 되면, 해석의 어려운 내용이 의문점을 필히 동반하게 한다. 이는 사람의 생각으로 이해되지 않거나 상상되지 않거나 인과관계를 찾기 어렵거나 경험적으로 불가해하기 때문이다. 특히 합리적 생각을 하는 사람들은 성경을 믿지 못하거나 멀리하는 경향이 있다. 이유는 사람의 이해 범위를 초월하는 내용도 있으나 사람의 본래적 성향이 하나님의 말씀을 받아들이지 아니하려는 상태로 태어나기 때문이다. 즉 사람은 태생적으로 하나님 말씀을 청종하지 아니하려는 속성으로 태어난다. 죄인으로 태어나서 성경을 접하는 일이 의아스럽고 부자연스러운 것으로 받아들이는 것이 사람의 본성이다. 특히 요즘처럼 합리적 이성과 과학적 사고에 익숙해진 경향이 성경을 이해하려는 큰 난관으로 작용하여 매우 귀찮은 일이 된다.

성경 내용 중 일견 타당해 보이나 어렵고 거북스러운 것은 성경이 내 스타일(style)이나 내 방식과 내 경험과 세상 이치와 다르기 때문이다. 우리의 요즘 사고는 대개 그리스 사상이 발전해 체계화된 것이지 성경의 영적 사람처럼 영적 지식은 거의 없기에 성경 이해가 어렵다. 또 내가 배워서 익히 아는, 경험한, 행하려는, 판단하는, 익숙한 방식과 크게 다른 점이 많기 때문이다. 실천적으로는 성경의 스타일대로 내 스타일을 바꾸어야 하는데 쉽지 않다. 살아온 관성력이 나를 지배하기 때문에 이 관성력을 성경이 말하는 방향으로 돌리기가 매우 어렵다. 사람의 스타일을 하나님의 뜻대로 그 방향을 바꾸기가 어렵기에 성경이 어렵다. 성경에서 이런 사람의 경향을 사람의 본래적 교만 또는 불순종 또는 태생적 죄인이라 표현한다. 자신 자신에 얽매이거나 자신을 과신하거나 자신의 생각대로 교만하고 자긍하는 마음[440]이라 지적한다. 내 스타일이 아닌 성경이 제시하는 스타일대로 나를 바꾸는 것이 신앙이다. 이 점 때문에 성경을 반복적으로 깊이 읽고 묵상하는 나의 마음가짐과 행동 그리고 성령의 감동이 절대적이다. 내 생각대로가 아닌 성경의 말씀대로 해야 함이다.

또 성경은 기이하지만 신비롭고 뜻이 매우 깊으며 폭이 넓은 책이다. 하나님의 차원을 사람의 차원과 사람의 언어 수준에 맞추어 밝힌 것과 하나님께서 사람이 알만한 것을 상징과 비유로 설명하였으나, 또 그것들의 실제 깊이와 넓이와 높음을 사람의 언어와 논리로 헤아릴 수 없으나 사람이 알만한 높은 정도로 설명하셨다. 하나님께서 선지자나 그가 택한 사람에게 보여 준 여러 환상과 계시를 그들이 설명하였으나 그 내용을 사람이 자세히 이해할 수 있도록 기록할 수 없다는 점도 성경을 밝히고 있다. 예컨대 사도 바울이 삼층천(三層天, 셋째 하늘, the third heaven 고린도후서 12:1-4)에서 본 일이나 선지자인 다니엘과 에스겔 그리고 사도 요한에게 환상으로 보여준 하늘나라(천국)와 미래의 일에 관한 표현은 정확한 이미지와 언어로 표현할 수 없었으며 또 세상에 없는 것이므로 우리가 성경을 읽더라도 해득이 거의 불가한데 그 정도로 계시하셨기에 매우 아쉽게 그 정도로 이해할 수밖에 없다. 계시 받은 사도 요한도 어려워 계시 받은 내용을 적었을 뿐 충분한 해석을 하지 못하였다.

성경은 긴 세월 동안 신앙적 체험이나 하나님께서 이룩한 일에 관하여 매우 깊은 의미를 농축하여 짧은 단어, 용어 및 문장으로 기술하였기에 매우 깊게 오랫동안 그리고 성경의 다른 부분을 참고하면서 이해하여야 한다. 또 성령의 감동으로 서술되었기에 성령의 감동으로 이해해야 한다는 것이다. 성경 상에 나타난 아브라함, 야곱, 다윗과 같은 신앙 선조들의 솔직한 고백은 뼈에 응축된 개념이 담겨있기에 그 의미를 알기 위해서는 뼈를 깎은 정도의 묵상과 신앙적 경지에서 이해가 될 것이다.

440 역대하 25:19

(양자)물리학, 천문학, 생리학, 분자생물학 등 첨단 기초 학문을 살피면, 그 깊이와 지식이 방대하다. 이 학문을 이해하려면 관련 기초 지식 이외의 높은 이해력과 해석력 없이 첨단 지식의 의미를 파악하지 못한다. 문제는 이에 관한 책을 저술하거나 관련 이론을 발표한 사람들도 해당 지식의 일부만 알지 더 깊고 다른 내용을 알지 못한다. 만사에 이처럼 알지 못하는 매우 깊은 지식과 신비가 존재한다. 이처럼 성경에서 드러난 여러 지식과 사실을 기술한 내용도 그보다 더 많고 깊은 내용을 간추려 정리한 것이기에 성경을 온전히 다 이해하지 못한다. 심지어 사도 바울도 셋째 하늘에 가서 자기가 보고 들은 것들을 세상에 속한 우리의 한계 때문에 전혀 그 내용을 밝히지 않는다 하였다 (고린도후서 12:1-4). 성경을 통해 알 수 있는 것이 많지만 자세히 밝히지 아니한 허다한 내용이 간단히 설명되어 있어 이해가 어렵고 다 알 수 없다. 성경 한 구절을 종일 음미해 보니 그 깊이가 놀랍다. '*범사에 감사하라* (데살로니가전서 5:18)'는 구절의 경우 10년 이상을 음미하여도 충분히 깨닫지 못하고 있다. 창세기 1장 2절을 나름 깨닫는데 약 8개월이 소요되었고 이 책 제1장을 쓰게 되었으나 계속 묵상의 결과들이 음미된다.

그러면 성경을 어떻게 읽을 것인가. 성경은 우선 단순하게 문자적으로 읽는 것이 바람직해 보인다. 창세기도 그러하며 미래의 일들에 관해서 그러하다. 천지창조, 노아 대홍수, 예수님의 초림과 재림 그리고 부활, 세상의 종말, 부활, 천년왕국, 영생 등이 그러한데 과거의 사건이나 사실은 하늘나라의 형상이며 앞으로 일어날 사건이나 사실이기 때문에 그대로 읽고 받아들여야 하는 것이 바람직하다. 노아 대홍수 및 예수님의 초림에서 알 수 있듯이 성경은 대체로 사실과 앞으로 있을 역사를 설명한다. 그 사실은 지상의 사실일 수 있고 하늘나라의 사실일 수 있기에 일단은 사실적으로 이해함이 좋을 듯하다. 알 수 없는 비유와 상징은 알지 못하도록 계시한 것이므로 밝힐 수 없는 내용이라 생각하는 것이 나을 듯하다. 왜냐면 하늘나라에 선재한 것의 지상의 현현이나 앞으로 있을 것들에 관한 것이므로 구체적으로 현실적 감각으로 이해가 힘들다. 하나님의 나라가 사람의 표현력으로 설명이 되지 않기에 성경 내용에 사람에게 비현실적이고 상징이 많으나 우선 문자적으로 이해하는 것이 좋을 듯하다. 많은 상징을 해석하다 보면 비성경적이고 이성적 오류 또는 과다한 상상을 범하기 일쑤이다. 동일 문장도 서로 달리 해석하거나 엉뚱한 이야기를 한다.

사람이 성경이 없다면 하나님을 알기가 불가능하다는 점은 이미 언급하였다. 사람이 생각할 수 있는 한계는 신이 있음을 개괄적으로 추상할 수 있으나 하나님께서 스스로 성경에서 밝힌 하나님에 관한 구체성과 그분의 신성과 인격을 성경 없이 파악할 수 없기에 사람은 성경에 의존해 하나님을 배우고 알 수밖에 없는 것이다. 성경은 신적 경지를 설명하는 것이 아니라 사람이 알만한 정도의 구체적인 하나님의 신성을 알려 준다. 예컨대 나를 키운 부모의 인격성을 아는 것처럼 하나님의 신성을 성경을 통해 아는데 실제 개인이 할 수 있는 상상 이상으로 많은 지식이 나열되어 있다.

신학이란 하나님의 말씀을 이성적 또는 인문학적 체계로 풀어 본 내용에 지나지 않으므로 신학을 위한 연구는 크게 바람직하지 않다. 잘못하면 이성적 논리체계에 빠져 잘못된 신앙을 정립하고 이상한 주장을 하거나 관념론에 빠지게 된다. 성경을 읽은 감동과 깊이를 묵상하며 깨닫는 일에 집중하되 혹 성령이 충만한 권위 있는 정통의 신학자나 목사님의 해석을 참조함이 좋다. 기도와 성령의 감동이 없는 성경 묵상은 불필요한 시간 낭비일 수 있다. 매우 중요한 교리에 관한 개별적 해석에는 오랜 기간의 신중한 접근이 필요하다. 성경을 오랫동안 많이 읽고 깨우치는 즐거움도 크다. 참고로 모든 해석의 중심은 항상 하나님에게로 집중되어야 한다. 즉 하나님을 중심으로 순환하는데 그 순환의 시작과 끝이 하나님이라는 것이다. 이를 벗어나면 이교도가 되고 이단이 된다.

구약을 읽게 되면 신약이나 예수님에 관한 모습이 더욱 깊어진다. 신약과 구약을 함께 읽어 신구약 두 권이 하나됨을 알게 되면 더욱 기쁨과 높은 신비감을 깨닫게 된다. 또 신약을 통해서 구약의 깊은 내용을 해석할 수 있는 영적 안목이 확장된다. 가장 큰 기쁨은 진리를 통해 평안과 소망과 자유함을 얻는다.

성경을 읽어야 할 이유는 이러하다. 세상에는 크게 사람의 지식과 사람의 지식이 아닌 분야가 있다. 성경은 사람의 지식이 아닌 천지와 생명의 신비하고 높은 차원의 지식으로 가득 차 있기에 높은 경지를 알고자 하면 성경을 통해서 배울 일이 많다. 하나님이 사람의 차원과 다르다는 점을 인정하지 않으면 성경을 이해할 수 없다. 이 점을 인정하지 않으면 기독교인이 될 수 없다. 예컨대 창세기 1장에서 얻는 영감과 믿음은 과학의 객관적 지식과 반하지 않는 일치점을 느끼게 한다.

성경을 읽어야 할 이유의 첫째가 만물의 기원을 알 수 있으며, 보편 사람이 누구이며 사람의 성품, 영적(심리적) 특성 등을 이해할 수 있고 특히 자신이 누구이며 어떠한 존재인지를 신비한 영적 각성과 체험으로 알게 된다. 나 자신의 불완전성, 미약함, 죄악 등 실존적 근본 문제점을 깊이 볼 수 있다. 또 왜 세상이 무질서하고 악으로 가득한 지 그 기원을 알게 한다. 생각이 부패한 점과 그 부패는 사람의 육신의 원리, 사탄(마귀)과 악한 영들에 의해 세상이 지배됨으로 인하여 스스로 부지불식간에 부패되고 타락됨을 알게 한다.

두 번째 이유는 성경은 사람에게 영생(永生, eternality)을 설명하는 지침서이며 하나님의 약속이므로 이를 이해하고 믿고 그래서 영생을 얻기 위해 필독해야 할 책이다. 생명과 죽음은 일반이라 하더라도 영생은 우리 앞에 놓인 선택이요 특권이다. 영원한 생명을 위해서 하나님께서 친히 사람에게 약속하고 계시한 이 성경은 일반적 흥미, 관심, 생활지침, 일상의 재미 등에 관한 책이 아니라 생명과 영생에 초점을 맞춘 책이다. 6천 년 동안 행해진 많은 하나님에 관한 설명과 말씀이 유실되었으나 다행히 매우 적은 부분[441]을 다룬 내용이 오늘날 우리에게 전해진 것으로 감사해야 한다. 이외에도 신앙의 여러 지혜자의 경험과 부탁이 성경에 담겨있어 살필 거리가 풍부하다.

성경 해석에 유의점을 두 가지 예를 들어 살피자. 자동차를 운행하거나 수리할 때 자동차를 만든 자동차 회사의 제작 내용에 따라 운행하거나 수리를 하여야 한다. 또 학생이 특별한 기법, 기술 등을 배우는 경우 그 기법이나 기술의 고유한 창작 사상을 먼저 이해하여야 한다. 성경은 하나님의 생각, 의도, 목적, 계획 등이 담긴 것으로 성경을 읽고 해석할 경우 독해자의 선입견이나 다른 생각을 유보하고 먼저 성경에 나타난 하나님의 뜻에 입각해 말씀을 생각하여야 한다. 하나님의 본 뜻을 이해하지 않고 본인의 생각을 첨가하거나 변경하거나 억측하는 것은 성경을 올바로 이해하지 않는 것이다. 성경 내 다른 곳에 있는 동일한 또는 유사한 내용의 하나님 말씀을 참조하여 생각하는 것이 적정하고 확장하거나 축소하는 등 왜곡해서는 아니되며 해석이 되지 않는 경우 하지 않아야 한다. 특히 사사로운 목적으로 이해하여서는 아니된다.

마지막으로 예수님께서 30세 이후 약 3년간 직접 말씀하시고 행한 내용은 신약의 첫 네 권인 마태복음, 마가복음, 누가복음 및 요한복음에 상세히 기록되어 있고 나머지 25권은 주로 사도들의 경험과 훈계, 예수님을 통한 구원과 영생 그리고 부활 승천 후 성령이 임재한 후 복음을 전한 내용을 중심으로 엮여 있다.

끝으로 성경이 어려운 또 다른 이유는, 제사 제도 등 히브리 문화가 우리 문화와 다르기 때문이다. 앞에서 설명하였듯이 보이지 않는 하늘나라의 것을 비유하거나 미세한 영적 현상을 풀이한 것들이 많아 이해가 쉽지 않다. 기타 오래된 기록과 묘사에 대한 해석이 다양하고 복잡하여 어려운 점이 많다. 그런데 신기한 점은 성경이 이렇게 어려운 점에도 지성과 경험이 뛰어난 사람이든 그에 현저히 미치지 못하는 사람이든

441 아담의 4대손인 게난은 하나님의 말씀을 돌판에 새기어 기록하여 보물 창고에 보관하였으며(야살의책 2:13), 모세 5경을 기록한 모세도 유전된 많은 자료를 통해 이를 기록한 것으로 보인다. 특히 초기 인류의 선조들은 장수하였기에 많은 내용을 자식들에게 구전하였을 것으로 보인다. 신약의 요한복음 21:25에도 예수님의 많은 행적에 대하여 일부 기록하였다는 하였다. 이처럼 신구약 성경에 기록되지 아니한 내용이 사라졌을 것이다.

하나님을 믿고 신앙하는 현상은 성령 하나님께서 그 사람에 적정한 은혜로 하나님을 알게 하며 믿도록 도우시기 때문이다. 이 점은 참으로 감사하고 놀랍다. 따라서 각 사람의 고유한 신앙을 열등하게 비교 평가를 쉽게 해서는 절대 아니될 것이다. 모든 사람은 그리스도 안에서 하나이다 (갈라디아서 3:28).

6-3. 예수 그리스도

「예수(Jesus)」라는 명칭은, 히브리어 여호수아(Johosua)의 헬라어(그리스) 이름이다. 「하나님이 구원하신다」라는 뜻이다. 이 이름을 가진 많은 사람 중 성경에서 주로 말하는 「예수」는 다윗의 열 번째 아들 솔로몬의 25대손인 요셉(마태복음 1장)이라는 남성과 다윗의 아홉 번째 아들 나단[442]의 40대손인 마리아(누가복음 3장23절 이하)라는 여성에게서 성령으로 태어난 맏아들이다. 이 예수는 나사렛에서 자라서 나사렛 예수라고도 한다. 이 예수님은 사람이지만 하나님의 아들로서 하나님이시어[443] 그리스도이기에 그를 믿는 그리스도교가 탄생하였다. 그리스도(Christ)란 기름 부음을 받은 자라는 뜻이다. 그런데 이 예수는 요셉과 마리아가 정혼하기로 약속한 약혼 상태 즉 동정녀(童貞女, 처녀)에게서 성령으로 잉태하여 태어난 사람이다. 생물학적 말하면 요셉의 정자와 마리아의 난자 없이 마리아라는 여성의 몸을 빌어 성령으로 잉태한 사람이 예수님이다. 예수님은 BC 4년에 태어난 것으로 알려져 있고 30세 이후 약 3년 동안 활동하시고 인류의 죄를 대속하여 죽은 후 부활 승천하신 분이시다.

그리스도인 예수님을 아는 일은 하나님을 아는 길이요(마태복음 11:27) 또 신구약 성경 대부분 이해하는 것이 된다. 즉 예수님을 아는 것 또는 이해한다 함은 성경의 요체인 율법, 의(義), 삼위일체, 구세주, 복음, 죄, 진리, 말씀, 하나님, 구원, 대속(代贖), 생명, 영생 등을 이해하게 된다. 아래 내용은 개인적 경험으로 깨닫거나 여러 신학 서적을 통해 익힌 사항이므로 대체로 정통 교리 범주일 것이나 매우 섬세하고 예민한 설명은 성경학자들의 견해와 일부 다를 수 있다.

6-3-1. 「율법」

성경에서 율법(律法, the laws, commandments)은 좁은 의미와 넓은 의미가 있다.

442 다윗은 총 19명의 아들을 가졌는데 그의 아홉 번째 부인 밧세바를 통해 솔로몬과 나단을 낳았다.

443 이 개념은 성경을 체계적으로 분석한 절대 교리의 개념으로 거의 이해되지 않는 기독교의 명제이다.

좁은 의미의 율법이란 이스라엘 자손이 애굽(고대 이집트)에서 BC 1,461년경에 고대 이집트를 탈출한 후 셋째 달 여섯째 날 시내산(호렙산)에서 하나님으로부터 받은 십계명(十誡命, ten commandments)을 포함한 613가지[444] 계명이다. 이는 주로 하나님과 사람의 관계, 사람과 사람과의 관계, 하나님을 향한 제사 요령, 안식일에 관한 사항 등이다. 이 율법은 하나님께서 주로 모세를 통해 주셨다.

광의의 율법이란 창세 후 사람에게 주어진 하나님의 인간에 대한 모든 명령까지 포함한다. 인간이 지켜야 할 모든 윤리적 사항들도 망라한 것을 것이라 보면 된다. 하나님은 사람에게 양심(사도행전 23:1, 로마서 2:14-15, 9:1-2 등)이라는 기관을 두었는데 이 선한 양심(디모데전서 1:5 등)의 작용까지 포함하면 그 수가 셀 수 없이 엄청나다. 성경에서 율법이라는 용어와 함께 법도(法度, statue), 율례(律例, statue, ordinance), 규례(規例, ordinance, rule), 계명(誡命, commandment) 등도 사용한다. 이하에서 성경이 말한 특별한 경우를 제외하고 율법을 사람이 지켜야 할 법으로 보아도 된다.

모세가 십계명을 받은 때는 창세 후 약 2,448년(BC 1,461년)이 되는 해이다. 모세가 하나님으로부터 율법을 받기 전 성경학자들은 하나님께서 명한 율법을 세 가지로 분류하는데 1) 생육할 것과 2) 할례받을 것과 3) 환도뼈의 큰 힘줄을 먹지 말 것 등이 있었다 한다. 이 세 가지 외에도 사람이 마땅히 행할 행위를 지키지 아니함으로 하나님은 사람을 악하다고 규정한 많은 사례와 아브라함에게 하신 말씀(창세기 26:6)[445]을 보면 이미 모세가 율법을 받기 전에도 하나님이 주신 광의의 율법이 있음을 알 수 있다. 율법을 더 광의적으로 이해한다면, 사람이 나고 구체적 율법이 만들어졌으나 사람이 창조되기 전부터 선악이 있었으므로 창세 전에도 율법이 있었던 것으로 추정할 수 있으며 이는 하나님의 질서와 원리와 인격성으로 보아야 한다.

문서로서의 율법 총론은 십계명에 나타나 있고 각론은 성경 전반에 걸쳐 있으나 특히 출애굽기, 레위기, 민수기, 신명기 등에 상세히 기록되어 있어 이를 기초하여 현재까지 유대교 및 기독교 등의 신앙과 교리가 되고 있다. 그런데 이 율법의 대주제와 압축은 「사랑」이라는 것인데 이는 예수님께서 정의하셨다. 바리새인 중 율법학자가 율법 중 어떤 계명이 큰 것이냐고 예수님께 묻을 때 예수님께서 설명하길, 하나님을 사랑함과 동시에 사람을 사랑하라는 두 계명이 온 율법과 선지자의 강령(綱領)이라고 설명하셨다 (마태복음 22:34-40).

---

444 창세기 3가지, 출애굽기 111가지, 레위기 247가지, 민수기 52가지, 신명기 200가지 등 총 613가지라 한다.

445 이는 아브라함이 '내 말(voice)'을 순종하고 내 '명령(charge)'과 내 '계명(commandments)'과 내 '율례(status)'와 네 '법도(laws)'를 지켰음이라 하시니라 (창세기 26:6).

그러면 사람이 꼭 지켜야 할 율법이 왜 주어졌는가. 율법을 지킴으로써 얻는 기능은 무엇인가. 이는 사회법이 존재하는 것과 유사한 측면이 있다. 첫째 하나님을 향한 기능인데 창조주인 하나님을 기억하고 그를 영화롭게 하는 것을 잊지 말라는 거룩의 기능이다. 이 첫째 기능은 사람의 주인이 하나님이기에 하나님의 사람을 향한 명령이다. 둘째 사람과 사람 간의 다툼을 없도록 하여 인간 질서를 유지시키는 사회적 순기능 또는 심판 기능이다. 셋째 사람 스스로 마음을 깨끗하게 하는 즉 성결케 하는 또는 의롭게 하는 윤리적 기능이다. 넷째 특별히 신약에서는 구약에서 정의하는 율법의 기능에 대하여 변증적으로 설명하길 모든 율법은 사람이 절대 지키지 못하는 것임과 그로 인해 사람이 죄인인 것을 깨닫게 하는 기능으로 이 점이 중요한 기능이라고 강조하고 있다. 즉 율법이 옳고 완전한 것이나 이를 지키지 못할 죄인임을 깨달으라는 점이다. 다시 보충 설명을 할 것인데 율법말고 온전히 사람을 완전케 할 수 있는 무엇인가가 있다고 설명하기 위해 율법의 기능을 사도 바울이 로마서에서 논증하고 있다.

여기서는 위 네 번째 기능에 대하여 중점적으로 설명해야 하는 것은 예수 그리스도를 통한 기독 신앙의 본질을 다루는 율법적 기능을 이해해야 하기 때문이다. 성경은 사람은 이 법과 계명을 지키려고 여러 방식으로 무척 애쓰나 행위 또는 마음으로 실천하지 못한다고 한다. 예수님의 최초 설교인 산상수훈(山上垂訓, 마태복음 5장-7장)에서 이 문제를 예로 설명하기를 여자를 보고 음욕을 품는 자마다 마음에 이미 간음한 것(마태복음 5;28)이라 정의함을 보면 마음의 생각 자체를 행위로 규정하고 있어 사람에게서 드러나지 않는 죄의 양상까지도 죄로 규정하는 것이므로 어떤 누구도 행위로나 마음으로 율법을 지킬 수 없게 됨을 이해하게 된다. 예수님의 지적에서 율법의 주요 기능은 선이 무엇인지 알게 하고 이 선을 지키고 싶으나 결국 죄를 짓고 선을 행해지 못하는 인간의 한계 즉 죄인임을 알 수 있다. 이 개념을 확대하여 생각하면 양심을 포함하여 광의의 개념인 율법이 없으면 죄가 있으나 죄를 진정으로 알 수 없다. 사람은 태어나면서 그리고 행동하기 전 이미 죄인인 것을 깨닫게 하는 것이 율법의 기능이다는 것이다.

성경이 가르치는 율법과 무관하게 사람은 사상, 윤리, 법규 등 가치[446]을 만들어 인간 자신의 나태함, 무능함, 타락함 등에서 발생하는 온갖 악행과 범죄 행위와 부조리와 무질서 등을 차단하고 보다 안전하고 편리하며 아름다운 삶을 지향하고자 하나 개인 스스로 또는 사회적으로 유토피아를 만들지 못하며 평화와 행복을 완성하지 못한다. 국가나 조직은 물론 심지어 자기 스스로도 악한 것이나 악한 모양을 버리고 선에 도달할 수 없다. 인간은 선을 추구하나 악이 속에 있어 또 악을 배우고 이를 부지불식

446 실제 서양 법체계는 기독 사상을 많이 담고 있다.

간에 행한다. 성경은 본성이 악한 이유 외에도 선을 추구하려 하나 육신이 약하기 때문이라도 설명한다 (로마서 8:3). 사람은 성경의 이 지적을 받아들이지 않고 그 본의(本意)를 모르며 곡해한다.

사람은 선한 윤리성과 종교성 즉 율법을 추구하면서 스스로 선하다고 생각한다. 예컨대 오늘 어려운 이웃을 위해 충분히 선행을 하였으므로 나 자신을 선하다고 생각하고 위로하며 만족해 한다. 그러나 이러함에도 불구하고 성경은 이러한 감상주의적 선함을 완전히 무시한다. 온전히 모든 행위와 마음으로 지키지 못하는 원인과 속성을 아담과 이브(하와)가 지은 죄의 유전성으로 규정하며 심지어 이 속성이 도덕주의에 기반을 둔 모든 인류에게까지 나타난 공통 현상으로 단정한다. 성경은 모든 인류의 본성으로서의 죄성 때문에 모든 사람을 본질적 죄인으로 규정한다. 바울이 50대 후반에 쓴 로마서 1장에서 3장까지 이 주제를 깊이 다루고 있다. 로마서 3장 20절에 '*그러므로 율법의 행위로 그의 앞에 의롭다 하심을 얻을 육체가 없나니 율법으로는 죄를 깨달음이니라*'고 하였다. 사람의 모든 깨끗한 행실을 한다고 하더라고 많은 율법에 비추어 보면 죄지을 수밖에 없는 죄인이라는 것을 깨닫게 된다는 것이다. 율법에 자신을 깊이 비추어 보면 죄를 짓지 않은 상태에서도 죄인이며 의인이 될 수 없음을 알게 된다. 율법의 기능은 범죄 행위 이전에 떼어 버릴 수 없는 죄를 갖고 사는 존재를 인식하게 하려는 것이다.

즉, 율법의 중요한 기능은 사람은 율법을 지킬 수 없다는 것과 죄를 깨닫게 함이라는 것이다. 심지어 율법이 없다면 어떤 죄를 짓고도 죄를 지은 줄 모른다는 것이다. 죄를 가르치지 않으면 죄를 모른다. 즉 율법을 통해 죄인인 것을 깨달아 알라는 것이다. 율법적 기능에서 사람들이 간과하기 쉬운 점이 「죄를 깨닫게 하는 기능」이다. 법이 없으면 범법한 자체도 깨닫지 못한다. 따라서 율법이 있음으로 법을 지키려 하며 또 내가 옳은 법을 지키지 못한 나 자신의 죄를 깨닫게 된다. 율법이 없으면 범함도 없다(로마서 5;13, 7:7). 율법의 진정한 목적은 죄를 규정하여 형벌을 주기 위한 죄형법정주의가 아니라 우리는 선을 행하여야 하지만 선하지 못한 존재를 알라는 것이다.

자세히 살피면, 율법의 기능적 문제가 드러난다. 율법을 지키지 못하기에 사람은 율법을 통해 선한 사람 즉 죄를 짓지 않는 의로운 사람이 되지 못한다. 즉 율법은 사람을 선하게 인도하려는 방향을 주나 실제 할 수 없는 방향을 사람에게 주는 꼴이 된다. 율법을 지킬 수 없기에 율법 기능의 불완성이 나타난다. 또 사람이 죄인인 것을 깨닫게 하지만 율법이 사람을 온전하게 할 수 없기에 율법은 사람에게 완전한 기능을 주지 못한다. 사람이 할 수 없는 것을 율법이 강요한다. 즉 율법이 죄를 알게 하나 불완전성이 동시에 나타난다. 또 율법이 죄를 벌하기 위한 기능보다 죄인임을 깨닫게 하더라도 죄의 문제를 처리하지 못하는 것이 문제이다. 그러므로 율법은 사람을 율법 아래 매여 가두는(갈라디아서 3:23) 속박의 기능을 하므로 율법이 사람에게 자유를 주는 것이 아니라 속박과 죄책감을 부여하는 역기능과 심각한 문제점을 갖는다. 따라서 완전하면서 사람에게 불완전한 율법이 주는 구속에서 사람을 자유케 하는 새로운 방법을 필요로 한다. 사람을 이 율법에 매이게 하지 않고 이 율법에서 자유로워야 하는 새로운 기능과 대안이 인간에게 절대적으로 필요하다.

신·구약시대의 율법학자(바리새인, 사두개인, 서기관 등), 유대교, 종교, 윤리, 법규 등에서 이 율법의 불완전한 기능을 거의 강조하지 않은 이유는 율법의 순기능에만 집착했고 어쩔 수 없이 율법의 역기능이나 문제점을 간과해야 하기 때문이다. 또 실제 인간은 율법 이외의 대안을 만들 수 없다. 교육과 종교와 법률 등과 사랑과 용서와 구도와 수련 이외 할 것이 없다. 법으로 사람을 억제하고 때로는 형벌을 주기 위한 수단으로 사용하여 자신과 사회를 맑게 하려 한다. 죄행을 짓지 않기 위해 끝없이 사람에게 법률을 제정하고 교육하며 감시하여 사람 자신의 노력과 행위로 의(義, 정의, 공의 righteousness)를 이루려는 집착과 욕구를 버리지 못하는 사회적, 종교적 또는 윤리적 자신을 완성하려 한다. 법을 강화할수록 자신과 타인의 죄를 선명히 지적하고 죄인으로 몰고 간다. 모세 이후 이천 년을 지나도록 이스라엘 민족의 이러한 율법적 시각을 갖고 율법을 지키려는 인간적 노력과 율법으로 징벌하려는 행위(범행의 지적)에 집착했던 이유가 율법이 갖는 기능의 전부를 알지 못했기 때문이다. 즉 영적, 심리적, 윤리적 또는 법적으로 선한 마음과 당위를 지향하는 그들의 열심과 종교성에 연유하여 율법을 이해하고 실천해 왔고 오늘날 대부분 사회구조와 종교들이 이러한 시각에 의해 조직화되어 있고 실천하고 있으나 실제적 다른 묘안과 대안이 없다.

그렇다면, 모든 인간이 지킬 수 없는 율법의 당위성과 강제성과 구속성을 어떻게 해결해야 하는가. 즉 사람이 율법을 완벽하게 지키고 의로워지기(로마서 3:20) 위해서는 어떻게 해야 하는 것인가. 두 가지 답이 있다. 첫째 이론적으로 물론 할 수 없으나 죽을 때까지 모든 율법을 지키기 위해서 모든 열심, 노력, 수단을 다하여 양심, 윤리, 교육, 수행하거나 또는 종교적 교리를 완벽하게 지켜야 할 것이다. 둘째 다른 방법은 내가 지킬 수 없다는 것을 깨닫고 내 대신 다른 방법을 통해 모든 율법을 지킬 방법을 찾으면 된다. 여기서 첫 번째 답은 역사적으로 학문적으로 검증되었는데 사람은 지킬 수 없다는 것이다. 두 번째 방법은 매우 단순하면서 엉뚱해 보인다. 즉 사람의 방법이 아닌 신에 의한 방법 등이다.

율법을 통해 죄를 깨달은 사람은 내가 지킬 수 없으니 완벽히 지킬 수 있는 다른 사람이 내 대신 이를 지키게 하거나 내가 율법을 지키지 못한 죄가 있으니 그 죄를 사함 받으면 될 것이다. 이 죄를 사하기 위한 방법이 여럿일 수 있다. 벌금이거나 노역이거나 사형이거나 감옥이거나 진정한 회개를 통해 용서를 진정으로 받는 것 등일 것이다. 그런데 예수님이 오시기 전까지 죄의 본질적 회개의 방법을 주로 동물을 죽이는 제사 제도를 통해 이 문제를 하나님과 해결하였다.

사죄의 진정한 회개 이외에 죄를 사하는 여러 형태 중 제사 제도는 중 예수님이 오시기 전까지 구약 성경에 자신의 죄를 하나님께 용서받기 위해 자신의 죄를 가축에게 전가(안수, 뒤집어 쓰우기)하여 가축이 사람을 대신하여 죽고 죽은 증거의 피를 하나님의 성막 안 속죄소에 뿌려 죄사함을 받도록 하였다 (앞 제5장 9절에서 설명). 예컨대 하나님 앞에서 죄를 지은 죄인은 죄값을 치르려면 죽어야 하는데 사람이 죄를 초 또는 분 단위로 짓게 되므로 이러한 죄를 사함 받기 위해 죄를 지을 때마다, 매일, 매년 죽을 때까지 매차로 죽어야 할 것이다. 이러한 죄 사함의 방식을 폐하고 모든 사람의 죄를 대신 진 예수님께서 사람의 죄값으로 십자가에서 어린양처럼 피를 흘려 죽으셔 그분의 죽으심을 믿는 자에게 영원히 단 한번 죄사함의 은혜를 주신 방법을 신약 성경이 설명하는 것이다. 하나님인 예수님께서 세상에 오셔 우리의 죄를 대속(代贖, redemption)하심을 말한다.

성경은 내가 지킬 수 없는 이 율법을 내가 지키지 않고 나를 대신해서 율법을 온전히 지킬 의인에 의지할 것을 모든 사람에게 요청하고 선포한다. 그가 「예수」라는 사람이요 예수라는 「하나님」인 것이다. 예수라는 하나님이신 사람이 내가 지켜야 할 당위와 강제와 구속의 율법을 다 지켰으니 그를 믿으면 그를 믿는 믿음을 조건으로 내가 지킨 것으로 보아 나를 의롭게 여기고 율법의 속박에서 자유롭게 하겠다는 것이다. 하나님께서는 사람의 요청이 아닌 스스로 계획하신 바에 따라 사람에게 이 선언의 약속(언약, 言約)을 하셨다. 여기서 성경의 논리는 상식을 뛰어넘거나 우리가 배운 과학적·합리적 판단을 벗어난다. 이 논리는 매우 단순한 선포(언약)로 사람이 이 논법을 믿거나 믿지 않을 수 있다. 이 논리는 사람이 만든 것이 아니라 하나님 스스로 만들어 인류에게 선포이며 약속한 말씀이다. 오늘날의 유대인처럼 보편 사람은 하나님의 이 약속을 믿지 않고 율법을 지키기 위해 아직 죄 사함의 방법으로 동물 제사를 하거나 수행을 하거나 종교 의식을 진행하고 있다. 유대인은 예수님께서 율법을 지키지 않아 그리스도가 될 수 없다고 생각하여 예수님의 선포를 받아 들이지 않고 있다.

이 논법을 믿지 못하는 이유가 여러 가지인데, 예수는 하나님이 아닐 것이라는 믿음,

사람은 하나님이 규정하는 죄인이라는 깨달음의 부재, 율법 기능의 몰이해, 하나님이 고안한 이 방법(약속, 언약 및 복음)이 너무 쉬운 상식 이하의 발상이라는 점, 예수가 실제 있었던 사람인가라는 사실, 예수님의 죽음과 부활 등에 대한 의구심 때문이다.

마지막으로 율법과 예수님의 관계를 다시 설명하면, 예수님은 하나님이시고 성부 하나님의 아들로서 율법 아래에(갈라디아 4:4) 죄 있는 육신의 모양(로마서 8:3)으로 죄인처럼 태어나셨고 사람의 죄를 대신하여 사람의 죄값으로 어린양처럼 십자가에서 죽으셨다. 예수님은 율법을 만드신 하나님이시고 율법을 지키시고 완성하신 분이시다 (마태복음 5:17). 생명이시나 율법이기도 하신 예수님께서 우리 대신 율법을 지키셨으며 사람이 되어 율법 앞에 죽어야 할 죽음을 사람의 죄값으로 대신하여 십자가의 죽음으로 죄값을 치러 우리의 의(義)를 이루시고 죽음으로 율법의 마침(로마서 10:4)이 되셨다. 예수님께서 사람 대신 이루신 죄사함의 의를 믿는 자마다 즉 죄인임을 회개하여 예수님의 의를 믿는 자에게 의롭다고 여기는(regard) 방법이다. 우리가 지켜야 할 모든 율법을 대신 지키시고 그분의 육체로 율법 제도와 동물 제사 제도를 폐하였으니(에베소서 2:15) 율법의 마침이 되었으며 예수님의 의가 사람의 의로 전가(轉嫁)되었다. 할렐루야 아멘 ! 이 방식은 사상이 아니라 하나님께서 우리에게 준 복음이요 선언이요 약속이다. 이 율법과 복음에 대하여 갈라디아서에 설명되어 있다.

6-3-2. 「복음」

「복음(福音, good news)」은 앞 절에서 설명한 율법과 다음 절에서 설명할 「죄」 등의 내용과 동시에 이해해야 한다. 복음이라는 단어는 구약에 없고 헬라(고대 그리스)어로 쓰인 신약에 나타나는 전문용어이다. 예수님께서 부활 후 제자들이 예수님을 알리기 위한 당시의 신조어이다. 신약 중 가장 먼저 기록되었다는 야고보서 또는 데살로니가전·후서는 AD 50년경[447] 기록된 것으로 추정하고 바울이 데살로니가전·후서에 처음 사용한 개념어로 추측할 뿐이다. 사도 바울은 유대인이 아닌 로마인 등 비유대인을 대상으로 전도하였기 때문에 예수에 관한 믿음의 도(道)를 전할 때 당시 사용된 「복음, 복된 소식」이라는 쉬운 단어를 사용하여 대중들이 생소하게 여기지 않도록 조어(造語)하여 선택한 것으로 보인다.[448] 이 단어는 예수님의 다른 제자들도 사용하기

447 학자에 따라 연대가 다르나 야고보서는 AD 50 또는 62년경이라 하며 데살로니가전후서는 AD 50년경으로 본다.

448 '복음, 복된 소식 및 기쁜 소식' 이라는 어원은 BC 490년 페르시아 대군이 아테네를 침공하여 아테네 군대와 2차로 싸움을 하였는데 아테네 군사들이 승리하자 한 병사가 마라톤에서 아테네까지 달려가 페르시아와의 전쟁에서 승리한 '기쁜 소식(복음)'이 있음을 알리고 그 자리에서 죽었다는 사실에서 어원이 발생되었다 한다.

때문에 성경 용어가 되었다.

고대 이스라엘 국가는 사울 왕에 의해 약 BC 1,095년 태동 후 BC 586년경 바벨론의 침략으로 BC 509년 만에 망한다. 이로써 이방 땅 이집트에서 서럽게 살다가 간신히 가나안에 왕이 있는 국가를 세운 후 망한 이스라엘 민족은 선지자 다니엘의 예언대로 구원할 메시아(Messiah 또는 그리스도)[449]를 기다리는 마음을 품고 고통스럽게 살아간다. 사울 왕 이후 약 500년이 지나 로마제국 시대에 이스라엘 땅 베들레헴에서 예수가 태어나 윤리적 종교적으로 패역한 현실을 꾸짖고, 하나님의 나라에 관하여, 그리고 자신의 정체성에 관한 설교와 함께 많은 기적, 이적, 표적 등을 행하다가 당시 사회법이 아닌 유대 정통 율법학자[450]들이 신성모독 등의 죄목으로 유대민족에 의해 십자가에서 예수를 처형되었다.

예수님 제자들은 초기에 예수가 이스라엘 민족을 구원할 정치적 왕 또는 선지자 정도로 생각하다가 즉 약 3년 동안 예수의 정체성을 정확히 모르고 따르다가 예수가 죽고 사흘 만에 부활하고 지상에 40일 머물고 승천한 후 마가의 다락방에서 성령을 받고 「예수」의 정체성을 확실히 깨닫게 되었다. 즉 예수님이 하나님의 아들이라는 것이며 그가 구약에 계시한 바대로 사람의 죄를 대속하여 십자가상에서 사람이 죽어야 할 죽음을 대신 죽었음을 알게 된다. 예수님의 제자들이 이 예수님의 관한 이 진리를 전도하고 쓴 글이 신약이 되었다. 예수님에 관한 진리란 그가 구약에서 미리 설명된 메시아라는 것이며 그의 죽음, 장사, 세례(침례), 부활, 영생의 사건이 그를 믿는 자에게 예수님으로 말미암아 동일하게 있다는 것 등으로 이것이 「복음」이다. 따라서 복음의 내용은 시공간적 현실과 미래를 포함하며 우주적으로 의미심장한 사건이다.

이러한 예수의 정체성은 구약에 희미하게 또는 상징적으로 여러 곳에 나누어 표현되어 있는데 예수님이 제자들에게 구약이 예수님을 지칭하는 것으로 설명하였음에도 제자들이 깨닫지 못하다가 성령에 의해 정확히 예수의 실체를 알게 된다. 이처럼 예수님 이야기는 유대인(또는 이스라엘 민족)이나 구약에 이미 계시된 내용이지만 예수님의 제자들이 늦게 깨달아 「새롭게」 알게 된 복된 내용이 됨으로써 이를 「복음」이라는 신조어로 유대인과 비유대인에게 설명되고 전도되었다.

실제 구약에는 여기저기에서 조금씩 그리고 상징으로 예수의 탄생과 그의 생애에 관

449 메시아(Messiah)는 히브리어이고 이를 희랍어로 번역하면 그리스도(Christ)인데 이 단어의 뜻은 '기름 부음을 받은 자'라는 뜻이다. 보통 구원자로 인식된다. 다니엘서 9:25, 요한복음 1:41 및 4:25에 메시아라는 단어가 등장한다.

450 주로 산헤드린 공회의 사람들로 대제사장 등이 포함된, 로마가 점령지에서 세운 원로들로 구성된 자치기구이다.

한 기록이 있음에도 이를 통합적으로 그리스도가 누구이며 그의 역할이 무엇인지를 정확히 한 번에 해석할 수 없는 일종의 퍼즐(puzzle)처럼 분산되어 있다. 예수님이 활동하던 당시 구약에 정통한 모든 신실했던 제사장이나 율법학자도 정확히 예수의 실체를 알지 못하였으며 다만 예수보다 6개월 먼저 태어난 세례 요한만이 예수의 정체성을 그의 제자를 통해 검증한 후 알았던 것으로 신약성경에 기록할 따름이다.

예수님의 정체성과 그의 행동과 설교를 인류사적으로 보면 매우 충격적이며 새로운 내용이 가득하다. 구약에 희미하게 설명되어 있으나 예수님께서 행동하고 설명하심으로써 비로소 온전히 해독이 되었다. 심지어 예수님의 제자인 요한은 그의 책 요한복음 21장 25절에서 예수님의 행적을 낱낱이 기록할 수 없을 정도라 하였으니 예수님의 제자들은 상세히 예수님의 실체를 안 것으로 보인다. 그들은 예수님이 이스라엘 민족을 포함하여 온 인류에게 구원이 된다는 복된 소식임을 알게 되었고 이를 유대인에게 또는 사마리아인, 로마인, 그리스인 등 비유대인에게 전하였고 이는 예수님의 명령이었다.

예수님의 명령에 따라 온 천하에 사도(使徒, apostle)[451]들은 예수님에 관한 도(道), 진리 즉 복음을 전하기 위해서는 구약에 암시된 여러 내용을 변증하고 예수의 행적을 인용하여 예수님이 그리스도임을 전해야 했는데 이는 결코 쉬운 일이 아니었다. 유대인은 매우 강한 율법적 지식에 고착되어 있어 예수님 자신도 살아있을 때 유대인에게 자신을 직접 설명하여도 이를 알아듣지 못하였다. 그리고 아직까지 유대인들은 거의 예수님을 그리스도 또는 구세주로 인정하지 않고 있다. 예수님은 구약을 신봉하는 유대인에게 구약을 인용하여 자신이 그리스도임을 논증하는 장면이 많다.

예수님은 30세 즈음 약 3년간, 구약에서 예언한 그리스도의 정체성을 확인시키기 위해 여러 행적을 보였는데 그 행적이란 구약을 인용한 자신에 관한 설명, 하늘에 계신 성부 하나님과의 기도(요한복음 17장), 하늘나라와 미래에 대한 설명, 그리고 하나님의 권능인 기적과 이적, 그리고 하나님을 증명하는 표적 등을 행하셨다. 자신이 하나님이심을 나타내기 위한, 즉 하나님의 절대 주권을 행하는 miracle의 의미인 이적(異蹟), 기사(奇事) 또는 기적(奇績)을 행하였고, 그리스도 됨을 증명하기 위해 표적(表迹 sign, title)과 구약에서 예언한 구세주가 행하여야 할 행동과 의(義)를 보이고 행하셨다. 따라서 신약은 주로 이에 관한 설명이 가득하며 특히 예수님이 부활하고 승천한 후 예수님이 그리스도 되심에 관한 사도들의 논증, 설명, 체험과 예수님이 보낸 성령

451 특정한 임무를 수행하기 위해 부름을 받은 사람을 사도라 한다. 이에 반해 제자(弟子, disciple)란 선생을 둔 학생으로 배움을 받는 자를 말한다. 예수님의 12 사도는 제자이기도 하다.

님이 행하신 사역을 소개하고 있다.

문자적으로 「복음」이란 예수님이 그리스도임을 알리는 복된 소식으로써 인류에게 전할 참되고 새로운 복된 소식이라는 의미이나 내적 의미는 사람의 죄를 하나님께서 사람의 아들 모양으로 세상에 와서 십자가상에서 피 흘려 사람의 죽음을 대신 죽음으로써 사람의 죄값을 대속(代贖, redemption[452])한 구세주(救世主, 메시아)이므로 이를 믿는 사람은 하나님 앞에서 의로운 자로 여김을 받아 영생을 얻는다는 것을 선포한 내용이다.

참고로 신약에 나타난 예수님과 복음의 원형을 구약에서 찾기도 한다. 구약에 표현된 상징을, 성경학자들은 원시 복음이라고 하나 여기에서 이에 관한 구체적 설명은 생략한다. 예를 들면 창세기 3장15절에서, 출애굽기의 절기와 성막, 레위기의 제사, 율법 등에서 예수님 내지 복음을 읽을 수 있다.

6-3-3. 죄(罪)와 죄의 전가(轉嫁) 원리

「죄(罪, sin)」의 개념은 성경 용어 중에서 가장 어렵고 매우 중요한 실체의 하나인데 성령님의 도움 없이 이해가 불가능하다. 성령을 통한 반성과 회개로 성경상의 죄[453]을 알 수 있기 때문이다. 개별적인 죄행이 아니라 본유(본래 또는 본질)의 죄를 깨닫고 회개하여만 기독교인이 되고 죄를 깨닫고 회개하기 전까지는 선을 지향하는 종교인이며 윤리적인 사람이며 죄를 연구하는 학자이요 깨달음을 지향하는 영지주의자이다. 성경이 지적하는 죄로 물든 육신의 자아(自我)를 이해하지 않으면 죄의 이해가 불가하다. 원론적으로 죄의 유사어는 악이기에 종종 죄를 「죄악(罪惡)」이라 한다.

예수님께서 구약에 정통한 유대인에게 말씀하시길, "*어찌 선한 일을 내게 묻느냐 선한 이는 오직 한 분이시니라* (마태복음 19:17)." "*네가 어찌하여 나를 선하다 일컫느냐 하나님 한 분 외에는 선한 이가 없느니라* (마가복음 10:18, 누가복음 18:19)." 선의 근원과 선한 분은 하나님이라고 한다. 사람은 선하지 않다는 것이다. 사람에게서 나오는 것이 선이 아니요 하나님에게 나오는 것이 선이라는 것이다. 예수님의 설명에서 알 수 있듯이 원론적으로 사람으로부터 나오는 것이 악한 것임을 상기할 필요가 있

---

452 고대 이스라엘의 제사법(레위기 16:8-10, 21-22 등)에 의하면, 사람의 죄는 죄 값을 치러야하기 때문에 사람 대신에 살아있는 양, 소 등 동물에게 사람의 죄를 전가(轉嫁)하여 사람이 죽어야 할 죽음을 대신 죽도록 함으로써 죄를 대속하였다.

453 신학의 죄론, 인간론 등에서 이 문제를 다룬다. 죄에 대한 본질적 이해가 없으면 구원론에서 이단으로 빠진다.

다. 하나님이 내 안에 계시고 그 하나님께서 나로 하여금 생각하게 하고 행동하게 하기까지 선하지 않은 나를 유보해야 한다. 선하신 하나님의 명령과 계시가 내게 임할 때까지 나의 생각과 행동은 선이 아니다. 이러한 예수님의 지적은, 최초로 발생한 아담과 이브가 선악과를 먹은 「과정」과 「결과」에서 죄의 「모양」이 나타나는데 이 대표적 과정과 결과와 모양에서 죄의 본질을 찾아 읽어야 하며 기타 다른 성경에서 그 본질을 병합하여 죄의 개념을 파악해야 한다. 개념적 설명보다 성령을 통해 죄를 깨달아야 한다. 비판적인 종교학자들은 성령님을 모르고 체험하지 않았기에 엉뚱하고 공허한 주장을 쏟아낸다. 그들은 기독교의 실체를 전혀 모르는 사람들이다.

죄의 본질을 이해하기 위해서는 아담과 이브가 에덴동산 중앙에 식재된 「선악을 알게 하는 나무의 열매(창세기 2:9)」를 먹지 말라는 하나님의 명령(창세기 2:17)을 어긴 사건을 넘어선 더 깊은 이해가 필요하다. 그 행위로 인해 사람이 부패하고 타락한 근원을 살펴 죄가 영·육·혼에 준 영향을 이해해야 한다. 아담과 이브가 지은 죄는 한 가지 유형의 최초의 대표적 죄라고 생각할 수 있다. 「죄」의 광의적 개념으로 보면 사람의 내외면의 실존과 현세와 내세의 죽음과 그리고 예수 그리스도를 보는 창이다.

하나님 입장에서 사람을 영원히 살도록 하였으나 선악과를 먹음과 동시에 불순종의 죄를 짓고 죽음에 이르게 되었다는 점이 창세기 2-3장의 대략이다. 사회법에서도 범죄의 대가를 치러야 하듯이 하나님께서도 사람이 죄를 지으면 그 대가를 요구하신다. 그런데 하나님께서 선악을 알게 하는 나무의 열매를 먹으면 정녕 죽을 것이라 아담과 이브에게 말씀하셨다. 아담과 이브는 선악과를 먹음으로써 죄를 짓고 죽게 되었는데 성경 전체로 보면 사람의 영·육·혼이 사망에 이르게 되었다는 설명이다.

창세기에 묘사된 내용의 여러 측면 중 아담의 행위에 대해 두 가지 측면으로 나누어 살피자(이미 제5장에서 개략 살피었다). 첫째 선악과를 먹은 행위와 둘째 하나님의 명령을 어긴 행위로 나누어 생각해 보자. 선악과를 먹는 경우 사망할 것이라고 하였으니 문자적으로 육체적 사망은 선악과를 먹은 것에서 유래한 것으로 보인다. 그런데 이 수목의 명칭이 설명하듯 선악을 알게 하는 나무의 열매를 먹었으니 아담과 이브는 선악을 아는 분별력과 지식이 그들에게 임하였을 것이다. 이런 의미를 창세기 3장 7절에서 눈이 밝아지고 나체가 된 자신의 모습 때문에 무화과 잎을 엮어 치마를 입었다고 한다. 눈이 밝아져 창피를 알고 또 하나님의 낯을 피해 동산 나무 아래 숨었다는 것(자신의 죄과를 앎(가책, 죄책) 및 선과 악에 대한 분별력)인데 이 점에서 선악과가 신체와 더불어 영과 혼에 어떤 즉각적 죽음이 아닌 즉각적인 선악을 아는 영적 악영향이 초래된 것으로 보이는데 이 점이 영적 죽음을 말하는 듯하다.

선악을 아는 지식은 영의 영역에 속한다. 영적 지식인 선악은 영이신 하나님에 속한 것인데 사람의 영에 선악의 지식이 임하였다. 눈이 밝아져(창세기 3:7) 양심으로 부끄러워 함을 알게 되었고 하나님의 명령을 어겨 하나님의 낯(창세기 3:8)을 피하였다. 이 상황은 당초 맑은 사람의 영이 선악을 앎으로 인하여 어두어지고 두려움을 갖게 된 상태로 불완전함을 설명한다. 절대 명령인 하나님의 명령을 배신한 가책의 죄의식을 갖게 되었다. 맑은 영이 어두운 영으로 변했다. 이 불완전한 영은 혼에 영향을 미쳤을 것이다.

결국 영·육·혼에 도래한 악영향은 죽어야 할 운명이 되어 아담은 930세 죽었다 (창세기 5:4). 상황를 종합하면 먹은 후 육체적으로 죽어야 할 몸이 되었고 영적으로 눈이 밝아지고 창피함과 가책을 알게 되었고 죽어야 할 운명이 임했다. 선악과 자체와 하나님께 행한 영적 불순종이 신체와 영혼에 즉각적 사망이 아닌 성경적 개념의 영·육·혼의 「사망」을 유발하였음을 알게 한다. 성경 전반의 설명에 의하면 사망은 의학적 사망을 포함한 참 생명의 육체적 단절, 하나님과의 단절, 지옥에 이르는 심판, 영원성을 상실한 생명, 하나님께서 주신 최초의 맑은 영혼 기능의 쇠락 등 사망의 법칙(로마서 8:2, 고린도전서 15:56)으로 이해해야 한다. 이 사망의 법칙은 창세기 3장 14-19절까지 나타나는데 뱀과 아담과 이브 그리고 생태계 등에 여러 종류의 고통과 악영향인 징벌로 예시되었다.

선악을 알게 하는 나무는 생명나무와 함께 에덴동산 중앙에 식재되었다. 아담과 이브가 선악과를 먹은 후 동산에서 쫓겨나 에덴동산의 동쪽에서 살았다. 이유는 하나님께서는 아담과 이브가 다시 에덴동산에 들어와 생명나무의 실과를 따먹고 영생할까 하여(창세기 3:22) 에덴동산 동편 길목을 그룹(cherubim)들과 두루 도는 화염검(火焰劍)으로 생명나무의 길을 지키게(창세기 3:24) 하였다는 것이다. 선악과를 먹은 후에 생명과를 먹는다면 영생하는 문제가 있어 이를 방지하고자 하였다. 이런 묘사로 보아 하나님께서 식재한 두 나무의 실과는 영원한 생명과 영원한 죽음에 대한 의학적 그리고 영적 효과가 있음이 분명하다. 이는 상징적이라기보다 신체와 영혼에 의학적 효과를 실제 주는 실과로 설명하고 있다.

선악과를 먹은 결과인 죄는 「사망」이며 부가적 결과는 여러 「고통」과 「징벌」이다. 부가한 고통이란 이브에게 잉태의 큰 고통, 수고하고 자식을 낳음, 남편을 사모하고 남편이 다스림 등이고 남자에게는 땅의 저주로 종신토록 수고하여 소산을 먹음, 땀을 흘려야 식물을 먹음, 흙으로 돌아감 등 죽기 전 삶에서 나타나는 실존의 여러 고통들이다. 또 생태계까지 그 악영향이 미치었고 설명하고 있으니 선악과를 먹은 행위의 여러 「고통」과 「징벌」은 어마어마하고 광범위하다. 이로써 창세기 1장 17절에 선악과를 먹으면 「죽을 것」이라는 하나님의 경고는 사람에게 미칠 악영향 중 대표적 표현인 것을 알게 한다.

죄의 기초 개념을 다시 살피자. 성경 전체의 일관된 설명은 「사망」과 「고통」과 「징벌」이 「죄」로 인함이라고 설명한다.[454] 창세기에서는 하나님 명령을 어겨 선악과를 먹어 사람과 자연에 임한 사망, 고통, 징벌이 있음을 설명하였고 이를 죄라 정의하는 것이 일반론이다. 또 "죄"는 "죽음으로 그 댓가를 치러야 한다"는 것이 성경의 명제이다. 죽어야 할 죄가 있고 죽지 않아야 할 죄가 있는 것이 아니라 아담을 포함한 모든 사람은 본래부터 죽어야 할 죄를 지닌 존재라는 것이다. 이 측면이 죄의 성경적 정의이며 성령님께서 이를 깨닫게 하기 전까지 논리적으로 이해할 수 없고 이 정의에 동의하지 못한다. 창세기 2-3장에는 선악과를 먹어 그 결과와 영향으로 사람에게 (눈이 밝아져) 선악이 임하였고 이로 인해 영·혼·육에 죽음과 징벌과 고통과 죽음의 현상이 발생하였다는 점이 문자적 맥락이고 하나님의 명령을 따르지 않는 것 즉 불순종한 여러 영적 현상에 비중을 두어 설명하였으나 이 설명에 반드시 죽어야 할 죄의 관점을 가져야 한다.

성경의 또 다른 맥락은 사람의 죄가 다시 죄를 낳고 이로 인해 사망과 고통과 징벌을 유발하는 현상을 설명한다. 구체적 예로 가인이 아벨을 살인한 후 죄벌(punishment)이 심하여 정신적 고통을 견딜 수 없었던 사례(창세기 4:13)는 아담의 원죄가 아벨에 유전되어 살인이라는 죄행을 낳고 이 죄행이 정신적 고통을 낳은 점을 현상학적으로 설명한다. 로마서 1장 29절-32절[455]에 나타난 사람의 범죄 행위가 사형에 해당한다는 내용에 비추어 보면 아담의 후손인 사람이 지닌 원천적, 본질적, 본유의 죄가 사망과 고통과 징벌의 인과성을 갖는 것임을 알게 한다. 여기서 죄의 유전성과 죄가 낳는 현상적 결과들의 순환성을 이해해야 한다.

아담과 이브의 여러 유형의 사망은, 하나님의 명령 즉 선악과를 먹으면 죽으리라 선언한 것에서 찾을 수 있다. 「00하면 죽으리라」라는 하나님의 선언에 따라 죽어야 할 필요한 조건이 완성되었기에 아담과 이브는 죽을 수밖에 없다. 선악과를 먹으면 죽으리라는 것(창세기 2:17)과 생명과를 먹으면 영생하리라(창세기 3:22)는 하나님의 설

454 로마서 5:12, 6:23, 8:10, 야고보서 1:15

455 「곧 모든 불의, 추악, 탐욕, 악의가 가득한 자요 시기, 살인, 분쟁, 사기, 악독이 가득한 자요 수군수군하는 자요 비방하는 자요 하나님의 미워하시는 자요 능욕하는 자요 교만한 자요 자랑하는 자요 악을 도모하는 자요 부모를 거역하는 자요 우매한 자요 배약(背約)하는 자요 무정한 자요 무자비한 자라. 저희가 이같은 일을 행하는 자는 사형에 해당하다고 하나님의 정하심을 알고도 자기들만 행할 뿐 아니라 또한 그 일을 행하는 자를 옳다 하느니라.」

명에서 선악과와 생명과의 특성을 찾을 수 있다. 문자적으로 보면 선악과에는 선악을 알게 하는 어떤 효과가 있어 선을 알거나 행하는 것과 더불어 악를 알거나 행하는 효과를 유발한 것으로 보이며 이로 인해 선악을 알고 행하는 사람은 죽을 수밖에 없는 것으로 하나님께서 설명하셨다. 왜냐면 선악 사이에서 처하게 된 사람이 선을 알고 행하는 가운데 악도 알고 행할 수밖에 없어 선악간의 존재인 사람은 선과 더불어 악의 삶에서 영혼과 육체 모든 면에서 고통과 징벌 속에 살 수밖에 없다. 영원히 살수록 그 고통과 징벌이 누적되므로 죽어야 그로부터 해방된다.

영생이 하나님에 속한 것과 유사하게 선과 악은 실제 사람에게 불필요한 것이며 하나님에게 속한 것으로 사람이 손을 대지 말아야 하는 속성의 것이다. 따라서 선악 속에 사는 것은 고통이며 이 고통 속에서 살기보다 이 고통과 선악의 부조리 속에서 사는 것보다 당연히 죽어야 함이 더 논리적이며 타당해 보인다. 즉 사람 스스로 죽어야 할 존재가 되는 것이 더 타당하기에 하나님께서 선악과를 먹으면 정녕 죽으리라 하신 점은 지극히 타당하다. 또 선악과를 먹은 죄값은 사망일 수밖에 없는 것은 자명하다. 하나님께서 주신 이 명제는 사실 자명한 진리인데 친절히 미리 알려 주신 것에 불과하다. 하나님께서 「선악을 알게 하는 나무」라 명명하신 것과 먹지 말라고 설명한 점은 자명하다. 최초의 사망의 원리가 아담과 이브에게서 왔고 이 원리가 모든 인류에게 동일한 원리로 작동하기에 먹지 말라고 하셨을 것이다. 하나님께서 아담과 이브에게 준 말씀(지혜)이며 명령이며 선언이었으나 선악과를 먹은 이유로 인류는 죽을 수밖에 없는 필연의 존재가 되었다. 문제는 아담의 후손인 우리는 아담과 이브가 지은 죄로 인하여 내가 죽어야 할 이유를 깨닫지 못한다. 성경의 설명이 없다면 성령님이 아니시면 나의 이성으로 나의 죄로 죽어야 할 이유를 알지 못한다.

예민한 설명을 해보자. 사실 아담이 하나님의 명령을 어겨 선악과를 먹은 원죄(原罪)[456]를 지어 그의 후손인 온 인류가 죄인이 되었다는 성경의 설명은 아담처럼 선악과를 먹지 아니한 온 인류에게는 매우 억울하여 하나님께 항변의 소지가 있는 사안이며 합리적으로 이해가 쉽지 않다. 태어나기 전 모르는 선조가 죄를 지었다고 나도 당연히 죽어야 할 선언에는 억울함이 심대하다. 어쨌든 이 원리가 온 인류에게 적용되어, 사람의 대표자인 첫 사람 아담의 잘못된 행위로 인하여 모든 사람은 영·혼·육이 잘못된 죽어야 할 죄인이 되어 허덕이고 살며 영원성을 상실하고 결국 죽음에 이른다는 것이다. 아담과 이브에게 작동된 죄와 사망의 유전이 모든 사람에게 작동하는 법칙이 되었다는 것이 성경의 설명이나 후손은 매우 억울하고 비상식적이다.

456 이 용어는 성경에 없으나 죄를 교리적으로 설명하는 용어이다. 원죄로 인하여 사람은 죄인이 되어 의도적으로 무의식적으로 실수하여 죄를 짓는 행위들이 나오게 되고 이를 신학적으로 본죄(本罪)라 한다.

창세기의 아담 부부가 죄를 짓고 벌 받은 상황은 모세가 태어나기 전 2,400년경에 발생하였고 지금으로부터 약 6천 년 전 일어난 사건이다. 모세가 선악과 사건을 묘사하면서 자기가 살던 모순의 실존적 상황의 이유를 아담의 원죄로 이해하고 설명할 수 있기에 이를 자세히 묘사하려 하였을 수도 있으나 이는 아담부터 내려온 하나님의 설명이다. 이 사건으로 발생하는 실존적 상황은 모세가 죽은 후 3,600여 년이 지난 지금도 그대로 재현(순환)되고 있음은 물론 사람과 생태계의 실존 상황을 선악과 사건으로 충분히 설명 가능하다. 명확한 창세기의 설명이 없더라도 어렴풋한 귀납적 추론이 가능하다. 진화론 등으로 설명이 가능하지 않고 실존주의 철학으로 말하면 알 수 없으나 엄연히 존재하며 떨칠 수 없는 부조리이다.

아담과 이브의 죄로 유발된 창세기의 묘사를 현재 우리 삶의 상황과 사람의 심리적 내면에 비추면 부정할 수 없으며 항상 동일한 현상으로 지금도 일어난다. 이러한 실존적 상황과 현상에 대한 원인은 진화론이나 다른 종교에서 찾을 수 없다. 창세기의 묘사는 오늘날도 인간의 삶과 자연 생태에 정확히 작동 중이다.

성경은 시조인 아담 부부가 지은 죄로 인하여 각 사람이 아담과 함께 동일한 죄를 짓지 않았으나 "*한 사람으로 말미암아 들어온 죄로 인하여* (로마서 5:12)" "*아담 안에서 모든 사람이 죽어* (고린도전서 15:22)" 온 인류가 그와 「이미」 「함께」 죄를 지은 죄인이 되어 사망에 처했다고 선언한다. 이 선언은 죄의 원인이 아담 부부에게 있으나 후손인 온 인류도 아담(부부 중 아담이 대표)이 죄를 지을 때 「함께」 죄를 지었다는 개념에 근거한다. 이 죄는 신학적으로 원죄(原罪)이다. 이 원죄는 당대에 끝나지 않고 그 죄가 자손들에게 유전되는 법칙과 속성이 있다. 이는 아담이 지은 죄의 대표성 원리, 전가설(轉嫁設), 연대설(連帶設) 및 연합설(聯合說) 등으로 설명된다. 이 개념은 사도 바울이 쓴 로마서 5장 12-14절 및 히브리서 7장 10절 등에 나타난다. 모든 인류가 「첫 사람 아담」과 함께 죄를 지었다는 것이다. 이들 원리는 중요한 원리이며 「마지막 아담」인 예수님에 대하여도 적용되는 성경적 원리이다 (고린도전서 15:45). "*첫 사람은 땅에서 났으니 흙에 속한 자이거니와 둘째 사람은 하늘에서 나셨느니라* (고린도전서 15:47)"하였다.

아담과 이브가 범한 죄의 악영향이 매우 심각했고 이로 인해 후손인 모든 사람과 생태환경에 덮친 죄의 문제는 비통하며 사람 스스로 회복이 불가능하였다. 하나님께서 창조한 사람이 죽음과 고통에 이르는 죄를 지었으니 하나님께서 얼마나 한심하고 안타깝고 애통하셨겠는가. 이 심각한 죄를 없애야 하는 속죄(贖罪)와 구원의 새로운 과제가 사람과 하나님께 등장하였다. 여기에는 두 가지 방법이 있을 수 있다. 앞에서 설명했듯이 사람이 지은 자기 죄를 자기가 없애는 방법이요 둘째는 하나님께서 사람의 죄를 없애는 방법이다.

사람이 스스로 선악과를 먹고 죄를 지어 사망과 고통을 초래했으므로 사람 스스로 자기 죄를 제거하면 사람과 생태계에 발생한 사망이나 고통이 없어지는 것이 가역적 논리이다. 이 가역적 방식은 무엇일까. 첫째는 종교적 윤리적 방법이고 둘째는 하나님께서 제시한 방법인데 사람의 죄를 살아있는 동물에게 전가(轉嫁)하여 동물을 죽임으로써 자신의 죽어야 할 죄값을 대신 치르는 제사 행위이고 회개 행위이다. 구약시대에 이 둘째 방법이 시행되었다. 이 방법은 기독교 이외 다른 종교에서도 유사한 방식으로 시행된다. 비종교적 방법으로 사람은 자신이 온전하기 위해 학문적 또는 종교적으로 사람의 인격을 연구하여 개선하며, 그리고 일상에서 사과하거나, 수양하거나, 명상이나 기도로, 수도 생활로, 법률을 만들고, 교양을 쌓아 양심의 거리낌이나 범죄 문제를 해결하는 방법이다. 그러나 사람의 이러한 방법은 불가능하다.

이 방법 외에 앞에서 설명했듯이 하나님의 새로운 방법인 「복음」이다. 동물에게 죄를 전가시킨 전통의 제사 방법보다 더욱 효과적이고 확실한 방법으로 하나님이신 예수님에게 모든 사람의 죄를 전가하여 사람의 죄값인 죽음을 대신 죽는 것이다. 예수님께서 죽을 때 우리도 예수님과 연합하여 「함께」 죽음으로써 우리가 치러야 할 죽음은 이미 시행되었고 또 예수님이 장사될 때 우리의 주검도 이미 「함께」 장사되도록 하는 것이다. 이 신비한 하나님의 방법은 사람이 하나님께 제안한 것도 아니고 하나님 스스로 계획하시고 하나님의 아들 예수 그리스도가 사람의 모양(인자)으로 세상에 오셔 그 방법을 「이미」 시행하셨다. 따라서 세상 모든 사람의 죄는 어린양으로 지칭되는 예수님에게 전가되어 예수님의 죽음으로 죄값을 치러졌으므로 모든 사람의 죄는 사(속량, 贖良)했다는 것이다. 여기 예수님의 죽음으로 사람의 죄를 사하는데는 조건적 약정이 있다. 예수 그리스도께서 죽어야 할, 내 자신의 죄값을 대신하여 치르고 이 사실을 믿는 자에게 속죄의 특권을 준다는 것이다. 이 내용이 복음의 1차 핵심이다.

그런데 죄를 사한 하나님의 선언과 실제 사람의 정신 및 육체적 상태와는 차이가 있다. 예수님을 믿는 자의 죄를 사하였으나 현실적으로 예수 그리스도를 믿는 자는 육신을 가진 죄인으로서 죄의 속성을 가졌으나, 하늘나라의 법률에 따라 하나님께서는 죄를 죄로 여기지 않고 죄가 없다고 여기는(의제하는)[457] 하나님의 사람에 대한 일방적 약속이며 선포이다. 살아있는 육신을 지닌 사람은 여전히 죄인이나 영적 신분으로

457 의제(擬制)는 법률적으로 사실이나 실체를 달리하는 것을 동일하게 실체로 취급하여 동일한 효과를 부여하는 것을 말한다.

는 죄인이 아닌 의인으로 여긴다는 것이다. 영으로 선포한 이 내용을 믿는 사람이 있고(기독교인: 하나님의 자녀) 믿지 않는 사람(비기독교인: 세상 사람)이 있다.

기독교인이 하나님께서 스스로 하신 이 약정을 받아들이는 주된 배경에는 주관적이고 객관적인 두 측면이 있다. 첫째는 주관적으로 자신이 심각히 부패한 죄인으로 죄 사함을 받아 새사람이 되어야 할 필요성을 성령을 통해 깨닫고 동시에 객관적으로 성경에 선포된 복음에 따라 하나님으로부터 죄 사함을 받아 회개(회심, 거듭남, 중생)하여 예수님을 믿는 것이다. 이러한 과정은 주관적 회개와 이를 믿는 하나님의 객관적 선언에 대한 믿음인데 본질적으로 이 과정은 성령의 도움에 기인한다. 주관적 깨달음의 사례는 여러 신실한 분의 간증에서 살필 수 있다.

원죄와 죄성이 있는 우리가 궁극적으로 죄를 없애거나 죄를 짓지 아니하려는 끊임없는 노력, 인내 등으로 애쓰나 인간의 능력으로 해결할 수 없기에 이 해결책은 하나님께서 제시해야 할 문제라고 하나님은 판단하시고 <u>사람의 뜻과 상관없이 스스로 제안하시고 이를 실행하기 위해, 사람이 되시어 십자가상에서 사람의 죽음을 대신하여 죽으심으로 해결하였다!</u> 단지 내가 죽어야 할 존재임을 하나님께 고백하는 것이 회개이며 중생이다. 예수님의 십자가 상의 죽음에 대하여 감사하라 ! 찬양하라 !

6-3-4. 부활과 영생과 의(義)와 연합

하나님께서 에덴동산을 창설하고 생명나무를 심은 후 사람을 영원히 살도록 하였다. 사람을 창조 시 실제 영원한 삶 즉 영생을 계획하였다는 점은 예수님께서 사람에게 영생을 주기 위해 세상에 온 목적에서도 단정할 수 있다. 실낙원(失樂園)한 인간에게 당초의 영원성을 주기 위한 하나님의 방법은 예수님이라는 하나님께서 직접 지상에 오셔 그의 의를 선포하고 실천하는 것과 그를 믿는 사람에게 영원성을 보장하는 조건을 선포한 것이다.

예수님은 스스로 "*나는 부활이요 생명이니 나를 믿는 자는 죽어도 살겠고 무릇 살아서 나를 믿는 자는 영원히 죽지 아니하리니 네가 이를 믿느냐* (요한복음 11:25)"라 하셨다. 예수를 믿는 사람의 죄를 속량(贖良)하는 죽음과 장사한 바와 같이 예수님의 부활과 영생이 그를 믿는 사람에게도 예수님처럼 부활하고 영생한다는 것이 복음의 또 다른 내용이다. 즉 예수님의 죄사함의 죽음, 장사, 부활, 영생 이 네 가지 사건이 예수님에게 있었는데 예수님을 믿는 사람에게 이 네 사건이 예수님처럼 동일하게 연합하여 일어났고 일어난다는 것이다. 예수님을 믿는 자는 이미 예수님과 합하여 함께 죽었고 합하여 함께 장사되었으며[458] 앞으로 사람이 죽은 후 예수님이 부활했듯이 부활하고 천국에서 예수님과 함께 영생을 누린다는 것이다 (요한복음 5:24, 6:24, 6:40, 6:51, 10:28, 11:24-25, 17:2-3, 로마서 5:21, 6:5, 6:23, 고린도전서 15:13, 15:21, 디모데전서 1:16 등).

이런 복음의 진수는 사람의 상식과 이성으로 받아들일 수 없는 놀라운 명제이며 논법이나 이는 하나님의 일방적 약속이고 선언이다. 이 어마어마한 도(道)를 구약에서 암시하였고 예수님께서 구약의 암시를 드러내 이루었으며 직접 사람에게 알렸으며 그의 제자들이 깨닫고 이 내용을 전한 것이며 신약은 이 내용을 구체적으로 담고 있다. 예컨대 예수님의 사도들이 설명하기를, "*다른 이로서는 구원을 얻을 수 없나니 천하 인간에 구원을 얻을 만한 다른 이름을 우리에게 주신 일이 없음이니라* (사도행전 4:12)"라 하였다.

성경은 사람을 영생에 이르도록 창조하였는데 죄를 지어 죽음에 이르렀고 그 죄로 인하여 살면서 회개치 않고 여러 모양으로 범죄하여 결국 지옥에 갈 것을 경고한다. 그러하다면 특히 하나님 입장에서 사람을 죄인이 아닌 의인의 상태로 신분을 변경하여야 하는데 죄인을 의인으로 만드는 방법론을 하나님께서 제시하고 실천하셔 이를 믿으라는 것이 복음이다. 그러니 하나님과 사람 입장에서 문제는 모두 해결된 셈이다. 할렐루야! 이 방법은 하나님께서 일방적으로 사람의 죄를 사하여 주겠다고 창세전 계획이며 예수님께서 그 계획을 세상에 오셔 이루시었다 (요한복음 19:30).

이 논리는 사람의 행위, 열심, 사상, 합리적 열심, 종교심과 윤리적 행위 등에 의하지 않고 오직 예수님이 행하신 일련의 의(義)에 힘입어 즉 예수님으로 말미암아 (through Jesus) 그의 의가 사람의 의로 전가되어 예수님을 믿는 사람이 의롭다 함을 일컫게 된다(로마서 6:7)는 하나님의 일방적 약속에 근거하여 의인(義人, the righteous)이 되는 것이다. 예수 그리스도와 연합하여 이미 죄 사함을 받았으며 그리스도께서 부활하실 때 우리도 부활할 것으로 약속받았으며 그가 재림하실 때 그와 함께 영원한 낙원에서 안식할 것이다.

하나님의 이러한 일방적 구속의 방식과 의에 이르는 방식에 전적 동의하여 믿는 믿음을 가진 자는 의인이라고 칭하게 되어 하늘나라의 특권을 갖는다 (골로새서 1:20). 하나님의 이 선포는 매우 단순하며 쉬우나 이를 깨달아 믿는 믿음에 이르기에는 성

458 세례 또는 침례란 중생한 자가 옛 사람(자아)이 죽음으로써 그 죽음을 장사지내는 의식이다. 로마서 6:3-4, 골로새서 2:12.

령의 도움이 절대이다. 이 모든 영적 지식은 사람에게 나온 것이 아니라 하나님에게서 나온 계획과 약속과 실천이기 때문이다. 이를 믿는 믿음은 하나님으로부터 나오며 하나님께서 깨닫게 하신다. 세상에 없는 이론이고 유일하고 신비한 진리이다.

다시 강조하면, 사람이 자기의 죄를 고백하고 죄사함을 위해 대신 죽으신 예수 그리스도를 믿는 자에게는 그리스도 예수와 함께하는 연합(聯合, unification) 방식 즉 예수와 (연)합하여 세례를 받고 십자가상에서 예수 그리스도와 (연)합하여 함께 죽고 함께 장사되었으며 또한 그의 부활하심에 힘입어 믿는 자도 함께 (연)합하여 부활하는 교리(로마서 6:3-6)가 연합의 방식이다.

6-3-5. 「말씀」

성경에서 사용된 「말씀」의 의미는 크게 세 가지로 사용된 듯하다. 그 하나는 입으로 말하는 형태인 발화(發話)된 말(speech, word)이고, 하나님께서 직접 말씀한 것이며, 하나님의 속성을 표현하는 진리적 명제들이다. 다른 하나는 하나님 자신으로서 진리 속성을 띤 하나님 자체를 말하는 대명사(the Word, Logos)로 사용된 말씀이다. 또 다른 하나는 만물과 생명체를 만든 피조물에 하나님의 말씀이 존재(내재)한다. 하나님께서 말씀으로 천지와 생명체를 만들었기 때문에 천지와 생명체 존재와 현상 속에 하나님의 특성이나 속성이 존재하며 이를 말씀(영)으로 파악하는 것이다.

신약이 헬라어로 쓰여졌고 당시 유럽 전 지역이 헬라 사상이 번창한 때라서 진리이신 예수님을 설명하기 위해 로고스(Logos)라 표현하였다. 이 개념을 영어로 번역 시 「Word, 말씀」을 삼위일체의 제2격인 예수님과 동일시하는 개념으로 사용하였다 (요한복음 1:1). 이외에 성경은 삼위인 성부와 성자를 말씀으로 번역되기도 하나 특히 성자 예수 그리스도를 말씀으로 지칭한다. 하나님은 절대자이고 영원성을 갖기에 그가 하신 말씀은 진리(Logos)이다.

사도들이 사용한 이 용어인 「말씀」에 관한 존 M. 프레임 교수의 해석은, 진리이신 성부 성자 성령 삼위가 서로 소통하는 모든 총체적 의사소통의 영원한 상호 교통이다는 것이다. 또 그는 말씀의 정의를 소통자로서 이해된 하나님 자신과 피조물과 자유로운 소통의 총체로 정의하였다.[459]

인격성을 갖춘 하나님은 자신을 나타내실 때나 계시하실 때 말씀으로 하시며 그 말

---

459 존 M. 프레임 김진운 옮김, 성경론, 개혁주의신학사, p 115-117

씀은 변치 아니한 진리이다. 이런 이유로 성경의 말씀은 절대 진리가 된다. 하나님께서 말씀한 언약은 일점 일획(마태복음 5:18)도 불변하며 특히 사람에 대하여 약속한 말씀 역시 영원히 유효하다. 이러한 말씀의 특성으로 하나님께서 사람에게 밝힌 복음은 진리의 말씀이며 그 진리는 태초부터 있었음을 요한복음 1장 1절에 기록하고 있다. 심오한 말씀이다.

태초에 말씀이 계시니라. 이 말씀이 하나님과 함께 계셨으니 이 말씀은 곧 하나님이시니라. 그가 태초에 하나님과 함께 계셨고 만물이 그로 말미암아 지은 바 되었으니 지은 것이 하나도 그가 없이는 된 것이 없느니라 In the beginning was the Word, and the Word was with God, and the Word was God. He was in the beginning with God. All things were made through Him, and without Him nothing was made that was made 요한복음 1:1-3.

예수님은 하나님이시기에 그로 말미암아 만물을 지은 바 되었고 예수님께서 말씀으로 명할 때 만물이 순종하였다. 태초부터 계신 예수님이 세상에 계실 때 하신 말씀 역시 그가 하나님 되심과 그의 정체성에 관한 속성을 표현한 진리이다. 성경에 나열된 여러 말씀을 진리적 명제들인 말씀으로 구성된다.

여기서 예수님께서 말씀하신 몇 가지 특이한 명제로서의 말씀에 대해 생각해 보자. 요한복음 14장 6절은 예수님께서 제자들에게 자신이 누구인지를 설명하는 말씀이 있는데 이러하다. *예수께서 가라사대 내가 곧 길이요 진리요 생명이니 나로 말미암지 않고는 아버지께로 올 자가 없느니라(I am the way, the truth, the life. No one come to the Father except through Me).* 이 표현은 매우 단순한 명제로서 'A가 B이다'의 구조를 띤다.

'사과는 과일이다'와 같은 명제가 이해되는 것은 술어가 주어를 명확히 설명하고 상징이 없는 내용을 담고 있기 때문이다. 또 주어와 술어는 평상적으로 이해할 만한 동질의 범주를 갖는다. 그러나 '내가 길(道)이고 진리이고 생명이다'라는 예수님의 설명은 '사과가 과일이다'와 같이 단순한 구조이나 이해가 쉽지 않은 이유는 상징과 비유를 포함하는 비동질의 범주로써 이해가 어렵다. 또 예수님을 사람으로 생각하여 이 문장을 이해하려면 의미 파악이 어렵다. 이 문장 해석에 새로운 시각이 필요하다.

예수님께서 말씀한 이 명제의 특징은 예수님 자체가 길, 진리 그리고 생명이라는 의미가 매우 진하다. 예수님이 신이어야 가능한 표현이다. 예수님을 길, 진리 그리고 생명과 동질적 의미로 이해해야 이해되는 진의(眞意)이다. 특히 설명의 주안점이 예수님은 진리 자체이고 생명 자체가 되기에 예수님께서 이러한 명제로 자신의 정체성을 설명한 점이다. 이 의미를 이해하려면 예수님의 신성과 인성 모두를 이해해야 하는 대(大)문장이요 기독교의 핵심이다.

예수님께서 말씀하신 다른 말씀을 보면 상징을 사용하나 매우 직설적이고 간단한 문장으로 예수님 자신이 하나님인 구세주인 속성을 나타낸다. 이 설명은 사람의 사유 방식으로 또 현실적으로 불가능한 설명이다. 이외 유사한 유형의 표현들이 신약 특히 복음서에 많이 있다.

- *내가 생명의 떡이니 ---- (중략) --- 나는 하늘에서 내려온 산 떡이라. 사람이 이 떡을 먹으면 영생하리라* (요한복음 6:48-51).
- *내 살을 먹고 내 피를 마시는 자는 영생을 가졌고 내 살은 참된 양식이요 내 피는 참된 음료로다* (요한복음 6:54-55).
- *영생은 곧 유일하신 참 하나님과 그가 보내신 자 예수 그리스도를 아는 것이니라* (요한복음 17:3).
- *나는 부활이요 생명이니* (요한복음 11:25) 등이다.

성경에 나열된 「말씀」은 하나님에게서 나온 진리의 명제로 사람들이 생각해 낸 지식이나 악령들에 속한 명제는 「말씀」이 아닌 「말」이나 사람의 「사상」에 불과하다. 성경은 하나님에게 속한 것과 사람이나 세상에 속한 것을 구별하고 또 아담과 이브가 창조되기 전부터 「말씀」으로 존재하는 것을 설명한다.

하나님은 말씀으로 천지와 여러 생명과 사람을 창조하시었기에 천지만물은 하나님에서 발원된 진리 체계를 담고 있으며 하나님의 말씀에 순종하여 아름답고 질서 있게 존재하고 운행하고 살아간다. 사람은 천지와 생명체에 존재하는 하나님의 말씀을 추론적 방법, 직관적 방법, 경험적 방법으로 이해하고 해석할 수 있으나 사람의 언어로 약간 구상화(具象化)할 뿐이다. 또 천지만물은 하나님의 거룩한 말씀을 나타내고 있는 반면 하나님 말씀이 아닌 악령에 의한 것, 사탄과 마귀에 의한 것이 하나님의 말씀과 대적하여 실재하고 있다. 이들이 우리를 미혹하게 하고 혼란에 빠지게 한다.

6-3-6. 예수님의 기도

요한복음 17장은 예수님께서 십자가에 달리시기 전에 하늘나라에 계신 성부 하나님께 기도하는 매우 중요한 내용이다. 성경 전체에서 하나님의 아들인 예수님께서 이 세상에 오셔 많은 기도를 하였으나 성경에 실린 성부 하나님께 기도로써 대화하는 유일한 장면이며 스스로의 사명, 성부 하나님과의 관계, 예수님이 스스로 밝힌 자기 정체성, 세상에 오신 목적, 지상에 있는 믿는 자들이 예수님이 하나님과 하나이듯 하나가 될 것 등의 부탁을 하셨다. 이 장은 일종의 하나님 사이에 있었던 장엄한 약속과 대화이며 앞으로 드러날 역사이기도 하다.

기도 내용은,
1) 하나님께서 아들을 영화롭게 하고 또한 아들로 아버지를 영화롭게 한다는 것과
2) 예수님 자신이 창세 전에 있었고
3) 하나님의 아들인 점과
4) 자신을 믿는 모든 자에게 영생[460]을 주었다는 그리스도의 위치에 있음과
5) 예수를 믿는 자를 성부 하나님께서 예수님에게 주시었다는 점과
6) 예수를 믿는 사람들에게 영생을 주고 멸망치 아니하게 보전하도록 하는 점과
7) 하나님의 말씀을 세상에 선포하였다는 점과
8) 예수를 믿는 자를 악에 빠지지 않게 보전하고 진리로 거룩하게 한다는 점과
9) 하나님의 말씀이 진리라는 점과
10) 예수를 믿는 자들이 하나님 안에서 하나가 됨과
11) 하나님께서 예수를 믿는 자를 사랑한다는 점과
12) 예수 믿는 자들이 창세 전부터의 영광을 보게 될 것이라는 점 등이다.

6-4. 성령(聖靈, Holy Spirit)

성령은 삼위일체의 제3격에 해당하는 하나님으로 오래전 성신(聖神)이라 번역했었으나 최근 성령으로 통일하여 사용한다. 삼위일체론에서 성령 하나님을 다룬다. 성령의 사역은 창세기 1장 2절에 처음 나오며 구약에서 "하나님의 영"으로 표현되었다. 예수님께서 세례를 받은 후 성령이 임하셨고 (마태복음 3:16), 또 성령을 직접 설명한 바 있는데 *"바람이 임의로 불매 네가 그 소리를 들어도 어디서 오며 어디로 가는지*

460 예수님께서 정의한 영생이란, "유일하신 참 하나님과 그의 보내신 자 예수 그리스도를 아는 것이라 (요한복음 17:3)" 하였다.

알지 못 하나니 성령으로 난 사람은 다 이러하니라 (요한복음 3:8)" 하였다. 성령의 보이지 않는 영의 특징을 설명하셨다. 예수님께서 승천할 때 성령을 보내 주겠다고 제자들에게 약속하시고 부활 후 50일이 되는 날(오순절) 마가의 다락방에서 예수님 제자 120여 명이 모여 기도에 힘쓸 때 강력한 성령이 임하여 예수님의 실체를 정확히 알고 이후 복음 전도에 힘쓰게 되었다 (사도행전 1-2장). 오늘날은 성령시대이다.

성령님은 삼위의 하나님이시며 사람에게 하나님을 향한 믿음을 주어 죄를 깨달아 회개하게(거듭나게) 하며 하나님과 성경 말씀을 이해하게 하고 예수 그리스도를 본받게 하는 마음을 주며 죄를 멀리하는 삶으로 죽을 때까지 하나님을 향하도록 인도하신다. "*그리스도 안에 있는 생명의 성령의 법이 죄와 사망의 법에서 너를 해방하여* (로마서 8:2)" 이 세상에서 자유함과 생동감과 능력과 화평을 주어 저 세상으로 인도하기까지 우리와 함께 계신다. 성령의 충만함으로 삶의 방향을 구하고 성령에 의지함이 신앙 생활의 척도가 된다. 생활 속에서 사랑, 희락, 화평, 오래 참음, 자비, 양선, 충성, 온유와 절제의 덕목을 이루도록 하신다(성령의 9가지 열매, 갈라디아서 5:22-23). 성령님께서 강력히 임하기도 하고 미세하게 임하기도 하며 영적 침체가 있을 수 있으나 회개와 말씀과 기도로 성령 충만에 힘써야 한다. 성령의 도우심과 함께 마귀의 방해가 있으므로 하나님의 선한 뜻을 향한 분별력을 가져야 한다. 성령론에 관하여는 참고 도서 목록을 참고하면 좋으며 개인적 보잘 것 없는 성령 체험은 제8장 3절 "감성과 영성"에 수록하였다.

6-5. 생명

예수님께서 생명은 천하보다 귀하다고 하셨고(마태복음 4:8) 또 하나님이신 예수님께서 사람의 영원한 생명을 위해 사람의 모양으로 오셔 사람을 위해 돌아가셨다. 예수 그리스도를 믿는 하나님의 자녀는 하나님의 후사(後嗣, 상속자, heirs)로서 엄청난 영광을 누리게 된다 (로마서 8:16-18). 성경이 말씀한 이 귀하고 아름답고 영광스러운 생명을 현대인의 생각으로 알 수 없으나 그 개략의 조금을 생각해 보자. 현대인이 생명을 경시하는 바는 이 놀라운 생명에 대한 인식과 비밀을 전혀 모르기 때문이다.

사람의 생명은 생명의 근원, 생명의 구성, 그리고 생명 현상을 파악해야 하며 기타 수명, 건강 등과 관련 주제를 동반한다. 생명의 근원에 대하여는 하나님의 형상과 모습을 닮게 창조된 창세기를 인용하였다. 사람의 생명 현상의 여러 정신적 측면을 심리학, 정신분석학, 사회학, 법학, 철학 및 종교 등 인문학에서 다룬다. 수명과 건강 분야는 물리적, 생화학적 그리고 분자생물학적으로 의학이, 물질 현상은 과학이 다룬다.

생명의 특징은 활기차며 움직이고 스스로 생각하며 외부환경에 영향을 주고 받으며 또 유사한 다른 생명(자식)을 낳는다. 죽음을 생명의 반대로 생각하게 하는 것은 생명의 이러한 특징이 소실되기 때문이다. 영혼이 육체에 깃든 사람은 이 현상을 만들어내지만 영혼의 어두움 때문에 생명다운 에너지를 잃고 방황하며 자학하며 타인을 괴롭히며 거짓을 저지르며 선동한다. 성경은 영혼의 참생명과 영원한 생명이 있음과 이들 현상과 어두운 생명 현상을 설명하고 있다. 더 깊은 생명의 광의의 개념으로서 사람이 인지할 수 없는 영원한 생명의 본질과 만물의 기원은 예수 그리스도에 있음을 성경이 설명하나 그 신비는 이해가 어려워 사람의 영·혼·육에 한하여 생각해 보자.

사람이 파악하는 생명의 구성은 신구약의 설명과 용어로 영·혼·육으로 구성된 것으로 본다. 일부 학자는 영과 혼을 동일 시하여 육신과 영혼으로 이분하기도 한다. 이분하는 원인은 강력한 영(靈, spirit)을 체험하지 못하여 영과 혼(魂, soul)을 혼동하고 있어 사람의 정신 작용을 영혼이라고 생각하는 것으로 보인다. 현대 심리학과 정신분석학에 영향을 받아 그러한 주장을 하며 이는 비성경적으로 보이며 신앙 생활을 하거나 하나님을 이해하는데 심각한 방해를 유발하기도 한다. 그들의 이같은 혼동으로 용어 선정을 자신의 생각대로 사용하여 번역한 성경책이 있거나 성경에 근거하지 않은 심리적 해설을 부기하기도 한다. 개인의 체험과 성경의 설명에 따라 혼과 영은 분명히 다른 실체로서 생명이 영·혼·육으로 구성되어 있음을 전제하고 설명한다.

먼저 영·혼·육을 이해하기 전 예를 들어 설명해 보자. 자석은 N극과 S극을 지니고 있다. 이 N극과 S극은 눈에 보이지 않는 장(場, field)을 형성한다. 이 장으로 인해 전기 또는 힘이라는 현상을 유발한다. 이 예에서 알 수 있듯이 어떤 현상은 그 현상을 유발하는 물체 또는 기관이 있음을 알게 된다. 영·혼·육 역시 사람을 구성하는 기관으로 생각할 수 있고 이 영·혼·육이 어떤 현상을 유발한다. 주로 의학, 심리학, 정신분석학, 종교, 윤리, 철학 등에서 눈에 보이지 않는 이 현상을 심리, 정신, 사고, 반응, 감각, 감흥 등으로 설명한다. 성경에서 이런 현상을 일으키는 기관을 육, 혼 및 영이라고 한다. 때때로 영·혼·육이 일으키는 눈에 보이지 않는 현상 자체를 영·혼·육이라고 표현하여 독해 시 혼동을 주기도 한다.

영과 혼 두 개념을 분명하게 파악할 수 있는 성경 구절이 (번역의 혼란으로) 적으나 혼이란 물리적인 몸의 생리를 작동시키는 일종의 에너지(하나님께서 주신 「생기」 또는 「숨」, 창세기 2:7)이며 육신의 생명 활동을 관장하는 각종 감각적 반응과 자아를 구성하여 (특히 사람은 혼이 발달하여) 지·정·의 같은 현상을 만들어 내며 이를 연구하는 분야가 철학, 종교, 심리학, 정신분석학, 생리학, 인류문화학, 역사학 등이다.

영적 현상을 주관하는 영적 기관은 사람이 거의 인지할 수 없기에 혼으로 착각하기 쉽다. 영적 기관은 하나님이 주시는 성령과 악한 마귀와 마귀가 주는 악령과 양심에 의해 영향을 받는다. 영에 속한 현상은 선악의 판단과 죄의 가책과 양심의 작용이 대표적이다. 아담 부부의 죄는 선악을 받아들인 영의 타락이다. 혼은 주로 육신과 함께 밀접하게 작용하여 서로 영향을 주고받는다. 이때 육신과 혼은 영에도 영향을 주어 영적 현상을 형성하게 되는데 이를 보통 정신이나 심리 현상으로 설명할 수 있다. 사람이 미치는 정신병은 혼 또는 영의 작용이며 몸이 심약하여 정신이 혼미한 것은 혼의 부작용이며 이로 인해 영력이 약해지는 현상으로 보인다.

이런 관계와 현상에서 영·혼·육은 일체화된 관계로 상호작용한다. 정신 현상 중 많은 부분이 영적 현상이며 육과 혼이 영적 현상을 형성하기에 혼과 영을 구별하기 쉽지 않다. 혼은 육을 살아있게 만드는 생리 작용 내지 에너지 활동을 말하며 그 결과 중 영적인 것을 만들어 낼 때 영적 현상으로 나타난다. 이와 별도로 영의 기관이 있어 영이 혼과 육을 지배하나 사람의 영이 너무 힘이 없고 비활성화된 상태로 육과 혼을 관장하지 못하는 상태에서 태어나고 주로 육과 혼에 지배를 받는다. 이러한 상태 때문에 사람의 영이 죽었다고 성경은 지적한다. 다른 생명체와 달리 사람은 영과 혼의 기능과 활동이 발달하여 영적 현상을 잘 만든다.

영은 천사와 같이 독자적 매체의 형태(영체 또는 영매)로 나타날 수 있고, 사람이 볼 수 없기에 현상으로 존재하거나 인지하여 그 현상을 언어로 표현하고 혼의 작용처럼 정신작용의 결과인 의식 등으로 나타난다. 현상으로 존재하는 예로 우리가 쓰는 말과 생각은 일종의 영이 된다. 강력한 영은 혼을 지배하고 혼은 몸을 지배하며 이와 역방향으로 영향을 미치기도 한다. 이런 점에서 영과 혼의 경계가 명확하지 않아 강력한 영을 체험하지 않으면[461] 학문적으로 또는 의식으로 구분하기 매우 힘들다. 맑고 활기차고 충만한 영은 어두운 심성(혼)과 약한 몸을 건강하게 하며 반대로 몸이 심각히 아프면 혼과 영이 괴로운데 이는 영·혼·육 관계의 이런 현상 때문이다.

요약하면 영·혼·육은 하나로 결합되어 살면서 상호 영향을 주고 받으면서 일부가 영적 현상을 형성한다. 종교적으로 말하면 가장 높은 단계의 영적 기관이 사람을 지배

461 이러한 설명을 신비주의적이라고 한다. 그러나 신비주의가 아니라 실제 성령을 통한 강력한 현상이다.

한다. 사람의 생각, 사고, 의식, 마음 등과 말의 일부는 영적 현상에 속하며 이 현상을 만든 육과 혼은 소멸하나 그 결과물인 영은 소멸하지 않고 심판을 받는다는 것이 성경의 설명이다.

성경의 생명과 죽음을 이해하기 위해서는 몸의 죽음, 혼의 죽음 및 영의 죽음 세 분야를 생각해야 한다. 특히 성경은 사람의 죽음을 몸의 죽음보다 영과 혼의 죽음에 초점을 둔다. 성경은 영·혼·육의 죽음을 죄로 설명하기 때문에 죽음에 대하여 혼동을 주곤 한다. 창세기 6장 3절에 보면 태초에 하나님께서 주신 영이 사람에게 떠나 출생시부터 거룩함이 결여된 비활성화된 상태로 보인다. 성경은 사람의 영에 하나님의 영이 없기에 죽은 상태 또는 죄의 상태로 태어난 것으로 설명하고 있다.

종교, 신화, 문학, 과학 등을 포함한 인류가 남긴 인문학이 다루는 사람의 「생명」은 육체가 있는 생명과 육체가 없는 생명(영 또는 영혼)으로 나뉜다. 사람의 영혼은 생존 시 육체와 함께 거하다가 죽음으로 분리된 후에 영으로 영속하고 공간적으로 자유로운 존재로 본다. 또 귀신, 마귀(=사탄) 등은 죽은 사람의 영이 된 것이 아니라 별도의 영적 존재라고 정의된다. 오늘날 많이 쓰는 용어인 정신, 심리, 마음, 의식, 지각 등은 영혼과 유사한 의미로 사용되는데 육과 혼의 상호작용으로 만들어진 혼적 또는 영적 현상으로 본다.

생명(生命)은 살아있음(生)과 목숨(命)을 결합한 낱말이다. 그래서 숨이 끊어지면 죽음이다. 생명 전반을 이해하기 위해서는 출생과 사망을 포함하여 이해해야 하며 다음과 같은 질문도 동반한다. 첫째 생명은 어떻게 발생하였는가. 둘째 생명은 무엇인가. 셋째 왜 생명은 존재하는 것인가. 그리고 왜 죽으며 죽은 이후는 어찌 되는가. 이 중 가장 중요한 질문은 생명의 유래인데 이에 대한 답을 얻으면 나머지 답을 얻는다. 생명 유래는 크게 창조와 진화가 있고 기타 외계 도래 등이 있다. 인문학적 생명 현상이나 활동에 관하여는 의학, (분자)생물학, 생리학, 심리학, 문학, 예술, 종교, 철학, 역사 등에서 연구되고 있다. 생명 현상을 어떻게 다루며 어떻게 살아야 하는지의 본질적 질문은 윤리, 철학 및 종교 등에서 연구된다.

사람 이외 다른 생명체도 많으며 극히 작은 지방과 단백질 등으로 구성된 바이러스를 제외하고는 대체로 암수의 두 생명체로 새 생명이 발생하여 유전된다. 아미노산과 같은 유기물을 생명체로 정의할 수도 없다.[462] 생명체에 공통으로 존재하는 「생명」 현상을 몸을 구성하는 물질과 각 기관, 몸 속 물질 간의 상호작용 그리고 정신 및 심리

462 매우 간단한 아미노산은 자연 발생 가능하며 2023년 화성에서 발견된 바 있다.

현상으로 설명할 수 있으나 이외 생명 자체를 구체적으로 설명하지 못하고 있다.

생명을 물질로 결합된 유기체가 스스로 살아 움직이게 하는 에너지 또는 생기(生氣), 기운(氣運), 숨 정도로 막연히 생각되기도 하나, 유기체 내 신경계나 다양한 사고 작용인 생각, 마음, 각종 심리 반응, 의식 등에 관한 현상과 어떤 관계가 있는지 모든 면을 파악하지 못하고 있다. 물리적으로 생명 활동은 잉태하자마자 외부에서 물질을 공급받거나 흡수하여 생리 과정을 통해 온전한 생명체로 일정 기간 활동하고 성숙 후 자식을 낳으며 노쇠하며 죽은 후 몸은 최종 무기물로 분해·변환한다. 몸의 작용인 혼은 몸이 죽을 때 자동 사라진다.

영양물질 공급이 중단되거나 생명체의 일부가 심하게 손상되거나 병으로 생명을 잃기도 한다. 생명은 본인의 의지와 관계없이 비의지적으로 부모로부터 전수되고 자신의 의지와 상관 없이 비의지적으로 작동하다가 사라진다. 유전자를 담은 정자와 난자 속에 어떤 형태로 생명이 내장되어 있는 것인가. 생명을 주는 자와 받는 자 모두 생명이 무엇인지 모르고 주고받는다. 주는 자는 어떤 모습의 생명을 잉태할지 모르며 생리적 본능과 욕구에 의해 사람이 모르는 원리와 법칙에 따라 탄생한다. 이 과정을 의지적 선택, 집념, 강제, 소망, 우연, 인연, 필연 등으로 생각하나 전혀 실체를 모르는 가상의 생각이다. 기독교에서는 창조, 간섭, 예정이나 섭리로 설명하기도 한다.

현대 인문학은 암수가 만남(mating)이라는 사건만 있을 뿐 모든 생명의 잉태, 활동과 유지 및 죽음을 온전히 해석하지 못하고 있다. 생명체에 관해 가장 확실한 사실은 정자도 아니요 난자도 아닌 암수(부모)로부터 하나가 되어 유전된다는 것 외에 별로 없다. 진화론에 대입하여 생명의 발생 등을 생각하기에 불가능하여 이를 배척하고 주로 성경의 창조론을 공부한 내용을 전개해 보자.[463]

지구상 단일 생명체로 가장 오래 사는 것이 수목(樹木)이다. 우리나라 최고령 나무는 강원도 정선군 두봉산의 주목(朱木)으로 약 1,400년 정도라 하고, 세계 최고령 나무는 미국 캘리포니아 White 산에 사는 Great Basin Bristlecon 소나무 또는 칠레 남부의 아레르세라고 하는데 5,000년 이상이라는 것이다. 또 미국 북가주 Redwood 국립공원에 가면 수천 년 된 redwood 숲이 대규모로 울창하게 자생하는 등 세계 각처에 고령 수목들이 많다. 해면동물인 세라토 포렐라는 약 800년을 산다고 한다.

식물은 대체로 뿌리, 줄기, 가지, 잎, 꽃, 열매, 껍질 등으로 구성되는데 이 기관의 생

463 진화론은 귀납적 지식인데 반하여 창조론의 설명은 개괄적이나 연역적 지식이고 이를 믿음으로 삼는다.

명 내지 생리 현상을 연구하는 학문이 식물생리학이다. 식물 잎 속에서 일어나는 광합성은 맨 처음 햇빛[464]의 넓은 파장 중 일부의 특정 주파수인 약 P670nm - P700nm 범위의 광자 에너지를 엽록체에서 받아들여 이 에너지로 물 분자를 전자(e-)와 양성자(H+)로 분해한다. 이 전자와 양성자의 산화·환원과정과 여러 무기물을 캘빈-벤슨 회로 등 복잡한 과정을 통해 경이롭게 유기물(주로 포도당)을 생산하여 생명을 보존·번식·유전한다.[465] 이 과정은 엽록체를 가진 식물에게 일어나는 공통 현상이다. 진화론적 관점에서 보면 일견 식물은 광합성과 이의 역방향인 동물이 하는 호기성 호흡(이화작용)까지 수행하고 있어 동물보다 더 복잡한 생명 활동을 한다. 그리고 대부분 동물은 식물이 빛 또는 기타 에너지를 축적한 물질을 생리작용으로 분해하여 얻은 에너지로 살아간다. 따라서 모든 생명은 태양 빛에 의해 생존한다. 생명은 스스로 존재하지 못하며 전적으로 의존하는 존재이다.

분류학상 식물을 사람보다 하등·열등하다고 평가할 수 있으나 식물생리학을 깊게 살피면 일부 생리적 측면에서 사람보다 우등하고 놀랍다. 또 식물 세포와 동물 세포를 비교하면 설계 구조와 초미세 현상에서 유사성이 있고 어느 쪽 세포가 더 미적으로 아름답고 기능적 완성도가 월등한지 비교·분별하기 어렵다. 수명과 번식 그리고 환경 적응으로만 본다면 식물이 사람보다 더 월등한 존재이다.

진화의 기능 비교론적 관점에서 사람의 생명이 수목보다 짧다는 것은 사람의 진화가 수목보다 열등하다는 점을 말한다. 아마도 사람의 발현 시기가 식물보다 매우 늦다는 진화론적 주장이 있을 수 있으나 짧은 진화 시기를 거친 사람의 지능은 비상식적이고 비과학적으로 이상할 정도로 식물보다 월등하다. 이뿐 아니라 진화론적 상상에는 설명해야 할 사항이 너무 많아 자신을 설득할 수 없다. 예컨대 서로 다른 시기에 발현한 거의 모든 생명체가 왜 암수라는 동일 방식과 법칙으로 생명을 유전시키는지 등의 이유를 설명하지 못한다. 어쨌든 성경의 창조 과정도 식물의 발현이 사람보다 앞선다고 하였는데 이런 생명의 특징으로 보아 종(種)의 기원이나 진화 또는 창조는 시간적 길이에 의한 점진적 진화가 아님을 추정하게 된다. 생명은 완벽한 형상으로 매우 유사한 원리에 따라 갑작스러운 출현을 암시한다.

사람 생명의 기원을 밝히는 성경을 보면, 생명의 개념을 영·혼·육[466] 세 단어를 사용

464 물리적으로 햇빛은 지구 생명과 생태계의 근원이다.

465 Lincoin Taiz 외, 전방욱 김성룡 옮김, 식물생리와 발전, ㈜라이프사이언스, 2017, p 166-232

466 한자인 영(靈)과 혼(魂)에 대하여, 2015년 경 중국 청도에 사는 한족(漢族) 20대 남성과 50대 여성과 남성에게 개념을 물으니 영을 마음이나 정신 정도로 이해하고 있었다. 다만 혼은 무서운 귀신 정도로 이해한다고 하였다.

한다. 이 매우 오래된 용어는 지금도 많이 사용하며 영혼이 정신이나 마음을 일으키는 것으로 본다. 이 용어에는 많은 의미가 담겨있고 고대 의미가 오늘날도 그대로 내려와 사용되고 있음에도 고대인이 사용한 정확한 어의 파악이 어렵다.

창세기 2장 7절에, 사람은 하나님께서 코에 생기(生氣, breath of life, 히브리어: 하이욤 니쉬마트)을 불어넣어 생혼(生魂, living soul, 히브리어: 하야 레네페쉬)[467]인 존재로 만들었다고 한다. 이 문장에서 사람의 살아 있는 존재적 특징을 살아있는 「혼」으로 봄이 적정해 보인다. 히브리어 네페쉬(nephesh)를 성경에서 혼, 숨, 기(氣), 피, 생명, 바람 등으로 사용하고 있어 인체의 물리적 작용을 활성화시키는 생명 자체인 에너지나 기(氣) 정도로 이해할 수 있는 것 같다. 한편 레위기 17장 11절에 생명(히브리어 nephesh, 그리스어 pshyche)은 피[468]에 있다고 하였는데 이는 예수님을 상징하는 영적 개념으로 사용되기도 한다. 의학적 개념에 의하면 피는 소화 및 해독 등의 기관인 간과 호흡기관인 폐를 거쳐 온 몸을 돌아다니며 산소와 영양을 공급하면서 노폐물을 회수하여 배출하고 세균 등을 방어하는 역할을 강조한 것으로 보인다. 종합하면 하나님께서 사람을 포함한 생명체가 스스로 활동하고 생존하게 하는 모든 생물학적 기능이, 고대인의 표현대로, 「혼」으로 해석된다.

한편 예수님 말씀을 보면, 「영」이 떠나면 사람이 죽고(누가복음 8:55), 예수님이 부활 후 제자들에게 나타났을 때 이를 영으로 여겼고(누가복음 24:37), 하나님은 영이시고(요한복음 4:24), 살리는 것은 영이며 육은 무익하니라 내가 너희에게 이른 말이 영이요 생명이라(요한복음 6:63) 하였다. 또 악한 영(에베소서 6:12)이 있고, 미혹케 하는 영(디모데전서 4:1)이 있으며, 천사들은 부리는 영(히브리서 1:14) 등으로 설명하고 있다. 예수님의 제자들이 예수님의 평소 말씀과 정체를 모르다가 마가의 다락방에서 오순절에 성령님의 강력한 강림으로 그들의 영안(靈眼)이 열리고 능력을 행하게 되었다 (사도행전 2장). 즉 영을 실체와 영이 작용하는 현상 두 가지로 설명하고 있다.

사람의 영과 달리 일반적으로 영은 온 우주 공간에 개별적으로 존재하며 보이지 아니하는 살아있는 실재(實在)로 설명하고 있다. 그렇다고 정령(精靈)을 말하는 것이 아니다. 혼은 생명체에 있는 것이 특징이나 하나님께서 명하실 때 영은 생명체에 들

---

467 생혼(living soul)을 성경 번역에 따라 생령(living spirit)으로 번역한다. 영혼을 하나로 보는가 또는 나누어 보는가에 따라 영어 또는 우리말 성경 번역자들이 분리하여 번역하기도 하고 혼합하여 번역하여 많은 혼란을 야기 한다. 동시에 마음, 심령 등으로 번역하기도 한다. 이처럼 영과 혼 자체를 평상의 인식력으로 판단하기 어려운 것은 영을 체험하지 못한 사람들에 의한 번역 때문으로 보인다.

468 예수님은 십자가상에서 피를 흘리고 돌아가셨는데 피를 흘린 것은 생명이 피에 있음에 따라 인류가 지은 죄를 피 흘려 대속하는 행위였다. 이런 취지에서 구약에서 하나님께서 동물의 피도 먹지 말라고 명령하였다.

어갈 수 있고 또한 무생물에게 임할 수 있다. 예수님께서 물 위를 걸으시고 예수님의 능력(영)으로 바람을 잠재우며 음식(포도주, 떡, 물고기)을 새로이 만드신 것을 보면 영이 무생물에도 작용함을 알 수 있다. 여기서 특이한 점은 예수님의 말씀 자체도 영으로 본다는 점에서 언어(말)도 능력(기, 에너지, 활동력)을 가짐으로써 영의 일종으로 파악하는 듯하다. 이런 관점에서 세상에 나쁜 지식과 말은 악령(마귀)이 퍼트린 것과 우리에게서도 악한 영이 발현된다는 것이다.

고대부터 사용된 이 혼 또는 영의 의미를 현대적 용어로 1:1 대응하여 설명하지 못하나 생명의 본질을 혼과 영으로 설명된다. 혼은 육체를 지닌 살아있는 것에 깃들어 있는 것이고 영은 육체가 있든 없든 온 우주에 여러 형태로 존재한다. 여기서 성경이 설명한 내용 중 중요한 개념은 사람의 영이든 혼이든 이는 하나님에서 왔다는 점이다.

그런데 생명의 반대어인 죽음의 시작과 원인을 성경은 죄라 한다. 선악과를 먹은 일로 선악을 알게 되었고 선악과를 먹으면 죽는다(창세기 2:17)는 하나님의 선언에 따라 죽음이 사람에게 임하게 되었다고 설명함과 더불어 죄로 말미암아 사망이 왔다고 한다(로마서 5:12). 앞에서 선악과 자체가 육체적 사망을 초래한 것으로 해석하였는데 로마서의 이 정의에 의하면 죄가 사망을 초래하므로 죄는 첫째 사람의 영혼육을 죽이는 작용을 한 것으로 파악된다. 죄가 사망을 낳는다는 이 성구를 대부분 의역하거나 상징으로 해석하려는 경향이 많은데 이는 사람이 생명의 발현과 사망을 생물학적 그리고 물리적으로 이해하고 있기 때문이다. 그러나 죄 자체가 죽음을 야기한다는 문자 그대로의 의미를 숙고할 필요가 있다. 하나님의 명령과 법칙에서 이탈(불순종)하는 죄가 종국으로 하나님께서 만들어 놓은 생물학적 또는 육체의 법칙에 직접적 영향을 주어 사람을 죽게 만든다는 의미로 파악해야 한다. 사망의 직접적 원인은 아담과 이브의 죄이고 결국 아담과 이브의 자손인 온 인류에게 원죄로 전가되어 사람에게 사망이 들어왔다고 한다 (로마서 5:12). 따라서 「생명」의 반대는 죽음이라기보다 「죄」로 인식해야 하는 대목이다.

노아 홍수 전 초기 인류의 수명은 1,656년 동안 거의 일천 년 가깝게 오래 살았다. 아담 창조 후 1,656년(BC 2,253년)에 노아 대홍수가 발생했는데 이 홍수 후부터 사람의 수명은 약 200년마다 600, 400, 200, 100으로 약 반씩 줄어들었다. 즉 하나님께서 사람의 수명을 단축시킨 시기는 노아 대홍수 이후가 된다 (창세기 6:3). 대홍수 이후 노화 속도가 증가되었다. 생명의 무질서도(엔트로피)가 점차 증가되고 생물의 종간 교란이 발생한 것으로 보인다.

하나님께서 노아 대홍수로 인류(표 7-1-1)를 멸절하고 수명을 단축한 이유를 성경이 기록하길, 사람이 번성한 시기에 (창세기 6:1), 하나님의 아들들이 자기들이 좋아하는 사람의 딸들의 아름다움을 보고 그 모든 여자들과 결혼하여 (하나님의 영이 없는 여자들과 결혼한 다처제를 형성하여) 하나님의 영(Spirit)이 영원히 사람과 함께 하지 아니하여 육신(fresh)이 되었다는 것이다 (창세기 6:2-3). 또 사람의 죄악이 관영(貫盈)함과 마음의 생각의 모든 계획이 항상 악할 뿐(창세기 6:5)이었다는 것이다. 죄악과 생명(수명)은 반비례 관계로 보인다.

야살의책 4장 16절 - 5장 11절에서 이를 더욱 상세히 시대상을 소개하길, ① 사람들이 번성하였고 ② 이들이 서로 악행을 가르쳤으며 ③ 자신을 위한 신을 만들고 ④ 이웃, 친척 및 다른 사람들에게서 도둑질과 약탈을 했고 ⑤ 재판장과 지도자들이 아름다운 타인의 아내를 강제로 빼앗고 ⑥ 동물 간 이종교배(異種交配)하여 동물들을 더럽게 하여 ⑦ 하나님을 노엽게 하고 ⑧ 이로써 하나님은 후회하였다는 것이다. 사람의 악이 번성함으로써 AM 1,536년에 120년이 지나 대재앙인 대홍수로 멸절시킬 것을 미리 알렸다 (창세기 6:3 및 야살의책 5:8-35).

노아는 세 아들과 AM 1,651년부터 5년간 방주를 짓기 시작했다.[469] 대홍수 경고 시 「하나님의 영」이 사람과 함께 있지 않도록 하겠다고 한 점으로 보아 당시 사람에게는 하나님의 영이 있었음을 알 수 있고 하나님의 영이 사람과 함께 거할 시대에는 약 1천 년을 살았으나 이 영이 떠남으로써 사람의 수명이 점점 단축되기 시작한 것으로 보인다. 영(靈, spirit, 히브리어 ruwach) 즉 아담 출생 후 1,536년 이후부터 사람에게서 하나님의 영이 떠나 점점 사람의 생명 유지 기간이 단축된 것으로 보인다. 하나님의 영(성령)이 떠남으로써 영을 수용하는 기능(기관)만이 남은 것으로 해석된다. 이 기록을 보아 사람 생명의 중요한 본질 중 하나가 「하나님의 영」이라는 점을 확인할 수 있다. 성경에서 "살리는 것은 영"이라고 하였고 (요한복음 6:63) "(사람의 몸을 구성하는) *흙(dust)은 여전히 땅으로 돌아가고 영(spirit)은 그것을 주신 하나님께로 돌아가기 전에 기억하라*"고 하였다 (전도서 12:7). 이 말씀에서 영이 떠나면 사망한다는 성경의 관점을 이해하게 된다.

현재 사람에게 영적 기능이 없는 것이 아니라 성령을 받거나 영적 생활을 하는 것으로 보아 영적 기관이 초라하게 남아 있다. 초고대에 보편적으로 하나님의 거룩한 영(성령)이 충만해 있었으나 AM 1,536년에 하나님의 영이 떠난 것이라고 설명한다.

469 야살의책 5:19 - 35.

창세기의 이 언급에서 결국 사람은 하나님의 영이 떠난 육체가 되었다고 한다 (창세기 6:3). 즉 사람이 육체가 된다고 함은 하나님의 영이 떠난 것이며 「육적」이고 지·정·의의 「혼적 존재」가 되었음을 설명한다. 하나님은 영이시고 하나님의 영은 깨끗하며 거룩하기에 타락하고 더러운 영과 함께 하지 못하며 악한 영의 사람과 함께 할 수 없으며 더이상 사람에게 두지 않기로 하였다는 점이다. 사도 바울이 받은 영을 설명한 바에 따르면 하나님께서 주신 영은 하나님과 대화할 수 있다. 고린도전서 14장 2절에 의하면 *"방언을 말하는 자는 사람에게 하지 아니하고 하나님께 하나니 이는 알아 듣을 자가 없고 영으로 비밀을 말함이라"*

한편 창조과학자는 이러한 창세기의 기술에서 사람의 수명이 단축된 것은 노아 홍수 이후의 급격한 생태계 변화로 추정하기도 한다. 헨리 M. 모리스와 같은 창조과학자는 그의 여러 저서[470]에서 창세기 대홍수 이후 궁창(지상 대지권인 하늘)에 있던 수증기층(구름 등 대량의 물층)이 사라짐에 따라 생명이 단축되었다고 설명함과 동시에 인간의 지능도 감소되었다고 추정한다. 오늘날 생명을 지탱하는 건강이 영혼과 관계가 있는 점은 심리학이나 정신분석학도 뒷받침한다. 정신과 마음이 건강하지 못하면 생명이 단축되는 것은 과학적 사실이다. 이런 맥락에서 생명의 본질 중 하나가 하나님의 영이 사람에게서 떠난 것을 생명의 단축 이유로 보아야 할 듯하다.

사람은 영생할 수 있는 유기체로 창조되었고 영생할 과실이 있었음을 창세기 2-3장에서 알 수 있으나 사람에게 선악을 영생과 동시에 부여하지 않았다는 점이다. 진정한 생명은 거룩한 신성의 영원성에 있음을 알게 한다. 아담과 이브가 선악과를 먹었음에도 노아 대홍수 전 인류가 거의 천년을 산 것으로 보아 선악과를 먹지 않고 생명과를 먹었다면 나무처럼 수천 년 이상을 살 수 있을 것으로 보인다. 왜냐면 창세기 6장 3절에서 보듯이 선악과를 먹었음에도 하나님의 영이 함께 거하면 적어도 1천 년 정도 사는 존재였기 때문이다.

수목과 사람에게 나타난 수명 현상에서 생명은 무엇을 의미하는 것일까. 수명을 관장하는 생명은 무엇인가. 영적 존재가 아닌 수목이 5천 년을 생존해 왔고 영적 존재로서 최대 1천 년 내지 최소 1백 년을 사는 사람의 존재는 무엇인가. 영적 사람이 수목보다 수명이 짧은 점은 <u>영의 타락이 수명에 미치는 영향이 있는 듯하다</u>. 생명이 무엇인가를 정의하기 전에 앞에서 살폈듯이 만물을 창조한 하나님께서 사람을 영원히 살게 하였다는 점은 영과 생명을 이해하는데 중요하며 이 의미를 연역할 필요가 있다.

---

470 그의 저서인 「창세기 대홍수(성광문화사, 1985)」, 「현대과학의 성서적 기초(요단출판사, 1988)」 등

신구약 성경은 사람이 영생을 얻기 위해 하나님이신 예수 그리스도를 믿어야 한다는 진리를 선포한 책이다. 성경은 삼위 하나님의 형상(likeness, 속성)을 따라 하나님 모양(image, 특징)대로 사람을 창조하셨고 사람을 에덴동산에서 영원히 살도록 의도한 점이 명확하다. 하나님의 형상이나 모양은 육체가 없는 주로 하나님의 영적 특성과 인격성을 지칭한다.[471] 사람의 생명을 영원히 살도록 의도한 영원하신 하나님은 「영생」을 사람에게 부여하기를 원했다. 죽어서가 아닌 지상에서 육체를 가진 사람을 영생하도록 의도하셨다. 물질로 구성된 사람에게 영원성을 부여한 것이다.

사람의 영혼은 여성의 몸에서 사람이 잉태될 때 부모의 영혼 즉 부모의 형상과 모양을 닮은 인격에서 발생한다. 거슬러 올라가 성경이 이 원리를 아담을 창조할 때 적용하였음을 설명하고 있다. 삼위 하나님의 형상과 모양을 닮도록 아담을 창조하였다는 것이다. 발생학적으로 형상과 모양으로 보면 사람의 부모가 하나님이라는 의미이다. 영원하신 하나님께서 사람 창조 시 영혼과 육체 모두 영원히 살 수 있도록 창조하였다는 것이다. 또 창조 시에 사람을 통해 이 아름다운 지구에서 사람이 아름답게 영원히 살면서 직접 지구를 관리하고 다스리도록 영원성을 사람에게 부여하셨다.

물질인 생명과를 통해 사람 영혼의 영원과 더불어 육체에 영원성을 부여한 것으로 보인다. 예수님은 창세기 2장의 생명나무로 상징된다. 영은 영원하나 육체의 유한성에 생명과[472]로 영원성을 보장하려 하셨다. 그러나 사람의 죄로 하나님의 영이 떠나고 또 생명과를 먹지 못한 사람은 최종적으로 혼과 육체로만 남아 살다가 죽음에 이른다는 것이 성경의 설명이다. 육체는 흙으로 돌아가고 몸을 지탱하던 혼은 소멸하나 영은 하늘로 돌아간다. 여기서 성경이 지적하는 생명의 정의를 확인할 수 있는 바 생명은 영·혼·육 중 하나가 죽으면 전체가 분리되어 죽는다는 의미가 드러난다.

성경은 사람을 영(靈, spirit, 히브리어 ruwach, 그리스어 pneuma), 혼(魂, soul, 히브리어 nephesh, 그리스어 psyche), 육(body, 그리스어 soma)[473] 의 세 부분의 존재로

---

471 다니엘 10장에 환상 중에 하늘에 사람같은 이를 본 것으로 보아 하늘나라에 사람과 유사한 형상이 존재한 것으로 이해할 수 있다 .

472 사람이 생명과를 한번 먹으면 영원히 사는 존재가 되는지 아니면 수시로 먹어 영생을 향하도록 하나님께서 생명나무를 식재하였는지 알 수 없으나 수시로 먹도록 하여 영생에 이르도록 한 것으로 보인다. 왜냐면 과실은 수시로 먹는 재료라고 생각하기 때문이다. 이에 반해 선악과는 한번 먹고 에덴동산에서 추방당할 만큼 강력하였다. 요한계시록 22장 2절을 보면 하늘나라의 생명과는 항상 먹도록 준비되어 있음에서 알 수 있다.

473 헬라어로 기록한 신약성경에서 사도 바울은 당시 헬라 문학과 철학에도 정통한 사람으로 그가 쓴 여러 신약의 서신에서 사람의 구성을 헬라어인 영(spirit, pneuma)·혼(soul, psyche)·육(body, soma)으로 설명하였다. 헬라어인 pneuma는 숨, 호흡. 바람 등을 의미하고 psyche는 마음, 정신 등을 의미한다. 영의 히브리어 단어는 '루아흐(ruwach)'이고 혼은 '네페쉬(nephesh)'이다. 사람의 인격 속에 존재하는 영적인 요소로 성경에서 이를 신(神)으로

구분한다. 죄로 말미암아 세상에서 한시적으로 육체적 생명을 유지하고 육체를 관장하는 또는 육체에 영향 받는 혼[474]은 죽을 때 소멸하지만 영은 영원하다는 것이다. 육체는 흙의 무기물질로 구성되었으나 영은 하나님으로부터 온, 하나님에 속한, 하나님을 닮은 것이기에 영원성이 있다. 식물인간은 혼의 활동이 중지된 것으로 보이며 이때 영은 육체에 머문 상태로 보인다.

사람의 인격은 영혼이며 하나님의 속성은 영인데 이 두 가지는 육체와 머물다가 육체가 사라지더라도 사라지지 않는다는 설과 혼은 사라지고 영만이 사후 존속한다는 설이 있다. 믿기로 사람의 생애에 형성된 영은 하늘나라에 가서 심판받고 혼과 육은 사라지는 것으로 생각한다. 3분설을 뒷받침하는 예수님의 설명에 의하면 "*살리는 것은 영이니 육은 무익하니라 내가 너희에게 이른 말이 영이요 생명이라* (요한복음 6:63)"하였다. 이 말씀에는 영이 육체를 이끄는 존재로 말하고 있다. 예수님께서 "*내가 너희에게 이른 말이 영이고 생명이다*"라는 설명은 예수님께서 하신 말씀이 영이며 영이 사람의 생명을 살리며 그 말씀을 믿는 바가 우리의 생명이 된다는 의미이다.

육체가 없는 천사와 마귀도 영의 형태로 존재하나 매우 특이하게 사람은 육체와 영혼이 함께 존재하는 생명체로 창조되었다. 이러한 영·혼·육의 존재인 사람은 매우 귀한 하나님을 닮은 육체를 가진 존재로 창조되었다는 것이다. 사람은 천사보다 못한 존재(시편 8:4-5)로 창조되었으나 구원받을 사람은 천사가 섬기는 존재(히브리서 1:14)라고 하여 사람의 창조적 위치를 알게 된다. 즉 육체를 가진 존재인 사람은 영적 능력이 천사보다 못하나 구원받은 후 하늘나라에서 새롭게 변화된 사람(새로운 영·혼·육을 가진 존재로서)은 천사보다 높은 지위를 갖는 것으로 설명하고 있다.

여러 간증에 의하면, 성경이 증거하듯 하나님이 주시는 영 즉 성령은 별도로 존재한다. 성령이 우리 안에 내주(內住)하시며 인격 전체를 감화하고 지·정·의를 관장하는 혼을 통제한다. (거룩한) 영을 받아들이는 기관이 사람 안에 있다. 성령은 감정을 맑고 순수하게 하여 범사에 충만한 기쁨과 감사와 평강을 자연스럽게 유발하며 항상 평안케 하며 동요되는 마음이 없고 욕심이 사라지고 자신감과 담대함도 주신다. 영원한 안식을 이해하게 한다. 세상이 주는 행복감이나 약리작용에 의한 기쁨이 아닌 상태로 이끈다. 어떤 깨달음의 경지에서 주는 환희와 다르다. 말초신경이 주는 쾌락도

번역하기도 한다. 영·혼·육으로 사람이 구성된다는 삼분설에 의하면 사람이 죽을 때 동물적 요소인 혼은 사라지고 육은 썩는다는 것이며, 사람이 부활 때 죽지 않은 영은 죽은 육신이 부활하여 영과 재결합한다고 한다. 사고, 마음, 생각 등의 요소를 혼이라고 설명한다. 이는 매우 어려운 학설로 아직까지 두 학설이 대립되어 있다.

474 의학적으로 육체의 영향으로 성격이 형성되는 것은 사실이다.

아니다. 나의 의지와 판단으로 이끄는 것이 아니라 성령이 내 지·정·의를 이끄신다. 성령과 함께함을 느끼며 성령의 인도에 따라 내 지·정·의를 순복하거나 성령과 하나가 되며 협력한다. 생명의 본질인 영은 이러한 것을 말한다.

성령이 없는 사람은 혼을 구성하는 지·정·의를 사용하는 즉 혼이 자신을 지배하는 육체의 인간적 삶을 살게 된다. 평안과 만족이 없으며 자극과 반응을 추구하며 예술적, 지적 감각과 진리를 추구하나 항상 부족하고 불안하다고 느끼고 무엇인가에 목말라 하며 채워야 만족한다. 진리를 찾아 학문과 종교 생활과 도(道)를 추구하나 성령이 이끄시는 그 경지에 이르지 못한다. 왜냐면 사람 자체의 영혼에 그에 이를 수 있는 능력이 없기 때문이다. 반면 성령님은 강력하여 사람의 육체까지 영향을 미친다. 이 영적 상태에도 미약함이 있으나 항상 충만하기를 기도한다. 하나님의 말씀에 순종하며 반응한다. 영은 육신과 혼에 영향을 미치고 육신과 혼보다 상위 차원인 생명의 본질을 구성한다. 하나님께서 주시는 충만한 영은 사람의 것이 아니고 창조주, 절대자, 영원자의 권능이 사람에게 주어진 것이므로 신성의 신비를 이해한다.

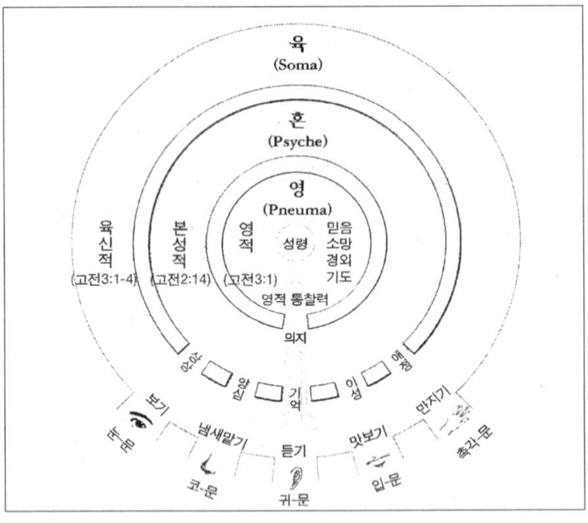

< 그림 6-5-1 > 기독교의 영·육·혼 삼분설 [475]

노아 시대에 사람의 죄가 번창하자 사람과 숨을 쉬는 동물을 홍수로 멸한 하나님의 의도를 파악하면, 인구가 늘고 사람의 생명이 길수록 죄가 폭발적으로 증가하고 또 죄악이 누적되어 점점 더 악이 가득한 환경에서 사람과 생명체들이 살아가게 된 것을 알

475 에스라 성경지도 선도(2014), 그리스도 예수 안에서, p 63. 이 개념도는 육과 혼을 분절된 것으로 표현하나 이해하기로는 육을 움직이는 것이 혼이며 또한 혼은 육에 의해 매우 큰 영향을 받아 서로 결합된 것으로 파악되고 영은 육과 혼과 별개로 잔존해 있는 것으로 보인다. 그러나 영이 열리면 혼과 육이 영의 영향력에 지배를 받는다.

수 있다. 이로써 세상은 점점 괴로울 수밖에 없다. 많은 사람이 많은 사람에게 죄악을 가르치고 모방·학습하기에 사람이 오래 살수록 죄악이 번창함으로써 사람과 생명체(생태계)들이 긴 시간 동안 많은 고통 속에서 살지 않도록 생명을 단축시킬 수밖에 없었던 것으로 보인다. 사람은 결국 죽음으로 마감해야 죄를 더이상 짓지 않는 존재이다. 지금까지 사람의 타락으로 인하여 다른 생태계까지 고통을 받고 있다. 죄가 사망을 낳는다는 성경의 지적이 이 현상도 설명한다. 숨을 쉬는 동물까지 생명의 연한을 단축시켜 생존 시 받는 고통과 악으로부터의 피해를 줄게 하셨다. 사람과 생태계를 위한 하나님의 당연한 결단이요 조치이다. 사람의 죄악으로, 엉겅퀴와 가시가 나며(창세기 3:18) 만물이 피곤(전도서 1:3)함으로 인하여 사람을 포함한 모든 생명체의 생존 기간을 짧게 한 것이다. 이때 영이 없는 몇몇 식물의 생명은 폐로 숨 쉬는 동물보다 오래도록 살 수 있었던 것으로 보인다 (창세기 6:7).

천사는 육체가 없고 또한 남성과 여성이 없어 결혼도 하지 아니하는 영적 존재이다. 사람은 사람이 낳는 자식의 영·혼·육 모두는 부모를 통해[476] 생명체가 되도록 창조되었음을 알 수 있다. 또 이 점에서 사람의 존재는 매우 특이하며 엄숙하게 창조된 존재임을 알 수 있다. 이런 속성과 이유로 부모와 자식 관계가 십계명[477]에 기록되길 사람 간에 지켜야 할 내용인 둘째 단락의 첫 내용(제5계명)으로 규정한 것이다. 즉 사람이 사람에게 행할 첫 계명으로 부모 경외를 절대적 관계로 규정한다. 이 규정은 모든 생명체의 절대 법칙이기도 하다. 사람 이외의 다른 생명체의 유전 방식도 씨앗부터 부모는 자식을 사랑하는 것이 자연스러운 유전법칙으로 존재하나 자식은 부모를 공경하는 것을 게을리하거나 망각하는 존재이기에 이를 강조하고 있다.

영혼불멸설을 보자. 영혼불멸 신앙은 전통적으로 또는 일상적으로 조상신에서 찾아볼 수 있는 세계적 공통 현상인데 이러한 풍속은 모든 문명의 뿌리인 고대 수메르 문명에서 찾아볼 수 있다. 우리말 혼(魂)과 넋(魄)으로 구성된 혼백(魂魄)은 육체가 죽은 후 혼이 존재하여 조상신이 되는 것으로 본다. 성경 역시 영혼불멸성을 강조하여 사람의 영(혼)은 죽어서 지옥과 천국으로 간다고 설명한다. 특이하게 성경은 윤회사상[478]이 아닌 동일한 인격으로서 죽은 육체의 새로운 부활체를 강조한다. 또 부활하여 영원히 산다고 한다. 부활과 영원한 삶, 예컨대 구약에서는 부활을 직접 언급한 내

476 여기서 '통해'란 의미는 사람이 자녀를 잉태할 경우 이 과정에서 하나님께서 영혼을 창조한다는 설이 정설이다. 영혼이 부모로부터 유전되거나 윤회된 영혼이 이입되는 것이 아니라는 것이다.

477 총 10가지 계명 중 제1에서 제4계명까지는 사람이 행할 하나님에 관한 내용이며, 제5부터 제10까지는 사람이 사람에게 대할 계명이다.

478 윤회사상의 특징 중 하나가 다른 생명체로 환생하여 다른 인격(人格)이나 물격(物格)을 갖는 것이나 성경의 부활사상은 동일 인격체의 연장이므로 확연히 다르다.

용이 없으나[479] 에녹[480]이나 선지자 엘리야는 죽은 육체가 아닌 산 육체로 하늘로 승천(휴거)한 사람으로 기록하고 있는[481] 반면 신약성경은 부활을 강조하여 기독교 신앙의 핵심이 되었다. 그 부활의 첫 사례(열매)로 예수님은 십자가상에서 죽은 지 사흘만에 육체가 부활하고 지상에서 40일을 머문 후 하늘로 승천하셨다.

미래에 일어날 모든 사람의 부활에 관해서 7년 환란 전 예수님이 재림한다는 전천년설(前千年設) 설명을 신학적으로 약술하면, 첫째 부활과 둘째 부활이 있다는 것이다. 첫째 부활이란 고린도전서 15장 22-24절 및 고린도후서 5장 10절 그리고 요한계시록 20장 6절 등에 근거하여 예수님 강림(降臨, 또는 再臨) 때 예수님에게 붙은 자가 부활과 휴거하여 공중잔치를 하고 평화로운 천년을 지낸다. 예수님에게 붙은 자란 의로운 자 즉 예수를 믿는 연합된 자이다. 둘째 부활이란 첫째 부활 후 7년 환난기와 천년왕국이 지난 후 불의한 자가 부활하는데 이는 요한계시록 20장 11-13절 등 기록에 의한다. 예수님의 재림 전 혹은 후에 천년왕국이 도래할 것인가에 따라 후천년설(後千年說, 천년왕국 후 재림설)[482], 전천년설(前千年說, 천년왕국 전 재림설) 및 무천년설(無千年說, 천년왕국이 상징적 의미라는 설)로 나뉘는데 부활도 이 설에 따라 부활 시기에 대하여 해석 차이가 크다 (학설들이 대립되고 어려워 생략한다).

어쨌든 사람의 생명이란 영원하도록 창조되었다는 점은 생명이 무엇인가를 인식하는데 빠뜨릴 수 없는 요체이다. 육체마저도 부활 시에 썩지 않을 새로운 부활체[483]로 변화된다 (요한복음 5:28-29 및 고린도전서 15:42). 이 점은 종말 후 세상이 새로이 새하늘과 새땅으로 변화되고 또 영원무궁의 하나님께서 계신 천국과 지옥에서도 영원히 지속된다는 것이다 (요한계시록 20:10-22:5). 사람에게 영원을 부여한 하나님의 신성하고 아름다운 뜻은 태초의 하나님의 계획으로 당연하게 추론된다.

---

479 예수님 살아 계실 때 구약성경에 부활에 대한 언급이 없어 사두개인들은 부활이 없다고 주장하면서 이들이 예수님에게 유도 질문을 하자 예수님은 부활이 있음을 설명하였다. 마태복음 22:23-32.

480 아담의 6대 손이며 아담 후 622년에 출생하여 지상에 365년을 살다가 승천한 사람이다. 창세기 5:21-24. 외경으로 에녹서가 있으며 에녹은 일종의 왕, 선지자, 교육자, 예언자, 제사장직을 수행하였고 많은 저서를 저술한 지혜자로 기술하고 있다. 야살의책 제3장에도 에녹의 생애에 대하여 기술한다.

481 이외 구약성경에 부활을 직접 언급한 내용보다는 부활을 직간접으로 암시한 에녹의 승천과 같은 사례는 엘리야의 승천(열왕기하 2:11), 다니엘서 12:2-3 등이다. 이외 구약에서는 사람이 죽은 것을 '잔다'고 표현하거나(역대하 26:23 등) 조상에게로 돌아간다고 하였다 (창세기 49:29).

482 신학의 해설에 의하면, 후천년설을 주장하는 일부 진보 신학자는 기독교인이 아닌 사람들로서 인본주의에 입각하여 학문적으로 설명한 것으로 평가한다 .

483 성령을 충만히 받으면 간접적으로 부활체가 어떤 상태인지를 약간 알 듯하다. 변화산상에서 예수님의 제자들이 이를 체험한 듯하다 (마가복음 9장 등). 그러나 부활한 영·혼·육의 부활체가 지상에 있던 영·혼·육과 어떻게 다른 것인지에 대하여 성경은 자세히 설명하지 않는다.

사람은 행위대로 심판 받아[484] 하나님의 뜻대로 행치 않는 자는 지옥에서 영원한 형벌에 받고 예수님에게 연합한 그리스도인은 부활체로서 천국에서 영원히 산다. 이 점은 사람을 창조할 때부터의 하나님 의도였고 이 의도는 두 가지로 해석된다. 그 첫째 의도는 하나님께서 특별한 사랑으로 창조한 사람이 영원히 이 세상을 사람을 통해 다스릴 목적 즉 통치 명령을 부여한 것(창세기 1:26-28)이며, 둘째는 하늘나라 천국에서 하나님과 영원히 함께 살며(다니엘서 2:20, 요한복음 2:25 등) 사람 등 피조물로부터 영원한 찬양과 경배를 받고자 하신 목적이었다.

사람은 하나님의 섭리에 따라 영·혼·육으로 창조된 생명체로서 그 영적 특성은 하나님을 닮게 영원을 지향하도록 창조된 인격체이다. 특별히 육체가 없고 영으로 존재하는 천사와 달리 부모를 통해 각 인격체인 사람이 탄생하도록 하였고 이에 각 영혼을 부여하여 육체가 죽을 때 육체는 흙으로 돌아가고 육체를 관장하던 혼은 소멸하며 영은 하늘로 가서 영원히 지속된다. 하늘나라에서는 세상에서 지은 죄를 사함받아 하나님의 영이 충만한 영광의 몸으로 변화되어 항상 맑고 순수하며 평화로운 상태에서 즐거움으로 가득한 영·육·혼의 피조물로 영원히 살게 된다 (빌립보서 3:21).

- 사람의 영혼과 육체는 매우 귀하고 아름다운 것이며 영원한 것이기에 항상 영·육·혼 건강에 유의하여야 하며 타인의 영·육·혼 건강을 해치지 말아야 한다.
- 사람의 생명은 영원한 삶 즉 영생하도록 창조되었다. 사람 생명의 요체는 하나님이 주시는 영이며 영원한 것이다. 「생명」의 반대어는 죽음이 아니라 「죄」이다. 죄는 죽음을 뜻한다. 죄가 있으면 영원한 참 생명을 누리지 못한다. 참 생명은 하나님께서 주시는 영이다.
- 천국까지의 영원한 삶을 위한 길은, 예수님을 주(主, Lord)로 믿는 것이다. 이는 예수님께서 직접 설명한 내용으로 생명의 근원은 하나님이시다. 죽은 육체도 부활하는데 생명의 부활과 심판의 부활을 맞이하고 영생에 이르는 영광의 부활체를 얻는 방법 즉 구원은 예수님을 믿는 것이다.
- 예수님께서 부활 후 예수님 대신 성령(聖靈, Holy Spirit)이 오셨다. 성령님이 사람에게 임함으로써 영이 살아나고 하나님을 믿고, 구원의 확신을 얻으며, 능력을 얻어 거듭(중생 重生)나 새로운 생명을 얻는다고 하나님께서 약속하였다. 영이 죽었던 사람에게 하나님의 영인 성령님이 임하여 살아나는 것이며 하나님께서 태초에 사람에게 부여하고자 한 영생을 받는 것이다.
- 하나님께서 사람을 하나님의 형상과 모습을 닮은 인격적 존재로 창조하여 하나님

484 잠언 24:12, 전도서 12:14, 예레미아 32:19, 에스겔 18:30, 마태복음 7:21-23 및 16:27, 로마서 2:6 및 2:12-16, 고린도후서 5:10, 야고보서 2:12, 베드로전서 1:17, 요한계시록 2:23, 20:12 및 22:12

의 아들(자녀)이 되도록 하셨다. 아름다운 즉 하나님이 보시기에 「심히」 좋도록(창세기 1:31) 만드셨고 천지를 사람으로 하여금 다스리게 한 의도와 함께 영원한 천국에서 부활체로 하나님과 더불어 영생(요한복음 5:24)을 누리게 한 하나님의 목적과 의도가 있다.

- *진실로 진실로 너희에게 이르는 내 말을 듣고 또 나 보내신 이를 믿는 자는 영생을 얻었고 심판에 이르지 아니하나니 사망에서 생명으로 옮겼느니라. 진실로 진실로 너희에게 이르노니 죽은 자들이 하나님의 아들의 음성을 들을 때가 오나니 곧 이 때라. 듣는 자는 살아나니라. 아버지께서 자기 속에 생명이 있음 같이 아들에게 생명을 주어 그 속에 있게 하셨고 또 인자됨을 인하여 심판하는 권세를 주셨느니라. 이를 기이히 여기지 말라. 무덤 속에 있는 자가 다 그의 음성을 들을 때가 오나니 선한 일을 행한 자는 생명의 부활로 악한 일을 행한 자는 심판의 부활로 나오리라* (요한복음 5:24-29).

- *나는 부활이요 생명이니 나를 믿는 자는 죽어도 살겠고 무릇 살아서 나를 믿는 자는 영원히 죽지 아니하리니 네가 믿느냐* (요한복음 11:25-26).

- *내가 곧 길이요 진리요 생명이니 나로 말미암지 않고는 아버지로 올 자가 없느니라* (요한복음 14:6).

- *평강의 하나님이 친히 너희로 온전히 거룩하게 하시고 또 온 영과 혼과 몸이 우리 주 예수 그리스도 강림하실 때에 흠 없게 보전되기를 원하노라* (데살로니가전서 5:23).

- *하나님의 말씀은 살았고 운동력이 있어 좌우에 날선 검보다도 예리하여 혼과 영과 및 관절과 골수를 찔러 쪼개기까지 하며 또 마음의 생각과 뜻을 감찰하나니* (히브리서 4:12).

사람의 생명은 어디서 와서 어떤 목적으로 창조되었는지, 살면서 어떻게 작동하는지, 그리고 죽은 후 어떻게 되는지를 이해한다면 학문이나 다른 종교에서 말하는 생명에 관한 정의를 더 쉽게 비교할 수 있을 것이다. 다음 6절에서는 몸적인 것과 혼적인 것(지·정·의)과 영적인 것 등이 자아의 실상이나 실체로 어떻게 나타나는지 살펴보자. 오래 전부터 이를 주로 종교와 철학에서 다루어 왔으나 최근에는 정신분석학, 심리학, 생리학, 양자물리, 분자생물학, 생리학, 동서양 의학 등 분야에서 과학적으로 융합하여 파악하려 한다.

6-6. 자아

「자아(自我)」란 성경상 개념이 아니고 인문학 개념이다. 신약에서는 「자아」와 유사어로 「육신」이라는 단어를 사용한다. 성경에서 사용된 육신이라는 개념은 영적인 것과 육적인 것에 의한 혼적인 욕망과 본성 등을 포함한다. 앞 5절에서 혼적인 것은 지·정·의 작용으로 나타나며 영적인 것은 육신적인 것과 혼적인 것에 영향을 받고, 역으로 영적인 것은 육적인 것과 혼적인 것을 관장하는 것으로 설명하였다. 이런 서로간의 영향으로 혼적인 것과 영적인 것의 경계는 희미하여 정확히 영 또는 기관으로서의 영을 인식하기 어려운 것으로 보았다. 또 이러한 미묘성으로 이들을 분해하기 어려운 점 때문에 오늘날 정신, 심리, 마음, 영혼 등의 용어로 많이 사용하며 기독교에서 말하는 영혼의 개념과 유사하게 사용되는 것으로 파악하였다. 성령 하나님께서 주시는 영적 특징으로 선한 마음, 양심, 가책 등과 죄를 인지하는 분별력이 있으며 특히 성령의 아홉 가지 열매인 성품이 외적으로 나타난다고 하였다. 반면 마귀가 주는 악령과 이들이 퍼트린 악한 사상 등이 있다 하였다.

육신보다 사람 영혼은 인격의 주체가 된다. 고유한 특성인 「자아」는 「인격」으로 나타난다. 육적인 기본 유전자와 몸의 기관들이 생물학적으로 동일한 범주에 있음에도 신체의 다름을 인격으로 파악할 수 없고 고유한 인격은 고유한 신체보다 육체의 작용이 포함된 영혼으로 파악함이 적정하다. 따라서 인격을 나타내는 자아는 영혼이 주가 되고 영혼이 자아가 된다고 할 수 있다.

실존이 실로 복잡하며 엉뚱하고 이해하기 어렵고 자신도 제어하기 어려운 현상으로 나타나고 있음은 모든 사람에게 일어나는 심리 현상이다. 자기의 자아를 정확히 알고 생각하거나 행동하기 쉽지 않다. 자신도 잘 모르며 알고 있더라도 통제할 수 없는 영혼과 육체의 작용인 자아가 있다. 스스로 자아에 빠지지 말아야 하며 객관적 기준 없이 자신의 심리를 분석하다가 심해지면 정신병(나르시시즘, narcissim)에 이른다.

내가 원치 않는 자아가 나도 모르게 자리 잡고 있어 실제로 내 안에는 두 자아가 있다. 정신과 육체의 작용으로 나타나는 현상에 관한 연구, 특히 정신·심리·윤리·철학·종교 분야는 이 두 자아의 현상을 알아내어 어떻게 통합하고 제어할 것인가에 초점을 맞추고 있다.

사람은 평생 갈등하고 탐구하며 평안이 없고, 일시적으로 행복할 수 있으나 지속적 행복은 얻지 못하고 사는 것이 일반이다. 육체를 가진 자아를 여러 분야에서 설명하나 자아의 실상이나 실체 파악이 힘들고 학문적 이론을 실제 임상에 적용하기 쉽지 않다. 이런 점에서 원하지 않는 또는 볼 수 없는 자아가 내 안에 고정되어 있다고 볼 수 있다.

훌륭한 연주자는 악기를 최상의 연주로 아름다운 음악을 자아낸다. 사람이 연주자라면 연주 대상인 자신을 잘 연주하여 아름답게 살 수 없을까. 사람은 아름다운 생명을 담는 몸을 선물로 받아 근 일백 년에 가깝게 몸과 영혼을 연주한다. 육신을 잘 보존할 책임과 의무만 있을 뿐 변경하거나 고치기가 불가능하다. 마음은 수행, 기도, 절제, 연구 등을 통해 위로를 받거나 평정심을 회복할 수 있으나 근본적으로 자아를 변경하거나 고칠 수 없어 평생 관리해야 한다.

앞에서 생명의 가장 중요한 본질을 아담 부부의 사례에서 보듯이 영으로 설명하였다. 과학이나 무신론자들은 사후 영혼은 없고 유기체인 육신만이 존재하고 이 육신을 생명과 거의 동일시한다. 혼[485]은 육신을 통한 육신을 위한 육신에 의한 인간적인 것을 말한다. 사람의 영은 혼과 달리 더욱 깊은 곳에 존재하는 기관이라는 것인데 정확히 어떤 특성을 가진 어디에 존재하는 기관인지 모르나[486] 하나님을 지향하는 기관이며 선악이나 죄의식이나 양심과 직결된 것으로본다. 하나님은 영이신데 하나님께서 사람을 만들 때 하나님의 모양과 형상대로 창조하였기 때문이다. 그런데 사람의 영은 죽어 있다고 한다. 이는 하나님의 영이 사람의 죄로 인하여 사람에게서 떠났기에 죽었다는 것이다. 영에도 선한 영이 있고 악령이 있는 것으로 보아 영이란 보이지 않는 매체이다. 따라서 영이 별도로 존재하고 영이 임하는 기관이 사람에게 있어 영이 형성된다.

또 영과 혼을 정확히 구분하기는 매우 힘든 것은 사람 스스로가 혼과 영이 무엇인지 일반인이 평시 느끼지 못하기 때문이다. 그러나 성령이 충만한 사람의 경우 거룩한 영이 안에 계심을 고백하고 있다. 왜냐면 성령에 의하여(through Holy Spirit) 자신이 평상과 다른 심리적, 정신적 상태로 전환된 자신을 보기 때문이다. 성경과 많은 사람이 이를 실증적으로 설명하거나 간증하고 있다.[487] 언어와 사상처럼 영이란 특수한 경우 활동하는 영체(靈體) 또는 영매로 본다.

485 우리말 혼은 죽어서도 실재한다고 보는 매체이다.

486 일설에는 뇌 가장 중심에 있는 송과체(松果體)에 있다고 하나 검증할 수 없다.

487 유체 이탈한 사도 바울이나 현존하는 많은 기독교인의 체험에 의하면 자신의 영이 육체를 떠나 자신의 모습을 보거나 천국을 경험한 점을 증언한다.

하나님은 영인데 사람이 창조될 때 하나님의 영과 사람의 특성인 혼을 사람에게 불어넣어 하나님을 닮은 인격을 가진 존재가 된 것으로 설명한다. 특히 예수님께서는 사람의 생명을 영적 존재로 규정하고 있다. "*살리는 것은 영이니 육은 무익하니라. 내가 너희에게 이른 말이 영이요 생명이니라* (요한복음 6:63)". 사도 바울도 헬라어로 작성한 신약에 언급된 사람의 구성 요소를 영, 혼, 그리고 육으로 나누어 설명한다.

평강의 하나님이 친히 너희로 온전히 거룩하게 하시고 또 너희 온 영과 혼과 몸이 우리 주 예수 그리스도 강림하실 때에 흠 없이 보존되기를 원하노라 (데살로니가전서 5:23).

하나님의 말씀은 살아있고 권능이 있으며 양날 달린 어떤 검보다도 예리하여 혼과 영과 관절과 골수를 찔러 둘로 나누기까지 하고 또 마음의 생각과 의도를 분별하는 분이시니 (히브리서 4:12).

초기 인류에게는 하나님의 영적 속성이 많았으나 사람이 타락으로 인해 부패하여 거룩한 하나님의 영(神, Holy Spirit)이 사람에게 떠나서[488] 하나님의 영적 특성인 「거룩」함도 없고 하나님을 아는 통찰력과 지식이 대신 사람에 내장된 지·정·의로 살아가며 자신 속에 존재하는 영보다 더 의지한다. 하나님의 영이 떠난 인간의 영은 주로 육과 혼에 의한 영적 현상에 더 의존한다. 그리하여 사람이 「육신」이 되었다 (로마서 7:5, 7:14, 고린도전서 3:3 등).

오늘날의 종교, 신앙, 믿음 등 사상적 뿌리는 고대에서 유래하였다. 신흥 종교는 새로이 만들어진 것이 거의 없고 이들의 변형, 새로운 해석이거나 조합의 형태를 띤다. 고대인은 사람의 영혼과 신을 일상생활 속에 두고 살았으며 이러한 전통은 아직 살아있어 심지어는 죽은 조상이나 자연물에게까지 신적(神的) 단서를 두며 산다. 하나님의 영 이외에 무당(巫堂)의 무속 행위, 접신(接神)이나 초혼(招魂), 점을 치는 행위는 영적 존재와 영적 현상을 만나는 것이며 성경은 이를 세상에 존재하는 세상의 영이나 악령인 마귀 등 영매(靈媒)와 접촉하는 것으로 설명한다.

하나님의 영이 떠난 사람의 심성은 존재의 뿌리가 황망하여 끊임없이 육신의 행복과 안위를 찾으며 영혼의 빈 그릇에 무엇인가를 자꾸 넣어 갈급함을 채우고자 한다. 영

488 창세기 6장3절에 하나님은 사람의 부패로 영원히 하나님의 영을 사람에게 두지 않기로 하였다. 창세에 사람에게 있던 하나님의 영은 예수님이 부활 승천 후 성령으로 임하여(요한복음 20:22) 사람에게 위대한 위로와 소망과 영원한 생명을 일깨우시고 있다.

혼이 피폐하여 자신이란 아름다운 악기를 최고의 연주자가 되어 연주하여야 하나 더 이상 아름다운 음악을 생산하지 못한다. 육과 혼에 지배받는 불완전한 영혼, 또 역으로 병약한 육신이 영혼육을 지배한다. 자기의 육체라 하더라도 자율신경에 지배받는 육체를 자신의 생각이나 의지로 작동시킬 수 없다. 육체의 욕망을 영혼이 감당하기 힘들어 한다. 부조리한 자아로 삶을 이어간다. 반면 아름다운 영혼은 평강과 아름다움과 여유와 감사가 솟아난다. 샘이 솟듯이 영혼에서 아름다움이 솟는다.

실재하는 선과 악이 내면에서 죽기까지 대결하고 타협하며 때로는 속이며 살아간다. 육체의 욕망이 순수한 영혼을 타락시키기도 하고 타락한 영혼이 순수한 육신을 구렁텅이로 빠뜨리기도 한다. 사람이 있기 전 이미 선과 악이 있었고[489] 사람은 선악을 알게 하는 과실을 먹어 선악을 아는 것뿐 아니라 죄가 들어와 죄악을 입은 죄인이 되었다. 심지어 악을 배워 반복하여 악이 번창하며 악한 영을 퍼뜨린다.

예수님을 철저히 신앙하던 높은 지성의 사람 사도 바울[490]마저도 이 자아 현상에 심히 괴로워했다. 로마에 있는 교인들에게 쓴 편지 로마서 7장에서 자신의 자아에는 어쩔 수 없는 두 뿌리의 자아가 있음을 고백한다. 두 뿌리란 선한 자아와 악한 자아를 말한다. 이 두 뿌리는 사람으로부터 빼내어 버릴 수 없는 불가항력으로 작용하고 있음을 설명하고 있다. 여기서 작용이라 함은 사람이 죽을 때까지 발생하는 끊임없는 내면의 두 자아의 갈등과 싸움을 일으키는 것이어서 법칙으로 작용한다.

서기 1세기에 살았던 사도 바울은 20세 중반 회심하기 전까지 율법과 그리스 철학을 익힌 유대교인이었고 회심 후 로마서 7장에서 자신의 자아 심리적 특성을 묘사하였다. 신학자들 사이에서 이 7장 내용 해석에 완전한 일치를 보지 못하는 점은 회심(회심, 중생, 거듭남) 전 자아를 설명한 것인지 회심 후 자아를 설명한 것인지 갈리고 있으나 그가 회심 후 50대 중반에 쓴 글이므로 이를 혼동하고 쓸 수 없기에 회심한 그리스도인의 마음의 뿌리 즉 보편적 자아에 대하여 설명한 글로 볼 수 있을 것이다.

즉, 회심 후 지긋한 나이에 기술한 로마서는 1인칭 자아를 투명하게 투영하여 설명함에 있어, 자신에게는 두 자아가 있음을 설명하는데 선한 것(율법과 계명)을 향하는 자아인 일종의 선한 양심과 자기 성찰의 이성 등의 모습이다. 동시에 악한 것을 지향하거나 악을 뿜어내는 뿌리가 있는데, 육신에 거하는 죄(罪, sin)[491]로 인하여 솟아오르

489 사람에게 왜 선악을 두었는지 하나님의 경륜을 이해하지 못하며 항의하지 못한다.

490 서양에서는 역사상 가장 위대한 사람으로 꼽고 있고 기독 사상을 논리적으로 설명한 사람이다.

491 로마서 3:9, 7:14 등. 여기서 죄를 지칭하는 sin은 복수가 아닌 단수형이다. 근원적이고 본질적인 것을 말한다. 부도덕하고 죄된 행위 즉 악행이나 범죄 행위를 말하는 것이 아니다.

는 자아라는 것이다. 이 자기 고백은 모든 사람의 영혼 상태를 대변한다. 선한 것을 추구하는 자아와 죄를 추구하는 자아가 내 안에 동시에 존재한다고 고백한다. 이 고백은 성선설(性善說)과 성악설(性惡說)이 아닌 자아의 심리적 혼동, 갈등 등 영혼의 뿌리 깊은 내용을 설명한다. 자신의 내면을 약 40여 년 관찰한 내용이다.

7장 15절에서 *"나의 행하는 것을 내가 알지 못하노니 곧 원하는 이것은 행치 아니하고 도리어 미워하는 그것을 함이라"*고 하면서 선한 것을 행치 아니하는 자신의 심리적(정신적, 영적) 메카니즘(mechanism)에 대한 현상을 분명히 보면서 자세히 알려고 노력하였으나 알지 못한다고 하였는데 그 실체의 근원을 정확히 설명할 수 없다는 표현에 불과하며 그 실체가 주는 현상을 설명한다. 사도 바울은 자신을 투영하고 있다. 자연스럽게 불쑥불쑥 튀어나오며 자제할 수 없기에 그러한 자신 속에서 벌어지고 악행의 메카니즘 또는 법이 있음을 말한다. 그래서 바울은 이러한 현상을 어찌할 수 없는 내 안에서 있고 그것으로부터 일어나는 하나의 법칙(a law)이라는 단어를 선택하고 21절에서 결론을 설명하는 부사(then 그러므로)를 사용하여 요약한다. *그러므로 내가 한 법을 깨달았노니 곧 선을 행하기 원하는 나에게 악이 함께 있는 것이로다 I find then a law, that, when I would do good, evil is present with me*[492] (로마서 7:21).

법칙으로 일어나는 이 현상의 원인이 무엇인가를 살피길, 「내 속」 즉 자아에 거하는 「죄」 때문이라는 것이라는 것이다. 7장 17절에서 "*이것을 행하는 자가 내가 아니요 내 속에 거하는 죄니라*"라고 설명한다. 죄가 내 속에 거한다는 것이다. 죄로 물든 자신의 뿌리가 있음을 보고 있다. 내 속에 죄가 거하므로 내가 원치 아니하는 죄의 행위들(범죄, 악행)이 튀어나온다는 이치를 설명한다. 이러한 바울의 견해를 쉽게 설명한다면, 뽑아낼 수 없는 감기 바이러스가 내 속에 항상 함께 거하니 그로 인해 두통, 몸살, 기침, 고열 등의 현상이 항상 발현되는 것과 같은 이치이다.

바울이 로마서 7장 2절부터 3절까지 든 예는, 남편이 있는 아내는 남편과 혼인한 바에 따라 남편이 생존할 동안 남편과의 관계가 형성되는데 이 관계가 일종의 법으로 작용하여 남편 생전에 다른 남자에게 가면 음부(淫婦)가 되나 남편이 죽으면 옛 남편으로부터 자유케 된다는 것이다. 육신에 매인 바 된 사람은 육신에 거하는 죄로 인하여 죄에 묶인 바 되었기에 죄의 법이 사람에게 법칙으로 작용한다는 것을 바울은 로

492 이 영문은 Authorized King James Version인데 다른 영어 성경(NKJV)은 would 대신 will 동사를 사용하여 강력한 육신의 속성을 강조하여 다음과 같이 번역하였다. I find then a law, that evil is present with me, the one who **wills** to do good.

마에 거주한 교인에게 설명한 것이다.

7장 18절부터 20절에서 "*내 속 곧 내 육신에 선한 것이 거하지 아니하는 줄을 아노니 원함은 내게 있으나 선을 행하는 것은 없노라. 내가 원하는 바 선은 하지 아니하고 도리어 원치 아니 하는 바 악은 행하는도다. 만일 내가 원치 아니하는 그것을 하면 이를 행하는 자가 내가 아니요 내 속에 거하는 죄니라*"고 자아 속에 거하는 죄를 설명한다. 죄가 육신 속에 거한다는 것이다. 이 구절은 사람에게는 악한 죄가 심각히 항상 존재한다는 것을 말한다. 자아에는 선한 것이 없다고 선언하는데 그 이유는 두 가지로 보인다. 죄가 너무 철저하게 자아에 영향을 주어 선을 행할 수 없거나 사람에게는 절대 선이 존재하지 않음을 말한 것으로 보인다. 예수님께서도 선한 분은 하나님만이라 설명하셨다 (마가복음 10:18 및 누가복음 18:19).

바울에게 선이란 사람이 당연히 꼭 지켜야 할 규범으로서의 절대 선을 지칭한다. 이로마서를 쓸 당시의 사도 바울의 지적 수준이나 영적 수준으로 보아 상대적 의미의 선과 절대적 의미의 선을 모를 리 없다. 즉 사람이 판단하는 주관적 선[493]은 하나님의 선과 다르다는 점을 바울이 모를 리 없다. 따라서 사람이 생각하는 선과 하나님의 선 모두를 바라보고 자아에는 선한 것이 없다고 고백하는 것으로 보아야 할 것이다.

“내 속에 곧 육신에 거하는 죄”라 함은 무엇인가. 물리적인 내 육체를 포함한 영혼의 자아를 말한다. 자아에 선과 악이 공존하며 절대적 선을 의지적으로 지향하나 악한 죄를 물리치지 못하며 무의식에 있는 죄악이 선 위에서 군림하며 의식으로 나타나고 있다는 것이다. 악을 의지적으로 통제하고 싶으나 어느새 악이 나와 있음을 고백하고 있다. 죄는 인성이며 통제하지 못하는 비의지적이며 자연스러운 법칙인 점을 지적한다. 이런 이유로 사람은 죄와 악에 매우 친화적으로 항상 반응한다. 이 세상과 자신을 관찰하면 사도 바울의 고백과 설명과 일치한다.

거듭 났으나 바울은 자신의 모습을 보며 매우 암울하고 괴로워함을 이 기술에서 고백한다. 바울 자신의 실존적 심리 현상을 표현하는 이 기술은 성악설이나 성선설이 아닌 자신의 영혼에 관한 보편적이며 실존적 내면 기술하고 있다. 이런 악한 영혼에 의한 심리작용의 뿌리를 인성에 뿌리박혀 빼낼 수 없는 죄라고 정의한다. 성경 역시 이 점을 보편 문제로 지적한다. 사도 바울의 이런 경향은 모든 사람에게 일어나는 공통 현상이고 이 문제를 해결하기 위해 사상, 법규, 윤리, 종교, 교육 행위가 연유한다. 사도 바울은 자신에게 뿌리박혀 있는 죄를 규정하면서 이 문제를 해결하려고 1장에

493 사람의 주관적 선이나 진리란 팡세가 말했듯이 피레네 산맥의 이쪽과 저쪽의 진리는 서로 다르다.

서부터 7장까지 논증을 펼친다. 내 안에, 육신에 속한, 육신의 죄 때문에 자신이 원하는 바를 행하지 못하고 있음을 설명하고 있다. 회심한 또는 거듭난 후에도 기독교인이 가장 고민하는 이 문제는 끝없는 내적 싸움과 선을 지향하는 행위를 수반하게 한다. 생명이 끝날 때까지 선을 향한 노력은 지속된다. 이 끊임 없는 갈등의 싸움은 해결되지 않는 실존적 과제로 기독교인을 포함한 인류의 보편적 문제이다.

영·혼·육이라는 단어로 설명하지 않고 사도 바울이 선택한 「죄」와 「육신」이라는 의미를 바울은 죄가 육신 속에 거하는 것으로 설명하는 것으로 보아 육신과 죄는 하나로 결합된 것으로 보는 것 같다. 육신은 몸을 포함하는 사람의 전인성(全人性)의 자아를 말한다. 영적(spiritual)인 것은 신령하고 선한 것을 추구하나 동시에 자아에 죄가 거하여 선을 행할 수 없고 악한 것을 추구하는 것으로 설명한다. 바울의 설명대로라면 사람의 육신을 포함하는 자아는 죄가 거하여 부패하여 죽어야 마땅한 사망의 몸(로마서 7:24)으로 해석하는 것이다. 사람의 타락한 육신은 영원성이 소멸된다. 바울이 사용한 육신이란 영·혼·육을 포함하는 인격체인 자아를 말한다. 이런 해석의 근거는 내 속, 내가 원하는 것 등의 표현에서 1인칭 대명사를 사용함으로써 전 인격체에는 죄가 거하는 것으로 설명하고 있다. 불교와 유교의 개념으로 말하면 칠정육욕(七情六慾)[494]을 지닌 사람의 공통 모습과 이로 인한 심리를 말하는 듯하다.

로마서 7장 21절부터 24절에서 7장의 일부 소결(小結)로 자신을 지배하는 법칙을 설명하길, 두 자아가 함께 있어 싸움한다고 하나 선한 것 대신에 악한 죄가 뿌리를 두어 자신을 「곤고한(困苦, wretched) 자」라고 정의하며 결국은 「사망의 몸」으로 한탄하고 있다. 자신은 곤고한 사람인데 왜냐면 두 자아의 싸움 속에 있으며 이 싸움의 법칙을 의지적으로 제어할 수 없기 때문이라는 것이다. 바울의 고백대로 사람 내면에는 두 자아가 거하며 이를 스스로 통제할 수 없는 이유가 빼낼 수 없는 죄 때문이라는 것이다. 선을 지향하는 자아는 의지적 자아로 설명하고 있고 악한 것을 지향하는 자아는 무의식적이고 비의지적인 것이어서 죄 스스로 자율적으로 작동함을 설명한다.

태어나면서부터 로마 시민이요 유대교인이었으며 나중 기독교인이 된 후 유대교인에게 핍박을 받았던 사도 바울이 로마서를 쓴 시기는 사상적으로 그리스 철학이 로마제국까지 이어진 시기였고 종교관은 다신론이 지배하였으며 정치적으로는 네로황제의 집권기였다. 바울 자신의 심리상태를 철학과 법을 아는 로마 교인들에게 설명한다(로마서 7:1)고 하면서 자신이 겪고 있는 심정을 당시 유행하던 신학적이면서 철학

494 칠정: 희(기쁨), 노(분냄), 우(근심), 구(두려움), 애(사랑),증(증오), 욕(욕심). 육욕: 생, 사, 이(귀), 목(눈), 구(입), 비(코)의 욕심

적 또는 심리적 관점으로 변증하고 있다.

사람은 영·혼·육으로 구성된 자아이다. 로마서 7장에서 바울의 설명은 모든 사람을 구성하는 죄된 결과로, 즉 영·혼·육이 부패한 상태로 있어, 선을 행하려 하나 선을 행할 수 없다는 것을 강조한다. 죄로 얼룩진 자아, 죄에 속한 자아, 육신에 속한 자아가 악을 행하게 한다는 것이다. 바울이 이 글을 쓸 당시 도덕심과 양심을 갖춘 사람이 선을 행하는 것을 알고 있었을 것인데 선을 행할 수 없다고 한 것으로 보아 사람은 항상 선행이나 절대 선을 행하지 못하는 근본 이유를 설명하고자 한다. 이러한 바울의 설명에서 죄가 없는 육신의 상태에서는 선을 행할 수 있다는 점을 설명하고 싶어하나 결국 그러한 육신을 해결해야 하는 방법을 바울이 알고 있음을 추론할 수 있다.

그러면 바울에게 존재했던 이런 죄된 자아 이외의 다른 자아에 대하여 살펴보자. 로마서 7장 22절에서 육신에 속하지 않은 다른 자아를 바울이 설명하길, 하나님의 법을 즐거워하는 「속 사람」이 있다는 것이다. 바울의 이 용어 선택은 성경에서 처음 등장하는데 아마도 로마에 있는 초신자에게 쉽게 설명하기 위한 것으로 보인다. 하나님을 지향하는 마음은 깊은 「속」에서 나온다는 점을 추정케 하며 이를 「마음의 법」이라 하였다. 아마도 이 속 사람이 영의 사람에 속하는 것으로 즉 하나님을 향한 영적 속성이 (거듭난) 자아 속에 있다는 것이다.

바울 자신은 육신에 속한 자아 즉 「지체 속의 법」이 작용케 하여 「죄의 법」 아래로 자신을 사로잡고 반면 「마음의 법」인 다른 자아는 하나님을 향한다는 것이다. 이 설명에 의하면 바울은 예수를 믿고 난 후에 기술한 로마서에서 자신의 심리적 상태를 유발하는 영혼를 파악하면서 죄에 속한 육신의 자아와 속 사람인 자아가 있음을 나열한다.

그러므로 내 「속 사람」으로는 「하나님의 법」을 즐거워하되 내 「지체 속에는 한 다른 법」이 내 「마음의 법」과 싸워 내 지체 속에 있는 「죄의 법」 아래로 나를 사로잡아 오는 것을 보는도다. 오호라 나는 곤고한 사람이로다. 이 사망의 몸에서 누가 나를 건져내랴. 우리 주 예수 그리스도로 말미암아 하나님께 감사하리로다. 그런즉 내 자신이 마음으로는 하나님의 법을 육신으로는 죄의 법을 섬기노라 (로마서 7:22-25).

여기 바울 자신에게 나타난 두 자아를 드러내면서 고백한 내용은 보편 사람의 영·혼·육에 관한 심리 현상으로 보아야 한다는 점이다. 이 해석은 매우 어렵고 심오한 심리적 신학적 해석에 속한다. 이 해석에 대하여 신학자들간에 회심 전 상태를 설명한 것인지 회심 후 상태를 설명한 것인지 두 설이 팽팽함에도 회심 후 상태로 파악하는 것이 다음과 같은 이유와 배경 때문이다.

첫째, 자신처럼 로마 교인들에게도 선을 행하려는 의지 또는 구약에서 설명하는 하나님의 법을 즐거워하면서도 죄 아래 속한 자아가 있음을 설명한다. 또 「죄」라 하면 유대교에서 말하는 죄가 아닌 보편적으로 육신에 거하는 악한 것을 말한다. 둘째, 바울은 유대인을 포함한 모든 인류에게 작용하는 법의 효력과 심리의 보편성을 로마서 1장에서부터 7장까지 변증적 설명하고 있다는 점 때문이다. 셋째, 둘째와 동일한 이유에서 바울이 선택한 하나님의 법을 즐거워한다거나 선을 행하려 하는 마음의 작용은 꼭 유대교의 법, 율법, 계명만을 의미하는 것이 아니라 보편적 법규를 말하는 것으로 해석된다는 점이다. 바울은 일종의 일반적인 심리 현상과 그 현상을 일으키는 법칙을 말하는 것이지 유대교의 계율에 한정하려는 의도가 있는 것이 아니기 때문이다.

속 사람으로 하나님의 법을 즐거워하거나 선을 행하고자 하는 마음은 (그리스도인) 사람 일반에 내재한 하나님을 향한 또는 선한 영이라고 설명하는 듯하다. 7장 25절 하반절에서, *"그런즉 내 자신이 마음으로는 하나님의 법을 육신으로는 죄의 법을 섬기노라 So then, with the mind I myself serve the law of God, but with the flesh the law of sin"*이고 고백한다. 사람의 인격은 이처럼 상반되어 다투는 두 자아로 구성되어 평생 바울처럼 스스로 의지적으로 해결하지 못하고 갈등하고 살아간다. 이로써 평생 평안 없고 갈급하며 악을 버리고자 하며 행복을 좇아다닌다.

보통 이러한 두 자아를 통합하는 방법은 수련, 명상, 기도, 교육 등의 방법을 실천하는데 사도 바울은 결론으로 「생명의 성령의 법」에 따르는 것과 이 법이 죄와 사망의 범에서 해방시킨다 하였다 (로마서 8:1-2). 「성령」이 분열된 자아를 하나로 통합하여 평안과 믿음과 위로를 주시며 영생에 이르는 구원을 주시므로 성령의 법을 따르라는 것이다. 분열된 자아는 심령은 성령으로 깨끗하게 하나가 되어 성령이 주시는 열매로 살아가는 것이다. 성령의 열매란 사랑, 희락, 화평, 오래 참음, 자비, 양선, 충성, 온유, 절제 아홉 가지이다 (갈라디아서 5:22-23). 예수님께서 말씀하시길, "*나를 믿는 자는 성경에 이름과 같이 그 배에서 생수의 강이 흘러나리라* (요한복음 7:38)" 하셨다.

이 제6장에서 설명한 「생명」과 「예수 그리스도와 연합」 및 「자」를 요약하면, 아담과 이브가 선악과를 먹음으로써 사망에 이르게 되었다. 사망의 원인은 선악과를 먹고 불순종함으로 인해 영·혼·육의 죽음이 도래하였고 사람의 영·혼·육이 타락하여 이들 모두가 함께 죽게 되었다. 이 사망은 사람이 죽을 때 몸은 흙으로 돌아가고 몸을 작동시키는 혼은 소멸하나 영은 하늘로 가서 심판을 받는다.

죄에 연합했던 아담은 하나님과 단절되어 에덴동산에서 쫓겨났고 그의 후손인 인류는 죄에 매인 사람으로 태어남으로 아담처럼 죽은 생명이 되었다. 영원하지 못한 생명에 영원한 생명을 얻기 위해서는 죄와 사망에 묶인 영·혼·육은 죽어야 하며 영원한 하나님께서 주시는 영으로 다시 태어나야 한다. 거듭남이란 성령님을 통해 예수 그리스도를 믿음으로써 예수 그리스도와 함께 연합한 자가 되는 것이다. 연합한 자는 하나님의 말씀에 따라 순종하며 실천하는 자이어야 하며 아담처럼 하나님의 말씀을 받아 알았으나 자아의 판단에 따라 실천하지 않고 하나님의 말씀에 순종하는 자이다.

예수 그리스도와 연합한 자에게 영원한 생명을 주신다. 예수 그리스도가 십자가 상에서 사람의 죄값을 치러 속죄하셨고 죽음에서 부활하셨듯이 그리스도와 함께 사람의 죄는 연합하여 죄에 대하여 죽었고 죄된 육신은 죽은 후 부활체가 되어 영원히 하늘나라에서 영원한 생명이 주어진다. 이는 하나님 스스로하신 선언이요 약속이요 진리이다. 우리의 생명이 끝나기 전 심히 의식이 희미해지고 하나님을 인식하지 못하거나 의지력이 사라지더라도 우리가 의지한 하나님께서 우리를 자녀로 삼으신 그 사랑과 약속으로 우리를 하늘나라로 넉넉히 인도하신다(로마서 8:33-39). 우리의 힘과 의지와 믿음이 전혀 아니다. 우리는 단지 하나님께 주신 약속의 믿음에 의지할 뿐이다.

지금도 우리 앞에 선악과와 생명과가 얼마나 많은가. 선악과 대신 항상 생명과를 먹어야 하고 먹을 수 있지 않을까. 그러나 이상하게 그리 하지 않는 것이 인간이다. 나약 무지 타성 무비판 게으름 등으로 해야 할 것을 하지 못하고 오히려 이것들과 타협하며 또 스스로 선택하고 살고 있지 않는가. 이것을 끊을 수 없는 인간에 대한 구원은 죽음 또는 대속 외는 없다. 동산 중앙에 좋은 곳에 선악과를 왜 심었으며 왜 우리의 손과 입을 만들어 따 먹게 하였으며 또 왜 선악과를 그렇게 아름답게 만들었냐고 하나님을 탓할 수 없다.

제 7 장

단 편

제 7 장. 단 편

7-1. 아담부터 노아까지의 인구 추계

< 표 1 >은 여러 의미를 가졌는데 이를 제3장 9절에서 < 표 3-9-1 > 아담-모세간 신앙 및 문화 공유 톨레도트처럼 재해석할 수 있다. 또 아담부터 노아 대홍수 전까지 총 10세대인데 에녹은 365세 승천하였으므로 이분을 제외하면 평균 수명은 912세이고 평균 출산 연령은 약 117.3년이 되어 약 7-8세대가 동시대를 함께 살은 것으로 해석할 수 있다. 물론 117.3년이란 맏아들이 아닌 신앙을 계승한 대족장을 낳은 평균 출산 연령이다. 특히한 점은 노아는 평균 117.3세에 자녀를 둔 다른 선조들과 달리 500세 전후 늦은 나이에 세 아들을 두었다. 또 대홍수는 노아 600세에 발생하였으므로 노아 출생 후 600년 사이에 약 5.1세대가 더 출산이 되었다고 단순 계산된다. 따라서 대홍수 시 인구를 추산한다면 5.1세대를 < 표 1 >에 추가하여 구해야 한다. < 표 1 >에 5.1세대를 5대로 보고 이를 추가하면 < 표 7-1-1 >처럼 총 15세대가 된다. 그리고 < 표 1 >과 < 표 7-1-1 >를 종합하면, 노아 대홍수 시에 살아 있던 사람 중 대홍수에 수장되어 사망한 개략의 세대는 9대부터 추가된 15대까지 출생한 총 7세대의 사람들 약 10억 명이고 8대 이전 사람들 약 19만 6천 명은 대홍수 전 자연사한 것으로 계산된다.

한 남성에게서 낳은 남녀 자녀들의 생잔율이 각 4인이라 한다고 산출한 인구 추계표 < 표 7-1-1 >을 보면 창세기 6장 1절이 설명하는대로 노아 세대부터 사람이 번창하기 시작했는데 노아 전 세대인 라멕 세대보다 4배가 되었다.

아담 이후 노아 대홍수(AM 1,656년)까지 한 세대(世帶)가 자녀를 낳고 생잔율을 남녀 각 4인 총 8명으로 보는 것이 무리가 없는 것은 장수하면서 남녀 4인 이상을 낳고 그 4인 이상이 생존했을 것으로 보인다. 만일 세대당 생잔율을 남녀 각 5인으로 보는 경우 같은 방식으로 산출하면 대홍수 시점에 상상할 수 없는 약 228억 명(추계표 생략)이 되어 인구 추정에 새로운 방법이나 재해석이 필요하다. 외경에 아담이 63명의 자녀를 낳았다는 설명[495]이 있으나 노아 전 출산율에 대하여 창세기 등에 설명이 없어 추정이 불가능하다. 다만 아담 후 1,656년 동안 사람 등 자연 생태계의 생명이 길었으므로 엄청난 번성을 이 표로 추정할 수 있다.

495 이동진 역, 전게서 제2의 성서, P 41

야살의책 2장 6절에 에노스 때에 죄악으로 에덴동산에서 발원되는 기혼강에 홍수를 두어 당시 인구의 1/3을 죽게 하였다고 하여 많은 인구가 살은 것으로 추정할 수 있으나 < 표 7-1-1 >에 보면 에노스 당시 누적 인구가 220명이 되어 야살의책의 기록 분위기와 추계 인구에 상당한 불일치가 있다. 인구 추정을 보정해야 하는데 이를 보정할 방법이 마땅히 없다.

또 야살의책에 에녹이 왕중왕으로 인간을 다스리다가 하늘로 승천할 때 80만 명이 그를 따랐다는 기록(야살의책 3:12)과 노아 대홍수 시작 시 빗물이 땅에 차오르자 방주 근처에 모인 사람들이 약 70만 명이었다는 기록(야살의책 9:23)을 < 표 7-1-1 >과 비교하면 에녹[496] 시대의 누적 인구가 약 4만9천 명이 되므로 평균 생잔율 4인 이상으로 판단해야 하나 보정할 방법이 없다. 어쨌든 노아 대홍수 시까지 생잔율을 남녀 각 4인으로 보는 경우 엄청난 인구의 타락을 짐작할 수 있고 하나님의 진노하심과 그 심판에 경악을 금할 길이 없다.

< 표 7-1-1 > 세대당 남녀 각 4인씩의 생잔 시 노아 대홍수까지 인구 추계

아담 이후 세대(Ni)	세대 수 (A, 명)	남자 출산 인구(C, 명)	당해 세대 인구 (= 2*(A+C))	누적 총인구(명)
1대 (아담 항렬)	1	4	10	10
2대 (셋 항렬)	4	16	40	46
3대 (에노스 항렬)	16	64	160	220
4대 (게난 항렬)	64	256	640	796
5대 (마할랄렐 항렬)	256	1,024	2,560	3,070
6대 (야렛 항렬)	1,024	4,096	10,240	12,286
7대 (에녹 항렬)	4,096	16,384	40,960	49,150
8대 (므두셀라 항렬)	16,384	65,536	163,840	196,600
9대 (라멕 항렬)	65,536	262,144	655,360	786,400
10대 (노아 항렬)	262,144	1,048,576	2,621,440	3,145,600
11대	1,048,576	4,194,304	10,485,760	12,582,400
12대	4,194,304	16,777,216	41,943,040	50,329,600
13대	16,777,216	67,108,864	167,772,160	201,318,400
14대	67,108,864	268,435,456	671,088,640	805,273,600
15대 (대홍수 세대)	268,435,456	-	536,870,912	1,073,610,752

주 1: 누적 인구(Pi)=당해 세대 인구 + 전차 세대까지의 (부모 및 여성의) 누적 인구(Pi-1)인데 8세대 이전 출생자는 사망하였으므로 이를 누적 인구에서 제외하여 계산하였다.

주 2: 대홍수 시까지 연평균 인구 증가율(r)= 1.22%로 매우 낮은 증가율이다. $Pn=P0(1+r)^n$으로 산정하였다. 여기서 Pn=1,073,610,752 P0=2, n=1,656년을 대입하면 r=1.22%로 매우 낮은 연평균 인구증가율을 나타내는 것은 그들이 오래 살면서 저출산하였기 때문이다.

주 3: 아담 출생 후 1천6백 년 정도의 긴 기간에 성장한 약 10억명의 인구가 메소포타미아 이외 전 세계 넓은 지역에 흩어져 살았다면 전 세계에 건설한 이들의 문명이 현재 발굴되는 것으로 보인다.

496 외경 에녹서 1:9절을 인용한 예수님의 동생 유다서 쓴 유다서 1장 14절에, 앞으로 주가 나타나실 때 영광에 참여할 사람의 수를 수만이라 하였다.

7-2. 거인

창세기 6장 4절에 소개된 네피림은 노아 대홍수 약 120년 전 지금으로부터 4천3백 년 전 살았던 고대 유명한 용사로 소개되어 있다. 이들은 노아와 동시대에 살던 거인으로 보기도 하며 그렇지 않다는 설도 있으나 영육간에 매우 특이한 나쁜 유형의 사람이다. 대홍수 후에도 거인이 살았다는 성경 기록이 있음으로 보아 노아와 그의 식구는 오늘날의 사람 정도의 체격보다 월등히 건장한 거인이었다고 보아야 하며 대홍수 이후 점점 사람의 신체가 작아졌다고 성경에서 추정할 수 있다. 그중 격세유전을 통해 거인인 사람이 출생하였다고 봄도 합리적이다. 노아와 그의 세 아들이 거대한 방주를 5년간 건축한 사실에서 키가 최소 3-4m 정도였을 것이 합리적이다.

오늘날 거인 키는 보통 2.3m 정도이다. (초)고대 시대에 특별한 거인이 아닌 평균 수준의 사람은 오늘날보다 신체가 건장하였으며 이들이 세계 도처에서 살았다. 이들이 언제 살았으며 신체 규격이 어떠했는지에 대하여 소상히 알려지지 않고 있고 오늘날의 자연사 박물관에도 초고대 거인의 유골이나 뼈 등이 자세히 진열돼 있지 않다.

단순히 그들이 가진 지력과 체력이 지금보다 월등했다면 세계 도처에 건설된 대형 석재 문화의 공학적 미제의 문제는 해결이 한층 쉽다. 고대인의 공학적 기술을 이해하지 못하여 등장시키는 외계인 주장은 터무니 없는 속설에 불과하며 가장 현실적 추정이 고대인의 지력과 체력이 현재보다 상상 이상으로 우수하다고 인정하면 문제 해결과 접근이 쉽다.

창세기 4장 17-22절에 약 5천8백 년 전 아담의 아들 가인이 장가들어 성을 쌓았다는 기록이 등장하고 또 그즈음 두발가인이 동과 철을 다루어 기계를 제작하였다 한다. 이때가 아담 출생 후 약 200년 지난 후로 추정되므로 초고대인의 지력과 힘은 뛰어났다고 보아야 한다. 또 창세기 4장 23절의 기록과 야살의책 2장 15-30절을 보면, 아담의 4대손인 게난에게는 두 딸이 있었는데 아다와 실라였다. 아다와 실라가 라멕과 결혼했고 실라가 아들 두발가인과 딸 나아마를 낳았다. 나이가 많아 시력이 나쁜 라멕이 어린 아들 두발가인과 들에 나갔을 때 아버지에게 멀리 있는 짐승을 보고 활을 쏘라고 하여 두발가인이 활을 쏴 죽였는데 가까이 가서 보니 짐승이 아닌 할아버지 가인이었다는 것이다. 여기서 멀리 있는 사람을 짐승으로 오인할 정도의 사람이라면 그 사람의 체격과 외모를 작지 아니한 것으로 보아야 할 것이다. 아마도 짐승으로 착각할 정도로 몸집이 컸을 것이다. 물론 나이 어린 두발가인이 착각을 하였다고 하였으나 오늘날과 같은 체격은 아니었을 것이다.

4천3백여 년 전 창세기 6장 15절에 방주의 규모가 길이가 300규빗, 너비가 50규빗, 높이가 30규빗이었다. 고대 규빗(cubit)[497]을 오늘날 길이인 최소 44.5cm로 본다면 방주의 크기는 길이 133.5m * 너비 22.25m * 높이 13.35m이다. 야살의책 5장 34절에 기록하길, 노아는 홍수 전 5년 동안 방주를 제작하였다. 홍수 기간인 1년 동안 지탱할 나무는 대형 수목을 가공한 구조용 목재 외 견고한 판재였을 것이다. 이 대형 수목을 절단, 가공, 운반 및 치목(治木)하기 위해서는 기계 장비에 맞먹는 힘이 필수적인데 당시 간단한 기구를 이용하였다 하더라도 인력이 대부분이었을 것이다. 이런 점을 감안하면 595세의 노아와 95세 정도의 세 아들이 이 거대한 방주를 제작하였다면 1인이 1톤 정도는 쉬 다루어야 할 체격과 체력을 갖추어야 할 것이므로 오늘날보다 약 10배 정도의 체력을 갖춘 건장한 거인이었을 것이다. 또 노아 대홍수 이전의 규빗의 실제 길이는 노아 당시 사람 신장이 오늘날 사람보다 컸을 것이므로 방주의 규격은 상기 규모보다 조금 더 클 수 있다.

다른 예는, 약 3천8백 년 전 시대 상황으로, 에서가 출생 시 몸에 붉은 털옷이 덮였다는 점(창세기 25:25, 야살의책 26:14)은 사람 몸의 털이 염소 털처럼 많았던 점을 설명한다. 당시 사람은 오늘날보다 체격이 강하고 컸을 것으로 예상되는 묘사이다. 에서의 몸털에 대하여 창세기 27장에서도 이삭이 야곱에게 축복하는 장면에 소개되었다. 야곱을 편애한 이삭의 아내(리브가)가 야곱의 몸을 형 에서처럼 털이 많도록 변장하여 형의 축복을 대신 받도록 하였다. 리브가가 염소 새끼 가죽으로 야곱의 손과 목에 꾸미게 하였다. 이삭이 축복 시에 목소리는 야곱 같아 이상히 여겨 손을 만지고 에서로 착각하여 장자의 축복을 야곱에게 하였다. 야곱이 에서를 피해 하란에 도착 시 양떼에게 물을 먹이기 위해 우물 아귀의 돌을 옮긴 점에서 야곱이 힘이 센 장수 임을 추정케 한다 (창세기 29:1-10). 야살의책에는 이외 야곱의 아들이 매우 강하고 힘센 자들이었다는 대목이 여럿 소개되어 있다.

약 3천4백 년 전, 이스라엘 자손이 출애굽하여 가나안으로 들어가기 위해 가나안 족속들이 사는 성읍을 40일 동안 염탐하러 갔는데(출애굽기 13:1-33), 추수한 포도 한 송이를 두 사람이 막대기에 멜 정도로 컸고, 모든 백성 신장이 장대하여 이스라엘 사람은 메뚜기와 같다고 하였다. 두 사람이 포도 한 송이를 메었으니 그 무게는 200-300kg 정도로 보이며 그 열매의 길이는 1m 이상이었을 것인데 오늘날 무게의 수백배로 보이며 당시 그들의 신장은 2.5m 이상이었을 것이다.

출애굽 후 가나안으로 들어와 5백 년 정도 지난 약 2천5백 년 전, 다윗이 왕이 되기

497 기독지혜사(1989), 라이프 성경, 부록 p 106에 의한 구약 시대 측정 단위.

전 블레셋 장군 골리앗과 싸운 장면에서 골리앗의 키가 6규빗 한 뼘(사무엘상 17:4)으로 오늘날 규격으로 약 3m로 보인다. 이외 신명기 3장 11절에 르바임 족속 바산 왕 옥의 철제 침상 길이가 9규빗(약 4m) 폭이 4규빗(약 1.80cm)이라 하였으므로 그의 키가 약 3m였을 것이다.

이처럼 고대 모든 동식물의 신체는 현재보다 장대하고 장수했던 것 같고 이를 뒷받침하는 화석들이 새로이 발견되고 있다. 특별히 특정의 종족 중 거인족이 있었으나 전체적으로 오늘날과 비교하여 거인이었을 것이다. 그들은 장수로 인해 지혜가 많았을 것이며 태생적으로 지능이 좋았을 것이다. 초고대인의 신체와 지능은 노아 대홍수 이후로 하나님의 영이 떠나고 생태계의 파괴와 훼손으로 생명체의 수명이 단축되었고 몸 크기가 작아진 것으로 보는 것이 성경학자 또는 창조과학자의 견해이다.

7-3. 잡종 또는 이종교배

아담 후 약 450년이 지난 시점에 여성들이 아름다움을 유지하기 위해 임신을 하지 않도록 물약[498]을 먹었다는 것이다 (야살의책 2:15-22). AM 1천 년 즈음(BC 약 3천 년) 노아 시대에도 사람들이 이를 이용하였다 한다. 약 5천 년 전 가축, 들짐승, 공중의 새들을 데려다가 한 종류와 다른 종류의 동물들을 섞는 행위를 하여 하나님을 노엽게 하였다고 타락의 극치 중 하나를 기록하고 있다 (야살의책 4:18-22). 오늘날처럼 광범위하게 잡종 또는 이종교배를 실시한 것으로 기록하고 있다.

사람도 유인원과 이종교배를 했음을 추정하는 장면이 창세기 6장 4절 노아 시대의 네피림이 아닌가 싶다. 어찌 해석해야 할찌 모르겠으나 사람들이 타락한 천사(타락한 하나님의 아들로 추정)들과 결혼한 사례가 외경에 나타나 있다. 자연법칙을 거슬린 인간의 타락으로 노아 대홍수 시 땅에 생명의 기운이 있는 모든 육체(창세기 6:17)를 멸하시었다. 오늘날은 나노 단위의 유전자 및 단위 세포인 체세포를 조작하고 있다

498 2022.9.30. 뉴스에 의하면 고대 이집트, 그리스, 로마에서 불임제, 정력제, 항암제 등으로 사용된 향신료가 오랫동안 발견되지 않다가 튀르키예 산에서 새로이 발견되었는데 페루나 드루데아나(feruan drudeana)라는 고대 문헌의 실피온(silphion)이라는 약초라 한다.

7-4. 인간의 경향성

아담부터 아브라함까지 약 2천 년간 초고대인들의 삶에 나타난 부정적 현상이 경향성으로 아직도 유사하게 나타난다. 인간의 죄가 번창하여 극단에 이르게 되면 또는 극단에 이르기 전 크거나 작은 또는 개인이든 사회이든 징벌로 심판을 하여 나쁜 경향성이 파괴하거나 단절된다.

□ 경향성 1: 선악과

선악과 먹도록 사람을 만든 그리고 선악과를 동산 중앙에 식재한 하나님을 탓한다. 하나님께서는 선악과를 두었으나 선악과를 먹지 않도록 기회를 주었다. 오늘날 동산과 정원 중앙에 선악과만 있는 것이 아니라 생명과도 있으나 생명과를 먹지 않는다.

□ 경향성 2: 추방과 분리

아담은 에덴동산에서 타락(죄)으로 「추방」됐고(exile from Eden), 아브라함은 수메르 마지막 시대에 메소포타미아 도시 우르에서 부패로부터 「분리」(separation from Ur, 아담 출생 후 2,000년: BC 1,909경)되었다. 아브라함의 분리 과정이 아담의 추방과 다른 방향성을 갖는다. 한 사람 아담의 타락으로 에덴동산에서 영원히 추방되어 그 후손이 타락했으나, 아브라함은 노아 이후 사람들이 타락하고 부패하고 혼잡한 그곳에서 하나님의 의지로 분리되어 새로운 신앙의 삶을 향한다. 타락은 아담 한 사람에서 시작하나, 아브라함 한 사람은 부패한 수메르 문명과 사람으로부터 분리되어 가나안(에덴)으로 향하는 시작을 보여 준다. 아담과 아브라함의 두 비대칭적 방향은 개인에게서 철저한 부패와 완연히 다른 새로운 차원의 삶의 시작이 있음을 보여준다.

추방은 타락이 원인이고 결과를 만든다. 추방은 벌(罰)이나, 분리는 신앙을 지향하는 힘이요 시작이요 축복이다. 첫 추방은 단순했으나 복잡한 사건을 유발하였다. 아브라함의 첫 분리 과정은 여러 단계를 요구했으며 또한 분리 후에도 어려움(단련과 인내)이 지속되면서 하나님 말씀대로 신앙으로 지향한다. 혼잡에서 신앙으로 지향하는 과정 역시 고통임을 알게 한다. 부패로부터 멀어짐 즉 분리는 힘든 결단이다.

아브라함이 메소포타미아 갈대아 지방 우르를 떠나 약 1,800km를 이동하여 가나안에 정착하게 된 여러 상황과 배경은 「부패에서의 분리」이며 최종 에덴 지역인 가나안에 거주한다. 아브라함의 분리는 단순한 탈출이나 이주가 아닌 부패와 세상과의 분리이다.

□ 경향성 3: 우상화 과정

인간은 위대한 자연이나 자연법칙을 의인화한다. 이들을 사람의 합리적, 감성적 이유 등으로 자연법칙을 해석하여 사상과 학문과 종교로 형상화한다. 하나님께서 디자인한 이러한 자연이나 법칙을 신앙하는 것을 성경은 우상이라고 한다. 고대인들이 그러했고 아직도 우리도 동일한 또는 유사한 방식으로 그러하다. 인간이 구현한 사상이나 지식을 신앙하는 것은 합리적 우상이 된다. 이런 것들이 자기 우상이 되고 스스로 이것을 지향하며 의지하며 행동하게 하며 사람을 다시 매몰시켜 구속한다. 심지어 우상을 벽에 못질하여 단단히 고정하여 자신과 일체화한다 (이사야 41:7).

□ 경향성 4: 사실과 실재의 망각, 왜곡 및 잘못된 믿음

사실(事實) 또는 실재(實在)는 시간의 경과로 심각히 망각되고 왜곡된다. 일반 수준에서 사람의 통찰력과 지성은 나약하고 빈약한 수준이다. 이로 인해 후대의 사람들은 사실과 실재를 부정하고 또는 그것을 다시 알려고 애쓴다. 이런 경향 때문에 지난 사실과 실재에 관한 믿음이나 불신이 발생하고 나아가 이를 종교적 믿음으로 승화시킨다. 자연과 사람이 만든 사실이나 실재는 믿음의 대상이 아니다.

□ 경향성 5: 믿음의 본질과 하나님의 인격성

믿음의 원형은 아브라함이 만나고 경험하는 인격적 하나님이어야 하고 하나님께서 아브라함에게 어떻게 작용하는지를 살펴야 한다. 이 점은 현대인에게도 신학적으로도 또는 개인적으로도 동일해 보인다. 성령님을 통해 믿음을 확인할 수밖에 없다. 성령님의 작용이 믿음과 신앙으로 나타난다. 성령님이 사람에게 나타나 성령님이 사람과 함께 산다. 이것이 믿음임을 아브라함의 삶을 통해 증거한다. 사람의 믿음은 시간에 따라 질적으로 순차적이고 단계적이며 지속성을 갖으며 이는 성령님의 도움이며 점차 성령님의 뜻을 이룬다. 하나님의 인격이 사람에게 나타난다. 사람에게 나타난 이 하나님의 인격성이 믿음이며 신앙이다.

□ 경향성 6: 집단 지성

인문학적으로 인간의 집단 지능은 어디에나 항상 유사하게 창의적이고 뛰어나다. 창세기와 야살의책 그리고 최근 발견된 초고대 유적에서 뛰어난 문학성, 각종 기술(技術)과 예술에서 아름다움과 정교함을 보이며 당시 사람들이 오늘날과 같은 지성과 감성을 갖고 있음이 놀랍다. 또 이런 집단 지능은 언제나 어디서나 동일한 수준으로 높게 갑자기 탄생한다. 고대인을 무지하다는 등의 편견에서 벗어나야 한다. 그들의 역사적 사실 또는 그것을 근거로 하는 역사적 경고와 경험을 무시해서도 아니 된다.

□ 경향성 7: 귀납적 지성의 한계와 연역적 진리

인간의 귀납적 추론은 부작용이나 위험과 헛점(오류)이 도사린다. 만물의 이치나 법칙은 항상 연역적이다. 하나님의 말씀(로고스)은 우리에게 주어진 연역적 지식이며 법칙이다. 모든 진리는 하나님으로부터 나온 연역성에 근거한다. 영이 닫힌 인간은 온 우주에 가득 찬 연역의 진리를 볼 수 없기에 추론하는 귀납적 판단으로 실수와 오류를 유발한다. 인간의 귀납적인 사상이 오류, 갈등, 전쟁과 반목을 야기했고 망하고 사라진다. 그러나 항상 이 과정은 반복한다.

생각은 연역적 진리에 종속되어야 하며 연역적 진리에 따라 단순하게 생각하고 살아야 한다. 복잡하게 간신히 얻은 귀납적 지식은 인간을 다시 복잡과 혼란과 혼잡으로 이끈다. 귀납적 추론으로 온전하고 높은 진리에 도달함은 거의 불가능하다. 수메르 사상 그리고 오늘날의 많은 사상 속에는 귀납적 지식이 많다. 심지어 하나님에 속한 연역적 진리를 이용하는 기술이나 사상마저 우리를 화려하게 꾸미는 수단과 무기와 학문으로 사용되고 있다.

□ 경향성 8: 음주

술은 위험성을 갖는다. 노아가 포도주에 취할 때 치부를 보인 사건으로 자손들에게 차별적인 축복과 저주하였다. 이로 전쟁과 갈등, 종과 노예가 발생하였다. 자식과 다른 이에게 저주는 자기의 죄를 유전시킨다. 노아의 만취 사건에서 보듯이 부모의 실수와 나태함이 자식들에게 나쁜 영향을 준다. 오늘날의 일상이 된 음주 문화는 더욱 부패하고 심각하다. 알고도 금주하지 못한다.

□ 경향성 9: 생육과 번성

산아제한이 없다면 인간의 수명과 관계 없이 한 가구는 약 8명의 자녀를 갖는다(표준적 생명표). 이러한 생육으로 인구는 급격히 번성하며 죄악과 쾌락과 문화도 함께 번창한다. 그리고 죽음과 징벌이 순환된다. 죽음과 징벌은 또 다른 면에서 새 삶을 위한 정화이며 기회이며 축복이요 은혜이다.

□ 경향성 10: 사상과 권력의 타락과 인간 노예화

아담 이후 느므롯이 등장하기 전까지는 전쟁이 없은 듯하고 인간 스스로 타락으로 하나님으로부터 심판과 징계가 있었으나, 니므롯의 권력에 의해 인류 최초 부족간 전쟁이 AM 1,939(BC 1,970)경 발생한 것으로 보인다. 넓은 땅에 사람이 살지 않은 곳이 많았기에 부족 단위로 넓게 평화로이 살아 부족간 전쟁할 이유가 없었던 것으로 보인다.

인구가 번창하여 밀집하자 부족장을 아우르는 왕권이 생겼는데 수메르 왕 니므롯이다. 전쟁으로 부족장을 신하로 만들면서 인위적 무력 행위가 이때부터 시작된 것으로 보인다. 니므롯이 신도시 바벨 성읍과 탑을 세우고 타락과 폭정이 있었다. 왕권을 점점 강화하고 자신을 높이 세웠다. 왕권이나 권력은 부패하고 타락했다. 재물, 정치, 지식이나 사상, 종교의 권력은 욕심에 힘입어 부패를 동반하며 이를 포장하고 방어하려하나 결국 드러나고 망한다. 하루 세끼 음식에 감사하라.

전쟁과 권력과 부는 노예, 빈곤, 약탈을 양산한다. 전쟁을 준비하는 국가는 주민을 물질적으로 정신적으로 노예화 한다. 히틀러, 카타피, 후세인, 북한 정권, 미츠노미야 히로히도, 뭇솔리니 등 폭군과 독재자는 시민을 노예화 하였다. 순수한 사상도 점점 타락하고 타락한 사상은 사람을 노예적 인간을 양산한다. 사람은 이들 정치 권력에게 굴복하고 따른다. 심지어 민주주의도 다수결에 의한 합의와 권력으로 주민을 탄압한다.

□ 경향성 11: 인간 실존

사람, 조직, 지도자 및 국가 권력을 믿기 쉽지 않다. 또 그것을 신격화하지 말아야 한다. 나약한 인간과 타락한 인간은 무엇인가 의지하려는 경향을 제도화한다. 의지하여 위안을 얻고자 함은 낮은 차원의 본질적 불안을 메우기 위한 욕망인데 이 욕망은 궁극적으로 선과 복지를 지향하는 것으로 애써 왔으나 결국 불안정하다. 우리는 이런 유형의 권력을 일상이라는 삶의 형태로 부담 없이 매일매일 받아들이며 살아가고 있다. 이로 인하여 자유를 잃는다. 자기 애착과 타자를 의지함이 자유를 멀게 한다. 요즘은 페스티벌, 카니발, 영상, 음식, 여행이 새로운 소비가 권력이 되어 이 소비 권력에 의지하고 실존을 메우고 살아간다.

□ 경향성 12: 욕심

욕심은 합리적 형태로 나타난다. 개인이든 족장이든, 왕이든, 정당이든, 조직이든, 권력이든, 재물이든, 사상이든, 종교이든, 명예든 스스로 생존하고 보존하고 확장하기 위해 구성원과 내용을 규율함은 넘어 과장하며, 스스로 조직과 내용을 당초의 본질에서 이탈시켜 본질을 훼손하고 순수성을 상실한다. 권력과 재물과 명예를 잃지 않으려 욕심을 동원한다. 이단, 변칙, 탈법, 상황윤리가 발생하며 다원주의가 팽배한다. 양심보다 욕심이 더 강력한 엔진으로 작동한다. 그리고 드러나고 견제되고 소멸한다. "*욕심은 죄를 낳고 죄가 장성하여 사망을 낳는다* (야고보서 1:15)".

□ 경향성 13: 교육 무용성과 타락의 증가

(200년 주기) 아담 후 200년 정도가 지난 시점인 에노스 시대에도 문명이 발달했고 존재의 불안을 막기위해 신상(神像)이 성행했으며 악행이 번창하였다. 동일하게 노아 대홍수 후 200년 정도가 지난 때에, 노아와 셈 등 풍부한 경험의 선조들의 교육에도 불구하고 타락과 부패 그리고 다신 사상을 갖는다. 새로운 시작부터 200년 정도가 부모의 시행착오와 교육 효과는 옅어지고 사회화 과정에서 당초의 새 마음이 변질되고 부패하는 것이 인간 사회인 듯하다.

(교육의 소멸과 망각의 가속도) 인간은 부모와 선조의 교훈을 듣지 않고 자신의 판단과 의지를 우선하고 중시한다. 시간이 지날수록 부패와 탈선이 점점 심해지고 순수한 본질에서 멀어진다. 약 200년을 지나면 선조들의 교훈이 완전히 사라진다. 현대는 더 빨라져 약 100년 후 선조들의 교훈과 전통은 희미해진다. 인구가 증가하고 밀집하면 이 경향은 증대된다. 참된 지식은 유지하기 어렵다. 따라서 점점 참된 지식은 비밀의 창고 안에 갇히게 된다. 성경은 이러한 경향에 대한 경고 내지 교훈으로 창고에 간직한 비밀 이야기이다.

(시간 비례) 인간은 시간의 흐름과 비례하여 문명이 발달하나 비례하여 타락한 모습을 양산한다. 윤리 교육은 점점 쇄락한다.

(인구 비례) 인구가 증가하고 밀집할수록 국가 권력이 커질수록 물질문명이 발달할수록 사람은 문명에 순응하고 쇠락한다. 문화의 정체성으로 확립되어 가는 듯하나 변곡점을 지나 주저앉으며 혁신과 개혁의 원동력이 사라진다.

(참지식과 믿음) 노아의 10대손 아브라함은 홍수 후 292년에 태어났는데 대선조인 노아와 셈과 에벨에게 신앙 교육을 받았다. 교육이 필요하나 교육과 아는 것은 다르다. 아는 것은 교육 이상의 것을 포함한다. 아브라함의 교육은 단지 시작이고 믿음은 50세 즈음에 형성되었고 깨달음은 아브라함이 100세 즈음에 도달한 것으로 보인다. 이처럼 신앙은 지속되는 느린 전진이고 과정이기도 하다. 이를 "견인(堅忍, 굳게 참

고 견디어 인도됨, 요한복음 10:28, 로마서 8:30-39 등)"이라 한다.

□ 경향성 14: 두 극단

타락한 곳과 부패한 사상에서 멀리 떠나야 완전한 분리이다. 그러나 실제는 매우 어렵다. 모르거나, 할 수 없거나, 알면서도 주저앉아 있다. 나쁜 관습과 습관과 사상의 가속도와 관성의 힘을 역행하기 쉽지 않다. 그러다가 결국 파멸하거나 죽는다. 혼잡과 복잡과 부패로부터 분리되어 순수를 지향하는 것은 극단의 선택이요 진정한 개혁의 신앙이다. 참 믿음과 순수한 진리를 정확히 바라보는 눈과 그것을 열망하며 좇는 노력 없이 불가능하다.

7-5. 씨(seed)에 대한 기도와 축복

아담부터 예수님까지의 계보를 보면 하나님께서 택정한 사람(씨)를 통한 신앙의 유전성과 정통성이 선명히 드러난다. 사람의 자의로 배우자를 선택하는 듯하나 하나님의 역사가 숨어 있다. 예수님 계보 이외 일반인의 경우 육체적 유전의 형질 다양성은 동일한 유전체(부부)가 생산하는 씨의 다양성을 성경이 명백히 설명한다. 한 부모의 유전체가 자녀들에게서 여러 형태로 드러낸다.

하나님께서 어떤 사람을 택하여 그분의 자녀를 삼을찌 신비롭다. 대체로 많은 경우 하나님이 택하신 부모를 통해 그분의 역사와 복을 유전시킨다. 부모를 통해 자녀를 축복하고 때로는 격세유전적으로 큰 사람으로 선택하기도 한다. 아브라함의 부모에 대하여 성경상 구체적 기록이 거의 없으나 특별히 데라를 통해 아브라함을 택정하신 것을 보면 불신앙인 데라 역시 하나님의 택정함을 받은 것으로 판단해야 할 것이다.

아브라함이 질녀와 결혼하여 낳은 외아들이 이삭이다. 아브라함의 형 밀가도 질녀와 결혼하여 자식을 두었다 (표 4-9-1). 야곱의 아내는 외삼촌의 딸들과 그녀의 몸종이었다. 네 아내에게서 열두 아들을 두었다 (표 2-2-2). 아브라함의 후손의 결혼 풍속을 살피면 신앙의 씨를 기준으로 한 근친혼이 많다 (표 2-5-2). 생물학적 근친혼이 열등아를 출산한다는 점은 오래 전 작동되지 않는 법칙인 듯하다.

교육과 전통의 특징 역시 신앙의 씨를 기준으로 전승되었다 (표 4-3-1). 출애굽 전후 모세의 출생이나 이스라엘 자손의 민수기 인구 통계를 살피면 하나님께서 이스라엘 인구 전체, 지파별 인구 및 개인까지 씨 관리를 세밀히 하셨다. 하나님께서 특별히 예비하신 씨를 통해 사역하신다. 창세기와 마태복음 1장을 참조하면 예수님은 아담부터 유다지파를 통해 68대에 이르나 각 세대마다 사람마다 특별한 관리를 통해 예비하셨다.

하나님께서 하나님의 사람 씨를 만세 전에 예수 그리스도의 사랑 안에서 작정하시고 단련케 하신다. 에베소서 1장 3-4절에 "*창세 전에 그리스도 안에서 우리를 택하사 우리로 사랑 안에서 그 앞에 거룩하고 흠이 없게 하시려고 그 기쁘신 뜻대로 우리를 예정하사 예수 그리스도로 말미암아 자기 아들들이 되게*" 하셨다. 이런 이유로 그리스도 안에서 육체적 유전과 영적 유산을 이유로 조상 탓을 할 수 있고 조상 덕을 이야기 할 수 있다. 우리는 자녀를 위해 기도하고 축복해야 할 이유를 여기서 보게 된다.

7-6. 가인의 죄와 죄의 인과성

창세기 4장은 가인의 살인과 후손에 관한 장인데 16절 이하에 가인의 자손에 대하여 설명하고 있다. 가인의 6대손으로 두발가인을 최종 소개하고 있다. 가인과 두발가인을 소개하기 위한 장이다. 가인 → 에녹 → 이랏 → 므후야엘 → 므드사엘 → 라멕 → (아내 아다를 통해) 야발과 유발, (아내 씰라를 통해) 두발가인과 나아마(두발가인의 누이)를 소개하였다. 창세기 4장의 시작은 가인의 죄로 시작하고 마지막 부분인 24절은 가인이 죽었다 하였다. 그런데 가인이 죽은 과정에 대해 설명이 없으나 가인을 죽인 벌은 7배이나 라멕을 죽인 벌은 77배라 하여 가인을 위한 벌과 라멕을 위한 벌을 대비하여 설명함으로써 가인과 라멕의 살인 관계를 암시하고 있다.

이 창세기 4장의 설명과 암시를 야살의책 2장을 참조하면 다음과 같다. 앞에서 몇 찰레 설명했듯이 가인의 후손 이름은 창세기 4장과 같은데 라멕의 두 아내인 아다와 씰라는 셋의 손자인 게난의 딸이라 소개되어 있다 (야살의책 2:16). 즉 셋의 자손이 가인의 자손과 혼인을 맺었다고 소개되어 있다. 또 창세기 4장보다 약간 상세한 점은 언니인 아다는 야발과 유발을 낳았으나 동생 씰라는 임신을 하지 못하다가 매우 늦은 나이에 두발가인을 낳았다 하였고 또한 딸을 낳았는데 이 딸의 이름이 나아마라고 하면서 두발가인의 이름의 뜻을 "전능하신 하나님으로부터 그를 얻었다"고 하고 나아마는 "내가 시들고 나서 기쁨과 즐거움을 얻었다"라 설명하고 있다 (야살의책 2:23-25).

이 부분을 이 책 제4장 4절에서 설명했듯이, 야살의책 2장은 아담의 아들 가인이 죽게 된 경위를 자세히 설명하고 있다. 늙어 눈이 어두운 라멕이 아들 두발가인을 들로 데리고 나갔을 때 아들 두발가인이 들에 있는 가인을 짐승으로 착각하여 아버지 라멕에게 활을 쏘게 하여 가인을 살해하였다고 설명하면서 라멕이 아들의 잘못으로 할아버지 가인을 죽게 하자 아들 두발가인을 살해하였다고 하였다. 아들을 죽인 라멕을 두 아내가 죽이려 하자 아담이 두 아내에게 라멕을 죽이지 말 것을 충고하였다는 것이다 (야살의책 2:26-36). 이러한 흐름은 창세기 4장 23-24절의 내용과 맥을 같이 하여 창세기 4장 23절을 명확히 해석할 힌트를 제공한다. 즉 창세기 4장 16절 이하는 라멕의 실수로 인한 가인의 죽음과 가인의 죄에 대한 인과적 징벌을 설명하기 위한 것이다.

7-7. 야살의책 서술 특징

이 책 머리말과 여러 곳에서 야살의책 내용을 깊이 다루면서 그 특징을 독후감으로 인용하기도 하고 창세기를 통해 검증하기도 하였다. 대부분 신학자나 목사는 여러 이유로 야살의책을 창세기 위작 또는 모작 등으로 여기거나 이를 인용하기 매우 거북하게 여기거나 꺼린다. 그러나 창세기(율법책 또는 모세오경)보다 늦게 기술된 이 책에 창세기에 기술되지 아니한 여러 내용이 수록됨으로써 창세기 내용 중 알 수 없는 틈을 연결하는 고리 역할을 하거나 창세기 해석에 도움을 주는 현저한 특징을 앞에서 여러 번 설명하였다.

신학을 전공을 하지 않았고 히브리어도 모르고 또 독일, 화란 등 유럽 신학과 미국 신학 체계의 차이를 모르며 성서 비판을 모르지만 야살의책을 인용한 부정적 또는 위험한 비평에 대하여 자유롭게 이를 인용하는 이유는 다음과 같다. 앞에서 상세히 창세기와 야살의책을 비교하면서 기록한 < 표 1 >을 살피면 야살의책 내용이 창세기의 골조와 체계를 벗어나지 않는 점을 발견할 것이다. 나로서 창세기 등에 없는 야살의책의 내용과 언어와 뿌리 등 그 내용이 히브리적이 아닌지 또 창작이거나 허위인지 알 수 없고 또 매우 뛰어난 사람이 교묘히 창세기 골조와 체계에 이야기가 끼어 넣었는지 알 수 없으나 신뢰를 주는 점은 시간을 작동시키는 시계를 예로 들어 이해하면 좋을 듯하다. 만일 정확한 시계는 초침(초를 움직이는 가장 작은 나사)과 분침 및 시침으로 이루어져 있는데 초침을 움직이는 나사가 잘못되면 분침과 시침이 맞지 아니하여 시계가 오작동한다. 또는 초침이 맞으나 분침이 맞지 않다면 시침이 오작동을 일으켜 시간이 맞지 않는다.

모세오경을 정경이라고 판단하고 이외 위경 또는 외경을 공개적으로 인용하기를 꺼리는 오늘날의 신학계의 판단에 따라 모세오경이라는 정확한 체계 위에 야살의책의 시간과 사건을 넣으면 매우 이상하게(?) 정확히 모세오경이 나열한 시간들이 작동하며 모세오경의 빈 시간의 여백을 메우는 것을 알게 한다. 모세오경의 시계와 야살의책 시계가 함께 일치하며 작동하는 것을 알게 한다. 따라서 야살의책이 설명하는 시간표를 제외한 내용 등 상세한 사건이나 설명이 믿을 만하지 않다고 주장할 수는 있어도 적어도 야살의책이 작동하는 초침, 분침 및 시침은 모세오경과 일치하는 점은 매우 놀랍다. 즉 야살의책의 시간적 나열과 구조가 모세오경과 일치하기에 모세오경의 시간표에 따라 야살의책 내용을 삽입하여 < 표 1 >을 완성한 것이다. 좀더 구체적 설명을 하면 다음과 같다.

창세기의 대부분의 서술이 시간순으로 작성된 것처럼 야살의책도 그러한데 창세기보다 더욱 철저히 세분된 시간 순서에 따라 사건을 표기하여 연대기적 서술이 두드러진다. 창세기와 비교하면 약간의 사소한 오류도 여럿 발견되나 중요한 사건에 대하여 의도적으로 사람의 출생과 나이, 왕의 재위 기간 등과 같은 시간을 다른 사람이나 다른 사건의 시간과 함께 순차로 또는 병렬로 묘사하여 시간적 오류를 배제하도록 기록한 묘사적 방식은 매우 특이하고 놀랍다.

가끔 연대를 기록하지 않았더라도 시간 순으로 나열하며 성경처럼 뒤 사건을 설명하기 위해 뒤 사건의 배경을 앞에 도입하여 독자로 하여금 사건 이해를 쉽게 안내하여 창세기를 집필한 특징과 유사하다. 이 기록 방식으로 사건에 대해 연대 기술이 누락되었더라도 사건 발생 시기를 추정하는데 도움이 된다.

그중에서 창세기 등과 다르게, 가장 두드러진 연대 작성의 방식으로 주요 인물의 출생 시기나 사망 시기를 구체적으로 밝힘에 있어 다른 사람의 출생이나 사망 시기 또는 다른 사건의 연대를 함께 기록함으로써 관련 정보를 추가하고 오차가 없도록 세심히 배려하고 있다는 점이다. 따라서 의도적으로 일부 연대를 수정하자면 전체 연대를 수정해야 하므로 의도적 변경이나 수정이 불가능하고 오차가 있으면 다른 사건의 연대와 비교해 검증하도록 묘사하였다.

이러한 야살의책의 연대기 묘사 특징에서 알 수 있듯이, 야살의책은 단편적 지식 또는 체계를 갖춘 자료의 부분을 인용한 편집서가 아니라 총명하고 기록자들이 엄밀하고 정연한 기준에 따라 질서 있게 하나의 실타래를 만들어 감듯이 작성된 책임을 알 수 있다. 이 책 머리말에서 설명한 바 있는 허만섭 및 이원재 목사님의 지적대로 야살의책을 인용하여 오해를 유발할 것으로 생각되나, 창세기를 야살의책에 비추면 또는 야살의책에 창세기를 비추면, 창세기는 톨레도트 등 믿을 만한 당시의 종합된 자료를 발췌하여 영적으로 또 구속사적으로 기술한 뉴앙스를 느끼게 한다. 한편 야살의책은 다양한 자료를 인용하더라도 그것을 분해하고 소화하여 매우 뛰어난 체계를 갖추도록 뛰어난 저자들이 단행본으로 기술한 책임을 느끼게 한다.

성경과 마찬가지 야살의책은 인간이 행한 누적된 죄악을 시간 속에서 미래의 결과를 만들고 하나님께서 이를 징벌하시고 해결하시는 보편 원리로 분명히 그리고 자세히 설명한다. 사실과 사건을 추정하거나 논쟁을 유발하는 방식으로 기술하지 않으며 죄악을 단정적으로 기술함으로써 하나님의 권위를 바탕으로 서술한 점은 창세기를 보완하고 있다. 이 점에서 비성경적이 아니다.

창세기와 야살의책은 아담 후 인류 역사가 6천 년으로 일치되게 설명한다. 이 시간과 기간의 일치는 여러 잡다한 외경과 달리 두 책의 근원이 동일하다는 점을 시사한다. 창세기 1장은 영원을 배경으로 하는 신비한 내용을 설명하나 야살의책에는 창세기 1장과 유사한 내용이 전혀 없는 점도 놀랍다. 전체적으로 보면 창세기보다 매우 상세하고 체계적인 야살의책에 왜 창세기 1-2장과 같은 중요한 내용을 수록하지 아니한지 궁금증도 생긴다. 이 부분을 수록하지 않았던 명백한 이유 몇 가지 추정해 보자.

첫째, 야살의책의 기록자에게 창세에 관한 자료가 없었다. 이 이유가 희박해 보이는 것은 야살의책 전반적 묘사가 창세기 이상으로 구체적이어서 서술 당시 많은 자료를 갖고 있던 것으로 보이기 때문이다. 둘째, 여러 자료가 있었으나 이를 판단할 기준이나 의견에 일치를 보지 못하여 제외하였다. 셋째, 자료가 있었으나 그 자료를 신뢰하지 못하여 제외하였다. 넷째, 자료가 있었으나 완전하지 못하여 제외하였다. 다섯째, 야살의책을 기록하는 목적이 아담 이후에 관한 사항인데 기록 목적에 부합하지 않아서 처음부터 기록에서 제외하였다. 여섯째, 야살의책을 기록할 당시 먼저 기술된 창세기 1-3장의 권위를 훼손하지 않고 창세기 1-3장에 유보하려는 것이다. 일곱째, 상상력을 발휘한다면 처음 작성된 원전에는 기록이 있었으나 전래되면서 삭제하였다. 즉 창세기 1-3장 내용이 수록되어 있었으나 후대에 의도적으로 해석의 오해를 유발할 수 있어 이를 삭제하여 작성할 개연성이 있다. 이외 여러 이유가 있을 것이다. 이 중 다섯 번째 내지 여섯 번째 추정이 타당하다고 생각되는 것은 야살의책이 담고 있는 내용의 풍부성과 체계성이 창세기의 권위를 유지하면서 이를 보완하기 때문이고 야살의책 81:44에 이미 모세오경을 의미하는 「율법책」이 있음을 설명한 점에서 그러하다.

특히 창세기 1장 내용이 수록되지 않음으로 인하여 영원 전 세계 그리고 온 우주 창조에 대한 형성(창조) 과정을 창세기와 현대의 과학적 논리에서만 배울 수밖에 없는 안타까움과 한계에 직면한 우리는 창세기 1장을 미수록한 궁금증을 배제할 수 없다. 창세기 1장을 미수록한 것도 야살의책의 특징이다.

야살의책 중 이상한 내용 중 하나가 야살의책 81장에 홍해를 건너는 장면을 묘사하는 애굽의 왕 바로에 대한 설명이다. 홍해를 건너 이스라엘 자손을 좇던 바로의 군사 1백만 명이 홍해가 삼켜 바로 외 모두 죽었는데 이 바로가 하나님을 믿고 감사한 자로 설명하고 그를 니느웨로 인도하여 니느웨를 다스렸다고 한다. 이 바로는 출애굽하기 전 4년에 바로 메롤이 지명하여 바로 직을 이은 난쟁이 「아디감」이다. 이가 이스라엘 자손을 매우 가혹하게 대했고 출애굽을 방해한 사람이었는데 갑자기 81장 40-41절에서 새롭게 평가한 점이다. 이 점 이외에 모세오경과 대조하면 의아하게 하는 여러 장면이 있어 이 책을 외면하는 모양이다.

한편, 홍해를 건넌 모세와 이스라엘 자손이 하나님께 찬양의 노래를 불렀다고 설명으로써 출애굽기에 모세와 모세의 누이 미리암의 노래를 출애굽기 15장 1-21절에 기록하였는데, 야살의책은 이 노래를 간단히 한 구절 「보라 이것이 하나님의 율법책에 기록되었다(야살의책 81:44)」라고 하였다. 이 「하나님의 율법책」이란 법궤 옆에 두었던 모세오경을 지칭한 것 같다. 야살의책도 모세오경을 참조하고 있다는 점이다.

7-8. 창세기 고찰 후기

이 책 제목이 딱딱하고 무거운 점은 성경을 읽을 때 종교적 이야기라는 관점보다 좀 더 본질적 관점에서 하나님의 말씀을 숙고하여 정리해 보고자 했기 때문이었다. 모든 사람이 그러하듯 존재의 근원과 뿌리 즉 어려서부터 왜 그런지를 알고 싶어 하는 호기심 때문에 나 역시 왜라는 질문을 자주 했는데 이유 또는 뿌리를 다섯 주제를 정하여 창세기를 통해 자문자답한 것이다.

성경을 읽는 모든 분들이 그러하듯, 하나님은 살아 계시므로 어떤 곳에서 어떻게 무슨 일을 어떤 목적으로 누구에게 하시는지 그 구체성을 성경에서 살펴 보려 했고 이 구체성이 나와 어떤 관계가 있는지 살피려 했다. 성경을 처음 접한 일곱살부터 알 수 없는 내용이 빼곡히 있어 청년기까지 파악하기 어려웠고 세상 학문을 익히고 세태를 배우면서 성경은 더욱 실천으로 또 개념으로 어려웠다. 물론 매우 깊은 관점으로 성경을 묵상함에 있어 전문적 또는 영적 훈련이 필요하다고 하겠으나 무엇보다 하나님께 오랜 기도와 인내로 얻는 영감이 필요하다는 생각은 늘 갖고 있었다.

국민학교 국사 시간에 여러 인물을 배울 때 나의 조상이 누군이지 궁금했고 고등학교 생물 시간에는 나의 생물학적 근원이 궁금했다. 고등학교 국사선생님은 내가 다닌 고등학교의 선배로서 성격이 온순하고 지식도 매우 많으신 분으로 역사적 인물을 자세히 설명할 때마다 나의 선조가 누구였을까 하는 궁금증이 더 증폭되곤 했다. 이 궁금증은 사실 내 부모님께서 내 선조들에 대한 이야기를 거의 하지 않아 내 정체성 결여 때문이라고 생각된다. 이런 나의 허전한 정체성 때문에 단양 이씨 대종회를 찾아 조상 족보와 유사지(遺史誌)를 보고 대종회 임원의 이야기를 듣고 아버님과 조상들이 왜 평안도에 거주하게 되었는지 등 내 뿌리를 대충 알게 되니 내 정체성이 조금 회복되었다.

단군신화 이전의 역사가 없는 우리 민족의 뿌리는 환인의 손자 단군으로 시작하나 환인 이전의 뿌리는 구체적 설명이 없다. 창세기는 청동기 시대 이전의 사람과 문명의 뿌리를 매우 희미하게 설명하는데 이 뿌리가 한민족의 뿌리일 수 밖에 없는 것은 한민족 뿌리가 있다면 그 뿌리를 설명하는 창세기에서 찾아 볼 수 있기 때문이다(최근 신학계에서 한민족의 뿌리에 대한 내용을 창세기 창세기 10장 25절의 욕단으로 발표하고 있다). 물론 나는 나의 존재론적 뿌리와 이유를 하나님에 두고 있다. 그 이유는 두 가지인데 하나는 나의 실존을 가장 정확히 성경이 설명하고 있으며 또 세상의 근원과 뿌리와 현상을 성경이 가장 명쾌히 설명하고 있기 때문이다. 즉 나는 나의 뿌리를 환인보다 상위인 하나님에 두고 있다. 이 때문에 나의 뿌리와 근원을 특히 창세기에서 묵상하지 않을 수 없다.

약 15년 전부터 야곱의 인격을 이해하기 위해 여러 자료를 살피던 중 2019년 1월 19일 야살의책을 접하게 되었다. 평생 성경과 신앙 또는 신학책을 읽으며 생긴 궁금증을 정리한 이 책에 퍽 미숙하고 잘못된 내용이 많을 것이고 야살의책 내용도 자유롭게 인용하였다. 야살의책을 통해 야곱의 생애 외에 창세기에서 평소 궁금하였던 점 특히 창세기를 통시적으로 이해할 수 있는 설명이 도움이 되어 이 책을 인문학적 내지 신학적 고찰하면서 여러 가정이나 전제를 통해 여러 추론을 시도하게 되어 생소한 내용이 많을 것이 확실하다.

창세기를 구체적으로 홀로 묵상하는 과정에서 에덴의 위치와 구속사적 중요성, 애굽에서 거한 이스라엘 백성의 체류기간, 주요 족장의 연대, 바벨탑 사건을 세부적으로 공부하였다. ① 사람을 포함한 만물의 원형이 하늘나라에 창세 전에 있는 것이며 이들이 그리스도의 사랑 안에 있음을 알게 되었다. 또 예수님께서 늘 하시던 말씀의 초점은 세상의 현상을 하늘나라의 관점에서 설명하였다는 것을 깨닫게 되었다. ② 그리고 「하나님의 사람」이 누구인지, ③ 하나님의 인격화가 무엇인지 아브라함의 생애를 통해 하나님께서 하나님의 사람으로 하여금 하나님의 생각과 뜻을 성령님과 함께 이행하도록 하여 하늘나라가 임하며 하늘에서 뜻이 이룬 것 같이 땅에서 이루어지도록 함(마태복음 6:10)을 알게 되었다. 동시에 하나님께서는 단지 신 자체만으로 존재하시는 것이 아니라 역사하시는 분이라는 점을 확인하였다. ④ 아브라함이 살던 시대(학술적으로 수메르 문명) 이전 사람인 아담, 게난, 에녹, 노아와 그리고 아브라함, 이삭 및 야곱 등은 오늘날 사람과 달리 신앙 이외 매우 뛰어난 통찰력과 지성을 지닌 사람이지만 하나님을 인식하는 영적 수준이나 그들이 하나님과 직접 소통하는 방법에 관한 여러 방식을 창세기가 설명하나 초고대인을 구체적으로 이해하기 매우 어려웠다. 당시 사람의 통찰력과 지성은 제8장 10절 「대피라미드」에 관한 단상에서 희미하게 유추할 수 있다. ⑤ 신화와 같이 여겨지는 성경의 추상어와 행간 사이의 의미를 파악하기 어려워 궁금증을 유발하나 그 추상어와 의미는 대체로 사람의 이해 수준에서 파악 가능한 하나님의 계시와 사실임을 알게 되었다.

글의 목표가 근본적 주제이지만 그 내용이 인문적 생각과 낮은 2차원에 머물러 있고 매우 높은 영적 차원과 깊이에 이르지 못하고 있다. 이는 평생 말씀을 붙드는 신실한 분들과 달리 하나님께서 주시는 깊은 통찰이 없음에 그 원인이 있음을 고백하지 않을 수 없다. 하나님께서 세상사를 하늘나라 차원에서 주관하시나 그 깊고 높은 하나님의 차원을 이해하지 못하는 천박함 때문일 것이다. 이 점이 애처롭고 답답하였고 또 어쩔 수 없으니 이 글을 쓴 후 다시 묵상하면서 더 많은 깨달음을 하나님께서 주시길 기도할 뿐이다. 만일 천국에 계신, 나에게 신앙을 가르치신 부모님께서 이 책을 읽으신다면 복잡한 세상에서 배운 잡다한 생각으로 복잡한 설명이 많음을 아실 것이다. 인간의 잡다한 복잡한 생각은 잡다하고 복잡한 글이 될 수 밖에 없다.

시간적으로 과거·현재·미래가 없고 시간을 초월하며 영원하신 하나님 세계 중 이 세상을 7일로 한정하여 묘사한 창세기 1장의 짧은 말씀이 주는 깊은 내용에서, 비물리적이며 우주 만물을 주관하는 영(靈)으로 다루시는 하나님의 영이 깃든 사람과 물리세계를 창조하실 때 첫날 「빛」을 만들어(창세기 1:3) 다른 날에 창조한 온 우주와 생명체를 빛의 물리적 속성인 에너지, 공간, 시간, 속도, 양자적 특성에 제한 받거나 빛 아래 가둔 사랑의 법칙과 대섭리를 그냥 바라 볼 뿐이다. 상상할 수 없는 무한 권능의 하나님 섭리에 우리의 끝없는 갈등과 방황을 내려놓고 순복해야 하고 예수 그리스도를 믿는 자가 영원한 안식에 참여할 것을 소망할 뿐이다.

하나님의 벗, 아브라함이 신앙했듯이 사람이 지향해야 할 높은 「원대함」이란 인간의 귀납적 지식에 있지 아니하며 "*빛이 있으라* (창세기 1:2)"함과 같이 하나님(말씀)으로부터 발생하는 연역성에 기초하여 행동하는 믿음의 삶이다. 따라서 사람은 하나님께서 임하길 매우 낮은 위치에서 무릎 꿇고 기도할 수밖에 없는 존재이다. 그리고 말씀에 대한 행위로의 순종이다. 신앙인은 하늘로부터 오는 말씀의 빛을 따라 나아가는 하나님의 자녀로 생활하는 것이 믿음이다. 깊은 밤 파고가 높은 망망대해에 떠 있는 배가 하늘의 작은 별빛을 보고 순항하는 것과 같은 것이 인생이다.

하나님께서는 그분의 인격을 빛으로 사람에 넣어 그의 사람으로 함께 하신다. 하늘에 계신 하나님께서 이 땅에 하나님의 사람을 낳은 것이다. 아브라함을 믿음의 조상이라고 하나 그보다 더 정확한 정의는 노아 이후 사람들에게 하나님께서 보여줄 「하나님의 사람」의 전형(典型, prototype)으로 보아야 한다. 이는 노아 대홍수 전 사람과 달리 노아 대홍수 이후 번창할 사람이 어떻게 살아야 하며 어떻게 구원 받을 것인지에 대하여 아브라함을 전형으로 삼아 설명하셨다고 보기 때문이다. 노아 이전의 그 많은 초고대 사람에 대하여 원시복음의 형태가 존재했다고 하나 노아 이후의 사람은 노아 전 사람과 달리 아브라함을 통해 사람을 어떻게 다루는지 그리고 사람을 통한 하나님의 역사를 창세기 8장부터 설명하는 것으로 파악할 수 있다.

사람인 아브라함에게서 불완전하고 삐뚤어진 존재임을 보나 하나님께서 새로이 그의 진리와 법칙으로 사람을 다루시며 우리는 그의 진리와 법 아래 있어야 함을 배운다. 사람 스스로 의존하는 죄와 사망의 법칙에서 분리하여 연역의 법칙이요 생명의 성령의 법칙(로마서 8:2)과 하나님의 은혜와 거룩 아래 두신다. 하나님께서 주신 원대함을 믿음으로 바라보고 실행한 아브라함과 그의 자손은 유난히도 큰 시련과 함께 큰 은혜의 복을 받았다. 그 시련과 복과 은혜는 현재 우리에게도 동일한 방식으로 지속된다. 할렐루야 !

- 창세기 1장을 단지 문장과 문자 차원으로 독해한 결과 창조의 흐름과 날을 영적 단위인 하나님의 시간표이며 우주를 창조한 법칙으로서의 「날」로 이해되었다. 특히 마지막 날 안식을 두신 점에서 창조의 7일은 하나님의 시간표로 볼 수 있다.

- 창세기 연도 검토를 토대로 정리하면, 아담 창조 후 6천 년이 되는 해는 AD 2,090

년이다. 창세기 톨레도트를 신앙적 및 인문학적 의미가 담긴 흐름으로 재해석하면 < 표 3-9-1 >이 된다. 성서 인구 통계학적 접근으로 톨레도트의 내부 사람간의 관계와 흐름을 자세히 귀납적으로 살피면 모세오경 내의 족보, 인구, 사건, 시간, 사람 등에 관한 묘사가 매우 정확함을 알 수 있어 종래 해석해 온 족보의 의미와 달리 성경의 정확성을 더 이해할 수 있는 힌트가 있다 (이 책에서 성구 인구 통계학적 방법으로 초고대사의 톨레도트에 관한 일부 분석 내용을 기재하지 않았다).

- 사람은 현실에 매인 존재인데 하나님께서 현실에 매인 실존적 삶을 부정하지 않고 축복하시면서도 그리스도를 향한 하나님의 뜻이 우리의 삶 속에 예정하시고 그 예정대로 살게 도우시며 함께 하신다. 실존과 영적 존재로서의 삶 즉 하나님을 향한 믿음을 동시에 추구하는 양면을 창세기에서 읽을 수 있다.

- 사람은 하나님께서 육체에 영과 혼을 불어넣어 하나님과 함께 영원히 살려는 존재로 만들어졌다 (창세기 2:7). 사람은 스스로 제어할 수 없는 생물적 욕구와 하나님을 닮은 영적 존재 사이에서 방황하는 존재이나 하나님은 이 모두를 다루신다. 사람은 자신을 스스로 정의할 수 없는 신비한 피조물인데 하나님을 닮은 점에서 자신이 누구인지를 인식해야 한다.

- 아브라함을 우르에서 가나안으로 끌어내고 그의 후손을 애굽으로 가게 한 후 다시 가나안으로 이끄신 하나님의 목적과 의도와 섭리에 관해 성경에서 밝히지 않는 불특정 의미를 추론해 보았는데 이 불특정 의미를 드러내기보다 하나님의 명령에 순종하는 아브라함과 그의 후손의 행위를 드러내는 것이 신앙의 요체인 것을 파노라믹하게 창세기에 설명되었고 동시에 성경 전체로 보면 이 불특정 의미는 결국 에덴동산이요 예수 그리스도이다. 천지창조 후 창세기 전체의 공간과 장소는 에덴과 가나안으로 압축되고 또 서로 대비된다. 즉 가나안은 에덴의 다른 명칭이요 실제로 회복되어야 할 공간이요 장소이다.

- 성령의 무감동과 하나님의 뜻을 향하지 않는 성경 해석과, 영생과 하늘나라를 믿지 아니 하면 지적 유희이며 관념론이다. 지적 믿음은 성경상의 믿음이 아니고 사상이다. 믿음은 지식이 아니며 하나님의 말씀이다. 이를 믿지 아니하면 하나님의 아들(자녀)가 아니다. 또 「하나님의 사람(자녀)」은 하나님의 뜻을 행하는 사람이다. 성령에 의해 예수 그리스도와 연합한 자가 기독교인으로 성령과 말씀에 따라 행동하는 자이다. 예수 그리스도를 믿고 죄사함 받은, 하나님과 연합된 자가 부활하고 영생을 얻는다.

- 거룩하고 순수한 영은 하나님이 주시는 생명의 본질 중 하나이다.

사랑은 언제까지든지 떨어지지 아니하나
예언도 폐하고 방언도 그치고 지식도 폐하리라.
우리는 부분적으로 알고 부분적으로 예언하니
온전한 것이 올 때에는 부분적으로 하던 것이 폐하리라.
(고린도전서 13:8-10)

Love never fails.
But whether there are prophecies, they will fail;
whether there tongues, they will cease;
whether there is knowledge, it will vansh away.
For we know in part and we prophesy in part.
But when that which is perpect has come,
then which is in part will be done away.
(I Cointhians 13:8-10)

제 8 장

부모님이 주신 숙제

제 8 장. 부모님이 주신 숙제

제8장은 일종의 부록으로서 창세기 연구의 개인적 배경과 생활의 단상이다.

8-1. 부모님이 주신 숙제

2011.2.18일 오후 1시 40분경 석가모니의 나라 네팔 안나푸르나 트레킹 중에 나무 등짐을 이마에 걸치고 가는 맨발의 여인을 만났다. 너무 놀라 여행 안내인에게 사진을 찍어도 되냐고 허락을 받고 앞 모습 사진을 찍은 후 이 여인이 잘 지나가도록 좁은 길가에 비켜선 후 뒷 모습도 찍었다.

< 사진 8-1-1 > 안나푸르나의 여인

여인의 키는 약 153cm 정도였고 몸무게는 40kg 정도로 보였는데 나이를 안내인에게 물으니 45세 정도인 것 같다고 했다. 등짐 나무의 생김새로 보아 난방이나 취사용 같은데 그 무게를 짐작해 보니 100kg 정도로 보였다. 족히 2주일 쓸 만한 땔감이니 해발 2천 미터 지점에 사는 이 여인의 가정에 얼마나 귀중할까. 허리와 가슴과 이마와 팔과 다리 그리고 맨 발의 열 발가락까지 온 신경과 힘을 집중한 이 여인의 생각과 감정은 무엇일까. 두 주일 쓸 화목을 마련했으니 행복할까. 아니면 이 고통스러운 무거운 짐에 삶이 원망스러운 것일까. 이 고통의 짐을 집에 내려놓으면 다른 짐도 사라

질까. 인생은 고뇌와 고통과 고생인가. 모든 생명은 이런 것일까. 아마도 석가모니께서 이 모습을 보고 고해(苦海)와 같은 인생이라 하지 않았겠는가.

삶은 즐거움과 감사와 은혜가 있으나 고뇌와 고통과 고생도 많음이 확실하다. 프랑스의 실존주의 철학자 사르트르가 59세에 쓴 자서전적 책 「말」[499]을 읽노라면 그의 실존은 생명의 찬사와 삶의 감사가 없고 언어(말)의 혼란과 삶의 반항과 의문과 번뇌로 가득 찬 모습을 읽게 된다. 고뇌로 가득 찬 그의 생각은 그가 겪은 전후(戰後) 시대의 암울한 신음인가. 한 생명이 내뿜은 부조리한 저항과 존재를 둘러싼 가식이 실존이란 말인가. 그렇다, 전후 세대의 고뇌가 아니더라도 이것이 우리의 실존이기도 하다. 사르트르는 이성적 합리의 석가모니 가르침과 구도의 자세를 부정하고 생의 외침만을 주장하는 것인가. 그의 글에는 진정한 사랑과 감사가 없는 부정의 현상과 언어가 수없이 등장한다. 이런 것들은 허상인가, 신경 세포의 작용인가, 뇌세포의 반항인가, 외부 환경에 신경질적으로 반응하는 호르몬 탓인가. 어쨌든 부조리를 지울 수 없다.

의식이 조금 생기기 시작한 5세쯤인 나는 처음 보는 것이 신기했고 가족에게서 듣는 이야기를 참으로 알았다. 호기심을 채우는 끊임없는 내 질문에 대한 답이 없는 것도 슬슬 눈치채고 질문은 줄고 궁금증은 늘었다. 새들 소리마다 다르고 아름다웠고 높은 하늘에 떠 있는 구름의 갖가지 모양도 정말 신비하였다. 나이가 들면서 호기심은 점점 사라지면서 새가 왜 소리를 내는지 하늘에 왜 구름이 있는지 알려 하지 않았다. 집 앞 전봇대와 계단은 높아만 보였고 무엇에 쓰이는 것인지도 모르고 이것을 기준점으로 삼아 집 안팎을 드나들었다. 부산 국제시장에 장사하는 엄마가 보고 싶어 길을 헤매고 울다가 파출소에 보호된 일도 있었다. 인생은 이처럼 궁금한 것들에 산적해 있고 그 속에서 헤매고 방황하기 일쑤다.

세상사를 배워갈 즈음, 쉽지 않은 것은 두 개를 구분 짓는 많은 명사들이었다. 이렇게 생긴 사람을 남자라 하고 저런 유형의 사람을 여자라고 했다. 밥 먹는 손을 오른쪽이라고도 하고 우측이라고도 하는데 왜 이렇게 말이 여럿인지 이해가 쉽지 않았고 홀로 반복해 익혀야 했다. 반복해서 익힌 후 자연스럽게 내가 쓸 수 있다는 것을 깨달았다. 국민학교에 들어가니 신호등이 노란색이면 돌아가라고 배웠는데 왜 빙글 돌아가지 않고 꺾어 회전해 가는지 이해되지 않았다. 더 나이가 들어 3학년 즈음 아버님이 사준 전집 중 「비이글호 항해기」[500]를 읽으니 세상이 넓고 온통 신기한 것으로 가득

499 1964년 사르트르의 노벨문학상 작품이다.

500 찰스 다윈의 책이다. 고등학교 시절 아버님은 세계문학전집을 내게 사 주었는데 번역이 이상했고 또 내용이 너무 어려워 모두 읽지 못했다. 나중 대학교 도서관에 기증하였다.

하였다. 국민학교 5학년 즈음 간신히 하나부터 열까지 영어 셈을 배웠는데 열 개 이상을 어떻게 세는지 알 수 없어 일레븐(eleven)을 우리말 식으로 텐원(ten-one)이라고 하면 되는 줄 알았다.

국민학교 2학년 즈음 시험 점수를 받아 보니 나는 내가 1등을 할 수 없고 특별히 똑똑하지 않다는 것을 알았다. 그후 한번에 익힐 수 없는 것들이 대단히 많았고 또 공부란 싫어도 어쩔 수 없이 해야 하는 것임을 알았다. 사실 공부는 내 호기심이 아니라서 대충하거나 요령을 피웠는데 끝없는 경쟁을 강요하였다. 불행히도 내 인생에 모르는 것들이 닥칠 것을 알아챘다. 또 인생의 여러 가지 불안이 있다는 것을 일찍 알았다.

내가 태어나기 전 내 인생에 많은 것들이 결정되어 있었고 이 결정들이 내 삶에 너무나 버거운 숙제인 것을 점점 명확히 알게 되었다. 안나푸르나 산골에서 태어난 이 가냘픈 여인이 자신의 삶을 위해 홀로 높은 산길에서 무거운 등짐을 메고 집으로 가야 하는 것처럼 무거운 짐이 내게 지워져 태어났다는 것을 점점 알았고 이것이 소위 숙명이며 말없이 싸워 이겨야 하는 것이라고 받아들이고 살았다.

유신론적 실존주의 죄렌 키에르케고르(1813-1855)는 단독자(單獨者)가 되어야 하는 최고 수준의 실존을 설명했고 석가모니는 열반에 이르는 지혜자가 되라 하였는데 누구나 스스로 그같은 높은 수준의 그런 생각(meta-cognition)을 갖고 또 그 방식대로 자기의 삶을 결정할 수 있는 운명으로 태어나지 못하는 것 같다. 신 앞에 단독으로 나아가는 것 자체도 이미 운명적이어서 단독자이기가 쉽지 않아 보인다. 스스로 존재감을 찾기 위해 단독자로 행세할 뿐 단독자이기 전에 나의 삶과 인격은 내 의지와 무관하여 주어진 것들을 선택할 뿐 단독자로서의 기회가 주어지거나 결정하기 쉽지 않아 보인다. 세월과 싸우거나 세월에 묻어 자신의 의지와 무관하게 살아가는 듯 하다. 자신의 진정한 의지를 정의하기도 매우 어렵다.

단독자로 향하는 인내와 선택과 판단과 결정을 내 의지라 할 수 있을까. 분자생물학과 의학을 통해 사람을 분석하고 해석하면 동일한 질서 속에 고유한 각각의 생명은 있으나, 내 생명과 몸을 다룰 수 있는 통합적 의지와 권리가 많지 않다. 본능적으로 먹고 싶은 욕망은 발생하나 천천히 소화 시키라는 내 의지는 전혀 작동하지 않는다. 흔들리는 의지를 굳게 세우기가 쉽지 않다. 이런 점에서 하나님은 사람을 진정한 단독자로 창조하지 않았고 의존적 존재로 창조하셨다. 부여받은 생명을 빌어 잠시 살아가는 피조물임이 분명하다. 사람은 고독하고 불안한 존재로 규정한 실존주의의 관점은 위로받아야 할 고독자요 피조물임을 말한다. 성경도 다른 용어를 사용해 정확히 이를 동일하게 설명한다. 의지와 자유와 책임을 갖는 단독자이고 싶으나 이는 실존주의의 절규와 기도일 뿐이다.

이 안나푸르나의 여인이 그 골짜기에서 태어나고 싶은 의지가 있었던가. 네팔의 불교 사상처럼, 이 여인이 전생(前生)의 기도와 소원과 의지로 윤회하여 네팔 골짜기에서 태어나 이 시기에 아름다운 가정을 꾸미고 사는 것일까. 내게 너무나 복잡하게 엮어져 풀 수 없는 종교적 교리이며 사상이다.

엄마는 여섯 살에 서울로 이사 온 어린 내게 아침 식사 때 조선 언문(朝鮮 言文)으로 쓴 성경을 몇 줄이라도 읽게 하고 하나님께 기도하도록 하였다. 간신히 한글을 깨우친 나는 비상한 통찰력을 발휘하지 않고는 몇 글자 해독이 되지 않았고 가끔 엄마가 훈수를 두어 겨우 한 구절을 읽고 아침밥을 먹었다. 조선어문을 이해하지 못하고 몇몇 단어를 해득할 정도였으니 왜 성경을 읽어야 하는지 곤혹이었다. 성경을 잘 읽고 하나님께 눈 감고 긴 기도를 유창하게 하는 엄마가 부러웠고 어떻게 저렇게 훌륭한 사람이 될 수 있을까 매우 신기했다. 나중 알게 되었지만 일제 강점기에 소학교를 가지 않고 교회 주일학교에서 한글 공부한 것을 알았다. 아버님은 서당에서 한자와 생활에서 일본어를 배웠으나 엄마는 신앙생활로 통찰력과 영적 능력을 키운 분이었다.

부모 세대의 삶은 조선 말 혼란과 일제 강점기를 거치면서 경제적 궁핍과 나라를 잃은 암울한 시대적 환경과 전쟁을 거치며 어쩌면 이 안나푸르나 여인보다 더 억척스럽게 살지 않았으면 생존하지 못했을 것이다. 경기도 안성이 고향인 엄마는 독립운동하러 중국 만주(서간도)로 가신 아버님이 평안도 부잣집에 양딸로 맡겨 유복하게 지냈는데 기독 신앙인인 양어머니[501]께서 어린 시절부터 신앙을 가르쳐 예수를 믿게 되었다고 한다. 당시 평안도 평양 등은 제2의 예루살렘이라는 별칭을 얻을 만큼 엄청난 복음 사역이 폭발적인 터였기에 예수를 믿는 일이 부모님에게도 자연스러운 것이었을 것이다.

당시 일본 제국주의자는 조선의 기독교인을 탄압하였는데 결정적인 탄압은 조선 민족을 일본화하기 위해 일본의 신사(神祠)[502]에게 절하도록 한 정책(神祠參拜)이었다.

---

501 "죽으면 죽으리라" 등의 신앙 서적을 발간한 안이숙 여사 등 어려운 사람에게 숙식을 양어머니 댁에서 제공하고 보호하시고 평안도 선천 지역에서 기독 신앙의 유지를 위해 강력한 지도력을 보이신 분이셨던 바 엄마는 당시 최고의 신앙인들과 어려서부터 접촉하였다.

502 '신사'란 일본의 왕실, 정치인 등의 조상신을 믿는 신도(神道)사상이다. 우리나라 주요 장소, 학교, 가정 등에 신사를 만들고 1935년 이후 강점기 동안 이곳에서 절을 하도록 하였다. 조선예수교장로회는 1938.9.9일에 평양 서문밖교회에서 열린 27차 총회에서 하나님이 주신 제1계명을 어기고 치욕적으로 우상숭배인 신사참배를 결의하였다.

이와 함께 일본국이 있는 동쪽을 향해 절을 하는 동방요배(東方遙拜)도 우리 민족에게 강요하였다.

1942년 엄마 나이 26세 때 둘째 딸을 임신 중 신사참배를 반대한다고 투옥되었다. 감옥에서 갓난 딸에게 젓을 먹이며 지냈다 한다. 교도소의 간수들이 영아인 누나를 귀여워하기도 했다고 한다. 또 투옥 중 일제 경찰이 엄마의 빰을 때려 오른쪽 귀 속이 파열되어 근 60세가 되도록 고름이 나와 고생하는 모습을 내가 보며 지냈다. 신사참배 반대를 이겨낸 엄마가 아침마다 내게 성경을 읽게 한 이유가 있었다.

엄마의 간증에 따르면, 이북에서 지낼 때 처녀 시절 턱 아래 부위에 큰 종양이 있었다. 그런데 예수를 믿고 기도하여 이 병이 나았다는 것이다. 아마도 엄마의 신앙심은 이 병이 나은 것으로 더욱 굳건하여져 신사참배 반대 운동에 적극 참여했을 것이다. 이에 반해 아버님은 젊은 시절 교회에 다닌 적이 있으나 깊은 신앙심이 없어 내 신앙에 영향은 주지 않았다.

고뇌의 시작은 국민학교 2학년 때 매 월요일 아침 학교 교정에서 시작되었다. 운동장에서 열리는 아침 조회 때 해야 하는 태극기에 대한 경례가, 내가 다닌 보수교단의 교회는 태극기에 대한 경례가 교리적으로 옳은 신앙 행위가 아니라 하여 경례를 하지 않도록 하였기 때문이었다. 8세의 어린 나로서 선악을 겨우 알 무렵, 월요일 아침 운동장에서 열리는 조회 시간에 국기에 대한 경례[503]를 거의 하지 않았다. 때로 주변 친구를 의식하여 경례를 가끔 하였다. 이런 고뇌와 교리에 반하는 행동은 오랫동안 지속되었으나 하나님은 이에 관한 직접적 해석이나 내 판단에 도움을 전혀 주시지 않았다.

내 출생 전부터 이미 존재한 신론(神論)에 관한 거대한 화두가 감당하기 어려운 파도로 너무 어린 내게 밀려 왔고 심한 경우 가위눌리는 악몽이 반복되었다. 초등학교 2학년부터 일종의 신학적 인식론을 시작했으니 머리가 난삽하였다. 이외 학교를 계속 다니니 또 다른 큰 숙제가 생겼다. 나이가 들수록 새롭게 인문학을 이해해야 하는 사고와 암기를 위해 지속적으로 투입해야 인내력과 집중력이 숙제로 다가왔다.

503 30대에 알게 된 한국이 낳은 세계적 최고 지성인이요 신학자요 신앙가 중 한 사람인 신사훈 박사님(스탠포드대학 교수, 프린스턴대학 교수, 서울대 종교학과 교수, 새싹교회 당회장 등 역임, 1911-1998)은 국기 경례를 그의 책에서 정밀하게 다루면서 우상숭배라 하여 배격하였다. 인간은 필요에 의해 무엇을 만들어 내고 스스로 귀찮아 한다. 현대 신학과 신앙은 10계명 중 제1계명인 이 문제를 거의 다루지 않는다.

체력과 기억력이 약한 나로서 이런 짐이 쉽지 않은 것을 일찍 깨달았다면 기술이나 기능을 배워 손쉽게 살았어야 했는데 섣부른 자존심과 경쟁에 휘말려 대학원과 해외 유학까지 가게 되었다. 끝없는 탐구로 다양한 분야의 학문 발전이 기능적 편리함과 안락함, 경제적 안정을 가져 왔으나 물질주의와 비윤리적 가치관을 통제하지 못한 채 파멸을 쌓아가는 세월을 살아가고 있다. 세상이 편할 날이 없으니 항상 소망과 인내심만이 쌓여 가는 세상이다.

양자 단위의 초미세 세계를 해부하고 먼 과거와 미래를 수학 방정식으로 해설하는 요즘 생명의 일부를 알았다 하더라도 전체 깊이를 이해할 수 없음이 확실하다. 혹 다양하고 깊은 인문학으로 이치를 이해하였다 하더라도 요즘 그 지식이 내게 거의 소용이 없다. 분자생물학 내용이 내 지적 호기심을 약간 만족시키고 놀라운 생명을 작공시키는 신비로 다가올 따름이나 큰 의미가 없다.

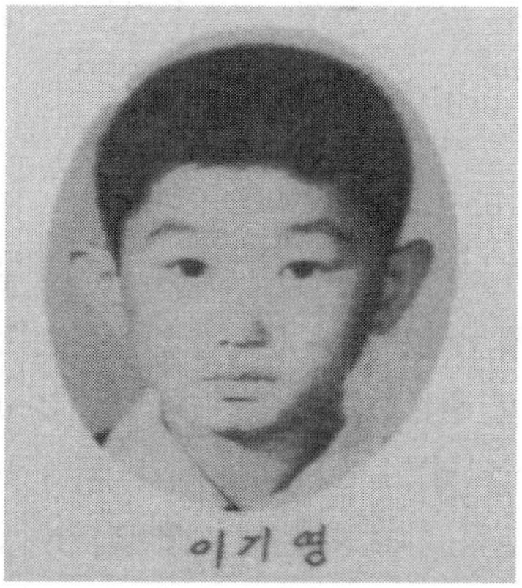

< 사진 8-1-2 >　영유아 시절 다니던 부산 중구 영주동 교회와 초등학교 6학년 시절

이러한 일종의 인식론적 혼란과 부모님이 내게 준 숙제 그리고 사회에서 배운 여러 학문적 지식을 짊어진 나로서 평소 읽은 성경, 신앙서, 신학서, 철학서, 과학서 중에서 가장 어려운 책은 단연 성경이고 호기심의 대상이었다. 성경의 핵심은 매우 간단명료하나 인문학적 사상과 질서로 통합적으로 이해하기는 너무 어려운 책인 것은 인문학적 지식으로 해석이 되지 않기 때문에 수십 년 머리 고생이 심하고 아직도 그러하다. 이런 이유로 자녀들에게 평소 이야기를 하려는 내용을 앞에서 개략을 정리하였다.

성경을 이해하기 위해서는 많은 신앙서와 신학서를 접해야 하나 이들 역시 다양하고 주관적 해석들이 많으며 다양한 이론 때문에 분별력이 있기 전까지 해득이 어렵다.

신학적 순수성을 잃고 인문학적 사상을 가미한 불순한 신학 서적이 폭발적으로 등장하고 있다. 순수한 신앙과 믿음을 인문적 지식과 혼합한 글을 분별조차 쉽지 않다. 또 개인적 영적 사상과 상징적 해석이 말씀의 진의를 벗어나는 것이 아닌가 하는 생각도 들어 헷갈리는 점도 많다.

청년기에 인문학적 접근에 관심이 있던 내게 나이 서른이 된 1986년 늦가을 류귀복 대학 선배와 대화 중 그가 일독을 권유한 중국의 신앙인 와치만 니(Watchman Nee, 1903-1972)의 저술 「혼의 잠재력」을 읽게 되었다. 이 책을 매우 흥미롭게 읽은 후 그의 사상을 알고자 그의 모든 번역서를 사서 근 6개월간 읽었다. 1987년 초 그의 저서 중 「정상적인 그리스도인의 생활」로 기억되는 책의 문맥 중 「십자가」의 중요성을 강조하기 위해 고딕으로 인쇄한 이 글자를 접하면서 십자가의 내적 의미(connotation)를 잘 파악하지 못함을 알고 이 단어에 집중하는 시간을 갖게 되었다.

근 1개월 동안의 고민과 묵상 그리고 기도 중에 그해 3월 어느 날 깊은 밤 십자가의 의미를 알게 되었다. 십자가의 의미는 인간의 속성 중 인간의 윤리와 양심을 넘어서 나를 포함한 사람의 전인격적 무질서, 타락, 불완전, 나약함, 부조리 등과 온 우주적 의미[504]와 매우 밀접하게 관련된 것임을 깨닫게 되었다. 기독교의 십자가가 사람과 관련된 의미로 다룰 때는 특히 사람의 죄성과 관련된 것인데 온 인격에 너무 심각하게 퍼져 있고 또 뿌리가 깊은 문제를 다룬다는 것을 알게 되었다. 기독교는 이 문제를 인문학 이상으로 주관적(개인의 체험적) 그리고 객관적으로 다루고 있음과 이 문제의 해결은 신(하나님)이 할 수밖에 없는 문제임을 알게 되었다. 이 죄 문제는 비의지적, 본원적, 태생적, 선험적 인격과 관련되기에 죄의 이러한 특성을 인식하지 않고는 인격을 이해할 수 없다는 것과 사람이 이 문제를 해결하기 불가능한 점도 알게 되었다.[505]

인간의 문제 즉 종교, 철학, 문학, 범죄학, 윤리학, 법학, 심리학 등이 이 죄에서 발생하는 여러 현상과 그 뿌리를 치밀하고 근접하게 정의를 하고 있으나 이를 근원적으로 이해하고 체험하기 위해서는 성경이 지적하는 「죄」[506]의 깊이를 알기(깨닫기, 체험

504 온 우주적 의미라 함은 우주적 질서와 법칙에 속하는 사랑의 의미를 포함한다.

505 불교에서는 사람의 가장 본질적 문제를 어리석음으로 규정하고 이로부터 탐심과 분노가 발한다고 보고 있으나 기독교는 타락한 본성 즉 죄로 보고 있다.

506 성경이 말하는 「죄」란 단어는 양심이나 나쁜 행위(범죄 등)를 넘어선 개념으로 죄된 사람의 본성이 행동과 마음속으로 유발하는 많은 양상의 근저와 본질을 말하는 용어이다. 이 개념이 어려운 점은 종교적 체험과 깨달음 없이 설명하거나 이해할 수 없다는 것이다. 인격과 자아에 관한 기독교적 체험과 깨달음 없이 학문적 설명으로 저술된 책과 비평은 껍질에 불과하다. 죄의 여러 가지를 제6장 3절과 6절에서 상술하였다.

으로 고백하기)까지 죄의 개념을 알 수 없다. 성경마저도 이 현상과 유형을 단순한 언어들과 수십 가지 유형으로 설명할 뿐이다. 그 깊이는 신학자들이 상세히 설명하나 체험하기까지 그들의 글을 이해할 수 없고 동의할 수 없는 심오한 개념이다. 그러나 신기하게도 허다한 신앙인들이 신학자의 도움 없이도 이 죄의 실체를 알며 스스로 십자가 아래에서 기독교인임을 고백한다.

죄를 진정 올바로 이해하는 과정에서 당연히 알게 되는 경건과 거룩과 순수와 정결과 지극(至極)을 경험한다. 이 단어의 체험적 경지는 극단적 최고인데 굳이 비교하자면 가장 아름다운 음악을 들을 때 얻는 복합 감정의 수십 배 이상으로 상승되어 평상의 이성과 감성 그리고 의지를 몽땅 통째로 뒤흔들어 인격을 하나로 통합하며 순복하게 만든다. 어부요 선주(船主)였던 베드로가 예수님의 제자가 되기 전 예수님의 능력을 알고 "*예수의 무릎 아래 엎드려 나는 죄인이로소이다 나를 떠나소서* (누가복음 5장8절)"라는 고백이 그러한 경지에서 나오는 당연한 고백임을 알게 한다. 베드로의 이 고백은 인식론적 고백이라기보다 어쩔 수 없이 온 인격에서 쏟아져 나오는, 죄의 속성을 깨달은 후 어쩔 수 없이 불가항력적으로 인격을 쏟아냄이요 토해냄이다. 베드로는 이 고백 후 어부와 선주의 직업을 버리고 예수님의 제자가 된다. 이 과정은 성령(聖靈, Holy Spirit)께서 전인격적으로 그렇게 하도록 인도하신다.

성령님께서 베드로 자신을 꿰뚫어 보도록 하신 것이다. 성령 임함은 충격이요 신비이다. 나의 의도와 상관없이 사람의 영혼에 발생하는 이"경이로운(awesome, wonderful)"일이 일어난다. 세상에는 신비로운 일과 비밀이 있음을 알았다. 이 일 이후 기독교의 교리인 칭의, 부활, 영생, 삼위일체, 생명, 영광, 거룩 등의 신학적 중요 개념을 이해하기 위해 노력하였다. 젊은 시절에 주로 마틴 로이드 죤즈 목사(Martin Lloyd Jones, 1899-1981)[507]의 서적으로 도움을 받았다. 로이드 죤즈 목사님의 책을 읽으면 하나님께서 사람의 인격을 어떻게 고양하여 총명하고 지혜롭게 만드는지를 엿볼 수 있다.

물론 이런 체험을 겪은 후에도 여러 신학서와 신앙서적으로 호기심을 채우고 인문학 서적을 뒤적였다. 사상을 논리적으로 설명하는 책은 많으나 높은 경지의 책을 만나기 쉽지 않았다. 당연히 신학적이고 사변적 방황은 있었다. 과학적 지식과 하나님의 섭리와 신비를 합치하려는 고뇌가 특히 어려웠다. 워낙 일반화된 진화론과 다원론은 신학적으로 많은 갈등과 마찰을 불러 신앙인을 괴롭히고 있으나 아직 성경의 깊이에 이르지 하고 있다. 불행히도 성경을 일종의 인문학적 지식으로 해석하려는 일부 기독

507 영국 왕립병원 의사 출신으로 웨스터민스터 교회 담임목사

신학자의 생각이 확대되고 있어 신앙인의 모범적 생활도 어려워지고 사회적으로 기독교가 신뢰를 잃어 가고 있다. 복잡한 신학 이론은 인문사상에 가깝고 비성경적 요소가 많아 성경을 사상화하여 성령이 주는 감동을 배척하거나 성경을 비판적으로 읽게 하는 부작용을 낳고 있다.

내가 출생하기 전 부모님이 출제한 인생 숙제를 마감해야 하는 요즘 이 글로 답안을 제출한다면 부모님이 좋아하실 것 같지 않은 것은 세상 생각이 많아 채점하기가 복잡하고 지루할 것이기 때문이다. 왜냐면 특히 순수하게 성경에 의한 영감과 체험으로 무장한 엄마는 이런 복잡한 유형의 인문학적 생각이 가미된 내 답안지를 읽은 후 낙제 점수를 주지 않을까 염려된다.

고해(苦海)의 바다에서 80-90 성상(星霜)과 풍파를 이겨내신 부모님은 별(星)처럼 아름다운 꿈을 갖고 살았으나 매섭고 아린 서리(霜)를 맞아야 할 나를 감싸고 평생 사셨다. 영적으로 헤매는 젊은 아들이 천당(요즘의 「천국」은 오래 전 천당이라 하였다)가라고 믿음을 강요도 하고 권유도 하고 바라보기만 할 수밖에 없는 심정은 참으로 답답하였을 것이다. 엄마의 소원대로 아버님은 돌아가시기 5년 전 예수를 믿노라 고백하고 눈을 감으시고 엄마는 돌아가시기 팔 일 전 하나님이 부르신다고 하시고 매우 조용히 우리 곁에서 엄마의 평소 기도대로 평안히 눈을 감으셨다.

이제는 내 차례가 왔다. 이 글이 엄마가 내준 질문에 대한 미완의 매우 우매하고 미숙한 답안의 일부일 것이다. 그러나 숙제에 대한 어렴풋한 답안이라도 작성해야 할 시간이 그리 많아 보이지 않는다는 점은 확실하며 또 써야 할 의무감이 다가온다. 딸 예연이와 아들 예준이는 어떤 새로운 답지를 쓸지 모르겠으나 나는 이 글 이상을 쓸 자신이 없다. 도시 관련 공간학을 전공한 나로서 내 삶의 대부분 시간을 인문학적 산책을 하며 실용적이고 실제적 답을 추구해 왔는데 성경 이외의 참된 에덴동산과 같은 이상을 찾을 수 없었다.

70대 부모님을 바라보면서 나도 저렇게 늙을까 철없이 생각하며 살아가던 1990년대 삼십 대 초반, 삶의 방향과 내 정체성을 잃고 지식과 생업에 집중하고 살던 내가 이제는 70대를 바라보고 있으나 몇 밤이 남지 않았다. 일곱에 글을 배우고 성경을 읽기 시작했으니 60년이 되어 답안지를 어설프게 써 보았다.

유리창 앞에 서면 자신의 영혼은 유리창을 통과해 하늘로 빠져나가고 내 실루엣만 유리에 어렴풋이 투영되고 내 희미한 모습을 의아하게 바라보게 된다. 내 모습을 아직도 잘 그려 내지 못하고 어영부영 살아가고 있는 요즘 아주 오래전 내게 풀어야 할 지문과 모범답안을 대조해 복습해야 할 나이가 되었는데 사실 복습도 어렵다. 점점 말수가 적어지고 선배와 후배와 자녀가 노려 보는 나이가 되었다. 이제는 시행착오와 말 수 줄이고 살 될 때가 되었다.

8-2. 나됨(What I Am)

세상의 가시적 존재의 물리적 특성을 살피면 퍽 신기하고 아름답다. 생명체의 생명 현상을 주관하는 세포와 세포 내 미세 기관의 물리적 구조, 생화학적 반응을 살피면 놀랍고 신기하며 더욱 아름답다. 알 수 없는 시간 속에 저 높은 하늘에 셀 수 없는 별들이 반짝이는 것과 극한의 미세한 움직임이 끝 없이 지속됨을 상상하면 이 아름다운 세상에 영원히 살고프다. 이 신비하고 밝고 아름다운 것에 감사한 점 이외 또 영·육·혼의 한계와 부조화는 무엇인가.

질문은 명확·단순해야 답이 쉽다. 내가 누구이고 무엇일까. 이 질문이 명확·단순해 보이나 현자들의 답은 다양하고 복잡하여 모두가 동의하는 정답은 없다. 수천 년이 지났으나 사람은 어리석게 정답을 내놓지 못하고 있다.

햇빛 아래에서 분자생물학적으로, 사람은 생명을 유지·번성하기 위해 에너지가 필요하다. 식물이 만든 포도당과 같은 탄수화물 등을 섭취하여 이를 세포 내 1-10μm 크기의 미트콘드리아 속에서 이화(異化)작용인 분해를 통해 태양 에너지를 얻는다. 피코(pico) 단위의 극한 시간 사이에 전자와 양성자를 주고 받으며 생명을 유지하고 복구하나 결국 엔트로피 법칙을 이겨내지 못하고 생명이 피코 단위로 노화하고 노쇠한다.

식물체는 햇빛의 일부 파장에 있는 광자 에너지를 통해 물을 분해하고 공기 속 극소량 존재하는 약 0.035%의 이산화탄소를 흡수하여 광합성(光合成)해 포도당을 만들어 살아가는 것이 주요한 골자 중 하나이다. 광합성은 해에서 나온 전자기파 중 일부 파장(주로 P680 및 P700)의 광자 에너지를 잎 속 엽록체(약 5-10μm) 속 틸라코이드 막(약 0.05μm) 내에 있는 특수 색소와 단백질로 이루어진 엽록소(색소-단백질복합체)가 흡수하고 이 에너지를 이용하여 뿌리에서 흡수한 물 분자를 분해(산화)하여 산소를 방출하고 수소이온(양성자, H+)과 고준위(高準位)의 들뜬 전자(e-)로 분해하는 과정에서 시작하는 이론이다.

물에서 분해된 수소 이온(H+)과 들뜬 전자(e-)는 각각 양성자 수용체 및 전자 수용체(예:플라스토퀴논, 플라스토시아닌, 시트크롬b6f복합체 등)에 의해 산화·환원이라는 화학반응을 통해 아데노신3인산(ATP)와 탈수소효소(NADPH)에 전달된다(햇빛이 필요한 에너지반응인 명반응). 탈수소효소에 전달된 들뜬 에너지를 가진 전자와 아데노신3인산에 전달된 양성자는 햇빛이 필요 없는 화학반응인 암반응(또는 탄소반응)이라는 복잡한 캘빈-벤슨회로 속에서 사용되어 최종 공기 중 극소량으로 존재하는 이산화탄소를 포집하여 탄수화물인 포도당을 변환한다. 식물이 만든 이 포도당을 사람 등 동물이 에너지원으로 살아간다. 나도 이런 태양 광자 에너지에 의존하는 물리적 존재이다.

식물이 필요로 하는 에너지의 근원은 저 멀리 태양에서 쏟아지는 전자기파 중 매우 적은 극미량이다. 아마도 1/수천 경보다 적은 양일 것이다. 공기 속에 극소량 존재하는 이산화탄소와 땅에 있는 물을 포도당으로 바꾸는 생명 장치는 매우 정교하고 극히 미세한 흐름과 시간으로 주로 나노(nano) 크기의 체계들 속에서 생화학반응한다. 한 개의 산소를 만들기 위해서 엽록소 내 2,500개 분자가 200ps(ps:picosecond, 10의 -12초)로 작동하며 빛 에너지를 화학에너지로 바꾸며 약 27% 매우 효율의 높은 에너지 전환계를 가지고 있다는 것이다.[508] 이외 우리가 알지 못하는 양자적(量子的) 반응이 있을 것이다.

나아가 생명 활동을 가능하게 하는 고분자 물질인 단백질, 지질, 핵산(DNA 및 RNA), 효소, 각종 세포와 기관 등의 활동과 기능을 온전히 이해하여야 하는데 이를 종합적으로 정밀히 이해하기가 불가능하다. 그리고 사람이 알지 못하는 존재와 현상도 많아 생명체와 생명 활동을 온전히 이해할 수 없고 살아있는 생명체가 활동 중에 발산하는 현상은 더욱 심오하다. 사람보다 낮은 단계의 식물과 같은 아름다운 생명도 이토록 생물학적으로도 정의하기 어려운데 하물며 "사람이 무엇인가" 또는 "나는 누구인가"에 관한 질문은 답을 쓸 수 없다. 따라서 이 질문은 단지 알고 싶은 궁금증에 지나지 않는다.

사람이란 인간(人間)이란 특성을 가진다. 거의 모든 생명체가 그러하듯 사람은 사람에 의해 형성되는 존재인데 특히 부모와 선조에 의해 형성된 존재이다. 부모와 선조가 형성한 것을 물려받은 유전적 특성을 가진다. 또 사람은 선조나 타인들과 누적적 관계를 갖는다. 인간으로서의 사람이기에 거의 물질적인 포함하여 정신적인 것 등 모든 것을 유전적으로 물려받아 삶을 살아간다. 이러한 생각에 따르면, 나를 정의할 때

508 Lincoin Taiz 외, 전병욱 및 김성룡 옮김(2017년), 식물 생리와 발달, p165-233

'내 존재' 또는 '나의 존재성'과 같이 '내' 또는 '나의'라는 소유격을 사용하여 설명하기 매우 거북스럽다. 존재는 존재로 유전되고 연결되는 하나의 연속선상에 한 존재에 불과한 것으로 인식된다. 단독자인 모습을 갖추나 단독자인 내 인생과 내 존재는 없어 보인다.

언어, 신체 모양, 체질, 걸음걸이 형태, 목소리, 지능, 성격, 지식, 문화, 습관, 사고방식 등 모두가 나의 것이 전혀 아니며 빌리거나 물려받아 내 것으로 여기며 살아가는 존재이다. 심지어 부모나 선조가 아닌 이웃 사람들에게서도 배우고 물려받고 도움으로 산다. 아마도 이 점은 다른 생명체와 유사할 것이다. 심지어 극히 작은 나노 단위의 지질로 싸인 단백질 덩어리인 바이러스까지도 이미 만들어진 것에 의해 재생되는 존재이다.

부모, 선조와 이웃에게서 물려받거나 형성된 것들이 나를 형성한다. 내 언어도 마치 DNA처럼 나의 선택이 아니라 유산적 강요이며 선험적 요소이다. 내가 태어난 특정 시기의 사회적 환경마저도 내가 결정한 것이 아니고 내가 어쩔 수 없이 받아들이고 익혀야 할 체계로 이미 존재해 있다. 이러한 사전(事前)의 체계 없이 사람은 존재할 수 없고 정의되지 않는다.

사람이 스스로 혼자 할 수 있는 것이 거의 없다. 아침 식사로 먹는 쌀밥, 각종 반찬, 그리고 수저마저도 내가 만든 것이 아니라 이웃의 수고와 노력이 없이는 즐길 수 없다. 사람은 이처럼 종속적이다. 나에게 도움을 준 그들은 아마 자연에 힘입어 채소와 곡물을 생산하고 자연에서 채집한 땔감을 이용하여 수저를 만들었을 것이다. 사람은 자연에 더욱 의존적이다. 그러니 사람은 인간일 수밖에 없고 자연에 순응하고 배워야 할 존재이다. 어쩔 수 없이 이상하게도 불행히도 자연을 착취하여 부요함을 확장하면서 더욱 탐욕스러운 존재로 살아간다.

사람이라는 보편 존재가 이러할 찐대 나의 나된 것은 내 의지와 거의 상관없어 보인다. 내가 태어나기 전 이미 형성된, 주어진, 조상과 부모와 이웃이 만든 사회적 환경 속에서 물려 받은 것들과 그 덕택으로 삶을 살아가는 존재이다. 나의 나됨에는 자랑[509]할 것이 없다. 오직 그리고 먼저 이런 존재로 존재함을 감사해야 할 것이다.
데카르트는 사람을 생각하는 존재라 했고 소크라테스는 자신을 알라고 했으나 이에 관한 생각마저도 선조들이 물려 준 언어 없이 생각할 수 없다. 사람은 언어 체계와 유

509 *자랑하는 자는 이것으로 자랑할지니 곧 명철하여 나를 아는 것과 나 여호와는 인애와 공평와 정직를 땅에 행하는 자인 줄 깨닫는 것이라 나는 이 일을 기뻐하노라 여호와의 말이니라* (예레미아 9:24).

전의 틀에 갇혀 사고한다. 비트겐슈타인(Ludwig Josef Johann Wittgenstein,1889-1951)[510] 주장에 따르면 우리를 가둔 언어의 틀마저 왜곡되어 있다는 것인데 이 유전의 틀을 바꿀 수 없을 듯하다. 내가 누구인가를 정의하기 전 이 철학자가 제안한 논리로 내 사고 틀을 들여 다 볼 수도 없고 또 내 사고의 틀을 바꿀 생각도 없는 내가 되어 버렸다.

수만 쪽의 글을 기억하는 사람이 있고, 자연의 깊은 물리적 현상을 수학적 언어로 표현하는 사람이 있으며, 또 높은 차원의 감성을 표현하는 예술가도 많다. 그러나 그들도 그것 이상의 것을, 많은 파장의 스펙트럼을 인지하지 못한다. 사람의 능력은 그 정도까지이고 사람 이상의 높은 능력을 갖지 못한다. 한계 내에서의 능력만이 부여되어 있고 그 능력마저도 내 의지와 전혀 상관없이 부여받는다. 능력이 의지력을 또 의지력이 능력을 감당하지 못하는 힘없는 존재이다. 능력은 바닥이고 의지력은 부서지며 인내심도 죽음을 넘어서지 못한다.

천연소금 성분이 80여 가지인데 이 다양한 성분의 맛을 알아채는 미각기관을 갖고 있지 못하며 더구나 자신의 분자생물학적 몸 상태를 스스로 의지적으로 전혀 제어하지 못하고 자신도 전혀 모르게 이미 셋팅(setting)된 분자생물학적 원리 등에 의해 작동되는 몸에 의존해 살아가는 존재다.

사람을 지적이고 의지적 존재라고 하지만 지적으로 또는 의지적으로 자신을 통제하거나 조절하지 못하며 또 자신이 최선을 다해 사용하는 지성마저 흔들리며 평생 살아간다. 이런 면에서 사람은 비의지적 존재이다. 의지적으로 생각하거나 행동하는 범위는 제한적 범위 안에서 선택하는 존재로 나 자신을 바라볼 뿐 할 수 있는 것은 많지 않다. 상상은 풍부하고 의지적 소망만이 강할 뿐이다. 진정한 그리고 할 수 있는 의지는 내게 없어 보이며 이로 인하여 자유가 내 안팎에 없어 보인다. 이 아름다운 존재에 감사해야 할 뿐 존재 이상의 것을 탐하거나 욕망하는 것은 욕심이며 죄악이다.

"*해 아래 새로운 것이 없다* (전도서 1:9)"고 하였으나 알지 못했던 새로운 것마저도 그 새로움이 정확히 무엇인지를 표현할 수 없는 지성적 한계가 나를 괴롭히고 있다. 새로운 그것이 어떤 의미를 갖는지 스스로 깨닫기 힘들어 때때로 포기하고 사는 것이 더 편하다. 그저 보고 느낀 그것에 관한 경험적 사실만을 기억할 뿐 그 실체를 알지 못한다. 그리고 그 아름다웠던 기억마저도 사라진다. 마치 이집트 기자의 피라미

510 비트겐슈타인은 언어의 논리적 구조를 통해 정확하고 올바른 의미를 찾기 위해 논리적 언어 체계를 찾으려 한 언어철학 또는 분석철학자이다. 번역서 「논리-철학논고」, 비트겐슈타인의 종교철학」 등 참고

드가 눈앞에 있건만 보고도 이를 해석하지 못하고 바라 볼 뿐이다.

인간관계에서 내 생각을 정확히 전달하기도 어렵거니와 타인의 생각을 정확히 알기도 쉽지 않다. 내 주장에 몰입하여 타인의 생각을 내 주장에 포함하려는 억측과 편협성을 갖는다. 이기심과 욕심으로 타인의 생각을 배척하여 싸움으로 치닫는다. 타인의 노력을 인정하지 아니하며 타인의 은혜를 갚지 않거나 쉬 망각한다. 자신의 욕망과 목적에 타인을 희생시키는 일이 일쑤다. 지성은 유치한 본능에 사로잡혀 있다. 이 유치함을 부분적으로 극복하거나 숨길 수 있으나 극복하지 못하고 평생 살아간다.

그뿐 아니다. 스스로 한 약속을 지키지 못하고 살아간다. 비의지적이고 자율성이 없다. 선한 의지를 바랄 뿐 이를 수행할 능력은 없어 지키지 못한 약속이 되어 자신을 용서하여야 할 정도로 무능한 존재이다. 용서가 없다면 전쟁과 살생과 무자비와 보복의 삶이다. 용서, 타협, 인내하여야만 그나마 공정과 평화가 간신히 유지된다.

국가와 권력과 생존을 유지하기 위해 약속과 이론을 만들고 이를 강화하거나 재생산하여 사람을 속박(束縛)한다. 어쩔 수 없는 숙명 속에 이러한 체계를 감당할 수밖에 없는 존재로 태어난다. 자유를 보장한다고 하나 인간에 의해 고안된 속박이 자유를 박탈하도록 국가에 위임하고 자신을 포기한다. 신, 자연, 국가, 이웃, 사상 그리고 스스로에 의해 속박되어 살아간다. 자연법칙과 윤리와 법률과 종교가 나를 가둔다. 완전한 자유는 없다. 생명체를 구속하는 속박은 어찌할 수 없는 존재의 조건이 되었다.

내 생명 이전의 것 - 원초적 모든 것을 이해할 수 없을 뿐 아니라 눈 앞에 보이는 존재와 현상마저도 이해하기 힘들다. 오직 존재할 뿐이다. 구체적 존재를 해석할 수 없고 정의할 수 없는 다양한 실존적 현상이 펼쳐지고 그 속에서 끊임없이 시행착오를 저지른다. 아름다운 존재를 아름다운 실존으로 끌고 가기에 벅차다. 현상학과 실존주의와 과학주의는 결국 존재를 규정하지 못한 채 다양성과 방종을 낳았다.

물려받아 타고난 내 개체성의 특징과 형질만이 나타날 뿐이다. 생명의 독자성과 생명현상의 유사성이 있을 뿐 독창적 개체성은 없어 보인다. 물려받은 유전적 특징을 자기의 것으로 삼고, 학식과 재물과 권력을 쌓아 나를 치장한다. 지적 도그마(dogma) 욕망과 유희를 즐거움으로 삼으며, 명예, 지식, 소유로 과시하고 포장한다. 권력을 삶의 수단으로 삼는다. 자랑거리를 자기화하고 타인과 서열화한다. 합리적 사상과 이론으로 타인과 자신을 차별하여 경쟁의 승자가 됨을 자랑한다. 자연 그대로에 만족하지 못한다. 신념, 이론, 과학, 종교, 문화, 물질을 끊임없이 가공하여 자신에 덧대어 새로

이 자신을 만들어 나간다. 결국 순수성을 잃고 인위를 쌓아 간다.

초월적 실존을 소망하나 변화하는 상황에 기대어 살아간다. 성경의 지적처럼 인간은 철저히 하나님에 속한 의존적 생명체이요 피조물이나 이를 본능적으로 거부한다. 하나님께서 구원할 수밖에 없는 의존적 존재임을 깨닫기 어렵다. 의존적 존재가 의지적 의미를 찾으나 제한된 삶을 살다가 의식과 의지와 관계없이 숨과 생명 활동을 멈춘다. 탄생의 시작부터 죽음의 끝까지 의존적이요 비의지적이다.

박재준 목사님[511]께서 은퇴 후 삶을 정리할 즈음 그분께서 믿음의 삶으로 강조한 고백이기도 한 마지막 설교 중, 사람이 해야 할 마지막 기도는 죄인인 것과, 하나님께서 나를 긍휼히 여겨 주실 것과, 예수 그리스도로 통해 구원받아야 할 존재 그리고 용서할 것을 간구하는 것이라는 명설교를 하셨다. 사람 스스로 온전한 정체성을 확립할 수 없기에, 사람 스스로 구원할 수 없는 방법과 수단을 모르는 사람은 비참한 의존적 생명체임을 내 정체성의 근본임을 받아드려야 한다. 기독교의 명제이기도 한 이 내용은 모든 기독교인이 고백하는 절대의 대명제이다.

이처럼 나의 나됨이란 나를 주장하거나 나 됨을 자랑할 수 없는 주어진 의존적 생명체이다. 섭리와 신비에 따라 주어진 바대로 한 생명체로 태어나 은혜 속에 자연의 법칙으로 살다가 감사하며 죽어야 하는 생명체이다. 자랑할 것과 감사함은 인생과 아름다운 우주를 만드신 하나님이로다.

8-3. 감성과 영성

정신(精神) 분야에 관한 유사 용어가 많다. 마음, 생각, 지각, 인식, (무)의식, 감정, 심정, 느낌, 심리, 영혼 등이다. 사람의 감각기관을 통해 반응하는 느낌, 감정이나 심정 등이 있고 지·정·의가 복합적으로 작용하여 드러나는 일상의 마음이나 생각이 있으며, 그중 지각이나 인식은 이성적 사고가 중심이 되어 드러난 생각이다. 마음이나 생각에 관한 이론적 패턴을 설명할 때는 심리라 하고, 마음이나 생각이 드러나지 아니한 상태를 무의식으로 표현한다. 현대적 표현인 이들에 반하여 영혼은 가장 오래된

511 서울 재건중앙교회 담임목사(1970-1998)이셨다. 청소년기 이 분의 설교를 통해 광범위하고 기초적 기독교 개념을 배웠다. 또 다른 경험은 초등학교 시절 교회주일학교에서 고 황성수 목사님(?-1970)으로부터 신앙을 익히고 배웠고 초등학교 2학년 여름날 오후 집을 방문한 황성수 목사님에게 내가 수년간 악몽을 꾸던 괴로움을 엄마가 이야기하자 목사님의 약 5분간의 한 차례의 기도로 내가 꾸던 악몽이 완전히 사라졌다.

동서양의 용어로 모든 정신작용을 총괄하는 용어로 사용된다. 영혼은 정신 작용을 일으키는 별도의 기관으로 파악하여 육신과 함께 하다가 헤어진 후 불멸한 것으로 보고 종교, 신화, 민간 신앙 등에서 사용되는 용어이기도 하다.

지(知)·정(情)·의(意) 즉 이를 기독교적으로 말하면 혼(魂)적 특성이라고 하는데 이들이 영성(靈性)과 다른 성격으로 판단한다. 영성이 지·정·의를 어떻게 다루는지를 개인의 체험적 느낌과 생각으로 상술하고자 한다. 사람의 영에 하나님의 영(성령)[512]이 임하면 지·정·의를 통합하는 현상이 일어나며, 성령과 관계없이 일상에서 영적인 사람이 활동 중에 고양된 높은 수준의 영적 최고 수준의 심리적 느낌을 주로 설명하고자 한다. 이 두 가지 현상이 감동, 충격, 느낌, 반응 등에서 유사성을 보이나 서로 다른 차원의 현상임을 감성과 영성을 중심으로 살펴보고자 한다.

1995년 봄학기에 미국 남가주대학(USC, University of Southern California) 도시계획 대학원에 Verma라는 인도 출신의 교수에게 정책학(politics)을 수강하였다. 강의 시작 몇 주 지나서 본인의 박사학위 논문 요약본을 강의 시간에 받아 읽어 보았다. 28년이 지난 지금 당시 받은 요약 복사본이 유실되었고 제목과 내용도 기억에서 거의 사라지고 충격적인 느낌만이 남아 있다. 약 50쪽이었는데 집에 와 미국 스탠퍼드(Stanford)대학의 박사 논문 수준이 궁금하여 호기심으로 읽다 보니 새벽 4시 정도까지 다 읽게 되었다. 점점 빠져들어 중간쯤 읽을 때 그의 문체와 정밀한 논리에 감동이 북받쳐 결국 눈물을 쏟아 내며 밤새 읽었다. 세상에 이렇게 섬세하고 정연한 글을 쓰다니 말이다. 참으로 아름다운 논문이었다.

희미한 기억으로는 이 논문이 도시 문제를 다루는 방법론에 관한 현상학적 해석이었던 것 같은데 논점을 해석하고 연결해 가는 투명하고 섬세한 논리의 아름다운 미적 흐름과 구조에 놀라 내 감성이 분출하다가 결국 폭발하였다. 이성적 논리가 이토록 감성을 높고 강하게 자극하는 것을 처음 경험하였고 또 이렇게 반응하는 나 자신의 심리에도 더욱 놀랐다. 즉 이성이 감성을 자극하는 것을 늦은 나이 39세에 직접 체험하여 알았다. 내 체험의 기념비적 이 글을 다시 읽고파 졸업 후 2016년 여름 21년 만에 다니던 대학을 방문하여 Verma 교수를 찾았으나 다른 대학으로 이직했다 하여 만나지 못하고 아직 아름답고 충격적인 기억만이 남아 있다.

이성과 지성은 아래 < 표 3-1 >과 같이 사회적 활용도에 따라 크게 분류하나

512 마틴 로이드 존즈, 홍정식 역편(1986), 성령론, 새순출판사 내용을 참조하면 도움이 될 것 같다.

그 유형은 더 세분할 수 있다. 아래 일곱 유형은 통상 사람이 태어날 때 능력이 뛰어나거나 학습하는 경우 계발할 수 있고 또 그 장점을 살려 살아가는 것이 보통이다. 이 표에서 나뉜 지능은 삶에서 한 가지 유형이 특징적으로 나타날 수 있지만 독립적이지 않고 항상 종합적이고 서로 깊이 불가분으로 연결되어 나타남을 유념해야 한다. 또 간과하기 쉬운 특징은 한 가지 지능의 기능이 정상적이지 않으면 다른 지능에 영향을 준다는 점이다. 왜 이런 설명이 가능하냐면 영혼의 깊은 곳에서 이들이 직간접 상호 작용하여 이성, 감성 또는 의지에 분열적이 아닌 종합된 양상으로 인격체에 나타나는 것으로 파악되는 것으로 체험하였기 때문이다.

< 표 8-3-1 > 하워드 가드너 교수의 인간의 7가지 지능[513]

지능의 종류	예시 인물
언어적 지능 (verbal/linguistic intelligence)	문학가, 시인, 연설가, 역사가 또는 코미디언 등
내면적/심리적 지능 (intrapersonal intelligence)	심리학자, 사회사업가, 라디오 토크 진행자 등
대인관계 지능 (interperson intelligence)	정치인, 학교 교사, 세일즈 맨, 종교지도자, 목사, 사회사업가처럼 타인을 motivate 시키고 인간관계 기술이 좋은 사람
운동/근육 지능 (body/kinesthetic intelligence)	체육인, 무용가, 외과전문의 등
논리/수학적 지능 (logical/mathematical intelligence)	합리성과 패턴을 이해하는 능력있는 과학자, 수학가, 철학자
음악적 지능 (musical/rhythmic intelligence)	작곡가, 성악가
시공간적 지능 (visual/spatial intelligence)	조각가, 건축가, 미술가

주: intelligence를 지능으로 번역하였는데 지성으로 번역하는 것이 좋을 듯하다.

설명했듯이, 심층의식 깊은 곳에서는 반드시 감성과 이성과 의지가 서로 또는 무의식과 연결되어 있다. 이성까지도 깊은 곳에서 감성과 만난다. 어떤 면에서 감동 없는 이성은 사실 허공에 매달린 사유 덩어리가 아닐까 싶다. 깊은 감동은 이성과 강력히 결합하여 논리적 표현을 동반하거나 표현을 동반할 수 없더라도 의지에 영향을 미친다. 이성을 밑받침하는 감성을 우리가 익힌 몇몇 언어로 표현할 수 없더라도 그 실체는 잡히며 감성을 통해 본다. 이들은 희미할 수 있으나 반드시 존재한다. 비트겐스타인과 같은 언어철학자는 표현되지 않는 감성을 의미 없는 헛된 의식이라고 치부할 줄 모르겠다. 그러나 이는 언어의 유희가 아닌 실체들로서 존재하고 실존하도록 작동하

513 미국 하버드 대학 교수, Frames of Mind: The Theory of Multiple Intelligence(1983). Daum

여 실존으로 나타난다.[514] 이성과 감성이 통일되어 질서 있는 의미를 내포하여 실제로 이해되며 의지로 행동하게 한다. 잘 짜여 반응하는 지성의 두 의미인 connotation과 denotation이 조화롭게 양립(consistent)한다.

삶 속에서 영적 평안이 부재한 상태 즉 불안한 마음을 직감하면 이성과 의지가 동원되어 삶의 방향이나 선택을 바꾼다. 이런 이유로 주변과의 신뢰 또는 믿음의 끈이 끊어지고 관계가 멀어지거나 단절된다. 생의 복락(福樂)을 상실했다고 느끼면 끊임없이 초조와 불안감이 쌓여 방황한다. 이성이 감성을 통제하기 쉽지 않으며 감성이 이성을 움직이기 때문에 감성이 우월적 힘을 발휘한다. 진정한 자유는 지·정·의가 하나로 동의하는 상태에서 느끼므로 감성이 동의하지 않는 이성은 자유를 상실한다.

한국 좁은 땅에 갇혀 살던 나로서, 인격적 변화를 동반한 감성에 관한 다른 경험은 1993년 및 1994년부터 몇 년간 여름 멕시코와 미국 각지 여행에서 순수한 자연과 도시의 아름다움, 사람들이 살아가는 다양한 자유로움과 표현의 풍성함에서 다채로운 감성을 느꼈다. Death Valley, Grand Canyon, Yellow Stone National Park 등 미국 동서부의 아름다운 자연을 접하면서 닫힌 감정이 열리기 시작하였다. 멕시코인들의 순수한 감정에서 발산하는 리듬과 춤에서 순수한 열정을 느꼈다. 자연이 간직한 시간성과 시지각성이 주는 영감인 경의, 신비, 광활, 황량, 질서, 통일, 엄숙, 다양, 위엄, 압박, 두려움, 영원 등의 미적 구조를 시지각적으로 또 영감으로 체득하였다. 이때가 40세 전이었으니 오랜동안 답답하게 살았었다.

스스로 놀란 점은, 답답한 내 안에 선천적으로 내재한 아름다움을 알아채는 감성 기관이 있어 아름다움을 만나면 이를 즉시 포착하여 아름답다고 느끼도록 하는 것을 그때 확실히 알게 되었다. 이러한 선천적 능력은 사람이 창조될 때 부여된 것으로 모든 사람이 가진 천부적 능력으로 보이는데 내게는 오랫동안 잠재되어 있었고 늦게 갑자기 발현되었다. 이런 경험으로 여러 것을 느끼도록 새로운 여행지를 가야 한다고 생각한다.

2003년 늦봄 로마의 판테온(Pantheon)을 본 느낌에서 내 감성은 더욱 확장되었다. 자연이 아닌 인간의 상상력이 만들어 내는 미적 표현과 창작 역시 자연처럼 아름다움을 창조할 수 있음을 알게 되었다. 과장하면 오늘날의 미학적 표현의 원형이 판테온 신전에 담겨 있다는 생각도 갖고 있다. 인간의 영혼에는 이처럼 아름다움을 직감적으로 아는 통찰적·선천적 능력이 있고 역으로 이 아름다움을 끌어내는 창의력도

514 이 점이 현상학의 관점이다.

있다. 이런 유형을 교육해야 하는 오늘의 학원은 많지 않고 지식을 주고 사도록 조직화·체계화되어 있음은 실로 안타깝다. 가정과 개인은 학교 교육에서 실천하지 못하는 감성을 찾아내며 확장하도록 해야 한다.

2011.2월 안나푸르나 푼힐(Poonhill, 해발 3,210m) 전망대에서 바라본 전방 약 8km 다울라기리(Dhaulagiri)의 눈 덮인 산들이 주는 강력한 압박감, 냉기, 위엄 등의 강렬함은 이성을 압도하였다. 감성은 이성을 압도한다. 역으로 감성이 마비되면 온전히 이성이 작동하지 않는다.

< 사진 8-3-1 > 안나푸르나 푼힐 전망대에서 본 다울라기리 설산

미학과 심리학이 거의 반을 점하는 조경학을 공부하고 가르치면서 이 감성이 무엇이며 어떻게 작동해야 하는지를 힘들게 설명하곤 했으나 학생들의 이해력이 쫓아오지 못하곤 하였는데 아마도 수강한 학생들이 나와 유사한 체험이 없었던 같다. 나 역시 대학 시절 미학 이론을 정립한 미국 교수들이 강조한 미학적 관점의 여러 글을 읽었으나 당시 내 감성도 그 설명을 받아들일 만큼 확장되지 못했던 것과 같은 것이리라. < 그림 3-1 >은 감성이 무엇이며 어떻게 끌어낼 것인가에 대한 나름의 체험과 추론을 설명한 내용이다.

감성과 다른 영성에 관한 예이다. 1987년 초봄 성령을 통한 전인격적인 충격적 경험(성령세례)을 한 후, 나 스스로 지력(지능과 지성)이 약 20-30 정도 상승한 점을 발견하였다. 책 읽는 속도가 빨라지고 해석력, 통찰력과 판단력도 많이 증진되어 자신감도 많이 얻게 되었다. 이는 지정의가 영적 기관과 직접적 통합하여 소통하는 것이다.

문제는 내 취약점인 기억력이 좀처럼 증가하지 않는 듯했다. 인격적 변화가 기억력에 어떤 변화를 주는지 지금도 잘 알지 못하나 뇌신경 발달 시기인 영아기 때 영양장애가 있지 않았나 싶다. 1990년 이전 사회적으로 만연한 담배 연기의 악영향을 의심하기도 하고 또 기억력 이외 집중력에 문제가 있는 듯했다. 약한 기억력으로 고생을 많이 한 내 언어체계 또는 사고체계에 어떤 장애 요소를 있는지 파악이 어렵다.

독서 시 앞 내용을 명료히 기억하여 뒷 내용을 함께 연결하고 이해해야 하는데 앞 내용을 명료히 기억하지 못하는 문제가 많아 독서 시 고생이 많았다. 그러니 고도의 집중이나 반복이 필수였다. 집중은 쉽지 않으며 반복은 고통이며 시간을 불필요하게 소모하는 과정이다. 가장 확실한 극복 수단은 단기간에 고도로 집중하고 반복하여 암기하는 수 외에는 별 방법이 없었다. 시험 등에 쓸 만한 방법이니 이런 유형으로는 정상적 독서는 할 수 없어 독서의 생활화가 쉽지 않았다.

워치만 니(Watchman Nee)의 책 「혼의 잠재력」에서 하나님은 태초에 사람을 온전히 창조한 것으로 설명하는데 근대에는 고대보다 수준이 낮은 사람으로 태어나는 것으로 보인다. 매우 뛰어난 사람이 태어나나 전인격적으로 훌륭한 모습으로 출생하기는 더욱 어려운 것 같다. 아름답게 태어난 사람도 세파에 물들고 세속화되어 점점 순수성을 잃게 되어 아름다움을 상실한다. 나를 비추어 생각하면 발버둥쳐도 올바른 자아 형성이 절대 불가능하다.

감성의 중요성으로 돌아와서, 인격의 요소인 지성, 지능, 감성 그리고 의지가 서로 교환되거나 동시에 작용한다는 특성 때문에 이성이 발달한 사람이 감성을 열면 그의 이성이 더욱 확장되며 감성을 닫으면 이성은 제한 받아 작용이 억제되는 듯하다. 두뇌의 작동 부위가 각기 나뉘어 있다고 설명하나 작동은 유기체적으로 상호 연결되어 작동하는 듯하다.

사람은 우선 감각적이다. 감각기관의 세포 반응은 감성이나 직감, 영감 등에 앞서 나타난다. 감각은 이성과 직감과 영감을 포함한 여러 반응과 연결된다. 반응은 말초적 감각까지 연결되어 있기에 감각 요소를 파악하는 실존주의자와 현상학자들이 말하는 이론과 주장의 근거는 정당하다. 합리주의 또는 이성주의는 감각기관의 반응[515]을 합리적으로 설명하려 하나 이성과 감성을 종합적으로 설명하지 못하는 듯하다. 범죄행위는 이성보다 공포, 흥분, 비이성, 비양심, 감성 등에 의한다. 감성이나 감각기관에 의한 행위를 이성으로 통제하기 쉽지 않다. 교육과 훈련과 수양을 통해 어느 정도로 통제될 뿐이다. 이성이 감성에 승리하지 못하면 인격적 혼란과 고통이나 불안이 있고 감성이 이성에 양해를 구하지 못해도 불안은 지속된다.

---

515 행태심리학이 주로 이를 다룬다.

미학은 감성과 이성을 동시에 설명하고 연구하는 분야이다. 순수 이성이 존재할 수 없는 것은 순수 이성의 뿌리가 감성에 연결되어 있기에 감성이 묻어 있다. 식물인 생명체에도 감성이 존재한다는 주장(?)으로 보아 생명의 수단으로써 감성은 중요한 요소이다.

디자인 원리를 통해 이성과 감성의 관계를 보면, 보통 시(지)각 디자인 원리를 10여 가지[516]로 설명하고 그 으뜸을 통일성이라 한다. 좋은 감정 즉 감흥(pleasure)은 복잡한 분석이나 이해를 통해 얻어지는 것이 아니도 직감이다. 감성이 이성에 양해를 구하거나 이성을 무의지적이나 무의식적으로 또는 직관적으로 설득하여 자연스럽게 받아들인다. 이성은 감성과 밀접하게 반응하여 우리에게 주는 각종 감성을 자연스럽게 이해하도록 해야 감성이 동의한다. 음악에서도 유사한 현상을 보는데 많은 작곡자와 연주자들이 곡을 쓰거나 해석함에 있어, 우리 안에 있는 다양한 감정은 물론 미세한 감정까지 찾아 이 미세함이 전체에 영향에 주지 않도록 이성적 판단력을 동원한다. 감성이 동의하도록 이성적 통제로 감성을 다루는 분야도 예술이다. 예술은 이성을 통해 감동시켜야 할 만큼 종합된 높은 완성도를 요구한다.

고전음악에서, 아래와 같은 최고 높은 등급 정도의 음악을 듣노라면 감성이 이성과 의지를 지배하는 것을 직감한다. 어떤 음악 감상자들은 매우 높은 수준의 음악을 초죽음의 경지라고 토로한다.

- 협주곡: 베토벤의 피아노 협주곡 제5번 일명 황제, 바이올린 협주곡 D장조 작품 61 제1악장-제3악장, 모짤트의 클라리넷 협주곡 A장조 K622 등
- 관현악곡: 모짤트 교향곡 제36번 C장조 K 425, 생샹의 하바네이즈 작품 83 등
- 바이올린 독주: 파가니니의 I Palpiti Op. 137 일명'이렇게 가슴 설레임이' 등이다.

중간 수준의 음악은 오락 수준의 감흥을 유발하나 최고 수준의 음악은 이성과 의지를 통합하여 탄성을 분출시키고 이성마저 지배한다. 놀라운 자연경관도 동일한 방식으로 그러하다. 때로는 단순한 예술과 자연경관이 깊은 탄성을 유발한다. 자연물 일부를 신격화하여 이들을 향해 절을 하고 소원을 비는 것은 이런 현상으로 설명 가능하다. 저급한 수준의 예술이나 생각은 말초 신경을 자극하나 깊고 높은 이성과 감성과 의지에서 나오는 통일된 질서감을 주지 못하여 이성과 의지를 설득하지 못한다.

516 존재와 사물에서 드러나는 통일, 변화, 비례, 조화, 대비, 균형, 리듬, 질감, 축 등을 디자인 원리라 한다. 제6장 < 표 6-1-1 > 미적 구성 원리 참조.

높은 수준의 작곡 동기나 작곡 기법은 쉽게 설명하나 음악적 순수 내용과 주고자 하는 감성의 반응은, 언어 구사의 한계로, 자세히 설명하지 못한다. 뛰어난 해설자 또는 청취자들 역시 높은 음악적 묘사와 감성적 반응을 언어로 설명하지 못한다. 왜냐면 감성의 깊이와 반응을 사람의 언어로 형용할 수 없기 때문이다. 언어는 지·정·의를 통합적으로 설명하도록 발달되어 있지 않은 제한된 수단이어서 수십 가지 언어 정도로만 표현할 수밖에 없다. 이 점은 아름다운 자연 앞에 설 때도 유사하다.

아름다운 자연과 예술과 사상을 충분히 자주 접해야 한다. 높은 수준의 아름다운 자연과 예술은 감성을 풍부하게 하고 정서적 안정감을 주고 이성과 의지를 고양시킨다. 감성은 자연에 자연스럽게 반응하고 영향을 받아 작동한다. 자연스럽지 못한 인위적인 리듬과 초현실적 음악은 혼란한 의식을 조장한다. 높은 감상은 의지를 강화시키며 자신을 굳게 세운다.

이성과 감성을 어떻게 조화롭게 할 것인가. 이성만을 강화하면 감성이 괴로워 영혼 한구석에서 감성은 울 수 있다. 이성으로 감성을 고립하면 전체 인격 중 일부에 손상이 발생하여 인격 발현에 문제가 생긴다. 마치 우리 몸의 특정 부위가 영양이 결여되어 영양 채우기를 기다리고 다른 부위에까지 영향을 주는 것 같다.[517] 이 부분에서 실존주의자들의 주장은 올바르다. 음악 등 예술과 자연을 접해야 하는 이유가 그러하다. 이런 이유로 극도로 장기간 자신의 일부를 통제하는 수련은 그리 바람직하지 아니한 것 같다.

언어 기능을 작동시키는 이성이 의식의 큰 부분이라면, 감성은 잠재된 의식 또는 무의식을 작동시키는 의식의 밑바닥에 자리 잡거나 이성을 감싸는 더 광활한 저수지와 같아서 이성보다 감성에 관심을 가질 필요가 있다. 감성을 자유롭게 하고 살찌울 이유가 있다.

비트겐스타인이 추구했던 의미론이란 우리의 혼재된 의식과 무의식을 명확히 구분하여 의미 있는 의식을 얻고자 함인데 무의식에서 의식으로 또는 모호함에서 벗어나 이성적 명료성을 포착하기 위함이다. 이는 옳바른 인격을 위해 의식과 무의식이 통합적으로 반응 후 명쾌한 안정과 평화와 질서와 통일을 찾으려는 그의 목적 때문이다.

곡조 구성의 짜임새가 빈약한 음악을 들으면 알 수 없는 다양한 모호함과 불쾌감이 우리의 감성을 자극하여 이성적으로 주제 찾기 매우 어렵다. 반대로 간단한 새소리가

517 생물학의 리비히의 '최소량의 법칙'을 말한다.

형용할 수 없는 아름다운 것은 곡조가 있고 소리 자체가 아름답기 때문이며 이를 종합적으로 아름답게 받아 들이고 느낀대로 그 주제를 이야기 할 수 있다. 베토벤의 피아노 협주곡 「황제」를 분석하자면 곡 구성 이론에 대하여는 이견이 많지 않을 것이나, 청취자가 듣고 그 주제와 감성을 명쾌한 감성과 반응을 찾아낸다. 반응의 다양성은 의식과 무의식이 혼재된 상태에서 종합하여 작동하기에 그 작동된 내용을 의식화, 의미화, 구상화하기 어려우나 동의하는 감동의 맥을 찾아 쉽게 이야기 한다. 감성이 발달한 사람은 많은 정보를 찾아내어 다른 사람보다 더 의식화된 의미나 언어로 표현한다.

베토벤보다 40년 늦게 태어난 쇼팽(Frederic Francois Chopin, 1910-1849)의 「피아노 협주곡 제1번 마단조 작품 11 제2장과 제3장」만을 듣고 비교해 보면, 부드러운 관현악 연주를 배경으로 그의 살아 움직이는 유려한 감성인 사랑을 깊이 회상하는 순수한 깊이로 청취자를 안내함을 느끼게 한다. 제2장 Romance-Larghetto에서 우리가 공유하는 사랑의 슬픔 같기도 하며 사랑을 그리워함과 같기도 한 감성은 제3장 Rondo-Vivace에서 밝음으로 회복하고 자신감이 충만하도록 감성을 돕는 피아노 독주는 계속된다. 쇼팽은 자유로운 감성이 극히 발달했고 이를 논리적 지성으로 잘 끌어 낸 작곡자요 연주자이다.

베토벤의 피아노 협주곡 「황제」는 전체적으로 명쾌한 의도적 구성이 웅장한 느낌을 준다. 시작부터 강렬한 충격을 도입하여 앞으로 일어날 신비감을 의도적 자아낸다. 이 곡의 의도성이 명료한 것이 베토벤 음악의 특징으로 보인다. 이와 같은 그의 의도적 구성과 명료성은 다양한 곡에 나타나기 때문에 베토벤을 악성(樂聖)이라 하는 것이 아닌가 생각된다. 피아노로 여러 감성의 주요 특징을 쇼팽은 누구보다 잘 표현하기에 쇼팽을 시인이라고 칭하는 것이 아닐까 생각된다.

1) 심층의식과 무의식의 저수지에서 지·정·의 중 한 부분이 작동되면서 다른 부분에 영향을 준다. 이러한 작동이 꿈에서도 나타난다.

2) 의식화되지 아니한 심층의식이나 무의식은 활동을 아니 하는 것이 아니라 항상 준비된 상태이고 의식화된 부분에 영향을 미치거나 부정적 활동을 야기하거나 방해하는 듯하다.

3) 거룩, 신성, 영원 등과 같은 최고의 강력한 영적 개념을 자아내는 체험은 인격의 요체인 지·정·의를 동시에 균형적으로 작동시키며 또 낮은 단계의 의식과 무의식

까지 강력한 영향을 미친다. 이 높은 영역은 깊은 통찰이나 영감과 신비감을 동반하며 언어로 자세한 설명이 쉽지 않다.

4) 높은 단계의 의식은 이성뿐 아니라 감성과 의지를 통합한다. 의지를 결여한 높은 단계의 의식은 높은 단계의 의식이 아니다. 즉 높은 단계의 의식은 이성, 감성 그리고 의지를 동반하고 이들 모두가 일체화 된다. 이 의미에서 높은 단계의 의식은 순수하고 맑은 진리에 가까운 것에 이른다. 자유와 평강 그리고 영원과 같은 것을 느끼게 한다.

5) 높은 4-5 단계에 이르는 수단은 경험, 노력과 같은 것으로 어느 정도 가능해 보인다. 극한의 단계는 성령의 도움이 필요하다. 영으로 인식한다. 약물 즉 호르몬제나 마약과 같은 수단으로 높은 단계를 경험하도록 하는 일은 지·정·의를 함께 작동시키지 아니하므로 가짜이다. 높은 단계의 경험은 말초신경을 자극하는 것이 전혀 아닌 인격 총체적으로 고양된 순수한 반응이다.

6) 억압되거나 잠재된 의식 또는 무의식은 꿈으로 나타나거나 의식에 영향을 준다. 반복, 자극, 강박, 강제 또는 억압된 의식은 항상 잠재돼 있다.

7) 마음[518]은 자아에 의한 의식이 대부분이나 마음의 영역 중 심층의식 깊은 곳에서 하나님의 관여가 있는 곳이 있는 듯하며 이곳을 통해 믿음, 계시, 소망, 환상이나 꿈을 갖는 것으로 보인다.

8) 사람 스스로 평범한 일상의 의식 활동으로 도달하기 쉽지 않은 영역이 누구에게나 있어 보인다. 이 표층의식의 최상부에 하나님의 도움으로만 최상의 속성을 조금 느낄 수 있을 뿐이다. 순수한 명상(고도 집중 또는 몰입)을 깊이 하는 사람들이 이에 버금하는 곳까지 도달하는 듯하다. 그러나 평생 이 최상부에 도달하지 않아도 그럭저럭 살 수 있도록 사람은 환경에 적응해 산다.

9) 지성이 높은 사람이란 의식과 무의식을 드러내는 표면화 과정을 보다 정밀하고 예민하게 하는 사람을 말한다. 이런 지성을 갖춘 사람을 훌륭하다고 말하나 사람의 생명은 이와 무관하게 생명 자체가 아름답고 위대하기에 모든 사람은 훌륭하고 아

518 마음의 작용이 종합 중추 신경의 집합체인 뇌에 의할 듯하나 온 몸에 분포한 감각기관 역시 마음을 일으키는 각종 센서(censor)이므로 마음을 단지 뇌로만 단정하기 어려워 보인다.

름답고 매우 귀한 존재이다. 이 이유로 사람은 사람으로부터 비차별적이다.

10) 아래 그림에서 삼각형으로 그린 표층의식과 심층의식이 상하 관계 또는 주종의 관계에 있거나 작동하는 것이 아니라 하나로 묶여 있는 상태로 서로 영향을 주고 받는다.

< 심층의식 및 표층의식 흐름도 >

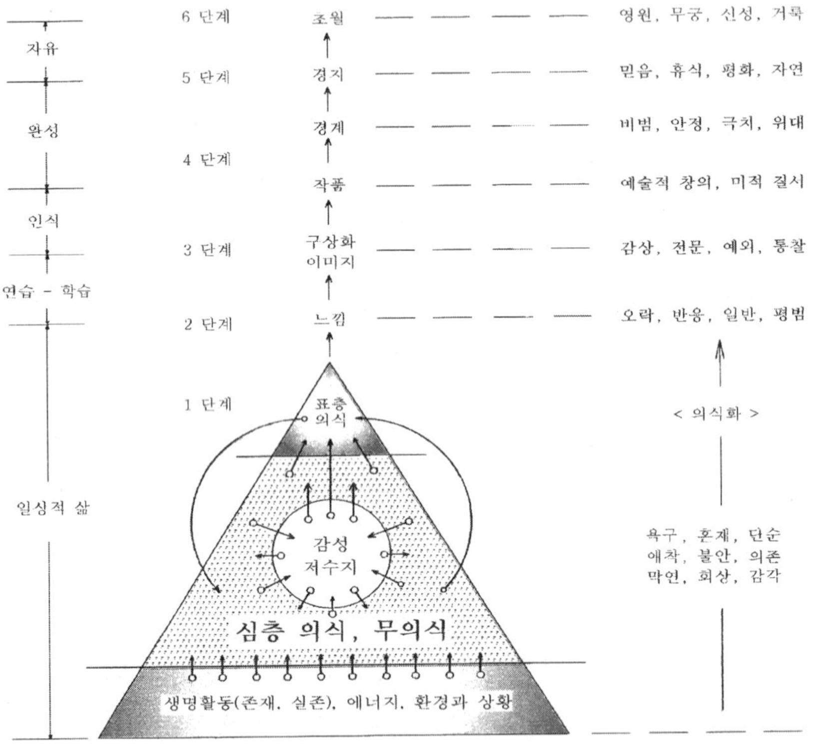

< 그림 8-3-1 > 심층의식 및 표층의식 흐름도

의식 활동 중 감성도 이성만큼 크게 작용하므로 감성을 풍부하게 함이 필수적이다. 감성 있는 삶을 위하여 직감, 평상의 자신에서 얻는 솔직한 느낌, 충분한 휴식이나 산책, 자연 접촉과 감상, 순수 문학, 음악이나 미술 등 예술, 여행, 자유로운 상상, 운동, 묵상과 기도, 진솔한 대화 등이 도움이 된다.

< 표 8-3-1 > 시대별 듣을 만한 고전음악 110여곡

작곡자	곡 명
Vivaldi 이태리 (1678-1741)	1) 사계, 2) Lestro Armonic No 8 in A minor Op 3-9, 3) Gloria in D major RV 589
Handel 독일 (1685-1759)	1) 수상음악 협주곡 No 25 서곡, 조곡 No 1-10, 2) 메시아 서곡 외 할렐루아, 3) 협주곡 Gross in A minor Op 6 No4
Bach 독일 (1685-1750)	1) 브란델브르크 협주곡 제3번 G장조 BWV 104, 2) 심포니 BWV 29, 3) 토카타와 푸가 G 단조 BWV 565, 4) 마태의 수난곡 BWV 244 제1곡-제68곡 5) 합시코드 협주곡 제3번 D 장조(BWV 1054), 제4번 A 장조(BWV 1041), 6) 바이올린 콘서트 A 단조 BWV 1041, 7) 페스티발 모음곡 합창
Haydn 오스트리아 (1732-1809)	1) 교향곡 제. 22, 26 및 53번, 2) 교향곡 제94번 G 장조 놀람 제1악장 – 제4악장, 3) 교향곡 제101번 D 단조 시계 제1악장 – 제4악장, 4) 현악4중주곡 D 장조 종달새, 5) 현악4중주곡 F 장조 세레나데, 6) 현악4중주곡 제77번 C 장조 작품 76-3 황제
Mozart 오스트리아 (1756-1791)	1) 심포니 제34번 C 장조 K388, 2) 심포니 제40번 G 단조 K550 3) 세레나데 제13번 G 장조 K525, 4) 세레나데 D 장조 K239, 5) Divertimento K136, K137, K138, 6) 미뉴엣 C 장조 K409 7) 클라리넷 협주곡 A 장조 K622, 8) 플룻 협주곡 C 장조 K315, 9) 바이올린 협주곡 제5번 A 장조 K299, 10) 피아노 소나타 제11번 C 장조 K331, 11) 현악4중주곡 제17번 B 플랫장조 K458 (사냥) 제1악장 – 제4악장, 12) 레퀴엠(Requiem) D 단조 K626, 13) 오보에 4중주곡 F 장조 K370 14) 서곡 '후궁으로부터의 유괴' k384, 15) 가곡 마술피리 서곡, 16) 교향곡 제36번 C 장조 K425 (린츠), 17) 피가로의 결혼 k492 서막-제4막
Beethoven 독일 (1790-1827)	1) 교향곡 제5번 운명, 교향곡 제6번 전원, 교향곡 제9번 합창 등, 2) 피아노 협주곡 제1번 및 제5번(황제), 3) 바이올린 협주곡 D 장조 작품 61 제1 악장 – 제3장, 4) 바이올린과 오케스트라를 위한 로망스 제2번 F 장조 작품 50, 5) 서곡 '에그몬트' F 단조 작품 84, 6) 피아노 소나타 제8번 C 단조 작품 13 (비창), 7) 피아노 소나타 제21번 C 장조 작품53 (발트시타인), 8) 피아노 3중주곡 제6번 B플랫 장조 작품97 (견공), 9) 피아노 3중주곡 작품 70 (유령), 10) 현악 4중주곡 작품 4-10번
Paganini 이태리 (1782-1840)	1) 바이올린 협주곡 No 1 Op 6 제1번 – 제3번, 2) 바이올린 협주곡 N0 2, No 3 및 No 4, 3) I Palpiti Op 13
Schubert 오스트리아 (1797-1828)	1) 현악 4중주곡 D 단조 '죽음과 소녀' D810, 2) 피아노 5중주곡 A 장조 작품 1111 D667 (숭어), 3) 즉흥곡 작품 90 D899, 4) 가곡집
Weber 독일 (1786-1826)	1) 무도회로 초대, 2) 마탄의 사수
Rossini 이태리 (1792-1868)	1) Whilheim Tell 서곡, 2) 세빌리아의 이발사 서곡
Felix Mendelssohn 독일 (1809-1847)	1) 핑갈의 동굴 서곡, 2) Ein Sommer nacht straum, 3) 바이올린, 피아노, 현을 위한 협주곡 D단조, 4) 바이올린과 현을 위한 협주곡 D단조
Chopin 폴란드 (1810-1849)	1) 피아노협주곡 제1번 및 제2번, 2) 스케르조 제2번 B 플랫 단조 작품31 3) 안단테 스피아나토와 화려한 대 폴로네이즈 작품 22, 4) 12연습곡 작품 10, 작품 25, 5) 즉흥환상곡 C# 단조 작품 66, 6) 야상곡 제2번 Eb 장조 작품 9의2 및 작품 55의2, 7) 왈츠 제1번(화려한 대원무곡) 제6번(강아지), 8) 전주곡 D플랫 장조 작품 28(빗방울), 9) 폴로네즈 제6번 A플랫 장조 작품 53 (영웅)
Schumann 독일 (1810-1858)	1) 가곡 시인의 사랑 작품 48, 2) 크라이슬레리아나 작품 16, 3) 어린이 정경 작품 15, 4) 첼로 협주곡 A 단조 Op. 129
List 헝가리 (1811-1886)	1) 피아노 협주곡 제1번 내림마 장조, 2) 헝가리 랩소디(광시곡) 제2번 내림다 단조
Wagner 독일 (1813-1883)	1) 탄호이저 서곡 2)로엔그린 제1막 전주곡 - 제3장

Verdi 이태리 (1813-1901)	1) 가곡 라트라비아타, 2) 히브리 노예들의 합창, 3) 리골렛토, 4)당신의 빛난 눈, 5) 대장간의 합창
Suppe 오스트리아 (1819-1895)	경기병 서곡, 시인과 농부, 아름다운 갈라테아 등
Lalo 프랑스 (1823-1892)	바이올린 협주곡 D 단조 작품 21
Smetana 체코 (1824-1884)	1) 몰다우 교향시 나의 조국, 2)희가극 팔려간 신부 서곡
Johann Strauss 오스트리아 (부, 아들 1804-1870)	Op 214 트리치 트라치 폴카, Op228 라데츠키 행진곡, Op 324 천둥과 번개 폴카, Op 364 레몬꽃이 피는 곳 왈츠
Brahams 독일 (1833-1897)	1) 바이올린 협주곡 D 장조 작품 77, 2) 현악 6중주곡 제1번 B플랫 장조 작품 18, 3) 서주와 론도 카프리치오소 작품 28, 4) 하바네이즈 작품 83, 5) 첼로 협주곡 No1 A 단조 Op 22, 6) 조곡 동물의 사육제 , 7) 피아노 협주곡 No 2 G 단조 Op 22,
Bizet 프랑스 (1838-1875)	1) 카르멘, 2) 아를르의 여인 조곡 제1번
Bruch 독일 (1838-1920)	바이올린 협주곡 제1번 G 단조 작품 26
Mussorgsky 러시아 (1839-1881)	전람회의 그림 조곡
Tchaikovsky 러시아 (1840-1893)	1) 피아노 협주곡 제1번 작품 23, 2) 교향곡 제5번 E 단조 작품 64, 3) 교향곡 제6번 나 단조 작품 74 (비창), 4) 대서곡 1812 작품 49, 5) 우울한 세레나데 작품 26, 6) 잠자는 숲속의 공주, 발레 조곡, 작품 66, 7) 백조의 호수, 발레 조곡, 작품 20
Dvorak 체코 (1841-1904)	1) 첼로 협주곡 B 단조 작품 104, 2) Humoresk Op 101 No 7, 3) 교향곡 제9번 E 단조 작품 95 (신세계에서)
Grieg 노르웨이(1843-1907)	1) 페르퀸트 모음곡 제1번 46, 제2번 55, 2) 피아노 협주곡 A 단조 작품 16
R. Strauss 독일 (1864-1949)	교향시 영웅의 생애 작품 40
Sibelius 핀란드 (1865-1957)	핀란디아 Op 26
Rachmaninoff 러시아 (1873-1943)	피아노 협주곡 제2번 C 단조 작품 18
Ravel 프랑스 (1875-1937)	1) 죽은 왕비를 위한 라반스, 2) 볼레로

이외 작곡가: Auber(1782-1871 프랑스), Bishop(1786-1855 영국), Belini(1801-1835 이태리), Lortzing(1801-1851 독일), Adam(1803-1856 프랑스), Berlioz(1803-1869 프랑스), Bartholdy(1809-1847 독일), Thomas(1811-1896 프랑스), Wagner(1813-1883 독일), Gounod(1818-1893 프랑스), Offenbach(1819-1880 독일), Frank(1822-1890 프랑스), Raff(1822- 독일), Bruckner(1824-1896 오스트리아), Borodin(1833-1887 러시아), Wieniawski(1835-1888 폴란드), Delibes(1836-1891 프랑스), Rheinberger(1939-1901 독일), Chabrier(1841-1894 프랑스), Massenet(1842-1912 프랑스), Saraste(1844-1908 스페인), Rimsky-Korsakov(1844-1908 러시아), Faure(1845-1924 프랑스), Fibich(1850-1900 체코), Chausson(1855-1899 프랑스), Mahler(1860-1911 오스트리아), Wolf(1860-1903 오스트리아), Paderewski(1860-1941 폴란드), Debussy(1862-1918 프랑스), Mascagni(1863-1945 이태리), Dukas(1865-1935 프랑스), Holst(1874-1934 영국), Shoenberg(1874-1951 오스트리아/미국), Kreisler(1975-1962 오스트리아), Matheu(1876-1946 스페인), Bartok(1881-1945 헝가리), Stravinsky(1882-1971 러시아), Toselli(1883-1926 이태리), Rubinstein(1887-1982 러시아/미국), Lobos(1887-1959 브라질), Prokofiev(1891-1953 러시아), Grofe(1892-1972 미국), Gershowin(1898-1937 미국), Copland(1900-1990 미국), Rodrigo(1901-1999 스페인), Richard(1904-1977 미국), Berio(1925-2003 이태리) 등

주 1: 고전음악이 어려운 것은 듣기 훈련, 감성 정도, 인생의 성숙도 등과 관련되나 반복 청음하면 이해되고 친숙해지며 자신의 감성을 풍부하게 이끌 수 있음.

주 2: 음악은 좋은 스피커를 위주로 음향 시스템으로 크게(약 65-70 dB) 듣는 것이 효과적이다.

주 3: 위 선정 이외 곡들은 별도로 정리한 목록은 집에 보관.

다른 예로, 기독교의 최상위 단계 중 하나인 「거룩한, holy, 聖」의 개념은 기독교 이외 종교에서 사용하는 용례는 찾기 어려운 듯하며 성경에서 반복적으로 강조되는 개념이다. 이 단어의 기독교 정의인 분리 및 구별 외에 지·정·의 중 특히 감성과 깊이 관련된 단어로 보인다. "*내가 거룩하니 너희도 거룩하라* (베드로전서 1:16)"는 예수님의 명령도 있다.

「거룩(히브리어; 카도쉬(형용사), 코데쉬(명사))」이라는 단어는 한자어가 없는 우리말 형용사로 사전적 의미는'성(聖)스럽고 위대하다'는 뜻[519]이다. 이 의미는 일종의 느낌이다. 우리 선현들이 이 단어를 어찌 사용해 왔는지, 우리말의 거룩이 성경적 거룩과 어떤 차이가 있는지 파악이 어렵다. 이 느낌을 일상적 의미로 해석하여야 하나, 일상적 경험이 아닌 단어여서 일상화하여 쓰기가 쉽지 않다. 깊은 자연 앞에서 종종 깊은 경건, 경외, 위대함 등을 느끼나 이 느낌과 다른 것이 거룩의 의미이다. 거룩함을 느끼기 전에는 거룩의 의미를 모른다. 참고로, 성경 상 거룩의 의미에는 위대하다는 의미가 거의 없는 듯하다.

성경학자의 개념에 의하면 1차적으로 평상의 것 또는 세상에 속한 것에서 분리된 또는 구별된 또는 다른 개념으로 사용된다. 예를 들면 레위기 19장에서 나열하듯이 하나님에 속했거나 세상에 하는 것과 다르거나 분리된 것 또는 같은 물건이나 물질이라도 하나님에 속한 것은 거룩하다는 의미로 사용된다. 하나님의 속성 중 특징적인 것이 거룩함이다. 세속적인 것에서 구별되거나 분리된 것이라도 반드시 하나님에 속한 속성을 가져야 거룩하다는 의미를 부여하게 된다. 이런 정의로 볼 때 거룩이라는 단어는 감성보다는 지성에 속하는 의미를 갖는 듯하다.

그리고 이 구별 내지 분리의 개념 이외에 거룩함이 주는 일종의 감성 내지 감동적 느낌과 영적 충만 등으로 설명될 듯 하다. 이 느낌은 일상에서 알아챌 수 없는 것이며 성령의 도움으로 거룩함을 이해할 수 있는 높은 경지에 도달하는 일종의 총체적 무엇이다. 이 거룩함을 깨닫게 되면 경건한 아름다움과 영적 맑음에 거하게 된다. 단순히 구별과 분리는 하나님의 영역과 인간의 영역이 다른 것만 설명하나 이 영적 느낌이 더 중요하며 하나님에 속한 자는 이 거룩의 충만한 상태를 경험해야 하고 자연스럽게 그리고 자발적으로 거룩함으로 구별된 생활을 하게 된다. 이 거룩함으로 인하여 세상과 구별되는 특징을 당연히 갖는다.

성경에 사용된 이 단어의 첫 용례를 보면, 창세기 2장 3절에서"*하나님이 일곱째 날*

519 이희승(1975), 국어대사전, 민중서관

을 *복 주사 거룩하게 하셨다* (God blessed the seventh day and sanctified it)"라고 하였고, 두 번째 용례는 이로부터 약 2천5백 년 후 출애굽기 3장5절에 모세가 미디안 땅 호렙산에서 떨기나무가 불타는 큰 광경을 보고 가까이 하려하자 하나님께서 "*이리로 가까이 하지 말라 너의 선 곳은 거룩한 땅이니 네 발에서 신을 벗으라* (Do not draw near this place. Take your sandals off your feet, for the place where you stand is holy ground)"라는 장면에 나온다. 첫 문장의 용례에서는 하나님의 속성이며 창조적 축복으로서 특별히 다른 날과 분리된 시간과 기간을 거룩하게 하였다고 하였고 둘째 구절에서는 거룩은 공간적 구별과 분리의 의미이다. 이 두 예에서 시공간의 분리에 거룩함이 있음을 알 수 있다.

위 두 사례에서 거룩이 곁에 있어도 깨닫거나 느끼지 못함을 알 수 있다. 우리가 일곱째 날(안식일)을 살고 있으나 또 모세가 불타는 떨기나무가 있는 곳에 있었으나 거룩함을 알지 못 했다. 거룩을 깨닫지 못하는 닫혀있는 우리의 영안이라 할 수 있다. 그런데 성당, 교회, 사찰, 조상이나 특별한 사람을 모신 사당 등에서 일종의 평상과 다른, 구별된 느낌을 갖는다. 이같이 일상에서 특별히 분리된 시공간에서 사람이 느낄 수 있는 깊고 강한 엄숙한 감정을 거룩으로 정의할 수 있어 보인다.

거룩의 위 용례 외에도 성경에 근 450회 사용하는 빈도가 높은 단어인 거룩의 총체적 느낌은 앞의 설명한 성당, 사찰 등에서 갖는 느낌보다 더 높은 신성하고 위대하다는 추상성을 내포한다. 특히 삼위 하나님 중 성령(Holy Spirit)의 속성인 명칭에서 나타나듯이 사람이 성령과 함께 할 때 거룩한 영이 함께하여 거룩을 인지할 수 있다고 성경은 설명한다. 하나님에 속한 거룩을 알지 못하는 사람의 영적 기관이 작동을 하지 못하는 듯하다. 성령의 부재이다. 성경의 지적을 심층의식 및 표층의식의 < 그림 3-1 >에 적용하면, 거룩의 최고 높은 위치까지 인도하는 영의 기관이 작동하지 못하기 때문에 사람은 높은 경지의 거룩에 스스로 도달할 수 없다.

개인적 경험에 의하면, 1987년 3월 초봄 깊은 밤, 나 자신과 사람 보편의 속성인 죄성과 부패함과 무능함과 보잘것 없음과 오만함과 타락함과 한심함과 부정함 등등의 세상에 속한 것들을 보게 되었는데 이런 사람의 속성을 떠나 거룩한 영이신 성령(聖靈) 하나님께서 밝히 계시하여 하나님에 속한 거룩한 경지에 접근하게 되어 거룩함을 알게 하고(知) 느끼게(情) 하는 깨닫게(得信) 되었다.

일상 경험이 아닌 초현실적인 경험으로 피력할 수도 있으나, 세속에 속한 나 자신을 반성하면서 세속에 속하지 아니한 하나님의 거룩함을 동시에 체험하게 되었기에 현실의 특수한 경험이라 말할 수 있다. 거룩함의 높은 경지를 설명하자면 평상적이 아닌 경험이라서 통상의 언어로 표현할 수 없다. 그 최고의 경지를 표현하면, 가장 맑고 순수하며 완전무결한 상태에 도달하여 그 속에 내가 함께하는 상태가 지속된다. 완전무결한 상태에 도달하기 때문에 세속에 속한 사람이 그 상태에 있는 것 자체가 심히 두렵고 떨리는 정도를 벗어나 자연스럽게 평상의 자신과 평상에서 존재했던 모든 것을 다시 새롭게 정의하게 되어 결국 평상의 모든 것을 자연스럽게 완전히 부정하게 된다. 부정하려고 부정하는 것이 아니라 자연스러운 부정이 일어나고 새로운 정의가 자연스럽게 생기게 된다. 현실적 속세에 속한 존재 자체가 완벽히 무너지고 존립이 불가능하게 된다. 색깔에 비유하면 하얀색인데 평시 알고 있던 하얀색은 사라지고 세상에서 보지 못한 너무 하얗고 맑게 빛나는 투명한 순백색이 생기므로 알고 있었던 하얀색은 의미 없으며 새롭게 나타난 맑게 빛나는 투명한 순백색은 기존의 하얀색에 대체된다. 이러한 완전무결과 정결함이 온 영혼과 육체를 뒤덮는다. 심지어 이 영향은 정신은 물론 온몸에까지 물리적으로 파고 든다. 그 상태를 지속할 수 없을 지경이어서 속세의 생명 자체를 자연스럽게 부정하게 고백하게 된다.[520]

일상 속에서 경험하지 못한 그러한 최고 상태의 경지가 지속되므로 영락(零落, wretched)한 나 자신이 그 거룩한 상태로 지속되는 것이 심히 떨리며 강렬한 두려움이 함께 하므로 결국 나의 이성과 감정과 의지는 생명이 더이상 존속할 수 없는 초극한 상황을 인식하게 된다. 경험하지 못한 초현실적이어서 무섭고 두렵고 떨리어서 사람의 현실적 영혼육을 갖고서 그러한 상태가 지속되는 것을 두려움으로 인식하게 한다. 영광의 높은 수준도 이해하게 되었다. 이 체험을 통해 추정할 수 있는 점은 하나님의 높은 거룩을 평상 시 인지하며 지속하면서 현실 세계에서 살 수 없기에 아마도 하나님께서 이 거룩을 인지하지 못하도록 사람의 영을 닫아 놓은 것으로 보인다. 하나님께서는 현실에서 우리가 살수 있고 직시할 만큼의 영안을 우리에게 영안을 주신 것으로 보인다.

사람 영혼이 그토록 최고 높은 수준의 청결한 순수를 체험하면 순수에 가까운 것이나 비순수를 구별할 수 있는 영적 안목을 자연스럽게 가질 수박에 없다. 이 거룩함의 개인적 경험은 성결, 순수, 청결, 무결 등의 개념으로 설명할 수 있으나 많은 언어와 문장으로 설명하지 못한다. 단지 인격의 총체적 충격이었다고 말할 수박에 없다. 나 자신의 이성을 통해 이 현상을 직시하였으나 내가 정신 없는 사람이 아닌 것임이 확

520 이러한 개인적 성령 체험이 3개월 간 지속되었는데 이 경험이 진정한 성령으로 인한 것인지 스스로 시험에 빠졌는데, 알고 보니 성령의 체험이 있는 후 스스로 시험에 들었거나 사탄의 시험으로 보인다. 그러나 10여 년간 시험에 빠진 여러 질문과 의문을 묵상하고 연구하여 부활, 믿음 등 기독교 핵심 개념을 이해하는데 큰 도움을 얻게 되었다.

실하며 나를 이 높은 경지로 이끄시는 성령의 충만함으로 밖에 이해할 수 없었다.

하나님의 속성인 최고의 거룩함을 체험하는 그 시간은 생명의 단절을 호소하게 된다. 세상에 속한 내 영혼이 분리되면서 그 높은 지경에 접하면 극히 빛나고 아름다우며 맑고 순수하며 높은 경지 때문에 받아들일 수 없는 두렵고 떨림이 평상의 존재 안으로 파고드는 상태에 도달한다. 반성하지 않아도 이성적 그리고 의지적 판단이 동시 작동하여 극히 낮은 자신의 속성을 깨닫게 되고 자신이 거룩하지 못한 부패한 존재임을 정확히 솔직하게 직관적으로 직시하게 된다. 이 상태의 거룩함을 유지하는 일이 매우 버겨워 지속이 불가능하며 하나님께 나에게 멀리 가 계시도록 간청할 수밖에 없다. 예수님 앞에서 자신의 존재를 부정하는 베드로처럼 어쩔 수 없는 심정을 토로하게 된다 (누가복음 5:8). 표현할 수 없는 영의 황홀경의 초경지이다.[521]

< 그림 8-3-1 >에서 최고 수준의 신성(神聖), 거룩함, 영원, 무궁 등은 사람의 평상 경지가 아닌데 이 최고의 경지에 다다르면 지·정·의 모든 인격 요소는 함께 작동하며 이 경지가 사람의 가장 말초적인 부위까지 장악하여 전인격적인 자유와 믿음(확신)과 깨달음과 큰 기쁨을 얻게 된다.

성경 고린도전서 12장 14-26절 중 26절에서, "*만일 (몸의) 한 지체가 고통을 받으면 모든 지체도 함께 고통을 받고 한 지체가 영광을 얻으면 모든 지체도 함께 즐거워하나니*"라 하였다. 지·정·의에 해당하는 마음의 지체(또는 기관)들이 서로 연합하고 상통하므로 지·정·의 중 한 기관만의 발달이 아닌 조화로운 발달을 도모하여 진정한 자신감을 북돋우고 아름다운 자유의 삶으로 나아가게 된다.

매우 유치한 예로, 정치인이나 유식자들이 이성을 마비시키기 위해 감성을 극도로 증폭시킬 수 있다. 히틀러는 대중을 선동하고 공포를 조장하여 합리성과 보편 이성과 감성을 통제하였다. 당시 거의 모든 지성인이 히틀러에게 순종하여 대량 살상, 전쟁, 파괴 등 여러 형태의 세계적 비극을 낳게 되었다. 감기인 코로나19에 대한 극심한 염려와 공포가 백신을 맞지 않으면 죽을 것 같은 이론과 감정을 만든다.

일상의 자연 감상, 예술, 종교적 행위, 명상, 기도 등에서 인격 통합 현상이 나타난다. 높은 수준의 영성은 인성을 통합하나 꼭 높은 수준의 감성에 도달해야 할 이유는 많

---

521 누가복음 9:28-36절에 예수님께서 기도하실 때 용모가 초경지 상태로 변화했고 이 광경을 목격한 베드로도 충격을 받은 황홀경을 묘사하고 있다. 이와 비슷한 사례가 사도 바울에게 있었는데 초경지 상태 중 별도로 그의 영이 육체를 이탈하여 셋째 하늘을 방문한 듯하다 (고린도전서 12:2).

아 보이지 않으며 선택적으로 사람에게 내재된 속성, 본질 또는 본성을 계발하여 깨닫게 되는 앎의 즐거움도 있다. 수도승처럼 일상을 버리고 이를 위해 평생 정진하는 것도 그리 바람직해 보이지 않는다. 참고로 최고의 영성은 항상 동일 수준으로 계속 유지되는 것이 아니고 침체와 상승이 있다.[522]

8-4. 건강

철학자 메를로 퐁티(프랑스, 1908-1961)는 "나란 몸이다"라고 정의했다. 그런데 몸이란 실제 건강이라 말할 수 있을 만큼 중요하기에 건강을 매우 중요시 해야 한다. 건강을 위해서 해야 할 것이 있고 하지 말아야 할 것이 있다. 보통 젊음 시절 건강하다는 생각으로 젊어서 하지 말아야 할 것을 하다가 건강을 잃거나 서서히 자신도 모르게 건강을 조금씩 잃다가 50대 후반에 이르면 많은 것을 잃어 건강을 찾기 어렵다.

이 글 대부분의 내용은 병을 예방하기 위한 것이고 평범한 일상적 표현을 사용했으나 직접 체험하여 효과가 매우 뛰어난 내용도 있다. 건강을 위한 몸과 마음에 관한 구체적 동서양의 의학 정보와 사상과 종교를 살피더라도 이해하기 힘들고 또 실천하기도 불가능하다. 그러나 대체로 신체와 마음은 생명을 유지할 만큼 또 잘 작동되도록 만들어져 태어나므로 주의해서 관리하는 것이 최고이다. 건강 관리와 유지 노력을 꾸준히 실천하기 어려우나 명심할 내용 몇 가지를 정리하였다.

신체는 전기회로와 100여가지 원소로 구성된 복잡한 나노단위의 초정밀 유기체로써 유기체 내 일어나는 현상을 파악할 수 없으며 또 그 현상을 알았다 하더라도 사람의 의지를 벗어난 정신·심리·물리 작용을 동반하는 등 학문적으로 온전히 설명할 수 없다. 특히 생명의 신기하고 특이한 특징은 자신도 모르게 대체로 잘 작동되며 대체로 건강하게 태어난 후 생명이 죽는다는 것이다. 앞으로 진단 기술, 양자물리학, 인공지능(AI) 등의 도움으로 의학이 급속히 발전하고 있어 필요에 따라 과학의 도움이 많아질 것 같으나 생명은 복잡하여 정의할 수 없어 현대의학으로만 다룰 수 없다.[523] 복잡한 의학 정보와 의료 체계를 이용할 정도로 신체와 정신에 이상이 생기면 오랜 시간과 많은 비용을 지출하고도 쉬 회복이 되지 않는다. 대체로 사람의 신체와 정신은 순수하게 잘 만들진 후 태어나고 회복력이 있어 잘 관리하면 평생 건강의 복을 누린다.

---

522 마틴 로이드 존스, 오성종·유영기 옮김(1987), 영적 침체, 새순출판사

523 왜냐하면, 최첨단 학문인 식물생리학과 분자생물학을 보면 그러하다.

건강 문제를 다루는 이 글의 핵심은 귀, 입, 눈, 코, 피부, 생각으로 들어가는 정보와 물질이 좋아야 하고 또 신체 골격을 균형 있게 유지해야 한다는 점이다. 특히 머리에 있는 기관으로 들어가는 물질과 정보가 나쁘면 반드시 탈이 나거나 몸과 정신을 나쁘게 한다. 예컨대 나쁜 이야기, 나쁜 사람, 혼탁한 정보[524], 나쁜 음식과 공기 등이 건강을 악화시킨다. 그리고 골격계, 순환계 등을 악화시키는 생활 습관 등이다.

사람이 할 수 있는 것은 먹는 재료를 잘 선택하거나[525] 행동을 잘 선택·결정할 수 있으나, 신체 내에서 일어나는 자율적 작동과 활동은 의지적으로 자신이 선택하거나 제어할 수 없다. 예컨대 입으로 먹는 것만 선택·결정할 뿐 대소변까지의 모든 생리현상은 내 의지와 무관하게 자율적으로 일어나는데 이는 신체를 창조한 하나님의 질서(설계원리)에 따라 자율적으로 작동하기 때문이다. 사람은 자신의 장기는 물론 미세한 유전자를 의지적으로 또는 의학적으로 온전히 알거나 다룰 수 없다. 그러므로 건강을 잃은 후 의학적으로 또 의지적으로 회복은 불가능하다. 약간의 회복과 잔여 기관으로 생존할 뿐이다. 몸의 질서를 파괴하면 대가를 치러야 하는 것이 법이다.

초등학교 시절 빈혈, 심장 쪽 왼쪽 가슴에서의 간헐적 통증[526], 편도선염 등이 있었는데 아마도 영양부족이 원인이었던 것 같고 체력에 비해 의욕과 호기심이 많아 약한 몸에 피곤이 많았다. 78년 대학 시절 테니스를 하다 허리 디스크 손상이 있었고, 20대 후반의 간염과, 50대 중반 육체노동으로 얻은 척추 또는 골반 부위의 불균형으로 인한 통증이 있었는데 이로 인한 후유증이 있어 건강관리에 신경을 쓰고 살아가고 있다. 부모로부터 받은 유전적 신체는 나쁘지 않았으나 건강관리를 잘 못한 것이다. 아직 원인 모를 불편이 있는데 오른쪽 눈의 망막 시신경 (모세혈관) 기능 저하이다. 60세 중반을 훨씬 넘은 다섯 누님 모두가 큰 병 없이 지내는 것으로 보아 부모님은 자식에게 건강한 신체와 정신을 준 것이 확실하다.

신체의 개괄적 구조와 원리는, 뼈대를 근육이 잡아 골격으로 유지하고 그 내부 공간에 배치된 주요 장기인 오장육부(五臟六腑)가 있다. 이들 장기는 서로 다른 기능으로 작동하여 신진대사 또는 물질대사를 하며 이를 위해 혈액과 신경이 세포, 주요 기관 및 두뇌에 연결되어 상호작용을 한다. 따라서 건강은 오장육부, 뼈대, 혈액과 신경조직이 튼튼하고 균형이 좋으면 되나 잘못된 습관으로 점점 나빠지거나 불균형을 이루

---

524 TV 정기 뉴스 내용의 과반 이상은 나쁜 이야기, 혼탁한 및 불투명한 정보를 제공하여 불안감, 공상, 골칫거리 등이 남는다. 따라서 그냥 스쳐 가는 정도로 듣고 버려야 한다.

525 이에 관한 연구가 후성유전학이다. 무엇을 먹느냐는 매우 중요하다.

526 통증의 종류는 무척 많다. 주요 장기와 연결된 교감신경은 대체로 통증이 둔하다. 만일 심한 통증을 느끼면 악화된 상태여서 치료가 힘들거나 생활의 불편이 높고 지속된다.

거나 파손되거나 연결이 끊어진다. 모든 신체 조직과 연결된 두뇌는 정신이 맑고 정직하고 겸손하고 느긋하면 좋을 듯하다. 몸의 이상은 정신적으로 우울증, 자신감 상실, 낙심, 집중력과 기억력 저하 등으로 나타나기도 한다.

양자 단위 또는 나노 크기까지 해석하는 분자생물학의 발달로 유전자를 분석·조작하는 인간의 지식이 사람을 이롭게 할 수 있을 것이나 점점 자연원리에 반하는 인위적 조작은 한계와 부작용을 동반할 것 같다. 골격과 오장육부를 튼튼히 하는 것만으로도 건강할 수 있을 것인데 사실 오장육부의 기능과 이들 장기의 상호작용의 온전한 파악도 쉽지 않고 실생활에서 이를 살피며 살아가는 것은 불가능하다. 두뇌는 거의 모든 신체를 관장하여 균형과 항상성을 유지하는 중요 기관이므로 정신 건강도 다른 신체 기관과 수명에 영향을 준다.

자연과 생활환경이 오염되고 음식물 생산도 상업화되면서 풍부하나 질은 좋지 않다고 한다. 학업과 생업 경쟁의 스트레스가 50-60년 지속되므로 건강을 유지하기도 어려워지고 있다. 몸이 탄탄하지 못하여 20대 후반부터 건강에 신경을 쓰고 지냈는데 회사 생활과 대학원 학업을 병행하면서 몸이 약해졌다. 호기심, 의욕 및 경쟁심이 약한 몸을 더욱 약하게 하던 중 해외 유학 생활 2년 반 동안 스트레스가 반감되면서 건강이 약간 회복된 적이 있었다. 42세에 퇴직하여 생계를 유지하기 위해 긴장 속에 애를 썼으나 다행히 암과 같은 큰 병과 잔병 없이 70세를 향해 가고 있다. 주께 감사하리로다.

건강 이상이나 노쇠 신호는 반드시 신체적으로 피곤함, 의욕과 식욕 부진, 체중 감소 등으로 나타나기 시작한다. 건강을 유지하기 위해서는 의사의 도움보다 평시 그리고 평생 자신의 몸이 주는 신호를 느끼고 살피는 관리가 중요하다. 현대인처럼 여러 문제 해결에 오랜 집중을 하다 보니 체력 소모가 많아 몸과 정신이 피곤하기 일쑤다. 내 경우 이 피곤을 모르고 나 자신을 무시하고 모든 사람이 그러하듯 앞으로만 달리고 살았다. 고등학교 시절부터 65세까지 일주일에 2-3회 정도는 아침 세수할 때 코피를 흘리고 살았던 것은 긴장과 육체적 피로가 끊이지 않았기 때문이었다. 늘 피곤함이 몸에 쌓여 있었으나 이를 무시하고 살았으니 내가 미련하였다.

60세 즈음에 정신적 긴장을 완화하려고 하였으나 쉽지 않았다. 65세부터 늦잠, 낮잠, 휴식 시간 및 운동 시간을 늘리니 40년 이상 흘리던 코피의 출혈도 거의 멈추었다. 피곤을 느끼면 쉬려고 노력 중이다. 내 몸이 피곤한지를 진단할 줄 알아야 한다.

첫째, 물과 공기와 소금 그리고 (적정한) 햇빛은 가장 필수적 음식으로 파악해야 한다. 공기도 음식이다. 바람이 항상 잘 통하고 햇빛이 드는 곳이 매우 좋다. 이상한 냄새를 피하고 오래 밀폐된 곳, 더러운 곳에 머물지 말아야 한다. 이상 냄새와 더러운 곳에는 나쁜 곰팡이, 세균과 바이러스 등이 고밀도로 존재하기 때문이다. 이들의 단위는 수십 나노 이상의 크기로 심지어 피부를 통해 몸 안으로 침투한다. 담배 연기 등 모든 나쁜 냄새는 코와 피부 등 몸 안으로 쉽게 침투할 수 있는 극초미세 단위로 악영향은 심대하다.

둘째, 완전한 금주와 금연이다. 술과 담배는 확실한 발암 물질(이것이 유전자를 변형시켜 암을 유발하는 것으로 보인다)이고, 정신적 육체적 손상과 경제적 손실을 동반하며 기타 여러 문제를 드러내지 않다가 서서히 누적한 후 서서히 또는 한꺼번에 폭발한다. 술과 담배는 항상 불행 또는 고통을 노년에 동반한다. 가까운 친인척과 사람들에게서 이 문제가 빈도 높게 관찰되었다. 내 경우 평생 금주와 금연을 통해 약한 몸이 그럭저럭 유지되는 것으로 보인다. 몇 잔의 포도주가 몸에 좋다는 상업적 의학적 선전은 그리 믿을 것이 되지 않는다. 사람을 취하게 하는 점에서 그러하며 장기에서 이를 분해하는 과정이 자연스러운 것이 아니다.

셋째, 충분한 수면이 없으면 몸과 정신이 깨끗해지지 않는다. 모든 신체 기관은 분해된 물질을 끊임없이 뒷처리해야 하기에 힘들어한다. 피곤한 몸에는 어떤 형태의 염증이나 힘든 생화학적 활동이 존재하는 것으로 생각해야 한다. 오랜 기간의 염증은 심각한 병을 유발하므로 염증을 없애야 하며 염증이 일어난 곳에는 그 흔적이 평생 남는다고 보면 된다. 어려서부터 규칙적 생활 훈련이 없던 내 경우 적정한 생활 규칙을 아직 지키기가 어렵다.

넷째, 운동은 가볍게 하고 항상 스트레칭과 마사지를 생활화한다. 운동보다 스트레칭과 마사지가 더 좋다. 맨손체조는 매우 좋은데 이는 피 순환과 스트레칭을 겸하기 때문이다. 하루에 두 번 이상 5-10분 정도 틈나는 대로 하고 자기 전에 하여도 좋다. 맨손체조는 팔, 목, 허리, 고관절 등 다리관절, 발목 등 전신에 도움이 되나 근육을 단련시키지 못하므로 근육운동이 필요하다. 무리한 운동은 피곤을 야기한다. 스트레칭은 근육이 미세하게 아플 정도로 하고 단순한 동작보다 여러 방향으로 복잡하게 함이 효과가 크다. 마사지와 안마와 스트레칭 이상 좋은 것은 다음과 같은 이치이다.

다섯째, 몸 어딘가에 문제를 일으킨 통증(염증)을 확인하여 치료하는 방법이 있다. 몸을 만지거나 누르면 통증이 있을 수 있는데 이곳에는 신경과 혈액이 정체되거나 막혀 있음을 의미하며 통증 부위와 연결된 주요 기관 또는 세포 조직에 염증이 있음을 의미한다. 보통 염증이 있는 통증 부위(통점)를 일주일 정도 누르거나 문지르면(마사지) 낫는다. 일주일 정도 통점을 눌러도 낫지 않으면 염증이 심하거나 피 순환과 신경조직, 근막 등의 기능이 막혀 있으므로 한 달 이상 지속해야 한다. 내 경우 약 석 달 동안 팔과 목 운동을 하여 오십견을 치료하였고, 2023년 5월 발치해야 할 이 1개의 잇몸 통증을 의사의 도움과 발치 없이 약 3주간 잇몸 마사지로 약 95% 치료하였다.

오장육부 중 특정 장기가 아프면, 아픈 부위에 해당하는 대응점(對應點, counter point)이 얼굴, 귀, 손바닥과 손등, 어깨부터 손목까지의 팔 부위, 고관절부터 발목 그리고 발바닥 부위 특정 지점에 통증으로 나타난다. 즉 얼굴, 귀, 손, 팔, 발, 발바닥, 피부 밑 세포, 근육과 근막, 신경, 혈관 등에 통증으로 나타난다. 예컨대 간이 좋지 않다면 간이 있는 갈비뼈 하부의 뻐근함 이외에도 눈, 귀, 팔, 손바닥, 발과 발바닥, 손톱 등에 통점이 생긴다. 또 통점 이외에 피부조직과 색깔에 변화가 있다는 것이다. 이처럼 오장육부가 아프면 아마도 몸 전체 10여 군데 통점이나 피부 이상이 발현되는 것으로 보인다. 볼 수 없는 오장육부에서 일어나는 일은 뇌를 포함하여 얼굴부터 발끝까지 모든 신체에 정보를 상호 주고받음을 알게 된다. 이러한 원리에서 피부에 있는 특정의 점이나 기미로 특정 장기가 나빠진 것으로도 진단한다. 이 경우 해당 부위를 지속적으로 마사지하면 많이 좋아짐을 알 수 있다. 그러므로 평상 시에 스트레칭과 전신 마사시와 안마는 매우 중요하다. 심심할 때, TV 시청 시, 전철 안에서, 자기 전, 산책 시 여러 방식으로 신체의 부분을 조작(스트레칭, 지압, 마사지)할 수 있다.

의사가 통증의 이 특징을 이용하여 병을 진단하고 해당 통증 부위(환부)에 약, 시술, 침, 마사지, 지압, 뜸 등으로 치료한다. 스트레칭, 마사지 및 안마는 신체가 가진 자연 치유력인 혈기(穴氣, 血과 氣運) 즉 에너지 흐름, 피 순환과 신경을 균형적으로 되돌려 건강을 회복시키는 매우 간단한 치료법이다. 뜸은 피부조직을 상하게 하므로 좋지 않은 치료법이다. 몸에서 가장 큰 장기가 피부이므로 피부가 상하지 않도록 함도 중요하다. 스트레칭과 함께 지압과 마사지가 자연 치유력을 높이는데 매우 유용하다.

몸을 마사지하거나 통점[527]을 지압하면 피 순환과 신경 세포 활성화에 도움이 되어 통

527 통점을 찾는 법은 발가락 끝부터 머리 중앙 정수리까지 3단계로 가능하다. 첫째는 전신을 가볍게 문지르거나 누르거나 또는 모든 관절을 가볍세 돌려 확인하는 방법, 둘째는 중성도의 압력을 가해 전신을 누르거나 모든 관절을 크게 움직여 찾는 방법, 셋째는 강하게 누르거나 관절을 평소 쓰지 않는 반대 방향으로 돌리거나 비틀어 찾는 방법이 있다. 이 모든 방법에는 피부와 근육에 힘을 빼고 하여야 한다. 통증이 발견되면 1단계에서 3단계까지 힘을 점점 강하게 하여 누르면 3개월 정도 지나면 웬만한 생활 통증이 사라진다. 근육이나 피부의 통증은 나이와 고착된 정도에 따라 수년이 걸려 치료가 가능하다. 실제 몸 속 깊은 곳의 부위는 염증이 있더라도 이를 알아내기 힘들어 피부 아래 조직을 통해서 유추 가능하다. 통증 부위는 바늘 정도의 크기부터 수십cm 크기까지에 이른다. 손톱 끝과 손톱 좌우를 눌러보면 통증의 작은 크기를 확인할 수 있다.

증이 사라짐을 알게 된 경험으로 정수리부터 발끝까지 시간이 있을 때 가볍게 두드리거나 문지르거나 누르는 방식으로 몸을 관리하고 있다. 5분 정도 귀를 포함한 머리와 안면 전체를 문지르거나 가볍게 두드리면 머리의 피 순환이 좋아 머리의 체온이 약 1도 이상 상승하는 것을 느낀다. 림프절이 집중된 뒷목. 겨드랑이, 사타구니를 가볍게 20회씩 문지르면 좋다.

보행은 무릎이 아닌 고관절을 중심축으로 다리를 넓게 옮기는 것이 바른 자세이다. 우리나라 사람의 약 70% 정도가 잘못된 자세로 걷고 있다. 바른 걸음걸이 자세는 무릎의 충력을 완화하며 고관절을 중심으로 붙어있는 척추기립근, 오금, 중둔근 등 각종 근육을 강화하게 됨으로써 목뼈(경추)까지 균형을 유지하도록 도움을 준다. 걸음걸이 자세가 잘못되면 늙어 허리부터 상체와 머리가 앞으로 굽는 경향이 있게 되어 지팡이를 사용하게 된다. 60세 중반이 되어서야 바른 보행에 힘쓰고 있다.

여섯째, 신앙은 매우 큰 도움이 된다. 신앙이란 기도와 겸손과 절제를 동반하므로 정신적 활동에 이보다 중요한 생활 방식은 없다. 성경을 한번에 많이 읽기보다 자주 보는 것이 좋다. 그리고 사소한 것을 포함하여 무엇에든지 항상 감사과 행동으로 함이 중요하다. 감사는 평생 해야 할 하나님의 명령이요 실존의 중심이요 핵심이다.

일곱째, 일은 평생해야 할 과제이다. 일할 때 천천히 꾸준히 할 필요가 있다. 급한 마음은 신체를 다치거나 정신적 스트레스를 얻게 되므로 천천히 할 마음가짐을 갖고 꾸준히 하도록 한다. 일하며 중간 중간 순수한 물마시기, 산책과 음악, 담소 등이 곁들이면 더욱 좋다.

여덟째, 모든 먹거리에는 모든 영양분이 있다. 따라서 모든 음식물을 골고루 먹는 것이 좋고 특별한 영양분이 필요한 경우 영양분이 많이 있는 음식을 취하면 된다. 지저분한 곳에서 자라거나 혐오스럽게 생긴 것과 상한 것과 날 것을 피하는 것이 좋다. 특히 해외 여행에서 날 것은 피하고 반드시 끓여 익힌 것을 먹어야 한다.

아홉째, 신체 내에서 발생하는 활성산소는 공기 중 산소를 호흡으로 마신 후 에너지를 만들고 남은 것이 제거되지 못하여 신체 여러 곳을 공격하거나 바이러스를 죽이는 순기능을 한다는 것이다. 그런데 불필요한 활성산소를 없애는 여러 물질이 많은데 그중 비타민 C가 그 역할의 핵심이라 한다. 사람만이 간에서 생산하지 못하는 비타민 C는 고혈압과 당뇨 방지, 소화 촉진 기능 이외에 핏속에 녹아 있는 활성산소를 없애 혈관 벽 손상을 막는 등 여러 효과가 있다는 것이다. 내 경우 약 2012년부터 식후에 매일 먹어 왔는데 최근 공복 중에 또는 자기 전 1g을 먹고 식후 나누어 하루 약 6g 먹고 있다.

참고로 위 넷째 사항과 관련하여, 신체단련을 위해 2020년 4월부터 우리나라 전통 몸관리 기법인 혈기도(穴氣道) 또는 천지행공(天地行功)을 1년 반정도 해 보았다. 천 년 이상이 되었다고 추측되는 이 행공은 깊은 산 속에 살던 도인[528]들이 하던 고유의 단련법이다. 누가 언제 어디에서 해 왔는지는 정확히 파악되지 않는 이 수련의 마지막 도인인 천우(天宇, 1979년 사망) 선생에게 설악산에서 1962년부터 1979년까지 17년간 마음과 몸을 수련한 우혈(宇穴) 선생이 산에서 내려와 혈기도라는 명칭으로 서울과 가평 그리고 미국 등에서 제자들을 양육하여 전파되었다. 이 단련법은 우혈 선생의 제자들이 듣던 익힌 내용을 참고하여 편집한 친지행공(天地行功)이라는 책[529]에 소상히 소개되어 있다. 매우 정교하고 과학적으로 그리고 체험적으로 약 250가지 자세와 움직임으로 창안된 것으로 보이는데 비범한 천재가 여러 품세를 만들었거나 많은 시행착오를 거쳐 온 몸을 단련하며 정신을 이완하고 강화하도록 완성된 것으로 보인다.

< 사진 8-4-1 > 행공의 한 가지 자세

설명: 기초행공의 다리 펴고 상체 굽히기 (1년 수련 후 취한 자세로 매우 기초 동작 중 하나)

신체의 구조와 혈(穴)과 기(氣) 운행 그리고 음양원리에 맞도록 체계화된 이 단련법은 예비행공, 기초행공과 본행공으로 구성된다. 그 원리는 정수리부터 발끝까지 혈기(穴氣)의 순환 원리에 따라 운행하도록 하고 특히 근육계, 신경계, 혈관계를 단련시킨다. 약 1평의 공간에서 매우 부드럽고 천천히 몸을 움직임으로써 정신을 맑게 안정시킨다. 이는 흥분된 자율신경(교감신경과 부교감신경)을 이완시킨다. 복잡하고 어려운 이 단련법 대신 평소 근육을 사용하지 않는 여러 방향으로 맨손체조를 1-2시간 이상

---

528 마지막 도인은 천호 선생이라 하며 우혈 선생을 마지막 제자로 두었으나 모두 작고하였다.

529 천지행공연구회(2016), 천지행공. 유투브 검색어: 천지행공, 혈기도, 박관희 등

하면 약 50% 이상 단련 효과가 있을 것으로 보인다.

짧은 기간 이 단련법을 통해 60세 중반에 이르도록 몸의 뼈와 근육의 균형이 많이 무너져 이로 인한 근막과 신경계까지 통증이 유발하고 있음을 깨달았다. 오랜 기간 과격한 운동, 무리한 자세와 일시적 잘못된 신체적 노동이 병을 유발하였다. 뼈와 근육 및 신경이 불균형적으로 고착되었으나 이를 모르고 지냈다. 나를 지도한 사범[530]의 오랜 연구와 수련에 의하면 신경계와 혈관계[531]는 항상 함께 발생·소멸하며 이곳을 따라 기(氣)가 흐른다 하는데 잘못된 생활과 운동으로 골격, 신경계와 혈관계까지 악영향을 받은 것이다. 행공에서 행하는 수백 가지의 동작을 뒷받침하는 (다소 복잡하고 형이상학적) 기본 이론에 의하면 몸의 불균형과 단련을 통해 그동안 누적되고 숨어 있었던 몸의 불균형을 회복되는 등을 설명하는데 점차 몸이 어린아이 같이 부드러워지고 신체가 균형있게 단련되어 간다는 것이다. 내 경우 1년반 정도 하여 몸의 불균형이 많이 해소(60% 정도)되었으나 앞으로 5년 정도 이상 하여야 90% 이상 개선될 것 같다.

2015년도 늦봄부터 늦여름까지, 베트남과 중국을 왕복하며 석재 블록을 납품하던 중 베트남 공장에서 석재 가공을 잘못하여 현지 공장에서 다시 제작 시 국내 납기를 맞출 수 없어 잘 못 가공된 석재를 반입하여 국내 창고에서 이를 인부들과 직접 재가공하였다. 개당 무게가 약 5-30 kg되는 석재 블록 수천 개를 간단한 수동 장비와 노동력으로만 가공해야 하는 일이 한여름 한 달 정도 지속 되었다. 이 노동으로 약 2개월 뒤 요추 통증이 심해지더니 그 후 3개월 동안 숨을 쉬지 못할 정도로 허리와 고관절 그리고 하지 통증 등 전신에 통증을 유발하였다. 특히 요추 부근의 허리통증으로 걷거나, 세수하거나, 기침하거나, 밥을 먹는 일상 행동을 하지 못하는 등 총 6개월 정도 병치레를 한 적이 있다. 진통제와 입원 없이 병원과 의원을 다니는 통원 치료와 운동으로 약 6개월 후 2016년 3월 말경 다소 회복되었다. 이 병으로 진통제 없이 통증을 이겨내기가 매우 힘든 일임을 알게 되었다. 당시 통증은 정신적 고통을 동반하여 차라리 생명을 포기할 심정을 동반한다. 진통제 없이 6개월을 버티며 주로 운동요법으로 회복이 되었으나 질병이 주는 통증의 무서움을 50세 후반에 알게 되었다.

2000년 중반 가장 기초적으로 먹고 마시는 물질 중 식수(食水)에 관한 연구 서적을

530 박관희 사범. 유튜브 참조

531 신경의 총길이는 약 70만km이고 시속 400km로 전달된다 한다. 이에 달리 혈관 총길이는 약 10만 km라 하는데 (주요 장기를) 약 20초 1순환한다고 한다. 단순히 길이로 보면, 신경계가 혈관계보다 더 발달한 것을 알 수 있다. 혈관의 99%는 모세혈관이므로 모세혈관의 막힘이 없도록 함이 건강 관리의 핵심 중 하나이다. 마사지와 지압과 스트레칭이 중오한 이유가 이 점 때문이다.

읽다가 소금[532]의 중요성을 알게 되었다. 우리나라에서 생산되는 천일염에 있는 불순물을 검출해 보니 심각한 수준이었다. 또 전 세계 바닷물의 95% 이상이 미세 플라스틱[533]이 있다는 것인데 우리나라 간석지나 해안에서 채취한 천일염은 플라스틱 이외에 각종 중금속이나 회분(灰分) 등 오염물질이 아래 사진과 같이 짙은 농도를 함유하고 있다. 특히 천일염을 태우면 심각한 악취가 나는데 이는 심각한 오염을 의미하는 것으로 보인다. 오늘날 인간이 버린 모든 폐기물의 종착지가 바다인데 바닷물을 마시면 독성을 먹는 것이다.

< 사진 8-4-2 > 국내산 천일염 400g에서 추출한 침전 또는 부유 불순물 약 20g

따라서 시중에서 판매되는 간장, 된장 및 젓갈류는 국내산 천일염으로 만들므로 먹지 않는 것이 좋으며 천일염 사용 시 절임 등의 용도로 사용하고 버려야 한다. 천일염은 식용으로 절대 사용하지 말아야 한다. 천일염 내 불순물을 제거하고 된장과 간장 제조법에 따라 생산해 보니 맛이 꽤 좋았다. 천일염에서 불순물을 제거하는 과정을 매우 복잡하고 시간이 오래 걸리므로 만일 소금을 사용한다면 안데스산맥 또는 지하에서 채굴한 암염으로 만든 소금을 사용하면 된다. 죽염은 고열에 의해 소금이 용융되어 천일염이 아닌 성분으로 변형되므로 천일염과 효과가 다를 것으로 보인다.

상업화된 식품인 견과류, 채소 등에는 생산, 제조 및 유통과정에서 눈에 보이지 않는 미세먼지, 박테리아 등 세균, 기생충, 바이러스 등이 많으므로 씻어 끓여서 먹거나 살균하여 먹는 편이 매우 좋다. 끓이지 못하는 견과류 등에는 과산화수소[534] 약 1-3% 농도의 액을 분무기로 전면 살포 후 5-10분 정도 지나 잘 씻어서 먹어야 할 것이다. 이러한 상업화된 식품이 결국 암이나 각종 염증을 유발한다. 현대의학이 암의 원인을 확실히 밝히지 못하고 있으나 다음의 것이 확실한 원인으로 알려져 있다. 술, 담배,

532 천일염에는 염화나트륨(Nacl) 이외에 칼슘, 마그네슘, 아연 등 약 80여가지 미네랄(염분)이 들어 있으며, 소금은 우리 몸에 필요한 각종 미량 원소인 미네랄을 공급하여 반드시 섭취해야 하는 식품이다. 쌀밥만으로는 사람의 수명은 몇 년 살 수 없다. 각종 천연 염류(미네랄)이 많이 있는 된장, 고추장, 간장과 함께 먹어야 하나 국내 천일염과 이것으로 만든 많은 음식물은 불순물이 많다.

533 우리의 여러 장기 속과 핏속에 초미세 플라스틱이 있다 한다.

534 과산화수소는 활성산송기에 자주 직접 음용 또는 흡입하는 것은 지양해야 할 것이다.

과량의 소금, 체내 활성산소, 화학물질, 초미세먼지, 곰팡이, 세균, 바이러스, 기생충, 자외선, X-ray, 스트레스 등은 유전자를 변형시키는 등의 기전을 유발하여 암 세포를 만든다. 또 어쩔 수 없는 자연의 법칙인 유전자의 엔트로피 증가가 원인으로 보인다.

단양 이씨 우리 집안에서 내려오는 약초를 소개한다. 이 비방은 최초로 엄마가 알려 준 내용을 구체화한 것으로 사연은 다음과 같다. 이 약초를 잘못 사용하면 위험한 상황[535]에 이를 수 있어 법제에 따라 복용해야 한다. 현재 이 약초로 효과를 본 사람은 총 6명이다. 30대 젊은 시절 간경화를 완치한 아버님, 1996년 무릎까지 번진 자궁암을 앓은 중국 형수(중국 無順 무순에 사는 사촌 형 李基雲 이기운의 처(김잠덕, 1997년 발병 후 완치되어 2023년 4월 85세로 사망), 2020년 경 폐암에 걸린 이경호(이기운의 맏아들)의 전처(李美子의 모), 식도암에 걸린 이경호의 처제와 위암에 걸린 이경호의 처 친구, 2021년 전립선암 초기 징조의 자형이다. 법제는 약초 2개(뿌리와 잎 전체)를 1리터로 달인 후 식후 한 숟갈씩부터 늘려 가며 몸의 반응을 확인하고 3숫가락 하루 2회 3-4일 먹으면 부작용이 없을 것이다. 모든 모든 약은 항상 부작용을 동반하는 것처럼 이 약초물의 부작용의 범위를 잘 파악하여 조절하여 마셔야 한다. 아마 이 약초는 몸에 있는 각종 균, 미생물,기생충, 바이러스 등을 광범위하게 죽이는 것으로 보인다.

< 사진 8-4-3 > 집에 보관 중인 비상약(냉동 저장 1.3 리터)

건강관리에 대한 상식과 정보는 매우 많다. 깨끗한 고기와 채소의 균형식사와 소식, 휴식, 운동, 산책, 낮잠, 웃음, 남을 위한 봉사, 취미생활, 취침 전 칫솔질, sun glass 착용, 손씻기[536], 실내환기 등 깨끗한 생활환경이다. 매스컴에서 일반화한 건강 정보는

535 많이 먹으면 구토, 설사, 혈압 강하, 어지러움 등이 발생하나 약한 몸에 과용하지 아니하면 죽음과는 무관하다.

536 바이러스, 미생물, 곰팡이를 실온에서 죽이는 방법은 여러 가지인데 적정한 방식으로 은나노 용액이나 1-3% 과산화수소 용액이 가능하다. 알콜은 피부를 통해 침투하여 간독성이 있어 피부에 좋지 않다고 한다.

나이와 자신에게 맞는 정보인지를 확인함도 중요하다. 끝으로 항암제는 효과가 없는 실험용이 많으며 많은 약제는 부작용을 동반한다. 원래 신체는 천연 항암제, 항생제, 면역제 등을 몸에서 스스로 생산해 내고 있기에 건강을 평상시 그리고 평생 관리함이 그 첫째인데 쉽지 아니하다.

알다시피, 몸의 생화학적 반응(온도, 빛, 물질, 소리, 공기, 압력 등에 대한 반응)은 매우 섬세히 빠르게 나타난다. 예컨대 몸이 추운 곳에 노출 후 약 10분 이내로 면역체계가 약화되어 감기 등의 증상으로 온다. 이같은 반응으로 해외여행 시 비행기 안에서는 체온 보온을 잘 해야 한다. 또 술을 마시면 10분 이내로 면역체계가 악화되어 침투한 병원균을 방어하지 못해 병으로 나타나는 경우가 있다. 알다시피 숨을 수분 동안 쉬지 않으면 사망한다. 약을 몸에 처방하면 급속히 몸이 반응하여 가벼운 병상은 몇 분내로 치료되며 깊은 병은 수개월 이상 먹어야 한다. 즉 몸은 모든 물질과 환경에 1-2분 내로 반응하는 점에 유의하여야 한다. 단지 몇 분에도 몸이 그러할찐대 담배와 술 같은 나쁜 물질과 환경에 장기간 노출되면 반드시 그것이 몸에 축적되어 병을 유발하는 것이다.

끝으로 나와 누나들을 살피니 오랜 긴장을 하는 경우 잔기침을 하는 경향이 있으니 이를 참고하기 바라며, 창세기의 아브라함의 행동을 연구하면서 사람이 느긋하고 침착한 마음을 갖고 천천히 살면 장수하는 것이 아닌가 하는 생각이 떠올랐다.

8-5. 자신감

살면서 타인에 대한 것이 아닌 자신에 대한 신뢰인 자신감(自信感, self confidence[537])을 갖는 일은 건강한 삶을 지탱하는 하나이다. 이는 스스로 당황하지 않으며 안정된 마음이고 나아가 깊은 믿음, 흔들리지 않는 신념, 대범함, 성취감 등을 동반한다. 이 자신감은 무엇이며 어떻게 생기는 것인가. 그리고 이를 어떻게 형성하고 사용하는가.

자신감은 항상 위험한 심리작용을 동반한다. 예컨대 무모함, 나태함, 자기도취, 자기과시, 과욕, 자랑, 타인 무시 등이 도사리고 있다. 또 자신감의 정도를 제어하지 못하면 넘어지고 망신당하고 스스로 좌절하고 후회를 야기한다. 지능이 높거나 학력이 높

537 confidence의 어의는 함께(con) + 믿음(fid)이다.

거나 높은 위치에 있는 사람이 자신감을 적극적으로 드러내는 경우가 그러하다.

태어나면서부터 지력이나 체질로 타고난 자신감이 많은 사람이 더러 있다. 이런 유형의 사람은 살면서 목표 도달에 이르기 쉽다. 또 다양한 방면에서 자신감을 갖는 사람이 있으나 일반적으로는 몇 가지 측면에서 자신감을 갖는 경우가 대부분이다. 그리고 잠재된 자신감을 모르고 살아가기도 하고 연약한 마음으로 자신감을 사용하지 않는 경우도 많다.

어려서부터 경쟁 속에서 자라면서 맑은 심성을 해치고 의기소침하게 되면 숨은 자신감마저 발달시키지 못하는 경우도 있다. 즉 타인과 비교하여 잠재된 자신감을 함몰시키는 경우도 있다. 그러나 자신을 관찰하고 연습을 거치면 잠재적인 자신감이 드러나거나 키울 수 있는데 매사에 그러하듯 이 경우 노력과 인내가 필요하다. 자신의 능력을 잘 살피면 스스로 자신감을 찾을 수 있어 보이나 보통 게으르기에 자신감을 키우지 못하는 것 같다.

보통 사람에게 잠재된 능력이 있기에 이 능력을 어떻게 알아채고 드러낼찌 이 과정이 어려운 것 같다. 대부분 스스로 생각하기에 「열심히」 산다고 생각한다. 사실 그러하다. 그러나 이 「열심」이란 사실 자기가 갖는 태생적 능력을 최대로 발휘할 만큼의 열심에 미치지 못하는 경우가 95% 이상으로 보인다. 95% 이상 사람이 열심히 산다고 하나 그 열심 정도는 자기가 갖는 「에너지(=열정적 집중과 몰입의 힘)」의 절반 정도만 발휘하고서 자신은 열심히 하였다고 스스로 평가하거나 느끼는 것으로 보인다. 사실 그렇게 사는 것은 열심히 사는 경우로 분류할 수 있다. 그런데 천재나 영재는 그것의 절반 정도의 에너지를 발휘하여도 일반인이 95% 이상을 사용한 것 이상의 효과를 얻는 것으로 보이나 보통의 사람이 그들에 미치기란 여간 쉽지 않다.

그러면 보통 사람이 자기의 능력을 최대한 발휘할 정도까지 에너지를 쏟으면 어떠한 일이 발생하는가. 이 최대한의 정도는 단순히 열심히 아니라 극한 상황까지 자신을 이끌어야 하며 최고의 집중과 몰입 상태로 최소 수 주간 또는 수 개월간 지속해야 하므로 인내심와 열정을 갖어야 한다. 이에 이르게 되면 "아, 내가 정말 열심히 하고 있구나"라는 생각이 스스로 들게 되며 이때 타인이 아닌 자기가 자신에게 신뢰를 보내는데 이 신뢰감에서 순수하고 진정한 「자신감」이 나온다. 그러므로 실제의 자신감이란 자기가 진짜로 오랜 기간 열심히 단련하고 집중과 인내로 노력한 상태에서 자기가 자기에게 말하는 일종의 암시, 직감이나 영감을 통해 얻은 감정이라고 할 수 있다. 이런 자신감을 대부분의 사람이 알지 못하거나 체험을 하지 못하고 있다.

단기간의 자신감을 얻는 예를 들어보자. 난이도가 약간 높은(중상 정도) 시험을 준비하는 수험생이라 하자. 보통 수험생의 약 50% 정도는 대충 공부하는 사람으로 실제 시험을 치르면 40점 미만이다. 그리고 30% 정도는 열심히 공부한 사람이며 시험을 통과한다. 15% 정도는 조금 더 집중한 사람들이다. 전체의 약 5% 이내는 매우 열심히 공부한 사람이거나 천재나 영재가 이 집단에 속한다. 5% 이내 사람은 시험에 능숙한 자신감이 가득한 사람들이다. 사회에 나가서 이들은 리더(leader)가 되며 상위 5% 정도이며 이들이 정보, 관리 및 결정을 독점한다. 가장 최상위 사람은 모집단의 0.1% 이내로 보이고 극히 일부가 태생적 자신감 위에 자신의 노력으로 해당 분야 리더로 기여하는 것으로 보인다. 설명하고 싶은 점은 열심히가 아닌 매우 열심히보다 더 열심히 (자신에게 솔직하게) 극단으로 열심히 해야 자신감에 도달할 수 있다. 이 극단의 열심에 이르러야 진정한 자신감이 생기며 하늘로부터 영감이 올 수 있다.

5% 범위 내에 들지 못하는 이유는 대부분이 자기 관리의 게으름(자기 통제력 및 관찰력 부족이나 상실), 목표감과 자신감 상실이다. 주변 사람과의 관계, 시간 관리, 산만한 생각, 과거 경험 등이 자신감을 갖지 못하도록 방해하며 집중력을 저하시킨다. 내 경험으로 보면 이들 요소 중 자기를 통제하지 못하는 게으름과 심리적 불안이 주된 요인으로 보인다.

보통 사람[538]이 갑자기 대단한 천재나 영재가 될 수 없으나 보통 사람이 자신감을 갖기 위해서는 자신이 갖는 에너지를 집중하여 높은 수준까지 끌려 올려야 진짜로 열심인 것이며 이때 진정한 자신감을 얻는다. 예컨대 시험장에 들어가기 전 시험 문제가 어떤 것이 나올지 마음이 설레며 또 시험 문제를 넉넉히 풀어 갈 자신감도 생긴다는 것이다. 노력 없는 천재나 영재는 자신감을 갖지 못하며 성취하지 못한다. 보통 사람의 경우 평범한 모집단의 1% 범위에 들어가기 어렵지 않다.

대부분 열심히 하면 1% 범위에 들어가 자신의 역량을 충분히 기여하며 훌륭하게 살 수 있다. 더욱 열심히 하면 0.1% 안으로 들어 가며 자신에게 감사하는 맘이 절로 든다.

그러나, 살면서 매사에 에너지를 높은 정도로 발휘하기 쉽지 않고 또 그럴 필요 없다.

---

538 왜 보통 사람의 능력이 천재나 영재처럼 자신의 능력이 발휘되지 못하는지에 관한 본질적 의문이 있는데 이는 유전자 결정이나 영유아 때의 발육 상태 등 환경 제약 요인에 따른 것으로 보인다. 내 자신이 이 문제를 내게 적용하여 해결해 보려 하였는데 아직 정확한 방법론을 확립하지 못하고 있다. 다만 내 의식력에 무엇인가 희미한 막이 가린 듯한 불투명성이 있어 이를 걷어내기가 쉽지 않다. 매우 특별하고 명쾌한 통찰력이나 직관으로 문제의 핵심을 빨리 찾지 못하는 내 언어 구조, 인식 방법 등의 문제보다 타고난 의식의 불투명성이 주된 이유로 보인다.

중요한 때 또는 기회에 자신감을 갖고 중요한 과제를 해결할 때 인생에서 한 번쯤은 열심의 경지까지 힘써 자신에 대한 신뢰를 갖도록 해야 할 것이다. 선택의 문제인데 대충 인생을 살면 반드시 그 결과가 대충의 열매를 맺게 된다. 죽음에 이르는 정도의 열심에 이르더라도 죽지 않으며 즐겁고 아름다운 결과를 얻게 된다. 그리고 자신에게 고마움을 느끼게 된다. '하늘은 스스로 돕는 자를 돕는다'라고 하였다. 실제 고도의 집중이 그리 많지 않다는데 결정적인 핵심이 숨어 있다. 앞에서 지적했듯이 이런 경험적 요령을 많은 사람이 경험하지 못했거나 이 수준의 요령을 알지 못하는 경우가 많다.

자신감을 갖는 일에 있어서, 부정한 일이나 거짓된 일은 되레 자신감을 잃거나 얻지 못하도록 방해하거나 심각한 부작용을 동반한다. 자신에 대한 순수한 믿음에 의지하는 일이 중요하며 특히 하나님께 기도로 도움을 얻으면 특별한 섭리가 작용한다. 기도는 나의 능력을 선하게 드러낼 수 있고 배가시키는 방법이다. 나의 뜻이 순수하고 옳은 일인 경우 하나님은 자신감을 더욱 주신다. 혹 기도가 기복적 신앙일 수 있으나 선한 나의 기도는 기복적이 아니다. 우리가 선한 뜻을 원하듯 하나님께서 우리에게 크고 놀라운 복을 주시길 원하신다.

앞에서 설명했듯이 자신감을 잘못 사용하면 자랑이 되며 이는 결국 부작용을 유발한다. 많은 정치인, 권력자, 지식인, 경제인, 재력가, 천재, 운이 갑자기 따른 사람 등이 스스로 자신감을 과용하여(이런 경우 잔재주나 잔머리를 쓴다) 결국 넘어지고 자신과 주변 사람에게 과오를 낳는다. 스스로 자신감을 얻되 자랑치 말며 옳은 생활로 나아감이 더욱 중요하다. 성경에 자신감을 잘못 사용한 사람이 구약 에스더서에 나오는 페르시아 아하수에로 왕에 최고 신임받은 장관인 영특한 「하만」이었다. 반면 폐위된 왕비 「에스더」는 금식기도로 죽으면 죽으리라는 자신감을 얻고 왕에게 담대하게 나아가 왕을 설득하여 이스라엘 민족을 구하였다. 헛되고 거짓된 자신감 그리고 없는 자신감은 스스로 기만하는 것이며 타인을 속이는 일이며 결국은 드러나고 망한다.

욕심을 위해 자신감을 발휘하는 것은 바람직해 보이지 않는다. 오늘날 욕심을 위한 과도한 자신감을 키우는 일이 매우 많다. 하나님께서는 특별한 천재와 영재가 아니더라도 태어날 때부터 살 수 있는 기본 능력을 주시었으며 자연으로 하여금 우리 인생에 먹을 것과 입을 것을 이미 그리고 충분히 주셨다. 하나님이 주신 능력(달란트, talent)을 묻어 두지 말고 열심히 관리해야 한다. 헛된 욕심을 위한 자신감을 사용할 필요가 없어 보인다. 그리고 대부분 자신감을 억지로 만들어 갈 이유가 없다.

평상의 삶 역시 하나님께서 우리에게 허락한 삶이기에 내게 주신 정도로 살아감도 이치이고 이를 평생 감사해야 한다. 사람의 평범한 실존은 하나님께서 만드신 자연의 이치이다. 자신감을 너무 사용하는 삶은 실존이 아니며 과용이 될 수 있다. 오늘날 많은 사람이 최고가 되어야 한다는 생각 등 높은 이상과 목표를 세워 고경쟁에 빠져 자신을 학대하는 자신감을 사용하고 있는지 살피면 스스로 불행한 삶을 살고 있는 것이라는 생각이 든다. 나이에 맞는 때를 따라 순종하고 때를 따라 자신감을 갖도록 기도하고 열심을 다 하면 충분히 사는 것이 세상 이치이다. 자연의 이치에 순종하며 의를 위해 살라는 예수님의 설명은 이러하다.

그러므로 내가 너희에게 이르노니 목숨을 위하여 무엇을 위하여 무엇을 먹을까 무엇을 마실까 몸을 위하여 무엇을 입을까 염려하지 말라. 목숨이 음식보다 중하지 아니하며 몸이 의복보다 중하지 아니하냐. 공중의 새를 보라 심지도 않고 거두지도 않고 창고에 모아들이지도 아니하되 너희 천부(天父)께서 기르시나니 너희는 이것들보다 귀하지 아니하냐 (마태복음 6:25-26).

끝으로 자신감을 얻기 위해 최선을 다할 때 필요한 요령은 앞에서 설명한 「집중과 몰입하는 에너지」이다. 이 실행력은 단기간에 많은 능률을 올리는 방법이며 또 이러할 때 더욱 자신감을 항상 동반한다. 건강한 몸, 체력, 시간 또는 작업량 분배 등을 살펴보는 것이 좋다. 집중은 암기력을 향상시키고 속도를 배가시킨다. 내 경우 뛰어난 지성이 없고 기억력이 약해 「집중과 몰입하는 에너지」 투입 방법을 몇 차례 사용하여 자신감을 얻을 수 있었다. 열심과 인내 없는 자신감은 결과가 없을 것이며 태생적 자신감만은 허세요 게으름이며 자신과 타인에게 무용하기 쉽다. 살면서 최선을 다 했을 때 실패하면 상심할 수 있으나 최선을 다할 때 얻은 많은 생각과 경험은 결코 사라지지 않으며 성실성과 통찰력과 겸손함 등으로 사람을 성숙하게 만들어 그 결과는 반드시 보상을 받는다. 열심히 삶으로써 얻는 성실하고 정직한 자신감은 여러 형상으로 항상 아름다운 열매 맺는다. 그럼으로써 이웃에게 열매를 줄 수 있고 더불어 감사가 넘친다.

8-6. 형상공학

유학을 다녀온 다음 해인 1997년 우리나라의 외환 사정이 악화되어 IMF 구제 금융을 받게 되자 국내 경기의 경직과 미래 불투명으로 대부분 회사가 긴축 경영과 인력 감축에 들어갔다. 다니던 토지공사도 그러했다. 잘 다니던 회사에 1997년 말 사표를 제출하자 회사에 남을 것을 회사로부터 권유 받던 중 생각 후 1998년 여름 다시 사표를 제출하고 42세에 명예퇴직을 하게 되었다.

퇴직한 동기는 약한 몸으로 일을 감당하는 것 그리고 승진을 할수록 받을 스트레스가 주된 이유였다. 퇴직 후 피곤이 덜한 단순한 일을 하고 싶은 욕망도 있었다. 회사에 익힌 전문분야는 부동산 매입과 판매, 신시가지 개발사업지 선정과 투자타당성, 도시계획 또는 단지설계, 조경설계 및 시공, 직원 교육, 단지 설계 기술 연구였다. 대학 전공 이외 많은 전문지식을 새로 익혀야 하는 집중력과 업무 강도로 스트레스를 받았으나 18년 간 재직 시 얻은 것은 참으로 귀한 경험과 감사들이다. 여러 분야의 경험과 기술을 선배들로부터 배우고 익힌 것이 평생 큰 자산이 되었음을 대단히 감사히 여기며 열정적이었던 직장 동료와 선배에게도 감사하는 마음을 잊지 않고 있다.

25세에 한국토지공사에 입사하여 근무하는 동안 얻은 삶의 경험은, 주어진 과제에 충실하고 열심히 하면 실력을 쌓고 인정받고 그 대가로 살아간다는 이치였다. 퇴직 후에도 새로운 과제가 무엇이라 하더라도 동일한 원리에 따라 살면 되겠다는 신념을 갖고 퇴직하였다. 현실은 신념 이외 현실적 장벽을 넘어야 할 여러 방법을 요구하기 마련인데 막상 퇴직하는 당일 육중한 회사 문을 나서면서 내게 가볍게 부는 여름 바람이 가슴을 써늘케 하며 홀로 세상에 서 있는 직감을 불러일으켰다.

예연이가 초등학교 1학년이고 예준이가 세 살이라서 교육과 생계를 이끌어야 하는 대책이 있어야 했는데 전공을 기반으로 하는 새로운 직장의 일을 하지 못하고 대학 겸임교수, 부동산 업무, 은행 이자 등으로 생계를 다시 꾸렸으나 나만의 사업이 무엇인가 생각 중 특허 사업을 하게 된 경험 몇 가지를 소개하고자 한다. 사업을 하기 위해 특수 유리 공장을 운영하는 고등학교 친구에게 조언을 구하니 특허 사업을 하지 말라는 의견이 있었으나 구체적 어려움에 대한 현실 감각이 부족한 채 특허 연구와 사업을 시작하게 되었으나 성공한 사업이 아니고 일종의 도전에 머물렀던 사업이야기이다.

2000년 봄 예연이와 예준이를 자전거 앞뒤에 태우고 동네 건널목에 돌출한 보차경

계석에 자전거 바퀴가 걸려 넘어져 왼쪽 무릎에 큰 상처를 입게 되었는데 이것이 계기가 되어 횡단보도 구조에 관한 발명특허를 창안하게 되었다. 인터넷으로 영국 등 국내외 발명특허 내용을 살펴본 후 조립식 경사로에 관한 국내 발명특허를 얻게 되어 이를 국내 신시가지에 적용하여 수입을 얻었다. 이 조립경사로의 특징은 몇 가지 블록을 조립하여 미관을 증진시키고 보행자의 편의성을 증진시키는 물품인데 공장에서 기계식으로 대량생산하기에 부적합하여 결국 화강석재를 가공하는 방법으로 제품화하여 해외에 주문생산으로 판매하였다.

< 사진 8-6-1 > 조립식 경사로

사업을 위해 산업계에 직접 뛰어드는 일이란 기존 사업자들과 경쟁을 하는 것을 말하며 이에는 자금과 기술과 사업 개념이 필요하다. 내 경우 사업 아이템을 발명 특허화하였으나 공장을 차릴만한 충분한 여력이 없었다. 경쟁력을 위해 우선 아이템을 특허화하는 과정을 연구해 보니 어렵지 않게 새로운 점을 찾을 수 있었다. 물품은 싸게 만들거나 동일한 가격이라도 기존 것보다 성능이 우수해야 된다는 점이다. 혹은 비싸더라도 살 수밖에 없는 물품을 만들면 경쟁력을 갖출 수 있다.

싸고 성능이 우수한 제품을 만들기는 쉽지 않은데 이는 모든 사람의 생각이 유사하고 돈을 벌기 위해 부단한 생각을 하기에 그런 제품을 구상하여 제품화하기 쉽지 않다. 요즘은 국제적으로 동일한 제품이 있는지를 검색하면 1개월 이내 유사 제품을 거의 찾아 낼 수 있다. 내 경우 「형상(形像)」으로 특허화하는 방법에 치중하였다. 이런 발상으로 4가지 발명특허를 득하였다.

디자인 분야에서 「형상」이란 3차원의 공학적 성능을 갖춘 모양이다. 세상에 존재하는 물체의 형상은 존재 목적이나 기능에 따른 모양새를 갖는다. “Form follows function(형태는 기능에 따른다)"[539]이란 명제가 있으나 창세기 1장 26절에 하나님께서 사람을 하나님의 형상(image)을 따라 모양(likeness)대로 만드셨다고 하였다. 사람의 외양이 하나님의 형상과 모양대로 만들어졌다기 보다 사람의 성품인 영혼 즉 인격의 특징을 주로 설명한 것일 것이나 하늘나라에 있는 것을 살피면 실제 모양도 하늘의 것들과 그 형상이 다를 바 없다는 것을 알 수 있다. 즉 성경 다니엘, 요한계시록 등에 하늘나라에도 사람 같은 형상을 가진 원형을 보았음을 기록하였는데 지상에 존재하는 형상의 원형은 3차원과 시간에 따른 모습을 갖춘 것으로 파악된다.

사람의 영혼이 제대로 작동(기능)하기 위한 사람의 형상은 기능에 따라 머리와 몸통과 사지(四肢)를 갖고 가장 중요한 미세 기관은 유전자인 DNA(de-oxy-ribose[540] 핵산)이다. DNA의 구조는 네 가지 고분자 단백질(염기: A, G, T, C)로 구성된「두 줄이 꼬인 나선 형상」을 갖는다. 실이 꼬인 형상이 많으나 DNA가 이런 형상을 하고 그곳에 네 가지 서로 다른 요소들이 알알히 박여 유전 물질을 복사하는지 누가 상상이나 하였을까 혹은 왜 이런 형상이 이어야 하는지 아직 이에 대한 형상 연구가 되어 있지 않다. 직선이어도 될 듯한데「꼬인 나선 형상」을 갖추었다는데 그 신비가 있다, 즉 자연물의 모든「형상」에도 신비와 법칙이 있다. DNA의 형상은 3차원적이면서 활성화된 물질-시간의 개념을 갖는다. 시간에 따라 3차원 형상이 움직이도록 설계되어 있는 구조이다. 형상의 구조와 기능이 놀랍게 간단하면서 신비한 생화학 작용을 한다.

생산은 특허와 완전히 다른 분야이므로 콘크리트 및 석재 등 재료학을 새로이 공부하고 또 제작하기 위한 공장 설립 및 제조기술에 관한 기초적 실무를 홀로 연구하였으나 생산 시설투자 및 제작 실험 기간 등 초기 비용과 시간 과다 등의 이유로 공장을 설립하지 않고 결국 국내외 공장에 주문 생산하여 판매하였다. 현대는 물품을 대량생산 방법을 통해 원가 절감과 매출량을 극대화하여 사업을 하기에 생산 방법에 대한 연구와 대규모 투자 없이는 경쟁에서 살아 남기 쉽지 않으며 특별한 예술적 가치를 생산하는 소규모 기업이 아니라면 구멍가게 수준으로 생계 유지밖에 할 수 없다. 내 경우 투자비 부족 등으로 기존 공장과 협력 과정을 통해 사업을 시작하였다.

두 번째 발명특허로써, 바닥 포장재의 디자인 특성의 문제인 획일적 디자인을 개선하기 위해 한 개 블록으로 다양한 디자인이 가능한 방법도 창안했다. 기하학 문양을 쉽게 제공하는 다형상블록이었다. 이 다형상블록의 형상은 4각형이다. 보통의 블록이 직사각형으로 포장할 경우 블록의 색상과 질감만으로 디자인의 다양성을 나타내는

539 미국 건축가 루이스 설리반(1856-1924)이 정의하였다.

540 단당류인 5탄당의 리보스(ribose) 당에서 산소원자 하나가 빠진 형태를 갖는다는 뜻이다.

한계를 극복하고자 직각이 아닌 특정한 내각을 갖춘 사각형 블록의 형상을 찾아 조합 방식에 따라 여러 문양을 얻을 수 있도록 한 것이다. 이 다형상 블록을 서로 연결 조립하거나 기존의 직사각형의 블록과 조립하는 방법에 따라 포장의 패턴이 수천 가지로 변하는 것을 특징으로 한다.

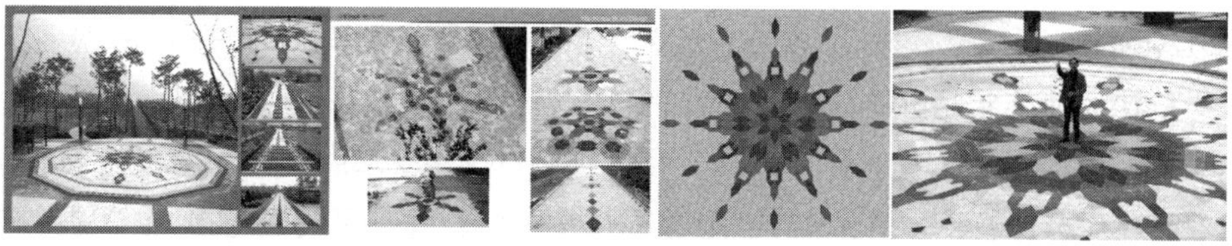

< 사진 8-6-2> 다형상블록에 의한 포장 시공 사례 (신도시 내)

세 번째 발명특허 역시 보도블록의 투수성에 관한 사항인데 빗물이 보도블록에 의해 차단되어 지하로 흡수되지 않는 문제를 친환경 또는 생태적으로 개선하기 위한 것이다. 기존 투수 콘크리트 문제는 미세한 공극 속으로 빗물과 함께 미세먼지가 들어가 막혀 결국 수개월 동안만 투수 효과가 지속되고 그 후는 투수가 되지 않는 문제점 때문에 투수의 지속성이 없게 된다. 즉 막히기 않는 투수블록을 창안할 필요성이 있게 되었다.

이 문제를 해결하기 위해서 화강석, 목재, 고무, 콘크리트 등으로 만든 블록에 빗물이 통과하며 빗물에 포함된 미세먼지까지 자유롭게 빠져나가 막히지 않도록 블록의 상하면에 골(groove)과 구멍을 간단하고 쉽게 형성하고 이 골과 구멍을 통해 빗물과 먼지들이 항상 지중으로 투수되는 것을 특징으로 하는 발명특허를 획득하게 되었다.

< 사진 8-6-3 > 투수 화강석블록 (세종시 시공 현장)

(앞에서 설명한 바대로 집중과 몰입의 에너지를 투입하면) 특허를 얻기는 어렵지 않으나 이를 사업화하는 일이 어렵다. 사업하면서 겪은 일은 특허를 이용한 이익을 자신의 것으로 여기고 타인의 권리를 사용한 대가를 약정에 따라 갚으려는 사람이 별

로 없다는 것이다. 일단은 타인에 의지하여 이익을 얻게 되면 양심과 약속에 반하여 은혜를 갚지 않는 일이 대부분이다. 우리 가족은 타인의 은혜를 꼭 갚도록 해야 할 것이다. 성실하고 양심적인 사람은 결코 재물이 없어 죽는 일이 없는 것이 이치이다.

보통 특허를 창안하는 방법은 특별한 장치를 추가하는 방식이거나 비용이 높은 특수한 장치로 개선하는 방법을 많이 사용한다. 내게 이런 방식으로 특허를 내는 경우 고비용의 문제가 발생하여 고가인 새로운 발명품을 팔 수 있는 확률이 희박하고 직접 공장을 차려 사업을 할만한 여건을 갖추기 어렵기에 형상으로 기존 제품의 문제점을 개선하거나 효율성을 증진시키는 방법을 사용하였다. 즉 물품에 형상적 새 개념의 기술을 사용하였다. 한번은 특허청 심사관이 너무 간단한 개념의 획기적 형상에 대하여 이를 인정하지 않으려는 주관 때문에 직접 만나 설득하여 발명특허를 얻었다.

이들 외에 발상의 전환으로 특허가 가능한 종목이 여럿이 있으나 나이와 성격과 기질, 자금, 시기의 적정성 등으로 보아 사업은 더이상 하지 않기로 하였다. 도전보다 안정이 더 중요했다. 특허를 사업화하기 위해서는 물품 생산하는 공장이 필수적이라서 진입이 쉽지 않았다. 엄청난 특허는 막대한 자본을 가진 기존의 사업체가 이를 탐하여 여러 가지 방법을 동원하여 특허를 침해하여 소송을 제기하여 특허를 빼앗거나 무력화하려는 산업 범죄를 저지르는 사례도 있다는 것이다. 이외에도 새로운 종목으로 새로이 시장에 진입하려는 데는 자본 이외에 여러 노력 그리고 최소 2년 정도 소요되는 어려움과 기존 업체의 높은 장벽을 감내할 수 있어야 한다.

퇴직하여 닥친 위기를 기회로 삼아 생계를 유지하였으니 이는 하나님의 전적 은혜이고 감사이다. 그런데 인생의 진짜 특허사업은 무엇인가. 그것은 하늘로부터 오는 복의 근원은 하나님이며 하나님께서 주시는 영감과 계시와 믿음이며 그로부터 얻는 정직과 성실과 인내로 삶을 짓는 사업이다. 앞에서 주로 우리에게 주신 기본적 노력과 인내에 대하여 설명하였으나 이와 다른 구체적 경험을 생략하나, 살면서 3회 정도 하나님께서 주시는 자신감을 경험한 적이 있는데 이는 내 노력에 의한 자신감이 아니라 하나님께서 평안한 마음을 주시고 순탄하게 이끄실 것이라는 영감과 자신감을 주셔 나의 노력이 배가 되어 스트레스 없이 집중하여 목표를 이룬 적이 있었다. 이는 신비주의가 아니요 부족한 사람을 위해 하나님께서 주시는 힘과 인도이다.

여호와를 경외함이 곧 지혜의 근본이라 그 계명을 지키는 자는 다 좋은 지각이 있나니 여호와를 찬송함이 영원히 있으리라 (시편 111:10).

8-7. 위기와 복

부모 세대도 태어날 때부터 어찌할 수 없는 나라 잃은 고통, 전쟁, 가난, 질병과 무지 속에 태어났고 나 역시 부모가 물려준 이들을 극복해야 하는 세대로 태어났다. 특히 가난은 질병과 무지를 유발하고 고통과 인내를 요구하였다. 가난은 짧은 시간에 극복할 수 있는 것도 아니어서 수십 년 정도의 오랜 인내를 요구한다.

다행히 유전병이나 큰 질병이 가족 중에 없었으니 가난과 무지의 탈피가 주된 목표였다. 기억력이 약한 나로서 공부는 일종의 고통을 수반하는 일과였는데 억지 공부가 늘 힘들었다. 그렇다고 노동(몸)으로 돈 벌 생각을 못한 나로서 기술을 익히고자 공업고등학교를 진학하려 하였는데 공업고등학교를 방문하고 학교 분위기에 실망한 나로서 인문계 고등학교에 진학하면서 머리 고생을 하게 되었다.

가끔 회고하길 공업고등학교에 들어가 기능과 기술을 배웠다면 머리 고생을 적게 하고 머리는 좀 편히 살았을 텐데 하는 생각을 하곤 한다. 내 나이 15세 때 느낌으로 결정한 내 진로가 이리도 아주 다른 삶을 살게 될 줄 몰랐다. 왜 하필 가장 컴컴하고 지저분한 요업학과 교실을 열어 보았는지는 모르겠다. 아마도 밝고 깨끗한 교실을 보았다면 공업고등학교에 입학했다면 내 현재의 삶이 전혀 다랐을 것이다.

삶의 갈림길에서 선택은 중요하나 생사를 겪은 여러 번의 위기가 있었다. 유년 시절 차량에 치일 뻔한 일, 낭떠러지에의 추락, 한강에서 수영하다 간신히 탈출한 일, 대학 시절 철원 한탄강에서 미역 감다가 미끄러져 급류에 휩쓸린 일과 대학 교련 시간에 친구가 공이치기가 없는 실탄이 장전된 M1 소총으로 장난삼아 1m 앞에서 나를 쏘았는데 불발된 일, 결혼 초 88올림픽고속도로에서 운전할 때 차량의 발전기 고장으로 차량이 수평으로 180도를 돌았으나 한강으로 추락하지 않은 일 등이다.

엄마는 나를 기도로 낳은 것으로 안다. 다섯 딸만 있는 집안에 막둥이 아들을 선물로 주신 것임이 틀림없다. 그러니 엄마는 유독 나에게 깊은 애착과 보살핌을 주었고 그로 인해 엄마에게서 사랑을 느끼나 정신적으로 자유로워지길 원하였다. 엄마의 나에 대한 이러한 관계로 나 역시 일종의 연대감이나 동질감을 느끼고 살았던 것 같다. 숨을 다하기까지 끊임없이 자식을 위해 기도하셨다. 엄마는 자면서 찬송가와 기도를 하곤 하여 가끔 엄마에게 그만 밤이 깊었으니 주무시라고 한 적도 있다.

나의 정신적 방황은 멀리 이탈하지 못하고 항상 하나님 주위를 맴돌곤 하였다. 이러한 내 영적 상태를 잘 아는 엄마는 이 문제가 큰 고민이었을 것인데 이 문제는 20세 후반에 해결하여 엄마의 걱정을 많이 덜었을 것이나 부모의 자식 걱정은 끝이 없었을 것이다.

유년 시절부터 청년기까지 내 생명을 위협하는 사건이나 사고를 벗어난 배경에는 엄마의 기도로 하나님의 보호하심으로 해석된다. 이 보호하심 이외 나는 하나님께서 주신 생명체로서의 나 자신을 회고케 한다. 내 생명뿐이랴, 모든 생명체는 하나님의 사랑이요 선물이며 하나님의 신비한 은혜 안에서 유지되고 활동한다.

나같이 미련하고 가련한 생명을 평생 위기에서 보호하시고 이끄시며 구원하신 하나님께 감사하고 찬양하라, 그의 성호(聖號)을 높이어라!

참 생명과 진리와 복(福, blessing)의 시작, 근원, 원천은 하나님이시다(창세기 1:1, 1:28, 2:3 등). 사람은 복이 무엇이며 그 발원이 어디인지 모르기에 만물에, 자기 노력과 의지 그리고 사고의 합리성에, 권력에, 재물에, 학력에, 부모에 의지한다. 복의 근원을 모르는 사람은 항상 초조하고 갈급해 한다. 복 주시는 자에게 가서 그 영원한 복을 마시는 자는 갈급함이 없다. 복을 주신 이는 하나님이시요, 복을 거두시는 이도 하나님이시다. 복의 근원이 하나님이시기 때문이다.

하나님께서 아브라함에게 복을 주시고 또 아브라함을 통해서 타인에게도 복을 주시겠다고 하셨다 (창세기 12:2). 하나님의 이 복된 선언은 일상에서도 동일하여 복을 받는 자를 통해서 복을 얻게 되므로 우리는 하나님으로부터 복을 받아 주변 사람에게 나누는 것이다. "*나 여호와 너의 하나님은 질투하는 하나님인즉 나를 미워하는 자의 죄를 갚되, 아비로부터 아들에게로 삼 사대까지 이르게 하거니와, 나를 사랑하고 내 계명을 지키는 자에게는 천대까지 은혜를 베푸느니라* (출애굽기 20:5-6)". 이 말씀은 종종 엄마가 흩틀어진 내게 경고로 주던 말씀이다.

이러한 하나님 스스로의 약속에 따라, 엄마에게 내린 복을 나에게까지 복의 혜택 즉 은혜를 주신 것이다. 우리의 생명과 삶은 하나님이 주신 복과 은혜의 연장선 상에 있다. 복의 근원은 돈이 아니며 지식과 권력도 아니고 건강도 아니다. 평강의 하나님이시다. 하나님을 믿는 사람은 정직하며 성실한 마음을 갖도록 하기에 당연히 건강한 삶을 살도록 하고 복을 누린다.

< 시편 제1권 1장 >

복 있는 사람은
악인들의 꾀를 따르지 아니하며
죄인들의 길에 서지 아니하며
오만한 자들의 자리에 앉지 아니하고
오직 여호와의 율법을 즐거워하며
그의 율법을 주야로 묵상하는도다.

그는 시냇가에 심은 나무가 철을 따라 열매를 맺으며
그 잎사귀가 마르지 아니함 같으니
그가 하는 모든 일에 다 형통하리로다.

악인들은 그렇지 아니함이여
오직 바람에 나는 겨와 같도다.

그러므로 악인들은 심판을 견디지 못하며
죄인들이 의인들의 모임에 들지 못하리로다.
무릇 의인들의 길은 여호와께서 인정하시나
악인들의 길은 망하리로다.

< 찬송가 1장: 만복의 근원 하나님 >

Praise God From Whom all Blessing Flow
(T. Ken 1692년 작사, Genevan Psalter, L. Bourgeois 1551년 작곡)

만복의 근원 하나님 온 백성 찬송 드리고
저 천사여 찬송하세 찬송 성부 성자 성령. 아멘.
Praise God from whom all blessing flow; Praise Him, all creatures here below;
Praise Him above, ye heavenly host; Praise Father, Son, and Holy Ghost. Amen.

< 찬송가 28장: 복의 근원 강림하사 >

Come, Thou Fount of Every Blessing
(R. Robinson 1758년 작사, J. Wyeth 1813년 작곡)
복의 근원 강림하사 찬송하게 하소서
한량없이 자비하심 측량할 길 없도다.
천사들의 찬송가로 나를 가르치소서.
구속하신 그 사랑을 항상 찬송합니다.
Come, Thou Fount of every blessing, tune my heart to sing Thy grace;
Streams of mercy, never ceasing, Call for songs of loudest praise.
Teach me some melodious sonnet, sung by flaming tongues above;
Praise the mount! I'm fixed upon it, Mount of God's unchanging love.

주의 크신 도움 받아 이때까지 왔으니
이와 같이 천국에도 이르기를 바라네.
하나님의 품을 떠나 죄에 빠진 우리들
예수 구원하시려고 보혈 흘려주셨네. 아멘
Here I raise my Ebenezer; Hither by Thy help I'm come;
And I hope, by Thy good pleasure, Safely to arrive at home.
Jesus sought me when a stranger, wandering from the fold of God;
He, to rescue me from danger, Interposed His precious blood.

주의 귀한 은혜 받고 일생 빚진 자 되네.
주의 은혜 사슬 되사 나를 주께 매소서.
우리 맘은 연약하여 범죄하기 쉬우니
하나님이 받으시고 천국 인을 치소서. 아멘.
O to grace how great a debtor, Daily I'm constrained to be;
Let that grace now, like a fetter, Bind my wandering heart to Thee.
Prone to wander, Lord, I feel it, Prone to leave me God I love;
Here's my heart, O take and seal it, Seal it for Thy courts above. Amen.

성경 시편 기자가 설명하였듯이, 복의 근원은 사람의 지혜나 꾀에 있지 아니하고 하나님에게 있다. 하나님을 찾고 경외하는 자는 하나님께거 인도하시고 복을 주신다.

인생에서 가장 큰 복은 하나님을 아는 지혜이다. 세상과 육신에 사로잡히면, 재물과 건강과 권력을 얻었다 하더라도 갈급하며 욕심에 사로잡혀 욕심을 따라 행동하여 평안이 없고 초조가 따르나 하나님을 아는 자는 평강과 위로와 절제와 영원한 삶을 소망하며 영생의 큰 복을 받은 자이다. 하나님께서 인생을 위해 모든 것을 거져 주셨고 죽을 때 세상에 두고 떠나며 하늘나라에서 새로이 아름다운 것을 상으로 받는다.

엄마의 간증에 따르면, 평생 경제적으로 부요하게 해 달라고 기도하지 않았다고 했다. 저녁에 쌀독에 있는 한 톨의 쌀까지 모은 후 나무 도마를 쪼개어 불을 피워 저녁밥을 지어 먹으면 내일 아침밥 먹을 것이 없다고 하더라도 하나님께서는 평생 아침밥을 굶게 하지 않으셨다고 하였다. 위험과 고통에서 항상 보호·구원하시는 하나님이시라는 것이다. 이러한 엄마의 믿음 덕택으로 하나님께서 나에게까지 복을 듬뿍 주심에 틀림없다. 내 존재와 실존 상황에 항상 하나님이 간여하시었다. 이러한 관계는 내 생명의 근원이요 내 생명의 마지막까지의 관계임을 하나님께서 성경을 통해 사람과 논증하고 있다.

성경이 말하는 복은 세상에 살면서 정신적 물질적 풍요가 있다 하더라도, 진정 복 있는 자는 요한계시록 22장 7절에서 지적하는 바와 같이 '*예언의 말씀을 지키는 자*'라 하였다. 즉 하나님께서 주신 공개된 비밀의 말씀을 잘 읽고 지키는 자이다. 세상에 살면서 어려움이 많이 발생하나, 하나님 말씀에 평안과 위로가 있고 또 하나님의 말씀을 지키려는 감동과 의지가 동하여 삶을 정직과 인내로 이겨내고 지혜로운 영감과 통찰력을 얻으며 이 세상의 삶이 후회 없고 종국에는 하늘나라에서 영원히 사는 복을 얻게 된다. 엄마는 하늘나라 가기 팔 일 전 하나님께서 오라고 말씀하시고 우리들과 평안히 헤어졌다.

8-8. 신앙

본 절의 내용은 앞 여러 장에서 설명한 내용과 중복이 약간 있다. 초등학교 3학년 즈음 아버님은 내게 「인내(忍耐)」하고 살아야 한다고 한 가지 덕목을 주셨고 어머니는 평생 기독 신앙을 실천하는 모습을 내가 지켜야 할 덕목으로 남겼다. 신통치 않으나 이 두 덕목을 지키려 애를 쓴 것 같다. 신앙에 관한 개인적 체험을 드러내는 것은 바람직하지 않으나 개인적 간증과 생각에 속한 것쯤으로 소개한다. 하나님을 쉽게 믿는 사람이 있는가 하면 어려운 시련을 겪은 후 신앙을 갖는 경우도 있다. 내 경우 감사하게 심각한 시련은 없으나 특히 엄마의 영향으로 받고 성경을 합리적[541]으로 이해하려는 약 20년간의 기간을 소요했다. 긴 시간이 소요된 이유는 다양한 사상 중 어느 것이 더 합리적인지 따지고 또 주·객관적으로 비교하는 과정에서 많은 시간을 소모했고 특히 신비한 기독교 신앙을 객관적으로 이해하려는데 많은 시간이 소요됐기 때문이다.

20년 정도 다양한 사상을 접하고 헤매던 중 주관적 영적 각성(깨달음, 회심)으로 기독교 진리를 받아들였고, 또 다시 합리적 재인식의 단계를 거쳐 나름 객관적 신앙관을 정립하였다. 특히 철학과 불교 사상을 염두에 두고 기독 사상을 비교하였다. 나중 알고 보니 기독교는 사상이 아니었다. 나의 주관적 체험은 다른 장에서 부분적으로 묘사하였고 또 객관적 재인식 과정에서 이해한 내용을 다른 장에서 부분적으로 전개하였다. 아마도 이 책에서 정리한 글의 3/4 이상은 내가 나름 철저히 이해한 내용이고 약 1/4 정도는 용어의 어려움이나 높은 추상성 때문에 철저히 이해하지 못하고 신학적 원론이나 교리 및 성경을 인용한 내용이다.

물론 새롭게 신앙을 갖게 된 후에도 성경을 읽으며 항상 일어나는 새로운 의문이 쉽게 해결되지 않고 고민이 지속되고 성경의 내용을 깊이 오랫동안 묵상해야 하는 것도 많으니 미련한 내게 신앙이란 어려운 것이 확실하다. 또 충만한 성령의 이끄심이 없고 행동이 미진한 내 생활에서 비롯되는 것이 많기 때문이라 생각된다.

앞 여러 장에서 기독 핵심 사상을 두루 살폈으나 홀로 신앙 및 신학 서적을 또는 설교를 통해서 얻은 60여 년간 쌓은 지식을 요약한 것이 많다. 여기서는 별도로 내가 예수님을 믿는 이유에 대하여 설명하려 한다. 수백 권의 신학, 신앙 및 철학 서적을 읽었으나 내게 사람으로 말하면 부모님 외 첫 신학적 및 이론적 영향을 준 분은 중국 신앙가 와치만 니 목사님과, 그후 영국의 마틴 로이드 죤스 목사님, 미국 헨리 M. 모리스 토목공학 교수님, 미국 죤 M. 프레임 신학교수님 등이시다. 곁에서 신앙적으로 가장 영향을 많이 준 분은 엄마이며 교회에서는 황성수 목사님, 박재문 목사님이며 그 외 엄마 또래의 권사님과 교회의 신앙 선배님과 주일학교 선생님들이다. 이들은 나의 신앙의 바탕이 된, 나를 위해 기도하신 많은 분들이다.

엄마는 독립운동하신 외할아버지께서 평안북도 대도시 부호에 입양되어 자라던 중

541 합리 또는 논리라는 개념은 인문학적인 개념인데 신학 또는 성경에 이 개념을 적용할 수 없는 것은 하나님의 합리와 논리가 사람의 그것과 다르기 때문이다. 이런 이유로 사람의 합리와 논리로 하나님의 합리와 논리를 풀 수가 없다. 이 어려운 과정이 신앙이고 신학이 된다.

양어머니께서 철저한 실천 신앙을 갖게 되면서 엄마를 신앙으로 양육하였다는 것이다. 엄마 역시 또래의 신앙인처럼 삶 자체가 신앙으로 일관된 분이었다. 자면서도 찬송과 기도를 하였으니 상상이 가지 않을 정도로 하나님을 사모한 분이시다. 이런 분의 사고와 삶의 방식이 나와 매우 달랐는데 이는 삶 속에서 하나님을 체험하고 성경 말씀대로 순수한 신앙을 실천하고 성경을 통해 하나님을 알며 익힌 반면 나는 합리성과 논리성 그리고 세상의 학문과 상식으로 단련된 자아로 세상과 더불어 하나님을 통합적으로 이해하려 했기 때문이었다. 또 성장하면서 발현된 내 둔한 원론적 기질도 신앙을 갖기 어렵게 하였다.

예수님을 믿던 부모님에게서 태어나고 자라면서, 할 수 없이 기독 사상을 파악하면서 많은 방황을 거치게 되었다. 성경과 철학 및 타 종교 간의 차이점과 기독 사상의 핵심을 잘 모르겠으며 또 일상에서 예수를 믿는다는 일이 간단치 아니하였고 매우 귀찮은 육체적 수고와 정신적 갈등을 야기했다. 이 수고는 약 7세부터 28세까지 개략 20년 정도의 기간이었다. 그러니 예수를 믿는다는 일이 내게 간단치 않았다. 이 시기 후에도 구체적 기독 사상에 대한 의문이 없는 것이 아니었는데 대개 스스로 자문하는 기독교의 대명제들과 섭리와 은혜에 관한 묵상이나 논리적 추론 등이었다. 신학적 또는 신앙적 논점과 해야 할 새로운 과제들이 허다하다.[542] 이는 모든 사람에게도 흔한 일이며 죽기까지 알지 못할 것이며 또한 호기심도 그치지 않을 것이다. 이것들이 영적 묵상에 속한다.

유소년 기간 신앙의 모양과 틀에 따라 훈련 받은 나는 고등학교 및 대학 시절 6년간 세계적인 위인들과 성경에서 추려낸 핵심 덕목을 약 23가지[543]로 요약하여 실천하려고 노력하였다. 나이가 들어 나중에 안 일이지만 이 어려운 덕목 23가지를 지키는 일이 불가능하며 그 중 하나를 지키는 일도 불가능하다는 것을 알았다. 만일 사람이 지키겠다고 마음 먹은 후 한 가지 덕목을 지키려 애쓰다 보면 다른 덕목을 지킬 수 없다는 것이 사람인데 어찌 23가지 덕목을 지키겠다고 홀로 연구하고 애를 그토록 오랫동안 애쓰며 자신을 괴롭혔는지 스스로 많은 자유를 구속했는지 참으로 가련했다. 이런 고통으로 나는 자녀들에게 이 어려운 덕목을 지키라는 명목적 교육을 하지 않았다. 사상이 사람을 괴롭히고 자유를 침해한다는 점을 몸으로 검증했었다. 이런 이유로 이 책에서 설명한 사람이 해야 할 의무적 논점은 강조한 것에 지나지 않으며 강요

542 예컨대 예수님께서 의에 이르는 율법을 폐하셨는데 율법 대신 성령에 힘입어 하나님의 나라를 완성해야 할 신앙적 의무를 다 해야 하는 것 등이다.

543 孝, 正心, 集中, 善, 勤勉, 사랑, 決心, 義, 正食, 美, 正眠, 禮, 正姿, 正直, 節制, 沈着, 淸潔, 純潔, 中庸, 靜肅, 謙遜, 秩序, 對話. 소위 이런 것이 율법적이고 계율적인 삶이나 이런 유형이 사람을 건전하게 이끌 수 있으나 구원에 이르는 수단이나 방법론일 수 없다.

는 아니다. 사람은 스스로 완전해 질 수 없는 점을 역사가 증명하고 성경이 가르치고 있다.

즉 철학이나 사상은 자유를 동반하지 않는 진리라는 점을 젊었을 때 약간 느꼈는데 이의 원인을 정확히 깨닫지 못했다. 이러한 훈련의 부작용으로 왜 나는 그러한 덕목에 이르지 못하고 있는지 등 내 존재감을 잃고 심지어 우울증이 청소년 시기에 나를 상당히 압박하였다. 존재감 상실은 실존감 상실까지 동반하였으니 지금 회고하면 방황이 꽤 길었으나 부모님과 누나들은 전혀 눈치채지 못하였다. 다른 사람들에게 나와 유사한 경험이 흔히 있는 사실이나, 나의 지난 날의 영적 방황을 처음 밝히는 것이니 누나들이나 주변 사람도 이 내용을 알면 매우 놀랄 것이다. 이런 유형의 스스로 괴롭힘이 내 지성과 감성에 나쁜 영향을 주었다는 점을 늦게 알게 되었다. 실제 이런 심리적 불안감이 학업에 많은 영향을 주어 집중력이 매우 떨어져 있었고 심약해져 자신감이 충만하지 못하였으며 항상 철학적 또는 신학적 사색에 잠기곤 하였다. 대학 시절부터 실존주의 철학과 분석철학을 25세 정도까지 하고 회사에 입사 후는 정신 분석 관련 서적과 신앙 서적을 주로 읽었다.

선배가 소개한 신앙인의 책[544]을 통해 1986년 가을과 겨울에 집중적으로 기독 사상의 핵심을 파악했고 내가 세례를 받아야 한다고 생각한 때는 31세인 1987년 초로 그 해 4월 부활주일에 세례를 받았다. 그때 엄마의 나이는 70세였다. 아마도 엄마는 나보다 더 큰 감사와 기쁨이 있었을 것이다. 부모님의 신앙을 내가 이해하기까지 20년 이상이 흘렀으니 엄마는 내 신앙에 대하여 무척 근심이 많았을 것이다. 세례를 받은 후에도 엄마와 신앙적 신학적 견해에 약간의 차이가 있어 신학적 생각을 주고받곤 하였고 내가 엄마를 가끔 위로하거나 해석을 하곤 하였다.

예수 믿기 가장 힘든 경험적 이유를 설명하자면, 하나님을 「객관적」이고 「주관적」으로 동시에 인식되고 납득되어야 하나 이 두 과정을 사람 스스로 해결이 불가능하다는 점이다. 하나님을, 성경 없이, 객관적 이론이나 과학적으로 파악하기가 불가능하기에 인식으로만 믿음은 물론이요 신앙이 전혀 발생하지 않는다. 왜냐면 신이란 영적 존재이며 사람의 두뇌와 마음으로 구체적이고 특정의 영을 정확히 인식할 수 없기 때문이다. 신은 영적 존재인 반면 사람은 대체로 막연히 영적으로 신을 추정할 수 있으나 구체적 하나님의 존재를 증명하거나 설명할 수 없다. 또 사람이 사용하는 언어로 구체적으로 표현할 수 없는 존재이다.

544 워치만 니가 쓴 전집류의 여러 책이다.

이런 이유로 객관적 신은 찾을 수 없어 사람의 상상으로 만든 잡다한 신들을 무수히 만들고 이를 형상화하거나 이론화하여 사상이나 종교가 된다. 또 성경이 지적하듯 마귀가 또는 마귀가 만든 생각(사상)으로 하나님을 불신하도록 혼미케 하고 미혹에 빠지도록 한다. 성경이 요약한 설명을 빌면, 예수 믿는 믿음은 성령이 주시는 믿음(감동이나 통찰)과 체험 없이는 형성되지 않는다. 이 점은 일반인이 이해하지 못하는 기이한 일[545]이며 신학자들과 목사들도 설명을 하나 성령을 체험하는 못한 사람은 이해가 불가능하다. 성령의 실체를 체험하지 않은 신학적 또는 신앙적 설명은 수준이 매우 낮거나 가짜이거나 인용에 지나지 않는다. 성령의 인도가 없는 말과 글은 사람의 말이며 하나님을 설명하지 못하는 껍데기에 가깝다. 성경 말씀이 매우 중요한 이유가 삼위 하나님의 말씀이기에 그러하다. 예수님이 살던 당시의 출중한 학자인 바리새인, 사두개인, 제사장 거의 모든 사람이 가짜들이었다. 심지어 예수님과 함께 살던 그토록 경건한 세례 요한도 예수님의 정체성을 정확히 파악하지 못하였다. 오늘날도 유사한데 순수하지 못하고 혼탁하며 우리를 유혹하고 현란한 엉터리 오묘한 말과 행동은 예수님의 실체를 모르는 사람들의 특징이며 예수님을 전하는 것 같으나 자기의 생각을 섞어 파는 사람들이다.

사람은 객체 또는 실체를 언어로 질서있게 정확히 설명할 수 없다. 사람에게 독특한 「주관성」이 있기 때문이다. 이 점 때문에 과학자들은 수리를 이용하여 설명하나 이마저 충분히 완벽하지 않다. 따라서 사람마다 자신만의 주관적인 신관(神觀)을 갖는데 엄청난 천재가 갑자기 나타나 새로운 신관을 형성하고 이를 객관화 내지 체계화하기 전까지 대개 신화나, 전통의 신을 형상화하여 믿거나 나름(주관적으로) 각색하여 신앙을 유지한다. 조상신을 믿는 일이나 애니미즘(animism, 정령신앙)이나 토테미즘(totemism)을 파악해 보면 매우 오래 전 선조들이 형성한 다신사상의 유형이며 그 사상의 인식적 뿌리는 주관성에 있으며 시간이 지나면 문화 또는 전통이 변하기는 하지만 일정한 형식으로 보편화 되어 객관화된 양상을 띤다. 이 주관성이 매우 투명하게 객관화하는 과정은 어려우나 가족, 혈족이나 민족 단위로 전통과 관습에 의해 자연스럽게 신앙이나 신념으로 전승된다. 예컨대 그중 매혹적이고 합리성이 풍부한 불교는 많은 현자가 체계화한 사상으로 많은 사람이 이를 믿고 또 아직 수련하고 있다. 초기 불교부터의 사상을 깊게 살피면 신을 논하는 종교가 아니라 투명한 체계적 인식론이며 사상으로써 매우 엄밀하고 정교하게 객관화된 아름다운 인문사상이다. 이 역시 너무 어려운 주관적 경험적 교리와 이론으로 꽉 차있어 실천이 불가능한 사상이다. 실제 보편적이고 실제적 열반에 이르는 해탈이 불가능한 이론의 믿음으로 보

545 바람이 임의로 불매 네가 소리를 들어도 어디서 오며 어디로 가는지 알지 못하나니 성령으로 난 사람은 다 이러하니라 (요한복음 3:8). 이 말씀은 예수님께서 직접 설명한 내용이다.

인다. 이론 체계로 보면 불교는 인본의 귀납적이나 기독교는 정반대로 연역적이다.

기독 사상을 어려서부터 접했으나 객관성과 주관성 모두 받아 들여지지 않아 예수를 믿을 수 없었다. 종교적 사상으로 이해하고 습관적 종교 행위로 예배에 참석하곤 했다. 대학 시절 실존주의, 언어 철학과 현상학에 관심을 갖었던 나로서 사람의 인식 체계는 보는 시각과 틀인 패러다임에 따라 다른 것이라는 상대론과 다원주의로 결론을 내고 생업에 전념하였다. 이외 물리학, 정신분석학, 선(도가) 등에도 관심을 갖었다.

청년 시절 학문적 이론과 원리 또는 사상에 집착한 탓에 나의 감성을 알지 못한 채 지냈다. 나 자신을 자세히 알지 못했다. 직장을 다니고 사회를 접하고 대학원을 다니면서까지 사람의 종합적 인성에 대한 자세한 관찰과 체험이 부족한 나에게 획기적 사건이 있었다. 즉 나를 포함한 사람 보편의 객관적이고 본질적 속성이 무엇인지 모르고 지내다가 이를 파악할 수 있는 계기가 있었다. 워치만 니(1903-1972)의 「혼의 잠재력」을 읽던 중 그의 책에서 「십자가」의 의미를 재조명한 문장 속 설득으로 십자가의 의미를 집중 공부하게 되었다. 근 20년 동안 익히 듣던 예수님의 「십자가」의 진정한 의미를 내가 모르고 있다는 사실에 놀라 대체 십자가가 무슨 깊은 의미(connotive meaning)를 갖는 것인지에 집중하였다.

이 십자가의 의미를 해득하는데 대체로 1개월 이상 소요했음에도 파악이 쉽지 않았다. 그 이유는 그동안 보았던 실존주의 등 인문 서적에서 설명한 사람의 실존에 대한 깊은 이해와 체험이 부족했고 내 모습을 어렴풋이(정확히 실존의 개념을 이해하지 않고) 보아온 습성과 무지였기 때문이었다. 즉 인성의 요체인 지·정·의가 무엇이며 어떻게 작동하며 그 작동 결과가 현실에서 어떻게 나타나는지를 모르고 대충 파악하고 답답하게 살았다. 현상학 책을 보았으나 사상과 전통과 법칙에 따른 삶을 이해하고 있었다. 기독교가 설명하는 사람의 실존적 문제를 이해하지 못하고 살았다. 사실 이 점을 지적(知的)으로 그리고 경험적으로 많이 이해하였다 하더라도 실제로 십자가의 깊은 의미를 혼자 인식론적으로 파악하기는 불가능한 문제라는 것을 나중 알게 되었다. 왜냐하면 인식론, 존재론, 현상학, 실존주의, 언어학에서 사람의 실체를 정확히 규정한 교과서의 내용을 보면 하나님께서 사람에게 실제로 설명하는 영혼의 문제를 지적하지 못하고 현상 파악과 현상 제거에 애쓰고 있기 때문으로 보인다. 인식론, 존재론, 현상학, 실존주의, 언어철학 등은 사실 사람의 실존과 현상을 매우 사실적으로 설명하나 실제 기독교의 인간론에 미치지 못한다. 내가 이해하기로는 역으로 기독교의 인간론으로 이들 원인을 설명할 수 있다.

어쨌든 알지도 못한 이 문제 또는 명제를 파악하기 위해 소위 기도와 묵상 그리고 성경 해설에 집중하던 중 나 자신 참모습을 보게 되었다. 사람의 실존이 이토록 어렵고 엉망이고 허무하고 이상하고 왜곡된 이유가, 성경이 적시한 바대로, 사람의 죄성[546] 때문이라는 점을 깨닫게 되었다. 내 죄성을 잘 때 꿈에서 자극받아 깨닫게(현몽) 되었는데, 이는 하나님의 계시였다. 자기 집중에서 발현하여 저층 의식으로 표현된 된 꿈이 아니라, 자아의식(표층의식)이 해체된 상태인 꿈에서 나를 설득하기 위해, 자아의식이 작동하지 않는 시간에 성령께서 평시 내 지성으로 내가 볼 수 없고 알 수 없었던 뿌리 깊은 나의 죄성을 드러내어 숨어 있는 참 자아의 모습을 보게 하였다. 평소 내가 아닌 전혀 다른 비참한 내 모습을 약 1개월간 보며 자아를 깨닫게 되었다. 가정법을 써서 표현하자면 내가 죄를 짓지 않았다 하더라도 내 속에 죄와 악과 부조리와 허무와 죽음이 있음을 보게 되었다.[547] 내 행위의 죄악이나 죄행(sins)이 아닌 내 속에 박혀 있는 내 죄성(sin)과 악성(evil)을 보았다. 선험적으로 내 안에 선재한 죄악이 있다는 것을 알게 되었다.[548] 인성(人性) 안에 있는 근원적 죄악를 성경이 말하는 인간의 본성이요 인격임을 알게 되었다. 또 마치 저수지와 바다에는 물이 있으나 물을 보지 못하고 살았던 것이다. 내 안에 넘실거리고 죄악이 가득하였다. 퍼 낼 수 없는 죄의 물이 가득하였다.

나의 지·정·의를 압도하는 당시의 큰 충격을 통해 하나님의 거룩하심과 청결함과 완전하심이 무엇인지 알게 되었다. 평상의 의식으로 체험할 수 없는 성결과 거룩과 순수가 있음을 체험하게 되었다. 사람의 인식력을 하나로 통합하는 하나님의 권능이 있음과 사람의 지·성·의는 무력하고 보잘것 없는 것임을 깨닫게 되었다. 그리고 새로운 본질적 완전히 다른 실존과 마주하였다.

그 시간 「나」라는 독립된 인격이 완전히 해체되었고 존재할 수 없는 상태였다. 즉 나의 현존이 존재하지 않음을 알았다. 실존은 존재를 바탕으로 생명이 활동하면서 인격으로 나타나는데 존재가 해체되었으니 나라는 존재와 인격과 실존은 존재할 수 없기에 존재하지 아니했다. 나의 죄성이 너무 크고 완고하여 내가 판단했던 내 인격이 존재할 수 없었다. 내 비참한 모습에 내가 주장할 수 있는 생각과 논리는 불가능하였다. 또 나라는 모든 존재 자체가 정지였다.

---

546 제6장에서 다루길, 「죄」란 윤리적 차원을 넘어선 사람의 영·육·혼에 관한 본질에 관한 개념이다. 성경이 죄를 설명하나 성령을 통해 죄를 깨닫기 전까지 성경상 죄의 개념을 이해할 수 없다. 죄를 알면 성경의 깊은 뜻을 이해하며 세상이 보이며 인간의 모습과 사상과 역사를 이해할 수 있다. 죄를 통해 하나님의 생각을 이해하게 된다. 죄를 깨닫기 전까지 성경의 비밀과 신비 등을 이해하지 못한다.

547 우리가 세상의 영을 받지 아니하고 오직 하나님께로 온 영을 받았으니 (고린도전서 2:12)

548 시편 51:5에 "내가 죄악 중에 출생하였음이여 모친이 죄 중에 나를 잉태하였나이다"라고 다윗이 고백하였다.

예수님께서 진리를 알찌니 진리가 자유케 한다(요한복음 8:32)고 하셨다. 사람에게는 자유가 없다. 진리에서 자유가 발생한다는 것이다. 자유는 사람에게서 나오는 것이 아니다. 사람의 생각에서 나오는 것이다. 사람의 생각, 사람의 논리, 사람의 인격, 사람의 사상 등 사람에 속한 그 어떤 것으로부터 자유가 나오지 않는다. 사람의 모든 것이 부정되고 정지되어야 인격이 해체되고 사라져야 자유가 탄생한다. 사람 자체로부터 자유가 나올 수 없다. 사람이라는 존재가 부정되어야 진정한 진리가 그 자리를 들어와 진리가 자리 잡는다. 내 안에 자리잡은 진리가 나를 이해시켜야 진리를 알게 된다. 사람은 자신에 매인 존재에 머물러 있는 한 진리가 들어 올 수 없어 자유를 알지 못한다. 자신이 해체되고 사라진 후 그 자리에 진리가 찾아 들어와 그 진리가 자유케 하는 것이다. 이 점은 이론이 아니고 실제이다. 이를 찾기 위해 수많은 사람이 산으로 들로 자신을 싸매고 자신을 관찰하나 더욱 자신에 몰입하여 자신을 해체하지 못하고 자신에 꽁꽁 묶인, 자신의 거울을 보며 자신에서 진리를 찾고자 하나 결코 진리는 사람에게 들어 오지 못한다. 자신을 해체할수록 자유에 다가선다. 예수님께서는 진리를 위해 자신의 인격을 산산히 부정하고 해체하라고 하신다. 이데올로기가 아니고 성령에 힘입은 실천 신앙을 말하는 것이다.

내 존재가 해체된 이유로 나는 내 생명을 현실적 유지할 수 없었고 삶의 욕망은 물론 숨을 쉬는 것과 생각을 하는 것까지 모든 것이 끔직한 시간들이었다. 이 극단적 기간이 약 한 달이었던 같았는데 특히 홀로 있는 조용한 밤마다 지속되었다. 회사를 갔다와 저녁을 먹은 후 내 방에 들어가 나를 살피면 나는 존재할 수 없었다. 보통 실존(實存)의 아픔에서 오는 슬픔의 통곡이 있으나, 죄로부터 오는 통곡은 존재적 절망 즉 잃어버린 실존(失存)에서 온다. 그래서 내 생명을 거두어 달라고 몇 주간 간절히 기도하였다. 내 생명과 인격이 무의미했기 때문이다. 존재의 근원은 생명과 인격인데 내 존재와 인격이 상실된 실존(失存)과 더 나아가 없는 부존(不存)도 있음을 알게 되었다. 내 인격과 생명은 당연히 부정하지 아니하여도 당연히 부정되었다. 그럼에도 아직 할 수 없이 뻔뻔하게 살고 있고 하나님께 가느다란 감사와 찬양을 삶의 최고 목표를 두고 있으나 매우 심약하다.

윤리학, 종교학 등 인문학에서 인식과 실존 문제를 다루나 성경이 지적하는 문제는 사람 존재의 활동함은 물론 활동하지 않고 숨을 멈추고 있는 최저 밑바닥까지 다룬다. 죄를 이해하면 왜 모든 존재의 불안하고 삶의 왜곡을 이해할 수 있다. 개인적 생각과 체험으로, 죄를 깨닫는 방법은 절대적으로 성령의 도움이 필요하며 성경도 그러하다고 해설한다. 물론 이 내용은 기독교의 인간론을 살피면 충분하고 명확한 기술이 있으나 이론이 아닌 체험에서 나온 종합 서술이어서 개인적 체험이 중요하다.

1987년 초봄 성령이 주시는 강력하고 충만한 통합적 깨달음의 시간은 약 3개월간 지속이 되었고 약 1개월이 지난 후 성령이 내게 주시는 충만한 상태에 벗어나 내 자신을 돌아보는 성령으로부터 멀어진 일종의 실존적 의심 내지 반성의 시간을 가졌다. 지금 회고하면 스스로 성령의 충만함을 의심과 절제로 억제하고 마귀로부터 시험을 받았었다. 즉 성령의 이 놀라운 충만한 상태가 의학적으로 어떤 정신적 환상, 호르몬(도파민) 등 뇌신경계의 일시적 작용에 의한 것인지 나의 지성과 감성을 되돌아 보게 되었으나 평상의 내 논리적 사고 등에 대하여 문제가 없었고 현몽으로 깨달은 상태에서 깨어나 이 상태를 곱씹어 객관화할 필요가 있음을 알았다. 이후 이 개인적 사건을 약 10년 동안 객관화하는 방법을 주로 여러 신학 이론과 신앙의 체험을 기술한 서적으로 대조, 검증하였다.

당시 나는 회사 업무를 정상적으로 수행하였다. 평상의 지·정·의 상태 위에 성령이 충만한 상태였다. 보통 이렇게 사람이 변화되는 현상을 거듭난다거나 회심한다는 또는 중생한다는 표현을 사용하는데 나는 내 느낌으로 표현하면 내가 완연히 다른 사람이 된 상태로 느끼고 생활하였다. 사소한 예를 들면, 밥을 먹지 않아도 배고픔이 주는 허전함이나 부족함 등이 없었으며 매사 기쁨과 감사가 충만하였으니 내가 아닌 또 다른 내가 있었는데 이를 성령 충만이라고 정의하는 것이다. 이 상태는 행복감 또는 황홀감과 유사한 점이 있으나 많이 다르다. 표현하자면 평강과 순수가 충만하게 넘친 상태였다고 느낀다.

토요일 오전 아침을 먹고 거실 소파에서 하나님께 기도하고 있었다. 성령 충만 상태였던 나로서 이 충만함이 믿어지지 않아 태양을 가린 짙은 구름 속에서 태양을 보여 달라고 기도하였다. 그런 기도를 드린 지 약 1분 후 짙은 구름 속에서 햇살이 거실을 향해 드러나 나 자신도 놀라는 경험을 하기도 하였다.

3개월 정도의 성령 충만의 시간이 흐른 후 다른 의미 즉 십자가 즉 사람의 죄를 대신하여 죽으신 예수님의 대속 원리가 합리적 논리를 갖는 진리(명제)인지 그리고 이 진리를 깨달은 내 믿음이 내 것인지 또 하나님이 주신 믿음이 선험적 객관적 명제인지 나의 인식으로 의심을 따라 스스로 묵상하였다. 또 성령 하나님의 도움으로 내 안으로 들어온 믿음의 실체를 약 1년 정도 묵상을 하였다. 이는 일종의 성령을 의심하는 일이 아닌가 하는 두려움으로 묵상을 하였다. 묵상의 기간 동안 내가 받은 영적 충만함과 성령 하나님이 주신 은혜를 의심할 정도의 가장 낮은 단계까지 내려갔었다. 가장 낮은 단계의 의심이란 혹시 성령이 아닌 마귀가 나를 유혹하는 것이 아닌가 하는 논리적 생각까지도 해 보았다. 그때 나의 이런 의심에 하나님께 죄송한 마음이 들기도 하였다. 그러면서 내 안에 성령을 의심하는 근원적 악을 보았다. 성령을 의심하고 판단하려는 사고력을 동원하는 내 안의 잠재된 강력한 악한 영이 있음을 알게 되었다. 동시에 기독교의 근본적 여러 교리를 내게 적용하여 이해하였는데 실로 기독교의 근본 교리들은 매우 복잡하여 많은 생각을 해야 이해할 수 있었다.

어쨌든 나는 성령님이 주시는 충만한 감화와 충격이 왜 내게 작용하는 것인지 하나님께서 주신 「믿음」의 실체에 대한 단일 주제에 대한 연구를 약 10년간 지속하였다. 여러 신학 및 신앙 서적을 참조하며 내가 믿는 믿음과 하나님에 대한 개념을 재확인하고 믿음의 선배들이 남긴 체험과 고백을 내게 비추어 보았다. 이렇게 주관적이고 객관적으로 내가 믿는 믿음의 대상과 내가 믿는 인식 방법을 확인하여 주 예수 그리스도라는 개념을 믿음의 내용으로 공고히 받아들이게 되었다. 즉 주 예수 그리스도를 믿는 믿음의 체계는 내가 사고하여 이해한 것이 아닌 태초에 존재한 선험적인 것이며 이를 성령께서 깨닫게 하는 인식 체계임을 알게 되었다.

예컨대 불교에 다루는 탐·진·치 등을 사람의 고질적인 본성으로 보는 반면 기독교에서는 이와 달리 이 문제의 근원을 죄로 인한 현상으로 파악한다. 불교와 기독교 간의 차이는 성경은 사람의 모든 문제는 항상 하나의 초점인 죄로 회귀된다. 죄로 인하여 수만 가지 사람의 문제들이 발생하는 것으로 본다. 기독교는 사람을 완전 타락 내지 불완전한 존재 자체로 본다. 그래서 죄를 회개하여 용서 받으라는 것이다. 나아가 영생인 구원의 문제가 있게 된다. 그리고 문제의 촛점은 다시 하나님께 회귀한다.

주관적으로 살펴본 내 모습으로 인하여 내가 논리적으로 당연히 그리고 감정적으로 자연스럽게 죽어야 할 존재라는 점과 예수님께서 나를 위해 대속할 필요성을 알게 되었다. 예수님께서 사람의 모습(Son of Man)으로 이 땅에 오시어 사람의 죄 값을 대신 치러야 할 주관적 객관적 이유가 있음을 알게 되었다. 그럼에도 과학 지식과 합리적 논리에 익숙한 나로서 기독 사상이 객관화된 사상인지 또 진리인지에 대한 의구심은 당시 오랫동안 지속되었다. 특히 엄청난 시공간 속에 기독교를 절대 진리라고 단정할 수 있는가. 다른 사상은 거짓인가. 부모와 많은 사람이 기독교를 진리로 믿는다 하여도 내가 그러할 문제도 아니니다. 내 생각을 통해 나를 설득해야 하는 나만의 객관화 과정이 필요했다. 특히 과학의 모양을 취해, 권위자의 주장을 통해, 명성을 통해, 다수결을 통해, 알게 모르게 믿음을 형성하고 살아가는 삶 속에서 객관화된 인문적 진리가 가능할까. 진리의 잣대 또는 기준은 무엇인가. 합리적 인식 과정으로 나를 설득해야 했다. 과학 위에 신이 있음을 알아야 했다.

기독 사상은 합리적인가. 성경은 대단한 천재가 고안한 사람의 이론적 이념인가에 대하여 검증이 필요하였다. 예수님은 신인가. 창조론은 모순 없이 이해 가능한가. 이러한 유형의 대주제에 대한 답을 합리적이고 객관적으로 찾아 나를 설득해야 했다. 다른 사람이 어떻게 답하고 있는지 살펴볼 수밖에 없는 것은 내 의문이 나만의 의문이 아니고 다른 사람들이 제기한 의문과 동일한 것이고 또 이들 질문은 너무 광활한 생각거리를 담고 있어 혼자 해결하기가 불가능한 문제이기 때문에 이미 연구자들의 생각을 들여 다 볼 수밖에 없었다. 신학자들이 해결해야 할 과제가 내게 닥쳤다.

먼저, 성경의 핵심 사상인 그리스도의 구원론의 요지는 매우 단순하고 명확하다. 즉 이는 사람의 죄를 없애고 영생을 주기 위해 하나님께서 사람의 모양으로 와서 사람의 죄를 대신하여 죽고[549] 부활하였다는 점인데 이 사상을 신구약 전체 속에 대단한 천재들이 잘 짜깁기 하였나 함인데 나로서는 이 핵심 사상을 위해 성경 전체 구성이 사람에 의한 의도적 구성 체계를 전혀 갖지 않음을 알게 되었다. 또 성경은 사람이 아닌 성령의 감동에 의해 주도면밀하게 작성된 계시의 책임을 알게 되었다. 즉 성경의 핵심 내용은 사람의 의도적 구성과 의도적 목적으로 쓴 책이 전혀 아니다. 이 판단은 성경을 읽는 독자의 주관적 판단이기도 하고 많은 사람이 공유하는 객관적 판단이다. 성경을 전체적으로 통독하면서 줄거리를 익히면 명확하게 알 수 있다.

기독 구원론은 매우 논리가 단순하여 다른 종교에 있을 법한 사상인데 기독교 외에 없다. 알고 보면 논리가 너무 단순하여 어떤 천재가 고안할 만한 사상이요 이론이다. 그런데 인류사를 통해 이런 인문학적 유사 사상이 전혀 없는 유일 사상이라는 점에 놀라지 않을 수 없다.[550] 수많은 천재와 창작자가 있었으니 사람이 고안할 만한 사상인데 사람이 고안한 사상이나 창작이나 추리와 논리로 정립된 사상이 아니다. 다른 종교나 사상은 사람의 노력이나 고안이나 창의적 발상, 논리 등으로 정립한 이론에 바탕을 두어 신을 체계화한다. 심지어 기독교의 핵심 체계와 논리를 변경하여 이단으로 등장하거나 복사하여 신흥 종교를 만든다.

기독 사상은 사람이 체계화한 사상이 아니라 하나님께서 구원이 필요한 사람에게 자발적으로 밝힌 창세에 계획과 섭리와 은혜와 사랑에 관한 내용이요 하나님의 사람을 향한 일방적 약속이며 계시이다. 이를 언약(言約)이라고도 한다. 성경의 말씀은 하나님으로부터 내려오는 연역인 반면 사람이 창안한 사상이나 종교는 귀납적 체계를 가

549 죄는 감옥이 아닌 죽음으로 그 값을 치러야 한다는 것이 하나님의 설명이며 이를 인정해야 기독교인이 된다.

550 다른 이로서는 구원을 얻을 수 없나니 천하 인간에 구원을 얻을 만한 다른 이름을 우리에게 주신 일이 없음이니라 (사도행전 4:12).

진 것을 특징으로 한다. 태생적으로 기독교는 하나님에 대한 전적 의존이나(타율적) 다른 종교의 의존 방식은 사람의 지성과 능력과 가능성과 노력에 의존한다(자율적).

항상 해결점의 근원은 하나님을 향한다. 문제는 사람의 죄에 있으나 해결은 하나님에게 있는 것으로 설명함으로써 매우 간단한 순환 구조를 갖는다. 즉 하나님을 향한 방향성과 하나님에 종착한 순환 논리로 귀착된다. 이 독특성과 절대적 유일성은 사람으로서 어쩔 수 없다.

예수님이 사람이며 하나님의 아들, 성자인 신일 수 있는가. 이는 성경 말씀과 신학적 논리에 의할 수 밖에 없는 자명성에 근거한다. 예수님 스스로의 말씀을 살피면 이 역시 사람의 사고방식이나 사상이 아니다. 예수님은 사람의 언어를 사용하나 그가 갖는 지식 체계는 세상과 사람의 지식 체계를 떠나 신의 체계와 하늘나라 차원에서 사람의 언어로 말하고 있을 뿐이다. 뛰어난 사람이 사용하는 언어 구성도 아니고 이미 확립된 사상을 공부하고 소화하여 전달하거나 가르치는 내용이 아닌 신만이 할 수 있는 내용을 설명하였다. 물론 하나님으로서 사람들에게 보인 이적이나 기적 등도 그가 하나님이심을 나타내나 그의 말씀에 그가 하나님이심을 드러내고 있다. 아무리 머리가 총명한 사람도 예수님의 말씀과 같은 내용을 펼칠 수 없다. 예수님의 말씀을 살피면 4천년 구약의 비유와 상징과 숨은 의미를 완전히 이해하고 풀어 설명하셨다. 예수님 이전 4천 년 동안 출생했던 어떤 사람도 하나님의 섭리를 알지 못 했으나 예수님만이 하나님의 아들로 하나님의 섭리를 아셨다. 예수님이 스스로 말씀하셨듯이 구약성경이 예수님을 말하고 있기 때문이다. 이는 사람과 이 세상의 것이 아닌 신비로운 것으로 그러하니 그렇다고 받아들일 수 밖에 없다.

성경을 통해 예수님이 하나님이심을 알게 한다. 또 예수님은 스스로 그리고 성경을 통해 예수님이 하나님이심을 증명한다. 우리의 지식으로 예수님을 하나님으로 증명하지 못하는데 특히 구약 성경의 기록을 통해 예수님은 하나님이심을 알게 한다. 여기서 동정녀를 통한 예수님의 탄생도 이해되고 받아들인다.

앞 장에서 나누어 설명한 바 있는 진화론과 창조론의 대립을 어떻게 이해할 것인가. 진화론과 창조론을 살피기 위해서는 지사학, 지질학 등도 살펴야 하고 특히 생명체의 유기물과 생명 활동을 이해하기 위해서는 (양자)물리학, (유기, 무기 및 생)화학, 분자생물학 및 생리학, 재료공학 등을 살펴 볼 필요가 있다. 특히 동식물에 대한 생리학을 촘촘히 살필 필요가 있다.

진화론의 근거가 되는 광활한 공간, 에너지(질량, 온도, 압력, 위치 등), 시간은 질서와 법칙 속에 아름답게 존재하나 특히 진화적 관점은 생명체를 파악한 이론에 초점이 맞추어 있다. 과학으로 파악된 변치 않는 절대 질서와 법칙은 그리 많지 않다. 질량보존의 법칙, 만유인력의 법칙, 열역학 (제 0, 1, 2, 3)법칙 등, 약 118개의 원소와 원자 세계에서 일어나는 양자 이론, 원자와 분자들 사이에서 일어나는 화학반응 등을 자연의 질서로 밝혀져 있으나 이들보다 한 단계 상위 이론인 진화론은 법칙이 될 수 없다. 생명 현상을 이해할 수 있는 수단이나 법칙이 아니다. 그냥 주장할 뿐인 설이다.

검증된 법칙이나 질서는 온 우주에 작용하고 항상 연역적이다. 이 작용에 반하는 역작용이 불가하다. 만일 이 연역적 법칙이나 질서를 깨트리고 반대로 작용하게 하려면 조건이 있어야 하는데 이 조건은 지성적 상상이나 의지 외에 없다. 예컨대 사람이 하늘로 올라가는 방법은 우주의 법칙인 중력을 이기는 방법을 찾아야 한다. 우주에서 중력 극복 또는 반중력 법칙이 스스로 존재하지 않는다. 중력을 이기는 방법은 중력보다 큰 새로운 에너지(힘)를 필요로 하거나 중력을 제거하는 방법(반중력)[551]이 필요하다. 자연 법칙을 관장하는 존재가 있다면 신 외에는 없다.

광활한 공간, 에너지, 시간 속 우주에는 동시에 반대되는 두 명제나 법칙이 동시에 존재하지 않는다. 오직 하나만 존재하고 이 하나가 절대적으로 작용한다. 사람마저도 동시에 두 가지를 선택하지 못한다. 이런 대질서가 우주를 안정되게 한다.[552] 삼각형이든 원형이든 하나이어야 하지 삼각원형은 존재하지 않는다(수학자 또는 물리학자들은 이 개념을 풀려고 하고 있다). 중력이든 반중력이든 하나가 존재하지 중력과 반중력이 동시에 존재하지 않는다. 또는 시간이 반대 방향으로 흐른다는 반명제가 동시에 존재하지 않는다는 진리는 사실이 아니며 또 사람의 인식 체계로 받아들일 수 없어 보인다. 모든 존재 방식과 질서는 항상 연역적이며 한 가지 법칙으로 작용하는 것을 알게 한다. 이 연역성의 법칙은 우주의 대질서이며 대법칙이기도 하다.

항상 어디에나 존재하는 자연법칙을 스스로 이해, 조절 및 고안 과정을 진행하는 자연법칙-일종의 진화 또는 유사한 힘-은 우주에 존재하지 않는다.[553] 따라서 이런 과정을 진행하는 법칙이 있다면 이는 반법칙에 속한다. 우주에 존재하는 일반 법칙에 역행하는 반법칙은 이것에 대응하는 일반 법칙과 동시에 존재하지 않는다. 오직 반법칙

551 존재하지 않는다고 본다.

552 0.001초 동안 태양의 중력이 사라진다고 하면 지금의 지구처럼 존재할 수 없다. 변함 없이 안정적으로 우주의 법칙들이 매우 오랫동안 작동해 왔다.

553 이런 자연법칙이 존재한다 것이 진화론이다.

은 스스로 자연에 있지 아니하고 다만 어떤 「지성」을 통해 파괴, 극복, 이해, 조작, 고안을 통해 가능하다. 여기서 지성이라 함은 생명체가 아닌 지성을 상상하기에 매우 어렵다.[554] 왜냐면 우주에 존재하는 생명체가 아닌 지성이란 보통 신 이외에 자연법칙을 말하는데 이미 설명한 바처럼 자연계에는 반대되는 두 명제가 성립하지 않는 것이 우주의 대질서이기 때문이다. 만일 반법칙을 일으키는 지성이 있다면 자연법칙을 다루는 신일 것이다.

살아 있는 나무(수목)라는 생명체의 진화를 진화론자는 정확히 어떻게 설명하는지 알 수 없으나(사실 모든 진화론자가 모든 지성을 합하여도 느티나무가 언제 어떻게 발생했고 어떻게 진화하였는지 그 전부의 과정을 설명하지 못한다) 생명체인 나무는 많은 자연법칙을 실제 오늘도 일견 「어기며」 살고 있다. 자연법칙에 순응해야 하는데 생명체가 스스로 자연법칙을 스스로 극복하며 탄생하고 아직도 산다는 점을 납득하기 어렵고 경이롭다.

생명의 근원이 되는 물에 관하여 살펴보자. 지구상에 있는 물이든 외계에 있는 물이든 물의 성분과 형상은 동일하여 그 특성 또한 동일할 것이다. 물의 물리적 형상 때문에 친화력이 있고 일정 범위의 온도에서 액체로 존재하는 경우 중력 법칙에 따라 중력의 중심 방향으로 내려가는 성질이 있다. 또 물의 친화력으로 미세한 틈이나 구멍이 있는 경우 중력의 법칙을 거슬러 모세관 현상으로 에너지 없이도 중력의 법칙을 거슬러 물이 지구 중심의 반대 방향으로 올라간다. 이처럼 물이란 자연법칙에 따라 수평으로 존재하거나 바람이나 에너지에 움직이거나 틈이나 구멍을 따라 이동한다. 즉 물은 자신의 생명력이나 의지에 따라 활동하는 것이 아니라 자연법칙에 따라 존재하고 활동성을 보인다.

식물생리학이 밝혔듯이 물이 절대적으로 필요한 나무는 뿌리에서 물을 흡수하는데 물이 가진 응집력, 부착력 및 표면장력에 의해 발생되는 모세관 현상에 의해 올라갈 수 있는 높이는 한계 높이보다 훨씬 높은 높이인 200m의 잎까지 물을 이동시키는 방법으로 「진화」되었다는 것이다. 즉 진화론자가 할 수 있는 추정에 의하면, 수목은 물을 이용하기 위해 중력의 법칙을 「거스리는 방법」을 스스로 고안해 낸 것이다. 즉 삼투압, 증산작용 이외에 물이 가진 다양한 이화학적 성질을 정밀히 이해하고 이를 오류 없이 정확한 방법으로 이용하도록 자신을 만들었다고 알 수 없는 이유로 주장할 수밖에 없다. 식물생리학을 읽으면 일반인이 어지러울 정도로 물리학, 화학, 생리학, 양자역학 등의 이론으로 여러 현상을 설명하는데 이는 식물에게 또는 식물이 되

554 「지적 설계론」이 이런 유의 사상이다.

기 이전 매우 뛰어난 (진화)지성이 스스로에게 장착되어 있어 물을 어떻게 이용하여 높은 위치까지 올리기 위해 물의 중력을 어떻게 다루는지 설명하지 못하고 다만 그러하다고 단정하여 소개한다. 이는 과학적으로 설명이 불가능하며 상상과 가정 없이 사실을 설명하지 못 한다. 상상하면, 긴 시간과 확률과 우연 등이 고도의 지성이라는 것인데 거의 신에 가까운 진화 지성(進化 知性, evolutionary intelligence)이 작동해서 만들어진 수목이어야 토양에 있는 물을 지상 200m까지 오르게 할 수 있다. 진화를 일으키는 지성도 발달해야 진화가 가능하다. 진화를 위한 지성도 스스로 발달해야 한다? 진화가 무슨 AI 시스템인가? 수목이 물을 높은 높이까지 올리는 방법을 보면 진화가 우주 법칙에 반하는 요령을 터득했다는 것이다.

또 식물은 자신의 생명 유지를 위해 물 이외의 무기물질의 이화학적 성질을 모두 파악하고 또 여러 자연현상과 법칙을 이해하고 자연적으로 물이 올라갈 수 있는 높이 이상으로 토양 내 존재하는 물 이외 무기물을 끌어 올리는 방법[555]을 알고 있도록 진화되었다는 것이 진화론자의 설명일 것이다. 이 과정에는 자연법칙을 거슬러 물 등을 자연법칙에 반하여 강제로 높은 잎까지 올리는 「매우 복잡한」 그리고 「매우 정교한」 기술과 장치[556]를 키 큰 수목이 「매우 긴 시간」을 겪으며 결국 모든 「착오를 극복」하고 진화되었다고 설명해야 할 것이나 이에 관여된 「지성」에 대하여는 설명을 하지 못하고 이를 지성이라 하지 않고 자연 진화라 설명한다.

사람처럼 사고가 발달한 사람도 무엇인가를 만들면, 설계 과정에서 반드시 착오와 오차가 존재하며 실제 제작 시에도 이들이 또 발생하며 최종 이런 오차를 줄인 후 만든 물건에도 설계 개념과 다른 부정확함이 항상 있다. 그런데 자연법칙 속에 있는 무기물들이 긴 시간 속에서 진화를 통해 극한의 오차와 부정확함을 모두 없애고 수천 년 살아갈 수 있는 양자 단위의 정밀한 수목으로 탄생하였다는 것이다. 모든 이화학적 이론을 알아챈 무기물질이 서로 완벽히 약속하여 결국 수목이 되었다는 것이다. 진화라는 매우 애매한 의미의 용어로 생명체의 발생과 발전을 정의하려는 것에 어떤 의미를 둘 수 있을까. 자연이 스스로 자신의 법칙인 자연현상과 법칙을 무수한 시행착오 이해하여 또는 우연으로 「극복 방법」을 찾아 생명체로 탄생하였다는 점은 앞에서 논증하였듯이 명백한 논리모순이든지 거짓이다.

과학이 증명한 진리 또는 우리가 아는 사실은 자연법칙에 거슬리는 반자연법칙이 스스로 존재하지 않는다. 양립하거나 반대되는 두 법칙이란 이론과 실제 모두 존재하지

555 Lincoin Taiz 외, 전방욱 김성룡 옮김, 식물생리와 발전, ㈜라이프사이언스, 2017, p 81-114

556 물을 순환하고 움직이게 하는 펌프(pump) 장치가 식물 세포 내에 있다.

않는다. 생명체는 자연법칙에 순응하여 살아야 하는 존재이나 그 몸 속에 일어나는 작용은 자연법칙을 이용하고 극복하도록 고안된 초미세하고 초정밀한 구조, 체계로 활동하고 있다.[557] 만일 반자연법칙이 존재하면 cosmos가 아니고 universe가 아니고 chaos요 우주와 생명이 동시에 질서있게 존재할 수 없다.

우주에 존재하는 「지성」에 대해 생각하면, 그 종류로 신, 생명체, 자연법칙 등으로 구분할 수 있다. 창조론자의 주된 반박 중 진화론이 열역학 제2법칙(엔트로피법칙)에 반한다는 점이 가장 유명하며 실제적이다. 진화론자의 주장은 자연 질서나 법칙에 일종의 진화적 지성이 존재한다는 것을 말하는 듯하다. 이 진화적 지성이 존재하는지를 증명하거나 이론이 확립되어야 진화론이 가능하다. 그러나 이 진화를 발생시키는 어떠한 유형의 지성도 우주에 존재하지 않을뿐더러 증명되지 않는 상상으로 현재로서는 있는 사실이 아닌 가설을 말하므로 거짓이거나 검증해야 하나 검증 불가하다. 다만 매우 오래된 시간과 엄청난 공간과 제한된 물질 및 에너지가 존재할 뿐이다. 자연법칙을 지성으로 분류하더라도 현재까지 파악하기로는 자연법칙은 자연현상과 자연물 이외의 다른 것을 만들지 못하고 있다. 만일 자연법칙이나 질서를 지성이라 하더라도 생명체가 지닌 지성과 다르다.

진화론자들이 주장하는 원리는 천문학, 지사학, 지질학, 화석, 종의 특징이나 현상을 파악한 것에 합리성을 찾아 이를 동시에 해석할 만한 이론으로서의 진화를 창안하였다. 합리적 사상은 사람의 귀납적 추적으로 알 수 있으나 동시에 연역적 법칙으로 설명되어야 한다. 지구에는 우주에 없는 특수 환경[558]이 있다는 것인데 태양 빛, 기온, 압력, 대기, 물 등의 특수 조건이 긴 시간 동안 생명체 탄생에 최적이라는 특수성을 부여하는 이론은 귀납적 상황 설명과 상상이며 현상 분석에 불과하다. 이런 이유의 진화론으로 생명체와 우주 탄생의 근원의 설명은 불가하며 약간의 해석일 뿐이다.

생명체는 태어날 때부터 또는 만들어질 때 자연법칙과 질서에 순응하도록 태어난다. 지성을 갖는 생물은 자연법칙과 질서에 반하는 행위를 할 수 있으나 그럴 때 생명을 유지하지 못한다. 이런 점에서 생명체는 자연법칙과 질서라는 자연보다 하위 개념에 속하여 학자들은 자연을 mother nature라 한다. 자연이 엄마가 되어 생명체를 나다는 것이다. 그럴까. 수목의 예에서 설명했듯이 생명체는 자연 현상을 본능의 통찰로 알고 있고 몸은 비의지적으로 작동하여 살도록 만들어져 있는 점은 매우 의아하

557 크기는 양자와 나노 단위이며 시간은 피코 단위로 활동하는 장치이다.

558 이러한 지구 환경과 같은 우주 속 행성을 찾아 인간은 헤매고 있다. UFO 또는 UAP를 논하고 있다. 하나님께서는 온 우주에 편만하게 존재하는 지성으로 나타나며 하늘나라에 다른 생명체가 있음을 계시하였다.

다. 자신의 지성을 통해 자신의 몸을 통제하지 못하도록 만들어진 점 역시 의아하다. 다른 생명체로 변경할 수 없고 다른 생명체도 만들지 못하며 탄생 시 속성을 그대로 지닌 채 생명을 마감하는 무능한 존재이다. 사람의 창조적 지성이 사물을 가공하여 물건을 만드나[559] 이에 생명과 지성을 불어 넣지 못하며 사람이 만든 물건은 자기복제나 자기와 같은 생명체를 탄생시키지 못하고 있다. 생명체가 아름다우나 우주적 지성과 질서에 종속해야 한다.

과학적 사유의 대상이 아닌 절대자인 신을 생각해 보자. 사람이 생각할 수 있는 진리 명제는 하나이기 때문에 신은 있든지 아니면 없든지 한다. 사람이 객관적으로 관찰할 수 있는 것은 서로 상반되는 두 가지가 명제가 우주에 존재하지 않는다. 그런데 문제는 인식 체계로 신을 증명하거나 귀납적으로 신을 알 수 없어 신은 증명의 대상이 아니고 귀납적 이론의 대상이 아니다. 그러므로 신이 있다면 인식의 밖에 있으며 연역적이며 스스로 존재해야 한다. 이 명제를 반대로 해석하면 신이 사람 앞에 자신을 증명해야 사람이 신을 인지할 수 있다.

신은 우리에게 연역적으로 자신을 증거해야 한다. 신은 상상 이상으로 완전하며(절대자) 스스로 존재하며(자존자) 영원하며(지존자) 무궁한 능력자요 창조자일 것이다. 또 우주보다 큰 절대자로 우주를 지배(주권자)할 것이다. 이처럼 우리가 신으로 정의한 최고의 내용이 신의 속성일 것인데 이 속성들은 우리 주위에 보편적으로 어디에서나 있음을 알 수 있다. 그런고로 신은 부정되지 않으며 신이 연역적으로 분명히 자신을 증명하지 않더라도 우리는 신을 귀납적으로 인지(추론)할 수 있다.

여기서 성경 출애굽기를 인용할 필요가 있다. 모세라는 사람은 성경 연대기로 아담 이후 약 2,368년(BC 1,541)이 되는 해에 출생한 사람이다(표 1 참조). 아브라함의 7대 손이며 아브라함보다 420년 후에 출생하였다. 하나님은 아브라함을 벗으로 여기었다(이사야 41:8). 창세기에 의하면 처음 아브라함도 하나님이 누구인지 몰라 거의 80

559 지성의 개입 없이 나무로 된 간단한 의자 형태(실제로 의자는 고도의 형상을 지닌 것임)가 진화 과정을 통해 만들어졌다고 가정하면 매우 간단한 세 가지 요건이 필요하다. 나무의 원료가 되는 수목의 발생과 성장의 자연적 관점, 그리고 이를 벌채, 운반, 설계, 절단, 치목 등의 진화론적 관점과 의자를 만드는 창의적 관점, 그리고 이를 만들기 위해 이용할 공구나 기계 그리고 조립하는 과정에 필요한 또 다른 지성과 에너지를 시간에 대입하는 외부 개입적 관점으로 설명하여야 할 것이다. 특히 많은 원자가 원자를 선택하고 분자가 되고 다시 유기물이 되어 지성을 갖는 생명이 되고 매 단계 착오 없이 결정되는 방법으로 수목이 탄생하였다고 하고 의자를 만드는 공구 역시 진화론으로 탄생하여 나무를 만드는 과정을 설명하자면 아마도 수천억 페이지에 달하는 글을 써도 부족할 것이다. 만일 수천억 페이지의 글은 설계서인데 이 설계서로 이것을 만들 수 있을까? 가능해 보이지 않는다. 사람이 조작할 수 있는 현재 최고의 것은 양자 단위 크기와 피코 단위 시간의 피조물을 가공하는 수준이지 완전히 새로운 생명체를 창조하는 수준이 아니다. 생명체는 거의 알 수 없는 양자적 물질 구성과 반응의 결합체로써 의자보다 매우 더 복잡하다.

년을 헤매고(?) 살았고 하나님도 아브라함을 여러 차례 여러 방법으로 하나님의 정체성을 알려 주었다. 모세가 태어난 곳은 이집트로 그의 4대 조상인 야곱(=이스라엘)이 흉년을 피해 가나안 지방에서 이집트에 들어간 지 130년이 된 해에 태어났는데 모세가 자신의 신앙을 기록한 출애굽기 내용을 보면 하나님을 들어 본적이 있으나 어떤 분이지 모르고 있다는 내용이 상술되어 있다.

왕자의 신분이던 모세가 이집트 남자를 살해 후 미디안 지방에서 피신해 지냈다. 그가 80세가 될 즈음 호렙산에서 양을 치던 중 떨기나무에서 하나님을 만나는 장면이 출애굽기 3장에 소개되어 있다. 하나님께서 모세에게 이집트에서 종살이하는 이스라엘 민족을 가나안으로 인도하라고 명하는데 모세는 자신감이 없고 또 이스라엘 민족들이 하나님에 대한 신앙이 없어 하나님이 누구인가를 어찌 설명해야 하는지를 하나님께 물으니 하나님이 여러 사항을 설명 중에 「나는 나」 또는 「나는 스스로 있는 자(자존자 自存者), I am that I am (출 3:14)」[560]라 밝히면서 그렇게 이스라엘 민족에서 설명하라고 하신다. 사람으로서 매우 황당해 보이고 어려운 정의이나 이 얼마나 절대자에 관한 명확한 정의인가. 이 정의는 절대자 이외에 할 수 없는 명제로 또한 사람이 인식 가능한 신에 관한 정의이며 하나님 자신을 설명하는 연역적 단순 명제이다.

이제 이와 같은 생각 이외, 다른 방법으로 하나님을 어떻게 증명할 수 있을까. 하나님께서 증명한 증거를 받아들이기 쉽지 않다. 예컨대 자식이 자신의 부모를 객관적으로 증명해 달라고 할 때 부모는 어떤 방식을 동원해 자식에게 설명해야 하는가. 산파, 이웃, 조부모, 형제자매 등의 증언에 의할 수 있고 병원의 기록에 의할 수 있다. 요즘은 유전자 해독을 이용할 것인데 사실 이것도 부모와 자녀가 유전자 분석 내용을 이해할 줄 모르면 그저 분석전문가의 말을 믿어야 한다. 어쨌든 누군가의 말을 믿어야 한다. 실제 내가 본 증거가 없으니 믿지 아니하면 방법이 없다. 병원에서 출산 후 자녀들이 바뀐 줄 모르고 키우는 경우 있으니 참부모와 친자 간의 판단이 어려울 때도 있으며 부모가 다르다 하더라도 유전자 판독의 정확성은 100%가 아니다. 대부분 자녀는 많은 시간을 한 공간 내에서 키워 준 부모를 친부모로 알고 성장하면서 여러 가지 귀납적 정황에 의해 부모님의 말씀을 점차 연역적으로 믿게 된다. 부산에서 태어난 내 경우 나를 영도다리 밑에서 주워 왔다고 하여 내 정체성에 영향이 있었다. 그러다가 나이가 들면서 점차 부모님이 나를 낳았다는 것을 알게 되었다.

사람의 인식 과정에 판단과 분별을 위해 증거나 증명을 해야 하는 일이 필요한 것이 사실이나 증거나 증명이 쉽지 않고 대부분 믿고 의지하고 살기에 증거나 증명 없이

---

560 I am that I am을 우리말로 '나는 나', '스스로 있는 자', '영원한 자' 등으로 번역한다. 하나님께서 스스로 정의한 "나는 나이다"라고 뜻이 우선이다.

살아간다. 성경에서 하나님이 신인 자기 증명 방식과 증거들은 매우 많다. 결국 이를 믿느냐 못 믿느냐는 사람의 판단과 분별의 문제인데 이는 종국 「내 믿음」이 아니라 「하나님께서 주신 믿음」으로 귀착한다. 하나님의 자기 증명 방식은 아래와 같고 신의 방법과 사람의 방식 모두 사용하신다. 이러한 복합 증명 방법을 통해 하나님을 증명한 증거를 사람이 보았다면 하나님을 믿어야 할 것인데 사람은 하나님을 믿지 아니한다. 이스라엘 민족도 그러했다. 보이는 것을 고집하였으나 보고도 믿지 않았다. 왜 하나님을 믿지 못하는지에 대하여는 앞 여러 장에서 설명하였다.

① 미래의 일은 계시하시고 그 후 그 일이 일어나게 하여 증명하는 방법[561]
② 사람의 성품이 사람을 창조한 하나님의 속성을 닮았다고 설명한 방법[562]
③ 하나님께서 천지를 하나님의 권능으로 작동(기적 등)하는 것을 보여주는 방법[563]
④ 마치 부모가 자식에게 설명하듯 스스로 참된 신이라고 자신을 설명하는 방법[564]
⑤ 직접 하나님께서 사람에게 여러 가지 유형으로 임하는 방법
⑥ 천지에 있는 만물을 보아 알게 하는 방법[565]
⑦ 사람의 마음을 감동하게 하여 하나님을 믿게 하는 방법(성령으로 임함) 등이다.

성경에 나타난 여러 증명 방법을 써 나타난 증거가 효력이 없다면 무슨 방법이 있을까. 아니면 이들 중 가장 좋은 방법은 무엇일까. 인류 6천 년 동안 하나님께서 이들 방법을 썼는데 아담 후 약 4천 년 동안 대부분 사람이 하나님의 존재와 하나님께서 행하신 증거를 믿지 않는다는 것이 하나님(성경)의 결론이었고 그래서 예수님 탄생하신 2천 년 전부터 현재까지 하나님께서는 주로 일곱째 방법을 많이 사용하신다. 성령을 통해 예수를 그리스도로 믿는 「믿음」[566]을 갖는 방법과 다른 방법을 함께 통섭하여 믿도록 하신다.

합리적이고 과학 시대에 사는 현대인은 성경에 나타난 이들 증명과 증거들을 믿기 어려워 보인다. 현대 기독 신앙인과 신학자 중 타락한 자들이 성경을 문자적으로 믿지 않고 필요한 사항만 발췌하여 사상으로 만들거나 성경에 심리학을 접목한다. 보아도 믿지 않는 것이 사람이다. 본 것을 믿지 못하도록 하는 방법은 무수히 많다. 진실과 사실을 해석함에 있어 의심을 조장할 만한 것도 엄청 많다. 사람의 불신앙으로 하

561 구약에서 나타난 계시와 약속 중 하나님이 사람이 된 예수님이 지상에 오신 사건이 가장 중요한 예이다.
562 유비(類比, analogy) 등이 있다.
563 직접적이고 강력하고 연역적이나 이마저 사람들은 증거로 여기지 않아 왔다.
564 이를 이야기 방식 narrative라 한다
565 이는 귀납적 지식이나 성경을 보기 전에 정확히 하나님을 알지 못한다. 또는 하나님께서 알려 주어야 안다.
566 이 방법이 하나님께서 하신 마지막 수단으로 다른 방법을 제시하지 않았기에 하나님을 반드시 믿어야 한다.

나님께서는 신비하게 「믿음」을 통해 하나님을 믿도록 하는 방법을 주로 사용하신다. 사도 바울도 이 사실을 정확히 파악하여 하나님을 아는 증거는 「믿음」이라고 하였다. 즉, 「믿음」은 관념이 아니라 실재(實在, reality)이며 사실(事實, 실제, fact)이라고 하였다. 참으로 놀라운 설명이다.

"*믿음은 바라는 것의 실상이요 보이지 않는 것의 증거: Faith is the substance of things hoped, the evidence of things not seen* (히브리서 11:1)"라 하였고 "*믿음으로 모든 세계가 하나님의 말씀으로 지어진 줄 우리가 아나니 보이는 것은 나타난 것으로 말미암아 된 것이 아니니라: By faith we understand that the works were framed by the word of God, so that the things which are seen were not made of things which are visible* (히브리서 11:3)" 하였다.

이같은 성경 말씀이 아니더라도 우리 일상에서 믿음은 증거가 된다. 사도 바울이 설파한 대로, 믿음은 일상에서 보이지 않는 증거가 된다는 이 의미는 매우 상식적이며 보편적으로 작동된다. 따라서 믿음은 증거가 되며 하나님께서는 믿음으로 하나님을 믿도록 행하신다. 믿음이 근거가 되고 증거가 되지 않는다면 모든 질서는 무너지고 혼란에 빠진다. 동서양의 인식 체계에서 믿음이 어떤 것인가는 이미 「믿음」 주제에서 설명한 바 있다 (제4장 13절 참조).

부모님이 그러하다고, 선생님이 그러하다고, 주변의 대부분 사람이 그러하다고 하여 믿는 믿음으로 사는 경우가 많으나 그 믿음도 믿을 수 있는 것과 없는 것이 있다. 기독교의 믿음은 하나님으로부터 발생하였다는 연역적 믿음이며 조물주 하나님을 인식하는 기초가 되어 신앙하는 것이다. 하나님이 주신 믿음을 증거로 받아들이지 않는 믿음은 불신앙이다. 따라서 증거인 믿음을 얻기 위해 무릎을 꿇고 기도하며 성경을 읽고 신앙 선배의 간증이나 그의 믿음을 들어야 한다.

8-9. 삶의 방향

상쾌한 아침 지저귀는 새소리를 듣고 일어나 아침 햇살과 맑은 공기가 부엌으로 스미어 엄마가 지은 밥을 먹은 후 들에서 일 하고 해질녘 농기구를 메고 저녁밥을 온 식구가 둘러 앉아 먹는 것이 사람의 일상이었으나 먼 과거 일이다. 많은 사람이 이야기한 삶의 방향은 번잡한 세상이 되어도 유사하고 마음에 담아야 할 사항이 많고 사람이 많이 부족하 모두를 생활화하지 못할 것이나 가끔 생각해야 할 것이 있을 것이다.

< 사진 8-9-1 > 이예연와 이주용

1. 사랑의 기초는 오래 참는 인내

사랑이 으뜸입니다. 이 덕목은 다른 일에도 중요합니다. 하지만 사랑이 무엇이냐고 질문하면 대단히 어렵습니다. 왜냐면 사랑의 깊이가 깊고 넓이가 매우 넓기 때문이다. 그런데 예수님 제자 바울이 사랑을 정의한 글을 노랫말로 만든 것이 있습니다.

"사랑은 언제나 오래 참고---사랑은 언제나 온유하며---" 문장입니다. 사랑이 무엇인가를 정의한 위 첫 구절에서 "사랑은 오래 참고--"라 했습니다. 오래 참음을 사랑의 첫 요건이라고 했습니다. 참는다는 것 즉 인내는 감정의 지배가 아닌 의지의 지배를 받는 결단인 것입니다. 사랑이 의지적 결단인 인내이며 오래 참음이라는 것이 그분의 첫 번째 정의입니다. 매우 중요한 지적으로 그 의미가 중요합니다.

이 정의와 의미를 제가 근 10년을 곱씹어 보았는데, 사랑의 결실은 오래 참는 인내에서 맺는 것이지 어떤 감정에서 유발되는 것이 아님을 알게 되었습니다. 이처럼 사랑이란 감정 이외에 이성적 의지가 더 중요하여 나에게 그리고 상대방에게, 또는 온 세상을 향한 오랜 기다림을 보여 주는 자세(attitude)와 의지(will)라는 것입니다.

오랜 참음으로 서로를 격려하며 동감을 보내주며 서로 인정하며 칭찬하는 마음의 의지를 가져야 할 것입니다. 오랜 인내의 연주 연습으로 바이올린을 아름답게 명연주를 하는 것과 같을 것입니다. 왜 오래 참는 인내가 사랑을 이루는 큰 요건인지 이해 되시죠? 상대방의 실수에 화낼 수 있겠지만 화를 참으면서 얼마나 당황했느냐고 위로를 보내면 얼마나 좋고 힘이 나겠습니까? 화를 자제할 줄 아는 인내가 필요하지 않겠습니까? 화냄은 감정이지만 인내는 의지입니다.

또 인내는 사랑을 완성하는 기초입니다. 서로에게 인내가 무너지면 사랑이 무너지며 쌓은 모든 것이 일순간 사라집니다. 인내가 없으면 아름다운 사랑의 결실이 맺지 않습니다. 사랑이 중요하다면 인내를 해야 하는 이유에 대하여 함께 더 숙고하도록 하겠습니다. 참고로 위 노래 가사인 사도 바울의 사랑에 대한 다른 정의는 성경 고린도 전서 13장에 자세히 기술되어 있습니다.

아마도 사랑에 관한 다른 정의는 여러 "감정"적 특징이 대부분인데 비감정적인 "이성적 의지"가 사랑이라는 것을 서로 기억하면 좋겠습니다. '오래 참는 인내'입니다. 오랜 인내를 잊지 마십시오.

인내와 관련해 알려진 다른 말은, 어떤 유형의 최후 승자든지 간에 강한 자이어야 하는데 강한 자 역시 오래 참는 인내력이 없으면 아니 됩니다. 오래 참는 인내, 중요한 인생의 덕목입니다. 조금 참거나 또는 일시적으로 참는 것이 아니라 오래 참는 인내인 것입니다. 오래 참는 인내로 인생의 행복한 승리자가 되십시오.

2. 인과법칙(필연법칙)

인과(因果)법칙이란 어떤 원인이 어떤 결과를 유발한다는 것이며, 필연이란 반드시 그러하다는 것입니다. 이치란 반드시 그런 것을 말합니다. 딱딱한 이야기이나 참 귀중한 의미입니다. 원인이 결과를 유발합니다. 모든 결정(decision)은 반드시 어떤 대가(cost)를 치르는 것도 이 원리입니다. 두 사람이 만나 결혼을 하겠다는 과정도 이 법칙에 속하는 것입니다.

또 어떤 "작은 원인"이 두 사람과 두 사람 주변에게도 어떤 영향 즉 결과를 가져다준다는 것을 알 필요가 있습니다. 즉 간과하지 말아야 할 점은 어떤 원인이 두 사람뿐 아니라 "주변까지" 영향을 주고 있음을 알아야 한다는 것입니다. 예로, 오늘 학교에 간다고 결정하면 걷거나 또는 버스요금을 지불해야 하는 대가를 반드시 수반합니다. 어떤 말 또는 생각을 하면 즉 행위를 하면 그 행위는 반드시 자기에게나 타인에게 영향을 미칩니다. 아무리 작거나 적더라도 영향이나 결과가 있게 마련입니다. 나비효과에서 설명되듯이 한 마리 나비의 날갯짓이 폭풍우를 몰고 온다는 것도 그런 것입니다. 사실 무시되거나 인지하지 못하지만 어떤 영향, 반응이나 결과들이 항상 있게 됩니다.

또 어떤 결정(원인, 因緣을 맺으면)을 하면 반드시 이에 따른 의무와 책임이 뒤따릅니다. 어떤 때는 따르고 어떤 때는 아니 따르는 것이 없다고 보면 됩니다. 우리의 모든 생활에서 즉 생각(혼자서 명상이든 간에), 행동, 결정, 웃음, 소비행위, 사랑의 표현 등 허다한 행태나 유형으로 결과를 맺는 필연성을 갖습니다.

강조하면, 우리의 말이나 행동과 생각이 자신에게, 주변 사람에게, 자연에게, 무형의 환경에 반드시 어떤 결과를 낳게 된다는 점입니다. 결과가 어떨지를 생각하며 살아야 하는데 현대 사회가 복잡하여 결과 예측이 어렵지만, 대체로 선행을 하면 결과는 아름답다는 것이 선현, 철학자, 종교가 등 연구 결과입니다.

3. 욕심 없는 마음

참 어려운 덕목입니다. 현대 사회가 경쟁을 강력히 우리에게 요구하기에 욕심을 버리고 살기가 쉽지 않기 때문입니다.

경제적 욕심은 우리를 상당히 압박하는 원리로 자리매김하였습니다. 좋은 집에 살고, 좋은 차를 타며, 명품을 소유하고 싶고, 아름다워지고 싶고, 여행을 자유롭게 가고 싶은 욕망 등이 끊임없이 우리를 자극하기에 더욱 욕심 없는 마음을 유지하기가 거의 불가능할 정도입니다. 자본주의와 기술 혁신이 이 욕망을 더 자극하고 있어 적절한 자기 통제가 필요합니만 욕망 성취가 주변과 비교되어 통제하기 쉽지 않습니다. 끊없이 돌파민을 생산하도록 자극하는 사회가 되었습니다. 욕심의 정도를 어디까지 설정해야 할찌도 어렵습니다. 지나치면 과욕이 된다고 하는데 지나침이 어디까지인지도 어렵습니다.

이 어려운 문제를 철학적, 종교적 또는 윤리적으로 설명할 수 있으나 개인의 능력과 가치관이기도 합니다. 그러나 이 문제를 다루는 기준을 이렇게 생각하면 구체적 논점에 다가갈 수 있다고 봅니다.

1) 나의 능력 밖에 것을 추구하면 과한 욕심이 분명합니다:
자신을 과신하여 이를 바탕으로 의사결정을 하게 되면 어려움을 겪게 되는데 그 어려움으로 다른 일을 못 하게 됨으로써 기회비용을 상실하여 낭패를 당합니다. 이런 유명한 글이 있습니다. "욕심이 커지면 죄가 되며 죄가 커지면 파멸과 죽음을 초래한다" 따라서 내가 생각한 목표가 달성 가능한 것인지를 살펴보아야 할 것이며, 만일 누군가의 많은 도움이 필요한 목표라면 욕심일 수 있다고 생각됩니다.

2) 필요한 것 이상이면 욕심입니다:
필요 이상은 사치라 할 수도 있겠으나 지나친 필요는 과한 욕심임에 분명합니다. 제가 시계를 좋아하여 다섯 개를 구입하였습니다. 그런데 아침에 어떤 시계를 찰까하는 생각이 들어 어떤 때는 귀찮은 경우가 있습니다. 사실 필요 이상의 소지품임이 분명합니다. 필요 이상으로 샀기에 욕심이고 사치를 부린 것이지요.

3) 기본적인 것에 만족하지 않는 마음이 욕심입니다:
식사 시 정갈한 음식을 먹으면 되는데 요즘 너무 비싼 음식점에 가서 외식을 하면서 하루 번 돈을 모두 지출이 많아지는 경향이 있습니다. 이런 고지출을 하여야 멋있고 행복하게 산다는 생각을 버리지 못하면 즉 욕심 있는 마음 때문에 나중에 어려움을 겪게 됩니다. 순박하고 겸손하며 절제된 마음은 기본적인 것에 충실한 마음이므로 욕심이 없는 마음이 아닌가 합니다.

4) 왜 욕심 없는 것이 중요한가:
이외에도 여러 기준을 정할 수 있겠으나 왜 욕심을 부리지 않아야 하는지 다시 생각해 봅시다. 욕심이 많으면 즉 과욕은 허망하기 일쑤여서 달성하기에 어렵고 또 달성한다 하더라도 몸이 지치고 정상적인 것을 놓치기 쉬워 피곤하며 행복한 감정보다 불안한 정서와 감정을 동반합니다. 욕심을 좇는 머리가 번잡하며 정서적으로 불안하여 매사 무엇인가에 쫓기고 살아가야 합니다. 그래서 하지 말아야, 필요 없는 욕심을 부리지 말라는 것입니다. 욕심을 달성하는 것도 스트레스지만 즉 달성된 것을 유지해야 하는 긴장감도 많습니다. 또 달성 못 하면 얼마나 허망합니까?

역으로 욕심이 없으면, 즉 기본적인 것에 만족하면, 항상 감사함이 넘치며 안정되어 주변 사람에게 편하게 보이며 또 주변 사람과 친근하게 지내게 됩니다. 욕심이 없는 마음으로 인한 이러한 효과는 얼마든지 더 많습니다. 주변 사람들이 나의 욕심 없는 모습을 자연스럽게 좋게 평가합니다.

하루하루 평온한 맘으로 기본적인 일에 충실하며 그로 인해 하루 세끼를 맛있게 먹고 열심히 자기와 가족 그리고 남을 위해 일하면 이것이 진정한 삶의 자세라고 생각합니다. 그로 인해 아름다움이 지속되며 항상 평안합니다.

이러한 마음의 결과로 저축을 하며 윤택해지며 안정을 누리며 이웃에게 도움을 주면 복에 복이 쌓이게 됩니다. 복이 별 것이 아닙니다. 이런 평안한 마음을 갖는 것이 복락(福樂)입니다. 돈벼락은 마음의 근심이 유발되어 잠이 오지 않는 것입니다. 우리 모두가 돈벼락을 맞지 않는 것이 다행입니다.

빠진 한 가지는 욕심과 목표의 차이점을 설명하지 않았지만 일상적 가능성의 범위 안에 있는 목표는 욕심이 아니라 기본적 생활의 목표로 볼 수 있겠습니다.

은행에서 대출을 받거나 할부를 하게 하는 경제적 구매 행위는 위험한 행위입니다. 대출을 받거나 할부행위는 매우 조심해야 할 것으로 과욕이 아닌지 여러 번 생각해야 합니다. 현대는 돈이 풍부한 고비용의 사회이어서 대출이나 할부 제도가 발달하여 지출 행위가 늘도록 구조화되어 있으나 이를 이용 시 재고하도록 해야 할 것입니다.

4. 충성된 마음

이는 남에게 또는 자신에게 귀를 기우려 신뢰를 지키는 것이라 생각됩니다. 부모에게나, 상사에게나, 동료에게나, 이웃에게나 친절하고 진실한 마음으로 최선을 다하는 마음이 충성이겠지요. 더 나아가 그런 마음은 내 이익보다 상대방을 위해 마음을 다할 경우 자신에게도 충성된 마음이 되어 항상 흐뭇한 결과를 낳게 될 것입니다.

이런 충성된 마음이 있으면, 상대방이 또는 스스로 믿음을 쌓게 되어 결국에는 충성된 사람은 하늘의 별과 같이 빛날 것입니다. 상대방을 이롭게 하니 어찌 사람들이 충성된 사람을 몰라주겠습니까? 그러니 충성된 사람은 하늘의 별과 같아집니다.

충성된다 함은 내가 해야 할 일을 책임 있게 하는 것이 시작일 것이며 상대방을 배려하고 이해하는 마음도 포함하는 것일 것입니다. 충성된 마음이 있는 사람과 함께 하면 늘 마음이 편하고 그 사람과 함께 하고 싶고 또 고민을 함께 하여 좋은 친구로서 역할을 할 수 있게 됩니다.

직장에서 충성된 마음으로 일하면, 동료와 상사가 알게 되어 있습니다. 나를 드러내지 않아도 또는 나를 알아 달라고 한다거나 하지 않아도 자연스럽게 인정해 줄 것입니다. 사랑하는 사람에게 충성한다면 더욱 깊은 사랑과 신뢰가 생겨 그에 상응하는 사랑과 신뢰를 상호 주고 받게 될 것입니다. 효도하는 마음도 일종의 충성된 마음으로 이해할 수 있습니다.

군대 용어 같은 충성된 마음은 자신에게 솔직하게 힘을 다하면 그 마음이 다른 사람에게까지 그 마음이 전달되는 것입니다.

5. 위기 극복

살다보면 위기를 맞을 수 있습니다. 그 위기는 사실 자신이 뿌린 어떤 씨앗 때문이 아닐 수 있습니다. 앞에서 설명한 인과법칙 때문에 자신이 뿌린 씨앗 또는 다른 사람이 뿌린 이유 때문에 나에게 위기가 닥칠 수 있습니다.

이럴 때 가장 중요한 것은 마음의 평정심을 잃지 말아야 합니다. 내가 당황하면 일이 안 되며 또 나의 불안한 마음 때문에 주변 사람까지 더 불안하게 되어 사태가 복잡해집니다. 일단 일이 난관에 부딪히면 담대한 마음을 갖고 평정심을 가져야 합니다.

큰 파도가 몰려오면 큰 파도를 뚫고 나갈 추진력이 필요한데 그 추진력은 용기와 담대함과 평정심입니다. 아무리 배가 크더라도 추진력을 잃으면 파도와 풍랑에 휩싸여 파선합니다. 따라서 강한 추진력을 갖는 배는 풍파를 헤쳐 나갈 수 있는 이치와 마찬가지로, 어려움에 빠지면 담대한 용기를 갖고 평상의 마음을 가지면 됩니다. 이때 해결할 방법이 찾아지며 복잡하고 어려운 것들이 하나씩 해결되고 종국에는 회복되며 새 길이 준비된 것을 알게 됩니다.

한편 어려움이나 문제의 복잡성은 사실 대부분 이미 일어났던 것으로 완전히 새로이 처음 일어난 것이 아닙니다. 다만 나에게 처음 닥친 것입니다. 따라서 선배들, 부모, 친구 등 주변 사람들이 대부분 겪었던 문제에 지나지 않기 때문에 당황하는 것이 도움이 되지 않습니다. 따라서 해결할 수 있다는 담대한 용기를 갖고 견디면 주변 사람의 생각을 통해 해결의 도움도 있을 것입니다.

위기 극복의 원리보다 더 중요한 것은 내 스스로 위기를 낳을 원인을 제공하지 말아야 할 것이며 위기를 낳을 만한 일이 있으면 이를 피하거나 제어해야 하는 의지도 중요합니다.

6. 건강 실천

앞 장에서 건강을 설명하였읍니다. 사실 어떻게 건강하여야 하는지는 대충 알려져 있습니다. 그런데 문제는 알고서도 지키기가 힘듭니다. 젊었을 때는 병에 대해 크게 걱정할 정도로 몸이 아프지 않았기에 건강에 신경 쓰지 않습니다. 대체로 젊어서 건강을 위해 하지 말아야 할 것만 골라 하는 경우가 대부분입니다. 또 직장생활이 바빠 제대로 휴식할 시간도 없어 건강을 지키기에도 어려운 경우가 많습니다.

건강할 때와 젊었을 때 건강을 지키는 것도 중요합니다. 지나침으로 건강을 해친다는 것을 다 아는데, 아픈 경우 아팠을 때 이전과 같은 동일한 상태의 회복이란 진정 없다는 것은 대부분 모릅니다.
병에 걸리면 어떤 형태의 염증 등 상처가 몸에 남게 됩니다. 아무리 작은 아픔도 즉 미세한 상처로 몸에 남게 됩니다. 자연적인 노쇠는 어쩔 수 없겠으나 몸을 잘못 쓴다거나 위생을 안 지킨다거나 하는 것과 같은 나쁜 행동은 결과적으로 몸에 그 결과를 남기게 되어 시간이 지나거나 나이가 들면 병으로 나타나 돈과 시간과 신경을 많이 지불해야 됩니다. 또 행복을 불행으로 대체하는 결과를 유발합니다. 하지 말라는 것을 젊어서 한 후 늙어서 건강에 좋은 것을 하느라고 야단입니다.

위생을 잘 지키는 일, 예를 들면 술과 담배를 하거나 식사 후 올바른 양치질이 중요한데 이를 소홀히 하면 결국 40대부터 치아를 잃게 됨으로써 오는 짜증, 불편, 고통, 비용 등은 만만치 않습니다. 또 올바른 양치질이란 무엇인지를 잘 알아야 합니다. 양치질이 무엇이며 어떻게 해야 하는지를 전문가가 연구해 놓은 결과를 잘 이해하고 실행하여야 하는 것이 치아 건강을 지키는 일입니다.

담배가 왜 나쁩니까? 이를 안 지키면 반드시 그 대가를 치를 수밖에 없듯이 몸에 건강한 음식, 건전한 생활 습관, 휴식, 위생적 몸관리 등을 부지런히 이행해야 대가를 치르지 않으며 대신 행복한 시간이 늘어납니다.

건강을 지키기 위해서는, 건강에 대하여 공부를 해야 합니다. 대충 신문에서 보고 건강을 어떻게 지킬 것인지를 상식적으로 알았다고 해서 지키기는 쉽지 않습니다. 건강을 해치는 원인과 예방 방법을 깊이 이해하여야만 행동으로 이어지기 쉽습니다. 대충 알지 말고 필요에 따라서는 전문 자료를 통해 이에 대한 정확한 지식을 얻고 행동해야만 건강한 삶을 유지할 수 있습니다.

최근 여러 서적을 살펴보니, 건강에 대한 일부 의사들의 잘못된 지식이 많고 상업적인 처방과 진료 등이 있어 본인의 건강을 전부 의사에게 맡길 수 없는 경우가 있답니다. 젊었을 때부터 건강에 관한 여러 가지 전문 서적을 보아야 할 것입니다.

운동을 어떻게 할 것인가, 어떤 음식을 먹을 것인가, 어떠한 휴식을 할 것인가, 어떠한 위생관리를 할 것인가 등에 관해 지식을 얻고 행동으로 익히시기를 바랍니다.

요약하면, 상식보다 높은 차원에서 건강에 관한 지식을 습득하여 건강하도록 하십시오. 현대 의학이 아직 인간의 건강을 완전하게 규정하지 못하고 있는 점 즉 불완전한 지식과 기술을 가지고 있다는 점을 참작해 종합적인 최신 지식에 꾸준한 관심을 갖도록 하여야 할 것입니다. 건강을 잃으면 모든 것을 잃는다는 격언처럼 건강은 매우 중요합니다. 이 중요한 것을 위해 평소 자신에게 맞는 꾸준한 연구와 실천이 중요하다는 것을 이야기하였습니다.

7. 화행법칙(話行法則)

약간 생소한 제목입니다. 앞에서 기술한 내용이기도 하지만 다시 설명합니다. 말과 행동의 법칙에 관한 것입니다. 말은 소리가 아닙니다. 즉 말 자체는 행동 또는 실행력을 의미합니다. 말이 씨가 된다는 격언이 있습니다. 어떤 유형의 말이든 행동을 유발합니다. 즉 화(話)가 행(行)을 낳는다는 것입니다. 철학적 개념이든, 윤리적 개념이든, 정치적 개념이든, 경제학적 개념이든 어떤 유형의 말이든 행동으로 나타납니다.

"손 씻어라"라고 부모가 자녀에게 말하면 자녀가 손을 씻든지 나중에 씻겠다고 대답을 하든지 어떤 행동으로 나타납니다. 언어 즉 말이 천천히 행동으로 나타나는 경우도 적지 않습니다. 초등학교 다닐 때 친구에게 말로 마음의 상처를 주었다면 나중에 그 친구가 나에게 대하는 행동이 싸늘하거나 내가 청한 어떤 도움을 거절하겠지요. 또 집안 간에 말싸움이 있는 경우 자식까지 대물려 자식들 간에도 원수가 되는 경우가 있는 것을 보면, 화행의 법칙은 말이 말로 끝나는 것이 아님을 알 수 있습니다.

이제 이 원리를 이야기한 의미를 알았을 것입니다. 말을 잘해야 한다는 것입니다. 나쁜 말, 상처를 주는 말, 으시대는 말, 화내는 말, 거짓말, 지나친 농담, 비웃는 말, 불쾌감을 주는 말, 나의 이익을 구하는 말 등이 씨앗이 되어 싹이 나서 자라면 나쁜 결과를 맺겠지요.

반대로 좋은 말은 좋은 결과를 맺습니다. 즉 좋은 생각, 친절한 말, 부드러운 말, 위로와 격려를 주는 말, 칭찬의 말, 웃음을 주는 말, 기쁨을 전달하는 말, 진정한 뜻을 담은 말, 신뢰를 주는 말, 겸손한 말씨 등은 반드시 좋은 결과를 유발할 것입니다. 가장 가깝게 지내는 사랑하는 사람과 자녀에게 이러한 화행의 법칙에 따른 말을 한다면 많은 행복감을 누리고 따뜻한 가정이 될 것입니다.

8. 위로와 소망

이는 이미 언급한 내용에 조금씩 녹아 있습니다. 삶 자체가 그렇게 쉽지 않습니다. 위로와 소망이 없다면 망망대해 같은 세상 살기가 더 어렵기에 위로와 소망이 필요합니다. 인간은 원래 외롭고 고독한 존재이기에 위로와 소망이 절대로 필요합니다. 위로는 아픈 사람, 마음에 상처가 있는 사람, 슬픈 사람 등에게 해 주는 따뜻한 용기를 말합니다. 요즘 우리는 심한 고경쟁 속에서 삽니다. 회사에서 직원들에게 최선의 노력과 결과를 요구하며, 학교에서는 일등이 아니면 열등감을 갖을 수밖에 없는 이상한 환경이 되어 버렸고, 길거리 나가면 모두가 잘 생기고 멋있는 옷을 입고 다녀 도대체 어찌해야 내가 남에게 뒤지지 않을까 생각하는 맘이 생기기도 합니다.

또 누구는 어떤 집에 살며 어떤 차를 갖고 있다는 등 사실 신경을 쓰고 싶지 않지만 살다 보면 이런 유형의 정보와 비교 거리가 우리에게 열등감이나 상처가 되기도 합니다. 현대 사회는 소유로 자기를 치장하는 사회입니다. 이에 절대 속아서는 아니 됩니다. 생명을 경시하고 소유와 권력과 부로 치장하여 과시하는 사회입니다.

이런 유사한 일과 상대적 비교에 나를 위로할 방식은 나의 강력한 가치관 외에 없어 보입니다. 또 서로에게 위로를 주어야 함이 중요합니다. 상대방을 공격함으로써 또는 자존심을 건드려 더욱 상처를 입히지 말아야 하겠습니다. 누가 잘 하고 싶은 맘이 없겠습니까? 몰래 숨고 싶은 마음을 헤아려 감싸 주어야 하는 위로가 있어야 할 것이며 말 못할 심정을 헤아려 상대방이 말하기 전에 알고 격려하는 위로가 있어야 한다고 생각합니다. 아마도 내가 바라는 것을 상대방에게 해 준다면 큰 위로를 받고 힘을 얻을 것입니다. 잘못이 있다면 빨리 솔직히 이야기하여 위로의 말로 상처를 빨리 감싸는 것이 현명한 위로를 주는 방법일 것입니다.

소망이란 눈에 보이는 것이 아닙니다. 앞으로 어떻게 삶을 유지하고 이룰 것인가에 대한 것이 소망입니다. 희망과 비슷한 말이지요. 상대방의 소망이 나의 소망이 될 수 있고, 나의 소망이 가정의 소망이 될 수 있습니다. 또 각자의 소망이 있을 수 있습니다. 생명이 매우 귀중하나 어려운 세상에 소망과 위로를 찾기 어렵습니다.

소망을 위해 서로 나눔과 도움이 필요할 것입니다. 또 소망을 이루기 위해 인내도 필요하며 서로를 의심하지 않는 신뢰를 지키는 것이 중요하다고 봅니다. 만일 일방이 신뢰를 잃으면 다른 일방도 소망을 이루고자 하는 마음이 잃을 수 있습니다. 따라서 서로가 신뢰를 잃지 않도록 끝까지 마음으로 지지를 보내고 서로가 약속한 말을 잘 지켜 항상 상대방에게 소망을 갖도록 하여야겠습니다. 끝으로 이 책 대부분의 내용에 있는데 진정한 위로와 소망은 예수 그리스도에 있습니다. 그래서 부모님 묘비에 「예수 소망」 네 글자로 적었습니다.

9. 취미

잘하는 것을 취미로 하면 좋을 것 같습니다. 마지막으로 사람을 즐겁게 하고 사람 사이를 맺고 연결하는 기능 중에 취미가 유익합니다. 이로써 말 없는 대화가 이루어지며, 같은 시간을 함께 보낼 수 있어 매우 유익합니다. 나이가 들어 취미가 비슷하면 사람 간에 더욱 행복하게 지낼 수 있는 조건을 갖추는 것으로 알고 있습니다.

8-10. 대피라미드

살다보면 신비한 것, 비밀스런 일, 이상한 것, 이해하지 못하는 것, 경탄스러운 것, 예상치 못한 것, 상상을 초월하는 것, 알 수 없는 것, 처음 대하는 것 등을 직간접으로 대하게 된다. 이를 기적, 비밀, 신비, 경이 등으로 표현한다. 과학의 이름으로 해석하거나 이해하려 하지만 풀지 못하는 것들이 많아 어찌할 수 없는 것으로 인정하고 또는 무시하며 살아간다. 이것이 우리의 일상을 크게 저해하거나 방해하지 않기 때문이다.

마술은 눈속임수이다. 임사 체험, 유체이탈[567], 초혼(招魂)이나 신접(神接), UFO, 축지(縮地), 퇴마(退摩), 신유의 기도, 텔레파시(telepathy) 등이 지속적으로 행하거나 연구되고 있다. 엄마의 몸을 기도로 치료한 사례와 내 경우 어린 시절 약 4년을 시달리던 악몽을 황성수 목사님의 약 5분간의 기도로 완전한 치료를 받았다. 신념과 믿음과 자기 암시 그리고 호르몬 등의 작용 등을 정확히 구분하여 이를 객관적으로 분별할 수 없으나 기이한 일이나 기적은 주변 사람의 고백이나 간증을 통해 접한다.

자기의 감기는 남의 암보다 심각한 고통이다. 남의 체험은 남의 체험일 뿐 자기 것으로 이해하기 어렵다. 자기가 보는 것도 믿지 못하는 경우도 많다. 기적을 타인에게 설명하면 거의 무시되는 경우가 일쑤이다. 기적을 보더라도 이를 해석할 판단력이 없어 전설과 같은 것으로 여겨 사라진다. 우리는 우리에게 발생하는 평상의 비밀과 신비에 대하여 무감각하거나 이해할 수 없는 경우가 많다. 비밀과 신비는 확률도 아니며 우연도 아니며 정상적 일상이라고 생각한다면 미신일까. 이집트 기자의 대피라미드가 우리 눈앞에 있건만 불가사의라고만 하지 그 정체와 신비를 알아 내지 못하고 있다. 눈앞에 있으니 전설이나 비과학으로 분류하지 못할 것이다.

과거의 것을 우리가 이해하지 못하는 경우 이를 신화나 전설로 여긴다. 기적과 신비한 것을 비과학이라고 무시하는 경향이 우리의 사고를 단절하거나 제한한다. 연구로 사고의 폭을 넓혀 진실을 직시하여야 하나 연구의 한계가 사고를 오히려 단절하고 시야를 좁히는 경향이 있는 듯하다. 우리를 미혹하는 일도 많아 분별력 있는 판단은 중요하다. 다양한 신비와 비밀을 일반화하여 설명하지 못하므로 눈 앞에 있는 4천년 이상된 이집트 기자의 대피라미드를 예를 들어 사고의 한계 또는 왜곡을 살펴보고자 한다.

---

567 사도 바울은 삼층천(三層天, 셋째 하늘, 고린도후서 12:1)을 다녀 온 체험을 한 후 세상의 말로 설명할 수 없다고 하였으며, 영국의 마틴 로이드 존스 목사님(1899-1981)은 설교 중에 이를 경험하였다고 한다.

고대 피라미드는 이집트 지역보다 수단 지역에 더 많다. 또 피라미드와 같은 거대 석재 건축물은 세계 도처 분포되어 있다. 고대인의 석재 가공 기술 현황을 파악하고 특히 피라미드 건설에 적용된 풀리지 않는 기술이나 공법을 추론함으로써 고대인의 뛰어난 기술을 살펴 우리의 편견과 무지를 반성해 보자.

2005년부터 석재사업을 통해 현존하는 국내외 석재 종류와 석재 가공 기술을 접한 후 현재까지 꾸준히 석재에 대한 전문 지식을 공부하고 있다. 현재 이집트 기자의 대피라미드의 공간 구조 및 석재술을 이해하려고 최첨단 장비와 뮤온(muon) 입자를 이용한 연구가 진행되고 있으나 난제들이 복잡하게 얽혀 있어 해답이 실로 난망하다.

이집트 기자의 대피라미드를 중심으로 석재 가공 및 축조술을 음미하고 고대인들이 갖고 있었던 실용적 지식의 보편성을 확인하면, 현대인이 고대인들을 저평가하거나 잘못된 선입견을 갖는 점 그리고 심지어 현대사의 일부가 왜곡되어 있는 듯하다. 또 대피라미드를 축조한 기술 앞에서 우리 사고의 편협성도 버려야 할 것이다.

건축, 예술 및 구조용으로 사용되는 석재는 주변에 매우 흔하고 잘 변치 않은 재료이나 무겁고 강도가 강해서 다루기 힘들다. 사암(砂巖)이나 석회암(石灰巖)은 강도가 강하지 않아 가공이 쉬운 편이나 화성암 계열의 화강암, 섬록암, 안산암 등 석재는 고강도라서 이를 가공하려면 특수한 장비와 도구 그리고 지식과 경험 등 종합적 공학기술이 절대로 필요하다.[568] 특히 단단한 화성암을 예술적으로 다루거나 세공하자면 정밀한 가공과 마감 기술 및 고강도 정밀 장비를 요한다. 놀랍게 오늘날도 불가능한 고도의 기술을 약 4천5백 년 전 고대인이 보유하였으며 이들의 기술이 세계 여러 대륙에서 보편 기술로 상존했다는 점은 앞에서 설명한 바와 같이 여러 시사점을 제공한다. 안타깝게 그들의 기술을 해석하지 못하고 있다.

이집트의 피라미드를 접할 때 가장 놀라운 점은, 우리가 갖지 못한 그들의 상상력과 창조력과 정밀한 기술력이다. 상상력과 스케일이 우리와 다르며 그것을 실현한 정교하고 강력한 기술력을 갖은 점이 놀랍다. 이로 인하여 세계 7대 불가사의로 정의한다. 고대 그리스의 역사가 헤로도토스(BC 484-420)가 지금부터 근 2천5백 년 전에 기자의 대피라미드를 방문하였는데 그가 방문 시 피라미드는 2천 년 전에 건설된 것이었고 이때 그가 보고 들은 내용을 그의 역사서 제2권에 기록하였다. 만일 피라미드 실

568 건설용 석재를 다루는 운반과 가공을 예로 든다면, 석산 발굴-암석 채굴-할석 및 운반-가공(1차)-소운반-가공(2차)-소운반-가공(3차)-놓기 및 쌓기 등의 과정을 거친다. 가공 절차는 각 단계에서 일괄 처리할 수 있는데 고대인은 암석 채굴 시 대체적으로 채석장에서 마감 수준의 가공을 마친 후 현장에 반입한 것으로 보인다.

물이 현재 없다면 현대인들은 헤로도토스가 남긴 이집트 피라미드 기록을 믿을까. 아마도 거의 믿지 않을 것이다. 전설로 여길 것임에 틀림없다.

현재도 피라미드 건설 방법을 알 수 없어 외계인이 건설하였다는 허황된 가설을 내놓는다. 고대 이집트인들이 압축강도가 강한 섬록암[569]을 가공하여 수 mm 두께의 접시(사진 8-10-1 첫 사진)나 항아리 등을 만들었는데 이를 보지 않고는 믿을 수 없다. 해석되지 않으며 현재도 재현할 수 없는 고난도의 초정밀 기술을 갖고 있었다. 오늘날의 석재가공업자도 절대 가공할 수 없는 기술이다. 이집트 문명의 원류는 수메르 문명에 기원을 두고 있다는 것이 정설이다. 수메르 문명 전 문명도 발굴되어 있으나 학문적 체계 분류가 쉽지 않은 모양이다. 수메르 문명권에서 발굴된 유적과 자료에 의하면, 교육기관에서 의학뿐 아니라 기하학, 천문학 등 여러 학문을 가르치었다. 이들 수메르 문명이 이집트 지역으로 가서 화려한 이집트 문명을 일구었다.

< 사진 8-10-1 > 고대 이집트 화성암 가공술

주: 첫 사진의 섬록암으로 가공된 접시는 두께가 약 3mm로 오늘날도 입구가 굽은 접시 형태의 가공은 매우 특별한 공구와 정밀한 기술이 아니면 불가능하다. 또 둘째와 셋째 사진의 화강석의 이집트 왕의 두상과 사자의 깃털과의 붉은 화강암 조각도 고강도 정밀 장비 없이 광택(연마)과 세공이 불가하다. 마지막 사진은 붉은 화강암에 구멍을 낸 것으로 피라미드 현장에서 발견된 유물이다.

오늘날 석재는 주로 암석에 구멍을 내고 쐐기를 박아 절단하여 채굴하거나 절단기 끝에 다이아몬드를 부착한 기구를 주로 쓰며, 표면 마감은 다이아몬드가 부착된 공구, 사포(砂布, sand paper) 또는 양털 등으로 물과 함께 연마한다. 운반은 지게차, 트럭 또는 호이스트(hoist) 등의 중장비를 사용한다. 물론 동력은 거의 디젤 엔진이다.

광활한 평원 메소포타미아에서 발생한 수메르 문명의 건축자재는 주로 흙으로 벽돌을 만들어 말리거나 구워 만든 전돌이다. 색상이 가미된 것돌도 있었으니 미적 건축문화였다. 수메르 문명에 영향을 받은 이집트 피라미드도 처음에는 진흙으로 만든 벽돌을 석재와 함께 사용하였는데 나일강의 범람이나 비바람 등의 침식과 풍화로 흙벽돌의 한계를 극복하기 위해 종국에 흙벽돌 대신 석재를 사용한 것으로 추정한다.

569 압축강도가 150-280MPa로 화강석(100-250MPa)보다 강하다. 함무라비법전이 이 돌로 만들어졌다.

역사학자의 견해에 따르면, 이집트의 대피라미드는 수메르 문명이 멸망 이후인 개략 BC 25-26세기경 세워졌고 Cheops라고 불리는 파라오 쿠푸의 무덤으로 추정한다. 수메르 문명보다 앞선 괴베클리 테베[570]와 같은 거석문화가 존재하였고 그 후 다른 대륙에서도 다른 유형의 석재 피라미드들이 산재한다. 이집트 내에서도 기자의 대피라미드 보다 앞선 여러 형태의 크고 작은 피라미드가 여러 곳에 분산되어 있어 있으나 규모가 가장 크고 건축 연대가 가장 오래된 것 중의 하나가 카이로 근처 피라미드 군(群)이다. 레바논의 바알벡(Baalbek) 신전은 AD 2세기경에 로마시대에 건축된 것이나 800-1,500톤에 달하는 엄청난 기단의 단일 석재는 기원전 7천 년 이미 건축된 것 위에 다시 건설된 것으로 추정하기도 한다.

< 사진 8-10-2 > 레바논의 로마시대 석조 건축물 (바알벡 신전)

주: 위 사진 기단의 장대석은 약 50톤 정도이며 운반이나 할석을 위해 돌에 구멍을 내었다.

< 사진 8-10-3 > 페루 푸스코 지역의 불규칙 가공된 석재 벽

주: 섬록암과 화강암 계열로 가공이 매우 어려운 석질이며 불규칙한 가공은 현대 장비와 기술로 실현이 매우 어렵다. 이러한 이유로 이들 석재가 시멘트로 조성된 콘크리트라는 설이 있으나 자연석으로 판명되었다.

570 터키 동남부 시리아 국경 인근 우르파 근처 지역에서 출토된 석기 구조물로 수메르 문명보다 4-5천 년 앞선 9천 년-1만 년 전 문화라는 것이라는 것인데 건설 시대 추정마저 학자들의 생각이 다르다 한다. 이 유적의 발견은 역사의 여러 기준을 바꾸는 획기적 사건으로 평가되고 있다.

< 사진 8-10-4 > 푸마 푼쿠의 석재 가공

주: 볼리비아 안데스 산맥 해발 약 3,850m 알티플라노 고원의 건축물에 사용된 안산암 및 사암의 석재 가공 모습. 정교한 가공은 오늘날의 기계 장비로도 쉽지 않거나 불가능하다. 이 석재는 인근 계곡 바닥에서 약 10km 올려다 사용한 사암과 약 90km 떨어진 채석장의 안산암이라 한다. 큰 석재는 약 130톤으로 AD 6세기에 건설되었다 추정한다.

영국의 스톤 헨지와 같은 고대 거석, 기원 후 건설된 남미 페루의 쿠스코(Cusco)와 볼리비아의 푸마 푼쿠(Puma Punku), 멕시코의 테우티우아칸(Teotihuacan) 등에 있는 거대한 규모의 매우 정교히 다듬은 불규칙 다각형과 예술적 표현의 석재 가공 및 운반 기술을 전혀 알지 못한다. 이집트 기자에 있는 대피라미드도 여러 기록과 해석들이 남아 있는 편이지만 학자들이 동의하는 정확한 내용에 대하여 알져 진 바 없다.[571] 수메르 문명과 그 전 시대를 청동기시대라 규정하고 있으나 성경 기록에 의하면 철기와 청동기는 약 BC 34 세기 동시에 사용했다.[572] 야살의책에 의하면 성경보다 3세기 앞선 BC 37세기에 청동기와 철기를 함께 이용한 기록이 있고[573] 문자는 BC 36세기에 사용하였다 한다.[574] 또 이들 기록에 의하면 수메르 문명과 이집트 문명은 철기와 청동기 및 문자를 사용한 시기였다. 적층식(積層式) 구조의 피라미드식 구조물은 수메르 지역에 있었다. 지구라트를 비롯하여 성경에서 설명하는 바벨에 세워진 탑(바탑)도 적층식 구조물이었다. 다만 수메르 지역의 피라미드 또는 탑은 진흙으로 만들어 말리거나 구운 벽돌을 층으로 쌓은 구조인데 이 기술은 수메르인이 이집트로 가면서 이전한 것으로 보인다.

성경과 야살의책을 종합하면, 이집트 문명은 수메르 문명 말기인 BC 1,913년경[575] 발생한 바벨탑 사건 이후 노아 아들 함의 둘째 아들인 미스라임의 7형제(표 4-6-1)가 이

571 BC 5세기 그리스의 역사가 헤로도토스가 이집트를 방문 당시 약 2천 년 전에 건설된 피라미드를 보고 들은 방문기에 건설 방법을 기록하였고, 오늘날 파피루스 기록된 노동자들의 기록 등이 발견되어 그가 남긴 기록과 상이한 점들이 드러났다. 헤로도토스 외에 기원전 알렉산더 대왕 등도 방문 기록을 남겼는데 당시 건설한 사람들의 정확한 건설 기록은 발견되지 않고 있다.

572 창세기 4:22에 가인의 6대손인 두발가인이 구리와 쇠로 여러 가지 기구를 만들었다 하였는데 두발가인은 셋의 6대손인 므두셀라와 같은 시대에 태어났다고 가정하면 BC 34세기가 된다.

573 야살의책 2:4에 아담의 2대손인 BC 37세기 에노스 시대에 놋과 철을 사용하였다고 한다.

574 야살의책 2:13

575 야살의책 10장 21-23절에 의하면 BC 1,913경으로 추정되고 역사학자들은 BC 25세기경으로 본다.

집트 시내인 시홀 강가로 이주하여 세운 나라로 기록하고 있다. 미스라임 아들 7형제가 이집트로 이주할 때까지 함의 8대 자손들이 태어났는데 이때 가구당 남녀 각 4인씩 총 8인이 생잔했다면 미스라임 자손들의 당시 총인구는 약 1백만 명이 된다 (표 8-10-1). 이 추정으로 보면, 이집트로 이주한 미스라임 자손이 피라미드를 건설한 노동력 제공에 충분하였을 것이다. 이들 전부가 이집트 지역으로 이주하지 않았다하더라도 피라미드 건설에 충분한 노동력을 제공한 것으로 보인다. 피라미드가 광범위한 이집트 지역에 산재해 있는 것으로 보아 미스라임 7형제 자손이 시홀 강 주변에 이주한 후 광범위하게 분산 거주한 것으로 여겨진다.

< 표 8-10-1 > 미스라임 7형제의 출산 후 남녀 각 4인씩 생잔 시 인구 추계표

세대 (Ni)	가구 수 (A, 등비급수 4)	남자 출산 인구 (B, 명)	당해 세대 인구	누적 인구 (Pi, 명)
함 (BC 23세기)				
1대 (미스라임)	1	7	16	19
2대 (바드루심)	7	28	70	96
3대 (펠리시딤)	28	112	280	337
4대	112	448	1,120	1,349
5대	448	1,792	4,480	5,402
6대	1,792	7,168	17,920	21,614
7대	7,168	28,672	71,680	86,462
8대 (아브라함 세대)	28,672	114,688	286,720	345,854
9대 (BC 20세기)	114,688	458,752	1,146,880	1,376,256

주 1: 고대 이집트를 건국한 미스라임의 자손은 함의 7대손으로 보이며 아브라함의 가나안 이주보다 (약간) 빠른 시기에 이집트로 이주했다. 미스라임 자손들이 번창한 후 피라미드를 건설한 것으로 보인다..

주 2: 바벨탑 사건이 일어난 8대에 미스라임 자손들이 이집트로 이주하였으며 이때까지는 이전 모든 세대가 함께 산 장수 시기였다 (표 1 참조). 위 표에서 미스라임 자손이 이집트 피라미드를 건설 시 약 137만 명으로 번창하였다. 만일 세대당 남녀 각 3인을 출산하였다면 피라미드 건설 시 총인구는 약 16만 명이 되어 인력이 부족하므로 출산 후 생잔 인구는 남녀 각 4인으로 봄이적정하다.

기자에 있는 대피라미드는 2-3톤 정도의 대형 석재 2-3백만 개를 약 210층 높게 쌓은 대규모의 사각추 구조물로 그 내외관은 미적으로도 완벽에 가깝다. 4천5백 년 동안 비바람과 지진 등 자연환경에 가장 오래 유지된 가장 큰 인공구조물이다. 이 대피라미드의 건설 시기와 목적, 건설한 사람 그리고 건설 공법과 경영 기법이 정확히 밝혀지지 않고 있다. 파라오 쿠푸가 건설했다고 전해지나 입증되어 있지 않다.

피라미드 건설에는 지질학, 기하학, 천문학, 측량학, 채석과 석재 가공 기술, 석재 운반 기술, 석축 공법, 내외부 건축 공간 설계, 경영술, 경제학 등 매우 다양한 전문 기술을 요했으며 이에 대한 당시의 정확한 내용이 밝혀지지 않고 일부분이 밝혀져 있다. 오늘날 다양한 전문가가 이 피라미드를 조사하여도 어떻게 건설하였는지 알지 못하는 점은 오히려 많은 시사점을 제공한다.

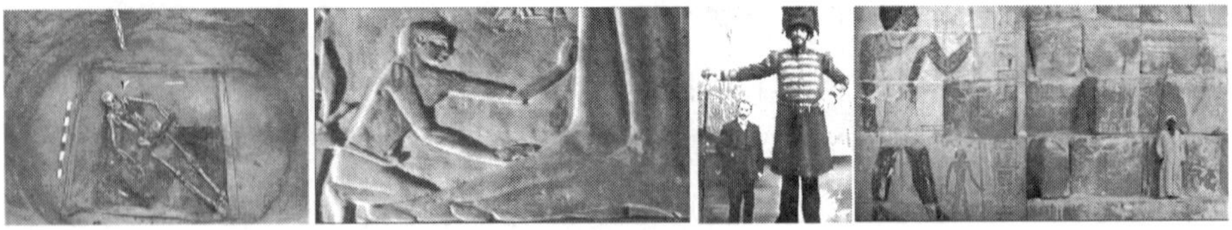

< 사진 8-10-5 > 고대 거인과 현대 거인

주 1: 고대 또는 현대에 거인은 항상 존재하였다. 특히 고대에 많은 거인들이 살았다는 증거는 기록이나 유골에서 확인된다. 고대의 식물 잎 화석도 매우 커서 오늘날보다 10배 정도의 규격이 발굴된다. 고대 이집트 피라미드 건설 당시 거인족과 이에 비해 작은 사람이 함께 살았으며 거인족이 피라미드 건설에 투입된 것으로 보인다.

주 2: 투탕카멘(BC 14) 미이이라의 신장은 170cm 정도로서 현대인의 평균 신장 정도이다. 그러나 피라미드 건설은 이들 미라 왕족보다 약 1천2백 년 전에 세워진 것이므로 피라미드 건설 시 사람들의 체격을 미이라 왕족들의 체격과 유사하다는 단정은 무리인 듯하다.

< 그림 8-10-1 > 고대 이집트의 석재 운반

주 1: 위 첫 그림에서 배경에 건설 중인 피라미드가 있고 가장 왼쪽에 하늘의 신 호르스가 죽음의 신 아누비스와 대화를 나누는 장면에서 피라미드를 무덤으로 추정한다. 중간 위치 사람이 인부들에게 작업 지시를 하며 오른쪽 2인이 목도로 1개의 석재를 운반하는데 석재의 크기가 0.6m * 0.6m * 0.4m 정도라면 무게가 약 300kg 정도로 보인다. 인부의 체격을 아래 주 3 설명처럼 유추한다면 이보다 클 수 있다.

주 2: 위 둘째 그림에서 강에서는 배로 대형 오벨리스크와 사각 석재를 운반하고 있다. 이 석재는 나일강 하류 근처에서 채굴한 화강암이나 휘록암 등이다. 배에 적재된 오벨리스크와 사각 석재의 무게는 수백 톤이 된다.

주 3: 지상에서는 소를 이용해 썰매로 끌고 있다. 소의 크기로 보아 석재의 규격은 2m * 2m * 4m로 보면 무게는 약 35톤이 된다. 사람이 소보다 키가 크므로 인부의 체격은 약 2.5m 정도인 듯하다. 아마 당시의 소 체격도 오늘날 이집트 소보다 컸을 것이다.

피라미드에서 얻는 시사점은 첫째, 오늘날의 공학적 지식으로도 피라미드를 건설한 고대인의 사고와 기술 전체 및 상세를 해석하지 못하는 것은 오늘날의 관점이 미숙하거나 잘못이 있음을 의미한다. 또 4천5백 년 이전에 무시할 수 없는 실용적이고 보편적 기술이 존재했다는 점이다. 거석문화와 피라미드가 세계 도처에 다양한 형태로 있다는 것은 우리가 모르는 고대인의 발전된 지성과 기술 체계가 세계 도처에 존재했음을 의미한다. 그들도 여러 면에서 뛰어난 사람이라는 점을 여러 각도로 인정한다면 거석문화 건설에 대한 해법을 좀 더 쉽게 찾을 수 없더라도 그들을 올바로 이해할 수 을 것이다. 우리의 상식은 엉터리이거나 잘못되었음을 인정해야 한다.

둘째, 거대 구조물인 피라미드를 건설하는 일은 특정 기술이 아닌 체계적인 종합적 지식과 공학에 의한 것이다. 종합적 지식은 단기간에 완성되는 것이 아니다. 분야별 1개의 공학적 기술은 최소 2-3대에 걸친 숙련된 기술자에 의해 지식과 경험으로 완성된다. 종합적 기술이 필요한 피라미드를 건설하려면 분야별 최소 1백 년 정도 선행한 여러 기술과 경험이 축적되어야 가능할 것이다. 거대 건축물은 천재적인 사고와 경험 및 정교한 기술이 필요하다. 대형 구조물 건설을 위한 측량술이 오늘날과 같은 광파측량처럼 작은 오차이어야 정확한 사각추의 꼭지점[576]을 완성한다. 축적된 종합 전문기술 없이 거석문화나 피라미드를 설계 및 시공이 불가능하다. 이런 점에서 기본적인 지식과 경험은 고대 이집트 이전 수메르 문명에서부터 유래한 것으로 보인다.

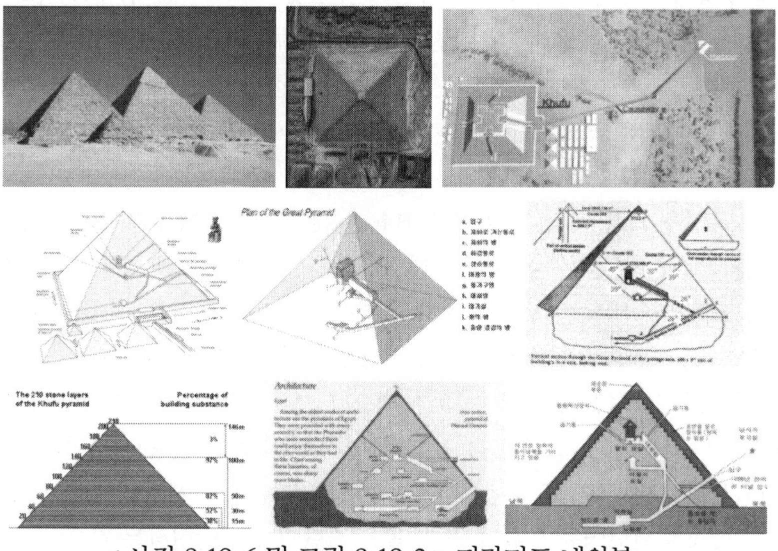

< 사진 8-10-6 및 그림 8-10-2 > 피라미드 내외부

주: 쿠푸 왕 피라미드로 알려진 규모는 우리나라 초등학교 4개 정도 면적에 돌을 쌓은 규모이다. 바닥 변 230m 높이 146m 이다. 각 층의 석재 평균 높이는 약 0.7m 정도로 석재 크기는 상부가 하부보다 작다.

576 정확히는 사각추 꼭지점부터 하부 각변의 중앙쪽으로 약간 기운 8각추의 형태이다.

여러 왕조를 통해 여러 피라미드를 건설하였으므로 종합된 기술과 경험이 보편화된 것으로 볼 수 있다. 기록에는 임호테(Imhotep)[577]라는 천재가 있어 피라미드를 건설하였다는데 임호테 이외 다른 재능 있는 기술인이 다수 있었을 것이다. 당시 사람들은 기억력, 수리력 등 지성이 매우 뛰어난 사람이었음이 확실하다. 석재 210개 층 높이이므로 설계도면이 수천 장 이상이었을 것이다. 내부 대회랑 등이 매우 세련된 석재 마감이므로 정밀한 상세도면이 전체 도면의 1/10 정도로 추정된다. 다양한 기술인(건축, 토목, 조경 등)과 예술가(조각, 시각디자인 등)들이 동원되어 5년 정도의 설계와 공사 준비기간이 걸렸을 것이며 실제 공사기간은 수십 년 걸릴 것이다.

셋째, 선사시대 또는 청동기시대에 건설된 것으로 알려진 기자의 대피라미드 외부 석재는 석회암으로 강도가 낮은 편이나 최외부 마감 석재나 내부 주요 통로(대회랑 등)와 방 부위 등은 고강도에 속하는 화강암을 매우 예술적으로 정밀하게 조각하고 연마(물광택)하고 정교한 구멍을 내는 등 청동기구로 다루기 불가능한 석재를 사용하였다. 청동기가 아닌 철기에 의해 건축된 것이 확실하다. 청동기 시대라는 역사적 기준에 집착하고 있다. 실물을 보고서도 엉뚱한 주장이나 해석을 하고 있다. 예컨대 모래를 원통 청동막대 아래에 놓고 모래의 굴삭력을 이용하여 구멍을 뚫었다는 추정은 학술적 역사 구분에 기술을 역으로 맞춘 상상이다. 학술적으로 구석기시대, 석기시대, 및 청동기시대, 철기시대 및 역사시대 등으로 구분하는 관점에서 피라미드 건축시기를 청동기시대라고 맞추는 관점은 잘못이다. 한국의 화강석보다 강도가 강한 화강석을 정밀 가공한 기술은 청동기 시대의 기술이 아닌 철기 기술이어야 한다. 청동기시대였다 하더라도 뛰어난 특별 기술을 전제하지 아니하면 해석이 되지 않는다.

사람은 문명을 짧은 시간 안에 이룩하나 긴 시간 동안 진화론적으로 문명을 건설하지 않는다. 필요에 따라 문명을 건설할 수 있는 상상력과 집단 지능과 기술을 갖는다. 혹자는 고대인들이 남긴 고도의 석재 문명을 평가하면서 문명 리셋(reset)을 이야기하기도 하나, 사람이 집단으로 거주하는 경우 집단지능을 통해 필요한 고도화된 문명을 건설하는 경향성을 부정할 수 없다. 역으로 인류는 그럴 필요가 없는 경우 또는 의식주를 자족하는 경우 고도의 집단지능을 발휘하지 않는 것으로 보인다. 원시림이나 툰드라 산림 등에서 이 예를 볼 수 있다. 문명을 기준으로 사람의 지능을 평가하려는 우리의 상식적 판단에는 오류가 있다. 높은 집단지능이 발현하는 경우는 모집단 인구가 도시화 될 정도로의 규모가 전제되면 가능한 것으로 보인다.

577 의학 등 여러 방면에서 천재성을 발휘한 임호테는 이집트 남부 사카라에 있는 지하구조가 복잡한 석재 계단식 피라미드를 최초로 건설하였다고 전해지며 이곳에서 발견된 석재로 만든 접시(사진 8-10-1 참조)는 현재까지 불가사한 기술로 제조된 것으로 알려져 있다. 이들 외에 유리, 코발트 자기타일 등을 사용하여 내부 공간을 장식하였다.

넷째, 오늘날과 같은 기계와 중장비 없이 대피라미드 건설이 가능할까. 반중력, 외계 기술, 거인의 힘 등을 사용하였다는 설이 있다. < 사진 8-10-6 > 및 < 그림 8-10-2 > 처럼 현실적인 노동력은 거인[578], 오늘날보다 뛰어난 지능, 체력이 좋은 고대인의 힘, 소와 말 등이었다. 장비 및 도구로는 무게추를 이용한 기중기, 고패, 도르레, 긴 지렛대, 사다리, 둥근 바퀴, 목재나 철재 기구, 수레(썰매), 운반용 둥근 받침목, 비계, 배(운반선) 등을 이용하였을 것이다.

오늘날 우리가 상상하지 못한 장비와 기구를 인정해야 한다. 발굴되지 아니한 장비와 도구가 없다고 오늘날 쉽게 쓰는 간단 기구나 장비가 없었다고 주장하는 것은 고대인을 미개한 사람으로 여기는 것은 편견이다. 평균적 2-3톤 이상의 석재를 바닥에서부터 맨 꼭대기인 146m까지 옮겨야 완성되는 피라미드 공법은 단순 장비와 오늘날과 같은 사람의 체격이나 인력으로 불가능하다. 실제 오늘날의 중장비로도 쉽지 않다. 더구나 20-70톤 정도의 대형의 정교한 단일 화강암 블록을 대회랑 높이와 묘실 높이인 50-100m 높이까지 운반하는 일은 오늘날도 기계 장치 없이 구현이 어렵다.

많은 연구자들이 석재를 옮기고 높은 곳까지 올리는 방법을 제시하고 있다. 피라미드 주변 여러 곳에서 팔이 긴 지렛대를 이용하여 아래에서 각 층의 사면을 연결한 경사면을 따라 석재 받침대를 밀어 올리는 방법, 각 단 위에서 고패를 이용하여 경사면을 따라 끌어 올리는 방법을 사용한 것으로 보인다. 각 층의 소단(小段)에서는 고패를 설치하여 수십 명이 끌어 올리는 방법도 보조적으로 사용했을 것이다.

석재 가공은 채석장에서 완성된 후 현장으로 이동하여 쌓은 것으로 보이는데 당시의 < 그림 8-10-1 >과 2023년 3월에 미확인된 공간 내부를 뚫어 확인된 통로에 석재 잔재가 없는 것에서 확인된다. 4천 년만에 공개된 이 통로 내부에서 석재를 마감한 후 석재 잔재가 없다는 점은 모든 석재는 채석장에서 설계도에 따라 가공된 후 현장에 반입되었음을 말한다.

석재 가공과 운반보다 더 어려운 것은 석재가 무겁고 크기 때문에 정확한 곳에 정교하게 놓거나 쌓는 작업이다. 대회랑과 묘실의 정교하게 마감된 대형 화강석재를 높은 위치까지 올리고 정확히 놓는(쌓은) 기술은 매우 특별한 공법을 가졌다는 것을 의미한다. 기중기 또는 기중기 대용의 특별한 기계장치를 갖고 있었다. 무겁고 큰 물체를

578 이집트에서 탈출한 이스라엘 민족이 가나안을 정복을 위해 염탐할 때 가나안에 사는 사람들이 거인족 또는 네피림 후손인 아낙 자손이 거주함을 모세와 이스라엘 백성에게 보고한 바 있다 (민수기 13:31-33). 당시 거인들이 많이 있었음을 알 수 있고 또 피라미드 벽화에서 발견되는 사람과 동물의 크기에서 사람의 체격을 유추할 수 있다.

자유롭게 움직이는 장치 없이 피라미드 건설은 불가능하다.

현재까지 피라미드가 외피를 제외한 거의 모든 블록이 완전히 보전되었다 함은 공법이 완전하다는 것을 의미하며 이는 많은 시행착오를 겪은 후 기술이 충분히 축적됨을 의미한다. 세계 각국에 흩어진 고대 석재문화를 살피면 매우 오래 전부터 오늘날과 같거나 뛰어난 석재 가공술과 건축술, 장비가 각 대륙에 존재했음이 명백하다. 매우 오래 전부터 첨단 장비와 기술이 널리 상존했다고 보아야 한다. 일부 전문가는 자연석 대신 콘크리트 배합 방식의 현장 타설을 주장하나 이는 설득력이 전혀 없는 것은 콘크리트 재료를 만드는 공법이 더 시간과 비용이 많이 들기 때문이며 또 이는 사실이 아님이 밝혀졌다.

다섯째, 생물학이나 생태학에 의하면 생명체의 기원이나 변화와 관련된 특징 중 하나는 고대로부터 현재까지 99% 이상의 종(種)이 사라졌고 현존하는 생명체의 몸집이 왜소해졌다는 점이다. 이 점은 사람 지능과 체력의 보편적 퇴보를 시사한다. 이는 생명체 생존에 적합했던 기후 등 생존 환경의 악화 및 영양섭취의 빈곤화가 진행되었음을 말한다. 고대인의 지능, 체격과 체력이 오늘날보다 월등하다고 봄이 타당하다. 이러했다면 피라미드 건설이 현대인의 예상보다 수월했을 것이다. 이러한 가정을 하지 아니하고서는 괴베클리 테베 또는 영국의 스톤헨지, 페루, 볼리비아, 이스터섬 등의 거석문화를 설명할 수 없다.

여섯째, BC 32세기부터 이집트 역사를 30개 왕조로 분류한 고대 그리스 학자 마네트의 기록은 전해지지 않으나, 요세푸스의 논문 "아피온에 대하여"와 율리우스 아프리카누스, 유세비우스, G. 신셀루스의 작품에 실린 왕조 및 재위 기간 목록에 단편적으로 남아 표준 연대기로 분류한다. 이 표준 연대의 초기 왕조를 BC 3,150-BC 2,686으로 보고 있으나 최근 연구를 통해 이 연대가 여러 왕이 동시에 통치하였거나 공존하는 등 부풀려졌다는 이유로 수백 년 축소되어야 한다고 주장되고 있다.[579] 이 표준 연대의 축소설에 의하면 이집트 피라미드 건축 연대는 바벨탑 이후 건축한 것으로 추정할 수 있다. 현재 기자에 있는 3개의 피라미드 중 대피라미드(4대 왕조 쿠푸 왕)는 BC 2,560년경에 건설되었다고 하나 표준연대가 약 500년 정도 부풀려졌기에 BC 1,913년에 발생한 바벨탑 파괴 사건 이후에 건설된 것으로 해석될 수 있다.

---

579 Peter Jame(Centuries of Darkness). Colin Renfrew, David Rohl(A Test of Time), Donovan Courville(The Exdus Problemand its Ramifications), Kenneth Kitchen(Third Intermediate Period), David Down 등이 표준 연대기를 삭감 조정해야 한다는 학자이다(김홍석 구약학 교수, U-tube 동영상 강의 중).

일곱째, 수메르 족속인 미스라임 자손이 이집트로 갔다는 설에 의하면(표 8-10-1), 미스라임 자손이 건설한 피라미드는 수메르의 여러 학문과 사상에 뿌리를 두고 있었을 것이다. 매우 큰 규모의 바벨 성읍과 탑 건설에 참여한 족속은 왕 니므롯이 주동이 되고 노아의 둘째 아들 함의 네 아들인 붓과 미스라임과 구스와 가나안과 그리고 그들의 가족이 주축이 되었다. 이중 미스라임의 자손들이 이집트로 건너간 다음에 바벨 성읍과 바벨탑을 구운 벽돌로 건설한 기술을 응용하여 초기 피라미드를 벽돌과 몰탈(mortar)로 건축한 것으로 보이며 바벨탑을 쌓은 기술을 더욱 발전시켜 석재 피라미드에 응용한 것으로 보인다.

야살의책에 기록된 바벨 성읍에 구축한 바벨탑 건설 기법과 목적을 보면, 꼭대기에 올라가 하늘의 적과 싸우자는 의도로 보아 꼭대기를 평평하게 쌓아 올리고자 하였고 높은 산지에 넓은 바닥을 구축하여 쌓았을 것으로 상상할 수 있다. 높은 산지에 쌓은 것으로 상상할 수 있는 것은 무너진 둘레가 사흘 길 거리에 산재해 있었다고 하는 점 때문이다.[580] 바벨 성읍은 오늘날과 같은 매우 큰 규모의 신도시이다. 산지에 쌓은 탑은 바닥이 사방 수 킬로미터로 보이며 꼭대기 높이까지 이동 거리가 외경(外經)의 묘사대로 높이가 5,433 규빗(cubit)인 약 2.4km 정도였으니[581] 산과 같은 형상을 이루었을 것이다. 이러한 상상력을 뒷받침하는 거대한 축조 기술, 건설 경험과 건설 목적은 이집트의 피라미드에 응용되었을 것이다.

피라미드 중심 근처에 왕의 현실(玄室) 그리고 지하에 왕비의 묘실이 있는 것으로 파악하고 있으나 피라미드 주변에 묘실, 신전 및 장제전이 있는 것으로 보아 피라미드가 묘지인지 확실하지 않다. 바벨탑의 건설 목적은 "꼭대기가 하늘에 닿게 하여 우리가 우리의 이름을 알리고 우리가 온 세상을 지배하고 그리하여 우리 원수들의 재앙이 우리에게 그치게 하고 우리가 그들의 강하게 지배하고 우리가 그들의 전쟁으로 인하여 온 땅에 흩어지지 않도록 하자 (야살의책 9:21)"고 함에 있는데 이 사상을 피라미드의 건설에 적용하여 함의 아들인 미스라임 족속이 바벨탑에서 이루지 못한 신념적 유사 목표를 이집트에서 이룬 것으로 보인다. 이 추정이 맞다면 스핑크스의 원형은 아마도 이집트 족속의 시조로 여기는 함, 중시조(中始祖)인 미스라임이거나 강력한 파라오(pharaoh)일 것이다. 피라미드와 스핑크스는 묘실이 아니라 바벨탑처럼 도시 내 왕권을 상징하는 기념물이나 상징물이 주된 기능이고 이 안에 묘실을 두었을 것이다.

580 야살의책 9:25-38

581 이 높이는 직선 높이가 아닌 밑에서 정상까지 이르는 연장 즉 수평거리의 합으로 봄이 타당하다.

요약하면, 4천 년 이상된 고대 이집트의 피라미드는 바벨탑을 건설한 수메르 사상과 학문 그리고 벽돌 건축술을 석재 건축술로 개선·발전한 것으로 보인다. 고대인은 우리와 확실히 다르게 똑똑하였으며 또한 체격과 체력이 건장하였다. 수메르 문명에서 살던 사람 미스라임 족속들이 그들이 배운 천문학 지식을 사용했을 것이며 오리온 별자리 위치에 맞게 건축하였다는 그레이엄 핸콕의 주장[582]대로 건축하였다면 수메르 문화에서 볼 수 있었던 태양과 별을 숭상한 권력자의 자기 신념과 지성 및 권력의 산물이었을 것이다.

피라미드를 건설할 당시는 매우 풍부하고 안정된 사회 환경이었으나 피라미드를 건설한 후 고대 이집트는 근 2백 년간 역병과 정치적 혼란에 휩싸이고 어른들은 먹을 것이 없어 아이들을 구워 먹었다고 할 정도로 어려움을 겪는 것은 대규모 신도시 건설로 국력을 낭비하고 망한 수메르 문명의 유사성을 드러낸다. 불필요한 국력 낭비와 국가 지도자의 자만과 사치는 국가를 망하게 한다. 개인의 삶도 그럴 것이다.

끝으로, 서양 학자의 피라미드 건설 공법에 대한 해석을 평가하자면, 외부 또는 내부에 설치하는 긴 경사로는 매우 비효율적이고 설치 후 해체도 매우 번잡한 일이다. 매 계단에서 대형 석재를 끌어 올리는 방식의 기구 사용 또한 위험성과 복잡성이 있어 이들 장비 채택이 되지 않았을 것으로 보인다. 특히 소운반과 먼 거리 운반은 이집트 벽화에서 보듯이 배, 소, 사람 그리고 썰매 등으로도 가능하였을 것이다. 석재의 수직 이동은 피라미드 사면 활용 시 힘의 절약[583]과 이동거리 단축 효과가 크므로 사면 이동 공법을 채택했을 것으로 보인다.

설명했듯이 피라미드 건설에서 가장 어려운 공법 중 하나로, 무거운 석재를 각 층까지 올린 후에도 각 층에서 석재를 수평적으로 이동할 때 각 층 바닥면이 평탄하지 않았을 것인데 소운반, 치석(治石)[584], 놓기 또는 쌓기 등의 기술이다. 이 점을 해결하기 위해서는 당시 오늘날보다 체격과 체력이 매우 우수한 사람이 살았다고 보아야 함이 필수적이다. 또 뛰어난 기술력의 석공과 특별한 기구나 장치가 있었을 것이다.[585]

피라미드 내부에 사용된 붉은 화강암은 우리나라의 회백색 계열의 화강암인 포천석이나 황등석보다 경도가 강하여 가공은 철제 이상의 기구로만 가능하며 < 사진

582 나무위키 백과에서

583 대피라미드 경사가 51.52도 이므로 경사면 이용으로 얻는 중력 감소는 약 22%이다.

584 돌을 피라미드 각 층에 올린 후 정밀하게 놓거나 쌓기 위해 돌을 다듬어야 하는 공정이다.

585 중세 시대의 전문 석공들의 조직을 프리 메이슨(Free Mason)이라고 하는데 고대 여러 시대와 지역에서도 이러한 전문 인력과 공법이 있음을 가정하지 않으면 피라미드 등 대규모 석재 문명이 존재할 수 없다.

8-10-4>와 같은 원석을 안쪽으로 파낸 정밀한 직각면 가공은 현재로도 매우 어려운 기술이다. 이들 화강석의 표면 광택 연마는 접시 등의 표면 마감에서 볼 수 있듯이 오늘날과 같은 가죽이나 양털과 같은 매우 부드러운 재료를 물과 함께 기계로 마감했을 것임이 분명한데 이 역시 풀리지 않는다 (사진 8-10-1).

우리가 직접 보는 현실을 우리가 풀려고 아무리 애써도 풀리지 않는 사실과 신비가 풍성하다는 것을 피라미드를 통해 설명하려 하였다. 물론 사람이 만든 이 피라미드의 신비도 모르지만 살아 있는 몸의 작은 세포 하나도 어떻게 만들어지는지 전혀 모르고 있다.

8-11. 시편

시간의 사랑

사랑이여
시간이 굽이쳐 풍랑이 일 때도
밤이 올 때도
앞이 보이질 아니하여도
가진 것이 없을 때도
해가 서산에 져 마음이 외로울 때도

이 모든 것이 마지막인 듯이 참아내며
이 모든 것이 처음인 것처럼
신기해하며 감사하며
사랑합시다

사랑이여
시간이 굽이쳐 정지된 느낌을 강요할지라도
그 시간과 함께 사랑이 굽이쳐
우리에게 다가올
흔적이 아름답게 새기도록
고요히 흘러가도록 합시다

1995년 여름 미국 그랜드 캐년(Grand Canyon) 벼랑에서

사랑

새싹 움트는 소리에 잠에서 깨어
당신의 편지를 읽고요

꽃잎 피리 소리에 고개를 돌리니
당신의 눈웃음이 숨어 있군요

맑은 하늘에
하얀 시냇물에
당신의 눈과 웃음을 담아

겨울이 오면 꽁꽁 얼려서
봄날이 오기까지
보고 또 보리다

봄날을 기다리는 겨울, 남산을 산책하며

길목

길목 끝에 이어진 골목에 서면
골바람에 두둥실
님의 눈웃음이 떠간다

두 갈래 마주한 길목에 서면
내일은 끝이 보이는 이 길 따라 봄이 오겠고
모레는 저 길 따라 오실 님을 기다리이다

가을이 머물다 간 길목의 벤치 위에 맺힌 빨간 낙엽이
멀리 간 님이 오실 날짜 날에
꽂아 놓은 책갈피가 되었구나

골목 끝에 이어진 길목에 서면
님이 오시는 날
길목에서 골목으로
골목에서 길목까지
눈웃음이 가득 하겠지

골목길 입구에 위치한 사무실에서

삼십대 자화상

산기슭에 서서
정상을 바라본다

불혹의 나이를 맞기 전
설익은 나이지만
가을 추수를 재촉하는 여름날을 지내는 젊음

여인의 흰 살이
어머니의 주름으로 변하듯
낯익은 아버님 모습으로 변할 나이 삼십에

서민의 서러움도
운동권 학생의 외침도
폭락하는 주식의 지수도
아침 출근 시 빨아 댄 담배 연기 한 모금에 묻고
멀리 우뚝한 정상을 꽤 뚫는 이 나이

오르지 못한 산
어이 친구여
뜨거운 햇살이랑 피하고
이곳 그늘에서 담소와 웃음으로 쉬다 오르지

내일도 풀어진 넥타이랑을 또 여미지

산기슭에 서서
정상을 바라본다

*30대 초반 서울 논현동 사무실에서 열심히 일하는 회사 동료와 내 모습을 보고 쓴 글이다.
담배를 피우지 않는 나는 동료들의 고단한 모습을 내 모습으로 형상화하였다.*

웃음

꽃이 놓인 카페 창가에서
힐끗힐끗 눈웃음으로 시작한 사랑

방긋방긋 빰웃음에 손에 손잡고
하하 호호 웃음을 나누며
몰래 몰래 골목길에서 사랑이 익었다

그후 달이 가고 해도 차고
깔깔거리는 대는 웃음소리가
이중창이 되어 울려 퍼진다

달이 밝아지고 해가 따사롭다
함박웃음이
감사와 기쁨이 되리라

젊은 연인의 웃는 모습을 보며

그래서

무궁화 꽃이 피었습니다 속삭이니
두 손가락 사이로 눈웃음을 지어요

꼭꼭 숨어라 머리카락 보일라 노래 부르니
소매자락 살짝 내밀어요.

가위바위보, 가위 내미니
보자기 내밀며 내 손을 감싸요

그래서
그이는 내 이유이어요

남산 자락 등산객을 보며

기다림

산등성 시냇가에
눈 녹는다 하여서
봄이 왔나 여겼더니

산등성이 진달래
연분홍 자태로
꽃망울이 터져서
봄이 온다 하기에

꽃분홍 머플러를
총총 동이고
남산길을 걸으리

산등성이 진달래가
나를 보며 웃누나

배봉산 진달래 꽃을 보며

8-12. 단상(斷想)

□ 삶의 네 바퀴

우매함에서 벗어나는 일(지혜), 병고가 없도록 해야 하는 자기 관리(건강), 끼니를 먹어야 하는 수고(경제활동), 정신적 성숙도를 높이는 것(윤리와 교양). 이 네 가지를 얻지 못한 사람은 자유가 제한된다. 애써야 비로소 이들을 조금 얻을 뿐이다.

□ 사고와 문제 - 결정과 비용

사고나 문제가 야기되면 이를 해결하는데 많은 시간과 비용을 소모한다. 이로써 다른 유익한 일을 할 수 없게 되므로 사고나 문제를 야기하지 말아야 한다. 예컨대 교통사고를 내면 이를 해결 과정에 조사, 연락, 수리, 치료, 협의, 염려 등 불필요한 비용과 시간 일이 반드시 소모된다.

□ 사귐

나쁜 사람과 사귀지 않거나 피하고 살아야 한다. 품성이 좋은 사람도 나쁜 관계로 만나면 좋지 않다. 오래 사귈 사람은 대체로 적은 것 같다.

□ 정보와 판단

많은 정보가 있으나 이를 판단하거나 분별하지 못하면 쓸데없다. 해석과 분별은 정보보다 중요하다.

□ 대량생산과 공유

한계 이익을 추구하는 경제학 이론, 대량생산을 통해 얻은 대량의 이익이 개인에게 돌아가는 자본주의와 이것을 사회 전체에 돌아가는 사회주의와 공산주의 모두 욕심을 자극하고 자연환경을 파괴하는 이론이 되었다. 고대부터 인간의 지식과 이론은 욕망과 욕심을 지향하고 있다.

□ 위대한 증거

보이지 않는 증거 중 가장 위대하고 큰 증거는 미래를 바라보는 믿음이나 비젼이다. 이 위대한 선언은 예수님의 제자 바울이 그의 서신 히브리서 11장 1절에서 "*믿음은 바라는 것들의 실상이요 보지 못하는 것의 증거*"라 정의한 것이다.

□ 정직

정직으로 당장 얻을 것을 얻지 못하나 정직한 사람은 높음을 얻게 된다.

□ 감성과 이성

감성과 이성은 비례적 관계가 있어 한쪽이 발달하지 못하면 다른 쪽에 영향을 주어 인성에도 불균형으로 나타난다.

□ 성실

건강하게 살다가 죽는 것보다, 부자가 되어 죽는 것보다, 명예를 얻어 죽는 것보다 더 중요한 것은 성실한 삶이다.

□ 감사

고생 속에 감추인 감사를 찾아내는 것은 최고의 보석을 얻는 것이다. 최고의 실존은 감사이다. 감사함이 없는 지식의 만족, 감사함이 없는 행동과 말, 감사함이 없는 종교적 행위 모두 이론에 불과하며 실존이 아니다. 감사가 없는 삶은 헛된 사고이며 행동이다. 감사함이 없는 철학, 사상, 종교, 지식, 행위와 표현이 있다면 덜 성숙된 것이다. 인생의 방향은 항상 감사를 지향해야 한다. 진정한 깊은 감사의 마음은 수십 년을 묵상하여 얻어지는 최고의 위로이다. 감사는 무한 반복으로 또 다른 감사를 낳는다.

□ 우매

자신이 누구인지, 무엇을 위해 살아가는지 알지 못하고 살아간다. 삶의 목표와 방향을 알지 못하고 태어나고 이를 평생 찾으나 발견치 못하고 살아간다. 우매함으로 자신의 삶의 목적을 알지 못하고 그저 욕망에 따라 살아간다. 욕망 이외 사람 자신의 존재 목적을 찾아야 한다. 욕망은 강하고 인식은 우매하다.

□ 도파민(Dopamine)

스탠포드 대학 애나 렘키 교수에 따르면 인터넷, 스마트폰, 도박, 음식, 술(알콜), 약물 등과 같은 다양한 중독성 행동과 물질이 중뇌에서 분비하여 의욕, 흥미(쾌락), 행복, 기억, 인지, 운동 조절 등 다방면에 관여하는 도파민 분비를 촉진시킨다는 것이다. 자본주의와 기술혁신(새로움)이 끊임없는 쾌락을 추구하도록 자극하여 점점 우울하게, 불안하게, 기분이 나빠지게 하고, 자살하게 만드는데 이는 도파민의 과잉과 중독 현상으로 설명하였다. 또 점점 도파민에 중독하도록 만드는 것은 1) 끊임없는 쾌락 추구와 자극, 2) 무한의 자극 수량과 강도, 3) (쾌락의) 새로움인데 이 세 요소가 현대 문화로 정착되어 피할 수 없게 되었다는 것이다. 인너넷과 스마트폰과 TV에서 해방하여 자연 속에 자신을 두어야 한다. 도파민에 중독된 사회이나 깨닫지 못하고 있다.

□ 무능과 무지

왜 책을 그리 많이 읽어야 하는지, 왜 그리 수차례 반복하고 암기해야 하는지, 왜 그토록 여러 번 생각해야 하는지 참으로 무능하고 무지하다. 척 보고 알 수 없는가. 30년 정도 애처롭게 학습을 해야 진리를 간신히 조금 희미하게 확신한다. 아니면 30년을 학습하여도 한 가지 진리를 간신히 확신하는 사람이 드물다. 더 안타까운 것은 확실한 진리를 깨달은 사람이 그 진리를 알려 주어도 이를 받아들이거나 이해하는 사람은 거의 없다. 이 정도로 사람은 무능하고 무지하며 완고한 존재이다.

□ 순수

각 생명체는 양자(量子, quantum) 단위에서 설계된 정밀하고 순수한 유기체이나 생명체의 설계도를 알지 못한다. 양자를 이용하거나 양자 단위보다 큰 아미노산이나 단백질 크기의 유전자를 인위적으로 조작하려는 사람의 지식은 순수를 벗어난 이질적 행위이며 불순(不純)하여 부작용이 동반된다.

□ 생명나무와 선악을 알게 하는 나무

에덴동산 「중앙」에 있었던 생명나무와 선악을 알게 하는 나무 외에도 동산 「주변」에 많은 종류의 열매를 맺는 나무도 있었음이 분명하다. 이처럼 그리고 여전히 지금도 사람에게는 「삶의 중심」에 가장 중요한 영생, 선과 악, 그리고 「삶의 주변」에 많은 종류의 다른 열매들이 놓여 있다. 아담과 이브의 「선택」과 마찬가지로 우리의 삶도 우리 앞에 놓은 어떤 열매를 따서 먹을 것인지 판단과 선택 이외에 할 것이 별로 없다. 그러나 인간의 복잡하고 잡다한 판단은 잘못된 선택을 더 하고 있다.

□ 선과 악

선이 있으면 악이 그 곁에 숨어 있어 보인다. 절대 선이나 절대 악만이 홀로 존재하지 않은 듯하다. 사람은 선과 악에 시달리며 살고 있다.

□ 인천 상륙작전

1950년 9월 낙동강 전선에서 끙끙대던 한국은 공산화가 될 뻔했는데 인천 상륙작전을 통해 전선은 바뀌어 자유민주주의 국가가 되었다. 삶에서도 낙동강 전선에서만 끙끙될 것이 아니라 인천 상륙작전이 필요하다.

□ 다름 또는 선악

다름과 선악을 구별하지 못하는 무분별이 번성하고 있다. 다름이 있으나 동시에 옳음, 그름, 나쁨, 잘못, 진실, 착함을 분별해야 한다. 틀림을 다름으로 착각하여 혼동하여 미혹하고 자신을 허위로 포장하기도 한다.

□ **다원론/다원주의**

개체성 또는 개성 등을 강조하는 다원론과 다원주의의 위험은 순수성과 전통을 배제한 혼합주의로 강화되고 있다. 이로 인해 잘못된 이론, 사상, 종교를 배척하지 못하는 혼란을 초래하고 있다. 이런 경향은 정치, 경제, 문화, 종교 등 거의 전 분야에서 진행되고 있고 이를 인간적인 것이라고 좋게 평가하고 이를 무시하면 소외되고 있다.

□ **진화**

생명을 포함하는 온 우주의 만물은 「법칙」에 의해 생성, 운행, 순환, 사멸하는 것이지 진화가 법칙이 되거나 법칙과 유사하게 스스로 운동력이 있어 존재를 변화시키는 것이 아니다. 진화는 법칙이 아니다. 하나님께서 태초에 만드신 법칙에 의거 만물이 존재하며 그 존재 법칙에 따라 생성, 운행, 순환, 변화, 사멸하는 것이다.

□ **진화 vs 창조**

항상 질서와 법칙은 연역적으로 작용한다. 창조론은 연역적인 반면 진화론은 귀납적이다. 사람의 귀납적 지식과 이론으로 연역적 일반 법칙을 찾고자 한다. 몇몇 과학적 사실에 바탕을 둔 진화론의 귀납적 지식은 연역적 법칙과 같은 획일적이고 질서를 정연히 설명을 하지 못하고 있다. 연역적 창조이든 귀납적 진화이든 사람은 피조물이어서 부분으로 전체를 설명하려고 부단히 노력하나 전체를 알지 못한다.

□ **결혼**

결혼은 본인에게 큰 행복이고 선택이며 부모에게 큰 위로이다. 자식을 낳는 일은 사람의 본분이며 생명을 양육하는 일은 힘든 일이나 인생을 더욱 크게 깨닫는다.

□ **시민권**

사람의 시민권은 지구이다. 하늘나라 시민권을 얻는 행복 또한 크다.

□ **예정과 선택**

1900년대 중반에 대한민국 시민으로, 한 부모의 자식으로, 남자로 태어난 존재를 어찌하겠는가. 의지로 바꿀 수 없는 숙명이고 운명이며 하나님의 예정이다. 그리고 내 삶에 놓인 다양한 예정의 과제 중 하나씩을 간신히 선택해야 하는 것이다.

□ **행/불행**

행복의 조건이 많고 그 느낌도 다양하나 행복을 느끼는 기간은 그리 길지 않아 보인다. 행복의 지속 시간보다 불행하지 않은 기간이 오래 유지되도록 하는 것이 더 중요해 보인다.

□ **정치**

정치는 권력을 얻기 위해 자신을 속이거나 타인에 대한 거짓, 위선, 악용, 선동, 보복, 편견, 과대 망상, 기만, 비방 등 악행이 항상 동반한다. 복리를 위한 정치적 판단에도 항상 불균형, 불만 및 후회 등이 따르게 된다. 본질적 그리고 역사적으로 정치 권력은 인간의 허상이요 욕심이다. 정치적 명예와 부와 권력을 추구하는 정치 행위가 더욱 심해지고 있다. 망한 후 각성하고 다시 시작하나 또 반복한다.

□ **정치인**

솔로몬과 같은 사람도 정치를 잘못하여 그 말년이 암울하였다. 정치인이 되는 일은 매우 험난한 일이다. 정치인이 되지 않음은 다행일 수 있고 정치인 되기를 지망하지 않음도 현명한 일이다.

□ **인내**

초등학교 때 아버님이 주신 교훈은 인내였다. 인내 없으면 열매가 없으며 오랜 인내 즉 오래 참음은 삶의 단단한 기초이다.

□ **죽음**

스티브 잡스 죽지 않고 영원히 산다면 그는 계속 부를 창출해 스스로 부를 쌓거나 다른 이들이 얻을 부를 계속하여 축적할 것이다. 반성하지 않은 극악한 살인자가 죽지 않고 영원히 산다면 아마도 그는 더 많은 살인을 했을 것이다. 사람이 영원히 사는 일은 이처럼 끔찍하다. 죽음은 허망하나 죽음은 부조리와 죄악을 단절한다. 이외 모든 부족함과 죄악은 유사한 정도로 끔찍하다. 따라서 모든 사람에게 그리고 스스로에게 죽음은 축복이 된다.

□ **통곡**

알지 못하는 깊은 통곡이 모든 사람에게 있다. 원인 없는 이 통곡은 태어날 때의 울음보다 깊은 곳에 내재한 통곡이 아닌가 싶다. 온전함의 부재와 영적 외로움에서 솟는 깊은 외침인 것 같기도 하다. 이 통곡은 사람으로부터 위로받아 달래길 없다.

□ **좋은 칼**

좋은 칼은 고열로 달은 후 망치질하여 두드리고 담금질을 한다. 이 과정을 여러 번 할수록 질 높은 칼이 된다. 이같이 인생도 열, 망치질, 담금질을 반복할수록 강해지고 그로 인해 삶을 깊게 음미할 수 있다.

□ 생명의 기원과 근원 - 빛

생명의 기원과 근원은 태초의 빛(창세기 1:3)이다. 예컨대 식물은 햇빛의 여러 파장 중 약 P 670nm - P 700nm 범위의 광자 에너지를 이용하여 물에서 양성자와 전자를 발생시켜 생명을 유지한다. 또 사람의 영·혼·육에게 역시 근원의 빛(요한복음 1:3)이 필요하다.

□ 평강

매일의 평강과 건강과 기쁨은 매일 좋은 생각을 하는 일에서 시작된다.

□ 존재론

비존재나 무(無)와 공허는 상상할 수 없는 언어일 뿐이다. 존재나 유(有)에 대한 상대적 조어(造語)일 뿐이다.

□ 기회, 선택, 결정

사람에게 주어진 기회는 항상 1개이다. 그런 후 다른 1개를 선택한다. 여러 개를 동시에 선택할 수 없다. 이런 면에서 사람은 의지적이지 않고 앞에 놓인 것을 선택하며 사는 존재이다. 여러 개를 선택할 경우 불공평과 위험과 실패가 도사리며 오직 하나씩을 선택할 때 더 공평하고 안전하다.

□ 판단-선택

서로 대치되는 두 명제를 동시에 받아들일 수 없다. 선이든 악이든, 이것이든 저것이든 하나를 판단하고 선택한다. 인식과 믿음은 하나만을 선택하도록 되어 있다.

□ 이해력

많은 경우, 정확히 알지 못하고 말하며, 표현된 말과 글도 정확히 이해하지 못하며 소통하며 산다. 언어의 불확실성, 무지, 선입견, 오해, 왜곡, 망각, 편견, 몰이해, 기만, 강요 등이 사고를 속이고 방해하고 삶을 괴롭힌다.

□ 비교종교학

「죄」의 이해와 「성령」 체험 두 가지 없이 기독교를 다른 것에 비교한 서술은 알맹이 없는 거짓이다.

□ 인류 최초의 사건

사람이 하나님에게 지은 최초의 죄는 사람 스스로 판단한 일이었다. 사람이 사람에게 지은 최초의 중범죄는 아담 나이 약 130세(약 5,800년 전)에 발생한 아담의 맏아들이 그의 동생을 살해한 사건이고 이 죽음은 인류 최초의 사망이며 흙에 매장 후 돌로 쌓았다. 최초 사람의 자연사는 아담(930세)이었고 굴에 매장되었다. 최초의 홍수는 아담의 2대손 에노스 시대인 약 5,702년 전 기혼강에서 발생하였고, 최초로 여성이 복용한 불임제는 아담의 3대손 게난 시대로서 약 5,612년 전에 있었다. 최초의 동물 간 이종교배는 사람이 실시했고 이 시기는 노아 대홍수 전 시대였다. 최초의 중동전쟁은 아브라함 77세인 3,907년 전에 이라크 지역에 있던 엘람 왕 등 4개 연합국이 현재 이스라엘 지역에 있는 가나안 5개 국가 간 전쟁이었다. 이런 문제는 인류가 시작되면서부터 지금까지 반복되고 있다.

□ 세수와 화장

매일 세수하고 화장하듯 매일 마음을 씻으면 더 맑아질 것인데 말이다.

□ 안락

알고자 하는 지적 본능은 편안함을 추구하는 감성적 본능보다 열등하다. 이처럼 감성적 본능은 지적 또는 의지적 본능보다 강하다.

□ 평등

이념으로의 자유와 마찬가지로 이념으로의 평등 역시 존재하지 않는다. 법칙과 질서에 순종하는 것이어야 하나 순종하지 않고 이념으로 평등이나 자유를 주장하면 갈등과 반목 그리고 투쟁을 유발한다.

□ 의지 박약

의지 박약한 나로서 해야 할 마지막 의지는 간절한 소망과 기도뿐이다.

□ 최후의 선택

역경과 죽음 앞에서 마지막 선택할 수 있는 것은 희망을 끊는 것 즉 절망이거나 기도로 의탁하는 것 이외는 없다. 아마도 대부분 사람은 말 없는 기도로 의탁할 것이다.

□ 최상의 정보

실제적이고 실용적이며 감사하고 아름답고, 한편으로 대단히 신비하며 놀랍고 특이한 정보가 예수 그리스도에 관한 정보이다. 이 정보는 사람이 만든 정보가 아닌 하늘에서 왔고 4천 년 동안 비밀에 싸였던 정보인데 지금은 비밀이 해제되어 쉽게 알 수 있다. 이 정보는 이데올로기나 종교가 아니다. 예수님 자체에 관한 정보이다. 성경에서는 이 정보를 복음(福音, good news, 복된 소식)이라 한다.

□ **명약**

모든 의사의 말에 의하면 잠과 휴식이 면역체계를 강화시키고 심신 안정에 필요한 최고의 명약이라는 것이다. 일단 피곤 지속 등 증상이 있으면 3-7일 동안 잘 먹고 잘 자며 스트레스를 덜 받도록 해야 할 것이다. 주일 하루는 평안히 쉰다.

□ **성경**

성경은 이해하지 못하거나 생각할 수 없는 특이한 내용(신비, 계시, 비밀, 상징 등)이 여기 저기 분산되어 있어 독해가 쉽지 않다. 또 성경이 던지는 불확정 의미를 찾아내어 유추하고 상상하여 묵상한 후 내 자신의 생각을 성경에 맞추는 일도 쉽지 않다.

□ **자기 통제**

고등학교 시절부터 대학 시절 등 약 6년간 나를 통제한 항목이 23가지였다. 孝, 正心, 集中, 善, 勤勉, 사랑, 決心, 義, 正食, 美, 正眠, 禮, 正姿, 正直, 節制, 沈着, 淸潔, 純潔, 中庸, 靜肅, 謙遜, 秩序, 對話였는데 이 많은 통제가 오히려 내 지성을 억압해 나를 가두었다. 한 가지 덕목을 지키면 다른 덕목을 지킬 수 없었다. 점차 나를 통제하는 이 덕목은 다 사라지고 지금은 운동, 건강, 묵상, 기도 등 몇 가지로 압축되었다.

□ **젊은 시절 쓴 몇 가지 일기**

(나태하고 방황했던 78년도 일기 중)
사회적 지위가 진실로 중요한 것은 아니다. 아름다운 산천을 보고 그 속에서 평강과 기쁨을 느낄 수 있는 마음의 미적 감각이 있는 자, 양심의 거리낌 없는 생활을 하는 자, 자연법칙과 원리대로 사는 자 이런 자가 되는 것이 중요하다.

군에서 자기 임무 등 목표를 정해 매일 숙달, 반복, 인지시키는 방법이 내 생활 속에서도 나에게 효과적 방법일 것이다.

주의할 점은 어둡고 최저의 환경 속에서 나의 방향 감각을 잃지 말고 욕되게 생활하지 말 것이며 어두운 감정을 갖지 말 것이다.

노력은 강한 무기이다. 공부와 노력의 필요성을 느꼈으나 마음 태세가 아직 갖추지 못한 것 같다. 정서적 안정과 집중할 수 있는 정신력 등을 갖추지 못한 것 같다.
많은 사람의 말을 들으면 이해와 동감이 가나 무엇인가 혼란스럽다. 나름의 인생관을 갖도록 수련하고 생각하고 글을 쓰며 나를 확립해야 할 것이다.

(1989.9 중국 방문)

1. 서울-홍콩-북경 항공료 2,130$(3인), 홍콩 체재비 550$, 북경 체재비 317$, 북경-무순 이동경비 250$ 등 총 3,247$
2. 중국 친지 선물 및 현금 지급: TV 2대, 카메라 등 2,650$
3. (북경 만리장성에서) 호텔 창을 밤새 때리던 빗방울은 아침이 되어도 멎을 줄 모르고 빗소리에 새벽잠을 깨웠다. 만리장성으로 가는 버스에 대한 정보를 얻기 어려워 대신 택시를 대절하기로 하고 수소문하니 꽤 비싼 가격으로 흥정을 응해 왔다. 내가 알고 있는 70km를 170km로 거짓말하고 미불화로 지급할 것을 요구하였다. 결국 약간의 조건을 들어 주는 바가지 요금을 수락하였다. 서북쪽 내몽고로 가는 간선도로를 빠져나가자 북경 주변 시골집이 안개 속에 간간이 보이기 시작하였다. 적벽돌 농가들이 3-4동씩 모여 있었고 양계를 주로 한다는 것이다.

□ 회복

부산에서 태어난 나는 어렸을 때 많이 울곤 하였는데 이런 나를 영도다리 밑에서 주워 왔다고 놀려 초등학교 시절 심리적 공허함이 있었다. 또 내 귀가 얼굴 크기에 비해 크고 양쪽으로 튀어나와 당나귀 귀라고 놀려 고등학교 시절까지 심리적 위축이 있었으나 30대가 되어서 내 귀가 잘 생겼다는 것을 스스로 알았고 이를 매우 자랑스럽게 생각하였다.

□ 노년의 즐거움

젊어서 익힌 찬송가과 성경 말씀을 묵상하는 시간은 점점 더 정신을 아름답게 하며 감사를 넘치게 한다. 젊어서 익힌 500곡의 찬송가로 찬양할 수 있으니 얼마나 큰 영적 자산인가. 음악 역시 큰 즐거움이다.

□ 안타까움

악기를 익히지 못한 것과 영어로 자유롭게 사고할 수 없음이 안타깝다.

□ 성숙

내가 간신히 성숙하다고 느낄 때가 50 중반이 지날 때부터다. 그러나 현재 생각하면 현재도 미성숙이다.

□ 개꿈과 달란트

내게 새로운 인생이 주어진다면, 무엇을 하고 살면 좋을까. 목수일을 하거나 농사 짓고 살면 좋겠다. 인생은 내 뜻대로가 아닌 하나님이 주신 달란트로 감사히 여기며 사는 것을 이제야 알았다. 주신 달란트 이상은 헛된 개꿈이며 욕심이다.

□ **책**

성경이 귀한 것은 역사의 시작와 모든 본질을 기록했기 때문이다. 사람이 쓴 책을 2권 고르라면, 구한말과 대한민국 건립의 어려운 시기를 용감하게 산 김구의 백범일지(白凡逸志)이며, Henry M. Morris의 현대과학의 성서적 기초(The Biblical Basis for Modern Science)는 심오한 하나님의 세계를 과학적 사고로 이해하려는 고뇌이다.

□ **속박**

상쾌한 아침에 일어나 맑은 하늘을 보아도 내 안에 무엇인가 나를 속박하는 것이 있는 듯하다. 존재가 주는 근원적 속박인가. 불행이나 슬픔도 아닌 희미한 답답함이 나를 에워싸고 있다.

□ **비가역성**

어릴 때 투명하고 맑았던 머리 안 이곳 저곳에 나이가 들면서 이것 저것이 쌓여 어지러운 쓰레기통이 되었다. 차곡차곡 정리가 힘들고 몽땅 버릴 것들이다. 맑고 거짓 없는 자연 속에서 씻는 일이다. 성령으로 새롭게 하라고 한다.

□ **사람의 마음**

모든 사람의 마음은 자기가 상상했던 것보다 더욱 선하고 또한 자기가 상상했던 것보다 더욱 악해질 수 있다.

□ **성령과 새사람**

성령님은 하나님이시다. 불과 같이 우리의 인격을 몽땅 태우며 새로운 힘과 능력을 주신다. 새 자아를 가진 새사람이 되게 하신다. 내 각오나 의지나 통찰이 나를 이끄는 것이 아니다. 성령 체험은 특수 체험이나 기독교인에게 보편적이다.

□ **골방**

골방에 들어가 문을 잠그고 거짓 없는 자신의 소리를 들어라. 소망이 온다. 작은 배는 깊은 밤 망망대해에 작은 별을 보고 간다.

□ **우매**

글을 쓰며 나를 돌아보니 참으로 우매하고 딱하다. 세상에 속고 자신에 속아 산다.

□ **족보**

성경 상의 족보와 그들의 생애를 보면 하나님과의 대화, 현실과 미래, 인류의 문제, 기적, 이변, 폭력, 전쟁 등 놀랍고 기괴하고 상상하기 어려운 사건과 관계되어 있다.

또 사람의 시조(始祖)가 하나님이라는 것이라는 것이다.

□ **기회**

기회는 열려 있다. 준비하지 않거나 볼 줄 몰라 기회를 잡지 못한다. 기회는 항상 불공평하지 않다.

□ **글**

참 글은 쓰기가 거의 불가능하다.

□ **서양**

현대인은 서양 사상과 물질에 종속되어 있다.

□ **고통**

삶이 주는 어려움이나 고통이 없다면 향락에 빠진다. 고통은 우리를 정화하고 엉뚱한 곳으로 가지 못하도록 하는 안내인이요 감시자이다. 고통에 감사하자.

□ **비트겐슈타인**

언어 체계의 잘못인가 혹은 사고 체계의 잘못인가. 그는 언어와 의미와 논리 체계를 바로 잡으려 하였으나 이론이었다. 인간은 고질적으로 삐뚤어져 있다.

□ **전원도시론**

1996년 USC 대학원 졸업논문 결론에서 우리나라의 지속 가능한 토지이용을 고밀 개발로 보았다. 19세기 말 영국 도시학자의 전원도시론을 1970-1980년도까지 인용하여 저밀도 주거지 개발(용적률 100-150%)을 40년간 해 왔는데 이제야 고밀 개발(용적률 300-500%)을 해야 한다고 난리이다. 사람은 이처럼 단기적 환상을 거래한다.

□ **못 볼 것**

못 볼 것을 보았다면 본 책임을 감당하라.

□ **진짜와 가짜**

물건이든 정보든 시장에 가면 진짜와 가짜가 항상 있다. 그런데 가짜가 항상 더 많다.

□ **배우자**

성격 좋은 신실한 사람과 결혼하라, 복이로다.

□ **깨달음**

깨달음은 구원이 아니다. 구원에서 깨달음이 온다.

□ **신의 증명**

하나님은 연역적으로 스스로 자신을 증거하거나 증명한다. 신은 상상 이상으로 완전하며(絶對者) 스스로 존재하며(自存者) 영원하며(至尊者) 무한한 능력자(能力者)요 창조자(創造者)일 것이다. 또 우주보다 큰 무한자(無限者)로 우주를 지배(主權者)할 것이다. 이와 같은 유사한 방식으로 신을 표현하거나 정의한 최고의 모든 내용이 신의 속성일 것인데 그 내용이나 속성이 우리 주위에 보편적으로 항상 많이 있음을 알 수 있다. 그런고로 신을 부정할 수 없고 자명하게 증명된다. 그나마 사람의 인식으로는 부분으로 전체를 조금 느낌으로 알 뿐이다.

□ **해석**

성공, 복, 즐거움 등은 해석에 달려 있다. 해석을 잘못하면 실패, 불행, 멸망, 우울, 논쟁이 찾아온다. 역으로 실패, 불행, 멸망, 우울, 논쟁이 있다는 것은 해석의 잘못이 있다는 것을 암시한다. 선한 마음은 성공과 복과 즐거움을 동반하도록 해석한다.

□ **현실**

비현실적 현실이 얼마나 많은가.

□ **부분과 전체**

전체로 부분을 설명하려는 우리의 지성은 항상 심한 논쟁과 여지를 발생시키며 또 그 역으로도 유사하다. 창세기 1장으로 진화를 반박하려는 것과 진화로 창세기 1장으로 진화를 설명하려는 노력은 논쟁을 야기하는데 이는 근본적으로 사유가 항상 전체를 전제하더라도 부분적이기 때문이다.

□ **욕심**

욕심은 없앨 수 없는 본능이다. 스스로 약간 조절하거나 다스릴 뿐이다. 어리석음도 마찬가지이다.

□ **물질계**

물질과 생명의 기초 단위인 극초미세 양자 세계부터 초거대 1천억 광년의 우주까지의 복잡함을 확고히 유지하는 초정밀도는 가장 정교한 전자 시계보다 더 정교하여 상상할 수 없고 알 수 없다.

□ 인식

인식은 항상 불완전하여 인식으로 알 수 없다. 양자역학이든 천문학이든 분자생물학이든 감각과 의식이 불완전하여 알 수 없으며 만물의 법칙을 인식한다고 하더라도 그 현상을 설명할 수 있는 언어 역시 없어 이해하지 못한다. 하나님을 알 수 없는 이치 역시 이러한 이유이다.

□ 믿음의 판단

행동을 보면 믿음의 실체를 알 수 있다. 어떤 유형의 행동을 하는지 무슨 말을 하는지를 살피면 그 사람의 믿음의 유형과 진위를 알 수 있다. 믿음으로 한 행동이 내일의 열매를 맺는다.

□ 易經, 周易, 聖經

하나님의 창조 법칙과 질서가 다양하고 매우 섬세하며 또한 복잡한 현실계에 수(數)와 상(象)으로 나타나는 현상(現象, 易)을 해석하려는 시도가 주역(周易)이다. 현상학 책인 주역은 주로 이 현상을 64종의 상징으로 분류하지만 더 중요한 점은 수와 상(또는 괘:卦)의 해석이다. 즉 주역의 핵심은 현상학보다 해석학에 있다. 성경은 점(占)치지 말고 선한 마음으로 거룩한(聖) 하나님 말씀(經)에 따라 살라는 것이다. 악한 마음을 가진 자에게 선한 점괘(占卦)가 나오더라도 그 길은 망하는 길이다. 마음이 괘보다 중요하다.

□ 사랑

사람의 행위 중 사랑은 무의식적 본능이기에 의식으로 설명하거나 통제하기 어려운 행위이다. 이와 유사한 사람의 행위로 호기심, 미움, 휴식, 게으름, 생각, 두려움 등이 그러한 것들이다.

□ 교회와 예배당

한국 교회와 예배당 건립에는 많은 숭고한 희생과 순수한 신앙이 숨겨져 있다. 예컨대 서울시 강남구 삼성동 91-11에 위치한 재건중앙교회는 독립선언 33인 중 한 분이신 이명룡(李明龍, 1873~1956)의 자손인 한경애 권사님과 그의 맏아들 박윤근 소령의 희생이 모태로 시작되었다. 일제 하에서 기독 신앙을 지키고 6.25 전쟁 시 피난을 다니고 종전 후 서울 중구 회현동에 소재한 이 분의 가정에서 시작되고 80여년을 이어 오고 있으나 현재 동 교회 다니시는 분 중 이 역사적 사실을 자세히 아는 분은 한 분도 아니 계신다. 아름다운 기록의 안타까운 단절이 현실이 되었다. 이처럼 선배들의 이러한 숭고한 희생과 순수한 동기가 없다면 우리의 실존은 참담하였을 것이다.

비록 그 자손들 모두는 동 교회를 떠나 있으나 놀라운 일은 그의 자손들에게 하나님의 축복이 현현해 있다. 마찬가지로 가족, 조직이나 단체, 국가에 이러한 희생과 노력이 항상 숨어 있고 잊혀져 있다. 은혜는 쉬 망각된다.

□ 자신 알기

헬라 철학자 소크라테스가 "네 자신을 알라(기노시 아우토스 Know thyself)"는 질문에 대하여 2천 2백 년 후 덴마크 철학자 키엘케고르는 "실존의 불안과 고독의 원인은 자신을 모르기 때문이다"고 답하였다. 반면 성경은 "사람은 죄인이다"고 하였다.

□ 징벌

지구의 지층을 보면 생명체에 대한 대규모 징벌이 쌓여 있다. 죄악이 번성하면 항상 대규모 징벌이 동반하였다. 죄악이 번성함을 보면 징벌이 있을 것을 알아야 한다. 자연의 징벌은 항상 우리 곁에서 우리의 죄악을 심판하려 준비 중이다.

□ 무질서의 증가

시간이 지나면, 게으르면, 사람이 바뀌면, 정보가 전달되면, 언어가 바뀌면, 긴장을 늦추면 그리고 망각이 늘어나고 무질서가 증대된다. 아무리 애써도 항상 무질서와 혼란이 증가한다 (열역학 제2법칙).

□ 진리와 성령

문을 걸어 잠근 깜깜한 흑암의 방에서 나의 학력과 지식과 사상과 종교와 명예와 IQ와 가족과 살아온 과거와 친구와 돈과 부동산과 재능과 해야 할 것과 한 것들과 나이와 나의 몸 등 모든 것을 내려 놓고 다 버린 후, 내게 숨어 있는 나의 죄를 바라 보라. 내 안에 성령님께서 나의 참된 모습을 드러낸 후 내게 새 생명을 주신다. 참 평화와 감사와 기쁨을 충만하게 하신다. 사상과 교리와 도그마와 (율)법을 뛰어넘는 참 진리를 부어 주신다. 동시에 참 생명이 무엇인가를 깨닫게 하신다.

□ 복

복의 근원은 하나님이시다. 복의 방법은 생각과 말과 행동으로 얻는다.

제 9 장

마무리

내가 너희에게 이르노니
눈을 들어 밭을 보라
희어져 추수하게 되었도다.
(요한복음 4:35)

제 9 장. 마무리

1970년 대 중반 대학을 입학한 해 가장 먼저 읽은 책은 고등학교 짝이 선물로 준 단테(1265 ? - 1321)의 책 "신곡"과 서점에서 만난 독일 작가 루이제 진저(1911 - 2002)의 책 "왜 사느냐고 묻거든"이었다. 아마 이 두 책을 가장 먼저 읽은 이유는 7세부터 시작한 종교적 인식과 생의 뿌리가 이 책에 설명되어 있을 것이라는 기대감 때문일 것이다. 교회에서 10여 년간의 설교를 통해 성경 지식을 쌓았으나 신화 같은 내용과 교리는 형이상학이었고 반면 고등학교 생물 등 여러 과목에서 배운 내용을 통해 내 뿌리와 존재 이유를 알 수 없었다. 대학 1학년 때 철학 강의를 들어 보아도 별 뾰족한 답이 없었으나 책 내용 중 인식론에 대한 주제를 집중해 읽고 평생 열심히 생각했다.

군대를 다녀 온 후 당시 유행한 실존주의 여러 책을 읽으니 미숙한 내가 경험하거나 이해할 수 없는 다양한 현학적 그리고 주관적 설명이 내 생각보다 더 복잡하게 설명되어 명확하고 구체적 이해를 할 수 없었다. 불교의 복잡한 이론과 다양한 설명이 아주 멋져 보였고 추상적이며 시적인 명제에 심오한 진리가 담겨져 있는 듯한데 아리송하며 기독교 접근 방식과 많이 달랐고 내가 포착하고 실행할 수 없다는 점을 어렴풋이 알았다. 현실에 급급하게 사시는 부모님에게 내 뿌리와 존재 이유에 대하여 물을 수 없는 미안함이 있어 책과 다른 사람의 생각에 의존해 나름 정리하려 하였으나 정리되지 않고 만물의 존재는 존재하는 것 자체만으로 존재 이유[586]가 있다고 스스로 인정하고 대학 생활과 군 생활 및 회사 생활을 그럭저럭 10여년 하였다.

근 30세가 되도록 내가 태어난 이유와 삶의 궁극적 방향이 무엇인지 선현들이 다양하게 설명하였으나 내게 퍽 어려웠고 내게 딱 맞는 설명도 없었다. 존재의 근원보다 현상을 너무 복잡하게 설명하여 현상 설명을 이해하다가 지쳐 책 읽기를 포기하기 일쑤였다. 이 점은 아직까지 많은 사람에게도 그러하다. 실존주의만 보더라도 근원을 추구하나 통일된 설명이 없고 제각각 복잡한 현상을 통해 제각각의 주장을 나열한 후 meta 차원으로 통합하려 하나 통일성 없는 혼란으로 변한다. 결국 인간의 패라다임(paradigm)을 통한 다양한 방식으로 설명하는 인문학은 존재와 근원과 뿌리를 설명하는데 명백히 실패하였음을 눈치채고 주로 정신분석학에 관심을 갖는 agnostic이 되어 30세가 될 때까지 생업에 열심히 적응하고 지냈다.

586 1975년 여름 서울 종로구 효자동 청와대 입구 가중나무 가로수 길을 걸으며 가중나무의 존재 이유를 생각하던 중 존재 그 자체가 유익할 수 있는 존재라는 이유로 생각을 정리하여 이 생각을 갖고 십여 년 살았다.

우리나라 모든 성씨와 유사하게 내 근원은 멀게는 왕건을 도와 고려를 함께 건국(918년)한 문하시중 이배환 할아버지인 시조의 33세손이고 중간 6대의 기록이 실존되다가 짧게는 고려 말 이성계와 함께 명나라를 징벌하러 출정한 이무 장군(태종 시 우정승, 1355-1409년)의 첫째 아들을 통한 18세손이라는 점 등 실록과 단양 이씨 유사지 이외 아주 더 먼 과거를 추적할 수 없다. 족보상 더 이상의 내 뿌리는 알 수 없다. 내 모친은 김해 김씨인데 가까운 시간을 추적해 보니 조선말 경기도 안성 농촌에 땅 좀 가진 양반집 셋째 딸로 모친께서 일찍 돌아 가시고 외조부께서 독립운동하러 만주로 가셔 부모를 일찍 여의고 또 가세가 어려워 진 점 등 이외 지금부터 120년 전 이상의 조상에 관한 구체적 사실을 파악할 수 없었다. 피폐한 근대사 말이 아니더라도 어떤 형태로든 내가 누구인지 알기가 불가능하다. 이처럼 모든 사람이 역사와 기록의 단절로 정체성을 정확히 알 수 없기에 모르고 살다 죽는 것이 사람이다. 돌덩이는 사람보다 월등한 정체성을 갖는데 이보다 못한 정체성을 갖고 살다가 죽는다. 또 설화 같은 내용을 알아봐야 실제적 도움도 없을 것이다.

인문학에 의하면, 사람의 기원을 가깝게 거슬러 올라가면 무기염류와 알려지지 않은 수십억 년의 긴 시간 속에 밝혀지지 않은 어떤 작용이 있어 최종 사람이 되었다는 맹랑한 진화론이고 더 먼 시간은 물리 수학에 의한 약 190억 년 전 빅뱅이라 하나 빅뱅 이전의 시간 이전은 모른다. 우주의 빅뱅이 오직 하나일까. 즉 인문학으로 우주와 사람의 기원은 알 수 없다. 또 DNA는 태초의 역사를 기록하지 않고 있으며 단지 유전자만 유전할 뿐이다. 한편 내가 믿는 성경에 역시 이해가 불가능한 형이상학적 창조론인데 나의 근원은 창세기에서 설명된 하나님 기원설이다.

현재 우리가 실제 볼 수 있는 초고대 유적 유물이 발견되고 있었으나 인류 최고의 문명을 수메르로 본다. 이보다 앞선 문명의 잔재들이 세계 도처에 분산돼 있다고 여긴다. 이를 창세기 4-11장이 희미하게 기록하여 이를 뒷받침하고 있다. 우리가 현재 학술적으로 파악하고 있는 수메르 문명의 기원은 창세기에 의하면 노아에서 시작되었다. 노아 이전의 문명이 발굴된다고 하더라도 학술적 정의가 불가능하다. 시원이 되는 4천 년 이전 문명과 사람의 존재는 성경에 매우 간단하나 명료한 기록으로 존재하지만 명확한 해석에 큰 어려움이 많다.

우리나라 단군신화 내용에서 희미한 유의미한 사실이 있다고 보며 또 성경을 믿는 나로서 나의 조상은 노아 5대손 벨렉 세대 이후 사람 중 한 부족이 기원전 2,000년경 메소포타미아 지방에서부터 동진하여 한반도로 이전한 것으로 본다 (표 1 및 표 4-7-1). 생물학적 또는 인류학적 계통설보다 이러한 믿음으로 나는 아담의 후손 중 메소포타미아에 살던 노아의 자손에서 나온 한 뿌리 중 한 사람으로 생각한다. 나아가 성경의 요점은 모든 사람은 아담의 후손이며 아담은 하나님으로부터 낳았다고 함으로써 나는 하나님의 자녀라는 성경 기록에 나의 뿌리를 둔다. 그리고 근거를 성경에 두는 이유는 하나님께서 그러하다고 계시하였기 때문이다.

창세기 1장을 해설한 이 책 제1장의 내용은 문장의 구조와 내용을 문자적으로 분석한 후 기존 학설로 해석이 되지 않는 난제를 주로 시지각적 관점으로 살펴 본 생각에 지나지 않는다. 도시 공간 분야를 공부하였기에 공간을 시각 또는 시지각적으로, 영상처럼, 미학적으로, 구조적으로 파악하는 습관을 가졌는데 하나님께서 사람의 이러한 관점으로 사람이 이해하도록 영적으로 계시한 것으로 파악하여 창세기 1장을 설명하였다. 가장 어려운 부분은 신학적으로 창세기의 7일이 하나님의 시간표로 여겨지나 정확히 어떤 시간을 암시하는 것인지 찾기 매우 어려웠고 기존의 신학자들의 추정과 내 관점을 동시에 설명하였다 (표 1-2-1). 하나님께서 사람이 허망하지 않도록 세상과 사람을 창조한 이유와 내용을 매우 간단히 정확하게 설명하면서 시간과 존재의 뿌리와 현상 그리고 미래를, 요한계시록 등 다른 성경구절과 대조해 보면, 창세기 1장에 담아 이 점을 설명(계시)한 것으로 보인다. 창세기 1장의 요점은 천지창조와 사람의 영원한 생명과 영원한 안식을 설명한다. 그리고 창세기 전체의 공간은 에덴과 가나안으로 압축된다. 따라서 에덴과 가나안을 이해해야 하며 사람에 대한 이해는 아담 - 노아 - 아브라함이다.

고찰 내용 중 성서 인구 통계 분석에 할애된 내용이 적지 않다. 4천 년 이전의 인구를 분석하고 추계한다는 일이 기초 자료가 거의 없기 때문에 매우 어렵다. 그럼에도 성서 인구 통계 분석과 추계 등을 매우 자세히 소개한 이유는 대부분 사람들이 성서 인구 통계의 분석과 추계에 대해 매우 생소하고 구체적으로 이해하기 어렵기 때문이지만 이 접근법을 통해 알 수 있는 과거의 사실을 해석할 수 있는 점을 제공하고자 함이다. 앞으로 이를 기초로 하여 좀 더 연구해야 할 필요성이 있고 또 성서 인구 통계로 전통의 신학적 접근법으로 알 수 없었던 모세오경에 담긴 많은 사실들을 밝힐 수 있는 확신이 들기 때문이다. 이 분석과 추계된 내용이 실제 얼마나 유사한 값을 나타낼지 판단이 어려운 일이나 창세기부터 다윗 시대까지 성경에 근거한 인구 자료에 근거하였기에 유사한 값을 제시할 것으로 기대한다.

즉 성서 인구 통계학이 학제로서의 분야가 있는 것도 아니고 또 인구 통계는 일반인에게 생소하기에 이 책에 기록된 내용은 성경 전문가이면서 인구 통계를 접한 사람 이외 사람들이 이해하기 어려운 점이 있으나 더욱 광범위하게 성서 인구 통계를 연구하면 더 정확하고 신령한 지식을 얻을 것으로 보여 기초 연구로 자세히 소개하였다.

이제까지 다소 상상에 의한, 개괄적인 성서 인구와 족보(톨레도트)에 대하여 설교 시간에 또는 신학 서적에서 접해 왔고 또 이 사항들이 신앙에 무슨 의미가 있겠는가 반문할 수 있으나 이 책 제2장에서 자세히 시도했듯이 톨레도트는 복음적 기능(메시지)을 담고 있는 하나님의 계획과 그 계획이 나타난 사람들에 관한 이야기일 뿐 아니라 역사의 배경을 담고 있기에 절대로 창세기, 출애굽기 및 민수기 상의 톨레도트와 인구와 관련된 사건과 사실에 관한 연구는 빠뜨릴 수 없는 중요한 내용이다. 이제까지 연구 관점은 혈족 또는 출생 등 사람에 대한 관점이었으나, 모세오경에 묘사된 톨레도트와 인구 구성은 사람 자체에 대한 연구 이외에 새로운 각도에서 성경의 사건을 풀 수 있는 단서를 제공하기에 더 연구해야 할 필요성이 있다.

알기로는 신학자들에게 가장 어려운 책은 성경의 시작인 창세기 1장과 중간부 다니엘서와 마지막 요한계시록이다. 신기하게 창세기와 요한계시록 두 책은 매우 깊은 연관성을 갖고 있어 두 책을 비교하면 공통의 개념어가 동시에 등장하고 원형은 하늘나라에 있고 생명의 근원이 하나님이시며 결국 사람은 영생을 위해 창조된 생명체임을 알게 하며 온 우주가 하나님께서 사랑으로 다스리시며 사람을 위한 공간인 점을 알게 한다. 두 책 모두에 상세하고 구체적 지식으로 자세히 설명되어 있지 않으나 핵심은 몇 가지 명제로 드러나 있다. 한편 창세기 1장과 요한계시록 전체가 형이상학적이나 창세기 11장 끝부터 소개되는 사실적 묘사 위주인 아브라함의 생애를 살피면 몇 가지 놀라운 점이 있다.

약 4천년 전 수메르 문명 말기 사람인 아브라함의 생애 기록에서 놀라운 점은, 신앙 또는 신학적 관점 이외 자신의 생애를 매우 자세하고 광범위한 자료와 함께 자신이 겪은 체험과 생활사를 소탈하게 후손들에게 거짓됨 없이 전하였다는 것이다. 매우 오래된 기록 중 어떤 기록도 이 기록처럼 시간적으로 체계적으로 정확히 상술한 내용이 없는 것으로 알고 있다.[587] 또 히브리[588] 즉 에벨의 자손(창세기 10:21) 중 한 사람인 아브라함과 그 후손은 매우 특이한 족속인 점에 놀라지 않을 수 없다. 이 사람들이 자기들만의 기록에 목숨을 걸며 또 지키고 전달한 특별한 이유는, 족보를 만든 주로 고려 시대 이후 우리 선조들의 윤리적 또는 전통적 관점과 달리, 특이점이 있을 것인데

587 욥기서도 아브라함과 유사한 시대의 인물로 추정하나, 아브라함이 창세기에서 고백한 본인의 생활과 신앙에 대한 기록 방식이 구약 전체 서술 방식에 기대한 영향을 끼친 것을 알 수 있다.

588 "히브리"의 유래에 대하여는 제3장 9절에서 변증하여 "에벨"이라는 노아의 4대손이라 밝혔다.

그들이 하늘의 신과 다양한 방식으로 접촉한 비밀의 경험과 약속 때문이다. 이 점을 제외하면 아브라함과 그 후손의 이야기는 한 부호의 자손이 배타적 신앙으로 국가를 형성한 거대한 무용담이요 매우 특이한 역사 중 하나이다.

아브라함부터 시작한 4,000년 역사(아담부터는 6,000년)가 하나님을 중심으로 체계적으로 일관되게 한 성서로 완결되어 지금 우리 손에 있다는 점 역시 놀랍고 기이한 일이다. 대륙 끝 한반도에서 반만 년을 굿굿이 살아 온 우리는 그들과 같은 족보와 역사를 생생히 갖고 있지 않으나, 히브리 사람인 이스라엘 민족은 한민족보다 매우 오랫동안 수많은 심한 박해를 받아 왔고 유민으로 세계를 방랑한 그들은 이상하게 그들의 전통을 보전하기 위해 목숨을 아직까지 걸고 있고 그들만의 맥을 이어 가고 있다. 이 점 역시 놀라운 영적 신비에 속한다.

창세기를 사건과 사람 중심으로 보면 천지창조, 선악과, 노아 및 대홍수, 바벨탑, 아브라함, 이삭 및 야곱의 이야기이나 또 다른 관점인 공간을 중심으로 보면 전체 흐름은 천지창조, 에덴동산 및 가나안이다. 이 중 가나안의 이야기는 아브라함, 이삭 및 야곱과 그의 자손들의 동일한 무대가 된다. 특히 가나안은 험지이고 비옥하지 않은 땅이나 하나님과 함께 아브라함부터 시작하여 지금까지 그들이 그토록 애착을 가진 이유에는 어떤 비밀이 있다. 이러한 신비와 비밀을 알기 위해 성경의 이면을 읽어야 할 이유가 있다.

성경(구약 또는 특히 모세오경)이 이스라엘 민족이 믿는 그들의 메시아 사상 또는 신앙이라면 내가 사실 믿을 만한 사상이나 신앙이 전혀 아니다. 부모님이 믿었다는 이유로 자식이 신앙을 동일하게 가질 이유는 꼭 있다고 보지 않고 또 가족 유전의 전통을 잇지 않는 것도 쉽지 않기에 엄마의 신앙을 젊은 시절 20년간 나름 검증하였는데 기독교 즉 예수 그리스도 신앙의 내용은 인류 보편 신앙임을 확실히 알게 되었다. 성경은 모든 만물과 생명의 근원 및 가치가 창세 전 하나님으로부터 천지가 창조될 때부터 정확하고 단순하게 정의되었으며 이는 매우 특이하고 유일한 예수 그리스도 사상을 담고 있다. 즉 성자 예수 그리스도로부터 유래한 진리요 믿음이요 신앙이다. 엄마는 사실 이런 점을 나에게 상세히 설득하거나 설명할 수도 없었거니와 순수하게 성경 말씀에 의지하여 나보다 매우 단순하게 그리고 순수하게 평생 신앙한 분이시어 나와 복잡한 생각을 자세히 나누지 못했으나 나는 31세 이런 신앙적 관점이 조금 구체적로 형성되었다.

기독 신앙이 인류에게 보편 신앙이 되기 위해서는 스스로 자문하는 몇 가지 난점이 항상 등장한다. 최근 발전한 천문학, 고고인류학, 지질학, 지사학, 진화론 등을 살피면 창세기 1-3장과 충돌이 불가피하여 현대인은 성경을 신화적 또는 설화적인 것으로 여기고 있다. 그러나 제1장에서 살펴 보았듯이 창세기 1장은 과학적 사실을 설명하는 내용이 아니라 하나님께서 천지를 정확히 6일 동안 창조하신 과정을 영적으로 설명한 내용이므로 과학적 이치로 바라 볼 수 없으며 영적으로 음미해야 하는 내용이라는 점에서도 현대 인문학과 충돌을 온전히 배제한다. 창세기 1장을 시지각을 통한 영적 계시로 본다면 지질학 등의 인문학적 설명과 충돌하거나 불합리를 찾을 수 없다고 제1장에서 충분히 해설하였다. 그러한 난점과 착시 현상은 창세기 1장이 매우 사실적으로 영상을 보듯한 방식으로 묘사되었기에 창세기 1장에서 과학적 사실을 찾으려는 노력이 항상 동반되기 때문이다. 오히려 창세기 1장을 깊이 오래 묵상하면 하나님께서 각 개인에게 알맞는 다의적 또는 과학적 영감을 주실 것을 확신한다.

일부 신학자들이 조심스럽게 제기하는 최초의 사람 아담과 아담 전 인류가 있었다는 설은 창세기 등을 통해서 정확히 파악되지 않는 궁핍한 상상의 답에 불과해 보인다. 창세기 2장 3절 이하의 사람을 창세기 1장 26절의 사람과 다른 유형의 사람으로 해석하기도 하나 창세기 5장 초반부까지 세 부분만을 살피더라도 그러한 주장은 합리적이지 않아 보여 여전히 고고인류학과 등과의 괴리는 좁히기 어려울 것으로 보인다. 또 이러한 괴리의 관점이 왜 발생하는지 또 창조론자의 주장과 일반 과학자들의 대립을 나로서 해결할 전문적 지식을 현재 충분히 갖추고 있지 않으나 식물생리학, 분자생물학, 양자역학, 천문학 등을 살피면 진화론적 관점은 상상조차 하기 어려운 상상인 가설이고 또 문제는 이 진화론적 관점으로 고대인류사와 지질학 등이 체계화되었다는 창조론자의 주장에 귀를 기울일 수 밖에 없다. 결국 하나님의 무한 권능을 마음에 새겨야 한다. 심지어 최근에는 인문학의 합리성으로 이런 문제가 해결되지 않기에 외계인설을 끊임없이 홍보한다. 이런 이유로 나는 실패한 인문학을 되샘김질하나 부정한다.

하나님과 하나님 말씀 성경을 믿는 이유는 크게 몇 가지이다. 가장 먼저는 성령을 통한 인식 체계의 변화이다. 세상 지식과 성경 말씀이 양립할 수 있는 신앙(신학)적 안목이 30세를 지나 성령을 통해 정립된 점이 가장 큰 이유이다. 둘째는 성경은 사람의 실존적 모든 본질(實存)을 가장 명확히 설명하며 부조리한 실존(失存)을 해결하기 위한 방법으로 하나님께서 스스로 마련하여 사람에게 영생을 주시겠다는 구원을 명확히 증명하며 제시하고 있다는 점이고, 셋째는 세상이 하나님의 말씀에 반하여 죄악을 번창시키면 징벌이 있으며 그럼에도 이상하게 죄악을 반복적으로 번창시키는 순환적 역사를 인간은 만들어 왔고 또 지금도 그러한 반복을 하고 있음을 성경이 실증하고 있는 점이다. 즉 하나님께서 선과 악의 역사를 주관하신다는 점을 강력히 알려 주며 경고하고 있다는 점이다.

1987년 여름 스스로에게 던진 질문으로, 상반된 두 명제나 두 진리 체계를 함께 믿을 수 있을까 생각하였다. 예컨대 예수를 믿고 동시에 부처를 믿을 수 있을까 하는 두 믿음 체계가 가능할찌 생각해 보았다. 로마 중심에 아름다운 판테온(Pantheon) 신전이 보존돼 있는데 건물 이름이 말하듯 "모든 신"을 위한 신전으로 예수님이 태어나기 20여 년 전 지어진 후 개축되었다. 한편 사도 바울이 AD 53년경 아테네를 전도 방문 시 에피큐러스 철학자와 스토아 철학자과 논증 후 이들이 바울을 심문하기 위해 아레오파거스(Areopagus, 아테네 도시의 공의회)로 데려갔을 때 바울이 논증한 대목에서 도시 내 "알지 못하는 신에게"라고 쓴 단이 있음을 설명하였다 (사도행전 17:16-34). 사람의 사유와 믿음과 신앙은 이처럼 다채로운데 이는 당시 사람의 인식이지만 아직도 우리에게 생생하게 그러하다.

사람에게는 통일된 인식 구조와 방식이 없어 통일된 신을 갖지 못한 이 현상이 보편적이고 합리적 현상인지를 회고한 87년 당시 이는 사람의 우매한 인식 현상과 그 결과이며 또 인식은 동시에 두 가지를 선택할 수 없다고 결론지었다. 또 사람의 본유적 언어와 인식은 주어진 것을 선택할 뿐이며 선택은 한 가지만을 선택하지 두 가지 이상을 동시에 선택하지 못하는 것이 이치이므로 예수님 하나만을 인식론적으로 또 의지적(사실 나는 나에게 진정한 의지가 별로 또는 거의 없다고 생각한다)으로 선택하게 것이 옳다고 판단해 어쩔 수 없이 또 그럴 수밖에 없어 예수를 믿게 되었다.

놀랍게 성경의 흐름과 주제가 스스로 오류 없이 기이하게 그리스도 예수님을 직진적으로 통일성있게 설명하며 사람을 구원할 목적과 대안을 시나리오별로 영원까지 제시한다. 성경을 온전히 모두 이해할 수 없으나 앞 여러 장에서 공부한 바처럼 성경 말씀은 사람의 이론이나 창작력에 의한 것이 아니라 하나님께서 직접 체계적으로 역사적으로 계시하고 약속한 것이므로 사람을 창조하신 하나님의 말씀에 따라 사는 것이 옳은 도리이다. 앞에서 이야기했듯이 성경이 또 오랜 역사 속에 반복 경고하길, 사람의 부패와 죄악은 하나님의 진노와 심판을 동반한다고 항상 설명하셨고 또 역사가 그러했다. 하나님께서는 멀리서 우리를 쳐다보고 계시는 신이 아니라 살아 계시면서 직접 역사를 주관하시는 분임을 기억해야 한다. 불행히 오늘날의 여러 현상은 하나님의 심판을 설명하고 있다. 사람의 부패와 죄 내에는 항상 부패와 죄 스스로가 심판을 품고 있어 스스로 징계하도록 하나님께서 설계하신 듯하다. 역사는 방관된 것이 아니고 수정될 것도 아니고 하나님이 정하신 대로 끝을 향해 가고 있다.

몹시 혼란스러운 구한말 일제시대 미국의 선교사를 통해 평안북도에 사는 한 가정주부가 예수를 믿고 그 분 아래서 자란 내 모친께서 역시 예수를 믿은 그 믿음이 나에게까지 전달된 점은 매우 신기하다. 경기도 안성에 사시던 엄마가 어린 시절 부모님을 여의고 홀로 400여km 먼 평안도 한 도시의 따뜻한 신앙의 어머니를 통해 하나님을 믿도록 인도된 점을 설명해야 하나 전혀 할 수 없다. 이 신비한 과거를 나의 엄마는 전혀 내게 알려 주시지 아니 했다. 하나님께서 내 모친을 특별히 인도하셨다고 판단할 수 밖에 없다. 모든 세상 일을 알 수 없듯이 내 존재 자체와 예수를 믿는 내가 존재하는 것 또한 나도 알 수 없으나, 성경이 이를 해설하길 내가 태어나지 전 하나님의 섭리와 예정이라고 하니 현실적으로 답답한 설명이나 얼마나 신기한가.

한국 6.25 동란 참전 용사이시기도 한 미국의 피아니스트 세이모어 번스타인(Seymore Bernstein, 1927-)은 3살 때 이모 집에 있는 업라이트(upright) 검은색 피아노 건반을 두드려 그 소리에서 자기의 세계가 피아노임을 알아채고 평생 피아노 연주와 교육에 전념한 분이다. 그가 국내 방송사와 인터뷰한 이야기를 들으니, 모든 예술가가 그러하듯, 자기 정체성과 삶의 의미를 미와 감성에 두면서 사람이 가진 순수하고 깊은 본질을 찾은 실존주의적 삶으로 회상하였다. 이분은 3살 때 자기 세계를 찾아 평생 그 깊은 세계를 발견하고 드러냈으니 참으로 부럽고 놀라운 분이나 내 경우 30세 즈음 사람의 보편적 가치와 정체성을 간신히 그것도 매우 조금 파악하였다.

나이를 먹을수록 전혀 보이지 않는 것과 더 신비한 것만을 믿으니 나도 퍽이나 신기하기 짝이 없다. 이런 점에서 나는 비의지적 피조물이며 하나님께 전적으로 예속되어 하나님을 의지할 수밖에 없다. 본능으로 식사를 하나 소화시키는 바는 내가 아니요 하나님께서 지으신 그 원리가 내 안에 있어 소화되듯이 하나님의 뜻이 내 안에 있다고 내 자신을 설득하는 것이 정확한 이치이고 성경적이다.

매일 눈으로 보고 귀로 듣는 이 모든 것이 이상하게 이상하지 않고 친숙하나 곰곰히 생각하면 이 모든 것이 이상하고 신비하고 신기하지 않은 것이 없으며 또 실제로 알 수 있는 것이 하나도 없다. 실제 우리가 만든 인문학은 실패한 방식이요 방법이다. 인문학으로 알 수 있는 본질은 하나도 없다. 하나님께서 염려 없이 다 마련하여 주셨건만 인문학적 사고를 발달시켜 피곤한 노력으로 원인을 찾고 분석하여 알려하고 미리 걱정하며 욕심대로 곡간에 음식을 쌓으려 하니 매사 걱정거리가 넘친다. 말씀을 믿고 감사하며 살자. 우리는 바벨탑을 쌓듯이 복잡한 인문학을 머리 속에 쑤셔 넣은 피해자이다. 하나님께서 주신 말씀에 전적으로 의존해야 하나 하나님께서 주신 순수함을 버리고 점점 멀리가고 있고 다시 돌아오기가 어려운 듯하다.

성경은 사상이 아니요 율법도 아니요 윤리도 아니며 종교도 아니다. 우리를 짓누르고 억압하는 죽음, 부자유, 불안, 허망함, 교육, 법, 신분, 사상, 부조리 등 모든 것에서 우리를 해방하기 위해 죄를 깨닫아 회개하여 주 예수 그리스도를 믿어 바라보며 그의 말씀과 능력의 성령에 힘입어 동행하며 행동으로 신앙하라는 처절하며 간곡한 사랑의 하나님의 부탁이시다. 그리고 감사하게 우리가 이 세상과 작별하여 하나님의 아들들이요 하나님의 후사가 되어 장차 받을 영광을 사도 바울은 이미 아래와 같이 설명하였다.

너희가 육신대로 살면 반드시 죽을 것이로되 영으로써 몸의 행실을 죽이면 살리니 무릇 하나님의 영으로 인도함을 받는 그들은 **하나님의 아들***이라. 너희는 다시 무서워하는 종의 영을 받지 아니하였고 양자(養子)의 영(the Spirit of sonship)을 받았으므로 아바 아버지라 부르짖는니라. 성령이 친히 우리 영으로 더불어 우리가 하나님의 자녀인 것을 증거하시나니 자녀이면 또한 후사 곧* **하나님의 후사(後嗣, 상속자, heirs of God)요 그리스도와 함께 한 후사(co-heirs with Christ)***니 우리가 그와 함께 영광을 받기 위하여 고난도 함께 받아야 될 것이니라. 생각건대 현재의 고난은 장차 우리에게 나타날* **영광***과 족히 비교할 수 없도다* (로마서 8:13-18). 아멘.

공중의 새를 보라 심지도 않고 거두지도 않고 창고에 모아들이지도 아니하되
너희 천부께서 기르시나니 너희는 이것들보다 더 귀하지 아니하냐
(마태복음 6:26).

창세기의 다섯가지 근원적 질문
- 하나님의 시간 · 역사 · 인격 · 공간 · 생명 -

Five Fundamental Questions in Genesis
- God's Time · History · Personality · Place · Life -

초판 발행일
2023년 9월 11일

저자
이기영 Lee, Keyyoung
y21ky@daum.net

기획 및 발행처
이응셋

인쇄
대성당
서울시 중구 을지로 16길 27
02-2275-2347

판매처
이응셋
031-709-0141
010-3726-7368

ISBN: 978-89-952561-4-5 (93230)

값
50,000원